Jesus ist Gott der Sohn

Karl-Heinz Menke

JESUS IST GOTT DER SOHN

Denkformen und Brennpunkte
der Christologie

Verlag Friedrich Pustet
Regensburg

Bibliografische Information der Deutschen Nationalbibliothek

Die Deutsche Nationalbibliothek verzeichnet diese Publikation
in der Deutschen Nationalbibliografie;
detaillierte bibliografische Daten sind im Internet
über http://dnb.d-nb.de abrufbar.

www.verlag-pustet.de

3., durchgesehene Auflage 2012

ISBN 978-3-7917-2115-6
© 2008 by Verlag Friedrich Pustet, Regensburg
Umschlaggestaltung: Martin Veicht, Regensburg
Umschlagmotiv: Fragmentum Sinopense, Suppl. Graec. 1286, Fol. 15r.
  Purpurhandschrift aus Sinope, Mitte 6. Jh., Brotvermehrung.
  © Bibliothèque nationale de France
Druck und Bindung: Friedrich Pustet, Regensburg
Printed in Germany 2012

FRIEDRICH KARDINAL WETTER

in Verehrung und Dankbarkeit

gewidmet zum 80. Geburtstag

»Seht, Brüder, die Liebe unseres Hauptes.
Schon ist es im Himmel, und doch leidet es hienieden,
solange die ecclesia hier leidet.
Hienieden hungert Christus, hienieden dürstet er,
ist nackt, fremd, ist krank, ist im Kerker.
Denn was immer sein Leib hier leidet,
das – sagt er – leide auch er [...].
So ist ja auch in unserem Leib das Haupt oben,
während die Füße auf der Erde stehen:
und doch, wenn dir jemand in einem Menschengedränge
auf den Fuß tritt,
ruft dann nicht das Haupt: ›Du hast mich getreten‹? [...]
So ruft auch das Haupt Christus, das niemand tritt:
›*Ich* hungerte, und ihr gabt *mir* zu essen.‹«

(Augustinus, Sermo 137: PL 38,755)

Vorwort

Jesus ist Gott der Sohn. Das ist die Grundaussage des von Papst Benedikt XVI. veröffentlichten Jesus-Buches. Und das ist auch die Grundaussage der vorliegenden Christologie. Aber die folgenden Ausführungen verstehen sich nicht als Jesus-Buch, das induktiv aus der Schrift die Identität des Jesus der Geschichte mit dem Christus des Glaubens erhebt. Denn in diesem Buch geht es besonders um die Gegenargumente, um die historisch, philosophisch oder religionsgeschichtlich motivierten Zweifel.

Die vorliegende Christologie will gegen alle Spielarten des Relativismus die unbedingte und unableitbare Einzigkeit Jesu Christi begründen – in fairer Auseinandersetzung mit möglichst allen relevanten Einwänden der Vergangenheit und der Gegenwart. Dies geht nicht ohne ein klar formuliertes Fundament. Deshalb nimmt das mit dem Titel »Ausgangspunkt« versehene Eingangskapitel relativ breiten Raum ein. Hier werden die Weichen gestellt – gegen bestimmte Formen der Trennung des historischen vom bezeugten Christus, des Jesus vor Ostern vom Christus nach Ostern; auch gegen bestimmte Gestalten der Verhältnisbestimmung von Schrift, Tradition und Kirche, von Judentum und Christentum, von Christentum und Islam; gegen philosophisch (Postmoderne), religionsgeschichtlich (Pluralistische Religionstheologie) oder faktisch (Globalisierung) motivierte Relativierungen.

Im Übrigen ist das Buch in der ersten Hälfte eine Darstellung der Denkformen, die zum bleibenden Fundament jeder Christologie gehören; und in der zweiten Hälfte eine Fokussierung der sechs Brennpunkte, die den christologischen Diskurs seit Lessing und Kant bestimmen.

Zum bleibenden Fundament jeder Christologie gehören die Denkformen, denen es trotz zeitbedingter Einseitigkeit gelungen ist, die Einzigkeit Jesu Christi zu erklären. Dies sind zuerst die drei biblischen Denkformen (Sühnechristologie; Messiaschristologie; Präexistenzchristologie), die aus der Anwendung alttestamentlicher Kategorien auf das Phänomen »Jesus Christus« erwachsen sind. Dies sind aber auch die griechischen Denkformen, die nicht zu einer hellenisierenden Verdeckung des eigentlichen Jesus, sondern im Gegenteil zu einer Erklärung seiner Einzigkeit mit den Mitteln der zeitgenössischen Philosophie geführt haben – verbunden mit einem nie mehr übertroffenen Problembewusstsein und in unbedingter Treue zu den biblischen Vorgaben.

Keiner der sechs Brennpunkte, die im zweiten Teil dieses Buches diskutiert werden, gehört der Vergangenheit an. Dies gilt von der Verhältnisbestimmung des Jesus der Geschichte zum Christus des Glaubens ebenso wie für die Herausforderung der klassischen Christologie durch die Transzendentalphilosophie (Unvereinbarkeit der modernen Subjektphilosophie und ihres Personbegriffs mit der klassischen Verhältnisbestimmung von Person und Natur). Dies gilt von der vielfach verdrängten Frage nach dem, was Jesus Christus vor zweitausend Jahren für alle Menschen aller Zeiten getan hat, ebenso wie für die Frage nach der Verhältnisbestimmung seines Absolutheitsanspruchs zu den Absolutheitsansprüchen anderer Religionen. Und dies gilt von der Frage nach dem Plus des Christusereignisses gegenüber der Heilsbedeutung des Mose-Bundes ebenso wie für die Frage der bleibenden Heilsbedeutung von Christi Menschsein.

Im Reich des Geistes wird man nie ein Mittel für schmerzloses Gebären finden. Das trifft nicht nur auf die Autoren von Büchern, sondern auch auf deren Adressaten zu. Denn die Passagen, denen man die Anstrengung des Begriffs und lange Wege der Entstehung anmerkt, verlangen auch vom Leser lange Wege.

Die Aufgabe, eine erdrückende Fülle christologischer Literatur zu diskutieren und doch klar und entschieden Position zu beziehen, ist hoffentlich durch eine entsprechende Scheidung von Text und kritischem Apparat gelungen. Natürlich kann eine Christologie, die gelesen werden will, nicht jeder Epoche und jedem Problem die gleiche Aufmerksamkeit schenken. Die Entwürfe des Mittelalters werden nur im Kontext moderner Fragestellungen berührt. Und die Auswahl der ausführlicher diskutierten Brennpunkte richtet sich nach ihrer Relevanz für das Generalthema der unableitbaren Einzigkeit Jesu Christi.

Der Mut, Unvollkommenes aus der Hand zu geben, darf sich mit Paulus trösten: »Denn Stückwerk ist unser Erkennen. [...] Jetzt schauen wir in einen Spiegel und sehen nur rätselhafte Umrisse; einst aber schauen wir von Angesicht zu Angesicht. Jetzt erkennen wir unvollkommen; dann aber werden wir durch und durch erkennen« (1 Kor 13,9a.12).

Zur Veröffentlichung ermutigt haben mich vor allem meine Mitarbeiter Roland Berenbrinker, Christof Hoschek, Raphael Ruppel-Kusch, Henning Tippkötter und Mathias Wirth, denen ich für ihre stets kompetente Hilfe und Freundschaft danke. Vorbildlich betreut weiß ich mich vom Pustet-Verlag durch Herrn Dr. Rudolf Zwank.

Gewidmet sei dieses Buch Seiner Eminenz, Friedrich Kardinal Wetter, dem langjährigen Erzbischof von München und Freising. Als beratendes Mitglied der von ihm geleiteten »Glaubenskommission« der Deutschen Bischofskonferenz durfte ich erfahren, was eine gelungene Synthese von Glaube und Theologie, was Freude am besseren Argument und Liebe zur Wahrheit ist. Auch ihm ein herzliches »Vergelt's Gott!«

Bonn am Fest Kreuzerhöhung 2007

Karl-Heinz Menke

Inhalt

Erster Teil
DAS FUNDAMENT – DIE BIBLISCHEN UND DIE GRIECHISCHEN DENKFORMEN DER CHRISTOLOGIE

1. Kapitel
Der Ausgangspunkt

1.1	Gott »wird« Mensch	24
1.2	»Chalcedon« und die beiden Grundfragen jeder Christologie	28
1.3	»Dominus Iesus« und die Einzigkeit der Selbstoffenbarung Gottes	31
1.4	Die Frage nach dem Ausgangspunkt jeder Christologie	35
1.4.1	Die Frage nach der Entstehung des Osterglaubens	38
1.4.2	Die zwischen Hans Kessler und Hansjürgen Verweyen ausgetragene Kontroverse	50
1.4.3	Das Ostergeschehen im Lichte der Handlungstheorie von Béla Weissmahr	56
1.4.4	Jesus: von Anfang an Gott der Sohn?	59
1.4.5	Weihnachts- oder Osterchristologie – eine wirkliche Alternative?	64
1.5	Die Untrennbarkeit der Offenbarkeit Gottes in Jesus Christus von dessen Bezeugung durch die Kirche . . .	68
1.5.1	Die protestantische Frage nach dem Wesen des Christentums	68
1.5.2	Antworten der katholischen Theologie auf die Frage nach dem Wesen des Christentums	72
1.5.3	Die Verhältnisbestimmung der biblischen zu den nachfolgenden Gestalten der Christologie	75
1.5.4	Zusammenfassung: Die erkenntnistheoretischen Voraussetzungen jeder Christologie	77
1.5.4.1	Die Untrennbarkeit der Selbstoffenbarung Gottes von dem Jesus der Geschichte	78

1.5.4.2 Das Ereignis der Inkarnation und die Sakramentalität
der Kirche.. 79
1.5.4.3 Christologie als zeitlich bedingte Reflexionsgestalt des
Glaubensbewusstseins der Kirche 89

2. Kapitel
Zentrale Kategorien und Grundgestalten
der biblischen Christologie

2.1 »Bund« und »Tora« als christologische
Grundkategorien................................... 93
2.1.1 Die Bedeutung der alttestamentlichen
Zwillingskategorien »Bund« und »Tora«................ 94
2.1.2 Alttestamentliche Bundestheologien................... 97
2.1.3 Die schwierige Verhältnisbestimmung von altem und
neuem Bund.. 101
2.1.4 Die neutestamentliche Bundestheologie................ 110

2.2 Die »Sühne«-Christologie 116
2.2.1 Die Kategorien »Opfer« und »Sühne« innerhalb
der hebräischen Bibel............................... 116
2.2.2 Die Frage nach christologischen »Typoi«
der jüdischen Liturgie.............................. 121
2.2.2.1 Isaak als Typos des geopferten Sohnes und
Abraham als Typos des opfernden Vaters?............... 122
2.2.2.2 Das »Sündopfer« des nachexilischen Tempelkultes
als Typos des geopferten Sohnes?..................... 126
2.2.2.3 Der »Sündenbock« des nachexilischen Tempelkultes
als Typos des geopferten Sohnes?..................... 134
2.2.3 Die Kategorien »Opfer« und »Sühne« als
christologische Kategorien........................... 140
2.2.3.1 Die christologische Valenz der Kategorien »Opfer«
und »Sühne« in der theologischen Diskussion........... 140
2.2.3.2 Das christologische Erschließungspotential der
Kategorien »Opfer« und »Sühne« im Hebräerbrief 143
2.2.3.3 Die Kategorien »Opfer« und »Sühne« als Brücken
des Christentums zu den anderen Religionen 145

2.3 Die »Messias«-Christologie 147
2.3.1 Die jüdische Hoffnung auf einen endzeitlichen
Heilskönig... 149

2.3.2	Das Königtum in Israel und die Ausbildung der Messias-Erwartung	154
2.3.3	Die Identifikation des Messias mit dem präexistenten »Menschensohn«	157
2.3.4	Die Frage nach der Selbstbezeichnung Jesu als »Menschensohn«, »Sohn Gottes« und »Messias«	160
2.3.5	Die nachösterliche Antitypik	166
2.4	Die »Präexistenz«-Christologie	168
2.4.1	Die Frage nach dem Ursprung der Präexistenzaussagen	172
2.4.2	Weisheit in Israel	179
2.4.2.1	Im Buche Ijob	180
2.4.2.2	Im Buch der Sprichwörter	181
2.4.2.3	Im Buche Jesus Sirach	184
2.4.2.4	Im Buch der Weisheit	186
2.4.3	Die christologische Applikation der alttestamentlichen Kategorie »präexistente Weisheit«	188
2.4.3.1	Phil 2,6–11	189
2.4.3.2	Kol 1,15–20	190
2.4.3.3	Hebr 1,1–14	194
2.4.3.4	Joh 1,1–18	197

3. Kapitel
Zentrale Kategorien und Grundgestalten der griechischen Christologie

3.1	Die Konstanten des griechischen Denkens	211
3.2	Die alexandrinische Denkform	220
3.2.1	Der Vordenker Origenes	221
3.2.2	Das Entstehen der Logos-Sarx-Christologie	224
3.2.3	Arius und der Arianismus	226
3.2.4	Athanasius von Alexandrien	228
3.2.5	Apollinarius von Laodicea und der Apollinarismus	230
3.2.6	Die drei Kappadokier	232
3.3	Die antiochenische Denkform	233
3.3.1	Eine gewisse Vorläuferschaft: Ignatius, Justin und Irenaeus	234
3.3.2	Paulus von Samosata und Marcellus von Ancyra	239
3.3.3	Die Entfaltung der Logos-Anthropos-Christologie	242

Inhalt

3.3.4 Diodor von Tarsus, Johannes Chrysostomus und
Theodor von Mopsuestia 242

3.4 Die christologischen Konzilien:
Ein Tauziehen zwischen zwei Denkformen 246
3.4.1 Das erste Konzil von Nicaea (325) als Sieg
einer antiochenischen Formel über
die Drei-Hypostasen-Lehre der Alexandriner 247
3.4.2 Das erste Konzil von Konstantinopel (381):
Eine eher alexandrinische als antiochenische
Ergänzung des Nicaenum 249
3.4.3 Das Konzil von Ephesus 431:
Eine vollständig von den Alexandrinern
beherrschte Versammlung 254
3.4.4 Das Konzil von Chalcedon (451):
Die antiochenische Korrektur des Ephesinum 257
3.4.5 Das zweite Konzil von Konstantinopel (553):
Ein alexandrinischer Gegenschlag 262
3.4.6 Das dritte Konzil von Konstantinopel (680/81):
Ein Sieg der Antiochener 265
3.4.7 Das zweite Konzil von Nicaea (787):
Die Bewährung der chalcedonischen Orthodoxie
in der Praxis des Glaubens............................ 273

3.5 Die bleibenden Überhangprobleme einer
unzureichenden Verhältnisbestimmung der einen
Hypostase zu den zwei Naturen in Christus 277

Zweiter Teil
DIE BAUSTELLE – BRENNPUNKTE DER JÜNGEREN CHRISTOLOGIE

4. Kapitel oder Erster Brennpunkt:
Der historische Jesus – bloßer Mittler einer Idee oder eines Glaubens?

4.1 Trennungen:
Zwischen Schöpfer und Geschöpf, Glauben und Denken,
Geschichte und Vernunft 286
4.1.1 Von Duns Scotus über Ockham zu Luther 287
4.1.2 Imitatio-Jesulogie und Christusmystik 291

4.1.3	Spielarten des Subjektivismus: Reformation, Pietismus und Aufklärung	295
4.2	Der garstig breite Graben zwischen den zufälligen Fakten der Geschichte und den notwendigen Wahrheiten der Vernunft	299
4.2.1	Die erste Phase der so genannten »Leben-Jesu-Forschung«	300
4.2.1.1	Die Aushebung des Grabens: Hermann Samuel Reimarus und Gotthold Ephraim Lessing	300
4.2.1.2	Jesus als Mittler der Idee der Einheit von Gott und Mensch: David Friedrich Strauß	308
4.2.1.3	Auf der Suche nach dem verkündigenden Jesus: Albrecht Ritschl, Adolf von Harnack und Martin Kähler	311
4.2.1.4	Die Nahtstelle zwischen dem geschichtlichen Jesus und dessen eschatologischer Bedeutung: Johannes Weiß, William Wrede und Albert Schweitzer	313
4.2.2	Existentialistische Reduktionen	318
4.2.2.1	Jesus, das unausdenkbare Faktum: Sören Kierkegaard	318
4.2.2.2	Jesus als Katalysator meiner Eigentlichkeit: Rudolf Bultmann	320
4.2.3	Die zweite Phase der so genannten »Leben-Jesu-Forschung«	324
4.2.3.1	Ernst Käsemanns Differenzkriterium	325
4.2.3.2	Klaus Bergers Fundamentalkritik	327
4.2.4	Die dritte Phase der so genannten »Leben-Jesu-Forschung«	330
4.2.4.1	Die Umkehrung des Differenzkriteriums in sein Gegenteil	331
4.2.4.2	Eine kritische Bilanz von David S. du Toit	332

5. Kapitel oder Zweiter Brennpunkt:
Jesus – wahrer Mensch ohne menschliches Selbstbewusstsein?

5.1	Friedrich Daniel Ernst Schleiermacher: Jesus Christus als das Ich, das sich ganz entspricht, indem es sich ganz von Gott bestimmen lässt	334
5.1.1	Kant und Schleiermacher	335
5.1.2	Jesus: Der neue Adam oder das ganz beim Du seiende Ich	338

5.1.3	Kritische Betrachtung der traditionellen Zwei-Naturen-Lehre	341
5.1.4	Exkurs: Zur Geschichte des neuzeitlichen Personbegriffs	343
5.1.5	Schleiermachers christologische Rezeption des neuzeitlichen Personbegriffs	347
5.2	Karl Rahner: Jesus Christus als der einmalig höchste Wesensvollzug der menschlichen Transzendentalität	350
5.2.1	Ein Vergleich Rahners mit Schleiermacher	350
5.2.2	Die freie Selbstmitteilung Gottes und die Selbsttranszendenz des Menschen	353
5.2.3	Die Einzigkeit Jesu Christi	356
5.2.4	Rahners christologische Rezeption des neuzeitlichen Personbegriffs	359
5.3	Wolfhart Pannenberg: Die Identität der Selbstunterscheidung Jesu vom Vater mit der Selbstunterscheidung des ewigen Sohnes vom Vater	362
5.3.1	Kritische Betrachtung der traditionellen Zwei-Naturen-Lehre	362
5.3.2	Die Auferweckung Jesu als Bestätigung seiner personalen Identität mit dem ewigen Sohn	364
5.3.3	Die Ergänzung der aszendenz- durch die deszendenzchristologische Perspektive	367
5.3.4	Die Pannenberg-Kritik von Georg Essen	370
5.3.5	Die freiheitsanalytisch ansetzende Alternative von Georg Essen	372

6. Kapitel oder Dritter Brennpunkt:
Jesus Christus – der Weg, die Wahrheit und das Leben
für alle Menschen aller Zeiten?

6.1	*Stellvertretung* oder: Das *christozentrische* Modell der Soteriologie	377
6.1.1	Karl Barth: Christologie der exklusiven Stellvertretung	378
6.1.2	Hans Urs von Balthasar: Christologie der inklusiven Stellvertretung	385
6.1.2.1	Ein »universale concretum", wie es allgemeiner und konkreter nicht gedacht werden kann	387
6.1.2.2	Die Inklusion des Sünders in den Sohn	391

6.1.3	Gisbert Greshake: Communio als Kriterium und Ziel aller Stellvertretung	405
6.2	*Befreiung* oder: Das *anthropozentrische* Modell der Soteriologie	409
6.2.1	Johann Baptist Metz: Erlösung als Christopraxis	409
6.2.2	Thomas Pröpper: Erlösung als Befreiung zur Freiheit	414

7. Kapitel oder Vierter Brennpunkt: Jesus Christus – die religionsgeschichtlich einzige Selbstoffenbarung Gottes?

7.1	Von der anglikanischen Inspirationschristologie zur Pluralistischen Religionstheologie (PRT)	419
7.2	Die PRT als Religionsphilosophie	423
7.2.1	Wilfred Cantwell Smith: Die Vision einer »Welttheologie« .	423
7.2.2	John Hick: Der überall erfahrbare Gott und seine vielen Interpretationen	425
7.3	Die Einzeichnung der Christologie in die PRT	430
7.3.1	John Hick: Plädoyer für eine metaphorische statt metaphysische Identifikation Jesu mit dem göttlichen Sohn	431
7.3.2	Paul F. Knitter: Reduktion der Einzigkeit *an sich* auf die Einzigartigkeit *für mich*	434
7.3.3	Raimundo Panikkar: Jesus Christus als ein Name des kosmo-theandrischen Prinzips	437
7.3.4	Perry Schmidt-Leukel: Jesus Christus als eine unter anderen Vermittlungen von Erlösung	439
7.4	Unvereinbar: Das christliche Credo mit den Grundpositionen der PRT	444

8. Kapitel oder Fünfter Brennpunkt:
Jesus Christus – »Wiederholung« oder »Bestimmung« Israels?

8.1	Friedrich Wilhelm Marquardt: Christologie als Lehre von der Gemeinschaft Gottes mit der um Israel versammelten Menschheit	447
8.1.1	Jesus Christus als Wiederholung der Stellvertretung Israels	448
8.1.2	Die Heilsfunktion des Christusereignisses als Freilegung der Heilsfunktion der Tora	450
8.1.3	Die Einheit von Gott und Mensch in Christus als Wiederholung der Einheit zwischen Jahwe und Israel	453
8.2	Jean-Marie Lustiger: Christologie als Lehre von der Bestimmung des Verhältnisses zwischen Jahwe und Israel durch Jesus Christus	458
8.2.1	Jesus Christus als Bestimmung der Sohnschaft des auserwählten Volkes	463
8.2.2	Jesus Christus als Grund der eschatologisch erhofften Einheit des einen Gottesvolkes	466
8.2.3	Jesus Christus als Bestimmung der Stellvertretung Israels	468
8.3	Ein abschließender Vergleich zwischen zwei Grundgestalten jüdisch perspektivierter Christologie	470

9. Kapitel oder Sechster Brennpunkt:
Jedes Ereignis des Lebens Jesu ein Ereignis
der Selbstoffenbarung Gottes?

9.1	Unterschiedliche Entwicklung in Ost und West	476
9.1.1	Die Christus-Ikonen und der alexandrinisch argumentierende Ikonoklasmus der Ostkirche	476
9.1.2	Die neuchalcedonische Satisfaktions-Christologie von Augustinus bis Thomas	477
9.2	Die Geschichte der so genannten »Mysterientheologie«	480
9.2.1	Der von Odo Casel geprägte Begriff »Mysterientheologie« und dessen christologische Problematik	481
9.2.2	Die thomanische Darstellung der »mysteria in carne Christi perpetrata«	484

9.2.3	Der Thomas-Kommentar des Francisco Suárez: Trennung zwischen notwendiger Wahrheit und illustrierendem Faktum	489
9.2.4	Die Leben-Jesu-Betrachtungen des Ignatius von Loyola	492
9.2.5	Der moderne Hiatus zwischen dem Jesus der Geschichte und dem Christus der Dogmatik	498
9.3	Hoffnungsvolle Ansätze zu einer genuin chalcedonischen »Christologie der Mysterien Jesu«	499
9.3.1	Karl Rahner: Drei Komponenten einer zukünftigen »Mysterien-Christologie«	500
9.3.2	Hans Urs von Balthasar: Das »universale« als »concretum«	503

10. Kapitel oder Schlusswort: *Jesus Christus als Alpha und Omega*

10.1	Wenn der in Christus offenbare Gott der Schöpfer ist	506
10.2	Die Inkarnierung der Tora oder Gott auf dem Weg zur Inkarnation	509
10.2.1	Die bis in die Hölle getragene Tora	510
10.2.2	Ein Gott, der sich bindet	514
10.3	Die Strategie der Erwählung oder Gott auf dem Weg zur Inkarnation	516
10.4	Jesus Christus: Der unableitbare Grund und das unableitbare Ziel der Heilsgeschichte	518
10.4.1	Die unableitbare Einzigkeit Jesu Christi	518
10.4.2	Was Jesus Christus für alle Menschen aller Zeiten getan hat	520
10.5	Die Hoffnung auf das In-Sein Jesu Christi in allen und in allem	524

Abkürzungsverzeichnis	527
Literatur	529
Personenregister	575

Erster Teil

DAS FUNDAMENT –

DIE BIBLISCHEN UND DIE GRIECHISCHEN

DENKFORMEN DER CHRISTOLOGIE

1. Kapitel

Der Ausgangspunkt

Was würden wir heute zu einem dreißigjährigen Tischler sagen, der sich aufmacht, um den Leuten das Reich Gottes zu predigen? Was würden wir zu einem Wanderprediger sagen, der aus einem kleinen Ort in Palästina stammt, wahrscheinlich den Beruf des Zimmermanns erlernt hat und also nicht einmal die Ausbildung jüdischer Schriftgelehrter, geschweige denn ein Studium der großen Kultursprachen seiner Zeit, der griechischen Philosophie oder des römischen Rechts vorzuweisen hat? Was würden wir zu einem selbsternannten Führer sagen, der sich mit einigen Fischern statt mit bedeutenden und einflussreichen Politikern oder Wissenschaftlern umgibt und dann vor uns hintritt mit den Worten: »Ich bin der Weg; und die Wahrheit; und das Leben« (Joh 14,6). Und: »Wer mich gesehen hat, hat Gott den Vater gesehen.« (Joh 14,9)?

Der verstorbene Münsteraner Spiritual Johannes Bours bietet folgende Kurzfassung seiner Biografie oder – besser gesagt – seines Bekenntnisses zu ihm:

»Schon seine Geburt irgendwo in einer Höhle auf dem Feld von Betlehem: verborgen, gering, arm. Von den dreiunddreißig Jahren, die er gelebt hat, verbringt er dreißig Jahre in völliger Verborgenheit in einem Dorf in Galiläa, am Rande des großen römischen Weltreiches. Er lebt das unbekannte Leben der kleinen und einfachen Leute: Bauern, Fischer, Handwerker. Als Kaiser Augustus in Rom stirbt, ist Jesus etwa siebzehn Jahre alt. Als er mit dreißig Jahren in die Öffentlichkeit geht, ist er seinen Landsleuten als Zimmermann bekannt. Kein Mensch in der damaligen Welt redet von ihm. Aber später werden die Jahre nicht nach Augustus gezählt, sondern nach diesem Jesus Christus. […] Das, was er am eindringlichsten seinen Jüngern auferlegt hat, ist: Ihr sollt euch nicht zu Herren aufwerfen! Ihr sollt keine Macht ausüben! Ihr sollt nicht die ersten Plätze einnehmen! Man findet ihn bei Menschen, die damals aus der Gesellschaft ausgeschlossen waren, er setzt sich mit ihnen an einen Tisch und nennt sie seine Brüder und Schwestern. Als er am Kreuz stirbt zwischen zwei Verbrechern, zeigt sich auf das äußerste seine Verborgenheit, seine Niedrigkeit und Machtlosigkeit. Am Ende ist er wie ein Nichts. Aber: er konnte so leben und er konnte so sterben, weil er *der* Liebende war, weil er unbedingt vertraute, dass

Gott keinen aus seiner Liebe fallen lässt. Sein verborgenes Leben, die Ohnmacht seiner wehrlosen Liebe – das zeigt sich am Ostermorgen – sind stärker als alles, stärker als der Tod.«[1]

1.1 Gott »wird« Mensch

Kann man glauben, dass eines unter Milliarden von Menschenleben die Offenbarkeit Gottes und also die Offenbarkeit des Sinns von allem – kurzum: der Weg, die Wahrheit und das Leben für alle Menschen aller Zeiten – war? Kann man *das* glauben? Und wenn man *das* glaubt, gehört man dann nicht zu denen, die aufhören zu *denken*, wenn sie anfangen zu *glauben*?

Haben sich nicht alle Absolutheitsansprüche als Quellen von Totalitarismus, Vereinnahmung oder Ausgrenzung des jeweils Andersdenkenden, als Quellen auch von Zwangsherrschaft und Gewalt erwiesen? Haben wir in einer vom Internet umspannten Welt nicht wenigstens dies gelernt: dass alle Interpretationen der Wahrheit einschließlich aller religiösen Traditionen und theologischen Dogmen so weit von der absoluten Wahrheit entfernt sind wie der Himmel von der Erde? Gewiss, es gibt Deutungen der Wahrheit, die sich mehr als andere bewähren. Ein Wissenschaftler – gleichgültig ob Natur- oder Geisteswissenschaftler – hält gewöhnlich an einer Hypothese so lange fest, wie diese sich interkommunikativ und praktisch bewährt. Aber es gehört doch zu seinem Selbstverständnis, die eigenen Geltungsansprüche kritisch befragen zu lassen und jedes Fertigsein mit dem Suchen und Fragen, mit dem Forschen und Entdecken kategorisch auszuschließen. Wer sich der Wahrheit verpflichtet fühlt, wird niemals behaupten, die Wahrheit zu »haben«. Wer sich der Wahrheit verpflichtet fühlt, ist nie am Ziel, sondern stets unterwegs; nie fertig, sondern stets im Aufbruch.

Das gilt unbestritten auch von den Interpretationen der Theologie, ja sogar von den Interpretationen des kirchlichen Lehramtes und von den inspirierten Zeugnissen der biblischen Autoren. Die Dogmen der Kirche sind Symbole der Wahrheit, nicht aber die Wahrheit selbst. Und auch die Heilige Schrift besteht aus Zeugnissen von Menschen über die Wahrheit. Sie selbst ist nicht die Wahrheit. Aber – und darin liegt das oben bezeichnete Skandalum – von dem besagten Zimmermann aus Nazaret sagt die Kirche: Er allein *ist* die Wahrheit. Er *bezeichnet* sie nicht nur. Er *ist* als

---

[1] J. Bours, Die bleibende Frage: Wer ist dieser Jesus von Nazaret?, in: Ders., Nehmt Gottes Melodie in euch auf. Worte für das tägliche Leben, Freiburg ⁶1992, 190f.

1.1 Gott »wird« Mensch

wahrer Mensch der Logos, »durch den und auf den hin alles Seiende geschaffen ist« (Kol 1,16). Hier spätestens scheint sie zu Ende zu sein: die Vereinbarkeit von Vernunft und Glaube, von Wissenschaft und Christologie. Geradezu ungeheuerlich ist für einen kritisch denkenden Wissenschaftler, was hier die christlichen Kirchen als die Mitte und das Zentrum ihres Glaubensbekenntnisses behaupten: die *Identität* eines winzigen Ausschnittes der empirisch wahrnehmbaren Wirklichkeit, nämlich eines einzelnen Menschen, des Juden Jesus aus Nazaret, mit dem Alpha und dem Omega, mit dem Sinn des Ganzen von Welt und Geschichte.

Doch wer hier von Unvereinbarkeit spricht, sollte näher hinschauen. Die Kirche hat nie behauptet, Jesu Menschsein sei identisch mit seinem Gottsein. Denn Gott *ist* (im Sinne eines Gleichheitszeichens) kein Geschöpf, und ein Geschöpf *ist* (im Sinne eines Gleichheitszeichens) nicht Gott; wer solches glaubt, hat in der Tat aufgehört zu denken, als er angefangen hat zu glauben. Obwohl wir uns – z. B. im Kontext des Weihnachtsfestes – angewöhnt haben, von der »Menschwerdung« Gottes zu sprechen, sollte der Bildcharakter solcher Redeweise stets bewusst bleiben. Denn Gott *wird* nicht etwas so wie wir etwas *werden*. Die abendländische Philosophie ist in weiten Teilen der einhelligen Meinung, das eigentliche Sein sei ewig und unveränderlich und also das Gegenteil alles Werdenden. Die griechische Philosophie spricht zum ersten Mal von »Theo-logie«, wo die kritische Vernunft sich selbst für unvereinbar mit dem zeitgenössischen Volksglauben an viele miteinander konkurrierende und also der Zeit und dem Werden unterworfene Götter erklärt.

Im Sinne dieses Ursprungs aller »Theo-logie« hat das Christentum den eigenen Glauben von Anfang an kritisch reflektiert. Im Unterschied zur Religion der Griechen und Römer schließt das Christentum ein Nebeneinander von geglaubter und kritisch reflektierter Wahrheit aus. Denn in seiner Wesensmitte steht die Überzeugung von einer *alles* umfassenden Wahrheit, von einem *alles* begründenden und *alles* bestimmenden Logos.

Der biblisch bezeugte Gott verwandelt sich nicht in einen Menschen so wie sich der Zeus der homerischen Epen in einen Stier oder wie sich der Prinz eines Grimmschen Märchens in einen Frosch verwandelt. Dann wäre sein Menschsein die Larve, die Verkleidung oder die Verbergung seiner Gottheit. Nein, Gott versteckt sich nicht unter dem Bettlermantel des Menschseins Jesu. Im Gegenteil, dieses Menschsein ist seine Offenbarung. Oder anders formuliert: Nur wenn Gott im Geschehen der Inkarnation ohne Abstriche bleibt, was er ist, nämlich Gott, bedeutet seine so genannte Menschwerdung nicht die Diminuierung oder Verbergung seiner Gottheit, sondern im Gegenteil deren Offenbarung.

Die Kirche sagt mit guten Gründen von Gott, dass er *als er selbst* so etwas wie eine Beziehung ist – analog der aus dem Familienleben bekannten Beziehung von Vater und Sohn; und dass er diese Beziehung, die er selber ist, mitteilen kann im Heiligen Geist. Mit anderen Worten: Die Beziehung, die Gott selbst ist – die Beziehung des Vaters zum Sohn bzw. des Sohnes zum Vater – wird in Jesus Christus ganz und gar offenbar. Der Jude Jesus aus Nazaret lebt als wahrer Mensch, als Geschöpf in Raum und Zeit, dieselbe Beziehung, die Gott von Ewigkeit her ist.

Wenn wir fragen, *wie* der den Gesetzen der Zeit unterworfene Mensch Jesus die Beziehung des ewigen Sohnes bzw. Logos zum ewigen Vater offenbart, fällt zuerst und zunächst auf: Seine Beziehung zum Vater ist alles andere als eine Flucht aus dieser Welt heraus und in abstrakte Sphären der Transzendenz hinein. Im Gegenteil: Seine Beziehung zum Vater ist Konkretion, ist Inkarnation, ist Kenosis und Fußwaschung. »Descendit« – »er ist herabgestiegen« – sagen wir von ihm im Glaubensbekenntnis. Als *Herabsteigender* ist er eins mit dem Vater – so und *nur* so. Als Herabsteigender ist er der Weg, die Wahrheit und das Leben.

Die Gnostiker aller Schattierungen und Zeiten haben Jesus Christus zu einer Idee erklärt, deren äußere Schale der Leib, das Menschsein, das In-der-Welt-Sein ist. Sie haben das wahre, das eigentliche Christentum als Loslösung von dieser Schale, als Loslösung von allem Irdischen und Konkreten, als Weg in die reine Geistigkeit beschrieben.

Aber Jesus Christus ist das Gegenteil dieser Abstraktion. Als er Nazaret verlässt, steigt er herab – hinunter zum Jordan, wo Johannes tauft. Dort ist der tiefste Punkt der Erdoberfläche, ungefähr dreihundert Meter unter dem Meeresspiegel. Tiefpunkt aber noch in einem anderen Sinn: Die Leute, die da aus der Umgebung, besonders aus dem nahe gelegenen Jerusalem, hinuntersteigen, lassen sich untertauchen, machen sich klein, bekennen sich als Sünder. Und in ihre Reihe reiht sich der ein, der das ganz und gar nicht nötig hat. Papst Benedikt XVI. schreibt in seinem Jesus-Buch: »Er eröffnet sein Wirken damit, dass er an den Platz der Sünder tritt. Er eröffnet es mit der Antizipation des Kreuzes. [...] Die Taufe ist Todesannahme für die Sünden der Menschheit. [...] Die Ikone der Taufe Jesu zeigt das Wasser wie ein flüssiges Grab, das die Form einer dunklen Höhle hat. [...] Das Hinabsteigen Jesu in dieses flüssige Grab, in dieses Inferno, das ihn ganz umschließt, ist so Vorvollzug des Abstiegs in die Unterwelt.«[2] Und wie Jesus sich den Sündern aussetzt, so auch dem Versucher. Seine Antwort auf die Versuchungen der Macht ist der Gehorsam gegenüber dem Willen des Vaters. Zeitweilig findet er Beifall. Die Menschen laufen ihm nach und wollen ihn zum König machen. Seine

---

2 J. Ratzinger/Benedikt XVI., Jesus von Nazareth, Bd. I. Von der Taufe im Jordan bis zur Verklärung, Freiburg 2007, 44–46.

Jünger machen sich Hoffnung auf eine Karriere nach oben. Aber er steigt herab und sieht den, der ganz unten ist. Den blinden Bartimäus z. B. vor dem Stadttor von Jericho; oder die Ehebrecherin, die gesteinigt werden soll wegen ihrer Sünde; oder den verachteten Zollbeamten Zachäus. Der klettert auf einen Baum, weil er so klein ist. Und prompt sieht Jesus ihn, ausgerechnet ihn. *Komm*, sagt er, *steig herab! Wenn du etwas von mir sehen willst, musst du herab- und nicht hinaufsteigen.* Das ist eine Lektion, die schwer zu lernen ist, nicht nur für Zachäus, mehr noch für Petrus. In der Nacht vor seiner Verhaftung macht Jesus ihm handgreiflich vor, was er meint; aber Petrus will nicht wahrhaben, dass sein Herr und Meister nicht hinaufsteigt, sondern herab; dass sein Herr und Meister einen Sklavendienst verrichtet. Er schämt sich seiner. Doch Jesus schämt sich nicht, als er seinen Jüngern die Füße wäscht. Und dann: *Nehmt hin und esst; das bin ich selbst!* Er will für die anderen das Brot sein, das sie essen. Und kurz darauf hängt er zwischen Himmel und Erde, angenagelt. Und es wird makaber. Denn da wird er, der sein Leben lang herabgestiegen ist, aufgefordert, herabzusteigen: *Wenn du kannst, steig doch herab!*, ruft man ihm zu. *Abgestiegen bis zur Hölle*, sagen wir im Credo. Und wir meinen dann mit dem Wort *Hölle* das Gegenteil von Weg: nämlich die Gefangenschaft, die jeden Weg, jeden Ausweg, jede Möglichkeit, jede Zukunft versperrt.

Immer wieder sind wir versucht, uns Gott anders zu denken als diesen Jesus Christus – so als sei Gott an und für sich allmächtig, wohingegen Jesus Christus – zumindest am Kreuz – das Gegenteil, nämlich ohnmächtig, ist. Nein, in Ihm, in diesem einen und einzigen Menschen hat sich *Gott selbst* ausgesagt. Wer ihn, Jesus Christus, sieht, sieht den Vater. Der Vater ist nicht anders allmächtig als er, der Gekreuzigte. Von der herabgestiegenen, gekreuzigten, angenagelten Liebe des Jesus von Nazaret bekennen wir in der Osternacht, dass sie das Alpha und dass sie das Omega ist; dass sie – diese angenagelte, gekreuzigte Liebe – stärker ist als alle Mächte und Gewalten dieser Welt; dass sie – diese herabgestiegene, fußwaschende, gekreuzigte Liebe – alle Auswegslosigkeiten dieser Erde – sogar den Tod und die Hölle – in Wege verwandeln kann.

Das mag sich vordergründig sehr übernatürlich oder gar unnatürlich anhören. Aber immer da, wo ein einzelner Mensch sich von der gekreuzigten Liebe so ergreifen lässt, dass sie in ihm selbst Hand und Fuß gewinnt, da sprechen selbst die Menschen, die mit dem Christentum wenig oder gar nichts »am Hut haben«, von *der* (!) Wahrheit über den Menschen. »Welche Flut von Verehrung und Liebe haben Menschen wie Albert Schweitzer auf sich gezogen, der, statt die glänzende, ruhmreiche Karriere des genialen Mannes fortzusetzen, in einer plötzlichen Kehrtwendung sich ins dunkelste Afrika zu Primitiven gewandt hat, die für seinen Geist gewiss keine geeigneten Gesprächspartner und für seine

Begabung keine geeigneten Bewunderer waren, sondern nur leidende, elende Mitmenschen waren, denen es auf einfachste Weise zu dienen galt. [...] Was in der Theorie so viele abstößt und ärgert, beeindruckt sie und imponiert ihnen doch in der konkreten Verwirklichung. Sie spüren, dass da ein Mensch dadurch, dass er nicht nach oben, sondern nach unten gegangen ist, das Letzte und Größte aus sich hat herausholen lassen.«[3]

Wer die in Jesus Christus Fleisch gewordene *Liebe* nur *denkt* und nicht auch *tut*, ist »wie ein dröhnendes Erz oder eine lärmende Pauke« (1 Kor 13,1). Und wenn ich alle Erkenntnis hätte, und wenn ich alle Wissenschaften beherrschen würde, und wenn ich der größte Erfinder aller Zeiten und ein dreifacher Nobelpreisträger wäre, hätte aber die Liebe nicht, ich wäre – so erklärt Paulus seine Christuserfahrung – ein dröhnendes Erz, eine lärmende Pauke, ich wäre buchstäblich nichts.

Liebe lässt sich eher kreuzigen als irgendetwas mit Gewalt durchzusetzen. Deshalb darf man sie – aber auch *nur* sie – mit einem Absolutheitsanspruch verbinden[4]. Wer Christus als *den* Weg, *die* Wahrheit und *das* Leben bekennt, glaubt nicht, dass Gott diese Welt anders als durch jene Liebe ändern kann, die sich lieber kreuzigen lässt als irgendetwas – und wenn es auch das objektiv Beste wäre – mit Gewalt durchzusetzen. Nicht nur bekennende Christinnen und Christen haben die Liebe, die Christus *ist*, in ihr Leben und Sterben inkarniert. Man kann Christus erfahren, ohne ihn als solchen zu kennen oder zu bekennen. Aber niemand kommt zum Vater außer durch ihn. Das heißt: Wo immer ein Mensch die gekreuzigte Liebe in sich Hand und Fuß werden lässt, da wird an ihm ablesbar, dass es eine Wirklichkeit gibt, die stärker ist als der Tod.

1.2 »Chalcedon« und die beiden Grundfragen jeder Christologie

Die Kirche hat in einem Jahrhunderte währenden Prozess der kritischen Reflexion ihrer in den Gestalten der *Martyria*, der *Diakonia* und der *Leiturgia* gelebten Christusbeziehung auf dem Konzil von Chalcedon 451 zu einer Antwort gefunden, die jeder weiteren theologischen Bemühung klare Kriterien voranstellt. Der entscheidende Text (DH 301– 303) lautet:

---

3   A. Görres, Kennt die Religion den Menschen?, München ³1986, 94f.
4   Dazu: H. Waldenfels, Auf den Spuren von Gottes Wort. Theologische Versuche III (Begegnung 13), Bonn 2004, 375–454.

1.2 »Chalcedon« und die beiden Grundfragen jeder Christologie

[*Definition*] *In der Nachfolge der heiligen Väter also lehren wir alle übereinstimmend, unseren Herrn Jesus Christus als ein und denselben Sohn zu bekennen: derselbe ist vollkommen in der Gottheit und derselbe ist vollkommen in der Menschheit; derselbe ist wahrhaft Gott und wahrhaft Mensch aus vernunftbegabter Seele und Leib; derselbe ist der Gottheit nach dem Vater wesensgleich und der Menschheit nach uns wesensgleich, in allem uns gleich außer der Sünde [vgl. Hebr 4,15]; derselbe wurde einerseits der Gottheit nach vor den Zeiten aus dem Vater gezeugt, andererseits der Menschheit nach in den letzten Tagen unseretwegen und um unseres Heiles willen aus Maria, der Jungfrau (und) Gottesgebärerin, geboren; ein und derselbe ist Christus, der einziggezeugte Sohn und Herr, der in zwei Naturen unvermischt, unveränderlich, ungetrennt und unteilbar erkannt wird, wobei nirgends wegen der Einung der Unterschied der Naturen aufgehoben ist, vielmehr die Eigentümlichkeit jeder der beiden Naturen gewahrt bleibt und sich in einer Person und einer Hypostase vereinigt; der einziggezeugte Sohn, Gott, das Wort, der Herr Jesus Christus, ist nicht in zwei Personen geteilt oder getrennt, sondern ist ein und derselbe, wie es früher die Propheten über ihn und Jesus Christus selbst es uns gelehrt und das Bekenntnis der Väter es uns überliefert hat.*
[*Sanktion*] *Da dies also von uns in jeglicher Hinsicht mit aller Sorgfalt und Gewissenhaftigkeit festgesetzt wurde, beschloss das heilige und ökumenische Konzil, dass keiner einen anderen Glauben vortragen, niederschreiben, verfassen oder anders denken und lehren darf.«*

Auf die Frage »*Was* ist Christus?« erhalten wir die Antwort: *Wahrer Gott und wahrer Mensch zugleich – allerdings so, dass Gottheit und Menschheit unvermischt und unverwandelt nebeneinander bestehen und in der Einheit der Person des Logos zusammengefasst sind.*

Auf die Frage »*Wer* ist Christus?« erhalten wir die Antwort: *Er ist die eine Person des Logos, d. h. die zweite Hypostase der Trinität, die zu der göttlichen Natur die menschliche Natur angenommen hat.*

Hinter diese beiden Antworten darf keine Christologie zurückfallen. Zugegeben: Der Horos bzw. die Definition des Konzils von Chalcedon bedient sich philosophischer Kategorien, um das Zeugnis der Evangelisten zu präzisieren. Doch die Fragen, auf die das Konzil antwortet, sind nicht erst von der griechischen Philosophie formuliert worden, sondern in der Begegnung mit Jesus Christus selbst entstanden. Letztlich geht es immer um zwei Grundfragen:

1. Was wäre, wenn Jesus Christus wahrer Gott, aber nicht wahrer Mensch gewesen wäre?

Wäre der Erlöser nur äußerlich Mensch gewesen, dann wäre seine von den Evangelisten bezeugte Beziehung zum Vater nicht der Sieg eines Menschen über den Tod, sondern lediglich die im Tod abgestreifte Larve seiner Gottheit gewesen. Nicht zufällig haben die Gnostiker Christi Bedeutung für uns auf eine Lehre beschränkt. Nach ihrer Auffassung war seine menschliche Natur nur das Vehikel einer Botschaft; im Sterben hat er sein Menschsein wie eine Larve abgestreift. Die Folge: Sein Menschsein war nur die Verkleidung seiner Gottheit, nicht deren Offenbarung. Also ist sein Menschsein auch nicht unser Weg und unsere Wahrheit. Im Gegenteil: Ein gnostisch interpretierter Christus wird zur Aufforderung, nicht im Menschsein die Gemeinschaft mit Gott (das Heil) zu suchen, sondern dieses irdische Leben möglichst abzustreifen – wenn nicht im wörtlichen Sinn, dann doch wenigstens mental in einer weltflüchtigen, leibfeindlichen und privatistischen »Frömmigkeit«.

Christus ist in allen Gnostizismen nicht der Erlöser, sondern nur der Lehrer eines Weges zur Selbsterlösung. Dieser Weg wird beschrieben als der Weg der Rückkehr einer vom Leib gefangenen Seele (»der eigentlichen Wirklichkeit«) in ihren göttlichen Ursprung. In der Regel geht es dem Gnostiker nicht um das Heil der Anderen, sondern um seine eigene Rettung. Nicht selten ist sein Weg verbunden mit Weltflucht und Leibfeindlichkeit. Er will sich selbst erlösen durch Loslösung von der im dualistischen Sinn als Gefängnis verachteten Welt, die für ihn nicht Schöpfung, sondern Abfall von Gott ist.

2. Was wäre, wenn Jesus Christus wahrer Mensch, aber nicht wahrer Gott gewesen wäre?

Wäre Christus nur ein Mensch gewesen, der sich in einzigartiger Weise auf Gott (seinen Abba) bezogen hat, dann wäre er für uns bestenfalls ein heroisches Beispiel konsequenter Gerechtigkeit und bewundernswerter Selbstlosigkeit.

Obwohl sich die Theologie der letzten Jahrzehnte aus guten Gründen um die Wiederentdeckung der wahren Menschheit des Erlösers bemüht hat, muss man sich vor der Ersetzung des einen durch das andere Extrem hüten. Der Mensch Jesus war nicht zuerst nur geschaffene Person, um dann (bei seiner Taufe im Jordan oder im Geschehen der Auferweckung) zum Sohn Gottes erhoben zu werden. Es ist einhelliges Zeugnis der gesamten Tradition (aller, auch der ältesten Credo-Formeln und vor allem des Konzils von Ephesus, das Maria als »Gottesgebärerin« bezeichnet), dass Jesus *von Anfang an* göttliche Person war.

Nur weil Jesus von Anfang an (schon unter dem Herzen Mariens) personal (hypostatisch) identisch war mit dem innertrinitarischen Sohn, konnte er im Erleiden des physischen Todes in lebendiger Beziehung bleiben zu dem Vater, den er mit der vertraulichen Anrede »Abba« angesprochen hat. Nur weil Jesus von Anfang an zu diesem »Abba« in derselben Beziehung stand, die der innertrinitarische Sohn von Ewigkeit her ist, hat er den von der Sünde verursachten Nexus zwischen dem physischen Tod und dem eigentlichen Tod der Trennung von Gott zerreißen können. Nur weil er als wahrer Mensch in einer Beziehung zum Vater stand, die alles von Menschen Machbare übersteigt, konnte er das Symbol der Sünde, den physischen Tod (vgl. Röm 6,23), umqualifizieren von einem Realsymbol der Trennung von Gott in ein Realsymbol des Zugangs zu Gott (vgl. 1 Kor 15,54– 56; Joh 14,6b).

1.3 »Dominus Iesus« und die Einzigkeit der Selbstoffenbarung Gottes

Das römische Lehramt hat nicht ohne Grund von einer Bedrohung der christologischen Mitte durch den postmodernen Relativismus – speziell durch die so genannte Pluralistische Religionstheologie – gesprochen. In dem zur Jahrtausendwende promulgierten Lehrschreiben »Dominus Iesus« lesen wir:

»Um dieser relativistischen Mentalität, die sich immer mehr ausbreitet, Abhilfe zu schaffen, muss vor allem der endgültige und vollständige Charakter der Offenbarung Jesu Christi bekräftigt werden. Es ist nämlich fest zu glauben, dass im Mysterium Jesu Christi, des Fleisch gewordenen Sohnes Gottes, der ›der Weg, die Wahrheit und das Leben‹ (Joh 14,6) ist, die Fülle der göttlichen Wahrheit geoffenbart ist […] Im Gegensatz zum Glauben der Kirche steht deshalb die Meinung, die Offenbarung Jesu Christi sei begrenzt, unvollständig, unvollkommen und komplementär zu jener in den anderen Religionen. Der tiefste Grund dieser Meinung liegt in der Behauptung, dass die Wahrheit über Gott in seiner Globalität und Vollständigkeit von keiner geschichtlichen Religion, also auch nicht vom Christentum und nicht einmal von Jesus Christus, erfasst und kundgetan werden könne. Diese Auffassung widerspricht radikal den vorausgehenden Glaubensaussagen, gemäß denen in Jesus Christus das Heilsmyste-

rium Gottes ganz und vollständig geoffenbart ist. Die Worte und Werke und das ganze geschichtliche Ereignis Jesu haben nämlich, auch wenn sie als menschliche Wirklichkeiten begrenzt sind, als Quellgrund die göttliche Person des Fleisch gewordenen Wortes, ›wahrhaft Gott und wahrhaft Mensch‹, und bergen deshalb in sich endgültig und vollständig die Offenbarung der Heilswege Gottes, auch wenn die Tiefe des göttlichen Mysteriums an sich transzendent und unerschöpflich bleibt.«[5]

Judentum, Christentum und Islam gehen in gleicher Weise davon aus, dass der Einzigkeit Gottes die Einzigkeit der Wahrheit entspricht; dass es nicht mehrere Wahrheiten nebeneinander geben kann, und dass die alle Wirklichkeit begründende Wahrheit offenbar geworden ist in der Endlichkeit von Welt und Geschichte. Allerdings wird die Offenbarung in den drei abrahamitischen Religionen unterschiedlich erklärt.

Das Judentum kennt zwar eine Heilige Schrift; aber es identifiziert auch die liturgisch verehrten und in einem Tabernakel aufbewahrten Tora-Rollen nicht mit dem Wort, sondern mit dem Willen bzw. Gesetz Gottes. Die Bücher der hebräischen Bibel sind nicht so etwas wie vom Himmel gefallene Instruktionen Gottes, sondern aus der Geschichte Israels erwachsene Interpretationen des Lebens Israels mit seinem Bundesgott JHWH[6]. Diese Bücher bleiben toter Buchstabe, wenn sie nicht gelebt werden. Das Volk Israel liegt der hebräischen Bibel ebenso voraus wie die Kirche den Schriften des Neuen Testamentes. Die hebräische Bibel legt sich nicht selber aus. Sie bedarf vielmehr eines Volkes, das sie auslegt. Nicht der einzelne Israelit ist dabei frei von Irrtum, sondern nur Israel in seiner Gesamtheit. Was sich im Leben Israels als Interpretation des göttlichen Willens bewährt und auf Dauer rezipiert wird, findet Eingang in die Sammlung der kanonischen Schriften.

---

5   Erklärung der Kongregation für die Glaubenslehre »Dominus Iesus« über die Einzigkeit und die Heilsuniversalität Jesu Christi und der Kirche (Verlautbarungen des Apostolischen Stuhls 148), Bonn 2000, § 5f (S. 7f).
6   »Gott im eigentlichen und wahren Sinn gibt es nicht in der Mehrzahl. Gott ist vom Wesen her nur einer. Darum kann er nicht in die Götterwelt eintreten wie einer von vielen, kann nicht einen Namen unter anderen Namen haben. […] Er sagt einfach ›Ich bin, der ich bin‹ – er ist schlechthin. Diese Zusage ist Name und Nicht-Name zugleich. Deswegen war es durchaus richtig, dass man in Israel diese Selbstbezeichnung Gottes, die in dem Wort JHWH gehört wurde, nicht ausgesprochen hat. Und es war daher nicht richtig, dass man in den neuen Übersetzungen der Bibel diesen für Israel immer geheimnisvollen und unaussprechbaren Namen wie irgendeinen Namen schreibt und so das Geheimnis Gottes, von dem es weder Bilder noch aussprechbare Namen gibt, ins Gewöhnliche einer allgemeinen Religionsgeschichte heruntergezogen hat.« (J. Ratzinger/Benedikt XVI., Jesus von Nazareth, Bd. I, 177).

1.3 Die Einzigkeit der Selbstoffenbarung Gottes

Im Kontext des jüdisch-christlichen Dialogs der letzten Jahrzehnte ist mehrfach die These vertreten worden, Jesus Christus sei letztlich nichts anderes als die Person gewordene Tora. Besonders der Prolog des vierten Evangeliums bietet sich für eine solche These an. Man könnte dann die ersten Zeilen des Johannesevangeliums wie folgt übersetzen: »Im Anfang war die Tora, und die Tora war bei Gott, und die Tora war Gott. Im Anfang war sie bei Gott. Alles ist durch die Tora geworden, und ohne die Tora wurde nichts, was geworden ist. In ihr war das Leben, und das Leben war das Licht der Menschen. [...] Und die Tora ist Fleisch geworden und hat unter uns gewohnt« (Joh 1,1–4.14). Doch eine solche Übersetzung würde entscheidende Fakten ausblenden: Zum einen das Faktum, dass kein Jude sagen kann: »Und die Tora war Gott.« Und zum anderen die Tatsache, dass man die zitierten Verse nicht vom Rest des Prologs trennen darf. In Joh 1,17 lesen wir: »Denn das Gesetz wurde durch Mose gegeben, die Gnade und die Wahrheit kamen durch Jesus Christus.« Offensichtlich unterscheidet der Verfasser sehr klar zwischen dem Wort, das Fleisch wird in Jesus Christus, und dem Gesetz (= Tora). Auch wenn Joh 1,17 keine Abwertung des Gesetzes bedeutet, bleibt der unbestreitbare Sachverhalt, dass der vierte Evangelist das präexistente, auf die Seite Gottes selbst gerückte und in Jesus Christus Fleisch gewordene Wort nicht als Konkretion, Personifikation oder Wiederholung der Tora Israels, sondern umgekehrt als deren Grund, Ermöglichung, Kriterium und Maßstab betrachtet. Die Tora ist Interpretation des ewigen Logos und nicht umgekehrt der Fleisch gewordene Logos die bloße Veranschaulichung der Tora. Das Befolgen der Tora führt den Israeliten in die Gemeinschaft mit JHWH und ist deshalb Vermittlung desselben Heiles, das auch Jesus verkündet hat. Aber die Tora als solche *ist* im Unterschied zu Jesus Christus nicht die Gemeinschaft mit JHWH (das ewige Leben).

Judentum und Christentum sind keine Buchreligionen. Das Judentum deshalb nicht, weil die hebräische Bibel zwar authentische Bezeugung des göttlichen Willens, nicht aber Gottes Wort ist; und das Christentum noch weniger, weil in ihm ausschließlich die Person Jesu Christi mit Gottes Gegenwart in Welt und Geschichte identifiziert wird[7]. Im Judentum ist die Offenbarkeit Gottes ein durch Erinnerung mündlich und schriftlich tradiertes Geschehen zwischen JHWH und seinem Volk Israel, nicht aber ein Buch. Und im Christentum ist die Offenbarkeit Gottes identisch mit Jesus Christus und dessen authentischer Bezeugung durch die aus ihm lebende Kirche.

---
7   Dazu: M. Bordoni, Jesus Christus – Die Wahrheit in Person, in: G. L. Müller/M. Serretti (Hgg.), Einzigkeit und Universalität Jesu Christi im Dialog mit den Religionen (SlgHor NF 35), Einsiedeln/Freiburg 2001, 173–227.

1. Der Ausgangspunkt

Erst die dritte der abrahamitischen Religionen ist im strikten Sinne dieses Wortes eine Buchreligion. Denn der Islam identifiziert den Koran so ähnlich mit dem Wort Gottes wie das Christentum die Person Jesu Christi. An die Stelle der christlichen *Inkarnation* ist die islamische *Inlibration* oder – wenn man die jeweils zum Ereignis werdende Rezitation als den eigentlichen Koran betrachtet – die islamische *Inverbation* getreten. Jeder Satz des Koran ist ein Satz des einen und einzigen Gottes selbst[8]. Deshalb ist es nicht verwunderlich, dass die meisten Koranschulen keine Orte historisch-kritischer Exegese oder philosophischer Reflexion sind, sondern fast ausschließlich indoktrinierende Katechesen bieten. Entscheidender aber als die Abschottung des Glaubensinhaltes gegen die Kritik von innen und außen ist die Bezeichnung der Anhänger aller anderen Religionen als ungläubig. Es macht einen gewaltigen Unterschied, ob eine Person oder ob ein Buch als der Weg, die Wahrheit und das Leben für alle Menschen aller Zeiten bezeichnet wird. Wahrheit, die mit einem Buch identifiziert wird, ist immer in Gefahr, mit dem Wortlaut verwechselt zu werden. Wahrheit, die Person ist, wird gerade da verfehlt, wo jemand sie mit heiligen Schriften, mit bestimmten Sätzen, Definitionen oder Interpretationen identifiziert.

Eine Person wird von vornherein missverstanden, wenn man sie wie einen Gegenstand behandelt. Die einzige Logik, die einer Person gerecht wird ist die Dia-Logik der Inter-Kommunikation bzw. Inter-Aktion. Deshalb ist alle *Rede über* die Wahrheit, die *Jesus Christus* ist, etwas Nachträg-

---

8 Mohammed hat bezeugt, ihm sei der Engel Gabriel erschienen, um ihm den »Koran« (wörtl. übersetzt »Lesung«, »Rezitation«) zu diktieren. Das angeblich durch dieses Diktat entstandene Buch besteht aus 114 Kapiteln (Suren), die nicht in der Reihenfolge des vom Engel Gabriel geleisteten Diktates, sondern in der Anordnung ihrer Länge (die längsten zuerst, die kürzesten zuletzt) 21 Jahre nach dem Tod des Propheten erstmals in Gestalt eines verbindlichen (fortan Variationen ausschließenden) Textes ediert wurden. In der angeblich ältesten Sure 96 findet sich das Wort »Koran«. Dort richtet Gabriel an Mohammed die Aufforderung: »Im Namen Gottes, des Erbarmers, des Barmherzigen trage vor (rezitiere)!« Vor diesem Hintergrund ist die Geschichte des Islam von dem Bemühen geprägt, die Ungeschaffenheit des göttlichen Offenbarungswortes, das der Koran als Abschrift authentisch tradiert, zu affirmieren. Die im 9. Jahrhundert aufkommende Lehre der Mu'taziliten über die Unvereinbarkeit der Lehre von der Ungeschaffenheit des Koran mit der Lehre von der Unvermittelbarkeit zwischen Gott und Welt konnte sich nicht durchsetzen (vgl. T. Nagel, Der Koran, München ³1998, bes. 336–338). Während das Christentum seine Trinitätslehre als Erklärung der realen Selbstoffenbarung Gottes in dem Geschöpf Jesus entwickelt, verbietet der Islam jede Frage nach den transzendentallogischen Voraussetzungen der behaupteten Identität des Koran mit Gottes Wort (vgl. J. Bouman, Gott und Mensch im Koran, Darmstadt ²1989, bes. 61f). – Dazu: G. Greshake, Menschsein als Berufung zur Gemeinschaft mit Gott, in: A. Bsteh (Hg.), Der Gott des Christentums und des Islams (Beiträge zur Religionstheologie 2), Mödling 1978, 166–187.

liches gegenüber der Kommunikation mit ihm und mit den Menschen, die ihn als ihren Weg, ihre Wahrheit und ihr Leben bezeugen. Deshalb gibt es die Gemeinschaft der personal von Jesus Christus ergriffenen Menschen schon vor dem Entstehen der Schriften des Neuen Testamentes. Und deshalb gilt bis heute, dass die kritisch reflektierende Theologie strikt bezogen bleibt auf die Gemeinschaft derer, die mit der Wirklichkeit Jesu Christi personal kommunizieren. Eine Theologie, die sich vom Christusbekenntnis der Kirche emanzipieren wollte, wäre nichts anderes mehr als private Spekulation oder religionsvergleichende Relativierung.

1.4 Die Frage nach dem Ausgangspunkt jeder Christologie

Die historisch-kritische Exegese hat sich weitgehend mit der Forderung durchgesetzt, den Erlöser vor dem Ereignis seiner Auferweckung nur als den Menschen »Jesus« und erst im Lichte seiner Auferweckung auch als den »Christus« zu bezeichnen. Hinter diesem Postulat verbirgt sich die durchaus dogmatische These, vor Ostern habe niemand Jesus als den Christus erkennen können. Wenn die Evangelien – z. B. in den Erzählungen über die Bekenntnisse des Täufers oder des Petrus und nicht zuletzt in der Schilderung des Selbstanspruchs Jesu – das Gegenteil behaupten, dann aus der Perspektive der historischen Kritik natürlich deshalb, weil die Evangelisten ihre nachösterliche Sicht auf Jesus und dessen Jünger übertragen.

Das entscheidende Movens des so aufgerissenen Hiatus zwischen dem Jesus der Geschichte und dem Christus des nachösterlichen Glaubens war die aus der Aufklärung stammende und von Lessing und Kant exemplarisch formulierte Annahme, dass die Daten der sinnlich wahrnehmbaren Welt unmöglich Träger streng notwendiger Wahrheit sein könnten. Hinzu kam, dass die so genannte liberale Theologie des Neuprotestantismus in der historisch-kritischen Trennung des Jesus der Geschichte vom Christus des Glaubens eine Bestätigung des reformatorischen Urdogmas von der stets unsichtbaren Rechtfertigung des einzelnen Gläubigen erkannte. Der von dogmatischen Überlagerungen historisch-kritisch gereinigte Jesus ist aus dieser Perspektive der Mittler in die Unmittelbarkeit des Einzelnen zum Vater, nicht aber die geschichtliche Offenbarkeit Gottes selbst. Wenn Jesus im vierten Evangelium von sich sagt: »Wer mich gesehen hat, hat den Vater gesehen« (Joh 14,9), oder wenn die Deuteropaulinen (Kol 1,15–20; Hebr 1,1–3) von der personalen Identität Jesu mit dem präexistenten Logos und Schöpfungsmittler sprechen, steht für die meisten protestantischen Vertreter der historisch-kritischen Exegese des ausgehenden 19. und beginnenden 20. Jhs. fest, dass es sich bei solchen und ähnlichen Aussagen um Belege für das Phänomen des so genannten »Frühkatholizismus«[9] handelt.

Weil fast alle Christologien von den Vätern angefangen[10] bis weit in das 20. Jahrhundert hinein vom Ereignis der Inkarnation des präexistenten Logos ausgehen und das Ereignis der Auferstehung nur als Vollendung des Erlösungswerkes erklären[11], sprechen die Dogmenhistoriker

---

9 »Die Chiffre ›Frühkatholizismus‹ ist zwar ein verhältnismäßig junges Kunstwort der theologischen Fachsprache innerhalb der neutestamentlichen Wissenschaft mit arbeitshypothetischem Anspruch – ohne allerdings bis heute ein Modewort zu werden –, die damit anvisierte Sache jedoch ist längst – seit F. Chr. Baur – in der neutestamentlichen Wissenschaft bekannt. Schon im 19. Jh. sprach man z. B. von einer ›leibhaftig sich anmeldenden, katholischen Kirche‹ (H. J. Holtzmann), von ›der werdenden katholischen Kirche‹ (P. Wernle), vom ›ältesten Katholizismus‹ (R. Knopf), vom ›katholisierenden Christentum‹ (E. von Dobschütz), von der ›Entwicklung zum Katholizismus‹ (H. von Soden), von den ›Anfängen der katholischen Kirche‹ (E. Meyer), von den ›Grundzügen des alten Katholizismus‹ (A. Jülicher), vom ›katholisch werdenden Heidenchristentum‹ (A. Ritschl) oder vom ›embryonalen Katholizismus‹ (A. von Harnack). [...] Der Katholizismus aber ist die prozesshafte Ausprägung der frühkatholischen Denkbewegung und Entwicklungsstufe, die sich im Laufe des 2. Jahrhunderts gegen andere Bewegungen (wie den christlichen Gnostizismus, die Gegenkirche des Marcion und den Montanismus) als die ›katholische Kirche‹ (= he katholike ekklesia) bzw. die eine, heilige, apostolische und katholische ›Großkirche‹ (= he megale ekklesia) durchsetzte. [...] Unübersehbare und typische Merkmale des Katholizismus am Ende des 2. Jhs. sind m. E. folgende: Die katholische Großkirche mit apostolischer Glaubensregel, apostolischem Schriftkanon und monarchischem Episkopat versteht sich als Heilsanstalt. Konstitutive Bedeutung haben für sie das Kirchenrecht und das Priestertum. Der Geist ist an das kirchliche und in apostolischer Sukzession stehende Amt gebunden. Die hierarchisch-rechtliche hat die charismatische Gemeindeordnung endgültig abgelöst. Im Zusammenhang damit steht die Unterscheidung von ordinierten Priestern und Laien, wobei erstere das Heil durch Sakrament und kirchlich geregelte Disziplin verwalten. Die apokalyptische Eschatologie ist endgültig aufgegeben, man richtet sich vielmehr auf unbestimmte Dauer in der Welt ein. Christliche Bürgerlichkeit, eine Gesetzes- und Ständeethik und schließlich eine ›natürliche‹ Theologie runden dieses Bild vom Katholizismus ab.« (S. Schulz, Die Mitte der Schrift. Der Frühkatholizismus im Neuen Testament als Herausforderung an den Protestantismus, Stuttgart/Berlin 1976, 77–79).

10 Auch wenn J.-P. Jossua (Le salut, Incarnation ou mystère pascal, Paris 1968) überzeugend zeigt, dass die Väter das Geheimnis der Inkarnation als Grund und Bedingung des Geheimnisses der Auferstehung verstehen, lässt sich doch auch in den von ihm explizierten Beispielen der Ansatz beim Ereignis der Inkarnation nicht verleugnen.

11 Es lässt sich zeigen, »dass die Theologie der Auferstehung schon sehr früh zurückgedrängt worden ist, und zwar von den Lateinern durch den betont starken Ausbau einer Soteriologie, die die Verdienste der Passion und des Kreuzestodes in den Mittelpunkt stellte, bei den Griechen aber durch die Vorrangstellung einer Theologie der Inkarnation, derzufolge die Erlösung dadurch gewirkt wird, dass das göttliche Wort sich in der Inkarnation mit unserer menschlichen Natur verbindet und diese

1.4 Die Frage nach dem Ausgangspunkt jeder Christologie

und Vertreter der historisch-kritischen Exegese von einer eklatanten Fehlentwicklung. Heißt es doch bei Paulus: »Wenn aber Christus nicht auferweckt worden ist, dann ist euer Glaube nutzlos, und ihr seid immer noch in euren Sünden, und auch die in Christus Entschlafenen sind dann verloren.« (1 Kor 15,17). Die Systematiker, die dem exegetischen Postulat einer klaren Trennung zwischen dem vorösterlichen Jesus und dem nachösterlichen Christus gefolgt sind, gestalten ihre Christologie von einem Ansatz her, der mit einer ausführlichen Analyse des Osterereignisses beginnt und erst von diesem »Gipfel« her zurückschaut auf das vorherige Leben Jesu. In der zweiten Hälfte des 20. Jhs. kommt es zu einer regelrechten Frontstellung zwischen den Christologien, die mit dem Inkarnationsereignis anfangen, und jenen, die im Zuge der historischen Kritik mit der Auferweckung des Gekreuzigten beginnen. Beide Ansätze haben ihre Schlagseite. Inkarnationschristologien reduzieren das Ostergeschehen nicht selten auf eine bloße Bestätigung der schon zuvor hinreichend offenbaren Messianität Jesu. Umgekehrt tendiert eine eschatologische Christologie zur Verlegung des entscheidenden Offenbarungsereignisses aus dem Raum der Geschichte hinaus in ein transgeschichtliches Handeln Gottes an dem toten Jesus (Auferweckung des Sohnes durch den Vater). Während die beim Ereignis der Inkarnation ansetzenden Christologien kaum oder gar nicht zwischen Sach- und Erkenntnisgrund der Identität Jesu unterscheiden, sprechen die beim Ostereignis ansetzenden Christologien von einem Graben zwischen dem Geschehen der Erlösung selbst (Sachgrund) und dessen Erkennbarkeit für uns (Erkenntnisgrund).

Schon in den ersten Jahrzehnten der Aufklärung vermutet die Kritik der neutestamentlichen Exegese, dass der Glaube an die leibliche Auferweckung des Gekreuzigten und in dessen Gefolge auch der Glaube an die Präexistenz des aus der Jungfrau Maria geborenen Logos bloße Interpretamente der nachösterlichen Gemeinde seien. Von der Aufklärung bis in die jüngste Zeit – bis zu den viel diskutierten Bestsellern des protestantischen Exegeten Gerd Lüdemann über »die Auferstehung Jesu« und

---

vergöttlicht. Von diesen beiden Perspektiven her, zumal wenn sie kombiniert werden, ist es offensichtlich nur schwer zu vermeiden, dass die Auferstehung Jesu einen untergeordneten Stellenwert bekommt. Im ersten Falle dient sie der Bestätigung, dass der Vater das freiwillige Opfer des Sohnes annimmt; sie ist Verherrlichung seiner menschlichen Natur und wird dieser als Lohn für seine Verdienste zugesprochen. Im zweiten Fall neigt man dazu, die Auferstehung anzusehen sei es als Beweis seiner Gottheit – was kaum ausreichen dürfte –, sei es als die Krönung – die einfache Krönung – des in der Inkarnation begonnenen und im Grunde schon vollzogenen Erlösungswerkes.« (A. Gesché, Die Auferstehung Jesu in der dogmatischen Theologie, in: Theologische Berichte II, Einsiedeln 1973, 275–324; hier: 278f).

über die »Jungfrauengeburt«[12] – ist die Argumentation im Prinzip dieselbe geblieben. Man geht von der Vermutung aus, die mit der jüdischen Tradition vertrauten Jünger Jesu hätten nicht nur an der Lehre ihres hingerichteten Meisters festgehalten, sondern im Rückgriff auf vertraute Kategorien der Hoffnung (Erzählungen von der Entrückung des Elia oder Henoch; apokalyptische Erwartung einer Auferweckung der Gerechten) auch die Vorstellung von der Auferweckung des von ihnen zum Messias erklärten Jesus entwickelt. Zu diesem Glauben aber gehöre nicht nur die Überzeugung, dass der Gekreuzigte zum Vater erhöht sei, sondern auch, dass er als der präexistente Logos vom Vater ausgegangen sei. Also sei schon relativ früh die Tradition von der Inkarnation des ewigen Sohnes aus der Jungfrau Maria entstanden.

Aber: Sind die biblischen Erzählungen von der Auferweckung und von der Präexistenz des Erlösers bloße Interpretamente seiner Anhänger? Wo liegt der Erkenntnisgrund der wahren Gottheit Jesu, wo der Erkenntnisgrund seiner Auferweckung, wo der Erkenntnisgrund seiner Präexistenz?

1.4.1 Die Frage nach der Entstehung des Osterglaubens

Die ältesten Auferstehungszeugnisse sind die so genannten Eulogien. Eulogien sind Einleitungen oder bilden den Abschluss von Psalmen, die den Lobpreis Gottes zum Ausdruck bringen. Mit dem einzeiligen Eulogion »Gott hat Jesus von den Toten auferweckt« (Röm 10,9; 1 Kor 6,14; 15,15; 1 Thess 1,10; Apg 3,15) oder mit der partizipialen Gottesprädikation »Gott, der Jesus aus den Toten auferweckt hat« (z. B. Röm 4,24; 8,11; 2 Kor 4,14; Gal 1,1) knüpft die christliche Gemeinde an den Lobpreis der Israeliten auf die Macht JHWHs über Leben und Tod an. Ähnlich ursprünglich formulieren Anrufungen des Auferweckten wie der aramäische Gebetsruf »Maranatha« (1 Kor 16–22; Offb 22,20). Und älter als die biblischen Erzählungen über die Selbstbekundungen bzw. Erscheinungen des Auferweckten sind wohl auch die Credoformeln der Taufliturgie (vgl. Röm 6,3f). In ihnen tritt zu dem Lobpreis auf die Macht Gottes der Gedanke der Erhöhung des Menschen Jesus hinzu.

Die neuere Forschung[13] ist sich einig, dass mehrgliedrige Aussagereihen später als die Kurzformeln entstanden sind. Das gilt auch von dem

---

12 G. Lüdemann, Die Auferstehung Jesu. Historie – Erfahrung – Theologie, Göttingen 1994; ders., Jungfrauengeburt? Die wirkliche Geschichte von Maria und ihrem Sohn Jesus, Stuttgart 1997.
13 Ausgezeichnete Überblicke bieten: H. Waldenfels, Kontextuelle Fundamentaltheologie, Paderborn ²1988, 262–281; P. Hoffmann, Auferstehung Jesu Christi. II/1. Neues Testament, in: TRE IV (Berlin ²1993) 478–513.

1.4 Die Frage nach dem Ausgangspunkt jeder Christologie

lange Zeit als ältestes Zeugnis angesehenen Bekenntnis in 1 Kor 15,3–5. Hier handelt es sich nicht mehr um eine einfache Auferweckungsformel, sondern um eine Art Kurzformel der Christologie. Diese spricht von Jesu Tod als einer Sühne für unsere Sünden, von seiner Beisetzung und Auferweckung und auch davon, dass er als Auferweckter sichtbar wurde zunächst für Kephas, dann für die Zwölf, dann für fünfhundert Brüder und zuletzt auch für den Verfasser des ersten Korintherbriefes, für Paulus selbst.

Es folgen in der Chronologie der Osterzeugnisse die Erzählungen vom leeren bzw. geöffneten Grab[14] und von den Erscheinungen[15]. Bemerkenswert ist, dass alle vier Evangelien in der Bezeugung des leeren Grabes übereinstimmen, in der Darstellung der Erscheinungen aber so stark voneinander abweichen, dass eine Synopse unmöglich erscheint. Nirgendwo soll das geöffnete Grab die Auferweckung Jesu beweisen (vgl. Mt 28,15; Joh 20,15). Aber es könnte doch sein, dass alle vier Evangelisten das leere Grab bezeugen, weil das Ostergeschehen zur Selbstoffenbarung Gottes In Raum und Zeit gehört und also nicht nur ein transgeschichtliches Handeln Gottes bezeichnet[16]. Im Vergleich zur leiblichen Auferstehung Jesu

---

14   Mt 28,1–8; Mk 16,1–8; Lk 24,1–12; Joh 20,1–13.
15   »Von ›Erscheinungen‹ Jesu ist im ältesten Stadium der Überlieferung vor und neben Paulus nur in kurzen, formelhaften Wendungen die Rede (›auferstanden und erschienen dem Kephas usw.‹: 1 Kor 15, 4ff; Lk 24, 34; Apg 10, 39f; 13, 28.30f). Möglicherweise sind also die Erscheinungen vor Petrus, den Zwölfen, Jakobus usw. im frühen Urchristentum nur in dieser Kurzgestalt, in der das bloße Datum festgehalten wird, überliefert worden. Ausgeführte Erzählungen scheint es nicht gegeben zu haben. Jedenfalls hat der erste Evangelienschreiber, Markus (bzw. schon die ihm vorausliegende, vormarkinische Tradition), im Zusammenhang seiner Grabeserzählung die entscheidende Erscheinung vor Petrus und den Zwölfen (1 Kor 15,5) *nicht erzählt*, sondern auf sie – unter Aufnahme des ihm vorgegebenen Datums – nur hingewiesen (Mk 16,7). Damit hat er indessen die in Jerusalem angesiedelte Grabeserzählung anfanghaft mit den Erscheinungen in *Galiläa* verbunden. Matthäus baute diese Verbindung dann aus, indem er zum erstenmal einen *Erzählzusammenhang* zwischen dem Jerusalemer Geschehen am Grab und der galiläischen Erscheinung vor den Elfen schuf (Mt 28,16–20). In einer noch etwas späteren Phase der Überlieferungsgeschichte wird dieser Erzählzusammenhang dadurch verstärkt, dass das gesamte Ostergeschehen zeitlich und örtlich zusammengelegt wird: so findet bei Lukas und teilweise bei Johannes (der dabei indirekt von Lukas abhängig ist) die Erscheinung Jesu vor den elf Jüngern nicht irgendwann nach dem Ostertag in Galiläa, sondern am Abend des Ostertages selbst, und zwar in Jerusalem, statt (Lk 24,36–49 und Joh 20,19–23).« (H. Kessler, Sucht den Lebenden nicht bei den Toten. Die Auferstehung Jesu Christi in biblischer, fundamentaltheologischer und systematischer Absicht. Neuausgabe mit ausführlicher Erörterung der aktuellen Fragen, Würzburg 1995, 127f).
16   Dazu: J. Kremer, Zur Diskussion um das »leere Grab«, in: E. Dhanis (Hg.), Resurrexit. Actes du Symposion International sur la Résurrection de Jésus, Rom 1974, 137–159; C. v. Schönborn, »Auferstehung des Fleisches« im Glauben der Kirche, in:

1. Der Ausgangspunkt

sind die Erscheinungen des Auferstandenen auf keinen Fall Teil der empirisch greifbaren Welt geschichtlicher Fakten[17]. Wohl deshalb kommt es den Evangelisten fast ausschließlich auf die Adressaten der Selbstbekundungen des Auferstandenen, nicht aber auf die empirisch beschreibbaren Umstände der Erscheinungen an. Der Wunsch, einen schon beigesetzten, in Leinentücher eingewickelten Toten am dritten Tag noch zu salben, ist durch keine geläufige Sitte der damaligen Zeit gedeckt. Und wenn die zur Salbung des Leichnams aufbrechenden Frauen erst unterwegs auf den Gedanken kommen, sie hätten ja eigentlich Hilfe nötig, um den Stein vom Grab zu wälzen, spürt auch der frommste Leser, dass der Erzähler nicht zur Zunft der Historiker gehört. Der ganze Erzählstil ist von bestimmten Absichten diktiert. Es geht in der Regel um die Beauftragung, Legitimierung oder Autorisierung eines oder mehrerer Adressaten (vgl. Lk 24,36–43; Joh 20,20).

Aus der unbestreitbaren Tatsache, dass die ältesten Bezeugungen des Ostergeschehens von der *Auferweckung* des Gekreuzigten und erst jüngere Formeln und Erzählungen auch von der *Auferstehung* Jesu sprechen, folgert die Mehrzahl der historisch-kritisch arbeitenden Exegeten eine fortschreitende »*Christo*logisierung« des ursprünglich rein »*theo*logisch« interpretierten Ereignisses. Aber einmal abgesehen davon, dass eine frü-

---

IKaZ 19 (1990) 13–29; R. Schwager, Die heutige Theologie und das leere Grab, in: ZKTh 115 (1993) 435–450; I. U. Dalferth, Volles Grab, leeres Grab? Zum Streit um die Auferweckung des Gekreuzigten, in: ZThK 95 (1998) 379–410.

17 Georg Essen hält es in seiner »Historik« zwar für möglich, die transgeschichtlich erfolgten Erscheinungen des Auferstandenen so auf die von der Geschichte Jesu gebotenen Fakten zu beziehen, dass nicht nur deren Sinnzusammenhang aufleuchtet, sondern auch umgekehrt der Sinnzusammenhang der Fakten die behaupteten Erscheinungen als wahrhaftes Handeln Gottes ausweist. Essen bekräftigt aber zugleich: Die »geschichtswissenschaftliche Herausforderung, mit der die Theologie konfrontiert wird, besteht darin, dass die Historie ihrem Selbstverständnis nach keine historischen Aussagen über vergangene Ereignisse akzeptieren kann, die dem methodischen Anspruch der empirischen Geltungssicherung nicht standhalten können. Dem Kriterium der ›empirischen Triftigkeit‹ kommt, so *J. Rüsen*, eine ›unhintergehbare Kontrollinstanz‹ für den Tatsachengehalt einer historischen Aussage zu. Diese kann geschichtswissenschaftlich nicht bestehen, wenn deren Tatsachengehalt ›dubios‹ ist und dem Selektionskriterium des ›empirisch Möglichen‹ nicht standhalten kann. Dabei steht die geschichtswissenschaftliche Thematisierung des ›empirischen Faktums‹ vor einer doppelten Herausforderung, der auch die theologische Hermeneutik nachkommen muss: Einerseits darf sich das Moment der empirischen Geltungssicherung nicht auf die positivistische Abstraktion des ›factum brutum‹ reduzieren. Anderseits aber darf sich das Motiv, die Aporien des historischen Positivismus zu überwinden, nicht zu einem radikalen Interpretationismus verselbständigen, der die hermeneutische Kategorie des ›geschichtlichen Ereignisses‹ auf ein subjektives Aneignungsschema verkürzt.« (G. Essen, Historische Vernunft und Auferweckung Jesu. Theologie und Historik im Streit um den Begriff geschichtlicher Wirklichkeit [TTS 9], Mainz 1995, 436).

here Reflexionsstufe im Vergleich zu einer späteren Reflexionsstufe nicht automatisch zutreffender interpretiert, lässt sich der besagte Befund ganz einfach dadurch erklären, dass die Adressaten des Auferstandenen zunächst auf die Kategorien zurückgreifen mussten, die das zeitgenössische Judentum mit seiner apokalyptischen Erwartung eines den alten Äon beseitigenden neuen Äons – unter Einschluss der *Auferweckung* der Gerechten – anzubieten hatte. Von daher lässt sich der These von der größeren Authentizität der jeweils älteren Interpretamente die Antithese entgegenhalten, dass mit fortschreitender Reflexion die Einzigkeit der *Auferweckung* Jesu nicht nur darin gesehen wurde, dass er noch *vor* dem im zeitgenössischen Judentum erwarteten Einbruch der Gottesherrschaft aus den Toten (der Scheol) zu neuem Leben *erweckt* wurde, sondern mehr noch darin, dass er auf Grund einer schlechthin singulären Beziehung zu dem Gott, den er seinen Vater nannte, zur *Auferstehung* befähigt wurde. Die im vierten Evangelium ganz offensichtliche Bevorzugung des Terminus »Auferstehung« gegenüber dem Terminus »Auferweckung« bedeutet somit, dass Jesus im Erleiden des *physischen Todes* den eigentlichen *Tod der Trennung vom Vater* (den Tod, der biblisch gesehen Folge der Sünde ist) besiegt hat – nicht aus der autonomen Kraft seines Menschseins, sondern weil ihm als wahrem Menschen in Raum und Zeit dieselbe Beziehung zum Vater geschenkt war, die das Proprium des – trinitätstheologisch gesprochen – ewigen Sohnes bzw. Logos beschreibt[18].

Fragen wir in einem kurzen Exkurs: Was ist mit der hier angesprochenen Unterscheidung zwischen dem *physischen Tod* und dem *Tod der Trennung vom Vater* näherhin gemeint?

---

18 »Wenn es die Überzeugung des Glaubens ist, dass die Sünde der Welt sich im Tode zeitigte, dass sie in der Gestalt des Todes auftrat und in dieser Gestalt ihre konkrete, sinnenfällige Macht entfaltete, so war das Eingehen des Erlösers gerade in diese Gestalt nicht unbegründet. Die Übernahme der Todesgestalt durch den Erlöser war zunächst eine neuerliche Kennzeichnung der Unheilsmacht der Sünde als Lebensverlust und Liebesleere. Indem der Erlöser seine Menschenliebe aber gerade in dieser Gestalt ausdrückte, erfuhr der Tod eine innere Verwandlung. Der Liebestod höhlte den Sündentod gleichsam aus und machte aus dem Unheilsmal ein Zeichen des Heils. Durch den Liebestod wurde der Sündentod, die konkrete Ausdrucksform der Sünde in der Welt, gebrochen und zugleich der Realitätsgehalt der Erlösung dokumentiert; denn eine Erlösung, die nicht auch das Todesgeschick der Menschheit beträfe und es veränderte, wäre in Bezug auf ihren Realitätsgehalt fragwürdig geblieben. So ›musste‹ der Erlöser (vgl. Lk 24,26) seine Liebe mit dem Tod verbinden, damit die Sünde in ihrem ganzen Realitätsgehalt getroffen und überwunden würde. Die Überwindung aber konnte nur in dem aus der Liebe emporsteigenden neuen Leben der Auferstehung bestehen. Darum ist die Auferstehung die Veröffentlichung des schon im Liebestod Christi verborgenen Sieges über den Tod, der Aufgang des in der todesüberwindenden Liebe eingeschlossenen Lebens.« (L. Scheffczyk, »Satisfactio non efficax nisi ex caritate«. Zur Frage nach dem Grund der Erlösung in Tod und Auferstehung Christi, in: Annales theologici 1 [1987] 73–94; 91f).

1. Der Ausgangspunkt

Während die Nachbarvölker, vor allem Ägypten, das Göttliche im Eschaton ansiedeln, kennt Israel keinen Himmel jenseits der Todesgrenze, sondern beschreibt das diesseitige Leben als das Geschenk der Nähe JHWHs. Der Beter fragt in Ps 88,11: »Stehen denn die Schatten auf zu deinem Lob, Herr?« Es herrschte ganz offensichtlich bis in nachexilische Zeit die Vorstellung, dass mit dem Tod die Verbindung zu JHWH zerrissen ist; denn – so die Begründung – JHWH ist der Gott des Lebens; deshalb ist jeder, der zu ihm in Beziehung steht, lebendig. Und das Lebendigsein konnte sich Israel nicht leiblos vorstellen. Die Frage, wie Israel die Existenz der Verstorbenen begriff, ist nur sehr differenziert zu beantworten. Israel übernimmt aus dem religionsgeschichtlichen Umfeld die Vorstellung von einer Scheol, in der die Leiblosen – eben die »Schatten« – nicht wirklich leben, aber doch irgendwie noch da sind. Der Gerechte lebt lange; der Ungerechte wird früh zum Schatten der Scheol. Als Beispiel für diese Vorstellung kann Gen 5,21–27 angeführt werden: »Henoch war 65 Jahre alt, da zeugte er Metuschelach. Henoch wandelte mit Gott. Henoch lebte nach der Geburt Metuschelachs noch 300 Jahre und zeugte Söhne und Töchter. Die ganze Lebensdauer Henochs betrug 365 Jahre. Henoch wandelte mit Gott; dann war er nicht mehr; denn Gott hatte ihn hinweggenommen. Metuschelach war 187 Jahre alt, da zeugte er Lamech. Metuschelach lebte nach der Geburt Lamechs noch 782 Jahre und zeugte Söhne und Töchter. Die ganze Lebensdauer Metuschelachs betrug 969 Jahre, dann starb er.«

Bei Henoch fällt auf, dass es am Schluss nicht heißt: »Dann starb er«, sondern: »Gott hatte ihn hinweggenommen«. Gemeint ist offenbar ein besonderer Vorgang (Entrückung bzw. Himmelfahrt), wie er auch von Elija in 2 Kön 2,1–15 berichtet wird. In nachexilischer Zeit verstärkte sich in Israel die Hoffnung, dass JHWH die Gerechten nicht in der Scheol belässt. Da heißt es z. B. in Ps 49,16: »Gott aber entreißt meine Seele der Unterwelt und nimmt mich zu sich.« Oder Ps 73,24: »Nach deinem Ratschluss wirst du mich leiten, und endlich nimmst du mich auf in deine Herrlichkeit.« Mit dieser Hoffnung verbindet sich schließlich die apokalyptische Eschatologie, die nach einer furchtbaren Zerstörung einen neuen Äon, verbunden mit der *Auferweckung* aller Gerechten ins Leben, erwartete. Die frühesten Zeugnisse dieser Eschatologie sind:

- Jes 26,19: »Doch *deine* Toten leben wieder auf, und ihre Leichen werden wieder auferstehen.«
- Ez 37,12: »So spricht der Herr JHWH: Siehe, ich öffne eure Gräber und hole euch heraus aus euren Gräbern, mein Volk, und bringe euch in das Land Israel, und ihr sollt erkennen, dass ich JHWH bin, wenn ich eure Gräber öffne und euch aus euren Gräbern heraushole, mein Volk!«

1.4 Die Frage nach dem Ausgangspunkt jeder Christologie 43

– Dan 12,2: »Viele von denen, die im Staub der Erde schlafen, werden aufwachen, die einen zu ewigem *Leben*, die anderen zur Schmach, zu ewiger *Schande*.«

Zur Zeit Jesu herrschte die weit verbreitete Erwartung, dass die Sendung des Messias unmittelbar bevorstünde. Dieser Messias würde leiden, nach seinem Tod auferstehen und schließlich wie Henoch und Elija in den Himmel auffahren. Indizien für diesen weit verbreiteten Volksglauben findet man eindeutig lange vor dem Auftreten Jesu. Ein solches Indiz ist Mk 6,14: »Und man sagte: Johannes der Täufer ist von den Toten auferstanden.« Die jüdische Tradition vom Martyrium und der Entrückung eschatologischer Figuren wurde schon zu Lebzeiten Jesu auf das Schicksal Johannes des Täufers angewandt[19]. Und gesichert ist auch, dass die ersten Christologien die jüdische Eschatologie und deren Kategorien und Begriffe zur Deutung des Ostereignisses verwenden. Sie hätten sich wahrscheinlich anders gar nicht verständlich machen können, wenn sie den gekreuzigten Jesus als den Lebenden verkünden wollten. Und dennoch oder gerade deshalb bleibt die Frage akut: Offenbaren diese Deutekategorien der jüdischen Tradition das Ereignis selbst, oder muss man sich bemühen, das Ereignis von diesen Deutekategorien abzuheben? Wie verhalten sich die aus der jüdischen Tradition stammenden Interpretamente zum Ereignis der Auferstehung bzw. Auferweckung Jesu?

Diese Frage stellt in der neueren Theologie mit besonderem Nachdruck Rudolf Pesch[20]. Seine Argumentation lässt sich wie folgt wiedergeben: Wenn der Glaube an den Tod und die Entrückung bzw. Auferwe-

---

19 Dazu: U. Kellermann, Auferstanden in den Himmel. 2 Makk 7 und die Auferstehung der Märtyrer, Stuttgart 1979; K. Berger, Die Auferstehung des Propheten und die Erhöhung des Menschensohnes. Traditionsgeschichtliche Untersuchungen zur Deutung des Geschickes Jesu in frühchristlichen Texten, Göttingen 1976, bes. 111–114; J. Nützel, zum Schicksal der eschatologischen Propheten, in: BZ 20 (1976) 59–64.
– Paul Hoffmann vermutet, dass die in der alttestamentlich-jüdischen Überlieferung bekannte Entrückung lebender Gestalten (Henoch, Elias, Esra, Baruch, Mose) zur Zeit der Entstehung des NT längst überlagert war von der im griechisch-römischen Raum vielfach bezeugten Entrückung gestorbener und schon beigesetzter »Heroen«. Und – so bemerkt er – »nachgewiesen war das Faktum einer Entrückung durch die Beglaubigung von Augenzeugen, durch die nachträgliche Erscheinung des Entrückten oder eines göttlichen Boten, vor allem aber durch die Feststellung, dass der Leichnam oder Reste desselben nicht auffindbar sind.« (Auferstehung Jesu Christi. II/1. Neues Testament, in: TRE IV [Berlin ²1993] 478–513; 499).
20 Vgl. R. Pesch, Zur Entstehung des Glaubens an die Auferstehung Jesu. Ein Vorschlag zur Diskussion, in: ThQ 153 (1973) 201–228. – 1975 hat Rudolf Pesch die Gegenargumente seines Lehrers Anton Vögtle und weiterer Exegeten und Systematiker metakritisch diskutiert in dem Beitrag: Materialien und Bemerkungen zu Entstehung und Sinn des Osterglaubens, in: Wie kam es zum Osterglauben?, hg. v. A. Vögtle u. R. Pesch, Düsseldorf 1975, 136–184.

ckung oder Auferstehung des leidenden Propheten im zeitgenössischen Judentum Jesu weit verbreitet war, und wenn die Jünger diesen Glauben teilten, dann hat ihr Glaube an die Auferweckung bzw. Auferstehung sein Fundament nicht in der Zeit nach dem Tod Jesu, sondern während seines Wirkens kamen die Jünger zu der Überzeugung, dass Jesus der eschatologische Prophet der Endzeit ist[21]. Der Glaube der Jünger an Jesus als den endzeitlichen Propheten wird durch seinen Tod weder verändert noch grundlegend erschüttert. Ebenso wie die Jünger Johannes des Täufers nach seinem Tod an ihrem Glauben festhalten, an seine Auferstehung glauben, missionieren und taufen konnten (Apg 19,1–7), so war es auch den Jüngern Jesu nach seinem Tod möglich, vertrauensvoll am Glauben an ihn festzuhalten[22]. Von daher lassen nicht erst die Erscheinungen des Auferstandenen den Osterglauben entstehen, sondern Jesus selbst lässt hinreichend deutlich erkennen, dass er der Sohn Gottes ist, den der physische Tod nicht aus der Gemeinschaft mit dem Vater herausreißen kann.

1982 gelangt Pesch zu einer leichten Veränderung seiner Position: Während er die Erscheinungsberichte zunächst als für die Entstehung des Osterglaubens letztlich irrelevant bezeichnet und im zeitgenössischen Judentum genügend Kategorien zur Identifizierung des leidenden und sterbenden Jesus mit dem erwarteten Messias entdeckt hatte, unterscheidet er in späteren Veröffentlichungen zwischen der »de iure-Evidenz vor Os-

---

[21] »Nehmen wir die von Anton Vögtle ausgeführte ›unbestrittene Voraussetzung‹ des Denkens Jesu und seiner Jünger hinzu, ›den Glauben an den Herrn über Leben und Tod‹ (A. Vögtle, Wie kam es zum Osterglauben, 104), lassen wir uns durch K. Berger darüber hinaus belegen (gegen Vögtle S. 115f), dass der Gerechte auch beim Gericht über seine Feinde fungiert [...], was Jesus nach Mk 14,62 auch für sich beansprucht, vergegenwärtigen wir uns die Breite und Vielfalt christologischer Traditionen und deren Verbindung mit Martyrertraditionen im Judentum, so wird A. Vögtles Urteil, wonach Jesu Hinrichtung ›in den Augen aller Israeliten nun einmal bedeuten (musste), dass das Kommen des Heils nicht an seine Person und sein Wirken geknüpft sein kann‹ (Vögtle S. 118), bzw. ›Dass ein Gehenkter, von Gott aber Auferweckter und zu sich Erhöhter *der Messias* sein sollte, war für jüdische Begriffe aber nun einmal ein messianischer Nonsens ohnegleichen‹ (Vögtle S. 118), unhaltbar. Zumindest für Jesu Jünger gilt es nicht. Und dies a fortiori, wenn Jesus ihnen beim Abendmahl offenbarte, dass ›das Kommen des Heils‹ gerade an seinen Tod gebunden wird und gebunden bleibt« (Pesch, Materialien, 165).

[22] Hansjürgen Verweyen bekräftigt Peschs Vermutung mit dem Hinweis: »Die Evangelien stellen uns einen als legitimiert erkennbaren Anspruch Jesu vor, dem nicht Folge zu leisten Schuld bedeutet. Wo aber wäre in der Bibel (oder sonst in der Weltgeschichte) der von einem Gerechten ausgehende Anspruch dadurch in seinem Einforderungscharakter legitimiert worden, dass dieser ›Prophet‹ von seinen Feinden liquidiert wurde?« (Botschaft eines Toten? Den Glauben rational verantworten, Regensburg 1997, 57).

1.4 Die Frage nach dem Ausgangspunkt jeder Christologie

tern« und der »de facto-Evidenz« nach Ostern[23]. Aber auch wenn er zehn Jahre nach seiner ersten Veröffentlichung zum Thema die Berichte über die Selbstbekundungen des Auferstandenen für historisch glaubwürdig hält, bleibt er dabei, dass die Jünger schon unter dem Kreuz Jesus als den Christus hätten bekennen können; dass sie also nur de facto eines weiteren Anstoßes bedurften, weil sie als Sünder nicht hinreichend aufgeschlossen für die Evidenz jener Liebe waren, die im physischen Sterben den eigentlichen Tod der Trennung von Gott besiegt hat.

Hansjürgen Verweyen fügt den Argumenten Peschs aus fundamentaltheologischer Perspektive die Überlegung hinzu: Wenn die Ostererscheinungen als unabdingbare Einstiegsmöglichkeit in das »Ein-für-allemal« Jesu fungierten, dann wäre dieser Einstieg den »Jüngern erster Hand« noch durch eigene Wahrnehmung zugänglich gewesen – bis hin zum »Nachfassen« des Apostels Thomas. Wir hingegen wären auf bloße Berichte über jene behauptete Basisevidenz verwiesen, Berichte, die wie alles historisch Dokumentierte bestenfalls zu wahrscheinlicher Gewissheit führen. Eine Evidenz mit bloßem Wahrscheinlichkeitscharakter kann aber nicht den Legitimationsgrund für eine Existenzentscheidung mit Unbedingtheitscharakter abgeben. Anders liegen die Dinge, wenn nicht erst in Ereignissen nach dem Karfreitag, sondern bereits im »Hingang Jesu selbst« (als Kurzformel für sein ganzes proexistentes Leben) der zureichende Grund für den Glauben zu sehen ist[24]. Dann entspricht

---

23 Vgl. R. Pesch, Zur Entstehung des Glaubens an die Auferstehung Jesu. Ein neuer Versuch, in: FZPhTh 30 (1983) 73–98; ders., Zwischen Karfreitag und Ostern. Die Umkehr der Jünger Jesu, Einsiedeln 1983.
24 Hansjürgen Verweyen sieht in dem Zeugnis, das Markus dem heidnischen Hauptmann unter dem Kreuz in den Mund legt (Mk 14,33–36), den entscheidenden Hinweis auf eine Evidenz, die keiner transgeschichtlichen Verstärkung bedarf. Diese Evidenz liegt in einem von außen kommenden (eben nicht selbstverursachten) Zerbrechen aller theologischen Projektionen. Wörtlich bemerkt Verweyen: »Auch die ureigenste Vorstellung Jesu von seinem Gott – die (historisch für gesichert geltende) kindliche Anrede seines Vaters mit ›Abba‹, die Jesus auch noch in dem härtesten Ringen seines menschlichen Wollens mit dem göttlichen Willen im Garten Getsemani in den Mund gelegt wird (Mk 14,33–36) – wird ihm schließlich zerbrochen. Der ›Held‹ des Christentums überwindet nicht nur seinen Selbsterhaltungstrieb. Das ist auch anderen gelungen. Jesus wird auch noch das Letzte genommen, das denen, die für eine gerechte Sache in den Tod gehen, bleibt – selbst wenn sie mit keinem Jenseits rechnen –: das Ruhen in der Gewissheit der richtigen Ideologie, das Wissen um den inneren Einklang mit dem ›kategorischen Imperativ‹, das Grundgefühl, dass der letzte Atemstoß in den alles umgreifenden göttlichen Atem mündet, in eine kosmische Einheit, wo nach der Überwindung jeder Ichverhaftetheit und Differenz die endgültige Harmonie winkt. Im Sterben Jesu vollzieht sich ein Ikonoklasmus, ›worüber hinaus kein größerer gedacht werden kann‹. Gott, die einzige Karte, worauf dieses Leben gesetzt war, entzieht sich in die radikalste Fremdheit, jeder Vorstellung entkleidet, von der sich her eine Beziehung zum Menschen denken

der Basisevidenz der Jünger – die in der Konfrontation mit diesem »Hingang Jesu« gegeben war – auf der Seite aller nachfolgenden Generationen die Konfrontation mit dem Zeugnis derer, die in ihrem Leben und Sterben Jesu todverschlingenden Tod gegenwärtig machen[25]. Der Qualitätsunterschied zwischen Jüngern erster und zweiter Hand fällt auf diese Weise dahin, weil der Weg in den Glauben für alle gleich weit ist. Alle Jünger Jesu müssen – vor den Ernstfall gestellt – entscheiden, ob sich ihre Angst durch eine solche Hingabe des Lebens entmachten lässt oder ob es zusätzlicher Zeichen bedarf. Viele Exegeten, die die Bekehrung des Saulus vor Damaskus als Beleg für ihre These von der Erkennbarkeit Jesu als des Christus nur und ausschließlich auf Grund der Selbstbekundungen des Auferstandenen anführen, fragen nicht einmal, warum denn die Gewissheit des Paulus, dass der Gekreuzigte lebt, seinen Kreuzestod nachträglich als Offenbarung des Heils erweisen kann. Wenn das Sterben Jesu nach Auskunft der Mehrzahl aller Exegeten die Anwesenheit Gottes verbirgt und erst ein transgeschichtliches Handeln Gottes bestimmte Adressaten vom Gegenteil überzeugt, fragt sich doch immer noch, warum die Selbstbekundungen des Auferstandenen das Kreuz nachträglich als Offenbarung von Heil ausweisen. Mit guten Gründen insistiert Verweyen: Liegt nicht der eigentliche Grund für den Osterglauben auch des Paulus »in einer ›im Fleische‹ vermittelten Erfahrung«? Jedenfalls erwies sich ihm das »Leben, dem er in der von ihm verfolgten Kirche – bis hin zum Blutzeugnis – begegnete, [...] als ein solcher Sieg über den Tod, dass er seine gesamte folgende Tätigkeit unter dem Titel ›Wort vom Kreuz‹ zusammenfassen konnte (vgl. 1 Kor 1,18 mit 2,2)«[26].

---

ließe. Bildlos. Und doch ist der ›Ich-bin-da‹ hier gegenwärtig wie nie zuvor, wird sein Name geheiligt, wie sonst an keiner geschichtlich bekanntgewordenen Stelle: im nackten Du, auf das hin Jesus in diesem Gebetsschrei ›aushaucht‹.« (Botschaft eines Toten?, 84).

25 »Das Zeugnis ist [...] der genuine Ort für die Erkenntnis und Weitergabe eines Ereignisses mit Geltungsanspruch an die sittliche Vernunft. Es macht ein ›Vergangenes‹ [...] in dem Maße gegenwärtig, wie sich der Zeuge in einem zweifachen Sinn in Anspruch nehmen lässt; zum einen auf das hin, woher er sich zum Zeugnis berufen weiß, zum anderen auf die hin, die dieser Ruf erreichen soll. [...] Es gibt nur einen ›Ort‹ in der Unüberschaubarkeit geschichtlicher Kontingenz, an dem erkennbar wird, dass sich ein Unbedingtes wirklich realisiert: ein Zeugnis, in dem der Zeuge sein eigenes Leben als völlig irrelevant betrachtet demgegenüber, was ihn unbedingt in Anspruch nimmt. [...] Nicht jedes Martyrium ist nun allerdings glaubwürdige Verkörperung wirklich sittlichen Handelns. [...] Der Zeuge muss sich (a) als jemand erkennen lassen, der bis ins Mark seiner Existenz hinein von dem durch ihn bezeugten Anspruch eines Unbedingten überzeugt ist.« (Verweyen, Botschaft eines Toten?, 131f). Und (b) offenbart sich der echte Zeuge durch die »Überzeugung, dass die Kraft des zu Bezeugenden allen vernünftigeren Einwänden zu widerstehen vermag« (ebd. 132f).

26 Verweyen, Botschaft eines Toten?, 90.

1.4 Die Frage nach dem Ausgangspunkt jeder Christologie 47

Einige Kritiker der von Rudolf Pesch und in modifizierter Form von Hansjürgen Verweyen entwickelten Position haben die soeben referierten Ausführungen völlig missverstanden – und das, obwohl die These, dass Jesus schon vor Ostern als der Christus erkennbar war, von den christologischen Konzilien bis hinein in die Theologie des 20. Jahrhunderts als Konsens galt. Neu bei Pesch und Verweyen ist doch lediglich der Versuch, diese Position mit den Methoden ihrer Bestreiter, also mit Hilfe der historisch-kritisch argumentierenden Exegese, als die stimmigere zu erweisen. Völlig abwegig erscheint der von einigen Exegeten gegenüber Verweyen erhobene Vorwurf, er vertrete eine ähnliche Auffassung wie Bultmann oder gar Lüdemann, weil er wie diese den Ostererscheinungen für die Erkenntnis des Jesus als des Christus kaum eine oder gar keine Bedeutung zumesse. Wenn schon ein Vergleich zwischen Verweyen und Bultmann bzw. Lüdemann gezogen wird, dann muss man die Position des Freiburger Fundamentaltheologen geradezu als direkte Antithese zu der Osterthese Bultmanns oder Lüdemanns charakterisieren. Für Bultmann und für Lüdemann ist der historische Jesus (das »Dass« seiner Existenz) bekanntlich nur so etwas wie der Katalysator eines neuen Bewusstseins, einer den Tod nicht mehr fürchtenden Überzeugung bzw. des je eigenen Glaubens des jeweils einzelnen Gläubigen. Aus der Sicht von Verweyen hingegen sind die dreiunddreißig Jahre des Lebens Jesu das wahre Antlitz Gottes. Eine der Schlüsselpassagen seines fundamentaltheologischen Handbuches lautet: »Gegenüber der gnostischen Vorstellung von einem Scheinleib Jesu, den das Gottwesen gleichsam als Maskerade angenommen habe, hat die frühe Kirche zäh am Grunddogma der Inkarnation festgehalten: Gott hat es vermocht, sein ganzes Wesen ›im Fleische‹ zu offenbaren, d. h. in jener ohnmächtigen Spanne menschlichen Lebens zwischen Empfängnis und Tod, die der Christus mit uns allen gemeinsam hat. Wäre das ›Ein-für-allemal‹ Jesu erst in Ereignissen *nach* dem Tode Jesu begründet, dann würde der entscheidende Offenbarungsakt doch wieder von der *Inkarnation* in Richtung *Inspiration* verschoben. Dabei macht es keinen wesentlichen Unterschied, ob man die Osterevidenz auf einen reinen Akt des das Kerygma begründenden Geistes oder auf die Manifestation eines verklärten Leibs zurückführt.«[27]

In diesem Zitat wird klar ausgedrückt, dass sich der Glaube an Jesus als den Christus nicht nur vor dem Forum der je eigenen Plausibilität, sondern auch vor dem Forum der historischen Vernunft zu verantworten hat. Entscheidend für den Glauben an Jesus als den Christus ist nach Verweyen die Beantwortung der Frage: Ist Jesus ganz unabhängig von mei-

---
27 H. Verweyen, Gottes letztes Wort. Grundriss der Fundamentaltheologie, Regensburg ³2000, 344.

nem Glauben der Weg, die Wahrheit und das Leben für alle Menschen aller Zeiten? Oder macht erst der Glaube des je Einzelnen Jesus zum Christus? Anders gesagt: Wenn Jesus kein bloßes Beispiel, kein bloß bedeutender Lehrer, sondern mein Erlöser ist, dann hat er vor zweitausend Jahren etwas für mich getan, was ich nicht selbst tun kann. Was denn?

Hier ein erster Versuch einer ersten Antwort: Jesus ist nicht nur in den Jahren seines Lehrens und Wirkens, sondern auch im Erleiden des physischen Todes am Kreuz so in Beziehung zu seinem Vater geblieben, dass er – wie die Osterpräfation formuliert – im Tod den Tod besiegt hat. Diese vordergründig paradoxe Formulierung basiert, wie oben erläutert, auf zwei unterschiedlichen Bedeutungen des Wortes »Tod«. Zum einen ist der physische Tod gemeint; zum anderen der Tod, der die Trennung von Gott (den Zustand des Sünders) bezeichnet. Der physische Tod kam nach biblischer Auffassung in die Welt, weil der Mensch gesündigt hat. Er ist also Ausdruck oder Symbol für den eigentlichen Tod der Trennung von Gott. Der physische Tod war nach Auffassung des zeitgenössischen Judentums keine Annihilierung, wohl aber so etwas wie der Anfang einer Schattenexistenz in einer vom Gott des Lebens (JHWH) getrennten Welt (Scheol). Vor diesem Hintergrund bedeutet die von Jesus im physischen Sterben durchgehaltene Beziehung zum Vater eine grundlegende Umqualifizierung des physischen Todes. Denn durch, mit und in Christus ist der physische Tod nicht mehr Symbol der Trennung vom Vater, sondern im Gegenteil Symbol des Übergangs zur Gemeinschaft mit dem Vater (mit dem ewigen Leben). Seit dem Ostermorgen gilt: Wer sich durch, mit und in Christus auf den Vater bezieht (vom Vater her und auf den Vater hin lebt), erfährt schon hier und jetzt – anfanghaft wenigstens –, dass ihn nichts zerstören kann, nicht »Bedrängnis oder Not oder Verfolgung, Hunger oder Kälte, Gefahr oder Schwert« (Röm 8,34).

Wenn Verweyen die Ostererscheinungen relativiert, dann nicht in derselben Weise wie Bultmann oder gar Lüdemann. Denn er hält die Erzählungen der Heiligen Schrift für glaubwürdig und bestreitet in keiner Weise, dass den Empfängern der Selbstbekundungen des Auferstandenen ein Licht aufgegangen ist. Ausdrücklich distanziert Verweyen sich von einer religionsgeschichtlichen oder psychologischen Relativierung der Visionen und Visionsberichte. Was er allerdings genauso dezidiert betont, ist der transgeschichtliche Charakter der biblisch bezeugten Erscheinungen. Er bezweifelt nirgendwo, dass die Empfänger etwas sehen, was sich ihnen zeigt. Aber das Gezeigte ist kein Geschehen in Raum und Zeit, kein zumindest prinzipiell empirisch nachprüfbares und also geschichtliches Geschehen. Den Auferstandenen sieht nicht *jeder* während einer Erscheinung anwesende Mensch, sondern nur der, dem der Erscheinende sich zeigen will. Nur in einem Punkt gibt Verweyen den im Übrigen haltlo-

1.4 Die Frage nach dem Ausgangspunkt jeder Christologie 49

sen Spekulationen von Gerd Lüdemann[28] recht: Jeder Visionär behauptet, dass das, was er gesehen hat, objektiv vorhanden und eben nicht Produkt der eigenen Anschauung war. Dennoch wird kaum jemand bestreiten, dass es neben objektiven Visionen auch subjektive Visionen gibt. Letztere müssen keineswegs Anzeichen neurotischer Erkrankungen sein. Eidetisch begabte Menschen können innere Bilder oder Wünsche so verobjektivieren, dass sie selber glauben, es würde ihnen gezeigt, was sie selbst entworfen haben. Jedenfalls gibt es kein Kriterium, um verlässlich objektive von subjektiven Visionen zu unterscheiden. Und daraus zieht Ver-

---

28 Abgesehen davon, dass Gerd Lüdemann – ähnlich wie vor ihm schon David Friedrich Strauß – die Visionen der Auferstehungszeugen in keiner Weise von dem bezeugten Faktum unterscheidet, bietet er in enger Anlehnung an Johannes Lindblom (Gesichte und Offenbarungen. Vorstellungen von göttlichen Weisungen und übernatürlichen Erscheinungen im ältesten Christentum [Acta Reg. Societatis Humaniorum Litterarum Lundensis LXV], Lund 1968, bes. 32–113) eine rein psychologische Erklärung des Zustandekommens der Erscheinungen. Er will nachweisen, dass Petrus und Paulus die Urzeugen einer Vision des Auferstandenen sind, und dass alle anderen Erzählungen von ihren Erzählungen abhängen. Der eidetisch begabte Petrus veranschaulicht mit der Erzählung von der Begegnung mit dem ihm vergebenden Herrn seine Schuldgeschichte. Wörtlich bemerkt Lüdemann: »Petrus hatte sich an Jesus durch die Verleugnung vergangen bzw. versündigt. Aber unter dem Eindruck von Jesu Verkündigung und Tod bezog Petrus durch eine Erscheinung des ›Auferstandenen‹ das im Wirken Jesu präsente Vergebungswort Gottes noch einmal und diesmal in seiner tiefgründigen Klarheit auf sich. [...] Für Petrus ist in der Dramatik der Karfreitags- und Verleugnungssituation die Welt zusammengebrochen. Zu Ostern ist dem erschütterten, trauernden Petrus trotz seiner Verleugnung Jesu und trotz dessen Tod das Wort Jesu, nämlich das Vergebungswort Jesu, noch einmal begegnet, er hat ihn ›gesehen‹. Das Wort Jesu wurde von ihm als etwas Lebendiges erlebt, als Begegnung mit dem ganzen Jesus selbst, bildhaft. Dass sich die Situation des Petrus als Trauergeschehen beschreiben lässt, zeigt ein Vergleich mit Berichten von Trauernden, die gelegentlich auch das Element der bildhaften Vergegenwärtigung des verlorenen geliebten Menschen enthalten.« (Die Auferstehung Jesu, 125f). Im Falle der Verwandlung des Saulus in Paulus folgt Lüdemann der Erklärung von Oskar Pfister (Die Entwicklung des Apostels Paulus, in: Imago 6 [1920] 243–290): »Paulus war Hysteriker mit einer starken Begabung zur Liebe gegen andere Menschen. Er hatte ein bei Hysterikern so häufiges Angstgefühl, ›das sich bei religiösen Naturen mit dem Schuldgefühl amalgamierte und den Sündendruck steigerte‹. ›Jesus und die Christen forderten Liebe und nur Liebe. Paulus konnte als echter Hysteriker vor der Bekehrung nicht vollkommen lieben, das machte ja eben sein Leiden aus‹. ›Als Paulus sich Damaskus näherte, kam es zum katastrophenartigen Durchbruch der lang verdrängten Sehnsucht [...] Paulus vollzieht die Flucht aus der peinlichen Lage ins Jenseits der Halluzination‹« (ebd. 112). Auch die Erscheinung Jesu »vor den Fünfhundert« wird von Lüdemann als psychologisch restlos erklärbare Veranschaulichung einer inneren Überzeugung dargestellt: »Es handelt sich um ein enthusiastisches Erlebnis einer großen Menge von Menschen, die als Begegnung mit Christus aufgefasst wurde. Angesichts des ungewöhnlichen Charakters einer solchen Begebenheit wird man es für gut möglich halten, dass damit in der Tat, wie es Lk schildert, die Geburtsstunde der Kirche zu bezeichnen ist« (ebd. 136).

weyen den berechtigten Schluss, dass ein Osterglaube, der ausschließlich auf die transgeschichtlich erfolgten Selbstbekundungen des Auferstandenen gestützt ist, wie ein Mythos über dem Jesus der Geschichte schwebt. Die Ereignisse des Lebens Jesu mögen im Lichte der Selbstbekundungen des Auferstandenen als in sich stimmiger und also überzeugender Sinnzusammenhang erscheinen. Das ändert aber nichts an der Tatsache, dass ein ausschließlich auf Visionen und Inspirationen einzelner Zeugen gestützter Glaube ein aus transgeschichtlichen Sphären kommendes Licht und der historische Jesus der im Nachhinein von diesem übernatürlichen Licht Beleuchtete ist. Verweyen spricht in diesem Zusammenhang von einer Aushöhlung des Inkarnationsdogmas bzw. von einer Verschiebung des eigentlichen Offenbarungsgeschehens von der Ebene der Geschichte auf die transgeschichtliche Ebene von Erscheinungen, Visionen und Inspirationen.

1.4.2 Die zwischen Hans Kessler und Hansjürgen Verweyen ausgetragene Kontroverse

Die in den neunziger Jahren zwischen dem Freiburger Fundamentaltheologen Hansjürgen Verweyen und dem Frankfurter Systematiker Hans Kessler ausgefochtene Kontroverse[29] betrifft nur vordergründig den Er-

---

29 H. Kessler, Sucht den Lebenden nicht bei den Toten. Die Auferstehung Jesu Christi in biblischer, fundamentaltheologischer und systematischer Sicht, Düsseldorf 1985; H. Verweyen, Rezension zu H. Kessler (s.o.), in: ZKTh 108 (1986) 71–74; H. Kessler, Irdischer Jesus, Kreuzestod und Osterglaube. Zu Rezensionen von A. Schmied und H. Verweyen, in: ThG 32 (1989) 219–229; H. Verweyen, Gottes letztes Wort. Grundriss der Fundamentaltheologie, Düsseldorf 1991, 441–465; ders., »Auferstehung«: ein Wort verstellt die Sache, in: Osterglaube ohne Auferstehung? Diskussion mit Gerd Lüdemann, hg. v. H. Verweyen, Freiburg 1995 (= QD 155), 105–144; H. Kessler, Erörterung der neuesten Kontroversen und aktuellen Fragen, in: Ders., Sucht den Lebenden nicht bei den Toten. Die Auferstehung Jesu Christi (s.o.). Neuausgabe mit ausführlicher Erörterung der aktuellen Fragen, Würzburg 1995, 419–504; bes. 442–463; Verweyen, Botschaft eines Toten?, Regensburg 1997; H. Kessler, Gott und das Leid seiner Schöpfung. Nachdenkliches zur Theodizeefrage, Würzburg 2000. – Darstellungen und Analysen der Kontroverse bieten: K.-H. Menke, Das systematisch-theologische Verständnis der Auferstehung Jesu. Bemerkungen zu der von Gerd Lüdemann ausgelösten Diskussion, in: ThGl 85 (1995) 458–484; B. Dieckmann, Das Kreuz als Grund des Osterglaubens? Anfragen zur Kreuzestheologie Hansjürgen Verweyens (Fuldaer Hochschulschriften 33), Frankfurt 1999; P. Platzbecker, Radikale Autonomie vor Gott denken. Transzendentalphilosophische Glaubensverantwortung in der Auseinandersetzung zwischen Hansjürgen Verweyen und Thomas Pröpper (Ratio Fidei 19), Regensburg 2003, 266–372; T. Fößel, Gott – Begriff und Geheimnis. Hansjürgen Verweyens Fundamentaltheologie und die ihr inhärente Kritik an der Philosophie Karl Rahners (ITS 70), Innsbruck 2004, 396–492.

1.4 Die Frage nach dem Ausgangspunkt jeder Christologie

kenntnisgrund der Auferstehung Jesu Christi. Es geht in dieser Auseinandersetzung eigentlich um das, was Auferweckung bzw. Auferstehung der Sache nach ist. Letztlich geht es um die oben bereits angesprochene Frage, ob eine Christologie mit dem Festgeheimnis von Ostern oder mit dem von Weihnachten beginnen sollte.

In seinem 1995 in zweiter Auflage erschienenen Buch mit dem Titel »Sucht den Lebenden nicht bei den Toten« unterscheidet Hans Kessler vier Weisen des göttlichen Handelns: a) die Alleinwirksamkeit ohne jede kreatürliche Vermittlung im Sinne der *creatio ex nihilo*; b) die Allwirksamkeit in allen Zweitursachen im Sinne der *creatio continua*; c) die personale Selbstmitteilung im Sinne einer die Freiheit des Anderen ermöglichenden und evozierenden Liebe; und d) die Auferweckung des Gekreuzigten und die eschatologische Auferweckung aller Toten als ein Handeln, das zwar die Schöpfung schon voraussetzt, aber ähnlich wie die *creatio ex nihilo* nicht durch kreatürliche Ursachen vermittelt und also exklusiv göttlich und radikal innovatorisch ist.

Kessler wehrt sich mit guten Gründen gegen Verweyens Vorwurf, er habe jemals geschrieben, Gott identifiziere sich mit dem Gekreuzigten erst *nach* der Kreuzigung, *nach* dem Tod, sozusagen »*post* festum«. Denn er schreibt ausdrücklich, dass Gott in Christus war, dass das Handeln Gottes nicht von oben herab und nicht erst nach dem Tod Jesu im Grabe Jesu, sondern *im* Tod Jesu *am* Kreuz geschah. Verständlich ist auch, dass Kessler die Metapher »Auferweckung« beibehalten will und dennoch für sich beansprucht, eine andere als die apokalyptische Eschatologie zu vertreten. Denn er kann zeigen, dass dieser Terminus schon zur Zeit Jesu von verschiedenen Konnotationen geprägt war und zumindest in der gegenwärtigen Theologie nicht mehr bedeuten muss, dass erst nach der Katastrophe, nach Zerstörung und Tod das eigentliche Handeln Gottes kommt. Aber das entscheidende Anliegen Verweyens wird mit diesen Einwänden nicht beantwortet. Denn auch wenn Kessler vom Handeln Gottes nicht erst *nach*, sondern schon *im* Leben und Sterben Jesu spricht, sagt er doch zugleich, dass diese Präsenz Gottes im Leiden und Kreuz ein Handeln Gottes *an* Jesus ist. Mit anderen Worten: Das entscheidende Ereignis der Inkarnation, der Sieg des unbedingten Sinns (der Liebe) über das Sinnlose (über Kreuz und Tod) geschieht nicht *durch* den Menschen Jesus, sondern *an* ihm – auch für Kessler nicht erst nach drei Tagen[30], sondern *im* Tod, aber durch ein exklusives, nicht durch menschliche Aktivität vermitteltes Handeln des Vaters *an* dem Gekreuzigten.

---

30 Zur Herkunft und Bedeutung der Formel »am dritten Tag« (1 Kor 15,4b) vgl. die bis dato unübertroffene Studie: K. Lehmann, Auferweckt am dritten Tag nach der Schrift (QD 38), Freiburg 1968, bes. 159–290.

Verweyen verbindet mit der in Christus geschehenen Selbstoffenbarung, dass Gott an und für sich nicht anders ist oder handelt als in der Geschichte Jesu. Alles andere, so betont er, wäre »zweierlei Theologie«[31] und hätte gravierende Konsequenzen z. B. für die Beantwortung der Frage, ob Gott, wenn er denn gewollt hätte, Jesus vor dem Kreuzweg hätte bewahren oder zu einem späteren Zeitpunkt der Menschheitsgeschichte das Ereignis »Auschwitz« hätte verhindern können[32]. Wenn Gott Möglichkeiten hätte außer denen, die in dem Leben und Sterben Jesu sichtbar wurden, dann hätte er seinem Sohn doch nicht alles mitgeteilt, dann wäre dieser Sohn auch nicht seine Selbstoffenbarung. Ernst damit machen, dass das Handeln Gottes und das Handeln des Menschen Jesus sich nicht trennen lassen, ist doch – so betont Verweyen – etwas ganz anderes als die Beteuerung Kesslers, Gott handle gerade da am wirkmächtigsten, wo ein Mensch sich in keiner Weise mehr selbst behaupte, sondern sich selbst ganz auf Gott hin verlasse. Immer wieder hat Kessler geschrieben, man habe ihn nicht verstanden, wenn man ihm unterstelle, er würde das Leiden Jesu als Ort der Abwesenheit Gottes und das transgeschichtliche Auferweckungshandeln des Vaters als eigentliche Selbstoffenbarung Gottes darstellen. Wahr aber bleibt, dass aus seiner Sicht zwar die Liebe Gottes, nicht aber auch die Liebe Jesu stärker ist als der Tod. Mit anderen Worten: Gott kann etwas, was Jesus nicht kann. Ist dann aber – so fragt Verweyen zu Recht – Jesus noch die Selbstoffenbarung Gottes? Und hätte dann Gott nicht andere Möglichkeiten zur Beseitigung z. B. von Leid als die in Jesus geoffenbarten Möglichkeiten wehrloser Liebe?

Die unbestreitbare Tatsache, dass Kessler ausdrücklich eine vierte von einer dritten Handlungsweise Gottes unterscheidet, entscheidet über die von ihm vertretene Verhältnisbestimmung des Jesus der Geschichte zum Christus des Osterglaubens[33]. Hätte er das Auferweckungshandeln

---

31 Verweyen, Rezension zu H. Kessler, 73.
32 Vgl. Verweyen, Botschaft eines Toten?, 71–88; Kessler, Gott und das Leid seiner Schöpfung, bes. 99–124. – Dazu: K.-H. Menke, Der Gott, der jetzt schon Zukunft schenkt. Plädoyer für eine christologische Theodizee, in: H. Wagner (Hg.), Mit Gott streiten. Neue Zugänge zum Theodizee-Problem, Freiburg 1998, 90–130; ders., Kann ein Mensch *erkennbares* Medium der göttlichen *Selbst*offenbarung sein? Anmerkungen zur Verhältnisbestimmung von »Realsymbol« und »Inkarnation«, in: J. Valentin/S. Wendel (Hgg.), Unbedingtes Verstehen?! Fundamentaltheologie zwischen Erstphilosophie und Hermeneutik, Regensburg 2001, 42–58.
33 Wiederholt unterstreicht Kessler, dass der Vater Jesus »im Sterben nicht losgelassen, ihn vielmehr im Augenblick des Totseins mit seiner göttlich-schöpferischen Liebe unterfangen (in anderer Sprache: auferweckt)« (Sucht den Lebenden nicht bei den Toten, Würzburg 1995, 485) habe. Ausdrücklich an die Adresse Verweyens richtet er die Fußnote: »Für mich ist die Auferweckung, was Verweyen nicht wahrnimmt, ein Handeln Gottes nicht von oben herab und nicht erst nach dem Tod Jesu im Grabe Jesu, sondern ein Handeln Gottes *im* Tod Jesu *am* Kreuz. […] Und für mich ist Gott

1.4 Die Frage nach dem Ausgangspunkt jeder Christologie

des Vaters in die dritte Handlungsweise (»Durch menschliche Akteure vermitteltes besonderes [innovatorisches] Handeln Gottes«[34]) integriert, dann bliebe die zwischen ihm und Verweyen ausgefochtene Kontroverse ohne sachlichen Grund. Da er aber durchgehend unterstreicht, dass Jesus im Tod nur noch Objekt (in keiner Weise Subjekt!) des Handelns Gottes ist, vertritt er die These, dass im physischen Sterben Jesu dessen hypostatische Union mit dem innertrinitarischen Sohn endet[35].

Zunächst erscheint in Kesslers Ausführungen die von ihm besonders ausführlich erklärte »dritte Handlungsweise Gottes« geradezu als christologische Schlüsselkategorie. Jesus ist aus Kesslers Sicht nicht nur die Instrumental- oder Zweitursache des göttlichen Handelns. Nein, er wird durch Gottes Urheberschaft und Kraft zu einer Wirkung erhoben, die seine eigenen Fähigkeiten übersteigt und doch sein Werk ist. Dies ist – so erklärt er – möglich, weil Jesus nichts für sich festhält, sondern sich ganz dem Vater hingibt. Wörtlich bemerkt Kessler in diesem Zusammenhang: »In Jesu vorbehaltloser Offenheit für Gott und Selbstüberschreitung auf die Andern zu geschieht Gottes Kommen und Handeln (Selbsterniedrigung und -mitteilung) so unüberbietbar und – wie von Ostern her offenbar wird – so endgültig (eschatologisch), dass es letztlich nur als Menschwerdung (des Sohnes) Gottes begriffen werden kann.«[36]

Doch: Was wird hier als Menschwerdung Gottes (bzw. des innertrinitarischen Sohnes) bezeichnet? Das Handeln Jesu bis zu seinem Weg nach Golgota? Seine wachsende Offenheit und Selbstüberschreitung? Wird Gott erst im Laufe der Geschichte Jesu Mensch? Oder ist er schon unter dem Herzen der »Gottesmutter« Mensch geworden? Und schließlich: Kann man das Handeln Gottes zumindest im Zeitpunkt des Sterbens so

---

[…] ›im Leiden und Kreuz präsent‹ als der, ›der selber leidet‹, der seine ›Macht der Liebe‹ ›nicht irgendwo außerhalb ausübt, sondern indem er selbst ins Leiden eintaucht‹, um ›selbst auszuhalten, zu durchleiden und ›zu überwinden‹« (ebd. 450[74]).

34 Kessler, Sucht den Lebenden nicht bei den Toten, 294.
35 Zum Vergleich: Thomas von Aquin lehrt die Unversehrtheit der hypostatischen Union auch im und nach dem physischen Tod des Erlösers. Ausdrücklich betont Thomas z. B. im Kontext der Schilderung des Höllenabstiegs, dass die Trennung der menschlichen Seele Christi von seinem menschlichen Leib nicht gleichzeitig die Trennung der Person des Logos von der menschlichen Seele und dem menschlichen Leib des Erlösers bedeutet. Wörtlich bemerkt er: »In morte autem Christi, licet anima fuerit separata a corpore, neutrum tamen fuit separatum a persona Filii Dei, ut supra dictum est. Et ideo, in illo triduo mortis Christi, dicendum, est quod totus Christus fuit in sepulcro, quia tota persona fuit ibi per corpus sibi unicum; et similiter totus fuit in inferno, quia tota persona Christi fuit ibi ratione animae sibi unitae; totus etiam Christus tunc erat ubique, ratione divinae naturae« (STh III,52,3).
36 Kessler, Sucht den Lebenden nicht bei den Toten, 295.

vom Handeln Jesu trennen, dass der Gekreuzigte nur noch Objekt des Handelns seines göttlichen Vaters ist?

Der von Hans Kessler vorgetragene Gedanke, dass Gott gerade da handelt, wo ein Mensch auf jede Eigenmacht und Selbstdurchsetzung verzichtet, bedeutet aus der Sicht von Hansjürgen Verweyen, dass Gottes Handeln in dem aus Liebe realisierten Verzicht auf Macht und – was Jesus betrifft – in der vorbehaltlosen Hingabe des Gekreuzigten *als solcher* sichtbar (!) wird[37]. Aber diesen Schritt geht Kessler nicht mit. Stattdessen spricht er von der Verborgenheit des Handelns Gottes »unter dem Gegenteil«[38], ja, sogar von dem Dahingeschiedensein der Liebe Jesu[39]. Nicht Jesu Liebe, sondern nur Gottes Liebe ist aus Kesslers Sicht stärker als der Tod. Also geht es ihm gegenüber der Position von Verweyen nicht nur um den Erkenntnisgrund der Selbstoffenbarung Gottes in Jesus, sondern auch um den entsprechenden Sachgrund. Kessler gesteht zu, dass Jesus auf Grund seiner Einheit mit dem Vater gar nicht vom Tod festgehalten werden konnte[40]. Doch während Verweyen Jesu Sterben als ihm aus der durchgehaltenen Beziehung zum Vater ermöglichten Sieg – näherhin als Zerreißung des Nexus zwischen dem physischen Tod und dem Tod der Trennung von Gott – beschreibt, bezeichnet Kessler das Ostereignis als exklusiv innovatorisches Handeln des Vaters an Jesus ohne Jesus.

Wie strikt Kessler das Handeln Jesu vom Handeln Gottes trennt, wird immer dann deutlich, wenn er die vierte von der dritten Handlungsweise Gottes abhebt. Im Tode, so bemerkt er, war für Jesus die Möglichkeit der »Beziehung zu Gott erloschen und zu Ende. […] Ja, umgekehrt und radikaler noch betrachtet: im Tode entglitt er Gott selbst, entfiel er auch für Gott als Bezugspunkt und Partner einer Relation *Gottes* zu ihm (es sei denn, Gott ließ ihn im Tode nicht los). Und so konnte Gott auch *durch*

---

37 Dazu: M. Seung-Wook Kim, Auf der Suche nach dem Unbedingten, das mich ›ich‹ sein lässt. Zur Entwicklung des erstphilosophischen Denkens bei Hansjürgen Verweyen (Ratio Fidei 24), Regensburg 2004, bes. 204–267.
38 Kessler, Sucht den Lebenden nicht bei den Toten, 295.
39 »Wenn Verweyen ›die gänzlich neue, erstmals vom Kreuz Jesu her mögliche Gotteserkenntnis‹ betont, so ist an ihn die Frage zu stellen: Wie soll denn die am Kreuz mit einem schrecklichen Schrei endende menschliche Liebe Jesu *ohne weiteres* und einfach von sich selbst her *als* Liebe Gottes *erkennbar* sein, vollends wo sie ja nun dahingeschieden ist?« (Kessler, Sucht den Lebenden nicht bei den Toten, 452).
40 »Dass *Jesus* vom Tode festgehalten wurde, das war – wenn der von ihm beanspruchte Gott wirklich Gott und wirklich in ihm war – eine Unmöglichkeit, ein *adynaton* (Apg 2,24). Freilich tritt diese der Auferstehung Jesu zugrunde liegende Theo-Logik erst *nachträglich* (a posteriori) zur bereits geschehenen, offenbarten und geglaubten Auferstehung Jesu zutage. Denn erst aufgrund von dieser wurde und wird erkannt, dass Jesu Gott wirklich Gott und wirklich in ihm war« (Kessler, Sucht den Lebenden nicht bei den Toten, 306).

1.4 Die Frage nach dem Ausgangspunkt jeder Christologie

Jesus als Toten nicht mehr handeln und in der Welt seine Güte ausüben (es sei denn, er gewährte ihm im Tode neues Leben). Wenn Gott also *ihn* auferweckte, so griff er die im Leben und Sterben Jesu selber liegende Dynamik (auf Gott und die Menschen zu) auf und vollendete sie.«[41] Mit den in dieses Zitat gesetzten Klammern erweckt Kessler vordergründig den Eindruck, als sei da in der Gestalt des Gekreuzigten eine Person, die sich vom Vater im Sterben ergreifen lässt; oder als sei da ein Gekreuzigter, dessen dreiunddreißig Jahre gelebte Dynamik auf den Vater hin in der Stunde des Todes aufgegriffen wird. Es schleicht sich der Eindruck eines Bundeshandelns zwischen dem Vater und dem sterbenden Jesus ein. Aber genau dieses Bundeshandeln ist ja aus Kesslers Sicht in der Stunde des Todes für Jesus nicht mehr möglich. Nicht Jesus besiegt auf Grund seiner durchgehaltenen Beziehung zum Vater im physischen Sterben den Tod der Scheol, sondern der Vater allein besiegt den Tod in seiner doppelten Bedeutung. Andernfalls wäre Kessler ja nicht genötigt, die nur und ausschließlich auf das Auferweckungsgeschehen zutreffende »vierte Handlungsweise Gottes« von der durch die Kategorie des Bundes bestimmten »dritten Handlungsweise« zu unterscheiden.

Was Kessler das Anknüpfen des göttlichen Auferweckungshandelns an der von Jesus gelebten Dynamik nennt, ist in Wirklichkeit die Beleuchtung der Geschichte Jesu durch den Glauben an eine transgeschichtlich vermittelte Deutung. Diese Deutung erschließt neue Kohärenzen, haftet aber selbst nicht an der Geschichte Jesu, sondern beleuchtet diese nur. Kurzum: Der von Lessing und Kant beschriebene Graben zwischen Geschichte und Wahrheit wird durch das, was Kessler Anknüpfung oder Identifikation des auferweckten Christus mit dem Jesus der Geschichte nennt, nicht überbrückt[42].

---

41 Kessler, Sucht den Lebenden nicht bei den Toten, 299f.
42 Dazu bemerkt Béla Weissmahr: »Wäre die innerweltliche Grundlage der Verkündigung: ›Jesus ist auferstanden‹, nur das irdische Leben Jesu bis zu seinem Tod und nichts anderes bzw. wäre sie, wenn etwas nach dem Tode Jesu Geschehenes genannt werden soll, nur das Entstehen des Glaubens der Jünger an seine Auferstehung, so könnte man von der Auferstehung Jesu tatsächlich nur im Sinne eines metahistorischen Ereignisses reden. In diesem Fall wäre aber nicht zu erklären, wieso der Auferstehungsglaube der Jünger mehr sein sollte als eine ›subjektive Versicherung‹. Außerdem ist es schwierig einzusehen, wie ein Ereignis, das gar nicht zu dieser Welt gehört, für unsere konkrete, innerweltliche Existenz heilsbedeutsam sein könnte. Wenn die Auferstehung Jesu sich nicht auch in gewissen nach dem Tode Jesu sich in dieser Welt ereignet habenden und vom Entstehen des Glaubens der Jünger verschiedenen Vorkommnissen kundtut, so gibt es gar keine reale, sondern nur eine behauptete Kontinuität zwischen dem irdischen Jesus und dem verherrlichten Christus. Wenn es aber keine wirkliche Kontinuität gibt, so ist höchstens der metahistorische, nicht aber der historische Mensch erlöst. Deshalb ist es notwendig, der modernen Gnosis entgegenzutreten und eine in unserem Bereich zeichenhaft er-

Besonders aufschlussreich ist die beiderseitige Stellungnahme zu der von Béla Weissmahr vorgelegten Handlungstheorie. Während Verweyen dem Vorschlag zustimmt, das Ostergeschehen als Ausdruck des Bundeshandelns Gottes und somit als Teil der Geschichte Jesu zu explizieren, hat Kessler die entsprechenden Abhandlungen des Münchener Jesuiten[43] als abwegig verworfen. »Ganz unhaltbar« – so meint er – »ist [...] die Aussage, ›die menschliche Gottes- und Nächstenliebe Jesu bis zum Äußersten‹ sei ›die geschöpfliche Kraft, die auf der Ebene der innerweltlichen Ursächlichkeit die Auferstehung Jesu [...] bewirkt hat (oder durch deren Vermittlung Gott die Auferstehung Jesu [...] bewirkt hat)‹. Hier gibt es eben keine derartige Instrumentalursächlichkeit mehr. Nicht menschliche Liebe, nur Gottes Liebe ist stärker als der Tod. Und weil Gottes Liebe in diesem menschlichen Leben der Liebe ganz da sein konnte, darum ließ *sie* es nicht zu, dass dieses Leben vom Tode überwältigt wurde. Gott lässt sich den ihm (ob hypostatisch oder gnadenhaft) verbundenen Menschen nicht durch den Tod aus der Gottesgemeinschaft reißen.«[44]

1.4.3 Das Ostergeschehen im Lichte der Handlungstheorie von Béla Weissmahr

Im Unterschied zu Kessler unterscheidet Weissmahr nur zwei Handlungsweisen Gottes. Die erste – da stimmt er mit Kessler überein – erschließt

---

scheinende Kontinuität zwischen dem irdischen und dem verherrlichten Jesus zu behaupten. Es ist schizophren, einerseits die seinsmäßige Einheit des Menschen zu betonen und bei jeder Gelegenheit gegen das die ursprüngliche biblische Lehre angeblich verfälschende dualistische Denken der Griechen zu Felde zu ziehen, doch anderseits das entscheidende Heilsereignis, die Auferstehung Jesu, rein spiritualistisch zu interpretieren und sie als ein nur metahistorisches Ereignis hinzustellen, das mit der Materialität dieser Welt nichts zu tun hat« (Kann Gott die Auferstehung Jesu durch innerweltliche Kräfte bewirkt haben?, in: ZKTh 100 [1978] 441–469; 450f).

43 B. Weissmahr, Gottes Wirken in der Welt. Ein Diskussionsbeitrag zur Frage der Evolution und des Wunders (FTS 15), Frankfurt 1973, bes. 109–145; ders., Gibt es von Gott gewirkte Wunder? Grundsätzliche Überlegungen zu einer verdrängten Problematik. In: StZ 191 (1973) 47–61; ders., Bemerkungen zur Frage der Möglichkeit eines nicht durch Geschöpfe vermittelten göttlichen Wirkens in der Welt, in: ZKTh 96 (1974) 426–430; ders., Kann Gott die Auferstehung Jesu durch innerweltliche Kräfte bewirkt haben?, in: ZKTh 100 (1978) 441–469; ders., Philosophische Gotteslehre (Grundkurs Philosophie 5), Stuttgart 1983; ders., Menschliche Geistigkeit und Evolution, in: G. Pöltner/H. Vetter (Hgg.), Leben zur Gänze. Das Leib-Seele-Problem, Wien 1986, 68–81; ders., Gottes Wirken in der Welt – Das Verhältnis von göttlicher und innerweltlicher Ursache, in: R. Isak (Hg.), Glaube im Kontext naturwissenschaftlicher Vernunft, Freiburg 1997, 23–42; ders., Kann Geist aus Materie entstehen?, in: ZKTh 121 (1999) 1–24.

44 Kessler, Sucht den Lebenden nicht bei den Toten, 300f.

1.4 Die Frage nach dem Ausgangspunkt jeder Christologie

sich im Blick auf das unvermittelte Schöpfungshandeln. Die zweite betrifft das geschöpflich vermittelte Handeln Gottes in Welt und Geschichte. Obgleich Kessler das Gegenteil behauptet[45], betont Weissmahr mit aller wünschenswerten Deutlichkeit, dass er den von Thomas übernommenen Begriff der Instrumental- oder Zweitursächlichkeit niemals im Sinne eines bloßen Mittels zur Erreichung des vom Schöpfer intendierten Zieles verstanden wissen will. Man muss Weissmahrs Handlungstheorie missverstehen, wenn man sie am Wortlaut einzelner Begriffe statt an der ihr zugrunde liegenden »Analogia-entis-Lehre« des Aquinaten misst. Entscheidend ist, dass der Akt (*actus essendi*), mit dem der Schöpfer jedem Seienden Wirklichkeit verleiht, nicht zuerst etwas entstehen lässt, das alle Gestalten der Schöpfung gemeinsam haben, um dann innerhalb des Gemeinsamen das Besondere der Einzelgestalt zu ermöglichen. Vielmehr hat jedes einzelne Seiende in dem Maße Anteil am Sein (an dem durch den Schöpfungsakt ermöglichten Wirklichsein), in dem es sich auf sich selbst und auf Anderes beziehen kann. Was Thomas von Aquin im Unterschied zum *actus essendi* (Sein) die *essentia* nennt, entscheidet über den Grad der Teilhabe eines Seienden am Sein. Dem Grad der Selbsttranszendenz eines Seienden entspricht der Grad der Innerlichkeit bzw. Individualität. Weil eine Pflanze über einen höheren Grad von Innerlichkeit bzw. Selbsttranszendenz als ein Stein verfügt, und weil ein Tier in entsprechender Weise über jeder Pflanze steht, ergibt sich wie von selbst eine Hierarchie des Wirklichen. Erst der Mensch kann sich bewusst und also willentlich bzw. frei auf sich selbst, auf das Sein im Ganzen und damit auch auf den Grund des Seins, auf den Schöpfer, beziehen. Für Weissmahrs Handlungstheorie ist entscheidend, dass der Schöpfer nicht zuerst ein allgemeines Verhältnis zu seiner Schöpfung aufnimmt, um anschließend auf dieser gleichsam leeren Bühne die Wirkungen seines besonderen Handelns zu drapieren. Nein, es gibt gar kein Verhältnis des Schöpfers zu seiner Schöpfung, das nicht immer schon ein besonderes zu jedem einzelnen Seienden wäre[46]. Wenn der Schöpfergott die absolute bzw. trinitarische Liebe ist, dann muss sein Verhältnis zur Schöpfung immer schon ein Verhältnis zu jeder

---

45 Vgl. Kessler, Sucht den Lebenden nicht bei den Toten, 294.
46 Weissmahr unterscheidet strikt zwischen der Wirklichkeit der Schöpfung als solcher und der Wahrnehmung dieser Wirklichkeit z. B. von Seiten der Naturwissenschaft. Der Naturwissenschaftler abstrahiert von der untersuchten Wirklichkeit, was er Gesetze oder Konstanten nennt. Dabei ignoriert er, dass sich keine von der anderen unterscheidbare *essentia* in dem erschöpft, was sie mit anderen *essentiae* gemeinsam hat. Daraus folgt: »*Natur* im Sinne der geschöpflichen Wirklichkeit ist nicht identisch mit dem, was dem Zugriff der Naturwissenschaft offen steht, und deshalb braucht eine *auch* innerweltliche Erklärung der Auferstehung Jesu nicht eine naturwissenschaftliche Erklärung zu sein« (Weissmahr, Kann Gott die Auferstehung Jesu durch innerweltliche Kräfte bewirkt haben?, 453).

einzelnen *essentia* sein. Wörtlich bemerkt Weissmahr: »Je mehr ein endliches Seiendes an der Fülle des Seins partizipiert, um so mehr wirkt Gott in der Aktivität dieses endlichen Seienden ›von innen‹, d. h. durch die ihm eigene Selbstaktivität und so – da die dem Geschöpf eigene Selbstaktivität zugleich unmittelbar von Gott herstammt – auf *unmittelbare* Weise. Je weniger dagegen ein Seiendes an der Fülle des Seins partizipiert, um so mehr wirkt Gott in der Tätigkeit dieses Seienden ›von außen‹ her, d. h. durch das Wirken anderer Geschöpfe und so – da hier das Wirken Gottes auf der Ebene der Zweitursachen durch das Wirken anderer Geschöpfe vermittelt ist – auf *mittelbare* Weise. Gott ›bewegt‹ kein endliches Seiendes nur durch das von ihm innerweltlich verschiedene Seiende, ohne es auch durch das ihm eigene Selbst zu bewegen. Darum handelt es sich stets um Aspekte des Seienden, wenn wir über unmittelbar bzw. mittelbar von Gott innerhalb der Welt Hervorgebrachtes reden. *Innerhalb der Welt* hat nichts ein nur unmittelbares, aber auch nichts ein nur mittelbares Verhältnis zu Gott. Insofern jedoch die innerweltliche Ursache des innerhalb der Welt entstehenden Neuen *das Selbst des Seienden, das das Neue hervorbringt,* ist, kann man mit Recht von einem *unmittelbaren* Wirken Gottes in der Welt reden. Insofern aber die innerweltliche Ursache des innerhalb der Welt entstehenden neuen Seins ein *vom Selbst des dieses neue Sein hervorbringenden Seienden verschiedenes innerweltliches Seiendes* ist, redet man mit Recht von einem *mittelbaren* Wirken Gottes in der Welt.«[47]

Auf Jesus übertragen, bedeutet die von Weissmahr vertretene Handlungstheorie: Weil ihm der Vater vom ersten Moment seines Daseins an dieselbe Beziehung schenkt, die er – innertrinitarisch gesehen – zum Sohn *ist,* ist die »Innerlichkeit« bzw. das »Selbst« des Menschen Jesus identisch mit der »Innerlichkeit« bzw. dem »Selbst« des innertrinitarischen Sohnes. Gerade am Kreuz – in der letzten Agonie seines Lebens – gewinnt die direkte Proportionalität des Handelns des Vaters und der Selbstaktivität Jesu ihre höchste Anschaulichkeit. Weissmahr bemerkt in diesem Zusammenhang: »Ebenso wie Gott durch die Vermittlung der menschlichen Selbsthingabe Jesu die Erlösung als umfassende Heilstatsache verwirklicht hat, hat er auch das entscheidende Ereignis unseres Erlöstseins, die Auferstehung Jesu, bewirkt. Die Auferstehung Jesu ist einerseits ganz und gar ein schöpferischer Akt Gottes, reines Gnadengeschenk, andererseits aber das Ergebnis der Entscheidung der menschlichen Freiheit Jesu zur Selbsthingabe bis zum Tod. Und weil das Ereignis der Auferstehung Jesu als integrales Moment auch seine innerweltlichen Zeichen miteinschließt, kann gesagt werden: Die geschöpfliche Kraft, die auf der Ebene der innerweltlichen Ursächlichkeit die Auferstehung Jesu

---

47 Weissmahr, Gottes Wirken in der Welt, 143f.

1.4 Die Frage nach dem Ausgangspunkt jeder Christologie

und damit auch das Verschwinden seines Leichnams aus dem Grab bewirkt hat (oder durch deren Vermittlung Gott die Auferstehung Jesu und damit auch das Leerwerden seines Grabes bewirkt hat), ist die menschliche Gottes- und Nächstenliebe Jesu bis zum Äußersten.«[48]

1.4.4 Jesus: von Anfang an Gott der Sohn?

Weil die Auferstehung Jesu nicht nur ein Handeln des Vaters an Jesus ohne Jesus, sondern in demselben Maße ein Handeln Jesu wie ein Handeln des Vaters gewesen ist, muss es prinzipiell möglich gewesen sein, die der Welt zugewandte Seite dieses Geschehens empirisch wahrzunehmen. Die innergeschichtliche Seite war das Handeln des sterbenden Jesus, und die transgeschichtliche Seite war die Erhöhung Jesu zum Vater. Die der Welt zugewandte Seite war die in Jesu Abba-Beziehung sichtbare Zerreißung des Nexus zwischen dem physischen Tod und der Scheol (der Trennung vom Vater), und die transgeschichtliche Seite waren die Selbstbekundungen des Auferstandenen.

Aus der Sicht von Verweyen ist die Tatsache, dass Markus dem heidnischen Hauptmann unter dem Kreuz die Worte:»Wahrhaftig, das war Gottes Sohn!« (Mk 15,39), in den Mund legt, von theologisch kaum zu überschätzender Bedeutung[49]. Denn das nach Überzeugung aller christlichen Konfessionen inspirierte und also authentische Zeugnis des ältesten Evangeliums erklärt am Beispiel eines Mannes, der nicht zum Apostel- oder Jüngerkreis Jesu gehörte, die Möglichkeit, nicht erst auf Grund der Erscheinungen des Auferstandenen, sondern gerade da, wo Jesus – vordergründig betrachtet – gescheitert und erledigt scheint, eine Beziehung wahrzunehmen, die stärker ist als die Macht des Todes. Natürlich will Verweyen mit dieser Darstellung nicht behaupten, der heidnische

---

48 Weissmahr, Kann Gott die Auferstehung Jesu durch innerweltliche Kräfte bewirkt haben?, 456. – Weissmahr hält es für möglich,»dass die totale Selbsthingabe Jesu im Tod seinen Leib total personalisiert hat«, und dass dies»sich innerweltlich im ›Verschwinden‹ seines Leichnams kundgetan« (ebd. 462) hat.
49 Über die Untrennbarkeit des Handelns Gottes vom Handeln Jesu im Markusevangelium: A. Weihs, Die Deutung des Todes Jesu im Markusevangelium. Eine exegetische Studie zu den Leidens- und Auferstehungsansagen, Würzburg 2003, 551–576. – Teile der jüngeren Exegese erkennen einen nicht nur kompositorischen, sondern auch theologischen Zusammenhang zwischen den drei Gottessohnprädikationen des Markusevangeliums in der Taufszene (Mk 1,11), in der Verklärungsszene (Mk 9,7) und durch den heidnischen Hauptmann unter dem Kreuz (Mk 15,39). Dazu: R. Feldmeier, Der Gekreuzigte im »Gnadenstuhl«. Exegetische Überlegungen zu Mk 15,37–39 und deren Bedeutung für die Vorstellung der göttlichen Gegenwart und Herrschaft, in: M. Philonenko (Hg.), Le Trône de Dieu [WUNT 69], Tübingen 1993, 213–232.

1. Der Ausgangspunkt

Hauptmann habe nach Überzeugung des Evangelisten Markus unter dem Kreuz das Sterben Jesu als Sieg der Liebe des Gekreuzigten über den Nexus zwischen dem physischen Tod und der Scheol (dem eigentlichen Tod der Trennung vom Vater) erkannt. Vielmehr handelt es sich um eine diesen Hauptmann eher existenziell als intellektuell ergreifende Evidenz. Entscheidend aber ist, dass aus der Sicht des Evangelisten Markus das Osterereignis kein transgeschichtliches Handeln des Vaters an Jesus ohne Jesus, sondern ein zumindest auch empirisch wahrnehmbares Handeln mit Jesus war. In diesem Zusammenhang sollte man die sachlich unbestreitbare Feststellung des Heidelberger Exegeten Klaus Berger beachten, dass es im gesamten Neuen Testament keine einzige Stelle gibt, die die Erkennbarkeit des Jesus als des Christus erst auf Grund transgeschichtlicher Ereignisse nach Ostern belegt[50]. Und Joseph Ratzinger alias Benedikt XVI. bemerkt im Kontext seiner Analyse der »Ich bin«-Aussagen Jesu: »Am Kreuz wird seine Sohnschaft, sein Einssein mit dem Vater erkennbar. Das Kreuz ist die wahre ›Höhe‹. Es ist die Höhe der Liebe ›bis zum Ende‹ (Joh 13,1); am Kreuz ist Jesus auf der ›Höhe‹ Gottes, der die Liebe ist. Dort kann man ihn ›erkennen‹, kann erkennen, dass ›ich es bin‹. Der brennende Dornbusch ist das Kreuz. Der höchste Offenbarungsanspruch, das ›Ich bin es‹ und das Kreuz Jesu sind untrennbar.«[51]

Unter dieser Voraussetzung hängt die ganze Christologie davon ab, dass Jesus auch *im* Erleiden des physischen Todes in Beziehung *bleibt* zu seinem Vater; dass also der Vater nicht exklusiv an ihm ohne ihn, sondern mit ihm handelt. Das war, wie der Evangelist Markus durch den heidnischen Hauptmann bezeugt, in Raum und Zeit – also geschichtlich – wahrnehmbar. Ob zur Geschichtlichkeit der Auferweckung bzw. Auferstehung auch das leere Grab gehört, will Verweyen offen lassen. Béla Weismahr hingegen vertraut den entsprechenden Erzählungen und hält es nicht für Zufall, dass alle vier Evangelisten die Tradition vom leeren Grab aufgreifen. Natürlich beweist das leere Grab nicht das Faktum der Auferstehung Jesu. Aber die Liebe, die vom Tod nicht entmachtet wird, ist keine transgeschichtliche, sondern die geschichtlich verleiblichte Liebe des Menschen Jesus. Es ist unter Exegeten unbestritten, dass das zeitgenössische Judentum zwar zwischen Leib und Körper unterscheidet, aber mit der messianisch erwarteten Auferweckung der Gerechten immer die Vorstellung einer körperlich verfassten Leiblichkeit verbindet[52]. Dem

---

50 Vgl. K. Berger, Im Anfang war Johannes. Datierung und Theologie des vierten Evangeliums, Stuttgart 1997, 48–55.
51 J. Ratzinger/Benedikt XVI., Jesus von Nazareth, Bd. I, 401.
52 Vgl. G. Stemberger, Der Leib der Auferstehung. Studien zur Anthropologie und Eschatologie des palästinischen Judentums im neutestamentlichen Zeitalter, Rom 1972, 115–117; ders., Auferstehung. I/2. Judentum, in: TRE IV (Berlin ²1993) 443–450.

1.4 Die Frage nach dem Ausgangspunkt jeder Christologie

würde entsprechen, dass der verklärte Leib, von dem Paulus in 1 Kor 15,35–58 spricht, nicht nur die personale Identität des Jesus der Geschichte mit dem auferstandenen Christus, sondern auch die Integration des beigesetzten Körpers in diese Identität bezeichnet. Wer mit dem Glauben an die Inspiration der Heiligen Schrift verbindet, dass die zeitbedingten Kategorien und Vorstellungen der ntl. Autoren nicht zufällig zum Gefäß der authentischen Bezeugung des Jesus als des Christus wurden, wird mit Weissmahr folgern, dass die vier Evangelisten mit ihren Erzählungen vom leeren Grab nicht nur die Faktizität der Auferstehung, sondern auch die Einbeziehung des beigesetzten Körpers in die Auferstehung bezeugen wollten.

Nur wenn man voraussetzt, dass die Materie »das der Transzendenz auf das Sein überhaupt Verschlossene«[53] bzw. das Gegenteil dessen ist, was oben in der Schilderung der Analogia-entis-Lehre als Innerlichkeit beschrieben wurde, kann der verklärte Leib des Auferstandenen den beigesetzten Körper unmöglich integrieren. Wenn man dagegen von der Handlungstheorie Béla Weissmahrs ausgeht, steht der Schöpfer zu jedem unterscheidbaren Teil der geschöpflichen Wirklichkeit in einer je singulären Beziehung. Der Grad der Teilhabe am Sein bemisst sich am Grad der Innerlichkeit. Kein Partikel der Schöpfung ist ohne jedwede Innerlichkeit – auch wenn der Abstand zwischen der Innerlichkeit eines Eisenatoms und der Innerlichkeit des mit Freiheit und Bewusstsein ausgestatteten einzelnen Menschen unendlich zu sein scheint. Wenn aber jedes Partikel der Schöpfung eine – wenn auch noch so rudimentäre – Innerlichkeit (und also unmittelbar singuläre Bezogenheit auf den Schöpfer) aufweist, dann darf man mit Weissmahr feststellen, dass der vom Neuplatonismus und allen Gnostizismen gelehrte Gegensatz zwischen Geist und Materie eine philosophische Konstruktion ist. Weissmahr spricht im Gegenzug von einer »geistigen« Seinsweise der Materie und von der Möglichkeit ihrer Integration in das Personsein eines Menschen. Was genauerhin gemeint ist, entnimmt er den entsprechenden Thesen Pierre Teilhard de Chardins über die Integration der Materie in die personale Kraft der Gottes- und Nächstenliebe[54]. »Man denke an die oft übermenschlichen Leis-

---

53 K. Rahner, Die Hominisation als theologische Frage, in: P. Overhage/K. Rahner, Das Problem der Hominisation, Freiburg 1961, 13–90; hier: 48.
54 »Die Liebe ist die universellste, die ungeheuerlichste und die geheimnisvollste der kosmischen Energien. […] Vom Standpunkt der geistigen Evolution aus […] können wir […] dieser seltsamen Energie der Liebe einen Namen und einen Wert geben. Sollte sie nicht ganz einfach in ihrem Wesen eben die Anziehungskraft sein, die auf jedes bewusste Element von dem in Bildung begriffenen Zentrum des Universums ausgeübt wird? […] Man kann versuchen, die Geschichte der Welt von außen zu rekonstruieren, indem man in ihren verschiedenen Prozessen das Zusammenspiel der atomaren, molekularen oder zellulären Verbindungen beobachtet. Man kann diese

tungen der sich für ein krankes Kind verausgabenden Mutter, um nur ein Beispiel der vielfältigen Auswirkungen der Liebe zu bringen. Sie selbst ist zwar physikalisch nicht messbar, doch bringt sie Wirkungen hervor, die im Physikalischen beobachtbar sind.«[55] Der Mensch Jesus, der in einer nicht mehr überbietbaren Unmittelbarkeit zum Schöpfer (zur alles hervorbringenden Liebe) stand, konnte auch jedes Partikel der Materie, die die Körperlichkeit seines Leibes bildete, personal (mit seiner Gottes- und Nächstenliebe) integrieren. Von daher ist der Glaube daran, dass der Mensch, der durch seine Liebe den Nexus zwischen dem physischen Tod und dem Tod der Scheol (der Trennung vom Vater) zerrissen hat, auch das körperliche Substrat seines Leibes verklären konnte, keineswegs die Ausgeburt eines hinterwäldlerischen Fundamentalismus.

Natürlich muss man auch im Blick auf das wahre Menschsein Jesu zwischen seinem Leib und seinem Körper unterscheiden. Verschiedene exegetische und dogmengeschichtliche Untersuchungen der jüngeren Zeit[56] definieren den Leib als Medium der Beziehung. Was eine Person durch realisierte oder verweigerte Beziehungen wird, gehört zu ihrer Identität; und da Beziehung bzw. Kommunikation nicht ohne den Leib möglich ist, gehört der Leib zur Identität auch der postmortalen Existenz. Es fragt sich aber, ob dieser Leib gänzlich immateriell gedacht werden kann. Natürlich ist unbestreitbar, dass jede Zelle eines menschlichen Körpers in jeweils sieben Jahren ausgetauscht wird, dass also nicht bestimmte Atome und Moleküle die Identität der Gestalt des Leibes bilden. Aber genauso wahr ist, dass es keine immaterielle Gestalt gibt. Vielleicht äußert sich die Gestalt des auferstandenen Leibes in einer ganz und gar personalisierten bzw. pneumatischen Seinsweise der Materie. Man darf vermuten, dass Paulus etwas Ähnliches gemeint hat, als er dem irdischen Leib einen überirdischen Leib gegenübergestellt hat. In seinem ersten Brief an die Korinther lesen wir:»Nun könnte einer fragen: Wie werden die Toten auferweckt, was für einen Leib werden sie haben? Was für eine törichte Frage! Auch das, was du säst, wird nicht lebendig, wenn es nicht stirbt. [...] So ist es auch mit der Auferstehung der Toten. Was gesät wird, ist verweslich, was auferweckt wird, unverweslich. Was gesät wird, ist

---

selbe Arbeit noch wirksamer von innen her versuchen, indem man den von der bewussten Spontaneität schrittweise verwirklichten Fortschritten folgt und die von ihr nacheinander überschrittenen Schwellen festhält. Die aussagestärkste und zutiefst wahre Weise, die universelle Evolution zu erzählen, wäre wahrscheinlich, die Evolution der Liebe nachzuzeichnen« (P. Teilhard de Chardin, Auswahl aus dem Werk. Mit einem Nachwort von Karl Schmitz-Moormann, Olten/Freiburg 1964, 118–120).
55 Weissmahr, Kann Gott die Auferstehung Jesu durch innerweltliche Kräfte bewirkt haben?, 457.
56 Dazu mit ausführlichen Literaturverweisen: M. Kehl, Eschatologie, Würzburg 1986, 264–281.

1.4 Die Frage nach dem Ausgangspunkt jeder Christologie

schwach, was auferweckt wird, ist stark. Gesät wird ein irdischer Leib, auferweckt ein überirdischer Leib. Wenn es einen irdischen Leib gibt, gibt es auch einen überirdischen. [...]. Damit will ich sagen, Brüder: Fleisch und Blut können das Reich Gottes nicht erben; das Vergängliche erbt nicht das Unvergängliche« (1 Kor 15,35.42f.50).

Eine ganz und gar durchpersonalisierte Materie ist der Sinneswahrnehmung als solcher entzogen, aber dennoch das Substrat einer Gestalt, die kommunizieren kann. Mit diesem Hinweis erklärt Weissmahr, dass die Adressaten der Selbstbekundungen des Auferstandenen Jesus Christus nur dann sehen konnten, wenn er sich ihnen zu erkennen geben wollte.

Joseph Ratzinger unterscheidet in seiner Eschatologie ausdrücklich zwischen Leib und Körper bzw. Materie[57], verwirft aber zugleich die These, »dass die Seele die Materie als ›ekstatisches Moment‹ ihres Freiheitsvollzugs in sich aufnimmt und sie als *Materie* im ewig Unvollendbaren dann definitiv hinter sich lässt«[58]. Mit Berufung auf Thomas von Aquin wendet er sich nicht nur gegen den Dualismus zwischen Seele und Leib, sondern auch gegen den zwischen Leib und Materie[59]. Er wendet sich in

---

57 »Wenn es das Wesen der Seele ist, ›forma‹ zu sein, dann ist ihre Zuordnung auf Materie hin unaufhebbar und man müsste sie selber auflösen, um ihr dies zu nehmen; insofern entsteht hier eine anthropologische Logik, die Auferstehung als Postulat des Menschseins erscheinen lässt. Auf der anderen Seite aber bedeutet dies auch, dass die materiellen Elemente, die den menschlichen Körper aufbauen, ihre Qualität als ›Leib‹ nur dadurch empfangen, dass sie von der Ausdruckskraft der Seele organisiert und durchprägt werden. Es wird eine Unterscheidung zwischen ›Körper‹ und ›Leiblichkeit‹ möglich, die Origenes mit seinem Gedanken der charakteristischen Gestalt schon gesucht hatte, aber mit seinen Denkmitteln noch nicht formulieren konnte. Nicht die einzelnen Atome und Moleküle als solche sind ›der Mensch‹ und nicht an ihnen hängt daher die Identität der ›Leiblichkeit‹; sie hängt vielmehr daran, dass Materie unter die Ausdruckskraft der Seele tritt. So wie die Seele sich nun einerseits von Materie her definiert, so ist umgekehrt der Leib ganz von der Seele definiert: Leib, und zwar identischer Leib, ist das, was die Seele sich als ihren körperlichen Ausdruck baut. Gerade weil die Leiblichkeit nun so unlösbar zum Menschsein gehört, wird die Identität der Leiblichkeit nicht von der Materie, sondern von der Seele her bestimmt.« (J. Ratzinger, Eschatologie – Tod und ewiges Leben, Regensburg 1977, 148, Neuausgabe Regensburg 2007, 144f).
58 Ratzinger, Eschatologie, 148 (Neuausgabe 144).
59 Ratzinger versteht Greshake dahin, dass dieser eine letztliche Unvollendbarkeit der Materie behaupte. Wörtlich bemerkt er: »Deswegen muss, ohne die Verdienste von Greshakes Buch irgendwie zu schmälern, dem Satz widersprochen werden: ›Die Materie an sich [...] ist unvollendbar‹. Das würde, den gegenteiligen Versicherungen zum Trotz, eine Teilung der Schöpfung und insofern einen letzten Dualismus bedeuten, bei dem der ganze Bereich der Materie aus dem Schöpfungsziel herausgenommen und zu einer Wirklichkeit zweiter Ordnung gemacht wird.« (Eschatologie, 159, Neuausgabe 155). Wenn man den von Ratzinger verkürzt zitierten Passus bei Greshake liest, wird der Vorwurf Ratzingers zumindest fragwürdig. Denn da heißt es: »Die Materie ›in sich‹ (als Atom, Molekül, Organ ...) ist unvollendbar. Wie sie Sinn und Ziel nur als ekstatisches Moment des menschlichen Freiheitsaktes er-

seinem Plädoyer für eine viatorische oder dialogische Vollendung gegen die von Gisbert Greshake aus der protestantischen Theologie übernommene These von der Auferstehung des einzelnen Gläubigen im Tod[60]. Denn in dieser Position scheint ihm die Abhängigkeit der Vollendung des Einzelnen von der Vollendung der Brüder und Schwestern und die Einbeziehung auch der Materie in die Vollendung nicht hinreichend gewahrt. Für Ratzinger entscheidend ist, dass der einzelne Mensch auch nach dem Tod auf Welt (Materie) und Geschichte bezogen bleibt und selbst erst dann vollendet ist, wenn auch Welt, Materie und Geschichte vollendet sind[61].

1.4.5 Weihnachts- oder Osterchristologie – eine wirkliche Alternative?

Obwohl der Gekreuzigte nicht erst durch ein transgeschichtliches Handeln des Vaters zum Christus wird und sich auch nicht erst durch transgeschichtliche Selbstbekundungen als der Christus zu erkennen gibt, ist das Osterereignis keineswegs eine bloße Bestätigung der vorher schon offenbaren Identität des Jesus mit dem Christus. Denn ohne das Zerreißen des Nexus zwischen dem physischen Tod und dem Tod der Scheol wäre Jesus Christus nicht der Erlöser aller Menschen. Kurzum: Das Osterereig-

---

hält, so vollendet sie sich auch je nur als dessen konkretisierendes Moment.« (G. Greshake, Auferstehung der Toten. Ein Beitrag zur gegenwärtigen theologischen Diskussion über die Zukunft der Geschichte, Essen 1969, 386). Greshake spricht also nicht von einer Unvollendbarkeit der Materie, sondern von der Vollendbarkeit der Materie nur als Medium bzw. Konkretisierung der Kommunikation zwischen Gott und Mensch. Ob sich Greshakes Position – so gesehen – immer noch wesentlich von der durch Ratzinger vertretenen unterscheidet, kann hier nicht entschieden werden. Näheres dazu bei: G. Nachtwei, Dialogische Unsterblichkeit. Eine Untersuchung zu Joseph Ratzingers Eschatologie und Theologie, Leipzig 1986.

60 Dazu: Kehl, Eschatologie, 275–281; M. Bollig, Einheit in der Vielfalt. Communio als Schlüsselbegriff des christlichen Glaubens im Werk von Gisbert Greshake (BDS 37), Würzburg 2004, bes. 330–373.

61 »Der Mensch hat Zeit nicht nur physikalisch, sondern anthropologisch. Nennen wir diese ›menschliche Zeit‹ im Anschluss an Augustin Memoria-Zeit; wir können dann noch hinzufügen, dass diese Memoria-Zeit von der Beziehung des Menschen auf die körperliche Welt geprägt, aber nicht gänzlich an sie gebunden und auch nicht gänzlich in sie auflösbar ist. Das bedeutet dann, dass sich beim Heraustreten des Menschen aus der Welt des Bios die Memoria-Zeit von der physikalischen Zeit löst und dann als reine Memoria-Zeit bleibt, aber nicht zu ›Ewigkeit‹ wird. Darin liegt dann auch der Grund für die Endgültigkeit des in diesem Leben Vollbrachten und für die Möglichkeit einer Reinigung wie eines sich vollendenden letzten Geschicks in einer neuen Beziehung auf die Materie: Nur so bleibt Auferstehung als neue Möglichkeit des Menschen, ja, als eine für ihn zu erwartende Notwendigkeit verstehbar« (Ratzinger, Eschatologie, 152, Neuausgabe 148).

1.4 Die Frage nach dem Ausgangspunkt jeder Christologie 65

nis folgt nicht einfach aus dem Inkarnationereignis, sondern gründet in diesem als seiner notwendigen Voraussetzung.

Nicht zufällig hat Gerd Lüdemann seinen Angriff auf die leiblich verstandene Auferstehung mit einem Buch gegen die biologisch verstandene Jungfräulichkeit Mariens gepaart. Sein Verdienst besteht in der klaren Benennung einer für jede Christologie unausweichlichen Alternative: Entweder verortet man die Bedeutung Jesu Christi in dessen Geschichte; dann muss man die Menschwerdung des präexistenten Logos und die leibliche Auferstehung des Gekreuzigten wörtlich nehmen. Oder man versteht das Leben des historischen Jesus als Einkleidung einer Idee bzw. als wirkungsgeschichtlich erstaunlich erfolgreichen Katalysator einer das Leben unzähliger Menschen tragenden Überzeugung.

Wie die biblischen Erzählungen vom leeren Grab die Unvereinbarkeit der Botschaft von der leiblichen Auferstehung Jesu mit dem Verbleiben seines beigesetzten Körpers im Grab ausdrücken, so bezeugt die biologische Jungfräulichkeit Mariens die Unvereinbarkeit der Botschaft von der Fleischwerdung des präexistenten Logos mit der Voraussetzung einer zunächst nur menschlichen (von Josef gezeugten und von Maria geborenen) Person.

Wäre Jesus zuerst eine von Josef gezeugte und von Maria geborene Person gewesen und erst nachträglich (wie manche Theologen meinen, bei der Taufe im Jordan) zum Medium der besonderen Präsenz Gottes erhoben (adoptiert) worden, dann hätte die Beziehung des präexistenten Sohnes zu ihm nur die einer Person zu einer anderen Person sein können. Selbst wenn die Aufhebung einer Person in eine andere ontologisch möglich wäre, würde sie die Zerstörung der Andersheit des Anderen und also das Gegenteil von Liebe (= Anerkennung der Andersheit des Anderen) bedeuten. Durch den Heiligen Geist werden zwei Personen nicht zu einer »vereinigt«. Innertrinitarisch ist der Heilige Geist als die Einheit von Vater und Sohn gerade auch die Wahrung ihrer Differenz (also das Gegenteil ihrer »Verschmelzung«). Und wenn es im Lukasevangelium heißt, dass Maria vom Heiligen Geist empfängt[62], dann be-

---

62 Die *erste Bedingung*, die auf Seiten Gottes erfüllt sein muss, ist die, dass er keine bloße Einheit ist. Denn dann wäre das andere oder der Andere immer ein Gegenüber zu Gott; Gott würde verendlicht, wenn er als Schöpfer der Schöpfung nicht in demselben Maße immanent wie transzendent sein könnte. Wie aber kann Gott seiner Schöpfung gegenüber »der Andere« und ihr zugleich immanent sein? Antwort: Nur dadurch, dass er Beziehung ist; dadurch, dass die Andersheit zu seinem eigenen Wesen gehört; dadurch, dass seine Einheit nicht das Gegenteil der Vielheit, sondern die Beziehung zwischen Vater und Sohn im Hl. Geist (Trinität) ist. Die *zweite Bedingung*, die auf seiten Gottes erfüllt sein muss, ist diese: Die Beziehung, die »der Andere in Gott« (der Sohn) zum Vater *ist*, muss das Konstitutivum des Geschöpfes sein, in dem sich Gott inkarniert. Zu den trinitätstheologischen Voraussetzungen

1. Der Ausgangspunkt

inhaltet auch dieses Ereignis nicht, dass zwei Personen zu einer »verschmolzen« werden[63].

Die jungfräuliche Empfängnis ist Ausdruck der Tatsache, dass der Mensch, dessen Personalität unter den Bedingungen von Raum und Zeit die des innertrinitarischen Sohnes *ist*, nicht allein aus geschöpflichen Ursachen (aus den Potentialitäten der Kreatur) hervorgehen kann. Weil der Schöpfer – im Sinne der oben explizierten Ausführungen von Béla Weissmahr – ungeachtet aller von den Naturwissenschaftlern wahrgenommenen Gesetzlichkeiten und Konstanten innerhalb der Schöpfung – zu jedem Geschöpf in einer je singulären Beziehung steht, sollte man das Handeln Gottes an und mit Maria nicht als »Durchbrechen der Naturgesetze« charakterisieren. Denn Naturgesetze sind nichts Objektives, sondern von Wissenschaftlern vorgenommene Abstraktionen von der Wirklichkeit. Also wird ein Naturwissenschaftler auch dann, wenn er ein bisher nie aufgetretenes und also mit seinen Abstraktionen nicht erfassbares Phänomen sichtet, niemals von einem Durchbrechen der von ihm selbst formulierten Naturgesetze sprechen[64]. Ein Naturwissenschaftler weiß, dass

---

des Inkarnationsereignisses: G. Greshake, Der dreieine Gott. Eine trinitarische Theologie, Freiburg 1997, bes. 223f.

63 Gerhard Ludwig Müller greift auf den scholastischen Begriff »Subsistenzakt« zurück, um die Einheit Jesu mit dem präexistenten Sohn auszudrücken: »Theologisch gesehen ist die elterliche Zeugung die kreatürliche Vermittlung des göttlichen Schöpfungsaktes, d. h. ein Zeichen, das die Kraft hat zu bewirken, was es bezeichnet, und damit ist die elterliche Zeugung das Realsymbol des Schöpfungsaktes eines personalen Menschen. (Empirisch ist freilich der göttliche Schöpfungsakt nicht nachweisbar, aber im Sinne einer transzendentalen Reflexion auf die Möglichkeitsbedingungen geistig-personalen Seins logisch aufzuhellen.) Dies bedeutet nun aber auch, dass Gott durch einen in natürlicher Zeugung entstandenen und von ihm geschaffenen Menschen sich selbst in seiner unmittelbaren Wirklichkeit nicht vergegenwärtigen kann, weil der geschaffene Akt, durch den der Mensch existiert, ihn als Geschöpf auch noch einmal radikal von Gott unterscheidet. Eine menschliche Natur kann nur dann die Vergegenwärtigung Gottes in der Geschichte sein, wenn sie unmittelbar durch den Akt existiert, durch den Gott Gott ist, in dem er sich auch selbst geschichtlich mitteilen will. Andernfalls gäbe es in Jesus zwei Subsistenzakte, indem er einmal unmittelbar durch Gott existiert und zum anderen indem er durch einen geschaffenen Subsistenzakt existiert, durch den er von Gott radikal getrennt wird. In diesem Sinn könnte Jesus von Gott nur im Sinne eines Propheten erwählt werden und letztlich im adoptianischen Sinn ›Sohn Gottes‹ heißen. Darum kann die absolute Differenz von Schöpfer und Geschöpf nur überwunden werden, wenn Gott selbst der Subsistenzakt Jesu ist, ohne dass seine menschliche Natur substantiell vergottet wird oder Gott sich in eine Kreatur verwandeln soll« (Was heißt: Geboren von der Jungfrau Maria? Eine theologische Deutung [QD 199], Freiburg ²1991, 85f).

64 »Wie gewaltig die von Werner Heisenberg entwickelte Quantentheorie die Unterscheidung von Natur und Übernatur, von Vernunft und Geschichte, von Subjekt und Objekt übersteigt, zeigen die daraus folgenden Ergebnisse zur biologischen und physikalischen Grundlagenforschung. Die belebte und – was gegen das Grunddogma der Neuzeit verstößt – auch die unbelebte ›Natur‹ werden zum Inhalt der

1.4 Die Frage nach dem Ausgangspunkt jeder Christologie

seine Abstraktionen von der Wirklichkeit nicht identisch sind mit der Wirklichkeit[65]. Dass eine Jungfrau ein Kind empfängt, widerspricht zwar den von Menschen formulierten Naturgesetzen, ist aber unter der Voraussetzung, dass Gott sich zu jedem einzelnen Geschöpf auf je singuläre Weise verhält, keineswegs unmöglich.

Als Ausweis der geschichtlichen *Selbst*mitteilung Gottes ist die Parthenogenesis keine bloße Metapher des marianischen Gehorsams, sondern auch ein biologisches Faktum. Würde Gott sich im adoptianistischen Sinn einer von Josef gezeugten und von Maria geborenen Person nachträglich mitteilen, dann wäre eine solche »Selbstoffenbarung« nicht Fleischwerdung Gottes selbst, sondern der innertrinitarische Sohn würde sich im Medium einer anderen Person der Welt mitteilen (vgl. atl. Propheten). Die jungfräuliche Empfängnis ist – auch das ist entgegen anders lautenden Vermutungen festzuhalten – nicht Ausdruck dualistischer Leibfeindlichkeit, sondern das Gegenteil: Ausdruck der wahren Fleisch-Werdung des innertrinitarischen Sohnes. Denn wäre Jesus nur eine von Josef gezeugte und von Maria geborene menschliche Person, derer sich Gott nachträglich auf besondere Weise bedient hätte, so wäre er selbst nicht Fleisch geworden, sondern hätte sich lediglich eines Menschen als eines Mediums seiner Ziele und Intentionen bedient.

Die Kirche ist sich wahrscheinlich im Lichte »der Schrift« (im frühen Christentum identisch mit der Hebräischen Bibel) des logischen Zusammenhangs zwischen Inkarnation und jungfräulicher Empfängnis bewusst geworden. Sie hat die alttestamentlichen Jungfrau-, Mutter- und Tochter-Zion-Aussagen auf Maria bezogen und in diesem Prozess (im Lichte der Heilsgeschichte Israels) den inneren Zusammenhang zwischen Inkarnation und jungfräulicher Empfängnis erkannt[66]. Wohl nicht zufällig

---

Geschichte [...]. Deshalb ist es nötig, von der ›Natur‹ jetzt in Anführungszeichen zu reden, weil sie keine von der Bewegung der Geschichte unabhängige Identität hat« (D. Hattrup, Neues von der Jungfrauengeburt, in: ThGl 82 (1992) 249–255; hier: 253.

65 »Wir müssen möglicherweise den ganzen Begriff ›Gesetz‹ revidieren. Wir können nur deshalb von menschlichen Gesetzen sprechen, weil es Menschen gibt, und von biologischen Gesetzen, weil es lebende Systeme gibt. Können wir aber in einem physikalischen Universum, dessen Materiedichte anfangs Werte aufwies, die über unsere, auf dem gegenwärtigen Zustand des Universums beruhende Vorstellung weit hinausgehen, von ewigen Gesetzen der Gravitation sprechen? Oder können wir vielleicht von der Geburt der Gesetze, der Geburt der Zeit sprechen?« (I. Prigogine/I. Stengers, Dialog mit der Natur. Neue Wege naturwissenschaftlichen Denkens, aus dem Engl. u. dem Frz. übers. v. F. Griese, München ⁶1990, 289).

66 Vgl. K.-H. Menke, Fleisch geworden aus Maria. Die Geschichte Israels und der Marienglaube der Kirche, Regensburg 1999, bes. 23–69; zu den vielfältigen Wechselwirkungen zwischen Ekklesiologie und Mariologie: S. Ackermann, Kirche als Person. Zur ekklesiologischen Relevanz des personal-symbolischen Verständnisses der Kirche (StSSTh 31), Würzburg 2001.

68   1. Der Ausgangspunkt

sind sich die drei größten Theologen des 20. Jhs. (Karl Barth, Karl Rahner, Hans Urs von Balthasar) einig in der Affirmation des untrennbaren Zusammenhangs von Inkarnation und jungfräulicher Empfängnis[67]. Das, was Christen Weihnachten und Ostern feiern, muss unabhängig von den Deutungen der Theologen und den Plausibilitäten der Gläubigen an und für sich geschehen sein, und zwar im Raum der Geschichte. Andernfalls ist das Christentum eine unter vielen Sinndeutungen und Weltanschauungen, nicht aber die gelebte Konsequenz eines Faktums.

1.5   Die Untrennbarkeit der Offenbarkeit Gottes in Jesus Christus von dessen Bezeugung durch die Kirche

Jede Christologie steht oder fällt mit dem Glauben an die reale Selbstoffenbarung Gottes in der Geschichte des Menschen Jesus. Von daher drängt sich die Frage auf, ob es neben kirchenrechtlichen auch inhaltliche Kriterien gibt, die darüber entscheiden, ob jemand Christ ist oder nicht. Allerdings ist die Frage nach dem »Wesen des Christentums« alles andere als unbelastet[68]. Sie ist nicht zu allen Zeiten der Kirchengeschichte in gleicher Weise und mit gleicher Intensität gestellt worden, sondern in der Verbindung mit dem Terminus »Wesen des Christentums« zuerst und zunächst verknüpft mit dem Selbstverständnis des sich vom Katholizismus abgrenzenden Protestantismus.

1.5.1 Die protestantische Frage nach dem Wesen des Christentums

Die protestantische Frage nach dem Wesen des Christentums forscht nicht nach der alle Glaubensartikel verbindenden oder tragenden Mitte (*substantia fidei; substantia sacramenti; substantia regulae*)[69]. Sie ist auch nicht zu verwechseln mit dem reformatorischen Ruf nach der Verwesent-

---

67 Vgl. K. Barth, Kirchliche Dogmatik I/2 (^{8}1990) 204–206; K. Rahner, Dogmatische Bemerkungen zur Jungfrauengeburt, in: K. S. Frank (Hg.), Zum Thema Jungfrauengeburt, Stuttgart 1970, 122–158; H. U. v. Balthasar, Die Antwort der Frau, in: Ders., Theodramatik, Bd. II/2. Die Personen in Christus, Einsiedeln 1978, 260–330.
68 Über die Ursprünge und die Entwicklung der Frage nach dem Wesen des Christentums: K.-H. Menke, Die Frage nach dem Wesen des Christentums. Eine theologiegeschichtliche Analyse (Veröffentlichungen der Nordrhein-Westfälischen Akademie der Wissenschaften G 395), Paderborn 2005.
69 Dazu ausführlich: H. Wagenhammer, Das Wesen des Christentums. Eine begriffsgeschichtliche Untersuchung [TTS 2], Mainz 1973, 25–38.

1.5 Offenbarkeit Gottes in Jesus Christus durch die Kirche 69

lichung eines von abergläubischen Praktiken überlagerten Glaubens oder einer von Spitzfindigkeiten bestimmten Scholastik. Nein, es geht um den Protest gegen die Heilskonstitutivität der Kirche.

Die Reformatoren gehen davon aus, dass die Heilige Schrift jedem Menschen, der sich nicht absichtlich gegen sie verschließt, den authentischen Christus offenbart. Die Vertreter des so genannten Altprotestantismus verknüpfen die Heilige Schrift so eng mit dem Ereignis der Selbstoffenbarung Gottes wie das Menschsein Jesu selbst. Zwischen dem Leben, Sterben und Auferstehen Jesu und der Bezeugung dieses Geschehens durch die inspirierten Autoren der neutestamentlichen Schriften wird kaum oder gar nicht unterschieden. Doch die Fiktion eines allen Gläubigen gemeinsamen Verstehens des Evangeliums ließ sich angesichts der innerprotestantischen Differenzen in der Schriftauslegung und spätestens unter dem Ansturm der Aufklärung nicht aufrechterhalten. Deshalb unterscheidet Ernst Troeltsch (1865–1922) zwischen der Denkweise des Altprotestantismus und der aus seiner Sicht konsequenteren Denkweise des Neuprotestantismus. Mit dieser Wortschöpfung wollte er keinen Bruch der reformatorischen Theologie des 19. Jhs. mit der von Luther initiierten Reformation bezeichnen, sondern im Gegenteil eine Entwicklung charakterisieren, die das Grundprinzip der Reformatoren von allen Inkonsequenzen befreit. In seinem Werk mit dem Titel »Luther, der Protestantismus und die moderne Welt« stellt er der katholischen »Sakramentsreligion« die »Geistes- und Glaubensreligion« des Protestantismus gegenüber. Nicht unmittelbar, aber mit wachsender Konsequenz[70] seien nach der Reformation die individuelle Glaubensgewissheit und die persönliche Überzeugung an die Stelle der Unterwerfung des einzelnen Gläubigen unter das Dogma der Kirche getreten.»Jedes Individuum«, so

---

70 Über die aus der Sicht der Liberalen Theologie des 19. Jhs. reformatorische Inkonsequenz des so genannten Altprotestantismus bemerkt Volker Drehsen: »Während W. M. L. De Wette den Begriff des Altprotestantismus noch als synonyme Schulbezeichnung für die Altprotestantische Orthodoxie benutzt, verwendet David Friedrich Strauß ihn für die sich gegen Sozinianismus und Arminianismus abgrenzende Richtung der Theologie. Bei Karl August von Hase erscheint ›altkirchlich‹ zur Charakterisierung eines nachreformatorisch-inkonsequenten Protestantismus: Da die Reformation den Durchbruch der freien, individuellen Subjektivität gegen hierarchisch-institutionelle Kirchenautorität und der gläubigen Innerlichkeit gegen allen äußerlichen Dogmenzwang sowie gegen die Verobjektivierung des Heils durch die Unbedingtsetzung eines Bedingten erzielt hat, stellt sich die ›altprotestantische Dogmatik‹ als eine Form der Routinisierung des reformatorischen Charismas, als Rückfall in vorreformatorische Verhältnisse dar. Eine Renaissance der reformatorisch-freiheitlichen Grundeinsichten ließe sich nur in Form einer entobjektivierten, nachorthodoxen, d. h. sich in der Vielfalt seiner Ausdrucksmöglichkeiten frei entfaltenden und einer einheitlichen Begriffsbestimmung entziehenden Glaubensweise denken.« (Neuprotestantismus, in: TRE XXIV (Berlin ²2000) 366–383; hier: 366).

schreibt Troeltsch, »steht nicht bloß unmittelbar in Geist und Gedanken seinem Gott gegenüber, sondern es steht auch auf eigene Weise und in eigenem Sinne Gott gegenüber«[71]. Natürlich gibt es auch aus seiner Sicht eine Kommunikation der gläubigen Individuen untereinander und deshalb auch Verständigungen über die je individuell erfahrene Wirklichkeit der rechtfertigenden Gnade. Aber alles Konfessionelle und Kirchliche am Christentum ist stets abgeleitet, geschichtlich bedingt und relativ. Der Neuprotestantismus versteht sich als Vollstrecker des protestantischen Prinzips. Während Luther und die Repräsentanten des Altprotestantismus das unsichtbare Geschehen der Rechtfertigung mit einem gemeinsamen Verstehen des wahren Jesus Christus verbinden, fordern die Vertreter des Neuprotestantismus die restlose Beseitigung jeder Bindung des Glaubensvollzugs an einen bestimmten Glaubensinhalt. Die dreibändige Dogmengeschichte Adolf von Harnacks (1851–1930) versteht sich als radikale Abtragung aller auf das reine Faktum Jesu gelagerten Deutungen. Und Harnacks »Vorlesungen über das Wesen des Christentums« vom Wintersemester 1899/1900 stehen nicht nur äußerlich an der Schwelle eines neuen Jahrhunderts. Sie falten in gewisser Weise die nachreformatorische Entwicklung ein und bilden zugleich den wichtigsten Bezugspunkt für alle Theologen, die im 20. Jh. die Frage nach dem Wesen des Christentums neu aufgreifen[72]. Harnacks eigene Antwort auf diese Frage lässt sich in folgenden vier Punkten zusammenfassen:

(a) Er geht wie die Reformatoren von dem Grundsatz aus, dass nicht das, was der Glaube äußert – also nicht die Dogmen, nicht die guten Werke, nicht die Riten und Gebräuche und auch nicht die Gemeinschaft der Gläubigen, welche man Kirche nennt – das Wesen des Christentums beschreiben, sondern einzig und allein die unsichtbar (»sola fide«) angenommene Gnade der Rechtfertigung.

(b) Katholizismus bedeutet aus seiner Sicht in allen seinen Spielarten – griechisch, russisch, armenisch oder römisch – die Ausbildung einer rechtlich verfassten, mit Ämtern und Heilsmitteln ausgestatteten Institution, die sich für heilskonstitutiv hält. Von daher trifft er die Unterscheidung zwischen der äußerlichen, einem Staatswesen nachgebildeten »katholischen Kirche« und der »geistigen Kirche« des Protestantismus.

(c) Die eigentliche Kirche ist aus seiner Perspektive unsichtbar. Wenn er dennoch den Vorwurf der Katholiken abweist, die Protestanten hätten der Kirche ihre Sichtbarkeit genommen, dann nur deshalb, weil die »sola

---

71 E. Troeltsch, Luther, der Protestantismus und die moderne Welt, in: Ders., Gesammelte Schriften, Bd. IV. Aufsätze zur Geistesgeschichte und Religionssoziologie, Tübingen 1925, 202–254; hier: 220.
72 Dazu: Menke, Die Frage nach dem Wesen des Christentums, bes. 24–76.

1.5 Offenbarkeit Gottes in Jesus Christus durch die Kirche 71

gratia« bzw. »sola fide« gerechtfertigten Menschen vorübergehende Zweckbündnisse bilden, um ihren gemeinsamen Glauben darzustellen und wirksam werden zu lassen. Keinesfalls aber ist aus seiner Sicht ein solches »Zweckbündnis« heilskonstitutiv. Im Gegenteil: Was von der unsichtbaren (eigentlichen) Kirche sichtbar wird, ist stets etwas Sekundäres, Relatives und Zeitbedingtes[73].

(d) Adolf von Harnack sieht im Selbstverständnis des katholischen Christentums zwei Komponenten ungebrochen wirksam: das Judentum und die griechische Philosophie. Mit dem Judentum habe das katholische Christentum gemeinsam die konstitutive Inklusion des »Volkes Israel« bzw. des »neuen Israel (Kirche)« in Gottes Heilshandeln. Und ebenso typisch sei für jede Phase des Katholizismus jene Verbegrifflichung des verkündigenden Jesus, die mit der Rezeption der griechischen Philosophie ihren Anfang genommen habe. Das Wesen des Christentums – so lautet Harnacks Antithese – ist die durch Jesus vermittelte *Erfahrung des den Sünder rechtfertigenden Vaters.*

Die das 20. Jh. einläutenden Vorlesungen Adolf von Harnacks »Über das Wesen des Christentums« haben Theologiegeschichte geschrieben – nicht nur auf Seiten der Protestanten, sondern auch auf Seiten der Katholiken. Die protestantische Harnack-Kritik richtet sich in immer neuen Anläufen gegen die Relativierung des historischen Jesus zu einem bloßen Vermittler des unsichtbaren bzw. unmittelbaren Geschehens der Selbstoffenbarung Gottes im Ereignis der Rechtfertigung des einzelnen Gläubigen[74].

---

73 »Sowohl das Dogma (katholisch) als auch die Verbalinspiration (protestantisch) sind – so die Überzeugung Harnacks – durch die historischen Untersuchungen in ihrer Aporie aufgewiesen worden. Als Alternative stellt sich nur jener Weg dar, der die Kirche nicht mehr als notwendige Institution für den Glauben versteht, sondern nur als Gemeinschaft Gleichgesinnter gelten lässt. [... Harnack wörtlich:] ›Was aus den Evangelischen Kirchen werden wird, weiß ich nicht; aber [...] begrüßen kann ich nur die Entwicklung, die immer mehr zum Independentismus und der reinen Gesinnungsgemeinschaft – ich scheue mich nicht – des Quäkertums und des Kongregationalismus führt‹ [A. v. Harnack, Das Alte Testament in den Paulinischen Briefen und in den Paulinischen Gemeinden, Berlin 1928, 183f]« (T. Ervens, Keine Theologie ohne Kirche. Eine kritische Auseinandersetzung mit Erik Peterson und Heinrich Schlier [ITS 62], Innsbruck 2002, 111).
74 Unter dem Motto der von Wolfhart Pannenberg und Ulrich Wilckens 1961 veröffentlichten Programmschrift »Offenbarung als Geschichte« meldet sich die alte Frage nach dem wahren Christusglauben auch innerhalb der protestantischen Theologie zurück.

1.5.2 Antworten der katholischen Theologie auf die Frage nach dem Wesen des Christentums

Katholischerseits ist die gegenreformatorische Ekklesiologie von einer ähnlichen Fiktion gefangen wie die altprotestantische Lehre über eine sich selbst authentisch auslegende Schrift[75]. Denn was für die Repräsentanten des Altprotestantismus die apriorische Wahrheit der Heiligen Schrift ist, das ist für die Vertreter der nachtridentinischen Ekklesiologie die apriorische Unfehlbarkeit des päpstlichen Lehramtes. Spätestens von Robert Bellarmin (1542–1621) wird diese Unfehlbarkeit nicht mehr mit der biblischen Verheißung des Bleibens in der Wahrheit begründet; auch nicht mit der korporativ veranschaulichten Untrennbarkeit der Kirche von Christus; und schon gar nicht mit dem Gedanken der Repräsentation der Gesamtkirche durch Papst *und* Konzil bzw. durch Papst *oder* Konzil; vielmehr ist für Bellarmin die Institution »Petrusamt« als solche die Quelle der Unfehlbarkeit. Von Bellarmin über Louis de Thomassin d'Eynac (1619–1695) bis hin zu den Traditionalisten des 19. Jhs. entsteht eine Ekklesiologie, die immer lauter die Unabhängigkeit der päpstlichen Unfehlbarkeit vom Konsens der Gesamtkirche formuliert. Im Vergleich zu den extremen Formulierungen der Traditionalisten Joseph de Maistre (1753–1821) oder Louis-Ambroise-Gabriel de Bonald (1754–1840) erscheint die entsprechende Definition des Ersten Vatikanischen Konzils trotz der berühmt-berüchtigten Formulierung »ex sese, non ex consensu ecclesiae« (DH 3074) als ausgewogen und gemäßigt. Denn das Konzil von 1870 bindet die mit letzter Verbindlichkeit vorgetragenen Lehrentscheidungen des Papstes durchaus an den Glauben der Gesamtkirche und kommt den besagten Traditionalisten nur insofern entgegen, als es die Gültigkeit der päpstlichen Entscheidungen auch dann gewahrt wissen will, wenn der immer schon vorausgesetzte Konsens nicht durch ein Konzil oder durch eine entsprechende Befragung aller Bischöfe erhoben worden ist.

Es bedurfte der historisch-kritischen Exegese, um nicht nur die Fiktion des so genannten Altprotestantismus, sondern auch die Fiktion eines kirchlichen Lehramtes zu entlarven, das die Wahrheit wie einen endgültigen Besitz immer schon definieren kann. Allerdings waren nicht wenige Exegeten so vermessen, selbst leisten zu wollen, was sie mit guten Gründen auf Seiten des Protestantismus wie des Katholizismus als dogmatische Fiktion entlarvten. Denn viele Wissenschaftler glaubten, mittels ihrer kritischen Methoden positiv entscheiden zu können, was Jesus selbst gesagt, gedacht, gepredigt oder intendiert hat. Inzwischen gibt es

---

[75] Dazu: K.-H. Menke, Das Unfehlbarkeitsverständnis der »gegenreformatorischen Konzilstraktate«, in: Cath(M) 45 (1991) 102–118.

1.5 Offenbarkeit Gottes in Jesus Christus durch die Kirche 73

wohl keinen ernst zu nehmenden Exegeten mehr, der auch nur von einem einzigen Jesus-Wort mit absoluter Sicherheit behaupten will, dass es unzweifelhaft authentisch sei. Kurzum: Die historisch-kritische Exegese kann jede Schriftinterpretation – z. B. die in der gegenwärtigen Kirche dominierende oder von den Trägern des apostolischen Lehramtes vorgelegte – kritisch mit dem Urtext konfrontieren, nicht aber positiv entscheiden, welche Interpretation das Christusereignis authentisch bezeugt und welche nicht.

Während der Protestantismus daran festhält, dass die Heilige Schrift allein genügt, um den Menschen aller Zeiten den wahren Glauben an Christus zu vermitteln, spricht der Katholizismus darüber hinaus von der Heilsnotwendigkeit der Kirche. Gemeint ist nicht die unsichtbare Gemeinschaft der im Glauben gerechtfertigten Christen, sondern die in den Nachfolgern der Apostel sichtbar geeinte Kirche. Dass das Lehramt der Apostelnachfolger nicht im Sinne eines apriorischen (ungeschichtlichen) Habens der Wahrheit missverstanden werden darf, ist vom Zweiten Vatikanischen Konzil unmissverständlich eingeräumt worden. Aber bis dahin musste die Ekklesiologie weite Wege zurücklegen. Vor allem dem französischen Philosophen Maurice Blondel (1861–1949) gebührt das Verdienst, den Graben zwischen dem von der historisch-kritischen Exegese gesuchten Jesus der Geschichte und dem vom apostolischen Lehramt interpretierten Christus der Kirche überwunden zu haben[76]. Er macht deutlich, dass die Kommunikation der Gläubigen mit Christus dem Entstehen des Neuen Testamentes vorausliegt. Mit anderen Worten: Die Kirche ist nicht erst durch die Zeugnisse des Neuen Testamentes entstanden, sondern umgekehrt: Das Neue Testament ist so etwas wie der schriftlich fixierte Glaube der Kirche des Anfangs[77].

In seinen Abhandlungen zur Verhältnisbestimmung von Dogma und Geschichte wendet sich Maurice Blondel gegen die beiden Extreme des *Extrinsezismus* und des *Historizismus*. Der Extrinsezismus der traditionellen (zumeist neuscholastischen) Schulapologetik versteht die Offenbarung wie eine Instruktion. Dieses Modell »kennt keinen inneren Bezug des Dogmas auf die Geschichte. Die historischen Fakten [...] sind bloße

---

76 Dazu: H. Bouillard, Blondel und das Christentum, Mainz 1963, bes. 75–156; A. E. van Hooff, Die Vollendung des Menschen. Die Idee des Glaubensaktes und ihre philosophische Begründung im Frühwerk Maurice Blondels (FThSt 124), Freiburg 1983, bes. 56–233; G. Larcher, Modernismus als theologischer Historismus. Ansätze zu seiner überwindung im Frühwerk Maurice Blondels (EHS.T 231), Frankfurt 1985, bes. 65–214.
77 Dazu: K. Hemmerle, Ausgewählte Schriften, Bd. I. Auf den göttlichen Gott zudenken (Schriften zur Religionsphilosophie und Fundamentaltheolgie 1), hg. v. R. Feiter, Freiburg 1996, 400–415.

74 1. Der Ausgangspunkt

›Zeichen‹, aus denen die Vernunft auf Gott als den einzig möglichen Urheber schließt, um auf Grund dieser Beglaubigung das ganze Dogma *en bloc* anzunehmen, ohne den Sinn und den Kontext der Fakten näher zu erforschen«[78]. Auf der anderen Seite wendet sich Blondel mit derselben Vehemenz gegen den Historizismus. Denn dieser geht von der Prämisse aus, Gott bzw. das Absolute bzw. der Sinn des Ganzen sei abzulesen aus dem, was uns die geschichtlichen Fakten auf Grund ihres Zusammenhangs – auf Grund ihrer Korrelation und Analogie – von sich aus sagen. Blondel kritisiert die mangelnde Reflexion der Frage, was denn überhaupt ein historisches Faktum sei. Nicht jedes Geschehen – so antwortet er selbst – kann als historisch bezeichnet werden. Nur ein Geschehen, das auf einer nicht notwendig, sondern frei gesetzten »action« einer mit Bewusstsein und Willen begabten Einzelperson oder Gemeinschaft basiert, kann eine Wirkung entfalten, die das Attribut historisch verdient. Ein Ereignis mit einer staunenswerten Wirkungsgeschichte ist – so unterstreicht Blondel – das Ereignis des historischen Jesus. Und dieses Ereignis bzw. diese »action« wird nicht durch Begriffe oder durch historisch-kritische Methoden, sondern durch Zeugen tradiert, die Jesus Christus nicht nur denken oder untersuchen, sondern ihrerseits durch eine entsprechende »action« beantworten. Insofern mit dem Begriff »Tradition« der Mitvollzug bzw. die Praxis des tradierten Faktums durch die Tradenten gemeint ist, versieht Blondel das eigene Konzept der Verhältnisbestimmung von Wahrheit bzw. Dogma und Geschichte mit dem Etikett »Tradition«. Mit diesem Begriff bezeichnet er nicht die Konservierung bestimmter Inhalte bzw. Lehrsätze, sondern das »Christus-Tun« der Kirche. Die Gesamtheit derer, die Christus »tun«, kann die Wahrheit (den Sinn des Seins und der Geschichte) nicht verfehlen. Insofern liegt das Wesen des Christentums aus der Sicht von Blondel in der Untrennbarkeit des »Christus-Tuns« der Kirche von der »action«, die den Namen »Jesus Christus« trägt.

In seinem großen Erstlingswerk mit dem bezeichnenden Titel »L'action« hat Blondel ausführlich seine Basisthese begründet, dass das erkennende Subjekt der Andersheit des Anderen (der dem erkennenden Subjekt wesentlich transzendenten Wirklichkeit) nicht durch bloße Vollzüge des Denkens oder der Reflexion, sondern nur durch Vollzüge der Selbsttranszendenz, näherhin durch die »action« der Anerkennung (der Liebe), gerecht zu werden beginnt. Der vertikalen Selbsttranszendenz Gottes in Christus, d. h. dem Ereignis der Anerkennung des sündigen Menschen durch das Christusereignis, entspricht auf Seiten der gerechtfertigten Sünder die horizontale Selbsttranszendenz der wechselseiti-

---

[78] P. Henrici, Blondel und Loisy in der modernistischen Krise, in: IKaZ 16 (1987) 513–530; hier: 517.

1.5 Offenbarkeit Gottes in Jesus Christus durch die Kirche

gen Anerkennung des jeweils Nächsten. Der vertikalen Inkarnation des Christusereignisses entspricht die horizontale Inkarnation der Kirche. Es gibt aus der Sicht von Blondel kein Christentum ohne Kirche. Denn erst die Kirchlichkeit des eigenen »Christus-Tuns« garantiert, dass der Einzelne sein Christentum nicht in einer privat-innerlichen Beziehung zu Gott sucht, sondern die »action« Gottes, nämlich das Ereignis der Inkarnation, mitvollzieht (durch die eigene »action« verleiblicht bzw. zwischenmenschlich darstellt).

1.5.3 Die Verhältnisbestimmung der biblischen zu den nachfolgenden Gestalten der Christologie

Wenn man der Analyse Blondels zustimmt, sind die Schriften des NT der authentische Ausdruck des »Christus-Tuns« der ersten Christen. Verstanden werden sie nur von denen, die sie nicht nur wissenschaftlich bzw. historisch-kritisch analysieren, sondern auch in ihr eigenes »Christus-Tun« übersetzen bzw. inkarnieren. Mit anderen Worten: Eine von der sichtbaren Kirche der Christuszeugen bzw. »Christus-Täter« isolierte Schrift würde das NT aus seinen Wurzeln reißen und also von vornherein missverstehen. Natürlich ist die Heilige Schrift als das kristallin gewordene Zeugnis der apostolischen Zeit unabdingbares Medium für die Christus-Kommunikation der Christen aller nachfolgenden Zeiten. Aber nicht die Schrift ist die Wahrheit, sondern der lebendige Christus[79]. Und Leben (action) wird nicht durch Begriffe, sondern erst durch Übersetzung des an sich toten Buchstabens in das Leben des eigenen Zeugnisses (action) erkannt. Die Schriften des Neuen Testamentes können dem einzelnen Gläubigen das wahre Leben mit und in Christus vermitteln. Aber sie selbst sind dieses wahre Leben nicht.

---

79 »Bis in die Gegenwart hinein vollzieht sich die Kirche in höchster Weise als sie selbst nicht nur in den Sakramenten, sondern auch in der Lesung und Auslegung der Heiligen Schrift. Die Kirche vom Kanon her zu verstehen (nicht im exklusiven, aber im positiven Sinn), heißt: sie als Erinnerungsgemeinschaft zu verstehen, die im gemeinsamen Gedenken der biblisch bezeugten Offenbarungsgeschichte zusammenfindet. Dieser Einigungseffekt ist ein pneumatischer. Es ist der präexistente und erhöhte Jesus Christus, der sich durch das Pneuma in seinem Geschick so vergegenwärtigt, dass Kirche entsteht. Es ist nicht so, dass das biblisch ausgerichtete Erinnerungsvermögen der Glaubenden das Wort Gottes hervorbringt; sondern es ist das in Jesus fleischgewordene (Joh 1,14) Wort Gottes, das die biblisch orientierte Einbildungskraft und das biblisch ausgerichtete Erinnerungsvermögen der Ekklesia hervorbringt. [...] Im Kanon gründet die Kirche, wie umgekehrt der Kanon in der Kirche entsteht« (T. Söding, Einheit der Heiligen Schrift? Zur Theologie des biblischen Kanons [QD 211], Freiburg 2005, 67).

1. Der Ausgangspunkt

Weil Joseph Ratzinger sich diese Sichtweise ausdrücklich zueigen gemacht hat, konnte er den Enthusiasmus der Exegeten nicht teilen, die eine Studie des Tübinger Systematikers Joseph Rupert Geiselmann über das Verhältnis von Schrift und Tradition als entscheidenden Durchbruch aller ökumenischen Bemühungen begrüßt haben[80]. Geiselmann stellte fest, dass die Väter des Trienter Konzils ganz bewusst die zunächst vorgesehene Formulierung »partim in libris scriptis partim in sine scripto traditionibus« durch die Fassung »in libris scriptis et sine scripto traditionibus« ersetzt hatten. Daraus schloss er, dass die in der nachtridentinischen Zeit auf katholischer Seite immer wieder verteidigte These, es gebe zwei Quellen der Wahrheit, nämlich Schrift und Tradition, so vom Trienter Konzil nicht gelehrt wurde. Das Streichen der ersten Fassung zugunsten der zweiten sei vielmehr so zu interpretieren, dass die Konzilsväter die inhaltliche Suffizienz der Schrift zumindest nicht bestreiten wollten. Was aber – so darf man einwenden – bedeutet die These von der inhaltlichen Suffizienz der Schrift zum Beispiel für die Mariendogmen von 1854 und 1950? Würde man – so bemerkt Joseph Ratzinger – die Bezeichnung der Schrift als suffizient in dem Sinne missverstehen, dass sie die Offenbarung (das Christusereignis) nicht nur bezeugt, sondern in Worte fasst, dann wäre das Christentum eine Buchreligion; und die Offenbarung wäre eine in Sätze gefasste Instruktion. Von daher bezeichne der Ausdruck »Suffizienz der Heiligen Schrift« nicht mehr als die für alle nachfolgenden Generationen hinreichende Bezeugung des Christusereignisses durch die Autoren (»Christus-Täter«) des Neuen Testamentes. Eine so verstandene Suffizienz aber schließe Sätze (Dogmen) nicht aus, welche aus der gelebten »paradosis« oder »traditio« der schriftlichen Christusbezeugung erwachsen, ohne als solche Bestandteile des NT zu sein.

Aus Ratzingers Sicht ist das Glaubensbewusstsein der gegenwärtigen Kirche auf das in der Heiligen Schrift kristallin gewordene Glaubensbewusstsein der Urkirche verwiesen. Aber deshalb, weil das Glaubensbewusstsein der Urkirche im Vergleich zum Glaubensbewusstsein der späteren Kirche in einer zeitlich größeren Nähe zum Christusereignis steht, ist sein Christuszeugnis nicht automatisch reiner, tiefer oder gar umfassender[81]. Das Privileg des Glaubensbewusstseins der Urkirche gegenüber

---

80 Vgl. J. R. Geiselmann, Die Heilige Schrift und die Tradition. Zu den neueren Kontroversen über das Verhältnis der Heiligen Schrift zu den nichtgeschriebenen Traditionen, Freiburg 1962, bes. 91–107.
81 Vgl. J. Ratzinger, Ein Versuch zur Frage des Traditionsbegriffs, in: K. Rahner/J. Ratzinger (Hgg.), Offenbarung und Überlieferung, Freiburg 1965, 25–69. – Die nur hypothetisch mögliche Feststellung, dass ein Satz des NT auf Jesus selbst zurückgeht oder zumindest zum Urgestein des NT gehört, bedeutet aus Ratzingers Sicht keineswegs, dass darin ein tieferes Verstehen der Offenbarung als in einem chronolo-

1.5 Offenbarkeit Gottes in Jesus Christus durch die Kirche 77

dem Glaubensbewusstsein späterer Jahrhunderte liegt ausschließlich in der Verschriftlichung. Wenn sich spätere Zeiten Rechenschaft geben müssen über die Treue des eigenen Glaubens zu dem verschriftlichten Glaubenszeugnis der Urkirche, dann gewiss nicht im Sinne eines konservierenden Biblizismus, sondern in Gestalt einer kritischen Analyse der eigenen Interpretation.

Das Christusereignis ist ein durch die Praxis und die Reflexion seiner Adressaten immer schon gedeutetes Faktum. Deshalb kann man dieses Geschehen nicht von seiner biblischen Bezeugung abstrahieren. Andererseits ist die Bibel nicht mehr als der normativ bleibende Ausgangspunkt eines durch alle Kulturräume der Menschheit fortschreitenden Bemühens um ein immer tieferes Verstehen der Selbstoffenbarung Gottes in den dreiunddreißig Jahren des Lebens, des Sterbens und der Auferstehung Jesu.

1.5.4 Zusammenfassung: Die erkenntnistheoretischen Voraussetzungen jeder Christologie

Das Wesen des Christentums wurzelt in der Einzigkeit Jesu Christi. Und diese wird bezeichnet durch die personale Identität des Menschen Jesus mit der personalen Identität des ewigen (innertrinitarischen) Sohnes. Von daher gibt es eigentlich nur ein christliches Dogma, nämlich die Bezeugung von Leben, Tod und Auferstehung des Juden Jesus als der realen (nicht nur symbolischen oder metaphorischen) *Selbst*offenbarung Gottes. Wenn das Christentum von einer Vielzahl von Dogmen spricht, dann immer in Relation zu diesem ersten und eigentlichen Dogma. Oder anders gesagt: Nur dann, wenn die Gemeinschaft derer, die Jesus als den Christus bekennen, zu der Überzeugung gelangt, dass ein bestimmter Lehrsatz (z. B. der über die Trinität des einen und einzigen Gottes) in einem notwendigen Zusammenhang mit dem biblisch bezeugten Christusereignis steht, erlangt dieser Lehrsatz möglicherweise die Funktion eines weiteren Dogmas.

---

gisch später anzusetzenden Zeugnis zum Ausdruck kommt. Die historisch-kritische Exegese kann die Eigenart des jeweiligen Zeugen eruieren, nicht aber entscheiden, ob z. B. Markus authentischer als Johannes von Jesus Christus spricht. Alle im NT versammelten Zeugnisse gemeinsam deuten in der vom Hl. Geist gewirkten Erinnerung (Joh 14,26; 16,13f) und mit Hilfe der Schrift – das ist im NT stets die Hebräische Bibel! – die Selbstoffenbarung Gottes in Jesus Christus.

1.5.4.1 Die Untrennbarkeit der Selbstoffenbarung Gottes von dem Jesus der Geschichte

Weil das Ereignis der Selbstoffenbarung Gottes ein geschichtliches Ereignis – näherhin eine bestimmte geschichtlich greifbare Person – *ist*, wird das Wesen des Christentums immer dann verfehlt, wenn der verkündigende Jesus vom verkündigten Christus getrennt wird; oder wenn der geschichtliche Jesus der bloße Mittler einer Idee (z. B. der Idee der Einheit von Mensch und Gott), einer inneren Erfahrung bzw. eines transgeschichtlichen (unsichtbaren) Immediatverhältnisses des jeweils einzelnen Gläubigen zu Gott ist.

Das Wesen des Christentums wird bestimmt durch die Parameter Offenbarung und Geschichte. Würde das Ereignis der Selbstoffenbarung Gottes durch die Geschichte nur vermittelt und also nicht selbst in Raum und Zeit geschehen, dann wäre der christologische Basissatz hinfällig. Denn dieser lautet: Mit dem Inkarnationsereignis kann das Sein und Wesen Gottes nicht mehr ohne seine Bestimmtheit durch Jesus Christus ausgesagt werden[82].

Weil der geschichtliche Jesus nicht nur die Einkleidung oder Verkleidung einer Idee, sondern als geschichtlich existierende *Person* die Offenbarkeit Gottes selbst ist, sind seine Adressaten mehr als die Empfänger einer Instruktion. Eine Person wird nicht zuerst durch Sätze, Deklarationen oder Theorien, sondern durch Kommunikation verstanden. Dogmen sind daher keine bloßen Theoreme oder Begriffe, sondern Lebensregeln derjenigen, die mit Christus glaubend, hoffend und liebend kommunizieren. Eine Wahrheit, die geschichtliches Ereignis bzw. Person ist, kann nicht begriffen, wohl aber bezeugt werden. Deshalb ist jede Interpretation oder theologische Reflexion des Christusereignisses etwas Sekundäres und bleibend angewiesen auf die Zeugnis- bzw. Traditionsgemeinschaft der »Christus-Täterinnen« und »Christus-Täter«.

---

82 »Denn jene Aussage, also die Wahrnehmung von Jesu Geschichte als dem endgültigen Erweis der für die Menschen entschiedenen Liebe des Gottes Israels (und dann näherhin die Selbstgegenwart und Selbstmitteilung Gottes in der Unbedingtheit seiner durch Jesus vergegenwärtigten Liebe) impliziert nun einmal den im strengen Sinn zu fassenden Gedanken der *Selbstoffenbarung* Gottes und deshalb (ebenso wie der Begriff seiner definitiven Selbstbestimmung für uns in Jesu Geschichte) die Konsequenz, dass fortan – sobald nur erst danach gefragt ist – das Sein und Wesen Gottes selbst nicht mehr ohne seine Bestimmtheit durch Jesus Christus ›erläutert‹ und ›verdeutlicht‹ werden kann« (T. Pröpper, Wegmarken zu einer Christologie nach Auschwitz, in: Christologie nach Auschwitz. Stellungnahmen im Anschluss an Thesen von Tiemo Rainer Peters [Religion – Geschichte – Gesellschaft. Fundamentaltheologische Studien 12], Münster 1998, 135–146; 143).

1.5 Offenbarkeit Gottes in Jesus Christus durch die Kirche

Der einzige Unterschied der biblischen zu späteren christologischen Interpretationen liegt in ihrer Kanonizität[83]. Weil das Glaubensbewusstsein des Anfangs kristallin geworden ist in den Schriften des Neuen Testamentes, kommt ihm für alle folgenden Epochen eine normierende Bedeutung zu. Das heißt: Die christologischen Interpretationen der Folgezeit dürfen den biblischen Interpretationen nicht widersprechen.

1.5.4.2 Das Ereignis der Inkarnation und die Sakramentalität der Kirche

Die Grunddifferenz zwischen protestantischem und katholischem bzw. orthodoxem Christentum wurde lange Zeit mit der Gegenüberstellung von »Kirche des Wortes« und »Kirche des Sakramentes« bezeichnet[84]. Die Protestanten warfen den Katholiken eine Entpersonalisierung der Glaubensvollzüge, ja eine magische Verdinglichung der Christusbeziehung durch eine einseitige Fixierung auf die Sakramente vor. Die katholische Lehre von der Wirksamkeit der Sakramente »ex opere operato« wurde vielfach als Dispens des Empfängers von dem Glauben verstanden, ohne den man sich nach Paulus mit dem Empfang der Eucharistie das Gericht essen und trinken kann. Unbestritten waren viele Katholiken bis in die Zeit des Konzils hinein der Meinung, es gehe beim Empfang der Sakramente um so etwas wie die Vergewisserung des eigenen Heils. Folglich erkannte man das Plus der sakramentalen gegenüber der persona-

---

83 In seiner jüngst erschienenen Fundamentaltheologie stellt Peter Hofmann (Die Bibel ist die Erste Theologie. Ein fundamentaltheologischer Ansatz, Paderborn 2006, bes. 283–294) der Kirche ein »kanonisches Prinzip« voran und bezeichnet die gesamte Bibel als »erste Theologie«. Dabei denkt er offensichtlich nicht nur an die authentischen Zeugnisse inspirierter *Zeugen*, sondern auch an eine *Interpretation*, die sich als »*die* biblische bzw. *die* erste Theologie« aus den heiligen Schriften erheben lässt und *als solche* (!) der Maßstab jeder nachfolgenden bzw. zweiten Theologie ist. Die Kanonizität der biblischen Schriften bezieht sich aber nicht auf bestimmte Interpretamente oder auf eine bestimmte Theologie, sondern auf die authentischen Zeugnisse inspirierter Zeugen. Eine Offenbarung, die Person ist, ist keine Instruktion, kein »depositum« von Sätzen, auch keine normative Interpretation oder Theologie, sondern ein Geschehen, das nur personal – durch das persönliche Zeugnis des einzelnen Zeugen – interpretiert werden kann. Die Kirche hat mit der Kanonisierung bestimmter Zeugnisse also nicht bestimmte Inhalte, Interpretationen oder Theologien, sondern den in Gestalt von Glaubenzeugnissen verschriftlichten Glauben der frühen Kirche zur Norm erklärt.

84 Dazu: H. R. Schlette, Kommunikation und Sakrament (QD 8), Freiburg 1959; A. Skowronek, Sakrament in der evangelischen Theologie der Gegenwart. Haupttypen der Sakramentsauffassungen in der zeitgenössischen, vorwiegend deutschen evangelischen Theologie, Paderborn 1971; A. Ganoczy, Einführung in die katholische Sakramentenlehre, Darmstadt 1979; G. Wenz, Einführung in die evangelische Sakramentenlehre, Darmstadt 1988.

80 1. Der Ausgangspunkt

len Kommunikation mit Christus in der Gewissheit, dass ein Sakrament Christus so sicher enthält wie eine Medizin ihre wirkenden Heilstoffe.

Der Protestantismus hat sich gegen diesen magischen Heilsindividualismus mit der Antithese gewandt, dass es ohne Glaube keine Rechtfertigung gebe, und dass deshalb das Plus der (auf Taufe und Abendmahl beschränkten) sakramentalen gegenüber der personalen Kommunikation mit Christus lediglich in der zeichenhaften Verdichtung (Visualisierung) des lebendigen Wortes bestehe[85].

Schon vor dem Zweiten Vatikanischen Konzil wurde die so umrissene Polarisierung aufgebrochen. Protestantische Theologen konnten auf die unbestreitbare Tatsache verweisen, dass der im Lateinischen mit dem Terminus »sacramentum« übersetzte Begriff »mysterion« gar kein kultischer Begriff ist, ja, dass die Verengung dieses Begriffs auf bestimmte liturgische Vollzüge durch den Einfluss der so genannten Mysterienkulte der hellenistisch geprägten Welt des frühen Christentums bedingt ist. Protestantische Theologen wie Gottfried Maron und Eberhard Jüngel versprachen sich von dieser exegetischen und theologiegeschichtlichen Aufklärung eine Relativierung der sakramentalen zugunsten der personalen Kommunikation mit Christus auch auf Seiten der römisch-katholischen Theologie[86]. Doch das Gegenteil war der Fall. Katholische Theologen wie Henri de Lubac, Karl Rahner, Otto Semmelroth und Joseph Ratzinger haben die Ergebnisse der u. a. von Maron und Jüngel vorgetragenen Kritik nicht bezweifelt, aber im Gegenzug festgestellt, dass in der Heiligen Schrift und bei den griechischen Vätern der Begriff »mysterion« Dimensionen des sakramentalen Denkens erinnert, die zum Nachteil von Kirche und Theologie in Vergessenheit geraten waren. Ihre Reaktion auf die protestantische Kritik war keine Relativierung, sondern eine Ausweitung des sakramentalen Denkens[87].

---

85 Vgl. z. B.: K. Barth, Die Lehre von den Sakramenten, in: Zwischen den Zeiten 7 (1929) 426–460; R. Bultmann, Jesus Christus und die Mythologie, Hamburg 1966; G. Ebeling, Das Wesen des christlichen Glaubens, Tübingen 1959.
86 Vgl. G. Maron, Kirche und Rechtfertigung. Eine kontrovers-theologische Untersuchung ausgehend von den Texten des Zweiten Vatikanischen Konzils, Göttingen 1969; E. Jüngel/K. Rahner, Was ist ein Sakrament? Vorstöße zur Verständigung, Freiburg 1971; E. Jüngel, Die Kirche als Sakrament?, in: ZThK 80 (1983) 432–457.
87 Vgl. O. Casel, Das christliche Kultmysterium, Regensburg 1948; J. Daniélou, Vom Geheimnis der Geschichte, Stuttgart 1955; H. U. v. Balthasar, Karl Barth. Darstellung und Deutung seiner Theologie, Köln 1951, 15–181; H. U. v. Balthasar, Parole et Mystère chez Origène, Paris 1957; H. de Lubac, Geist aus der Geschichte, nach der Originalausg. v. 1950 übers. u. eingel. v. H. U. v. Balthasar, Einsiedeln 1968; H. de Lubac, Die Kirche, nach der Originalausg. v. 1954 übers. u. eingel. v. H. U. v. Balthasar, Einsiedeln 1968; O. Semmelroth, Die Kirche als Ursakrament, Frankfurt 1953; K. Rahner, Kirche und Sakramente, Freiburg 1960; K. Rahner, Die Sakramente als Grundfunktionen der Kirche, in: HPTh I (Freiburg ²1970), 356–366; J. Ratzinger,

1.5 Offenbarkeit Gottes in Jesus Christus durch die Kirche 81

Wie Israel als Adressat des göttlichen Erwählungs- und Bundeshandelns nicht einfach nur der glaubende Empfänger, sondern auch sichtbares Mittel, Werkzeug, Zeichen (Licht und Salz der Erde), kurz Sakrament des Handelns Gottes ist, so erst recht die Kirche[88]. Joseph Ratzinger hat in einer viel beachteten Abhandlung mit dem Titel »Zum Begriff des Sakramentes« auf den Zusammenhang zwischen der Sakramentalität Israels und der Sakramentalität der durch Christus begründeten Kirche verwiesen[89]. Und Karl Rahner beschreibt das wahre Menschsein Jesu als Ursakrament und die eine, heilige, katholische und apostolische Kirche als Grundsakrament, d. h. als von Christus untrennbares Mittel und Werkzeug zur Heimholung der so genannten »Anderen«[90].

Wenn man ausschließlich Jesus Christus als das »Verbum« bezeichnet, dann ist die Heilige Schrift das kristallin gewordene Glaubensbewusstsein der frühen Kirche und nicht – wie Luther und die sich auf ihn berufende Tradition des Protestantismus lehrt[91] – Wort Jesu Christi selbst. Wer die Kirche nicht nur als »creatura Verbi«, d. h. als »creatura Christi«, sondern auch als »creatura Scripturae« bezeichnet, kann sie nicht zugleich als Subjekt der Heiligen Schrift bezeichnen. Exemplarisch klar fasst Eberhard Jüngel die protestantische Tradition in folgende Darstellung der vier Kirchenattribute des Nicaeno-Constantinopolitanum: »Unter der *Apostolizität* der Kirche ist deren Treue zu ihrer im urchristlichen Apostolat sich ursprünglich ausdrückenden Sendung und Aufgabe zu verstehen, das Evangelium mit Gedanken, Worten und Werken zu verkündigen. Und da der Nachfolger des Apostels der neutestamentliche Kanon (und nicht

---

Das neue Volk Gottes. Entwürfe zur Ekklesiologie, Düsseldorf 1969; J. Ratzinger, Die sakramentale Begründung christlicher Existenz, Meitingen 1973; J. Ratzinger, Zum Begriff des Sakramentes, München 1979; L. Boff, Die Kirche als Sakrament im Horizont der Welterfahrung. Versuch einer struktur-funktionalistischen Grundlegung der Kirche im Anschluss an das Zweite Vatikanische Konzil, Paderborn 1972; R. Schaeffler/P. Hünermann, Ankunft Gottes und Handeln des Menschen (QD 77), Freiburg 1977; S. Pemsel-Maier, Rechtfertigung durch Kirche? Das Verhältnis von Kirche und Rechtfertigung in den Entwürfen der neueren katholischen und evangelischen Theologie, Würzburg 1991; J. Meyer zu Schlochtern, Sakrament Kirche. Wirken Gottes im Handeln des Menschen, Freiburg 1992; H. O. Meuffels, Kommunikative Sakramententheologie, Freiburg 1995; K. Diez, »Ecclesia – non est civitas platonica«. Antworten katholischer Kontrovterstheologen des 16. Jhs. auf Martin Luthers Anfrage an die »Sichtbarkeit« der Kirche, Frankfurt 1997; K. Wenzel, Sakramentales Selbst. Der Mensch als Zeichen des Heils, Freiburg 2003.
88 Dazu bilanzierend: G. Lohfink, Braucht Gott die Kirche? Zur Theologie des Volkes Gottes, Freiburg 1998.
89 Vgl. J. Ratzinger, Zum Begriff des Sakramentes, München 1979, bes. 4–15.
90 Vgl. K. Rahner, Kirche und Sakramente. Zur theologischen Grundlegung einer Kirchen- und Sakramentenfrömmigkeit, in: GuL 28 (1955) 434–453.
91 Dazu: J. Rahner, Creatura Evangelii. Zum Verhältnis von Rechtfertigung und Kirche, Freiburg 2005, 53–183.

etwa der Bischof) ist, existiert die Kirche deshalb und nur deshalb in *apostolischer Sukzession*, weil und insofern sie *schriftgemäß* denkt, redet und handelt. [...] Alles Reden und alles Handeln der unter den Bedingungen der Welt existierenden sichtbaren Kirche ist deshalb stets an der Wahrheit des Evangeliums zu messen.«[92] Wo Jüngel mit Berufung auf Ignatius von Antiochien betont, dass die Kirche da ist, wo Jesus Christus ist, setzt er stets eine Quasi-Identität zwischen Jesus Christus und der Heiligen Schrift voraus. Von daher ist die Katholizität der Kirche deren Bindung an die Reich-Gottes-Verkündigung Jesu; und die Heiligkeit der Glaube an die Rechtfertigung allein durch das Evangelium von der Gnade; und die Einheit bzw. Einzigkeit der Kirche die unsichtbar in Jesus Christus bzw. in dessen Evangelium geeinte Schar derer, die das Wort von der Rechtfertigung allein aus Gnade glauben[93].

Mit derselben Klarheit wie Eberhard Jüngel erklärt Joseph Ratzinger die katholische Alternative. Er kann nachweisen, dass der protestantische Historiker Hans von Campenhausen sich irrte, als er von einem chronologischen Primat der Schrifttheologie vor der Theologie der Tradition bzw. Sukzession sprach. Die Quellenlage bezeugt eindeutig, dass es ein langer Weg war bis hin zur Ausbildung des NT als »Schrift«. Die Autoren der neutestamentlichen Schriften bezeichnen das AT als »Schrift« und die Christusbotschaft als den »Geist«, der das AT verstehen lehrt[94]. Das NT setzt immer schon zwei Prinzipien voraus, nämlich das Prinzip der apostolischen Überlieferung (traditio apostolica) und – davon untrennbar – das Prinzip der apostolischen Nachfolge (successio apostolica).»Bevor noch die Idee einer neutestamentlichen Schrift als ›Kanon‹ formuliert war, hatte die Kirche bereits einen anderen Kanonbegriff gebildet; sie hatte zwar ihre Schrift im Alten Testament, aber diese Schrift bedurfte eines neutestamentlichen Auslegungskanons, den die Kirche in der durch die successio gewährleisteten traditio erblickte.«[95] Dennoch wäre es völlig verkehrt, eine Überlieferung (traditio), deren Gestalt die apostolische Nachfolge ist, neben oder gar gegen die Schrift zu stellen. Mit der »Bindung des lebendigen Glaubens an die in der bischöflichen Nachfolge sich

---

92 E. Jüngel, Credere in ecclesiam – Eine ökumenische Besinnung, in: Kirche in ökumenischer Perspektive (FS W. Kasper), hg. v. P. Walter, K. Krämer u. G. Augustin, Freiburg 2003, 15–32; 19.
93 Vgl. Jüngel, Credere in ecclesiam, 19–21.
94 Zum Verständnis Christi als des hermeneutischen Schlüssels zum Verstehen des AT: H.-J. Hermisson, Jesus Christus als externe Mitte des Alten Testaments. Ein unzeitgemäßes Votum zur Theologie des Alten Testaments, in: Jesus Christus als die Mitte der Schrift. Studien zur Hermeneutik des Evangeliums (BZNW 86), hg. u. a. v. C. Landmesser, Berlin 1997, 199–233.
95 J. Ratzinger, Primat, Episkopat und successio apostolica, in: K. Rahner/J. Ratzinger, Episkopat und Primat (QD 11), Freiburg 1961, 37–59; 47f.

1.5 Offenbarkeit Gottes in Jesus Christus durch die Kirche 83

verkörpernde Autorität«[96] wendet sich die Kirche in ähnlicher Weise wie mit dem Mittel der Verschriftlichung der apostolischen Tradition gegen die von den Gnostikern propagierte These von einem unmittelbaren Zugang des einzelnen Gläubigen zur Wahrheit.

Unter der Voraussetzung, dass mit »dem Wort« nicht die Heilige Schrift, sondern Jesus Christus gemeint ist, liegt die Wahrheit über Jesus Christus nicht in einer Schrift als solcher, sondern stets in dem lebendigen (verkündigenden) Wort der entsprechend bevollmächtigten Zeugen. In diesem Sinne bemerkt Ratzinger: »Gerade wenn die wahre *successio apostolica* beim Wort liegt, kann sie nicht einfach bei einem Buch liegen, sondern muss als *successio Verbi successio praedicantium* sein, die wiederum nicht ohne ›Sendung‹, also ohne persönliche Kontinuität von den Aposteln her, bestehen kann. Gerade um des Wortes willen, das im Neuen Bund nicht toter Buchstabe, sondern *viva vox* sein soll, ist eine *viva successio* erfordert. […] Schließlich wird gerade und erst in solchem Verständnis der der Kirche verliehenen Gabe des Wortes der Mensch immer wieder in vollem Ernst in die Situation eines ›Hörers des Wortes‹ verwiesen, eines Hörers, der selbst keine Gewalt über das Wort hat, sondern der in jenem reinen Empfangen steht, das ›Glauben‹ heißt.«[97]

Präziser kann man kaum ausdrücken, wo trotz aller Gemeinsamkeiten in der Rechtfertigungslehre der immer noch trennende Unterschied zwischen der Ekklesiologie des Protestantismus und jener der römisch-katholischen Tradition liegt. Indem die Kirchenkonstitution des Zweiten Vatikanum gleich im ersten Kapitel von der Kirche als dem sakramentalen Mittel und Werkzeug des Wortes spricht, werden die oben genannten Definitionen Eberhard Jüngels eindeutig abgewiesen. Die Kirche ist nicht nur die Gemeinschaft der Empfängerinnen und Empfänger der rechtfertigenden Gnade, sondern auch Geberin dessen, was sie empfängt. Wenn die Kirche Sakrament ist, dann gehört es zu ihrem Wesen, dass sie in der Nachfolge Christi, des »Einen«, die Schar der »Wenigen« darstellt, durch die Gott »die Vielen« retten will[98]. Christus identifiziert sich so mit allen auf seinen Namen Getauften, dass seinen Leib empfangen gleichzeitig bedeutet: seine Brüder und Schwestern empfangen. Denn Christus konstituiert seine Kirche so, dass diese nicht nur durch ihn sie selber ist, sondern auch so, dass er nur durch, in und mit der Kirche Gnade ist. Communio mit Christus bedeutet zugleich Communio mit der Kirche, und zwar so, dass die Einheit der Eucharistie feiernden Gemeinden untereinander nicht eine äußere Zutat zur Gegenwart Christi in jeder Einzelge-

---

96 Ratzinger, Primat, 48.
97 Ratzinger, Primat, 51.
98 Vgl. Ratzinger, Das neue Volk Gottes, 325–338.

meinde, sondern für diese Gegenwart konstitutiv ist. Nicht nur das besagte Attribut der *Apostolizität*, sondern auch die übrigen drei ekklesialen Wesensmerkmale sind aus Ratzingers Sicht Ausdruck für die Inklusion der Kirche in das Erlösungshandeln Jesu Christi. Entsprechend sind die *Heiligkeit* und die *Katholizität* mehr als bloßer Ausdruck der eschatologisch erhofften Identität von Reich Gottes und Kirche. Sie sind als Gaben Christi auch Aufgaben. Die *Einheit* der Kirche ist nicht nur ein Geschenk Christi an die Gläubigen, sondern auch Kriterium der sichtbaren Kirche (vgl. Joh 17,11)[99]. So wie Christus nicht geteilt ist, kann auch seine Kirche nicht eine geteilte sein. Die eine und einzige Kirche Jesu Christi ist zwar stets konkret verwirklicht in einer Ortskirche; aber sie geht nicht darin auf und ist auch nicht einfach die Summe aller Ortskirchen[100].

---

99 Mit Karl Barth wendet sich Hans Urs von Balthasar gegen jede rechtfertigende Erklärung der Spaltungen:»›Man soll die Vielheit der Kirchen […] nicht erklären wollen als eine von Gott gewollte und also normale Entfaltung des Reichtums der in Jesus Christus der Menschheit geschenkten Gnade‹, auch nicht ›als ein notwendiges Mittel der sichtbaren, empirischen Kirche im Gegensatz zu der unsichtbaren, idealen, wesentlichen Kirche. Man soll das darum nicht tun, weil diese ganze Unterscheidung dem Neuen Testament fremd, weil die Kirche Jesu Christi auch in dieser Hinsicht nur eine ist: unsichtbar nach der Gnade des Wortes Gottes und des Heiligen Geistes, […] aber zeichenhaft sichtbar in der Menge der sich zu ihr Bekennenden, sichtbar als Gemeinde und gemeindliches Amt, sichtbar als Dienst am Wort und Sakrament […] Es gibt keine Flucht von der sichtbaren zur unsichtbaren Kirche‹. Versucht man eine solche Ökumene, dann ›treibt man, wie schön sich die Sache immer anhören mag, Geschichts- und Gesellschaftsphilosophie und keine Theologie, d. h. man produziert, um die Frage nach der Einheit der Kirche loszuwerden, seine eigenen Ideen, statt der von Christus gestellten Frage standzuhalten‹.« (H. U. v. Balthasar, Theodramatik, Bd. II/2. Die Personen des Spiels. Die Personen in Christus, Einsiedeln 1978, 407f. – Balthasar zitiert hier: K. Barth, Die Kirche und die Kirchen, in: Theologische Existenz heute 27 [1935] 9f).
100 Zu vermeiden sind in diesem Zusammenhang vor allem zwei grundlegende Missverständnisse:»1. Die Meinung, dass die Einheit der Ortskirchen jenseits ihrer konkreten Existenz schon als substantiierte Idee besteht, gleichsam als *universale ante rem*. 2. Die Meinung, dass die Universalkirche nur die nachträgliche Summe der Ortskirchen ist, die nach menschlichen Organisationsmaßstäben verwaltet wird, wobei die Einheit der Kirche gleichsam nominalistisch nur als *universale post rem* besteht.« Daraus folgt:»Die richtige Erfassung dieses gegenüber staatlichen Organisationsformen analogielosen Verhältnisses von Universalität und Partikularität gelingt nur in einer konsequent christologischen und ekklesiologischen Perspektive. In der Tat verwirklicht sich die Einheit der Kirche in ortskirchlicher Konkretheit, weshalb eine Personalgemeinschaft nie Ortskirche sein kann, ebenso wie jede Ortskirche ihrer Natur nach nichts anderes ist als die Universalkirche vor Ort. Dieses wechselseitige Insein ist die katholische *Communio* der Kirche, die sich als *communio ecclesiarum* konstituiert. In philosophischer Terminologie kann man hier von einem *universale in re*, nämlich der Ortskirche reden« (G. L. Müller, In quibus et ex quibus – Zum Verhältnis von Ortskirche und Universalkirche, in: Essener Gespräche zum Thema Staat und Kirche Nr. 37, Münster 2003, 59– 70; 64f).

1.5 Offenbarkeit Gottes in Jesus Christus durch die Kirche 85

Zusammenfassend lässt sich festhalten: Eberhard Jüngel deutet den lateinischen Terminus *sacramentum* von seinem griechischen Stamm *mysterion* her ausschließlich als das in Christus offenbar gewordene Handeln Gottes. Aus seiner Sicht ist nur Christus selbst und mit ihm das Geschehen der Rechtfertigung Sakrament. Die Kirche ist Objekt, aber nicht auch Subjekt des göttlichen Handelns in Jesus Christus. Sie kann dieses Handeln in Taufe, Abendmahl, Gottesdienst und Diakonie bezeugen, ist aber auch als Zeugin nicht konstitutiv für das Erlösungshandeln Christi.

Gegen diese Einseitigkeit hat Karl Rahner seine vielfach rezipierte These gestellt, dass kirchliches Handeln das Handeln Gottes im Handeln von Menschen sei[101]. Dabei unterscheidet er zwischen herstellendem (Poiesis) und darstellendem (Praxis) Handeln. Also ist kirchliches Handeln darstellendes und als solches sakramentales Handeln, und zwar so unbedingt, dass man von einer Untrennbarkeit der im Kollegium der Apostelnachfolger (und deren autoritativer Spitze, dem Nachfolger des Petrus) sichtbaren Kirche von Jesus Christus sprechen muss. Die Analogie zur Christologie der Zwei-Naturen-Lehre ist offensichtlich: Wie das wahre Menschsein Jesu untrennbar ist von seinem wahren Gottsein, so ist *mutatis mutandis* die in den Apostelnachfolgern sichtbar geeinte Kirche untrennbar von Jesus Christus. Die Kirchenkonstitution des Zweiten Vatikanums betont, mit dieser Analogie werde nicht behauptet, dass die Untrennbarkeit der apostolischen Kirche von Jesus Christus mit der hypostatischen Einheit der beiden Naturen Jesu Christi vergleichbar sei. Betont werden soll aber, dass die Kirche auf der sichtbaren Ebene nicht geteilt sein kann, wenn sie Grundsakrament Jesu Christi sein soll. Auf dem Zweiten Vatikanum wird die katholische (in den Nachfolgern der Apostel sichtbar geeinte) Kirche nicht mehr einfach mit der wahren Kirche Jesu Christi identifiziert. An die Stelle der durch das lateinische »est« ausgedrückten Identifikation[102] ist der Terminus »subsistit in« getreten. Wie die menschliche Natur Jesu *nicht identisch* ist mit der göttlichen Natur des Logos, so ist die sichtbare Kirche *nicht identisch* mit der wahren Kirche Jesu Christi. Aber wie die menschliche Natur Jesu nur wirklich ist (subsistit in) in Verbindung mit der göttlichen Person des Logos, so ist die sichtbare Kirche untrennbar von der einen wahren Kirche Jesu Christi. In dem nicht zufällig zur Jahrtausendwende promulgierten Lehrschreiben

---

101 Dazu: J. Meyer zu Schlochtern, Sakrament Kirche. Wirken Gottes im Handeln der Menschen, Freiburg 1992, bes. 191–233; U. Lockmann, Dialog zweier Freiheiten. Studien zur Verhältnisbestimmung von göttlichem Handeln und menschlichem Gebet (ITS 66), Innsbruck 2004, bes. 314–383.
102 Vgl. die entsprechenden Ausführungen der Enzyklika »Mystici Corporis« von 1942: DH 3800–3822.

1. Der Ausgangspunkt

»Dominus Iesus« *über die Einzigkeit und die Heilsuniversalität Jesu Christi und der Kirche* lesen wir:

»Der Herr Jesus, der einzige Erlöser, hat nicht eine bloße Gemeinschaft von Gläubigen gestiftet. Er hat die Kirche als *Heilsmysterium* gegründet: Er selbst ist in der Kirche und die Kirche ist in ihm [...] Denn Jesus Christus setzt seine Gegenwart und sein Heilswerk in der Kirche und durch die Kirche fort [...] Wie das Haupt und die Glieder eines lebendigen Leibes zwar nicht identisch sind, aber auch nicht getrennt werden können, dürfen Christus und die Kirche nicht miteinander verwechselt, aber auch nicht voneinander getrennt werden. Sie bilden zusammen den einzigen ›ganzen Christus‹. Diese Untrennbarkeit kommt im Neuen Testament auch durch die Analogie der Kirche als der *Braut* Christi zum Ausdruck (vgl. 2 Kor 11,2; Eph 5,25–29; Offb 21,2.9). Deshalb muss in Verbindung mit der Einzigkeit und der Universalität der Heilsmittlerschaft Jesu Christi die Einzigkeit der von ihm gestifteten Kirche [...] *fest geglaubt* werden. Wie es nur einen einzigen Christus gibt, so gibt es nur einen einzigen Leib Christi, eine einzige Braut Christi: ›die eine alleinige, katholische und apostolische Kirche‹. [...] Diese Kirche, in dieser Welt als Gesellschaft verfasst und geordnet, ist verwirklicht [*subsistit in*] in der katholischen Kirche, die vom Nachfolger Petri und von den Bischöfen in Gemeinschaft mit ihm geleitet wird.«[103]

Das Dokument »Dominus Iesus« beruft sich mit diesen Aussagen auf den Artikel 8 des ersten Kapitels der Dogmatischen Konstitution des Zweiten Vatikanischen Konzils über die Kirche (»Lumen Gentium«), näherhin auf den folgenden Passus:

»Die mit hierarchischen Organen ausgestattete Gesellschaft und der geheimnisvolle Leib Christi, die sichtbare Versammlung und die geistliche Gemeinschaft, die irdische Kirche und die mit himmlischen Gaben beschenkte Kirche sind nicht als zwei verschiedene Größen zu betrachten, sondern bilden eine einzige komplexe Wirklichkeit [...] Deshalb ist die Kirche in einer nicht unbedeutenden Analogie dem Mysterium des fleischgewordenen Wortes ähnlich. Wie nämlich die angenommene Natur dem göttlichen Wort als lebendiges, ihm unlöslich geeintes Heilsorgan dient, so dient auf eine ganz ähnliche Weise

---

103 Erklärung der Kongregation für die Glaubenslehre »Dominus Iesus« über die Einzigkeit und die Heilsuniversalität Jesu Christi und der Kirche (Verlautbarungen des Apostolischen Stuhls 148), Bonn 2000, § 16 (S. 21f).

1.5 Offenbarkeit Gottes in Jesus Christus durch die Kirche 87

das gesellschaftliche Gefüge der Kirche dem Geist Christi […] Diese Kirche, in dieser Welt als Gesellschaft verfasst und geordnet, ist verwirklicht [*subsistit in*] in der katholischen Kirche, die vom Nachfolger Petri und von den Bischöfen in Gemeinschaft mit ihm geleitet wird.«

Man kann diesen Text nur dann angemessen verstehen, wenn man seinen theologiegeschichtlichen Hintergrund kennt. Im Mittelalter kam es zu einer folgenreichen Vertauschung zweier zentraler Begriffe. Hatte man bis dahin die Kirche als »wahren, weil sichtbaren Leib Christi« und das konsekrierte eucharistische Brot als »mystischen Leib« bezeichnet, so verfuhr man jetzt umgekehrt: Man bezeichnete den eucharistischen Leib als wahren, weil sichtbaren Leib und die Kirche als mystischen, weil irgendwie unsichtbaren Leib Christi[104]. In der Folgezeit haben die Reformatoren die Bezeichnung der Kirche als »corpus Christi mysticum« zum Zentralbegriff ihrer Ekklesiologie erhoben. Sie wollten damit ausdrücken, dass die wahre Kirche Christi die unsichtbare Gemeinschaft der im Glauben (»sola fide«) Gerechtfertigten ist. Im Gegenzug verschwand der Begriff »corpus Christi mysticum« aus allen Lehrbüchern der katholischen Ekklesiologie, bis im 19. Jh. Theologen wie Johann Adam Möhler und Matthias Joseph Scheeben zu der Formulierung griffen: *Die sichtbar im Nachfolger des Petrus und der Apostel geeinte Kirche ist (lat.* »*est*«) *der mystische Leib Christi.* Oder: *Die unsichtbare Kirche, von der die Protestanten sprechen, ist untrennbar von der Institution, die ihr sichtbares Haupt im Papst hat.* Diese Position wurde lehramtlich durch die Enzyklika »Mystici Corporis« 1943 von Papst Pius XII. festgeschrieben und durch die Texte des Zweiten Vatikanischen Konzils nicht relativiert, sondern präzisiert. Die jüngst erschienene Dissertation von Alexandra von Teuffenbach konnte nachweisen[105], dass nicht irgendein als fortschrittlich ausgewiesener Konzilsvater, sondern der als äußerst konservativ bekannte Jesuit Sebastian Tromp SJ (im Auftrag Pius' XII. Verfasser der Enzyklika »Mystici Corporis«) für die Ersetzung des ursprünglichen »est« durch das »subsistit in« plädiert hat. Seine Intention war mit Sicherheit nicht die Relativierung, sondern die Präzisierung der These, die wahre Kirche Jesu Christi sei von der im Papst sichtbar geeinten Institution so wenig trennbar wie die menschliche Natur Jesu von der zweiten göttlichen Person.

Schon auf dem Konzil gab es Stimmen, die vor der Vieldeutigkeit des Begriffes »subsistit in« warnten. Denn dieser Begriff wird innerhalb

---

104 Dazu: H. de Lubac, Corpus Mysticum. Eucharistie und Kirche im Mittelalter. Eine historische Studie, aus dem Frz. ins Deutsche übers. v. H. U. v. Balthasar, Einsiedeln 1969, bes. 97–147.
105 Vgl. A. v. Teuffenbach, Die Bedeutung des *subsistit in* (LG 8). Zum Selbstverständnis der katholischen Kirche, Rom 2002, bes. 283–392.

der Trinitätslehre anders als in der Christologie verwandt. Innerhalb der Christologie bedeutet er, dass Christus nicht teils göttliche Person, teils menschliche Person, sondern eine einzige Person ist. Innerhalb der Trinitätslehre aber bezeichnet derselbe Begriff »subsistit in«, dass Gott zwar ein einziger ist, dass er aber in drei Personen »subsistiert« bzw. »verwirklicht ist«. Genau hier setzen die Theologen an, die von mehreren Subsistenzen der einen wahren Kirche Jesu Christi sprechen[106]. Dabei blenden sie aus, dass das achte Kapitel der Kirchenkonstitution des Konzils die christologische Variante des Subsistenzbegriffes bemüht. Das Konzil wollte sagen: Wie der ewige Sohn sich in einem einzigen Menschen offenbart hat, so subsistiert die wahre Kirche Jesu Christi in einer einzigen sichtbaren Kirche.

Der trinitarische Gott hat sich ein für allemal in Jesus Christus offenbart und nicht ein weiteres Mal im Heiligen Geist. Durch den Heiligen Geist wird die Kirche Leib Christi und nicht Leib der drei göttlichen Personen. Und wie der Leib des historischen Christus nicht unsichtbar war, so ist auch die geistgewirkte Einbeziehung der Christen in den Leib Christi keine unsichtbare Wirklichkeit. Dabei ist unbestritten, dass die Orts- oder Teilkirchen, wenn sie von einem Nachfolger der Apostel geleitet werden, wahre Kirchen sind. Aber so wie die Einheit jeder *einzelnen* Ortskirche in der Bekenntnisgemeinschaft mit dem Ortsbischof sichtbar

---

[106] Leonardo Boff vertritt in seinem Buch mit dem Titel »Kirche: Charisma und Macht. Studien zu einer streitbaren Ekklesiologie« (übers. aus dem Portugiesischen v. H. Goldstein u. K. Hermans, Düsseldorf 1985) u. a. die These, dass der historische Jesus selbst an eine Kirche nicht gedacht habe, geschweige denn eine solche gegründet habe. Das reale Gebilde Kirche sei erst nach der Auferstehung im Prozess der Enteschatologisierung aus den ehernen soziologischen Notwendigkeiten der Institutionalisierung heraus entstanden. Und am Anfang habe es keineswegs eine katholische Gesamtkirche, sondern nur unterschiedliche Ortskirchen mit verschiedenen Theologien und verschiedenen Ämtern usw. gegeben. Keine institutionelle Kirche könne also behaupten, dass sie die eine, von Gott selbst gewollte Kirche Jesu Christi sei. Wenn das Zweite Vatikanische Konzil mit LG 8 von einer Subsistenz der einen wahren Kirche Jesu Christi in der römisch-katholischen Kirche spreche, dann sei damit nicht ausgeschlossen, sondern mitgesagt, dass die eine wahre Kirche Jesu Christi auch in anderen Kirchen subsistiere. Diese Subsistenzen seien Institititutionen, die aus soziologischen Gegebenheiten nachträglich entstanden seien. Sie seien stets veränderlich. Und in ihrer theologischen Qualität würden sie sich höchstens sekundär voneinander unterscheiden. Deswegen könne man sagen, dass in ihnen allen – oder doch zumindest in sehr vielen von ihnen – die eine Kirche Jesu Christi subsistiere. Die Antwort der Notifikation der Glaubenskongregation (11.3.1985) auf diese Position von Boff lautet: »Das Konzil hingegen hatte das Wort ›subsistit‹ gerade deshalb gewählt, um klarzustellen, dass nur eine einzige ›Subsistenz‹ der wahren Kirche besteht, während es außerhalb ihres sichtbaren Gefüges lediglich Elemente des Kircheseins gibt, die – da sie Elemente derselben Kirche sind – zur katholischen Kirche tendieren und hinführen.«

1.5 Offenbarkeit Gottes in Jesus Christus durch die Kirche

wird, so muss auch die Einheit der Ortskirchen *untereinander* sichtbar werden in der Bekenntnisgemeinschaft mit dem Nachfolger Petri. Die Universalkirche nämlich ist so wenig eine abstrakte Idee (»civitas platonica«) wie jede Orts- oder Teilkirche auch. Es gibt wohl keinen protestantischen Theologen, der die sichtbaren Institutionen seiner Kirche als Sakrament, d. h. als von Christus selbst untrennbares Mittel und Werkzeug des Heils, bezeichnen würde[107]. Ganz anders die orthodoxen Christen. Sie halten wie die Katholiken an der Sakramentalität der Kirche fest. Sie bekennen, dass nicht nur Christus selbst, sondern auch seine in den Nachfolgern der Apostel sichtbar geeinte Kirche heilsnotwendig ist. Dieser wichtige Unterschied wird deutlich, wenn römisch-katholische und orthodoxe Christen die eucharistische Gemeinschaft mit Christus an die sichtbare Bekenntnisgemeinschaft mit einem rechtmäßigen (in »apostolischer Sukzession« stehenden) Nachfolger der Apostel binden.

1.5.4.3 Christologie als zeitlich bedingte Reflexionsgestalt des Glaubensbewusstseins der Kirche

Wenn das Wort der Heiligen Schrift nicht von dem Wort unterschieden wird, das Jesus Christus selbst ist, hat Adolf von Harnack recht mit seinem Konzept von Dogmengeschichte. Dann kann Dogmengeschichte nichts anderes sein als der Versuch, durch die Ablagerungen der Geschichte durchzustoßen zum Ereignis des Evangeliums als solchem. Dann muss jede Christologie an dem Grad gemessen werden, in dem es ihr gelingt, die Sprache der Dogmatik an der Sprache der Bibel zu messen – und wenn möglich – in die Sprache der Bibel zu übersetzen. Bis heute

---

107 Als durchaus exemplarisch für das kirchliche Selbstverständnis des Protestantismus darf folgender Passus aus Emil Brunners Bestseller »Das Missverständnis der Kirche« (Stuttgart 1951,12f) gelten: »Die Ekklesia des Neuen Testaments, die Christusgemeinde, ist gerade nicht das, was jede ›Kirche‹ mindestens auch ist, eine Institution, ein Etwas. Die Christusgemeinde ist nichts anderes als eine Gemeinschaft von Personen […]. Das gerade ist das Wunderbare, Einzigartige, Einmalige der Ekklesia: dass sie als Leib Christi keine Organisation ist und darum nichts vom Charakter des Institutionellen an sich hat. […] Ist die Kirche Institution, dann ist Rom die kirchlichste Kirche, das Ideal des Kircheseins; denn in ihr ist die Institutionalisierung der Ekklesia vollendet – und in ihr allein. Meint man aber mit der Kirche etwas anderes als Rom, dann muss man sich darüber klar sein, dass man mit diesem ›anders‹ bis zur Wurzel gehen muss; dann darf man Ekklesia nicht mit Kirche übersetzen […]. Dann muss man erkennen, dass die Ekklesia des Neuen Testaments, die Christusgemeinschaft der ersten Christen keine Kirche war und keine Kirche sein wollte. Das Beispiel der römischen Kirche […] zeigt uns im Negativ, was uns das Neue Testament selbst im Positiv zeigt. Die Ekklesia als […] Leib Christi ist reine Persongemeinschaft, ohne allen institutionellen Charakter.«

werden die Thesen von einer »frühkatholischen« oder »hellenisierenden« Verfälschung des Jesus der Geschichte durch den Christus des Glaubens in immer neuen Versionen wieder aufgelegt. Alles, was die Schriften des Neuen Testamentes über Jesus sagen, ist Niederschlag des Glaubensbewusstseins der mit Christus kommunizierenden Gläubigen. Es gibt keinen historisch-kritisch eruierbaren Jesus gleichsam »vor« den von der Kirche kanonisierten Zeugnissen. Vor diesem Hintergrund hat die historisch-kritische Exegese nicht die Aufgabe, den Jesus der Geschichte vom Christus des Glaubens zu trennen, sondern die Christologien des zeitgenössischen Christentums kritisch mit den biblischen Christologien zu konfrontieren. Jede Christologie ist eine zeitlich bedingte Reflexionsgestalt des Glaubensbewusstseins der als Grundsakrament beschriebenen Kirche. Das gilt ohne Abstriche auch von der Christologie der vier Evangelisten oder von der des hl. Paulus. Der Unterschied liegt, wie gesagt, in der normativen Funktion der Schriften, die die Kirche als inspirierte und also authentische Zeugnisse des Christusereignisses kanonisiert hat.

Mit dieser Feststellung verstehen sich die folgenden Analysen zur Geschichte der Christologie als Antithese zu dem von Karl-Josef Kuschel vorgelegten Versuch, alle Definitionen und Kategorien der griechischen und scholastischen Christologien zurückzuübersetzen auf die Ebene biblischer Rede. Wenn Kuschel von einem Vorrang der Schrift vor kirchlichen Interpretationen spricht, meint er ganz offensichtlich nicht die kritische Funktion der biblischen gegenüber allen nachfolgenden Denkformen der Christologie, sondern die nach seiner Ansicht stets neu in Angriff zu nehmende Reduzierung des geglaubten Christus »auf die Ebene biblischer Rede«[108]. So gesehen liegt nicht die Kirche der Schrift voraus, sondern umgekehrt die Schrift der Kirche. Kuschel wendet sich gegen den fundamentaltheologischen Grundsatz, dass das Glaubensbewusstsein der frühen Kirche in keiner Weise mehr Wahrheit als das Glaubensbewusstsein späterer Jahrhunderte beanspruchen kann[109]. Dessen einziges »Prae«

---

108 K.-J. Kuschel, Geboren vor aller Zeit? Der Streit um Christi Ursprung, München 1990, 654.
109 Dazu bemerken Thomas Pröpper und Georg Essen: »Es bleibt also dabei, dass die Überlieferung keine ›bloße‹ Erinnerung an ein Ereignis der Vergangenheit sein kann. Vielmehr vollzieht sie sich als Bekenntnis und praktisches Zeugnis, d. h. als *darstellendes* Handeln, durch das Menschen anderen vermitteln, was sie selber empfangen haben. Als fundamentale Dimension der Glaubensvermittlung hat das praktische Zeugnis von Menschen, die der Liebe Gottes entsprechen und für andere wirksam darstellen, aber deshalb zu gelten, weil erst in solcher Praxis des Glaubens, in der auf seine Wahrheit im einstimmenden Entschluss der Freiheit gesetzt wird, diese Wahrheit auch weiterhin ›zur Wirklichkeit kommt‹. Und schon damit ist klar, dass es primär das Glaubenszeugnis der kirchlichen Tradition ist, das den Zugang zum

1.5 Offenbarkeit Gottes in Jesus Christus durch die Kirche

liegt jedoch in der besagten Verschriftlichung. Von daher müssen neue Denkformen trotz des mit ihnen verbundenen Paradigmenwechsels keineswegs eine Verfälschung oder Überlagerung der biblischen Denkform bedeuten, sondern können im Gegenteil Dimensionen des Christusereignisses freilegen, die – ohne der biblischen Christologie zu widersprechen – klären, vertiefen und erweitern.

In diesem Zusammenhang stellt sich die bis heute kontrovers diskutierte Frage[110] nach den Kriterien der Identität in der Differenz der verschiedenen Denkformen. Zu diesen Kriterien zählen in jedem Fall die folgenden fünf:
1. Jede christologische Aussage muss Bezug nehmen auf das kanonische Zeugnis von Jesus Christus, das die Schriften des Alten und des Neuen Testamentes umfasst.
2. Jede christologische Aussage muss sich prüfen lassen auf ihre Kompatibilität mit dem Glaubensgedächtnis der Kirche.
3. Jede christologische Aussage muss sich ihrer systematischen Kohärenz mit allen anderen Aussagen der eigenen Denkform vergewissern.
4. Jede christologische Aussage muss sich als Ausdruck der lebendigen Kommunikation (Martyria, Leiturgia, Diakonia) der Kirche mit Christus ausweisen.
5. Jede christologische Aussage muss sich messen lassen an ihrem Beitrag zur Aneignung der Tradition durch den je einzelnen Gläubigen[111].

Evangelium Jesu Christi vermittelt« (G. Essen/T. Pröpper, Aneignungsprobleme der christologischen Überlieferung. Hermeneutische Vorüberlegungen, in: Gottes ewiger Sohn. Die Präexistenz Christi, hg. v. R. Laufen, Paderborn 1997, 163–178; 167). – Vgl. K. Lehmann, Die dogmatische Denkform als hermeneutisches Problem. Prolegomena zu einer Kritik der dogmatischen Vernunft, in: Ders., Gegenwart des Glaubens, Mainz 1974, 35–53.

110 Nachdem die Dogmenentwicklung nicht mehr im Sinne des so genannten Neuprotestantismus als Verfallsgeschichte oder im Sinne des neuscholastischen Offenbarungsmodells (Offenbarung als göttliche Instruktion von Sätzen) als Explikations- oder Konklusionsgeschehen beschrieben werden kann, stellt sich die Frage nach der Unterscheidung von »wesentlich« und »zeitbedingt« in verschärfter Weise. Dazu: J. Ratzinger, Das Problem der Dogmengeschichte in der Sicht der katholischen Theologie (Nordrhein-Westfälische Akademie der Wissenschaften. Vorträge G 139), Köln/Opladen 1965; K. Rahner/K. Lehmann, Geschichtlichkeit der Vermittlung, in: MySal I (Einsiedeln 1965) 727–787; W.-D. Hauschild, Dogmengeschichtsschreibung, in: TRE IX (Berlin ²1993) 116–125; W. Löser/K. Lehmann/M. Lutz-Bachmann (Hgg.), Dogmengeschichte und katholische Theologie, Würzburg 1985; J. Drumm, Dogmenentwicklung, in: LThK³ III (Freiburg 1995) 295–298.

111 »Weil es den Glauben selbst nur als menschlichen Akt und seine Wahrheit stets nur als menschlich verstandene gibt (dies Verstandensein ist ja ihre Bedeutung für uns), geht in das Verstehen des Glaubensinhaltes mehr oder minder bewusst auch das ein, was der Gläubige schon als Mensch und unabhängig vom Glauben für überzeugend und wahr hält. Denn Glaubensverständnis als Aneignung der gegebenen Wahrheit

1. Der Ausgangspunkt

Die Beachtung dieser oder weiterer Kriterien ist keine Garantie für die Wahrung der Identität des Glaubens inmitten sich ablösender Denkformen. Wie die obigen Ausführungen zur Frage nach dem Wesen des Christentums zeigen sollten, entscheidet sich die Treue zu der Wahrheit, die Christus ist, dort, wo die vertikale Inkarnation des Wortes (die Fleischwerdung des präexistenten Logos) in die horizontale Inkarnation des »Christus-Tuns« der Gläubigen übersetzt wird. Nur die mit Christus glaubend, hoffend und liebend kommunizierende Kirche kann nicht aus der Wahrheit, die Christus ist, herausfallen. Nur sie ist Sakrament Jesu Christi. Deshalb ist alle Theologie – und in deren Zentrum die Christologie – die stets nachträgliche und unvollkommene Reflexionsgestalt des Glaubensbewusstseins der an Zeit und Raum gebundenen Kirche.

---

unterliegt der Bedingung, dass der Verstehende als Subjekt seines Glaubens und als Subjekt seines vernünftigen Denkens mit sich identisch sein kann. Indem er die (vorgegebene) Glaubenswahrheit im Versuch des aneignenden Verstehens mit dem gegenwärtigen Bewusstsein und allem sonst schon Verstandenen ›vermittelt‹, entspricht er dem ursprünglichen Vernunftbedürfnis des Menschen, in der Vielheit seiner Erkenntnisse sich selbst nicht zu widersprechen und sich deshalb darauf zu verpflichten, dass alles, was er als wahr anerkennt, sich in Übereinstimmung befinden muss mit dem, was sonst noch gewusst wird und als wahr gelten darf« (Essen/Pröpper, Aneignungsprobleme der christologischen Überlieferung, 168). – »Wie […] Gott selbst in der offenbarenden Zuwendung seiner Liebe die Freiheit des Menschen achtet und anerkennt, wird sich jede Glaubensvermittlung daran messen lassen müssen, ihrem Inhalt ebenfalls dadurch zu entsprechen, das sie die Freiheit achtet und fördert, die sie für ihre Wahrheit gewinnen will. Dass der Inhalt des christlichen Glaubens und die Form seiner Mitteilung einander entsprechen, besagt ja nicht nur, dass diese von Gott begründete Wahrheit für immer die Signatur ihres freien Gegebenseins trägt, sondern selbst auch das Gericht über jede ihrem Inhalt nicht gemäße Gestalt ihrer Bezeugung ist« (Essen/Pröpper, Aneignungsprobleme der christologischen Überlieferung, 178).

2. Kapitel
Zentrale Kategorien und Grundgestalten der biblischen Christologie

Die als Neues Testament zusammengefassten Schriften bieten keine einheitliche Christologie, sind aber durchgehend von dem Versuch bestimmt, das zunächst mündlich bezeugte Leben, Sterben und Auferstehen Jesu im Lichte »der Schrift«, d. h. der Hebräischen Bibel, zu verstehen. Wir unterscheiden im Folgenden drei Grundgestalten der neutestamentlichen Deutung der Geschichte Jesu, nämlich die »Sühne«-Christologie, die »Messias«-Christologie und die »Präexistenz«-Christologie. Damit soll in keiner Weise bezweifelt werden, dass man noch weiter differenzieren könnte. Gemeinsam ist den genannten drei Grundgestalten die Reflexion und Erklärung des christologischen Glaubensbewusstseins der Urkirche mit den Kategorien der Hebräischen Bibel bzw. des zeitgenössischen Judentums. Zwei voneinander untrennbare Kategorien ziehen sich wie rote Fäden durch die gesamte Christologie des NT, nämlich »Bund« und »Tora«. Deshalb wird die folgende Darstellung der einzelnen Grundgestalten mit einer Darstellung der beiden wichtigsten Interpretamente eingeleitet.

2.1 »Bund« und »Tora« als christologische Grundkategorien

Lothar Perlitt hat mit seiner bahnbrechenden Studie zur Bundestheologie des AT nicht nur ein lange Zeit vernachlässigtes Thema neu aufgegriffen, sondern auch exemplarisch gezeigt, warum die Kategorien »Bund« und »Tora« untrennbar zusammengehören[112]. Der Terminus »Bund« bedeutet zunächst immer, dass JHWH sich im Sinne einer Selbstverpflichtung an sein Volk »bindet«; dann aber auch, dass er nicht einseitig an Israel ohne Israel, sondern mit Israel handelt. Denn mit dem Bundeshandeln JHWHs

---

112 Vgl. L. Perlitt, Bundestheologie im Alten Testament (WMANT 36), Neukirchen 1969, bes. 38–47.

ist unlöslich das Geschenk der Tora verbunden, die weniger eine Sammlung von Rechtsvorschriften als vielmehr das von Gott geschenkte Mittel ist, durch das Israel der Treue Gottes entsprechen und so im umfassenden Sinne »Heil« erfahren kann.

2.1.1 Die Bedeutung der alttestamentlichen Zwillingskategorien »Bund« und »Tora«

Die gewöhnlich mit »Bund« übersetzte hebräische Vokabel berit[113] wurde zwar nachträglich auf das Verhältnis JHWHs zu Israel übertragen und erst relativ spät zu einem theologischen Zentralbegriff[114]. Aber die mit diesem Terminus bezeichnete Wirklichkeit ist so alt wie der JHWH-Glaube Israels. Die Problematik der deutschen Übersetzung »Bund« ist evident, wenn man bedenkt, dass es im Lateinischen zwei Übersetzungen von Rang gibt: *testamentum* und *foedus* bzw. *pactum*. Als Buchtitel hat sich der Terminus »testamentum« durchgesetzt. Aber wenn wir im Deutschen von dem alten und dem neuen Bund sprechen, folgen wir dem von Hieronymus bevorzugten Terminus *foedus*. Die Frage, welche der beiden lateinischen Übersetzungen die bessere ist, lässt sich nicht etymologisch, wohl aber theologisch beantworten. Die Septuaginta bietet einen entsprechenden Hinweis, indem sie 267 Mal das insgesamt 287 Mal in der hebräischen Bibel genannte *berit* mit dem griechischen Terminus διαθήκη übersetzt. Auf diese Weise wird deutlich: Gemeint ist zunächst einmal eine Verfügung oder Stiftung Gottes und nicht ein auf Gegenseitigkeit beruhender Pakt (griech. σπονδή oder συνθήκη). Der schon in der Septuaginta deutliche Hinweis darauf, dass Gottes Bund zuerst eine freie Setzung bzw. Gabe ist und erst als solche auch eine Verpflichtung der mit

---

113 »Auch wenn *berit* in dessen hebräischer Version nur im Singular belegt ist, bestätigen Sir 44,12.18; 45,17; Weish 18,22 und 2 Makk 8,15, dass die Verfasser der griechisch-jüdischen heiligen Schriften den narrativ sukzessiv erzählten ›Bund‹ JHWHs mit Noach (Gen 9), Abraham (Gen 15.17), mit dem ganzen Volk am Sinai (Ex 19.24), Horeb (Dtn 5,9f) und im Land Moab (28,69 – 30,20) mit dem Plural wiedergeben können (vgl. die Nennung des siebenfachen Bundes mit Noach, Abraham, Isaak, Jakob, Aaron, Pinchas und David in Sir 44,20a.b.23; 45,5.7.15.17.24f, wobei nicht nur in 44,12.18 und 45,17 der Plural belegt ist, sondern diese parallel zum διαθήκη αἰῶνος in 45,15 in 44,18 ebenfalls als διαθῆκαι αἰῶναι charakterisiert werden können)« (H. Frankemölle, »Bund/Bünde« im Römerbrief. Traditionsgeschichtlich begründete Erwägungen zur Logik von Röm 9–11, in: C. Dohmen/C. Frevel (Hgg.), Für immer verbündet. Studien zur Bundestheologie der Bibel [SBS 211], Stuttgart 2007, 69–84; 69f).
114 Dazu: C. Levin, Die Verheißung des neuen Bundes in ihrem theologiegeschichtlichen Zusammenhang ausgelegt (FRLANT 137), Göttingen 1985, 11–13.

2.1 »Bund« und »Tora«

ihm beschenkten Adressaten impliziert, ist exegetischer Konsens[115]. Nicht selten wird in der entsprechenden Fachliteratur auf die Ähnlichkeit der Bundesstiftung am Sinai mit den hethitischen und assyrischen Vasallenverträgen verwiesen, in denen ein Imperator seinen Vasallen sein Gesetz auferlegt. Dieser Vergleich aber reduziert sich auf die Souveränität des Initiators. Denn dem Bundesstifter JHWH geht es nicht um Macht, sondern um die Befreiung seines Volkes Israel zu der Freiheit, deren Inhalt die Liebe ist. Das beweist der Inhalt des auferlegten Gesetzes, der so genannten »Tora«.

Wie die Etymologie des Terminus *berit*, so ist auch der Terminus *tora* umstritten. Thomas Willi leitet das Wort her aus der Wurzel *yrh*, die einen Vorgang bezeichnet, in dem jemand zu etwas veranlasst oder aufgefordert wird[116]. Für diese Ableitung spricht, dass *tora* ursprünglich im weiten Sinne so viel wie »Weisung« oder »Unterweisung« – z. B. der Kinder durch die Eltern oder der Schüler durch die Lehrer – bedeutet. Erst viel später wird das Wort zum *terminus technicus* der Bezeichnung des in den fünf Büchern Mose schriftlich vorliegenden Willens Gottes (Dtn 4,44f; 30,10; 31,9). Dabei ist strikt zu beachten, dass auch diese Engführung des Begriffs nicht zu dem Vorurteil verleiten darf, die Tora sei schließlich nichts anderes als eine Sammlung von Gesetzen. Denn alle Rechtsvorschriften sind gegenüber dem geschichtlich gelebten Verhältnis Israels zu seinem Gott JHWH etwas Sekundäres. Ohne die Verortung des Bundesbuches (Ex 20,22–23,33), des deuteronomischen Gesetzes (Dtn 12–26), des Heiligkeitsgesetzes (Lev 17) usw. in der Geschichte Israels wäre die Tora das, was christliche Theologie lange Zeit aus ihr gemacht hat, nämlich »bloßes Gesetz«. Wie falsch eine solche Reduktion ist, zeigen exemplarisch Georg Braulik und Frank Crüsemann. Braulik beweist an Hand zahlreicher Belege, dass die Termini *berit* und *tora* sich gegenseitig interpretieren und

---

[115] Ernst Kutsch (Verheißung und Gesetz. Untersuchungen zum so genannten »Bund« im Alten Testament, Berlin 1973, bes. 27) hat vorgeschlagen, zumindest in der Fachliteratur auf den Begriff »Bund« zugunsten des Begriffs »Verpflichtung« zu verzichten. Brevard S. Childs (Biblical Theology of the Old and New Testaments, London 1992, 136) hat dagegen eingewandt, dieser Vorschlag funktioniere nur im Deutschen, kaum aber im Englischen oder Französischen. Obwohl Kutsch sich mit seinem Vorschlag auch im deutschen Sprachbereich nicht durchsetzen konnte, ist doch sein Hinweis wichtig, dass man in der hebräischen Bibel nicht von JHWHs b^erit sprechen kann, ohne zugleich von der Tora zu sprechen. Dazu: Henning Graf Reventlow, Zwischen Bundestheologie und Christologie. Überlegungen eines christlichen Alttestamentlers zur Biblischen Theologie, in: C. Dohmen u. T. Söding (Hgg.), Eine Bibel – zwei Testamente, Paderborn 1995, 115–130.

[116] Vgl. T. Willi, Juda – Jehud – Israel. Studien zum Selbstverständnis des Judentums in persischer Zeit, Tübingen 1995, 95.

96 2. Kategorien und Grundgestalten der biblischen Christologie

oft austauschbar sind[117]. Auf diese Weise wird deutlich, dass die *tora* ein gelebtes Verhältnis beschreibt. Crüsemann bezeichnet die *tora* selbst als Bundesgeschehen, als »Gestalt gewordene Verbindung zwischen Gott und seinem Volk«, als »Gottes in Gebote gefasste Liebe«, als »Gabe, mit der allein das Freiheit stiftende Verhältnis realisiert und bewahrt werden kann«[118]. Freiheit kann es nur da geben, wo das Gesetz keinen Zwang ausübt, sondern als Ausdruck von Liebe erscheint. Und Liebe meint nie ein anonymes Ganzes, sondern im Interesse des ganzen Volkes den je Einzelnen. Das freiwillig (aus Liebe) gelebte Ja des einzelnen Israeliten ist das Fundament der Gemeinschaft, die Israel nach dem Willen JHWHs werden soll, um Licht für die Völker zu sein.

Auch wenn der Terminus *tora* in der Regel im engeren Sinn ein bestimmtes Corpus von Schriften bezeichnet, ist seine umfassendere Bedeutung nie verloren gegangen. Denn die als Gabe oder Gnade Gottes verstandene Tora bedarf der stets neuen Annahme und Interpretation im Leben des Volkes und jedes einzelnen Israeliten. Und wie dem Mose-Bund JHWHs mit Israel in Gestalt des so genannten Noah-Bundes (Gen 9,1–17) der Gedanke eines Bundes zwischen Gott und der gesamten Menschheit vorausliegt, so auch der Tora Israels der Gedanke einer für alle Menschen bestimmten Weisung, nämlich der sieben noachidischen Gebote[119]. Besonders die Propheten des AT, allen voran Jesaja, beschreiben die Tora-Treue Israels als Dienst an den Völkern. Das Bild der Völkerwallfahrt zum Zion

---

117 Vgl. G. Braulik, Das Buch Deuteronomium, in: E. Zenger (Hg.), Einleitung in das Alte Testament, Stuttgart ⁵2004, 76–88.
118 F. Crüsemann, Die Tora. Theologie und Sozialgeschichte des alttestamentlichen Gesetzes, München 1992, 238. – Friedrich Avemarie (Tora und Leben. Untersuchungen zur Heilsbedeutung der Tora in der frühen rabbinischen Literatur [TSAJ 55], Tübingen 1996, bes. 376–574) zeigt, wie eindeutig die Tora gerade in ihrem alle Lebensbereiche betreffenden Anspruch von den Rabbinen als Mittel und Weg zum gelungenen Leben, als Heilsgabe und Heilserfahrung beschrieben wird.
119 »Die Rabbinen stellen das für sie verbindliche Sinaigeschehen in den großen Zusammenhang von Torakundgebungen Gottes seit Beginn der Schöpfung. Die Beziehung Gottes zu Israel hat für die rabbinischen Lehrer ein *Prä*, das mehr ist als lediglich ein zeitlicher Begriff – das *Prä* der Beziehung Gottes zum Menschen überhaupt. Die Beziehungsgeschichte ihrerseits ist nun nicht zu denken ohne die Verpflichtungsgeschichte. Auch die Inpflichtnahme Israels am Sinai hat ein *Prä*; Israel kommt nicht zum Sinai als ethische *tabula rasa*. [...] So wie der Israel am Sinai begegnende Gott von der Schöpfung her der Gott aller ist, so ist der Geber der Tora an Mose und sein Volk Geber der Weisung an die Menschheit seit Adam und – mit dem Neubeginn nach der Flut – seit Noah: Israel anerkennt mithin eine seiner eigenen Begegnung mit Gott vorangehende Beziehung Gottes zur universalen Menschheit. Die dem Sinai vorauslaufende noachidische Tora wird allerdings nicht von einem neutralen Standpunkt *remota revelatione* aus erkannt, sondern im Stehen am Sinai. Der Sinai selbst offenbart sein *Prä*« (K. Müller, Tora für die Völker. Die noachidischen Gebote und Ansätze zu ihrer Rezeption im Christentum [SKI 15], Berlin 1994, 65f).

2.1 »Bund« und »Tora« 97

ist von der Hoffnung bestimmt, dass die Tora so in das Leben Israels inkarniert wird, dass die anderen Völker sich dem Leben aus dem Willen JHWHs (aus der Tora) anschließen werden[120]. Aus guten Gründen warnt Johann Maier die christliche Exegese davor, die Tora als eine materialiter feststehende Größe zu betrachten, mit der sich Jesus auseinandergesetzt hat[121]. Dem entsprechend gelangt Gerhard Dautzenberg in seinen Studien zum Thema »Jesus und die Tora« zu dem Ergebnis, Jesus habe die Autorität der Tora in keiner Weise geschmälert, auch da nicht, wo er sie anders als der bestimmende Teil der Schriftgelehrten ausgelegt habe; seine Konflikte mit dieser Auslegung hielten sich im Rahmen der innerjüdischen Diskussionen[122]. Auch Klaus Berger und Helmut Merklein bestreiten dieses Ergebnis nicht, betonen aber, dass Jesus die Tora nicht nur interpretiert, sondern für sich beansprucht habe, den Willen Gottes unmittelbar – auf Grund seiner schlechthin singulären »Abba-Beziehung« – zu kennen und also für seine Weisungen göttliche Autorität zu beanspruchen (z. B. in Mk 2,27; Mk 3,4; 7,1ff; 12,28ff; Mt 12,11f; Lk 14,5)[123].

2.1.2 Alttestamentliche Bundestheologien

Ohne weitere Differenzierungen auszuschließen, unterscheidet die Mehrzahl der Alttestamentler im Sinne eines chronologischen Schemas die deuteronomistische von der priesterschriftlichen und der prophetischen Bundestheologie.

---

120 Dazu: N. Lohfink, Bund und Tora bei der Völkerwallfahrt (Jesajabuch und Psalm 25), in: N. Lohfink/E. Zenger, Der Gott Israels und die Völker. Untersuchungen zum Jesajabuch und zu den Psalmen (SBS 154), Stuttgart 1994, 37–83; E. Zenger, Zion als Mutter der Völker in Psalm 87, in: Ebd. 117–150; I. Fischer, Tora für Israel – Tora für die Völker. Das Konzept des Jesajabuches, Stuttgart 1995; dies., Die Bedeutung der Tora Israels für die Völker nach dem Jesajabuch, in: E. Zenger (Hg.), Die Tora als Kanon für Juden und Christen (Herders Biblische Studien 10), Freiburg 1996, 139–167.
121 Vgl. J. Maier, Torah und Pentateuch. Gesetz und Moral. Beobachtungen zum jüdischen und christlich-theologischen Befund, in: A. Vivian (Hg.), Biblische und judaistische Studien, Frankfurt 1990, 14.
122 Vgl. G. Dautzenberg, Jesus und die Tora, in: E. Zenger (Hg.), Die Tora als Kanon für Juden und Christen (Herders Biblische Studien 10), Freiburg 1996, 345–378; ders., Jesus und die Tora, in: Orien. 55 (1991) 229–232.
123 Vgl. K. Berger, Die Gesetzesauslegung Jesu, Teil I, Neukirchen 1972, 588–590; H. Merklein, Jesu Botschaft von der Gottesherrschaft (SBS 111), Stuttgart ²1989, bes. 96–104.

Die älteste dieser drei Bundestheologien, die deuteronomistische[124], ist durchgehend bestimmt von der Souveränität des den Bund stiftenden Gottes, nimmt aber gleichzeitig viele Elemente der erwähnten Vasallenverträge auf[125]. Betont wird also nicht nur der Gabecharakter des Bundes, sondern auch die der »Selbstverpflichtung« JHWHs entsprechende Selbstverpflichtung Israels. Von daher ist mit dem Begriff *berit* der Begriff *tora* untrennbar verbunden. Die Antwort des Volkes Israel auf die Stiftung des Bundes ist seine Selbstverpflichtung auf die Tora[126]. Vor diesem Hintergrund ist es nicht verwunderlich, dass deuteronomistische Autoren die Verschleppung Israels ins Babylonische Exil durchgehend als Konsequenz der Untreue gegenüber der Bundessatzung (Tora) interpretieren. Für die Vertreter der deuteronomistischen Bundestheologie war die Erklärung der Verschleppung ins Exil einfacher als die Erklärung der Erret-

---

124 Das deuteronomistische Geschichtswerk umfasst Dtn bis 2 Kön. Schon A. Kuenen (1861) nahm zwei deuteronomistische Redigierungen an: eine kurz vor dem Babylonischen Exil herausgegebene Komposition und eine in der Exilszeit erweiterte Neudeutung. M. Noth (1943) erkannte unter den deuteronomistischen Kompilatoren nur einen echten Schriftsteller, der Dtn 1 bis 2 Kön 25 als Ätiologie des Untergangs von Staat und Tempel in der Exilszeit abgefasst hat. Unstimmigkeiten innerhalb des Werks erklärte Noth als Diskrepanzen im Quellenmaterial und als sekundäre Zusätze. In der Folgezeit wurden drei Modelle entwickelt: (a) das »Blockmodell« (F. M. Cross und seine Schüler unterscheiden ein vorexilisches Werk von einer exilischen Neuauflage); (b) das »Schichtenmodell« (R. Smend und seine Schüler bleiben im Wesentlichen bei der Auffassung von M. Noth); (c) das »Kompromissmodell« (z. B. vertreten durch N. Lohfink, der mit dem Modell von Kuenen und Cross Elemente der Smend-Schule verknüpft).
125 Vor allem E. Otto (Wandel der Rechtsbegründungen in der Gesellschaftsgeschichte des antiken Israel. Eine Rechtsgeschichte des ›Bundesbuches‹ Ex 20,22–23,33, Leiden 1988) und F. Crüsemann (Die Tora. Theologie und Sozialgeschichte des alttestamentlichen Gesetzes, München 1992) haben den sozialgeschichtlichen Hintergrund der deuteronomistischen Bundestheologie ausgeleuchtet. Außerdem lesenswert sind die Studien: L. Schwienhorst-Schönberger, Das Bundesbuch (Ex 20,22–23,33). Studien zu seiner Entstehung und Theologie (BZAW 188), Berlin 1988; Y. Osumi, Die Kompositionsgeschichte des Bundesbuches Ex 20,22–23,33 (OBO 105), Freiburg (Schweiz) 1991.
126 »Während die kasuistisch formulierten Sätze das zwischenmenschliche Recht regeln, geht es in den umrahmenden Bestimmungen um das Verhältnis zwischen Gott und Volk und die sich daraus ergebenden Verhaltensweisen. Dabei wird vor allem die soziale Verantwortung der am Rechtsleben Beteiligten betont. Das Bundesbuch [Ex 20,22–23,33] in seiner vorliegenden Form […] zeigt also das Bemühen, den Bereich des Rechts im Ganzen in das Gottesverhältnis einzubinden. Dabei ist besonders die ›Du‹- bzw. ›Ihr‹-Anrede zu beachten. Beide […] haben die JHWH-Gemeinde im ganzen im Auge.« (H. Graf Reventlow, Zwischen Bundestheologie und Christologie. Überlegungen eines christlichen Alttestamentlers zur Biblischen Theologie, in: C. Dohmen/T. Söding (Hgg.), Eine Bibel – zwei Testamente, Paderborn 1995, 115–130; 119f).

2.1 »Bund« und »Tora«

tung aus dem Exil. Nicht zuletzt von daher erklärt sich die Erweiterung der deuteronomistischen durch die priesterschriftliche Bundestheologie. In gewisser Weise kann man geradezu von einer priesterschriftlichen Korrektur des deuteronomistischen Bundesmodells der quasi vertraglichen Zuordnung von Selbstverpflichtung JHWHs und Selbstverpflichtung Israels sprechen. Denn die Priesterschrift[127] betont die Unvergleichlichkeit der beiden »Vertragspartner« so sehr, dass von einer Gegenseitigkeit keine Rede mehr sein kann. Was Gott stiftet, hat Ewigkeitscharakter und kann deshalb von menschlicher Treue oder Untreue in seiner Valenz nicht berührt werden. Die Priesterschrift fügt dem Terminus *berit* das Attribut *olam* bei und unterstreicht damit die Unkündbarkeit bzw. Ewigkeit der Gabe Gottes. Die Stiftung JHWHs trägt eschatologischen Charakter. Sein Bund ist ein Bund der Verheißung. Die priesterschriftliche Bundestheologie bezieht sich deshalb besonders gern auf den Abraham-Bund mit seiner die Zukunft der ganzen Menschheit einbeziehenden Geschichtstheologie[128]. Die Erfüllung der Tora ist zwar integraler Bestandteil der Verwirklichung von Gottes Hoffnung für sein Volk und die ganze Menschheit. Aber die Untreue Israels kann Gottes Bundesvision nicht zerstören, sondern nur aufhalten[129]. Diese Auffassung gelangt – wie die folgenden Ausführungen zeigen sollen – zu institutioneller Greifbarkeit in der Etablierung des

---

127 Die Bezeichnung »Priesterschrift« wird meist als Sammelbegriff für die priesterlich-rituellen Texte bzw. Geschichten im Pentateuch verwendet. Typisch für Priester-Texte ist nicht nur das große Interesse an klassischen »priesterlichen« Themen wie Opferritualen, Vorschriften für den priesterlichen Dienst, Regelungen für kultische Reinheit bzw. Unreinheit. Der gesamte theologische Entwurf ist kultisch imprägniert. Die Schöpfungsgeschichte kulminiert im siebten Tag als geheiligtem Tag der Ruhe (Sabbat); die Verheißung des Sohnes an Abraham wird mit der Gabe bzw. dem Gebot der Beschneidung als Zeichen des Bundes Gottes mit Israel verknüpft (Gen 17); am Sinai zeigt JHWH dem Mose das Modell des Heiligtums, das die Israeliten als »mitwandernden Sinai« errichten sollen (Bundeslade). Dort werden das Priestertum und der Opferkult (insbesondere die Sühne als Gabe des versöhnungswilligen Gottes) etabliert.

128 Vgl. N. Lohfink, Kinder Abrahams aus Steinen. Wird nach dem Alten Testament Israel einst der »Bund« genommen werden?, in: H. Frankemölle (Hg.), Der ungekündigte Bund? Antworten des Neuen Testamentes (QD 172), Freiburg 1998, 17–43.

129 Während Norbert Lohfink (Der Begriff »Bund« in der biblischen Theologie, in: Der Gott Israels und die Völker. Untersuchungen zum Jesajabuch und den Psalmen [SBS 154], Stuttgart 1994) die These vertritt, dass eine ganze Generation Israels auf Grund eines das ganze Volk betreffenden Verstoßes gegen die Tora zeitweilig, z. B. bis zum Antritt der nächsten Generation, aus dem Bund mit JHWH ausscheidet, spricht Walter Groß von einer priesterschriftlichen Individualisierung des Bundesbruches. Wörtlich bemerkt er: »Nur der einzelne – nicht Israel als Ganzes – kann den Bund brechen, geht der Verheißungen verlustig und erleidet die vorgesehene Strafe, der Bund bleibt dagegen ebenso als ewiger erhalten wie das Volk, der Bundespartner, aus dem der einzelne Bundesbrecher ausgerottet wird« (W. Groß, »Rezeption« in Ex 31,12–17 und Lev 26,39–45. Sprachliche Form und theologisch-konzeptionelle

2. Kategorien und Grundgestalten der biblischen Christologie

nachexilischen Tempelkultes, in dem Israel immer wieder die Gelegenheit erhält, sich mit JHWH, seinem Gott, versöhnen zu lassen.

Auf den ersten Blick scheint die priesterschriftliche Rede von einem ewigen, unkündbaren Bund der prophetischen Bundestheologie diametral zu widersprechen. Denn in Jer 31,31–34 und Ez 1,18–20; 36,25–28; 37,25–28 wird der vom Babylonischen Exil bezeichnete Bundesbruch als so tief und gravierend beschrieben, dass die Vorstellungen von einem »neuen Bund«, von einem alles wendenden Messias, von einer regelrechten Neuschöpfung Israels entstehen. Allerdings spricht nur Jer 31,31–34 ausdrücklich von einem »neuen Bund«. In der christlichen Interpretation erscheint diese Stelle immer wieder als Beleg für die so genannte Substitutionsthese von der Ersetzung des alten, mit Israel geschlossenen Bundes durch den in Jesus Christus gestifteten neuen Bund. Doch wenn man den atl. Text nicht christologisch vereinnahmt, kann er auch den von JHWH ermöglichten neuen Anfang Israels nach der Errettung aus dem Exil[130] oder ganz allgemein den Anfang eines eschatologisch bestimmten Prozesses bezeichnen.

Umstritten ist allerdings, ob die Bezeichnung eines Bundes als »neu« im Hebräischen die Erneuerung eines alten oder doch die Stiftung eines neuen Bundes bedeutet, der nur hinsichtlich seines Inhaltes in Kontinuität zu einem vorausgehenden Bund stehen kann. Walter Groß vertritt auf Grund semantischer Analysen die Auffassung, dass nur die deutsche Übersetzung »neuer Bund« dem textkritischen Befund gerecht wird und dass deshalb Interpretationen, die von einer Erneuerung sprechen, eher Eisegese statt Exegese betreiben[131]. Aus der Sicht des Tübinger Alttestamentlers sollte man die in Jer 31,31–34 ausgesprochene Diskontinuität zwischen altem und neuem Bund nicht dogmatisch verdrängen. Es stehe dort nun einmal, dass der alte Bund gebrochen wurde und dass JHWH deshalb einen neuen Bund stiften musste. Hinter dieser Redeweise verberge sich die kultur- und religionsgeschichtlich im Umfeld Israels allgemein verbreitete Überzeugung, dass ein Bund, der gebrochen wird, nicht erneuert, wohl aber durch einen neuen Bund ersetzt werden kann. Groß erklärt die Singularität von Jer 31,31–34 damit, dass der Prophet die gesamte Geschichte Israels vom Bundesbruch bestimmt und also nur in ei-

---

Leistung, in: H. Frankemölle [Hg.], Der ungekündigte Bund? Antworten des Neuen Testamentes [QD 172], Freiburg 1998, 44–63; 55).
130 Dazu: Y. Amir, Jeremias Wort vom neuen Bund. Eine jüdische Auslegung, in: E. Brocke/H.-J. Barkenings (Hgg.), »Wer Tora vermehrt, mehrt Leben« (FS Heinz Kremers), Neukirchen 1986, 158–171.
131 Vgl. W. Groß, Neuer Bund oder Erneuerter Bund. Jer 31,31–34 in der jüngsten Diskussion, in: B. J. Hilberath/D. Sattler (Hgg.), Vorgeschmack (FS Theodor Schneider), Mainz 1995, 89–114.

2.1 »Bund« und »Tora«

nem radikalen Neuanfang Hoffnung für die Zukunft sieht. Und Jeremias spricht in der Tat von einem dynamischen Fortschreiten des Bundesbruches, angefangen bei den Vätern (Jer 11,3.8) bis in die unmittelbare Gegenwart (Jer 11,10). Obwohl auch das gegenwärtige Israel noch sündigt, gilt der Bundesbruch in Jer 31 schon als vergangen, weil JHWH einen neuen Bund initiiert hat, der gerade deshalb, weil er nicht die Erneuerung des alten, sondern eine wirkliche Neustiftung ist, die negative Tradition des Bundesbruches zu überwinden verspricht. Groß charakterisiert den neuen Bund als ein Handeln Gottes an seinem Volk, das ohne Bedingungen und Voraussetzungen »reine Gnade« ist. Die Tora wird in die Herzen der Menschen geschrieben, um Israel zu einer Gotteserkenntnis zu befähigen, die das Brechen des Bundes verhindert. Der von Jer 31,31–34 bezeichnete »neue Bund« steht also bei aller Kontinuität (Verpflichtung auf die Tora) zugleich in Diskontinuität zum Mose-Bund. Aber – so bleibt im Folgenden zu fragen – ist diese Diskontinuität ein Argument für das von der christlichen Exegese bis weit in das 20. Jh. favorisierte Substitutionsmodell der Verhältnisbestimmung von altem und neuem Testament?

2.1.3 Die schwierige Verhältnisbestimmung von altem und neuem Bund

In der jüngeren Exegese kann man zwei Richtungen unterscheiden: die Vertreter des Ein-Bund-Modells und die Vertreter des Zwei-Bünde-Modells[132]. Es geht um die Frage, ob der mit Israel geschlossene Mose- oder Sinai-Bund der Bund ist, in den durch den Mittler Jesus auch die anderen Völker Eingang finden; oder ob der Christus-Bund ein zweiter Bund neben dem Mose-Bund ist. Beide Richtungen sind sich einig, dass die im ersten Buch der Bibel genannten Bünde, nämlich der Noah- und der Abraham-Bund[133], von der Verhältnisbestimmung zwischen Israel und

---

132 Einen guten Überblick über die verzweigte Diskussion vermitteln: J. T. Pawlikowski, Judentum und Christentum, in: TRE 17 (Berlin ²1993) 386–403; ders., Ein oder zwei Bünde? Zeitgenössische Perspektiven, in: ThQ 176 (1996) 325–340; R. Ahlers, Der »Bund Gottes« mit den Menschen. Zum Verhältnis von Christen und Juden (Theologische Texte und Studien 11), Hildesheim 2004, bes. 114–167; E. Schönemann, Bund und Tora. Kategorien einer im christlich-jüdischen Dialog verantworteten Christologie, Göttingen 2006, bes. 97–150.

133 Im Noah-Bund (Gen 9,1–17) »verpflichtet sich Gott von sich aus und nur sich selbst, nie wieder das Leben auf der Erde zu zerstören. Der Bund wird durch ein Bundeszeichen, den Regenbogen, verstärkt und bekräftigt. Dieses Zeichen soll Gott immer wieder daran erinnern, den Bund zur Bewahrung allen Lebens auf Erden einzuhalten und ihn darin zu einem ewigen Bund werden zu lassen. […] Auch der Abrahambund (Gen 15 u. 17) ist ein Verheißungsbund, weil Abraham darin Land und Nachkommen zugesagt werden. Zu diesem Bund verpflichtet sich Gott ebenfalls von sich aus und verspricht nach Gen 15,18, selbst für die Erfüllung der Landverheißung zu

2. Kategorien und Grundgestalten der biblischen Christologie

Christentum unberührt bleiben. Und einig sind sich die Vertreter beider Richtungen auch in der Abweisung des herkömmlichen Substitutionsmodells, weil dieses die heilsgeschichtliche Aufgabe des auserwählten Volkes mit dem Kommen Jesu Christi für beendet erklärt. Die Frage aber, welche Bedeutung der Bundestheologie für die Bestimmung des Christusereignisses zukommt, wird sehr unterschiedlich beantwortet.

Auch innerhalb der Vertreterschaft des Ein-Bund-Modells muss man verschiedene Versionen unterscheiden. Der protestantische Systematiker Friedrich-Wilhelm Marquardt sieht die Christen durch ihr Bekenntnis zu Jesus dem Juden in den Bund mit Israel hineingenommen. Das Judesein Jesu ist das Mittel dieser Einbeziehung. Marquardt leugnet nicht, dass die Heilige Schrift nicht nur vom Mose- oder Sinai-Bund erzählt. Aber in dem Plural der Bundesschlüsse spiegeln sich, so schreibt er, nur die verschiedenen Antworten der Menschen auf das eine und einzige Bundeshandeln Gottes[134]. »Neu« ist nicht der »neue Bund« als solcher, sondern die Aktualisierung der bisherigen Gestalt (vgl. Jer 31,31–34) oder die Öffnung des Bundes mit Israel durch den Mittler Jesus für die anderen Völker in dem Sinne, »dass neben den Juden nun auch die Gojim in ihm eingemeindet werden können«[135].

Ähnlich wie Marquardt urteilen auch Paul M. van Buren, Bertold Klappert, Erich Zenger und Norbert Lohfink. Letztere sehen allerdings in Jesus Christus mehr als den Mittler der Hineinnahme der anderen Völker

---

sorgen, während in anderen Bundesschlüssen für die Realisierung des Bundesinhaltes die Menschen verantwortlich gemacht werden« (R. Ahlers, Der »Bund Gottes« mit den Menschen. Zum Verhältnis von Christen und Juden (Theologische Texte und Studien 11), Hildesheim 2004, 95). – Vgl. dazu: J. Marböck, Die »Geschichte Israels« als »Bundesgeschichte« nach dem Sirachbuch, in: E. Zenger (Hg.), Der Neue Bund im Alten. Zur Bundestheologie der beiden Testamente (QD 146), Freiburg 1993, 177–197.

134 Vgl. F.-W. Marquardt, Das christliche Bekenntnis zu Jesus, dem Juden. Eine Christologie, Bd. II., München 1990, bes. 42–44.

135 Marquardt, Das christliche Bekenntnis zu Jesus, dem Juden, Bd. II., 363. – Im Unterschied zu Marquardt hat Rolf Rendtorff in seinen Untersuchungen zur »Bundesformel« nicht behauptet, dass der Christus-Bund nur eine Öffnung des nie gekündigten Bundes mit Israel sei. Seine These bezieht sich nur auf die Hebräische Bibel. Fest steht, so schreibt er, »dass es unbeschadet einiger Varianten keine Unterschiede in den Formulierungen der Bundesformel gibt, ob sie sich auf die Erzväter, auf die Herausführung aus Ägypten, auf die Gottesbegegnung am Sinai/Horeb oder auf einen noch bevorstehenden ›neuen‹ Bund beziehen. Die Formel enthält auch nie einen Hinweis darauf, ob schon bisher ein Gottesverhältnis im Sinne der Bundesformel bestand, und es taucht nirgends die Frage auf, ob Gott das einmal konstituierte Verhältnis zu Israel aufkündigen oder beenden wolle. Im kanonischen Text der Hebräischen Bibel [!] muss man deshalb sagen […] Der Bund ist ein für allemal geschlossen« (Die »Bundesformel«. Eine exegetisch-theologische Untersuchung [SBS 160], Stuttgart 1995, 84f).

2.1 »Bund« und »Tora«

in den Bund mit Israel. Alle vier genannten Autoren sprechen von zwei Heilswegen innerhalb des einen und einzigen Bundeshandelns Gottes, um so die durch das Christentum nicht abgelöste heilsgeschichtliche Bedeutung Israels zu wahren. Paul M. van Buren skizziert eine regelrechte Parallelität zweier Heilswege, ohne deshalb den einen vom anderen isolieren zu wollen[136]. Bertold Klappert hingegen nennt den Neuen Bund eine prophetisch verheißene (Jer 31,31–34), eschatologische Wirklichkeit, die mehrfach und in unterschiedlicher Weise antizipiert wird[137]: z. B. nach der Rückkehr Israels aus dem Exil (Jer 31,31–34) und im Pesach-Mahl des Jesus Christus (Mk 14,24f)[138]. Noch deutlicher als Klappert wenden sich die katholischen Exegeten Erich Zenger und Norbert Lohfink gegen das Bild zweier parallel nebeneinander herlaufender Heilswege. Lohfink charakterisiert das Verhältnis von altem und neuem Testament als ein dynamisches und dramatisches Verhältnis[139]. In seiner Erklärung von Röm 9–11 sieht er Paulus in Kontinuität zu der Ölbaummetapher bei Hosea und Jeremia. Nach einer Aufzählung der biblisch bezeugten Zeichen der Bundestreue JHWHs schreitet der Völkerapostel zur Erklärung seines Gleichnisses. Die Wurzeln sind die Väter. Die Zweige bilden die Juden, die sich auf die Tora verpflichten. Die Heidenchristen sind die Zweige, die den aus den Wurzeln getriebenen Zweigen aufgepfropft wurden. Und die Juden, die mit der Ablehnung Jesu auch die von ihm repräsentierte Tora verworfen haben, sind aus dem Ölbaum herausgebrochen worden. Deshalb heißt es in Röm 11,17f: »Wenn aber einige Zweige herausgebrochen wurden und wenn du als Zweig vom wilden Ölbaum in den edlen Ölbaum eingepfropft wurdest und damit Anteil erhieltest an der Kraft seiner Wurzel, so rühme dich nicht gegenüber den anderen

---

136 P. M. van Burens dreibändiges Werk »A Theology of the Jewish-Christian Reality« (New York 1981–88) ist im deutschen Sprachraum kaum rezipiert worden. Verwiesen sei in diesem Zusammenhang auf die kritische Einführung in dieses Werk von Wolfgang Schweizer: Der Jude Jesus und die Völker der Welt. Ein Gespräch mit Paul M. van Buren. Mit Beiträgen von P. M. van Buren, B. Klappert und M. Wyschogrod, Berlin 1993.
137 Vordergründig könnte man meinen, dass Bertold Klappert mit der Eschatologisierung des in Jer 31 verheißenen Bundes eine ähnliche Position wie Wolfhart Pannenberg (Systematische Theologie, Bd. III, Göttingen 1993, 509–517) vertritt. Doch der Eindruck täuscht. Klappert bezieht die Kirche in den von Jeremia verheißenen Bund ein, wohingegen Pannenberg von einem eigenen Bundesverhältnis Gottes zur Kirche neben dem Bundesverhältnis zu Israel spricht und die Aufhebung dieser Dualität als eschatologische Vollendung von Judentum und Christentum beschreibt.
138 Vgl. B. Klappert, Israel und die Kirche in einem Gottesbund. Umstrittenes im jüdisch-christlichen Verhältnis, in: Ders., Miterben der Verheißung. Beiträge zum jüdisch-christlichen Dialog, Neukirchen 2000, bes. 365–368.
139 Vgl. N. Lohfink, Der niemals gekündigte Bund. Exegetische Gedanken zum christlich-jüdischen Dialog, Freiburg 1989, 107f.

Zweigen. Wenn du dich aber rühmst, so bedenke: Nicht du trägst die Wurzel, sondern die Wurzel trägt dich.« Aus diesem Bild schließt Lohfink, dass Paulus die Kirche nicht als Ersetzung, sondern als Erweiterung Israels versteht. Zugleich aber verbindet der Völkerapostel mit seinem Gleichnis eine dramatische Vision. Nicht nur Juden, die ihrer Berufung untreu werden, können aus dem Baum herausgebrochen werden, sondern auch die aufgepfropften Heidenchristen. Deshalb die Mahnung des Apostels: »Nun wirst du sagen: Die Zweige [der ungläubigen Israeliten] wurden doch herausgebrochen, damit ich eingepfropft werde. Richtig! Sie wurden herausgebrochen, weil sie nicht glaubten. Du aber stehst an ihrer Stelle, weil du glaubst. Sei daher nicht überheblich, sondern fürchte (Gott)! Denn wenn Gott die Zweige, die von Natur aus zum edlen Baum gehören, nicht verschont hat, so wird er auch dich nicht verschonen. Erkenne die Güte Gottes und seine Strenge! Die Strenge gegen jene, die gefallen sind, Gottes Güte aber gegen dich, sofern du bei seiner Güte bleibst; sonst wirst auch du herausgehauen werden« (Röm 11,19–22).

Niemand kann sich auf Paulus berufen, wenn er die heilsgeschichtliche Rolle Israels mit dem Christentum als erledigt betrachtet. Denn wenn neue edle Zweige aufgepfropft werden, bleiben die Wurzel und der Stamm doch das Fundament. Paulus sieht nicht einmal die herausgebrochenen Zweige als verloren an. Sie sollen nämlich nicht vertrocknen, sondern wieder eingesetzt werden (Röm 11,23f). Der Apostel spricht die Hoffnung aus, dass die herausgetrennten Zweige durch das Sichtbarwerden des messianischen Heils unter den Heiden neu zum Glauben gelangen. Paulus wörtlich: »Sind sie etwa gestrauchelt, damit sie zu Fall kommen? Keineswegs! Vielmehr kam durch ihr Versagen das Heil zu den Heiden, um sie (die Juden) in Eifer zu bringen« (Röm 11,11). Die Geschichtstheologie des Apostels mündet in die Sätze: »Verstockung liegt auf einem Teil Israels, bis die Heiden das Heil in seiner ganzen Fülle erlangt haben; auf diese Weise wird ganz Israel gerettet werden« (Röm 11,25f). Selbst das Versagen Israels hat noch heilsgeschichtliche Bedeutung. Deshalb schreibt Paulus an die Römer: »Wenn aber schon durch ihr Versagen die Welt und durch ihr Verschulden die Heiden reich werden, dann wird das erst recht geschehen, wenn ganz Israel zum Glauben kommt. [...] Denn wenn schon ihre Verwerfung für die Welt Versöhnung gebracht hat, dann wird die Annahme nichts anderes sein als Leben aus dem Tod« (Röm 11,12.15).

Ähnlich wie Norbert Lohfink spricht auch Erich Zenger von einem doppelten Heilsweg in dem einen Gottesbund[140]. Dabei widmet er beson-

---

140 Vgl. E. Zenger, Die Bundestheologie – ein derzeit vernachlässigtes Thema der Bibelwissenschaft und ein wichtiges Thema für das Verhältnis Israel – Kirche, in: Ders.

2.1 »Bund« und »Tora«

dere Aufmerksamkeit der Frage, ob der Mose-Bund auf Israel beschränkt ist oder im Christentum seine heilsgeschichtliche Valenz behält. Die schon in den JHWH-König-Psalmen (Ps 93–100) enthaltene Verknüpfung des Sinai-Bundes mit der Vision vom universalen Gottesreich wird durch Jesus mit der Einbeziehung der anderen Völker beantwortet[141]. Die Sinai-Tora hat aus Zengers Sicht nicht nur Heilsbedeutung für die Juden, sondern auch für die Christen. Denn sie ist der konkrete Modus des Glaubens, der niemals ein privat-innerlicher Glaube sein darf, sondern die Funktionen des Lichtes und des Salzes für die jeweils Anderen hat. Die Bergpredigt Jesu ist keine neue Tora[142], sondern die Einschärfung der Sinai-Tora. Deshalb ist aus Zengers Sicht klar, dass »wir Christen durch Jesus Christus in den ewigen Bund Gottes hineingenommen sind, ohne dass wir nun die Juden aus dem alten Gottesbund verdrängen müssten – der von seinem tiefsten Wesen her immer schon der ›neue‹ Bund war und ist«[143]. Mit Schärfe wendet sich Zenger gegen die christliche Vereinnahmung des Attributes »neu«. Denn die Verheißung des Jeremia, so betont er, beschreibt die Treue Gottes, der immer wieder neu die Initiative ergreift, um den ein für allemal gestifteten Bund zum Ziel zu führen.

Ganz anders als Paul M. van Buren, Friedrich-Wilhelm Marquardt, Norbert Lohfink und Erich Zenger bestimmen der Bonner Neutestamentler Erich Grässer und – in Abhängigkeit von ihm – die katholischen Exegeten Wilhelm Thüsing und Knut Backhaus[144] das Verhältnis von altem und neuem Testament. Grässer kann auf das unbestreitbare Faktum verweisen, dass die Bundeskategorie im NT nicht annähernd so oft wie im

---

(Hg.), Der Neue Bund im Alten. Zur Bundestheologie der beiden Testamente (QD 146), Freiburg 1993, 13–49; ders., Juden und Christen doch nicht im gemeinsamen Gottesbund? Eine Antwort auf F. Crüsemann, in: KuI 9 (1994) 39–52.
141 Dazu: E. Zenger, Israel und die Kirche im gemeinsamen Gottesbund. Beobachtungen zum theologischen Programm des 4. Psalmenbuches, in: Israel und die Kirche heute (FS Ernst Ludwig Ehrlich), hg. u. a. v. E. Zenger, Freiburg 1991, 236–254.
142 Über den traditionsgeschichtlichen Hintergrund der Bergpredigt informiert zugleich umfassend und differenziert: H.-W. Kuhn, Das Liebesgebot Jesu als Tora und als Evangelium. Zur Feindesliebe und zur christlichen und jüdischen Auslegung der Bergpredigt, in: Vom Urchristentum zu Jesus (FS Joachim Gnilka), hg. v. H. Frankemölle u. K. Kertelge, Freiburg 1989, 194–230.
143 E. Zenger, Das erste Testament, Düsseldorf 1999, 108.
144 Vgl. W. Thüsing, Die neutestamentlichen Theologien und Jesus Christus. Grundlegung einer Theologie des Neuen Testaments, Bd. III. Einzigkeit Gottes und Jesus-Christus-Ereignis, hg. v. T. Söding, Münster 1999, bes. 226–232; K. Backhaus, Der Neue Bund und das Werden der Kirche. Die Diatheke-Deutung des Hebräerbriefs im Rahmen der frühchristlichen Theologiegeschichte (NTA NF 29), Münster 1996; ders., Gottes nicht bereuter Bund. Alter und neuer Bund in der Sicht des Frühchristentums, in: Ekklesiologie des Neuen Testaments (FS K. Kertelge), hg. v. R. Kampling u. T. Söding, Freiburg 1996, 33–55.

AT zur Anwendung kommt[145]. Der Grund liegt seiner Ansicht nach in der Zäsur, die der Sühnetod Jesu für das Heil aller Menschen einschließlich der Juden bedeutet. Das Christusereignis konnte nur mit Hilfe atl. Kategorien erschlossen werden. Deshalb wird auch auf die Bundeskategorie zurückgegriffen; dies aber relativ selten und im Zuge einer Transformation ihres Inhaltes. Jedenfalls gibt es nach Grässer keine gesamtbiblische Bundestheologie. Im Rahmen einer sorgfältigen Exegese aller ntl. Stellen, die den Terminus διαθήκη enthalten[146], versucht er nachzuweisen, dass der Bundesbegriff weniger eine Kontinuität als eine Diskontinuität ausdrückt. Nirgendwo im NT wird das durch Christus ermöglichte Heil mit der Bundeskategorie erklärt. Also kann »das Neue« des NT nicht in der Erneuerung von etwas Altem, sondern nur in einer Antithese bzw. in einer Revolution liegen[147]. Eschatologisch betrachtet – so betont Grässer – ist Israel ebenso auf Christus angewiesen wie die anderen Völker. Von daher kommt er zu einem diametral anderen Ergebnis als Marquardt,

---

145 Erich Grässer (Der Alte Bund im Neuen. Exegetische Studien zur Israelfrage im Neuen Testament [WUNT 35], Tübingen 1985, 14ff) spricht in Anlehnung an einen von Lothar Perlitt (Bundestheologie im Alten Testament [WMANT 36], Neukirchen 1969, 129) auf die Propheten des 8. Jhs. angewandten Begriff von einem »Bundesschweigen« des NT.

146 Erich Grässer hat zu diesen Stellen 1979/80 eine Spezialvorlesung in der Dormition Abbey in Jerusalem gehalten, die dann unter dem Titel »Der Alte Bund im Neuen. Eine exegetische Vorlesung« Eingang fand in den genannten Sammelband (dort S. 1–134) mit weiteren Studien zur Israelfrage im NT. Im einzelnen untersucht der Bonner Exeget folgende Stellen: Mk 14,24; Lk 1,72; Apg 3,25; 7,8; Röm 9,4; 11,27; 1 Kor 11,25; 2 Kor 3,6.14; Gal 3,15.17; 4,24; Eph 2,12; Gal 3,15.17; Hebr 8,7–10,18; Apk 11,19.

147 Erich Grässer nimmt für sich in Anspruch, mit seiner Verhältnisbestimmung von Mose-Bund und Christus-Bund kein Vertreter des Substitutionsmodells zu sein. Das unterstreicht er auch in der Exegese der Stellen des Hebräerbriefes, die mit der besagten Antithetik eine Kündigung des Bundes mit Israel zu verbinden scheinen. Zusammenfassend bemerkt er: »Der *neue Bund* ist also die entscheidende Kategorie, durch die der alte aufgehoben ist, ›d.h. sowohl beseitigt als auch in seinem typologischen Sinn enthüllt‹. Insofern ist Hebr 8,13 nur bedingt ein Spitzensatz antijüdischer Polemik. Denn die radikale Antithetik dient hermeneutisch (nicht polemisch!) der parakletischen Absicht, im Interesse der müde gewordenen Glaubensschar die Neuheit, Einzigartigkeit und Überlegenheit des von Christus gestifteten neuen Bundes herauszustreichen. Das setzt freilich voraus, ›dass die Heilseinrichtungen des AT nicht der beliebige Kult eines vorderasiatischen Volkes sind, sondern die Heilsvermittlung des bisherigen freilich auf Israel beschränkten Bundes zwischen Gott und Mensch‹. Auch der erste Bund war göttliche Setzung. Deshalb die Komparativik: bessere Hoffnung (Hebr 7,19), Diatheke (Hebr 7,22; 8,6), Verheißungen (Hebr 8,6) und Opfer (Hebr 9,23). Und mit ›Schatten und Beispiel‹ (Hebr 8,5; 9,23; 10,1) bzw. ›Gegenbild der himmlischen Güter‹ (9,24) wird ja zweifellos Israels Besitz insofern seine Göttlichkeit und Größe belassen, als diese Begriffe ihn als Nachahmung des himmlischen Urbildes und Verweis auf das Kommende erscheinen lassen« (An die Hebräer. Hebr 7,1–10,18 [EKK XVII/2], Zürich 1993, 105f).

2.1 »Bund« und »Tora«

Lohfink und Zenger: Die Heidenvölker (gojim) werden nicht in den Mose-Bund hineingenommen. Und also bedeutet das Herausbrechen bestimmter Zweige aus dem von Paulus in Röm 11 geschilderten Ölbaum das Herausbrechen aller, die Christus noch nicht als den einen und einzigen Heilsweg anerkennen, aus dem neu entstandenen Heilsraum aus Juden- und Heidenchristen. Die von Paulus auch für die herausgebrochenen Zweige vorausgesagte Zukunft besteht darin, dass sie sich – eifersüchtig auf das Leben der Zweige, die dem Ölbaum aufgepfropft wurden – ihrerseits dem Juden- und Heidenchristen vereinigenden Baum einfügen lassen[148].

Grässer unterscheidet den Mosebund nachdrücklich vom Noah- und Abraham-Bund. In den ausschließlich mit Israel geschlossenen Mose-Bund werden die Völker nicht aufgenommen. Aber von einer Erneuerung und gleichzeitigen Überbietung des Noah- oder des Abraham-Bundes kann durchaus gesprochen werden[149]. Denn diese Bünde gelten nicht exklusiv dem auserwählten Volk, sondern allen Völkern. Aus Grässers Sicht ist es kein Zufall, dass Paulus in Gal 3 nicht auf den Sinai-, sondern auf den Abraham-Bund Bezug nimmt. Denn für die Zugehörigkeit zum Abraham-Bund ist allein der Glaube, nicht auch die Erfüllung des Gesetzes erforderlich. Wo der Völkerapostel die Rechtfertigung allein aus dem Glauben expliziert, nennt er nicht Mose, sondern Abraham als Vorbild, heißt es doch in Gal 3,6: »Von Abraham wird gesagt: Er glaubte Gott, und das wurde ihm als Gerechtigkeit angerechnet.« Aus Grässers Sicht lässt Paulus keinen Zweifel daran, dass Jesus Christus für alle Menschen vor ihm und nach ihm – also auch für alle Juden – den Tod verwandelt hat von dem Realsymbol der Trennung von Gott in das Tor zur Gemeinschaft mit dem Vater. Verbunden mit dieser christozentrischen Verhältnisbestimmung von altem und neuem Testament ist die tief in der protestantischen Tradition verwurzelte Antithetik von Gesetz und Evan-

---

148 Vgl. E. Grässer, Der Alte Bund im Neuen. Exegetische Studien zur Israelfrage im Neuen Testament (WUNT 35), Tübingen 1985, 21f.
149 »Röm 11,25b spricht überhaupt ›nicht vom Eingehen der Heidenchristen in das Volk Israel, auch nicht von ihrem Eingehen in Gottes Bund mit Israel oder in den mit dem Sinai-Bund geschaffenen Heilsraum, sondern es spricht vom Eingehen in den Heilsraum Gottes, den er einst Abraham verheißen und den dieser schon zu seinem Heil geglaubt hat, den er ›jetzt‹ (Röm 3,21) in Jesus Christus neu eröffnet hat – für alle Menschen‹. Für die alttestamentlichen Zitate in 11,26a.27 heißt das, dass Paulus hier wie auch sonst die Schrift von der Rechtfertigungslehre her gelesen hat. Und für die eschatologische Errettung Israels bedeutet es, dass Paulus darin keinen ›Sonderweg‹ sieht, sondern das eschatologisch ans Ende der Geschichte versetzte Datum der *Allen,* den Juden wie den Völkern, in gleicher Weise ›dank seiner Gnade‹ zuteil werdenden ›Erlösung, die in Christus Jesus geschah‹ (Röm 3,24)« (Grässer, Der Alte Bund im Neuen, 23f).

2. Kategorien und Grundgestalten der biblischen Christologie

gelium. Das Gesetz, so unterstreicht Grässer, hat nur noch Offenbarungscharakter[150]; es entlarvt die Unmöglichkeit jedes Selbsterlösungsversuchs und verweist so auf den Einen und Einzigen, der allein aus Gnade (»sola gratia«) rettet.

Während der Protestant Grässer das Gesetz bzw. die Tora auf die Funktion beschränkt, die universale Erlösungsbedürftigkeit aller Menschen aufzudecken, betont sein katholischer Kollege Helmut Merklein[151], dass die Erfüllung der Tora gleichbedeutend ist mit dem, was die Tradition als »das Heil« beschreibt, dass aber deshalb, weil die Sünde das Erfüllen der Tora unmöglich gemacht hat, Gott selbst herabgestiegen ist, um die Gemeinschaft mit dem Vater dahin zu tragen, wo die Sünde ist (2 Kor 5,21ff)[152]. Die Annahme dieses Geschenkes im Glauben geschieht nicht privatistisch und unsichtbar, sondern im Tun des Willens des Vaters (der Tora). Christus ist das Tor zum Vater; niemand kommt zum Vater außer durch ihn. Aber der Weg durch dieses Tor ist das Tun der von Jesus Christus nicht aufgehobenen, sondern inkarnierten Tora. Merklein nennt als Beispiel Gal 2,15f. Dort sagt der Jude Paulus: »Wir sind zwar von Geburt

---

150 »Eine durch Gegner ausgelöste Kontroverse um das Gesetzesverständnis nimmt Paulus zum Anlass, Verheißungsdiatheke und Sinaidiatheke in eine Perspektive zu rücken, in der sie miteinander unvereinbar werden. Sein eigentliches theologisches Interesse dabei ist der Ausschluss des Gesetzes als Heilsweg. Dieses Ziel erreicht er einerseits durch den Aufweis der Inferiorität des Gesetzes, andererseits – in der Hagar-Sara-Typologie – durch die Qualifizierung der beiden Bünde als Knechtschaft einerseits und Freiheit andererseits. […] Möglich ist solche Antithetik nur in der christologischen Sichtweise des Paulus: Christus ist die eschatologische Erfüllung der Verheißungsdiatheke an Abraham, die dieser ihren definitiven und für alle Ewigkeit gültigen Charakter verleiht. Von daher wird dann auch deutlich und verständlich, warum Paulus die durch das Christusgeschehen gebildete neue Heilsgemeinde nicht als den *erneuerten* alten Bund, nicht als Erfüllung von Jer 31,31ff. verstehen kann, sondern nur als Christus-Diatheke, den der Mosebund zur παλαιὰ διαθήκη werden lässt, zu einer nichtigen Größe, was die Frage des Erbes und der Gerechtigkeit anbetrifft. Und zwar war die Sinaidiatheke mit ihrem Nomos schon immer überholt, zeitlich und sachlich, nämlich durch die dem Abraham zuteil gewordene Verheißungsdiatheke, die in Christus als dem ‚Samen Abrahams‹ zu ihrer Erfüllung gelangt ist und an der die Glaubenden als die legitimen Söhne Abrahams Anteil bekommen durch den Geist der Gnade. Leitziel bei dem Vergleich der beiden διαθῆκαι ist jedoch nicht die Absicht, eine der alttestamentlichen Bundestheologie korrespondierende oder sie überholende neutestamentliche Bundestheologie zu entfalten. Sondern woran Paulus liegt, ist die Entfaltung des gesetzesfreien Evangeliums. Und die radikale Antithetik der beiden Bünde ist das ihm in der aktuellen Auseinandersetzung mit seinen Gegnern abgerungene Sprachmittel […]« (Grässer, Der Alte Bund im Neuen, 76).
151 Vgl. H. Merklein, Der (neue) Bund als Thema der paulinischen Theologie, in: ThQ 176 (1996) 290–308.
152 Vgl. H. Merklein, Die Bedeutung des Kreuzestodes Christi für die paulinische Gerechtigkeits- und Gesetzesthematik, in: Ders., Studien zu Jesus und Paulus (WUNT 43), Tübingen 1987, 1–106.

2.1 »Bund« und »Tora«

Juden und nicht Sünder wie die Heiden. Weil wir aber erkannt haben, dass der Mensch nicht durch Werke des Gesetzes gerecht wird, sondern durch den Glauben an Jesus Christus, sind auch wir dazu gekommen, an Christus Jesus zu glauben, damit wir gerecht werden durch den Glauben an Christus, und nicht durch Werke des Gesetzes; denn durch Werke des Gesetzes wird niemand gerecht.«

Merklein fragt: Was genau meint Paulus mit der Bemerkung, »dass ›der Mensch aus Werken des Gesetzes nicht gerechtfertigt wird‹? Will Paulus damit sagen, dass ›das *Bemühen des Menschen, durch Erfüllung des Gesetzes sein Heil zu gewinnen*, ihn nur in die Sünde hineinführt, ja im Grunde selber *schon die Sünde ist*‹?«[153] Und Merklein beantwortet die von ihm selbst gestellte Frage mit der Feststellung: »Das Gesetz ist zuallererst gnädige Gabe Gottes. Es ist die Bundesordnung, die Israel auszeichnet. Selbstverständlich muss es als solche auch befolgt werden. Seine Lebensverheißung gilt denen, die es erfüllen. An dieser Lebensverheißung zweifelt auch Paulus nicht. In Gal 3 hält er ausdrücklich das Urteil der Schrift fest: ›Verflucht ist jeder, der nicht verharrt bei allem, was geschrieben steht im Buch des Gesetzes, um es zu tun‹ (Gal 3,10b), und: ›Wer sie (d. h. die im Buch des Gesetzes geschriebenen Gebote) tut, wird durch sie leben‹ (Gal 3,12b). Noch deutlicher formuliert er in Röm 2,13: ›Denn nicht die Hörer des Gesetzes sind vor Gott gerecht, sondern die Täter des Gesetzes werden gerechtfertigt werden‹ (vgl. auch Röm 10,5). Paulus hält also fest an dem *soteriologischen Prinzip* des Gesetzes, das auf dem *Tun* beruht.«[154] Also ist nicht das Tun der Tora, sondern die Übertretung der Tora Sünde. Die Tora erweist sich jedem, der sie erfüllt, als Gemeinschaft mit Gott und also als Gnade. Doch sie kann auch pervertiert werden – dann nämlich, wenn sie statt Verleiblichung des Glaubens an die von JHWH geschenkte Rechtfertigung Mittel der Selbstrechtfertigung wird. Wo sich jemand durch das Erfüllen der Tora selbst gerecht machen will, wird das Gesetz zum Ausweis seiner Sünde. Deshalb – aus Merkleins Sicht *nur* deshalb! – kann Paulus vom »Fluch des Gesetzes«[155] sprechen.

---

153 H. Merklein, »Nicht aus Werken des Gesetzes …«. Eine Auslegung von Gal 2,15–21, in: Ders., Studien zu Jesus und Paulus, Bd. II, Tübingen 1998, 303–315; 305.
154 Merklein, »Nicht aus Werken des Gesetzes …«, 305. – In ausdrücklichem Widerspruch zu H. Merklein bezeichnet E. Gräßer (Der ruhmlose Abraham [Röm 4,2]. Nachdenkliches zu Gesetz und Sünde bei Paulus, in: M. Trowitzsch [Hg.], Paulus, Apostel Jesu Christi [FS G. Klein], Tübingen 1998, 3–22) die »Antithese von Gnade und Gesetz« als Inbegriff der paulinischen Gnadenlehre (14f). Mit Nachdruck betont er, dass die Gesetzeserfüllung als solche identisch ist mit dem »Vertrauen auf das selbstsüchtige Fleisch« (19f) und »dass der Mensch durch das Gesetz in die konkrete Sünde geführt« (21) wird.
155 Der Fluchtod, den der Sündelose nach 2 Kor 5,21 stellvertretend für die Verweigerer der Gnade (der Tora) stirbt, »macht offenkundig, dass alle, Juden wie Griechen,

110   2. Kategorien und Grundgestalten der biblischen Christologie

2.1.4 Die neutestamentliche Bundestheologie

Insgesamt lassen sich drei Stränge der neutestamentlichen Schriften unterscheiden, in denen die Bundeskategorie zur Deutung des Christusereignisses verwandt wird: die Herrenmahltradition; die paulinische Tradition; der Hebräerbrief.

In den folgenden vier Stellen wird die deuteronomistische Bundestheologie – näherhin Ex 24,8: »*Da nahm Mose das Blut, besprengte damit das Volk und sagte: Das ist das Blut des Bundes, den der Herr auf Grund all dieser Worte mit euch geschlossen hat.*« – zur Deutung des Todes Jesu herangezogen:

- Mk 14,24: »*Und er sagte zu ihnen: Das ist mein Blut, das Blut des Bundes, das für viele vergossen wird.*«
- Mt 26,27f: »*Dann nahm er den Kelch, sprach das Dankgebet und reichte ihn den Jüngern mit den Worten: Trinkt alle daraus; das ist mein Blut, das Blut des Bundes, das für viele vergossen wird zur Vergebung der Sünden.*«
- Lk 22,20: »*Ebenso nahm er nach dem Mahl den Kelch und sagte: Dieser Kelch ist der Neue Bund in meinem Blut, das für euch vergossen wird.*«
- 1 Kor 11,25: »*Ebenso nahm er nach dem Mahl den Kelch und sprach: Dieser Kelch ist der Neue Bund in meinem Blut. Tut dies, sooft ihr daraus trinkt, zu meinem Gedächtnis!*«

Markus und Matthäus sprechen im Unterschied zu Lukas und Paulus nicht vom neuen Bund, sondern nur vom »Blut des Bundes«. Doch sachlich ist mit dem »Neuen« des neuen Bundes der zugleich vom Vater hingegebene und sich selbst hingebende Sohn gemeint, dessen Blut von Sünden reinigt und so Zugang der Gereinigten zum Vater ist.

Abgesehen von 1 Kor 11,25 sind die Schlüsselstellen einer christologischen Anwendung der Bundeskategorie im Corpus Paulinum:

- 2 Kor 3,6: »*Er hat uns fähig gemacht, Diener des Neuen Bundes zu sein, nicht des Buchstabens, sondern des Geistes. Denn der Buchstabe tötet, der Geist aber macht lebendig.*«

---

unter der Herrschaft der Sünde stehen« (Röm 3,9): die Juden, weil sie die Tora selbst übertreten (Röm 2,17–29), und die Heiden, weil sie die »Rechtssatzung Gottes« zwar kennen (Röm 1,32) – »das Werk des Gesetzes ist ihnen in ihr Herz geschrieben« (Röm 2,15) –, aber dennoch Gott »nicht als Gott Ehre und Dank erweisen« (Röm 1,21). »Im Übrigen ergibt sich aus Gal 3,10–14 zwingend, dass die Sünde des Menschen im *Nicht-Tun des Gesetzes* besteht. Denn der Fluch, den der Gekreuzigte trägt, ist der *Fluch der Tora*. Und diese verflucht nur ihre Nicht-Täter, nicht aber ihre Täter!« (H. Merklein, Die Bedeutung des Kreuzestodes Christi für die paulinische Gerechtigkeits- und Gesetzesthematik, in: Ders., Studien zu Jesus und Paulus [WUNT 43], Tübingen 1987, 1–106; 9).

2.1 »Bund« und »Tora«

– Gal 3,15–19a.21–25: *»Brüder, ich nehme einen Vergleich aus dem menschlichen Leben: Niemand setzt das rechtsgültig festgelegte Testament eines Menschen außer Kraft oder versieht es mit einem Zusatz. Abraham und seinem Nachkommen wurden die Verheißungen zugesprochen. Es heißt nicht: ›und den Nachkommen‹, als wären viele gemeint, sondern es wird nur von einem gesprochen: und deinem Nachkommen; das aber ist Christus. Damit meine ich: Das Testament [Abraham-Bund], dem Gott einst Gültigkeit verliehen hat, wird durch das vierhundertdreißig Jahre später erlassene Gesetz [Mose-Bund] nicht ungültig, sodass die Verheißung aufgehoben wäre. Würde sich das Erbe nämlich aus dem Gesetz herleiten, dann eben nicht mehr aus der Verheißung. Gott hat aber durch die Verheißung Abraham Gnade erwiesen. Warum aber gibt es dann das Gesetz [den Mose-Bund]? Wegen der Übertretungen wurde es hinzugefügt, bis der Nachkomme käme, dem die Verheißung [des Abraham-Bundes] gilt. […] Hebt also das Gesetz [der Mose-Bund] die Verheißungen [den Abraham-Bund] auf? Keineswegs! Wäre ein Gesetz gegeben worden, das die Kraft hat, lebendig zu machen, dann käme in der Tat die Gerechtigkeit aus dem Gesetz; stattdessen hat die Schrift alles der Sünde unterworfen, damit durch den Glauben an Jesus Christus die Verheißung sich an denen erfüllt, die glauben. Ehe der Glaube kam, waren wir im Gefängnis des Gesetzes, festgehalten bis zu der Zeit, da der Glaube offenbart werden sollte. So hat das Gesetz uns in Zucht gehalten bis zum Kommen Christi, damit wir durch den Glauben gerecht gemacht werden. Nachdem aber der Glaube gekommen ist, stehen wir nicht mehr unter dieser Zucht.«*

Die Antithetik in 2 Kor 3,6 wird, wie dargelegt, von Erich Grässer im Sinne einer strikten Diskontinuität zwischen dem Mose-Bund und dem Christus-Bund interpretiert. Entscheidend für das Verstehen dieser Diskontinuität aber ist die Beantwortung der Frage nach der Heilsbedeutung des Gesetzes bzw. der Tora. Hat das Gesetz nur noch die Funktion des Aufdeckens der universal gewordenen Sünde? Oder kann das Gesetz selbst Gnade sein? Jedenfalls dann, wenn ein Mensch nicht durch die Befolgung des Gesetzes gerecht sein will, sondern seinen Glauben an die Rechtfertigung allein durch Jesus Christus in der Befolgung des Gesetzes verleiblicht?

In Gal 3,15–25 betrifft die paulinische Antithetik weniger das Verhältnis zwischen Mose-Bund und Christus-Bund als vielmehr das Verhältnis zwischen Abraham-Bund und Mose-Bund. Während die Verheißung des Abraham-Bundes in Christus ihren Grund findet, ist der mit dem Gesetz identifizierte Mose-Bund für Grässer nur noch das Instrument, mit dessen Hilfe Gott jeden Menschen als Sünder entlarvt; für Merklein aber außerdem eine mögliche Verleiblichung des Glaubens an die Rechtfertigung durch Jesus Christus.

112　2. Kategorien und Grundgestalten der biblischen Christologie

Die Schrift des NT, in der die Bundeskategorie eine besonders zentrale Rolle spielt, ist der Hebräerbrief. Denn mehr als die Hälfte aller ntl. Topoi des Bundesbegriffs entfallen auf dieses Schreiben. Wer die Kapitel Hebr 8,1 – 10,18 liest und die Theologie dieser ntl. »Spätschrift« nicht von vornherein an bestimmten Aussagen der Paulusbriefe misst, kann die von Paul M. van Buren, Friedrich-Wilhelm Marquardt, Norbert Lohfink oder Erich Zenger vertretene Verhältnisbestimmung zwischen Mose-Bund und Christus-Bund nicht affirmieren. Denn folgende Aussagen lassen im Unterschied zu Röm 11 keine zweifache Deutung zu:

– Hebr 8,7f: »*Wäre nämlich jener erste Bund [der Mose-Bund] ohne Tadel, so würde man nicht einen zweiten an seine Stelle zu setzen suchen. Denn er [Jeremia] tadelt ihn, wenn er sagt: ›Seht, es werden Tage kommen – spricht der Herr –, in denen ich mit dem Haus Israel und dem Haus Juda einen neuen Bund schließen werde.*«
– Hebr 8,13: »*Indem er [Jeremia] von einem neuen Bund spricht, hat er den ersten für veraltet erklärt. Was aber veraltet und überlebt ist, das ist dem Untergang nahe.*«
– Hebr 9,1.9–12.15: »*Der erste Bund hatte gottesdienstliche Vorschriften und ein irdisches Heiligtum. [...] Das ist ein Sinnbild, das auf die gegenwärtige Zeit hinweist; denn es werden Gaben und Opfer dargebracht, die das Gewissen des Opfernden nicht zur Vollkommenheit führen können; es handelt sich nur um Speisen und Getränke und allerlei Waschungen, äußerliche Vorschriften, die bis zu der Zeit einer besseren Ordnung auferlegt sind. Christus aber ist gekommen als Hoherpriester der zukünftigen Güter; und durch das erhabenere und vollkommenere Zelt, das nicht von Menschenhand gemacht, das heißt nicht von dieser Welt ist, ist er ein für allemal in das Heiligtum hineingegangen, nicht mit dem Blut von Böcken und jungen Stieren, sondern mit seinem eigenen Blut, und so hat er eine ewige Erlösung bewirkt. [...] Und darum ist er der Mittler eines neuen Bundes; sein Tod hat die Erlösung von den im ersten Bund begangenen Übertretungen bewirkt, damit die Berufenen das verheißene ewige Erbe erhalten.*«
– Hebr 10,9b-18: »*So hebt Christus das erste auf, um das zweite in Kraft zu setzen. Auf Grund dieses Willens sind wir durch die Opfergabe des Leibes Christi ein für allemal geheiligt. Jeder Priester [des Mose-Bundes] steht Tag für Tag da, versieht seinen Dienst und bringt viele Male die gleichen Opfer dar, die doch niemals Sünden wegnehmen können. Dieser aber hat nur ein einziges Opfer für die Sünden dargebracht und sich dann für immer zur Rechten Gottes gesetzt; seitdem wartet er, bis seine Feinde ihm als Schemel unter die Füße gelegt werden. Denn durch ein einziges Opfer hat er die, die geheiligt werden, für immer zur Vollendung geführt. Das bezeugt uns auch der Heilige Geist; denn zuerst sagt er [durch Jeremia]: ›Das wird der Bund*

2.1 »Bund« und »Tora«

sein, den ich nach diesen Tagen mit ihnen schließe, spricht der Herr: Ich lege meine Gesetze in ihr Herz und schreibe sie in ihr Inneres‹; dann aber: ›An ihre Sünden und Übertretungen denke ich nicht mehr‹. Wo aber die Sünden vergeben sind, da gibt es kein Sündopfer mehr.«

Während Paulus den Mose-Bund vornehmlich unter dem Aspekt des Gesetzes darstellt, sieht der Hebräerbrief im nachexilischen Tempelkult den Inbegriff des »alten Bundes«. Wie die Tora als Mittel der Selbstrechtfertigungsversuche des Menschen missbraucht werden kann, so auch der Ritus des Tempelkultes.

Der Verfasser des Hebräerbriefes bestreitet nicht, dass Tora und Tempelkult von JHWH gestiftete Mittel des Heils sind. Aber faktisch erreichen sie nicht, was sie erreichen sollen. Adressat des von Jeremia verheißenen neuen Bundes ist auch im Hebräerbrief Israel. Aber das Einschreiben der Tora in die Herzen der aus dem Exil befreiten Israeliten ist ebenso wenig ausreichend wie der alljährlich vollzogene Ritus des Versöhnungstages im Rahmen des nachexilischen Tempelkultes. Deshalb erreicht das Heilshandeln Gottes erst mit der Selbsthingabe Jesu Christi sein Ziel. Die wiederholte Zitation von Jer 31,31–34 im Hebräerbrief unterscheidet eindeutig zwischen dem »neuen Bund«, der das Einschreiben der Tora in die Herzen der Israeliten verspricht, und dem »neuen Bund«, der durch Jesus Christus gestiftet wurde, indem er die Sünder ohne Rücksicht auf ihre Übertretungen gerechtfertigt hat im Geschehen von Kreuz und Auferstehung.

Nur wenn man die Eindeutigkeit der Aussagen des Hebräerbriefes ausklammert, kann man das Verhältnis zwischen altem und neuem Bund im Sinne einer Aufnahme der Kirche in den Bund mit Israel (Mose-Bund) interpretieren. Deshalb wird innerhalb dieser Christologie mit Nachdruck das Zwei-Bünde-Modell vertreten. Dieses Modell ist aber keineswegs identisch mit dem Substitutionsmodell, das die heilsgeschichtliche Bedeutung des Mose-Bundes mit dem Christus-Bund für erledigt hält. Denn, wie Helmut Merklein exemplarisch in seiner Kritik an Erich Grässer gezeigt hat, bedeutet das Tun der Tora auch nach dem Christusereignis Gemeinschaft mit Gott. Ja, im Lichte des Christusereignisses ist die Erfüllung der Tora ein konkreter Modus des Glaubens an die Rechtfertigung.

Die Tora erhält durch das Christusereignis den Charakter eines Sakramentes. Denn die Tora ist Realsymbol eben des Logos, durch den und auf den hin alles geschaffen wurde und der in Jesus Christus Fleisch angenommen hat. Wer die Tora erfüllt, hat immer schon – bewusst oder unbewusst – Gemeinschaft mit dem Mittler zum Vater. Israel bleibt Gottes auserwähltes Volk – so ausschließlich, dass die Schriften des NT die

2. Kategorien und Grundgestalten der biblischen Christologie

Kirche an keiner Stelle »das neue Volk Gottes« nennen[156]. Die Kirche ersetzt Israel nicht. Sie ist nach Röm 11,17f und Eph 2,12–20 der aus Judenchristen und Heidenchristen gebildete Leib Christi, an dem der beim Herrenmahl gereichte Kelch mit dem Blut des Erlösers Anteil gibt. Von daher charakterisiert Wolfhart Pannenberg das Verhältnis des bleibenden Gottesvolkes Israel zur Kirche wie folgt:

»Die in der Mahlgemeinschaft mit Jesus zur Einheit seines Leibes zusammengeschlossene Kirche hat schon jetzt Anteil an dem Neuen Bund, der dem Volke Israel als ganzem (Röm 11,26) bei der Wiederkunft Christi als der von Israel erwarteten Ankunft des eschatologischen Erlösers gewährt werden wird. Erst von dieser eschatologischen Bestimmung her, auf der Basis des eschatologischen Neuen Bundes, lassen sich Juden und Christen als Teile ein und desselben Gottesvolkes verstehen. Die Einheit des Gottesvolkes beruht also nicht darauf, dass die Völkerwelt in Gestalt der Christenheit eingegliedert wird in die Bundesgeschichte Israels von Mose her. Sie beruht vielmehr darauf, dass in dem von der jüdischen Prophetie verheißenen Neuen Bund, der das Bundesverhältnis des jüdischen Volkes zu seinem Gott erneuern wird, das alte Gottesvolk vereint sein wird mit der Kirche Jesu Christi, die durch ihre Gemeinschaft mit Jesus Christus schon gegenwärtig an diesem neuen Bunde teilhat. Dabei ist nach Paulus nicht nur für die Christen, sondern auch für das jüdische Volk der neue Bund auf Jesus Christus gegründet, der sich bei seiner Wiederkunft als der von ihm erwartete Messias erweisen wird.«[157]

---

156 In der jüngeren Theologie, so bemerkt Wolfhart Pannenberg, hat »kein klares Bewusstsein von den Schwierigkeiten bestanden [...], die die Inanspruchnahme des Titels ›Volk Gottes‹ für das Verhältnis der Kirche zum jüdischen Volk aufwirft. Ähnliches gilt für das Zweite Vatikanische Konzil mit seiner Gegenüberstellung der Kirche als des ›neuen‹ Gottesvolkes zu Israel als dem ›alten‹ Gottesvolk (LG 9). In den kirchlichen Äußerungen dieser Phase wurde in der Regel übersehen, dass im Neuen Testament nirgends von der Kirche als dem ›neuen‹ Volk Gottes gesprochen wird, diese Ausdrucksweise vielmehr erst auf den Barnabasbrief (5,7; 7,5) zurückgeht, wo sie eine scharf antijüdische Funktion hatte: Nach Barnabas haben die Juden den ihnen durch Mose angebotenen Bund nicht angenommen, wie aus der Herstellung des goldenen Kalbes geschlossen wurde. Sie sind daher nach dem Urteil des Barnabasbriefes nie wirklich Gottesvolk gewesen; erst die Kirche wurde zu dem im Alten Testament verheißenen Gottesvolk (Barn 14,1ff). Diese Vorstellung wurde mit Melito von Sardes und Hippolyt von Rom gemildert zu der Auffassung einer heilsgeschichtlichen Ablösung Israels als Gottesvolk durch die Kirche in ihrer Eigenschaft als ›neues‹ Gottesvolk. Doch auch mit dieser bis in die jüngste Zeit wirksam gebliebenen Substitutionsthese ist das Urteil verbunden, dass das jüdische Gottesvolk gegenwärtig nicht mehr als Gottesvolk zu betrachten ist« (W. Pannenberg, Systematische Theologie, Bd. III, Göttingen 1993, 509f).
157 W. Pannenberg, Systematische Theologie, Bd. III, Göttingen 1993, 512f.

2.1 »Bund« und »Tora«

Im Wesentlichen wird diese Darstellung von Joseph Ratzinger bestätigt. In einer 1995 veröffentlichten Abhandlung über die Bedeutung des ntl. Topos »neuer Bund« bemerkt der damalige Präfekt der römischen Glaubenskongregation:

Der Sinaibund »ist streng auf das Volk Israel bezogen; er gibt diesem Volk eine Rechts- und Kultordnung (beides ist untrennbar), die als solche nicht einfach auf alle Völker ausgedehnt werden kann. [...] Das [...] hat Paulus klar herausgestellt, und kein Christ kann das zurücknehmen; die Geschichte selbst bestätigt diese Sicht. Aber damit ist nicht alles über das ›Israel dem Fleische nach‹ gesagt. Denn das Gesetz ist nicht nur – wie wir in einseitiger Akzentuierung der paulinischen Antithesen denken – eine auferlegte Last. In der Sicht des alttestamentlichen Gläubigen ist das Gesetz selbst die konkrete Gestalt der Gnade. Denn Gnade ist es, Gottes Willen zu erkennen; heißt: die Welt verstehen; heißt: wissen, wohin es geht. Es bedeutet, dass wir aus dem Dunkel unseres endlosen Fragens befreit sind, dass das Licht gekommen ist, ohne das wir nicht sehen und gehen können. ›Keinem anderen Volk hast du deinen Willen kundgetan‹: Für Israel, jedenfalls in seinen besten Vertretern, ist das Gesetz das Sichtbarwerden von Gottes Antlitz und damit die Möglichkeit, richtig zu leben. [...] Von da aus ist zu verstehen, was Paulus meint, wenn er in Galater 6,2 – jüdischer Hoffnung folgend – von der Tora des Messias, der Tora Christi spricht: Auch nach Paulus macht der Messias, macht Christus den Menschen nicht gesetzlos und rechtlos. Kennzeichnend für den Messias als den größeren Mose ist es vielmehr, dass er die endgültige Auslegung der Tora bringt [...] Die Tora des Messias ist der Messias, Jesus selbst.«[158]

---

158 J. Ratzinger, Die Vielfalt der Religionen und die Eine Bund, Bad Tölz 1998, 70–72. – Vgl. die entsprechend argumentierenden Verlautbarungen Johannes Pauls II: Ansprache beim Besuch der Großen Synagoge in Rom am 13.4.1986, in: R. Rendtorff/H. H. Henrix [Hgg.], Die Kirchen und das Judentum. Dokumente von 1945–1985, Paderborn/München ²1989, 108–109; Verlautbarungen des Apostolischen Stuhls Nr. 145, hg. v. der Deutschen Bischofskonferenz: Jubiläumspilgerreise zu den Heiligen Stätten. Predigten und Ansprachen von Papst Johannes Paul II. bei der Feier zum Gedenken an Abraham und bei seinen Pilgerfahrten zum Berg Sinai in Ägypten und ins Heilige Land im Jubiläumsjahr 2000, Bonn 2000.

116   2. Kategorien und Grundgestalten der biblischen Christologie

2.2 Die »Sühne«-Christologie

Zu den ältesten Fragen der Christenheit gehört die Frage nach der theologischen Bedeutung des Todes Jesu. Hat Jesus seinen Tod beim letzten Abendmahl selbst gedeutet? Oder haben seine Jünger sich daran erinnert, dass er mit dem Anspruch, Sünden vergeben zu können, die mit den Versöhnungsriten des nachexilischen Tempelkultes verbundenen Opfer durch sein eigenes Blutvergießen ersetzt hat?

Die ältesten Schichten der Auferstehungszeugnisse (1 Kor 15,3–5: »für unsere Sünden« gekreuzigt, begraben und auferweckt) und der Abendmahlstradition (Mk 14,24; Mt 26,28: »hingegeben für die Vielen«) lassen vermuten, dass der für das Leben des zeitgenössischen Judentums schlechthin zentrale Versöhnungstag (Lev 16) schon sehr früh christologische Bedeutung erlangt hat.

Denn die mit dem Versöhnungstag verbundenen Opfer zur Erlangung der Sündenvergebung (Sündopfer), das Besprengen der Sünder mit dem Blut der Opfer und der so genannte Sündenbock-Ritus bieten sich als Interpretamente der Erklärung des Gekreuzigten als des Weges zur Versöhnung der Sünder mit Gott geradezu an.

Allerdings sind die atl. Typoi, die innerhalb der so genannten Sühne-Christologie des NT rezipiert wurden, nicht alle von derselben christologischen Valenz. Deshalb sollen im Folgenden verschiedene Typoi vergleichend analysiert werden. Zuvor aber einige Bemerkungen zur Bedeutung der religionsgeschichtlich vieldeutigen Kategorien »Sühne« und »Opfer« innerhalb der hebräischen Bibel:

2.2.1 Die Kategorien »Opfer« und »Sühne« innerhalb der hebräischen Bibel

Das deutsche Wort »Sühne« entstammt der westgermanischen Rechtssprache. Es bezeichnet im Althochdeutschen vornehmlich das Gerichtsurteil bzw. die Entscheidung des Richters. Im Mittelhochdeutschen überwiegt die Bedeutung der vertraglichen Beilegung eines Rechtsstreites. Im 17. Jh. verschwindet das Wort fast ganz aus der Umgangssprache, lebt aber im 18. Jh. wieder auf und bedeutet von da an aus der Perspektive des Richters die dem Vergehen des Verurteilten entsprechende Strafe und aus der Perspektive des Pönitenten die seiner Schuld äquivalente Wiedergutmachung[159].

Die neuere exegetische Forschung ist sich einig in der These, dass der deutsche Terminus »Sühne« nur sehr bedingt zur Übersetzung des he-

---

159 Vgl. J. Grimm/W. Grimm, Deutsches Wörterbuch X/4, 1012–1022.

2.2 Die »Sühne«-Christologie

bräischen *kipper* taugt[160]. Denn er ist durchgehend bestimmt von dem besagten Äquivalenzdenken. Die Schuld wird durch die Sühneleistung – ob Strafe oder Wiedergutmachung – wie ein Geldbetrag bezahlt, ohne dass der zahlende Schuldner selbst sich verändern müsste. Ganz anders verhält es sich dort, wo im AT Begriffe aus der Wurzel *kpr* zur Anwendung kommen. Die entsprechenden hebräischen Termini werden in nachexilischer Zeit achtmal häufiger als in vorexilischer Zeit verwandt. Daraus kann man nicht das Fehlen des »Sühnegedankens« in vorexilischer Zeit folgern (vgl. 1 Chr 6,34; 23,13; 2 Chr 29,20f; Jes 6,7; Jer 18,23)[161]. Aber der Zusammenbruch von 587 führt zu einem vertieften Sündenbewusstsein und zu der Frage nach der Möglichkeit eines neuen Anfangs. Die Antwort der Priester ist die unablässige Sühnemöglichkeit im neuen Tempel. Die Sühneriten des nachexilischen Tempelkultes gelten als von JHWH gestiftete Mittel zur Versöhnung des Sünders mit seinem Gott und mit der Gemeinschaft seines Volkes Israel (Lev 10,17)[162]. Zu jedem Sühneritus

---

160 Zur Problematik der Übertragung nicht biblischer Begriffe auf biblisch bezeugte Sachverhalte im Kontext von Sühne und Stellvertretung: S. Schaede, Stellvertretung (BHTh 126), Tübingen 2004, bes. 577–641; M. Wolter, Der Heilstod Jesu als theologisches Argument, in: Deutungen des Todes Jesu im Neuen Testament (WUNT 181), hg. v. J. Frey u. J. Schröter, Tübingen 2005, 297–313.
161 Dazu: B. Janowski, Sühne als Heilsgeschehen. Studien zur Sühnetheologie der Priesterschrift und zur Wurzel KPR im Alten Orient und im Alten Testament (WMANT 55), Neukirchen 1982, bes. 175–181.
162 Weil jede Sünde im AT eine Ordnung verletzt, die von JHWH zum Heil der Gemeinschaft seines Volkes gesetzt ist, hat jede Sünde jedes einzelnen Israeliten immer mehr oder weniger gravierende Konsequenzen für alle. Diese Konsequenzen sind in der Geschichte der atl. Exegese lange Zeit ganz unterschiedlich interpretiert worden. Bis zur Aufklärung wurden Heil und Unheil vornehmlich als erzieherisches Instrumentarium (Strafe als »Abschreckung«) JHWHs gegenüber Israel verstanden. Dann trat – nicht auf Grund exegetischer Forschung, sondern unter dem überragenden Einfluss der Kantschen Ethik – der Vergeltungsgedanke in den Vordergrund. Noch Walther Eichrodt (Theologie des Alten Testaments, Bd. I. Gott und das Volk, Stuttgart ⁸1968, 39.157.256) nannte die individuelle Vergeltung (Belohnung oder Bestrafung) ein im alten Israel tief eingewurzeltes und selbstverständliches Prinzip. Erst die bahnbrechenden Studien des dänischen Orientalisten Johannes Pedersen (Israel, its Life and Culture, Bde. I–II, London 1926, bes. 378–421; ders., Seelenleben und Gemeinschaftsleben, aus dem Dänischen übers. v. V. Hand, in: Um das Prinzip der Vergeltung [im Folgenden abgekürzt: UPV] in Religion und Recht des Alten Testaments [WdF 125], hg. v. K. Koch, Darmstadt 1972, 47f) stellten die Annahme eines allumfassenden Vergeltungsprinzips in Frage. Pedersen unterscheidet von der richterlich verhängten Vergeltung die in der Lebensauffassung des nomadischen Israel verwurzelte Vorstellung von einem unmittelbaren Zusammenhang der Tatfolge mit der Tat. Kark Hjalmar Fahlgren (Die Gegensätze von *sedakah* im Alten Testament, in: UPV, 87–129) bestätigt die Existenz eines Tun-Ergehen-Zusammenhangs, indem er für alle alttestamentlichen Bezeichnungen von Unrecht nachweist, dass sie nicht nur das Böse, sondern auch dessen Folge bezeichnen. Klaus Koch (Gibt es ein Vergeltungsdogma im Alten Testament?, in: UPV, 130–180) zeigt, dass auch

118 2. Kategorien und Grundgestalten der biblischen Christologie

gehört ein Opfer[163] und gewöhnlich auch ein Blutritus[164]. Die lange Zeit
verbreitete These, das Opfertier sterbe »substitutiv« für den opfernden
Sünder und erleide so dessen Strafe, wird von der jüngeren Forschung
abgelehnt[165]. Das Tier ist nur »Medium« oder »Sakrament« der Rück-

---

die Weisheits- und Prophetenbücher vom Prinzip der ›schicksalwirkenden Tatsphäre‹ beherrscht sind und erst durch ihre Übersetzung ins Griechische im Sinne des Vergeltungsdenkens verfälscht wurden. Sein Hauptargument: Das AT kennt kein einziges Wort für ›Strafe‹ (vgl. ebd. 164). Gerhard von Rad (Theologie des Alten Testaments, Bd. I. Theologie der geschichtlichen Überlieferungen, München 1969, 277–279.396–399; ders., Weisheit in Israel, Neukirchen 1970, 170–182.252f) stellte sich auf die Seite Kochs; aber Hartmut Gese (Lehre und Wirklichkeit der alten Weisheit. Studien zu den Sprüchen Salomos und zu dem Buche Ijob, Tübingen 1958, 33–50), Henning Graf Reventlow («Sein Blut komme über sein Haupt«, in: UPV, 412–431) und besonders Josef Scharbert (Das Verbum »SLM«, in: UPV, 300–324) drängten auf eine Korrektur der nach ihrer Auffassung von einem Extrem ins andere geratenen Koch-These. Für sie ist die Folge einer menschlichen Tat immer auch eine Fügung Gottes. Auch Friedrich Horst (Recht und Religion im Bereich des Alten Testaments, 186–188) und Rolf Knierim (Die Hauptbegriffe der Sünde im Alten Testament, Gütersloh 1965, 73–80) wenden sich gegen die alternative Sicht von Strafe als göttlich verhängtem Recht oder immanenter Konsequenz der bösen Tat. Doch eine wirkliche Vermittlung beider Positionen gelingt erst Bernd Janowski (Sühne als Heilsgeschehen. Studien zur Sühnetheologie der Priesterschrift und zur Wurzel KPR im Alten Orient und im Alten Testament [WMANT 55], Neukirchen 1982) und Adrian Schenker (Versöhnung und Sühne. Wege gewaltfreier Konfliktlösung im Alten Testament. Mit einem Ausblick auf das Neue Testament [BiBe 15], Freiburg/Schweiz 1981; ders., Sühne statt Strafe und Strafe statt Sühne! Zum biblischen Sühnebegriff, in: Sühne und Versöhnung, hg. v. J. Blank u. J. Werbick, Düsseldorf 1986, 10–20). Gestützt auf die von Ludwig Köhler (Theologie des Alten Testaments, Tübingen ⁴1965, 201) und Horst Seebass (Der Gott der ganzen Bibel. Biblische Theologie zur Orientierung im Glauben, Freiburg 1982, 102–113) vertretene These, dass es im AT primär um eine Darstellung der Gnade des Bundes und nicht um das durchgängige Prinzip ausgleichender Gerechtigkeit geht, erklärt Schenker die Buße des Sünders als das von JHWH gewährte Mittel, Subjekt der eigenen Versöhnung zu werden. JHWHs verzeihende Gnade besteht dann nicht in einer Aufhebung der Vergangenheit des Sünders, sondern im Gewähren einer Zukunft, die der Sünder selbst realisieren muss, indem er gegen den Widerstand des von ihm verursachten Unheils an seine (ihm von JHWH im Bund mit Israel zugedachte) »Stelle« der Heilsvermittlung zurückkehrt.

163 Während bei den Schuldopfern (*ascham*-Opfern) der Gedanke der Wiedergutmachung gegenüber der durch eine Schuld geschädigten Gemeinschaft überwiegt, steht bei den »Sündopfern« (*chattat*-Opfern) die Versöhnung mit JHWH im Vordergrund, ohne dass beide Aspekte trennbar wären. Vgl. J. Herrmann, Sühne und Sühneformen im AT, in: ThWNT III (Stuttgart 1938) 302–311; Janowski, Sühne als Heilsgeschehen, 198f.
164 Zu den beiden Grundformen der sühnenden Blutapplikation und zu deren überlieferungsgeschichtlichem Verhältnis: Janowski, Sühne als Heilsgeschehen, 221–232.
165 Vgl. Janowski, Sühne als Heilsgeschehen, 215–221; A. Schenker, Versöhnung und Sühne. Wege gewaltfreier Konfliktlösung im Alten Testament. Mit einem Ausblick auf das Neue Testament (BiBe 15), Freiburg/Schweiz 1981, 107f; J. Blank, Weißt du, was Versöhnung heißt? Der Kreuzestod Jesu als Sühne und Versöhnung, in: J. Blank/J.

2.2 Die »Sühne«-Christologie

kehr des Sünders in die Gemeinschaft des Volkes und in den Bund mit JHWH. Wie der Opferpriester, so hat auch das Opfertier eine vermittelnde Funktion, ersetzt aber in keiner Weise das Tun des Sünders selbst. Der »Substitutionstheorie«[166] widerspricht auch die Verbindung von Opfer- und Blutritus. Weil Blut Zeichen für den ist, der allein Leben geben und nehmen kann[167], bedeuten die Blutriten des nachexilischen Tempelkultes: Niemand kann sich die Vergebung aus eigener Kraft erwerben.»JHWHs Schuldvergebung ist *zuerst*; es ist eine voraussetzungslose Setzung, wie Lev 17,11b zeigt: ›Ich habe das Blut auf den Altar gegeben, damit es für eure Personen Vergebung der Schuld erwirke‹. Israel kann *danach* auf diese Gnade *antworten*, indem es sich durch seine Gabe nun seinerseits JHWH zuwendet. JHWHs Gnade, sein Vergebungsangebot, macht aber Israels Antwortgeschenk erst möglich!«[168]

Werbick (Hgg.), Sühne und Versöhnung (ThZ 1), Düsseldorf 1986, 21–91; bes. 32–36; F.-L. Hossfeld, Versöhnung und Sühne. Neuere Anstöße zur Wiederaufnahme eines biblischen Themas, in: BiKi 41 (1986) 54–59.

166 Vgl. die beiden Positionen: *einerseits* von Alexis Medebielle (L'expiation dans l'Ancien Testament, Rome 1924, 142–163) und René Dussaud (Les origines cananéennes du sacrifice israélitique, Paris 1941, 14–30.117–124.144.159.328–330); *andererseits* von Adalbert Metzinger (Die Substitutionstheorie und das alttestamentliche Opfer mit besonderer Berücksichtigung von Lev 17,11, in: Biblica 21 (1940) 159–187.247–272.353–377) und Dionys Schötz (Schuld- und Sündopfer im Alten Testament, Breslau 1930); ferner die bilanzierende Darstellung von Luigi Moraldi: Espiazione sacrificale e riti espiatori nell'ambiente biblico e nell'Antico Testamento (AnBib 5), Rom 1956, 90–98.

167 Nach dem so genannten *ius talionis* gilt, dass Leben hingegeben werden muss für Leben (Ex 21,23). Blutschuld kann nur getilgt werden, wenn entweder Menschenleben (Ex 32,20; 2 Sam 21,1f) oder Tierleben dafür getötet wird (Deut 21,1–9). Wurde ein Mord begangen und der Täter blieb unbekannt, so konnte die Tat nur dadurch gesühnt werden, dass anstelle des unbekannten Täters ein anderes Leben hingegeben wurde. Allerdings konnte Horst Seebass (Der Gott der ganzen Bibel. Biblische Theologie zur Orientierung im Glauben, Freiburg 1982) überzeugend nachweisen, dass auch das Talionsgesetz ursprünglich »eine Schadenersatz- und nicht eine Vergeltungsregel« (103) ist, und dass erst die Verhältnisse der Königszeit im »Heiligkeitsgesetz« zu einer anders gelagerten Interpretation führen. In der Erklärung der sühnenden Kraft des Blutes gehen die Meinungen der Exegeten auseinander. Einige nennen das Blut als Zeichen der Sühne eine positive, nicht weiter hinterfragbare Setzung JHWHs (E. Lohse, K. Elliger, A. Cholewinski, H. C. Brichto). Andere beschreiben das Blut als reinigende oder apotropäische Kraft (L. Moraldi, St. Lyonnet/L. Sabourin, N. Füglister, D. J. McCarthy, B. A. Levine). In jüngster Zeit überwiegen Beiträge, die das Blut im AT als Abbild der Lebenshingabe eines schuldig gewordenen Menschen beschreiben (H. Gese, B. Janowski, J. Blank). A. Schenker versucht unter dem Titel »Die drei Dimensionen des Blut-Zeichens: Abbild, Gnade, Hingabe« (Das Zeichen des Blutes und die Gewissheit der Vergebung im AT. Die sühnende Funktion des Blutes auf dem Altar nach Lev 17,10–12, in: MThZ 34 [1983] 195–213) eine Art Synthese.

168 A. Schenker, Das Zeichen des Blutes und die Gewissheit der Vergebung im AT. Die sühnende Funktion des Blutes auf dem Altar nach Lev 17,10–12, in: MThZ 34 [1983] 195–213; 203.

2. Kategorien und Grundgestalten der biblischen Christologie

Während es in den täglich dargebrachten Sündopfern um die Sühnung einzelner Sünden geht, hat der Ritus des Versöhnungstages (nach der Rückkehr aus dem Exil der höchste Feiertag in Israel) die Entsühnung des ganzen Volkes zum Inhalt. Wichtigster Teil des »Jom-Kippur-Rituals« (Lev 16) ist die Besprengung der *kapporet*[169] (im nachexilischen Tempel der Ersatz für die nicht wieder angefertigte Bundeslade und deshalb Stelle der Gegenwart JHWHs) mit dem Blut, das die Umkehr (Selbst-Hingabe) der Sünder bedeutet. Die unmittelbare Begegnung des Opferblutes und der *kapporet* ist für Israel so etwas wie ein Sakrament der personalen Versöhnung zwischen JHWH und seinem Bundesvolk. Und noch ein weiterer Ritus des *jom kippur* wird in der neueren exegetischen Forschung als Sakrament der Wiederherstellung des Bundesverhältnisses zwischen JHWH und Israel verstanden: der Sündenbock-Ritus, dessen Alter und Herkunft umstritten, der ursprünglich aber sicher ein magischer Vollzug ist. Die Sünde und deren Folge wird auf das Ersatzobjekt »Sündenbock« abgeladen, als wäre die Sünde eine numinose Substanz, die sich statt des Sünders auch eines ihr zur Verfügung gestellten Tieres bemächtigen kann. Die Vorstellung einer Übertragung der »Sündensubstanz« auf den Sündenbock bleibt auch im Jom-Kippur-Ritual präsent; aber dort kommt etwas Entscheidendes hinzu: Der Priester benennt die Sünde der Opfernden, stemmt die Hände auf das Opfertier (Lev 16,21)[170]

---

169 »Nach Ex 25,17–22 soll auf die Bundeslade eine *kapporet* aus reinem Golde gelegt werden, genau wie die Lade zweieinhalb Ellen lang und anderthalb Ellen breit; die Dicke wird nicht angegeben. An ihren beiden Enden sollen die Keruben angebracht werden, die in der älteren Beschreibung 1 Kön 8, wo von der *kapporet* noch nicht die Rede ist, mit der Lade noch nicht in dinglicher Verbindung stehen. Die Keruben sollen die *kapporet* schirmend bedecken, die Gesichter ihr zugekehrt (Ex 25,20)« (J. Herrmann, ἱλαστήριον, in: ThWNT III [Stuttgart 1938] 319–320; 319).
170 Bernd Janowski (Sühne als Heilsgeschehen. Studien zur Sühnetheologie der Priesterschrift und zur Wurzel *KPR* im Alten Orient und im Alten Testament [WMANT 55], Neukirchen 1982, 199–221) vergleicht den Handaufstemmungsgestus innerhalb des Sündenbock-Rituals in Lev 16,10.21f mit dem im Kontext der Opferdarbringung belegten Handaufstemmungsgestus in Lev 1,4; 3,2.8.13; 4,4.15.24.29.33; Lev 8,14.18.22 par. Ex 29,10.15.19; Num 8,12; 2 Chr 29,23 und zieht aus diesem Vergleich die Schlussfolgerung, dass es wie bei den Sündopfern, so auch innerhalb des Sündenbockritus nicht um die magisch gedachte Übertragung der Sünde auf das Opfertier, sondern um einen Vorgang zwischen den Opfernden und JHWH geht. Er bemerkt: »Weil der Opfernde durch das Aufstemmen seiner Hand auf das Opfertier *an dessen Tod realiter partizipiert*, indem er sich durch diesen symbolischen Gestus mit dem sterbenden Tier *identifiziert*, geht es im *Tod des Opfertieres* weder um dessen auf die *satisfactio vicaria* des Sünders zielende Straftötung noch um die Beseitigung oder Vernichtung des Tieres als eines rituellen Sündenträgers, sondern um den *eigenen*, von dem sterbenden Opfertier stellvertretend übernommenen *Tod des Sünders*. Darum ist das Wesentliche bei der kultischen Stellvertretung nicht die Übertragung, die ›Abwälzung‹ der *materia peccans* auf einen rituellen Unheilsträger und dessen anschließende Beseitigung, sondern *die im Tod des Opfertieres*, in den der Sünder hineingenommen wird, indem

2.2 Die »Sühne«-Christologie

und ruft den Namen JHWHs an[171]. Durch diese Anrufung wird deutlich: Nicht der Sündenbock, sondern JHWH nimmt dem Sünder die Last der Sünde ab; allerdings im Sinne eines Bundeshandelns. Denn der Sünder ist nicht nur passiver Empfänger der Vergebung. Er soll sich während des Sündopfer-Ritus so mit dem geschlachteten Tier identifizieren, dass er im Zeichen des Blutvergießens sein eigenes Blut (Leben) JHWH in die Hände legt. Und er soll sich während des Sündenbock-Ritus so mit dem exilierten Tier identifizieren, dass er sich in diesem Zeichen von seinen Sünden trennen lässt.

2.2.2 Die Frage nach christologischen »Typoi« der jüdischen Liturgie

Bevor das christologische Potential der besagten Kategorien »Sühne« und »Opfer« erschlossen wird, soll in den folgenden Ausführungen nach der Christologie bestimmter Typoi der jüdischen Festliturgie gefragt werden.

Wenn die Verfasser der ntl. Schriften von einem »Typos«[172] sprechen (vgl. Röm 5,14; 1 Kor 10,6.11; 1 Petr 3,21), dann ist eine atl. Realität (Person, Sache, Ereignis) gemeint, der eine vorbildliche Bedeutung für die eschatologische Heilszeit zuerkannt wird. Zwei Momente erweisen sich als notwendig, damit von einem Typos im ntl. Sinn gesprochen werden kann: (1) ein geschichtliches Faktum, das von Gottes Heilshandeln getragen ist; (2) eine dieses Faktum deutende Aussage. Die Gewichtung beider Momente fällt sehr unterschiedlich aus. Neben Typoi, die ein heilsge-

---

er sich mit diesem Lebewesen durch die Handaufstemmung identifiziert, *symbolisch sich vollziehende Lebenshingabe des homo peccator«* (220f).

171 In Lev 16 ist von diesem Anrufen nicht die Rede, wohl aber in anderen Quellen über den Verlauf des »Jom-Kippur-Rituals« (vgl. Blank, Weißt du, was Versöhnung heißt?, 52f).

172 Das Wort als solches findet sich erst bei Paulus. Seine Verwendung dieses Terminus umfasst zwei Grundbedeutungen. *Zum einen* bedeutet *typos* so viel wie *Vorbild* oder *Norm*. In Phil 3,17 und in 2 Thess 3,9 stellt der Apostel sich selbst als Vorbild des Glaubens vor. Gemeint ist damit nicht die eigene Leistung, sondern eine von Gott gesetzte Norm. Deshalb kann auch die in eine bestimmte Sprachgestalt überführte Glaubenslehre als *typos* bezeichnet werden (Röm 6,17). *Zum anderen* bezeichnet das Wort *typos* Gestalten oder Ereignisse des AT, deren Erfüllung die gegenwärtige Heilszeit ist. Diese zweite Bedeutung ist gemeint, wenn von der ntl. Erschließung der Heilsbedeutung des AT die Rede ist. Die Ereignisse oder Gestalten des AT, die im NT als *typoi* gelten, sind gerade nicht *Norm* oder *Vorbild*, sondern Schatten des Zukünftigen. Wenn eine biblische Gestalt *typos* im Sinne von *Vorbild* genannt wird, ist die Erwählung des einzelnen gemeint, nicht aber seine Bedeutung in der heilsgeschichtlichen Realisierung der Gottesherrschaft. Dazu: P. J. Cahill, Hermeneutical Implications of Typology, in: CBQ 44 (1982) 266–281.

2. Kategorien und Grundgestalten der biblischen Christologie

schichtliches Faktum bezeichnen, welches gleichsam nebenbei auch noch gedeutet wird (z. B. Adam als Typos Christi in Röm 5,12ff), stehen andere Typoi, die erst durch den erklärenden Text verständlich werden (z. B. die Gestalt des Melchisedech als Typos des Hohenpriesters Jesus Christus in Hebr 7,2). Grundvoraussetzung für die Existenz eines Typos ist das Bleibende, Durchgehende im Heilshandeln Gottes. Gemeint ist allerdings nicht die mythologische Wiederkehr des Gleichen, sondern immer eine Überbietung der Ereignisse, die Israel in der Vergangenheit erfahren hat. Wenn Christus in Röm 5 der neue Adam genannt wird, dann ist damit nicht nur die Kontinuität des göttlichen Handelns ausgedrückt, sondern auch das Plus der geschichtlichen Wirkmacht Jesu Christi im Vergleich zu der Adams; so heißt es in Röm 5,20b: »Wo jedoch die Sünde mächtig wurde, da ist die Gnade übergroß geworden.« Mit anderen Worten: Das Verhältnis der Entsprechung zwischen atl. Typos und ntl. Anti-Typos impliziert zugleich Kontinuität und Diskontinuität.

Das Typos-Denken gehört zum Textbefund der Hl. Schrift selbst. Es findet sich nicht erst im NT, sondern schon bei den Propheten des AT. In Jer 16,14f oder in Jes 43,16–21 z. B. wird der Exodus aus Ägypten zum Typos der Rückkehr aus dem Babylonischen Exil. Dabei ist allerdings der Unterschied zwischen dem Zusammenhang von Weissagung und Erfüllung und jenem zwischen Typos und Antitypos zu unterscheiden. Von einem typologischen Zusammenhang kann immer nur im Nachhinein die Rede sein. Erst in der Rückschau auf die Heilsgeschichte können zwei Ereignisse oder Gestalten in einen typologischen Zusammenhang gesetzt werden. Dass die typologische Auslegung des AT durch das NT auf einer eklektischen und keineswegs historisch-kritischen Befragung des atl. Bezugstextes beruht, ist unbestritten. Aber auch wenn eindeutig festgestellt wird, dass der Wortsinn einer Stelle des AT ein ganz anderer als der ist, den ein ntl. Autor ihr durch seine typologische Auslegung unterstellt, bleibt die Intention des ntl. Exegeten theologisch bedeutsam.

2.2.2.1 Isaak als Typos des geopferten Sohnes und Abraham als Typos des opfernden Vaters?

Die Erinnerung an die *akedah*, an die »Bindung« Isaaks durch Abraham, ist mit dem Tempelberg in Jerusalem (mit dem Berg Moria) verbunden und unverzichtbarer Bestandteil der jüdischen Liturgie[173]. Die Erzählung

---

173 Viele Exegeten vermuten als religionsgeschichtlichen Hintergrund die Vorstellung, Gott jeden erstgeborenen Sohn opfern zu müssen (vgl. Ex 22,29b) und die faktische Auslösung des menschlichen Erstgeburtsopfers durch ein Tieropfer (Ex 34,20b). Dazu: O. H. Steck, Ist Gott grausam? Über Isaaks Opferung aus der Sicht des Alten Testaments, in: W. Böhme (Hg.), Ist Gott grausam? Eine Stellungnahme zu Tilmann

2.2 Die »Sühne«-Christologie

von der Beinahe-Opferung Isaaks (Gen 22) wird im Synagogengottesdienst am zweiten Tag des Neujahrsfestes verlesen und ist ein Teil der täglichen Lesung des Morgengebetes. In diesem Gebet heißt es: »Gedenke der *akedah*, gedenke, wie unser Vater seinen Sohn Isaak auf dem Altar gefesselt hat und wie er sein Mitleid überwand, um Deinen Willen mit ganzem Herzen zu erfüllen«[174]. Von daher erhebt sich wie von selbst die Frage: Stimmt die sowohl von christlicher wie jüdischer Seite immer wieder vorgetragene Behauptung, das Kreuz Jesu sei zunächst und vor allem im Horizont der *akedah* verstanden worden?

Der wohl bekannteste Repräsentant dieser Auffassung ist gegenwärtig der jüdische Exeget Jon D. Levenson[175]. Ausdrücklich spricht er von der »alten *akedah*« als dem Gründungsereignis der jüdischen Religion und von der »neuen *akedah*« als dem Gründungsereignis des Christentums[176]. Er verweist auf die Parallele zwischen dem Auftrag des Herrn an Abraham (Gen 22,2) und dem Auftrag des Herrn an Salomo (2 Chr 3,1). So erklärt sich die Identifikation des Jerusalemer Tempelbergs mit dem Berg des Abrahamopfers; und so erklärt sich auch die Gründungsfunktion der *akedah*-Erzählung zunächst für das Passaopfer und dann auch für den Tempelkult, speziell für das tägliche Lamm-Opfer (Tamid-Opfer)[177].

Levenson kann gut belegen, dass die rabbinische Literatur Isaaks Rolle zunehmend aktiv beschreibt. Immer häufiger ist die Rede von der Zustimmung des Sohnes, von der Hingabebereitschaft und von der sühnenden Kraft seines Opfers[178]. Besonders im Rabbinentum des 1. Jhs. n. Chr. wird Isaak zum Vorbild der Märtyrer[179]. In dieser Entwicklung sieht der jüdische Exeget die Brücke zu den Ursprüngen der Christologie. Er spricht von einer christologischen Zusammenschau verschiedener Tradi-

---

Mosers »Gottesvergiftung«, Stuttgart 1977, 75–95; G. Steins, Die »Bindung Isaaks« im Kanon (Gen 22). Grundlagen und Programm einer kanonisch-intertextuellen Lektüre (HBS 19), Freiburg 1999; ders., Abrahams Opfer. Exegetische Annäherungen an einen abgründigen Text, in: ZKTh 121 (1999) 311–324.

174 Zit. nach: M. Krupp, Den Sohn opfern? Die Isaak-Überlieferung bei Juden, Christen und Muslimen, Gütersloh 1995, 14.

175 J. D. Levenson, The Death and Resurrection of the Beloved Son. The Transformation of Child Sacrifice in Judaism and Christianity, New Haven/London 1993. – Vgl. dazu: R. Hayward, Appendix: The Aqedah, in: M. F. Bourdillon (Hg.), Sacrifice, London/New York 1980, 84–87; J. Swetnam SJ, Jesus and Isaac. A Study of the Epistle to the Hebrews in the Light of the Aqedah (AnBib 94), Rom 1981; L. Kundert, Die Opferung/Bindung Isaaks, Bd. 1: Gen 22,1–19 im Alten Testament, im Frühjudentum und im Neuen Testament (WMANT 78), Neukirchen 1998; Bd. 2: Gen 22,1–19 in frühen rabbinischen Texten (WMANT 79), Neukirchen 1998.

176 Vgl. Levenson, The Death, 222.
177 Vgl. Levenson, The Death, 174.
178 Vgl. Levenson, The Death, 192.
179 Vgl. Levenson, The Death, 188f.

tionslinien der *akedah*-Tradition[180]. Diese Auffassung wird bestärkt durch die synoptische Bezeichnung Jesu als des »geliebten Sohnes« (vgl. Mk 1,11; Mt 3,17; Lk 3,22), der sich im Einverständnis mit seinem Vater hinzugeben bereit ist. Im vierten Evangelium erkennt Levenson eine ausdrückliche Identifikation Jesu mit der Rolle des Passaopfers. Wenn es dort heiße, dass man dem Gekreuzigten seine Gebeine nicht zerbrach, dann werde damit erinnert an die Vorschriften der Zubereitung des Passalamms (Ex 12,46; Num 9,12)[181]. Levenson spricht von einer christlichen Ersetzung des Isaak durch Jesus und des Abraham durch den Gott, den Jesus seinen Vater nennt[182]. Die Gabe des Vaters Abraham an Gott sei in die Gabe Gottes des Vaters transformiert worden – z. B. in folgender Formulierung des Apostels Paulus: »Er hat seinen eigenen Sohn nicht verschont, sondern ihn für uns alle hingegeben – wie sollte er uns mit ihm nicht alles schenken?« (Röm 8,32); oder in folgender Stelle des vierten Evangeliums: »Denn Gott hat die Welt so sehr geliebt, dass er seinen eingeborenen Sohn hingab, damit jeder, der an ihn glaubt, nicht zugrunde geht, sondern das ewige Leben hat« (Joh 3,16).

Betrachtet man diese Texte ohne die Prämissen, die Levenson immer schon an sie heranträgt, dann müssen sie sich keineswegs auf Gen 22 beziehen. Die von Levenson beschriebene Ersetzung des Abraham durch den göttlichen Vater und des Isaak durch Jesus ist eine reichlich unbegründete Hypothese. Feststeht: In Gen 22 ist die Preisgabe des Sohnes an Gott gerichtet; im Corpus Paulinum (Beispiele: Röm 4,25; 8,32) dagegen ist Adressat der Preisgabe des Sohnes nicht Gott, sondern der Sünder. Die letztlich trinitarisch zu verstehende Einheit der Preisgabe des Sohnes durch den göttlichen Vater und der Selbstpreisgabe des mit dem Vater einverstandenen Sohnes beschreibt eine einzige Bewegung von oben nach unten: In Jesus setzt sich der göttliche Vater dem Hass der Sünder aus.

Es ist im übrigen bemerkenswert, dass eine Erzählung, die nach Levenson christentumsgründende Bedeutung haben soll, im NT nur zweimal ausdrücklich genannt wird, nämlich in Hebr 11,17–19 und in Jak 2,21–23; und dass in diesen beiden Texten von einer Ersetzung Isaaks durch Jesus und einer Ersetzung Abrahams durch Gott den Vater keine Rede sein

---

180 »Much early christology is thus best understood as a midrashic recombination of biblical verses associated with Isaac, the beloved son of Abraham, with the suffering servant in Isaiah who went, Isaac-like, unprotesting to his slaughter, and with another miraculous son, the son of David, the future messianic king whom the people Israel awaited to restore the nation and establishing justice and peace throughout the world« (Levenson, The Death, 218).
181 Vgl. Levenson, The Death, 207f.
182 Vgl. Levenson, The Death, 212f.220.

2.2 Die »Sühne«-Christologie

kann. Denn dort geht es ausschließlich um das Vorbild des Glaubens, das Abraham darstellt[183].

Auf der Grundlage einer detaillierten Untersuchung aller entsprechenden Texte des NT spricht Sigrid Brandt von einer »offenkundigen *akedah*-Enthaltsamkeit der neutestamentlichen Schriften in kreuzestheologischen Zusammenhängen«[184], verweist jedoch auch auf jene jüdischen Interpretationen der *akedah*, die Abraham loben, weil er seinen Sohn Gott nicht vorenthielt, die aber zugleich von einem Nichtbestehen seiner Prüfung durch Gott sprechen, und zwar mit der Begründung, er habe wissen müssen, dass Gott ein lebendiges Opfer lieber sei als ein totes. »Statt Gott beim bloßen und äußerlichen Wort zu nehmen, wäre es seine Aufgabe gewesen, Gottes Wort im Sinne seiner Verheißungen zu interpretieren und dafür Sorge zu tragen, dass Isaak, der Verheißungsträger, zu einem ›lebendigen‹ Opfer vor Gott würde«[185]. So gesehen könnte die Erzählung von Gen 22 verstanden werden »als ein Zeugnis für Gottes befreiendes Eingreifen dort, wo Menschen unter Berufung auf Gottes Wort bereit sind, ungeistliche Opfer zu bringen«[186].

Resümierend darf man festhalten: Als christologischer Typos eignet sich die *akedah*-Erzählung in keiner der hier skizzierten Interpretationen. Denn Jesus ist kein Opfer, durch das der Vater etwas zeigen oder demonstrieren will. Jesus ist auch kein an den Vater gerichtetes Opfer. Nein, er wird gegen den Willen des Vaters und gegen seinen eigenen Willen zum Opfer der ihn kreuzigenden Sünder. Wie immer man die Vergleichspunkte zur *akedah*-Erzählung in Gen 22 wählt, sie passen nicht.

---

183 Sören Kierkegaard veranschaulicht dieses Vorbild des Glaubens mit der *akedah*. Aber kein Exeget wird bestätigen, dass sich die folgenden Sätze des dänischen Philosophen auf das NT berufen können: »So ist es denn nun meine Absicht, aus der Geschichte von Abraham das Dialektische […] herauszuziehen, um zu sehen, was für ein ungeheuerliches Paradox der Glaube ist, ein Paradox, welches einen Mord zu einer heiligen, Gott wohlgefälligen Handlung zu machen vermag, ein Paradox, das Isaak Abraham wiedergibt, – etwas, dessen sich kein Denken bemächtigen kann, weil der Glaube eben da beginnt, wo das Denken aufhört« (S. Kierkegaard, Furcht und Zittern, übers. v. E. Hirsch, Köln ²1986, 56). – Vgl. dazu: H. Rosenau, Die Erzählung von Abrahams Opfer (Gen 22) und ihre Deutung bei Kant, Kierkegaard und Schelling, in: NZSTh 27 (1985) 251–261; J. Derrida, Den Tod geben, übers. v. H.-D. Gondek, in: A. Haverkamp (Hg.), Gewalt und Gerechtigkeit. Derrida – Benjamin, Frankfurt 1994, 331–445.
184 S. Brandt, Opfer als Gedächtnis. Auf dem Weg zu einer befreienden theologischen Rede von Opfer (ATM 2), Münster 2001, 168.
185 Brandt, Opfer als Gedächtnis, 171.
186 Brandt, Opfer als Gedächtnis, 173.

2. Kategorien und Grundgestalten der biblischen Christologie

2.2.2.2 Das »Sündopfer« des nachexilischen Tempelkultes als Typos des geopferten Sohnes?

Neben der *akedah*-Memoria stellen die Sündopfer des nachexilischen Tempelkultes ein zweites Motiv der jüdischen Liturgie dar, das hier kritisch auf seine christologische Valenz hin befragt werden soll. Im Mittelalter wurde die damit verbundene Typologie (nachexilisches Sündopfer → Kreuzesopfer Jesu) ein fester Bestandteil der Christologie. Denn die mittelalterliche Scholastik sah in der für sie selbstverständlichen Darstellung des Kreuzesgeschehens als »Sündopfer« die biblische Legitimation für ihre Satisfaktionstheorie. Mit dieser Theorie verbunden war die Vorstellung, Gott sei ein durch die Sünde beleidigter Herr; er verlange dafür Genugtuung (Satisfaktion) und könne nur durch ein der Schwere der Sünde entsprechendes Opfer gnädig gestimmt werden. Die Gerechtigkeit Gottes wurde mit zwei Waagschalen veranschaulicht: auf der einen die Sünden, auf der anderen die Verdienste. Dieses Bild ist nicht zufällig entstanden. Ihm zugrunde liegt die römisch-germanische Rechtspraxis. Schuld musste gesühnt werden – entweder durch die Verbüßung einer entsprechenden Strafe oder durch eine der Schwere der Schuld äquivalente Wiedergutmachung (Satisfaktion). Hinzu kam, dass in einer Ständegesellschaft die Beleidigung eines Edelmannes ungleich schwerer wog als die Beleidigung eines Bauern oder Handwerkers. Übertragen auf Gott bedeutete dieses Denken: Wenn der edelste aller Herren beleidigt wird, dann wiegt die Schuld so schwer, dass kein irdisches Leben wertvoll genug ist oder lang genug währt, um sie zu sühnen. Auf der Basis der römisch-germanischen Rechtsformel »aut satisfactio aut poena« (entweder Strafe oder Genugtuung)[187] wurde der Opfertod des Sohnes als von Gott dem Vater notwendig verlangte »Bezahlung« für die Sünde der Menschheit seit Adam erklärt.

Allerdings muss man – wie die jüngere Forschung überzeugend beweist – zwischen der Erlösungslehre des Anselm von Canterbury und der sich weitgehend zu Unrecht auf ihn berufenden Satisfaktionstheorie unterscheiden. Diese Unterscheidung wird jedem Interpreten evident,

---

187 Der These, die Anselmsche Formel »aut satisfactio aut poena« verdanke sich dem Einfluss der germanischen Rechtslehre, dass, wer Genugtuung leiste, von der Strafe verschont bleibe (vgl. H. Cremer, Die Wurzeln des Anselm'schen Satisfaktionsbegriffes, in: ThStKr 53 [1880] 7–24; ders., Der germanische Satisfaktionsbegriff in der Versöhnungslehre, in: ThStKr 66 [1893] 316–345) steht die These (A. v. Harnacks, F. Loofs u. a.) gegenüber, die Formel finde sich in demselben Sinn schon im römischen Recht und innerhalb der altkirchlichen Bußpraxis bei Tertullian und Cyprian (vgl. H. Dombois, Juristische Bemerkungen zur Satisfaktionslehre des Anselm von Canterbury, in: NZSTh 9 [1967] 339–355).

2.2 Die »Sühne«-Christologie

der Anselms soteriologisches Werk »Cur Deus homo?« in den Kontext seines »Monologion« und seines »Proslogion« stellt[188]. Das Wort »schulden« (lat. *debere*) bedeutet in Anselms Werk keineswegs eine von außen an die Schöpfung gerichtete Aufforderung, sondern die ontologische Wahrheit alles Seienden. Jedes Seiende ist in dem Maße es selbst, als es dem in sein Innerstes gesenkten Sollen – nämlich seiner Bezogenheit auf den Schöpfer – entspricht. Im Blick auf den Menschen darf man deshalb sagen: Er entspricht in dem Maße sich selbst, als er Gott entspricht; seine Bezogenheit auf den Schöpfer ist zugleich die Realisierung seiner Selbstbestimmung (Autonomie). Die sittliche Gutheit des Menschen besteht darin, das ihr durch die natürlichen Vermögen der Erinnerung *(memoria)*, des Verstandes *(intelligentia)* und des Willens *(voluntas)* eingeschriebene Bild des dreieinen Gottes zum Ausdruck zu bringen. Die menschliche Natur verwirklicht sich in dem, was sie vor allem anderen wollen soll: sich des höchsten Gutes erinnern, es erkennen und es lieben. Niemand – so Anselm wörtlich – »kann bestreiten, dass das, was das Beste des eigenen Könnens ist, auch Gegenstand des eigenen Wollens sein muss«. Der wesentlich auf Gott bezogene Mensch kann und soll Gott um seiner selbst willen und alle anderen Geschöpfe auf Grund ihrer Gottgewolltheit lieben. Und da der Mensch das einzige Geschöpf ist, das seine Bezogenheit auf den Schöpfer *(rectitudo)* wollen soll, ist er auch das einzige Geschöpf, das die Bedingung seiner eigenen Gutheit bzw. Glückseligkeit verneinen kann. Die Fähigkeit, die eigene *rectitudo* bejahen zu können, ist *identisch* mit der Gabe der Freiheit. Also folgert Anselm, dass die Verneinung der eigenen *rectitudo* nicht die Realisierung der Freiheit, sondern deren Verlust bedeutet. Denn – so seine Begründung – Gott selbst wäre nicht frei, wenn Freiheit definiert würde als die Fähigkeit, die *rectitudo* bejahen *oder* verneinen zu können. Nein, die Freiheit ist nur wirklich *im* Bejahen ihres Grundes, *im* Wollen des Willens Gottes[189]. So gesehen geht es

---

188 Dazu: G. Greshake, Erlösung und Freiheit. Zur Neuinterpretation der Erlösungslehre Anselms von Canterbury, in: ThQ 153 (1973) 323–345; H. Verweyen, Die Einheit von Gerechtigkeit und Barmherzigkeit bei Anselm von Canterbury, in: IKaZ 14 (1985) 52–55; G. Gäde, Eine andere Barmherzigkeit. Zum Verständnis der Erlösungslehre Anselms von Canterbury (BDS 3), Würzburg 1989; G. Plasger, Die Notwendigkeit der Gerechtigkeit. Eine Interpretation des »Cur Deus homo« von Anselm von Canterbury (BGPhMA NF 38), Münster 1993, bes. 41–126; B. Goebel, Rectitudo. Wahrheit und Freiheit bei Anselm von Canterbury. Eine philosophische Untersuchung seines Denkansatzes (BGPhMA NF 56), Münster 2001, bes. 33–280.
189 Anselm verwirft die in der Karolingerzeit aufgekommene Bestimmung der Willensfreiheit als des Vermögens, entweder zu sündigen *oder* nicht zu sündigen, und verankert – ganz Schüler des gegen Pelagius argumentierenden Augustinus – die Selbstursächlichkeit des Willens *(libertas arbitrii)* in der Bezogenheit dieses Willens auf die Bedingung seiner selbst, auf Gott. Vgl. K.-H. Menke, Das Kriterium des Christseins. Grundriss der Gnadenlehre, Regensburg 2003, 79–90.

nach dem Sündenfall nicht um die Ehre Gottes, sondern um die Ehre des Menschen als des zur Freiheit berufenen Geschöpfes. Und da die Ehre bzw. Freiheit des Menschen identisch ist mit seiner Bezogenheit (*rectitudo*) auf den Schöpfer, ist der Mensch nach dem Sündenfall identisch mit seinem Getrenntsein von Gott. Es gibt keinen Anknüpfungspunkt der Beziehung zu Gott mehr. Das – so interpretieren übereinstimmend Hansjürgen Verweyen, Georg Plasger und Bernd Goebel – ist gemeint mit der oft missverstandenen Aussage Anselms, der Mensch könne Gott nach dem Sündenfall nichts geben, was er ihm nicht ohnehin schon vor dem Sündenfall geschuldet habe; und Gott seinerseits würde seinem eigenen Schöpfungshandeln widersprechen, wenn er die Schuld des Sünders einfach für nicht existent erklären würde. Weil Gott sich nicht selbst widersprechen kann, entspricht er in seinem Schöpfungs- und Erlösungshandeln der Beziehung, die er selber als Vater zum Sohn ist. Er liebt den Sünder mit derselben Liebe, mit der er den Sohn liebt. Das heißt, er degradiert ihn nicht zum Objekt, sondern behandelt ihn als Subjekt. Er ermöglicht ihm die Wiedererlangung seiner Ehre durch das Ereignis der Inkarnation seines Sohnes; dadurch, dass er in seinem Sohn an die Stelle tritt, wo die Sünde ist. »Was«, so fragt Anselm von Canterbury, »könnte barmherziger gedacht werden, als wenn Gott Vater zu dem Sünder, der zu ewigen Strafen verurteilt ist und nichts hat, wodurch er sich daraus befreien könnte, spricht: ›Nimm meinen Eingeborenen und gib ihn für dich‹; und der Sohn: ›Nimm mich und erlöse dich‹.«[190]

Die jüngere Forschung ist sich einig: Anselm selbst war kein Vertreter des Gottesbildes, für dessen Erfinder man ihn Jahrhunderte hindurch gehalten hat. Er selbst vertritt die von unzähligen Theologen nach ihm vertretene These nicht, dass der Vater um der Äquivalenz von Schuld und Sühne willen auf der Kreuzigung seines Sohnes bestand. Anselm weiß: Es geht in der Reflexion des Erlösungsgeschehens nicht um die Wiederherstellung der Ehre Gottes, die – wie er ausdrücklich sagt – gar nicht gemindert oder beeinträchtigt werden kann, sondern um die Ehre des Sünders. Aber auch anthropozentrisch gewendet wird die Satisfaktionstheorie nicht frei von Fragwürdigkeiten. Denn was ist das für ein Vater, der dem Sünder seinen Sohn wie ein Zahlungsmittel in die Hand drückt, damit der seine Ehre wiederherstellen kann? Wenn der Sünder nicht selbst zum Sohn wird, was nutzt es dann, dass er sich der Sohnschaft Jesu Christi wie eines Geldstücks bedient? Und überhaupt: Wie kann der göttliche Vater zulassen, dass der Sünder seine Schuld mit den Verdiensten des unschuldigen Sohnes bezahlt?

---

190 Anselm von Canterbury, Cur Deus homo. Warum Gott Mensch geworden ist,. lat.-deutsch hg. v. F. S. Schmitt, Darmstadt ³1973, II/20 (152).

2.2 Die »Sühne«-Christologie

Man kann hinter der weithin merkantilen Terminologie von »Cur Deus homo?« vermuten, Anselm gehe es in dem Bild eines rechtlich dargestellten Ausgleichs um die Wiederherstellung der besagten »rectitudo« des Sünders, also nicht in erster Linie um die Bezahlung eines Ausgleichs für die Sünde, sondern um die Umkehrung des Sünders in den Sohn. Man kann sogar versuchen, die Anselmsche Erlösungslehre so in die biblische Bundestheologie einzuzeichnen, dass ihre aus dem römisch-germanischen Recht übernommenen Termini neben der juristischen eine genuin theologische Bedeutung annehmen[191]. Aber dies alles sind doch Rettungsversuche einer Soteriologie, deren Wirkungsgeschichte untrennbar ist von einer Satisfaktionslehre, die Gott und Mensch unter das Äquivalenzdenken einer bestimmten Rechtsordnung stellt.

Mit guten Gründen verzichtet die historisch-kritische Exegese auf jeden Harmonisierungsversuch zwischen biblischer und scholastischer Erlösungslehre. Und weil die Satisfaktionstheorie von den Reformatoren nicht eliminiert, sondern im Gegenteil zu einem »protestantischen Zentraldogma«[192] aufgewertet wurde, fällt die Betonung des Hiatus zwischen biblischer und scholastischer Erlösungslehre bei den protestantischen Exegeten noch deutlicher aus als bei den katholischen. Hartmut Gese, Bernd Janowski, Ulrich Wilckens und die drei Tübinger Martin Hengel, Peter Stuhlmacher und Otfried Hofius beweisen durch ihre teils atl., teils ntl. Analysen einhellig, dass die nachexilischen Sühneriten des Jerusalemer Tempelkultes das beschriebene Äquivalenzdenken nicht bestätigen, sondern in Frage stellen. Wie eingangs dargestellt, sind die Riten des nachexilischen Tempelkultes von JHWH dem Sünder gewährte »Sakramente«, die eine Rückkehr des Sünders in die Gemeinschaft mit ihm und dem Volk ermöglichen. So gesehen sind die Schuld- und Sündopfer keine an JHWH gerichteten Mittel der Besänftigung oder des Ausgleichs von Sünde und Verdienst. Im Gegenteil, die atl. Propheten weisen immer wieder auf die Wertlosigkeit der Schlacht- und Brandopfer hin, wenn der opfernde Sünder nicht innerlich vollzieht, was der Ritus äußerlich zum Ausdruck bringt. Verlangt ist nicht die Ausgleichung einer quantitativ gemessenen Sünde durch ein ebenso quantitativ gemessenes Verdienst

---

191 Vgl. den entsprechenden Versuch von Helmut Steindl: Genugtuung. Biblisches Versöhnungsdenken – eine Quelle für Anselms Satisfaktionstheorie? (SF 71), Freiburg / Schweiz 1989.

192 E. Troeltsch, Die Soziallehren der christlichen Kirchen und Gruppen (Ges. Schriften 1), Tübingen 1912, 447. – Als »Zentraldogma« der Reformation galt das Axiom von dem stellvertretenden Sühnopfer des Gekreuzigten, weil mit der als Ersatz verstandenen Stellvertretung die Vorstellung ausgeschlossen war, der Sünder könne durch eigenes Opfern oder Verdienen gerecht werden. Das »sola gratia« der lutherischen Rechtfertigungslehre schien durch die Kennzeichnung des Kreuzes als der durch Jesus Christus *allein* dem Vater geleisteten Satisfaktion bestätigt.

bzw. Opfer, sondern die Umkehr des Sünders. Kurzum: Wenn das, was wir in Ermangelung eines besseren Begriffs »Sühne« nennen, in die biblische Bundestheologie eingezeichnet wird, bedeutet derselbe Terminus etwas ganz anderes als im Kontext der vom römisch-germanischen Recht bestimmten Satisfaktionstheorie: nämlich *Umkehrung der Sünde in Sohnschaft* statt *Bezahlung der Sünde mit einer ihr quantitativ äquivalenten Strafe oder Satisfaktion*.

Mit der Abweisung der typologischen Exegese der Satisfaktionstheoretiker ist aber die Frage nach der christologischen Valenz des Typos »Sündopfer« keineswegs erledigt. Gibt es – so bleibt zu fragen – nicht schon im NT eine christologische Applikation dieses Typos?

Hartmut Gese beantwortet diese Frage positiv[193]. Aus seiner Sicht enthält das dritte Kapitel des Römerbriefes eine doppelte Typologie in christologischer Absicht. Jesus ist die *kapporet* bzw. das ἱλαστήριον, d. h. die Stelle, wo Gott selbst anwesend ist; und er ist zugleich das Sündopfer, mit dessen Blut die *kapporet* besprengt wird. Hinter dieser Auslegung verbirgt sich die Zwei-Naturenlehre der späteren Christologie, die Prämisse also, dass Jesus als wahrer Mensch gemäß 2 Kor 5,21f an die Stelle der Sünde – d. h. an die Stelle, die sterben muss, an die Stelle des Opfertieres – treten kann, und zugleich als der präexistente Sohn gemäß Joh 12,45 die Stelle der Anwesenheit des Vaters ist.

Dass Jesus als die Anwesenheit Gottes für die *kapporet* steht und als solche ein neues Medium der Sühne ist, meinen auch Ulrich Wilckens, Bernd Janowski, Klaus Berger, Josef Blank und Helmut Merklein. Doch sie folgen Gese nicht bis in die These, dass Jesus für beides zugleich steht: für die *kapporet* und für das Sündopfer, mit dessen Blut Teile der *kapporet* bestrichen wurden. Es gibt im NT zwar Bildüberlagerungen wie die Ineinssetzung von Opfer und Priester im Hebräerbrief; aber dass Jesus als *kapporet* mit seinem eigenen Blut besprengt werden soll, scheint den meisten Exegeten eher unwahrscheinlich. Aus der Sicht von Ernst Käsemann[194], Klaus Wengst[195] und Cilliers Breytenbach sollte man Röm 3 in keiner Weise kulttypologisch verstehen. Denn – so ihre Begründung – der griechische Begriff ἱλαστήριον muss nicht die *kapporet* des Jerusalemer Tempelkultes bezeichnen, sondern kann ganz einfach mit dem deutschen Wort »Sühnemittel« übersetzt werden. Breytenbach sieht in Röm 3,25 geradezu eine Antithese. Denn im Blick auf das Kreuz betone Paulus, dass

---

193 Vgl. H. Gese, Die Sühne, in: Ders., Zur biblischen Theologie. Alttestamentliche Vorträge (BEvTh 78), München 1977, 85–106; 105.
194 Vgl. E. Käsemann, Zum Verständnis von Röm 3,24–26, in: Ders., Exegetische Versuche und Besinnungen, Bd. I, Göttingen ⁶1970, 96–100.
195 Vgl. K. Wengst, Christologische Formeln und Lieder des Urchristentums (StNT 7), Gütersloh 1972, 89.

2.2 Die »Sühne«-Christologie

nicht der vermeintliche Ort der Anwesenheit Gottes (der Jerusalemer Tempelkult), sondern der vermeintlich von Gott verlassene oder gar verfluchte Ort (das Kreuzesgeschehen) der wahre Ort der Versöhnung (das endgültige ἱλαστήριον) sei[196].

In der jüngeren protestantischen Exegese wird die noch von Rudolf Bultmann[197], Eduard Lohse[198] und Peter Stuhlmacher[199] verteidigte Bezeichnung des Kreuzesgeschehens als Sündopfer zunehmend abgelehnt. So betont Ernst Käsemann, dass Gott mit Jesu Blutvergießen sich nicht selbst ein Opfer dargebracht habe; vielmehr habe er sich in Jesus dem kreuzigenden Hass der Sünder ausgesetzt, infoge seiner gewaltlosen Feindesliebe sein Blut vergossen und also in diesem Zeichen die neue Möglichkeit der Sühne (der Versöhnung) bzw. den neuen Bund gestiftet. Selbst Klaus Berger, der die Selbsthingabe Christi bewusst mit dem Begriff »Opfer« kennzeichnet und an der metaphorischen Bezeichnung Jesu als *kapporet* in Röm 3,25 festhält, will von einer kulttypologischen Deutung des Kreuzesgeschehens als Sündopfer nichts wissen. Der Vergleichspunkt zwischen dem Deckel der Bundeslade *(kapporet)* und Jesus ist aus seiner Sicht nicht die Sühne durch Blut, sondern die Konzentration der Sünde auf diesen einen Punkt[200]. Zur Begründung führt er 2 Kor 5,21

---

196 Vgl. C. Breytenbach, Versöhnung. Eine Studie zur paulinischen Soteriologie (WMANT 60), Neukirchen 1989, 166f. – Eine vermittelnde Position in der Frage der sühnetheologischen Deutung von Röm 3,25 vertritt: T. Söding, Sühne durch Stellvertretung. Zur zentralen Deutung des Todes Jesu im Römerbrief, in: Deutungen des Todes Jesu im Neuen Testament (WUNT 181), hg. v. J. Frey u. J. Schröter, Tübingen 2005, 375–411.
197 Nach R. Bultmann (Theologie des Neuen Testaments, Tübingen ⁸1980, 295) bringt Paulus in Röm 3,25 und an weiteren Stellen den »Tod Jesu in der Begrifflichkeit jüdischer Kultusanschauungen, und d. h. zugleich […] als *Sühnopfer*« zum Ausdruck.
198 E. Lohse (Märtyrer und Gottesknecht. Untersuchungen zur urchristlichen Verkündigung vom Sühntod Jesu Christi [FRLANT 64] Göttingen ²1963, 152) glaubt nachweisen zu können, dass Paulus auf die im hellenistischen Judentum gängige Kategorie des sühnenden Todes des Gerechten bzw. des Märtyrers zurückgreift und also mit Jesu Sühnetod auch die Vorstellung des von der Gerechtigkeit Gottes geforderten äquivalenten Sühnopfers verbindet.
199 »Der Formelsatz von Röm 3,25f erklärt den höchsten Kultakt, den das nachexilische Israel kannte, den Akt der Entsühnung Israels am großen Versöhnungstag nach 3 Mose 16, für vollendet und überboten in der durch Gott ins Werk gesetzten Aufopferung Jesu am Kreuz« (P. Stuhlmacher, Das Evangelium von der Versöhnung in Christus. Grundlinien und Grundprobleme einer biblischen Theologie des Neuen Testaments, in: P. Stuhlmacher/H. Class (Hgg.), Das Evangelium von der Versöhnung in Christus, Stuttgart 1979, 13–54; 27).
200 »Mit einem Bild aus der Physik kann man den Vorgang verdeutlichen: So wie ein Magnet alles Metall anzieht, das gegenläufig gepolt ist, so zieht der Heiligste in Israel alle Sündenschuld auf sich. Ähnlich dachte man im Judentum über die Sonne: Weil sie der heiligste Ort der Schöpfung ist, zieht sie alle Befleckung (durch Unrecht und Sünde auf der Welt) an sich und muss deshalb jede Nacht gereinigt werden – Nach Lev 16,15f heißt es von der Besprengung des Deckels der Bundeslade mit Blut:

2. Kategorien und Grundgestalten der biblischen Christologie

an: Jesus wurde für uns der Ort, an dem sich die Sünde austobte. Berger wörtlich: »Derjenige, auf den die Sünde konzentriert ist, erleidet den Tod. Das ist kein kultisches Geschehen, sondern der Sold der Sünde.«[201] Wenn schon Röm 3,25 – außerhalb des Hebräerbriefes die einzige Stelle, die direkt Bezug nimmt auf den Versöhnungstag des Jerusalemer Tempelkultes – Jesus zwar als Ort der Anwesenheit Gottes, nicht aber als Sündopfer bezeichnet, dann gilt das in noch viel eindeutigerer Weise von den Stellen des NT, in denen Jesus als der Ort, wo die Sünde sich austobt (Röm 8,3; 2 Kor 5,21)[202], als ἱλασμός bzw. Ort der Sühnung (1 Joh 2,2; 4,10)[203] bezeichnet wird. Wie Bernd Janowski detailliert belegt[204], bedeutet Röm 4,25 («er wurde dahingegeben wegen unserer Sünden«) nicht, dass Gott den Tod seines Sohnes als Sündopfer wollte, sondern dass er durch seinen Sohn die Sünde entmachtet hat. Und wenn in 1 Petr 1,1f von der Besprengung mit dem Blute Christi die Rede ist, dann nicht in Anspielung auf die Sündopfer des Jerusalemer Tempelkultes, sondern auf den Bundesschlussritus in Ex 24,8. Es geht um das neue Verhältnis der Sünder zu Gott, das im Blute des Sohnes gestiftet wurde, dessen gewaltlose Liebe stärker war als der kreuzigende Hass der Sünde[205]. Diese gewaltlose Liebe wird in Eph 5,1f als Selbsthingabe Jesu an die Sünder, nicht aber als dem Vater dargebrachtes Sündopfer bezeichnet. Diesem Befund entsprechen auch die Dahingabeformeln der Abendmahlsparadosis

---

So schaffe er [der Hohepriester] dem Heiligtum Sühne wegen der Unreinigkeit der Söhne Israels und all ihrer Übertretungen, mit denen sie sich versündigt haben. Denn hier, an dieser Stelle, sind offensichtlich alle Vergehen ganz Israels greifbar, hier sind sie gesammelt, hier können sie wirksam getilgt werden. Treffen diese Beobachtungen zu, dann gilt: Weil Jesus heilig und gerecht ist, weil er sündlos ist und ohne Schuld (was alles nicht zuletzt durch den ungerechten Kreuzestod bestätigt wird), deshalb konnte sich alle Schuld auf ihm sammeln, deshalb zog er (durch Gottes Tun oder von sich selbst aus) alle Sündenschuld auf sich. Daher konnte Paulus schreiben: Gott machte ihn zum *Sühnedeckel* oder *Gott machte ihn zur Sünde* oder *Gott hat ihn zum Fluch gemacht.* In allen diesen Sätzen dasselbe Schema: Weil Jesus heilig und gerecht war und ohne eigene Schuld, konnte er grenzenlos die Schuld aller anderen in sich aufsaugen wie ein Schwamm. Und wie der Schwamm ausgedrückt wird, so wurde alle Sündenschuld durch Jesu Tod *entsorgt*« (K. Berger, Wozu ist Jesus am Kreuz gestorben?, Stuttgart 1998, 49f).

201 K. Berger, Theologiegeschichte des Urchristentums. Theologie des Neuen Testaments, Tübingen 1994, 192.
202 Dazu: C. Breytenbach, Versöhnung, Stellvertretung und Sühne. Semantische und traditionsgeschichtliche Bemerkungen am Beispiel der Paulinischen Briefe, in: NTS 39 (1993) 59–79.
203 Dazu: K. Wengst, Der erste, zweite und dritte Brief des Johannes (ÖTBK 16), Würzburg 1978, 64.
204 Vgl. B. Janowski, Er trug unsere Sünden. Jesaja 53 und die Dramatik der Stellvertretung, in: Ders. (Hg.), Gottes Gegenwart in Israel. Beiträge zur Theologie des Alten Testaments, Neukirchen 1993, 303–326; 320.
205 Dazu: N. Brox, Der erste Petrusbrief (EKK 21), Zürich 1979, 57.

2.2 Die »Sühne«-Christologie

in 1 Kor 11,26 («Dieser Kelch ist der neue Bund in meinem Blut«); Mk 14,24 («Das ist mein Blut, das Blut des Bundes«); Mt 26,28 («Das ist mein Blut, das Blut des Bundes, das für viele vergossen wird zur Vergebung der Sünden«) oder Lk 14,20 («Dieser Kelch ist der neue Bund in meinem Blut, das für euch vergossen wird«). Klaus Berger unterscheidet in seiner »Theologiegeschichte des Urchristentums« zwischen der »Besprengung mit Blut« (1 Petr 1,2; Hebr 10,19–22; 12,24), der »Reinigung, Waschung und Entsündigung durch Blut« (Hebr 9,14; 1 Joh 1,7; Apk 7,14), dem »Erwerb durch Blut« (1 Petr 1,19; Apk 5,9), der »Heiligung durch Blut« (Hebr 13,12) und der »Gerechtmachung durch Blut« (Röm 5,9); und er kommt nach sorgfältiger Prüfung jeder Einzelstelle zu dem Ergebnis: »Bei den Kelchworten des Abendmahls wie auch in den Aussagen der Briefliteratur und der Apk über Besprengung, Abwaschen und Aneignen durch das Blut geht es nicht um Sühne für Sünden, sondern um den Akt, durch den Menschen zu Gottes Bund hinzugewonnen und zu Bundespartnern und untereinander zu Bundesgenossen gemacht werden.«[206]

Auch in den Texten des NT, die auf die stellvertretende Sühne des Gottesknechtes in Deuterojesaja zurückgreifen, geht es nie um die Bezeichnung des Kreuzesgeschehens als an den Vater gerichtetes Sündopfer, sondern um die Ermöglichung eines neuen Bundesverhältnisses zwischen Gott dem Vater und den Sündern. Nicht der Kreuzestod an sich bringt die Versöhnung des Sünders mit Gott; im Gegenteil, der Kreuzestod ist das von Gott nicht gewollte Werk der Sünde; aber indem der ganz mit dem Willen des Vaters einverstandene Sohn den Hass der Sünde durch gewaltlose Liebe unterfasst, wird die Folge der Sünde, der Tod (im theologischen Sinne identisch mit der Trennung von Gott) entmachtet; kommt es auf seiten der Sünder zur Umkehr, d. h. zum »Umleiden« der Sünde in Sohnschaft, und also zu einem neuen Bundesverhältnis. Die oft mit Jes 52,13 – 53,12 veranschaulichte Kategorie der stellvertretenden Sühne ist ganz und gar freizuhalten von der unbiblischen Vorstellung des Satisfaktionsmodells[207]. Wenn Jesus an die Stelle der Sünder tritt, dann nicht um deren Schulden beim Vater ersatzweise zu bezahlen, sondern um die Sünder zur Umkehr, zur erneuten Gemeinschaft mit dem Vater, zu befähigen[208].

---

206 K. Berger, Theologiegeschichte des Urchristentums. Theologie des Neuen Testaments, Tübingen 1994, 191.
207 Dazu: C. Gestrich, Christentum und Stellvertretung. Religionsphilosophische Untersuchungen zum Heilsverständnis und zur Grundlegung der Theologie, Tübingen 2001, bes. 347–391.
208 Kontrovers in diesem Punkt: K.-H. Menke, Stellvertretung. Schlüsselbegriff christlichen Lebens und theologische Grundkategorie, Freiburg/Einsiedeln ²1997; M. Bieler, Befreiung der Freiheit. Zur Theologie der stellvertretenden Sühne, Freiburg 1996.

2.2.2.3 Der »Sündenbock« des nachexilischen Tempelkultes als Typos des geopferten Sohnes?

Wie schon erwähnt, gehört zum Ritus des nach dem Exil höchsten jüdischen Feiertages (*jom kippur*) auch der in Lev 16,20–22 geschilderte »Sündenbock-Ritus«. Religionsgeschichtliche Vergleiche legen die Vermutung nahe, dass dieser Ritus mit der magischen Vorstellung verbunden war, man könne die eigene Sünde wie eine von der eigenen Person lösbare Materie auf ein Ersatzsubjekt, nämlich den Sündenbock, übertragen[209]. Diese Vorstellung einer Übertragung der »Sündensubstanz« auf den Sündenbock bleibt wohl auch im Jom-Kippur-Ritual präsent; aber dort geschieht zugleich so etwas wie eine Integration des archaischen Ritus in die Bundestheologie des Volkes Israel. Denn der Sündenbock wird in gewisser Weise entmythologisiert zu einem bloßen Realsymbol dessen, was zwischen JHWH und seinem von der Sünde korrumpierten Volk geschieht. Eigentliches Subjekt der Sündenvergebung ist nicht der Sündenbock, sondern JHWH und durch ihn der Sünder selbst, wenn er den von JHWH gewährten Ritus der Exilierung bzw. Tötung der Sünde innerlich mitvollzieht.

Der u. a. von Adrian Schenker, Bernd Janowski und Josef Blank vertretenen These, der Sündenbockritus in Lev 16 sei so etwas wie ein »Sakrament« der Versöhnung zwischen JHWH und dem sündigen Israel, widerspricht die von dem französischen Soziologen René Girard vorgelegte Interpretation des Sündenbocks als des religionsgeschichtlichen Urphänomens aller Opferriten[210]. In jedem Menschen – so führt er aus – steckt von Anfang an die Versuchung, nachzuahmen und sich zu vergleichen. Aus dem Sich-Vergleichen aber erwächst Rivalität, aus der Rivalität Aggression, aus der Aggression Gewalt und aus Gewalt Zerstörung. Was sich im Kleinen am Beispiel der feindlichen Brüder erklären lässt, kann

---

209 Vgl. B. Janowski, Azazel und Sündenbock. Zur Religionsgeschichte von Lev 16,10.21f, in: Ders., Gottes Gegenwart in Israel. Beiträge zur Theologie des Alten Testaments, Neukirchen 1993, 285–302.
210 Vgl. R. Girard, Das Heilige und die Gewalt, übers. v. E. Mainberger-Ruh, Zürich 1987, bes. 402–456; ders., Das Ende der Gewalt. Analyse des Menschheitsverhängnisses, übers. v. A. Berz, Freiburg 1983, bes. 14–52; ders., Der Sündenbock, übers. v. E. Mainberger-Ruh, Zürich 1988, bes. 148–163. – Dazu vgl. die Kontroverse zwischen dem Girard theologisch rezipierenden Systematiker Raymund Schwager und dem Exegeten Adrian Schenker: A. Schenker, Versöhnung und Sühne. Wege gewaltfreier Konfliktlösung im Alten Testament. Mit einem Ausblick auf das Neue Testament (BiBe 15), Freiburg/Schweiz 1981, bes. 121–144; R. Schwager, Versöhnung und Sühne. Zur gleichnamigen Studie von Adrian Schenker, in: ThPh 58 (1983) 217–225; A. Schenker, Sühne statt Strafe und Strafe statt Sühne! Zum biblischen Sühnebegriff, in: J. Blank/J. Werbick (Hgg.), Sühne und Versöhnung (ThZ 1), Düsseldorf 1986, 10–20; 12f.

2.2 Die »Sühne«-Christologie

man mutatis mutandis ebenso auf der Ebene der Sippe, des Stammes, der Polis oder Volksgemeinschaft beobachten. Um sich nicht selbst zu zerstören, entwickelt jede von Gewalt beherrschte Gesellschaft geradezu instinktiv einen Ausweg: die Vereinigung der gegeneinander gerichteten Aggressionen und deren Entladung auf ein einziges Objekt, den Sündenbock. Indem die zuvor gegeneinander gerichteten Aggressionen vereint werden, entsteht auf einmal Frieden. Von daher ist es nicht verwunderlich, dass derselbe Sündenbock, der verflucht und ausgestoßen oder vernichtet wird, zugleich mit einer heiligen Macht identifiziert wird. So erklärt Girard in seinen kultur- und religionsphänomenologischen Studien, dass überall das Opfer (victima) durch den Akt des Opferns (sacrificium) in eine sakrale Größe transformiert wird. Letztlich also sind alle kultischen Opfer Ritualisierungen einer dem Sündenbockmechanismus folgenden »Gründungsgewalt« («violence fondatrice«). Girard verortet den Ursprung alles Religiösen – darin Sigmund Freud[211] und Walter Burkert[212] durchaus ähnlich – in einer als Befreiungsschlag erfahrenen Gewalt.

Das AT befindet sich aus der Sicht von Girard zwar auf dem Weg zur Entlarvung des Sündenmechanismus, ist aber nicht konsequent. Zwar fehlt schon in der Geschichte von Kain und Abel die Sakralisierung des Opfers; und in der Opferkritik der Propheten bahnt sich aus Girards Sicht geradezu ein Umsturz des Opferkultes an. Aber dann heißt es im Kontext der Gottesknecht-Lieder: Jes 53,10: »JHWH gefiel es, ihn durch das Leiden zu zermalmen.«[213] JHWH ist zwar nicht der Urheber dieses Leidens; aber es wird doch ein Sinnzusammenhang hergestellt zwischen dem Opfer des Gottesknechtes und Gottes heiligem Willen. Von daher

---

211 Aus der Sicht von Sigmund Freud ist das »heilige Mysterium des Opfertodes [...], welches die Teilnehmer untereinander und mit ihrem Gotte einigt« (Totem und Tabu. Einige Übereinstimmungen im Seelenleben der Wilden und der Neurotiker [Gesammelte Werke IX], Frankfurt ⁴1968, 166f), eine rituelle Wiederholung jenes ursprünglichen Mahles, bei dem Brüder ihren Vater gemeinsam getötet und dann verzehrt haben: »Die Totemmahlzeit, vielleicht das erste Fest der Menschheit, wäre die Wiederholung und die Gedenkfeier dieser denkwürdigen, verbrecherischen Tat, mit welcher so vieles seinen Anfang nahm, die soziale Organisation, die sittlichen Einschränkungen und die Religion« (ebd. 172). – Dazu: J. Negel, Ambivalentes Opfer. Studien zur Symbolik, Dialektik und Aporetik eines theologischen Fundamentalbegriffs, Paderborn 2005, 378–411.
212 »Nicht im frommen Lebenswandel, nicht in Gebet, Gesang und Tanz allein wird der Gott am mächtigsten erlebt, sondern im tödlichen Axthieb, im verrinnenden Blut und im Verbrennen der Schenkelstücke. Heilig ist der Götterbereich: die ›heilige‹ Handlung aber, am ›heiligen‹ Ort zur ›heiligen‹ Zeit vom Akteur der ›Heiligung‹ vollzogen, ist das Schlachten der Opfertiere« (W. Burkert, Homo necans. Interpretation altgriechischer Opferriten [RGVV 32], Berlin 1972, 9). – Dazu: G. Baudler, Töten oder Lieben. Gewalt und Gewaltlosigkeit in Religion und Christentum, München 1994, 56–81.
213 Übersetzung von R. Girard in: Das Ende der Gewalt, 162.

136   2. Kategorien und Grundgestalten der biblischen Christologie

folgert Girard: Erst das Neue Testament führt »zu Ende, was das Alte Testament unvollendet lässt«.[214] Denn erst im Evangelium Jesu wird der Hiatus aufgedeckt, der sich zwischen dem Gottesbild der Opferkulte und dem Gott auftut, von dem Jesus spricht. Girard sieht in dem Jesus-Wort von Joh 8,43–44.59 einen Schlüsseltext des gesamten NT. Er übersetzt[215] wie folgt: »*Warum versteht ihr nicht, was ich sage? Weil ihr nicht imstande seid, mein Wort zu hören. Ihr habt den Teufel zum Vater, und ihr wollt das tun, wonach es euren Vater verlangt. Er war ein Mörder von Anfang an. Und er steht nicht in der Wahrheit; denn es ist keine Wahrheit in ihm. Wenn er lügt, sagt er das, was aus ihm selbst kommt; denn er ist ein Lügner und ist der Vater der Lüge. [...] Da hoben sie Steine auf, um sie auf ihn zu werfen.*« Girard geht bis zur Identifikation des Gottes der Opferkulte mit Satan, wenn er kommentiert: »Der Johannestext schwebt in Gefahr, mythisch gedeutet zu werden, wenn man nicht sieht, dass Satan der Gründungsmechanismus selbst, das Prinzip jeder menschlichen Gesellschaft ist. Alle Texte des Neuen Testamentes bestätigen diese Auffassung, zumal der Text über die ›Versuchungen‹, welcher Satan als den Fürsten und das Prinzip dieser Welt princeps huius mundi benennt. Nicht eine abstrakte metaphysische Reduktion, nicht ein Abgleiten in niedrige Polemik oder ein Fall in den Aberglauben macht Satan zum eigentlichen Gegner Jesu. Satan ist eins mit den Mechanismen der Gewalttätigkeit, mit dem Gefangensein der Menschen in den kulturellen und philosophischen Systemen, die ihren modus vivendi mit der Gewalttätigkeit absichern. Darum verspricht er Jesus die Herrschaft unter der Bedingung, dass dieser ihn anbetet.«[216]

Aber Jesus verkündet mit der Bergpredigt nicht nur den Verzicht auf die Vergeltung, sondern die Entmachtung der Gewalt durch deren Gegenteil, durch die Feindesliebe (Mt 5,38–40; Lk 23,11f)[217]. Deshalb sagt Girard im Sinne einer religionsgeschichtlich betrachtet strengen Einzigkeit von Jesus Christus: »Mit ihm vollzieht sich eine zugleich winzige und gigantische Verlagerung, die in der direkten Verlängerung des Alten Testamentes liegt, aber auch einen gewaltigen Bruch darstellt. Zum ersten Mal wird *das Sakrifizielle vollständig beseitigt,* die göttliche Gewalttätigkeit hat ein Ende, die Wahrheit von all dem, was vorausgeht, wird endlich herausgeschält und sie erheischt eine totale Blickwende, eine geistige Metamorphose, die in der Geschichte der Menschheit noch nie dagewesen ist.«[218]

---

214 Girard, Das Ende der Gewalt, 162.
215 Girard, Das Ende der Gewalt, 166.
216 Girard, Das Ende der Gewalt, 167.
217 Vgl. Girard, Das Ende der Gewalt, 203–208.
218 Girard, Das Ende der Gewalt, 208.

2.2 Die »Sühne«-Christologie

Die Einzigkeit Jesu Christi besteht für Girard in der Aufdeckung dieses Sachverhalts. Indem sich das ans Kreuz geschlagene Opfer (victima) bzw. der zum »Sündenbock« gemachte Jesus als das Gegenteil der Sünde, als absolute Liebe, offenbart, wird das Tun der ihn kreuzigenden Sünder als das entlarvt, was es ist: kein dem Willen JHWHs (der Tora) entsprechendes Opfer (*sacrificium*), sondern das hässliche Gesicht der Gewalt bzw. Sünde.

Girard will die Einzigkeit Jesu Christi *nicht mittels* des in Lev 16,20–22 geschilderten Sündenbocks erklären, sondern *im Gegenteil* seine Einzigkeit in der Alternative zu allen kultischen Opfern dieser Welt suchen. Denn diese sind im Spiegel des Christusereignisses sakral verbrämte und mithin satanische, weil verlogene (zu etwas Heiligem gemachte und also sakrifizielle) Gewalt. Jesus Christus kann aus der Sicht von Girard auch nicht als Antitypos des im nachexilischen Tempelkult sakralisierten Sündenbocks bezeichnet werden. Denn antitypische Exegese beschreibt stets neben der Differenz (z. B. im Sinne einer komparativischen Überbietung) auch einen Anknüpfungspunkt. Den aber gibt es zwischen Christus und Satan nicht. Also sieht Girard in der von unzähligen kirchlichen Verlautbarungen wiederholten Bezeichnung des Todes Jesu als des »Opfers für die Sünde der Welt« eine horrende Verzeichnung seines Lebens, Wirkens und Sterbens. Er fordert im Gegenzug die endgültige Verabschiedung auch der letzten Reste von Opferdenken, »die unsere geheimsten Gehirnfalten verschmutzen und verdunkeln«[219]. Denn in der Wiedereinführung angeblich geläuterter Opferbegriffe oder ganzer Opfertheorien wie der scholastischen Satisfaktionstheorie sieht er den Grund für die Irrwege eines Christentums, das nicht grundsätzlich auf jede Opferlogik verzichtet hat. Und zu dieser Opferlogik gehört aus seiner Sicht auch die Bezeichnung des Kreuzes als »Selbst-Opfer«. Denn – so die Begründung – »das Sich-Opfern ist keineswegs ausschließlich christlich und stellt nicht den Gipfel des ›Altruismus‹ dar im Gegensatz zu einem ›Egoismus‹, der den anderen Menschen frisch fröhlich opfert, sondern könnte in manchen Fällen durch ein christliches Alibi Formen der Sklaverei tarnen, die vom mimetischen Verlangen hervorgerufen sind. Es gibt auch einen Masochismus des Sich-Opferns und er ist weit vielsagender, als er selbst weiß und wünscht; im betreffenden Fall könnte ein Verlangen in ihm stecken, sich zu sakralisieren, sich zu vergöttlichen, sichtlich immer in der direkten Verlängerung der alten Opferillusion«[220].

Natürlich weiß Girard um den Einwand der Ethnologen, dass doch die Phänomene des Sakralen auch anderes als Gewalt enthalten, nämlich

---
219 Girard, Das Ende der Gewalt, 212.
220 Girard, Das Ende der Gewalt, 245f.

2. Kategorien und Grundgestalten der biblischen Christologie

»Ordnung wie Chaos, Frieden wie Krieg, Schöpfung wie Zerstörung«[221]. Aber wer so argumentiert, hat in seinen Augen nicht tief genug geblickt. Wörtlich bemerkt er:

»Die Gründungsgewalt ermitteln heißt verstehen, dass das Heilige alle Gegensätze in sich vereinigt – und zwar nicht deshalb, weil es sich von der Gewalt unterscheidet, sondern die Gewalt sich von sich selbst zu unterscheiden scheint: bald stellt sie in ihrem Umkreis die Einmütigkeit wieder her, um Menschen zu retten und Kultur zu stiften, bald bemüht sie sich im Gegenteil verbissen darum, das von ihr Gestiftete wieder zu vernichten. Die Menschen verehren nicht die Gewalt an sich: sie hängen keinem ›Kult der Gewalt‹ im Sinne der zeitgenössischen Kultur an; sie verehren die Gewalt insofern, als sie ihnen den einzigen Frieden bringt, dessen sie sich je erfreuen konnten. Die Verehrung der Gläubigen gilt nie der Gewalt selbst, die sie erstarren lässt, sondern immer der Gewaltlosigkeit. Gewaltlosigkeit erscheint als unentgeltliche Gabe der Gewalt, und diese Annahme ist nicht unbegründet. Die Menschen sind ja nur dann zur Versöhnung fähig, wenn diese auf Kosten eines Dritten geht. Die bestmögliche Leistung der Menschen in Sachen Gewaltlosigkeit ist die Einmütigkeit minus eins des versöhnenden Opfers.«[222]

Eine Theorie, die nicht nur alle Opferriten, sondern auch alle zivilisatorischen Leistungen, die in Gestalt von Gesetz und Rechtsprechung, Sozial- und Gesellschaftsordnung zur Befriedung beitragen, auf die Opferlogik des Sündenbockmechanismus zurückführt, zieht unweigerlich den Verdacht auf sich, durch striktes Ignorieren aller Differenzen überall Bestätigungen auszumachen. Aber einmal abgesehen von der monokausalen Erklärung einer Unzahl sehr heterogener Phänomene der Religions- und Kulturgeschichte, sind die anthropologischen Prämissen von Girards Theorie mit der Anthropologie des Christentums unvereinbar. Denn er unterscheidet den Menschen nur graduell vom Tier[223]. Das »Ich« des

---
221 Girard, Das Heilige und die Gewalt, 379.
222 Girard, Das Heilige und die Gewalt, 379f.
223 Grundprinzip der Natur ist aus der Sicht von Girard die »Aneignungsmimesis«, da sie – wie er ausführt – »den Tieren und den Menschen gemeinsam zu eigen ist«. Er vergleicht diese Hypothese mit den entsprechenden anthropologischen Hypothesen der Psychoanalyse und des Marxismus und schreibt: »Unsere Hypothese weist gegenüber der Psychoanalyse und dem Marxismus den Vorzug auf, dass sie die vermeintlichen Eigentümlichkeiten des Menschen eliminiert. Man darf nicht länger von den Inzestverboten oder vom wirtschaftlichen Beweggrund oder von der gesellschaftlich-politischen Unterdrückung ausgehen, sondern muss das Problem der Hominisation und des Symbolursprungs auf den Boden des Tierischen stellen. [...] Wenn es uns gelingt, die Hominisation von der Aneignungsmimesis und den

2.2 Die »Sühne«-Christologie

Menschen ist in seiner Anthropologie ein Epiphänomen derselben Natur, deren zielführende Strategie die Gewalt mit ihrer Opferlogik (Sündenbockmechanismus) ist. Deshalb gelingt es der Natur auch in dem Stadium ihrer Entwicklung, in dem sie sich reflektierend objektivieren kann, kaum, ihr eigenes Wesen zu durchschauen[224]. Dazu bedarf es nach Girard der Offenbarung des Gottes Israels, des Gottes, der in Jesus Christus als er selbst ansichtig wird. Die Offenbarung hat keinen Anknüpfungspunkt in der Natur; im Gegenteil, sie muss die Natur demaskieren als das Widergöttliche, ja Satanische. Die Erlösung durch Christus ist nach Girard identisch mit dieser Demaskierung. Sie geschieht immer da, wo ein Mensch in Christus die Wahrheit über seine Natur erkennt und sich vornimmt, die Opferlogik zu durchbrechen. Worin der Indikativ des von Christus gegebenen Beispiels liegen soll, erklärt Girard nicht. Deshalb entgeht ihm auch der eigentliche Inhalt des von der Kirche in jeder Eucharistiefeier sakramental vergegenwärtigten Geschehens von Kreuz und Auferstehung Jesu Christi. Weil der Mensch nicht einfach das Opfer eines der Natur eingeschriebenen Mechanismus[225], sondern als Person zumindest in ho-

---

von ihr erzeugten Konflikten her zu denken, ersparen wir uns den sonst berechtigten Vorwurf, bei der Bestimmung des Ursprungs einen Zirkelschluss zu begehen« (Girard, Das Ende der Gewalt, 90f).

224 Dazu in Gestalt kontrovers argumentierender Analysen: G. Neuhaus, Frömmigkeit der Theologie. Zur Logik der offenen Theodizeefrage (QD 202), Freiburg 2003; K.-H. Menke, Die Diagnose und Bekämpfung des Bösen. Epiphänomen der Natur oder Ausweis formal unbedingter Autonomie?, in: B. Claret (Hg.), Theodizee. Das Böse in der Welt, Darmstadt 2007, 37–66.

225 Nach Robert Spaemann fällt die ganze Opfertheorie von Girard in sich zusammen, wenn man im Unterschied zu ihm voraussetzt, dass der Vollzug des Sündenbockmechanismus nicht einfach ein Naturgesetz ist, sondern von denen, die ein Opfer aussuchen, um sich selbst zu »ent-schuldigen«, zumeist durchaus als Unrecht empfunden worden ist. »Wie denn«, so fragt Spaemann, »wenn sie selbst ihre Gewalttätigkeit als böse wahrgenommen hätten, also als Schuld? Und wenn sie eine Notwendigkeit empfunden hätten, der Gerechtigkeit durch Wiedergutmachung genüge zu tun? Und wenn sie sich, weiterhin an ihrer notfalls gewalttätigen Selbstbehauptung interessiert, also nicht wirklich gewandelt, mit gegenständlichen Gaben von dieser Schuld freizukaufen gesucht hätten oder aber mit dem Leben anderer bzw. wiederum ersatzweise mit dem Leben von Tieren? Diese Erklärung der Opfer ist eigentlich keine Erklärung, sondern nur eine Beschreibung des Selbstverständnisses der Opfernden. Sie klingt fast trivial. Aber nur wenn wir die Sache so ansehen, wird die Opferkritik der Propheten und des Hebräerbriefes verständlich. Was sagen denn die Propheten? Sie sagen, was der 51. Psalm sagt: ›Sacrificium Deo spiritus contribulatus. Cor contritum et humiliatum Deus non despicies.‹ Sie empfehlen den zerknirschten Geist statt der Opfer. Wie kann aber etwas ein besseres Äquivalent für etwas anderes sein, wenn es mit diesem anderen nichts gemein hat, wenn seine Funktion eine entgegengesetzte ist, wie Girard annimmt? Nur wenn die Opfer eine Schuld sühnen und die Gottheit versöhnen sollen (und zwar nicht durch ein schlechtes Tier oder einen zum Verbrecher erklärten Menschen, sondern durch ein ›fehlerloses Lamm‹ oder eine ›reine Jungfrau‹), nur dann hat es Sinn zu sagen, das

2. Kategorien und Grundgestalten der biblischen Christologie

hem Maße auch verantwortlich ist für das, was er ist und tut, ist er in der biblisch bezeugten Heilsgeschichte der Bundespartner Gottes, dessen Freiheit auch da noch unbedingt gewahrt wird, wo sie sich in kreuzigenden Hass pervertiert. Was am Kreuz geschieht, ist nicht nur die Entlarvung des Sündenbockmechanismus, sondern das Geschenk eines neuen Bundes. Und dieses Geschenk trägt das Antlitz des Gekreuzigten, das Antlitz der Selbstbindung und Selbsthingabe. Sollte man – so bleibt im Folgenden zu fragen – angesichts der monokausalen Opfertheorien von Sigmund Freud, Walter Burkert und auch René Girard und angesichts der satisfaktionstheoretisch missverstandenen Typoi des nachexilischen Tempelkultes in der Christologie ganz auf die Kategorien des Opfers und der Sühne verzichten?

2.2.3 Die Kategorien »Opfer« und »Sühne« als christologische Kategorien

Unbestritten ist, dass zumindest der Hebräerbrief Jesu Tod als das einzigartige Opfer bezeichnet (Hebr 7,27; 9,12; 10,10), das alle kultischen Opfer der Vorzeit erübrigt. Es fragt sich aber, ob die Bezeichnung des Kreuzesgeschehens als Opfer nicht auf eine Kategorie zurückgreift, die mit den kultischen Opfern der Vorzeit zu eliminieren ist.

2.2.3.1 Die christologische Valenz der Kategorien »Opfer« und »Sühne« in der theologischen Diskussion

Die Gleichsetzung der Begriffe *Opfer* und *Gewalt* in den religionsgeschichtlichen Analysen von Walter Burkert oder René Girard hat den protestantischen Theologen Ingolf U. Dalferth zu dem Vorschlag bewegt, die Eintragung von Gewalt in den Gottesbegriff oder die Vorstellung von einer auf der Äquivalenz zwischen Schuld und Sühne bestehenden göttlichen Gerechtigkeit dadurch auszuschließen, dass man auf die christologische (und erst recht ekklesiologische) Anwendung der Opferkategorie verzichtet. Denn – so seine Begründung – die auf Christus bezogenen Opferaussagen des NT sind lediglich Ausdruck des Versuchs, das völlig unkultische Geschehen des Kreuzes und der Erhöhung Christi in vertrauten – nämlich kultischen – Kategorien zu beschreiben[226]. Man könne die gemeinte Sache ohne Substanzverlust auch anders sagen.

---

reumütige Herz sei dazu besser geeignet« (Einleitende Bemerkungen zum Opferbegriff, in: R. Schenk [Hg.], Zur Theorie des Opfers. Ein interdisziplinäres Gespräch, Stuttgart/Bad Cannstatt 1995, 11–24; 18f).
226 Vgl. I. U. Dalferth, Christ died for us. Reflections on the Sacrificial Language of Salvation, in: S. W. Sykes (Hg.), Sacrifice and Redemption, Cambridge 1991, 299–325;

2.2 Die »Sühne«-Christologie

Falk Wagner sekundiert dieser Verzichtserklärung mit dem Argument, dass die christologische Inversion der kultischen Opferperspektive (nicht Gott als Adressat der Opfergabe, sondern Gott selbst in Christus als Opfergabe) solange an ihrer eigenen Inkonsequenz leide, wie man den opfernden Vater vom geopferten bzw. sich selbst opfernden Sohn unterscheide[227]. Wagner sieht erst in der Verabschiedung der Vorstellung vom selbstmächtig-allmächtigen Gott die nach seiner Meinung notwendige Eliminierung der Opferkategorie realisiert. Denn wenn man Gott-Vater so denkt, dass er, wenn er wollte, den Kreuzestod des Sohnes verhindern könnte, dann ist Jesus Christus das Opfer nicht nur des kreuzigenden Hasses der Sünder, sondern auch das Opfer seines himmlischen Vaters. Aus Wagners Sicht entgeht man dieser Logik nur, wenn man die Allmacht des Vaters mit eben der wehrlosen Liebe des Gekreuzigten *identifiziert*, die nicht notwendig, sondern faktisch zum Opfer wird. Nur mit dieser Revolutionierung der traditionellen Vorstellung von der Allmacht des Vaters wird man aus Wagners Sicht der Beschreibung des Kreuzesopfers als des einen und einzigen Opfers gerecht, das alle Opfer der Vorzeit für obsolet erklärt (vgl. Hebr 10,9f).

Gegen den Vorschlag von Dalferth wendet sich mit besonderer Schärfe der Heidelberger Exeget Klaus Berger. Er bezeichnet die Gleichsetzung von Opfer und Gewalt als religionsgeschichtlich unhaltbar und gänzlich unbiblisch. Denn in der Heiligen Schrift bedeute der Begriff »Opfer« keineswegs nur dies: »Tötung eines Lebewesens, Blutvergießen; Anwendung von Gewalt; *Leistung zur Sündentilgung, die auf die Gnade der Vergebung verzichtet*; asketische Lebensverneinung (wobei Askese und Lebensverneinung wohl zu unterscheiden wären); Ausbeutung durch einen klassischen Nutznießer (Männer, Chefs, Träger und Trägerinnen von Macht und Gewalt)«[228]. Der biblische Opferbegriff sei schon im Rahmen des nachexilischen Tempelkultes nicht nur Ausdruck von Gewalt und Destruktion. Und dies gelte erst recht von dem Opfer, zu dem der Gekreuzigte nicht nur gemacht wird, sondern das er zugleich durch Annahme und Selbsthingabe aktiv vollzieht.

---

ders., Die soteriologische Relevanz der Kategorie des Opfers. Dogmatische Erwägungen im Anschluß an die gegenwärtige exegetische Diskussion, in: JBTh 6 (1991) 173–194; ders., Der auferweckte Gekreuzigte. Zur Grammatik der Christologie, Tübingen 1994, bes. 237–315.

227 Vgl. F. Wagner, Die christliche Revolutionierung des Gottesgedankens als Ende und Aufhebung menschlicher Opfer, in: R. Schenk (Hg.), Zur Theorie des Opfers. Ein interdisziplinäres Gespräch (Collegium Philosophicum 1), Stuttgart/Bad Cannstatt 1995, 251–278.

228 Berger, Wozu ist Jesus am Kreuz gestorben?, 78.

2. Kategorien und Grundgestalten der biblischen Christologie

Berger plädiert im Unterschied zu Dalferth für die Übertragung der Opferkategorie auch auf das Leben derer, die im Rechtfertigungsgeschehen nicht nur passive Empfänger der Selbstgabe des Gekreuzigten sind, sondern auch zum Mitvollzug dessen befähigt werden, was sie empfangen. Berger sieht in der Einseitigkeit, mit der heute die veröffentlichte Meinung Opfer nur noch als Selbstaufgabe und nicht auch als Selbsthingabe bezeichnet, einen der zentralen Gründe für die Krise des Christentums. Berger wörtlich:

«Es gibt kaum ein anderes Missverständnis, das so folgenreich und grundsätzlich den Zugang zum Christentum versperrt. Neuere theologische Richtungen (Befreiungstheologie, Feminismus, ökologische Theologie) solidarisieren sich von ihrem Grundimpuls her mit den Opfern des Unrechts in der Welt und beanspruchen, ›aus der Perspektive der Opfer‹ Theologie zu betreiben. Opfer sind hier immer die Objekte der Ungerechtigkeit. Und ein Handeln, das Opfer schafft, ist um keinen Preis zu bejahen. Aus gegenwärtig *politischem* Anliegen sagt man: Der Opfertod Jesu Christi ist vielfältig ideologisch missbraucht worden: Den so genannten Opfertod fürs Vaterland hat man immer wieder mit dem Zeichen des Kreuzes in Verbindung gebracht (Gefallenendenkmäler). Unterschiedliche Arten von Zumutungen (seitens der jeweiligen Vorgesetzten gegenüber den jeweiligen Untergebenen) wurden immer wieder damit motiviert, dass Nachfolge Jesu eben Opfermentalität bedeute. Mit dieser Begründung meinte man anderen ständiges Verzichten auf alles zumuten zu dürfen. Sehr häufig hat man Frauen als für die Opferrolle prädestiniert angesehen. Sie opferten Mann und Kinder dem ›Volk‹, ihre berufliche Karriere dem Mann und der Familie und die Möglichkeit zu Sozialkontakten dem ›Haus‹. Kurzum: Im Leben einer Frau gab (und gibt) es tausend Möglichkeiten zu opfern. Aber auch im umfassenden Sinne ist die Opferidee immer restriktiv. Das heißt, in ihrem Namen wird der Verzicht auf Veränderung und darauf, größere Freiheiten zu erringen, nahegelegt. Opfern heißt daher: Verzicht auf Selbstverwirklichung und Dasein nur für andere»[229].

Dass Menschen, die sich durch den Glauben an die Selbstverschenkung Christi am Kreuz und in der Eucharistie gerade dann zu ihrer Eigentlichkeit befreit wissen, wenn sie zu Mitvollziehern des Geschenkes werden, aus dem sie leben, wird aus der Perspektive von Klaus Berger durch die beschriebene Eingrenzung des Opfers auf die Konnotationen der Gewalt,

---
229 Berger, Wozu ist Jesus am Kreuz gestorben?, 71f.

2.2 Die »Sühne«-Christologie

Unterdrückung, Ungerechtigkeit und Selbstaufgabe zunehmend verdrängt.

2.2.3.2 Das christologische Erschließungspotential der Kategorien »Opfer« und »Sühne« im Hebräerbrief

Im Blick auf die skizzierten Positionen von Dalferth, Wagner und Berger soll in den folgenden Ausführungen auf die Heilige Schrift zurückgegriffen werden, und zwar auf die Schrift des Neuen Testamentes, die eindeutiger als jede andere das Kreuzesgeschehen bzw. das Martyrium Jesu im Horizont der Sühneriten des nachexilischen Tempelkultes deutet.

Im Hebräerbrief wird das Kreuz an keiner einzigen Stelle als ein der Äquivalenz-Gerechtigkeit des Vaters geschuldetes Opfer verstanden[230]. Wohl aber vertieft der Hebräerbrief die nach Hartmut Gese, Bernd Janowski, Adrian Schenker und Josef Blank schon in den Riten des Versöhnungstages offensichtliche Einzeichnung des Sündopfers und des Sündenbocks in ein Beziehungs- bzw. Bundesgeschehen zwischen JHWH und Israel, zwischen JHWH und dem einzelnen Sünder.

Im Hebräerbrief wird Jesus gleich zu Beginn *als Ort der Gegenwart Gottes* (Hebr 1,3: »Abglanz seiner Herrlichkeit und Abbild seines Wesens«) und zugleich *als Ort der Reinigung von den Sünden* (Hebr 1,3: »der die Reinigung von den Sünden bewirkt«) vorgestellt. Er ist die neue *kapporet*; und dies im Sinne der Bundestheologie, das heißt in der Weise, dass durch sein kreuzigenden Hass mit wehrloser Liebe beantwortendes Opfer (Hebr 10,9f) die Sünder nicht nur gereinigt bzw. versöhnt, sondern auch zu Gebern dessen befähigt werden, was sie empfangen. In Hebr 10,14–16 wird das Kreuzesgeschehen ausdrücklich als Bundesgeschehen charakterisiert. Denn dort lesen wir: »Durch ein einziges Opfer hat er die, die geheiligt werden, für immer zur Vollendung geführt. Das bezeugt uns auch der Heilige Geist; denn zuerst sagt er: *Das wird der Bund sein, den ich nach diesen Tagen mit ihnen schließe – spricht der Herr: Ich lege meine Gesetze in ihr Herz und schreibe sie in ihr Inneres*«. Mit diesem Zitat aus Jer 31 wird das Geschehen von Leben, Kreuz und Auferstehung als Ermöglichung des »neuen Bundes« (Hebr 8,7.13) bezeichnet.

Der Hebräerbrief unterstreicht, dass Jesus – nicht erst am Kreuz, aber dort in der höchsten Ausdrücklichkeit und Zusammenfassung seiner lebenslangen Selbstgabe – etwas für uns getan hat, was wir nicht selber tun oder durch Nachfolge abbilden können. Er, der Ort der realen Gegenwart Gottes in dieser Welt, ist als wahrer Mensch (Hebr 4,15: »der in allem

---

230 Dazu: E. Grässer, An die Hebräer, Bd. II (Hebr 7,1–108), EKK 17/2, Zürich 1993, bes. 213–231; Berger, Wozu ist Jesus am Kreuz gestorben?, 82–96.

144   2. Kategorien und Grundgestalten der biblischen Christologie

wie wir in Versuchung geführt worden ist, aber nicht gesündigt hat«), bis dahin herabgestiegen, wo die Sünde als die Verendlichung der Endlichkeit, als Zukunftslosigkeit, als Hölle – als der mit dem Teufel identische Tod (Hebr 2,14) – erfahren wird; und er hat im physischen Sterben durch seine durchgehaltene Beziehung zum Vater den Tod umqualifiziert von einem Symbol der Trennung von Gott in ein Durchgangstor zum ewigen Leben (Hebr 2,10; 5,9; 6,20; 12,2).

Dieser Vorgang wird in Hebr 9,11f in Analogie zum Ritus des Versöhnungstages beschrieben[231]:»Christus aber ist gekommen als Hoherpriester der künftigen Güter, und durch das erhabenere und vollkommenere Zelt, das nicht von Menschenhand gemacht, das heißt nicht von dieser Welt ist, ist er ein für allemal in das Heiligtum hineingegangen, nicht mit dem Blut von Böcken und jungen Stieren, sondern mit seinem eigenen Blut, und so hat er eine ewige Erlösung bewirkt.« – Wie der Hohepriester am Versöhnungstag durch einen Vorhang[232] hindurch in das Heiligtum geht, in dem die *kapporet*, die Stelle der Anwesenheit Gottes steht, so tritt Jesus durch den Vorhang, der sein wahres Menschsein bzw. die »Opfergabe seines Leibes« (Hebr 10,10) ist, im Moment des Kreuzestodes bzw. des Blutvergießens hinein in das himmlische Heiligtum, wo der Vater ist. Und wie der Hohepriester am Versöhnungstag das Opferblut von Tieren als Zeichen für das Leben der Sünder an die *kapporet* (Zeichen für die Gegenwart Gottes) sprengt, so bedeutet das Hingehen des Gekreuzigten mit seinem Blute zum Vater die Eröffnung des Weges zum Vater für uns.

Wenn die »Opfergabe des Leibes« zusammen mit dem Willen Gottes genannt wird, dann ist nicht gemeint, dass Jesus seinen Leib dem Vater als stellvertretendes Sündopfer dargebracht hat, sondern im Gegenteil dies, dass Jesus der Leib gewordene Wille des Vaters ist. Es geht im Hebräerbrief durchgehend um die Darstellung der vom Vater durch die Selbstgabe des Sohnes neu ermöglichten Bundesgemeinschaft mit denen, »die durch die Furcht vor dem Tod ihr Leben lang der Knechtschaft verfallen waren« (Hebr 2,15).

Angesichts des Bundesgedankens bedeutet die Selbstgabe des gekreuzigten und auferstandenen Christus kein Handeln am Sünder ohne diesen, sondern die Befreiung des Sünders aus seiner Selbstentfremdung zu seiner Eigentlichkeit, zum Sich-selbst-geben-Können. Die Annahme des

---

231 Dazu: U. Luck, Himmlisches und irdisches Geschehen im Hebräerbrief. Ein Beitrag zum »historischen Jesus« im Urchristentum, in: NT 6 (1963) 192–215; F. Laub,»Ein für allemal hineingegangen in das Allerheiligste«(Hebr 9,12) – Zum Verständnis des Kreuzestodes im Hebräerbrief, in: BZ 35 (1991) 65–85.
232 Dazu: O. Hofius, Der Vorhang vor dem Thron Gottes. Eine exegetisch-religionsgeschichtliche Untersuchung zu Hebr 6,19f und Hebr 10,19f (WUNT 14), Tübingen 1972.

2.2 Die »Sühne«-Christologie

Kreuzesopfers ist nicht zuerst ein bloßes Empfangen, das dann ein Geben zur *Konsequenz* hat, sondern das Geben ist der *Modus* des Empfangens. Deshalb kann niemand in der Eucharistie die von Gott durch Jesus Christus im Heiligen Geist geschenkte Gemeinschaft des neuen Lebens empfangen, ohne sich mit diesem Empfangen in die liebende Selbsthingabe des Sohnes an den Vater und an die Menschen einbeziehen zu lassen[233]. Denn Christsein heißt Priestersein (1 Petr 2,5.9; Offb 1,6; 5,10; 20,6; Röm 12,1; 1 Joh 3,16). Dabei ist stets zu beachten, dass man von einem Opfer der Kirche nur deshalb sprechen kann, weil ihr Geben die Art und Weise ist, in welcher sie die Selbstgabe (das Opfer) des Erlösers annimmt.

2.2.3.3 Die Kategorien »Opfer« und »Sühne« als Brücken des Christentums zu den anderen Religionen

Im Unterschied zu Sigmund Freud, Walter Burkert, René Girard und Georg Baudler unterscheidet Joachim Negel mindestens drei Universaltheorien zur Erklärung der in Kultur- und Religionsgeschichte allgegenwärtigen Kategorien »Opfer« und »Sühne«, nämlich a) das Opfer als vitaler Lebensakt[234]; b) das Opfer als sozial-politische Ordnungsgröße[235]; und c) das Opfer als Voraussetzung der archaischen Wirtschaftsform[236]. Man kann diese Theorien – so zeigt er – unmöglich auf eine reduzieren[237]. Aber man

---

233 Zur Konsensfähigkeit dieser Aussage zwischen den christlichen Konfessionen: G. Wenz, Die Lehre vom Opfer Christi im Herrenmahl als Problem ökumenischer Theologie, in: KuD 28 (1982) 7–41; E. Hönig, Die Eucharistie als Opfer nach den neueren ökumenischen Erklärungen (KKTS 54), Paderborn 1989.
234 Vgl. W. Burkert, Homo necans. Interpretationen altgriechischer Opferriten und Mythen [RGVV 32], Berlin ²1997; R. Girard, La violence et le sacré, Paris 1972; Georg Baudler, Töten oder Lieben. Gewalt und Gewaltlosigkeit in Religion und Christentum, München 1994.
235 Vgl. M. Detienne/J.-P. Vernant, La cuisine du sacrifice en pays grec, Paris 1979.
236 Vgl. M. Mauss, Die Gabe. Form und Funktion des Austauschs in archaischen Gesellschaften, übers. v. E. Moldenhauer, in: Ders., Soziologie und Anthropologie, Bd. II, Frankfurt 1889, 9–144; G. von der Leeuw, Die Do-ut-des-Formel in der Opfertheorie, in: ARW 20 [1920/21] 241–253; Georges Bataille, Der Begriff der Verausgabung, in: Ders., Die Aufhebung der Ökonomie, München 1975, 7–31.
237 Mit Northcote Whitridge Thomas (Art. »sacrifice«, in: EncBrit XXIII [¹¹1911] 980–986), Josef Drexler (Die Illusion des Opfers. Ein wissenschaftlicher Überblick über die wichtigsten Opfertheorien, ausgehend vom deleuzianischen Polyperspektivismusmodell [Münchener Ethnologische Abhandlungen 12], München 1993) und Roger Caillois (Der Mensch und das Heilige. Durch drei Anhänge über den Sexus, das Spiel und den Krieg in ihren Beziehungen zum Heiligen erweiterte Ausgabe, München 1988) kommt Joachim Negel (Ambivalentes Opfer, 31f) zu dem gut begründeten Ergebnis, dass keine dieser Theorien der labyrinthischen Komplexität der Phänomene des Opfers auch nur annähernd gerecht wird.

2. Kategorien und Grundgestalten der biblischen Christologie

kann phänomenologisch eine Gemeinsamkeit im Vergleichen aller auch noch so unterschiedlich entstandenen Spielarten feststellen.

Wenn man im Anschluss an die phänomenologischen Analysen von Marcel Mauss und Gerardus van der Leeuw der Beobachtung folgt, dass die Beziehung zu Gott bzw. den Göttern immer auf dem Empfangen und Geben von Gaben *(do ut des* bzw. *do quia dedisti)* beruht, muss dies nicht zwangsläufig zu der Vorstellung führen, Gott bzw. die Götter wollten gebeten, besänftigt, gnädig gestimmt und für jede Beleidigung (Sünde) mit einer äquivalenten Genugtuung (Satisfaktion) versöhnt werden. Denn, so formuliert van der Leeuw: »*Dare* ist Sich-in-Beziehung-setzen zu, dann: Teilhaben an einer zweiten Person, mittels eines Gegenstandes, der aber eigentlich kein ›Gegenstand‹ ist, sondern ein Stück des eigenen Selbst ›geben‹ ist etwas von sich selbst in das fremde Dasein bringen, sodass ein festes Band geknüpft wird. [...] Geben fordert Gabe, aber nicht im Sinne eines kommerziellen Rationalismus, sondern weil die Gabe einen Strom entspringen lässt, der vom Augenblick der Gabe an unaufhaltsam vom Geber zum Empfänger, vom Empfänger zum Geber fließt«[238]. Diese religionsphänomenologische Beobachtung entspricht der u. a. von Hartmut Gese, Bernd Janowski und Adrian Schenker vertretenen Auffassung, das ganze Verhältnis Israels zu JHWH stehe unter der Prämisse, dass der Gott des Bundes seine Gemeinschaft (Heil) an das Tun bzw. Geben (!) des Volkes Israel und jedes einzelnen Israeliten bindet; dass mithin auch die Sühneriten des nachexilischen Tempelkultes von JHWH gestiftete Symbole sind, durch die den Sündern eine Möglichkeit gegeben wird, selbst aus der Gottesferne in die Gottesgemeinschaft zurückzukehren. Nicht die äußere Darbringung der in Lev 4–5; 16 beschriebenen Opfer (vgl. prophetische Kritik an jedem nur äußeren Geben) bewirkt die Versöhnung mit JHWH, sondern nur dies: dass der Sünder sich in dem ihm geschenkten Symbol bzw. Sakrament selber gibt (Blut des Sündopfers als Zeichen der Hingabe des Opfernden). Nachdem Gott sein Heil an das Geben seiner Adressaten gebunden hat, bedeutet die Verweigerung dieses Gebens nicht nur Unheil für den Sünder selbst; als das Gegenteil des Gebens ist die Sünde Abbruch von Beziehung, Zerstörung von Communio und rivalisierende Aggression. Deswegen kommt es dort, wo der dem Geben des Vaters ganz und gar entsprechende Sohn »an die Stelle der Sünde« (2 Kor 5,21) tritt, zum »Aufprall des Kreuzes«[239].

---

[238] G. v. der Leeuw, Phänomenologie der Religion, Tübingen 1933, 328f. – Dazu: J. Negel, Nur als Gabe spricht das Ding. Zur theologischen Valenz der Opfertheorie von Gerardus van der Leeuw, in: ThGl 86 (1996) 458–487.
[239] Dazu: T. R. Krenski, Passio Caritatis. Trinitarische Passiologie im Werk Hans Urs von Balthasars (SlgHor 28), Einsiedeln 1990, 256–267.

Als *Opfer* kann das Sterben Jesu deshalb bezeichnet werden, weil Jesus durch seine Beziehung zum Vater (durch Liebe) befähigt wird, die Folge der Sünde, das Kreuz, in ein Zeichen des Gebens zu verwandeln. Selbst da, wo er die Folge der Sünde als Gottverlassenheit erleidet, bleibt er in der sich gebenden Beziehung zum Vater und »unterfasst« so den Tod, den die Bibel als Trennung von Gott beschreibt. Weil nicht das Kreuz ihn, sondern er das Kreuz besiegt (Auferstehung), ist sein Opfer (sein Geben) ein unzerstörbarer, endgültiger Zugang zur Gemeinschaft mit Gott: der »neue Bund« (1 Kor 11,25; Mk 14,24; Hebr 9,15;12,24). Adressat der mit der eigenen Person identischen Opfergabe Jesu ist nicht Gott, sondern der Sünder. *Sühnende* Wirkung hat Jesu Opfergabe nicht als ein die Schuld des Sünders vor Gott ausgleichendes Verdienst, sondern weil sie die Stelle der Sünde (= das Kreuz) in eine Stelle des Gebens (= Liebe) verwandelt. In dem Osterbild der Ostkirche steigt der Mensch, der ganz und gar Beziehung ist, herab an die Stelle, an der die Sünde sich als Tod jeder Beziehung, Hoffnung und Zukunft (= Hölle) erweist. Seitdem, so formuliert Hans Urs von Balthasar, hat die Hölle einen Ausweg[240].

2.3 Die »Messias«-Christologie

In der Exegese hat sich die Unterscheidung zwischen Funktionsbezeichnungen[241] und »Hoheitstiteln« durchgesetzt. Letztere sind Ausdruck erster christologischer Versuche, im Rückgriff auf den geschichtlichen Jesus und die Deutekategorien des zeitgenössischen Judentums die Einzigkeit seiner Person und Sendung zu erschließen. Dabei ist zu beachten, was in der Einführung über das Verhältnis von verkündigendem Jesus und verkündigtem Christus gesagt wurde. Es gibt weder entwicklungsgeschichtlich noch sachlich einen irgendwie gearteten Hiatus zwischen dem Faktum und der Deutung des Faktums. Und allein der größere zeitliche Abstand einer Deutung vom Faktum beeinträchtigt deren Wahrheitsgehalt nicht[242].

---

240 Dazu: Menke, Stellvertretung, 291–296; B. J. Claret, Geheimnis des Bösen. Zur Diskussion um den Teufel (ITS 49), Innsbruck ²2000, 380–393.
241 Solche Funktionsbezeichnungen sind: »Meister«, »Prophet«, »Retter«, »Fürsprecher«, »der neue Adam«, »der Knecht Gottes«, »der Gerechte Gottes«, »der Heilige Gottes« usw.
242 Martin Hengel zeigt detailliert, dass die der Rubrik »Messias-Christologie« zugeordneten Hoheitstitel in dem Maße Verwendung finden oder aus der Verkündigung ausgeschieden werden, in dem sie der Mission des frühen Christentums dienlich oder nicht dienlich sind: »Hatte in der frühen palästinischen Gemeinde der Messiastitel bereits den kerygmatisch nicht verwendbaren, rätselhaften Menschensohn-

148   2. Kategorien und Grundgestalten der biblischen Christologie

»Wer Jesus von Nazareth ist, kann nicht auf dem Weg der so genannten ›Rückfrage nach dem historischen Jesus‹ ermittelt, sondern nur dem apostolischen Christuszeugnis des Neuen Testaments entnommen werden. Die Frage: ›Ist Jesus der Messias?‹ ist deshalb nur sinnvoll gestellt und angemessen diskutabel als die Frage, ob Jesus *nach dem Zeugnis des Neuen Testaments* der ›Messias‹ ist.«[243] Immer noch geht die historisch-kritische Rückfrage nach dem verkündigenden Jesus von der vorgefassten These aus, dass erst die Osterereignisse den Glauben an die Messianität und metaphysische Gottessohnschaft Jesu ermöglicht hätten. Diesem Vorurteil aber ist entgegenzuhalten, dass die Osterereignisse zwar allen Grund gegeben haben, von Jesu Verherrlichung und Erhöhung zur Rechten Gottes zu sprechen, dass sie aber keineswegs geradlinig und selbstverständlich zu dem Bekenntnis geführt haben, »der von den Römern als ›König der Juden‹ am Kreuz hingerichtete, unter dem Gottesfluch von Dtn 21,23 stehende Jesus sei der gemäß den Hl. Schriften ›für unsere Sünden gestorbene Christus‹ (1 Kor 15,3b)! Dem Frühjudentum der Jesuszeit war ein leidender Messias nicht ganz unbekannt [...], aber von einem als Gottesknecht stellvertretend für ›die Vielen‹ gekreuzigten Messias oder messianischen Menschensohn wusste es nichts. Deshalb war das Bekenntnis ›Ἰησοῦς Χριστός‹ und ›Χριστὸς ἀπέθανεν ὑπὲρ τῶν ἁμαρτιῶν ὑμῶν‹ in Jerusalem gepredigt und verkündigt, höchst anstößig. Die Jesusjünger haben es trotzdem formuliert und hochgehalten, weil ihnen der messianische Anspruch Jesu, sein Opferwille und seine Passion geschichtlich vorgegeben waren.«[244]

Bevor im Folgenden das Thema des christologischen Gehaltes der Bezeichnungen Jesu als Messias, Menschensohn, Gottessohn und Kyrios genauer analysiert wird, soll zunächst nach der Herkunft der genannten »Hoheitstitel« gefragt werden.

---

titel verdrängt, so trat in der griechischsprachigen Gemeinde außerhalb Palästinas ›κύριος‹ sehr rasch an die Stelle des titularen ›Χριστός‹, das für den Nichtjuden ebenfalls unverständlich war und gerne mit dem beliebten Sklavennamen ›χρηστός‹ verwechselt wurde. Die analog zu ›κύριος Ἰησοῦς‹ gebildete ältere Akklamation ›χριστὸς Ἰησοῦς‹ wurde deshalb – selbst bei Judenchristen – rasch zum Eigennamen. Paulus verwendet sie nur noch in dieser Weise. Die Bezeichnung der Christen in Antiochien als ›χριστιανοί‹ zeigt, dass dieser christologische Umbildungsprozess, der am Ende ›Χριστός‹ nicht mehr titular, sondern als Eigenname verstand, bereits gegen Ende der dreißiger Jahre abgeschlossen war.« (Zur christlichen Geschichtsschreibung, Stuttgart 1979, 89).
243 O. Hofius, Ist Jesus der Messias?, in: JBTh 8 (1993) 103–129; 104.
244 P. Stuhlmacher, Der messianische Gottesknecht, in: JBTh 8 (1993) 131–154; 150.

2.3 Die »Messias«-Christologie

2.3.1 Die jüdische Hoffnung auf einen endzeitlichen Heilskönig

Wenn man ergründen will, welche christologische Valenz der Bezeichnung Jesu als Messias zukommt, muss man zunächst auf einen doppelten Gebrauch dieses Titels in der Heilsgeschichte Israels verweisen. Denn es gibt einen weiteren und einen engeren Gebrauch dieser Bezeichnung. Der weitere bezieht sich auf eschatologische Retter- und Erlösergestalten ganz allgemein; der engere meint nur den endzeitlich erhofften Heilskönig Israels. Wenn man fragt, ob Jesus der Messias ist, ist nach seiner Identifikation mit dem eschatologischen Retter Israels gefragt.

Dieser wird in bestimmten atl. Schriften erwartet bzw. erhofft, wird aber dort noch nicht »*der* Messias« (hebr. *ha*maschiach; griech. ὁ χριστός) genannt. Otfried Hofius vermutet, dass der früheste Beleg für das titulare »*ha*maschiach« in 1QSa2,12, also in den Qumranschriften, auftaucht, und dass die ältesten Belege für das entsprechende titulare ὁ χριστός erst im NT zu finden sind. Auch die titulare Bezeichnung des Messias als »Sohn Gottes« kann man im AT oder in frühjüdischen Quellen nicht finden[245].

Wo im AT der Ausdruck »der Gesalbte JHWHs« bzw. von JHWH her gesehen das possessive »mein Gesalbter« gebraucht wird, wird stets eine real existierende Gestalt der Königszeit Israels bezeichnet. Erst im Gefolge eines Jahrhunderte währenden Prozesses entwickelt das Judentum – angestoßen von Texten wie 2 Sam 7,12–16; Jes 11,1.10; Jer 23,5; 33,15[246] – den Ausdruck »*ha*maschiach« als feste Bezeichnung für den Messias als den endzeitlichen König aus Davids Geschlecht.

Dem Hoheitstitel »*der* Messias« gehen im Judentum die Titel »Sohn Davids« und »Sohn Gottes« voraus. Die in 2 Sam 7,12–16 von Nathan ausgesprochene Verheißung charakterisiert das Verhältnis zwischen JHWH und dem aus Davids Geschlecht stammenden König mit den Worten: »*Ich werde für ihn Vater sein, und er wird für mich Sohn sein*« (2 Sam 7,14). Die Inthronisation proklamiert den König zum von JHWH erwählten und legitimierten Sohn. Der König tritt mit der in Ps 2,7 überlieferten Formel: »*Mein Sohn bist du, heute habe ich dich gezeugt*«, in eine Art Adoptionsverhältnis zu JHWH.

Die Erwartung der schließlich im titularen Sinn »der Messias« genannten Rettergestalt ist zwar ein fester Bestandteil der Hoffnung Israels zur Zeit Jesu; sie ist aber keineswegs notwendig mit der Eschatologie des Judentums verbunden. »Was die Schriften des hebräischen Kanons

---

245 Vgl. Hofius, Ist Jesus der Messias?, 106–109.
246 Aufgrund alttestamentlicher Texte wie 2 Sam 7,12–16; Jes 11,1.10; Jer 23,5; 33,15 wird im Judentum der Ausdruck *Ben David* […] feste Bezeichnung für den Messias als den endzeitlichen König aus Davids Geschlecht« (Hofius, Ist Jesus der Messias?, 107).

2. Kategorien und Grundgestalten der biblischen Christologie

anlangt, so findet sich z. B. keine Messiaserwartung in: Deuterojesaja, Obadja, Tritojesaja, Maleachi, Joel, Jesaja-Apokalypse (Jes 24–27), Daniel, chronistisches Geschichtswerk. Gleiches gilt etwa für folgende Texte aus dem Bereich der zusätzlichen Schriften des griechischen Kanons bzw. der so genannten Pseudepigraphen: Sirach, Tobit, Judith, Makkabäerbücher, Weisheit Salomos, Baruch, Jubiläen, große Teile des äthiopischen Henochbuches, Assumptio Mosis. Auch in den frühen Qumranschriften [...] ist von einer Messiaserwartung keine Rede. Erst die ständig wachsende Enttäuschung über die Hasmonäer[247] hat offensichtlich der Messiaserwartung Auftrieb gegeben.«[248]

Allerdings gibt es vor allem bei den Propheten Texte, die, ohne den Hoheitstitel »*ha*maschiach« zu verwenden, eine Gestalt prophezeien, die »dem Volk nach außen Frieden sichern und in seinem Reich für Recht und Gerechtigkeit sorgen« wird und »ohne die es [...] auf dieser Erde kein Heil geben kann«[249]. Gemeint sind vor allem die folgenden Stellen:

- Jes 9,1–6: »*Das Volk, das im Dunkel lebt, sieht ein helles Licht; über denen, die im Land der Finsternis wohnen, strahlt ein Licht auf. Du erregst lauten Jubel und schenkst große Freude. Man freut sich in deiner Nähe, wie man sich freut bei der Ernte, wie man jubelt, wenn Beute verteilt wird. Denn wie am Tag von Midian zerbrichst du das drückende Joch, das Tragholz auf unserer Schulter und den Stock des Treibers. Jeder Stiefel, der dröhnend daherstampft, jeder Mantel, der mit Blut befleckt ist, wird verbrannt, wird ein Fraß des Feuers. Denn uns ist ein Kind geboren, ein Sohn ist uns geschenkt. Die Herrschaft liegt auf seiner Schulter; man nennt ihn: Wunderbarer Ratgeber, Starker Gott, Vater in Ewigkeit, Fürst des Friedens. Seine Herrschaft ist groß, und der Friede hat kein Ende. Auf dem Thron Davids herrscht er über sein Reich; er festigt und stützt es durch Recht und Gerechtigkeit, jetzt und für alle Zeiten. Der leidenschaftliche Eifer des Herrn der Heere wird das vollbringen.*«
- Jes 11,1–9: »*Doch aus dem Baumstumpf Isais wächst ein Reis hervor, ein junger Trieb aus seinen Wurzeln bringt Frucht. Der Geist des Herrn lässt sich nieder auf ihm: der Geist der Weisheit und der Einsicht, der Geist des Rates und der Stärke, der Geist der Erkenntnis und der Gottesfurcht. Er richtet nicht nach dem Augenschein und nicht nur nach dem Hörensagen entscheidet er, sondern er richtet die Hilflosen gerecht und entscheidet für die Armen des Landes, wie es recht ist. Er schlägt den Gewalttätigen mit dem Stock seines Wortes und tötet den Schuldigen mit dem Hauch seines Mundes. Gerechtig-*

---

247 Jüdisches Priestergeschlecht, das seit dem Aufstand des Judas Makkabi gegen den Seleukiden Antiochus IV. Epiphanes als königliche Dynastie herrschte (nach einem Vorfahren des Judas Makabi Hasmonäer genannt).
248 Hofius, Ist Jesus der Messias?, 109f.
249 O. Kaiser, Das Buch des Propheten Jesaja: Kap. 1–12 (ATD 17), Göttingen ⁵1981, 205.

2.3 Die »Messias«-Christologie

keit ist der Gürtel um seine Hüften, Treue der Gürtel um seinen Leib. Dann wohnt der Wolf beim Lamm, der Panther liegt beim Böcklein. Kalb und Löwe weiden zusammen, ein kleiner Knabe kann sie hüten. Kuh und Bärin freunden sich an, ihre Jungen liegen beieinander. Der Löwe frisst Stroh wie das Rind. Der Säugling spielt vor dem Schlupfloch der Natter, das Kind streckt seine Hand in die Höhle der Schlange. Man tut nichts Böses mehr und begeht kein Verbrechen auf meinem ganzen heiligen Berg; denn das Land ist erfüllt von der Erkenntnis des Herrn, so wie das Meer mit Wasser gefüllt ist.«
- Jer 30,8f: »An jenem Tag wird es geschehen – Spruch des Herrn der Heere –, da zerbreche ich das Joch auf seinem Nacken; ich zerreiße seine Stricke und Fremde sollen ihn nicht mehr knechten. Vielmehr wird mein Volk dem Herrn, seinem Gott, dienen und David, seinem König, den ich ihm erstehen lasse.«
- Jer 33,14–16: »Seht, es werden Tage kommen – Spruch des Herrn –, da erfülle ich das Heilswort, das ich über das Haus Israel und über das Haus Juda gesprochen habe. In jenen Tagen und zu jener Zeit werde ich für David einen gerechten Spross aufsprießen lassen. Er wird für Recht und Gerechtigkeit sorgen im Land. In jenen Tagen wird Juda gerettet werden, Jerusalem kann in Sicherheit wohnen. Man wird ihm den Namen geben: JHWH ist unsere Gerechtigkeit.«
- Ez 34,23f: »Ich setze für sie einen einzigen Hirten ein, der sie auf die Weide führt, meinen Knecht David. Er wird sie weiden, und er wird ihr Hirt sein. Ich selbst, der Herr, werde ihr Gott sein, und mein Knecht David wird in ihrer Mitte der Fürst sein. Ich, der Herr, habe gesprochen.«
- Ez 37,24–26a: »Mein Knecht David wird ihr König sein, und sie werden alle einen einzigen Hirten haben. Sie werden nach meinen Rechtsvorschriften leben und auf meine Gesetze achten und sie erfüllen. Sie werden in dem Land wohnen, das ich meinem Knecht Jakob gegeben habe und in dem ihre Väter gewohnt haben. Und sie und ihre Kindeskinder werden für immer darin wohnen, und mein Knecht David wird für alle Zeit ihr Fürst sein. Ich schließe mit ihnen einen Friedensbund; es soll ein ewiger Bund sein.«
- Sach 9,9f: »Juble laut, Tochter Zion! Jauchze, Tochter Jerusalem! Sieh, dein König kommt zu dir. Er ist gerecht und hilft; er ist demütig und reitet auf einem Esel, auf einem Fohlen, dem Jungen einer Eselin. Ich vernichte die Streitwagen aus Efraim und die Rosse aus Jerusalem, vernichtet wird der Kriegsbogen. Er verkündet für die Völker den Frieden; seine Herrschaft reicht von Meer zu Meer und vom Eufrat bis an die Enden der Erde.«

Während die zitierten Texte von der Mehrzahl der Exegeten als Vorläufer der ausdrücklichen Messias-Erwartung betrachtet werden, ist der messianische Charakter der folgenden Stellen aus den Psalmen umstritten:

- Ps 2,5–9: »Dann aber spricht er zu ihnen im Zorn, in seinem Grimm wird er sie erschrecken: ›Ich selber habe meinen König eingesetzt auf Zion, meinem

152   2. Kategorien und Grundgestalten der biblischen Christologie

heiligen Berg.‹ Den Beschluss des Herrn will ich kundtun. Er sprach zu mir: ›Mein Sohn bist du. Heute habe ich dich gezeugt. Fordere von mir, und ich gebe dir die Völker zum Erbe, die Enden der Erde zum Eigentum. Du wirst sie zerschlagen mit eiserner Keule, wie Krüge aus Ton wirst du sie zertrümmern‹.«

- Ps 72,1–11: »Verleih dein Richteramt, o Gott, dem König, dem Königssohn gib dein gerechtes Walten! Er regiere dein Volk in Gerechtigkeit und deine Armen durch rechtes Urteil. Dann tragen die Berge Frieden für das Volk und die Höhen Gerechtigkeit. Er wird Recht verschaffen den Gebeugten im Volk, Hilfe bringen den Kindern der Armen, er wird die Unterdrücker zermalmen. Er soll leben, solange die Sonne bleibt und der Mond, bis zu den fernsten Geschlechtern. Er ströme wie Regen herab auf die Felder, wie Regenschauer, die die Erde benetzen. Die Gerechtigkeit blühe auf in seinen Tagen und großer Friede, bis der Mond nicht mehr da ist. Er herrsche von Meer zu Meer, vom Strom bis an die Enden der Erde. Vor ihm sollen seine Gegner sich beugen, Staub sollen lecken alle seine Feinde. Die Könige von Tarschisch und von den Inseln bringen Geschenke, die Könige von Saba und Seba kommen mit Gaben. Alle Könige müssen ihm huldigen, alle Völker ihm dienen.«
- Ps 110, 1–4: »So spricht der Herr zu meinem Herrn: Setze dich mir zu Rechten, und ich lege dir deine Feinde als Schemel unter die Füße. Vom Zion strecke der Herr das Zepter deiner Macht aus: ›Herrsche inmitten deiner Feinde!‹ Dein ist die Herrschaft am Tage deiner Macht, wenn du erscheinst in heiligem Schmuck; ich habe dich gezeugt noch vor dem Morgenstern, wie den Tau in der Frühe. Der Herr hat's geschworen, und nie wird's ihn reuen: ›Du bist Priester auf ewig nach der Ordnung Melchisedeks.‹«

Auch die Gestalt des Gottesknechtes in Jes 52,13 – 53,12 darf nicht vorschnell messianisch gedeutet werden. Einmal abgesehen von der Diskussion um die Frage, ob der Gottesknecht eine Kollektiv- oder Einzelperson ist[250], kann man aus dem Hinweis in Jes 52,15 auf das Staunen der Könige über den Gottesknecht keine Messias-Erwartung herauslesen. Ähnliches gilt von der Danielvision Dan 7,13f: »Da kam mit den Wolken des Himmels einer wie ein Menschensohn. Er gelangte bis zu dem Hochbetagten und wurde vor ihn geführt. Ihm wurden Herrschaft und Würde und Königtum gegeben. Alle Völker, Nationen und Sprachen müssen ihm dienen. Seine Herrschaft ist eine ewige, unvergängliche Herrschaft. Sein Reich geht niemals unter.« – Aus der in Dan 7,15ff angefügten Deutung der zitierten Verse geht eindeutig hervor, dass der Menschensohn ein Kollektiv bezeichnet, nämlich die »Heiligen

---

250 Dazu: H. Haag, Der Gottesknecht bei Deuterojesaja (EdF 233), Darmstadt 1985, bes. 34–167.

2.3 Die »Messias«-Christologie

des Höchsten«, d. h. das endzeitliche Volk Gottes (Dan 7,18.22.25.27)[251]. Mit anderen Worten: Von sich aus enthalten die Verse Dan 7,13f keine Messias-Erwartung, was natürlich nicht ausschließt, dass sie von der frühjüdischen – d. h. von der vorneutestamentlichen und neutestamentlichen – Zeit messianisch verstanden wurden. Ähnliches gilt von der Nathan-Verheißung in 2 Sam 7,12–16, vom so genannten Königspsalm 2 und weiteren Stellen (Gen 49,10–12; Num 24,17–19; Am 9,11f), die ursprünglich nichts mit der Messias-Erwartung zu tun haben.

Auch bei der Durchsicht genuin frühjüdischer Quellen empfiehlt sich bei dem Versuch, Belege einer Erwartung »des Messias« zu finden, äußerste Umsicht. Otfried Hofius kommt nach einer gründlichen Durchsicht der in Frage kommenden Stellen[252] zu dem Ergebnis, dass nur wenige atl. Texte in der Septuaginta-Version (z. B. Gen 49,10 LXX; Num 24,7 LXX; Num 24,17 LXX) oder innerhalb der Qumran-Schriften[253] und ebenso wenige Texte der pseudepigraphischen Dichtung (z. B. die Psalmen Salomos 17 und 18) oder der pseudepigraphischen Apokalypsen (z. B. aus den Sibyllinen und dem äthiopischen Henochbuch) als unbestreitbare Zeugnisse der Messias-Erwartung gelten können.

Die frühjüdische Eschatologie erwartet in den genannten Texten eine Rettergestalt, die ein Reich des Friedens und der Gerechtigkeit aufrichten wird, das zwar »für immer« Bestand hat, aber durchaus irdisch verstanden wird. Denn der vom Frühjudentum erwartete Messias ist zwar eine außerordentliche Gestalt, aber deshalb doch ein von Gott erwählter, ein von Gott gesalbter Mensch – »ein aus den Menschen genommener Mensch«, wie der Jude Tryphon in seinem von Justin aufgezeichneten

---

251 Dazu: V. Hampel, Menschensohn und historischer Jesus. Ein Rätselwort als Schlüssel zum messianischen Selbstverständnis Jesu, Neukirchen 1990, 7–37.
252 Vgl. die Kritik von Otfried Hofius (Ist Jesus der Messias?, 112–115) an einer messianischen Deutung der so genannten Levi-Juda-Stücke in den »Testamenten der zwölf Patriarchen« oder im äthiopischen Henochbuch. Zu den Qumran-Schriften bemerkt er: »Was die Qumrangemeinde anlangt, so wird man fragen dürfen, ob die Texte 1 QS 9,11 und CD 12,23f; 14,19; 19,10f; 20,1 tatsächlich erlauben, für Qumran als festes und allgemein anerkanntes Theologumenon die Erwartung *zweier* ›Messiasse‹ – des priesterlichen »Messias« und des königlichen »Messias« – anzunehmen. Der Tatbestand, dass in 1QSam 2,12 der ›Messias Israels‹ (so 2,14.20) einfach als ›der Messias‹ (*ha*maschiach) bezeichnet wird, während der Hohepriester einfach *ha*cohen heißt (2,19), spricht doch eher dafür, dass auch die Qumrangemeinde einzig den Begriff und die Vorstellung eines endzeitlichen Königs aus dem Hause Davids voraussetzt. Wird der Hohepriester von der priesterlich verfassten Gemeinde ›der Gesalbte Aarons‹ genannt, so dürfte das in der polemischen Absicht geschehen, ihm *zuerst* den Würdetitel eines ›Gesalbten‹ zuzusprechen und ihn dem – in der biblischen Tradition nun einmal vorgegebenen – Davididen der Endzeit vor- und überzuordnen« (ebd. 113f).
253 Dazu umfassend: F. García Martínez, Messianische Erwartungen in den Qumranschriften, in: JbTh 8 (1993) 171–208.

154   2. Kategorien und Grundgestalten der biblischen Christologie

Dialog zu Protokoll gibt[254]. Er gehört eindeutig auf die Seite der Menschen, nicht auf die Seite Gottes. Seine besondere Gottesbeziehung unterscheidet sich von der anderer Heilsgestalten der Geschichte Israels nur graduell, nicht essentiell.

2.3.2 Das Königtum in Israel und die Ausbildung der Messias-Erwartung

Auch wenn die titulare Bezeichnung »hamaschiach« erst in der vorneutestamentlichen Messias-Erwartung zum terminus technicus avanciert, darf man doch von einer langen Vorbereitung dieser Eschatologie in der Geschichte Israels sprechen.

Als sich zu Beginn des ersten Jahrtausends v. Chr. das Königtum in Israel etabliert, sind viele JHWHtreue Kreise nicht bereit, diese Neuerung unwidersprochen hinzunehmen. Die Kritiker untermauern ihre Opposition nicht nur mit dem Glaubenssatz, dass JHWH allein König über sein Volk sein wolle; sie prangern auch die JHWHwidrigen Praktiken der Könige an, die Gewalt als Mittel zur Durchsetzung ihrer eigenen Interessen einsetzen. Alles in allem glichen sich die Könige Israels den Potentaten anderer Völker durch die Einführung eines erdrückenden Abgabesystems, einer interessegeleiteten Rechtsprechung und eines in jeder Weise instrumentalisierbaren Söldnerheeres an. Die königskritische Linie findet sich vor allem bei Hosea, aber auch in der deuteronomistischen Interpretation der Geschichte Israels; denn sie bezeichnet von David abgesehen die Könige als die, die für die geschichtliche Katastrophe Israels verantwortlich sind[255].

Allerdings gibt es neben dieser königskritischen Linie im AT auch eine andere Interpretationsrichtung, in der das Königtum als eine der vielen Heilsgaben verstanden wird, die JHWH selbst seinem Volk gegeben hat, damit es als das eine Volk Gottes im Völkergemisch des alten Orients überleben konnte. In diesen das Königtum positiv bewertenden Überlieferungssträngen wird als erste Aufgabe des Königs immer wieder genannt, dass er das Volk aus der Hand seiner Feinde rette. In 2 Sam 5,2 zum Beispiel wird der König verstanden als Instrument Gottes, das das Volk aus den zahlreichen Gefahren errettet und ihm den Sieg verleiht.

---

254 Vgl. Justin, Dialogus cum Tryphone, 67,2: Goodspeed 174. – Dazu: S. Heid, Frühjüdische Messianologie in Justins »Dialog«, in: JBTh 8 (1993) 219–238.
255 Vgl. F. Crüsemann, Widerstand gegen das Königtum (WMANT 49), Neukirchen 1978; W. H. Schmidt, Kritik am Königtum, in: Probleme biblischer Theologie (FS G. v. Rad), München 1971, 440–461; O. Wahl, Die Bücher Samuel und Könige, in: E. Sitarz (Hg.), Höre, Israel! JHWH ist einzig. Bausteine für eine Theologie des Alten Testaments (BBB 5), Stuttgart 1987, 89–119.

2.3 Die »Messias«-Christologie

Nach Ps 72,1 erhält der König in Israel als besondere Gaben JHWHs Recht und Gerechtigkeit, *mischpat* und *sedaquah*. Dahinter steckt die Vorstellung, dass das Gericht an sich Sache Gottes ist, dass JHWH es aber dem König übergibt, samt den dazu erforderlichen Eigenschaften. Dieses königliche Gericht hat in besonderer Weise zugunsten der Armen und Kleinen und Elenden zu geschehen, die von den Reichen und Gewaltigen unterdrückt werden und deshalb zum König ihre Zuflucht nehmen. So ist der König im Gericht wie im Krieg Befreier, Erlöser und Heiland seines Volkes. Aufgrund seiner Salbung[256] steht er Gott so nahe, dass er JHWH selbst in seiner heilbringenden Zuwendung zum Volk repräsentiert. Andererseits aber ist der König auch Repräsentant des Volkes gegenüber Gott. Diese doppelte Bewegung macht ihn zum Mittler und Priester.

Der König wurde auch in Israel immer mehr divinisiert. Insgesamt ist das vorexilische Königtum von einer eigentümlichen Synthese aus Elementen des JHWHglaubens und Elementen der vorderorientalischen Königsideologie geprägt[257]. Das wird exemplarisch deutlich in den so genannten Königspsalmen, z. B. in Psalm 2,7f:»*Den Beschluss des Herrn will ich kundtun. Er sprach zu mir: ›Mein Sohn bist du. Heute habe ich dich gezeugt. Fordere von mir, und ich gebe dir die Völker zum Erbe, die Enden der Erde zum Eigentum‹.*« Das in diesen Versen vorausgesetzte Inthronisationszeremoniell ist wahrscheinlich dem ägyptischen Königsritual entnommen. In diesem erhält der neue Pharao bei seiner Thronbesteigung eine Urkunde, das so genannte Königsprotokoll, mit dem ihm die Herrschaft übertragen wird. Damit verbunden sind drei göttliche Zusagen: 1. Anerkennung der Gottessohnschaft; 2. Übereignung der ganzen Erde als Herrschaftsgebiet; 3. Verheißung der Überlegenheit über alle Feinde.

Diese drei Inhalte des ägyptischen Königsprotokolls wurden – so darf man zumindest vermuten – von der Jerusalemer Hoftheologie direkt oder indirekt aufgegriffen, um das Königtum Israels den übrigen Königtümern des alten Orient als ebenbürtig an die Seite stellen zu können. Entscheidend dabei war nicht die tatsächliche Macht des Jerusalemer Königs, sondern sein ebenbürtiger Anspruch. Das Inthronisationszeremoniell greift die allgemein verbreitete Vorstellung auf, ein König dürfe über alles richten, aber von niemand gerichtet werden. Allerdings wird die vorderorientalische bzw. ägyptische Königsideologie in Israel

---

256 Vgl. M. Karrer, Der Gesalbte. Die Grundlagen des Christustitels (FRLANT 151), Göttingen 1991, 95–213. – Zur Kritik an Karrer: P. Stuhlmacher, Der messianische Gottesknecht, in: JBTh 8 (1993) 131–154; bes. 150–154; K.-W. Niebuhr, Jesus Christus und die vielfältigen messianischen Erwartungen Israels. Ein Forschungsbericht, in: JBTh 8 (1993) 337–345; bes. 337–345.
257 Dazu: H. Cazelles, Alttestamentliche Christologie. Zur Geschichte der Messiasidee, Einsiedeln 1983, bes. 23–74.

156   2. Kategorien und Grundgestalten der biblischen Christologie

vom JHWHglauben her modifiziert. Denn bei aller Angleichung an die benachbarten Königtümer bleibt in Israel klar, dass der König nicht von Natur aus Sohn Gottes ist und mit seiner Inthronisation auch nicht auf die Ebene eines Gottes erhoben wird, sondern im Rahmen seiner Salbung durch einen Willensentscheid JHWHs zum Sohn, d. h. zu einem bevollmächtigten Repräsentanten erhoben wird. Nicht zufällig spricht man in der Fachliteratur von einer Art Adoptionsformel, deren Intention ein Optativ ist: »Mein Sohn *sollst* Du sein!«

Weil der König als Repräsentant der Gerechtigkeit JHWHs verstanden wird, ist die Enttäuschung über das reale Verhalten der meisten Könige so etwas wie ein roter Faden des deuteronomistischen Geschichtswerkes. Aus der zunehmenden Enttäuschung erwächst die messianische Hoffnung auf einen König, der fähig und bereit ist, in allem Gott die Ehre zu geben bzw. Gottes Herrschaft zur Darstellung zu bringen. Von daher ist die eschatologische Erwartung »*des* Messias« beides zugleich: eine realistische Einschätzung des real existierenden Königtums und zugleich die Hoffnung, dass JHWH das Ziel seiner Erwählung nicht an der Schuld und Schwäche seiner »Adoptivsöhne« scheitern lassen wird. In exilischer und nachexilischer Zeit werden die so genannten Königspsalmen neu interpretiert auf ein qualitativ anderes, nämlich JHWHtreues Königtum der Zukunft hin. In der Relecture u. a. von Jes 7,14; 9,1; 11,1; Sach 9,9 wird ein König erwartet, der den Willen Gottes, die Tora, in seiner Person zur Darstellung bringt. Die Frage, ob die Rettergestalt, die da erhofft wird, überhaupt noch aus Israel selbst hervorgeht oder gleichsam »von oben« kommen muss, wird in den genannten Texten nicht mit letzter Klarheit beantwortet. Offensichtlich aber richtet sich die messianische Hoffnung auf einen König, der in einer bisher nie gekannten Weise Repräsentant JHWHs ist. Allerdings ist nicht jeder sakral verstandene König ein wirklicher Repräsentant JHWHs. Gerade die Hasmonäer bzw. Makkabäer, die im König den Hohenpriester sehen, evozieren die Hoffnung auf einen ganz anderen König, der seine Machtinteressen nicht mit dem Mantel des Heiligen tarnt, sondern authentischer Interpret JHWHs ist. In der Opposition gegen die Pseudomessianität der Hasmonäer wurzelt die Messias-Erwartung der Pharisäer, die an die Auferstehung der Toten und ein damit verbundenes Gericht glauben, und der Essener, die ihre Eschatologie mit einer streng asketischen Lebensweise verbinden[258].

---

258 Dazu. G. Stemberger, Pharisäer, Sadduzäer, Essener, Stuttgart 1990, bes. 115–128.

2.3.3 Die Identifikation des Messias mit dem präexistenten »Menschensohn«

In der apokalyptischen Eschatologie der vorneutestamentlichen Zeit kommt es zu Verbindungen der Erwartung eines präexistenten »Menschensohnes« mit der besagten Messias-Hoffnung. Allerdings ist die Messiasvorstellung nur in den Bilderreden des äthiopischen Henoch ganz mit der des Menschensohnes verschmolzen[259]. Doch diese Synthese ist keineswegs typisch. Das vierte Buch Esra[260] und die syrische Baruchapokalypse[261] weisen dem messianischen Reich den Charakter eines Zwischenreiches zwischen diesem und dem kommenden Äon zu. »So bietet nicht einmal die apokalyptische Literatur ein einheitliches Bild, geschweige denn die frühjüdische im Ganzen. Die Apokalyptik hat offensichtlich [...] immer gewisse Anleihen bei der traditionellen Eschatologie gemacht, dagegen muss umgekehrt beachtet werden, dass die Messianologie alten Stiles sich noch sehr lange unbeeinflusst von der apokalyptischen Erwartung erhalten hat und für die neutestamentliche Zeit in ihrer ursprünglichen Struktur mit Sicherheit vorausgesetzt werden darf.«[262]

Die Ursprünge der Gestalt des apokalyptischen Menschensohns sind bis heute in der Religionsgeschichte und in der Exegese äußerst umstritten[263]. Im AT begegnen wir dieser Figur nur einmal, nämlich in

---

259 Das Buch Henoch, eingel. u. komm. v. G. Beer, in: Die Apokryphen und Pseudepigraphen des Alten Testaments, übers. u. hg. v. E. Kautzsch, Bd. II. Die Pseudepigraphen des Alten Testaments, Darmstadt ⁴1975, 217–310; bes. 258–278. – Dazu: K. Koch, Messias und Menschensohn. Die zweistufige Messianologie der jüngeren Apokalyptik, in: JbTh 8 (1993) 73–102; bes. 97–100.
260 Das vierte Buch Esra, eingel. u. komm. v. H. Gunkel, in: Die Apokryphen und Pseudepigraphen des Alten Testaments, übers. u. hg. v. E. Kautzsch, Bd. II. Die Pseudepigraphen des Alten Testaments, Darmstadt ⁴1975, 331–401. – Dazu: K. Koch, Messias und Menschensohn. Die zweistufige Messianologie der jüngeren Apokalyptik, in: JbTh 8 (1993) 73–102; bes. 87–91.
261 Die syrische Baruchapokalypse, eingel. u. komm. v. V. Ryssel, in: Die Apokryphen und Pseudepigraphen des Alten Testaments, übers. u. hg. v. E. Kautzsch, Bd. II. Die Pseudepigraphen des Alten Testaments, Darmstadt ⁴1975, 404–446. – Dazu: K. Koch, Messias und Menschensohn. Die zweistufige Messianologie der jüngeren Apokalyptik, in: JbTh 8 (1993) 73–102; bes. 91–97.
262 Dazu: C. Colpe, ὁ υἱὸς τοῦ ἀνθρώπου, in: ThWNT VIII (Stuttgart ²1990) 403–481; bes. 408–433.
263 Da unter Antiochus IV. Epiphanes die politische und religiöse Katastrophe eklatant war, geriet auch die bisherige Hoffnung auf einen innergeschichtlich kommenden Messias davidischer Provenienz in die Krise. Helfen konnte nur noch Gottes Gesandter direkt aus dem Himmel. Die Zentralfigur der nationalen Eschatologie, der davidische Messias, fehlt denn auch in manchen Apokalypsen völlig. Warum? Weil jetzt Gott selbst oder ein Engel Gottes und nicht ein menschlicher Messias Gericht und Heil herbeiführen und den alten durch den neuen Äon ersetzen sollte! Die bisherigen Vorstellungsmodelle göttlichen Rettungshandelns hatten ja versagt. Und

158   2. Kategorien und Grundgestalten der biblischen Christologie

Dan 7,13f[264]. Dort lesen wir:»*Da kam mit den Wolken des Himmels einer wie ein Menschensohn. Er gelangte bis zu dem Hochbetagten und wurde vor ihn hingeführt. Ihm wurde Herrschaft, Würde und Königtum gegeben. Alle Völker, Nationen und Sprachen müssen ihm dienen. Seine Herrschaft ist eine ewige, unvergängliche Herrschaft. Sein Reich geht niemals unter*«.

In diesem Text erscheint der Menschensohn in einer Doppelfunktion: Er kommt auf den Wolken des Himmels; d. h. er ist offenbar ein himmlisches Wesen, das in einem Gerichtsvorgang die eschatologische Herrschaft Gottes herbeiführt und repräsentiert. Gegenüber den in Dan 7 zuvor genannten Reichen, die durch schreckliche Tiergestalten repräsentiert werden, ist der Menschensohn das menschengestaltliche Sinnbild der endzeitlichen Herrschaft Gottes. Und: Dieser Menschensohn wird in den Versen Dan 7,18.22.27 mit den Heiligen des Höchsten, d. h. mit dem wahren Israel, identifiziert. Er ist also in Gestalt einer Kollektivperson der eschatologische Repräsentant Israels.

Diese zweifache Funktion des Menschensohnes kommt darin zum Ausdruck, dass er zum einen als Heilsgestalt von Gott *ausgeht* und zum anderen als Kollektivgestalt für Israel zu Gott *zurückkehrt*. Auch wenn beide Vorstellungen sich nicht widersprechen, so sind doch beide innerhalb der Danielapokalypse nicht wirklich ausgeglichen. Eine Reihe von Exegeten vemutet, dass in die apokalyptische Menschensohnvorstellung

---

angesichts der total verfahrenen Geschichte sah man die Rettung nur noch in einem radikalen Neuanfang. Die Menschensohn-Gestalt tritt an die Stelle des davidischen Messias. Es kommt zu einer Art Verlagerung von der Geschichte in die Vorgeschichte, nämlich von der Hoffnung auf einen Heilbringer *aus* der Zeit zu einer Hoffnung auf einen Heilbringer *vor* der Zeit. Dazu: M. Hengel, Judentum und Hellenismus. Studien zu ihrer Begegnung unter besonderer Berücksichtigung Palästinas bis zur Mitte des 2. Jhs. v. Chr. (WUNT 10), Tübingen 1969, 394–453.

264 Während der Verfolgungszeit und der Zwangshellenisierung Palästinas und wohl noch vor dem schließlichen Sieg der makkabäischen Erhebung gewinnt das Buch Daniel seine Endgestalt zwischen 167 und 164 v. Chr. Soziologisch wird man sich die Herkunft des Danielbuches aus Kreisen eben jener Frommen (Chassidim) vorzustellen haben, die während des Makkabäeraufstandes den Diadochenkönig Antiochus IV. als den »Nebukadnezar redivivus« bekämpfen. Zwei Grundüberzeugungen haben diese Minderheit bestimmt: Sie war erstens davon überzeugt, dass die Erfüllung von JHWHs Verheißungen nicht mehr innerhalb der bestehenden Ordnung zu erwarten sei. Und sie ging zweitens davon aus, dass die Herrschaft der weltlichen Reiche abgelaufen sei; dass insbesondere das gegenwärtige Reich durch ein baldiges Eingreifen Gottes in den Gang der Geschichte vernichtet werde. All dies ist jener nächtlichen Traumvision Daniels zu entnehmen, von der das 7. Kap. berichtet. Da wird zunächst die Vision von vier großen Tieren geschildert, die aus dem Meer aufsteigen: ein Löwe mit Adlerflügeln; ein Bär; ein Panther mit vier Flügeln und vier Köpfen; ein Tier mit zehn Hörnern. Dann erscheint ein »Hochbetagter« zum Gericht. Dazu: K. Koch, Spätisraelitisches Geschichtsdenken am Beispiel des Buches Daniel, in: Apokalyptik (WdF 365), hg. v. K. Koch u. J. M. Schmidt, Darmstadt 1982, 276–310.

2.3 Die »Messias«-Christologie

auch Elemente des im ganzen Orient verbreiteten Mythos vom *Urmenschen* eingeflossen sind. Nach diesem Mythos gibt es einen Urmenschen, der nicht das erste Glied der menschlichen Gattung (Adam) ist, sondern das erstgeschaffene unter allen Geschöpfen. Aus ihm geht dann sowohl die ganze physische Welt, wie auch die Menschheit hervor. Alles, was in der Welt existiert, ist das Ergebnis seiner Zerteilung. Deshalb muss auch am Ende der Zeiten alles in ihm zur Einheit zurückkehren.

Während in Dan der Menschensohn eher als Kollektivperson erscheint, wird er in späteren Schriften der zwischentestamentlichen Zeit – besonders eindeutig im äthiopischen Henochbuch – mit der Gestalt des Messias *identifiziert*. Diese relativ späte Identifizierung des Messias mit dem Menschensohn wurde vielleicht durch die Ähnlichkeit veranlasst, die zwischen der in Dan 7 geschilderten Thronbesteigung des Menschensohnes und der in Ps 2 geschilderten Inthronisation des davidischen Königs besteht. Wo es zur Verschmelzung der Kollektivperson »Menschensohn« mit der Individualgestalt des Messias kommt, dominiert die Präexistenzvorstellung. Das heißt, der mit dem Messias identifizierte Menschensohn wird nicht erst in der Endzeit geboren und gesandt, sondern kommt als mit göttlichen Eigenschaften ausgestatteter Gesandter »von oben«. Ob die poetische Bemerkung des Ps 110, dass der von Gott gezeugte Messias älter sei als die Morgenröte, zu dieser Synthese beigetragen hat, kann bestenfalls vermutet werden.

Ebenso wenig geklärt ist, warum der Menschensohn *Menschen*-Sohn genannt wird. Vielleicht, weil in der altorientalischen Königsideologie der König als der Mensch schlechthin verstanden wird (vgl. Ps 24 und Ps 80). Tatsache ist, dass in bestimmten Kreisen des Judentums der Messias als eine himmlische Gestalt im apokalyptischen Drama der Endzeit verstanden und als »Menschensohn« den tierischen Gestalten der Herrschaft des Bösen entgegengestellt wird[265]. Wenn der gesalbte Menschensohn auf seinem Thron zur Rechten Gottes Platz nimmt, beginnt die Verwandlung des alten Äon. Im äthiopischen Henoch ist der Menschensohn *als* der endzeitliche Messias der den gesamten Kosmos umgreifende Heiland.

---

265 Dazu: K. Koch, Die Reiche der Welt und der kommende Menschensohn. Studien zum Danielbuch (= Gesammelte Aufsätze, Bd. II), hg. v. M. Rösel, Neukirchen 1995, 46–65.140–172.

160   2. Kategorien und Grundgestalten der biblischen Christologie

2.3.4 Die Frage nach der Selbstbezeichnung Jesu als »Menschensohn«, »Sohn Gottes« und »Messias«

Wichtiger als die letztlich nicht lösbare Frage, ob Jesus sich selbst als Menschensohn (aram. *berah änaschah*) bezeichnet hat, ist die vorgelagerte Frage, was denn eine solche Selbstbezeichnung inhaltlich besagen würde. Die Forschung ist sich einig, dass Dan 7,13 nicht von einer Einzelgestalt spricht, und dass die Stellen in den Bilderreden des äthiopischen Henochbuches, die die Vorstellung von dem kommenden Menschensohn mit der Messias-Erwartung verbinden, schon aus chronologischen Gründen nicht zu den traditionsgeschichtlichen Grundlagen der neutestamentlichen Christologie gerechnet werden dürfen. Deshalb stellt Otfried Hofius zu Recht fest: »Die ältesten Belege für den determinierten *titularen* Gebrauch ›der Menschensohn‹ sind die ›Menschensohn‹-Worte der Evangelien. Wenn Jesus von sich selbst als dem *berah änaschah* gesprochen und diesen Ausdruck dabei *titular* verstanden hat, so gilt: Den determinierten *titularen* Gebrauch ›der Menschensohn‹ können wir *vor* Jesus nicht nachweisen. Wenn Jesus von sich selbst als dem *bar änasch* gesprochen, diesen Ausdruck aber *nicht* titular verstanden hat, so gilt: Der determinierte *titulare* Gebrauch ›der Menschensohn‹ ist erst bei der Übersetzung von Jesusworten aus dem Aramäischen ins Griechische entstanden.«[266]

Bedeutende Exegeten wie Ferdinand Hahn und Anton Vögtle[267] können gute Gründe für ihre Vermutung anführen, dass Jesus sich nicht selbst als Menschensohn bezeichnet habe. Andere Exegeten wie Martin Hengel und Peter Stuhlmacher[268] folgern z. B. aus der Tatsache, dass die ntl. Menschensohn-Worte von einer einzigen Ausnahme (Apg 7,56) abgesehen Selbstaussagen Jesu sind (und zwar in der verhüllten Weise einer Rede in der dritten Person), dass wir es bei den Menschensohnaussagen mit ältester Jesusüberlieferung zu tun haben. Die Frage, warum dann die Bezeichnung »Menschensohn« in den frühesten Schichten der nachösterlichen Christologie (z. B. in den Eulogien, welche die Auferweckung bezeugen) fehlt, wird mit der Hypothese einer vermeintlichen Unvereinbarkeit des Menschensohntitels mit dem Kreuzesgeschehen beantwortet. Stuhlmacher vermutet, dass Jesus sich in verhüllender Weise (in der dritten Person) als Menschensohn bezeichnen konnte, weil die Menschen-

---

266 Hofius, Ist Jesus der Messias, 119.
267 Vgl. Hahn, Christologische Hoheitstitel, 13–53; A. Vögtle, Die »Gretchenfrage« des Menschensohnproblems. Bilanz und Perspektive (QD 152), Freiburg 1994, bes. 176–179.
268 Vgl. M. Hengel, Jesus der Messias Israels, in: M. Hengel/A. M. Schwemer, Der messianische Anspruch Jesu und die Anfänge der Christologie. Vier Studien (WUNT 138), Tübingen 2001, 1–80, bes. 63–69; P. Stuhlmacher, Biblische Theologie des Neuen Testaments, Bd. I. Grundlegung von Jesus zu Paulus, Göttingen ³2005, 107–124.

2.3 Die »Messias«-Christologie

sohnvorstellung nicht annähernd so belastet war wie die Messiasvorstellung und weil in der Menschensohn-Messianologie die nationale Messiaserwartung keine Rolle spielte. Dass der Menschensohntitel in der urkirchlichen Verkündigung kaum oder gar nicht verwandt wurde, könnte seiner Ansicht nach damit erklärt werden, dass diese Bezeichnung des Erlösers letztlich nur von einem apokalyptischen Hintergrund her verständlich war. In einer Zeit also, in der die Adressaten der christlichen Mission nicht mehr mit apokalyptischem Denken vertraut waren, musste der Titel »Menschensohn« unverständlich werden. Schon die frühen griechischen Väter sind sich der ursprünglichen Bedeutung kaum noch bewusst; denn sie deuten die Bezeichnung Jesu als Menschensohn im Sinne eines Hinweises auf das unverkürzte, wahre Menschsein des Erlösers[269]. Das aber ist genau das Gegenteil von dem, was der biblische Menschensohntitel als Bezeichnung einer präexistenten, auf den Wolken des Himmels kommenden Gestalt intendiert.

Resümierend lässt sich festhalten: Wenn Jesus sich im Sinne eines ihn charakterisierenden Titels als Menschensohn bezeichnet hat, dann greift er zwar bestimmte Vorstellungen der apokalyptischen (nicht messianologischen) Eschatologie Israels auf, gibt diesen aber durch seine Person eine ganz und gar singuläre Bestimmung. Und umgekehrt: Falls Jesus sich *nicht* selbst als »*den* Menschensohn« bezeichnet hat, bedeutet der dann erst nachösterlich auf ihn übertragene Titel »ὁ υἱὸς τοῦ ἀνθρώπου« die Rolle des Auferstandenen im Endgericht[270].

Aus der Sicht von Joseph Ratzinger alias Benedikt XVI. sind alle Versuche, die neutestamentlichen Menschensohn-Aussagen in frühe und späte aufzuteilen, von dem Vorurteil bestimmt, nur die eschatologischen Aussagen vom kommenden Menschensohn könnten dem vorösterlichen Jesus zugetraut werden, während die Worte von der Vollmacht des Menschensohnes zur Sündenvergebung und die Aussagen über das Leiden und Auferstehen des Menschensohnes nachösterliche Interpretation seien. Wörtlich bemerkt der Papst: »Eine Art gemilderter apokalyptischer Erwartung, wie sie damals umging, kann man ihm ›zutrauen‹ – mehr anscheinend nicht.«[271] Dieser Position stellt er die These entgegen, dass

---

269 Vgl. Colpe, ὁ υἱὸς τοῦ ἀνθρώπου, 480f.
270 »In der kleinen Apokalypse *Mk 13* ist [...] sehr deutlich die Antithese gegen jegliche diesseitige Messiashoffnung zu verspüren. Die irdischen Pseudomessiasse und Pseudopropheten stehen dem vom Himmel kommenden Menschensohn gegenüber, Mk 13,22.26. Zugleich weist Mk 13,21 darauf hin, dass man allen Gerüchten von einem Auftreten des Messias hier oder dort nicht Glauben schenken braucht, weil – so muss man den Gedankengang ergänzen – der wahre Messias als himmlischer Menschensohn allen sichtbar erscheinen wird« (Hahn, Christologische Hoheitstitel, 181). – Dazu auch: Colpe, ὁ υἱὸς τοῦ ἀνθρώπου, 445.
271 J. Ratzinger/Benedikt XVI., Jesus von Nazareth, Bd. I, 373.

2. Kategorien und Grundgestalten der biblischen Christologie

Christus die Bezeichnung der Kollektivgestalt »Menschensohn« bewusst auf sich als Person angewandt hat[272], um den kommenden Richter mit dem zu identifizieren, der sich bis zur Hingabe am Kreuz für die Verlorenen einsetzt. Als der zur Sündenvergebung bevollmächtigte Menschensohn (Mk 2,10f) und als der stellvertretend leidende Gottesknecht (Mk 10,45) ist er schon vor Ostern offenbar als das Heil. Unbestritten ist, dass die durchgehend titulare Selbstbezeichnung Jesu als Menschensohn im zeitgenössischen Judentum nicht belegt werden kann, und dass Analoges von der Christus-Bezeichnung gilt[273]. Die durchgehend titulare Ausdrucksweise ὁ Χριστός erscheint singulär. Hans Conzelmann bezieht selbst die Stellen, in denen Χριστός artikellos erscheint, in seine generelle Feststellung ein, dass die neutestamentliche Bezeichnung Jesu als des Christus »sich nicht am allgemeinen Messiasbegriff orientiert, sondern an der Person Jesu«[274].

Auch die Bezeichnung Jesu als »*der* Sohn Gottes« (ὁ υἱὸς τοῦ θεοῦ) erhält seine Bedeutung eher durch *Abgrenzung* von dem messianischen Sohn-Gottes-Begriff der alttestamentlich-frühjüdischen Tradition, wie sie uns in 2 Sam 7,12–16, in 1 Chr 17,11–14 oder Ps 2,7 begegnet. Denn in diesen Stellen ist die Rede von der Adoption eines Davidsohnes durch JHWH. In diesen Stellen charakterisiert der Ausdruck »Sohn Gottes« eine *Funktion*. Diese beruht zwar auf einer ganz besonderen Beziehung des auserwählten Menschen zu dem ihn auserwählenden Gott, unterscheidet sich aber dennoch grundlegend von der metaphysischen Gottessohnschaft Jesu. Denn durch seine Anwendung auf Jesus erhält der Hoheitstitel »Gottes Sohn« im Neuen Testament den Charakter einer Ursprungs- und Wesensbezeichnung. Im folgenden Abschnitt zur »Präexistenz-Christologie« wird detailliert erwiesen, dass der alttestamentlich-frühjüdische Hintergrund der metaphysischen Sohn-Gottes-Bezeichnung Jesu eher in der Weisheits-Vorstellung Israels als in der Königsideologie des deuteromistischen Geschichtswerkes zu suchen ist[275].

---

272 »Aus dem von Daniel von ferne geschauten (›wie ein Menschensohn‹) Kollektiv wird Person, aber die Person überschreitet in ihrem ›für viele‹ die Grenzen des Individuums und umfasst ›viele‹, wird mit vielen ein Leib und ›ein Geist‹ (vgl. 1 Kor 6,17)« (J. Ratzinger/Benedikt XVI., Jesus von Nazareth, Bd. I, 384).
273 Die rein titulare Verwendung findet sich z. B. in: Mk 8,29; 12,35; 14,61; 15,32; Mt 2,4; 24,5; Lk 3,15; 22,67; 23,39; 24,26.46; Joh 1,20.25; 4,29; 7,26f.31.41f; 10,24; 11,27; 12,34; 20,31; Apg 3,20; 9,22; 17,3; 18,5.28; 26,23; Röm 9,5; 1 Joh 2,22; 5,1.
274 H. Conzelmann, Der erste Brief an die Korinther (KEK V), Göttingen 1969, 299.
275 Die von Hahn (Christologische Hoheitstitel, 280–350) als strittiges Problem bezeichnete Frage, ob die Bezeichnung Jesu als Gottessohn palästinischen oder doch eher hellenistischen Ursprungs sei, hat sich mit den Untersuchungen zum genuin palästinischen Ursprung der Weisheitsvorstellungen Israels erledigt.

2.3 Die »Messias«-Christologie

»Mit der Rede von Jesus als dem metaphysischen ›Sohn Gottes‹ ist gesagt, dass Gott nicht bloß *in* dem Menschen Jesus von Nazareth, sondern *als* dieser Mensch in die Welt gekommen ist. Die fundamentale Differenz zum messianischen ›Sohn Gottes‹-Begriff ist evident: Der metaphysische ›Sohn Gottes‹ ist nicht *aus* der Welt, sondern *in* die Welt gekommen. Das besagt zugleich: Nicht der Mensch Jesus von Nazareth ist der ›Sohn Gottes‹, sondern der präexistente ›Sohn Gottes‹ ist dieser Mensch geworden.«[276] Natürlich bringen nicht alle Stellen der synoptischen Tradition, die den Titel »der Sohn Gottes« auf Jesus anwenden, mit gleicher Intensität das besagte Proprium der metaphysischen Gottessohnschaft zum Ausdruck[277]. Aber die Intention, etwas Neues, etwas schlechthin Überbietendes ausdrücken zu wollen, ist überall mit Händen zu greifen.

Während die Exegese bis dato strittig diskutiert, ob Jesus sich selbst »Menschensohn« genannt hat oder nicht, besteht bezüglich des Titels »der Sohn Gottes« und des Titels »der Messias« bzw. »der Christus« Einigkeit in der Feststellung, dass Jesus diese Titel mit höchster Wahrscheinlichkeit nicht selbst auf sich angewandt hat. Denn Jesu Verhalten in Wort und Tat widersprach allen zeitgenössischen Messias-Erwartungen[278].

Indem Jesus die in der nachexilischen Prophetie und in der zeitgenössischen Apokalyptik verbreitete Hoffnung auf »das Reich Gottes« aufgreift, erhebt er einen völlig anderen Anspruch als der von seinen Zeitgenossen erwartete Messias[279]. Wenn die Synoptiker Jesu Selbstverständnis

---

276 Hofius, Ist Jesus der Messias, 118.
277 Bezüglich Lk 1,32 bemerkt Heinz Schürmann: Dass hier »nicht nur ein Titel verliehen, sondern etwas Vorgegebenes zum Ausdruck gebracht wird, in dem die messianische Herrschaft erst gründet, wird im Zusammenhang mit Lk 1,35b deutlich: ›Größe‹ und ›Gottessohnschaft‹ eignen schon dem irdischen Jesus. Freilich wird weder hier noch dort eine präexistente oder sogar metaphysische Gottessohnschaft ausgesagt, vielmehr das Messiassein vom ersten Augenblick der Entstehung an nach Lk 1,35. Vielleicht klingt für Lukas υἱὸς ὑψίστου aber eindeutiger und höher als das abgegriffene υἱὸς θεοῦ. Die ›ewige Dauer‹ seiner Herrschaft zeigt an, wie sehr die altisraelitisch-irdische Messiasvorstellung […] transzendiert ist« (Das Lukasevangelium I [HThK III/1], Freiburg 1969, 47f)
278 Dazu: Hahn, Christologische Hoheitstitel, 133–241; H. Lichtenberger, Messianische Erwartungen und messianische Gestalten in der Zeit des zweiten Tempels, in: E. Stegemann (Hg.), Messias-Vorstellungen für Juden und Christen, Stuttgart 1993, 9–21; E. Stegemann, Welchen Sinn hat es, von Jesus als Messias zu reden?, in: Ebd., 81–102.
279 Dazu: H. Merklein, Jesu Botschaft von der Gottesherrschaft. Eine Skizze (SBS 111), Stuttgart ³1989, bes. 59–131; H. Schürmann, Jesus – Gestalt und Geheimnis, hg. v. K. Scholtissek, Paderborn 1994, 18–130; W. Thüsing, Die neutestamentlichen Theologien und Jesus Christus. Grundlegung einer Theologie des Neuen Testaments, Bd. III. Einzigkeit Gottes und Jesus-Christus-Ereignis, hg. v. T. Söding, Münster 1999, 3–103; W. Harnisch, Die Gleichniserzählungen Jesu. Eine hermeneutische Einführung, Göttingen ⁴2001, bes. 177–308.

164   2. Kategorien und Grundgestalten der biblischen Christologie

mit einer atl. Verheißung (z. B. Mt 11,4–6; Lk 7,22f) charakterisieren, dann gerade nicht mit Texten, die Jesu Zeitgenossen auf den von ihnen erwarteten Messias bezogen haben. Jesus verkündet: »*Nahegekommen* ist die Gottesherrschaft« (Mk 1,15) – nämlich in Jesu herabsteigender Hinwendung zu den Heillosen. An der Bejahung oder Ablehnung seiner nicht hinauf-, sondern herabsteigenden Person entscheidet sich das eschatologische Heil. Jesu Vollmachtsanspruch unterscheidet sich diametral von dem politischen Führungsanspruch der frühjüdischen Messias-Erwartung; denn dieser Anspruch konkretisiert sich nicht in politischen Aktionen, sondern z. B. dort, wo Jesus in die Nachfolge seiner Person ruft[280]; wo er das Versöhnungsmonopol des nachexilischen Tempelkultes mit dem Anspruch, Sünden vergeben zu können, in Frage stellt; wo er für sich in Anspruch nimmt, die Tora nicht nur zu interpretieren, sondern verbindlich im Namen des Vaters zu sprechen – im Namen eben des Vaters, den er mit der Redewendung »mein Vater und euer Vater« als »seinen« Vater von »unserem« Vater unterscheidet und den er mit »Abba« anredet[281].

---

280 Dazu: U. Busse, Nachfolge auf dem Weg Jesu. Ursprung und Verhältnis von Nachfolge und Berufung im Neuen Testament, in: Vom Urchristentum zu Jesus (FS J. Gnilka), hg. v. H. Frankemölle u. K. Kertelge Freiburg 1989, 68–81.
281 »Abba« war das normale aramäische Wort für »Vater«. Ursprünglich kindliche Lallform («Papa«), hatte es schon zur Zeit Jesu die hebräische Anredeform (abi – mein Vater) verdrängt, sodass auch erwachsene Söhne und Töchter ihren Vater mit »abba« anredeten. Lange Zeit hat man gemeint, Jesu Anrede Gottes mit dem vertrauten »Abba« sei völlig singulär. Doch schon im AT wird Gott fünfzehnmal Vater genannt. Und noch häufiger wird – durch Vergleich mit irdischen Vätern und Müttern – Gottes unbegreiflich große väterlich-mütterliche Liebe herausgestellt (z. B. Hos 11; Jer 31; Jes 66). Auch im Frühjudentum wird Gott bisweilen Vater genannt, wobei weniger der Aspekt Gehorsam heischender Autorität als vielmehr die affektive Liebe im Vordergrund steht. In jüdischen Gebeten der Zeit Jesu wird Gott nicht oft, aber gelegentlich mit dem Plural »unser Vater« angeredet. Und es sind aus der Zeit Jesu aramäische Paraphrasen zu Ps 89,27 und Mal 2,10 belegt, in denen Gott im Gebet »mein Vater« (abba) genannt wird. Auffällig ist also nicht die Anrede »abba« als solche, sondern dass Jesus sie zum normalen Ausdruck seiner Zwiesprache mit dem Gott Israels macht. Jesus gebraucht das Wort »Vater« ungewöhnlich oft für Gott (174mal in den Evangelien); und in allen überlieferten Gebetsworten (außer dem Psalm 22-Zitat am Kreuz: Mk 15,34) spricht er Gott mit »Vater« an. Das für »Vater« verwandte aramäische Wort »abba« muss so sehr zu ihm gehört haben, dass auch im hellenistischen Umfeld, also in den griechisch sprechenden Gemeinden, an diesem Wort festgehalten wurde (Gal 4,6; Röm 8,15). Der Griechisch schreibende Markus lässt uns an einer einzigen Stelle (Mk 14,36) seines Evangeliums das aramäische Fremdwort stehen, nämlich in der extrem zugespitzten Todessituation am Ölberg; offensichtlich ist es ihm wichtig, dass Jesus auch und gerade dort noch »abba« sagt. Dazu: J. Schlosser, Le dieu de Jésus, Paris 1987, 179–209; G. Schneider, Jesus-Überlieferung und Christologie, Leiden 1992, 3–38; G. Schelbert, Abba, Vater! Stand der Frage, in: FZPhTh 40 (1993) 259–281; E. Ruckstuhl, Abba, Vater! Überlegungen zum Stand der Frage, in: FZPhTh 41 (1994) 515–531; Schürmann, Jesus, 18–63; G. L.

2.3 Die »Messias«-Christologie

In Mk 8,27–30 lesen wir: »*Jesus ging mit seinen Jüngern in die Dörfer bei Cäsarea Philippi. Unterwegs fragte er die Jünger: Für wen halten mich die Menschen? Sie sagten zu ihm: Einige für Johannes den Täufer, andere für Elija, wieder andere für sonst einen der Propheten. Da fragte er sie: Ihr aber, für wen haltet ihr mich? Simon Petrus antwortete ihm: Du bist der Messias! Doch er verbot ihnen, mit jemand über ihn zu sprechen.*« – Unabhängig von der Frage, ob Jesus zu Lebzeiten als »*der Messias*« bezeichnet worden ist, kann man dieser Perikope entnehmen, dass Markus aus theologischen Gründen die Abweisung des Messias-Titels durch Jesus unterstreicht[282].

Und ganz sicher spricht auch folgende Szene aus der Passionsgeschichte nach Markus gegen eine Identifikation oder gar Selbstidentifikation Jesu mit »*dem Messias*«. In Mk 14,61–64 lesen wir: »*Da wandte sich der Hohepriester nochmals an ihn und fragte: Bist du der Messias, der Sohn des Hochgelobten? Jesus sagte: Ich bin es. Und ihr werdet den Menschensohn zur Rechten der Macht sitzen und mit den Wolken des Himmels kommen sehen. Da zerriss der Hohepriester sein Gewand und rief: Wozu brauchen wir noch Zeugen? Ihr habt die Gotteslästerung gehört. Was ist eure Meinung? Und sie fällten einstimmig das Urteil: Er ist schuldig und muss sterben.*« – Da der Anspruch eines Menschen, der Messias zu sein, im zeitgenössischen Judentum zwar Ärgernis erregen, aber nach der Tora kein Grund zur Verurteilung wegen Gotteslästerung sein konnte, geht aus der zitierten Stelle eindeutig hervor, dass Jesu Antwort auf die Frage des Hohenpriesters viel mehr beinhaltet, als nur der im zeitgenössischen Judentum erwartete Retter zu sein. Wenn Jesus sich tatsächlich vor dem Hohenpriester als der Menschensohn bezeichnet hat, der zur Rechten Gottes des Allmächtigen sitzt, dann hat er damit jeden messianischen Geltungsanspruch überboten und für sich nicht nur eine Funktion, sondern eine Seinsebene reklamiert, die den Vorwurf der Gotteslästerung zur Folge haben musste. Zum Tod am Kreuz verurteilt wurde er allerdings nicht von den Juden wegen Gotteslästerung, sondern von den Römern auf Grund der Anschuldigung, er mache sich zu »*dem Messias*«[283], von dem die Besatzer politische Unruhen und Umsturz befürchteten. Denn die mit großer Wahrscheinlichkeit historisch zuverlässige, von allen vier Evangelien (Mk 15,26; Mt 27,37; Lk 23,38; Joh 19,19) überlieferte Kreuzesinschrift »ὁ βασιλεὺς τῶν Ἰουδαίων« macht nur Sinn, wenn sie aus dem Munde der Römer verächtlich gemeint ist in dem Sinn: Seht her, *das* ist der von den Juden erwartete Messias!

Müller, Vom Vater gesandt. Impulse einer inkarnatorischen Christologie für Gottesfrage und Menschenbild, Regensburg 2005, 99–105.
282 Vgl. die als Exkurs angehängte Analyse dieser Perikope bei: Hahn, Christologische Hoheitstitel, 226–230.
283 Dazu: Hengel, Der Sohn Gottes, 96[113].

2.3.5 Die nachösterliche Antitypik

Auf Grund des Ostergeschehens kommt die älteste Gemeinde zu der Erkenntnis: Was da als Spottvers am Kreuz geschrieben stand, ist bei Licht betrachtet wahr: Ja, der Gekreuzigte ist der Retter Israels, »*der* Messias«. Was der Hoheitstitel »Messias« bedeutet, erschließt sich nicht im Blick auf die Erwartungen des zeitgenössischen Judentums, sondern im Gegenteil da, wo diese Erwartungen radikal durchkreuzt wurden. Der von den Juden erwartete Messias ist zwar der Typus der Messias-Christologie, die unmittelbar im Anschluss an das Geschehen von Kreuz und Auferstehung entsteht. Aber in ihr erscheint Jesus Christus mehr als Gegen- denn als Abbild dieses Typos. Denn das erwartete Heil wird in den ältesten christologischen Formeln des Neuen Testamentes an den Kreuzestod des Auferstandenen geknüpft[284].

Im Blick auf ihren gekreuzigten Messias erinnern sich die ersten Christen auch an die Gestalt des Gottesknechtes in Jes 52,13 – 53,12. Jetzt erst wird diese Perikope messianisch gedeutet, und zwar antitypisch. Denn was der leidende Gottesknecht in Deuterojesaja nicht konnte, das vermag der gekreuzigte und auferstandene Messias, nämlich das Wegtragen, die Vergebung der Sünden. Indem die ersten Christen mit dem Wissen um Ostern auf die Geschichte Israels zurückblicken, erhalten auch jene Stellen (2 Sam 7,12–16; 1 Chr 17,11–14; Ps 2,7) der deuteronomistischen Königsideologie ihren Platz in der Messias-Christologie, die ursprünglich gar nichts mit der Messias-Erwartung zu tun haben. Als Beleg sind vor allem die Eingangsverse des Römerbriefes zu nennen: »*Paulus, Knecht Christi Jesu, berufen zum Apostel, auserwählt, das Evangelium Gottes zu verkündigen, das er durch seine Propheten im voraus verheißen hat in den Heiligen Schriften: das Evangelium von seinem Sohn, der dem Fleisch nach geboren ist als Nachkomme Davids, der dem Geist der Heiligkeit nach eingesetzt ist als Sohn Gottes in Macht seit der Auferstehung von den Toten, das Evangelium von Christus, dem Herrn*« (Röm 1,1–4). – Hier wird ein Inhalt der Messias-Erwartung Israels, nämlich dass der erwartete Retter ein Davidide ist, mit einem Inhalt der Osterbotschaft, nämlich dem, dass der Auferstandene die Weltherrschaft angetreten hat, verbunden. Aber nicht nur das: Der in 2 Sam 7,12–16 zum Sohn Gottes adoptierte König erscheint antitypisch als der nicht auf der Erde, sondern im Himmel thronende Herr. »Es wäre daher zu einseitig, wollte man die Gottessohnschaft nur ›rechtlich‹ und

---

284 Man kann unterscheiden zwischen den Formeln, die die Heilsbedeutung des Todes Jesu ausdrücken (Röm 5,6.8; 14,15; 1 Kor 8,11; Gal 2,21; 1 Petr 2,21; 3,18), den Formeln, die sich auf die Heilsbedeutung der Auferstehung beziehen (Röm 6,4.9; 8,9; 1 Kor 15,12–14.16f.20) und den Formeln, die beide Aussagen verknüpfen (Röm 8,34; 14,9; 2 Kor 5,14f).

2.3 Die »Messias«-Christologie 167

›nicht physisch‹ verstehen. Diese moderne Alternative ist nicht zureichend. Denn die Gottessohnschaft Jesu enthält gleichzeitig eine Aussage über das ›transzendente‹ Sein des Auferstandenen bei Gott in seiner Herrlichkeit, in die er hinein ›verwandelt‹ wurde.«[285] Analoges gilt von der Taufszene am Jordan: Die Stimme aus der Höhe *erklärt* Jesus als »*den Sohn Gottes*«; aber sie *macht* ihn nicht erst dazu. Denn Mk 1,11 setzt die in Mk 1,2.7 eindeutig bezeichnete Präexistenz dieses Sohnes voraus. Auch die beiden Stellen der Apostelgeschichte (2,36; 13,33), die von einer Einsetzung Jesu zum Herrn (κύριος) und Gesalbten (χριστός) sprechen, setzen die von Lukas schon für den vorösterlichen Jesus reklamierte präexistente Gottessohnschaft (Lk 1,32.35; 3,21f; Lk 24,26.46: Apg 4,25–28; 10,38) voraus. »Der in der Schrift verheißene messianische ›Sohn Gottes‹ – das ist *in Wahrheit* der nach seinem Ursprung und Wesen und also von allem Anfang an auf die Seite Gottes gehörende *göttliche* Sohn.«[286] Das wird exemplarisch deutlich in Mk 12,35–37: »*Als Jesus im Tempel lehrte, sagte er: Wie können die Schriftgelehrten behaupten, der Messias sei der Sohn Davids? Denn David hat, vom Heiligen Geist erfüllt, selbst gesagt: Der Herr sprach zu meinem Herrn: Setze dich mir zur Rechten, und ich lege dir deine Feinde unter die Füße* [Ps 110,1]. *David selbst also nennt den Messias ›Herr‹. Wie kann er dann Davids Sohn sein?*« – Markus stellt in dieser Szene den Messias Jesus auf die Seite Gottes[287]. Denn Jesus kann nicht dem Ursprung nach Davidide sein, wenn er »der Herr« (ὁ κύριος) Davids ist. Und was Mk mit der Tempelszene zum Ausdruck bringt, wird von Mt und Lk bis in die Reflexion über Jesu Ursprung getrieben. Die Perikopen, die eindeutig die jungfräuliche Empfängnis Jesu bezeugen (Mt 1,18–25; Lk 1,26–38), stellen die traditionelle Messias-Erwartung geradezu auf den Kopf. Denn Israel hatte einen Messias aus der Nachkommenschaft Davids, also aus dem eigenen Volk, erwartet, der dann gemäß 2 Sam 7,12–16 bei seiner Thronbesteigung zum Sohn Gottes adoptiert wird. In Mt 1,18–25 und Lk 1,26–38 aber verhält es sich im Sinne einer antitypischen Exegese genau umgekehrt: Hier ist der Messias von Anfang an seinem Wesen und Ursprung nach »der Sohn Gottes«, der dann – nach seiner Geburt – von dem

---

285 Hengel, Der Sohn Gottes, 94.
286 Hofius, Ist Jesus der Messias, in: JBTh 8 (1993) 103–129; 125.
287 Martin Hengel kommt in seiner umfassenden Analyse zur Traditionsgeschichte des Bildes vom Sitzen zur Rechten Gottes zu dem Ergebnis: Jesus »erhält so *die unmittelbarste Form der Gottesgemeinschaft, die für einen Juden aufgrund eines alttestamentlichen Textes vorstellbar war.* Sie wird nur noch im Johannesevangelium 1,18 durch das ewige Sein des μονογενὴς θεὸς ὁ ὢν εἰς τὸν κόλπον τοῦ πατρός überboten, was dann später in 10,30 in abstrakter Weise mit dem ἐγὼ καὶ ὁ πατὴρ ἕν ἐσμεν ausgedrückt wird« (»Setze dich mir zur Rechten!« Die Inthronisation Christi zur Rechten Gottes und Psalm 110,1, in: M. Philonenko (Hg.), Le Trône de Dieu [WUNT 69], Tübingen 1993, 108–194; 132).

Davididen Joseph adoptiert wird. Diese Antitypik ist, wie vor allem aus Mt 1,20–23; 26,28 hervorgeht, die Voraussetzung dafür, dass *dieser* Messias an der Wurzel heilen, nämlich von der Sünde befreien kann. Kurzum: Die Frage, ob Jesus der »Messias Israels« im Sinne der aus bestimmten Traditionen erwachsenen frühjüdischen Messianologie ist, muss eindeutig negativ beschieden werden. Aber Jesus gibt dem Messias-Titel einen völlig neuen Inhalt. Denn er ist der Messias für Israel *und* für die Heidenvölker. Er kommt in völlig singulärer Weise von Gott. Und er ist mächtiger als alle Mächtigen dieser Welt – nicht auf Grund militärischer oder politischer Macht, sondern auf Grund einer Liebe, die stärker war als der kreuzigende Hass der Sünde.

2.4 Die »Präexistenz«-Christologie

Allzu lange dominierte in der Exegese die religionsgeschichtliche Schule mit ihrem kaum noch hinterfragten Dogma von der Hellenisierung oder synkretistischen Paganisierung[288] des Juden Jesus. Aus dem Gegensatz zwischen »ursprünglich-palästinischen« und »sekundär-hellenistischen« Traditionen wurde der Gegensatz zwischen Messias-Christologie und Präexistenz-Christologie, zwischen Inspirationschristologie und Inkarnationschristologie, zwischen Aszendenz- und Deszendenzchristologie abgeleitet. Inzwischen weiß man, dass dieser Gegensatz eine Konstruktion seiner Erfinder ist und also dem Befund der Quellen widerspricht. Inzwischen gilt als Konsens, dass auch die Bezeugung der jungfräulichen Empfängnis in Lk 1,26ff und Mt 1,18ff der jüdisch-palästinischen Traditionsgeschichte[289] und nicht einem gnostischen Erlöser-Mythos bzw. der griechischen Vorstellung vom »göttlichen Menschen« (θεῖος ἀνήρ; θεῖος

---

[288] Rudolf Bultmann (1884–1976) spricht im Unterschied zu seinen Lehrern Wilhelm Bousset (1865–1920) und Wilhelm Heitmüller (1869–1926) nicht mehr einfach von einer »Hellenisierung des Christentums« oder einem »neuen hellenistischen Christentum«, sondern von einer Einpassung des jüdisch-palästinischen Christentums in die »Kultusfrömmigkeit« der antiken Mysterienreligionen: »Denn die Gestalt einer leidenden und sterbenden und wieder zum Leben erweckten Sohnesgottheit kennen ja auch Mysterienreligionen, und vor allem kennt die Gnosis die Vorstellung des Mensch gewordenen Gottessohnes, des Mensch gewordenen himmlischen Erlösers« (R. Bultmann, Das christologische Bekenntnis des Ökumenischen Rates, in: Ders., Glauben und Verstehen. Gesammelte Aufsätze, Bd. II, Tübingen ⁶1993, 246–261; 251).
[289] Vgl. Hengel, Judentum und Hellenismus; ders., Der Sohn Gottes, Tübingen 1975, bes. 41–67; K. Schubert, Die Jungfrauengeburt im Lichte frühjüdischer Quellen, in: ThG(B) 16 (1973) 193–199; J. Gnilka, Exkurs »Die Jungfrauengeburt Jesu«, in: Das Matthäusevangelium, Bd. I (HThK I/1), Freiburg 1986, 22–33.

2.4 Die »Präexistenz«-Christologie

ἄνθρωπος)²⁹⁰ oder der ägyptischen Vorstellung von der »Geist-Zeugung« des Pharao entstammt²⁹¹.

Die These von einer hellenistischen und synkretistischen Transformation des gekreuzigten Juden Jesus in den präexistenten Sohn Gottes verdrängt vor allem, dass zwischen der Hinrichtung des galiläischen Juden Jesus und dem paulinischen Bekenntnis zu Jesus Christus als dem Kyrios (Phil 2,6–11) nicht einmal zwanzig Jahre liegen. Dies ist wohl am ehesten durch eine Erfahrung zu erklären, die von dem so Erhöhten selbst ausging. Denn die Zeit für eine von außen (durch das religionsgeschichtliche Umfeld) angeregte Transformation war einfach nicht gegeben und ist auch inhaltlich betrachtet ganz unwahrscheinlich.

Martin Hengel beginnt seine Ableitung der christologischen Hoheitstitel »Sohn Gottes« und »Kyrios« aus der jüdisch-palästinischen Tradition mit der geradezu emphatischen Feststellung:

»Am Passafest des Jahres 30 wird in Jerusalem ein galiläischer Jude wegen messianischer Umtriebe ans Kreuz genagelt. Etwa 25 Jahre später zitiert der ehemalige Pharisäer Paulus in einem Brief an die von ihm gegründete messianische Sektengemeinde in der römischen Kolonie Philippi einen Hymnus über eben diesen Gekreuzigten: ›Der göttlichen Wesens war, hielt nicht gierig daran fest, Gott gleich zu sein, sondern entäußerte sich selbst, nahm Sklavengestalt an, wurde Menschen gleich und wie ein Mensch gestaltet, er erniedrigte sich selbst, wurde gehorsam bis zum Tode, ja zum Tode am Kreuz.‹ (Phil 2,6–8). Die Diskrepanz zwischen dem schändlichen Tod eines jüdi-

---

290 Dazu: L. Bieler, ΘΕΙΟΣ ΑΝΗΡ. Das Bild vom »göttlichen Menschen« in Spätantike und Frühchristentum (Nachdr. der Aufl. von 1935), Darmstadt 1976; A. Grillmeier, Gottmensch. Sprachfeld und theologiegeschichtliche Problemfaltung, in: Ders., Fragmente zur Christologie. Studien zum altkirchlichen Christusbild, hg. v. T. Hainthaler, Freiburg 1997, 215–263; D. S. du Toit, Theios anthropos. Zur Verwendung von θεῖος ἄνθρωπος und sinnverwandten Ausdrücken in der Literatur der Kaiserzeit (WUNT 91), Tübingen 1997. – David S. du Toit hat mit seiner Studie die Herleitung der neutestamentlichen »Präexistenz-Christologie« aus den Attributen der hellenistischen Gottessohnprädikation gründlich widerlegt. Er konnte sogar zeigen, dass gerade da, wo im hellenistischen Kulturraum von genuin göttlichen Eigenschaften die Rede ist, die Bezeichnungen θεῖος ἄνθρωπος und θεῖος ἀνήρ keine Verwendung finden. Stattdessen werden z. B. Archegeten eines Wissenszweiges wie Pythagoras als »göttliche Menschen« bezeichnet. Erst Christen – z. B. Eusebius – verbinden im Blick auf Jesus Christus mit der Bezeichnung θεῖος ἄνθρωπος ontologische Vorstellungen.

291 Vgl. J. Kügler, Pharao und Christus? Religionsgeschichtliche Untersuchung zur Frage einer Verbindung zwischen altägyptischer Königstheologie und neutestamentlicher Christologie im Lukasevangelium (BBB 113), Bodenheim 1997; H. Merklein, Ägyptische Einflüsse auf die messianische Sohn-Gottes-Aussage des Neuen Testaments, in: Ders., Studien zu Jesus und Paulus, Bd. II (WUNT 105), Tübingen 1998, 3–30.

170   2. Kategorien und Grundgestalten der biblischen Christologie

schen Staatsverbrechers und jenem Bekenntnis, das diesen Exekutierten als präexistente göttliche Gestalt schildert, die Mensch wird und sich bis zum Sklaventod erniedrigt, diese – soweit ich sehe auch für die antike Welt analogielose – Diskrepanz beleuchtet das Rätsel der Entstehung der urkirchlichen Christologie. Paulus hatte die Gemeinde in Philippi etwa im Jahr 49 n. Chr. gegründet, und er wird in dem ca. 6/7 Jahre später geschriebenen Brief den dortigen Gläubigen keinen anderen Christus vorgestellt haben als in seiner gemeindegründenden Predigt. Das bedeutet aber, dass sich diese ›Apotheose des Gekreuzigten‹ schon in den vierziger Jahren vollendet haben muss, und man ist versucht zu sagen, dass sich in jenem Zeitraum von nicht einmal zwei Jahrzehnten christologisch mehr ereignet hat als in den ganzen folgenden sieben Jahrhunderten bis zur Vollendung des altkirchlichen Dogmas. Ja man könnte sich fragen, ob die Dogmenbildung in der Alten Kirche in der ihr notwendigerweise vorgegebenen griechischen Sprach- und Denkform nicht im Grunde nur konsequent weiterführte und vollendete, was sich im Urgeschehen der ersten beiden Jahrhunderte bereits entfaltet hatte.«[292]

Während die Vertreter der religionsgeschichtlichen Schule die von Paulus auf Jesus angewandten Hoheitstitel »Sohn Gottes« und »Kyrios« unterschiedslos als Belege für die vorgefasste These von der hellenistisch geprägten Apotheose des Gekreuzigten anführen, fragt Martin Hengel, warum Paulus den Hoheitstitel »Sohn Gottes« nur 15mal, den Hoheitstitel »Kyrios« aber 184mal verwendet. Er kommt zu dem Ergebnis, dass Paulus den Titel »Sohn Gottes« vor allem dort vermeidet, wo seine Adressaten von der Versuchung der Anpassung an dionysisch-mysterienhafte Heilslehren gefährdet sind. Und Hengel kann innerhalb einer detaillierten Befragung der Einzelstellen zeigen, dass Paulus da, wo er den Hoheitstitel »Sohn Gottes« verwendet, auf vorgeprägte feste Formeln zurückgreift[293]. Diese Formeln verwenden stets dasselbe syntaktische Schema: »Subjekt ist Gott, es folgt als Prädikat ein Verb des Sendens. Das Objekt ist der Sohn, daran schließt sich ein durch »ἵνα« eingeleiteter Finalsatz an, der die Heilsbedeutung der Sendung erläutert.«[294] Der Sohn-Gottes-

---

292 Hengel, Der Sohn Gottes, 9–11.
293 Diese These wird detailliert bestätigt von: W. Kramer, Christos, Kyrios, Gottessohn. Untersuchungen zu Gebrauch und Bedeutung der christologischen Bezeichnungen bei Paulus und den vorpaulinischen Gemeinden (AThANT 44), Zürich/Stuttgart 1963, bes. 105–125.
294 Hengel, Der Sohn Gottes, 24.

2.4 Die »Präexistenz«-Christologie 171

Titel beschreibt also nicht eine Apotheose, sondern »die Einzigartigkeit des Heilsgeschehens, die Größe des Opfers um unseretwillen«[295].

Mit dem relativ selten verwandten Hoheitstitel »Sohn Gottes« bezeichnet Paulus die universale Heilsbedeutung Jesu und sein singuläres Verhältnis zum Vater. Mit dem viel häufiger gebrauchten Titel »Kyrios« charakterisiert er das Verhältnis der Gläubigen zu ihrem Herrn. Die Formel Κύριος Ἰησοῦς (Röm 10,9; 1 Kor 12,3; Phil 2,11) ist so etwas wie eine Kurzformel des Glaubens und Grundbestandteil der liturgischen Anrede des Auferstandenen.

Die Frage nach der traditionsgeschichtlichen Herkunft des Kyrios-Titels wird inzwischen von keinem Exegeten mehr im Sinne der religionsgeschichtlichen Schule beantwortet. Philipp Vielhauer[296] und Hans Conzelmann[297] waren die letzten Vertreter ihres Faches, die sich Wilhelm Bousset[298] und Rudolf Bultmann[299] mit der These angeschlossen haben, Jesus sei vor allem vom Völkerapostel Paulus »Kyrios« genannt worden, weil im hellenistischen Kulturraum des östlichen Mittelmeeres politische Machthaber und Götter als »Kyrioi« bezeichnet wurden. Letzteres ist zwar unbestreitbar. Aber die Frage bleibt doch, ob die Anwendung des Hoheitstitels »Kyrios« auf Jesus Christus aus dem hellenistisch-paganen Gebrauch abgeleitet werden kann oder ob umgekehrt der bereits auf Jesus angewandte Titel im Zuge der missionarischen Ausbreitung des Christentums Elemente des hellenistisch-paganen Gebrauchs integriert hat. Ohne Zweifel lässt sich beweisen, dass die ältesten neutestamentlichen Texte, in denen der Kyriostitel auf Jesus angewandt wird, vorpaulinisch sind[300]. Dem griechisch verfassten Christushymnus Phil 2,6–11 liegt eine semitische Urfassung zu Grunde, die sich – wie Pierre Grelot gezeigt hat – mit großer Zuverlässigkeit rekonstruieren lässt[301].

Nicht nur eine hellenistisch-pagane, sondern auch eine hellenistisch-jüdische Herkunft des neutestamentlichen Kyrios-Titels ist höchst unwahrscheinlich. Denn die Griechisch sprechenden Juden[302] haben in den

---

295 Hengel, Der Sohn Gottes, 26.
296 Vgl. P. Vielhauer, Ein Weg zur neutestamentlichen Christologie? Prüfung der Thesen Ferdinand Hahns. Aufsätze zum Neuen Testament (TB 31), München 1965, 141–198.
297 Vgl. H. Conzelmann, Grundriss der Theologie des Neuen Testaments, 101–103.
298 Vgl. W. Bousset, Kyrios Christos. Geschichte des Christusglaubens von den Anfängen des Christentums bis Irenaeus, Göttingen ³1926, 75–104.
299 Vgl. R. Bultmann, Theologie des Neuen Testaments, Tübingen ⁵1965, 126f.
300 Dazu: I. H. Marshall, Palestinian and Hellenistic Christianity. Some Critical Comments, in: NTS 19 (1972/73) 271–287.
301 Vgl. P. Grelot, Deux notes critiques sur Philippiens 2,6–11, in: Bib. 54 (1973) 169–186; 180–186.
302 Das hellenistische Judentum ist »keine Größe, die man geographisch vom palästinischen Judentum absetzen könnte, wie man sich denn auch von dem immer noch nachwirken-

2. Kategorien und Grundgestalten der biblischen Christologie

von ihnen erstellten Versionen der Septuaginta das Tetragramm JHWH stehen lassen, während die von Christen angefertigten Kopien der Septuaginta das Tetragramm meistens durch das griechische κύριος übersetzen. Daraus folgert Joseph A. Fitzmyer zu Recht: »Aus der Septuaginta ist also die christliche Verwendung von κύριος nicht abzuleiten. Es verhält sich geradezu umgekehrt: Nachdem der Titel einmal im Gebrauch war, fand man ihn in der Bibel wieder.«[303]
Auch in Bezug auf den allzu oft als genuin hellenistisch bezeichneten Hoheitstitel Kyrios empfiehlt sich die Herleitung aus der jüdischpalästinischen Tradition. Man darf vermuten, dass dieselben Griechisch sprechenden Juden Palästinas, die, nachdem sie Christen geworden waren, JHWH hebräisch als *marah* und griech. als κύριος bezeichneten[304], in einem zweiten Schritt Jesus Christus mit demselben Titel bedachten (vgl. 1 Kor 16,22; 2 Kor 11,22; Phil 3,5). Joseph A. Fitzmyer schließt aus diesem Befund, »dass der auf Jesus angewandte Kyriostitel eine Transzendenz impliziert, die Jesus mit JHWH zusammenstellt, in einer Art ›Gleichheit‹, wenn auch nicht als ›Identifizierung‹, denn er ist ja nicht *abba*, ›Vater‹.«[305]

2.4.1 Die Frage nach dem Ursprung der Präexistenzaussagen

Die religionsgeschichtliche Schule vertritt – angefangen bei Adolf von Harnack über Wilhelm Bousset und Wilhelm Heitmüller bis zu Rudolf Bultmann und Hans-Werner Bartsch – die These, alle Präexistenz- und Inkarnationsaussagen des Neuen Testamentes seien Folgen einer retrospektiven Apotheose des zunächst zur Rechten des Vaters erhöhten und dann dem Vater ebenbürtig erklärten Juden aus Nazaret[306]. Wenn man

---

den Dogma freimachen muss, das hellenistische Judenchristentum stelle traditionsgeschichtlich eine auf das palästinische Judenchristentum folgende Phase der Geschichte des Urchristentums dar. Die Gruppe der ›Hellenisten‹ Jerusalems (Apg 6,1), als deren Exponenten Stephanus und die Sieben anzusehen sind, beweist zur Genüge, dass das hellenistische Judenchristentum eine Größe der ersten Tage des Urchristentums gewesen ist« (H. Merklein, Zur Entstehung der urchristlichen Aussage vom präexistenten Sohn Gottes, in: Ders., Studien zu Jesus und Paulus, Bd. I [WUNT 43], Tübingen 1987, 247–276; 262f). – Dazu: Hengel, Judentum und Hellenismus, bes. 108–195.
303 J. A. Fitzmyer, Der semitische Hintergrund des neutestamentlichen Kyriostitels, in: Jesus Christus in Historie und Theologie (FS Hans Conzelmann), hg. v. G. Strecker, Tübingen 1975, 267–298; 281.
304 Dazu: S. Schulz, Maranatha und Kyrios Jesus, in: ZNW 53 (1962) 125–144.
305 Fitzmyer, Der semitische Hintergrund, 297.
306 Dazu: C. Colpe, Die religionsgeschichtliche Schule. Darstellung und Kritik ihres Bildes vom gnostischen Erlösermythos, Göttingen 1961, 171–208; K.-J. Kuschel, Geboren vor aller Zeit? Der Streit um Christi Ursprung, München 1990, 39–222.

2.4 Die »Präexistenz«-Christologie

diese wohl hinreichend widerlegte Position ausklammert und sich von dem Vorurteil verabschiedet, die Präexistenz-Aussagen des Neuen Testamentes seien der Ausweis einer späten, von hellenistischen und ägyptischen Einflüssen gespeisten Christologie, dann bleiben im Wesentlichen zwei Antworten der zeitgenössischen Exegese auf die Frage nach dem Ursprung der neutestamentlichen Präexistenz-Christologie. Antwort (1) wird exemplarisch von Klaus Berger, Antwort (2) von Helmut Merklein vertreten. Beide Exegeten sind sich einig in der Feststellung, dass die Präexistenz- und Inkarnationsaussagen schon relativ früh auf dem Boden der jüdisch-palästinischen Tradition formuliert wurden. Aber Berger geht aus von der Erkennbarkeit des Jesus als des Christus schon vor Ostern, während Merklein mit dem mainstream der historisch-kritisch argumentierenden Exegese zwischen dem Jesus vor Ostern und dem Christus nach Ostern unterscheidet.

»Hat sich denn«, so fragt Berger, »irgendwo die Erinnerung erhalten, dass man eben erst nach Ostern und aufgrund von Ostern zu der entscheidenden Einsicht gelangt ist?« Seine Antwort heißt: »Nein. Es gibt keinen einzigen ntl. Text, aus dem hervorgeht, dass die entscheidende christologische Erkenntnis den Jüngern erst nach Ostern zuteil geworden wäre. Die Grundprämisse liberaler Exegese in der Frage der Christologie hält daher dem Textbefund des NT nicht stand. Sie ist anders, und zwar philosophisch entstanden und zu deuten. Es ist höchste Zeit, sie kritisch zu diskutieren[307]. Für William Wrede war das Gebot Jesu, erst nach der Auferstehung des Menschensohnes von einer christologischen Autorität zu erzählen [Mk 9,9: »*Während sie den Berg hinabstiegen, verbot er ihnen, irgend jemand zu erzählen, was sie gesehen hatten, bis der Menschensohn von den Toten auferstanden sei.*«], das klassische Argument für seine These, der Glaube an diese christologische Würde Jesu sei eben erst zu Ostern entstanden. Diese Aussage enthält der Text in Mk 9 nun freilich keineswegs. Er besagt

---

307 Große Teile der systematischen Christologie übernehmen ohne Einschränkung das exegetische Dogma von der Erkennbarkeit des Jesus als des Christus erst nach Ostern. Aufschlussreich für diese Entwicklung ist die Frage, inwiefern Jesu Menschsein als Glaubensgrund gesehen wurde. Dazu: F.-J. Niemann, Jesus als Glaubensgrund in der Fundamentaltheologie der Neuzeit. Zur Genealogie eines Traktats (ITS 12), Innsbruck 1984. Unter den neueren systematischen Entwürfen stehen für eine möglichst weitgehende Trennung zwischen vorösterlichem Jesus und nachösterlichem Christus: E. Schillebeeckx, Jesus. Die Geschichte von einem Lebenden, aus dem Niederländischen übers. v. H. Zulauf, Freiburg ²1992, 458–505; L. Boff, Jesus Christus, der Befreier, übers. aus dem Portugiesischen v. H. Goldstein u. K. Hermans, Freiburg 1986, 89–100. – Eine ausgezeichnete Analyse der Christologie von Schillebeeckx bietet: M. Stickelbroeck, Christologie im Horizont der Seinsfrage. Über die epistemologischen und metaphysischen Voraussetzungen des Bekenntnisses zur universalen Heilsmittlerschaft Christi (MThS.S 59), St. Ottilien 2002, 210–302.

174   2. Kategorien und Grundgestalten der biblischen Christologie

vielmehr das Gegenteil: Die christologische Erkenntnis sei vorösterlich. Ostern markiert hier nur den Zeitpunkt, von dem ab verkündigt wurde, den terminus a quo der Verkündigung, nicht aber des Glaubens.«[308] Auch die Stellen, in denen das Johannesevangelium davon spricht, dass die Jünger erst in der Begegnung mit dem Auferstandenen zu »verstehen« beginnen (Joh 2,22; 8,28; 20,9), lässt Berger nicht als Argumente für die These einer erst nachösterlichen Erkenntnis Jesu als des Christus gelten; im Gegenteil: »Kein Text sagt etwas über die christologische Erkenntnis erst ab Ostern. Was die Jünger dagegen erkennen, ist die Schriftgemäßheit der Auferweckung.«[309] Wenn bestimmte Gestalten des NT erst durch die Begegnung mit dem Auferstandenen zum Bekenntnis Jesu als des Christus gelangen, dann sind es nicht die Jünger, sondern Außenstehende wie der Christenverfolger Saulus. Berger bemerkt dazu: »Es scheint, dass die liberale Theologie wieder einmal von Paulus ausgegangen ist und ihn als den Maßstab für alles gewertet hat. Nur im Blick auf die Judenpredigten der Apg und auf die Bekehrung des Paulus kann gelten, dass die christologische Erkenntnis erst durch Ostern möglich wurde. Aber hier handelt es sich nicht um Jünger, sondern um Gegner, die unter besonderen und nicht zu verallgemeinernden Bedingungen im Rahmen ihrer Biographie erst nach Ostern zu der Erkenntnis Jesu gelangt sind.«[310]

Indem Klaus Berger von der Erkennbarkeit des vorösterlichen Jesus als des Christus ausgeht, findet er zu folgender Erklärung der nach seiner Meinung sehr früh entstandenen Präexistenz-Aussagen: Diese sind »nicht einfach ›hohe und dogmengeschichtlich späte Reflexion‹ [...], sondern der Versuch, von den Voraussetzungen jüdischer Mystik her das christologische Geheimnis zu erfassen«[311]. Berger weiß, dass jüdische Texte nur

---
308 K. Berger, Im Anfang war Johannes. Datierung und Theologie des vierten Evangeliums, Stuttgart 1997, 49f.
309 Berger, Im Anfang, 51.
310 Berger, Im Anfang, 51f.
311 Berger, Im Anfang, 142. – »Anders als das Forschungs-Klischee ausweist, ist das JohEv eben nicht zeitlich spät anzusetzender Höhepunkt und Schlusspunkt einer sich immer weiter steigernden Abkoppelung des Christentums vom Judentum, in deren Verlauf das Christentum zu immer höheren Aussagen über Jesus gelangt sei, die den Graben zwischen Judentum und Christentum unüberwindlich gemacht hätten. [...] Weil alle neutestamentlichen Autoren Judenchristen sind, kann man den Ansatz gar nicht begreifen, wonach es stets das erste Ziel dieser Menschen gewesen sein soll, den Boden, auf dem sie standen, das Judentum, zu zerstören. Wer so meint, jüdisch-christliches Gespräch führen zu können, leistet beiden Partnern einen Bärendienst. Angesichts dieses Befundes ist der Verdacht wohl nicht ganz von der Hand zu weisen, dass oft Menschen, die um des jüdisch-christlichen Dialoges willen auf christlich-neutestamentliche Positionen meinen verzichten zu müssen, oft nur auf diesem Wege eine Bestätigungsurkunde für ihr liberal-modernistisches Bekenntnis erlangen möchten. Unter dem moralischen Druck der jüdisch-christlichen Annähe-

2.4 Die »Präexistenz«-Christologie

die Präexistenz von Hypostasen (wie Weisheit und Logos), nicht aber die Präexistenz bestimmter Individuen kennen. Aber er kann eine ganze Reihe von Texten aus dem Bereich des Griechisch sprechenden Judentums auflisten, in denen »die theologische Identität einer Gestalt [...] als Beziehung [...] einer himmlischen Größe (Engel, prophetischer Geist, Logos) zu einem konkreten Menschen«[312] erscheint. Der Unterschied zwischen dem Erscheinen der Kraft des Elias in dem Täufer Johannes (vgl. Lk 1,17) und dem Erscheinen der Kraft des Weltschöpfers (Gen 1,1 → Joh 1,1) in Jesus Christus liegt auf der Hand: »Der Täufer ist nur ein Mensch (Joh 1,6), Jesus dagegen ist Ort Gottes, durch ihn ist alles geworden. So sind die Größendimensionen von Anbeginn klar.«[313]

Aus Bergers Sicht gehen »alle frühchristlichen Aussagen darüber, dass Jesus entweder selbst präexistent war oder dass in ihm der präexistente Logos erschienen ist, [...] auf einen grundlegenden Sachverhalt zurück: In Jesu Wort ist mehr als menschliche Rede (Mk 1,22), eben schöpferisches Wort Gottes selbst«[314]. Aussagen wie Joh 1,14 vom Zelten Gottes unter den Menschen oder Joh 2,21 vom Tempel, der Jesu Leib ist, sind dem zeitgenössischen Judentum vertraut[315]. Wenn Jesus in Joh 1,18 θεός

---

rung schlägt man so zwei Fliegen mit einer Klappe: Man wird lästige Positionen im eigenen Lager los und meint gleichzeitig, dem jüdischen Partner [...] Steine aus dem Weg geräumt zu haben« (Berger, Im Anfang, 299).

312 Berger, Im Anfang, 144.
313 Berger, Im Anfang, 155. – Das vierte Evangelium benutzt den Täufer geradezu als Folie der Messianität Jesu: Der Täufer selbst kann keine Sünden vergeben; er bezeichnet aber den, der als das »Lamm Gottes« die Sünden der Welt hinwegnimmt. Der Täufer wirkt keine Wunder; Jesus aber wirkt die Zeichen, die im zeitgenössischen Judentum als Machterweise Gottes selbst gelten. Der Täufer bezeichnet sich selbst als den Freund des Bräutigams, der die Braut hat (Joh 3,29). Jesus ist der Bräutigam, der die Braut – nämlich Israel – hat, weil er nach Joh 3,26 der Täufer ist, dem alle zulaufen. Und schließlich verzichtet das vierte Evangelium auf jeden Bericht über den Tod des Täufers, damit er nicht neben Jesus als Martyrer erscheine.
314 Berger, Im Anfang, 190.
315 In der Vision des brennenden Dornbusches spricht Gott zu Mose: »*Ich habe das Elend meines Volkes, das in Ägypten ist, wohl gesehen, und ihr Schreien über ihre Treiber habe ich gehört; ja, ich kenne seine Leiden. Darum bin ich herabgestiegen, um es aus der Gewalt der Ägypter zu befreien und es aus diesem Land heraufzuführen in ein schönes und geräumiges Land, das von Milch und Honig fließt*« (Ex 3,8). Die »Urerfahrung« der Befreiung aus Ägypten gab Israel die Gewissheit und die immer neue Hoffnung, dass Gott sich nicht scheut, mitten unter sein Volk *herabzusteigen*, um es hinaufzuführen ins Land der Verheißung. Gott, dessen Transzendenz der Glaube Israels so entschieden betont, ist zugleich der ganz Nahe: Er kommt herab, macht sich klein, gleicht sich den Menschen an. Dieses Wohnen Gottes unter seinem Volk nennt die jüdische Theologie die *schekinah*, seine »Einwohnung«. Die *schekinah* ist von Gott unterschieden und doch er selbst. Dabei wird betont, dass das Wohnen Gottes (in seinem Volk) das Endziel des göttlichen Schöpfungsplanes war. Der christliche Glaube an die Menschwerdung Gottes steht in dieser Linie alttestamentlich-jüdischer Erwartung: Dass Gott aus Lie-

(nicht wie der Vater ὁ θεός) genannt wird, sprengt das keineswegs die Vorstellungskraft des zeitgenössischen Judentums. Berger verweist u. a. auf Philo von Alexandrien, der von Mose sagt, er sei »von Gottes Art«, weil er als Gesandter von oben Gott selbst präsent macht[316].

Berger, der wie kein Zweiter die Traditionsgeschichte des Urchristentums kennt, äußert die Vermutung, dass die Wirkungsgeschichte Jesu gar nicht denkbar wäre ohne die umwerfende Erfahrung der Präsenz Gottes in ihm. Denn das Neue Testament ist keine Lehre, sondern eine Sammlung von Zeugnissen, die auf der Erfahrung eines umstürzenden Ereignisses beruhen, nämlich auf der Erfahrung der Präsenz Gottes selbst in Jesus. Gemeint ist mit diesem Erleben unendlich viel mehr als die Erfahrung der Ausstrahlung eines besonderen Menschen: »Etwa wenn Jesus beim Besuch des Hauses des Zachäus sagen kann: *Heute ist diesem Haus Heil widerfahren* (Lk 19,9). Die reine Gegenwart Jesu bei dem Zöllner bedeutet nichts Geringeres als das Heil. Ähnliches gilt auch sonst für die Überlieferungen von Jesu Wirken bei Sündern und Zöllnern (Mk 2,14-17; Lk 7,47-50). Denn Jesus verlangt von diesen Menschen jedenfalls nicht als erstes ein Sünden- und Glaubensbekenntnis, sondern heilt sie durch bloße Zuwendung und Gegenwart, durch Tischgemeinschaft und Annehmen ihrer Sehnsüchte im Sinne von Glauben (Lk 7,50).«[317] Die johanneischen Aussagen über Jesu Einssein mit dem Vater (z. B. Joh 10,30; 17,22f) entsprechen exakt dem, was die Menschen erfahren haben, die in der Begegnung mit Jesus zu einem Glauben kamen, der Berge und Bäume versetzt oder Kranke heilt. Wenn Jesus sagt: »Ich und der Vater sind eins« (Joh 10,30), dann handelt es sich nicht – wie Berger immer wieder unterstreicht – um eine den jüdischen Monotheismus zerstörende Aussage später Hoheitschristologie; ganz im Gegenteil: Wenn »der eine und einzige Gott in Jesus wohnt, dann hat Jesus alle Vollmacht eben von Gott dem Vater und nicht aus sich selbst.«[318]

---

be zu seinem Volk vom Himmel herabgestiegen ist, dass er sich auf der Erde den niedrigsten Platz ausgesucht und seine Unendlichkeit auf einen kleinen Raum in der Welt beschränkt hat, dass er arm und demütig auf seine Ehre verzichtet, den Menschen Sklavendienste geleistet und schließlich auf reale Weise am tiefsten Leid seines Volkes teilgenommen hat: das alles kann der jüdische Glaube sagen. Allerdings bleibt zwischen diesen jüdischen Aussagen über das Herabsteigen Gottes und dem christlichen Inkarnationsglauben doch ein gravierender Unterschied. Den Juden ist es unmöglich, »Gott als die eine Person […] völlig und endgültig mit einem menschlichen Leben verbunden zu sehen« (P. Kuhn, Gottes Selbsterniedrigung in der Theologie der Rabbinen [StANT 17], München 1968, 108).

316 Vgl. Berger, Im Anfang, 191.
317 Berger, Im Anfang, 295.
318 Berger, Im Anfang, 191.

2.4 Die »Präexistenz«-Christologie

Da Helmut Merklein im Unterschied zu Klaus Berger von einer Erkennbarkeit des Jesus als des Christus erst nach Ostern ausgeht[319], kann er dessen Ausführungen über den Ursprung der Präexistenzaussagen nicht affirmieren. Allerdings verortet auch er die Präexistenzchristologie nicht in der Ostererfahrung als solcher[320]. Es geht ihm um das Verstehen von Jesu Kreuzestod als »*der* wahren Weisheit« im Lichte des Osterereignisses. Merklein kann eine lange Liste von Stellen anführen, in denen die soteriologische Bedeutung des Todes Jesu »für uns« als die Weisheit dargestellt wird, deren Boten getötet werden (Lk 7,31–35; 11,49–51; 13,34f)[321].

In Lk 11,49 lesen wir: »*Deshalb hat auch die Weisheit Gottes gesagt: ich werde Propheten und Apostel zu ihnen senden, und sie werden einige von ihnen töten und andere verfolgen.*« Hier wird nicht ausdrücklich von der Präexistenz der Weisheit gesprochen; aber diese Eigenschaft ist so untrennbar mit der atl. beschriebenen Weisheit verknüpft, dass sie nicht eigens erwähnt werden muss. Expressis verbis wird der Zusammenhang von (präexistenter) Weisheit und Jesu Tod in 1 Kor 1–2 beschrieben; dort bemerkt Paulus: »*Von ihm her seid ihr in Christus Jesus, den Gott für uns zur Weisheit gemacht hat, zur Gerechtigkeit, Heiligung und Erlösung*« (1 Kor 1,30). Und: »*Wir verkündigen das Geheimnis der verborgenen Weisheit Gottes, die Gott vor*

---

319 Merklein setzt sich zwar nicht mit Berger, wohl aber mit ähnlich gelagerten Thesen von F. Mussner (Ursprünge und Entfaltung der neutestamentlichen Sohneschristologie. Versuch einer Rekonstruktion, in: L. Scheffczyk [Hg.], Grundfragen der Christologie heute [QD 72], Freiburg 1975, 77–113) und R. G. Hamerton-Kelly (Pre-existence, Wisdom, and the Son of Man. A Study of the Idea of Pre-exience in the New Testament [MSSNTS 21], Cambridge 1973, bes. 15–102) auseinander. Ausdrücklich bestätigt er die von G. Dautzenberg wie folgt umrissene Grundposition: »Voraussetzung und Ursprungsort des christologischen Denkens im Neuen Testament ist die Erfahrung der Auferweckung des Gekreuzigten, des Bekenntnisses Gottes zu dem, der im Namen Gottes gehandelt hatte, aber irdisch gescheitert war. Der Auferstandene wurde [...] als der ›Sohn Gottes‹ erkannt« (Christusdogma ohne Basis?, Essen 1971, 36).
320 Wörtlich bemerkt Helmut Merklein: Es ist »zu beachten, dass aus der Auferstehungs- bzw. Erhöhungsaussage die Präexistenz des Irdischen weder gefolgert werden kann noch in den Texten [z. B. Kol 1,18; Phil 2,9; 1 Tim 3,16] gefolgert wird. Vielmehr wird die Präexistenz für die Erhöhungs- bzw. Auferweckungsaussage vorausgesetzt, und das nicht nur zeitlich, sondern auch sachlich, was sich am deutlichsten in der kosmisch-universalen Qualifikation der Auferstehung bzw. Erhöhung in den drei Texten niederschlägt. Ostern dürfte also kaum der unmittelbare Ansatzpunkt für die Vorstellung von der Präexistenz Jesu gewesen sein, was nicht ausschließt, dass ›die Auferweckung Jesu von den Toten [...] den hermeneutischen Prozess‹ entscheidend vorangetrieben hat« (Zur Entstehung der urchristlichen Aussage vom präexistenten Sohn Gottes, in: Ders., Studien zu Jesus und Paulus, Bd. I [WUNT 43], Tübingen 1987, 247–276; 256).
321 Felix Christ hat in seiner viel beachteten Studie zur Sophia-Christologie der Synoptiker fünf Logien als eindeutige Belege für die These präsentiert: »So wie die Weisheit ist auch Jesus *präexistent*« (Jesus Sophia. Die Sophia-Christologie bei den Synoptikern [AThANT 57], Zürich 1970, 130).

178   2. Kategorien und Grundgestalten der biblischen Christologie

allen Zeiten vorausbestimmt hat zu unserer Verherrlichung« (1 Kor 2,7). Auch die Formeln (Gal 4,4f; Röm 8,3f; Joh 3,16f; 1 Joh 4,9), die von der Sendung des Sohnes sprechen, stellen zumindest indirekt einen Zusammenhang zwischen der Präexistenz des mit der Weisheit identifizierten Sohnes und seinem Tod »für uns« her[322]. Den Sitz im Leben dieses durchgängig zu beobachtenden Phänomens sieht Merklein in den Debatten des hellenistischen Judentums über das Verhältnis der Heilsbedeutsamkeit des Todes Jesu zur Offenbarungs- und Heilsmittlerfunktion von Tempel und Tora. Die Sprengkraft des damit aufgeworfenen Problems ist evident. Denn das zeitgenössische Judentum hatte Tora und Tempel mit der präexistenten Weisheit *identifiziert* und damit aller Zeitbedingtheit enthoben. Also war die Identifizierung des Kreuzestodes Jesu mit der präexistenten Weisheit eine Kampfansage an alle Juden, die nicht bereit waren, die als ewig (präexistent) und exklusiv geltende Heilsmittlerschaft von Tora und Tempel in Frage zu stellen.

Wenn aber die Christen Jesus Christus, und zwar den »für uns Gekreuzigten«, mit der präexistenten Weisheit identifizierten, dann waren zwar Tora und Tempel relativiert, nicht aber die Weisheit. Merklein bemerkt resümierend: »Dass Jesu Heilstod die Heilsmittlerfunktion von Tempel und Tora in Frage stellte, konnte ja nicht als Infragestellung der Heilsmittlerfunktion der Weisheit ausgelegt werden. Vielmehr musste in dem Maße, als man Tempel und Tora aus ihrer Verbindung mit der Weisheit löste, Jesus selbst das Gepräge der Weisheit bekommen: Jesus musste als Verkörperung und Offenbarung der Weisheit bekannt werden. Damit war die Idee der Präexistenzchristologie geboren, und die grundsätzlichen Möglichkeiten ihrer weiteren, sicher noch einige Zeit erfordernden Ausgestaltung waren vorgegeben.«[323]

Im Folgenden soll im Detail gezeigt werden, wie und warum die Identifikation Jesu mit der Weisheit, die schon in der Tradition des Judentums als präexistentes Abbild Gottes beschrieben wird, keine Relativierung der griechischen Christologie, sondern im Gegenteil deren Wegbereiterin ist.

---

322 Merkleins Beobachtungen werden bestätigend ergänzt von: T. Söding, Gottes Sohn von Anfang an. Präexistenzchristologie bei Paulus und den Deuteropaulinen, in: R. Laufen (Hg.) Gottes ewiger Sohn. Die Präexistenz Christi, Münster 1997, 57–93; bes. 65–67.
323 Merklein, Zur Entstehung der urchristlichen Aussage vom präexistenten Sohn Gottes, 267.

2.4.2 Weisheit in Israel

Auch wenn die so genannte Weisheitsliteratur kein auf Israel beschränktes, sondern eher »ein gemeinorientalisches Phänomen«[324] ist, lassen sich doch einige unterscheidende Charakteristika der »Weisheit in Israel« anführen. In Israel richtet sich die Weisheitsliteratur nicht nur an eine Bildungselite, sondern letztlich an jeden einzelnen Menschen. Es geht um das rechte Verhalten des Einzelnen wie des Volkes insgesamt zu der vom Schöpfer gesetzten Ordnung. Somit ist die Weisheit vor allem und zunächst Ausdruck des göttlichen Willens. Das Entstehen der Weisheitsliteratur setzt zwar in Israel ebenso wie in Mesopotamien und Ägypten ein Mindestmaß an Ordnung, wirtschaftlicher Prosperität und Frieden voraus[325]. Doch die mit ihr verbundene Frömmigkeit bewährt sich gerade auch in Krisenzeiten. Insbesondere in nachexilischer Zeit hat das palästinische Judentum große Literatur hervorgebracht, die angesichts der politischen Bedeutungslosigkeit dieses kleinen Volkes erstaunlich ist.

Wie Martin Hengel in seinem magistralen Werk zur Verhältnisbestimmung von Judentum und Hellenismus erwiesen hat, entwickelt Israel die Gestalt der Weisheit stets in Auseinandersetzung mit dem religionsgeschichtlichen Umfeld. »Auseinandersetzung« aber muss nicht Integration oder synkretistische Verschmelzung heißen, sondern kann im Gegenteil Profilierung der eigenen Tradition und Identität bedeuten. In Bezug auf die Weisheitslehre Israels ist Letzteres in ungleich größerem Umfang als Ersteres der Fall. Zusammenfassend bemerkt Hengel: »Während bei Qohelet die ›Weisheit‹ noch ganz auf empirischer Erfahrung und traditioneller Überlieferung, mit der er sich kritisch auseinandersetzt, gründet, erscheint bei Ben-Sira daneben die Autorität der Tora und der prophetischen Schriften. In der […] Apokalyptik steht dagegen der Empfang übernatürlicher Offenbarung im Mittelpunkt, die der […] traditionellen Weisheit und dem rationalen Denken der Griechen grundsätzlich überlegen sein will. Bei den Essenern wird schließlich dieses Wissen durch ›Offenbarung‹ zur ›Heilserkenntnis‹ im strengen Sinne […]. Die große

---

324 G. v. Rad, Weisheit in Israel, Neukirchen 1970, 21.
325 »Erst mit der Staatsbildung Israels unter David und besonders unter Salomo trat jener geschichtliche und kulturelle Zustand ein, der Israel in die allgemeine orientalische Zivilisation hineinstellte. Die staatliche Ordnung des Königtums mit seinen Verwaltungsaufgaben, mit Archiven und diplomatischem Verkehr, mit einer weitgreifenden Anwendung der Schrift, mit höfischer Sitte und Erziehung, ja mit einer bis dahin unbekannten Bedeutung des Einzelmenschen ist die Voraussetzung für die Übernahme und Weiterbildung frühester wissenschaftlicher Erkenntnis, die dann eben auch in Israel gepflegt werden konnte« (H. Gese, Die Weisheit, der Menschensohn und die Ursprünge der Christologie als konsequente Entfaltung der biblischen Theologie, in: Ders., Alttestamentliche Studien, Tübingen 1991, 218–248; 219).

Bedeutung der Apokalyptik hängt damit zusammen, dass sie das jüdische, auf dem alttestamentlichen Geschichtsdenken gegründete Pendant zur hellenistischen Mystik und den Mysterienreligionen bildete.«[326]

2.4.2.1 Im Buch Ijob

Mit Gerhard von Rad vermuten die meisten Alttestamentler[327], dass der folgende Text aus dem Buche Ijob das früheste (etwa Mitte des 5. Jhs. v. Chr. entstandene) Zeugnis des ATes über eine präexistent vorgestellte Weisheit ist: »*Die Weisheit aber, wo kommt sie her, und wo ist der Ort der Einsicht? Verhüllt ist sie vor aller Lebenden Auge, verborgen vor den Vögeln des Himmels. Abgrund und Tod sagen: Unser Ohr vernahm von ihr nur ein Raunen. Gott ist es, der den Weg zu ihr weiß, und nur er kennt ihren Ort. Denn er blickt bis hin zu den Enden der Erde; was unter dem All des Himmels ist, sieht er. Als er dem Wind sein Gewicht schuf und die Wasser nach Maß bestimmte, als er dem Regen das Gesetz schuf und einen Weg dem Donnergewölk, damals hat er sie gesehen und gezählt, sie festgestellt und erforscht. Doch zum Menschen sprach er: Seht, die Furcht vor dem Herrn, das ist Weisheit, das Meiden des Bösen ist Einsicht*« (Ijob 28,20–28).

Die diesem Passus vorausliegenden Verse schildern einen Gegensatz. Auf der einen Seite steht die Geschicklichkeit des Menschen, der sich die Welt untertan macht, indem er bis in ihre letzten Winkel vordringt (vgl. Ijob 28,3: »*Es setzt der Mensch dem Finstern eine Grenze; er forscht hinein bis in das Letzte, ins düstere, dunkle Gestein.*«). Auf der anderen Seite steht die Weisheit, die nicht einfach mit der Ordnung der Schöpfung oder der Summe der geschöpflichen Güter identisch ist, sondern so transzendent ist wie der Schöpfer. Als Gott die Welt erschaffen hat, hat er die Weisheit gesehen, heißt es in Ijob 28,27. Daraus darf man schließen, dass die Weisheit der gesamten Schöpfung vorausliegt und also auch verschieden ist von der altägyptischen *maat*; und nicht minder von dem, was die griechischen Philosophen vor Sokrates als die alles Seiende bestimmende ὕλη und nach Sokrates als Weltseele (ἡ ψυχὴ τοῦ κόσμου) beschreiben. Gegenüber den Exegeten, die das Lied über die Weisheit (Ijob 28,1–28) als später entstandene Einfügung bezeichnet haben, darf man die Gegenthese als Konsens der jüngeren Forschung bezeichnen. Denn der besagte Gegensatz entspricht durchaus der Theologie des gesamten Textes. Es geht ja um die Erkenntnis, dass Gottes Weisheit etwas ganz und gar anderes

---

326 Hengel, Judentum und Hellenismus, 460f.
327 Vgl. H. D. Preuß, Einführung in die alttestamentliche Weisheitsliteratur, Stuttgart 1987, 69–113.

2.4 Die »Präexistenz«-Christologie

ist als die Weisheit des Menschen oder die von ihm bewunderte Schöpfungsordnung. Es geht durchgehend um die Erziehung des leidgeprüften Ijob hin zur Anerkennung der Tatsache, dass Gottes Weisheit so weit über der des Menschen anzusiedeln ist wie der Himmel über der Erde. Deshalb wird am Ende des zitierten Passus dem Menschen gesagt: Die einzig angemessene Haltung der menschlichen gegenüber der göttlichen Weisheit ist die »Furcht des Herrn« (Ijob 28,28a). Entsprechend lesen wir in Ijob 37,23f: »*Den Allmächtigen ergründen wir nicht, er ist erhaben an Macht und Recht, er ist reich an Gerechtigkeit; Recht beugt ihn nicht. Darum sollen die Menschen ihn fürchten. Keinen sieht er an, wie weise sie auch sind.*« Die hier gebotene Gottesfurcht ist keine Haltung der Resignation, sondern im Gegenteil Ausdruck eines von den eigenen Zweifeln nicht besiegten Vertrauens in eine von mir nicht durchschaute Gerechtigkeit.

Fragt man nach dem Sitz des Lebens, so kann man mit Gerhard von Rad antworten, dass das Buch Ijob nicht nur den traditionellen Primat des Kollektivs vor dem Individuum, sondern auch das Vertrauen in den so genannten Tun-Ergehen-Zusammenhang in Frage stellt. Genau in diesem Zusammenhang wird die aus der Schöpfung unableitbare Weisheit auf die Seite Gottes gestellt und als präexistent beschrieben. Gerhard von Rad warnt zwar vor der Eintragung nichtbiblischer Begriffe in diesen Keim einer atl. Präexistenzvorstellung. Dabei denkt er vor allem an den aus der griechischen Philosophie stammenden Begriff »Hypostase«[328], betont aber ganz allgemein: An der Weisheit, die Ijob 28 beschreibt, »ist nichts unmittelbar Göttliches und auch nichts Mythologisches. Sicher ist sie keine verselbständigte göttliche Eigenschaft. Von einer Personifizierung zu reden, ist auch kein Anlass.«[329]

2.4.2.2 Im Buch der Sprichwörter

Mehr als hundert Jahre nach der Niederschrift des Buches Ijob dürfte das dem König Salomo zugeschriebene Buch der Sprichwörter – eine Vereini-

---

328 »Der Begriff Hypostase hat sich in der Religionswissenschaft eingebürgert zur Bezeichnung eines in vielen Religionen anzutreffenden Phänomens. Weithinnige Anerkennung hat die Definition S. Mowinckels gefunden, derzufolge als Hypostase zu bezeichnen sei ›eine halb selbständige, halb als Offenbarungsform einer höheren Gottheit betrachtete göttliche Wesenheit, die eine Personifizierung einer Eigenschaft, einer Wirksamkeit, eines Gliedes usw. einer höheren Gottheit darstellt (RGG² II, 1928, S. 2065). Neuerdings etwas anders gefasst; ›als Hypostase‹ sei eine Größe zu bezeichnen, ›die teilhat am Wesen einer Gottheit, die durch sie handelnd in die Welt eingreift, ohne dass sich ihr Wesen im Wirken dieser Hypostase erschöpft‹ (G. Pfeifer, Ursprung und Wesen der Hypostasenvorstellungen im Judentum, 1967, S. 15)« (G. v. Rad, Weisheit in Israel, 193³).
329 G. v. Rad, Weisheit in Israel, 193.

2. Kategorien und Grundgestalten der biblischen Christologie

gung von sehr altem, schriftlich und mündlich überliefertem Material mit jüngerem Traditionsgut – redigiert worden sein[330]. Vielleicht wurden die ersten neun Kapitel als eine Art Einführung in die dann folgenden Sprichwörtersammlungen nicht viel früher verfasst als das Buch Kohelet[331], dessen Entstehung sich relativ genau mit der Zeit verbinden lässt, in der Palästina zum Ptolemäerreich gehörte, aber noch nicht von den hellenistischen Religionsverfolgungen und Makkabäeraufständen gezeichnet war[332].

Für die Beantwortung der Frage nach den traditionsgeschichtlichen Voraussetzungen der Präexistenz-Christologie besonders aufschlussreich ist der im Folgenden zitierte Passus. In ihm spricht die nunmehr eindeutig personifizierte Weisheit selbst:

»*Der Herr hat mich geschaffen im Anfang seiner Wege, vor seinen Werken in der Urzeit. In frühester Zeit wurde ich gebildet, am Anfang beim Ursprung der Erde. Als die Urmeere noch nicht waren, wurde ich geboren, als es die Quellen noch nicht gab, die wasserreichen. Ehe die Berge eingesenkt wurden, vor den Hügeln wurde ich geboren. Noch hatte er die Erde nicht gemacht und die Fluren und alle Schollen des Festlandes. Als er den Himmel baute, war ich dabei, als er den Erdkreis abmaß über den Wassern, als er droben die Wolken befestigte und Quellen strömen ließ aus dem Urmeer, als er dem Meer seine Satzung gab und die Wasser nicht seinen Befehl übertreten durften, als er die Fundamente der Erde abmaß, da war ich als geliebtes Kind bei ihm. Ich war seine Freude Tag für Tag und spielte vor ihm alle Zeit. Ich spielte auf seinem Erdenrund, und meine Freude war es, bei den Menschen zu sein. Nun, ihr Söhne, hört auf mich! Wohl dem, der auf meine Wege achtet. Hört die Mahnung, und werdet weise, lehnt sie nicht ab! Wohl dem, der auf mich hört, der Tag für Tag an meinen Toren wacht*

---

330 Vgl. Preuß, Einführung,, 31–68.
331 Vgl. Preuß, Einführung, 114–136.
332 Die Theologie des aus der Aristokratie stammenden Weisheitslehrers Kohelet wird von Gerhard von Rad wie folgt charakterisiert: »Darin, dass Gott ist und souverän in der Welt handelt, teilt er ganz die Auffassung der älteren Lehrer. Neu und allerdings alarmierend ist seine Meinung über das Verhältnis des Menschen zu diesem […] kontinuierlichen ›Werk‹ Gottes, nämlich, dass es sich in seiner Logik der Wahrnehmung des Menschen und seinem Begreifen durchaus entzieht und dass deshalb der Mensch auch außerstande ist, sich darauf einzustellen. Die Folgen dieser Überzeugung sind – an der Zuversicht der älteren Weisheit gemessen – katastrophal. Der starke Wille zur Lebensbemächtigung – ein Hauptcharakteristikum der älteren Weisheit – ist gebrochen. Der Mensch hat den Kontakt mit den Widerfahrnissen der Außenwelt verloren. Obschon unablässig von Gott durchwaltet, ist ihm die Welt stumm geworden. Das Geschehen in ihr, immer in Bewegung, teils dem Menschen förderlich zugekehrt, teils sich ihm verweigernd, ist nun in seiner Logik tief versiegelt. ›Fern ist, was geschieht, tief, tief, wer kann es herausfinden?‹ (Koh 7,24). Selbst in seinem eigenen Lieben und Hassen kann sich der Mensch nicht verstehen (Koh 9,1). Es kommt zu keinem Gespräch des Menschen mit seiner Umwelt und noch viel weniger mit Gott. Ist er überhaupt noch ein Du?« (Weisheit in Israel, 299f).

2.4 Die »Präexistenz«-Christologie

und meine Türpfosten hütet. Wer mich findet, findet Leben und erlangt das Gefallen des Herrn. Doch wer mich verfehlt, der schadet sich selbst; alle, die mich hassen, lieben den Tod« (Spr 8,22–36).

Der Redaktor des Buches der Sprichwörter schärft den Söhnen Israels ein: Auch wenn ihr Gott nicht versteht; selbst dann, wenn er euch unvernünftig und ungerecht erscheint; gerade dann, wenn ihr ihn nur noch als den ganz Anderen erfahrt, lasst euch von der Weisheit, die Gottes erste Schöpfung ist, sagen, dass sie größer ist als eure Vernunft, als eure Gerechtigkeit, als eure Vorstellung von Leben und Glück.

Die Aussageintention ist dieselbe wie im Buche Ijob. Aber die Präexistenz der Weisheit ist in Spr 8 ungemein gesteigert und präzisiert worden. Die Weisheit ist eine als Person vorgestellte Größe. Sie ist zwar nicht ewig wie Gott, wohl aber vor aller Schöpfung schon da. Sie ist zwar nicht Schöpfungsmittlerin im strengen Sinne dieses Wortes, wohl aber anwesend, als Gott die Erde gemacht und den Himmel gebaut hat, als er Flüsse entspringen ließ und Meere einzäunte.

Die nahe liegende Frage der vergleichenden Religionswissenschaft, ob hier – unter hellenistischem oder ägyptischem Einfluss – eine für die Spätzeit von Religionen charakteristische »Götterspaltung« vorliegt, lässt sich auf Grund der entsprechenden Untersuchungen z. B. von Martin Hengel, Berhard Lang oder Othmar Keel[333] eindeutig negativ beantworten. Karl-Josef Kuschel hat die verschiedenen Ableitungsversuche referiert und das Ergebnis in den einen Satz gefasst: »Was immer im 3. oder 2. Jahrhundert v. Chr. sich an außerjüdischen mythologischen Vorstellungen um die Figur der Weisheit gelegt haben mag, die Vorstellung von einer eigenen Präexistenz der Weisheit ist nicht ägyptischen, assyrischen oder griechischen, sondern genuin *jüdisch-palästinischen Ursprungs.*«[334] Die personifizierte Weisheit ist auch kein Mittelwesen zwischen dem immer mehr transzendierten Schöpfergott und seiner Schöpfung, sondern – wenn schon eingeordnet werden soll – eine Gestalt zur Vermittlung der Weisheit des Schöpfers an die zu Fragern und Zweiflern gewordenen Menschen. Horst Dieter Preuss spricht von einer poetischen Personifikation im Unterschied zu einer Hypostase. Denn die Weisheit ist in Spr 8 »noch keine wirklich aus Gott hervortretende, selbsttätige, göttliche

---

333 Vgl. Hengel, Judentum und Hellenismus, bes. 275–282; O. Keel, Die Weisheit spielt vor Gott. Ein ikonographischer Beitrag zur Deutung des *mesahäquät* in Spr 8,30f, Freiburg (Schweiz) 1974; bes. 68–74; B. Lang, Frau Weisheit. Deutung einer biblischen Gestalt, Düsseldorf 1975, bes. 148–152; U. Winter, Frau und Göttin. Exegetische und ikonographische Studien zum weiblichen Gottesbild im Alten Israel und in dessen Umwelt, Freiburg (Schweiz) 1983, 508–538.
334 K.-J. Kuschel, Geboren vor aller Zeit? Der Streit um Christi Ursprung, München 1990, 242.

184   2. Kategorien und Grundgestalten der biblischen Christologie

Macht oder Wesenheit, sondern der Versuch der Weisheitslehrer, die Autorität ihrer Weisheit durch deren Personifikation zu verstärken«[335].

2.4.2.3 Im Buch Jesus Sirach

Während Israel unter den von Ägypten aus herrschenden Ptolemäerkönigen eine Periode des Friedens und der wirtschaftlichen Blüte erlebt, kehrt sich die Lage mit der Übernahme der Herrschaft durch die Seleukiden um. Israel wird massiv unterdrückt und durch den Zwang zur Anpassung in seiner Identität bedroht. Etwa einhundert Jahre nach der Redaktion der im Buch der Sprichwörter zusammengefassten Sammlungen, noch vor dem Regierungsantritt des berühmt-berüchtigten Seleukidenherrschers Antiochus IV. Epiphanes (175–164 v. Chr.), entsteht das Buch Jesus Sirach, das lange Zeit – bis zur Auffindung von Bruchstücken des hebräischen Originals in Kairo und Qumran – nur in seiner griechischen Fassung bekannt war.»In Sir 38,24 – 39,11 begegnet ein Lob des Weisen in hymnischer Form. Dieser Weise hat aber bereits sehr viel von einem Schriftgelehrten an sich. Damit spiegelt sich in diesem Text nicht nur das Lebensideal des Verfassers wider, sondern wohl auch seine eigene (berufliche) Wirklichkeit. Dieser weise Schriftgelehrte steht den Dichtern von Ps 1 und Ps 119 nahe, d. h., in ihm sind der gesetzeskundige Weise und der Psalmdichter (Sir 39,6!) vereint, so dass man sich über die im Sirachbuch häufigen Hymnen [...] nicht zu wundern braucht.«[336]

Dem Schriftgelehrten Jesus ben Eleasar ben Sirach (vgl. Sir 50,27–29; 51,30) geht es nicht mehr um die Beachtung des unendlichen Abstandes zwischen der präexistenten Weisheit des Schöpfers und der beschränkten Einsicht seiner Adressaten. Indem er die allem Seienden vorausliegende und mithin für alle Menschen aller Zeiten und Räume gültige Weisheit mit der Tora der jüdischen Heilsgeschichte identifiziert, stellt er die Weisheit Israels gegen den Überlegenheitsanspruch der hellenistischen Besatzer. Diese Tendenz kommt besonders in dem folgenden Passus zum Ausdruck:

»Die Weisheit lobt sich selbst, sie rühmt sich bei ihrem Volk. Sie öffnet ihren Mund in der Versammlung Gottes und rühmt sich vor seinen Scharen: Ich ging aus dem Mund des Höchsten hervor, und wie Nebel umhüllte ich die Erde. Ich wohnte in den Höhen, auf einer Wolkensäule stand mein Thron. Den Kreis des Himmels umschritt ich allein, in der Tiefe des Abgrunds ging ich umher. Über die Fluten des Meeres und über alles Land, über alle Völker und Nationen hatte ich Macht. Bei ihnen allen suchte ich einen Ort der Ruhe, ein Volk, in dessen

---
335 Preuß, Einführung, 64.
336 Preuß, Einführung, 141.

2.4 Die »Präexistenz«-Christologie

Land ich wohnen könnte. Da gab der Schöpfer des Alls mir Befehl; er, der mich schuf, wusste für mein Zelt eine Ruhestätte. Er sprach: In Jakob sollst du wohnen, in Israel sollst du deinen Erbbesitz haben. Vor der Zeit, am Anfang, hat er mich erschaffen, und bis in Ewigkeit vergehe ich nicht. Ich tat vor ihm Dienst im heiligen Zelt und wurde dann auf dem Zion eingesetzt. In der Stadt, die er ebenso liebt wie mich, fand ich Ruhe, Jerusalem wurde mein Machtbereich. Ich fasste Wurzel bei einem ruhmreichen Volk, im Eigentum des Herrn, in seinem Erbbesitz« (Sir 24,1–12).

Wieder spricht die Weisheit als Person – dieses Mal in einer Art Versammlung vor dem Thron des Schöpfers. Wenn sie von sich sagt: »Ich bin aus dem Mund des Höchsten hervorgegangen, und wie ein Nebel umhüllte ich die Erde«, dann kann eine Anspielung auf Gen 1,2 vorliegen. Man sollte jedoch in die Art und Weise der Präexistenz nicht das christologische Bekenntnis »gezeugt, nicht geschaffen, eines Wesens mit dem Vater« hineinlesen. Denn der Verfasser will in Bezug auf die Präexistenz der Weisheit ganz offensichtlich nicht mehr aussagen als Spr 8,22–36. In Sir 24,9 heißt es unmissverständlich: »Vor der Zeit, am Anfang, hat er mich erschaffen, und bis in Ewigkeit vergehe ich nicht.« Martin Hengel sieht in der klaren Unterscheidung der personifizierten Weisheit von Gott ein Hauptunterscheidungsmerkmal zum religionsgeschichtlichen Umfeld Israels[337].

Entscheidend ist der in dem zitierten Text ausgedrückte Anspruch, dass die Weisheit, nach der alle Völker suchen, sich in Israel – und nur in Israel – »niedergelassen« hat. Denn diesem äußerlich betrachtet kleinen und unscheinbaren Volk hat der eine und einzige Gott seinen Willen, die Tora, geoffenbart. Die Tora ist als Bauplan der Welt Inbegriff der wahren, weil göttlichen Weisheit. Man ist versucht, hier das prophetische Bild von der Völkerwallfahrt zum Zion zu erinnern. Denn Israel ist auf Grund der Gabe der Tora befähigt, die Weisheit des Schöpfers so zu veranschauli-

---

337 »Es ist so nicht ausgeschlossen, dass der Isiskult im 3. Jh. v. Chr. auch in Jerusalem einzudringen versuchte und dass jüdische Weisheitsschulen in einer Art von polemischer Umkehrung Selbstprädikationen der damals an Einfluss gewinnenden Isis-Astarte auf die göttliche Weisheit übertrugen. Wurde in den Isisaretalogien vor allem Bubastis als die heilige Stadt der Göttin gerühmt, so folgerichtig bei Ben-Sira Jerusalem als der Ort, wo sich die Weisheit niederließ. Die Übertragung wurde dadurch begünstigt, dass die Isis einerseits als die Erschafferin der Welt, andererseits als Urheberin und Garantin der ethisch-gesetzlichen Ordnung und der menschlichen Kultur überhaupt galt. Selbstverständlich bestanden auch grundsätzliche Unterschiede, die einer Übertragung von Prädikaten aus den Isisaretalogien auf die jüdische *chokmah* gewisse Schranken setzten. Das Hauptunterscheidungsmerkmal war, dass die Weisheit nicht [...] gleichberechtigt neben Gott stand; sie ging aus seinem Mund hervor – ist also eher dem Schöpfungswort Gottes gleichzusetzen (24,3) –, oder aber sie erschien als sein Geschöpf (24,8.9), das ihm dient und gehorcht (24,10f)« (Hengel, Judentum und Hellenismus, 287).

chen, dass alle anderen Völker erkennen: Die Tora Israels ist die wahre Weisheit.

2.4.2.4 Im Buch der Weisheit

In Alexandrien, einer antiken Weltstadt, in der die jüdische Tradition mehr als irgendwo sonst mit der griechischen Denkform geradezu verschmolzen ist, entstand in der Mitte des letzten vorchristlichen Jahrhunderts das jüngste Buch des AT, das Buch der Weisheit. Der Verfasser gehört zu jenen Juden in der Diaspora, die der Tradition treu bleiben, während viele andere sich dem Druck der Umgebung anpassen. Er wendet sich tröstend an die Treuen, drohend und warnend an die Abgefallenen und einladend und werbend an die heidnische Umwelt. Er ist stolz auf seine jüdische Religion und betrachtet die Tora ähnlich wie Jesus ben Eleasar ben Sirach als Ausweis der Erwählung Israels nicht für sich selbst, sondern für alle anderen. So verbindet er Partikularität und Universalität. Er spricht – darin dem Verfasser von Spr 1–9 und Kohelet ähnlich – in der Person des Königs Salomo, nennt diesen aber nicht beim Namen.

Da der Verfasser des Weisheitsbuches Griechisch spricht und die heiligen Schriften stets nach der griechischen Übersetzung (Septuaginta) zitiert, darf man annehmen, dass er in seine Darstellung der Präexistenz der Weisheit Elemente der griechischen Philosophie einfließen lässt. Vom Geschaffensein der Weisheit ist in diesem jüngsten Buch des AT keine Rede mehr. Im Gegenteil, die Weisheit wird nicht nur mit dem alles ordnenden Pneuma (Weish 7,22–30) oder mit dem Schöpferwort (Weish 9,1f) identifiziert, sondern auch als Thronassistentin des Schöpfers (Weish 9,10) und aktive Schöpfungsmittlerin (Weish 7,12) in die Nähe einer ontologischen Homousie mit dem einen und einzigen Gott Israels gerückt.

Für die Frage nach dem traditionsgeschichtlichen Beitrag des Weisheitsbuches zur neutestamentlichen Christologie sind die im Folgenden zitierten Texte besonders gewichtig:

»In ihr [der Weisheit] ist ein Geist, gedankenvoll, heilig, einzigartig, mannigfaltig, zart, beweglich, durchdringend, unbefleckt, klar, unverletzlich, das Gute liebend, scharf, nicht zu hemmen, wohltätig, menschenfreundlich, fest, sicher, ohne Sorge, alles vermögend, alles überwachend und alle Geister durchdringend, die denkenden, reinen und zartesten. Denn die Weisheit ist beweglicher als alle Bewegung; in ihrer Reinheit durchdringt und erfüllt sie alles. Sie ist ein Hauch der Kraft Gottes und reiner Ausfluss der Herrlichkeit des Allherrschers; darum fällt kein Schatten auf sie. Sie ist der Widerschein des ewigen Lichtes, der ungetrübte Spiegel von Gottes Kraft, das Bild seiner Vollkommenheit. Sie ist nur eine und vermag doch alles; ohne sich zu ändern, erneuert sie alles. Von Geschlecht zu Geschlecht tritt sie ein in heilige Seelen und schafft Freunde Gottes

2.4 Die »Präexistenz«-Christologie

und Propheten. Denn Gott liebt nur den, der mit der Weisheit zusammenwohnt. Sie ist schöner als die Sonne und übertrifft jedes Sternenbild. Sie ist strahlender als das Licht. Denn diesem folgt die Nacht; doch über die Weisheit siegt keine Schlechtigkeit. Machtvoll entfaltet sie ihre Kraft von einem Ende zum andern und durchwaltet voll Güte das All.« (Weish 7,22–30; 8,1).

»[Gebet des Salomo:] Gott der Väter und Herr des Erbarmens, du hast das All durch dein Wort gemacht. Den Menschen hast du durch deine Weisheit erschaffen, damit er über deine Geschöpfe herrscht. Er soll die Welt in Heiligkeit und Gerechtigkeit leiten und Gericht halten in rechter Gesinnung. Gib mir die Weisheit, die an deiner Seite thront, und verstoß mich nicht aus der Schar deiner Kinder! Ich bin ja dein Knecht, der Sohn deiner Magd, ein schwacher Mensch, dessen Leben nur kurz ist, und gering ist meine Einsicht in Recht und Gesetz. Wäre einer auch vollkommen unter den Menschen, er wird kein Ansehen genießen, wenn ihm deine Weisheit fehlt. Du bist es, der mich zum König deines Volkes und zum Richter deiner Söhne und Töchter erwählt hat. Du hast befohlen, einen Tempel auf deinem heiligen Berg zu bauen und einen Altar in der Stadt deiner Wohnung, ein Abbild des heiligen Zeltes, das du von Anfang an entworfen hast. Mit dir ist die Weisheit, die deine Werke kennt und die zugegen war, als du die Welt erschufst. Sie weiß, was dir gefällt und was recht ist nach deinen Geboten. Sende sie vom heiligen Himmel, und schick sie vom Thron deiner Herrlichkeit, damit sie bei mir sei und alle Mühe mit mir teile, und damit ich erkenne, was dir gefällt.« (Weish 9,1–10).

Karl-Josef Kuschel fasst die von diesen Texten markierte Entwicklung wie folgt zusammen: »Ijob 28 affirmierte noch klar das Geschaffensein eines unpersönlichen Wesens namens Weisheit; in Spr 8 und Sir 24 kommt die Weisheit bereits selber zu Wort als eine zwar geschaffene aber doch selbständige personale Gestalt neben Gott; in Weish 7 ist von einem Geschaffensein der Weisheit nicht mehr die Rede, stattdessen von einer mehr aktiven Schöpfungsmittlerschaft und einer Art eigenen Schöpfertätigkeit. Anders gesagt: Im Gegensatz zu den Texten des *hebräischen Kanons* (Ijob 28; Spr 8) ist in den Texten des *griechischen Kanons* (Jesus Sirach, Buch der Weisheit) sowie später dann in den *außerkanonischen Texten* (äthiopischer und slawischer Henoch) der Entwicklungsprozess so weit fortgeschritten, dass von einer Art selbständigen, von Gott losgelösten Gestalt gesprochen werden kann.«[338]

Kuschel betont zwar, dass der Verfasser den Monotheismus der jüdischen Tradition wahrt, sieht aber in der besagten Verselbständigung und Divinisierung der Weisheit einen verhängnisvollen Einbruch des hellenistischen Denkens in die nach seiner Meinung einzig legitime Denkform

---

[338] Kuschel, Geboren vor aller Zeit?, 259f.

188   2. Kategorien und Grundgestalten der biblischen Christologie

authentischer Tradition. Mit Berufung auf Gerhard von Rad[339] gelangt er zu dem Verdikt: Weil das jüngste Buch des AT die Weisheit »als eine Art selbständige Schöpfungsgottheit versteht, hat es […] ›in diesem Punkt die bisher eingehaltene Linie verlassen und einen entscheidenden Schritt zu einer mythisch-spekulativen Divinisierung der Weisheit getan‹. Jetzt wird man sagen dürfen, dass diese Texte von der ›Personifikation der Weisheit bereits zu ihrer Hypostasierung weitergeschritten‹ sind.«[340] Spätestens hier stellt sich die Grundsatzfrage nach der Verhältnisbestimmung des Christusereignisses zur Heiligen Schrift und der Heiligen Schrift zur Glaubensgemeinschaft der Kirche. Wenn man wie Kuschel anfängt, zwischen der authentischen hebräischen bzw. jüdisch-palästinischen und der eher verfälschenden griechischen Denkform zu unterscheiden; und wenn man meint, das Selbstverständnis Jesu und das Jesus-Zeugnis der Synoptiker gegen den sekundär gedeuteten Christus abgrenzen zu können[341], gelangt man unweigerlich in dieselben Aporien, die Albert Schweitzer und Klaus Berger exemplarisch demaskiert haben.

2.4.3 Die christologische Applikation der alttestamentlichen Kategorie »präexistente Weisheit«

Aus der Sicht von Rudolf Bultmann lässt sich der historische Jesus durchaus vom geglaubten Christus abstrahieren. Für den Juden Jesus charakteristisch seien »Exorzismen, der Bruch des Sabbatgebotes, die Verletzung von Reinheitsvorschriften, die Polemik gegen die jüdische Gesetzlichkeit, die Gemeinschaft mit deklassierten Personen wie Zöllnern und Dirnen, die Zuneigung zu Frauen und Kindern«. Außerdem sei den Quellen zu entnehmen, »dass Jesus nicht wie Johannes der Täufer ein Asket war, sondern gerne aß und ein Glas Wein trank«. Und man dürfe wohl »hinzufügen, dass er zur Nachfolge aufrief und eine kleine Schar von Anhängern – Männern und Frauen – um sich sammelte«[342]. Was seine Verkündigung betrifft, so lasse sich mit Bestimmtheit annehmen, dass er in dem Bewusstsein auftrat, »von Gott beauftragt zu sein, die eschatologische Botschaft von der hereinbrechenden Gottesbotschaft und den fordernden, aber auch einladenden Willen Gottes zu verkündigen«[343].

---
339 Vgl. v. Rad, Weisheit in Israel, 222.
340 Kuschel, Geboren vor aller Zeit?, 260.
341 Vgl. Kuschel, Geboren vor aller Zeit?, 39–70.
342 R. Bultmann, Das Verhältnis der urchristlichen Christusbotschaft zum historischen Jesus, in: Exegetica, hg. v. E. Dinkler, Tübingen 1967, 445–469; 451f.
343 Bultmann, Das Verhältnis, 452.

2.4 Die »Präexistenz«-Christologie

Wie Rudolf Bultmann, so möchte auch Karl-Josef Kuschel auf dem Wege historisch-kritischer Forschung entscheiden, ob zum Glauben an Jesus als den Christus auch der Glaube an seine Präexistenz gehört oder nicht[344]. Wörtlich bemerkt er: Wir fragen nun: Gehört zu der »Entscheidung gegenüber seiner Person auch der Glaube an Jesu Präexistenz? Genauer: Müssen wir nach dem Stand der heutigen exegetischen Forschung davon ausgehen, dass Jesus von Nazaret sich selber als eine präexistente Gestalt gesehen hat – mit weisheitlichem, apokalyptischem oder ganz und gar eigenem Profil – und diesen Glauben auch von seinen Anhängern einforderte? Müssen wir überdies davon ausgehen, dass die Anhänger Jesu, von der Jerusalemer Urgemeinde angefangen, über das ›vorpaulinische Christentum‹, die paulinischen Gemeinden in Kleinasien bis zu den nichtpaulinischen Gemeinden in Syrien (die Synoptiker; Johannes) Jesus für ein präexistentes Himmelswesen gehalten haben?«[345]

Dass die Argumente, die Kuschel für seine ablehnende Antwort zusammenträgt, zumindest einseitig und interessegeleitet sind, ergibt sich aus den folgenden Ausführungen zu den Texten des Neuen Testamentes, die von der kirchlichen und theologischen Tradition des Christentums als Schlüsselstellen der Präexistenz-Christologie betrachtet werden.

2.4.3.1 Phil 2,6–11

Der oben bereits zitierte Hymnus des ca. 50 n. Chr. wahrscheinlich in Ephesus abgefassten Schreibens an die Philipper lautet:

»*Er war Gott gleich, hielt aber nicht daran fest, wie Gott zu sein, sondern er entäußerte sich und wurde wie ein Sklave und den Menschen gleich. Sein Leben war das eines Menschen; er erniedrigte sich und war gehorsam bis zum Tod, bis zum Tod am Kreuz. Darum hat ihn Gott über alle erhöht und ihm den Namen verliehen, der größer ist als alle Namen, damit alle im Himmel, auf der Erde und*

---

344 Diese Position hat Joseph Ratzinger im Visier, wenn er schreibt: »Die Voraussetzung, dass ein Text verbindliche Glaubensaussagen [neben anderen, nicht verbindlichen] enthalte, liegt außerhalb der historischen Methode. Wenn man also fragt, was hier zu glauben sei und was nicht, setzt man neben der historischen Analyse ein Wir des Glaubens voraus, das diesen Text nicht nur als Vergangenheit, sondern im Innern des Glaubens als Anspruch an die Gegenwart begreift. [...] Eine Fragestellung dieser Art bewegt sich im Raum einer ›dogmatischen‹ Hermeneutik, die ihren Leitfaden notwendig ebenso vom Text wie von dem Wir des Glaubens empfängt, der allein diesem Text eine über seine Gewesenheit hinausreichende gegenwärtige Verbindlichkeit geben kann; ›Verbindlichkeit‹ schließt ein Wir und schließt Gegenwart ein, also die klassischen Strukturelemente des Dogmas, ob man es nun so benennt oder nicht« (Glaube, Geschichte und Philosophie. Zum Echo auf »Einführung in das Christentum«, in: Hochl. 61 [1969] 540f).
345 Kuschel, Geboren vor aller Zeit?, 285.

190   2. Kategorien und Grundgestalten der biblischen Christologie

unter der Erde ihre Knie beugen vor dem Namen Jesu und jeder Mund bekennt: ›Jesus Christus ist der Herr‹ – zur Ehre Gottes des Vaters.«   Unter sorgfältiger Beachtung der weit verzweigten Forschungsgeschichte[346] gelangt Karl-Josef Kuschel zu einer klaren Abweisung aller Versuche, den Philipperhymnus aus dem Erlösermythos der Gnosis (R. Bultmann) oder aus dem synkretistischen Hellenismus abzuleiten. Er schließt sich der inzwischen dominierenden Auffassung an: »*Jüdischer Hintergrund reicht aus*, um diesen Hymnus zu begreifen, ja eine Kontinuität der Christusverkündigung mit der aramäischen Judenchristenheit herzustellen.«[347] Strittig bleibt allerdings, ob und gegebenenfalls in welchem Umfang die Adam-Christus-Typologie (vgl. Röm 5,12–21; 1 Kor 15,21f.45–47) und das vierte Lied vom Gottesknecht (Jes 53) Einfluss auf den Inhalt des Philipperhymnus genommen haben. Kuschel schließt aus der in Gen 1,27 bezeugten Gottebenbildlichkeit Adams auf eine analoge Bedeutung der »Gottesgestalt« (ὃς ἐν μορφῇ θεοῦ ὑπάρχων), die Jesus in Phil 2,6 zugesprochen wird. »Die erste Zeile des Liedes würde also von Christus reden, der wie Adam ›nach dem Bilde‹ Gottes geschaffen wurde und wie Adam vor seinem Sündenfall an der ›Herrlichkeit‹ Gottes partizipierte.«[348] Und diese Exegese wäre zugleich eine antitypische. Denn, so fragt Kuschel, »war es nicht Adam, der seine Gottesebenbildlichkeit noch steigern wollte und damit der Hybris und der Ursünde verfiel? War es nicht Adam, der dann zur Strafe eine Art Sklavendasein fristen musste? Und ist der Christus dieses Liedes nicht genau das Gegenteil? Hat er seine Gottebenbildlichkeit nicht freiwillig aufgegeben?«[349]

Obwohl Kuschel bestrebt ist, alle Argumente anzuführen, die eine hypostatische (selbständige) Präexistenz des Sohnes beim Vater vor seiner Selbsterniedrigung und schließlichen Erhöhung ausschließen, muss er zugeben, dass Phil 2,6 von Jesus Christus sehr viel mehr sagt als Gen 1,27 von Adam[350]. Entscheidend aber sind für ihn die Parallelen zwischen dem Weg der Weisheit in den Kerker eines Gefangenen (Weish 10,14) und dem Weg Jesu ans Kreuz (Phil 2,7f), zwischen dem Sitzen der Weisheit beim Endgericht und der Proklamation des Gekreuzigten zum von allen

---

346 Vgl. W. Schenk, Der Philipperbrief in der neueren Forschung (1945–1985), in: ANRW XXV/4, hg. v. W. Haase, Berlin 1987, 3280–3313.
347 Kuschel, Geboren vor aller Zeit?, 325.
348 Kuschel, Geboren vor aller Zeit?, 320f.
349 Kuschel, Geboren vor aller Zeit?, 321.
350 »Das Wort ›morphe theou‹ lässt es geboten erscheinen, eine präexistente Daseinsweise Jesu Christi bei Gott ›vor‹ seiner Selbsterniedrigung anzunehmen. Wie aber ist diese Daseinsweise zu deuten? Welche Funktion hat die hier erfolgte personale Präexistenzaussage?« (Kuschel, Geboren vor aller Zeit?, 329). Antwort: »Der Philipper-Hymnus *enthält zwar eine Aussage über die Präexistenz Christi, diese aber hat keine selbständige Bedeutung*« (ebd. 330).

2.4 Die »Präexistenz«-Christologie

Kreaturen angebeteten, universalen Kyrios des Himmels und der Erde (Phil 2,10f)[351].

Doch hier ist viel mehr als »Parallelität«: Denn wo die Weisheit nur Thronassistentin Gottes ist (Weish 9,10), ist Jesus Christus ἐν μορφῇ θεοῦ ὑπάρχων (Phil 2,6a) und εἶναι ἴσα θεῷ (Phil 2,6b). Natürlich würde man jede Grundregel geschichtlicher Analyse verletzen, wollte man in diesen Vers die späteren Definitionen der christologischen Konzilien hineinlesen. Aber entscheidend ist doch, dass hier in einer nicht definierenden Sprache ein Sachverhalt gemeint ist, der weit über das »Von-Anfang-an-Dabeisein« der Weisheit hinausgeht. Otfried Hofius bemerkt: »Beide Wendungen [des Verses Phil 2,6] wollen nicht eine Definition über das ›Wesen‹ des Präexistenten an sich bieten – wie denn auch in Vers 7b keineswegs das ›Wesen‹ des Menschgewordenen an sich definiert werden soll –, sie gewinnen vielmehr ihren Sinn aus der Gegenüberstellung zur Ohnmacht und Schmach des Kreuzes. Das heißt: Sie heben auf die göttliche Macht und Herrlichkeit ab, die der Gottgleiche besaß und freiwillig preisgab. Es ist also ein vom alttestamentlichen Denken geprägter Begriff der ›Gottgleichheit‹, mit dem wir es in Vers 6 zu tun haben.«[352]

2.4.3.2 Kol 1,15–20

Schauen wir auf einen zweiten Hymnus des NT[353], der wahrscheinlich nicht von Paulus selbst verfasst ist und von vielen Exegeten als Spiegel eines spätantiken Lebensgefühls beschrieben wird: Kol 1,15–20. Einmal abgesehen davon, dass sich der Brief an die Kolosser an eine relativ arme Stadt richtet, die kurz zuvor von einem Erdbeben zerstört wurde, nimmt der Brief Bezug auf ganz unbestimmte Ängste, die man als Ausdruck jener Grundstimmung deuten darf, die durchgängig auch alle Spielarten der Gnosis bestimmt. Die Welt bzw. der Kosmos wird nicht mehr als bergende Ordnung erfahren, sondern als Gefängnis, als Ort des Unheils, als Kampfplatz unbeherrschbarer Mächte und Gewalten. Entsprechend erscheint Gott als der ganz Andere, als der Ferne, der – so glaubten offensichtlich auch viele Menschen in Kolossä – die Welt nicht selbst, sondern durch Mittelwesen geschaffen hat, die dann z. B. als Engel oder Weltele-

---

351 Vgl. Kuschel, Geboren vor aller Zeit?, 326f.
352 O. Hofius, Der Christushymnus Philipper 2,6–11 (WUNT 17), Tübingen 1991, 56f. – Ähnlich M. Hengel, Der Sohn Gottes, Tübingen 1975, 9–11; R. Schnackenburg, Christologie des Neuen Testaments, in: MySal III/1 (1970) 309–322.
353 Dazu: H. J. Gabathuler, Jesus Christus – Haupt der Kirche – Haupt der Welt. Der Christushymnus Kol 1,15–20 in der theologischen Forschung der letzten 130 Jahre (AThANT 45), Zürich 1965; W. Schenk, Der Kolosserbrief in der neueren Forschung, in: ANRW XXV/4, hg. v. W. Haase, Berlin 1987, 3327–3364.

mente bezeichnet werden. Von daher richtet sich der Kolosserbrief vermutlich gegen die Verehrer der Weltelemente und gegen die Depotenzierung Jesu Christi auf ein »Mittelwesen«.

Wenn man voraussetzt, dass auch der im Folgenden zitierte Hymnus Traditionsgut ist, das vom Schreiber des Briefes übernommen wird, dann sind diese Zeilen mindestens so alt wie die synoptischen Evangelien und schon deshalb eine radikale Infragestellung der so genannten Zwei-Stufen-Christologie, derzufolge zunächst nur von der Erhöhung des am Kreuz Erniedrigten und dann erst – in einem zweiten Schritt – von seiner Präexistenz gesprochen worden sei. Der Verfasser des Kolosserbriefes bekennt:

»*Er ist das Ebenbild des unsichtbaren Gottes, der Erstgeborene der ganzen Schöpfung. Denn in ihm wurde alles erschaffen im Himmel und auf Erden, das Sichtbare und das Unsichtbare, Throne und Herrschaften, Mächte und Gewalten; alles ist durch ihn und auf ihn hin geschaffen. Er ist vor aller Schöpfung; in ihm hat alles Bestand. Er ist das Haupt des Leibes, der Leib aber ist die Kirche. Er ist der Ursprung, der Erstgeborene der Toten; so hat er in allem den Vorrang. Denn Gott wollte mit seiner ganzen Fülle in ihm wohnen, um durch ihn alles zu versöhnen. Alles im Himmel und auf Erden wollte er zu Christus führen, der Friede gestiftet hat am Kreuz durch sein Blut*« (Kol 1,15–20).

In diesem Passus ist der Bezug zu den Texten der atl. Weisheitsliteratur so offensichtlich, dass er auch von den Exegeten der religionsgeschichtlichen Schule nicht geleugnet wird, die von einer transformierenden Integration in die von der griechischen Philosophie bestimmten Kosmologien der Spätantike sprechen. Ob der zitierte Abschnitt das früheste Zeugnis einer aktiven Schöpfungsmittlerschaft Jesu Christi ist, sei dahingestellt[354]. Sicher ist, dass hier jeder Depotenzierung Christi zu einem bloßen Wesen zwischen Gott und Schöpfung widersprochen wird. Der Erlöser geht nicht durch Emanation aus dem höchsten Einen (Gott) hervor. Er ist nicht nur vor aller Schöpfung, sondern aktiver Ermöglicher der Schöpfung. Er wird ganz offensichtlich in Bezug gesetzt zu jener Stelle der Weisheits-

---

354 Umstritten in diesem Sinne ist die Exegese von 1 Kor 8,6 («So haben wir doch nur einen Gott, den Vater. Von ihm stammt alles, und wir leben auf ihn hin. Und einer ist der Herr: Jesus Christus. Durch ihn ist alles, und wir sind durch ihn.«) und von Eph 1,3–14. Während Heinrich Schlier (Der Brief an die Epheser. Ein Kommentar, Düsseldorf 1957, 49) von einer doppelten Präexistenz, der nämlich Jesu Christi und der der durch ihn vor alle Zeit erwählten Christen spricht, ordnen jüngere Kommentare (z. B. H. Merklein, Christus und die Kirche. Die theologische Grundstruktur des Epheserbriefes, Stuttgart 1973) den am Anfang des Epheserbriefes geäußerten Erwählungsgedanken ein in die Grundaussage des Briefes, dass die Heidenchristen im Unterschied zu den Judenchristen zwar nicht zum erwählten Volk der Beschneidung und Tora gehören, dennoch aber von Anfang an, noch vor aller Schöpfung, von Gott geliebt und zur Gemeinschaft mit ihm berufen sind.

2.4 Die »Präexistenz«-Christologie

literatur, in der die Weisheit nicht nur beim Schöpfungswerk dabei ist, sondern aktiv vermittelt (Weish 7,12). Und dies wiederum im Sinne einer typologischen Überbietung. Denn Kol 1,15 (ὅς ἐστιν εἰκὼν τοῦ θεοῦ τοῦ ἀοράτου, πρωτότοκος πάσης κτίσεως) bezeichnet Jesus Christus nicht als Symbol, sondern als »Bild des *unsichtbaren* Gottes«. Eduard Schweizer bemerkt dazu: »Schon Weish 7,25f beschreibt das Bild in dynamischer Terminologie als ›Ausfluss‹; es repräsentiert die Wirksamkeit und Güte Gottes, also sein schöpferisches und erlösendes Handeln. [...] ›Bild‹ ist ja nicht wie für die meisten heutigen Leser etwas, das nur in den Umrissen und im Aussehen mit dem abgebildeten Gegenstand identisch ist, sonst aber von ihm völlig verschieden, z. B. Photopapier statt eines lebendigen Körpers. ›Bild‹ hat schon im griechisch-religiösen Sprachgebrauch immer Teil an der Art dessen, den es repräsentiert; im Bild wird der Repräsentierte gegenwärtig. Dass er am Schöpfungsakt teilhat, unterscheidet Christus also vom Geschöpf und gerade darin ist er als ›Bild des unsichtbaren Gottes‹ dessen Offenbarung. Man kann also die Schöpfung nicht wirklich als Werk des Schöpfers erkennen außer in Christus. Das heißt aber, dass er in anderer Weise ›Bild Gottes‹ ist als ›der neue Mensch [...] nach dem Bilde Gottes‹ (Kol 3,10); das Schema von Christus als zweitem Adam spielt hier kaum eine Rolle.«[355]

Gewiss darf man den Hymnus nicht mit Kategorien der griechischen Metaphysik deuten. Die Bezeichnung Jesu Christi als πρωτότοκος πάσης κτίσεως (Kol 1,15b) ist keine erste Fassung der Credo-Formel »gezeugt, nicht geschaffen, eines Wesens mit dem Vater«. Aber auch jede Relativierung wäre falsch; die soteriologische Deutung darf nicht gegen die ontologische ausgespielt werden. Denn die im Kolosserbrief bezeugte Universalbedeutung des Erlösers ist nur möglich, wenn der Christus, in dem Paulus Befreiung und Heil erfahren hat, auch *an sich* Befreiung und Heil ist. Wenn Gott mit seiner ganzen Fülle in Jesus »da war«, dann kann man über *Gott* nicht mehr sprechen, ohne über *Christus* zu sprechen; dann ist deutlich, was der Kolosserbrief den Ängsten seiner Adressaten entgegnet. Gott ist nicht der Ferne, sondern der ganz Nahe, nämlich in Jesus Christus. Wenn in diesem Einen alles wurde, was geworden ist, dann sind die besagten Weltelemente depotenziert. In Kol 2,15 lesen wir: »*Die Fürsten und Gewalten hat er entwaffnet und öffentlich zur Schau gestellt; durch Christus hat er über sie triumphiert.*«

---

[355] E. Schweizer, Der Brief an die Kolosser (EKK XII), Einsiedeln/Neukirchen ³1989, 57f.

194   2. Kategorien und Grundgestalten der biblischen Christologie

2.4.3.3 Hebr 1,1–14

Wie eine gewaltige Ouvertüre stehen die folgenden Verse am Anfang des Hebräerbriefes[356], der seine zum Teil nachlässig gewordenen Adressaten daran erinnern will, wer der Herr ist, an den sie als ihren Retter glauben: *»Viele Male und auf vielerlei Weise hat Gott einst zu den Vätern gesprochen durch die Propheten; in dieser Endzeit aber hat er zu uns gesprochen durch den Sohn, den er zum Erben des Alls eingesetzt und durch den er auch die Welt erschaffen hat; er ist der Abglanz seiner Herrlichkeit und das Abbild seines Wesens; er trägt das All durch sein machtvolles Wort, hat die Reinigung von den Sünden gewirkt und sich dann zur Rechten der Majestät in der Höhe gesetzt; er ist um so viel erhabener geworden als die Engel, wie der Name, den er geerbt hat, ihren Namen überragt. Denn zu welchem Engel hat er jemals gesagt: Mein Sohn bist du, heute habe ich dich gezeugt, und weiter: Ich will für ihn Vater sein, und er wird für mich Sohn sein? Wenn er aber den Erstgeborenen wieder in die Welt einführt, sagt er: Alle Engel Gottes sollen sich vor ihm niederwerfen. Und von den Engeln sagt er: Er macht seine Engel zu Winden und seine Diener zu Feuerflammen; von dem Sohn aber: Dein Thron, o Gott, steht für immer und ewig, und: Das Zepter seiner Herrschaft ist ein gerechtes Zepter. Du liebst das Recht und hasst das Unrecht, darum, o Gott, hat dein Gott dich gesalbt mit dem Öl der Freude wie keinen Gefährten. Und: Du, Herr, hast vorzeiten der Erde Grund gelegt, die Himmel und das Werk deiner Hände. Sie werden vergehen, du aber bleibst; sie alle veralten wie ein Gewand; du rollst sie zusammen wie ein Gewand; du rollst sie zusammen wie einen Mantel, und wie ein Gewand werden sie gewechselt. Du aber bleibst, der du bist, und deine Jahre enden nie. Zu welchem Engel hat er jemals gesagt: Setze dich mir zur Rechten, und ich lege dir deine Feinde unter die Füße? Sind sie nicht alle nur dienende Geister, ausgesandt, um denen zu helfen, die das Heil erben sollen?«* (Hebr 1,1–14).

Der Mainzer Exeget Herbert Braun – wie kein anderer Schüler Rudolf Bultmanns der religionsgeschichtlichen Schule seines Lehrers verbunden – hat die Christologie des Hebräerbriefes zwar insgesamt als Überlagerung einer ursprünglichen Jesulogie relativiert, aber in keiner Weise bestritten, dass der Verfasser dieses Briefes die hypostatische bzw. metaphysische Präexistenz des Erlösers bekennt. Denn – so seine Argumentation – in Hebr 1,3 (*»Er ist der Abglanz seiner Herrlichkeit und das Abbild seines Wesens.«*) ist Jesus nicht einfach der erhöhte Sohn einer adoptianistisch denkenden Christologie, weil die Begriffe ἀπαύγασμα

---

[356] Einen ausgezeichneten Forschungsbericht zur Exegese des Hebräerbriefes bietet: H. Feld, Der Hebräerbrief (EdF), Darmstadt 1985; ders., Der Hebräerbrief. Literarische Form, religionsgeschichtlicher Hintergrund, theologische Fragen, in: ANRW XXV/4, hg. v. W. Haase, Berlin 1987, 3522–3601.

2.4 Die »Präexistenz«-Christologie

τῆς δόξης καὶ χαρακτὴρ τῆς ὑποστάσεως αὐτοῦ dem Sohn die Wesensgleichheit mit dem Vater zusprechen. Ja, diese griechischen Termini sind aus seiner Sicht genauso eindeutig wie die Credo-Formel ὁμοούσιος τῷ πατρί Ausweis der Präexistenz-Christologie. Denn der Hebräerbrief bezeugt unzweifelhaft: Als der Präexistente vermittelte er, der Kyrios, die Schöpfung. Er war schon Kyrios bei seiner Menschwerdung (Hebr 7,4). Kurzum: »Die Erhöhung machte ihn nicht zum κύριος, sondern traf ihn als solchen an.«[357]

Die Frage, ob erst mit der Auferweckung die Erhöhung Jesu zu »dem Sohn« erfolgt ist, wird hier eindeutig im Sinne der Präexistenz-Christologie beantwortet. Herbert Braun erklärt kategorisch, dass spätestens in Hebr 1 von einer retrospektiven Ableitung der Protologie aus der Eschatologie, der Präexistenz aus den Auferweckungs- und Erhöhungsaussagen keine Rede mehr sein kann. Erich Grässer[358] und Otfried Hofius[359]

---

[357] H. Braun, An die Hebräer (HNT 14), Tübingen 1984, 32.

[358] »Der kleine Abschnitt Hebr 1,1–4 hat mit seinen zentralen theologischen Aussagen über die Offenbarung, die Schöpfung, die Heilsgeschichte stets dazu gereizt, ihn systematisch auszubeuten. Das gilt für den seit Irenäus gegen den Gnostizismus festgehaltenen Grundgedanken, dass der Schöpfergott auch der Erlösergott sei. Das gilt vor allem hinsichtlich der Christologie überhaupt. Weil sich mit Hebr 1,1–4 dem Grundsatz gut entsprechen ließ, von Christus ›wie von Gott‹ zu denken […], bestimmt dieser Abschnitt wie kaum ein christologischer Text des Neuen Testaments sonst die christologischen Streitigkeiten der Alten Kirche. Der Sabellianismus (er vertritt die volle Gottheit Christi), der Arianismus (er spricht dem Sohn das wahre Gottsein ab), der Nestorianismus (er trennt die Personen und macht zwei Naturen), der Eutychianismus (er vermischt beide Naturen zu einer und lehrt den Monophysitismus) wie schließlich auch das Nicaenum (bekennt sich zur Homousie = Wesensgleichheit von Vater und Sohn), sie alle gehören zur Wirkungsgeschichte *auch* von Hebr 1,2b–4. Vor allem das nur hier als christologischer Titel vorkommende Wort Hypostasis wurde zum entscheidenden Begriff im Streit um die Trinitätslehre. Jedenfalls lag und liegt es nahe, die Frage nach der göttlichen ›Natur‹ Christi mit Hilfe von Hebr 1,1–4 positiv zu beantworten. Jedoch ist unser Text so fest mit dem ganzen Hebr verkoppelt und harrt also noch so sehr einer sachgemäßen Exegese von dort her, dass es nicht gut getan wäre, auf die naheliegende Versuchung einer Systematisierung einzugehen. Es ist angebrachter, vom kirchengeschichtlichen Standort des Entwerfenden her nach den *ihn* leitenden Intentionen zu fragen« (E. Grässer, An die Hebräer. Hebr 1–6 [EKK XVII/1], Einsiedeln/Neukirchen 1990, 68f).

[359] »Die Prädikationen (Hebr 1,3) ›Abglanz der Herrlichkeit (Gottes)‹ und ›Ausprägung seines Wesens‹ betonen die Gottgleichheit des Präexistenten und stimmen daher mit dem Zeugnis von Phil 2,6 überein, dass Christus ›in Gottesgestalt‹ und ›Gott gleich‹ war. Wie in Phil 2,6, so soll dabei auch hier die göttliche Macht hervorgehoben werden, die dem Sohn von Ewigkeit her eignet. Zum Beweis genügt es, auf die verwandten Prädikationen zu achten, die in Weish 7,25f der personifizierten und als Schöpfungsmittlerin angesehenen Weisheit beigelegt werden und die ebenfalls den Machtaspekt zur Geltung bringen: Die Weisheit ist ›ein Hauch der *Macht* Gottes und ein reiner Ausfluss der Herrlichkeit des *Allherrschers*‹, ›ein Abglanz des ewigen Lich-

2. Kategorien und Grundgestalten der biblischen Christologie

sind in diesem Punkte zwar vorsichtiger, lassen aber auch ihrerseits keinen Zweifel daran, dass in dem zitierten Text die universalgeschichtliche (eschatologische) Bedeutung Jesu für alle Menschen aller Zeiten nicht mit einer bloßen Bestätigung und Erhöhung durch den Vater erklärlich ist, sondern darauf beruht, dass Jesus von Anfang an Gott der Sohn ist, durch den alles geschaffen wurde und zu dem der Vater sagt: »*Dein Thron, o Gott, steht für immer und ewig*« (Hebr 1,8). Und : »*Darum, o Gott, hat dein Gott dich gesalbt*« (Hebr 1,9b).

Mit den Ausdrücken »Abglanz seiner Herrlichkeit« und »Abbild seines Wesens« in Hebr 1,3 wird die Autorität der Weisheit als Offenbarungsträgerin (Weish 7,25f) im Sinne einer typologischen Überbietung christologisch rezipiert. Durch die Zitate aus Ps 2,7 und 2 Sam 7,14 wird in Hebr 1,5 die Gottessohnschaft des Erlösers als eine präexistente ausgewiesen: »*Denn zu welchem von den Engeln hat er je gesagt: Mein Sohn bist du. Heute habe ich dich gezeugt* – und ferner – *ich will ihm Vater sein und er wird mir Sohn sein!*« Ähnliches gilt von der Übertragung der Gottesattribute »Thron« und »Zepter« in dem Vers Hebr 1,8, in dem nicht nur der Vater, sondern auch der Sohn Gott genannt wird, und zwar in einer Sprechweise, die nicht einmal ansatzweise mythologische Züge trägt.

Aszendenzchristologie und Deszendenzchristologie, Erhöhungs- und Präexistenz- bzw. Inkarnationschristologie bilden im Hebräerbrief eine untrennbare Einheit. Dafür sprechen nicht nur die ersten Zeilen dieses Briefes, sondern auch Stellen wie Hebr 3,1–6; 4,14; 5,8. Es geht dem Verfasser durchgehend um die reale Offenbarkeit Gottes selbst in dem Leben, Leiden, Sterben und Auferstehen Jesu. Deshalb spricht er in Hebr 6,6 vom Ans-Kreuz-Schlagen des Sohnes Gottes (!); und davon, dass der am Kreuz erniedrigte Jesus identisch ist mit dem Allherrscher (Hebr 2,7; 5,7).

Karl-Josef Kuschel bietet folgendes Resümée der Christologie des Hebräerbriefes: »Wenn Gott durch den Sohn zu uns gesprochen hat, der niemand anderer ist als Jesus von Nazaret, wenn also dieser konkrete Jesus das Wort Gottes ist, dann kann dieser Jesus Christus auch definitiv und unüberbietbar das Abbild und der Abglanz des Wesens Gottes sein. Denn dann ist klar: *Alles, was das Wesen Gottes ausmacht, ist in Jesus, dem Gekreuzigten, Erhöhten und gegenwärtig Wirkenden offenbar geworden.* Es gibt keinen anderen Gott als den, der sich in diesem Sohn ausgesprochen hat; es

---

tes und ein unbefleckter Spiegel des göttlichen Wirkens (ἐνέργεια)‹. Auf die Macht des Präexistenten weist sodann auch die Bemerkung Hebr 1,3b hin, dass er ›das All trägt durch sein machtvolles Wort‹. Bei dem Ausdruck φέρων τὰ πάντα handelt es sich um eine Gottesprädikation, die bislang nur in jüdischen Texten belegt ist« (O. Hofius, Der Christushymnus Philipper 2,6–11. Untersuchungen zu Gestalt und Aussage eines urchristlichen Psalms [WUNT 17], Tübingen ²1991, 81).

gibt nichts ›in‹ oder ›an‹ Gott, was nicht in diesem Sohn Wort geworden wäre – für die Menschen.«[360] Diese Feststellung ist ohne Abstriche zutreffend. Sie setzt aber voraus, dass das »Wodurch« Jesu von Anfang an ein anderes war als das jedes anderen Menschen. Und eben diese Schlussfolgerung will Karl-Josef Kuschel nicht ziehen.

2.4.3.4 Joh 1,1–18

Nachdem die Johannes-Forschung sich einig ist in der Abweisung der von Rudolf Bultmann repräsentierten Thesen zum religionsgeschichtlichen Ursprung des vierten Evangeliums[361], darf das folgende Resümée Rudolf Schnackenburgs als der Versuch gewertet werden, einen Konsens zu formulieren: »Der theologische Hintergrund des Hymnus [...] ist entscheidend von der jüdisch-hellenistischen Weisheitsspekulation bestimmt[362], allerdings wohl nicht so weit, dass sich der Dichter unmittelbar an das Modell und die Struktur des Buches Jesus Sirach anschließt [...]. Zugleich bestätigt sich dadurch die Annahme eines genuin christlichen Kultliedes, da auch die anderen urchristlichen Christushymnen (besonders Kol 1,15–20; Hebr 1,2f) den gleichen Einfluss aufweisen. Aber

---

360 Kuschel, Geboren vor aller Zeit?, 460.
361 Rudolf Bultmann (Der religionsgeschichtliche Hintergrund des Prologs zum Johannes-Evangelium, in: Exegetica, hg. v. E. Dinkler, Tübingen 1967, 10–35) vermutet, dass das vierte Evangelium mit seinen Dualismen zwischen Oben und Unten, zwischen Annahme und Ablehnung, zwischen Erleuchtung und Verblendung, zwischen Wahrheit und Unwahrheit, zwischen Licht und Finsternis (vgl. Joh 9,39; 12,31; 14,30; 16,33; 17,9.14) das Drama eines präexistenten Wesens schildert und also Grundelemente des gnostischen Erlösermythos auf Jesus Christus überträgt. Diese Vermutung wird mittlerweile von allen namhaften Vertretern der Bibelwissenschaft als unhaltbar abgelehnt. Damit ist allerdings nicht jeder Einfluss des religionsgeschichtlichen Umfeldes ausgeschlossen. Klaus Berger beispielsweise hält eine Beeinflussung des Johannesprologs durch die Logos-Philosophie Philos von Alexandrien für mindestens so wahrscheinlich wie die Beeinflussung dieses Textes durch die alttestamentliche Weisheitsliteratur (vgl. Berger, Im Anfang, 56f). Und was gnostische Quellen betrifft, meint er: »Angesichts der bedeutenden Nähe des Johannesevangeliums zum zeitgenössischen Judentum ist die Annahme eines ›gnostischen Hintergrundes‹ oder die Einordnung des Johannesevangeliums unter ›gnostisierende‹ Schriften ein Missverständnis. Weder eine entfaltete mythologische Gnosis (Ende des 2. bis 3. Jh. n. Chr.) noch eine Proto-Gnosis ist hier meines Erachtens anzunehmen. Wenig beachtet ist in diesem Zusammenhang das Phänomen der hermetischen Philosophie, die im Corpus Hermeticum ihren Niederschlag gefunden hat. Die hermetische Philosophie ist nicht als ›gnostisch‹ zu bezeichnen, sie ist vielmehr ein Dokument der ›religiösen Philosophie der Kaiserzeit‹ und kommt schon der Sprache nach dem Johannesevangelium sehr nahe« (ebd. 58).
362 Vgl. die vollständige Auflistung möglicher Bezugstexte bei: S. Schulz, Komposition und Herkunft der Johanneischen Reden (BWANT 81), Stuttgart 1960, 32–34.

auch das Offenbarungsgeschehen am Sinai und das Zeltheiligtum, das wir für die Aussagen in Joh 1,14 (vgl. 17) hinzunehmen müssen[363], hat die urkirchliche Theologie mannigfach beschäftigt, als Hintergrund für die eschatologische Offenbarung in Jesus Christus (vgl. 2 Kor 3), für den neuen Bund (vgl. Hebr 8,5; 9,19ff), auch für das ›Wohnen‹ Gottes unter seinem Volk (vgl. Apk 21,3), sodass ähnliche Gedanken, christologisch gewendet, auch in einem Kultlied anklingen können. Mit der Aufnahme eines von der Gemeinde gesungenen Hymnus[364] erweist sich der vierte Evangelist der urchristlichen Tradition verpflichtet, um dann in seinem Evangelium und seiner eigenen Theologie das christologische Verständnis noch weiter zu führen und zu vertiefen.«[365]

Hier zunächst der Wortlaut des Johannesprologs:

»*Im Anfang war das Wort, und das Wort war bei Gott, und das Wort war Gott. Im Anfang war es bei Gott. Alles ist durch das Wort geworden, und ohne das Wort wurde nichts, was geworden ist. In ihm war das Leben, und das Leben war das Licht der Menschen. Und das Licht leuchtet in der Finsternis, und die Finsternis hat es nicht erfasst. Es trat ein Mensch auf, der von Gott gesandt war; sein Name war Johannes. Er kam als Zeuge, um Zeugnis abzulegen für das Licht, damit alle durch ihn zum Glauben kommen. Er war nicht selbst das Licht, er sollte nur Zeugnis ablegen für das Licht. Das wahre Licht, das jeden Menschen erleuchtet, kam in die Welt. Er war in der Welt, und die Welt ist durch ihn geworden, aber die Welt erkannte ihn nicht. Er kam in sein Eigentum, aber die Seinen nahmen ihn nicht auf. Allen aber, die ihn aufnahmen, gab er Macht, Kinder Gottes zu werden, allen, die an seinen Namen glauben, die nicht aus dem Blut, nicht aus dem Willen des Fleisches, nicht aus dem Willen des Mannes, sondern aus Gott geboren sind. Und das Wort ist Fleisch geworden und hat unter uns gewohnt, und wir haben seine Herrlichkeit gesehen, die Herrlichkeit des einzigen Sohnes vom Vater, voll Gnade und Wahrheit. Johannes legte Zeugnis für ihn ab und rief: Dieser war es, über den ich gesagt habe: Er, der nach mir kommt, ist mir voraus, weil er vor mir war. Aus seiner Fülle haben wir alle empfangen, Gnade über Gnade. ›Denn das Gesetz wurde durch Mose gegeben, die Gnade und die Wahrheit kamen durch Jesus Christus. Niemand hat Gott je gesehen. Der Einzige, der Gott ist und am Herzen des Vaters ruht, er hat Kunde gebracht.*« (Joh 1,1–18).

---

363 Der Sinai-Bezug wurde zuerst und besonders herausgestellt von: R. Boismard, Le Prologue de saint Jean, Paris 1953, 109–121.
364 Zur Unterscheidung des ursprünglichen Hymnus von der vorliegenden Fassung des Prologs: R. Schnackenburg, Logos-Hymnus und johanneischer Prolog, in: BZ NF 1 (1957) 69–109.
365 R. Schnackenburg, Das Johannesevangelium. Erster Teil. Einleitung und Kommentar zu Kapitel 1–4 (HThK IV/1), Freiburg 1979, 207.

2.4 Die »Präexistenz«-Christologie

Diese Zeilen spiegeln in ständigem Rückgriff auf verschiedene Topoi »der Schrift« (des AT) die besagte Logik der Antitypik:
- In Anspielung auf das »im Anfang« in Gen1,1 und in gleichzeitiger Anspielung auf die Rolle der Weisheit spricht Johannes von dem Wort[366], durch das alles geschaffen wurde[367]. Dieses Wort ist – und darin liegt die Überbietung – Hypostase, Person. Denn es ist dasselbe Wort, das Fleisch geworden ist. »Der Prolog (bzw. Logos-Hymnus) tendiert von Anfang an auf den menschgewordenen Logos hin und macht zum Preise des Inkarnierten die unerhörte Aussage, dass er ohne den Fleischesleib schon ›im Anfang‹, noch vor der Schöpfung existierte.«[368] Das »im Anfang« in Joh 1,1 besagt mehr als das »im Anfang« in Gen 1,1. Denn hier wird kein erster Zeitpunkt, sondern das Sein des Logos vor aller Zeit bezeichnet. Derselbe Sachverhalt begegnet uns in Joh 8,58 in der Selbstaussage: »Ehe Abraham ward, bin ich.«
- Was kein Jude von der Weisheit oder Tora sagen kann, das sagt Johannes vom Logos: Er ist Gott. Damit wendet er nicht einen Gattungsbegriff auf ihn an. Denn er unterscheidet zwischen dem Vater als dem ὁ θεός und dem Logos als dem θεός. Dem Logos kommt das Gottsein also auf eine nur ihm eigentümliche Weise zu. Ihm kommt zwar als dem Licht der Menschen (Joh 1,4) soteriologische Bedeutung zu; aber er kann nicht wie die Weisheit oder die Tora bloß funktional verstanden werden, weil Johannes die ontologische Voraussetzung für seine universale Bedeutung erklärt[369].
- In den Versen Joh 1,6–8.15, die aus der Sicht der meisten Exegeten in einen älteren Hymnus eingefügt wurden, entfaltet Johannes seine Antitypik, indem er Jesus Christus als Überbietung des Täufers erklärt. Der Täufer ist zwar auch ein Gesandter Gottes (Joh 1,6); aber Jesus ist

---

366 »Zum Logos-Begriff des Johannesevangeliums finden sich die einzigen wirklich ernst zu nehmenden Analogien in der zeitgenössischen jüdisch-hellenistischen Philosophie Alexandriens. Gemeint sind die Schriften Philos von Alexandrien (ca. 20 v. Chr. bis ca. 60 n. Chr.), bei der der Logos Gottes eine Rolle innehat, die mit der des Logos im Johannesevangelium nicht nur dem Namen nach verwandt ist. Diese Feststellung gilt auch dann, wenn man weiß: a) Zu Joh 1,1–14 gibt es Analogien in der Weisheitsliteratur. Die personifizierte Weisheit wird bisweilen, wenn auch extrem selten, als Schöpfungsmittlerin genannt. […] b) Das aramäische *memra* bezeichnet auch das Wort, mit dem Gott die Welt erschuf« (Berger, Im Anfang, 56).
367 Vielleicht betont Johannes mit der Wendung »und ohne das Wort wurde nichts, was geworden ist« den Abstand des von ihm besungenen Logos zu jedem Mittelwesen, zu jeder Gestalt von Emanation.
368 Schnackenburg, Das Johannesevangelium I, 209.
369 »Mais si le Christ peut jouer ce rôle de nous donner de devenir enfants de Dieu, c'est en raison de ce qu'il est: le Fils de Dieu (de par sa génération éternelle comme de par sa naissance virginale). La fonction que le Christ remplit est fondée sur la nature, sur son essence« (Boismard, Prologue, 123).

200   2. *Kategorien und Grundgestalten der biblischen Christologie*

der Sohn. Der Täufer verspricht die Reinigung von den Sünden; aber Jesus *ist* das Lamm, das die Sünden selbst hinwegnimmt. Der Täufer predigt im Namen Gottes; aber Jesus *ist* Gottes Wort. Der Täufer gibt Zeugnis für das Licht; aber Jesus *ist* das Licht. Und schließlich – in einer Art Zusammenfassung: »Johannes legte Zeugnis für ihn ab und rief: Dieser war es, über den ich gesagt habe: Er, der nach mir kommt, ist mir voraus, weil er vor mir war« (Joh 1,15).

– Auch die Tora leuchtet den Menschen, die sie befolgen. Aber der Logos *ist* das wahre Licht (Joh 1,9). Und also ist er nicht eine Personifizierung der Tora, sondern umgekehrt die Tora Auslegung bzw. Interpretation des ewigen Logos.

– Wenn die zitierten Stellen der Weisheitsliteratur von der Weisheit Gottes sagen, dass sie abgelehnt, nicht aufgenommen wurde, so gilt nach Joh 1,11 erst recht von dem in die Welt gekommenen, ja ansichtig (Fleisch) gewordenen Logos, dass selbst die ihn verwerfen, die »sein eigen«, sein Eigentumsvolk, die Wohnstätte seiner Tora sind.

– Der oft als Ausweis einer gnostischen Anthropologie missverstandene Vers Joh 1,13 lautet in allen Textüberlieferungen, die zeitlich vor der ältesten griechischen Fassung des gesamten Neuen Testamentes zu datieren sind[370], so: »*Allen aber, die ihn aufnahmen, gab er Macht, Kinder Gottes zu werden, allen, die an seinen Namen glauben – ER, der nicht aus dem Blut, nicht aus dem Willen des Fleisches, nicht aus dem Willen des Mannes, sondern aus Gott geboren ist.*« Diese christozentrische Lesart fügt sich in die Theologie des vierten Evangeliums mühelos ein. Bei Johannes ist Christus das Licht; also können wir durch ihn Kinder des Lichtes werden. Bei Johannes ist Christus die Wahrheit; also können wir durch ihn den Weg der Wahrheit gehen. Bei Johannes ist Christus der einzige Sohn des Vaters; also können wir durch ihn Kinder Gottes werden. Die Deutung des Verses Joh 1,13 auf alle Getauften macht wenig Sinn. Denn warum soll die Abstammung aus dem Willen eines Mannes, aus dem Fleisch und Blut irdischer Eltern, dem geistlichen Gezeugtsein des Taufgeschehens widersprechen? Ob man aus der von den Vätern eindeutig bevorzugten Singular-Lesart eine johanneische Affirmation der jungfräulichen Empfängnis folgern kann, bleibt allerdings umstritten[371].

– Der Höhepunkt des Logos-Hymnus, Vers Joh 1,14, spricht von der Überbietung des In-der-Welt-Seins bzw. des »Zeltens« der Weisheit

---

370 Dazu vgl. die verdienstvolle Übersicht über die Vätertexte bei: P. Hofrichter, Nicht aus Blut, sondern monogen aus Gott geboren. Textkritische, dogmengeschichtliche und exegetische Untersuchung zu Joh 1,13–14 (FzB 31), Würzburg 1978, 20–29.
371 Vgl. K.-H. Menke, Fleisch geworden aus Maria. Die Geschichte Israels und der Marienglaube der Kirche, Regensburg 1999, 48–50.

2.4 Die »Präexistenz«-Christologie

unter den Menschen. Denn der Logos weilt nicht nur unter den Menschen; nein, er stellt sich ganz und gar auf deren Seite. Deshalb der Komparativ: Der Logos wird nicht nur Mensch, sondern Fleisch. Hier könnte anklingen, was Paulus in 2 Kor 5,21 mit dem Hintreten des Sündlosen an die Stelle der Sünde meint.

– Und schließlich in Joh 1,17f ein letzter Komparativ: Jesus ist mehr als die Tora, weil er den Willen des Vaters nicht nur interpretiert, sondern »als der am Herzen des Vaters Ruhende«, als der »Einziggezeugte« des Vaters, als der Einzige, der ihn gesehen hat, von sich sagen darf: »*Ich und der Vater sind eins.*« (Joh 10,30). Und: »*Wer mich gesehen hat, hat den Vater gesehen*« (Joh 14,9b). Und: »*Niemand kommt zum Vater außer durch mich*« (Joh 14,6). Joseph Ratzinger alias Benedikt XVI. interpretiert Joh 1,18 im Vergleich mit Ex 33,18–22: Während die Bitte des Mose »Zeige mir, Herr, deine Herrlichkeit!« (Ex 33,18) die Antwort erhält »Mein Angesicht kannst du nicht schauen. [...] Du kannst meinen Rücken schauen, doch mein Angesicht darfst du nicht sehen.« (Ex 33,20–22), kommt Jesus »aus der unmittelbaren Berührung mit dem Vater, aus dem Dialog von ›Gesicht zu Gesicht‹ – aus dem Sehen dessen heraus, der an der Brust des Vaters ruhte«[372].

Was in den besprochenen Hymnen des Corpus Paulinum Bekenntnis der frühen christlichen Gemeinden ist, erscheint im vierten Evangelium als Selbstaussage Jesu:
– Joh 8,38a: »*Ich sage, was ich bei meinem Vater gehört habe.*«
– Joh 8,42: »*Jesus sagte zu ihnen: Wenn Gott euer Vater wäre, würdet ihr mich lieben; denn von Gott bin ich ausgegangen und gekommen. Ich bin nicht in meinem eigenen Namen gekommen, sondern er hat mich gesandt.*«
– Joh 11,25: »*Jesus erwiderte ihr [Marta]: Ich bin die Auferstehung und das Leben. Wer an mich glaubt, wird leben, auch wenn er stirbt, und jeder, der lebt und an mich glaubt, wird in Ewigkeit nicht sterben.*«
– Joh 10,30: »*Ich und der Vater sind eins.*«
– Joh 14,9: »*Jesus antwortete ihm: Schon so lange bin ich bei euch, und du hast mich nicht erkannt, Philippus? Wer mich gesehen hat, hat den Vater gesehen. Wie kannst du sagen: Zeig uns den Vater?*«
– Joh 16,15a: »*Alles, was der Vater hat, ist mein.*«
– Joh 17,5: »*Vater, verherrliche du mich jetzt bei dir mit der Herrlichkeit, die ich bei dir hatte, bevor die Welt war.*«

Auf die umstrittene Hypothese, dass die aus Juden- und Heidenchristen zusammengesetzte johanneische Gemeinde sich auf Grund der Apotheose Jesu zu einem »Gott neben Gott« gespalten habe und dass es zu einer

---
372 J. Ratzinger/Benedikt XVI., Jesus von Nazareth, Bd. I, 31f.

2. Kategorien und Grundgestalten der biblischen Christologie

regelrechten Glaubensverfolgung der Judenchristen durch die Majorität der Heidenchristen gekommen sei, kann hier nicht eingegangen werden[373]. Der eigentliche Anhaltspunkt dieser Hypothese sind die Stellen, in denen von der Empörung »der Juden« über den Selbstanspruch Jesu gesprochen wird:

– Joh 5,18: »*Darum waren die Juden noch mehr darauf aus, ihn zu töten, weil er nicht nur den Sabbat brach, sondern auch Gott seinen Vater nannte und sich damit Gott gleichstellte.*«
– Joh 6,52–54: »*Da stritten die Juden und sagten: Wie kann er uns sein Fleisch zu essen geben? Jesus sagte zu ihnen: Amen, amen, das sage ich euch: Wenn ihr das Fleisch des Menschensohnes nicht esst und sein Blut nicht trinkt, habt ihr das Leben nicht in euch. Wer mein Fleisch isst und mein Blut trinkt, hat das ewige Leben, und ich werde ihn auferwecken am Letzten Tag.*«
– Joh 8,57f: »*Die Juden entgegneten: Du bist noch keine fünfzig Jahre alt und willst Abraham gesehen haben? Jesus erwiderte ihnen: Amen, amen, ich sage euch: Noch ehe Abraham ward, bin ich. Da hoben sie Steine auf, um sie auf ihn zu werfen.*«
– Joh 10,22–33: »*Um diese Zeit fand in Jerusalem das Tempelweihfest statt. Es war Winter, und Jesus ging im Tempel in der Halle Salomos auf und ab. Da umringten ihn die Juden und fragten ihn: Wie lange noch willst du uns hinhalten? Wenn du der Messias bist, sag es uns offen! Jesus antwortete ihnen: Ich habe es euch gesagt, aber ihr glaubt nicht. Die Werke, die ich im Namen meines Vaters vollbringe, legen Zeugnis für mich ab; ihr aber glaubt nicht, weil ihr nicht zu meinen Schafen gehört. Meine Schafe hören auf meine Stimme; ich kenne sie, und sie folgen mir. Ich gebe ihnen ewiges Leben. Sie werden niemals zugrunde gehen, und niemand wird sie meiner Hand entreißen. Mein Vater, der sie mir gab, ist größer als alle, und niemand kann sie der Hand meines Vaters entreißen. Ich und der Vater sind eins. Da hoben die Juden wiederum Steine auf, um ihn zu steinigen. Jesus hielt ihnen entgegen: Viele gute Werke habe ich im Auftrag des Vaters vor euren Augen getan. Für welches dieser Werke wollt ihr mich steinigen? Die Juden antworteten ihm: Wir steinigen dich nicht wegen eines guten Werkes, sondern wegen Gotteslästerung; denn du bist nur ein Mensch und machst dich selbst zu Gott.*«

Unbestreitbar ist, dass man im vierten Evangelium nicht mehr trennen kann zwischen dem verkündigenden Jesus und dem verkündigten Christus, zwischen dem Jesus vor Ostern und dem Christus nach Ostern.

---

373 Zu dem unseligen Vergleich des christlichen mit dem johanneischen Antijudaismus bemerkt Klaus Berger: »Die Auseinandersetzungen zwischen Jesus (Judenchristen) und Juden liegen in ihrer Schärfe im Rahmen des zwischen Propheten und jüdischem Volk Üblichen. Abgesehen von dem, was sich atl. Propheten an Vorwürfen und Beschimpfungen ›leisteten‹, sollte man auch Johannes den Täufer mit seinem Vorwurf der ›Schlangenbrut‹ nicht vergessen« (Berger, Im Anfang, 80).

2.4 Die »Präexistenz«-Christologie

Deshalb entscheidet sich nicht erst am Glauben an den Auferstandenen, sondern schon am Glauben an den vorösterlichen Jesus (Joh 3,36; 5,24; 6,47) das »letzte Gericht« (Joh 12,31). Das Ereignis der Auferstehung des Gekreuzigten erweist Jesus nicht erst als den Christus. Es ist kein transgeschichtliches, sondern ein geschichtliches Ereignis, kein geschichtsjenseitiges Handeln des Vaters an dem toten Jesus, sondern ein Handeln des Vaters in und mit Jesus. Denn indem Jesus als wahrer Mensch so unmittelbar in Beziehung zu Gott dem Vater steht, dass die spätere Dogmatik von seiner hypostatischen bzw. personalen Union mit dem innertrinitarischen Sohn bzw. Logos spricht, kann er auf Grund seiner im physischen Sterben durchgehaltenen Beziehung zum Vater im Tod (gemeint ist der physische Tod) den Tod (gemeint ist der Tod der Trennung von Gott, die Scheol) besiegen.

Das Johannesevangelium entspricht in narrativer bzw. biografischer Weise dem Inhalt des Kolosser- und Hebräerbriefes, genauerhin der in den neutestamentlichen Briefen immer wieder affirmierten These, dass es keinen Weg zum Vater bzw. zur Gemeinschaft mit Gott gibt außer durch die Person Jesu Christi. Paulus bindet die Geistsendung und damit die Sündenvergebung exklusiv an Jesus Christus. Und das vierte Evangelium lässt Jesus sagen: »Niemand kommt zum Vater außer durch mich« (Joh 14,6b). Dieser nur um den Preis von Anpassungen und Verdrängungen relativierbare Anspruch ist – so werden die folgenden Ausführungen zeigen – die biblisch hinreichend bezeugte Grundlage jener dogmatischen Formeln, die durch die christologischen Konzilien vom ersten (325) bis zum zweiten Konzil von Nicaea (787) geprägt wurden[374]. Eine verfälschende Überlagerung des Ursprünglichen ist diese Entwicklung nur für jene Vertreter der so genannten liberalen Exegese, die den Juden Jesus mit seiner Reich-Gottes-Verkündigung als »früh« und den mit den Attributen der Präexistenz, der Schöpfungsmittlerschaft und exklusiven Heilsmittlerschaft geschmückten Christus als »spät« bezeichnen. »Man kann indes wohl zeigen, dass es auch im Überlieferungsgut der Synoptiker viele Elemente gibt, die das übliche Bild vom harmlosen Jesus der frühen synoptischen Tradition widerlegen. Vielmehr ist davor zu warnen, mit Hilfe von Literarkritik und Formgeschichte ein Wunschbild des undogmatischen vor- oder frühnachösterlichen Jesus zurechtzulegen.«[375]

---

374 Dazu: B. Studer, Das Christusdogma der Alten Kirche und das neutestamentliche Christusbild, in: MThZ 44 (1993) 13–22.
375 Berger, Im Anfang, 82.

3. Kapitel
Zentrale Kategorien und Grundgestalten der griechischen Christologie

Erst 22 Jahre alt war Adolf von Harnack, als er im September 1873 – soeben zum Doktor der Theologie promoviert – folgende Sätze an seinen Onkel Moritz von Engelhardt schrieb:

»Ich kann, soviel ich sehe, und ich glaube nichts Wesentliches zu übersehen, nicht einsehen, wie man die Lehre von der Präexistenz halten kann; würde ich sie halten, so müsste ich annehmen, dass in den heidnischen Völkern auch Gottesoffenbarungen stattgefunden haben, die sehr hoch anzuschlagen wären, denn nach allem, was ich übersehen kann, stammt diese Lehre doch aus heidnischer Philosophie, die sich um die Wende der alten Zeit mit semitischen Engel- und Präexistenzvorstellungen merkwürdig vermischt hat.«[376]

Dieses sind in vielerlei Hinsicht symptomatische Sätze. Denn sie enthalten beides: eine Kampfansage an den Vater Theodosius von Harnack, einen streng lutherischen Theologieprofessor. Und sie enthalten das von Albrecht Ritschl (1822–1889) inspirierte Vorhaben, die gesamte Dogmatik gleichsam aus den wolkigen Höhen hegelianischer Spekulation zu holen und auf den harten Boden der geschichtlichen Fakten zu stellen. Das Dogma von der »Präexistenz Christi« ist für Harnack mehr als jeder andere Glaubensinhalt exemplarischer Ausdruck einer von den Fakten der Geschichte abgehobenen Spekulation. Er kann nicht verstehen, warum man jemandem den rechten Glauben abspricht, wenn er die Trinität oder die Zweinaturenlehre bezweifelt, sich aber durch die Zusage Jesu Christi gerechtfertigt bzw. erlöst weiß. Die Begriffe der dogmatischen Theologie sind doch allesamt Abstraktionen, oft genug misslungene Deduktionen und eben nicht das historische Faktum selbst.

Man würde Adolf von Harnack gründlich missverstehen, wollte man ihm unterstellen, es sei ihm um die Verwandlung der gesamten Theologie in Geschichtswissenschaft gegangen. Nein, hinter seinem Programm steht die Erfahrung des Auseinanderfallens von »Theologie und Christentum«.

---

376 Zitat übernommen aus: Agnes v. Zahn-Harnack, Adolf von Harnack, Berlin ²1951, 65.

3. Kategorien und Grundgestalten der griechischen Christologie 205

Er kritisiert die Präexistenzlehre gerade deshalb, weil sie ihm den Blick auf das Eigentliche des Christentums verstellt. Sie ist – so drückt er sich aus – eine »philosophische Verflüchtigung unseres Heilandes«[377].

In dem Jahr (1888), in dem Harnack nach Berlin berufen wurde, war sein bedeutendstes Werk, die dreibändige »Dogmengeschichte«, bereits abgeschlossen. In dieser monumentalen Analyse schildert er zunächst die Geschichte eines Fortschritts (vom AT zum »Evangelium«), dann die Geschichte eines Abfalls (Frühkatholizismus bzw. Verbindung des Evangeliums mit der griechischen Metaphysik), und schließlich die Geschichte einer revolutionären Rückkehr zum Ursprung (Abtragung aller katholischen Verfälschungen des wahren Christentums, besonders der sich mit Christus selbst identifizierenden Heilsinstitution). Die Provokation, die von Harnacks »Dogmengeschichte« ausging, kann nur ermessen, wer die Grundintention des Autors versteht.

Diese gilt der Beseitigung des »garstigen Grabens« zwischen dem verkündigenden Jesus und dem verkündigten Christus. Der Graben soll aber nicht durch die Relativierung des geschichtlichen Jesus als des zufälligen Vermittlers allgemein evidenter und universal gültiger Ideen[378] geschehen, sondern umgekehrt durch die Abtragung aller begrifflichen Verfälschungen des in der Geschichte wirkenden Faktums. Harnack entnimmt dem Zeugnis der Synoptiker, dass Jesus sich in einer Art von Entwicklungsprozess seiner messianischen Sendung bewusst geworden ist und entsprechend den Vater und sein Reich in das Zentrum seiner Verkündigung gerückt hat. Dabei nimmt er für sich in Anspruch, im Namen

---

[377] »Ich will nicht müde werden es zu wiederholen und immer wieder mir selbst und Anderen zu sagen, dass auf die Kräfte unseres Denkens in Bezug auf ein seliges und fröhliches Leben nichts zu bauen sei, und dass das Heil lediglich ein *geschichtliches* sein könne, das wir ergreifen müssen. Ich habe keinen Gedanken, den ich mit größerer Sicherheit denke, wie diesen, und er ist das fundamentum meiner gesamten Lebensbetrachtung. Darum ist mir alle philosophische Verflüchtigung unseres Heilandes und dessen, was wir durch ihn haben, im Grunde meiner Seele ein Zuwideres, und ich will keines anderen Glaubens Prophet sein, wenn Gott mir dieses vergönnt, als dieses, dass es gilt, nicht gleiche Empfindungen etwa wie Christus in sich hervorzurufen, sondern ihn selbst zu ergreifen« (aus einem Brief A. v. Harnacks im März 1875 an Moritz von Engelhardt, zitiert nach: Agnes v. Zahn-Harnack, Adolf von Harnack, Berlin ²1951, 66f).
[378] David Friedrich Strauß (1808–1874) sieht in der Geschichte nur die Vermittlerin einer Idee. In seiner zweibändigen Christologie bezeichnet er den historischen Jesus als den eher zufälligen als notwendigen Vermittler der Idee der Einheit bzw. Versöhnung von Gott und Mensch, von Unendlichkeit und Endlichkeit. Strauß spricht von Beschränktheit, wo man immer noch meint, der Inhalt der Christologie sei notwendig mit der Person und Geschichte eines Einzelnen verknüpft. Er fordert ein Christentum, das »zur Idee im Faktum, zur Gattung im Individuum« (Das Leben Jesu kritisch bearbeitet, Bd. II, Tübingen 1836, 738) vorstößt.

206   3. Kategorien und Grundgestalten der griechischen Christologie

des Vaters mit Vollmacht zu reden und zu handeln. Aber – und das ist für
Harnack das Entscheidende:

»Versichert hat er sich diese seine bleibende Bedeutung als der Herr
nicht durch Enthüllungen über das Geheimnis seiner Person, sondern
durch die Enthüllung des Vaters, durch den Eindruck seines Lebens
und durch die Deutung seines Todes. Er deutet ihn, wie alles Leiden,
als einen Sieg, als den Übergang zu seiner Herrlichkeit, und er hat
sich mächtig erwiesen, in den Seinen wirklich die Überzeugung, dass
er [der Vater] lebe und über Tote und Lebendige Herr und Richter sei,
zu erwecken, trotz der Worte der Gottverlassenheit, die er am Kreuze
gerufen. Die Religion des Evangeliums steht auf diesem Glauben an
Jesus Christus, d. h. im Hinblick auf ihn, diese geschichtliche Person,
ist es dem Gläubigen gewiss, dass Gott Himmel und Erde regiert, und
dass Gott der Richter auch der Vater und Erlöser ist.«[379]

Mit dem zweiten Jahrhundert sieht Harnack den so genannten Frühkatholizismus[380] allgemein auf dem Vormarsch. Diese Tendenz ist aus seiner Sicht charakterisiert durch zwei Komponenten: durch einen zunehmenden Rückfall in die durch Paulus nicht ganz, aber doch grundsätzlich überwundenen jüdischen Wurzeln; und durch die Hellenisierung des Evangeliums im Zuge einer gegen die Gnosis gerichteten Verbegrifflichung, Dogmatisierung und Institutionalisierung des Christentums.

Nicht aus sachlichen, sondern aus geschichtlichen Gründen – so Harnack – hat die frühe Christenheit an der Einbeziehung des AT in ihre Gründungsurkunden festgehalten. Sie habe damit der Tatsache Rechnung getragen, »dass Jesus und Paulus auf dem Boden des AT gestanden haben«[381]. Deshalb vertrete er selbst die These: Es ist zwar verständlich, dass die Kirche mit Rücksicht auf die Judenchristen im zweiten Jahrhundert dem Postulat Marcions nach einer Eliminierung des AT noch nicht gefolgt ist. Es ist aber nicht zu entschuldigen, dass der Protestantismus, wenn er schon im 16. Jahrhundert nicht mutig genug für das Nachholen dieses längst überfälligen Schrittes war, im 19. Jahrhundert immer noch zögert. Wörtlich bemerkt Harnack:

---

379 A. v. Harnack, Lehrbuch der Dogmengeschichte, Bd. I. Die Entstehung des kirchlichen Dogmas, Reprogr. Nachdr. der vierten Aufl. von 1909, Darmstadt 1990, 70.
380 Zur Charakterisierung des Phänomens »Frühkatholizismus« durch Adolf von Harnack: H.-J. Schmitz, Frühkatholizismus bei Adolf von Harnack, Rudolf Sohm und Ernst Käsemann, Düsseldorf 1977, 47–93.
381 A. v. Harnack, Marcion. Das Evangelium vom fremden Gott. Eine Monographie zur Geschichte der Grundlegung der katholischen Kirche, Reprogr. Nachdruck der zweiten Aufl. von 1924, Darmstadt 1996, 216.

3. Kategorien und Grundgestalten der griechischen Christologie 207

»Denkt man mit Paulus und Marcion den Gegensatz zwischen ›der Gerechtigkeit aus dem Glauben‹ und ›der Gerechtigkeit aus den Werken‹ scharf durch und überzeugt sich zugleich von dem Unzureichenden der Mittel, mit denen Paulus das kanonische Ansehen des AT festhalten zu können geglaubt hat, so vermag kein konsequentes Denken die Geltung des Alten Testamentes als kanonischer Urkunde in der christlichen Kirche zu ertragen.«[382]

Was Paulus aus biografischen Gründen kaum möglich war, hätte – so Harnack weiter – Luther gut zu Gesicht gestanden. Denn:»Welch eine Entlastung der Christenheit und ihrer Lehre wäre es gewesen, wenn Luther diesen Schritt getan hätte!« Gehörte etwa – so fragt Harnack rhetorisch – mehr christlicher Freimut zur gänzlichen Lösung vom AT»als zu dem Schritt, den er in der Schrift *De captivitate babylonica* gegenüber den Sakramenten unternommen hat [...]? Hatte Luther nicht selbst seit der Leipziger Disputation und bis zu der Schrift über die Konzilien und Kirchen ein einschneidendes Urteil nach dem anderen an der kirchengeschichtlichen Überlieferung vollzogen? Waren nicht auch in Bezug auf das AT alle Prämissen gegeben, um ihm endlich sein *kanonisches Ansehen* in der Christenheit zu nehmen«[383]?

Harnack sieht im Selbstverständnis der römischen Kirche die vom Protestantismus überwundenen Grunddimensionen des Judentums ungebrochen wirksam. Das Entscheidende ist für ihn die konstitutive Inklusion des»Volkes Israel« bzw.»der römischen Kirche« in Gottes Heilshandeln[384]. Natürlich wolle das von Jesus verkündete Evangelium eine Gemeinschaft»als Haushalter im Dienst des Nächsten«[385] und»auf dem Bewusstsein einer geistigen Einheit«[386] ermöglichen. Diese»geistige Einheit« aber sei Ausdruck des gemeinsamen Glaubens an die vom Vater in Jesus Christus zugesprochene Rechtfertigung, nicht aber eine sichtbare und zudem noch heilskonstitutive Institution.

Judaisierung und Hellenisierung, das sind die beiden Komponenten des Katholizismus nach Harnack. Im Blick auf die Entwicklung der

---

[382] Harnack, Marcion, 216. – Dazu: W. Kinzig, Harnack, Marcion und das Judentum. Nebst einer kommentierten Edition des Briefwechsels Adolf von Harnacks mit Houston Stewart Chamberlain (Arbeiten zur Kirchen- und Theologiegeschichte 13), Leipzig 2004.
[383] Harnack, Marcion, 219.
[384] Dazu: P. von der Osten-Sacken, Rückzug ins Wesen und aus der Geschichte. Antijudaismus bei Adolf von Harnack und Rudolf Bultmann, in: WPKG 67 (1998) 106–122.
[385] A. v. Harnack, Das Wesen des Christentums. Mit einem 1950 verfassten Geleitwort von Rudolf Bultmann, München/Hamburg 1964, 69.
[386] Harnack, Das Wesen des Christentums, 69.

3. Kategorien und Grundgestalten der griechischen Christologie

Christologie fragt er, wie aus dem Verkündiger der Gottesherrschaft ein trinitätstheologisch erklärter Gott mit zwei Naturen werden, wie also das Zeugnis der Schrift durch die griechische Philosophie vereinnahmt werden konnte. Die christologischen Konzilien der ersten Jahrhunderte stellen sich für Harnack dar als »Abfall vom Ursprung; als Verdrängung des historischen Jesus durch den präexistenten Christus; als intellektualistische, spekulative, kosmologische Entfremdung von der ursprünglichen Verkündigung Jesu«[387].

Im ersten Band seines »Lehrbuchs der Dogmengeschichte« erklärt er zunächst die ersten Schritte der Verwandlung des Christentums in ein Lehrsystem, um dann in zwei weiteren Kapiteln die »Grundlegung des Katholizismus« zu traktieren: nämlich die »Fixierung und allmähliche Verweltlichung des Christentums als Kirche«; und die »Fixierung und allmähliche Hellenisierung des Christentums als Glaubenslehre«. Zusammenfassend bemerkt er:

»Indem Christus als der im Fleische erschienene Logos Gottes bezeichnet und diese Prädizierung als die höchste aufgestellt wurde, war die Anweisung gegeben, das Göttliche in Christus als die im Weltbau und in der Geschichte der Menschheit realisierte Vernunft Gottes zu denken. Damit war eine bestimmte philosophische Ansicht von Gott, der Schöpfung und der Welt implicite mitgegeben, und das Taufbekenntnis wurde dadurch zu dem Kompendium einer wissenschaftlichen Dogmatik, d. h. einer mit der platonisch-stoischen Metaphysik verknüpften Glaubenslehre.«[388]

Harnack sieht in diesem Prozess einerseits eine unzulässige Vereinnahmung des Evangeliums, weiß aber auch, dass sich die Religion des Christentums nur deshalb so erfolgreich gegen die Religionen der Griechen und Römer durchsetzen konnte, weil sie im Unterschied zu diesen bereit war, die Inhalte des Glaubens vor dem Forum der philosophischen Vernunft eines Plato oder Aristoteles zu verantworten. Legitim wäre dieser Brückenschlag zwischen Evangelium und griechischer Philosophie aus seiner Sicht aber nur dann gewesen, wenn sich das Christentum nach Erreichung seiner missionarischen Ziele im Sinne einer Reformation von allen »Katholizismen« gereinigt hätte. Das Gegenteil aber – so Harnack weiter – war der Fall. Er spricht von einer »Verdrängung des historischen

---

387 Harnack, Das Wesen des Christentums, 69.
388 A. v. Harnack, Lehrbuch der Dogmengeschichte, Bd. I. Entstehung des kirchlichen Dogmas, Reprogr. Nachdr. der vierten Aufl. von 1909, Darmstadt 1990, 699.

3. Kategorien und Grundgestalten der griechischen Christologie

Jesus durch den präexistenten Christus«[389] und von einer christologischen »Verdoppelung«[390] des einen Gottes. Und er nennt die von der platonischen Philosophie geprägte Zwei-Naturen-Lehre gnostisch[391]. Innerhalb des Protestantismus erstand Harnack in dem Greifswalder Professor Hermann Cremer (1834–1903) ein mächtiger Gegner. Auslöser der Kontroverse zwischen Harnack und Cremer wurde 1892 ein Pfarrer, der vom Dienst suspendiert wurde, weil er sich mit Berufung auf Harnack weigerte, weiterhin das Apostolicum im Gottesdienst und bei der Taufe zu sprechen. Der so genannte »Apostolicum-Streit« war entstanden[392]. Harnack flüchtete sich in eine geschichtliche Betrachtung des Apostolicum und zog sich aus der Affäre, indem er die Jungfrauengeburt zur Metapher und das Bekenntnis »Jesus Christus, Gottes eingeborener Sohn, unser Herr« antimetaphysisch interpretierte[393].

---

389 Harnack, Dogmengeschichte, I, 704.
390 Harnack, Dogmengeschichte I, 704.
391 »Indem die philosophische Logoschristologie zu vollem Siege gelangte, wurde mit der Verdammung der Lehre von der strengen Einzelpersönlichkeit Gottes die gnostische Zwei-Naturen-Lehre in Bezug auf Christus aufgerichtet. Aber diese scheinbare Bereicherung Christi kam einer Verarmung gleich, weil sie die volle menschliche Persönlichkeit Christi in Wahrheit strich. Die ›Natur‹ trat an die Stelle; aber die ›Natur‹ des Menschen ohne die ›Person‹ ist ein Nichts« (Harnack, Dogmengeschichte I, 704f).
392 Dazu: K. H. Neufeld, Adolf von Harnacks Konflikt mit der Kirche. Weg-Stationen zum »Wesen des Christentums«, Innsbruck 1979, 114–127.
393 »In der Zeit nach dem Nicaenum wird bei diesen Worten in der Kirche durchweg an die vorzeitliche, ewige Sohnschaft Christi gedacht und jede andere Auslegung gilt als Häresie. So hat auch Luther die Worte erklärt: ›wahrhaftiger Gott, vom Vater in Ewigkeit geboren‹. Allein diese Fassung verlangt, auf das Symbol übertragen, eine Umdeutung desselben. Es lässt sich nicht nachweisen, dass um die Mitte des 2. Jahrhunderts der Begriff ›eingeborener Sohn‹ in diesem Sinne verstanden worden ist; vielmehr lässt sich geschichtlich zeigen, dass er nicht so verstanden worden ist. Wo Jesus Christus ›Sohn‹ heißt, wo ein ›geboren sein‹ von ihm ausgesagt wird, ist in jener Zeit an den geschichtlichen Jesus und an die irdische Erscheinung gedacht: der geschichtliche Jesus Christus ist der Sohn. Erst spekulierende christliche Apologeten und die gnostischen Theologen haben das Wort anders verstanden und in ihm das Verhältnis des vorgeschichtlichen Christus zu Gott ausgedrückt gefunden. Später noch wurde die ganze Zweinaturenlehre in die Worte hineingelegt: ›der eingeborene Sohn‹ bedeute die göttliche Natur und erst in dem, was folgt, werde die menschliche Natur bekannt. Es dauerte aber längere Zeit, bis sich diese Auslegung in der Kirche durchsetzte, um dann die allgemeine zu werden und die ältere zu verdrängen. Wer also die ›ewige Sohnschaft‹ in das altrömische Symbol hineinlegt, der gibt ihm einen anderen Sinn als der ursprüngliche lautete. Aber zum Häretiker ist trotzdem nach dem 3. Jahrhundert jeder gestempelt worden, der damals noch bei dem ursprünglichen Sinn des Symbols stehen blieb und sich weigerte, die neue Deutung anzuerkennen« (A. v. Harnack, Das Apostolische Glaubensbekenntnis. Ein geschichtlicher Bericht nebst einer Einleitung und einem Nachwort [1892], in: Ders., Reden und Aufsätze, Bd. I, Gießen ²1906, 219–264; hier: 242f).

210 3. *Kategorien und Grundgestalten der griechischen Christologie*

Cremer hielt dagegen: Darf denn, so schrieb er, die Frage nach der Person Christi überhaupt auf dem Wege und mit Mitteln historischer Forschung entschieden werden? Kann denn die Geschichtsforschung die Person Jesu Christi überhaupt erreichen? Kann sie erfassen, wer Christus eigentlich gewesen ist? Harnacks Antwort erfolgte nicht nur direkt[394], sondern auch indirekt, nämlich in Gestalt der die Jahrhundertwende begleitenden »Vorlesungen über das Wesen des Christentums«[395]. In diesen Vorlesungen wird endgültig deutlich, dass Harnack seine mit immenser Gelehrsamkeit erstellte »Dogmengeschichte« nur verfasst hat, um das, was darin steht, zu destruieren. Das »Wesen des Christentums« – so lautet seine Kernaussage – besteht nicht in komplizierten Unterscheidungen, Begriffskonstruktionen und komplizierten Reflexionen, sondern in Jesu Sohnesbewusstsein: »wie er zu diesem Bewusstsein der Einzigartigkeit seines Sohnesverhältnisses gekommen ist, wie er zu dem Bewusstsein seiner Kraft gelangt ist und der Verpflichtung und Aufgabe, die in dieser Kraft liegen«[396]. Jesus – davon ist Harnack überzeugt – hat nicht sich verkündet, sondern das Werk des Vaters. Deshalb gelangt er in seinen Vorlesungen über das Wesen des Christentums zu der Feststellung: »Nicht der Sohn, sondern allein der Vater gehört in das Evangelium, wie es Jesus verkündigt hat, hinein«[397].

Wie im folgenden Kapitel dargestellt wird, ist die exemplarisch von Harnack und Bultmann vertretene These von der Hellenisierung des biblisch bezeugten Jesus nicht zuletzt von der historisch-kritisch argumentierenden Exegese widerlegt worden. Die Abstraktion des verkündigenden Jesus vom verkündigten Christus, die Abstraktion des Juden Jesus vom dogmatisierten Christus und die Abstraktion der genuin palästinischen Jesulogie von der genuin griechischen Christologie wurden als schon im Ansatz verfehlt erwiesen. Dennoch wird in der Kritik an Harnack und Bultmann zu wenig beachtet, dass die liberale protestantische Exegese nicht nur den angeblich wahren Jesus gegen den angeblich hellenisierten Christus stellt, sondern durch historisch-kritische Forschung entscheiden

---

394 Vgl. A. v. Harnack, Antwort auf die Streitschrift D. Cremers: Zum Kampf um das Apostolicum (Leipzig 1892), in: Ders., Reden und Aufsätze, Bd. I, Gießen ²1906, 265–311.
395 In vielen Punkten lassen sich Hans Küngs Versuche, den angeblich historisch eruierbaren Jesus gegen den Christus der griechischen Metaphysik auszuspielen, mit Harnacks (allerdings ungleich originelleren) Angriffen auf das vom Dogma erstickte Christentum vergleichen. Dazu: A. Grillmeier, Die Einzigartigkeit Jesu Christi und unser Christsein. Zu Hans Küng, Christ sein, in: Ders., Fragmente zur Christologie. Studien zum altkirchlichen Christusbild, hg. v. T. Hainthaler, Freiburg 1997, 33–80.
396 A. v. Harnack, Das Wesen des Christentums. Mit einem 1950 verfassten Geleitwort von Rudolf Bultmann, München/Hamburg 1964, 84.
397 Harnack, Wesen des Christentums, 92.

will, was wahre und was verfälschende Christologie ist. Bezeichnenderweise hat Adolf von Harnack in seinem Buch mit dem Titel »Marcion« nicht nur von *einer*, sondern von zwei Fehlentwicklungen gesprochen. Beide Tendenzen sieht er ungebrochen wirksam im römischen Katholizismus: zum einen die Tendenz zur definierenden, objektivierenden, kurz: dogmatisierenden Christologie; und zum anderen die am Selbstverständnis Israels abgelesene – aus Harnacks Sicht: »judaisierende« – Vorordnung der Kirche vor die Heilige Schrift. Die Verhältnisbestimmung von Schrift und Kirche ist grundlegend für den Stellenwert der von den ersten Konzilien der Christenheit als wahr deklarierten Sprachregelungen. Während die römisch-katholische Kirche die Credo-Formeln des Apostolischen Glaubensbekenntnisses oder des so genannten Nicaeno-Constantinopolitanums für ebenso wahr wie das Christuszeugnis des NT hält, relativiert der Protestantismus alle Interpretationen – auch die Dogmen der liturgisch rezitierten Glaubensbekenntnisse – zu zwar bedeutsamen, letztlich aber zeitbedingten Meilensteinen der Schriftauslegung. Dahinter verbirgt sich die im ersten Kapitel dieses Buches ausführlich erörterte Unterordnung der Kirche unter das Wort der Schrift (»ecclesia ut creatura Scripturae«). Wenn die Schrift nicht das kristallin gewordene Glaubensbewusstsein der frühen Kirche, sondern auf derselben Ebene wie das Menschsein Jesu Medium der Selbstoffenbarung Gottes ist, dann kann man zwischen dem Christusereignis selbst und dessen Bezeugung durch die Heilige Schrift nur noch verbal unterscheiden; dann ist das Christentum eine Buchreligion; dann kann die Kirche nicht verbindlich sagen, was die aus ihrer Mitte stammenden Autoren des NT über Jesus Christus sagen wollten; dann muss sie vielmehr umgekehrt alle Denk- und Bewusstseinsformen der Folgezeit so weit wie möglich auf die biblischen Kategorien reduzieren.

3.1 Die Konstanten des griechischen Denkens

Alois Kardinal Grillmeier (1910–1998) hat gezeigt, dass man die Hellenisierungsthese Harnacks, Bultmanns oder Küngs nicht nur widerlegen kann, sondern in gewisser Weise in deren Gegenteil verkehren darf[398]. Denn statt von einer hellenisierenden Verfälschung des biblisch bezeugten Jesus kann man mit guten Argumenten von einer Christianisierung

---

398 Vgl. A. Grillmeier, Hellenisierung – Judaisierung des Christentums als Deuteprinzipien der Geschichte des kirchlichen Dogmas, in: Ders., Mit ihm und in ihm, Freiburg ²1978, 423–488.

212   3. Kategorien und Grundgestalten der griechischen Christologie

des griechischen Denkens sprechen[399]. Diese Antithese leuchtet unmittelbar ein, wenn man bedenkt, dass die Ausgangsfrage der griechischen Philosophie nach dem Ursprung aller Ursprünge unlösbar verbunden ist mit der ontologischen Überordnung der Einheit über die Vielheit. Es wäre für das Christentum viel einfacher gewesen, im Griechisch sprechenden Raum des Mittelmeeres Fuß zu fassen, wenn es die von allen griechischen Philosophen einhellig vertretene Gleichung »Je höher die Einheit, desto höher die ontologische Valenz« als mit dem eigenen Monotheismus konforme Maxime gewürdigt hätte. Dass das Christentum dieser Versuchung im Blick auf das geschichtlich gelebte Verhältnis Jesu zu seinem »Abba« widerstanden und die Lehre von der ontologischen Gleichwertigkeit der Vielheit mit der Einheit entwickelt hat, darf als schlagender Beleg für Grillmeiers Antithese von der Christianisierung des griechischen Denkens gewertet werden. Denn die Trinitätslehre bedeutet geradezu eine Revolutionierung des griechischen Denkens, weil sie der Vielheit die gleiche ontologische Dignität wie der Einheit zuspricht. Von einer philosophischen Vereinnahmung, Verfälschung und Überlagerung der von den Evangelisten bezeugten Beziehung Jesu zum Vater kann also keine Rede sein; eher umgekehrt von einer völligen Umgestaltung der Grundprämisse des griechischen Denkens durch das biblisch bezeugte Christusereignis.

Bevor im Folgenden die griechisch geprägten Denkformen der Christologie dargestellt werden, soll etwas ausführlicher auf die Entstehung und Entfaltung der besagten Überordnung der Einheit über die Vielheit gesprochen werden. Denn nur wenn man die Grundprämisse des griechischen Denkens verstanden hat, kann man ermessen, welche Potentiale, aber auch welche Gefahren in der christologischen Rezeption bestimmter Kategorien und Begriffe der hellenistisch geprägten Welt lagen.

In den vom Mythos bestimmten Epen Homers ist alles, was in Natur und Geschichte geschieht, vorübergehende Erscheinung (φαινόμενον) einer göttlichen Substanz, die in der Regel den Namen einer personal verstandenen Gottheit trägt. Innerhalb der Welt des griechischen My-

---

399 »Das Konzil von Nikaia bezeugt durch die Ablehnung des arianischen ›Systems‹ den geistigen Widerstand des kirchlichen Christusbekenntnisses gegen eine Überfremdung durch hellenistisches Denken. Indem das Konzil das Verhältnis der Einheit und Vielheit in Gott auf eine andere und neue Reflexionsebene hebt, mythologische Vorstellungen der Inkarnation aufhebt und sich gegen ›vereinfachende‹ Lösungen wehrt, bleibt es nicht nur der apostolischen Überlieferung treu, sondern bildet ein ursprüngliches Glaubens-Denken aus. Bewahrung der apostolischen Tradition erfolgt nicht durch die Repetition der Bibel, sondern in der Reflexion auf die volle Dimension des Sinnes der Schrift« (K. Lehmann, Dogmenhermeneutik am Beispiel der klassischen Christologie, in: Jesus. Ort der Erfahung Gottes, hg. v. B. Casper, Freiburg 1976, 190–209; hier: 199).

3.1 Die Konstanten des griechischen Denkens

thos – so zeigt überzeugend der Kieler Mythos-Forscher Kurt Hübner[400] – bedeutet Kausalität göttliche Wirksamkeit, gleichgültig, ob sie eine Ortsbestimmung betrifft oder eine qualitative Umwandlung (Metamorphose). Der Wurf einer Lanze, das Aufkommen von Sturm und Wind, die Bewegung der Wolken, der Sterne, des Meeres – in all dem äußern sich die Kräfte der Götter. Diese sind aber auch im Wandel der Jahreszeiten tätig, in dem Ausbrechen einer Krankheit, in der Erleuchtung; oder wenn jemand einen Einfall (eine geniale Idee) hat; wenn jemand weise spricht; wenn jemand selbstbeherrscht, krank oder schwach ist. Kein Gott ist für Beliebiges verantwortlich, sondern entsprechend seinem Wesen: Helios bewirkt die Bewegung der Sonne, Athene bewirkt praktische Intelligenz oder klugen Rat, Apollos musikalische Entrücktheit, Weitsicht, Genialität; Aphrodite die Verliebtheit usw.

Der Übergang vom *mythischen* zum *logischen* Denken (vom Mythos zum Logos) ist unlöslich mit der Frage verbunden, ob denn die bis dahin angenommene Vielheit der Götter bzw. ἀρχαί letzte Erklärung alles Wirklichen sein könne; ob nicht jede Vielheit auf eine ihr vorausliegende Einheit verweist. Die so genannten Vorsokratiker suchen die Antwort auf diese Urfrage der abendländischen Philosophie in einem Stoff (ὕλη), der alle Einzelgestalten (μορφαί) aus sich entlässt. Ihre Antworten reichen von dem Hinweis auf das alles aus sich entlassende *Wasser* (Thales von Milet) bis hin zu einem durchaus stofflich verstandenen, selbst unbegrenzten Prinzip aller begrenzten Wirklichkeiten mit der Bezeichnung *Geist* (Anaxagoras). Von Anaxagoras zu Sokrates bzw. Platon ist es nur ein kleiner Schritt: Das, was man von einer Wirklichkeit denken kann, der Begriff einer Sache, ist das Bleibende an ihr; alles andere ist vorübergehend und vergänglich. Insofern alle real existierenden Steine vorübergehende Phänomene der Idee »Stein« sind, haben sie zwar Anteil an etwas Bleibendem, sind aber selbst nur Erscheinung dieses Bleibenden. Platon zeigt in dem berühmt gewordenen Höhlengleichnis seines Dialogs zwischen Sokrates und Glaukon über den Staat, dass jedwede Vielheit, auch die der Ideen, ein defizienter Modus von Einheit ist; dass letztlich nur dem schlechthin Einen, der von Platon mit der Sonne verglichenen »Idee des Guten«, Sein im Sinne eines alles andere begründenden, selbst aber von nichts ableitbaren Prinzips zukommt. Im Blick auf Platons Höhlengleichnis sind das Denken des Aristoteles und jene beiden Epochen der antiken Platon-Renaissance, die man mit den Etiketten »Mittelplatonismus« und »Neuplatonismus« versehen hat, bloße Fußnoten zu der besagten Grundthese, dass ein Seiendes in der Hierarchie des Seienden umso höher steht,

---
[400] Vgl. K. Hübner, Die Wahrheit des Mythos, München 1985, bes. 109–198; ders., Mythos. I. Philosophisch, in: TRE XXIII (Berlin ²2000) 597–608.

214 3. Kategorien und Grundgestalten der griechischen Christologie

als es teilhat an dem schlechthin Einen bzw. an dem alle Gründe grundlegenden Urprinzip. Denn Aristoteles bezweifelt zwar, dass das schlechthin Eine bzw. die von Platon apostrophierte Idee des Guten an und für sich – d. h. außerhalb der von ihr geeinten Vielheit – existiert[401], stellt aber keineswegs in Abrede, dass der Grad der Einheit über den Stellenwert eines Seienden entscheidet. Je mehr ein Seiendes sich auf sich selbst und damit auch auf Anderes beziehen (transzendieren) kann, desto mehr Formkraft bzw. »Aktualität« ist ihm zuzusprechen, und desto höher steht es in der Hierarchie des Wirklichen. Weil eine Pflanze über einen höheren Grad von Innerlichkeit und Selbsttranszendenz und mithin auch »Geeintheit« als ein Stein verfügt, und weil ein Tier in analoger Weise über einen höheren Grad von Innerlichkeit, Selbsttranszendenz und »Geeintheit« als jede Pflanze verfügt, ergibt sich wie von selbst eine Hierarchie alles Seienden entsprechend dem jeweils ausgewiesenen Grad der »Ein-faltung« einer Vielheit in eine je komplexere Einheit.

Nicht zufällig finden sich diese Grundgedanken des Aristoteles auch in den Denksystemen wieder, die als Repräsentanten einer Plato-Renaissance gelten. Diese stellen zwar das schlechthin Eine als das allem Vielen gegenüber absolut Transzendente dar, betonen aber mit Aristoteles, dass das Eine in jedwedem Seienden anwest.

Der wichtigste Text für die Fortentwicklung des Platonismus zum Mittel- und Neuplatonismus ist der von Platon überlieferte Dialog des Sokrates mit Timaios. Platon lässt den sternkundigen Timaios einen geschlossenen Lehrvortrag über Entstehung und Grundstrukturen des Kosmos halten und konfrontiert ihn dann mit der Frage des Sokrates, ob der Kosmos einen zeitlichen Anfang habe oder nicht.

---

401 Das aristotelische unterscheidet sich vom neuplatonischen Weltbild nur marginal. Denn auch wenn Aristoteles die konkreten Wesenheiten als mixta composita von Form und Materie beschreibt, unterscheidet er doch zwischen den ewig bleibenden Formen (δευτέραι οὐσίαι) z. B. des Menschen, des Hasen, des Löwen etc. und den einzelnen Exemplaren (πρῶται οὐσίαι), die entstehen und vergehen. Insgesamt differenziert der Stagirite zwischen drei Arten von Substanzen: nämlich den aus Materie und Form zusammengesetzten vergänglichen Substanzen des sublunaren Bereichs, den aus Materie und Form zusammengesetzten ewigen Substanzen des translunaren Bereichs und der reinen (von keiner Materialität oder Potentialität eingeschränkten) Form des unbewegten Bewegers. Da der unbewegte Beweger alles bewegt, ohne sich selbst zu bewegen, wird er von Aristoteles mit einem Liebenden verglichen, der alles außerhalb seiner selbst auf sich hinbewegt, ohne sich selbst zu verändern. Somit ist der unbewegte Beweger des Aristoteles im Vergleich zu allem anderen Seienden in einer ähnlichen Transzendenz gedacht wie das schlechthin Eine von Plotin allem Vielen gegenüber als das ganz Andere bezeichnet wird. Dazu: I. Düring, Aristoteles. Darstellung und Interpretation seines Denkens, Heidelberg 1966, 346–399.

3.1 Die Konstanten des griechischen Denkens

Der für unsere Christologie interessanteste Vertreter des Mittelplatonismus ist der hellenisierte Jude Philo, der in seiner allegorischen Auslegung der Bibel, vor allem der Genesis, den jüdischen Monotheismus mit der platonischen Ideenlehre verbindet[402]. Als Gott die Welt schuf, so beginnt Philon sein Werk »De opificio mundi«, da erkannte er, dass jedes Werk nur gut wird, wenn es ein gutes Vorbild hat. Deshalb schuf er zunächst die Welt der Ideen. Diese besteht jedoch nicht für sich gesondert, sondern deckt sich mit dem Geiste Gottes, mit dem Logos. Der Logos ist die Quelle, aus der alle Ideen hervorströmen. Der Logos geht aus Gott hervor, ist aber nicht Gott; er ist auch nicht Gottes Geschöpf. Der Logos steht zwischen Gott und den vergänglichen Dingen. Philos Spekulationen sind deutlich von der Tendenz bestimmt, durch Einführung von vermittelnden Instanzen eine Brücke vom transzendenten Gott zur materiellen Wirklichkeit zu schlagen. Die Ideen bilden eine geistige Welt, die das Vorbild der körperlichen Welt ist. Sie sind jene Mächte, die dem Formlosen (der Materie) Gestalt verleihen, ohne selbst eine Veränderung zu erfahren.

Darin kommen Mittel- und Neuplatonismus überein, dass *Materie* der Gegenbegriff zu *Form* ist. Weil Materie als Gegensatz zu Form gedacht wird, ist sie an und für sich nichts Bestimmtes, sondern das »Nur-Viele«. Die Materie ist nicht nichts; aber sie ist auch nicht »etwas«; denn sie ist nichts räumlich oder zeitlich, quantitativ oder qualitativ Beschreibbares. Sie kann daher in gewisser Weise als »nichtig« bezeichnet werden. Ihre Existenz besteht darin, Grenze der Ausstrahlung des Einen zu sein. »So wie der Schein eines Lichtes immer schwächer wird, bis er sich in völlige Dunkelheit verliert, so führt der Abstieg vom Einen zu immer weniger vollkommenen Seinsweisen, bis mit der Materie die letzte Stufe erreicht wird.«[403] Wenn Plotin – der bedeutendste Vertreter des Neuplatonismus – die Materie mit dem Bösen assoziiert, dann nicht im Sinne eines Gott gegenüberstehenden Prinzips (Dualismus). Die Materie ist insofern Sinnbild des Bösen, als sie das Gute nicht hat. Ihr fehlt das Gute, weil ihr der Charakter eines positiv bestimmbaren Seienden fehlt. Dem Bösen kommt daher keine eigene Wirklichkeit zu, sondern es besteht im größtmöglichen Mangel an Wirklichkeit, in der größtmöglichen Ferne vom Einen bzw. Guten. Wie die Materie ist daher auch das Böse ein (relativ, aber nicht absolut) Nicht-Seiendes.

---

402 Dazu: W. Theiler, Philo von Alexandria und der hellenisierte Timaeus, in: C. Zintzen (Hg.), Der Mittelplatonismus (WdF 70), Darmstadt 1981, 52–63.
403 W. Röd, Der Weg der Philosophie, Bd. I. Altertum, Mittelalter, Renaissance, München 1994, 249.

3. Kategorien und Grundgestalten der griechischen Christologie

Wie Platon in seinem Höhlengleichnis, so sieht auch Plotin im Bild der Sonne einen Hinweis auf die absolute Einheit, der gegenüber alles Viele das ganz Andere ist. Nicht der Geist ist die höchste Einheit. Denn der Geist kann die Differenz zwischen denkendem Subjekt und gedachtem Objekt nicht überwinden. Die absolute Einheit, d. h. die Einheit, die keine Differenz mehr enthält, muss noch jenseits des νοῦς gesucht werden. Doch wenn das mit Gott bzw.»dem Göttlichen« identifizierte»Eine« (τὸ ἕν = τὸ θεῖον) jenseits aller Vielheit angesiedelt wird, stellt sich wie von selbst die Frage, warum es nicht nur das Göttliche gibt, sondern auch die unter ihm liegenden Wirklichkeitsbereiche (Hypostasen), nämlich Geist, Seele und die Welt der stofflichen Dinge. Warum, so ist zu fragen, ist das Göttliche nicht gleichsam in sich selbst verblieben? Plotins Antwort lautet, dass das Eine sich nicht auf sich selbst beschränkt, sondern etwas aus sich hervorgehen lässt. Die Fülle des schlechthin Einen ist so groß, dass sie sich gleichsam selbst betrachtet durch den Geist, den sie sich gegenüberstellt. Der Geist ist aus Plotins Sicht kein Geschöpf des Göttlichen, sondern Emanation des Göttlichen. Ebenso ist die alles Seiende durchdringende Weltseele (ἡ ψυχὴ τοῦ κόσμου) kein Geschöpf, sondern die Bezogenheit alles Seienden auf»das Eine« als seinen Ursprung[404].

Weil die alles Viele zugleich einende und übersteigende ἀρχή von den Griechen als das Gegenteil alles sinnlich Wahrnehmbaren, Vergänglichen,

---

[404] Plotin hat für die Entfaltung des Göttlichen in Geist, Seele und Welt verschiedene Bilder gebraucht: Der Geist strahlt aus dem Göttlichen so hervor wie das Licht aus der Sonne oder die Wärme aus dem Feuer. So wie Sonne oder Feuer (scheinbar) nichts verlieren, indem sie leuchten oder wärmen, so wird auch das Göttliche nicht ärmer, indem es Geist und Seele aus sich entlässt. Die dem Ausdruck »Emanation« zugrunde liegende Vorstellung, dass die Wirklichkeitsbereiche unterhalb des Einen aus diesem herausfließen, ist dem Gemeinten bereits weniger angemessen, weil nicht zu übersehen ist, dass das Wasser einer Quelle oder eines Behälters während des Fließens weniger wird, während das Eine nichts einbüßen kann. Keinesfalls darf das, was man in Plotins Philosophie»Emanation« nennen könnte, als zeitlicher Prozess aufgefasst werden. Es handelt sich nicht um ein Nacheinander, sondern um eine zeitlose Ordnung von über- und untergeordneten Stufen des Seins. Plotin verwendet den Ausdruck»zeugen«, um zu sagen: Das Gezeugte ist vom Erzeugenden nicht getrennt, sondern bleibt wesentlich mit ihm verbunden. Das Erstzeugte ist der Geist, der als Abbild des Einen ähnlich wie dieses etwas anderes aus sich selbst entlässt, nämlich die Seele. Auch die Seele erzeugt ein Abbild ihrer selbst, nämlich die Welt beseelter Wesen; im Unterschied zum Geist bleibt sie dabei aber nicht unveränderlich, sondern sie bewegt die Wesen, indem sie sich selbst bewegt. Die Seele ist vegetatives Prinzip in den Pflanzen, Prinzip der Wahrnehmung in den Tieren und Denkprinzip im Menschen. Als Pflanzen-, Tier- und Menschenseele individualisiert sich die Seele, bleibt aber mit dem Geist verbunden. Dazu: W. Beierwaltes, Plotins Metaphysik des Lichtes, in: C. Zintzen (Hg.), Die Philosophie des Neuplatonismus (WdF 186), Darmstadt 1977, 75–117; ders., Platonismus im Christentum (PhA 73), Frankfurt 1998, 174–179.

3.1 Die Konstanten des griechischen Denkens 217

Geschichtlichen, Materiellen, bestimmt wird, bringt die Rezeption dieses Denkens durch die Christologie eine doppelte Gefahr mit sich: (a) die Gefahr der Unterordnung des Logos bzw. des Sohnes unter den als höchste (differenzlose) Einheit deklarierten Vater[405]; und (b) die Abwertung des Menschseins bzw. der Endlichkeit Jesu zu einer bloß vorübergehenden »Erscheinung« oder »Verkleidung« des Logos[406].

Die sich wesentlich aus der griechischen Philosophie speisende Gnosis ist eine im Osten des römischen Reiches und in Ägypten entstandene Denkform, die sich in verschiedenen Denksystemen (Gnostizismen) verdichtet hat[407]. Wenn man einmal von den Unterschieden zwischen diesen Systemen absieht, lassen sich einige Charakteristika der besagten Denkform als »rote Fäden« des vielgestaltigen Phänomens »Gnosis« ausmachen. Da ist zunächst ein schroffer Dualismus zwischen Licht und

---

405 »Bei Plotin stellt sich das Verhältnis der Wesenheiten zum Einen dialektisch dar: Was aus dem Einen hervorgegangen ist, ist einerseits mit dem Einen identisch, andererseits von ihm verschieden: ›Alle diese Stufen (unterhalb des Urgrunds) sind Jener und nicht Jener: Jener, weil sie aus ihm stammen, nicht Jener, weil Jener, indem er sie dargibt, bei sich selbst beharrt.‹ (Plotin, Enn. V,2,2). Solche Wendungen klingen so, als sollte das Widerspruchsprinzip außer Kraft gesetzt werden: Wenn etwas mit einem anderen identisch und nicht identisch ist, dann wird etwas und sein Gegenteil behauptet. Plotin dürfte jedoch nicht beabsichtigt haben, die formale Logik in Frage zu stellen. Die Äußerungen, die darauf hinauszulaufen scheinen, sind mit dem Widerspruchsprinzip verträglich, weil ›Identität‹ und ›Verschiedenheit‹ nicht in derselben Hinsicht ausgesagt werden. Die Identität wird behauptet, weil das Höhere mit dem Niederen, das es aus sich entlässt, verbunden bleibt; die Verschiedenheit wird auf den Rangunterschied zwischen dem Höheren und dem Niedrigeren bezogen. Diese Dialektik wurde später von Proklus ausgebaut: Während das Eine einen Seinsbereich aus sich entlässt, bleibt es, was es ist und wie es war; das aus ihm Hervorgegangene strebt zu ihm zurück. Analog verhält es sich mit den anderen Seinsbereichen, bei denen sich stets die Aspekte des In-sich-Verbleibens (moné), des Hervorgehens (próodos) und der Rückbeziehung (epistrophé) finden« (W. Röd, Der Weg der Philosophie, Bd. I. Altertum, Mittelalter, Renaissance, München 1994, 245).
406 »Ein echter Begriff des Kreatürlichen, das selbst noch in der gnadenhaften Verklärung seinem Wesen nach bleibt, was es ist, und gerade weil es nicht ›Gott selbst‹ wird, doch in alle Ewigkeit neben Gott als Eigenwesen bestehen bleibt, wird damit völlig unmöglich gemacht. Endliches Sein ist, neuplatonisch gesehen, ein Schwebezustand zwischen wesenhaft Gott sein (im Seinsgrunde) und wesenhaft widergöttlich sein (in der endlichen, kreatürlichen Erscheinung). Die Vergötterung der Kreatur (in ihrem angeblichen ›eigentlichen Wesen‹) führt dazu, dass die Kreatürlichkeit an sich als das Böse, Widergöttliche, von Gott Trennende empfunden wird. Für den Neuplatonismus gibt es nicht: Gott – und das ›Geschöpf Gottes‹, sondern nur: Gott – und den ›Abfall von Gott‹« (E. v. Ivánka, Plato Christianus. Umgestaltung und Übernahme des Platonismus durch die Väter, Einsiedeln ²1990, 87).
407 Dazu: R. Haardt, Bemerkungen zu den Methoden der Ursprungsbestimmung von Gnosis, in: K. Rudolph (Hg.), Gnosis und Gnostizismus (WdF 262), Darmstadt 1975, 654–667; C. Scholten, Probleme der Gnosisforschung: alte Fragen – neue Zugänge, in: IKaZ 26 (1997) 481–501.

3. Kategorien und Grundgestalten der griechischen Christologie

Finsternis, geistiger und materieller Welt. Da ist zum zweiten eine auf diesem Dualismus errichtete Anthropologie, die den um seine Uneigentlichkeit (Materialität) und Eigentlichkeit (Geistbegabung) wissenden Menschen, den »Pneumatiker«, vom in der Unwissenheit verbleibenden »Sarkiker« unterscheidet. Allerdings – und darin liegt der Unterschied der Gnosis zu jeder Gestalt der klassischen griechischen Philosophie – ist nicht schon jeder Philosoph auch ein Pneumatiker; hinzu kommen muss das Wissen der Erlösungs- und Schöpfungsmythen um den Ursprung des Abstiegs der Seele in die Welt der Materie (Abfall) und um die Möglichkeit der Rückkehr in den Ursprung durch Befreiung von der Materie (Aufstieg). Die Gnosis ist gekennzeichnet durch eine Fülle von Traktaten über die Seele, deren Erlösung aus dem Diesseits in der Vereinigung mit dem weltjenseitigen transzendenten Einen besteht. Dabei ist der Unterschied zwischen genuin platonischem bzw. aristotelischem und gnostischem Denken wohl zu beachten: Während Platon und Aristoteles den ganzen Kosmos als ein Totum erklären, in dem es zwar eine Hierarchie alles Seienden, nicht aber einen Graben zwischen Geistigem und Materiellem, zwischen Seele und Leib gibt, ist eben dieser Graben ein Grundcharakteristikum des gnostischen Denkens. Die Griechen haben sich in ihrer Welt heimisch gefühlt. Die Philosophie, welche die Welt und deren Grund oder deren Gründe zu erfassen suchte, diente der Sicherung dieses Daseinsverständnisses und der damit verbundenen Lebenspraxis. Dieses Bemühen um die Sicherung des Daseins zeigt sich exemplarisch in den Ideen Platos, die das Unvergängliche des Weltsinnes offenbaren; und erst recht in dem von Aristoteles beschriebenen Kausalzusammenhang alles Seienden. Alle Konzepte der griechischen Philosophie gehen aus von der Sinnhaftigkeit bzw. Vernünftigkeit dessen, was existiert, und also von einer Ordnung, die sich ihrer selbst im Menschen als prästabilierte Harmonie bewusst wird. In der Gnosis – so hat vor allem Hans Jonas gezeigt[408] – setzt sich ein geradezu konträres Lebens- und Weltgefühl durch. Der Kosmos erscheint nicht mehr als Ordnung, sondern als Ort der Bedrohung. Über die geschichtlichen Ursachen dieses Perspektivenwechsels ist viel spekuliert worden. Vielleicht haben konkrete Katastrophen und Umbrüche zu der Auffassung geführt, dass der Kosmos nicht das Helle, sondern das Dunkle (κόσμος = σκότος) sei. Jedenfalls liegt dieser Gleichung eine ganz andere Denkweise zugrunde als der orphisch-pla-

---

408 Hans Jonas (Gnosis und spätantiker Geist: Bd. I. Die mythologische Gnosis [FRLANT 51], Göttingen ⁴1988; Bd. II. Von der Mythologie zur mystischen Philosophie [FRLANT 159], hg. v. K. Rudolph, Göttingen 1993) bestimmt mit Kategorien, die er der zeitgenössischen Philosophie Heideggers entnimmt, die gesamte Gnosis des 2. und 3. Jhs. als Ausdruck einer grundlegenden »Daseinsangst«, als »Erlebnis des Geworfenseins in den Kosmos« und als »Weltprotest«.

tonischen Bezeichnung des Leibes als »Gefängnis der Seele«. Denn diese allzu häufig missverstandene Sentenz ist nicht gegen den Leib gerichtet, sondern verweist nur auf den Unterschied zwischen dem, was bleibt, und dem, was nicht bleibt. Die Gnostiker erklären den Leib und letztlich die gesamte Schöpfung als etwas, was besser nie entstanden wäre, weil es den Menschen in Versuchung führt, seiner Eigentlichkeit entfremdet und also zu seiner »Falle« wird[409]. In der von Plato selbst vertretenen Philosophie war »das Göttliche« Garantie der Weltwirklichkeit. In der Gnosis dagegen vollzieht sich die prinzipielle Entgegensetzung von Gott und Welt. Der Kosmos erscheint als das, was überwunden werden muss. Er ist nicht mehr der dem Menschen adäquate Lebensraum, sondern geradezu das Gegenteil.

Die meisten Gnostizismen beschreiben eine ganze Skala von Zwischenwesen zwischen Gott bzw. dem Urgrund und der sinnlich wahrnehmbaren Wirklichkeit. Die Botschaft des Christentums wird ebenso synkretistisch eingebunden wie die Lehre des Judentums oder des Zoroastrismus. Nicht selten findet man die Vorstellung, aus der »heiligen Hochzeit« zwischen dem Urgrund und der Weisheit sei der Logos hervorgegangen und aus der »heiligen Hochzeit« zwischen dem Logos und dem Heiligen Geist sei Jesus entstanden. Ein Großteil der von christlichen Traditionen mitbestimmten Gnostiker – unter ihnen Valentinus, Karpokrates und Basilides – vertritt den so genannten Doketismus, d. h. die Lehre, dass Christus nur scheinbar Fleisch geworden sei, nur scheinbar gelitten und also die menschliche Natur nur als Vehikel oder Instrument einer Erlösungslehre benutzt habe.

Auch wenn das Christentum sicher keine Wurzel oder gar Quelle der Gnosis ist, kann man nicht nur die Rezeption christlicher Inhalte von Seiten der Gnostiker beobachten, sondern auch umgekehrt Einflüsse der gnostischen Spekulationen auf die christliche Theologie. Klemens von Alexandrien und Origenes z. B. sind durchaus empfänglich für die Versuche der Gnosis, die Inhalte des Glaubens als Wissen der Philosophie auszuweisen. Origenes unterscheidet zwischen den einfachen Gläubigen, die sich an den Wortlaut der Schrift halten sollen, und den Erleuchte-

---

409 »Die Verschiedenheit zwischen der (Welt-)Seele des platonischen Timaios (und erst recht derjenigen der Stoa) und dem, was nach der Meinung der Gnostiker in diese Welt herabgestürzt ist, ist nicht zu übersehen, sodass ich nach vielen Recherchen und Überlegungen das Risiko eingehe, auch vor dem Hintergrund der gnostischen Kosmologie und Kosmogonie die These, dass die Gnostiker die Weltseele im platonischen und stoischen, d. h. in einem die sichtbare Welt positiv auszeichnenden Sinn nicht akzeptierten, nicht akzeptieren konnten und wahrscheinlich ganz bewusst ablehnten, aufrechtzuerhalten« (H. R. Schlette, Weltseele. Geschichte und Hermeneutik, Frankfurt 1993, 100f).

220　3. Kategorien und Grundgestalten der griechischen Christologie

ten, die den inneren Zusammenhang, d. h. den Logos alles Vielen, alles Einzelnen, letztlich alles Seienden zu erkennen vermögen. Dieser Unterscheidung entspricht eine Anthropologie, die zwischen dem eigentlichen, höheren (νοῦς und ψυχή) und dem uneigentlichen, niederen Teil σῶμα bzw. σάρξ) des Menschen unterscheidet. Und diese Anthropologie hat Konsequenzen für die Christologie. Wie weit Origenes das wahre Menschsein zugunsten des wahren Gottseins Jesu Christi verkürzt und zugleich den ungeschaffenen Logos dem »höchsten Prinzip« (Gott dem Vater) untergeordnet (subordiniert) hat, bleibt umstritten[410].

Vor dem Hintergrund unseres eher summarischen Ausflugs in grundlegende Fragestellungen und Voraussetzungen der griechischen Philosophie und der von dieser untrennbaren Gnosis wird einsichtig, worin die Theologen der frühesten christologischen Entwürfe ihre Hauptaufgaben erblickten: nämlich (a) in der Klärung des Verhältnisses zwischen dem ewigen (einen) Gott und dem Phänomen »Jesus Christus«; (b) in der Klärung des Verhältnisses zwischen der wesentlichen Göttlichkeit und der ebenso wesentlichen Geschöpflichkeit Jesu Christi; und (c) in der Beantwortung der Frage nach dem Sinn der Bezeichnung Jesu Christi als des Erlösers aller Menschen.

3.2　Die alexandrinische Denkform

Die im alexandrinischen Raum entstehende Christologie wird in der Fachliteratur allgemein als Einigungschristologie bezeichnet. Betont wird in der alexandrinischen Theologenschule die Subjekteinheit Christi, um so die heilschaffende Präsenz Gottes in der irdischen Wirklichkeit des Menschen Jesu zu sichern. Eine anders geprägte Theologenschule, die der Antiochener, wirft den Alexandrinern eine »Vermischung« von Gott und Mensch vor. Umgekehrt befürchten die Alexandriner in der antiochenischen Christologie eine Aufteilung Christi in zwei Söhne, einen innergöttlichen Sohn des Vaters und einen menschlichen Adoptivsohn Gottes, was Erinnerungen an die gnostische Aufspaltung des Gott-Menschen Jesus Christus einerseits in den Menschen Jesus und andererseits in die quasi-göttliche Christusidee heraufbeschwören kann.

---

410 Dazu: F. Ricken, Origenes, in: L. Honnefelder/W. Schüßler (Hgg.), Transzendenz. Zu einem Grundwort der klassischen Metaphysik, Paderborn 1992, 75–92.

3.2 Die alexandrinische Denkform

3.2.1 Der Vordenker Origenes

Als Vordenker der alexandrinischen Christologie kann Origenes (185–254) gelten. Vom Neuplatonismus beeinflusst, wird er zum Autor einer Philosophie der Inkarnation. Diese Philosophie soll das geschichtliche Christusereignis nicht relativieren, sondern dessen soteriologische Bedeutung erklären. Origenes sieht in Jesus also nicht die bloße Veranschaulichung einer ewig gültigen Idee oder Weltanschauung, sondern im Sinne von Joh 14,6 den Weg, die Wahrheit und das Leben für alle Menschen aller Zeiten.

Neuplatonisch ist vor allem die Identifikation Gottes mit dem Einen, das jenseits aller Vielheit liegt und dem daher keine Prädikate beigelegt werden können[411]. Der Logos enthält dagegen bereits das Moment der Vielheit. Während Gott an nichts teilhat, ist für den Logos die Teilhabe an Gott wesentlich, weshalb – so betont Origenes im Anschluss an Joh 1,1 – von ihm gesagt werden kann, dass er θεός, aber nicht ὁ θεός ist. Gott als Vater transzendiert auf Grund seiner absoluten Einheit den Sohn. Der Logos ist ewig gezeugt, nicht geschaffen, aber auf *partizipative* Weise Gott, und deshalb dem Vater untergeordnet (→ Subordinatianismus)[412]. Dasselbe gilt analog vom Heiligen Geist. »Der Heilige Geist ist weder ungezeugt wie der Vater, noch gezeugt, wie der Sohn, noch geschaffen, wie die Dinge außer Gott. Er geht vom Vater aus und wird eine subsistierende Hypostase durch den Logos.«[413]

In seiner Polemik gegen Celsus, der 75 Jahre zuvor das Christentum in einer verlorengegangenen Schrift mit dem Titel »Ἀληθὴς λόγος« angegegriffen hatte, wies Origenes den Versuch zurück, auf der Grundlage vom absolut jenseitigen Einen zu einer Verständigung von griechischer Philosophie und Christentum zu kommen. Doch dass zwischen ihm und dem

---

411 »Obwohl Origenes auch den Vater mit vielen Namen bezeichnen kann, so fasst er sein Wesen doch als völlig unbegreifbar und transzendent auf (De Princ. IV 14[26]). Anders beim Sohn. In ihm nehmen die transzendenten Eigenschaften des Vaters Gestalt an. Den Vater kann man bezeichnen als den ›Vater‹ der Wahrheit, Weisheit, des Logos, erfasst dabei aber nicht die eigentlichen alles übersteigenden Eigenschaften des Vaters. Wenn man vom Sohn als der Wahrheit, der Weisheit usw. spricht, handelt es sich nicht um relative (allegorische) Aussagen, sondern um wirkliche Bezeichnungen seines Wesens. So sind also im Vater die Zubenennungen objektiv nicht vielfältig; dies wegen seiner Einfachheit und absoluten Transzendenz. Im Sohn aber gibt es eine objektive Vielfalt. Er ist gemäß der Schrift Träger vieler Namen. Alle müssen mit gleicher Sorgfalt beachtet werden. Zu Unrecht geben manche dem Namen Logos einen zu großen Vorrang, womit Origenes die Gnostiker meint« (Grillmeier I, 271).
412 Dazu: J. N. Rowe, Origen's Doctrine of Subordination. A Study in Origen's Christology, Bern 1987, bes. 3–33.199–219.
413 Grillmeier I, 269.

3. Kategorien und Grundgestalten der griechischen Christologie

Gnostiker Celsus philosophische Gemeinsamkeiten bestehen, ist nicht zu leugnen. In der Unterscheidung eines niedrigen von einem präexistent gedachten höheren Teil des Menschen folgt der christliche Theologe seinem heidnischen Kontrahenten. Origenes bezeichnet Gott zwar als Schöpfer der Welt und des Menschen. Aber er bleibt gleichzeitig der neuplatonischen These verhaftet, dass Vielheit ein defizienter Modus von Einheit ist; und dass die höhere Einheit immer in der Loslösung von der Materie als dem Inbegriff von Vielheit liegt; dass also – anthropologisch gewendet – die Geistseele das Eigentliche des Menschseins ist; und dass folglich Verinnerlichung bzw. Vergeistigung gleichbedeutend ist mit Erlösung[414].

Obwohl Origenes den Hervorgang des Logos und des Pneuma klar von dem Werden der Geschöpfe unterscheidet, bleibt er dem neuplatonischen Exitus-Reditus-Schema verhaftet. Denn er konzipiert das Erlösungsgeschehen als Rückkehr der präexistent verstandenen Seelen in die Gemeinschaft mit Gott. Mittler dieser Rückkehr ist der Logos. Indem er die Seele eines Menschen, nämlich die Jesu, zu seiner eigenen macht, wird er der Mittler für alle Seelen zum Vater[415].

Origenes wurde zum Wegbereiter einer Christologie, die das Geschehen der Menschwerdung als Verschmelzung des Logos mit den »höheren

---

414 Dazu: H. J. Vogt, Ein-Geist-Sein (1 Kor 6,17b) in der Christologie des Origenes, in: TThZ 93 (1984) 251–265.

415 »Der eingeborene Sohn Gottes, durch den, wie wir oben gesehen haben, ›alles geschaffen ist, das Sichtbare und das Unsichtbare‹ (vgl. Kol 1, 16), hat nach der Aussage der Schrift alles gemacht und ›was er machte, geliebt‹ (vgl. Weish 11, 24). So hat er, der selbst das unsichtbare ›Bild des unsichtbaren Gottes‹ (vgl. Kol 1, 15) war, allen Vernunftgeschöpfen in unsichtbarer Weise Anteil an sich gegeben; und zwar richtete das Maß dieses Anteils sich nach der Stärke der Liebe, mit der das betreffende Geschöpf ihm anhing. Nun kam es infolge der Willensfreiheit zur Verschiedenheit unter den Vernunftwesen, je nachdem, ob sie wärmere oder schwächere Liebe zu ihrem Urheber hegten, *und zum Abstieg in die Leibeswelt*. Aber keine andere von den Seelen, die in menschliche Leiber herabstiegen, hatte einen klaren und echten Abdruck des Urbildes in sich als allein die, von der der Erlöser sagt (Joh 10, 18): ›Niemand nimmt meine Seele von mir, sondern ich lasse sie von mir selber.‹ Denn sie hatte ihm vom Anfang der Schöpfung an immerfort untrennbar angehangen als der Weisheit und dem Logos Gottes, der Wahrheit und dem wahren Licht, hatte ihn ganz in ihr ganzes Ich aufgenommen und war ihrerseits in seinem Licht und Glanz aufgegangen. So wurde sie mit ihm von Anfang an ein Geist, wie auch der Apostel denen verspricht, die ihn nachahmen sollten (1 Kor 6, 17): ›Wer dem Herrn anhangt, der ist ein Geist (mit ihm).‹ Diese Seelensubstanz nun vermittelt zwischen Gott und dem Fleisch, denn eine Verbindung von Gott und Materie war ohne Vermittlung nicht möglich. So wurde, wie gesagt, der Gott-Mensch geboren, wobei jene Substanz in die Mitte trat. Für sie (die Seele) war es ja nicht naturwidrig, einen Körper anzunehmen; und andererseits konnte jene Seele als vernünftige Substanz ihrer Natur nach auch Gott aufnehmen, in welchem sie, wie wir vorhin sagten, als dem Logos, der Weisheit und der Wahrheit schon ganz aufgegangen war« (Origenes, De principiis II,6,3: Görgemanns/Karpp, 361/363).

3.2 Die alexandrinische Denkform

Teilen« des Menschen Jesus, mit seiner Seele und seinem Geist, erklärt. Innerhalb dieser so genannten Logos-Sarx-Christologie ist Jesus Christus identisch mit dem Logos und nur äußerlich gesehen Mensch (σάρξ). Wenn aber das Eigentliche der menschlichen Natur, die der Logos annimmt, die präexistent verstandene Geistseele und das Uneigentliche der Leib Jesu ist, dann ist nicht das wahre (wesentlich leiblich verfasste) Menschsein, sondern die Trennung des eigentlichen vom uneigentlichen Menschen der Weg der Erlösung.

Origenes selbst betont zwar, dass der Mensch nicht erlöst worden wäre, wenn der Logos nicht den ganzen Menschen angenommen hätte. Aber er erklärt diese Annahme gleichzeitig durch Bilder, die eine doketische Tendenz verraten – zum Beispiel, wenn er die Annahme der menschlichen Natur Jesu durch den Logos mit der Durchdringung eines Eisenstückes durch das Feuer vergleicht[416].

Bei aller Vorsicht, die man in der Beurteilung der zumeist nur indirekt zugänglichen Werke des großen Origenes walten lassen sollte, darf man doch von einem zweifachen Problem sprechen, das er den Reflexionen der Folgezeit aufgibt. Das erste liegt in der Wahrung des wahren Menschseins Jesu im Geschehen der Inkarnation; und das zweite liegt in der Verhältnisbestimmung des Logos zum Vater. Die alexandrinische Christologie tendiert trinitätstheologisch zur Unterordnung des Logos unter den Vater (Subordinatianismus) und christologisch zur Absorbierung des wahren Menschseins Jesu durch den göttlichen Logos.

---

416 »Um die Sache noch eingehender zu erklären, scheint es angebracht, einen Vergleich zu gebrauchen, obschon in dieser schwierigen Materie auch passende Beispiele nicht leicht zu finden sind. Sprechen wir also mit allem Vorbehalt: Das Metall Eisen kann Kälte und Wärme aufnehmen. Angenommen, ein Eisenbarren liege dauernd im Feuer, nehme mit all seinen Poren das Feuer auf und werde ganz zu Feuer – wenn von diesem Barren das Feuer nicht weicht und er nicht vom Feuer, werden wir dann von diesem Ding, das von Natur ein Eisenbarren ist, aber im Feuer liegt und unaufhörlich glüht, etwa sagen, es könne irgendwann Kälte in sich aufnehmen? Nein, es ist richtiger zu sagen, es sei ganz Feuer geworden, wie wir es in der (Schmiede-)Esse oft sehen: denn man erkennt von ihm nichts anderes als Feuer, und wenn man es anzufassen versucht, spürt man nicht die Wirkung des Eisens, sondern die des Feuers. Ebenso ist auch jene Seele, die sich stets, wie das Eisen im Feuer, im Logos, in der Weisheit, in Gott befindet, ist alles was sie tut, was sie empfindet, was sie erkennt, Gott. Darum kann man sie nicht als veränderlich und wandelbar bezeichnen; sie besitzt Unveränderlichkeit, indem sie von der Vereinigung mit dem Wort Gottes unaufhörlich durchglüht ist. Etwas von der Wärme des Wortes Gottes, so muss man annehmen, ist zu allen Heiligen gedrungen; in dieser Seele aber hat sich, wie wir glauben, das göttliche Feuer selbst wesenhaft niedergelassen, und von hier ist ein Teil der Wärme zu den anderen gedrungen« (Origenes, De principiis II,6,6: Görgemanns/Karpp, 369).

224 3. Kategorien und Grundgestalten der griechischen Christologie

3.2.2 Das Entstehen der Logos-Sarx-Christologie

Sehr klar hat Alois Grillmeier an einigen Beispielen erläutert, wie sich die Christologie des Origenes in der Zeit bis zu Arius und zum Konzil von Nicaea entfaltet. Besonders exemplarisch erscheint die Christologie des Eusebius von Cäsarea (263–339)[417]. In dem Maße, in dem er den Logos dem Vater unterordnet, bekennt er sich zur Hegemonie des Logos in der Einigung mit der menschlichen Natur Jesu Christi. Im Einzelnen lässt sich festhalten:

- In offensichtlicher Befangenheit durch die mittel- und neuplatonische Grundthese von der Unteilbarkeit des höchsten Prinzips (des schlechthin Einen)[418] vermeidet Eusebius die ihm auf dem Konzil von Nicaea abgerungene Bezeichnung des Sohnes als dem Vater gleichwesentlich (ὁμοούσιος τῷ πατρί). Er beschreibt die Beziehung des Vaters zum Sohn durch Verben, die eine hervorbringende Tätigkeit ausdrücken und also sicherstellen, dass die Einzigkeit des höchsten Prinzips durch die Hervorbringung des Sohnes nicht gemindert wird.
- Im Unterschied zu Origenes, der von einer ewigen Zeugung des Sohnes durch den Vater spricht[419], beschreibt Eusebius den Hervorgang des Sohnes aus dem Vater als einen zeitlich bestimmbaren Akt[420]. »Damit ist die Existenz der zweiten Hypostase abhängig von der Entscheidung der ersten.«[421]
- Eusebius geht mit seinem Subordinatianismus über den des Origenes hinaus, will aber den Sohn im Unterschied zu Arius nicht als bloßes

---

417 Dazu: F. Ricken, Die Logoslehre des Eusebios von Caesarea und der Mittelplatonismus, in: ThPh 42 (1967) 341–358; R. Muñoz Palacios, La mediación del Logos preexistente e la encarnación en Eusebio de Caesaréa, in: EE 43 (1968) 381–414; G. C. Stead, ›Eusebius‹ and the Council of Nicaea, in: JThS 24 (1973) 85–100; Grillmeier I, 303–326; H. Strutwolf, Die Trinitätstheologie und Christologie des Euseb von Caesarea. Eine dogmengeschichtliche Untersuchung seiner Platonismusrezeption und Wirkungsgeschichte (FKDG 72), Göttingen 1999, bes. 276–375.
418 Mit Berufung auf Mt 11,27 betont Eusebius: »Es ist nicht recht, zu sagen, dass der Sohn aus dem Vater hervorgegangen sei nach Art der Zeugung der Lebewesen bei uns, Wesen aus Wesen mit Erleiden und größter Trennung. Denn das Göttliche ist ganz und gar unteilbar, kann nicht zerschnitten, auseinandergenommen, herausgeschnitten, nicht zusammengesetzt, nicht gemindert werden« (Eusebius von Cäsarea, Demonstratio evangelica V, 1,25: GCS 23, 214).
419 »Daher wissen wir, dass Gott beständig Vater seines eingeborenen Sohnes ist, der zwar aus ihm geboren ist und, was er ist, von ihm erhält, doch ohne jeden Anfang, nicht nur ohne einen, der sich durch bestimmte Zeiträume begrenzen lässt, sondern auch ohne einen solchen, den der Geist allein bei sich selbst betrachtet und sozusagen mit nacktem Erkennen und Denken anschaut« (Origenes, De principiis I, 2,2: Görgemanns/Karpp, 125).
420 Vgl. Eusebius von Cäsarea, Demonstratio evangelica IV, 3,7: GCS 23, 153.
421 Grillmeier I, 310.

3.2 Die alexandrinische Denkform 225

Geschöpf verstanden wissen. Denn auch wenn er den Hervorgang des Sohnes aus dem Vater als zeitlich bestimmbaren Anfang beschreibt, ist der Hervorgang aus dem Vater (ἐκ τῆς τοῦ πατρὸς ἀγενήτου φύσεως) etwas völlig anderes als der Hervorgang der Schöpfung aus dem Nichts (ἐκ οὐκ ὄντων)[422].

- In demselben Maße, in dem Eusebius den Logos als Instrument des Vaters versteht, wird er zum Wegbereiter der alexandrinischen Logos-Sarx-Christologie. Weil der Vater den Logos aus sich hervorgehen lässt, kann er sich nach außen mitteilen. In der Darstellung des Eusebius besteht die Heilsgeschichte aus Theophanien, die durch den Logos vermittelt sind und im Ereignis der Inkarnation gipfeln. Wie der Logos Instrument des Vaters ist, so der Leib des Menschen Jesus Instrument, Bild, Vehikel des Logos. Im Unterschied zu Origenes bemüht sich Eusebius gar nicht mehr um die Wahrung des vollständigen Menschseins Jesu. In der Christologie des Origenes ist die Seele des Menschen Jesus der Anknüpfungspunkt des Logos. In der Christologie des Eusebius hingegen ist die Seele Christi die des Logos. Deshalb gelangt Alois Grillmeier zu der Feststellung: »Eusebius kann keine menschliche Seele in seinem Christus brauchen. Hier stoßen wir auf die erste deutliche Spur einer eigentlichen Logos-Sarx-Christologie im vierten Jahrhundert.«[423] Denn von menschlicher Wesensart ist in dem von Eusebius beschriebenen Christus nur »das Fleisch«; Geist und Seele des Menschen Jesus werden vom Logos absorbiert.

- Besonders deutlich wird die Position des Eusebius in seinen Schriften gegen den trinitätstheologisch ganz anders (nämlich modalistisch bzw. sabellianisch) denkenden Antiochener Marcell von Ancyra. Denn diesem hält er entgegen, dass ein vom Vater untrennbar gedachter (dem Vater gleichwesentlicher!) Logos nicht Organon des Erlösungswerkes sein könne[424]. Hinter diesem Vorwurf steht die Vorstellung, dass die Erlösung ein Werk des Vaters durch den Logos ist und dass der Leib Jesu nur die Einkleidung des als Instrument bezeichneten Logos war. Eusebius versteht den Kreuzestod als Ausdruck des Gehorsams des Logos gegenüber dem Vater. Wörtlich bemerkt er: »Jesus Christus erlitt ein gewaltsames Ende, aber freiwillig übergab er seinen Nachstellern den Leib als sein Einziges [...]. Frei trennte sich der Logos vom Leibe. Am dritten Tag nahm er den Leib wieder an sich, er, der vorher freiwillig sich von ihm getrennt hatte.«[425]

---

422 Vgl. Eusebius von Cäsarea, De ecclesiastica theologia I, 10: GCS 14, 69.
423 Grillmeier I, 313.
424 Vgl. Eusebius von Cäsarea, De ecclesiastica theologia I, 20: GCS 14, 87–89.
425 Eusebius von Cäsarea, Demonstratio evangelica III, 4,27–29: GCS 23, 114f.

226   3. *Kategorien und Grundgestalten der griechischen Christologie*

– Eusebius wird zum Wegbereiter der alexandrinischen Lehre von der »einen Natur« (μία φύσις) Jesu Christi. Er unterscheidet sich zwar von der später entwickelten Lehre, dass der Leib (σάρξ) Jesu ganz vom Logos durchdrungen werde[426]. Aber auch in seiner Christologie ist der Logos das einzige »Bewegungsprinzip« (κινητικόν) des Leibes.

3.2.3 Arius und der Arianismus

Es war der alexandrinische Theologe Arius, der durch seine konsequenzialistische Systematisierung des schon bei Origenes oder Eusebius greifbaren Subordinatianismus zu einer Christologie gelangte, die unter dem Etikett »Arianismus« vor allem die in der griechischen Philosophie bewanderten Bischöfe erfasste und zu der wohl größten Herausforderung der Kirche des vierten Jahrhunderts wurde. Nach der Verurteilung des Arius durch das erste Konzil von Nicaea (325) ordnete der Kaiser 333 die Vernichtung aller Schriften des berühmt gewordenen Häretikers an. Dennoch gelang es 335 einer nicht unbeträchtlichen Zahl von Bischöfen, Kaiser Konstantin zur Einwilligung in die Rehabilitierung des Arius zu bewegen. Bevor diese jedoch vollzogen werden konnte, starb Arius einen plötzlichen Tod, der von seinem großen Gegenspieler Athanasius als Gottesgericht gewertet und mit dem Tod des Judas verglichen wurde.

Die Rekonstruktion dessen, was Arius wirklich gelehrt hat, ist nur durch die fragmentarischen Texte möglich, die trotz der Ächtung aller seiner Schriften erhalten geblieben sind[427]; darunter ein Brief des Presby-

---

426 Dieser Unterschied zwischen Eusebius von Caesarea und Apollinarius von Laodicea sollte nicht unterschätzt werden. Henrik Berkhof bemerkt: »Es ist jedoch unerlaubt [...], Eusebius für einen Wegbereiter des Apollinaris und der späten alexandrinischen Schule zu halten. [...] Im Allgemeinen soll man sehr vorsichtig sein, wenn man die Kirchenväter vor dem fünften Jahrhundert unter dem Gesichtspunkt der Naturenlehre einteilen will. Alle sind sich einig in der Abneigung von der Lehre, dass Christus ein bloßer Mensch (ψιλὸς ἄνθρωπος) war; diese Ketzerei hatte die Kirche im Adoptianismus und Samosatenismus entdeckt und verurteilt. Darum beschränkte man die Menschheit Christi am liebsten auf seine Körperlichkeit. Zugleich durfte der Logos nicht als dem Schicksal seines Körpers (dem Leiden und dem Tod) unterworfen gedacht werden. Dann wäre das Göttliche aufgehoben. Man war also zu einer scharfen Trennung des Logos und seines Körpers gezwungen. Darum kann man in denselben Schriftstellern Vorläufer des Apollinarius und des Nestorius sehen« (H. Berkhof, Die Theologie des Eusebius von Caesarea, Amsterdam 1939, 120f).
427 Gesammelt in: H.-G. Opitz, Urkunden zur Geschichte des arianischen Streites (318–328) = Athanasius' Werke 3/1, Lfg. 1 u. 2, Berlin/Leipzig 1934–35. – Eine auf Vollständigkeit bedachte Liste aller noch zugänglichen Quellen bietet: R. P. C. Hanson, The Search for the Christian Doctrine of God, Edinburgh 1988, 878–886. Eine chronologische Analyse der unbestritten echten Arius-Texte bietet: T. Böhm,

3.2 Die alexandrinische Denkform 227

ters Arius an den für ihn zuständigen Bischof Alexander von Alexandrien; ein Brief an den gleichgesinnten Bischof Eusebius von Nikomedien; ein Glaubensbekenntnis, das Arius mit dem Gesuch auf seine Rehabilitierung verbunden hat; und nicht zuletzt Auszüge aus einer metrischen Dichtung, die von den Antiarianern mit dem Titel »θαλεία« (Bankett)[428] bezeichnet wird.

Arius fokussiert die ihm bekannte Hypostasenlehre des Mittel- und Neuplatonismus auf die Frage nach dem Wesen des Allerhöchsten. So erklären sich die immer neuen Attribute, mit denen er in allen uns erhaltenen Fragmenten seines Schrifttums die absolute Transzendenz Gottes zum Ausdruck bringt: ἀγένητος (ungeworden); ἀγέννητος (ungezeugt); ἀΐδιος (ewig); ἄναρχος (anfanglos); ἄτρεπτος (unveränderlich); ἀναλλοίωτος (unwandelbar)[429]. Wie Friedo Ricken überzeugend dargestellt hat[430], steigerte Arius die im mittel- und neuplatonischen Denken angelegte Transzendierung des schlechthin Einen gegenüber allem relativ Geeinten derart, dass der Abstand des Logos zum Vater zum Hiatus wurde. Während Origenes ein ewiges Hervortreten des Sohnes aus dem Vater lehrt, betont Arius, dass es keine derartige Emanation (ἐρυγή), kein derartiges Hervorgehen (προβολή) geben könne, weil es dem Göttlichen widerspräche, in irgendeiner Weise geteilt und also kein schlechthin Eines mehr zu sein[431]. Folglich ist der Sohn zwar vor allen anderen Geschöpfen geschaffen[432], aber seiner Präexistenz vor allen anderen Geschöpfen entspricht die Präexistenz des Vaters vor dem Sohn[433]. Der Sohn ist durch den Willen des Vaters aus dem Nichts (ἐξ οὐκ ὄντων) entstanden[434]. Er hat einen Anfang. Eine der meist wiederholten Sentenzen des Arius lau-

---

Die Christologie des Arius. Dogmengeschichtliche Überlegungen unter besonderer Brücksichtigung der Hellenisierungsfrage (STG 7), St. Ottilien 1991, 43–84; ders., Einige Aspekte zur jüngeren Arius-Forschung, in: MThZ 44 (1993) 109–117.
428 Zusammenstellung der Fragmente bei: G. Bardy, Recherches sur S. Lucien d'Antioche et son école, Paris 1936, 252–274.
429 Vgl. Athanasius' Werke III/1: Opitz, Urkunde 6,2; Bardy, 256f.
430 Vgl. F. Ricken, Das Homoousios von Nikaia als Krisis des altchristlichen Platonismus, in: H. Schlier (Hg.), Zur Frühgeschichte der Christologie (QD 51), Freiburg 1970, 74–99; auch: Böhm, Die Christologie des Arius, 175–220.
431 Vgl. Athanasius' Werke III/1: Opitz, Urkunden 3,4 u. 6,3.
432 Vgl. Athanasius' Werke III/1: Opitz, Urkunden 1,4 u. 6,3.
433 »Dabei steht die Behauptung der Präexistenz des göttlichen Logos für Arius nicht im Widerspruch zur Betonung seiner Geschöpflichkeit, sondern begründet eher seinen Vorrang, seine Einzigartigkeit gegenüber allen anderen Geschöpfen […]. Auch heißt er nach Arius nur καταχρηστικῶς [übertragenermaßen] λόγος und σοφία […], denn der eigentliche λόγος und die eigentliche σοφία sind Gott immanent und gehören zu seinem eigenen, unteilbaren Wesen« (A. M. Ritter, Arianismus, in: TRE III [Berlin ²1993] 692–719; 701).
434 Vgl. Athanasius' Werke III/1: Opitz, Urkunde 1,4.5.

tet: »Es gab eine Zeit, als er (der Sohn) nicht existierte (ἦν ποτε ὅτε οὐκ ἦν).« Entsprechend war der Vater nicht immer Vater, sondern er ist es, seitdem er den Sohn geschaffen hat[435]. Der Sohn – so betont Arius – ist dem Vater nicht gleichwesentlich, sondern fremd (ἀλλότριος) und geradezu in allem unähnlich (ἀνόμοιος), weil vom Wesen her wandelbar und also auch nicht identisch mit dem Guten, sondern nur in freier Selbstbestimmung gut[436]. Als Instrument des Vaters ist der Logos Schöpfungsmittler und Erlöser. Seine Inkarnation besteht in der Annahme eines unbeseelten menschlichen Leibes (Logos-Sarx-Christologie). Subjekt aller Taten und Leiden Christi ist allein der Logos, der durch sein Leiden am Kreuz bezeugt, wie sehr seine Herrlichkeit unter der des Vaters rangiert. Denn der Vater kann als der unwandelbar Ewige keiner Veränderung unterworfen sein und also in keiner Weise leiden. Arius hat den *heilsgeschichtlichen* Subordinatianismus des Origenes und vieler vornicaenischer Väter in einen *essentialen* Subordinatianismus überführt.

3.2.4 Athanasius von Alexandrien

Auch der große Athanasius (292–373), der seinen Kampf gegen den Subordinatianismus der Arianer mit Verbannung und Verfolgung bezahlen musste, blieb dem alexandrinischen Logos-Sarx-Schema weitgehend verhaftet. Er lehrt zwar im Unterschied zu Arius, dass der Logos auf derselben ontologischen Ebene wie der Vater steht, wahrhaft Gott und also ewig ist. Aber er kann sich bei der Erklärung des Verhältnisses zwischen der zweiten göttlichen Person und dem Menschen Jesus nicht von der typisch alexandrinischen Vorstellung lösen, dass Christi Menschsein bloßes Instrument des Logos ist[437]. In seinem großen Doppelwerk *Contra Gentes/De Incarnatione Verbi* hat Athanasius die aus der stoischen Philosophie

---

435 Vgl. Bardy, 261.
436 »Der Natur nach ist, wie alle (Geschöpfe), auch der Logos selbst wandelbar; aus eigener Willensfreiheit aber bleibt er, solange er will, gut. Wenn er aber will, kann auch er sich wandeln wie wir [also sündigen], da er eine wandelbare Natur hat. Weil aber Gott vorauserkannte, dass er gut sein werde, gab er ihm vorausnehmend diese Herrlichkeit, die er danach auch aus Tugend als Mensch hatte; so ließ er aus seinen Werken, welche Gott voraussah, eben diesen Logos so werden, wie er jetzt ist« (Bardy, 265f). – Vgl. auch: Athanasius' Werke III/1: Opitz, Urkunde 6,2.
437 »Er wurde Mensch; darum gebrauchte er auch den Leib als menschliches Organon.« (Athanasius, De incarnatione Verbi 44: PG 25,173C; SC 199,424,13–426,1). – Zu den jüngeren Diskussionen über die Frage, ob Athanasius nicht doch in Jesus Christus eine menschliche Seele angenommen habe: G. Stead, The Scriptures and the Soul of Christ in Athansasius, in: VigChr 36 (1982) 233–250; Grillmeier I, 479.

3.2 Die alexandrinische Denkform

stammende Vorstellung übernommen, der Logos – von ihm personal verstanden – sei so etwas wie die Seele des als Leib verstandenen Kosmos[438]. Und weil die Seele des Menschen innerhalb der Schöpfung das vollkommenste Abbild des Logos ist, liegt der Schluss nahe, die menschliche Seele Christi sei geradezu identisch mit dem Logos. Jedenfalls betont der große Kirchenvater, der Logos wohne im Leibe Christi wie in einem Tempel, und zwar in seiner ganzen Fülle. Letzteres ist wörtlich gemeint. Denn Athanasius fragt, ob der Logos, der ja mehr oder weniger intensiv in allen Geschöpfen (besonders in den Menschen) das formende und belebende Prinzip ist, dann, wenn er in einem einzigen Leib ganz und gar konzentriert ist, weiterhin die Funktion der Weltseele ausüben könne[439]. Es besteht jedenfalls kein Zweifel, dass der Logos aus der Sicht des Athanasius »nicht bloß der personhafte Träger des leiblichen Lebens in Christus, sondern auch die reale, physische Quelle aller seiner Lebensakte«[440] ist.

Jede Logos-Sarx-Christologie offenbart ihre Schwäche besonders dort, wo es um die Erklärung der Passion geht. In der Schilderung des Leidens Christi beginnt Athanasius zu unterscheiden zwischen der stets durchgehaltenen Souveränität des Logos und dem Leiden des als Instrument bzw. Organon verstandenen Leibes[441]. Der Tod des Erlösers wird als vorübergehende Trennung des Logos von seinem Organon gedeutet. Der Abstieg des Erlösers zu den Toten erscheint in den Ausführungen des Athanasius nicht als Gnade des mit der menschlichen Seele Christi auch nach dem Tod vereinten Logos; vielmehr erscheint dieser von seinem Organon völlig getrennt[442].

Auch wenn die Einseitigkeiten der alexandrinischen Denkform des Athanasius offensichtlich sind, geht es ihm durchgehend um den Grund unseres Heils. Wirkliche Erlösung kann, so betont er, nur dann im Chri-

---

438 Dazu: T. F. Torrance, The hermeneutics of St. Athanasius, in: EkklPh 52/1 (1970) 446–468; 52/2–3 (1970) 89–106; 52/4 (1970) 237–249.
439 Vgl. Athanasius, De incarnatione Verbi 17: PG 25,125B; SC 199,326.
440 Grillmeier I,465.
441 »Das Verwirrtwerden war dem Fleische eigen, die Macht aber zu haben, die ›Seele‹ hinzugeben und nach Belieben wieder zu nehmen, das ist nicht mehr den Menschen, sondern der Macht des Logos eigen. Der Mensch stirbt nämlich nicht nach eigener Macht, sondern nach der Notwendigkeit der Natur und unfreiwillig. Der Herr jedoch, selbst zwar unsterblich, aber im Besitz eines sterblichen Fleisches, hatte es in der Macht, als Gott von dem Leibe getrennt zu werden und diesen nach Belieben wieder zu nehmen« (Athanasius, Adversus Arianos III, 57: PG 26,444B).
442 »Es ging aber *Er* (der Logos) selbst hin zu predigen den Geistern in der Unterwelt. Den Leib aber wickelte Joseph in Leinwand und legte ihn auf Golgotha nieder; und allen wurde gezeigt, dass der Leib nicht der Logos war, sondern Leib *des* Logos« (Athanasius, Epistola ad Epictetum 5,6: PG 26,1060AB). – Dazu umfassend: A. Grillmeier, Mit ihm und in ihm. Christologische Forschungen und Perspektiven, Freiburg ²1975, 76–174.

stusereignis geschehen sein, wenn Christus der Menschheit etwas gegeben hat, was deren eigene Möglichkeiten sprengt. Nur wenn Gott wirklich in die Geschichte (in die Sarx) herabgestiegen ist, kann diese zur Gemeinschaft mit Gott gelangen. Das betont der Bekennerbischof so sehr, dass in manchen seiner Formulierungen das wahre Menschsein Jesu vom Logos geradezu absorbiert erscheint. Die Intention des Athanasius würde aber verkannt, wollte man ihn zu einem Vertreter der alexandrinischen Lehre von der μία φύσις stempeln. Ihm geht es nicht um die Aufhebung, sondern um die Heilung des Menschen. Nichts anderes will er mit seinen immer wieder zitierten Tauschformeln ausdrücken: *Gott selbst ist Mensch geworden, damit der Mensch göttlich (Communio mit Gott) werde.*

3.2.5 Apollinarius von Laodicea und der Apollinarismus

Dem hl. Athanasius zeit seines Lebens verbunden, war auch der 360 zum Bischof von Laodicea avancierte Alexandriner Apollinarius (315–390) ein strenger Verfechter der nicaenischen Orthodoxie. Doch die strikte Ablehnung des Subordinatianismus hinderte ihn noch weniger als seinen Freund Athanasius an einer Relativierung des wahren Menschseins zugunsten der wahren Gottheit Christi. Gegen die antiochenischen »Trennungs-Christologen« betont er, dass das Ereignis der Inkarnation weder zeitlich noch ontologisch das Menschsein Christi voraussetzt, sondern im Gegenteil erst konstituiert. Ausdrücklich verwendet er den Begriff »Vereinigung«, um den Begriff »Annahme« auszuschließen. Dabei ist die Frage zweitrangig, ob er zunächst eine dichotomische (ψυχὴ καὶ σάρξ) und später eine trichotomische Anthropologie (νοῦς καὶ ψυχὴ καὶ σάρξ) vertreten hat[443]. Entscheidend ist, dass er die Vereinigung des Logos mit der Natur eines Menschen nach dem Vorbild der anthropologischen Seele-Leib-Einheit denkt. So vermittelt sich der Eindruck eines »Mischwesens« aus Gott und Mensch[444]. Ausdrücklich bezeichnet Apollinarius die Inkar-

---

443 Von zwei Phasen spricht H. Lietzmann (Apollinarius von Laodicea und seine Schule, Tübingen 1904), von durchgehender Trichotomie H. de Riedmatten (La christologie d'Apollinaire de Laodicée, in: StPatr II [TU 64], Berlin 1957, 444–478); von einer trichotomischen Struktur des dichotomischen Schemas R. A. Norris (Manhood and Christ. A Study in the Christology of Theodore of Mopsuestia, Oxford 1963, 81–122).

444 »Mittelwesen [μεσότητες] entstehen, wenn verschiedene Eigenschaften [ἰδιότητες] in eine zusammenkommen, wie beim Maultier die Eigenschaft des Esels und des Pferdes und in der blaugrauen Farbe die Eigenschaften des Weißen und des Schwarzen [...]; kein Mittelwesen hat aber die beiden Extreme als Ganzes, sondern nur als Teile in sich. Ein Mittelwesen aus Gott und Mensch ist aber in Christus; er ist also weder ganzer Mensch noch Gott allein, sondern eine Mischung aus Gott und Mensch« (Apollinarius von Laodicea, Fragmentum 113: Lietzmann 234).

3.2 Die alexandrinische Denkform

nation als ἕνωσις φυσική[445]. Der Leib Christi ist keine eigene Physis, weil er losgelöst von seinem Bewegungsprinzip, dem an die Stelle der Seele bzw. des Verstandes getretenen Logos, keine Subsistenz besitzt[446]. Man darf die physische Einigung, von der Apollinarius spricht, allerdings nicht statisch missverstehen. Vielmehr bewegt der Logos den Leib Jesu Christi so, dass von einem einzigen Willen bzw. einem einzigen energetischen Prinzip gesprochen werden kann. Falsch wäre es, den von Apollinarius vertretenen Monophysitismus an der später entwickelten Vorstellung von zwei hypostatisch (durch die zweite göttliche ὑπόστασις) geeinten Naturen zu messen. Die drei Begriffe οὐσία, φύσις, ὑπόστασις werden zwar von Apollinarius verwandt, sind aber bei ihm noch nicht hinreichend differenziert[447]. »Das Compositum ›Christus‹ ist *eine* Physis und Hypostase und *eine* οὐσία, weil der Logos als das bewegende Prinzip die alleinige Quelle aller Lebensbewegung ist.«[448]

Apollinarius von Laodicea repräsentiert als strenger Anhänger des Konzils von Nicaea zugleich die unreflektierten Probleme dieses ersten Ökumenischen Konzils. Seine Christologie behandelt kaum noch das trinitätstheologische Problem der Vereinbarkeit von Einheit und Vielheit, wohl aber das Problem der Einheit von Logos und Mensch in Jesus Christus. Wie kaum ein zweiter Theologe betont der Bischof von Laodicea die Hegemonie des Logos innerhalb der Verhältnisbestimmung von Christi wahrem Gott- und Menschsein. Ihm geht es wie der gesamten alexandrinischen Christologie um die wesenhafte bzw. substantiale Einheit in Christus. Dieses Ziel verfolgt er aber so unbedingt, dass er dem wahren Menschsein des Erlösers nicht mehr gerecht wird und also auch nicht mehr überzeugend erklären kann, warum die Menschlichkeit des Menschen bzw. die Verähnlichung der Erlösten mit dem von den Synoptikern geschilderten Erlöser – und nicht etwa die Abstreifung alles Irdischen zugunsten des Überirdischen – der Weg unseres Heils ist[449].

---

445 Vgl. Apollinarius von Laodicea, Fragmentum 148: Lietzmann 247.
446 »Weder lebt der geschaffene Leib getrennt von der ungeschaffenen Gottheit, sodass jemand eine geschaffene Physis abtrennen könnte; noch weilt der ungeschaffene Logos frei vom Leibe in der Welt, damit jemand die Physis des Ungeschaffenen teilen könnte« (Apollinarius von Laodicea, Epistola ad Dionysium: Lietzmann 259).
447 »Keinerlei Trennung zwischen dem Logos und seinem Fleisch wird in den Heiligen Schriften vorgetragen, sondern derselbe (αὐτός) ist *eine* Physis, *eine* Hypostase, *eine* Kraft (ἐνέργεια) *ein* Prosopon, ganz Gott und ganz Mensch« (Apollinarius, De fide et incarnatione 6: Lietzmann 198f).
448 Grillmeier I, 491.
449 Vgl. Grillmeier I, 491f.

3.2.6 Die drei Kappadokier

Seit 1850 spricht man in der theologischen Fachliteratur von den »drei Kappadokiern«. Gemeint sind außer Basilius von Cäsarea († 379) sein jüngerer Bruder Gregor von Nyssa († 395) und der etwas ältere Freund und Studienkollege Gregor von Nazianz († 390). Obwohl diese Trias der an Origenes orientierten Anthropologie verhaftet bleibt, verbindet sich mit ihrer Theologie der entscheidende Schritt zur Unterscheidung zwischen der Person (ὑπόστασις) des Logos als dem einenden Träger und den beiden unvermischten Naturen (φύσεις), nämlich der göttlichen und der menschlichen Natur Jesu Christi.

Die drei Kappadokier bleiben Platoniker. Sie unterscheiden zwischen der Materie, die – selbst unbestimmt – allem Seienden zugrunde liegt, und den Bestimmungen, die eine allgemeine (κοινὴ ποιότης) oder individuelle Beschaffenheit (ἰδία ποιότης) determinieren. Die »Eigentümlichkeiten« (ἰδιώματα) bestimmen ein Wesen fort zu einem Individuum (ὑπόστασις). Basilius von Caesarea stellt in seiner Trinitätslehre dem gemeinsamen Wesen (οὐσία κοινότης) die individuellen Merkmale (ἰδιώματα) der drei Personen (ὑποστάσεις) gegenüber[450]. Auch Gregor von Nazianz unterstreicht, dass eine Wesenheit erst durch bestimmte Eigentümlichkeiten eine unterscheidbare und als solche erkennbare Wirklichkeit ist[451].

Alle drei Kappadokier übertragen die trinitätstheologisch erfolgreiche Unterscheidung zwischen den Termini οὐσία und ὑπόστασις in die Christologie[452]. Gegenüber dem Apollinarismus lehren sie, dass Jesus Christus wesentlich (κατ'οὐσίαν) Gott und wesentlich (κατ'οὐσίαν) Mensch ist, ohne dass von zwei Söhnen bzw. Individuen die Rede sein kann. Das Menschsein geht nicht einfach in dem Gottsein Christi auf, sondern nur die Eigentümlichkeiten, die das Wesen des Menschen zu einem bestimmten Menschen fortbestimmen, werden durch die Eigentümlichkeiten der zweiten göttlichen Person realisiert. Zu diesen Eigentümlichkeiten zählen die Kappadokier ausdrücklich auch die Leidensunfähigkeit. Aus der Sicht des Basilius gibt es kein Erleiden in der Gottheit selbst. Christus leidet nur dem Fleische nach bzw. in dem durch die Seele mit dem Logos instrumentaliter verbundenen Leib[453]. Gregor von Nyssa bestätigt diese Sichtweise, fügt aber hinzu, dass man von ein und demselben Christus

---

450 Zur Soteriologie des Apollinarius: E. Mühlenberg, Apollinaris von Laodicea (FKDG 23), Göttingen 1969, bes. 180–237.
451 Vgl. Basilius von Caesarea, Epistola 38,2–4: PG 32,328A–333A.
452 Vgl. Gregor von Nazianz, Or. 42,16: PG 36,477B.
453 Dazu: A. M. Ritter, Die Trinitätstheologie der drei großen Kappadokier, in: HDThG I (Göttingen 1980) 198–206.

sagen dürfe, was man auf der Ebene seiner beiden Naturen unterscheiden müsse[454].

Basilius, Gregor von Nazianz und in besonders ausgeprägter Weise Gregor von Nyssa sind auf dem Weg zur Überwindung einer defizienten Logos-Sarx-Christologie. Dennoch gelingt auch ihnen noch keine hinreichende Differenzierung zwischen dem, was der Terminus ὑπόστασις, und dem, was die Termini οὐσία und φύσις besagen[455]. Innerhalb ihrer Trinitätslehre bezeichnet der auf den Sohn angewandte Begriff ὑπόστασις die Idiomata, während der Begriff οὐσία die göttliche Natur im Allgemeinen (sein »Wesen«) beschreibt. Innerhalb ihrer Christologie aber soll es geradezu umgekehrt sein: Der Begriff ὑπόστασις soll nicht die Idiomata des göttlichen Logos und/oder die Idiomata des Menschseins Christi bezeichnen, sondern das ausdrücken, was beide Naturen (φύσεις) eint.

3.3 Die antiochenische Denkform

Hatten die Arianer die Einzigkeit Jesu Christi dadurch zu retten versucht, dass sie die Menschheit Jesu fast gänzlich aufgehen ließen in dem zwischen dem Vater und der Schöpfung angesiedelten Mittler, so tendieren die Antiarianer dahin, die Einheit des ewigen, dem Vater gleichwesentlichen Logos mit dem Menschen Jesus als eine Einheit zwischen Zweien zu beschreiben. Man spricht im Fachjargon von der »Trennungschristologie«. Und da diese Gestalt der Christologie sehr stark von der in Antiochien beheimateten Exegese des Literalsinns der Schrift begleitet ist[456], spricht man auch von der »antiochenischen Denkform«.

Die Argumentationsweise der Antiochener hat – zumindest geistesgeschichtlich betrachtet – eine gewisse »Vorläuferschaft« in den Chris-

---

454 Vgl. Basilius von Cäsarea, Epistola 261,3: PG 32,972AB. – Zum Vergleich zwischen Basilius und Gregor von Nazianz: F. Trisoglio, Gregorio Nazianzo. La Passione di Cristo (CTePa 16), Roma 1979; ders., Il Christus Patiens. Rassegna delle attribuzioni, in: RSC 22 (1974) 351–423.
455 »Wegen der Vereinigung, die zwischen dem angenommenen Fleisch und der annehmenden Gottheit vollzogen wird, werden die Namen mitgeteilt und miteinander ausgetauscht, dies in einer solchen Weise, dass von der Gottheit in menschlichen Ausdrücken und von der Menschheit in göttlichen Bezeichnungen gesprochen wird. So nennt Paulus den Gekreuzigten den Herrn der Herrlichkeit (1 Kor 2,8); und der, welcher durch die ganze Schöpfung oben angebetet wird, ist unten auf der Erde Jesus genannt« (Gregor von Nyssa, Quod non sint tres Dii, ad Ablabium: PG 45,127D).
456 Vgl. Grillmeier I,546.

234   3. Kategorien und Grundgestalten der griechischen Christologie

tologien des Ignatius von Antiochien, des Apologeten Justin und des Irenaeus von Lyon.

3.3.1 Eine gewisse Vorläuferschaft: Ignatius, Justin und Irenaeus

Mit der aufkommenden Gnosis konfrontiert, hat Ignatius von Antiochien schon im zweiten Jahrhundert mit allem Nachdruck herausgestellt, dass Jesus Christus nur unter der Voraussetzung seines ungeschmälerten Gottseins mehr ist als ein bloßer Lehrer der Selbsterlösung; und dass Jesus Christus nur unter der Voraussetzung seines wahren Menschseins vor dem Irrtum bewahrt, man könne das Heil je für sich selbst weltflüchtig in einer transzendenten Sphäre jenseits von Leiblichkeit, Welt und Geschichte suchen. In seinem Brief an die Epheser betont Ignatius, dass Jesus Christus als der eine und einzige Erlöser zugleich ganz und gar »aus Fleisch« und »aus Geist«[457], ganz und gar »geworden« und ganz und gar »ungeworden«, ganz und gar »aus Maria« und ganz und gar »aus Gott« war[458]. Der syrische Bischof stellt den »Menschensohn« und den »Gottessohn« so nebeneinander, dass keine der beiden Sohnschaften die andere absorbiert. Dabei kann er sich auf zahlreiche Stellen der vier Evangelien berufen. Doch die philosophische Durchdringung des Problems, wie zwei unvermischte Wirklichkeiten eine personale Einheit bilden, überlässt er der weiteren Diskussion.

In Gestalt des Apologeten Justin († 165) tritt das Christentum in Konkurrenz zu den Philosophien des Judentums und des Heidentums[459]. Im ersten Teil seiner »Apologie« versucht er, durch Rückgriff auf die atl. Verheißungen Jesus als den Logos aller Schöpfung und Geschichte zu er-

---

457 Dazu: C. Schäublin, Untersuchungen zu Methode und Herkunft der antiochenischen Exegese (Theoph. 23), Köln-Bonn 1974; H.-J. Vogt, Unterschiedliche Exegese der Alexandriner und der Antiochener, in: Stimuli (FS Ernst Dassmann), Münster 1996, 357–369.
458 Die Formulierung »aus Geist« lässt erkennen, dass Ignatius noch nicht trinitätstheologisch klar zwischen Logos und Pneuma differenziert. »Je mehr das Christentum in seinen Theologen mit der Philosophie, besonders mit der Stoa in Kontakt kam, um so mehr musste die Sprechweise, nach der die göttliche Wirklichkeit in Christus als ›Pneuma‹ beschrieben wurde, zurückgenommen werden. […] Klemens von Alexandrien vermied es, Gott Pneuma zu nennen; nur einmal wendet er das Wort auf Christus an […] Origenes dagegen verteidigt den christlichen Gebrauch von Pneuma gegenüber der Stoa« (Grillmeier I, 200).
459 »Εἷς ἰατρός ἐστιν σαρκικός τε καὶ πνευματικός, γεννητὸς καὶ ἀγέννητος, ἐν σαρκὶ γενόμενος θεός, ἐν θανάτῳ ζωὴ ἀληθινή, καὶ ἐκ Μαρίας καὶ ἐκ θεοῦ, πρῶτον παθητὸς καὶ τότε ἀπαθής, Ἰησοῦς Χριστὸς ὁ κύριος ἡμῶν« (Ignatius von Antiochien, Eph 7,2: Fischer 146/148).

3.3 Die antiochenische Denkform 235

weisen[460]. Und in seinem »Dialog mit dem Juden Tryphon« begründet er, warum die Anbetung Jesu Christi kein Verstoß gegen den Monotheismus Israels ist.

Justin will Jesus Christus als den universalen Sinn, als den Logos alles Wirklichen, ausweisen. Dabei bedient er sich der Kategorien des mittelplatonischen Denkens[461]. Die alles Viele einende ἀρχή (ὁ θεός) wird von den Platonikern als das schlechthin Eine zunehmend verjenseitigt, während der Logos – nicht selten δεύτερος θεός genannt – das Gedachte (das Wesen) alles Endlichen ist. Der Logos wird von den Vertretern des Mittelplatonismus nicht so verstanden, als ob ein Stück von Gott abgetrennt würde; das würde ja der Einfachheit und Unveränderlichkeit des Höchsten widersprechen. Nein, im griechischen Denken wird der Hervorgang sowohl des Logos als auch der Welt als Emanation verstanden. So wie ein Lichtstrahl von der Lichtquelle ausgeht, so strömt aus dem einen Gott zunächst der Logos und aus dem Logos die Welt des Kontingenten.

Genau hier bringt der Apologet eine Korrektur an, wenn er Christus den Logos nennt. Nach seiner Darstellung geht der Logos *nicht notwendig* aus dem Vater hervor und die Welt *nicht notwendig* aus dem Logos hervor; sondern der Logos wird durch einen Willensakt hervorgebracht. Er ist zwar als ewiger Gedanke von Ewigkeit her im Vater[462]. Aber von einer Selbstständigkeit des Logos kann *erst mit der Schöpfung* die Rede sein. Der Logos tritt zu bestimmter Zeit aus dem Vater hervor zum Zwecke der Weltschöpfung. Der Logos ist also nur, weil Schöpfung ist und sein soll. Erst mit der Erschaffung der Welt tritt der Logos aus Gott hervor, wird er Sohn, während er *zuvor ununterschieden mit dem Vater eins* war. Indem Justin den Emanationsgedanken zum Verständnis der Herkunft des Vielen aus dem Einen ablehnt und ganz im Sinne der biblischen Schöpfungslehre von einem willentlichen Hervorgang aus Gott spricht, kommt der Logos in die Gefahr, selbst das erste willentlich hervorgebrachte Geschöpf

---

460 Dazu: B. Studer, Der apologetische Ansatz zur Logos-Christologie Justins des Märtyrers, in: Kerygma und Logos (FS Carl Andresen), Göttingen/Zürich 1979, 435–448.
461 Justin ist wohl der erste Exeget, der in Jesus Christus – Logos und Nomos zugleich – das hermeneutische Prinzip der Deutung des AT erkennt. Vgl. P. Prigent, Justin et l'Ancien Testament. L'argumentation scripturaire du traité de Justin contre toutes les hérésies comme source principale du Dialogue avec Tryphon et de la Première Apologie, Paris 1964. – Zum Vergleich mit Irenaeus: H.-J. Vogt, Die Geltung des AT bei Irenaeus von Lyon, in: ThQ 60 (1980) 17–28.
462 Dazu: C. Andresen, Justin und der mittlere Platonismus, in: ZNW 44 (1952/53) 157–195; R. Holte, Logos Spermatikos. Christianity and Ancient Philosophy according to St. Justin's Apologies, in: StTh 12 (1958) 109–168; J. H. Waszink, Bemerkungen zu Justins Lehre vom Logos spermatikos, in: Mullus (FS Theodor Klauser), Münster 1964, 380–390.

236　3. Kategorien und Grundgestalten der griechischen Christologie

zu sein. Jedenfalls ist die Logos-Christologie des Apologeten Justin in der Tendenz dem Subordinatianismus zuzuordnen.

Allerdings vertritt Justin ähnlich wie Origenes einen heilsgeschichtlichen und also keinen essentialen Subordinatianismus. Weil Christus derselbe Logos ist, in dem und durch den alles geschaffen wurde, *ist er die Eigentlichkeit (das Wesen) alles Seienden*; deshalb sind die heidnischen Philosophen – Justin nennt ausdrücklich Heraklit und Sokrates –, die schon vor Christus nach der einen ἀρχή der vielen ἀρχαί fragten, Christusgläubige (»anonyme Christen«) gewesen, ohne dies selbst zu wissen[463]. Wie der Logos sich in den heidnischen Philosophen offenbart hat, so erst recht in den Propheten und Patriarchen der biblisch bezeugten Heilsgeschichte, bevor er sich in Jesus von Nazaret *als er selbst* ausgesagt hat. Anders formuliert: Die Logos-Christologie des Justin kann ohne Schwierigkeiten erklären, warum Jesus Christus von universaler Bedeutung für die gesamte Geschichte und den gesamten Kosmos ist.

Von daher erklärt sich die Sympathie Gotthold Ephraim Lessings für Justin[464]. Denn Christus als Logos, das bedeutet: Der Erlöser ist zuerst und zunächst Offenbarer. Lessing spricht vom »Erzieher des Menschgeschlechts«. Christus ist so gesehen der, welcher den alles durchdringenden Logos von allen Verschüttungen und Verunreinigungen befreit. Er bestätigt das Gesetz des Alten Bundes durch dessen Reduktion auf seine Eigentlichkeit, die Einheit von Gottes- und Nächstenliebe. Aber es fragt sich, warum dieser Jesus von Nazaret mehr als ein hervorragender Offenbarer des Logos, mehr als ein Beispiel, mehr als ein Lehrer war. Für Justin bedeutet Erziehung im Unterschied zum Denken der Aufklärung »vom Urbild her ermöglichte Abbildung des Urbildes«, also keine bloße *Instruktion*, sondern auch *Befähigung*[465]. Dennoch: Die Logos-Christologie des Justin impliziert ein Gefälle hin auf eine Reduktion des Erlösers auf den bloßen Offenbarer.

Die große theologische Leistung der Christologie des Justin wird weniger in seiner Rezeption durch Gotthold Ephraim Lessing als vielmehr in seiner Rezeption durch Pierre Teilhard de Chardin SJ deutlich[466]. Der

---
463 Justin unterscheidet das »inneseiende Wort« (λόγος ἐνδιάθετος) vom hervorgebrachten Wort (λόγος προφορικός). Dazu: M. Mühl, Der λόγος ἐνδιάθετος und προφορικός von der älteren Stoa bis zur Synode von Sirmium, in: ABG 7 (1972) 7–56.
464 Vgl. Justin, Apologia I,46: Goodspeed 58f.
465 Dazu. A. Schilson, Geschichte im Horizont der Vorsehung. G. E. Lessings Beitrag zu einer Theologie der Geschichte (TTS 3), Mainz 1974, bes. 168–175.
466 Zur Christologie Teilhard de Chardins vgl. vorrangig die folgenden Bände: Der göttliche Bereich. Ein Entwurf des inneren Lebens (Werke IV, Olten/Freiburg 1962); Wissenschaft und Christus (Werke IX, Olten 1970); Mein Glaube (Werke X, Olten 1972). – Dazu: K. Rahner, Die Christologie innerhalb einer evolutiven Weltanschau-

3.3 Die antiochenische Denkform

Versuch dieses großen Denkers, den in Christus Geschöpf gewordenen Logos als Sinnziel der Evolution zu beschreiben, konvergiert mit Justins Vorstellung von einer Formkraft, die im Menschen kulminiert, um in Christus alle und alles zu einen. Wenn durch und im Logos alles geschaffen ist, und wenn der Mensch das einzige Geschöpf ist, das sich selbst und alles Geschaffene auf den Logos beziehen kann, dann ist der Mensch gewordene Logos (Jesus Christus) das Alpha und das Omega der Geschichte; dann wird deutlich, worin der Sinn (der Zusammenhang) alles Seienden besteht: darin nämlich, dass Christus alles in allem und in allen wird (Eph 1,3–14; Kol 1,15–20).

Auch wenn sich die Logos-Lehre des hl. Irenaeus († 202) nicht unerheblich von der des Apologeten Justin unterscheidet[467], versteht doch auch er »die ganze Geschichte als einen großen aufwärtssteigenden

---

ung, in: Sämtliche Werke, Bd XV, Freiburg 2001, 219–247; H. Verweyen, Weltweisheit und Gottesweisheit bei Justin dem Märtyrer, in: Weisheit Gottes – Weisheit des Menschen (FS Joseph Kardinal Ratzinger), St. Ottilien 1987, 603–613.

467 Nach Justin ist die Inkarnation der Abschluss einer unabsehbaren Folge von Offenbarungen des Logos, die ihren Anfang mit der Erschaffung der Welt genommen hat. Bei Irenaeus dagegen steht aus antignostischen Motiven die Einzigkeit Christi – das heißt das wörtlich zu nehmende Fleischwerden des Logos – im Vordergrund. Deshalb betont er: »Wenn die Häretiker, die ich oben aufgezählt habe, auch alle mit der Zunge einen einzigen Jesus Christus bekennen, machen sie sich doch selbst lächerlich, da sie anders denken als reden. Ich habe gezeigt, dass ihre Positionen variieren. Sie unterscheiden einen, der gelitten hat und geboren ist, und das ist Jesus, von einem anderen, der auf ihn herabgestiegen ist und auch wieder aufgestiegen ist, und das ist der Christos. Und einer der beiden gehört zum Demiurgen oder ist der Jesus aus der Heilsordnung oder auch der, der von Josef stammt, und er ist nach ihrer Auffassung leidensfähig; der andere dagegen soll aus unsichtbaren und unsagbaren Regionen herabgestiegen sein, nach ihrer Erklärung unsichtbar, ungreifbar und leidensunfähig. Sie irren dadurch von der Wahrheit ab, dass ihre Lehre weit entfernt ist vom wahren Gott, und sie wissen nicht, dass sein Logos (vgl. Joh 1,1–3), der Eingeborene (vgl. Joh 1,18), der dem Menschengeschlecht ständig beisteht (vgl. Joh 1,10), [...] Fleisch geworden ist (vgl. Joh 1,14), dass er Jesus Christus ist, unser Herr, der für uns gelitten hat, unseretwegen auferstanden ist und wiederkommen wird in der Herrlichkeit des Vaters, um alles Fleisch zu erwecken, damit das Heil offenkundig wird und die Norm des gerechten Gerichts sich auf alle erstreckt, die ihm unterworfen sind. Gott ist also ein einziger, wie ich gezeigt habe, der Vater, und Christus Jesus ist ein einziger, unser Herr, der die gesamte Heilsordnung durchschritten und alles in sich zusammengefasst hat (vgl. Eph 1,10). Zu ›allem‹ gehört auch der Mensch, das Geschöpf Gottes; also hat er auch den Menschen in sich zusammengefasst, wozu der Unsichtbare sichtbar wurde, der Ungreifbare greifbar, der Leidensunfähige leidensfähig und der Logos Mensch. Alles hat er in sich zusammengefasst, damit der Logos Gottes so, wie er in der überhimmlischen, pneumatischen und unsichtbaren Welt den Vorrang hat, ihn auch in der sichtbaren und körperlichen Welt hat (vgl. Kol 1,18) und zur rechten Zeit alles an sich zieht (vgl. Joh 12,32), indem er für sich den Vorrang nimmt und sich selbst der Kirche zum Haupt gibt.« (Irenaeus, Adversus haereses III,16,6: Brox III,199/201/203).

pädagogischen Prozess, in welchem Gott durch die heilsgeschichtlichen Ereignisse, die in der Offenbarung des Sohnes im Fleisch gipfeln, das durch die Sünde korrumpierte und gleichsam stagnierende Bild Gottes im Menschen wiederherstellt und es zur höheren Freiheit und größeren Gottähnlichkeit führt. In alle menschlichen Altersstufen ging Jesus ein, um alle durch sein *Beispiel* zu heiligen. In jedem Bereich wollte er uns *Lehrer* sein, damit wir in der Nachahmung seiner Werke und in der Durchführung seiner Worte Gemeinschaft mit ihm hätten. Erlösung bedeutet also auch hier die erzieherische Vermittlung wahrer Erkenntnis. ›Hätte man die Wahrheit schon gekannt – bemerkt Irenaeus – wäre das Kommen des Erlösers (!) in die Welt überflüssig gewesen. So aber wird die Unwissenheit, die Mutter alles (Bösen), durch Erkenntnis ausgetrieben‹.«[468]

Da der erzieherische Logos alles durchdringt, ist alles in Schöpfung und Heilsgeschichte Gottes Werk zur Heimholung des Menschen. In diesem erzieherischen Prozess ist Gott bzw. der göttliche Logos das eigentlich handelnde Subjekt. Aber die Weise, wie Gott erzieht, ist die Umwerbung der menschlichen Freiheit und ihre Einbeziehung in den Heilsprozess auf größere Freiheit hin.

Von namhaften Patrologen wurde mehrfach bestätigt, dass die urgriechische Idee παιδεία in ihrer Anwendung auf das Erlösungsgeschehen keine bloß ethische Erziehung im Sinne der Belehrung eines Schülers durch Wort und Beispiel, sondern die vom göttlichen Ur-Bild her ermöglichte Ausrichtung des Abbildes auf das Ur-Bild hin meint; dass Nachahmung, Nachfolge und Gesetzestreue im griechischen Denken nicht ethische Kategorien in Differenz und in Abhebung von ontologischen Kategorien sind. Man kann die Christologie bzw. Soteriologie des Irenaeus auf folgende Weise schematisieren:
- Der Mensch ist von seinem Schöpfer als Abbild des Logos entworfen, verliert aber diese seine natürliche Beziehung zum Logos durch die Sünde.
- Erst indem der Logos Fleisch wird, kann das Bild Gottes im Menschen wiederhergestellt werden und zu seiner vollen Verwirklichung geführt werden.
- Das Urbild Gottes (der Logos) tritt im Heiligen Geist so an die Stelle des Abbildes (des Sünders), dass das Abbild wieder Teil gewinnt am Urbild und zu dessen Nachahmung befähigt wird.

---

468 G. Greshake, Der Wandel der Erlösungsvorstellungen in der Theologiegeschichte, in: Gottes Heil – Glück des Menschen. Theologische Perspektiven, Freiburg 1983, 50–79; 54. – Dazu: A. Bengsch, Heilsgeschichte und Heilswissen. Eine Untersuchung zur Struktur und Entfaltung des theologischen Denkens im Werk »Adversus haereses« des hl. Irenaeus von Lyon (EThSt 3), Leipzig 1957, bes. 51–163; P. Schwanz, Imago Dei, Göttingen 1979, bes. 87–173.

3.3 Die antiochenische Denkform

Weil so nach Irenaeus die Eigentlichkeit der Schöpfung insgesamt und des Menschen im Besonderen in der höchstmöglichen Abbildung des Urbildes besteht, kann er die Auffassung vertreten, dass der Logos auch dann Mensch geworden wäre, wenn der Mensch nicht gesündigt hätte. Die Sünde ist bei ihm jedenfalls nicht das Motiv der Menschwerdung des Sohnes, sondern es geht darum, die anfanghafte Ähnlichkeit des Menschen mit Gott zur größtmöglichen Vollkommenheit zu führen (*Anakephalaiosis-Gedanke* mit Berufung vor allem auf Eph 1,10 und Kol 1,18).

Was man zwischen geistigen Kontrahenten oft beobachten kann, das kann man auch in der Auseinandersetzung der frühen Väter mit den Gnostikern beobachten: Indem sie den Gegner bekämpfen, lassen sie sich zugleich von ihm beeinflussen. Justin und Irenaeus argumentieren zwar antignostisch, indem sie Christus strikt als »Selbst«-Offenbarung des göttlichen Sohnes verstehen. Aber sie lassen sich zugleich von der gnostischen Gleichsetzung der Erlösung mit »Belehrung« und »Erziehung« beeinflussen. Die heilsgeschichtliche Christologie des hl. Irenaeus betont zwar, dass es ein und derselbe Herr ist, der herabgestiegen ist, der am Kreuz gelitten hat und nun zur Rechten des Vaters sitzt. Aber passagenweise überwiegt die Darstellung des lehrenden und erziehenden Jesus so sehr, dass Alois Grillmeier gar von nestorianisierenden Formulierungen des Kirchenvaters spricht[469].

3.3.2 Paulus von Samosata und Marcellus von Ancyra

In die Zeit unmittelbar nach Origenes gehört der Streit um Paulus von Samosata († 272), den späteren Bischof von Antiochien. Von Eusebius wissen wir, dass er Christus als gewöhnlichen Menschen (κοινὸς καὶ ψιλὸς ἄνθρωπος) bezeichnet habe. Wörtlich soll er gesagt haben: »Der Sohn Gottes ist nicht vom Himmel herabgekommen; Christus ist von unten; ein Mensch von hier.«[470] Natürlich billigt auch er Christus eine gewisse Transzendenz zu. Aber diese erklärt er durch dessen außergewöhnliche Begabung mit der Weisheit und der Kraft bzw. dem Geist des monarchianisch verstandenen Vaters. Von daher kann man ihn als Vorläufer jener gradualistischen »Geist-Christologie« bezeichnen, die von einer Erhebung Jesu durch den Geist zum Sohn Gottes spricht.

---

[469] Vgl. Grillmeier I, 218.
[470] Fragmentum S, 26: H. Riedmatten, Les actes du procès de Paul de Samosate (Par. 6), Fribourg 1952, 153.

3. Kategorien und Grundgestalten der griechischen Christologie

Eine gesicherte Einschätzung der Christologie des Paulus von Samosata ist auf Grund der umstrittenen Quellenlage nicht möglich[471]. Seine Exkommunikation auf der Synode von Antiochien im Jahre 268[472] war – wenn man Eusebius glauben darf – verbunden mit einer Ablehnung derselben Formel, die vom ersten Konzil von Nicaea 325 positiv aufgegriffen wurde, um Christus der Gottheit nach auf dieselbe Stufe wie den Vater zu stellen. Das Konzil richtet sich mit der Formel ὁμοούσιος τῷ πατρί gegen den Subordinatianismus, während Paulus von Samosata mit derselben Formel seine modalistische Trinitätslehre stützt. In der Geschichtsschreibung wird er zum wichtigsten Vorläufer des Bischofs Marcellus von Ancyra, der mit Athanasius den Arianismus bekämpft und doch ganz anders als der Alexandriner argumentiert[473].

Marcellus von Ancyra († 374) wendet sich gegen die Drei-Hypostasen-Lehre des Origenes und vertritt stattdessen wie Sabellius und Paulus von Samosata eine modalistische Trinitätslehre. Der Vater und der Logos bilden eine einzige Hypostase (μία ὑπόστασις; εἷς θεός; μονάς) die durch die Schöpfung und durch die Inkarnation in keiner Weise aufgehoben wird. In Gott ist der Logos eine ruhende Kraft (δύναμις), die nach außen als Wirkkraft (ἐνέργεια) in Erscheinung tritt und also alles kontingente Seiende solange im Dasein hält, als es darin wirkt. An und für sich ist die menschliche Natur Christi nichts. Sie ist nur vorübergehende Erscheinung der Wirkkraft Gottes. Wenn das erste Konzil von Konstantinopel 381 dem Symbolum von Nicaea die Worte hinzufügt »Seines Reiches wird kein Ende sein« (DH 150), dann auf Grund der Lehre des Marcellus von Ancyra, das Erscheinen des Logos in dem Menschen Jesus sei eine vorübergehende Wirklichkeit.

Die Inkarnationslehre des Marcellus ist den Alexandrinern gegenüber »durchgehend von der Absicht bestimmt, die christologischen Hoheitsaussagen dem Logos, die Niedrigkeitsprädikate dagegen dem ›Menschen‹ oder dem ›Fleische‹ zuzuteilen«[474]. Damit ist seine Grundintention radikal verschieden von jener der Alexandriner, denen es stets um

---

471 Vgl. A. Grillmeier, Neue Fragmente zu Paul von Samosata?, in: ThPh 65 (1990) 392–394; L. Perrone, L'enigma di Paolo di Samosata, in: CrSt 13 (1992) 253–327.
472 Dazu: R. L. Sample, The Christology of the Council of Antioch Reconsidered, in: ChH 48 (1979) 18–26; H. C. Brennecke, Zum Prozess gegen Paul von Samosata, in: ZNW 75 (1984) 270–290.
473 Dazu: M. Tetz, Zur Theologie des Markell von Ankyra I–III, in: ZKG 75 (1964) 217–270; 79 (1968) 3–42; 83 (1972) 145–194; ders., Markellianer und Athanasios von Alexandrien, in: ZNW 64 (1973) 75–121; G. Feige, Die Lehre Markells von Ankyra in der Darstellung seiner Gegner (EThSt 58), Leipzig 1991, 13–134; mit dem Ziel einer Forschungsbilanz und Quellenkritik: K. Seibt, Die Theologie des Markell von Ankyra (AKG 59), Berlin 1994.
474 Grillmeier I, 426.

die wahre Fleischwerdung des Logos geht. Marcellus vertritt also das antiochenische Logos-Anthropos-Schema in strikter Abgrenzung gegen das alexandrinische Logos-Sarx-Schema. Diese Feststellung wird auch da nicht relativiert, wo Marcellus in seiner christologischen Hauptschrift »De incarnatione contra Arianos« das Wirken des Logos (ἐνέργεια) durch das Wirken des Heiligen Geistes intensiviert bzw. »ausgedehnt« sieht. Der Heilige Geist ist in seiner Darstellung[475] nur eine ἔκτασις bzw. παρέκτασις Gottes im Logos.

Es wäre aufschlussreich, einmal systematisch die modalistische Trinitätslehre des Marcellus von Ancyra und deren christologisches Pendant, die Darstellung des Logos und des Pneuma als energetische Kräfte nach außen, mit den entsprechenden Ausführungen moderner »Geist-Christologien«[476] zu vergleichen. Die Ähnlichkeiten wären vermutlich frappant. Ein eklatantes Beispiel für eine Wiederauflage der Grundgedanken des Marcellus von Ancyra bietet der niederländische Theologe Piet Schoonenberg. Denn zumindest in seinen jüngeren Veröffentlichungen zum Thema[477] spricht er nur noch dem Vater Personsein im strengen Sinne zu und bezeichnet Logos und Pneuma als »energetische Ausströmungen«[478].

---

475 Vgl. Marcellus von Ancyra, De incarnatione et contra Arianos 9–10.13–17: PG 26,997–1001.1005–1013.

476 Vgl. U. Link-Wieczorek, Inkarnation oder Inspiration? Christologische Grundfragen in der Diskussion mit britischer anglikanischer Theologie (FSÖTh 84), Göttingen 1998; M. Preß, Jesus und der Geist. Grundlagen der Geist-Christologie, Neukirchen 2001.

477 Vgl. bes. P. Schoonenberg, Der Geist, das Wort und der Sohn. Eine Geist-Christologie, ins Deutsche übers. v. W. Immler, Regensburg 1992. – Über die Genese von Schoonenbergs Geist-Christologie informiert umfassend und kritisch zugleich: B. Blankenberg, Gottes Geist in der Theologie Piet Schoonenbergs, Mainz 2000.

478 Zunächst hat sich Schoonenberg nur gegen die traditionelle Lehre von der »Anhypostasie« der menschlichen Natur Jesu Christi gewandt und eine Umkehrung dieser Lehre in dem Sinne gefordert, dass man von der »Enhypostasie« der göttlichen Natur in der Person des Menschen Jesus statt umgekehrt von der »Enhypostasie« der menschlichen Natur in der Person des Logos sprechen solle. Da jedoch die Behauptung, der Logos finde seine Personalität durch das In-Sein in der Person des Menschen Jesus, die Frage aufwirft, wie eine geschöpfliche Person Konstitutivum einer göttlichen Qualität sein könne, gelangt Schoonenberg zu einer neuen These, nämlich der von der »*wechselseitigen* Enhypostasie«. Erst in den jüngsten Veröffentlichungen wird ihm bewusst, dass dieses Etikett die Grundfrage nach der Präexistenz des Logos nur verdeckt, aber nicht klärt. Also entschließt er sich zu einer »Trinitätslehre«, die nur noch dem Vater Personsein im strengen Sinne zuspricht und dessen »energetische Außenformen« als Logos und Pneuma charakterisiert.

3.3.3 Die Entfaltung der Logos-Anthropos-Christologie

Die antiochenische Theologenschule ist – wie oben schon bemerkt – geprägt von einer möglichst am Literalsinn orientierten Exegese. Sie versucht weithin induktiv aus den biblischen Zeugnissen zu ergründen, wer Jesus als der Christus ist. Die antiochenische Christologie denkt von dem geschichtlichen Jesus her auf den Vater hin und gelangt so zu einer starken Betonung des Unterschieds zwischen dem Menschen Jesus und dem innertrinitarischen Sohn (Logos), in welchem sich der Vater dem Menschen mitteilt. Für die antiochenische Theologenschule ist die Einheit Jesu Christi keine apriorische, ontische bzw. substantielle Einheit, sondern eine Einheit im Vollzug von Vertrauen und Liebe (γνῶσις κατ'εὐδοκίαν statt γνῶσις κατ'οὐσίαν). Diese Einheit entfaltet sich zwischen dem Logos als dem »deus assumens« und dem Menschen Jesus als dem »homo assumptus«[479] (→ Assumptus-Homo-Christologie). Beide wirken wie zwei distinkte Subjekte zusammen. Deshalb verwirft die Mehrzahl der Antiochener die von Ignatius von Antiochien herrührende Formel εἷς καὶ αὐτός und prägt stattdessen die Formel ἄλλος καὶ ἄλλος.

3.3.4 Diodor von Tarsus, Johannes Chrysostomus und Theodor von Mopsuestia

Bei aller Unsicherheit, die auf Grund der spärlichen Quellenlage[480] in der Definition der Positionen des Diodor von Tarsus († 394) besteht, lässt sich doch festhalten, dass er in seiner am Literalsinn orientierten Exegese[481] unterscheidet zwischen solchen Stellen, die von Jesu Menschheit sprechen, und anderen Stellen, die das mit der Menschheit vereinigte ewige

---

479 Die Frage, ob der wahrscheinlich aus der paulinischen Kyrios-Christologie in Phil 2,5–11, 1 Kor 2,8 abgeleitete Christustitel κυριακὸς ἄνθρωπος eher in der alexandrinischen oder eher in der antiochenischen Denkweise verortet ist, wird von Alois Grillmeier (Κυριακὸς ἄνθρωπος. Eine Studie zu einer christologischen Bezeichnung der Väterzeit, in: Ders., Fragmente zur Christologie. Studien zum altkirchlichen Christusbild, hg. v. T. Hainthaler, Freiburg 1997, 152–214) klar im Sinne einer Zuweisung zum ascendenzchristologischen Ansatz beantwortet. Allerdings – so zeigt Grillmeier ebenfalls – eignete sich der Titel κυριακὸς ἄνθρωπος für die Antiochener nicht als Kampfbegriff gegen die Alexandriner. Im Gegenteil: Bei Nestorius und seinen Anhängern lässt sich der Titel nicht finden.
480 Auf Grund seiner postum erfolgten Verurteilung (544) durch Kaiser Justinian (Dreikapitelstreit) sind viele Schriften Diodors nicht tradiert worden. Vgl. R. Abramowski, Der theologische Nachlass des Diodor von Tarsus, in: ZNW 42 (1949) 19–69; L. Abramowski, Der Streit um Diodor und Theodor zwischen den beiden ephesinischen Konzilien, in: ZKG 67 (1955/56) 252–287.
481 Dazu: E. Schweizer, Diodor von Tarsus als Exeget, in: ZNW 40 (1941/42) 33–75.

Wort Gottes betreffen. Ihm war wichtig, dass der Mensch Jesus durch die Vereinigung mit dem ewigen Logos nicht verändert wurde. Also wandte er sich gegen die apollinaristische These, dass die Vereinigung des Logos mit einer menschlichen Natur nur um den Preis einer Verminderung der menschlichen Natur erkauft werden könne. Er bekämpft den Begriff »Vermischung« und spricht stattdessen von »Einwohnung«. Er spricht nicht von der einen Person (ὑπόστασις), sondern von dem einen Antlitz (πρόσωπον), dem die menschlichen und göttlichen Eigenschaften beider Naturen zugeschrieben werden dürfen, ohne dass es einen Träger aller Eigenschaften im Sinne einer Idiomenkommunikation gäbe. Seine ausführenden Erläuterungen lassen verständlich erscheinen, warum man ihn später zum Urheber des Nestorianismus erklärt hat. Er sagt zum Beispiel, dass der Logos so in die Person des Menschen Jesus eingehe wie der Geist über die Propheten kam, nur viel intensiver. Doch man würde ungeschichtlich denken, wollte man Diodor an der von späteren Konzilien entwickelten Klärung messen.

Als Schüler Diodors unterscheidet auch Johannes Chrysostomus († 407) klar zwischen einer menschlichen und einer göttlichen Sohnschaft Christi. Aber er ist weniger an der Widerlegung des apollinaristischen Monophysitismus als vielmehr an der Art und Weise der Einwohnung des göttlichen Sohnes in der als »heiliger Tempel« (ναὸν ἅγιον) beschriebenen Menschheit Christi interessiert[482]. Auch er ist alles andere als ein Vertreter der Idiomenkommunikation. Aber wann immer er bestimmte Tätigkeiten allein der menschlichen Natur zuordnet, betont er gleichzeitig, dass die menschliche Natur nur dann auf die ihr eigene Weise tätig wird, wenn das höhere Prinzip der Logosnatur dies will. So lässt er Christus erklären, dass sein der menschlichen Natur vorbehaltenes Leiden freiwillig ist; dass die Todesfurcht am Ölberg und dass die Schwachheit auf dem Kreuzweg vom Logos gewollt sind, um seine Einwohnung in einer wirklichen menschlichen Natur unter Beweis zu stellen[483]. Aus

---

[482] An Spekulationen über die Verhältnisbestimmung von göttlichem und menschlichem Willen oder an einer genauen Bestimmung der menschlichen Seele Christi ist Johannes Chrysostomus kaum oder gar nicht interessiert. Dazu: C. Hay, St. John Chrysostom and the Integrity of the Human Nature of Christ, in: FrS 19 (1959) 290–317; bes. 305–309.

[483] »Folgerichtig zeigt Christus in dem Wort: ›Wenn es möglich ist, lass diesen Kelch an mir vorübergehen‹ und ›Nicht wie ich will, sondern wie du willst‹ nichts anderes, als dass er wirklich mit Fleisch umkleidet ist, das den Tod fürchtet; denn den Tod fürchten und zu zittern und davor zu erschrecken ist dem Fleisch eigen. Daher lässt der Logos es manchmal verlassen und beraubt es seiner eigenen göttlichen Energie, um dessen Schwachheit zu zeigen und dessen Wirklichkeit dadurch zu bestätigen. Manchmal aber verbirgt er dieselbe Schwäche, damit du erkennen kannst, dass er

dieser Beobachtung allerdings zu schließen[484], Johannes Chrysostomus stehe – obwohl der antiochenischen Exegetenschule entstammend – der Einigungschristologie näher als der Trennungschristologie, ist nicht nur übertrieben, sondern auch unzutreffend. Johannes Chrysostomus hat sich weit von der Idiomenkommunikation entfernt und ist insofern ein typischer Vertreter der Lehre, dass nur der Mensch Jesus leidet, und dass man von Gott bzw. vom Gottessohn oder Logos nicht sagen kann, dass er gelitten habe[485].

Theodor von Mopsuestia († 428) gilt als der bedeutendste Exeget der antiochenischen Schule[486]. Doch der größte Teil seiner Schriften ist nach seiner Verurteilung als Urheber des Nestorianismus im Dreikapitelstreit (zusammen mit Theodoret von Kyros und Ibas von Edessa auf dem zweiten Konzil von Konstantinopel 553) verlorengegangen.

Die christologischen Gegner des Theodor von Mopsuestia sind neben den Gnostikern vor allem die Apollinaristen. Gegen letztere insistiert er auf einer vollkommenen menschlichen Natur Christi mit eigener Seele und eigenem Willen[487]. In einer seiner »Katechetischen Homilien« betont

---

nicht ein bloßer Mensch ist« (Johannes Chrysostomus, In eos qui ad synaxim non occurrerunt 6: PG 48,766).

484 Vgl. Grillmeier I, 613f.

485 Johannes Chrysostomus lässt Christus sprechen: »Ich lehre, dass die niedrigeren Dinge auf die Menschheit zu beziehen sind und die edleren auf die Gottheit; und durch diese ungleiche Mischung von Handlungen deute ich hin auf die ungleiche Vereinigung der Naturen; durch meine Herrschaft über die Leiden erkläre ich, dass mein Leiden freiwillig ist; als Gott beuge ich die Natur und halte ein Fasten vierzig Tage lang; nachher aber, als Mensch, war ich hungrig und müde; als Gott beruhigte ich den rasenden See, als Mensch war ich vom Teufel versucht; als Gott trieb ich Teufel aus, als Mensch bin ich da, um für die Menschen zu leiden« (Johannes Chrysostomus, In quatriduanum Lazarum 1: PG 50,642–643).

486 »So sicher die Ungunst der Überlieferung die Schuld daran trägt, dass uns erst in Theodors Werken eine eigentlich ›antiochenische‹ Exegese fassbar wird, ebenso sicher hat die Schule mit den Kommentaren des Bischofs von Mopsuestia ihre ἀκμή erreicht. Denn diese sind – zumal der Psalmenkommentar – am konsequentesten nach dem Vorbild und im Geiste der paganen Dichterkommentare gestaltet; von der griechischen Philologie aber, wie sie die Grammatiker an Homer und anderern Klassikern lehrte, scheinen die Antiochener ihre wesentlichsten Anregungen empfangen zu haben« (C. Schäublin, Untersuchungen zu Methode und Herkunft der antiochenischen Exegese [Theoph. 23], Köln/Bonn 1974, 171). – Dazu: H.-J. Vogt, Bemerkungen zur Exegese und Christologie des Theodor von Mopsuestia, in: Synodus (FS Walter Brandmüller), Paderborn 1997, 5–27.

487 »Und deshalb haben unsere seligen Väter gesagt, er habe Fleisch angenommen, damit du begreifst, dass er einen vollkommenen Menschen angenommen hat; nicht bloß zum äußeren Schein soll man ihn dafür halten, sondern er existiert wahrhaft in Menschennatur. Von ihm ist zu glauben, dass er nicht nur einen Leib angenommen hat, sondern einen ganzen Menschen, zusammengesetzt aus dem Leib und einer unsterblichen und vernünftigen Seele. Diesen hat er zu unserer Erlösung angenom-

3.3 Die antiochenische Denkform

er: »Was aber die Arianer und Eunomianer anbelangt, so sagen sie, dass er zwar einen Leib, aber keine Seele angenommen habe: an die Stelle der Seele sei vielmehr die Natur der Gottheit getreten. [...] Und siehe, würde die Gottheit den Platz der Seele ausfüllen, hätte er nicht gehungert, nicht gedürstet, wäre nicht ermüdet, hätte nicht der Nahrung bedurft – all dies nämlich widerfährt dem Leib aus seiner Schwäche heraus, da die Seele es nicht vermag, seine Bedürftigkeit mit dem ihr Eigenen aufzufüllen, allein schon aufgrund des Naturgesetzes, das Gott ihr gegeben hat.«[488]

Theodor lehnt die Vorstellung ab, Erlösung sei so etwas wie ein Handeln Gottes durch das Instrument des Leibes Christi an uns ohne uns. Der Mensch als mit Vernunft und Willen begabte Natur ist aus seiner Sicht erst dann erlöst, wenn er selber befähigt ist, die Sünde zu besiegen. So gesehen ist Jesus der Mensch, der auf Grund seiner Sohnesbeziehung zum Vater zur Gnade für alle Sünder wird[489]. Theodor unterstreicht das Eigensein des Menschen Jesus so sehr, dass er von seinen Gegnern zum »Paulus Samosatenus redivivus«, zum Vertreter einer Zwei-Söhne- oder Zwei-Personen-Lehre, zum Verfechter einer Adoptionschristologie gestempelt wird. Und in der Tat findet sich bei ihm eine Reihe von Stellen, die ein solches Verdikt nahelegen – z. B. der folgende Passus aus seiner siebten »Katechetischen Homilie«: »Auf Grund dessen hat der eingeborene Sohn Gottes, der Logos, allein um unser aller Erlösung willen beschlossen, einen von uns anzunehmen, ihn von den Toten zu erwecken und in den Himmel zu versetzen, sich mit ihm zu verbinden und ihn zur Rechten Gottes zu setzen.«[490] Es fehlt dem stets aszendenzchristologisch argumentierenden Exegeten an einer Antwort auf das »Wie« der Einheit des wahren Gottseins und des wahren Menschseins Christi, weil er sich nicht durchringen kann zu der Erkenntnis, dass das eine Ich bzw. Subjekt Christi das des göttlichen Logos ist.

Seine Gegner unterstellen ihm, er lehre mit der Eigenständigkeit der Person (πρόσωπον) des Logos und der Person (πρόσωπον) des Menschen Jesus eine äußere Verbindung beider in einem übergreifend-gemeinsamen und also dritten πρόσωπον. Bei Licht besehen beschränkt sich Theodor auf die Feststellung, »dass das Logos-*Prosopon* zum Ausdrucksmittel dafür wird, Christi menschlicher Natur eine besondere Erscheinungsweise zu geben«[491]. Um seine Intention zu verdeutlichen, vergleicht er

---

men, und darin hat er zu unserem Heil Erlösung gewirkt« (Theodor von Mopsuestia, Homiliae catecheticae V,19: Bruns I,149f).
488 Theodor von Mopsuestia, Homiliae catecheticae V,9: Bruns I,140f.
489 Dazu: G. Koch, Die Heilsverwirklichung bei Theodor von Mopsuestia (MThS.S 31), München 1965, bes. 25–89.
490 Theodor von Mopsuestia, Homiliae catecheticae XVI,2: Bruns II,423f.
491 Grillmeier I,627.

das Verhältnis eines Königs zu dem ihn bekleidenden Gewand mit dem Verhältnis des göttlichen Logos zu dem von ihm angenommenen Menschen[492]. Allerdings sollte man dieses Bild nicht im Sinne einer nur moralischen oder akzidentellen Verbindung missverstehen. Denn Theodor spricht auch von einer Vergleichbarkeit der Leib-Seele-Verbindung mit der Einheit der beiden Naturen in Christus. Dabei setzt er allerdings voraus, dass die Seele getrennt vom Leib existieren kann[493].

Wie weit die Logos-Anthropos-Christologie des Theodor von Mopsuestia nestorianisch ist[494], muss hier nicht entschieden werden. Klar ist, dass er die Vorstellung von einer einzigen Hypostase als einem einzigen Prinzip der Selbstbewegung strikt ablehnt zugunsten der These, dass beide Naturen in Christus einer getrennten Existenz fähig sind. Insofern ist die kritische Frage berechtigt, ob es sich bei dem durch den göttlichen Logos angenommenen Menschen um einen zumindest logisch schon vor dem Ereignis der Inkarnation existierenden Menschen (→ Homo-assumptus-Christologie) handelt. Wenn die menschliche Natur Christi prinzipiell unabhängig vom Inkarnationsakt existieren kann, legt sich zudem der Verdacht nahe, die Einheit sei nicht auf der ontologischen, sondern nur auf der psychologischen Ebene zu suchen (→ Bewusstseinschristologie).

3.4 Die christologischen Konzilien: Ein Tauziehen zwischen zwei Denkformen

Nachdem die beiden Denkformen der griechisch geprägten Christologie und deren jeweils wichtigste Repräsentanten vorgestellt wurden, soll eine schematisierende Skizze zeigen, dass die sieben christologischen Konzilien, die zwischen 325 und 787 zusammengerufen wurden, einem Tauziehen der beiden geschilderten Theologenschulen gleichen. Wenn sich auf einem Konzil die Antiochener durchsetzen konnten, folgte ein Konzil, auf dem die Alexandriner den Sieg davontrugen, und umgekehrt.

---

492 Vgl. L. Abramowski, Ein unbekanntes Zitat aus *Contra Eunomium* des Theodor von Mopsuestia, in: Mus 71 (1958) 97–104; hier: 101.
493 Dazu: F. A. Sullivan, The Christology of Theodore of Mopsuestia (AnGr 82), Rom 1956; P. Galtier, Théodore de Mopsueste. Sa vraie pensée sur l'Incarnation, in: RSR 45 (1957) 161–186.338–360; R. A. Norris, Manhood and Christ. A Study in the Christology of Theodore, Oxford 1963, bes. 149–159.
494 Dazu: W. de Vries, Der »Nestorianismus« des Theodor von Mopsuestia, in: OCP 7 (1941) 91–148.

3.4 Die christologischen Konzilien

3.4.1 Das erste Konzil von Nicaea (325) als Sieg einer antiochenischen Formel über die Drei-Hypostasen-Lehre der Alexandriner

Kaiser Konstantin, seit Ende September 324 auch im Osten Alleinherrscher, entschloss sich zu einer umfassenden Bereinigung der arianischen Streitigkeiten durch eine Reichssynode, die im Mai 325 in Nicaea zusammentrat[495]. Die aus symbolischen Gründen stets auf 318 Väter[496] bezifferte Synode wurde als eine Art zweites Pfingstfest verstanden. Dieses erste in der Reihe der nach heutiger Zählung 21 ökumenischen Konzilien hat sich dem Gedächtnis der Kirche als »das heilige Konzil von Nicaea« eingeprägt. Es gilt als Urtypus aller Konzilien der katholischen Kirche.

Ob das den Konzilsvätern zur Beratung vorgelegte Symbolum[497] das Taufsymbol der Kirche des Eusebius von Cäsarea oder – wie die jüngere Forschung vermutet[498] – ein anderes Symbolum aus Jerusalem oder dem angrenzenden Palästina war, kann hier nicht entschieden werden. Der vom Konzil nach heftigen Kontroversen zwischen Antiochenern und Alexandrinern verabschiedete Text (DH 125–130) ist insofern Ausdruck eines Kompromisses zwischen den beiden Theologenschulen, als er weder die z. B. von Eusebius von Cäsarea und Alexander von Alexandrien vertretene Drei-Hypostasen-Lehre, noch die von Marcellus von Ancyra und Eusthatius von Antiochien verteidigte Beschreibung Gottes als einer einzigen Hypostasis festschreibt. Dennoch kann die Konzilsentscheidung als Sieg der Antiochener-Schule bezeichnet werden, weil das dem Logos zugeschriebene Attribut ὁμοούσιος τῷ πατρί eher an die modalistische Trinitätslehre eines Paulus von Samosata und Marcellus von Ancyra als an die heilsökonomische Trinitätslehre des Origenes erinnert. Eindeutig abgewiesen wird der Subordinatianismus der Arianer. Ungeklärt aber

---

495 Zur Rolle des von Eusebius als »Bischof der äußeren Angelegenheiten« proklamierten Kaisers: R. Farina, L'impero e l'imperatore cristiano in Eusebio di Cesarea. La prima teologia politica del cristianesimo, Zürich 1966; J.-M. Sansterre, Eusèbe des Césarée et la naissance de la théorie ›Césaropapiste‹, in: Byz. 42 (1972) 131–195.532–594.

496 »Seit der Mitte des vierten Jahrhunderts wird es zur Gewohnheit, die 318 Teilnehmer des Konzils von Nizäa in den *318 Knechten Abrahams* typologisch vorgebildet zu sehen, die auszogen, um Lot aus der Gefangenschaft zu retten (Gen 14,14–16). Die ältesten Belege lassen sich beim römischen Stuhl nachweisen. Denn Papst Liberius (352–366) und sein Nachfolger Damasus (366–384), der Zeitgenosse des Konzils von Konstantinopel 381, haben in der Zahl 318 eine Symbolzahl für das Konzil von Nizäa und das nizänische Glaubensbekenntnis gesehen« (R. Staats, Das Glaubensbekenntnis von Nizäa-Konstantinopel. Historische und theologische Grundlagen, Darmstadt 1996, 102).

497 Vgl. den vollen Wortlaut bei: Grillmeier I, 404f.

498 Vgl. J. N. D. Kelly, Altchristliche Glaubensbekenntnisse, Göttingen 1972, bes. 216–219; R. Staats, Das Glaubensbekenntnis von Nizäa-Konnstantinopel. Historische und theologische Grundlagen, Darmstadt 1996, bes. 165–170.

3. Kategorien und Grundgestalten der griechischen Christologie

bleibt die christologische Kernfrage nach dem Verhältnis des göttlichen Logos zur menschlichen Natur Christi.

Drei Spitzenaussagen des Konzils von Nicaea sollen im Folgenden näher erläutert werden:

1. Der Sohn steht auf Seiten des Schöpfers, nicht der Schöpfung.
DH 126: »*Diejenigen aber, die da sagen, es habe eine Zeit gegeben, da der Sohn Gottes nicht war, und er sei nicht gewesen, bevor er gezeugt wurde, und er sei aus nichts geworden und aus einer anderen Substanz oder Wesenheit oder der Sohn Gottes sei wandelbar oder veränderlich, diese schließt die apostolische und katholische Kirche aus.*«
Mit dieser Aussage richtet sich das Konzil von Nicaea gegen den mittelplatonischen Subordinatianismus, näherhin gegen die schon von Justin und in ausgefeilter Gestalt von Paulus von Samosata, später von Marcellus von Ancyra vertretene Lehre, Gott sei als μονάς bzw. als eine einzige ὑπόστασις zu verstehen; und der Logos sei mit der Schöpfung aus Gott hervorgetreten und also – wie Arius lehrt – ontologisch nicht dem Schöpfer, sondern der Schöpfung zuzuordnen.
2. Der ewige Sohn Gottes geht »durch Zeugung« aus dem Vater hervor.
DH 125: »*Und wir glauben an unseren einen Herrn Jesus Christus, den Sohn Gottes, als Einziggezeugter aus dem Vater hervorgegangen* [γεννηθέντα ἐκ τοῦ Πατρὸς μονογενῆ], *das heißt aus dem Wesen des Vaters, Gott aus Gott. Licht aus Licht, wahrer Gott aus wahrem Gott, gezeugt, nicht geschaffen.*«
Der Terminus »Zeugung« drückt aus, dass der Sohn anders aus dem Vater »hervorgeht« als die kontingenten Geschöpfe durch den Akt der Schöpfung. Und indem der Sohn trotz seines Hervorganges aus dem Vater »Gott aus Gott« ist, stellt das Konzil klar, dass das Ungezeugtsein (Agennesie) des Vaters gegenüber dem Gezeugtsein (Gennesie) des Sohnes kein ontologisches oder chronologisches »Prae« bedeutet.
3. Vater und Sohn sind wesensidentisch und relational unterschieden.
DH 125: »*Und wir glauben an unseren Herrn Jesus Christus, den Sohn Gottes, eines Wesens mit dem Vater* [ὁμοούσιος τῷ πατρί] *durch den alles geworden ist, was im Himmel und auf der Erde ist, der um unseres Heiles willen herabgestiegen ist, gelitten hat und auferstanden ist am dritten Tag, hinaufgestiegen ist in die Himmel und kommen wird, Lebende und Tote zu richten.*«
Dieser Passus wendet sich gegen die Trinitätslehre des Origenes und seiner alexandrinischen Epigonen, in Sonderheit gegen die Drei-Hypostasen-Lehre des Eusebius von Cäsarea und des Alexander von Alexandrien. Dabei muss man allerdings beachten, dass eine klare begriffliche Unterscheidung zwischen den griechischen Termini οὐσία und ὑπόστασις zur Zeit des Konzils noch ausstand.

3.4 Die christologischen Konzilien

Hier liegt der entscheidende Grund für die Tatsache, dass es der Versammlung von Nicaea nicht gelungen ist, den Arianismus zu beseitigen. Die Arianer gingen nämlich von einer weitgehenden Synonymität der Begriffe οὐσία und ὑπόστασις aus und sahen deshalb einen logischen Widerspruch in der Behauptung, der Sohn könne dem Vater gleichwesentlich sein, ohne damit aufzuhören ein Anderer (eine eigene, dem Vater untergeordnete) Hypostase (Substanz) zu sein. Die Formel ὁμοούσιος τῷ πατρί blieb, wie sich in der Folgezeit herausstellte, auf doppelte Weise problematisch: Verstand man den Begriff im Sinne von »*gleichen* Wesens mit dem Vater«, dann war ein Ditheismus nicht auszuschließen. Deutete man »*eines* Wesens mit dem Vater«, dann war der Sohn so dicht an den Vater herangerückt, dass der Verdacht auf Sabellianismus bzw. Modalismus nahe lag. Die Arianer erhoben genau diesen Vorwurf gegen das Konzil von Nicaea. Einflussreiche Bischöfe wie z. B. Eusebius von Nikomedien oder Eusebius von Cäsarea drängten Kaiser Konstantin zu einer Rehabilitierung des Arius. Und die folgenden Kaiser Constantius II (337–361) und Valens (364–378) bekannten sich ausdrücklich zum Arianismus. Im Einzelnen ist allerdings zu unterscheiden zwischen dem radikalen Arianismus der Anhomöer (ἀνόμοιος = unähnlich → der Sohn ist dem Vater eher unähnlich als ähnlich), der gemäßigten Homöer (ὅμοιος = ähnlich → der Sohn ist dem Vater ähnlich) und der dem Konzilsbeschluss sehr nahe kommenden Homöusianer (ὁμοιούσιος = wesensähnlich → der Sohn ist dem Vater zwar nicht wesensgleich, aber doch wesensähnlich)[499].

3.4.2 Das erste Konzil von Konstantinopel (381): Eine eher alexandrinische als antiochenische Ergänzung des Nicaenum

Es war das große Verdienst der genannten drei Kappadokier Basilius von Cäsarea, Gregor von Nyssa und Gregor von Nazianz, mit der Formel »eine Wesenheit in drei Personen« schon rein terminologisch eine Vereinbarkeit des antiochenischen Axioms ὁμοούσιος τῷ πατρί mit der alexandrinischen Unterscheidung von drei Hypostasen (τρεῖς ὑποστάσεις) zu postulieren. Mit der Formel μία φύσις καὶ τρεῖς ὑποστάσεις werden *gleichzeitig* zwei trinitätstheologische Häresien abgewiesen: der alexan-

---

[499] Dazu umfassend: F. Dinsen, Homoousios. Die Geschichte des Begriffs bis zum Konzil von Konstantinopel, Kiel 1976, bes. 82–153; A. M. Ritter, Zum Homousios von Nizäa und Konstantinopel, in: Kerygma und Dogma (FS Carl Andresen), Göttingen 1979, 404–423.

drinische Subordinatianismus und der antiochenische Modalismus bzw. Sabellianismus.

Dennoch gab es unter den strengen Anhängern (z. B. Eunomius[500]) des Nicaenum – bald »Alt-Nicaener« genannt – nicht wenige, die schon in der Unterscheidung zwischen der einen Wesenheit und den drei Hypostasen eine Rückkehr des Subordinatianismus durch die Hintertür witterten. Für sie war eine Wesenheit (οὐσία), die nicht eine bestimmte Wesenheit (ὑπόστασις) ist, undenkbar. Also kehrten sie zu einer fast modalistischen Trinitätslehre zurück und nahmen dafür die Konsequenz eines hypostatisch vom Logos getrennten Christus in Kauf.

Es kam zur Frontstellung zwischen den so genannten »Alt-Nicaenern« und den so genannten »Jung- oder Neu-Nicaenern«[501]. In der Ortskirche von Antiochien entstand ein regelrechtes Schisma zwischen dem Altnicaener-Bischof Paulinus und dem Neunicaener-Bischof Meletius.

Aus der Sicht der »Alt-Nicaener« waren die »Jung- bzw. Neu-Nicaener« mit ihrer Drei-Hypostasen-Lehre weithin identisch mit den »Pneumatomachen« oder »Macedonianern« (benannt nach Bischof Macedonius von Konstantinopel). Die Pneumatomachen (Macedonianer) lehrten, dass zwar der Sohn nicht Geschöpf des Vaters, wohl aber der Heilige Geist Geschöpf des Sohnes sei. Um eine Ausweitung der Streitigkeiten zu verhindern, berief Kaiser Theodosius I. eine Reichssynode in seine Residenzstadt Konstantinopel. Sie wurde im Mai eröffnet und von circa 150 Bischöfen des Ostens besucht[502]. Papst Damasus I. war nicht anwesend und auch nicht durch einen Delegaten vertreten. Den Vorsitz führte zunächst der vom Kaiser begünstigte Jung-Nicaener Meletius von Antiochien. Schon nach den ersten Beratungen wurde Macedonius als Bischof von Konstantinopel durch Gregor von Nazianz ersetzt. Daraufhin verließen 36 Anhänger des Macedonius das Konzil. Gregor von Nazianz – obwohl selbst Jung-Nicaener – setzte sich nach dem Tod des Meletius von Antiochien († 381) für die Anerkennung des Alt-Nicaeners Paulinus ein, konnte sich aber gegen die eigenen Parteigänger nicht durchsetzen. Daraufhin

---

500 Nach Eunomius († 392), dem bedeutendsten Vertreter der so genannten »Anhomöer«, entsteht durch die Zeugung des Logos Heterousie. Der anhomöische Grundsatz des Eunomius lautet, dass ungezeugter und gezeugter Gott in der οὐσία ungleich (ἀνόμοιος) sind. Dazu: L. Abramowski, Eunomius, in: RAC 6 (1966) 936–947.

501 Zur Problematik des wahrscheinlich von Friedrich Loofs (Leitfaden zum Studium der Dogmengeschichte, Halle ²1890, 139–141) in die Fachliteratur eingeführten Begriffs »Jung- bzw. Neunizänismus« und zur Bezeichnung der Theologie z. B. des Ambrosius als »neunizänisch«: C. Markschies, Was ist lateinischer »Neunizänismus«? Ein Vorschlag für eine Antwort, in: ZAC 1 (1997) 73–95.

502 Über die großen Theologen des Konzils (Basilius als Wegbereiter; Meletius von Antiochien, Cyrill von Jerusalem, Gregor von Nazianz, Gregor von Nyssa): Staats, Das Glaubensbekenntnis, 76–94.

gab er die Leitung der Synode auf und hielt eine berühmt gewordene Abschiedsrede[503].

Bleibende Bedeutung erhielt die »Synode der 150 Väter« auf Grund seines so genannten »Großen Glaubensbekenntnisses«, des Nicaeno-Constantinopolitanums (NC)[504]. Dieses Bekenntnis – ursprünglich das Taufbekenntnis, welches Bischof Epiphanius von Constantia auf Zypern in seinem Buch »Ancoratus« empfiehlt – erlangte nach 553 (offizielle Anerkennung der Synode von 381 als ökumenisch durch Papst Vigilius) allgemeine Verbreitung auch im Westen – dort allerdings mit dem kleinen Zusatz »filioque«, der sich auf den Ausgang des Heiligen Geistes vom Vater *und vom Sohn* bezieht[505].

Entscheidend war die dem Konzil aufgetragene Klärung der Frage, ob der Heilige Geist ebenso wie der Sohn »eines Wesens mit dem Vater« ist. Dass sich die Väter nicht zur Anwendung des Axioms ὁμοούσιος τῷ πατρί auch auf den Heiligen Geist entscheiden konnten, belegt zur Genüge, dass »dem Sieg« der Antiochener in Nicaea »ein Sieg« der Alexandriner in Konstantinopel gefolgt ist. Denn es waren ja die Alexandriner mit ihrer Drei-Hypostasen-Lehre, die im Unterschied zu den eher modalistisch denkenden Antiochenern trinitätstheologisch an einer Differenzierung der drei Personen interessiert waren.

Im Folgenden soll kurz referiert werden, wie es dazu kam, dass »die 150 Väter« des zweiten ökumenischen Konzils ihr Bekenntnis zur wahren Gottheit des Heiligen Geistes nicht mit der Applikation des Attributes ὁμοούσιος τῷ πατρί wie auf den Sohn, so auch auf den Heiligen Geist verbanden.

Reinhart Staats, der seine Erklärung dieses Sachverhaltes nicht nur auf bestimmte Texte, sondern mindestens ebenso auf eine Untersuchung der liturgischen und sozialgeschichtlichen Verortung schriftlicher Quellen stützt, betont zunächst den Einfluss der Pneumatologie des selbst nicht mehr auf der Synode anwesenden Basilius von Cäsarea. Denn dieser bedeutende Bischof und Theologe hatte in seiner um 375 entstandenen Schrift »Über den Heiligen Geist« zwar die Anwendung der nicaenischen Attribution auf den Heiligen Geist vermieden, zugleich aber unterstrichen, der Heilige Geist sei ebenso wenig ein Geschöpf wie der Sohn. Staats vermutet, dass das pneumatologische Werk des Basilius u. a.

---

503 Gregor von Nazianz, Oratio 42: PG 36,457–492.
504 Eine umfassende literaturgeschichtliche und theologische Analyse bietet: A. Grillmeier, Bekenntnisse der Alten Kirche – Das Nicaeno-Constantinopolitanum, in: Ders., Fragmente zur Christologie. Studien zum altkirchlichen Christusbild, hg. v. T. Hainthaler, Freiburg 1997, 112–133.
505 Dazu umfassend: B. Oberdorfer, Filioque. Geschichte und Theologie eines ökumenischen Problems (FSÖTh 96), Göttingen 2001, bes. 64–258

3. Kategorien und Grundgestalten der griechischen Christologie

auch eine Antwort gibt auf ein liturgisches Problem. Denn vermutlich wurde in seiner Ortskirche die im Gottesdienst entstandene Frage diskutiert, wie man den trinitarischen Lobpreis Gottes hinsichtlich des Heiligen Geistes genau formulieren sollte. Sollte der Heilige Geist »mit dem Vater und dem Sohn« oder »der Vater durch den Sohn im Heiligen Geist« angebetet und verherrlicht werden? Dieser liturgischen Frage nachgehend entscheidet sich Basilius für die erstgenannte Version. So wird deutlich, dass die NC-Formulierung »der mit dem Vater und dem Sohn angebetet und verherrlicht wird« – wohl über die Vermittlung des hl. Gregor von Nyssa[506] – auf Basilius zurückgeht.

Basilius wendet sich mit eindeutigen Worten gegen die Subordination bzw. »Unterzählung« des Heiligen Geistes unter den Vater und den Sohn[507]. Dennoch ist seine Darstellung der drei Personen von dem Be-

---

[506] »Gregor von Nyssa, der jüngere Bruder, der zu Basilius wie zu seinem geistlichen Vater aufschaute und der […] zu den führenden Konzilstheologen gehörte, kommt am ehesten als Vermittler in Frage« (Staats, Das Glaubensbekenntnis, 77f). – Reinhart Staats (Die Asketen aus Mesopotamien in der Rede des Gregor von Nyssa »In suam ordinationem«, in: VigChr 21 [1967] 165–179) spricht Gregor von Nyssa nicht nur die Rolle des Vermittlers zu, sondern auch die Verortung der rechten Lehre über den Heiligen Geist in den Gläubigen, die wie einige aus Mesopotamien zum Konzil von Konstantinopel geeilte Mönche die geistgewirkte Verähnlichung »der Söhne mit dem Sohn« evident erscheinen lassen. Staats spricht von einem wichtigen Beitrag zur theologischen Ästhetik in den aller bloßen Spekulation abgeneigten Reden des Mystikers Gregor von Nyssa.

[507] Basilius wendet sich mit folgenden Worten an die Pneumatomachen: »Behauptet ihr, auch der Sohn werde dem Vater untergezählt und der Geist dem Sohn, oder beschränkt ihr die Unterzählung allein auf den Geist? Wenn ihr nämlich auch den Sohn unterzählt, dann lasst ihr die alte Gottlosigkeit wiederaufleben: die Unähnlichkeit des Wesens, den niederen Rang seiner Würde, seine spätere Entstehung, mit einem Wort, ihr zeigt, dass ihr ausnahmslos alle Blasphemien gegen den Eingeborenen wieder hervorholt. […] Seid ihr aber der Meinung, die Unterzählung komme allein dem Heiligen Geist zu, dann sollt ihr endlich zur Kenntnis nehmen, dass der Geist auf die nämliche Weise zusammen *mit* dem Herrn genannt wird wie der Sohn *mit* dem Vater. Denn die Namen Vater, Sohn und Geist wurden auf gleiche Weise bekannt gemacht (vgl. Mt 28,19). Wie sich somit der Sohn zum Vater verhält, so der Geist zum Sohn gemäß der in der Taufe überlieferten Anordnung des Wortes. Wenn also der Geist *mit* dem Sohn angeführt wird, der Sohn aber *mit* dem Vater, dann offensichtlich auch der Geist *mit* dem Vater. Wie also ist es möglich zu sagen, der eine Name werde mitgezählt, der andere untergezählt, wo sie doch in einer und derselben Reihe aufgeführt werden?« (Basilius von Cäsarea, De Spiritu Sancto 43: Sieben [1] 203/205). – Zur Bedeutung des Basilius für die Pneumatologie des ersten Konzils von Konstantinopel: H. Dörries, De Spiritu Sancto. Der Beitrag des Basilius zum Abschluss des trinitarischen Dogmas, Göttingen 1956; R. Staats, Die basilianische Verherrlichung des Heiligen Geistes auf dem Konzil von Konstantinopel 381, in: KuD 25 (1979) 232–253; V. H. Drecoll, Die Entwicklung der Trinitätslehre des Basilius von Cäsarea. Sein Weg vom Homöusianer zum Neonizäner (FKDG 66), Göttingen 1966, 130–269.

3.4 Die christologischen Konzilien

mühen um Unterscheidung geprägt. Er vermeidet offensichtlich sehr bewusst die Anwendung des Attributes ὁμοούσιος τῷ πατρί auch auf die dritte göttliche Person, weil der Heilige Geist keine zweite Offenbarkeit des Vaters neben der im Sohn ist. Nur Christus konnte von sich sagen: »Wer mich sieht, sieht den Vater« (Joh 14,9). Wer den Heiligen Geist wahrnehmen will, soll auf die christusförmig gewordenen Gläubigen blicken, die im Heiligen Geist »Söhne im Sohn« geworden sind.

Im Unterschied zu Basilius spricht Gregor von Nazianz ganz ausdrücklich von der gleichwesentlichen Gottheit des Heiligen Geistes. In seiner theologisch wie sprachlich brillanten »Rede über den Heiligen Geist« wendet er sich u. a. gegen die These, es gebe zwischen dem Ungezeugtsein des Vaters und dem Gezeugtsein des Sohnes nicht noch eine Möglichkeit des ewigen »Abstammens«: Das, was mit dem Begriff »hervorgegangen« (τὸ ἐκπόρευτον) bezeichnet wird, »erweist sich« – so betont er – »als ein Drittes neben ›gezeugt‹ und ›ungezeugt‹ und stammt von einem größeren Theologen, als du es bist, von unserem Heiland selber. Es sei denn, dass du diese Schriftstelle: ›der Heilige Geist, der vom Vater ausgeht‹ (vgl. Joh 15,26) [...] aus den Evangelien gestrichen hast. Insofern er von ihm ausgeht, ist er kein Geschöpf, insofern er jedoch nicht gezeugt ist, ist er kein Sohn, insofern er in der Mitte steht zwischen dem Ungezeugten und dem Gezeugten, ist er Gott.«[508]

Nachdem das 362 entstandene »Schreiben der Synode von Alexandrien an die Antiochener« die personale Subsistenz des Heiligen Geistes bekundet hatte, bekräftigte Papst Damasus I. in seinem »Brief an die orientalischen Bischöfe« von 374, dass der Heilige Geist göttlichen Wesens und also kein Geschöpf oder eine bloß vorübergehende Wirkung ist (DH 144–147). Von der Wesenseinheit des Heiligen Geistes mit dem Vater und dem Sohn spricht erstmals (um 375) das Glaubensbekenntnis des hl. Epiphanius von Salamis (DH 42–45). Das NC präzisiert 381 das Glaubensbekenntnis von Nicaea durch die Bestimmung: »*... den Herrn und Lebensspender, der vom Vater ausgeht. Er wird mit dem Vater und dem Sohne zugleich angebetet und verherrlicht. Er hat gesprochen durch die Propheten.*« (DH 150). Die Kirche des Westens hat sich im so genannten »Tomus Damasi« 382 zu den Bekenntnissen von Nicaea und Konstantinopel bekannt und damit die Lehre von der Gottheit und Personalität des Heiligen Geistes noch einmal affirmiert (DH 152–177).

---

508 Gregor von Nazianz, Orationes theologicae V,8: Sieben [2] 287/289.

3.4.3 Das Konzil von Ephesus 431: Eine vollständig von den Alexandrinern bestimmte Versammlung

Die Theologenschule von Alexandrien blieb auch nach den ersten beiden ökumenischen Konzilien der alten Logos-Sarx-Christologie verhaftet. Das zeigt sich besonders deutlich in den Schriften des Patriarchen Cyrill von Alexandrien († 444). Obwohl er – im Unterschied zu Apollinarius von Laodicea[509] – die Durchdringung der menschlichen Natur Christi nicht im Sinne einer Aufhebung der menschlichen Seele und des menschlichen Willens versteht, identifiziert er doch immer wieder die Axiome μία φύσις τοῦ θεοῦ λόγου σεσαρκωμένη und μία ὑπόστασις τοῦ θεοῦ λόγου σεσαρκωμένη[510].

Das entscheidende Motiv der Alexandriner ist das antignostische: Erlösung kann nur durch jemanden bewirkt werden, der nicht weniger als Gott im vollsten Sinne ist und der sich, ohne aufzuhören, Gott zu sein, so völlig und unlösbar mit der Menschheit vereinigt hat, dass das Göttliche das Menschliche ganz und gar durchdringt und ihm am göttlichen Leben, an seiner Kraft und Unvergänglichkeit Anteil gibt.

Ein Schüler des Theodor von Mopsuestia, der aus Persien stammende, theologisch äußerst begabte Mönch Nestorius († 451), war auf Betreiben des Kaisers Theodosius II 428 zum Patriarchen von Konstantinopel erhoben worden. Dort fand er einen Klerus vor, der über die Bezeichnung Mariens als »Gottesgebärerin« (θεοτόκος) geteilter Meinung war. Der Presbyter Proclus – bald Nachfolger des Nestorius auf dem Patriarchenstuhl – verteidigte den in der Volksfrömmigkeit verankerten Titel, wurde deshalb aber von einem Teil der auf Grund ihrer Bildung einflussreichen Mönche angeklagt. So wurde Nestorius, der Patriarch, gezwungen, zwischen den beiden Parteien zu schlichten. Sein Vermittlungsvorschlag ging dahin, Maria weder θεοτόκος, noch ἀνθρωποτόκος, sondern χριστοτόκος zu nennen. Denn – so führt er aus – die Titel »Christus« und »Sohn« sind Bezeichnungen, die der Gottheit und der Menschheit Jesu gemeinsam sind[511].

Auf Grund dieses Vorschlags muss man zwischen Nestorius und seinen extremistischen Anhängern unterscheiden[512]. Nestorius sagt zunächst

---

509 Vgl. bes. Cyrill von Alexandrien, Epistola 46,4: PG 77,245A. – Dazu Grillmeier I, 675f.
510 Gregor von Nazianz, Orationes theologicae V,8: Sieben[2] 287/289.
511 Vgl. bes. Cyrill von Alexandrien, Epistola 46,4: PG 77,245A. – Dazu: Grillmeier I,675f.
512 Vgl. J. Liébaert, La doctrine christologique de Saint Cyrill d'Alexandrie avant la querelle nestorienne, Lille 1951.

3.4 Die christologischen Konzilien

nichts anderes als beispielsweise Tertullian († 220)[513]: nämlich dass Christus leidensunfähig seiner Gottheit und leidensfähig seiner menschlichen Natur nach zwar einer ist, aber doch nicht so, dass der Logos alleiniges Subjekt aller Eigenschaften und Handlungen ist[514]. Die Einheit Christi hat Nestorius selbst der Sache nach entschieden festgehalten: Es gibt keine »zwei Söhne«. In jenem Brief des Nestorius an Cyrill (DH 251a–251e), der auf dem Konzil von Ephesus verlesen wurde und zur Verurteilung des Patriarchen von Konstantinopel führte, lesen wir: »*Christus als Eigenname bedeutet das leidensfähige und leidensunfähige Wesen in einer einzigen Person. Deshalb kann der Christus sowohl leidensunfähig als auch leidensfähig genannt werden, nämlich leidensunfähig bezüglich seiner Gottheit und leidensfähig bezüglich der Natur des Leibes*« (DH 251b). Nestorius bezieht sich auf ein vorausliegendes Schreiben des Cyrill. Er lobt jene Aussagen seines Gegners, die bei aller Betonung der einen Person des Erlösers zwischen seinen beiden Naturen und deren Idiomata unterscheiden. Dann aber moniert er die mangelnde Konsequenz des Alexandriners. Er wirft ihm vor, dann doch wieder vom Logos dasselbe auszusagen wie von dem aus einer menschlichen Natur bestehenden Tempel, der zwar von ihm untrennbar sei, von dem allein es aber in der Schrift heiße, er sei im Geschehen von Golgota niedergerissen und in drei Tagen wieder aufgerichtet worden. Und wie sich die Aussagen der Heiligen Schrift über das Leiden, Sterben und Auferstehen auf den Tempel des Logos allein beziehen, so nach Ansicht des Nestorius auch die Aussagen über die Geburt: Geboren wurde nicht der ewige Logos, sondern der besagte Tempel des Logos. Nur weil der Tempel von dem Logos, der in ihm wohnt, untrennbar ist, darf man ihn wie den Logos »Christus« nennen. Von einer Geburt *Christi* aus Maria darf man also sprechen, nicht aber von einer Geburt *Gottes* aus Maria.

Den Gegnern des Nestorius gelang es, durch eine an den Türen der Hagia Sophia angebrachte Schmähschrift das Volk gegen seinen Bischof aufzuwiegeln. Dessen Christologie wurde als Wiederauflage der 268 verurteilten Thesen des Paulus von Samosata verzeichnet. Nestorius aber hatte nie gesagt, Christus sei nur Mensch. Im Gegenteil, er zitiert mehrfach die Stelle des Römerbriefes (9,5), in der Christus Gott genannt wird. Nestorius hat sich ausschließlich gegen die Lehre von der Idiomenkommunikation gewandt. Denn in der Hl. Schrift – so versucht er an Hand zahlreicher Stellen zu belegen – wird z. B. das Leiden nur von der menschlichen Natur und die Unveränderlichkeit z. B. nur von der göttlichen Natur ausgesagt.

---

513 Dazu: L. I. Scipioni, Nestorio e il concilio di Efeso. Storia – dogma – critica (SPMed 1), Milano 1974, bes. 386–417.
514 Dazu: H. E. W. Turner, Nestorius reconsidered, in: StPatr 13 (1975) 306–321.

3. Kategorien und Grundgestalten der griechischen Christologie

Interessant für die Frage nach der Stellung des Bischofs von Rom ist in diesem Zusammenhang, dass beide Parteien sich an Papst Coelestin I. wandten. Dieser schloss sich auf einer römischen Synode am 11.8.430 der Auffassung des Cyrill von Alexandrien an. Daraufhin bat Nestorius den Kaiser um die Einberufung einer alle Parteien einladenden Synode. In Einklang mit Valentinian III. und Papst Coelestin I. forderte Theodosius II. alle Bischöfe auf, sich am Pfingstfest (7.6.) des Jahres 431 in Ephesus einzufinden. Cyrill von Alexandrien wartete bis zum 22.6. und eröffnete dann das Konzil, ohne auf das Eintreffen der Delegationen aus Antiochien und Rom zu warten. Der besagte Brief des Nestorius an Cyrill wurde verlesen und als häretisch befunden; und im Gegenzug wurde der Brief des Cyrill an Nestorius vom Januar 430 zum Beschluss erhoben. Papst Sixtus III. bestätigte die Entscheidung und hat der Bezeichnung Mariens als Gottesgebärerin in Santa Maria Maggiore ein bleibendes Denkmal gesetzt. Der auf der ganzen Linie siegreiche Cyrill erklärte sich nach entsprechenden Verhandlungen mit dem Patriarchen Johannes von Antiochien zu der Annahme einer Formel bereit, die dem folgenden ökumenischen Konzil den Weg bereitet hat. In dieser Formel wird Christus zugleich als dem Vater und als den Menschen wesensgleich (ὁμοούσιος τῷ πατρὶ καὶ ὁμοούσιος ἡμῖν bezeichnet. Der zentrale Abschnitt des in Ephesus zum Beschluss erhobenen Cyrill-Briefes (DH 250f) lautet:

»*Denn wir sagen nicht, dass die Natur des Wortes verwandelt wurde und Fleisch geworden ist; aber auch nicht, dass sie in einen ganzen Menschen aus Seele und Leib verwandelt wurde; vielmehr dies, dass das Wort, indem es das mit einer vernunftbegabten Seele beseelte Fleisch mit sich selbst der Hypostase nach einte, auf unaussprechliche und unbegreifliche Weise Mensch geworden und Menschensohn genannt worden ist, nicht allein seinem Willen oder Gutdünken entsprechend, aber auch nicht allein gleichsam in der Annahme einer Person; ferner behaupten wir, dass die Naturen, die sich zu einer wahrhaftigen Einheit verbunden haben, zwar verschieden (sind), Christus und der Sohn aber einer aus beiden (ist), nicht etwa weil der Unterschied der Naturen wegen der Einung aufgehoben worden wäre, sondern vielmehr weil die Gottheit und Menschheit durch die unaussprechliche und geheimnisvolle Verbindung zu einer Einheit uns den einen Herrn und Christus und Sohn gebildet haben. [...] Denn es ist nicht so, dass zuerst ein gewöhnlicher Mensch aus der heiligen Jungfrau geboren wurde und erst dann das Wort auf ihn herabstieg; vielmehr wird von ihm gesagt, dass es schon vom Mutterschoß her geeint die fleischliche Geburt auf sich genommen hat, da es sich die Geburt seines eigenen Fleisches zu eigen machte. [...] Und so haben sie [die heiligen Väter] es getrost unter-*

nommen, die heilige Jungfrau Gottesgebärerin zu nennen, nicht etwa weil die Natur des Wortes bzw. seine Gottheit den Anfang des Seins aus der heiligen Jungfrau genommen hätte, sondern weil der vernünftig beseelte heilige Leib aus ihr geboren wurde; mit ihm hat sich das Wort der Hypostase nach geeint, und deshalb wird von ihm gesagt, es sei dem Fleische nach geboren worden.«

Das Ergebnis kann man wie folgt zusammenfassen:
- Das Konzil hebt die Subjekteinheit Jesu Christi hervor. Es ist einer und derselbe (εἷς καὶ αὐτός), der die Einheit von Gott und Mensch in Christus trägt. Es ist nicht ein Dritter, der aufgrund der Vereinigung der beiden Naturen entstanden ist. Es gibt nicht zwei Subjekte in Christus, also eine Trägerperson seiner Menschheit und eine Trägerperson seiner Gottheit (ἄλλος καὶ ἄλλος).
- Wenn Christus eine Person in zwei Naturen ist, dann muss von beiden Naturen ausgesagt werden können, was man von der einen Person aussagt (Idiomenkommunikation). Von daher gibt das Konzil von Ephesus denen Recht, die Maria »Gottesgebärerin« nennen. Bekämpft wurde also auch mit dieser Entscheidung die Vorstellung, Christus sei nur ein Gott zur Auswirkung bringender Mensch.

Hinter den Begriffen darf man das soteriologische Anliegen dieser Streitigkeiten nicht übersehen: Es ist ein und derselbe ewige Sohn, der ewig beim Vater war und der für uns im Fleisch geboren wurde, gelitten hat, gestorben und auferstanden ist. Nur so ist gewährleistet, dass Gott nicht durch irgendeinen von ihm beauftragten, wenn auch aufs engste mit dem innertrinitarischen Sohn verbundenen Menschen die Erlösung gewirkt hat, sondern dass er selbst das Subjekt des Heilsgeschehens ist.

3.4.4 Das Konzil von Chalcedon 451: Die antiochenische Korrektur des Ephesinum

Die von Cyrill von Jerusalem und Johannes von Antiochien besiegelte Versöhnung war nur von kurzer Dauer. Denn die auf dem Ephesinum siegreichen Parteigänger der Logos-Sarx-Christologie glaubten, sie hätten mit der Affirmation des marianischen Titels »Gottesgebärerin« noch nicht genug erreicht. Zu den Anhängern der Alexandriner zählte in Konstantinopel der übereifrige, aber theologisch wenig sachkundige Mönch Eutyches. Offenbar wollte er sich bei Hof beliebt machen, indem er besondere Treue gegenüber dem vom Kaiser initiierten Ephesinum bekundete. Deshalb formulierte er streng antinestorianisch: »Ich bekenne, dass unser Herr vor der Vereinigung zwei Naturen hatte, nach der

Vereinigung bekenne ich nur eine einzige Natur.«[515] Eutyches ist unfähig zu dem Gedanken, dass die intensivere Vereinigung eines Menschen mit Gott dessen Eigenständigkeit nicht beeinträchtigt, sondern geradezu potenziert bzw. konkretisiert. Wie alle Fanatiker zu Übertreibungen und Einseitigkeiten geneigt, bekennt Eutyches in einer Predigt: »Die Menschheit Christi ist von der Gottheit des Logos aufgesogen worden wie ein Honigtropfen im Meer.«

Nachdem Flavian, der Patriarch von Konstantinopel, Eutyches exkommuniziert hatte, war der alte Kampf wieder da. Denn Dioskur, Neffe und Nachfolger Cyrills auf dem Patriarchenstuhl von Alexandrien, stellte sich auf die Seite des Eutyches. Er berief 449 eine Synode nach Ephesus, riss die Leitung der dortigen Synode an sich, verhalf Eutyches zu einer vollständigen Rehabilitierung und verhinderte gleichzeitig die Verlesung des so genannten »Tomus ad Favianum« (DH 290–295)[516], eines dogmatischen Briefes, den Papst Leo I. seiner Gesandtschaft mit auf den Weg nach Ephesus gegeben hatte. (vgl. DH 290–295). Papst Leo I. bezeichnete diese Synode im Nachhinein als »latrocinium«, als »Räubersynode«. Schon im Oktober 449 bat er den Kaiser um die Einberufung eines neuen Konzils

---

515 Papst Leo der Große schreibt in seinem vom 13.6.449 datierten Brief »Licet per nostros« an Julian von Kos: »Weder wurde also das Wort in Fleisch noch das Fleisch in das Wort verwandelt, sondern beides bleibt in einem und einer ist in beidem, nicht durch Verschiedenheit geteilt, nicht durch Mischung vermengt, auch nicht der eine aus dem Vater, der andere aus der Mutter, sondern derselbe auf eine Weise aus dem Vater vor jedem Anfang, auf eine andere von der Mutter am Ende der Zeiten, damit ›Mittler zwischen Gott und den Menschen der Mensch Jesus Christus‹ [1 Tim 2,5] sei, in dem ›die Fülle der Gottheit leiblich‹ [Kol 2,9] wohne; denn es ist eine Rangerhöhung des Angenommenen, nicht des Annehmenden, dass ›Gott jenen erhöht hat ...‹ [Phil 2,9–11]. [...] Ich glaube, dass er [Eutyches], wenn er solches sagt [nämlich dass vor der Fleischwerdung in Christus zwei Naturen gewesen seien, nach der Fleischwerdung aber eine], davon überzeugt ist, dass die Seele, die der Erlöser angenommen hat, in den Himmeln weilte, bevor sie von Maria, der Jungfrau, geboren wurde, und dass das Wort sie im Schoß mit sich verbunden hat. Aber dies ertragen katholische Geister und Ohren nicht, weil der Herr, als er vom Himmel kam, nichts von unserer (menschlichen) Verfasstheit aufwies. Weder hat er nämlich eine Seele, die vorher existiert hätte, noch Fleisch, das nicht vom Leib der Mutter wäre, angenommen. Unsere Natur wurde nämlich nicht so angenommen, dass sie zuerst geschaffen und danach angenommen wurde, sondern (so), dass sie in der Annahme selbst geschaffen wurde. Daher ist es notwendig, dass das, was bei Origenes zurecht verurteilt wurde, der behauptete, die Seelen hätten, bevor sie in die Leiber eingefügt werden, nicht nur Leben, sondern es gingen auch verschiedene Handlungen von ihnen aus, auch bei diesem bestraft wird, wenn er es nicht vorziehen sollte, sich von seiner Meinung loszusagen« (DH 297f).

516 Eine umfassende Einordnung und Analyse bietet: H. Arens, Die christologische Sprache Leos des Großen. Analyse des Tomus an den Patriarchen Flavian (FThSt 122), Freiburg 1982. – Eine Gesamtdarstellung der Theologie Leos des Großen bietet: Grillmeier II/1, 131–220.

3.4 Die christologischen Konzilien

nach Italien. Aber Theodosius II. wollte keine neuen Unruhen. Erst sein Nachfolger Marcian gab der Bitte des Papstes nach, berief das Konzil jedoch nicht nach Italien, sondern in die unmittelbare Nähe seiner Hauptstadt nach Chalcedon am Bosporus.

Schon in der ersten Sitzung, die am 8. Oktober 451 in der Kirche der hl. Euphemia gehalten wurde, musste Dioskur von Alexandrien auf der Anklagebank Platz nehmen. In der dritten Sitzung (13.10.) wurde er für abgesetzt erklärt. Zuvor aber erfolgte in der zweiten Sitzung die Verlesung des Nicaenischen Glaubensbekenntnisses und des besagten »Tomus ad Flavianum«. Dessen Aussagen bilden das Fundament des anschließend erstellten »Horos von Chalcedon« (DH 301):

[Definition] In der Nachfolge der heiligen Väter also lehren wir alle übereinstimmend, unseren Herrn Jesus Christus als ein und denselben Sohn zu bekennen: derselbe ist vollkommen in der Gottheit und derselbe ist vollkommen in der Menschheit; derselbe ist wahrhaft Gott und wahrhaft Mensch aus vernunftbegabter Seele und Leib; derselbe ist der Gottheit nach dem Vater wesensgleich und der Menschheit nach uns wesensgleich, in allem uns gleich außer der Sünde [vgl. Hebr 4,15]; derselbe wurde einerseits der Gottheit nach vor den Zeiten aus dem Vater gezeugt, andererseits der Menschheit nach in den letzten Tagen unsertwegen und um unseres Heiles willen aus Maria, der Jungfrau (und) Gottesgebärerin, geboren; ein und derselbe ist Christus, der einziggezeugte Sohn und Herr, der in zwei Naturen unvermischt, unveränderlich, ungetrennt und unteilbar erkannt wird, wobei nirgends wegen der Einung der Unterschied der Naturen aufgehoben ist, vielmehr die Eigentümlichkeit jeder der beiden Naturen gewahrt bleibt und sich in einer Person und einer Hypostase vereinigt; der einziggezeugte Sohn, Gott, das Wort, der Herr Jesus Christus, ist nicht in zwei Personen geteilt oder getrennt, sondern ist ein und derselbe, wie es früher die Propheten über ihn und Jesus Christus selbst es uns gelehrt und das Bekenntnis der Väter es uns überliefert hat.«

Die Ergebnisse dieses bedeutsamen Textes lassen sich wie folgt resümieren:
– Der Begriff ὑπόστασις wird klar unterschieden von dem Begriff φύσις. Damit ist jeder alexandrinischen Identifikation von Person und Natur ein Riegel vorgeschoben.
– Der Terminus ὑπόστασις wird auf den Logos allein bezogen, weil er das Subjekt ist, das nach der Inkarnation in zwei Naturen existiert.
– Die Frage »Was ist Christus?« wird mit der Feststellung beantwortet, dass er unverkürzt wahrer Mensch und unverkürzt wahrer Gott ist – unvermischt und unverwandelt, aber auch ungetrennt und ungeteilt.

3. Kategorien und Grundgestalten der griechischen Christologie

- Die Frage »Wer ist Christus« wird mit der Antwort versehen: Die zweite göttliche Person, der Sohn bzw. Logos, der eine menschliche Natur so mit sich vereinigt hat, dass er als wahrer Mensch für alle Menschen Weg zum Vater werden kann.
- Indem der Logos die Natur eines Menschen in seine Beziehung zum Vater aufnimmt, wird diese aufgenommene Natur zu einem konkreten Menschen. So wird bei aller Unterscheidung der beiden Naturen die Vorstellung abgewiesen, ein von Maria geborener und von Joseph gezeugter Sohn sei nachträglich im Sinne einer göttlichen Adoption auch noch zum Sohn Gottes proklamiert worden.
- Die so genannte Idiomenkommunikation[517] – von den Alexandrinern stets als Kriterium einer wirklichen Einheit der beiden Naturen proklamiert – wird durch das Konzil von Chalcedon bestätigt. Die Inkarnation wird nur dann ernst genommen, wenn man von dem mit der menschlichen Natur Jesu personal geeinten Logos sagt, dass er geboren worden ist von Maria, dass er gelitten hat und gestorben ist.

---

517 Gerhard Ludwig Müller (Christologie – Die Lehre von Jesus dem Christus, in: Glaubenszugänge. Lehrbuch der Katholischen Dogmatik, B. II, hg. v. W. Beinert, Paderborn 1995, 208) unterscheidet folgende sechs Regeln der Idiomenkommunikation: »a) Konkrete göttliche und menschliche Attribute Christi sind austauschbar. So kann z. B. gesagt werden, ›Gott ist Mensch geworden‹.
b) Göttliche und menschliche Abstrakta sind nicht austauschbar. Falsch wäre es zu sagen, die leidensunfähige Natur Gottes ist die leidensfähige Menschennatur. Auch können nicht abstrakte Aussagen mit konkreten Aussagen vertauscht werden. So darf man etwa nicht sagen, die Menschheit Jesu sei das inkarnierte Wort.
c) Falsch wäre es, der Person Jesu ein Attribut abzusprechen, das ihr kraft einer der beiden Naturen zukommt. So ist der Satz falsch, dass der göttliche Logos oder auch Gott nicht geboren worden sei aus Maria, Gott nicht gelitten habe, nicht gestorben sei.
d) Bei Aussagen über das Zustandekommen der hypostatischen Union im Akt der Inkarnation kann die Menschheit Jesu nicht das Subjekt der Satzaussage sein. Darum wäre es absurd zu sagen, der Mensch Jesus ist Gott geworden.
e) Bei Ableitungen und Zusammensetzungen der Worte ›Gott‹ und ›Mensch‹ muss man vorsichtig bleiben. Zu vermeiden sind Aussagen wie ›Jesus ist ein Gott tragender Mensch‹; ›Gott wohnt im Menschen Jesus‹; ›der Mensch Jesus ist das Gewand Gottes‹; ›der Logos und das Fleisch vereinigen sich zu einer Einheit, wie sie zwischen Mann und Frau in der Ehe besteht, die ein Fleisch werden‹. Zu vermeiden ist neben diesem falschen Vergleich einer moralischen Einheit mit der hypostatischen Union auch eine Bezugnahme auf eine substantiale Einheit, nämlich wie sie zwischen Seele und Leib im Menschen besteht.
f) Man muss die Redeweisen der Häretiker vermeiden, selbst wenn sie in einem anderen Zusammenhang durchaus einen rechtgläubigen Sinn haben können. So ist der arianische Satz ›Christus ist ein Geschöpf‹ zweideutig. Insofern mit Christus eindeutig die Person des Logos bezeichnet ist, ist er falsch. Insofern an die menschliche Natur Christi gedacht wird, stimmt er. Man muss dabei genauerhin von ihrer Geschöpflichkeit sprechen, die im Akt der Zueignennahme durch den Logos realisiert wird.«

3.4 Die christologischen Konzilien

– Das Wesen des Christentums lässt sich im Blick auf den Horos von Chalcedon als das Gegenteil jeder Ideologie beschreiben, sofern man mit diesem Begriff eine Theorie bezeichnet, an der die Wirklichkeit gemessen werden soll[518]. Das Christentum blickt auf ein einziges konkretes Leben eines einzigen konkreten Menschen und erfährt in der Kommunikation mit ihm den »Weg zum Vater«. Nicht in irgendeinem Programm, sondern in der je eigenen Verähnlichung des einzelnen Menschen mit Jesus Christus offenbart sich, was Erlösung heißt[519].

– Jede Gestalt von politischer Theologie ist in Gefahr, die chalcedonischen Attribute »unvermischt« und »unverwandelt« zu verdrängen. Denn die praktische Identifizierung eines politischen Systems, einer Wirtschafts- oder Gesellschaftsform mit dem in der Heiligen Schrift verheißenen Reich Gottes ist auf der politischen Ebene etwas Ähnliches wie auf der christologischen die Häresie der Alexandriner (der Monophysitismus)[520].

---

518 Dazu: B. Welte, »Homoousios hemin«. Gedanken zum Verständnis und zur theologischen Problematik der Kategorien von Chalkedon, in: A. Grillmeier/H. Bacht (Hgg.), Das Konzil von Chalkedon. Geschichte und Gegenwart, Bd. III, Würzburg 1954, 51–80 [neu aufgelegt in: Ders., Auf der Spur des Ewigen. Philosophische Abhandlungen über verschiedene Gegenstände der Religion und Theologie, Freiburg 1965, 429–458]; K. Rahner, Chalkedon – Ende oder Anfang?, in: Ebd. III, 3–49.

519 »Mit der *Wahrung des Unterschiedes* der Naturen schiebt Chalcedon jeder Verkürzung des Menschseins Jesu einen Riegel vor. Daher wenden sich in der Folge die Christologie wie auch Kunst und Frömmigkeit intensiver der Menschlichkeit Jesu zu. Insofern aber diese Menschlichkeit zugleich ›die Menschlichkeit unseres Gottes‹ (Tit 2,4) ist, das Menschsein des ewigen Sohnes, hat die Christologie die Aufgabe, Jesu Christi konkrete Menschlichkeit als die geschichtliche ›Übersetzungsform‹ seines ewigen Sohnseins zu lesen« (C. v. Schönborn, Gott sandte seinen Sohn. Christologie [AMATECA VII], Paderborn 2002, 147). – Ergänzend: B. Sesboüé, Jésus-Christ dans la tradition de l'église, Paris 1982, 195–206.

520 »Das wahrhaft zentrale Dogma des Christentums ist die innerliche und vollkommene Einung des Göttlichen und Menschlichen ohne Vermischung und ohne Trennung. Die notwendige Folge dieser Wahrheit (um uns auf die praktische Sphäre des menschlichen Daseins zu beschränken) ist die Umwandlung des sozialen und politischen Lebens durch den Geist des Evangeliums, es ist der christlich gewordene Staat und die christlich gewordene Gesellschaft. Anstelle dieser synthetischen und organischen Einung des Göttlichen und des Menschlichen, ging man den Weg der Vermischung dieser beiden Elemente [...] Zuerst *vermischte* man das Göttliche und Menschliche in der geheiligten Majestät des Kaisers. Ebenso wie Christus in der verworrenen Idee der Arianer ein hybrides Wesen, mehr als ein Mensch und weniger als ein Gott gewesen war, so vermischte auch der Cäsaropapismus – dieses politische Ariantertum – die weltliche und die geistliche Macht, ohne sie zu vereinigen und machte aus dem Selbstherrscher mehr als ein Staatsoberhaupt, ohne aus ihm das wahre Haupt der Kirche machen zu können. [...] Was das moralische Leben betrifft, so nahm man ihm seine aktive Kraft, indem man ihm als oberstes Ideal die blinde Unterwerfung unter die Macht, den passiven Gehorsam, den Quietismus, das heißt die Verneinung des menschlichen Willens und der menschlichen Energie

– Der chalcedonischen Verhältnisbestimmung der beiden Naturen in Christus entspricht das Selbstverständnis der katholischen Kirche, das von der Kirchenkonstitution des Zweiten Vatikanischen Konzils in bewusster Analogie zum christologischen Paradigma bestimmt wird[521]. Wie der ewige Sohn sich in einem einzigen Menschen offenbart hat, so subsistiert die wahre Kirche Jesu Christi in einer einzigen sichtbaren Kirche. Wie der Leib des historischen Christus nicht unsichtbar war, so ist auch die geistgewirkte Einbeziehung der Christen in den Leib Christi keine unsichtbare Wirklichkeit.

3.4.5 Das zweite Konzil von Konstantinopel 553: Ein alexandrinischer Gegenschlag

Das Konzil von Chalcedon lehrt, dass die Einigung der beiden Naturen Christi nicht auf der Ebene der Natur erfolgt. So soll die ungeschmälerte *natura humana* (das Grundanliegen der Antiochener!) gewahrt bleiben. Dasselbe Konzil betont jedoch ebenso, dass allein und ausschließlich die Person des Logos das beide Naturen Einigende ist. Vor diesem Hintergrund wird die Folgezeit von einer einzigen Frage beherrscht, nämlich: Wie kann die Person des Logos die menschliche Natur so mit sich verei-

---

– die monotheletische Häresie – auferlegte. Endlich versuchte man, in einem übertriebenen Asketismus die leibhafte Natur zu unterdrücken, das lebendige *Bild* der göttlichen Inkarnation zu *zerbrechen* – eine unbewusste, aber logische Anwendung der Häresie der Bilderstürmer. Dieser tiefgehende Gegensatz zwischen der Rechtgläubigkeit, zu der man sich bekannte, und der Häresie war ein Prinzip des Todes für das byzantinische Reich. Darin liegt die wahre Ursache seines Untergangs. Es war gerecht, dass das Reich zugrunde ging und es war ebenfalls gerecht, dass es durch den Islam zugrunde ging. Der Islam ist der folgerichtige und aufrichtige Byzantinismus, befreit von jedem inneren Widerspruch. Er ist eine offene und vollkommene Reaktion des orientalischen Geistes gegen das Christentum, er ist ein System, in dem das Dogma eng mit den Lebensgesetzen verbunden ist, in dem der Glaube des einzelnen sich in einer völligen Übereinstimmung mit der politischen und sozialen Ordnung befindet« (W. Solowjew, Russland und die universale Kirche, in: Werke, Bd. III, hg. v. W. Szylkarski, Freiburg 1954, 145–419; hier: 173f).

521 »Die sichtbare Versammlung und die geistliche Gemeinschaft [...] sind nicht als zwei verschiedene Größen zu betrachten, sondern bilden eine einzige komplexe Wirklichkeit [...]. Dies ist die einzige Kirche Christi, die wir im Glaubensbekenntnis als die eine, heilige, katholische und apostolische bekennen. Sie zu weiden, hat unser Erlöser nach seiner Auferstehung dem Petrus übertragen (Joh 21,17), ihm und den übrigen Aposteln hat er ihre Ausbreitung und Leitung anvertraut (vgl. Mt 28,18ff) [...] Diese Kirche, in dieser Welt als Gesellschaft verfasst und geordnet, ist verwirklicht in [subsistit in] der katholischen Kirche, die vom Nachfolger Petri und von den Bischöfen in Gemeinschaft mit ihm geleitet wird« (LG 8).

3.4 Die christologischen Konzilien

nen, dass diese zwar keine eigene Person neben der des Logos, aber doch ein Menschsein ohne Abstriche bedeutet?

Schon sehr bald nach 451 zeichnete sich ab, dass es dem genialen Horos von Chalcedon nicht gelungen war, die Alexandriner zu überzeugen. Deshalb versuchten die oströmischen Kaiser, der in Chalcedon unterlegenen Partei entgegenzukommen. Mit einem auf die Aussagen der ersten beiden Konzilien reduzierten »Henotikon« wollte Kaiser Zeno 482 die Monophysiten besänftigen. Für dieses Ziel nahm er sogar ein Schisma mit Rom (das nach dem Patriarchen von Konstantinopel Acacius benannte »Akazianische Schisma« von 484–519) in Kauf[522]. Aber weder ihm noch seinem Nachfolger Anastasius I. gelang die ersehnte Befriedung.

Im Gegenteil. Unter Führung des 512 zum Patriarchen von Antiochien erhobenen ägyptischen Mönches Severus holten die Alexandriner erst richtig zum Gegenschlag gegen jede nestorianisierende Interpretation des Chalcedonense aus. In seiner Schrift »Philalethes«[523] kommentierte Severus eine Zitatensammlung aus den Werken Cyrills von Alexandrien (»Florilegium Cyrillianum«). Auf der einen Seite gestand er zu, dass einige der von Cyrill verwandten Bilder (glühende Kohle, brennender Dornbusch, Leib-Seele-Einheit) im Sinne einer Vermischung der beiden Naturen in Christus verstanden werden können. Insgesamt aber machte er sich zum Verteidiger Cyrills, der zwar auch von zwei Naturen Christi spricht, nach der Aufnahme der menschlichen Natur durch den Logos aber die Formel bevorzugt: »die zwei Naturen, aus denen (ἐξ ὧν) Christus einer wird«[524].

Aus Grillmeiers Sicht war das Cyrill-Florileg selbst zumindest auch der »Versuch, eine Brücke zwischen Chalcedon und Alexandrien zu bauen, dies einfach durch Konfrontierung gezielt ausgewählter Cyrill-Texte mit der Definition von 451, besonders mit der Zwei-Naturen-Formel.«[525] Für diese Art von Vermittlungstheologie prägte Joseph Lebon 1909 den Terminus »Neuchalcedonismus«[526]. Dem Kommentator Severus ging es –

---

522 Dazu: Grillmeier II/1, 279–358.
523 Vgl. Grillmeier II/2, 34–48.
524 Vgl. N. A. Zabolotsky, The Christology of Severus of Antioch, in: EkklPh 58 (1976) 357–386; 373.
525 Grillmeier II/2, 48.
526 Vgl. J. Lebon, Le monophysisme sévérien. Étude historique, littéraire et théologique sur la résistance monophysite au concile de Chalcédoine jusqu'à la constitution de l'église jacobite, Louvain 1909, 118–175. – Dazu: S. Helmer, Der Neuchalkedonismus. Geschichte, Berechtigung und Bedeutung eines dogmengeschichtlichen Begriffes, Bonn 1962, bes. 26–85; P. T. R. Gray, Neo–Chalcedonism and the Tradition from Patristic to Byzantine Theology, in: ByF 8 (1982) 61–70; A. Grillmeier, Der Neu-Chalkedonismus. Um die Berechtigung eines neuen Kapitels der Dogmengeschichte, in: Ders., Mit ihm und in ihm. Christologische Forschungen und Perspektiven, Freiburg

z. B. in den Kontroversen mit dem vom Einigungs- zum Trennungschristologen konvertierten Mönch Nephalius[527] und mit dem »Grammaticus« genannten Presbyter Johannes von Cäsarea[528] – um die Frage, ob die Einigung der beiden Naturen Christi in der Person des Logos nicht zumindest dies bedeute, dass das Menschsein des Erlösers zum Instrument bzw. Organon ohne eigene Energie und eigenen Willen werde. Johannes Grammaticus schlug vor, zwischen φύσις (individuelle Natur) und οὐσία (allgemeines Wesen) zu unterscheiden und die Einigung des Logos mit der menschlichen Natur als konkretisierende Information eines allen Menschen gemeinsamen Wesens zu einer konkreten Existenz zu verstehen. Aber Severus konterte mit der Feststellung, es gebe keine allgemeine Wesenheit des Menschen ohne Personalität. Daraufhin griff Johannes Grammaticus zu der theologiegeschichtlich folgenreichen Formel von den »zwei enhypostatisch geeinten Naturen«[529].

Er wollte damit nicht sagen, dass die menschliche Natur Christi zunächst für sich existiert und dann eine hypostatische Union mit dem Logos eingeht, sondern nur, dass die menschliche Natur ἐν ὑπόστασι τοῦ Λόγου individualisiert wird. Severus sah seinen grundsätzlichen Einwand nicht widerlegt und bestand auf einer ἕνωσις ὑποστατικὴ κατ'οὐσίαν, ohne näherhin zu erklären, was denn die hypostatische von einer naturalen Einigung unterscheidet. Deshalb geriet auch er in Argumentationsnot, als ihn Julian, der Bischof von Halikarnassos, alexandrinisch mit der These überholte, nach der hypostatischen Einigung der beiden Naturen sei die menschliche Natur des Erlösers ebenso unsterblich wie die Natur des Logos. Diese dem Zeugnis der Heiligen Schrift offensichtlich widersprechende These wird von Severus zwar zurückgewiesen[530]. Aber er selbst schildert in seinen Kathedralhomilien und Katechesen die Mysterien des Lebens Jesu durchgängig im Sinne einer strikten Logos-Hegemonie[531].

---

²1978, 371–385; ders., Das östliche und westliche Christusbild. Zu einer Studie über den Neuchalcedonismus, in: ThPh 59 (1984) 84–96; K.-H. Uthemann, Der Neuchalkedonismus als Vorbereitung des Monotheletismus. Ein Beitrag zum eigentlichen Anliegen des Neuchalkedonismus, in: StPatr 29 (1997) 373–413.
527 Dazu: C. Moeller, Un représentant de la christologie néochalcédonienne au début du sixième siècle en orient: Nephalius d'Alexandrie, in: RHE 40 (1944/45) 73–140; Grillmeier II/2,49–54.
528 Dazu: Grillmeier II/2, 54–82.
529 Vgl. Johannes Grammaticus, Apologia Concilii Chalcedonensis IV,4–6: CCG 1 (hg. v. M. Richard u. M. Aubineau) I/2, 55,189–56,211. – Johannes hat den Terminus ἐνυπόστασις nicht kreiert; dieser findet sich schon bei Irenaeus (PG 7,1240C).
530 Zur Aphtharsia-Lehre Julians von Halikarnassos und zur Reaktion des Severus: Grillmeier II/2, 83–116. – Zu weiteren Kontroversen mit den Vertretern des so genannten Aphtartodoketismus: Grillmeier II/2, 223–241.489–495.
531 Dazu: J. Gribomont, La catéchèse de Sévère d'Antioche et le Credo, in: ParOr 6/7 (1975/76) 125–158; Grillmeier II/2, 135–155.

Das heißt, das Menschsein Jesu, sein Wollen und Erkennen, auch sein Leiden und Sterben, ist aus seiner Sicht bloßes Instrument des Logos.

Mit dem Regierungsantritt des Kaisers Justinus I. (518) musste Severus nach Ägypten fliehen. Er wurde zwar von Kaiser Justinian 535 zurück nach Konstantinopel geholt, von dort aber schon ein Jahr später wieder vertrieben. Dennoch erhoffte sich Justinian, dessen Gemahlin Theodora als Monophysitin galt, von der exemplarischen Verurteilung führender antiochenischer Theologen die Versöhnung mit den Monophysiten. Als der nach Konstantinopel gereiste Papst Vigilius sich dem kaiserlichen Plan widersetzte, griff Justinian zu regelrechten Zwangsmaßnahmen und behandelte den Papst als seinen Gefangenen. Er berief 553 ein Konzil nach Konstantinopel und setzte die Verurteilung der so genannten »drei Kapitel« durch: (1) Person und Schriften des Theodor von Mopsuestia; (2) die Schriften des Theodoret von Cyrus gegen Cyrill von Alexandrien und das Ephesinum; (3) ein Brief des Ibas von Edessa, der Theodor von Mopsuestia gegen Cyrill von Alexandrien verteidigt[532].

Resümierend kann man feststellen: Das zweite Konzil von Konstantinopel ist geprägt von dem taktischen Versuch des Kaisers, durch Verurteilungen Ausgleich zu schaffen. Die vor dem Hintergrund der Kontroversen des Severus brennende Frage nach einer klaren Verhältnisbestimmung der christologischen Begriffe οὐσία, φύσις und ὑπόστασις blieb unbeantwortet. Deshalb konnte das Konzil nicht leisten, was sein Zweck war, nämlich die Verständigung zwischen Chalcedonianern und Antichalcedonianern.

3.4.6 Das dritte Konzil von Konstantinopel (680/81): Ein Sieg der Antiochener

Die Überhangprobleme des Horos von Chalcedon führten zum Phänomen des Neuchalcedonismus, fanden aber auf dem zweiten Konzil von Konstantinopel keine Klärung. Deshalb ging die Reflexion auch in den hundert Jahren zwischen dem zweiten und dem dritten Konzil von Konstantinopel weiter. Als Anknüpfungspunkt für weitere Überlegungen boten sich vor allem die schon erwähnte Enhypostasie-Lehre des Johannes Grammaticus und das noch nicht erwähnte Corpus Leontianum an.

---

532 Alois Grillmeier bietet nicht nur eine ausführliche Darstellung des »Drei-Kapitel-Streites« (II/2, 431–463), sondern auch eine kritische Analyse der canones (DH 421–438) des zweiten Konzils von Konstantinopel (II/1, 464–484). – Dazu: F. Bruckmann, Henosis kath' hypostasin. Die ersten zehn Anathematismen des fünften ökumenischen Konzils (Konstantinopel 553) als Dokument neuchalkedonischer Christologie, in: AHC 36 (2004) 1–166.259–388.

Unter diesem »Corpus« fasst man in der Fachliteratur die Werke zweier Namensvettern zusammen, die sich wie Johannes Grammaticus gegen die Severianer wandten und sehr ähnlich dachten und schrieben, nämlich des Leontius von Byzanz († 543) und des Leontius von Jerusalem († 544). Auf die nach wie vor kontrovers diskutierte Frage, wie das Verhältnis beider Autoren literargeschichtlich und sachlogisch zu bestimmen ist, kann hier nicht eingegangen werden[533]. Es geht im Folgenden lediglich um die von beiden betriebene Fortschreibung der Enhypostasielehre bzw. um die Bedeutung beider Theologen für die Entstehung des Monotheletismus.

In seinem dreiteiligen Hauptwerk »Contra Nestorianos et Eutychianos«[534] definiert Leontius von Byzanz den Terminus φύσις als »die Eigenart der allgemeinen Wirklichkeit« und den Terminus ὑπόστασις als Prädikat einer φύσις, die »in sich« (καθ'ἑαυτον) existiert[535]. Mit seinem Gegner Severus teilt er die Ansicht, dass eine φύσις ohne ὑπόστασις un-

---

[533] Die von F. Loofs (Leontius von Byzanz und die gleichnamigen Schriftsteller der griechischen Kirche, Bd. I. Das Leben und die polemischen Werke des Leontius von Byzanz, Leipzig 1887) vertretene These, die beiden Leontii könnten biografisch und literargeschichtlich miteinander identifiziert werden, ist von M. Richard (Léonce de Jérusalem et Léonce de Byzance, in: MSR 1 [1944] 35–88) und D. B. Evans (Leontius of Byzantinum. An Origenist Christology, Washington 1970) widerlegt worden. Alois Grillmeier, der beide Leontii ausführlich darstellt (II/2, 190–328), hält Leontius von Jerusalem für den scharfsinnigeren und innovativeren Denker, während K.-H. Uthemann diesem Urteil reserviert gegenübersteht (K.-H. Uthemann, Definitionen und Paradigmen in der Rezeption des Dogmas von Chalkedon bis in die Zeit Kaiser Justinians, in: J. v. Oort/J. Roldanus [Hgg.], Chalkedon: Geschichte und Aktualität. Studien zur Rezeption der christologischen Formel von Chalkedon, Leuven 1998, 54–122; hier: 95–122). – Wichtige Forschungsbeiträge zum Corpus Leontianum bieten über die genannten Autoren hinaus: A. Basdekis, Die Christologie des Leontius von Jerusalem. Seine Logoslehre (Diss. masch.), Münster 1973; H. Reindl, Der Aristotelismus bei Leontius von Byzanz (Diss. masch.), München 1953; S. Otto, Person und Subsistenz. Die philosophische Anthropologie des Leontius von Byzanz. Ein Beitrag zur spätantiken Geistesgeschichte, München 1968; K. P. Wesche, The Christology of Leontius of Jerusalem. Monophysitism or Chalcedonian?, in: STVLSQ 31 (1987) 65–95.

[534] Teil I der Schrift »Contra Nestorianos et Eutychianos« (PG 86,1193–2100) verteidigt den Horos von Chalcedon gegen die Nestorianer und gegen die Monophysiten, wobei die eigentlichen Gegner die Anhänger des Severus von Antiochien sind. Leontius von Byzanz appliziert das anthropologische Modell von Seele und Leib auf das Verhältnis der beiden Naturen Christi, um mit dieser Analogie auf die Möglichkeit zu verweisen, dass eine Realität unvermischt und ungetrennt eins sein kann mit einer anderen Realität. Mit Nachdruck betont er, dass nur die dyophysitische Interpretation der ἕνωσις καθ'ὑπόστασιν die chalcedonische »communicatio idiomatum« gewährleistet. – Teil II besteht in einem Dialog gegen den z. B. von Julian von Halikarnassos vertretenen Aphthartodoketismus. – Teil III erweist denselben Theodor von Mopsuestia, dessen begeisterter Bewunderer Leontius in seinen frühen Jahren war, als Vater des Nestorianismus.

[535] Vgl. Leontius von Byzanz, Epilysis: PG 86,1945A–D.

3.4 Die christologischen Konzilien

möglich ist. Aber er stellt ihm und sich die Frage, ob eine Natur ohne eigene Hypostase in einer anderen Hypostase (ἐν ἑτέρῳ) existieren kann. Leontius hält dies für möglich, wenn die einende Hypostase nicht die Idiomata der »en-hypostatisch« existierenden Natur bestimmt, sondern rein formal das Selbststand und Existenz Verleihende ist[536]. Gestützt auf die aristotelische Metaphysik, unterscheidet Leontius zwischen der nur gedachten und der stets konkret verwirklichten Natur. So gelingt es ihm in seiner Christologie, die einende Funktion der Hypostase des Logos auf eine bestimmte menschliche Einzelnatur zu beziehen[537]. Der sprachschöpferisch[538] überlegene Leontius von Jerusalem nennt diese Einzelnatur φύσις ἰδική[539]. Obwohl die Enhypostasie-Lehre des »Corpus Leontianum« für die weitere Entwicklung wegweisend ist, wird sie doch nicht ohne Grund als zumindest gemäßigt neuchalcedonisch bezeichnet. Denn die in der Rückschau oft bemängelte Logos-Hegemonie auf Kosten des wahren Menschseins Christi wird nicht wirklich ausgeräumt. Der Grund ist schnell gefunden, wenn man die Frage beantwortet, ob die Eigentümlichkeiten der menschlichen Natur Christi nach der Inkarnation von der einen und einzigen Hypostase des Logos oder von der Natur getragen werden. An dieser Stelle schlägt bei beiden Leontii das Erbe der alexandrinischen Trinitätslehre, speziell der von den drei Kappadokiern vertretenen Drei-Hypostasen-Lehre, durch. In dieser werden die Idiomata von der Hypostase getragen, nicht von der allen drei göttlichen Hypostasen gleicherweise zugesprochenen οὐσία. Letztere ist ja gerade nicht das, was Leontius von Jerusalem eine φύσις ἰδική (eine idiomatisch charakterisierte Natur im Unterschied zu einer abstrakten Wesenheit) genannt hat. Von daher bedeutet die Anwendung des aus der kappadokischen Trinitätslehre abgeleiteten Hypostasis-Begriffs auf die Einigung der beiden Naturen des Erlösers, dass nach der Inkarnation nicht die menschliche Natur, sondern die ὑπόστασις des innertrinitarischen Sohnes Trägerin nicht nur der Idiomata des Logos, sondern auch der des Menschseins Christi ist.

Man kann im Werk beider Leontii die monenergetischen und monotheletischen Konsequenzen klar benennen. Leontius von Byzanz versucht in seiner Auseinandersetzung mit den Aphtartodoketen um Julianus von Halikarnassos zwar so viel wie möglich von der Eigenständigkeit der

---
[536] Grillmeier (II/2, 202f) zeigt, dass Leontius in klarer Abgrenzung von Severus das Ziel verfolgt, dieselbe Unterscheidung zwischen κοινόν und ἴδιον, die innerhalb der Trinitätslehre gilt, auch in der Christologie anzuwenden.
[537] Vgl. Leontius von Byzanz, Epilysis: PG 86,1916D–1917D.
[538] Bei Leontius von Jerusalem (vgl. Grillmeier II/2,299) finden sich immer neue Differenzierungen: ἀνυπόστασις, ἐνυπόστασις, ἰδιουπόστασις, ἀνυπόστατος, ἐνυπόστατος, ἰδιουπόστατος, ἑτερουπόστασις.
[539] Vgl. Leontius von Jerusalem, Adversus Nestorianos I,20: PG 86,1485C–D.

menschlichen Natur Christi zu retten[540]. Aber er kommt ebenso wenig wie Johannes Grammaticus um das Zugeständnis herum, die Einigung beider Naturen durch die eine Hypostase sei eine σχέσς οὐσιώδης (eine *wesentliche* Beziehung von Zweien) und keine σχέσς διαιρετική (keine Beziehung *getrennter* Wirklichkeiten)[541]. Leontius von Jerusalem geht in den Bemühungen um eine Wahrung des wahren Menschseins Christi noch einen Schritt über Leontius von Byzanz hinaus. Ohne zu leugnen, dass die eine Hypostase des Erlösers die des ewigen Logos ist, spricht er nicht nur von einer ἐν-υπόστασις der menschlichen Natur, sondern auch von der gleichzeitigen ἐν-υπόστασις der göttlichen Natur[542]. Er will mit dieser Konstruktion so etwas wie eine Neutralität der hypostatischen Einigung gegenüber den Idiomata beider Naturen erreichen, kann aber auch so die besagte Logos-Hegemonie nicht ausräumen.

Die mit dem Terminus »ἐνυπόστασις« verbundene Vorstellung von einer irgendwie »zusammengesetzten« Persönlichkeit (ἐνυπόστασις σύνθετος) führte mit logischer Notwendigkeit zu der Frage, wie in Christus zwei Willen bzw. Freiheiten eine wirkliche Einheit bilden können.

Veranlasst durch Kaiser Heraclius kam es 633 zu einem Unionspakt mit den Monophysiten[543], dessen Text den Monotheletismus und Moner-

---

540 Leontius von Byzanz (PG 86,1321B–1332A) erklärt die Lehre der Aphtartodoketen für absurd, dass die menschliche Natur des Erlösers an und für sich auf Grund ihrer hypostatischen Einigung mit dem Logos leidensunfähig geworden sei, aber – auf Grund eines Wunders! – tatsächlich gelitten habe. Wie weit Leontius von dieser Form von Doketismus entfernt ist, verdeutlicht Grillmeier (II/2, 232) mit der Bemerkung: »Leontius zeichnet mit wenigen Strichen das Alltagsleben Jesu [PG 86, 1336A–C], des Sohnes Gottes. Dreißig Jahre hat es gebraucht, bis die Zeit des Wunderwirkens beginnen durfte. Auch im öffentlichen Leben Jesu blieben die Wunderzeichen die Ausnahme. Die Gottheit des Kyrios offenbarte sich nur in einem langen Prozess.«
541 Vgl. Leontius von Byzanz, Contra Nestorianos et Eutychianos: PG 86,1304A; 1305C.
542 »Die zwei Naturen, sagen wir, subsistieren in ein und derselben Hypostase, nicht so freilich, als ob eine der beiden anhypostatisch in ihr sein könnte, vielmehr so, dass beide in der einen gemeinsamen Hypostase subsistieren können, und zwar jede der beiden (Naturen) in ein und derselben Hypostase, wobei jede (der beiden Naturen) enhypostatisch ist. Denn um etwas sein zu können, ist es nicht nötig, dass dieses Etwas auch gänzlich für sich sei. Wenn nun die Naturen Sein haben, so müssen sie auch subsistieren [= existieren] und enhypostatisch sein. Weil sie aber nicht für sich unabhängig von einander sind, da ja zugegebenermaßen eine Einung zwischen ihnen stattgefunden hat, muss auch nicht jede von beiden für sich existieren. So ist klar, dass die beiden Enhypostata [die beiden Naturen] nicht Heterohypostata [= Hypostase neben Hypostase] sein müssen, sondern in ein und derselben Hypostase gedacht werden« (Leontius von Jerusalem, Adversus Nestorianos: PG 86,1561C,7–9).
543 Zum politischen Hintergrund bemerkt Peter Hünermann (Jesus Christus. Gottes Wort in der Zeit. Eine systematische Christologie, Münster 1994, 179): »In den ersten Jahrzehnten des 7. Jhs. beherrscht Persien die syrischen Gebiete in Kleinasien. 632 stirbt Mohammed. Der Islam vereinigt die arabischen Stämme zu einer politischen

3.4 Die christologischen Konzilien

getismus propagiert. Diese Unionsformel musste aber den Protest der chalcedonisch denkenden Theologen hervorrufen. Patriarch Sergius von Konstantinopel – selbst Parteigänger der Monotheleten – wandte sich mit der Bitte um Unterstützung an Papst Honorius, der mit Hinweis auf Joh 5,30 (»*Ich kann nichts aus mir selbst tun. Wie ich höre, richte ich, und mein Gericht ist gerecht. Denn ich suche nicht meinen Willen, sondern den Willen dessen, der mich gesandt hat.*«) zustimmte. Ungeklärt bleibt bis heute, ob er der Lehre von nur einem Willens*vermögen* (Monotheletismus) oder der Unterscheidung des stets *einen* Willens*vollzugs* von den *zwei* Willensvermögen Christi zustimmen wollte[544].

Obwohl die von Harnack[545] geäußerten Verdikte über die angebliche Begriffshuberei des 7. Jhs. gern zitiert werden, haben alle größeren Theologen des 20. Jhs. erkannt, dass es gerade im Monotheletenstreit nicht um irgendeine unwichtige Fußnote zur längst geklärten Verhältnisbestimmung der beiden Naturen Christi geht. So bemerkt Joseph Ratzinger zum Ergebnis der teils politisch, teils dogmatisch motivierten Kontroversen um die Alternative zwischen Monotheletismus und Dyotheletismus: »Die metaphysische Zweiheit eines menschlichen und eines göttlichen Willens wird nicht aufgehoben, aber im *personalen* Raum, im Raum der Freiheit, vollzieht sich beider Verschmelzung, so dass sie nicht natural, aber personal *ein* Wille werden. Diese freie Einheit – die von der Liebe geschaffene Einheit – ist höhere und innerlichere Einheit als eine bloß naturale Einheit. Sie entspricht der höchsten Einheit, die es überhaupt gibt, der trinitarischen.«[546] Ratzinger sieht in der Frage nach dem menschlichen Willen Christi alles andere als theoretische Neugier. Denn »es geht hier durchaus auch um uns selbst, um die Frage nämlich: Wie können *wir* als Getaufte leben, von denen nach Paulus gelten muss: ›ich lebe, aber nicht mehr ich, sondern Christus lebt in mir‹ (Gal 2,20)?«[547]

Macht. 635 wird Damaskus erobert, 642 Alexandria in Ägypten. 640–644 fällt das persische Reich in die Hand der Muslime, 643 stehen sie an den Grenzen von Indien. Dem byzantinischen Kaiser geht es in diesen Jahrzehnten um die Wiederherstellung der Einheit zwischen Chalcedonikern und den monophysitischen Kirchen des Ostens.«

544 Dazu: G. Kreuzer, Die Honorius-Frage im Mittelalter und in der Neuzeit, Stuttgart 1975; F. Carcione, Enérgheia, Thélema e Theokínetos nella lettera di Sergio, patriarca di Constantinopoli, a Papa Onorio Primo, in: OrChrP 51 (1985) 263–276; E. Zocca, Onorio I e la tradizione occidentale, in: Aug. 27 (1987) 571–615; ders., Una possibile derivazione Gregoriana per il »monotelismo« di Onorio I, in: Aug. 33 (1993) 519.575.
545 Vgl. A. v. Harnack, Lehrbuch der Dogmengeschichte, Bd. II. Die Entwicklung des kirchlichen Dogmas I, Darmstadt 1990 (Fotomech. Nachdr. der 4. Aufl. Tübingen 1909), 433.
546 J. Ratzinger, Schauen auf den Durchbohrten, Einsiedeln 1984, 34f.
547 Ratzinger, Schauen auf den Durchbohrten, 77.

3. Kategorien und Grundgestalten der griechischen Christologie

Den theologisch und geistlich gesehen effektivsten Beitrag zur Monotheletismus-Debatte hat der vielleicht aus Palästina, möglicherweise auch aus Byzanz stammende Mönch Maximus geleistet[548]. 638 wandte er sich erstmals öffentlich gegen die These, in Christus seien zwar zwei Naturen, aber nur ein Wille. Inzwischen aber hatte Kaiser Konstans II. jede weitere Diskussion über Wirk- und Willenskräfte Christi verboten. Dennoch nahm Maximus an einer 649 von Papst Martin I. einberufenen Synode im Lateran über eben dieses Thema teil und unterstützte die den Kaiser einbeziehende Verurteilung des Monotheletismus und Monergetismus[549]. Vier Jahre später wurde er gemeinsam mit dem Papst nach Byzanz verschleppt. Nach Verbannung und Folter starb Maximus 662. Er erhielt nach seiner Rehabilitierung durch das dritte Konzil von Konstantinopel den Ehrentitel »Confessor«.

Die dyotheletische Position des Maximus lässt sich besonders klar dem Dialog[550] entnehmen, den er 645 mit dem monotheletisch argumentierenden Patriarchen Pyrrhus I. von Konstantinopel[551] geführt hat. Maximus Confessor siedelt Willensvermögen (potentia) und Willensvollzug (actus) auf zwei verschiedenen ontologischen Ebenen an. Wirkkraft und Wille werden als »Vermögen« (potentiae) der idiomatisch charakterisierten menschlichen Natur Christi zugeordnet, während der Vollzug bzw. die Aktuierung dieser Vermögen der einen und einzigen Hypostase

---

548 Dazu: H. U. v. Balthasar, Kosmische Liturgie. Das Weltbild des Maximus des Bekenners, Einsiedeln ³1988, bes. 204–269; F. Heinzer, Gottes Sohn als Mensch. Die Struktur des Menschseins Christi bei Maximus Confessor (Par. 26), Fribourg 1980; ders., Anmerkungen zum Willensbegriff Maximus' Confessors, in: FZPhTh 28 (1981) 372–392; K.-H. Uthemann, Das anthropologische Modell der hypostatischen Union bei Maximus Confessor. Zur innerchalkedonischen Transformation eines Paradigmas, in: F. Heinzer/C. v. Schönborn (Hgg.), Maximus Confessor. Actes du Symposium sur Maxime le Confesseur. Fribourg 2.–5. septembre 1980 (Par. 27), Fribourg 1982, 223–233; G. Bausenhart, »In allem uns gleich außer der Sünde«. Studien zum Beitrag Maximos des Bekenners zur altkirchlichen Christologie (TSTP 5), Mainz 1992.
549 Die wichtigsten Ergebnisse finden sich in DH 510f. – Näheres bei: R. Riedinger, Aus den Akten der Lateransynode von 649, in: ByZ 69 (1976) 17–38; ders., Die Lateransynode von 649 und Maximos der Bekenner, in: F. Heinzer/C. v. Schönborn (Hgg.), Maximus Confessor. Actes du Symposium sur Maxime le Confesseur. Fribourg 2.–5. septembre 1980 (Par. 27), Fribourg 1982, 111–121.
550 Maximus Confessor, Disputatio cum Pyrrho: PG 91,288–353. Deutsche Übersetzung auf der Basis der unveröffentlichten textkritischen Edition von M. Doucet in: G. Bausenhart, »In allem uns gleich außer der Sünde«. Studien zum Beitrag Maximus' des Bekenners zur altkirchlichen Christologie (TSTP 5), Mainz 1992, 196–235.
551 Pyrrhus wurde 638 Patriarch von Konstantinopel, musste aber 641 aus politischen Gründen abdanken, Nach seiner Disputation mit Maximus schwor er zeitweise dem Monotheletismus ab, ist aber nach seiner Rückkehr auf den Patriarchenstuhl von Konstantinopel (654) wohl zu seiner ursprünglichen Position zurückgekehrt.

3.4 Die christologischen Konzilien

Christi zugesprochen wird[552]. Zum λόγος τῆς φύσεως τοῦ ἀνθρώπου gehören aus der Sicht des Maximus die Fähigkeiten der Spontaneität (αὐτοκίνητον), der Selbstbestimmung (αὐτεξουσιότης) und Wahlfreiheit (προαίρεσις; γνώμη)[553]. Aber diese natürlichen Potenzen bedürfen, um real zu werden, eines τρόπος τῆς ὑπάρξεως, einer in die konkrete Existenzform überführenden Aktuierung[554].

Die Hypostase – von Maximus Confessor frei von allen quidditativen Bestimmungen gedacht – ist auf Grund ihrer leeren Formalität angewiesen auf die Natur, um sich materialiter in der Welt vollziehen zu können. Christologisch folgt daraus: Die Hypostase des ewigen Logos ist das Wollende, das vom natürlich-menschlichen Willen Jesu Gebrauch macht. Anders gesagt: Der Logos macht von der Willensfähigkeit der ihm enhypostatisch geeinten menschlichen Natur Gebrauch, indem er – als das eine Subjekt – den geschaffenen Willen aktuiert.

Die Intention des Maximus ist eine wirkliche – nicht nur scheinbare – Wahrung des der menschlichen Natur Christi eigenen Willens. Doch wer angesichts seiner genial anmutenden »Lösung« kritisch bleibt, wird sich bald fragen, ob denn der menschliche Wille Christi nur *in* der Übereinstimmung mit dem göttlichen Willen des Logos »er selbst« ist oder sich im Sinne von Wahlfreiheit (προαίρεσις bzw. γνώμη) auch zum Willen des Logos verhalten kann.

Auf eben diese Frage antwortet das dritte Konzil von Konstantinopel (680/81). Nachdem die Hochburgen des Monophysitismus, die Patriarchate von Alexandrien und Jerusalem, in die Hände der Araber gefallen waren, entschloss sich Kaiser Konstantin III. (668–685) im Einverständnis mit Papst Agatho ein Konzil einzuberufen. Dieses sechste ökumenische Konzil tagte vom 7.11.680 bis zum 16.9.681 unter Vorsitz der päpstlichen Legaten im Kuppelsaal (trullus → daher die Bezeichnung des Konzils als »Trullanum«) des Kaiserpalastes. Nach der Verurteilung der Wortführer des Monotheletismus – einschließlich des Papstes Honorius I. – wurde am 16.9.681 die Lehre des Maximus Confessor bestätigt. In dem am selben Tag verabschiedeten Horos lesen wir: DH 556:

---

552 Vgl. Maximus Confessor, Disputatio cum Pyrrho: PG 91, 301A–D; 313C–D.
553 Zu diesen Differenzierungen ausführlich: G. Bausenhart, »In allem uns gleich außer der Sünde«. Studien zum Beitrag Maximos des Bekenners zur altkirchlichen Christologie (TSTP 5), Mainz 1992, 148–154.
554 »Während die *quidditas* eines Seienden und entsprechend der gesamte Bestand natürlicher Vermögen zum λόγος τῆς φύσεως gehört, bezeichnet die Hypostase die ›Art und Weise‹, das heißt den Modus, durch den das natürliche Willensvermögen dadurch zur Existenz gelangt, dass es in den Selbstand gerufen und aktuiert wird« (G. Essen, Die Freiheit Jesu. Der neuchalkedonische Enhypostasiebegriff im Horizont neuzeitlicher Subjekt- und Personphilosophie [Ratio Fidei 5], Regensburg 2001, 61).

3. Kategorien und Grundgestalten der griechischen Christologie

Wir verkünden, »*dass sowohl zwei natürliche Weisen des Wollens bzw. Willen als auch zwei natürliche Tätigkeiten ungetrennt, unveränderlich, unteilbar und unvermischt in ihm sind; und die zwei natürlichen Willen sind einander nicht entgegengesetzt – das sei ferne! –, wie die ruchlosen Häretiker behaupteten; vielmehr ist sein menschlicher Wille folgsam und widerstrebt und widersetzt sich nicht, sondern ordnet sich seinem göttlichen und allmächtigen Willen unter; denn der Wille des Fleisches musste sich regen, sich aber nach dem allweisen Athanasius dem göttlichen Willen unterordnen; denn wie sein Fleisch Fleisch des Wortes Gottes genannt wird und ist, so wird auch der natürliche Wille seines Fleisches als dem Wort Gottes eigen bezeichnet und ist es, wie er selbst sagt: ›Denn ich bin herabgestiegen aus dem Himmel, nicht um meinen eigenen Willen zu tun, sondern den Willen des Vaters, der mich gesandt hat‹* [Joh 6,38]; *dabei nannte er den Willen des Fleisches seinen eigenen Willen, da auch das Fleisch ihm eigen geworden ist; denn wie sein ganzheiliges und makelloses beseeltes Fleisch trotz seiner Vergöttlichung nicht aufgehoben wurde, sondern in der ihm eigenen Abgrenzung und dem ihm eigenen Begriff verblieb, so wurde auch sein menschlicher Wille trotz seiner Vergöttlichung nicht aufgehoben, sondern ist vielmehr gewahrt.*«

Gewiss lässt sich plausibel machen, dass die Annahme eines wirklichen menschlichen Willens nicht unvereinbar ist mit einer stets dem göttlichen Willen konformen Aktuierung. Denn der Wille des nach dem Bild Gottes geschaffenen Menschen strebt von sich aus nach Übereinstimmung mit dem Willen Gottes. Das heißt, er ist umso mehr er selbst, als er dem Willen Gottes entspricht. Die Frage aber, ob der hypostatisch mit dem Logos geeinte Mensch sich grundsätzlich zum Willen des Logos anders verhalten könnte, wird schon von Maximus Confessor[555] und im Anschluss an ihn auch von dem zitierten Konzilstext negativ entschieden.

Als Ergebnis lässt sich festhalten:
- Indem das dritte Konzil von Konstantinopel Christus ein wirkliches menschliches Wollen zuspricht, präzisiert es die Intention des Chalcedonense.
- Mit Maximus Confessor geht das Konzil davon aus, dass zur Vollständigkeit der menschlichen Natur auch die denkbar höchste Vollkommenheit der Aktuierung dieser Natur gehört. So lässt sich erklären, dass die In-Subsistenz der menschlichen Natur Christi in der Hypostase des Logos die geschaffene Existenzweise nicht schmälert, sondern zu sich selbst befreit.

---

555 Maximus bezeichnet die Annahme einer solchen Wahlfreiheit (γνώμη) in Christus als Blasphemie: PG 91,312A.

– Wenn allerdings »zum Begriff der Freiheit die Fähigkeit der Wahl gehört, Akte zu setzen oder nicht zu setzen, und wenn sie also dort verwirklicht ist, wo sie Entscheidungen fällt, dann ist Freiheit nur dort real als das Eigene verstanden, wo ein natürlich-menschliches Willensvermögen von einer menschlichen Hypostase vollzogen wird. Insofern scheint es keine echt menschliche Freiheit Christi zu geben, weil der Freiheits*vollzug* selbst kein menschliches Tun ist.«[556] So wird deutlich, dass auch das dritte Konzil von Konstantinopel nicht imstande war, die den Neuchalcedonismus kennzeichnende Logos-Hegemonie gänzlich zu überwinden.

3.4.7 Das zweite Konzil von Nicaea (787): Die Bewährung der chalcedonischen Orthodoxie in der Praxis des Glaubens

Vordergründig betrachtet mag überraschen, dass der Neuchalkedonismus im Westen stärker ausgebildet wurde als in der vom griechischen Denken bestimmten Osthälfte des römischen Reiches. Doch dieser Befund ist rasch erklärt, wenn man bedenkt, dass der primäre Ort der Theologie des Ostens in der praktizierten Kommunikation mit Christus, näherhin in der Liturgie, liegt.

Die Christus-Ikonen der Ostkirche sind so etwas wie kristallin gewordene Christusbegegnung. In ihnen begegnet der Gläubige nicht der subjektiven Interpretation eines Malers oder Theologen, sondern den Szenen des Lebens Jesu, in denen sich das erlösende Handeln Gottes offenbart. Die Christus-Ikonen der Ostkirchen setzen voraus, dass sich die Einzigkeit der Person des Erlösers nicht unter dem Mantel der menschlichen Natur oder der Alltäglichkeit der menschlichen Existenz *verbirgt*, sondern im Gegenteil durch das wahre Menschsein Jesu *offenbart* wird[557].

Im Osten baute sich in den ersten Jahrhunderten nach Chalkedon eine zunehmende Spannung auf zwischen einer genuin chalkedonischen Christopraxis bzw. Liturgie und einer hoch spekulativen Christologie, der es letztlich nicht gelang, dem wahren Menschsein Christi ganz gerecht zu werden. Nicht zuletzt unter dem Einfluss der bis vor die Tore von Byzanz vordringenden Araber wurde ein zentraler Teil der orthodoxen Glaubenspraxis, nämlich die Ikonenverehrung – zum Gegenstand derselben christologischen Reflexionen, die bis dahin fast ausschließlich ein zwischen Theologen geführter Streit um Begriffe waren. Mit dem Bil-

---
556 Essen, Die Freiheit Jesu, 64f.
557 Dazu: C. v. Schönborn, Die Christus-Ikone. Eine theologische Hinführung, Schaffhausen 1984, bes. 139–229.

3. Kategorien und Grundgestalten der griechischen Christologie

derverbot der Araber konfrontiert, erinnerte man sich an das atl. Bilderverbot (Ex 20,4).

Kaiser Konstantin V. († 775) berief 754 eine Synode ein, die das Verbot der Darstellung Christi dogmatisch begründen sollte. Es ging ihm um den Nachweis, dass mit den Christusikonen die Beschlüsse der großen christologischen Konzilien unterlaufen würden. Er argumentierte mit der durchaus orthodoxen Unterscheidung zwischen der einen Hypostase und den beiden von dieser Hypostase untrennbaren Naturen. Aber er folgerte aus der Untrennbarkeit eine einseitige Idiomenkommunikation, nämlich dass die Eigenschaften, die von der göttlichen Natur des Logos ausgesagt werden, auch der menschlichen Natur Christi zu prädizieren seien. Dieselbe Argumentation findet sich bei den Aphtartodoketen, wenn sie aus der Leidensunfähigkeit der Natur des Logos die Leidensunfähigkeit der hypostatisch dem Logos geeinten menschlichen Natur Christi folgern. Konstantin V. aber geht es nicht um die Leidensunfähigkeit, sondern um die »Unumschreibbarkeit« bzw. Undarstellbarkeit. Wenn die göttliche Natur des Logos nicht dargestellt werden kann, dann muss dies aus seiner Sicht auch für die dem Logos hypostatisch geeinte menschliche Natur des Erlösers gelten. Konstantin V. sieht in der Ikonenverehrung zwei Häresien gleichzeitig praktiziert. Wer nämlich meint, dass ein menschliches Antlitz Gottes Sohn darstellt, geht im monophysitischen Sinn von einer naturalen Einheit von Menschheit und Gottheit Christi aus. Und wer meint, das darstellbare menschliche Antlitz Christi von der undarstellbaren göttlichen Natur des Logos trennen zu können, ist ein Nestorianer[558].

Johannes von Damaskus († 749), der unbestritten bedeutendste Theologe des 8. Jhs., stellte die Spezialfrage nach der Darstellbarkeit Christi in den Horizont der gesamten biblischen Heilsgeschichte. In dieser nämlich erscheint die Materie nicht wie in der Philosophie des Neuplatonismus als das Geistferne und Widergöttliche, sondern als durchaus geeignet, den Schöpfer darzustellen. Wörtlich bemerkt er in einer Rede gegen die Ikonoklasten: »In alter Zeit wurde Gott, der keinen Körper und keine Gestalt besitzt, bildlich überhaupt nicht dargestellt. Jetzt aber, da Gott im Fleische sichtbar wurde und mit den Menschen umging, kann ich das an Gott sichtbare Bild darstellen. Ich bete nicht die Materie an, sondern ich bete den Schöpfer der Materie an, der um meinetwillen selbst Materie wurde und es auf sich nahm, in der Materie zu leben, der mittels der Materie meine Rettung ins Werk setzte.«[559]

---

558 Vgl. die Aufzeichnungen des mit Theodor von Studion gegen den Ikonoklasmus argumentierenden Patriarchen Nikephorus: Antirrheticus adversus Constantinum Copronymum 1: PG 100, 228D–293A.
559 Johannes von Damaskus, Contra imaginum calumniatores oratio I,16: PTS 17,89. – Dazu in Gestalt einer umfassenden Analyse: D. J. Olewiński, Um die Ehre des Bildes.

3.4 Die christologischen Konzilien

Während Johannes von Damaskus dem Bilderstreit mit einer grundsätzlichen Verhältnisbestimmung von Unendlichkeit und Endlichkeit, von Geist und Materie begegnete, ging der große Mönchstheologe Theodor von Studion († 826) direkt auf die von Konstantin V. vertretenen Argumente ein[560]. Aus seiner Sicht verfehlt den Kern der chalkedonischen Christologie, wer lehrt, dass die »umschreibbare« und also abbildbare menschliche Natur auf Grund ihrer hypostatischen Union mit der »unumschreibbaren« göttlichen Natur ihrerseits »unumschreibbar« werde. Denn das wahre Menschsein Christi ist nicht die Verhüllung seiner wahren Gottheit, sondern die Offenbarung der innertrinitarischen Beziehung des Sohnes zum Vater. Die Annahme der menschlichen Natur durch die Person des ewigen Logos bedeutet nicht irgendeine Dominanz der Eigenschaften der göttlichen Natur des Erlösers über die Eigenschaften seiner menschlichen Natur, sondern ganz im Gegenteil das Sichtbarwerden der Person des Logos in der menschlichen Existenz des Erlösers. Theodor von Studion kleidet seine Christologie in das Motto: »Der Unumschreibbare wird umschreibbar.«[561] Das heißt: »Die Person des ewigen Wortes wird, indem sie Fleisch annimmt, selber Träger und Quelle einer menschlichen Existenz, in ihrer unverwechselbaren Individualität. [...] Gerade in den Jesus als diesen bestimmten Menschen kennzeichnenden Zügen wird seine göttliche Person sichtbar. Das Paradox der Menschwerdung ist es,

---

Theologische Motive der Bilderverteidigung bei Johannes von Damaskus (MThS.S 67), St. Ottilien 2004, bes. 428–568.

560 »Si verbum in propria hypostasi humanam naturam assumpsit: cum invisibilis illa sit et figurae expers, si per picturae circumscriptionem figuretur, altera persona inducetur in Christi hypostasim. Hoc vero absurdum est, et Nestorii haeresim favens, personarum binarium in Christo praedicare. Si carnem a Verbo assumptam, hypostasim propriam habere diceremus, veri similitudinem haberet oratio. Quia vero iuxta ecclesiasticam sententiam, Verbi hypostasim communem utriusque naturae hypostasim esse confitemur, quae naturam humanam in seipsa sustentat, cum proprietatibus, quae illam a ceteris eiusdem speciei distinguunt; merito eamdem Verbi hypostasim incircumscriptam quidem secundum divinitatis naturam dixerimus; circumscriptam autem secundum essentiam nostram; quae non in consistente per se et per se circumscripta persona extra Verbi hypostasim, sed in ipsa exsistentiam, ne subsistentia carens natura foret, sortita est; et in ea tanquam in individuo spectatur et circumscribitur« (Theodor von Studion, Antirrheticus adversus Iconomachos III,1,22: PG 99, 399C–D).

561 »Postquam vero per summam suam bonitatem ad naturam humanam descendit, similis nobis factus, qui unus est e Trinitate; et facta est immistorum mistio, et intemperatorum temperatio; incircumscripti nimirum cum circumscripto, interminati cum terminato, infiniti cum finito, figurae expertis cum figurae suddito, quod paradoxum fuit planeque admirandum; ob id Christus imagine effingitur; et qui invisibilis est cernitur; et naturalem corporis sui circumscriptionem recipit, qui ex propria deitate est incircumscriptus« (Theodor von Studion, Antirrheticus adversus Iconomachos I,2: PG 99, 331A).

dass die göttliche Person des ewigen Wortes in den individuellen, persönlichen Gesichtszügen Jesu ›umschreibbar‹ geworden ist.«[562]

Die These der Ikonoklasten, durch die Christus-Ikonen werde das ewige Wort des Vaters verendlicht, enthält aus der Sicht des Theodor von Studion etwas durchaus Richtiges, übersieht aber, dass der Logos sich selber »umschreibt«, indem er sich in der Individualität eines bestimmten Menschen authentisch aussagt. Jesus Christus ist als das sichtbare Abbild des unsichtbaren Gottes nicht nur das eher verbergende als enthüllende Symbol einer transzendenten Wirklichkeit, sondern deren Selbstoffenbarung. Wie die Verehrung der für immer mit Gott untrennbar verbundenen Menschheit Christi keine Idolatrie ist, so auch die Verehrung einer Ikone, die den mit Gott untrennbar verbundenen Menschen darstellt, kein Götzendienst. Denn die Verehrung gilt ja nicht der Ikone als solcher, sondern der durch sie dargestellten Person[563]. Wieder bringt Theodor von Studion die gemeinte Sache auf den Punkt. »Sollte«, so bemerkt er, »jemand sagen: ›Da ich Christus geistig verehren soll, ist es überflüssig, ihn in seiner Ikone zu verehren‹, so soll er wissen: damit verleugnet er auch die geistige Verehrung Christi. Denn wenn er mit seinem Geist nicht Christus in menschlicher Gestalt zur Rechten des Vaters sitzen sieht, dann verehrt er ihn überhaupt nicht. Im Gegenteil, er leugnet, dass das Wort Fleisch geworden ist. Dagegen ist seine Ikone der zuverlässigste Zeuge dafür, dass das ewige Wort dem Menschen gleich geworden ist. Denn mit ihrer Annahme und Verehrung wird Christus angenommen und verehrt.«[564]

Theodor von Studion will sagen, dass die Menschwerdung Gottes zwei Seiten hat: zum einen die, dass die dreiunddreißig Jahre des Lebens, des Sterbens und der Auferstehung Jesu den ewigen Logos authentisch offenbaren; und zum anderen, dass das Menschsein Jesu keine Larve war, die

---

562 C. v. Schönborn, Gott sandte seinen Sohn. Christologie (AMATECA VII), Paderborn 2002, 194.

563 »Atque ut omnis homo per imaginem repraesentatur, hoc habet et Christus: et nobis est imago depicta instar sacri luminis, ac salutaris monumenti, dum ipsum natum intuemur, baptizatum, edentem miracula, crucifixum, sepultum, resurgentem, in caelos ascendentem, in quibus recte dicimus non ita se rem habere, consentiente visu cum animi contemplatione: et ex ambobus confirmati in fide mysterii incarnationis, cum omni fructu, et quam maximo sensu pietatis« (Theodor von Studion, Refutatio et subversio impiorum poematum: PG 99, 455C).

564 »Quod si quis dicat: Ergo, quandoquidem per cogitationem adorare mihi licet, supervacaneum est ut in imagine: sciat, quisquis est, negatum etiam sic esse quod Christus mente adoretur. Nisi enim mens contemplata fuerit illum in hominis similitudine ad dexteram Dei et Patris consedisse, adorationem non inferet: nisi forte Verbum carnem factum esse neget. Quod autem similis homini factus sit, fide digna testis est imago: qua suscepta est adorata, susceptus est adoraturque Christus« (Theodor von Studion, Epistolae II,65: PG 99, 1287C–D).

der Sohn nach der Kreuzigung wieder abgestreift hat, sondern dass Gott in seinem Sohn für immer Leib, Bezogenheit auf den Menschen, ist.

Der im Volk und vor allem im Mönchtum nie erloschene Widerstand gegen die staatlich verordnete Bilderstürmerei konnte erst zum Gegenschlag ausholen, als die energische Kaiserin Irene 780 für ihren unmündigen Sohn die Regentschaft übernahm. Unterstützt durch den Patriarchen Tarasius brachte sie im Herbst 787 in Nicaea das siebte ökumenische Konzil zustande. Im Horos über die heiligen Bilder (DH 600–603 – Kommentar von J. B. Uphus: s. Litverz.) lesen wir:

»Wir beschließen, mit aller Sorgfalt und Gewissenhaftigkeit, in den heiligen Kirchen Gottes, auf den heiligen Geräten und Gewändern, Wänden und Tafeln, Häusern und Wegen, ebenso wie die Darstellung des kostbaren und lebendigmachenden Kreuzes die ehrwürdigen und heiligen Bilder – seien sie aus Farben, Stein oder sonst einem geeigneten Material – anzubringen; (dies gilt) für das Bild unseres Herrn und Gottes und Erlösers Jesus Christus, unserer unbefleckten Herrin, der heiligen Gottesgebärerin, der ehrwürdigen Engel und aller heiligen und frommen Menschen. Je häufiger sie nämlich durch eine bildliche Darstellung angeschaut werden, desto häufiger werden auch diejenigen, die diese betrachten, emporgerichtet zur Erinnerung an die Urbilder und zur Sehnsucht nach ihnen, und dazu, dass sie diesen einen Gruß und achtungsvolle Verehrung zuwenden, nicht jedoch die nach unserem Glauben wahre Anbetung, die allein der göttlichen Natur zukommt, sondern so, wie man der Darstellung des kostbaren und lebendigmachenden Kreuzes, den heiligen Evangelien und den übrigen heiligen geweihten Gegenständen Weihrauch und Lichter zu ihrer Verehrung darbringt, wie es auch bei den Alten fromme Gewohnheit gewesen ist. Denn die Verehrung des Bildes geht über auf das Urbild, und wer das Bild verehrt, verehrt in ihm die Person des darin Abgebildeten.«

3.5 Die bleibenden Überhangprobleme einer unzureichenden Verhältnisbestimmung der einen Hypostase zu den zwei Naturen in Christus

Mit dem zweiten Konzil von Nicaea war das christologische Tauziehen zwischen Trennungs- und Einigungschristologie vorerst beendet. Wollte man den Wettkampf der beiden Schulen wie ein Schiedsricher bewerten, so müsste man den Alexandrinern einen leichten Punktevorsprung zuerkennen. Denn trotz aller Bemühungen um die Wahrung des wahren Menschseins Christi blieb es dabei, dass die eine Hypostase Christi mehr oder weniger quidditativ verstanden wurde. Die hypostatische Union wurde im gesamten Mittelalter im Sinne einer nicht nur abstrakten, sondern durchaus naturalen Hegemonie des Logos aufgefasst.

Da die Darstellung dieses Befundes an anderer Stelle geleistet wurde[565] und eine auf systematische Fragestellungen konzentrierte Christologie überfrachten würde, genügt an dieser Stelle ein schematisierender Überblick über die drei scholastischen Denkweisen, die schon Petrus Lombardus (1095–1160) im dritten seiner vier Sentenzenbücher unterscheidet[566]. Es sind dies die Assumptionstheorie (exemplarisch vertreten durch Hugo von St. Victor), die Subsistenztheorie (exemplarisch vertreten durch Gilbert von Poitiers) und die Habitustheorie (exemplarisch vertreten durch Peter Abaelard). In allen drei Theorien geht es um dasselbe Problem, »wie der unveränderliche Gott im Geschaffenen etwas (aliquid)

---

565 I. Backes, Die Christologie des hl. Thomas von Aquin und die griechischen Kirchenväter, Paderborn 1931; ders., Die christologische Problematik der Hochscholastik und ihre Beziehung zu Chalcedon, in: A. Grillmeier/H. Bachl (Hgg.), Das Konzil von Chalcedon. Geschichte und Gegenwart, Würzburg 1953, 923–939; E. Poppenberg, Die Christologie des Hugo von St. Viktor, Hiltrup 1937; L. Ott, Das Konzil von Chalcedon in der Frühscholastik, in: A. Grillmeier/H. Bachl (Hgg.), Das Konzil von Chalcedon. Geschichte und Gegenwart, Würzburg 1953, 873–922; R. Haubst, Die Christologie des Nikolaus von Kues, Freiburg 1956; E. Gössmann, Der Christologietraktat in der Summa Halensis, bei Bonaventura und Thomas von Aquin, in: MThZ 12 (1961) 175–191; W. Breuning, Die Hypostatische Union in der Theologie Wilhelms von Auxerre, Hugos von St. Cher und Rolands von Cremona (TThSt 2), Trier 1962; W. H. Principe, William of Auxerre's Theology of the Hypostatic Union (STPIMS 7), Toronto 1963; ders., Alexander von Hales' Theology of the Hypostatic Union (STPIMS 12), Toronto 1967; ders., Hugh of Saint-Cher's Theology of the Hypostatic Union (STPIMS 19), Toronto 1970; ders., Philipp the Chancellor's Theology of the Hypostatic Union (STPIMS 32), Toronto 1975; A. Patfoort, L'unité d'être dans le Christ d'après Saint Thomas, Paris1964; F. Wetter, Die Trinitätslehre des Johannes Duns Scotus (BGPhMA 41), Münster 1967, 270–418; D. Wiederkehr, Spannungen in der Christologie des Thomas von Aquin, in: FZPhTh 21 (1974) 392–419; R. Thomas (Hg.), Petrus Abaelardus. Person, Werk und Wirkung (TThS 38), Trier 1980; P. Kaiser, Das Wissen Jesu Christi in der lateinischen (westlichen) Theologie (ESt NF 14), Regensburg 1981; F. Ruello, La christologie de Thomas d'Aquin (ThH 76), Paris 1987; P. G. Crowley, Instrumentum Divinitatis in Thomas Aquinas. Recovering the Divinity of Christ, in: TS 52 (1991) 451–475; K. Obenauer, Summa Actualitas. Zum Verhältnis von Einheit und Verschiedenheit in der Dreieinigkeitslehre des hl. Bonaventura (E.H.S. XXIII/559): Frankfurt 1996; M. Stickelbroeck, Christologie im Horizont der Seinsfrage. Über die epistemologischen und metaphysischen Voraussetzungen des Bekenntnisses zur universalen Heilsmittlerschaft Jesu Christi (MThS.S 59), St. Ottilien 2002, bes. 487–681; T. Marschler, Auferstehung und Himmelfahrt Christi in der scholastischen Theologie bis zu Thomas von Aquin, 2 Bde. (BGPhMA 64/I–II), Münster 2003; O. González de Cardedal, Cristologia, aus dem Spanischen ins Italienische übers. v. A. Manna u. D. Cascasi, Milano 2004, 293–317.
566 Petrus Lombardus, Sent. III, d. 6, c. 1–6.

3.5 Die bleibenden Überhangprobleme

werden könne, ohne dass es zu einer Verwandlung oder Vermischung von Göttlichem und Geschöpflichem kommt«[567].

Hugo von St. Victor († 1141) erklärt die Person des Logos zur Trägerin der Idiomata nicht nur der göttlichen Natur, sondern auch der menschlichen Natur[568]. Unter den Terminus »assumptio« fasst er die Vorstellung von einer Aufnahme der Idiomata der menschlichen Vernunft und des menschlichen Willens, aber auch der menschlichen Leidensfähigkeit und Schwäche in die Idiomata der göttlichen Natur. »Von daher« – so schreibt er – »gilt: Was Gott tut, tut der Mensch, und was der Mensch tut, tut Gott; denn es sind nicht zwei, sondern es ist einer, Gott und Mensch.«[569] Hugo möchte die alexandrinische Intention einer größtmöglichen Einheit wahren[570], sieht diese aber nicht auf der naturalen, sondern auf der personalen Ebene Christi verwirklicht. Er geht von der Voraussetzung aus, die Person des göttlichen Logos könne eine menschliche Natur so in sich aufnehmen, dass diese personalisiert wird, ohne selbst Trägerin ihrer Idiomata zu sein. Die Konsequenzen sind bei Licht betrachtet ähnliche wie die im Kontext des Aphtartodoketismus vertretenen. Deshalb bemerkt Wilhelm Breuning zu Recht: »Hugos Christologie ist nach ›alexandrinischem Schema‹ gebaut. Der Logos bannt das menschliche Sein Christi in die Einheit und den Lebensbereich seiner Person, er strahlt sein Leben auch unmittelbar ein in diese ihm verbundene Menschennatur, seine Allwissenheit, seine Allmacht, seine Güte. Weil die [menschliche] Seele Christi in dieser Einheit mit dem Logos lebt, kann dieser sein göttliches Sein ohne Minderung und ohne Hindernis einstrahlen.«[571]

---

567 G. L. Müller, Christologie – Die Lehre von Jesus dem Christus, in: W. Beinert (Hg.), Glaubenszugänge Lehrbuch der Katholischen Dogmatik, Bd. II, Paderborn 1995, 220. – Vgl. die Profilierung der drei Theorien bei: G. Kraus, Jesus Christus – Der Heilsmittler. Lehrbuch der Christologie (Grundriss der Dogmatik 3), Frankfurt/Freiburg 2005, 338–345.
568 »Assumens et assumptus una persona est« (Hugo von St. Victor, De sacramentis II,1,9: PL176,394BC).
569 »Propterea quod facit Deus facit homo, et quod facit homo facit Deus; quia non duo, sed unus, Deus et homo« (Hugo von St. Victor, De sacramentis II,1,9: PL 176,395A).
570 »Et est Deus homo propter humanitatem quam suscepit, et habet; et homo Deus propter divinitatem, non de duobus dicitur, sed de uno; quia Deus et homo non duo sed unus est Iesus Christus. Sed dicis: Quomodo unus? Dic mihi qualis unio; et ego tibi dicam qualiter unus. Si vere ineffabilis est unio Dei et hominis; ineffabiliter non duo sunt, sed unus Deus et homo. Tamen non omnino duo sunt: Deus et homo, sed unus Iesus Christus. Qui est Deus, ipse est homo; et qui est homo, ipse est Deus: non alter et alter sed ipse unus et idem« (Hugo von St. Victor, De sacramentis II,1,9: PL 176,394CD).
571 W. Breuning, Die Hypostatische Union in der Theologie Wilhelms von Auxerre, Hugos von St. Cher und Rolands von Cremona (TThSt 2), Trier 1962, 30.

3. Kategorien und Grundgestalten der griechischen Christologie

Die so genannte Assumptionstheorie wurde zum Markenzeichen der Franziskanerschule, in dieser aber nicht unerheblich verändert, z. B. in ihrer Entfaltung durch Alexander von Hales († 1245), Bonaventura († 1274) und Johannes Duns Scotus († 1308).

Gilbert von Poitiers († 1154) entwickelt in seinem »Buch über die beiden Naturen und die eine Person Christi«[572] die so genannte Subsistenztheorie. Diese beschreibt Christus als ein »compositum«, das nur »wirklich ist« (subsistiert) durch den Existenzakt des Logos[573]. Das heißt, beide Teile werden miteinander verbunden, ohne dass die »coniunctio« die Eigenständigkeit tangiert. Von daher leuchtet ein, dass die Subsistenztheorie im Unterschied zur Assumptionstheorie als tendenziell nestorianisierend kritisiert wurde. Doch weil die Subsistenztheorie durch Thomas von Aquin nicht nur modifiziert[574], sondern auch rezipiert wurde[575], konnte sie in der Dominikanerschule und weit darüber hinaus eine große Wirkungsgeschichte entfalten[576].

Die von Petrus Abaelardus († 1142)[577] entwickelte Habitustheorie geht von der Voraussetzung aus, dass Gott selbst im strengen Sinne unveränderlich ist. Deshalb, so folgert Abaelard, kann die Inkarnation keine Veränderung Gottes selbst bedeuten. Wohl kann man von einem ständigen Wirken der unveränderlichen Natur Gottes sprechen. Von daher ist das Erscheinen Christi eine Wirkung (effectus) Gottes, nicht aber eine

---

572 Gilbert von Poitiers, Commentarium in librum Boethii de duabus naturis et una persona Christi: PL 64, 1353–1412.
573 »Dicit itaque, qui homo est, appellatur Dei Filius: et hoc non substantia divinitatis, quae humanitatis in ipsam conversione provenerit, sed manente substantia humanitatis, quae, etsi non est in divinitatem conversa, tamen est divinitati naturali unitate coniuncta. Et cum haec, id est divinitas et humanitas discernantur permisceanturque intelligentia, cuius potestas est et coniuncta dividere et divisa coniungere, tamen unus idemque personali proprietate, et homo sit sine humanae naturae corruptione perfectus, et sine divinae naturae aliqua transformatione, Deus verus.« (Gilbert von Poitiers, Commentarium in librum Boethii de duabus naturis et una persona Christi: PL 64,1405A).
574 Zur thomanischen Modifikation der Subsistenztheorie durch die so genannte Instrumentalitätskategorie: T. Marschler, Auferstehung und Himmelfahrt Christi in der scholastischen Theologie bis zu Thomas von Aquin, Bd. I (BBGPhMA 64/I), Münster 2003, bes. 168–210.
575 Vgl. das 9. Kapitel unserer Ausführungen! Thomas betont ungleich stärker als die sich auf ihn berufenden Thomisten das Eigensein der menschlichen Natur Christi. Dazu: P. Kaiser, Die Gott-menschliche Einigung in Christus als Problem der spekulativen Theologie seit der Scholastik (MThS.S 36), München 1968, bes. 46–54.
576 Dazu: A. M. Landgraf, Dogmengeschichte der Frühscholastik II: Die Lehre über Christus. Bd. 1, Regensburg 1953, 116–137; W. H. Principe, William of Auxerre's Theology of the Hypostatic Union (STPIMS 7), Toronto 1963, 67–80.
577 Dazu: D. E. Luscombe, The School of Peter Abaelard. The Influence of Abaelard's Thought in the Early Scholastic Period, Cambridge 1969.

3.5 Die bleibenden Überhangprobleme

ontische Verbindung des Unveränderlichen mit dem Veränderlichen. In Christus besteht so gesehen keine ontische (seinsmäßige), sondern nur eine habituelle (habensmäßige) Einheit. Diese eher äußerlich bleibende Verbindung von Gottheit und Menschheit versucht Abaelard durch Bilder zu veranschaulichen. So wie Knochen und Fleisch im menschlichen Körper oder wie Steine und Hölzer in einem Haus oder wie Leib und Seele des Menschen unvermischt und ungetrennt sind, verhält es sich nach seiner Meinung auch mit dem Verhältnis von Gottheit und Menschheit in Christus[578]. Petrus Lombardus, der sich Abaelard anschließt[579], geht noch einen Schritt weiter, indem er schreibt, »dass das Wort Gottes wie mit einem Gewand bekleidet ist, damit es für die Augen der Sterblichen entsprechend erscheint«[580]. Dass eine solche Auffassung – obwohl im 12. Jh. mehrfach vertreten – Kritik geradezu provozieren musste, liegt auf der Hand. Denn mit dieser Habitustheorie konnten die Vorgaben des Chalcedonense – z. B. die Idiomenkommunikation – nicht gerettet werden. Papst Alexander III. schritt denn auch zur namentlichen Verurteilung der vom Lombarden vorgetragenen These. In seinem Brief »Cum in nostra« an Erzbischof Wilhelm von Sens (28.5.1170) lesen wir:

»Als Du einst in Unserer Gegenwart eingesetzt wurdest, haben Wir Dir mündlich aufgetragen, Du sollst Deine Suffraganbischöfe in Paris bei Dir versammeln und mit allem Nachdruck auf die Abschaffung der verkehrten Lehre des Petrus, des ehemaligen Bischofs von Paris, hinwirken, in der gesagt wird, dass Christus, insofern er Mensch ist, kein Etwas sei, und Dich wirksam darum bemühen. Daher kommt es also, dass Wir Deiner Brüderlichkeit durch Apostolische Schreiben auftragen, dass Du Deine Suffraganbischöfe nach Paris zusammenrufst und zusammen mit ihnen und anderen religiösen und klugen Männern die eben beschriebene Lehre gänzlich abzuschaffen suchst und vorschreibst, dass von den Professoren und Studenten, die sich dort mit der Theologie befassen, Christus, so wie als vollkommener Gott, so auch als vollkommener Mensch gelehrt wird, der aus Seele und Leib besteht« (DH 749).

---

578 »Sicut ergo ossa in uno homine carni adhaerentia, in naturam carnis non transeunt, nec in una domo lapides lignis aggregati propriam substantiam mutant ut aliud fiant quam prius erant, aut caro animae sociata aliud quam caro fit, nec prioris substantiae naturam: ita nec divinitas humanitati in unam personam coniuncta aliud fit quam prius erat, quamvis aliud sibi in unitate personae coniungat. [...] Non est igitur Deus in aliud mutatus quam fuerit, licet aliud sibi, ut dictum est, in hanc unionem coniunxerit.« (Petrus Abaelardus, Introductio ad theologiam III,6: PL 178,1107C).
579 Dazu: M. L. Colish, Peter Lombard (Brill's Studies in Intellectual History 41), Leiden 1994.
580 Petrus Lombardus, Sent. III, d. 6, c. 4.

Zweiter Teil

DIE BAUSTELLE – BRENNPUNKTE DER JÜNGEREN CHRISTOLOGIE

4. Kapitel oder Erster Brennpunkt:

Der historische Jesus – bloßer Mittler einer Idee oder eines Glaubens?

Die so genannte »via moderna« des abendländischen Denkens ist im Unterschied zur »via antiqua« der hochscholastischen und antiken Philosophie durch den Nominalismus bedingt. Am Anfang dieser Wende vom Mittelalter zur Neuzeit liegt die Aristotelesrezeption der hochscholastischen Philosophie und Theologie; näherhin der Versuch, alles Seiende aus seinen Ursachen zu erklären. Doch während Aristoteles Gott selbst als unbewegten Beweger und mithin als Ursache aller Ursachen (als Letztursache) wie den Schlussstein einer in sich geschlossenen Kathedrale definiert, insistieren die Scholastiker auf der biblisch bezeugten Freiheit bzw. Personalität Gottes. Gott ist für Thomas von Aquin nicht der Schlussstein des Weltgebäudes, sondern dessen Schöpfer. Der Schöpfer – so lehrt er – hat sich willentlich an die Ordnung gebunden, die er selbst erschaffen hat. Und er hat dem Menschen die Fähigkeit geschenkt, die Gedanken des Schöpfers »nach-zu-denken«. Ja, das menschliche Erkennen alles Seienden ist nach Thomas von Aquin nichts anderes als das »Nach-Denken« der Gedanken des Schöpfers. Von daher gilt im Hochmittelalter nicht die Physik, nicht die Wissenschaft von der »physis« der Dinge, sondern die »Meta-Physik«, die Wissenschaft von den Gedanken des Schöpfers, die gleichsam »hinter« der »physis« der Dinge liegen, als die Königin aller Wissenschaften.

4. Jesus – bloßer Mittler einer Idee oder eines Glaubens?

4.1 Trennungen: Zwischen Schöpfer und Geschöpf, Glauben und Denken, Geschichte und Vernunft (Aufklärung)

Die Harmonie zwischen Gott, Welt und Mensch[581] musste zerbrechen, sobald die Freiheit Gottes nicht mehr als Selbstbindung des Schöpfers an die Schöpfung, sondern als »ab-solute« (als »los-gelöste«) Freiheit im Sinne unbedingter Allmacht verstanden wurde. Schon zu Beginn des 14. Jhs. taucht die Frage auf, ob Gott nicht auch eine andere als die faktisch bestehende Welt hätte schaffen können. Wenn man diese Frage positiv beantwortet, dann erscheint das weite Feld des sinnlich Wahrnehmbaren als das faktisch, aber nicht notwendig Vorhandene[582]. Die Frage nach dem Warum und Weshalb kann so gesehen nicht mehr deduktiv, sondern bestenfalls induktiv beantwortet werden. Allerdings gilt es zu unterscheiden zwischen der Freiheitsmetaphysik des Johannes Duns Scotus und dem strikten Nominalismus des Wilhelm von Ockham. Während der Letztere das »Wissen« des Menschen auf das Registrieren und Ordnen des Faktischen beschränkt[583], spiegeln die Fakten aus der Sicht des Johannes Duns Scotus auch die Intentionen ihres Verursachers. Dieser Unterschied zwischen den beiden Scholastikern, die – geistesgeschichtlich betrachtet – die Neuzeit einläuten, wird exemplarisch deutlich, wenn man ihre Christologien miteinander vergleicht.

---

581 Dazu: H. Krings, Ordo. Philosophisch-historische Grundlegung einer abendländischen Idee, Hamburg ²1982, bes. 43–48.
582 Die Metaphysik des Johannes Duns Scotus begründet den Primat der Kontingenz vor der Notwendigkeit, und damit ist sie zugleich eine Metaphysik der Freiheit, eine Metaphysik der Freiheit Gottes und natürlich auch des Menschen. Duns Scotus betont, dass es menschliche Freiheit nur gibt, wenn Gott in seinem Schöpfungsakt frei war. Denn in einer notwendigen Welt kann es Freiheit nicht geben. Dazu: W. Kluxen, Über Metaphysik und Freiheitsverständnis des Johannes Duns Scotus, in: PhJ 105 (1998) 100–109; L. Honnefelder, Die Kritik des Johannes Duns Scotus am kosmologischen Nezessitarismus der Araber: Ansätze zu einem neuen Freiheitsbegriff, in: J. Fried (Hg.), Die abendländische Freiheit vom 10. zum 14. Jahrhundert, Sigmaringen 1991, 249–264.
583 Dem Nominalismus gilt als erkennbar und wahr nur das empirisch Gegebene, das Feld der vielen Einzeldinge. Die Namen, die nomina, durch die der Mensch viele einzelne Dinge unter jeweils einen Begriff zusammenfasst, sind bloße Konvention und sagen über das Wesen der Dinge nichts und erst recht nichts über die Gedanken des Schöpfergottes. Die Welt erscheint nicht mehr als von Gott geordnet, sondern als ein Chaos von Einzelnem, in das der Mensch selbst durch seine nomina, durch seine Methoden, schließlich durch seine Techniken Ordnung bringen muss. – Dazu: V. Leppin, Geglaubte Wahrheit. Das Theologieverständnis Wilhelms von Ockham (FKDG 63), Göttingen 1995, bes. 59–110.

4.1.1 Von Duns Scotus über Ockham zu Luther

Aus der Sicht des vollendeten Nominalisten Wilhelm von Ockham lässt sich aus dem Faktum der Menschwerdung Gottes in Christus nicht einmal folgern, dass Gott, wenn er sich inkarnieren wollte, keine andere Natur als die des Menschen annehmen konnte. So viel »Notwendigkeit« lässt sich nach Wilhelm von Ockham aus dem Faktum der biblisch bezeugten »Mensch«-werdung Gottes nicht ableiten.

Ganz anders Johannes Duns Scotus: Er leitet aus dem Faktum »Jesus Christus« ab, dass Gott von einem Geschöpf auf denkbar vollkommene Weise geliebt werden will; und dass aus diesem Grunde die »Prädestination Jesu Christi« zu Gott selbst gehört; zugleich aber auch die volle Selbstständigkeit des Menschseins Christi. Denn – so folgert Duns Scotus weiter – zum vollkommenen Geliebtwerden Gottes gehört die reale Autonomie eines nicht nur mit scheinbarer Freiheit begabten Geschöpfes. Weil Gott geliebt werden will, bedarf es eines Wesens außerhalb seiner selbst, das nicht nur scheinbar, sondern wirklich frei ist. Duns Scotus fragt transzendentallogisch: Wie kann ein Mensch, der auf Grund seiner Endlichkeit nur auf endliche Weise lieben kann, mit seiner ihm von Gott geschenkten Autonomie in der Weise der Unendlichkeit (auf derselben ontologischen Ebene wie Gott) lieben? Seine Antwort gründet in der Unterscheidung zwischen ungeschaffener göttlicher und geschaffener menschlicher Person. Während den drei göttlichen Personen das In-sich-selbst-Stehen *wesentlich* zukommt, wird dem Menschen nur ein *aktuelles* In-sich-selbst-Stehen zugesprochen. Im eigentlichen Sinn kann man also nur Gott Personalität zusprechen; aber in einem eingeschränkten oder analogen Sinn auch dem Menschen. Das bedeutet für die christologische Verhältnisbestimmung der wesentlichen Personalität des ewigen Logos zur eingeschränkten Personalität der menschlichen Natur: Im Vorgang der hypostatischen Union wird das aktuelle In-sich-selbst-Stehen der menschlichen Natur Christi durch das Abhängigsein von der Person des ewigen Logos aufgehoben. Aber weil der menschlichen Natur selbst eine Verwiesenheit auf ihren Schöpfer (»potentia oboedientialis«) eignet, wird ihr durch die bezeichnete Abhängigkeit keines ihrer Idiomata genommen. Philipp Kaiser resümiert:

> »Der Menschheit Christi wird durch die Inkarnation nicht die göttliche Existenz des Wortes mitgeteilt. Die menschliche Natur existiert vielmehr durch die eigene positive *geschaffene* Existenz, die ihr als solcher entspricht. Folglich ist in Christus ein *doppeltes Sein* anzunehmen, das ungeschaffene der göttlichen Person und das geschaffene der Menschheit. Die Union selbst aber besteht nicht in der Einheit des Seins, son-

dern allein in der einmaligen Relation[584] der Menschheit zum göttlichen Wort.«[585]

Um jede Art von Vermischung des göttlichen mit dem geschöpflichen Bereich auszuschließen, spricht auch Wilhelm von Ockham von einer nicht im Sein, sondern in der Relation begründeten Vereinigung des Menschseins Christi mit dem Gottsein des Logos. Aber er geht weit über Duns Scotus hinaus. Denn er folgert aus der absoluten Freiheit des Schöpfers, dass dieser auch eine ganz andere als die von uns wahrgenommene Schöpfung hätte schaffen können; und dass der Sohn auch eine ganz andere Natur als die des Menschen hätte annehmen können; dass von daher Jesu Menschsein nur Mittel, aber nicht Offenbarung Gottes ist; und dass alles Wissen über Gott auf das zu beschränken ist, was er in der Heiligen Schrift mitgeteilt hat. Martin Luther beruft sich auf Ockham, wenn er Gott nicht aus der Schöpfung, sondern ausschließlich aus der Schrift (»sola scriptura«) erkennen will[586]. Allerdings beteiligt sich der Reformator nicht

---

584 Johannes Duns Scotus beschreibt mit der »menschlichen Personalität« Christi eine »reine Relation«. Damit greift er der Entwicklung des Personbegriffs weit voraus. Wäre er zu dem von Wolfhart Pannenberg explizierten Gedanken vorgestoßen, dass die Personalität des Menschen Jesus nicht in Relation zum Logos, sondern zum Vater gesehen werden muss, wäre vielleicht schon er zu dem Gedanken einer Identität der Relation Jesu zum Vater mit der Relation des ewigen Sohnes zum Vater gelangt. Zur trinitätstheologischen und zur christologischen Anwendung des Personbegriffs durch Duns Scotus umfassend: F. Wetter, Die Trinitätslehre des Johannes Duns Scotus (BGPhMA 41), Münster 1967, bes. 270–282.302–315; M. Burger, Personalität im Horizont absoluter Prädestination. Untersuchungen zur Christologie des Johannes Duns Scotus und ihrer Rezeption in modernen theologischen Ansätzen (BGPhMA NF 40), Münster 1994, bes. 106–142.
585 P. Kaiser, Die Gott-menschliche Einigung in Christus als Problem der spekulativen Theologie seit der Scholastik (MThSt.S 36), München 1968, 19.
586 Trotz mancher konfessionell bedingter Differenzen in der Darstellung (vgl. die protestantische Iserloh-Kritik von K. Bannach, Die Lehre von der doppelten Macht Gottes bei Wilhelm von Ockham. Problemgeschichtliche Voraussetzungen und Bedeutung, Wiesbaden 1975, bes. 369–413) ist zwischen katholisch und protestantisch perspektivierter Forschung nicht mehr umstritten, dass Martin Luther Nominalist war und sich nicht nur in den Zeiten seines Erfurter Studiums, sondern auch in seinen späteren Tischreden zu Wilhelm von Ockham als seinem theologischen Meister bekannt hat (vgl. E. Iserloh, Luthers Stellung in der theologischen Tradition, in: Ders., Kirche – Ereignis und Institution, Bd. II. Geschichte und Theologie der Reformation, Münster 1985, 14–36; 15f). Wie seine Erfurter Lehrer Gabriel Biel, Jodokus Trutfetter und Bartholomäus Arnoldi neigt er zu der nominalistischen These von einer doppelten Wahrheit, der von Gott geoffenbarten und der von der Vernunft konstruierten, der *theologischen* und der *philosophischen*. Und er wettert besonders heftig gegen die Theologen, die sich wie Thomas von Aquin mehr auf den »ranzigen Philosophen« Aristoteles als auf das Wort der Heiligen Schrift verlassen. Besonders die Habituslehre des Aquinaten ist für Luther Stein des Anstoßes. Denn sie ist aus seiner Sicht Ausdruck der Hybris eines Menschen, der meint, das, was er ausschließlich der Gnade Gottes

4.1 Trennungen: Nominalismus – Reformation – Aufklärung

an den Spekulationen der Nominalisten, die zu eruieren versuchen, was Gott, wenn er denn wollte, alles tun könnte (Possibilientheologie)[587].

Auf die Frage, welcher der beiden griechischen Denkformen man Ockham und Luther eher zuordnen könnte, gibt es nur eine Antwort: Ockham ist ein nestorianisierender Antiochener, Luther ein relativ extremer Alexandriner[588]. Die Ockham und Luther gemeinsame Betonung der absoluten Freiheit und Souveränität Gottes führt nämlich zu unterschiedlichen Konsequenzen. Während Ockham die göttliche Natur so weit wie möglich von der geschaffenen Natur Christi trennen will, betont Luther die völlige Abhängigkeit des Menschseins Christi vom göttlichen Logos. Aus der Sicht des Reformators handelt der Mensch gewordene Sohn nicht eigentlich als Mensch, sondern unter dem Mantel seiner Menschheit. Jedenfalls ist das wahre Menschsein Christi nicht die Offenbarkeit Gottes selbst, sondern bestenfalls dessen Organon oder Instrument. Diese Unterbewertung des wahren Menschseins geht so weit, dass Luther in manchen seiner Äußerungen die Gedanken der protestantischen Kenotiker des 19. Jhs. vorwegnimmt[589]. Denn überall da, wo der Erlöser schwach und ohnmächtig erscheint – vor allem am Kreuz – spricht Luther von einem willentlichen Sichentäußern und willentlichen Sichverbergen. Seine Lehre von dem sich unter dem Gegenteil (*sub contrario*) seines eigentli-

---

verdankt, sei sein Habitus, sein Besitz oder sein Verdienst. Und weil er in diesem Punkt Thomas vor allem kritisiert, kann er in demselben Punkt Ockham besonders loben. Denn – wie oben ausgeführt – lehrt Wilhelm von Ockham, dass Gott in keiner Weise an irgendeine Voraussetzung auf Seiten des Menschen gebunden ist.

587 Dazu: L. Grane, Contra Gabrielem. Luthers Auseinandersetzung mit Gabriel Biel in der Disputatio contra scholasticam theologiam von 1517, Gyldendal 1962, bes. 9–48.

588 Luther versteht den von den griechischen Vätern entwickelten Gedanken der Idiomenkommunikation (Näheres dazu in dem von Oswald Bayer und Joachim Gleede publizierten Sammelband: Creator est Creatura. Luthers Christologie als Lehre von der Idiomenkommunikation, Berlin 2007) nicht so, dass dem Erlöser als der einen Person die Eigenschaften beider Naturen zugesprochen werden dürfen, sondern so, dass der menschlichen Natur Christi nach der Inkarnation auch die Eigenschaften des göttlichen Logos zukommen. Dies wird besonders deutlich, wo er der menschlichen Natur die Ubiquität der göttlichen Natur zuspricht. Marc Lienhard (Martin Luthers christologisches Zeugnis. Entwicklung und Grundzüge seiner Christologie, Göttingen 1980, 175) kommentiert die entsprechenden Stellen in Luthers Werk mit den Worten: Es ist offensichtlich, »dass Luther im Rahmen der ›communicatio idiomatum‹ diese Ubiquität als eine der Menschheit mitgeteilte göttliche Eigenschaft ansieht. Man fragt sich dann, wie der Doketismus vermieden werden kann. Wird der menschlichen Natur, und zwar schon bei der Inkarnation, eine göttliche Eigenschaft mitgeteilt, so unterscheidet sie sich von unserem Menschsein und scheint im Widerspruch zu dem durch die Evangelien entworfenen Jesusbild zu stehen. Man muss sich aber fragen, ob Luther hier nicht durch eine Begrifflichkeit irregeführt worden ist, die nicht dazu imstande ist, zugleich die wahre Menschheit Jesu Christi und das allmächtige Wirken Gottes zum Ausdruck zu bringen.«

589 Vgl. M. Breidert, Die kenotische Christologie des 19. Jahrhunderts, Gütersloh 1977.

4. Jesus – bloßer Mittler einer Idee oder eines Glaubens?

chen Wesens verbergenden Gott (*Deus absconditus*) ist verbunden mit der fast schon doketischen Erklärung, als der göttliche Logos bleibe Christus jederzeit – auch in der scheinbaren (!) Ohnmacht am Kreuz – der Herr des Geschehens, der z. B. seine Kreuzigung zulassen oder nicht zulassen konnte.

In Luthers Darstellung ist die Rechtfertigungslehre nicht eine Funktion der Christologie, sondern umgekehrt die Christologie eine Funktion der Rechtfertigungslehre[590]. Gott stellt dem Sünder mit dem Kreuz Christi vor Augen, was er von sich aus – als Sünder – verdient; und er offenbart ihm gleichzeitig seine unbedingte Liebe, weil er in seinem Sohn die Strafe, die der Sünder verdient, freiwillig auf sich nimmt[591]. Wo die bis zur Konsequenz des Kreuzes radikale Liebe »sola fide« geglaubt wird, da geschieht die Rechtfertigung »sola gratia«.

Was Luther selbst einen »Tausch« oder »fröhlichen Wechsel und Streit« nennt, bezeichnet Walther von Loewenich mit dem Wort »Stellvertretung«[592]. Und in der Tat: Der Reformator wagt die extremsten Aussagen, um zu zeigen, dass Christus nicht nur die Folgen der Sünde (Fluch, Zorn, Gottverlassenheit, Höllenqual) auf sich genommen hat, sondern auch »an die Stelle« der Sünde (!) getreten ist. Luther selbst erklärt nicht, wie seine radikalen Aussagen über den »sündlosen Sünder Christus« konkret zu denken sind. Er sieht beide Wirklichkeiten im wahrsten Sinne des Wortes »an einer Stelle«: die Sünde der Sünder und die Sohnschaft Christi[593]. Deshalb versteht er die »substitutive Genugtuung« im Unterschied zu seinen Epigonen nicht als einen der Schuld äquivalenten Preis, »den Christus an Stelle der Menschen Gott gezahlt hat und der dann auf irgendeine Weise wieder von Gott den Menschen zugerechnet wird«[594]. Luther geht es in erster Linie nicht darum, »dass Christus Gott das de-

---

590 Vgl. P. Hünermann, Jesus Christus. Gottes Wort in der Zeit. Eine systematische Christologie, Münster 1994, 223–251; G. L. Müller, »Christus allein alles«. Zur Christologie Martin Luthers, in: LKW 48 (2001) 51–70; G. Kraus, Jesus Christus – Der Heilsmittler. Lehrbuch zur Christologie, Frankfurt 2005, 389–404.
591 Dazu: O. Tiililä, Das Strafleiden Christi. Beitrag zur Diskussion über die Typeneinteilung der Versöhnungsmotive, Helsinki 1941, bes. 196–229
592 »In Luthers Wort von dem ›seligen Tausch‹ zwischen Christus und dem Sünder erkennen wir den Vollgehalt des Stellvertretungsgedankens« (W. von Loewenich, Christi Stellvertretung. Eine theologische Meditation zu Luthers Auslegung von Gal 3,13, in: Ders., Von Augustin zu Luther. Beiträge zur Kirchengeschichte, Witten 1959, 150–160; 159).
593 Dazu: C. Gestrich, Die Wiederkehr des Glanzes in der Welt. Die christliche Lehre von der Sünde und ihrer Vergebung in gegenwärtiger Verantwortung, Tübingen 1989, 215–222; J. Knop, Sünde, Freiheit, Endlichkeit. Christliche Sündentheologie im theologischen Diskurs der Gegenwart (Ratio Fidei 31), Regensburg 2007, 141–196.
594 Loewenich, Christi Stellvertretung, 159.

bitum der Menschen gezahlt hat«[595], sondern im Vordergrund steht der Einsatz seiner Person und mithin die Ermöglichung einer neuen Beziehung zwischen ihm und dem Sünder.

4.1.2 Imitatio-Jesulogie und Christusmystik

Nur wenn man die Wiederholung der durch die christologischen Konzilien der alten Kirche geprägten Credo-Formeln mit deren Aneignung verwechselt, kann man von einer bis zur Aufklärung im Wesentlichen unveränderten Christologie sprechen. Das liturgische Rezitieren der alten Credo-Formeln steht nicht selten in einem krassen Gegensatz zu der gelebten Jesulogie der Gläubigen. Dieser Hiatus zwischen Lehre und Leben wird exemplarisch deutlich, wenn man das Phänomen der so genannten »Devotio moderna« analysiert.

Die so bezeichnete Frömmigkeit der beginnenden Neuzeit sieht im Erlöser vornehmlich eine an den Sünder gerichtete »Instruktion« Gottes. Wer Christus sieht, ist zur Nachahmung aufgefordert. In dem berühmtesten Dokument der »Devotio moderna«, der fälschlicherweise Thomas von Kempen zugeschriebenen »Imitatio Christi«, ist Jesus Christus nicht eigentlich der in diese Welt, in unsere Endlichkeit, in einen konkreten Menschen herabgestiegene Gott, sondern unübertroffenes Beispiel einer Askese, die diese Welt gering achtet und alles daransetzt, nach dem angeblichen Vorbild Jesu diese stets zum Bösen verführende Welt zu fliehen, um wenigstens mental schon jetzt beim Vater zu sein[596]. Als typisch können folgende Zitate aus dem Vademecum der »Devotio moderna« gelten:

– I,1,12: »Das ist höchste Weisheit: die Welt gering werten und sich an die himmlischen Bereiche halten.«
– I,3,36: »Wahrhaft klug ist, wer ›das Irdische Kehrricht gleich wertet‹, um Christum zu gewinnen (Phil 3,8).«
– I,7,1: »Eitel ist, wer seine Hoffnung auf Menschen oder Geschöpfe setzt.«
– I,20,4: »Die großen Heiligen mieden möglichst den Umgang mit Menschen, sie zogen den stillen Dienst für Gott vor.«

---

595 Loewenich, Christi Stellvertretung, 159.
596 Die folgenden Zitate stützen sich auf die Übersetzung von Paul Mons in der zweisprachigen Ausgabe des Pustet-Verlages (Regensburg 1959).

- I,25,12: »Sei wachsam und fleißig im Dienste Gottes. Denke oft: wozu bin ich hier? Warum habe ich die Welt verlassen? Sicher doch: um Gott allein zu leben und ein geistlicher Mensch zu werden!«
- I,25,26: »Du musst dich sehr schämen beim Blick auf das Leben Christi. Du willst dich ihm nicht ähnlicher formen, obschon du so lange im Leben Gottes stehst.«
- I,25,51: »Du kommst so weit voran, als du dir Gewalt antust.«
- II,1,24: »Christus wollte leiden und geschmäht werden, und du wagst dich zu beklagen?«
- II,7,9: »Wenn du dich von jedem Geschöpf abzusetzen verstündest, müsste Jesus gern bei dir wohnen.«
- II,12,29: »Das ganze Leben Jesu war Kreuz und Martyrium, und du suchst Freude und Frieden für dich?«
- III,13,11: »Lerne deinen Willen brechen und dich jedem Gebot beugen.«
- III,47,15: »Dich, Herr Jesus, gelüstete nicht nach heiteren Tagen in dieser Zeit, du freutest dich vielmehr, für Gott Drangsal zu dulden. Unter Menschen für nichts zu gelten, hieltest du für den größten Gewinn.«
- III,56,16: »Herr Jesus, dein Weg war schmal und von der Welt verachtet, lass mich dir durch Verachtung der Welt folgen.«

Obwohl der vierte und letzte Teil der »Nachfolge Christi« von der sakramentalen Verbundenheit des Christen mit Christus in der Eucharistie handelt, dominiert auch dort der Imperativ. Der eucharistische Christus wird vor allem als Stärkung der eigenen Anstrengungen auf dem Weg aus dieser Welt fort in das Leben mit Gott hinein beschrieben. Für die vom Nominalismus geprägte Frömmigkeit der »Devotio moderna« entscheidet sich das Christsein für jeden Einzelnen an der Kampflinie »zwischen Diesseits und Jenseits, Sichtbarem und Unsichtbarem, Innen und Außen, Körper und Geist, Welt und Gott«[597]. Die Kirche ist innerhalb dieses Denkens nur eine von Menschen gemachte Institution, letztlich nur eine Methode, um das durch Jesus verkündete Wort zu tradieren und jedem Menschen den Erlöser als Beispiel des eigenen Tuns vor Augen zu führen.

Nicht wenige Mystiker des ausgehenden Mittelalters[598] ziehen in ihrer Frömmigkeit die praktische Konsequenz aus der nominalistischen Transzendierung Gottes. Wenn Gott nicht in der Schöpfung zu finden

---

597 E. Iserloh, Die Kirchenfrömmigkeit in der Imitatio Christi, in: Kirche – Ereignis und Institution. Aufsätze und Vorträge, Bd. I, Münster 1985, 151–167; 161.

598 Einen sorgfältig differenzierenden Überblick vermitteln die Beiträge von Richard Kieckhefer, William J. Courtenay, Alois M. Haas, Otto Gründler, Bernard McGinn, William J. Bouwsma und Marc Lienhard in dem Sammelwerk: Geschichte der

4.1 Trennungen: Nominalismus – Reformation – Aufklärung

ist und erst recht nicht in den Begriffen der Theologen, dann – so folgern sie – lässt er sich vielleicht durch den Versuch erfahren, alle Begriffe des Verstandes und alle Wahrnehmungen der Sinne zu transzendieren. Dahinter steht die vom Neuplatonismus inspirierte Vorstellung[599], da, wo der Mensch nur noch er selbst ist; da, wo er sich in keiner Weise mehr auf die ihm äußere Welt bezieht, sozusagen im Innersten seiner selbst, finde er Gott.

Martin Luther hat sich nicht gegen jede Form von Mystik, aber gegen diese Gestalt mit dem berechtigten Hinweis gewandt, dass Gott da ist, wo er sich selbst mitgeteilt hat: nämlich in Jesus Christus[600]. Mystik, die Gott außerhalb des Christusereignisses und der Heiligen Schrift sucht, ist aus Luthers Sicht notwendig der verstiegene Versuch des alten Adam, sich seinen eigenen Gott zu suchen. In diesem Punkt sind sich Martin Luther und sein Gegenspieler Ignatius von Loyola einig[601]. Beide setzen sich je auf ihre Weise ab von einer Spiritualität, die Gott verjenseitigt und Christus als bloßes Beispiel betrachtet.

---

christlichen Spiritualität, Bd. II. Hochmittelalter und Reformation, hg. v. J. Raitt, Würzburg 1995.

599 Nicht nur bei Plotin, sondern auch bei Pseudo-Dionysius Areopagita (vgl. M. Striet, Offenbares Geheimnis. Zur Kritik der negativen Theologie [Ratio Fidei 14], Regensburg 2003, 47–74) beruht die Identität des Menschen auf der am schlechthin Einen bzw. Göttlichen partizipierenden Seele. Sie ist »sein eigentliches Selbst«, das dadurch erkannt wird, dass der Mensch auf »sich selbst« schaut.

600 »Weil die Mystik Luthers Christusmystik ist, steht sie von vornherein einer bloßen Logosmystik skeptisch und ablehnend gegenüber. Luther lehnt jede Spekulation ab, die zu einer Einigung mit Gott kommen möchte ohne den menschgewordenen Christus bzw. an ihm vorbei, die in Gefahr ist, abzusehen von dem *de potentia Dei ordinata* konkret festgelegten Heilsweg in Geburt, Tod und Auferstehung Christi, in den wir mittels des Wortes und der Sakramente hineingenommen werden« (E. Iserloh, Luther und die Mystik, in: Ders., Kirche – Ereignis und Institution. Aufsätze und Vorträge, Bd. II. Geschichte und Theologie der Reformation, Münster 1985, 88–106; 91).

601 Was für Ignatius in besonderer Weise gilt, kann man auch von den beiden anderen großen Gestalten der Spanischen Mystik, von Johannes vom Kreuz und von Teresa von Avila, sagen: Ihre Mystik ist eine christozentrische Mystik. Dazu: H. U. v. Balthasar, Juan de la Cruz, in: Ders., Herrlichkeit. Eine theologische Ästhetik, Bd. II/2. Fächer der Stile. Laikale Stile, Einsiedeln 1962, 465–531; P. Varga, Schöpfung in Christus nach Johannes vom Kreuz (WBTh 21), Wien 1968; G. Benker, Loslassen können – die Liebe finden. Die Mystik des Johannes vom Kreuz, Mainz 1991; U. Dobhan, Teresas Weg zu Christus, in: J. Kotschner (Hg.), Der Weg zur Quelle. Teresa von Avila 1582–1982, Düsseldorf 1982, 129–156; ders., Zur Christusmystik Teresas von Avila, in: Praesentia Christi (FS Johannes Betz), hg. v. L. Lies, Düsseldorf 1984, 456–466; M. Strucken, Ansätze zu einer trinitarischen Ontologie in der Mystik von Ignatius von Loyola, Teresa von Avila und Johannes vom Kreuz, Bonn 1999, bes. 38–52.90–95.168–180.

4. Jesus – bloßer Mittler einer Idee oder eines Glaubens?

Luthers *Ausgangs*frage »Wie finde ich einen gnädigen Gott?« könnte der »Imitatio Christi« entnommen sein. Denn Heilsangst treibt den Studenten ins Kloster. Und dort bedeutet ihm das tägliche Messopfer nicht ein befreiendes Geschenk, sondern Aufforderung, sich selbst ebenso dem Vater zu opfern wie der gekreuzigte Jesus. »Es ist wahr«, so bekennt er, »ich bin frommer Mönch gewesen und habe meinen Orden so streng gehalten, dass ich sagen darf: Ist je ein Mönch in den Himmel gekommen durch Möncherei, so wollt ich auch hineingekommen sein. Das werden mir alle meine Klostergesellen, die mich gekannt haben, bezeugen. Denn ich hätte mich, wenn es noch länger gewährt hätte, zu Tode gemartert mit Wachen, Beten, Lesen und anderer Arbeit.«[602] Es dauert lange, bis Luther die Augen aufgehen, bis er beim Lesen des Römerbriefes erkennt, dass Christus nicht Beispiel, sondern Gnade ist, die wir nicht durch Werke verdienen, sondern »nur« glauben müssen.

Auch bei Ignatius von Loyola finden wir *zunächst* die Frömmigkeit des Imperativs. Nach seiner Entscheidung, nicht mehr Offizier seines Fürsten, sondern Soldat Jesu Christi sein zu wollen, zieht er nach Manresa und versucht durch Nachahmung des leidenden Jesus möglichst viele Verdienste aufzuhäufen – gemäß der lutherischen Frage: »Wie finde ich einen gnädigen Gott?«. Er fastet, geißelt sich, schläft draußen auf einem Stein, versucht sich die härteste Askese aufzuerlegen und wird doch immer unglücklicher, ja denkt sogar an Selbstmord. Und dann erfährt Ignatius ähnlich wie der Reformator in seinem Wittenberger Turmerlebnis eine totale Wendung. Doch während Gott für Luther auch in der Erfahrung der ihn bedingungslos rechtfertigenden Gnade der ganz Andere bleibt, den ich nur im Sprung des Glaubens aus meiner Sünderhaut heraus erreiche, erfährt Ignatius Gott als den, der herabsteigt in diese Welt, der sich mitteilt, und zwar so, dass wir nicht nur seine Empfänger, sondern Subjekte seiner eigenen Selbstmitteilung sind. Ignatius weiß sich vom Vater dem Fleisch gewordenen, herabgestiegenen, fußwaschenden, eucharistischen Jesus Christus »zugesellt« und nennt deshalb seinen später gegründeten Orden die »Gesellschaft Jesu«. So wird er in seinem Exerzitienbüchlein zum großen Wiederentdecker der einzelnen Szenen des Lebens Jesu als der konkreten Gnade, die jeden einzelnen Adressaten je neu und je anders beschenkt (vgl. 9. Kap.!).

Wenn man den Nominalismus als den Beginn der »via moderna« bezeichnet, sind Luther und Ignatius »unmodern« – allerdings nur partiell. Denn Luther verurteilt zwar die Imitatio- bzw. Werkfrömmigkeit der Devotio moderna, bleibt aber dem Gottesbild der Nominalisten treu und

---

602 WA 38,143.

4.1 Trennungen: Nominalismus – Reformation – Aufklärung   295

beschwört den Vorrang der Erfahrung vor dem Denken[603]. Auch Ignatius will den Adressaten seiner Exerzitien einen unmittelbaren, persönlichen Zugang zu Christus vermitteln. Auch er will den biblisch bezeugten Erlöser mit allen Sinnen wahrnehmen[604]. Doch wenn er von einer »imitatio Christi« spricht, dann nicht im Sinne der »devotio moderna«, sondern der *geschenkten* Inklusion des Sünders in den Sohn.

4.1.3 Spielarten des Subjektivismus: Reformation, Pietismus, Aufklärung

So antinominalistisch Luthers Kritik an einer von Christus abstrahierenden Mystik war, so abhängig bleibt sein Denken von den erkenntnistheoretischen Voraussetzungen eines Wilhelm von Ockham und Gabriel Biel. Der Reformator ist insofern ganz eindeutig ein Vertreter der nominalistischen Denkform, als er eine Gott und Schöpfung, Gott und Mensch umgreifende Ordnung ablehnt. Gott ist auch für ihn der ganz Andere. Gewiss, Gott hat sich in Christus mitgeteilt. Aber einsehen mit der eigenen Vernunft können wir die Offenbarung nicht. Im Gegenteil: Die Vernunft wird von Luther als Hure beschimpft[605]. Er plädiert für den Gehorsam des reinen Glaubens. Wahrheit ist aus Luthers Sicht zwar die Person Jesu Christi – also etwas Objektives. Aber jeder einzelne Mensch steht dieser Wahrheit auf eine subjektive Weise gegenüber.

Nur scheinbar überwindet Luther den vom Nominalismus aufgerissenen Graben zwischen Objekt und Subjekt. Es liegt in der Dialektik seines Denkens, dass er in demselben Maße, in dem er die Objektivität des Christusereignisses und der Heiligen Schrift betont, den einzelnen Adressaten jeder Vermittlung beraubt. Jeder Einzelne ist mit der Taufe Priester, Bischof und Papst. Kein Lehramt stellt sich seiner Unmittelbarkeit zu Christus und zur Heiligen Schrift in den Weg. Das gläubige Subjekt ist auf sich allein gestellt. Die Gemeinschaft der Gläubigen ist stets etwas Nachträgliches und Sekundäres.

Luther protestiert gegen jede Ekklesiologie, die von einer konstitutiven Bedeutung der sichtbaren Kirche für das Wesen des Christentums spricht. Selbst da, wo innerreformatorische Streitigkeiten z. B. zwischen

---

603 Vgl. Iserloh, Luther und die Mystik, 93.
604 Vgl. F. Marxer, Die inneren geistlichen Sinne. Ein Beitrag zur Deutung ignatianischer Mystik, Freiburg1963, bes. 80–118.
605 Dazu: K.-H. zur Mühlen, Reformatorische Vernunftkritik und neuzeitliches Denken. Dargestellt am Werk Martin Luthers und Friedrich Gogartens, Tübingen 1980, bes. 63–167.

296   *4. Jesus – bloßer Mittler einer Idee oder eines Glaubens?*

Lutheranern und Calvinisten[606] oder zwischen Calvinisten und Sozinianern[607] zur Einbeziehung dogmatischer Lehrsätze in die Bestimmung der »substantia christianismi« zwangen, hielten alle Reformatoren im Grundsatz fest, dass nicht das, was »außen« ist – der Jesus der Geschichte, das geschriebene Wort, die Dogmen und alles Institutionelle – das Wesen des Christentums beschreibt, sondern einzig und allein die unsichtbar (»sola fide«) angenommene Gnade der Rechtfertigung.

Jakob Arminius (1560–1609), der aus guten Gründen als Wegbereiter der Aufklärung bezeichnet wird, beschreibt die Kirche als eine unsichtbare Wirklichkeit, die von den verschiedenen Institutionen des Christentums nur auf jeweils unterschiedliche Weise symbolisiert wird. Von daher ist aus seiner Sicht jeder Anspruch einer Konfession, die Wahrheit in Gestalt von Lehrsätzen oder in Gestalt einer bestimmten Gemeinschaft sichtbar veranschaulichen zu können, vermessen[608].

Dieselbe Relativierung alles bloß Äußeren findet sich bei den Pietisten Johann Arndt (1555–1621), Philipp Jakob Spener (1635–1705), August Hermann Francke (1663–1727), Nikolaus Ludwig Graf von Zinzendorf (1700–1760) und Gottfried Arnold (1666–1714). Zinzendorf spricht vom »seligen Genießen des Christusheils« und von der Verblendung derjenigen, die durch Lehrsätze, Kirchendisziplin oder Bußgerichte einen Men-

---

606 Die Reformierten galten in den Augen der Lutheraner als Papisten, weil sie eine Einigung auf der Basis bestimmter Fundamentalartikel vorschlugen. Doch auch die Lutheraner konnten die These, das Wesen des Christentums sei eine ausschließlich unsichtbare Wirklichkeit, in der Praxis nicht durchhalten. »Denn um die These vom Abfall der Papstkirche und von der Notwendigkeit der Reformation zu begründen, muss die protestantische Theologie den Nachweis der Entstellung bzw. Verkehrung des Glaubens in seinem Wesen führen und wird dadurch zu einer eindeutigen Bestimmung der letzteren genötigt« (H. Schüssler, Georg Calixt. Theologie und Kirchenpolitik. Eine Studie zur Ökumenizität des Luthertums, Wiesbaden 1961, 46).
607 »Die reformierte Theologie wurde allmählich auch zu einem orthodoxen System. In der Auseinandersetzung mit antikonfessionalistischen Gruppen, die eine weitestgehende Toleranz forderten, kam sie selbst in die Position, die ihr gegenüber die Lutheraner eingenommen haben. Sie musste den Sozinianismus bekämpfen, der mit seiner Leugnung der Trinität den Boden der von allen Konfessionen festgehaltenen Lehre verließ. Dieses Dogma scheint aber nur der vordergründige Streitpunkt gewesen zu sein, der die grundsätzliche Kontroverse überdeckte. Im Sozinianismus waren die Traditionen der Böhmischen Brüderunität, des Täufertums und des radikalen Humanistenflügels gebündelt. Das Christentum war für die Sozinianer eine Anweisung zum rechten Leben und nicht eine zu glaubende Lehre« (H. Wagenhammer, Das Wesen des Christentums. Eine begriffsgeschichtliche Untersuchung [TTS 2], Mainz 1973, 59).
608 Dazu: G. J. Hoenderdaal, Arminius, Jacobus/Arminianismus, in: TRE I (Berlin ²1993) 63–69; hier: 66.

4.1 Trennungen: Nominalismus – Reformation – Aufklärung

schen zum Christen machen wollten[609]. Das wahre Christentum ist, so unterstreicht er, ein herzliches »Immediatverhältnis des Einzelmenschen zu Christus«[610]. Gottfried Arnold verbindet diese Bestimmung mit dem Toleranzgedanken; er verfasst 1688 eine »Unparteiische Kirchen- und Ketzer-Historie« mit dem Ziel, die Ketzer und ihre Sekten zu verstehen und deren Verurteilungen als parteilich zu relativieren. Ohne schon das Wort »Frühkatholizismus« zu benutzen[611], sieht er in der Identifikation des eigentlichen Christentums mit einer rechtlich verfassten und von Menschen bestimmten Institution den großen Abfall vom Ursprung[612].

Von diesen Gedanken Gottfried Arnolds ist es nicht mehr weit zu dem, was man zumeist als Ausweis der Aufklärung bezeichnet. Die protestantischen Theologen Johann Gottlieb Töllner (1724–1774), Johann Joachim Spalding (1714–1804) und Johann Salomo Semler (1725–1791) gehen von der Voraussetzung aus, dass die je vollkommenere Selbstverwirklichung des Menschen identisch ist mit der je vollkommeneren Befolgung des göttlichen Willens. Die Erfahrung der göttlichen Wirklichkeit hat aus der Sicht der Aufklärer jedoch wenig gemein mit dem von ihnen als schwärmerisch abgelehnten Subjektivismus der Pietisten. Denn in der Aufklärung gilt die Formel: *Den Menschen zeichnen seine Religiosität und seine Begabung mit Vernunft aus; von daher darf und kann es keinen Widerspruch geben zwischen Religion und Vernunft*. Während die Pietisten »das Wesentliche« bzw. die »substantia« des Christentums als eine strikt *individuelle*, unsichtbare und letztlich inkommunikable Erfahrung des jeweils einzelnen Gläubigen beschreiben, beantworten die Aufklärer die für sie nach 1770 geradezu typische »Frage nach dem Wesen des Christentums« mit dem Hinweis, dieses sei das *allgemein* jedem um Wahrheit bemühten Menschen Einleuchtende[613]. Da Religion und Vernunft »das Allgemeine« beschreiben, sind sie das Gegenteil des historisch Beding-

---

609 N. L. v. Zinzendorf, Der Teutsche Socrates, Leipzig 1732, 57 – Dazu: F.-H. Philipp, Zinzendorf und die Christusmystik des frühen 18. Jahrhunderts, in: Glaube – Geist – Geschichte (FS Ernst Benz), hg. v. G. Müller u. W. Zeller, Leiden 1967, 339–342.
610 P. Baumgart, Zinzendorf als Wegbereiter historischen Denkens, Lübeck 1960, 35.
611 Dazu: H. Wagner, Für ein »inwendiges Reich Gottes«. Die Theologie des Pietisten Gottfried Arnold, in: Una Sancta 26 (1971) 339–346; J. Wallmann, Johann Arndt und die protestantische Frömmigkeit, in: Chloe 2 (1984) 50–74.
612 Vgl. G. Arnold, Die erste Liebe der Gemeinen Jesu Christi – das ist Wahre Abbildung der ersten Christen nach ihrem lebendigen Glauben und Leben, Frankfurt ²1700, 132.
613 Auf diesen Unterschied zwischen Pietismus und Aufklärung verweisen erstmals die immer noch lesenswerten Beiträge von Heinrich Hoffmann: Die Frage nach dem Wesen des Christentums in der Aufklärungstheologie, in: Harnack-Ehrung, Leipzig 1921, 353–365; Zum Aufkommen des Begriffs ›Wesen des Christentums‹, in: ZKG 45 (1926) 452–459.

ten. Ausdrücklich definiert Johann Salomo Semler das Historische als das Begrenzte bzw. Nicht-Allgemeine[614]. Das Wesen des Christentums ist aus seiner Sicht das, was übrig bleibt, wenn man die geschichtlich bedingten Lehren und Gestalten als vorübergehende Ausdrucksformen einer streng allgemeinen und ewigen Wahrheit durchschaut hat[615]. Er bezeichnet die »allgemeine, unveränderliche, wahre und geistliche Religion [...] deswegen als *christlich* [...], weil Christus mehr als die andern vom Geist der allgemeinen, unveränderlichen, wahren und geistlichen Religion erfasst war«[616]. Jedenfalls bedeutet das Christusereignis und dessen Bezeugung durch das Wort der Schrift aus der Sicht von Semler keine inhaltliche Erweiterung der schon mit der Schöpfung gegebenen »natürlichen Offenbarung«[617]. Das Christentum, das die natürliche Religiosität der Menschen entfaltet, ist – so betont er in allen seinen Schriften – ein »moralisches« Christentum, das nicht mit Lehrbegriffen oder Institutionen, sondern »mit Sanftmut, mit herzlicher Verträglichkeit, mit Wohltun, mit innigster Ergebenheit in Gott«[618] zu identifizieren ist.

Hier kann nicht entschieden werden, in welchem Maße die Aufklärung und näherhin der mit ihr verbundene Hiatus zwischen Empirismus und Rationalismus[619], zwischen Außen und Innen, zwischen Geschichte

---

614 Vgl. J. S. Semler, Ueber historische, gesellschaftliche und moralische Religion der Christen, Leipzig 1786, 43–70.
615 Dazu: H. H. R. Schulz, Johann Salomo Semlers Wesensbestimmung des Christentums, Würzburg 1988, 206–221.
616 F. X. Bantle, Unfehlbarkeit der Kirche in Aufklärung und Romantik. Eine dogmengeschichtliche Untersuchung für die Zeit der Wende vom 18. zum 19. Jahrhundert (FThSt 103), Freiburg 1976, 253.
617 Vgl. A. Schilson, Geschichte im Horizont der Vorsehung. G. E. Lessings Beitrag zu einer Theologie der Geschichte (TTS 3), Mainz 1974, 149f.
618 E. Hirsch, Geschichte der neuern evangelischen Theologie im Zusammenhang mit den allgemeinen Bewegungen des europäischen Denkens, Bd. IV, Gütersloh ³1964, 164f.
619 Die nominalistische Denkform evoziert mit logischer Konsequenz die Alternative zwischen Empirismus und Rationalismus, zwischen dem Primat des »Außen« und dem Primat des »Innen«, zwischen induktiver und deduktiver Methode. Die induktive Methode geht von den Gegebenheiten der Erfahrung aus und sucht von daher aufsteigend allgemeine Gesetze zu formulieren (Empirismus). Die deduktive Methode geht von ersten, rein rational einsichtigen Prinzipien aus, von denen alle weiteren Erkenntnisse durch logische Deduktion abgeleitet werden (Rationalismus). In der Naturwissenschaft des 17. Jhs. kommen beide Methoden zur Einheit: einerseits die Erfahrung, methodisch durchgeführt in Experiment und Beobachtung, andererseits die Anwendung exakt mathematischen Denkens, das die physikalischen Vorgänge erfasst und auf Gesetze bringt bzw. ordnet. Wenn es aber um den ersten Ausgangspunkt und die ersten Prinzipien gesicherter Erkenntnis von Wirklichkeit geht, dann ist die besagte Alternative unvermeidlich zwischen der »empiristischen« These (Locke, Hume, Berkeley), dass alle Erkenntnis in der »experientia rerum« gründet; und der »rationalistischen« These (Descartes, Leibniz, Wolff), dass alles unumstößliche Wissen in den apriorischen Gewissheiten der Vernunft verankert ist.

und Vernunft Folge des Nominalismus und/oder Folge der Reformation ist. Jedenfalls gibt es Zusammenhänge zwischen der vom Nominalismus eingeleiteten »Wende zum Subjekt«, der von Luther betonten Unmittelbarkeit des Einzelnen zu Christus und dem von der Aufklärung getragenen Aufruf zur Selbstbefreiung von allen Formen der Bevormundung und Abhängigkeit. Walther von Loewenich hat diesen Zusammenhang exemplarisch dargestellt in seinen Arbeiten über Luther und Lessing, über Luther und den »Neuprotestantismus«[620].

4.2 Der garstig breite Graben zwischen den zufälligen Fakten der Geschichte und den notwendigen Wahrheiten der Vernunft

Ernst Cassirer bezeichnet die Christologie der Aufklärung als den Ort, an dem die Aufklärung Geschichte und Vernunft auseinanderreißt[621]. Schon in dem von Baruch de Spinoza verfassten »Tractatus theologico-politicus« (1670) findet sich eine betont kritische Betrachtung der biblischen Überlieferungen. Sie wird befördert durch den von René Descartes zur Methode erklärten Zweifel, und sie erlebt in Frankreich einen ersten Höhepunkt mit der von Richard Simon (1638–1712) vorgetragenen Unterscheidung zwischen Offenbarung und Schrift[622]. Mehr aber noch als das Land des Rationalismus (Frankreich) wird das Land des Empirismus (England) zum Kernland der Bibelkritik[623]. Unter der empiristischen Voraussetzung, dass alle Wahrheit dem Menschen von außen vermittelt wird, erweisen die Engländer Herbert von Cherbury (1583–1648) und John Toland (1670–1722) jede Erkenntnis als relativ, weil geschichtlich

---

620 Vgl. W. v. Loewenich, Luther und Lessing (SGV 232), Tübingen 1960; ders., Luther und der Neuprotestantismus, Witten 1963.
621 Vgl. E. Cassirer, Die Philosophie der Aufklärung, Tübingen 1932, 262.
622 Der Katholik Richard Simon betont gegenüber dem Protestantismus, dass die Offenbarung eine Person und nicht eine Schrift ist; und dass die Schrift, die als »Heilige Schrift« tradiert wird, eine von der Kirche getroffene Auswahl ist; und dass deshalb die historische Kritik den Glauben der Kirche nicht zerstört, sondern läutert. Dazu: S. Müller, Richard Simon (1638–1712). Exeget, Theologe, Philosoph und Historiker. Eine Biographie, Würzburg 2005; ders., Kritik und Theologie. Christliche Glaubens- und Schrifthermeneutik nach Richard Simon (1638–1712), in: MThZ 56 (2005) 212–224.
623 Dazu umfassend: E. Hirsch, Geschichte der neuern evangelischen Theologie im Zusammenhang mit den allgemeinen Bewegungen des europäischen Denkens, Bd. I, Darmstadt ²1960, 292–344.

300   4. Jesus – bloßer Mittler einer Idee oder eines Glaubens?

bedingt. Induktiv lassen sich auch aus ihrer Sicht einige Grundsätze und Regeln eruieren, die allen geschichtlich bedingten Erscheinungen des Christentums und der anderen Religionen gemeinsam sind. Aber gültig sind auch diese »dogmata« nur solange, wie sie sich als der Moral nützlich erweisen.

4.2.1 Die erste Phase der so genannten »Leben-Jesu-Forschung«

Der Fachbegriff »Leben-Jesu-Forschung« bezieht sich zunächst auf eine Welle von Jesus-Büchern, die den altprotestantischen Glauben an eine sich selbst auslegende Bibel über Bord werfen und den Literalsinn der Texte von den interessegeleiteten Interpretationen der Kirche zu trennen versuchen. Insgesamt unterscheidet man drei Phasen, von denen die erste (»first quest«) mit der Aufklärung einsetzt und in den von William Wrede (1859–1906) repräsentierten Versuch mündet, die biblischen Schriften ohne dogmatische Prämissen ausschließlich traditions- und religionsgeschichtlich zu verstehen.

4.2.1.1 Die Aushebung des Grabens:
Hermann Samuel Reimarus und Gotthold Ephraim Lessing

Die in England und Frankreich längst fortgeschrittene Kritik an allen konkreten Inhalten und Formen des Christentums verbreitete sich in Deutschland mit Verspätung und zunächst mit großer Zurückhaltung[624]. Von daher überrascht es kaum, dass der Hamburger Orientalist Hermann Samuel Reimarus (1694–1768) seine historisch-kritische Betrachtung der Evangelien nur mit einem Freundeskreis diskutieren, nicht aber veröffentlichen wollte. Nach seinem Tod übergaben sein Sohn und seine älteste Tochter Teile davon an Gotthold Ephraim Lessing (1729–1781), der sieben Fragmente unter dem Titel »Wolfenbütteler Fragmente eines Ungenannten« publiziert hat: das erste Fragment 1774, fünf weitere 1777, das letzte 1778.

Das sechste Fragment »Über die Auferstehungsgeschichte« und das siebte Fragment »von dem Zwecke Jesu und seiner Jünger« versuchen, das Christentum als Schwindelunternehmen zu diskreditieren. Emanuel Hirsch bietet das folgende Resümée:

---

624 Die mehr exegetisch und streng wissenschaftlich ausgerichtete Grundlegung der historischen Kritik schreitet zielstrebig über J. A. Ernesti und J. D. Michaelis bis zu einem ersten Höhepunkt bei J. S. Semler voran, ohne dabei die kritische Wendung gegen Kirche und Glauben zu vollziehen.

»Das Bild, das Reimarus sich von der Auferstehungsgeschichte und damit vom geschichtlichen Ursprung des Christentums macht, ist demnach folgendes. Den Jüngern Jesu brechen mit Gefangennahme und Kreuzigung ihres Meisters alle die glänzenden Hoffnungen, die für sie sich mit der bevorstehenden Machtergreifung Jesu verbunden hatten, zusammen. Nun waren sie Menschen, denen eingestandenermaßen an Glanz und Herrlichkeit alles lag. Da war für sie die Versuchung gegeben, unter Ausnützung der Phantastik, welche in einzelnen jüdischen Kreisen die Reichshoffnung mit seltsamen apokalyptischen Erörterungen vermischt hatte, aus den Anhängern Jesu eine Gemeinschaft zu schmieden, die ganz zu ihrer eignen Verfügung stand. In der reichen angesehenen Stellung der Leiter dieser Gemeinschaft lag ein gewisser Ersatz für das ihnen Entgangne. So leerten sie das Grab, erdichteten Erscheinungen und Mitteilungen des Auferstandnen, der eine so, der andre so, und bauten das christliche System auf, das im Neuen Testamente außer den Evangelien allein herrscht: geistliche Erlösung, Gemeinschaft der an den Auferstandnen Gläubigen, baldige Wiederkunft Jesu zum Gericht, Eingang seiner Gläubigen ins Himmelreich. So entstand die christliche Kirche. Im Fortgang ihrer Entwicklung hat sie das bei den Aposteln noch einfache System von Lehren und Bräuchen kunstvoll ausgebildet, die falsche Weissagung der Apostel von der Wiederkunft Christi im Lauf eines Menschenalters durch Spitzfindigkeiten umgedeutet und so allmählich beseitigt. Sie hat ferner den im Neuen Testament völlig missglückten Beweis des neuen christlichen Systems aus dem Alten Testamente glaubhafter zu gestalten sich bemüht. Die Entgegensetzung wider das Judentum hat sich mit dieser Entwicklung verschärft.«[625]

Hatten bereits die fünf 1777 publizierten Fragmente einen Sturm der Entrüstung hervorgerufen, so brachte das Fragment mit dem Titel »Von dem Zwecke Jesu und seiner Jünger« das Fass zum Überlaufen. Albert Schweitzer nennt dieses Fragment die »Ouvertüre der kommenden Leben-Jesu-Forschung« und schreibt: »Selten war ein Hass so beredt, selten ein Hohn so großartig; selten aber auch ein Werk in dem berechtigten Bewusstsein einer so absoluten Superiorität über die zeitgenössischen Anschauungen geschrieben.«[626]

Reimarus unterscheidet in dem Fragment mit dem Titel »Von dem Zwecke Jesu und seiner Jünger« das auf historischen Fakten beruhen-

---

625 Hirsch, Geschichte der neuern evangelischen Theologie IV, 151.
626 A. Schweitzer, Geschichte der Leben-Jesu-Forschung, Gütersloh ³1977, 58.

4. Jesus – bloßer Mittler einer Idee oder eines Glaubens?

de »Systema« des verkündigenden Jesus von dem auf Phantasie und Wunschdenken beruhenden »Systema« der Apostel[627].

Ohne den wahren Autor der veröffentlichten Fragmente »eines Ungenannten« preiszugeben, hat sich Lessing selbst an dem vor allem zwischen protestantischen Theologen geführten Streit beteiligt[628]. Gegen den Hamburger Hauptpastor Goeze stellt er die These, ein Protestantismus, der den Gehorsam gegenüber dem Papst in Rom mit dem Gehorsam gegenüber dem Buchstaben der Schrift vertausche, verrate das Grundanliegen Luthers[629]. Lessing will aus historischen Gründen klar unterscheiden

---

[627] »Da nun die Geschichte Jesu bei seinen Jüngern, nach geändertem Systemate, in den wichtigsten Punkten anders lautet, als sie vorhin würde gelautet haben; da sie Dinge, worauf ihr neues Systema hauptsächlich ankömmt, als geschehen erzählen, wovon sie doch vor der Änderung ihres Systematis nicht das geringste gewusst; und andre Dinge aus der Geschichte weglassen, woran sie vor der Änderung ihres Systematis notwendig müssen gedacht haben: so richtet sich ihr neues Systema nicht nach der Geschichte, sondern die Geschichte muss sich nach ihrem neuen Systemate richten. Nämlich, so lange sie noch Jesu wirkliche Reden und Verrichtungen in seinem Leben vor Augen hatten, hofften sie, er sollte Israel zeitlich erlösen, und ihr Systema gründete sich bloß auf Fakta. Nun aber, da ihnen die Hoffnung fehl schlägt, ändern sie in ein paar Tagen ihr ganzes Systema, und machen ihn zu einem leidenden Erlöser aller Menschen: darauf ändern sich auch ihre Fakta, und Jesus muss in seinem Leben Dinge gesagt und verheißen, ja der ganze Rat desfalls getan haben, davon sie vorhin nicht das mindeste gewusst. Wo sich nun das Systema nicht nach der Geschichte richtet, sondern die Geschichte nach dem Systemate richten muss: da sind beides, Geschichte und Systema, in so ferne ungegründet. Die Geschichte, weil sie nicht aus den Begebenheiten selbst, und der daraus entstehenden Erfahrung und Erinnerung, hergenommen sind, sondern bloß darum als geschehen erzählet werden, damit sie mit der neuen und geänderten Hypothesi oder dem neuen Systemate überein stimmen. Das Systema aber; weil es sich auf Fakta beziehet, die erst nach dem gefassten Systemate in den Gedanken der Schreiber entstanden, und also bloß ersonnen und falsch sind. So viel steht demnach aus der Jünger Jesu, und besonders aus der Evangelisten ihrem zwiefachen und ganz geänderten Betragen, von der wahren Absicht, die Jesus in seinen Reden und Verrichtungen gehabt, schließen lässet: so können wir nicht anders denken, als dass ihr erstes Systema von einer vorgehabten weltlichen Erlösung Israels gegründet und wahr gewesen; und dass sie nur wegen fehlgeschlagener Hoffnung nach seinem Tode ein ander Systema seiner Absichten, nämlich ein leidender geistlicher Erlöser der Menschen zu werden, ersonnen, und darnach die Erzählung seiner Reden und Verrichtungen abgefasset haben, folglich diese Erzählung und Systema soferne ungegründet und falsch sei« (H. S. Reimarus, Von dem Zwecke Jesu und seiner Jünger, in: G. E. Lessing, Gesammelte Werke, hg. v. P. Rilla, Bd. VIII. Philosophische und theologische Schriften II, Berlin 1956, 254–376; 313f).
[628] Zur Kontroverse Lessings mit dem Hamburger Hauptpastor Johann Melchior Goeze (1717–1786): G. Freund, Theologie im Widerspruch. Die Lessing-Goeze-Kontroverse, Stuttgart 1989.
[629] »Der wahre Lutheraner will nicht bei Luthers Schriften, er will bei Luthers Geiste geschützt sein; und Luthers Geist erfordert schlechterdings, dass man keinen Menschen, in der Erkenntnis der Wahrheit nach seinem eigenen Gutdünken fortzugehen, hindern muss. Aber man hindert alle daran, wenn man auch nur einem verbieten

4.2 Der garstig breite Graben

zwischen der Geschichte Jesu, der Entstehung einer Jesus-Gemeinde und der erst relativ späten Sammlung von Jesus-Zeugnissen durch diese Gemeinde. Er will die Wahrheit des Christentums nicht leugnen, sondern lediglich zeigen, dass eine auf die Bibel gegründete Wahrheit so relativ ist wie jede andere Interpretation von historischen Fakten auch. Wenn das Christentum wahr ist, dann aus seiner Sicht, weil es eine jedem vernunftbegabten Wesen a priori zugängliche Wahrheit ins Wort fasst.

Auf den wenigen Seiten, die Lessing 1777 unter dem Titel »Beweis des Geistes und der Kraft« publiziert hat, bringt er seine Position auf den Punkt:

»Wenn keine historische Wahrheit demonstrieret werden kann: so kann auch nichts durch historische Wahrheiten demonstrieret werden. Das ist: zufällige Geschichtswahrheiten können der Beweis von notwendigen Vernunftwahrheiten nie werden. Ich leugne […] gar nicht, dass in Christo Weissagungen erfüllet worden; ich leugne gar nicht, dass Christus Wunder getan: sondern ich leugne, dass diese Wunder, seitdem ihre Wahrheit völlig aufgehöret hat, durch noch gegenwärtig gangbare Wunder erwiesen zu werden; seitdem sie nichts als Nachrichten von Wundern sind, (mögen doch diese Nachrichten so unwidersprochen, so unwidersprechlich sein, als sie immer wollen:) mich zu dem geringsten Glauben an Christi anderweitige Lehren verbinden können und dürfen. […] Wenn ich folglich historisch nichts darwider einzuwenden habe, dass Christus einen Toten erweckt: muss ich darum für wahr halten, dass Gott einen Sohn habe, der mit ihm gleiches Wesens sei? In welcher Verbindung steht mein Unvermögen, gegen die Zeugnisse von jenem etwas Erhebliches einzuwenden, mit meiner Verbindlichkeit etwas zu glauben, wogegen sich meine Vernunft sträubet? […] Aber nun mit jener historischen Wahrheit in eine ganz andre Klasse von Wahrheiten herüber springen, und von mir verlangen, dass ich alle meine metaphysischen und moralischen Be-

---

will, seinen Fortgang in der Erkenntnis andern mitzuteilen. Denn ohne diese Mitteilung im einzeln ist kein Fortgang im Ganzen möglich. Herr Pastor, wenn Sie es dahin bringen, dass unsere lutherschen Pastores unsere Päpste werden; – dass diese uns vorschreiben können, wo wir aufhören sollen, in der Schrift zu forschen; – dass diese unserm Forschen, der Mitteilung unsers Erforschten, Schranken setzen dürfen: so bin ich der erste, der die Päpstchen wieder mit dem Papste vertauscht. – Hoffentlich werden mehrere so entschlossen, denken, wenn gleich nicht viele so entschlossen reden dürften. Und nun, Herr Pastor, arbeiten Sie nur darauf los, so viele Protestanten, als möglich, wieder in den Schoß der katholischen Kirche zu scheuchen« (G. E. Lessing, Anti-Goeze, in: Ders., Gesammelte Werke, hg. v. P. Rilla, Bd. VIII. Philosophische und theologische Schriften II, Berlin 1956, 202–253.377–406.417–474; hier: 205f).

griffe darnach umbilden soll; mir zumuten, weil ich der Auferstehung Christi kein glaubwürdiges Zeugnis entgegen setzen kann, alle meine Grundideen von dem Wesen der Gottheit darnach abzuändern: wenn das nicht eine μετάβασις εἰς ἄλλο γένος ist; so weiß ich nicht, was Aristoteles sonst unter dieser Benennung verstanden. [...] Das, das ist der garstige breite Graben, über den ich nicht kommen kann, so oft und ernstlich ich auch den Sprung versucht habe. Kann mir jemand hinüber helfen, der tu' es; ich bitte ihn, ich beschwöre ihn. Er verdienet ein Gotteslohn an mir.«[630]

Den hohen Anforderungen der Vernunft kann die stets nur hypothetisch gewisse historische Wahrheit nicht entsprechen. Wenn also das Christentum nur in historischen Ereignissen und deren stets hypothetischer Interpretation gründet, dann kann es nur die Wahrheit einer zeitbedingten Interpretationsgemeinschaft vertreten. Deshalb – so folgert Lessing – gibt es für alle Christen, die sich als vernunftbegabte Menschen verstehen, nur eine Alternative: Entweder sucht man die Wahrheit in der Geschichte; dann ist sie immer vorläufig, zeit- und situationsbedingt und also relativ. Oder man sucht die Wahrheit in dem, was allen Menschen aller Zeiten und Orte als gewiss einleuchtet; dann erscheint sie als notwendig und universal[631].

Allerdings schränkt Lessing diese Position ein. Bei aller Kritik gegenüber jeder historischen Beweisführung bleibt sein Vernunftbegriff insofern empirisch bestimmt, als Erfahrungen, die der Einzelne selbst macht, tragfähige und vor der Vernunft gültige Begründungen darstellen können. Deshalb unterscheidet er wiederholt zwischen selbst erlebten und nur berichteten Wundern. Während die ersteren überzeugen, verursachen die letzteren zumindest Zweifel.

Die Kontroversen Lessings mit dem Hamburger Pastor Goeze enden mit dem vom Braunschweiger Herzog verhängten Entzug der Zensurfreiheit. Doch diese Maßnahme hinderte ihn nicht an dem Versuch, seine theologischen Überzeugungen in das Gewand belehrender Literatur zu kleiden. 1778 holte Lessing einen schon 1750 begonnenen Dramen-Entwurf hervor, 1779 erschien »Nathan der Weise«. In der berühmt geworde-

---

630 G. E. Lessing, Über den Beweis des Geistes und der Kraft, in: Ders., Gesammelte Werke, hg. v. P. Rilla, Bd. VIII. Philosophische und theologische Schriften II, Berlin 1956, 9–16; 12–14.
631 Schon Gottfried Wilhelm Leibniz (Philosophische Werke, hg. v. A. Buchenau u. E. Cassirer, Bd. II, Leipzig ²1924, 443) unterscheidet strikt zwischen »zwei Arten von Wahrheiten, nämlich Vernunft- und Tatsachenwahrheiten. Die Vernunft-Wahrheiten sind notwendig und ihr Gegenteil ist unmöglich, die Tatsachen-Wahrheiten dagegen sind zufällig und ihr Gegenteil ist möglich.«

4.2 Der garstig breite Graben

nen »Ringparabel«[632], dem Kernstück des Dramas, betont der Sultan, dass die Religionen doch wohl zu unterscheiden wären. Nathan entgegnet:

> »Und nur von Seiten ihrer Gründe nicht. Denn gründen alle sich nicht auf Geschichte? Geschrieben oder überliefert! – Und Geschichte muss doch wohl allein auf Treu und Glauben angenommen werden? – Nicht? – Nun, wessen Treu und Glauben zieht man denn am wenigsten in Zweifel? Doch der Seinen? Doch deren Blut wir sind? Doch deren, die von Kindheit an uns Proben ihrer Liebe gegeben? Die uns nie getäuscht, als wo getäuscht zu werden uns heilsamer war? – Wie kann ich meinen Vätern weniger als du den deinen glauben? Oder umgekehrt. Kann ich von dir verlangen, dass du deine Vorfahren Lügen strafst, um meinen nicht zu widersprechen? Oder umgekehrt. Das nämliche gilt von den Christen. Nicht?«[633]

Auch hier unterstreicht Lessing die Relativität alles geschichtlich Bedingten und erklärt die Präferenz für jeweils eine der geschichtlichen Gestalten von Religion durch das zufällige Hineingeborenwerden in eine von ihnen. Objektiv betrachtet kann es nur für die Religion eine Präferenz geben, die sich als überlegene moralisierende Kraft erweist.

Lessing will also nicht der Gleichgültigkeit das Wort reden. In seinem 1780 erschienenen Traktat mit dem Titel »Die Erziehung des Menschengeschlechts« bezeichnet er die gesamte Geschichte der Menschheit und insbesondere die Religionsgeschichte als Erziehung des Menschengeschlechts durch den einen und einzigen Schöpfer und Herrn. Unter der Voraussetzung, dass die Geschichte bestenfalls die Vermittlung des Menschen zu seiner Eigentlichkeit – zur Aufklärung seiner selbst über die ihm immer schon eingestiftete Wahrheit – sein kann[634], hält Lessing ein Kriterium zur Unterscheidung wertvoller von weniger wertvollen Traditionen in der Hand. Nachdem die ursprüngliche Offenbarung an den

---

632 Dazu: H. Waldenfels, Begegnung der Religionen (Begegnung 1), Bonn 1990, 320–335.
633 G. E. Lessing, Nathan der Weise, in: Ders., Gesammelte Werke, hg. v. P. Rilla, Bd. II. Dramen, Dramenfragmente, Berlin ²1968, 319–481; 405f.
634 »§ 4: Erziehung gibt dem Menschen nichts, was er nicht auch aus sich selbst haben könnte: sie gibt ihm das, was er aus sich selber haben könnte, nur geschwinder und leichter. Also gibt auch die Offenbarung dem Menschengeschlecht nichts, worauf die menschliche Vernunft, sich selbst überlassen, nicht auch kommen würde: sondern sie gab und gibt ihm die wichtigsten Dinge nur früher« (G. E. Lessing, Die Erziehung des Menschengeschlechts, in: Ders., Gesammelte Werke, hg. v. P. Rilla, Bd. VIII. Philosophische und theologische Werke II, Berlin 1956, 590–615; 591). – Zum Verhältnis von Geschichte bzw. Offenbarung und Vernunft bei Lessing vgl. die umfassende Analyse von: A. Schilson, Geschichte im Horizont der Vorsehung. G. E. Lessings Beitrag zu einer Theologie der Geschichte (TTS 3), Mainz 1974, bes. 89–179.

4. Jesus – bloßer Mittler einer Idee oder eines Glaubens?

ersten Menschen in ihrer Lauterkeit getrübt worden war (§ 6), wählte sich Gott ein einzelnes Volk zu seiner besondern Erziehung, und zwar »das ungeschliffenste und verwildertste, um mit ihm ganz von vorne anfangen zu können« (§ 8). In diesem Volk erzog er »die künftigen Erzieher des Menschengeschlechts« (§ 18) und ließ diese ein »Elementarbuch« (§ 26) verfassen, das aber wegen seiner zeitbedingten Mängel nur vorläufig von Wert war (§§ 47–52). Darum musste schließlich »ein beßrer Pädagog« kommen und »dem Kinde das erschöpfte Elementarbuch aus den Händen reißen. – Christus kam« (§ 53).

Wenn man Lessing mit Reimarus vergleicht, fällt auf, dass es ihm nicht um die Eruierung des wahren Jesus, sondern ausschließlich um die Unabhängigkeit des wahren Christentums vom Jesus der Geschichte ging. Sein Interesse ist kein destruktives, sondern ein konstruktives. Weil das Christentum der Inbegriff des Vernünftigen ist, ist es aus seiner Sicht unabhängig von den Zufälligkeiten der Geschichte und unzerstörbar durch Angriffe auf seine historische Basis. Lessing unterscheidet in seiner Kontroverse mit Goeze über die Fragmente des Reimarus zwischen Bibel und Religion, Buchstabe und Geist, hermeneutischer und innerer Wahrheit.

Wer die so genannte Leben-Jesu-Forschung bei Reimarus einsetzen lässt, sollte sorgfältig unterscheiden zwischen den Jesus-Büchern, denen es vorwiegend um eine Destruktion des kirchlichen Dogmas geht, und solchen, die das wahre (verstanden als das »vernunftgemäße«) Christentum unabhängig machen wollen von der historischen Kritik und deren Interpretationen.

Als exemplarisch für die erste Gattung nennt Albert Schweitzer die »Jesus-Romane«[635] von
- Karl-Friedrich Bahrdt (1741–1792)[636],

---

635 Karl Friedrich Bahrdt, Ausführung des Plans und Zwecks Jesu. In Briefen an Wahrheit suchende Leser, 11 Bde., Berlin 1784–92; Karl Heinrich Venturini, Natürliche Geschichte des großen Propheten von Nazareth, 4 Bde., Kopenhagen ²1806.
636 Albert Schweitzer (Geschichte, 83) vermittelt folgende Zusammenfassung der von Bahrdt konstruierten »Endereignisse« des »vom Glauben der Kirche gereinigten und also wahren Lebens Jesu«: »Nikodemus, Haram und Lukas haben sich in einer Höhle zusammengefunden, um zu beratschlagen, wie man das Ende Jesu planmäßig herbeiführen könne. Lukas garantiert, dass der Herr, auf Grund von Arzneien, die er ihm gibt, die äußersten Schmerzen und Leiden aushalten kann und noch dem Tod einen langen Widerstand entgegenzusetzen imstande ist. Nikodemus macht sich anheischig, im Hohen Rate alles so zu führen, dass die Verurteilung und die Hinrichtung Schlag auf Schlag folgen und der Gekreuzigte nur kurze Zeit am Kreuz bleibt. In diesem Augenblick stürzt Jesus in die Höhle. Er hat kaum Zeit gehabt, den Stein, der den Eingang verdeckt, hinter sich zu schließen, so nahe sind ihm gedungene Meuchelmörder auf den Fersen. Er selbst ist entschlossen zu sterben. Nur muss verhütet werden, dass er einfach erdolcht wird, sonst ist alles aus. Die Schwierigkeit besteht darin, dass man den Hohen Rat zwingt, ihn demnächst gefangen zu nehmen

4.2 Der garstig breite Graben

- Karl Heinrich Venturini (1768–1849)[637]
- und Ernest Renan (1823–1892)[638].

Als ebenso exemplarisch für die zweite Richtung würdigt er die entsprechenden Werke von David Friedrich Strauß (1808–1874)[639].

---

und zu verurteilen. Fällt er durch einen Dolch, so ist keine Wiederbelebung möglich. Zuletzt gelingt es, alles richtig zu inszenieren. Jesus provoziert die Behörden durch den messianischen Einzug. Die geheimen Essener im Hohen Rat betreiben seine Verhaftung und setzen seine Verurteilung durch. Fast hätte Pilatus alles vereitelt und ihn freigegeben. Jesus bekundet durch Aufschreien und alsbaldiges Sinkenlassen des Kopfes einen raschen Tod. Der Hauptmann war bestochen, dass er ihm kein Bein brechen ließ. Dann kommt Joseph von Ramath, so heißt Joseph von Arimathia bei Bahrdt, nimmt den Leichnam und stellt in der Essenerhöhle Wiederbelebungsversuche an. Da Lukas den Körper des Messias durch stärkende Mittel vorbereitet hatte, um die entsetzlichen Misshandlungen, Umherschleppungen, Prügel und endlich die Kreuzigung selbst aushalten zu können, waren die Wiederbelebungsversuche von Erfolg gekrönt. In der Höhle wurde er ausgezeichnet genährt. ›Seine Wunden, da seine Säfte vollkommen gesund waren, heilten sehr leicht, und er konnte den dritten Tag schon wieder auftreten, ohngeachtet die Löcher noch offen waren, welche die Nägel ihm gemacht hatten.‹ Am Morgen des dritten Tages drängten sie den Stein, der das Grab schloss, von innen heraus weg. Als er über den Felsen des Berges herabstürzte, erwachte die Wache und ergriff die Flucht. Einer der Essener tritt als Engel zu den Weibern und kündigt ihnen die Auferstehung Jesu an.«

637 Vgl. Schweitzer, Geschichte, 84–87.
638 Vgl. Schweitzer, Geschichte, 207–218. – Nicht zuletzt auf Grund einer intensiven Befassung mit der deutschen Philosophie und Theologie beschließt Ernest Renan, das Priesterseminar Saint-Sulpice in Paris zu verlassen und mit dem Katholizismus zu brechen. In seinem Traktat »L'avenir de la science« (1848/49) entwirft er die neuprotestantisch inspirierte Utopie einer vollendeten Gesellschaftsordnung. Als Religion der Zukunft schwebt ihm ein von Dogmen gereinigtes Christentum vor. Wie diese »religion pure« aussehen soll, zeigt er in seiner Jesus-Biografie. Dazu: K. Novak, Symbolisierung des Unendlichen. Ernest Renan und sein Verhältnis zum Protestantismus, in: ZKG 109 (1998) 24–65. Albert Schweitzer schildert Renan als ästhetisierenden Schwätzer ohne jedes ehrliche Hören auf die Aussage der von ihm willkürlich manipulierten Quellen. Wörtlich bemerkt er: »Es gibt kaum ein Werk, das so von Geschmacklosigkeiten – und der grauenhaftesten Art – wimmelt, wie Renans Leben-Jesu. Es ist ›christliche Kunst‹ im schlechtesten Sinne des Wortes, Wachsfigurenkunst. Den sanften Jesus, die schönen Marien und minniglichen Galiläerinnen, die das Gefolge des ›charmanten Tischlers‹ bilden, hat er mitunter aus den Schaufenstern der christlichen Buchhandlungen der Place Saint-Sulpice gestohlen« (208).
639 D. F. Strauß, Das Leben Jesu kritisch bearbeitet, 2 Bde., Tübingen 1835–36 (3. veränderte Aufl. Tübingen 1838–39; 4. mit der ersten wieder zusammenstimmende Aufl. 1840); ders., Das Leben Jesu für das deutsche Volk bearbeitet, Leipzig 1864; ders., Der Christus des Glaubens und der Jesus der Geschichte. Eine Kritik des Schleiermacherschen Lebens Jesu, Berlin 1865.

4.2.1.2 Jesus als Mittler der Idee der Einheit von Gott und Mensch: David Friedrich Strauß

Voll Bewunderung für das zweibändige »Leben Jesu« des erst 27 Jahre alten Tübinger Stiftlers bemerkt Schweitzer: »Als literarisches Werk gehört Straußens erstes Leben Jesu zum Vollendetsten, was die wissenschaftliche Weltliteratur kennt. Über vierzehnhundert Seiten, und kein Satz zuviel; ein Zerlegen bis in die geringsten Details und kein Sichverlieren in Kleinigkeiten; der Stil einfach, reich an Bildern, zuweilen ironisch, aber immer vornehm und würdig.«[640] Es ist offensichtlich, dass Strauß das Christentum nicht demontieren, sondern gegen die historische Kritik immunisieren wollte. Er beteiligt sich deshalb nicht an den zu seiner Zeit üblichen Versuchen der von ihm als Rationalisten gescholtenen Exegeten, die möglichst jedes biblisch bezeugte Wunder um jeden Preis natürlich erklären wollen. Stattdessen lässt er die Wunder so stehen, wie sie erzählt werden, und bezeichnet sie insgesamt als »Mittel der Darstellung«. Sie sind aus seiner Sicht keine Tatsachenberichte, sondern eher so etwas wie Mittel zur Veranschaulichung der Sendung Jesu. Ausdrücklich weist Strauß den gegen ihn erhobenen Vorwurf zurück, er wolle die gesamte Geschichte Jesu zu einem Mythos erklären. Und in der Tat: Es geht ihm ja um das Unveränderliche, um das zeitlos Gültige, um das unverbrüchlich Wahre des christlichen Glaubens, wenn er das, was er »Mythos« nennt, als zeitbedingte Schale vom zeitenthobenen Kern unterschieden wissen will. Einleitend bemerkt er: »Christi übernatürliche Geburt, seine Wunder, seine Auferstehung und Himmelfahrt, bleiben ewige Wahrheiten, so sehr ihre Wirklichkeit als historischer Faktor angezweifelt werden mag. Nur die Gewissheit davon kann unserer Kritik Ruhe und Würde geben, und sie von der naturalistischen voriger Jahrhunderte unterscheiden, welche mit dem geschichtlichen Faktum auch die religiöse Wahrheit umzustürzen meinte, und daher notwendig frivol sich verhalten musste.«[641]

Strauß reduziert die Wunderfrage von einer »quaestio facti« auf eine »quaestio significationis« und lässt nur einige von den Synoptikern bezeugte Daten als relativ gesichert gelten[642]. Sein Ziel ist die möglichst

---
640 Schweitzer, Geschichte, 115.
641 D. F. Strauß, Das Leben Jesu kritisch bearbeitet, Bd. I, Tübingen 1835, VII.
642 Erich Grässer (Albert Schweitzer als Theologe [BHTh 60], Tübingen 1979, 103) fasst das, was Strauß für historisch einigermaßen gesichert hält, wie folgt zusammen: »Das ›historische Gerüst‹ dieses Lebens ist ›einfach‹: Jesus ist in Nazareth aufgewachsen, hat sich von Johannes taufen lassen, sammelte Jünger, zog lehrend im Lande umher, stellte sich überall dem Pharisäismus entgegen, lud zum Messiasreiche ein, erlag am Ende dem Hass und Neid der pharisäischen Partei und starb am Kreuz. Aber dieses Gerüst wurde umgeben von mannigfaltigen Reflexionen und

4.2 Der garstig breite Graben

strikte Trennung der zeitlosen Wahrheit des Christentums von seinem zufälligen (geschichtlich bedingten) Mittler. Durch seinen Tübinger Lehrer Ferdinand Christian Baur (1792–1860)[643] wird er auf Hegel verwiesen. Dessen Philosophie wird ihm zum Schlüssel einer, wie er meint, unübertreffbar klaren Verhältnisbestimmung von Offenbarung (Wahrheit) und Geschichte[644].

Hegel setzt sich bekanntlich ab von jeder Logik, die den Stoff des Erkennens als eine fertige Welt außerhalb des Denkens annimmt, als eine leere Form, die äußerlich zur Materie hinzutritt. Denn diese Auffassung setzt voraus, dass das Objekt ein für sich Vollendetes, Fertiges sei, das des Denkens zu seiner Wirklichkeit vollkommen entbehren könne. So meint das ja Kant mit seiner Verhältnisbestimmung von »Ding für mich« und »Ding an sich«. Bei Kant bleiben die beiden Sphären, nämlich Gegenstand und Denken, voneinander geschieden[645]. Bei Hegel hingegen steht dem erkennenden Subjekt und dessen Denkbestimmungen nicht erst noch der angeblich eigentliche Gegenstand als etwas fundamental Verschiedenes gegenüber. Vielmehr ist der Begriff der Sache der eigentliche Gegenstand des Erkennens. Was Hegel mit seiner »Logik-als-Ontologie« intendiert, wird deutlich in der Bemerkung, dass das Bewusstsein, sofern es für einen Gegenstand (eine Sache, einen Inhalt) Wahrheit in Anspruch nimmt, im Denken dieses Gegenstandes mit sich selbst übereinstimmt. Daraus folgt: Das, worin das Bewusstsein mit der in ihm befindlichen und doch von ihm [dem Bewusstsein] verschiedenen Sache übereinstimmt, ist das eigentli-

---

Phantasien, ›indem alle Ideen, welche die erste Christenheit über ihren entrissenen Meister hatte, in Tatsachen verwandelt, seinem Lebenslaufe eingewoben wurden‹.«

643 Auf dem Rücken Hegels betrachtet Baur zunächst die aus seiner Sicht unzureichende Verhältnisbestimmung von Geschichte und Wahrheit durch Schleiermacher. Er fragt: »Welches Zeugnis sollte denn die Geschichte über absolute Unsündlichkeit geben können? Die geschichtliche Betrachtung kann uns immer nur den relativ Besten zeigen; zwischen dem relativ Besten aber und dem absolut Vollkommenen ist eine Kluft, die die Geschichte nie überspringen kann. Entweder ist daher Jesus von Nazareth nur in einem sehr unbestimmten, verschiedene Deutungen zulassenden Sinn Erlöser genannt, oder es ist nur die Religionsphilosophie, die auf dem Wege der Spekulation zu dem wahren und eigentlichen Begriff des Erlösers gelangt und ihn auf die Person Jesu von Nazareth überträgt; und wenn nur das Letztere angenommen werden kann, so ist es überhaupt nur die Religionsphilosophie, die dem Christentum die Würde und Bedeutung, die es als absolute Religion hat, zuerkennt und sicherstellt« (F. C. Baur, Die christliche Gnosis oder die christliche Religionsphilosophie in ihrer geschichtlichen Entwicklung, Tübingen 1835, 638).

644 Aufschlussreich wäre ein Vergleich der Hegelrezeption von David Friedrich Strauß mit der von Hans Küng (Menschwerdung Gottes. Eine Einführung in Hegels theologisches Denken als Prolegomena zu einer künftigen Christologie, München ²1989). – Dazu: Eero Huovinen, Idea Christi. Die idealistische Denkform und Christologie in der Theologie Hans Küngs (AGTL 6), Hannover 1985.

645 Vgl. G. W. F. Hegel, Wissenschaft der Logik, Bd. II. Die subjektive Logik (Krit. Ausg. Bd. 12, hg. v. F. Hogemann u. W. Jaeschke), Hamburg 1981, 11–52.

4. Jesus – bloßer Mittler einer Idee oder eines Glaubens?

che Sein, nämlich der »Begriff« der Sache. Anders gesagt: *Die Wirklichkeit (das Sein) der Sache ist das In-Sein dieser Sache im Bewusstsein.*

Vom Logos-Charakter aller Dinge her schlägt Hegel in seinen Berliner »Vorlesungen über die Philosophie der Religion«[646] einen Bogen zum christlichen Trinitäts-, Schöpfungs- und Inkarnationsdenken. Wenn ich – so resümiert er – Gott das Unendliche nennen würde und mit dieser Bezeichnung das Endliche aus Gott ausschließen würde, dann hätte ich Gott verendlicht; denn dann wäre das Endliche die Grenze Gottes[647]. Die »Einheit des Endlichen und Unendlichen«, die nicht statisch, sondern als Werden, als Bewegung, als Prozess zu fassen ist, kann als eine neue Definition des Absoluten bezeichnet werden. Hegel sieht in dieser Auffassung die Überlegenheit des Christentums über jede andere Religion. Während die jüdische Religion Gott nur als den Unendlichen und die griechische Religion Gott nur als »Erscheinung« (Epiphanie) des Unendlichen im Endlichen sieht, sagt das Christentum von Gott, er sei Geist.

Hegel betont, dass Gott, weil er Geist ist, immer schon des Gegenübers (des Anderen) bedarf, um Geist sein zu können. Wörtlich bemerkt er: »Die Natur des Geistes selbst ist es, sich zu manifestieren, sich gegenständlich zu machen; dies ist seine Tat und seine Lebendigkeit, seine einzige und unendliche Tat. Gott ist als Geist wesentlich dies, für ein anderes zu sein, sich zu offenbaren; er erschafft nicht *ein*mal die Welt, sondern ist der ewige Schöpfer, dies ewige Sich-Offenbaren. Dies ist er, dieser *actus*; das ist sein Begriff, seine Bestimmung.«[648] Also ist die Geschichte nicht etwas außerhalb

---

646 Wir zitieren im Folgenden unter dem Kürzel R I–II Hegels Berliner »Vorlesungen über die Philosophie der Religion« nach der Suhrkamp-Tb.-Ausgabe von 1986, Bde. 16–17.

647 »In jedem [dem Endlichen und dem Unendlichen] liegt die Bestimmtheit des Anderen […]; es kann keines gesetzt und gefasst werden ohne das Andere, das Unendliche nicht ohne das Endliche, dieses nicht ohne das Unendliche. Wenn gesagt wird, was das Unendliche ist, nämlich die Negation des Endlichen, so wird das Endliche selbst mit ausgesprochen. […] Vom Endlichen seinerseits wird zugleich zugegeben, dass es das Nichtige ist; aber seine Nichtigkeit ist die Unendlichkeit, von der es ebenso untrennbar ist. […] Dies gibt denn […] das Unendliche in einem anderen Sinn als in dem, wonach das Endliche von ihm abgetrennt und auf die andere Seite gestellt ist. – Die Antwort auf die Frage, wie das Unendliche endlich werde, ist somit diese, dass es nicht ein Unendliches gibt, das vorerst unendlich ist und das nachher erst endlich zu werden, zur Endlichkeit herauszugehen habe, sondern es ist für sich selbst schon ebenso sehr endlich als unendlich« (R II,143).

648 R II,35 – Hegels Trinitätslehre, die von F. C. Baur rezipiert wird (Die christliche Lehre von der Dreieinigkeit und Menschwerdung Gottes in der geschichtlichen Entwicklung, 3 Bde., Tübingen 1841–43), ist, wie die folgenden Zitate belegen, nichts anderes als eine Entfaltung der Bezeichnung des Absoluten als Geist: »Gott ist Selbstbewusstsein, er weiß sich in einem von ihm verschiedenen Bewusstsein, das *an sich* das Bewusstsein Gottes ist, aber auch *für sich,* indem es seine Identität mit Gott weiß, eine Identität, die aber vermittelt ist durch die Negation der Endlichkeit. – Dieser Begriff macht den Inhalt der Religion aus: Gott dies: sich von sich selbst zu unterscheiden, sich Gegenstand zu sein, aber in diesem Unterschiede schlecht-

4.2 Der garstig breite Graben

von Gott, sondern der Selbstentfaltungsprozess des absoluten Geistes. Gott bringt die menschliche Geschichte nicht nur in Gang als der selber transzendente Schöpfer und Erhalter der Welt. Vielmehr wird das Verhältnis Gottes zur Geschichte anschaulich in Jesus Christus, von dem die traditionelle Dogmatik sagt, dass er unendlich und endlich, Gott und Mensch, sei[649].

Mit Berufung auf Hegel spricht David Friedrich Strauß von Beschränktheit, wo jemand immer noch meint, der Inhalt der Christologie sei notwendig mit der Person und Geschichte eines Einzelnen verknüpft[650]. Zwar wird die Wahrheit stets geschichtlich vermittelt. Aber deshalb sind die Vermittler nicht ebenso notwendig wie die vermittelte Wahrheit. Auch Jesus ist nicht notwendig, sondern zufällig der Vermittler der christlichen Grundidee von der Einheit zwischen Gott und Mensch. Die Idee ist notwendig, nicht aber ihr Mittler. Allerdings darf man Jesus im Blick auf die Religionsgeschichte als den bisher bedeutendsten Mittler betrachten und also von einem ständigen Fortschreiten im Sinne der von Lessing beschriebenen »Erziehung des Menschengeschlechts« sprechen. Doch auch so betrachtet wird der relativ bedeutendste nicht zum notwendigen Mittler.

4.2.1.3 Auf der Suche nach dem verkündigenden Jesus: Albrecht Ritschl, Adolf von Harnack und Martin Kähler

Die Radikalität, mit der Strauß die Idee des Christentums vom Jesus der Geschichte getrennt hat, musste auf Widerspruch stoßen. In der zweiten Hälfte des 19. Jhs. war zwar kaum noch ein Exeget der Meinung, er könne

---

hin mit sich identisch zu sein« (R II,187). – »Dies, dass es so ist, ist nun der *Geist* selbst oder, nach Weise der Empfindung ausgedrückt, die ewige *Liebe*. Der heilige Geist ist die ewige Liebe. Wenn man sagt: ›Gott ist die Liebe‹, so ist es sehr groß, wahrhaft gesagt; aber es wäre sinnlos, die nur so einfach als einfache Bestimmung aufzufassen, ohne es zu analysieren, was die Liebe ist. Denn die Liebe ist ein Unterscheiden zweier, die doch füreinander schlechthin nicht unterschieden sind. Das Gefühl und Bewusstsein dieser Identität ist die Liebe, dieses, außer mir zu sein; ich habe mein Selbstbewusstsein nicht in mir, sondern im Anderen, aber dieses Andere [...] hat sein Selbstbewusstsein nur in mir, und beide sind nur dieses Bewusstsein ihres Außersichseins und ihrer Identität. [...] Gott ist die Liebe, d. i. dies Unterscheiden und die Nichtigkeit dieses Unterschieds. [...] Diese ewige Idee ist dann in der christlichen Religion ausgesprochen als das, was die heilige *Dreieinigkeit* heißt« (R II, 221f).

649 Dazu: H. Hoping, Hegels spekulativer Begriff der Christusoffenbarung, in: Ders., Einführung in die Christologie, Darmstadt 2004, 141–146.
650 David Friedrich Strauß fordert ein Christentum, das »zur Idee im Faktum, zur Gattung im Individuum« (D. F. Strauß, Das Leben Jesu kritisch bearbeitet, Bd. II, Tübingen 1836, 738) vorstößt.

durch historische Kritik »den wahren Jesus« ausgraben. Aber zugleich nahm das Unbehagen gegenüber einer philosophischen Reduktion des Christentums zu. Die Namen von Albrecht Ritschl (1822–1889), Martin Kähler (1835–1912), Adolf von Harnack (1851–1930), Johannes Weiß (1863–1914) und Albert Schweitzer (1875–1965) stehen für eine geradezu antihegelianische Rückbesinnung auf den geschichtlichen Grund des Christentums.

Nicht in einer Idee oder in einem Prinzip, sondern in der Person Jesu und seiner Wirkung will Albrecht Ritschl das Christentum verankern[651]. Die Geschichte des Christentums ist aus seiner Sicht nicht die ständig fortschreitende Vermittlung der Wahrheit, sondern eine Geschichte des Abfalls vom Ursprung. In seinem Werk mit dem bezeichnenden Titel »Die Entstehung der altkatholischen Kirche« bezeichnet Ritschl die schon im zweiten Jahrhundert einsetzende Identifizierung der Kirche mit dem von Jesus verkündeten Reich Gottes als Verrat an der von Luther neu entdeckten Rechtfertigung allein und ausschließlich durch das Handeln Gottes[652]. Wo die Kirche mehr sein will als die unsichtbare Gemeinschaft der Empfänger des Erlösungshandelns, da kommt es aus seiner Sicht zu einer fortschreitenden Ersetzung des Handelns Gottes durch das Handeln einer von Menschen geschaffenen Institution[653].

Albrecht Ritschl darf als der Weichensteller und Vorläufer jener berühmt gewordenen Vorlesungen gelten, die Adolf von Harnack (1851–1930) zur Jahrhundertwende ganz bewusst unter den Titel »Wesen des Christentums« gestellt hat. Denn wie Ritschl, so wendet sich auch Harnack gegen die Hegelianer unter den Historikern des Christentums. Was sie als »Wesen des Christentums« bezeichnen, ist aus seiner Sicht ein selbstgebastelter Begriff vom Christentum[654], der ebenso abgetragen werden muss wie die Begriffe der griechischen und scholastischen Philosophie. Erst nachdem alle Übermalungen von dem verkündigenden Jesus entfernt sind, kann dieser neu erscheinen und – davon ist Harnack überzeugt – die Menschen des 20. Jhs. ebenso begeistern wie seine Zeitgenossen.

---

651 Vgl. A. Ritschl, Die christliche Lehre von der Rechtfertigung und Versöhnung, Bd. III. Die positive Entwicklung der Lehre, Bonn ³1888, 13.
652 Dazu: H. Wagner, An den Ursprüngen des frühkatholischen Problems. Die Ortsbestimmung des Katholizismus im älteren Luthertum (FTS 14), Frankfurt 1973, 249–294; F. Courth, Das Wesen des Christentums in der Liberalen Theologie, Frankfurt 1977, 334–488.
653 Vgl. A. Ritschl, Die Entstehung der altkatholischen Kirche. Eine kirchen- und dogmengeschichtliche Monographie, Bonn ²1857, bes. 347–464.
654 Dazu: K. H. Neufeld, Adolf Harnacks Konflikt mit der Kirche. Weg-Stationen zum »Wesen des Christentums«, Innsbruck 1979, 36–51.

Für Strauß liegt das Wesen des Christentums in der Idee der Einheit von Gott und Mensch, für Harnack in der Rechtfertigung bzw. im Sohnesbewusstsein. Für beide ist der Mittler ein bloßer Mensch, der eher zufällig eine universale Bedeutung erlangt hat. Was beider Christologien im Kern unterscheidet, ist lediglich die Methode. Strauß sucht das Wesen des Christentums in der Unterscheidung des Notwendigen vom Zufälligen, Harnack in der historisch-kritischen Abtragung des verkündigten Christus vom verkündigenden Jesus.

Während Ritschl und Harnack an der Unterscheidung zwischen dem ungeschichtlichen Wesen des Christentums und dem geschichtlichen Mittler festhalten, hält Martin Kähler eben diese Trennung für falsch. In seinem Werk mit dem Titel »Der sogenannte historische Jesus und der geschichtliche biblische Christus« betont er, dass die biblischen Schriften den historischen Jesus im Modus des Bekenntnisses und also dessen »übergeschichtlichen Charakter« bekunden. Mit dem Begriff »übergeschichtlich« bezeichnet er den »Bereich oberhalb der historischen Tatsächlichkeit, der nicht der Wissenschaft, sondern nur dem Glauben zugänglich sein, gleichwohl aber den Charakter von ›Tatsachen‹, ›Wesenhaftigkeit‹ und ›Wirksamkeit‹ haben soll«[655]. Kähler sieht in der historisch-kritischen Forschung mehr als eine bloße Entmythologisierung, kann aber auf Grund seiner Unterscheidung zwischen »Historie« und »Geschichte«, zwischen archäologischer und wirkungsgeschichtlicher Betrachtungsweise, als Vorläufer Rudolf Bultmanns bezeichnet werden[656]. Letztlich gelingt es auch ihm nicht, den »übergeschichtlichen« Christus am Jesus der Geschichte zu befestigen und so den von Lessing als garstig beschriebenen Graben zu überbrücken.

4.2.1.4 Die Nahtstelle zwischen dem geschichtlichen Jesus und dessen eschatologischer Bedeutung: Johannes Weiß, William Wrede und Albert Schweitzer

Einer der bedeutendsten Schüler von Kähler, der später in Marburg und Heidelberg lehrende Exeget Johannes Weiß (1863–1914), hat die Grundgedanken seines Lehrers in dem Buch »Die Predigt Jesu vom Reiche Gottes« (Göttingen 1892; ²1900) an dem biblischen Zentralbegriff »Gottesherrschaft« erprobt. In der Reich-Gottes-Verkündigung des Apokalyptikers aus Nazaret entdeckt er den Nexus zwischen dem historischen Je-

---

[655] Vgl. H.-G. Link, Geschichte Jesu und Bild Christi. Die Entwicklung der Christologie Martin Kählers in Auseinandersetzung mit der Leben-Jesu-Theologie und der Ritschl-Schule, Neukirchen-Vluyn 1975, 179.
[656] Dazu: Link, Geschichte Jesu und Bild Christi, 163–190.

sus und dessen erstaunlicher Wirkungsgeschichte. Seine für die damalige Zeit bahnbrechende Entdeckung liegt in der Erkenntnis, dass das Reich Gottes bei Jesus als etwas Endzeitlich-Eschatologisches angesehen werden muss. Jesus erscheint ihm »in erschreckender Abständigkeit, nämlich als der apokalyptische Bußprediger vor dem Wetterleuchten des Jüngsten Tages – schwer fassbar für den Kulturprotestantismus und seinen Optimismus im Blick auf eine stetige Höherentwicklung des sittlichen Ideals.«[657] Nicht zuletzt durch die Vorarbeiten von Johannes Weiß gelangt Albert Schweitzer zu der These, dass man Jesus entweder aus der Perspektive seiner realistisch gemeinten Eschatologie oder überhaupt nicht versteht. Mit Leidenschaft ergreift Albert Schweitzer Partei für Johannes Weiß und gegen den Gründer der so genannten religionsgeschichtlichen Schule, William Wrede (1859–1906)[658]. Seine eigene »Skizze des Lebens Jesu« ist in demselben Jahr (1901) wie Wredes Studie über »Das Messiasgeheimnis in den Evangelien« erschienen[659]. So stehen sich zu Beginn des 20. Jhs. zwei Erklärungen der Entstehung des Glaubens an Jesus als den Christus gegenüber. Wrede sieht in den Auferstehungserscheinungen den entscheidenden Wendepunkt. In seiner Darstellung kommt es nur auf Grund der Auferstehungserlebnisse zur Identifizierung des Propheten Jesus mit dem Messias. Aber abgesehen davon, dass keine einzige Stelle der vier Evangelien dafür spricht, dass Jesus erst nach Ostern als der Christus erkannt werden konnte, fragt Schweitzer seinen Kontrahenten, warum denn die Erscheinungen des Auferstandenen zur Identifizierung

---

657 E. Grässer, Albert Schweitzer als Theologe [BHTh 60], Tübingen 1979, 108.
658 In Absetzung von Baur, Strauß und Ritschl räumt Wrede mit der Meinung auf, Jesus, Paulus oder Johannes hätten einen bestimmten »Lehrbegriff« vertreten. Mit Ernst Troeltsch plädiert er für eine rein geschichtliche Betrachtung der biblischen Schriften. Im Unterschied zu Heinrich Julius Holtzmann (1832–1910) und im Vorgriff auf die von Karl Ludwig Schmidt (1891–1956) und Martin Dibelius (1883–1947) begründete formgeschichtliche Methode betrachtet er selbst das Markusevangelium als Konstrukt eines Redaktors aus »Versatzstücken« der vorausliegenden Tradition. Wrede vermutet in seinem Werk über das Messiasgeheimnis, dass die Texte, die dem Redaktor Markus vorlagen, Jesus nur als Lehrer und Wundertäter schildern, dass also die Redaktion des Evangelisten zur erzählenden Einflechtung des nachösterlichen Messiasbekenntnisses in die Schilderung des vorösterlichen Jesus geführt hat.
659 A. Schweitzer, Das Abendmahl im Zusammenhang mit dem Leben Jesu und der Geschichte des Urchristentums. Erstes Heft. Das Abendmahlsproblem auf Grund der wissenschaftlichen Forschung des 19. Jahrhunderts und der historischen Berichte, Tübingen/Leipzig 1901; ders., Das Abendmahl im Zusammenhang mit dem Leben Jesu und der Geschichte des Urchristentums. Zweites Heft. Das Messianitäts- und Leidensgeheimnis. Eine Skizze des Lebens Jesu, Tübingen/Leipzig 1901 [= Gesammelte Werke in fünf Bänden, hg. v. R. Grabs, Bd. V, o. J., 195–340]. – W. Wrede, Das Messiasgeheimnis in den Evangelien. Zugleich ein Beitrag zum Verständnis des Markusevangeliums, Göttingen 1901.

4.2 Der garstig breite Graben

des vorösterlichen Jesus mit dem Christus führen. Die Erscheinungen machen seinen Kreuzestod ja nicht ungeschehen und sind erst recht nicht identisch mit dem Einbruch des von Jesus verkündeten Gottesreiches. In Absetzung von Wrede kommt Schweitzer selbst zu folgender Erklärung der Wende vom Jesus der Geschichte zum Christus des Glaubens:

»Jesus sagt den Jüngern in dürren Worten, Mt 10,23, dass er sie in diesem Äon nicht mehr zurückerwartet. Die Parusie des Menschensohnes, die mit dem Einbruch des Reiches logisch und zeitlich identisch ist, wird stattfinden, ehe sie mit ihrer Verkündigung die Städte Israels durcheilt haben. Dass seine Worte dies und nichts anderes besagen, dass sie auch nicht die geringste Abschwächung vertragen, dürfte klar sein. Es ist die Form, in der Jesus den Jüngern das Geheimnis des Reiches Gottes offenbart. Wenige Tage darauf redet er zum Volke das Wort von den Gewalttätigen, die es seit Johannes dem Täufer herbeizwingen. Ebenso klar ist aber, und hier tritt das Dogmatische der Entschließungen Jesu noch stärker hervor, dass diese Weissagung nicht in Erfüllung ging. Die Jünger kehrten zu ihm zurück, und die Erscheinung des Menschensohnes fand nicht statt. Die natürliche Geschichte desavouierte die dogmatische, nach der Jesus gehandelt hatte. Ein Ereignis der übernatürlichen Geschichte, das stattfinden musste, blieb aus. Das war für Jesus, der einzig in der dogmatischen Geschichte lebte, das erste ›geschichtliche‹ Ereignis, das Zentralereignis, welches seine Tätigkeit nach rückwärts abschließt und nach vorn neu orientiert. […] Die ganze Geschichte des ›Christentums‹ bis auf den heutigen Tag, die innere, wirkliche Geschichte desselben, beruht auf der ›Parusieverzögerung‹: d. h. auf dem Nichteintreffen der Parusie[660], dem Aufgeben der Eschatologie, der damit verbundenen Enteschatologisierung der Religion. Man beachte, dass die Nichterfüllung von Mt 10,23 die erste Parusieverzögerung bedeutet. Wir haben hier also das erste Datum in der ›Geschichte des Christentums‹; es gibt dem Wirken Jesu eine sonst unerklärlich bleibende Wendung.«[661]

---

[660] Zu der heute durchgängig vertretenen These, dass für die Verkündigung Jesu die Parusieverzögerung als Problem nicht nachweisbar ist: E. Grässer, Das Problem der Parusieverzögerung in den synoptischen Evangelien und in der Apostelgeschichte (BZNW 22). Zweite berichtigte und erweiterte Auflage, Berlin 1960; ders., Die Naherwartung Jesu (SBS 61), Stuttgart 1973; ders., Zum Verständnis der Gottesherrschaft, in: ZNW 65 (1974) 3–26.

[661] Schweitzer, Geschichte, 416f. – Keiji Kansai (Die Bedeutung des Christentums in der heutigen Welt bei Albert Schweitzer und Paul Tillich, Bern/Stuttgart 1980, 4) kommentiert diese zentrale Stelle von Schweitzers magistraler Analyse wie folgt: »Jesus verkündet das Reich Gottes nicht als etwas bereits Vorhandenes, sondern als etwas Zukünftiges. Er dachte nicht, dass er bereits der Messias sei, sondern war nur über-

4. Jesus – bloßer Mittler einer Idee oder eines Glaubens?

Albert Schweitzer sucht die Wahrheit des Christentums nicht in einer vom biblisch bezeugten Jesus getrennten Idee. Aber die Frage nach dem Indikativ, näherhin nach dem, was Jesus – ohne bloßes Beispiel zu sein – für alle Menschen aller Zeiten getan hat, beantwortet er nicht. Im Gegenteil: Er reduziert Jesus auf den bloßen Katalysator eines bestimmten Ethos. Das Ausbleiben des von Jesus erwarteten Gottesreiches wird zum Ursprung einer Gesinnungsgemeinschaft, die das, was Jesus vorgelebt hat, mit dem Gottesreich identifiziert.

Albert Schweitzer ist konsequent. Er gibt seine akademische Karriere auf, studiert Medizin und gründet in Gabun das Krankenhaus von Lambarene. Sein Christentum ist radikal antidogmatisch[662]. In einem Brief vom 1.8.1956 schreibt er:

> zeugt: Wenn die Erwählten beim Anbruch des messianischen Reiches in die ihnen bestimmte übernatürliche Daseinsweise eingehen, wird er als der Messias offenbar werden. Das Reich Gottes ist für ihn das überirdische, messianische Reich, das am Ende der natürlichen Weltzeit kommt. Er warnt vor dem Gericht, durch das die, die nicht Buße tun, verurteilt werden. Er predigt in Galiläa, dass das Reich Gottes bald kommen werde, und dass man deshalb Buße tun müsse. Da der Leidensgedanke nur von dem eschatologischen Reichsbegriff beherrscht ist, ist Jesu Tätigkeit nur auf die eschatologische Realisierung des Reiches ausgerichtet. Jesus glaubte anfangs, dass die vormessianische Drangsal vor dem Anbruch des Reiches Gottes käme. Weil er meinte, die Enddrangsal veranlassen und damit das Reich Gottes herbeizwingen zu können, schickte er die Jünger aus, um die Menschen aufzufordern, Buße zu tun. Er erwartete, in dieser vormessianischen Drangsal mit den Gläubigen Verfolgung erleiden zu müssen. Aber die Drangsal trat nicht ein, und die Jünger kamen ohne Erfahrung der Drangsal zurück. Weil sie aber vor dem Ende kommen muss, denkt Jesus, wenn er als der zukünftige Messias Leiden und Sterben auf sich nehme, könnte er den Gläubigen das Erleiden der vormessianischen Drangsal ersparen. In dieser Überzeugung geht Jesus nach Jerusalem, um dort unter der Hand der Obrigkeit zu leiden und zu sterben und damit das Kommen des Reiches zu veranlasssen. Für Schweitzer ist diese Einstellung Jesu, der für das Kommen des Reiches sich an's Kreuz begibt, das Wesen und der Ausgangspunkt des Christentums. Sie ist das Kriterium aller Werte und der Entscheidung im menschlichen Handeln.«
>
> 662 »Sucht nicht nach Formeln, ihn begreiflich zu machen und wenn sie durch Jahrhunderte geheiligt sind. Mich wollte letzthin schier der Unmut erfassen, als mir ein frommer Mensch sagte, nur der könne an den lebendigen Jesus glauben, der an die leibhaftige Auferstehung und die verklärte ewige Leiblichkeit Christi glaube. Lebendig ist Jesus für die, die er, als ginge er unter uns, leitet, in großen und in kleinen Dingen, um ihnen zu sagen, tu das so und das so, und die einfach, als hätten sie einen Herrn vor sich, dessen Gestalt sie mit dem geistigen Auge sehen und dessen Befehl sie mit dem geistigen Ohr hören, ja sagen und still dahingehen und tun« (A. Schweitzer, Straßburger Predigten, hg. v. U. Neuenschwander, München 1966, 65). – »Gut, lasset alles, alles dahingestellt, wenn euch nur das eine bleibt, dass er ein Mensch ist, der das Recht hat, von euch zu verlangen, dass ihr an dem Werke, das er begonnen, mithelft und ihr dies tun wollt, dann wird schon seine herrliche Nähe über euch kommen, und ihr werdet reich und reicher werden, reicher als ihr es euch denken könnt!« (Ebd. 27f). – »Man hört, dass diejenigen, welche Theologie studieren, durch schwere Kämpfe hindurch müssen wegen der Zweifel, die ihnen

4.2 Der garstig breite Graben

»Das christliche Dogma von Jesus geht auf die griechische Metaphysik zurück, die uns ganz fremd geworden ist. Für uns ist Jesus der Bringer des Reiches Gottes durch den Geist, der in seinen Worten lebt. Denn das Geistige und Ethische, das er uns gebracht hat und in uns weckt, ist das Wesentliche. Nicht durch den Glauben an das Dogma, sondern durch den Geist Christi werden wir wahrhaft Christen. Die dogmatischen Vorstellungen sind etwas Relatives, zeitlich Gewordenes, zeitlich Bedingtes. Diejenigen, die das Dogma für wichtig halten, sollen es tun, aber dabei doch wissen, dass der Geist Jesu das wahre Christentum ausmacht. Diejenigen, die sich nicht mehr in das Dogma hineinfinden können, brauchen es sich nicht auflegen zu lassen, sondern dürfen ganz auf das Wesentliche ausgehen, den Geist Jesu, den Geist der Liebe in sich zur Macht kommen lassen. Sie können sich, was ich tue, auf das 13. Kapitel im ersten Brief an die Korinther berufen, wo Paulus von der Liebe als dem wahren Wesen des Christentums redet und mit den Worten schließt: ›Nun aber bleibt Glauben, Hoffnung, Liebe, diese drei. Aber die Liebe ist die größte unter ihnen‹.«[663]

Obwohl Schweitzer die Bedeutung Jesu auf seinen Reich-Gottes-Willen reduziert[664], legt er doch gegenüber Kierkegaard und Barth größten Wert auf das *Zustandekommen* dieses Ergebnisses. Er nimmt für sich in Anspruch, auf die Geschichte zu hören, statt diese in das Prokrustesbett der eigenen Philosophie zu spannen. Es geht ihm um die radikale Ehrlichkeit des Theologen, der den Glauben und die kirchliche Praxis der Gegenwart furchtlos mit den Ergebnissen der historischen Kritik konfrontiert. Dem

---

aufsteigen bei der genauen Prüfung und Erforschung der christlichen Lehre und ihrer Geschichte. Ich kann nicht aus Erfahrung sprechen, denn ich habe nicht eine Sekunde diesen Gemütszustand gekannt, da ich mir immer sagte: Und sollte alles fallen, das eine bleibt, dass wir arme, schwache Menschen sein Werk fortsetzen dürfen und dadurch unser Leben, Sinnen und Trachten und all unser Tun geheiligt wird. Ist das nicht genug, übergenug zur wahren Freude, zur wahren Seligkeit, zum Frieden? Und weil ich so seiner geistigen Nähe gewiss war, habe ich nie Zweifel und Glaubensanfechtung gekannt« (ebd. 28). – Dazu: F. Buri, Albert Schweitzers Theologie in seinen Predigten, in: ThPr 10 (1975) 224–236.
663 A. Schweitzer, Brief vom 1. 6. 1956 an L. Weber (Landshut): zit. nach: E. Grässer, Albert Schweitzer als Theologe (BHTh 60), Tübingen 1979, 226f.
664 Erich Grässer fasst seine Monografie über Schweitzer in das Urteil: »Es gibt nach Schweitzer keine andere Bedeutung Jesu für den Glauben als die, dass er in seiner wahrhaften Menschlichkeit Autorität geworden ist für den Einzelnen, und zwar mit dem Ziele einer letzten und tiefsten Läuterung des menschlichen Wesens ›für das Höchste‹. Jesus hat – so versteht es Schweitzer – einen Reich-Gottes-Willen hinterlassen, eine *Weltanschauung*. Sie fordert zur Aktivität auf, für dieses Reich zu wirken mit derselben Leidenschaft und mit denselben Kräften, wie sie sich im Exemplum Jesu offenbaren« (Albert Schweitzer als Theologe [BHTh 60], Tübingen 1979, 262).

4. Jesus – bloßer Mittler einer Idee oder eines Glaubens?

berühmten Friedrich Daniel Ernst Schleiermacher (1768–1834) wirft er philosophische Spekulation vor, wo Ehrfurcht vor der historischen Wahrheit erforderlich wäre[665]. Und über Kierkegaard äußert er in einem Brief vom 4.7.1951 an Martin Buber: »Kein Satz, den er geschrieben hat, hat mir Eindruck gemacht. Das Krankhaft-Religiöse bei ihm kann ich nicht ertragen, und die prätentiöse Art, in der er vorträgt, verursacht mir ein Unbehagen, über das ich nicht hinauskomme.«[666]

4.2.2 Existentialistische Reduktionen

Trotz dieser Distanzierung von Kierkegaards Rigorismus sollte man das Gemeinsame nicht übersehen. Denn Sören Kierkegaard (1813–1855) gelangt auf philosophischem Wege zu einem ganz ähnlichen Ergebnis wie Schweitzer durch historische Kritik.

4.2.2.1 Jesus, das unausdenkbare Faktum: Sören Kierkegaard

Der Däne unterscheidet zwei Auffassungen des Wahren. Die sokratisch-platonische geht davon aus, dass jeder Mensch die Wahrheit immer schon »hat« – zumindest implizit; für Sokrates ist Wahrheit ein Sich-Erinnern an das, was man implizit immer schon weiß. In dieser Auffassung sieht Kierkegaard die Hegelsche »Aufhebung« der Geschichte schon vorgebildet. Diesem apriorischen »Haben« steht die Haltung dessen gegenüber, der die Wahrheit nicht in sich selber sucht, sondern in dem ganz Anderen. So gesehen ist Wahrheit ein Ereignis, das sich niemand ausdenken kann. Was Kierkegaard »Paradox« nennt, ist nicht das Gegenteil des Vernünftigen oder Logischen, sondern das, was die eigenen Grenzen sprengt[667].

Auf Jesus Christus übertragen heißt dies: Sich selbst in Welt und Geschichte offenbaren konnte Gott nur in einem unserem Meinen und Urteilen entgegenstehenden Faktum. Denn ein Faktum kann man sich nicht ausdenken. Es ist strikt vorgegeben[668]. Nicht weil der Mensch der Relati-

---

665 Vgl. Grässer, Albert Schweitzer, 247.
666 Zit. nach: Grässer, Albert Schweitzer, 231.
667 Dazu: H. Fischer, Die Christologie des Paradoxes. Zur Herkunft und Bedeutung des Christusverständnisses Sören Kierkegaards, Göttingen 1970, 22–47.59–64; H. Gerdes, Das Christusverständnis Sören Kierkegaards. Drei Arbeiten zu Kierkegaards Christologie 1960–1982, neu hg. v. H. M. Müller, Göttingen 2002.
668 »Ein Faktum ist immer *ein Ganzes* und auf das Ganze bezogen. Es kann nicht bloß zur Hälfte oder unvollkommen der Fall sein; es ist der Fall oder es ist nicht der Fall. Wenn es aber der Fall ist, dann ist die ganze Reihe seiner Vorbedingungen vollständig durchlaufen. Darum lässt sich ein Faktum nie aus-denken, durch Denken oder Rechnen nachkonstruieren. Was dabei herauskäme, wäre immer nur ein Modell

on zum Unbedingten fähig (Schleiermacher), nicht weil er selbst Geist ist (Hegel), sondern weil er im Glauben alles Eigene transzendiert, kann er Jesus anders wahrnehmen als durch seine Methoden und Begriffe; kann er Jesus »gleichzeitig« werden; kann er in der Begegnung mit ihm den ganz Anderen, nämlich Gott selbst, erleben und also von einer Wahrheit ergriffen werden, die nicht sein eigenes Produkt ist.

Das, was jeden vorgefassten Begriff sprengt, das, was Kierkegaard das »Para-doxon« nennt, ist die ewige Wahrheit Gottes. Der geschichtliche Jesus ist das geschichtliche Ereignis dieser Wahrheit. Aber er »ist« dies nur für den jeweiligen Augenblick, in dem sich ein Gläubiger durch ihn von Gott ergreifen lässt. Karl Barth trifft die Grundintention Kierkegaards sehr genau, wenn er den Nexus zwischen der Wahrheit, die Gott selber ist (dem »universalissimum«), und dem geschichtlichen Jesus (dem »concretissimum«) durch das Bild einer den Kreis nur in einem einzigen Punkt berührenden Tangente veranschaulicht[669]. Dieser Punkt ist in keiner Weise eine ontologische Brücke zwischen Ewigkeit und Endlichkeit, zwischen Gott und Welt. Kierkegaard und Barth sprechen lediglich von einem Ereignis. Nur in der je konkreten Begegnung des je einzelnen Gläubigen mit Jesus als dem Ereignis der göttlichen Wahrheit wird der von Lessing apostrophierte Graben überwunden.

Dass Kierkegaard in der Reduktion des Christusereignisses auf die Begegnung mit jedem je Einzelnen das Gegenteil von dem erreicht, was er intendiert hat, wurde von keinem Theologen so klar erkannt wie von dem zum Katholizismus konvertierten Protestanten Erik Peterson: »Darin«, so bemerkt er, »liegt [...] das Irreführende in allen Reden Kierkegaards über das Existentielle und das existentielle Sein der Wahrheit, dass man hier nämlich vor lauter Geistesexistenz nicht zum Gehorsam gelangt. Und darin gründet es dann, dass Kierkegaard auch so leidenschaftlich die dogmatische Wahrheit bekämpft, denn gerade in dem, dass

---

des Faktums, das abstrakt und daher bis zu einem gewissen Grade allgemeingültig bleibt, während das Faktum letzt-konkret und höchst einzeln ist. In dieser seiner konkreten Einzelheit (›dies und nichts anderes ist der Fall‹) ist das Faktum dennoch nicht isoliert. Das Weltganze ist nicht ohne dieses eine Faktum, und dieses eine Faktum ist nur im Weltganzen. Dadurch, dass es der Fall ist, steht es nicht nur gleich zu gleich zu allem anderen, was auch der Fall ist und war und sein wird; es drängt sich auch durch sein bloßes Der-Fall-sein allem anderen, was der Fall sein will, zur Berücksichtigung auf« (P. Henrici, Aufbrüche christlichen Denkens [Kriterien 48], Einsiedeln 1978, 27f).
669 Dazu: E. Brinkschmidt, Sören Kierkegaard und Karl Barth, Neukirchen-Vluyn 1971, 38–41.79–90.

320   4. Jesus – bloßer Mittler einer Idee oder eines Glaubens?

er existentiell die Wahrheit *sein* will, entzieht er sich dem Gehorsam *gegen* die Wahrheit, wie er im Sinn des Dogmas vorausgesetzt ist.«[670]

4.2.2.2 Jesus als Katalysator meiner Eigentlichkeit: Rudolf Bultmann

Der Marburger Exeget Rudolf Bultmann teilt nicht nur Barths Grundanliegen, nämlich die Wahrung der widerständigen Andersheit des Fleisch gewordenen Wortes. Er affirmiert auch Kierkegaards Erklärung des »Para-doxon«. Wörtlich bemerkt er: »Die Paradoxie, von der allein in der Theologie mit Recht die Rede sein kann, besteht nicht in unbegreiflichen und absurden Gedanken, in irrationalen Aussagen, sondern in einem *Geschehen*, im Handeln Gottes, der in Christus die Sünde vergibt. Für den Verstand ist hier gar nichts anstößig und paradox. Denn was Vergebung ist, kann jedermann verstehen, wenn er will; dass aber Gott wirklich vergeben hat, ist freilich nie einzusehen, sondern nur zu glauben.«[671]

Bultmann unterscheidet zwischen Geschichtlichkeit und historischer Faktizität[672]. Während Jesus Christus als historisches Faktum Objekt

---

670 E. Peterson, Theologische Traktate, München 1951, 20. – Dazu: T. Ervens, Keine Theologie ohne Kirche. Eine kritische Auseinandersetzung mit Erik Peterson und Heinrich Schlier (ITS 62), Innsbruck 2002, 48–62.
671 R. Bultmann, Zur Frage der Christologie, in: Ders., Glauben und Verstehen. Gesammelte Aufsätze, Bd. I, Tübingen ⁹1993, 85–113; hier: 91f.
672 Besonders deutlich bringt R. Bultmann diese Unterscheidung zum Ausdruck in der Besprechung eines Buches, in dem 18 Autoren die Frage beantwortet haben, was für sie das Wesentliche am Christentum sei. Dort lesen wir: »*Woher aber wissen wir, welches die Idee des Christentums, des christlichen Glaubens ist?* Sehr richtig hat Ludwig Marcuse gesehen, dass man das nicht von den Christentümern, den historischen Gestalten des Christentums, ablesen kann und dass die Frage: ›Was halten Sie vom Christentum?‹ verwandelt werden muss in die Frage: ›Wie wollen Sie das Christentum?‹ Das heißt: Jeder muss für sich selbst entscheiden, was christlicher Glaube ist. Aber wie kann das sinnvoll gemeint sein? Doch jedenfalls nicht so, dass die Definition dessen, was christlicher Glaube ist, einfach der subjektiven Willkür anheimgestellt würde. […] Hier scheinen wir in eine Aporie zu geraten. Einerseits lehnen wir es ab, was Christentum sei, von den empirischen historischen Phänomenen abzulesen, und andererseits behaupten wir, dass wir nur aus der Geschichte wissen können, was Christentum ist. Die Aporie löst sich auf, wenn wir bedenken, welches das echte, nämlich geschichtliche, *Verhältnis zur Geschichte* ist. Diejenigen Beobachter, die von Christentümern reden und darüber in Verlegenheit geraten, zu sagen, was Christentum eigentlich sei, stecken in jenem Historismus, für den die Geschichte das Schauspiel ist, das der neutrale Historiker unbeteiligt aus der Distanz beobachten und beschreiben kann als das Objekt, dem er als das Subjekt gegenübersteht. Hier wird das geschichtliche Geschehen objektiviert […], weil dabei vergessen ist, dass der Historiker selbst geschichtlich ist und der Geschichte nicht als reines Subjekt gegenübersteht. […] Wenn nämlich Geschichte mehr ist als die aufzählbare Summe von lokalisierbaren und datierbaren Fakten, die natürlich grundsätzlich objektiv erkennbar sind und deren Kenntnis eine unentbehrliche Voraussetzung des geschichtlichen Verstehens ist […], so ist sie nur demjenigen erkennbar, der im

4.2 Der garstig breite Graben

bleibt, bedeutet die Geschichtlichkeit des Christusereignisses ein Geschehen an mir selbst. Nicht die Historie, sondern die Geschichtlichkeit der Geschichte ist der »Ort« der Offenbarkeit des sich selbst mitteilenden Gottes.

Bultmann will das Ereignis »Jesus Christus« aller Kategorien entkleiden, die es auf ein vergangenes Faktum reduzieren, die das Gewesene zu einer distanten Sache machen und interpretierend über dieses »Objekt« verfügen. Weil Gott sich nur als Geschehen und per se nie als Objekt mitteilen kann, wäre jedes ihn objektivierende Begreifenwollen nicht nur Nichtverstehen, sondern auch Ausdruck der Ursünde, über Gott verfügen zu wollen, statt sich von ihm verfügen bzw. betreffen zu lassen.

Jesus selbst – so betont Bultmann – muss in der Verkündigung der Kirche präsent werden – nicht irgendetwas über ihn, sondern das Ereignis unserer Erlösung als solches. Im Anruf des »Kerygmas« sieht Bultmann beides garantiert: die Verbindung zum historischen Ereignis und die Vergegenwärtigung dieses Ereignisses im Anruf der Gnade an die Existenz des Angesprochenen. Dass Jesus von Nazaret zu einem bestimmten Zeitpunkt unter diesen oder jenen Umständen zum Tode verurteilt wurde, ist historisches Faktum und unter gewissen Voraussetzungen wissenschaftlich verifizierbar; dass aber der Tod dieses Jesus von Nazaret *für mich* Erlösung und ewiges Leben bedeutet, das erfahre ich nur in der *existenziellen* Begegnung mit dem Kerygma.

Inspiriert von der Philosophie Martin Heideggers, appliziert Bultmann dessen Ausführungen über die Geschichte der Verbegrifflichung des Seins auf die Geschichte der Christologien[673]. Wenn Heidegger in der

---

existentiellen Zusammenhang dieser Aktionen und Passionen steht, dem sich ihr geschichtlicher Sinn auf Grund verantwortlicher Beteiligung erschließt« (Das Befremdliche des christlichen Glaubens, in: Ders., Glauben und Verstehen. Gesammelte Aufsätze, Bd. III, Tübingen ⁴1993, 197–212; hier: 199–201).

673 Martin Heidegger zeigt in seinen Ausführungen über die Geschichte der Verbegrifflichung des Seins (vgl. Sein und Zeit, Tübingen ¹¹1967, bes. 19–27), dass Begriffe stets Abstraktionen von der Wirklichkeit sind. Wer die Wirklichkeit bzw. das Sein selbst wahrnehmen will, muss auf Begriffe verzichten. Jeder Mensch, der nicht einfach wie ein Gegenstand oder ein Tier in der Zeit aufgeht, sondern sich seiner Zeitlichkeit bewusst wird, kann mit der ihm umgebende Welt anders umgehen als durch deren Reduktion auf die eigenen Begriffe und Perspektiven. Heidegger spricht von der den Menschen zum Menschen machenden Möglichkeit, sich die eigene Zeitlichkeit (z. B. den eigenen Tod) bewusst zu machen und also auszusteigen aus dem »Um-zu-Zusammenhang«, aus der »Uneigentlichkeit«, aus dem bloß sorgenden (funktionalen) Umgang mit sich selbst und mit der Wirklichkeit. Sobald ein Mensch nicht mehr einfach in der Zeit aufgeht, sobald er »eigentlich« wird, sobald er den Vollzug der Ek-sistenzialität seiner Ek-sistenz wagt und also auf die funktionalisierende Verbegrifflichung der Wirklichkeit verzichtet, lichtet sich das Sein, zeigt sich die Wirklichkeit. Das Sein ist das, was alles Seiende zugleich verbindet und unterscheidet, aber selbst kein Seiendes unter anderem Seienden oder die Summe

4. Jesus – bloßer Mittler einer Idee oder eines Glaubens?

Existenzialanalyse seines grundlegenden Werkes »Sein und Zeit« zwischen uneigentlicher und eigentlicher Existenz unterscheidet, meint er aus der Sicht Bultmanns etwas Ähnliches wie Paulus mit seiner Unterscheidung zwischen Leben aus der Sünde und Leben aus dem Glauben[674]. Die Uneigentlichkeit lebt aus den Sicherungen des Zuhandenen, des von mir Verfügbaren, des Vergänglichen und deshalb dem Tod Preisgegebenen. Die Eigentlichkeit dagegen ist Befreiung von der Welt des Dinglichen, des Habens und Begehrens, ist Öffnung für den Anspruch des Du und des Wir, ist Aufgabe des Versuches, die eigene Existenz in sich selbst zu gründen und zu sichern, ist Glaube in Gestalt von Hingabe.

Bultmann unterstreicht immer wieder, dass die Offenbarung nicht ein Ensemble von abstrakten Satzwahrheiten, sondern das konkrete Heilsgeschehen selbst ist, und dass deshalb zwischen Offenbarung und Offenbarer nicht unterschieden werden darf[675]. Jesus *sagt* ja nicht nur die Wahrheit, sondern er *ist* sie zugleich. Das Ein-für-alle-Mal des Christusereignisses ist also nicht die datierbare Einmaligkeit eines historischen Ereignisses, sondern für alle Menschen aller Zeiten die Ermöglichung des Ausstiegs aus dem Aufgehen in der Zeit (in der Historie).

Jesus geht in den Tod im Vertrauen auf die Zukunft; und er erfährt im physischen Sterben, dass das Vergängliche, der Tod, keine Macht mehr über ihn hat (Auferstehung). Seitdem ist jeder, der an Christus glaubt, durch den Glauben bereits ausgestiegen aus der Verfallenheit an das Vergängliche, an die Zeit, an den Tod. Mit seiner welthaften Existenz steht der Mensch noch im »alten Äon«, im Wechsel, in Zeit und Historie. Im Glauben an Christus aber hat die Zeit keine Gewalt mehr über ihn. Bult-

---

alles kontingent Seienden. Das Sein – so betont Heidegger schon mit dem Buchtitel »Sein und Zeit« – ist ein Geschehen, ein Ereignis. Das Sein »ist« nur, indem es »sich gibt«. Das Sein ist also nichts Statisches, kein Gegenstand oder Objekt, sondern ein Geschehen. Das Sein ist nicht etwas, das zunächst irgendwo bereitliegt, um dann im »Ereignis« dem Menschen gegeben zu werden, sondern es »ist«, indem es sich ereignet. So wird einsichtig, dass nur ein Mensch, der sich seiner Zeitlichkeit im Vollzug der Ek-sistenzialität seiner Ek-sistenz bewusst ist, überhaupt beginnen kann, das Sein bzw. die Wirklichkeit als solche (als Geschehen) wahrzunehmen.

674 Bultmann ist überzeugt: »Der Glaube weiß, dass, wenn er glaubt, d. h. wenn er sich frei für Gott entscheidet, – dass er dann Gott an sich handeln lässt« (Gnade und Freiheit, in: Ders., Glauben und Verstehen. Gesammelte Aufsätze, Bd. II, Tübingen ⁶1993, 149–161; hier: 158), statt Gott mit den eigenen Interessen, Perspektiven und Begriffe zu identifizieren.

675 »Die Offenbarung vermittelt kein weltanschauliches Wissen, sondern *sie redet an*. Dass der Mensch in ihr sich selbst verstehen lernt, bedeutet, *dass er je sein Jetzt, den Augenblick, als einen durch die Verkündigung qualifizierten verstehen lernt*. Denn das Sein im Augenblick ist sein eigentliches Sein« (R. Bultmann, Der Begriff der Offenbarung im Neuen Testament, in: Ders., Glauben und Verstehen. Gesammelte Aufsätze, Bd. III, Tübingen ⁴1993, 1–34; hier: 30).

4.2 Der garstig breite Graben

manns Ruf nach Entmythologisierung[676] gilt der Rettung des »ein für allemal« bzw. des »für uns« von Leben, Kreuz und Auferstehung Jesu Christi[677]. Das Ereignis von Kreuz und Auferstehung ist – so lehrt er – solange ein »Außen-vor« (Mythos), solange es nicht gegenwärtiges Geschehen (Kerygma) ist. Die Bedeutung des Christusereignisses besteht nicht in einem »Was«, sondern in einem »Dass«; sie ist gleichsam der Katalysator der Ek-sistenzialität der Existenz, des »Über-sich-selbst-hinaus-Seins«, das den Menschen befähigt, statt aus der Vergangenheit aus der Zukunft zu leben.

Bultmann beantwortet die Lessing-Frage im Prinzip wie Kähler oder Schweitzer. Auch ihm geht es um die Rückfrage nach dem Jesus, der nicht Objekt unserer Begriffe und Interessen, sondern das Treibende, das Motivierende, das uns unbedingt Angehende oder – mit Heidegger gesprochen – »Wirklichkeit, weil Ereignis« ist. Auch er unterscheidet durchgehend zwei Ebenen, nämlich die des historischen Jesus und die des mich ergreifenden Christus. Aber im Unterschied zu Kähler und Schweitzer glaubt Bultmann nicht, dass man die Wirklichkeit Jesu, die in der Existenz des Gläubigen zum Ereignis wird, durch das bloße Abtragen dogmatischer Interpretationen erreichen kann. Deshalb fordert er eine immerwährende Entmythologisierung und Entbegrifflichung, ein nie endendes Bemühen um die Freilegung des Kerygmas, d. h. der von unseren Interessen, Funktionalisierungen und Objektivierungen befreiten Wirklichkeit des Christusereignisses.

Karl Barth, der sich bewundernd und kritisch zugleich mit Bultmann auseinandergesetzt hat, legt den Finger intuitiv in die entscheidende Wunde. Er fragt ihn, ob er die Bedeutung Jesu in dem Erlöser selbst oder in der Existenz des einzelnen Gläubigen verankere[678]. Die Frage ist rheto-

---

676 Vgl. R. Bultmann, Neues Testament und Mythologie. Das Problem der Entmythologisierung der neutestamentlichen Verkündigung, in: Ders., Kerygma und Mythos, Bd. I, hg. v. H.-W. Bartsch, Hamburg ⁴1960, 15–48; ders., Zum Problem der Entmythologisierung, in: Kerygma und Mythos, Bd. II, hg. v. H.-W. Bartsch, Hamburg 1952, 179–208.
677 Zum Mitvollzug der Auferstehung, zur Freiheit, die in der Eigentlichkeit liegt, gelangt nur, »wer sich […] mitkreuzigen lässt«, wer sich »durch das historische Faktum ein neues Verständnis seiner selbst erschließen« lässt: »ein Verständnis, das er nur im Entschluss ergreifen kann, in einem Entschluss, der die radikale Preisgabe seiner selbst bedeutet« (R. Bultmann, Die Bedeutung des geschichtlichen Jesus für die Theologie des Paulus, in: Ders., Glauben und Verstehen. Gesammelte Aufsätze, Bd. I, Tübingen ⁹1993, 188–213; hier: 207).
678 Karl Barth betont gegenüber Bultmann: Jesus Christus »bedarf nicht der Verkündigung, die Verkündigung bedarf seiner. Er fordert sie, er ermöglicht sie auch. Er macht sich zu ihrem Ursprung und Gegenstand. Er selbst ist der Eigentliche und bleibt der Herr über und in allem, was in ihm seinen Anfang und Anlass hat. Es ist das Verhältnis zwischen dem Bedeutsamen, das er in sich selbst ist, und allen Be-

risch gemeint. Barth wirft seinem Marburger Freund vor, die Bedeutsamkeit des Kreuzes aus dem Sterben des Erlösers in den existentiellen Nachvollzug des Kerygma-Empfängers zu verlegen und damit die »extra nos« geschehene Versöhnung in einen psychologischen Selbstfindungsprozess umzudeuten[679]. Barth würdigt das pastorale Anliegen seines Kollegen, unterstreicht aber in vielen Briefen an ihn seine Abneigung gegen jede Reduktion Jesu auf einen bloßen Katalysator »unserer Eigentlichkeit«[680].

4.2.3 Die zweite Phase der so genannten »Leben-Jesu-Forschung«

Das in der Lessing-Frage unübertrefflich klar formulierte Problem der Verhältnisbestimmung des Jesus der Geschichte zu seiner bleibenden Bedeutung (Wahrheit bzw. Offenbarung) wurde teils philosophisch, teils historisch mit einer einzigen Antwort bedacht: nämlich mit der Trennung von Wahrheit und Geschichte. Die Anhänger der transzendentalen Methode sehen in Jesus den zufälligen Mittler einer a priori einleuchtenden Wahrheit. Und die Verfechter des Historismus tragen so lange Schichten der Jesus-Überlieferung ab, bis der Jesus vor ihnen steht, der ihnen selbst vernünftig erscheint. Auch da, wo die vermeintlich unumstößlichen Fakten historisch-kritischer Forschung mit dem lebendig wirkenden, uns ergreifenden, zum Ereignis oder Kerygma werdenden Erlöser identifiziert werden, ist die Bedeutung Jesu jeweils das, was dem Autor einleuchtet, was ihm wichtig ist oder vernünftig erscheint. Albert Schweitzer selbst ist ein getreues Spiegelbild des Rationalismus, den er anderen als Spiegel der eigenen Einseitigkeit oder Beschränktheit vorhält.

Eine historisch-kritische Exegese, die sich im Sinne Bultmanns als Entmythologisierung, als Abtragung dogmatischer Verfälschungen und

---

deutsamkeiten, die er für uns gewinnen mag, ein unumkehrbares Verhältnis« (Die Kirchliche Dogmatik, Bd. IV/1. Die Lehre von der Versöhnung, Zollikon/Zürich 1953, 250).

679 »Ich sehe [...] wohl ein, dass auch die Botschaft des Neuen Testamentes (etwa in den evangelischen Worten von der Nachfolge Jesu im Tragen des Kreuzes oder in der von Bultmann bevorzugt zitierten Stelle Kol 1,24) von einem Nachvollzug des Leidens und Sterbens Jesu Christi im Leben der an ihn Glaubenden redet. Ich sehe aber nicht ein, dass der neutestamentliche Glaube, in welchem der Hörer dieser Botschaft die Bedeutsamkeit des Kreuzes Christi auch für ihn realisiert, in diesem Nachvollzug bestehe. Ich meine vielmehr zu sehen, dass dieser Nachvollzug dort eine Konsequenz des Glaubens ist, in welcher der Hörer der Botschaft sich an das hält, was im Tode Jesu Christi ganz und gar außer ihm, ohne ihn, ja gegen ihn von Gott her für ihn geschehen ist.« (K. Barth, Rudolf Bultmann. Ein Versuch, ihn zu verstehen, Zollikon/Zürich 1952, 20).

680 Vgl. B. Jaspert (Hg.), Karl Barth – Rudolf Bultmann. Briefwechsel 1922–1966 (Barth-Gesamtausgabe V/1), Zürich 1971, 129.164f.170f.196–199.

interessegeleiteter Verzeichnungen versteht, ist keine Theologie und schon gar keine Christologie mehr. Was Bultmann über die Bedeutsamkeit Jesu sagt, hängt nur noch an dem bloßen »Dass« seiner Existenz. Das Ergebnis ist eine allgemein einleuchtende Ethik, die bei Schweitzer das theologische Etikett »Reich-Gottes-Wille Jesu« trägt, sich aber inhaltlich auf jedem Humanistenkongress als »common sense« verkaufen lässt. Wo das Menschsein Jesu nicht mehr die Offenbarkeit Gottes selbst, sondern nur noch Medium einer allgemein plausiblen Idee oder ethisierenden Betroffenheit ist, wird jede Christologie doketisch. Auch die Gnostiker der frühen Kirche betrachteten den Menschen Jesus als bloßen Lehrer, als Mittler oder Beispiel. Ihnen ging es zwar mehr um Selbsterlösung als um eine humanisierende Veränderung der Gesellschaft. Aber im Prinzip unterscheidet sich ihre Christologie nicht von der jener Rationalisten, die den Menschen Jesus von seiner universalen Bedeutung trennen, die den vorösterlichen Jesus als bloßen Menschen und seine Auferweckung als Chiffre für das Weiterleben »seiner Sache« bezeichnen.

4.2.3.1 Ernst Käsemanns Differenzkriterium

Nicht zufällig entstand in der Bultmann-Schule so etwas wie eine Rückwendung zum historischen Jesus. Ernst Käsemann (1906–1998) weigert sich, aus dem Scheitern jeder Jesus-Biografie den Schluss zu ziehen, eine Eruierung des echten Jesus sei gänzlich unmöglich[681]. Deshalb entwickelt er das so genannte Differenzkriterium.[682] Was nicht aus dem religionsge-

---

681 Vgl. E. Käsemann, Das Problem des historischen Jesus, in: Ders., Exegetische Versuche und Besinnungen, Bd. I, Göttingen ³1970, 187–214.
682 Dieter Georgi (Leben-Jesu-Theologie/Leben-Jesu-Forschung, in: TRE XX [Berlin ²2000] 566–575; 572) sieht in Käsemanns Differenzkriterium den theologischen Spiegel des bürgerlichen Bedürfnisses, sich zu unterscheiden. Er bemerkt: »Für das bürgerliche Individuum, besonders die große Persönlichkeit, ist die Abgrenzung das notwendige dialektische Gegenbild zur Kontinuität. Die Behauptung der Einzigartigkeit Jesu gehört hierher, vor allem aber auch deren Verstärkung durch die religionsgeschichtliche Aussonderung. Dabei legt die Mehrheit der nichtjüdischen Forscher immer noch Wert auf eine Distanzierung Jesu vom Judentum, obgleich man inzwischen versucht hat, die gröbsten antisemitischen Überbleibsel aus dieser Unterscheidungsargumentation zu tilgen. Mit Jesu Verkündigung der Gottesherrschaft verbindet man seine radikale Auslegung des Willens Gottes (Ethik), dessen Eigentlichkeit als Schöpfer- und Gnadenwillen im Zweifelsfall über dem Gesetzesbuchstaben und erst recht über allen von Menschen geschaffenen Regeln steht (Gesetz). Mit seiner Verkoppelung von Gottes- und Nächstenliebe, besonders dem Gebot der Feindesliebe (Liebe), mit der Betonung der Vergebung der Sünden, besonders mit deren konkreter Veranschaulichung in Jesu Verkehr mit Sündern, Sünderinnen und Verstoßenen, habe er an den Fundamenten der jüdischen Religion gerüttelt. Auch in den Zeichenhandlungen Jesu habe sich diese radikale Souveränität von Gottes eschatologischer Kritik und Befreiung demonstriert. Deshalb habe das gewaltsame

schichtlichen Umfeld Israels oder aus dem zeitgenössischen Judentum abgeleitet werden kann, darf als historisch echt, d. h. als genuin jesuanisch, angesehen werden.

Das exegetische Verdienst Ernst Käsemanns liegt weniger in seiner problematischen Kriteriologie als in der von ihm losgetretenen Diskussion über die hermeneutischen Voraussetzungen der historisch-kritischen Exegese[683]. Doch weil viele Historiker – zumindest auf protestantischer Seite – an der prinzipiellen Trennbarkeit von Jesus und Christus, von Geschichte und Kerygma festhielten, kam es auch innerhalb der zweiten Jesusbuch-Welle – im Fachjargon »new quest« – zu denselben Rekonstruktionen bzw. Projektionen, die schon die entsprechende Literatur der liberalen Exegese (»first quest«) bestimmt haben. Abgesehen davon, dass es innerhalb der

---

Ende in der Konsequenz von Jesu Verkündigung und Verhalten gelegen. Jesus sei im Bewusstsein des Risikos nach Jerusalem gegangen. Der Konflikt mit den Römern sei nur Folge des Konflikts mit dem jüdischen Establishment gewesen. Die Gleichzeitigkeit des *New Quest* mit dem Ende des *New Deal* und der Restauration des Bürgertums in den USA und der BRD im Rahmen einer marktorientierten atlantischen Gemeinschaft seit dem Koreakrieg dürfte nicht von ungefähr sein.«

683 An dieser Diskussion sind auf protestantischer Seite mit wichtigen Beiträgen beteiligt: Günter Bornkamm, Hans Conzelmann, Gerhard Delling, Ernst Fuchs, Ferdinand Hahn, Joachim Jeremias und Eduard Schweizer; auf katholischer Seite Rudolf Schnackenburg, Heinz Schürmann, Rudolf Pesch, Josef Blank, Joachim Gnilka, Wilhelm Thüsing, Karl Kertelge und Thomas Söding. – Die zum Klassiker gewordene Christologie Walter Kaspers (Jesus der Christus, Mainz 1974 [10. Aufl. 2007]) basiert auf dem Grundgedanken, dass Jesus als Menschensohn die Offenbarkeit des präexistenten Sohnes beim Vater ist. Auch Joseph Ratzinger und Karl Lehmann argumentieren in ihren Arbeiten zur Verhältnisbestimmung von Geschichte und Dogma, zur theologischen Erkenntnislehre und zu den zentralen Themen der Christologie gegen jede historisch-kritisch oder philosophisch begründete Trennung des Jesus der Geschichte vom Christus des Glaubens. Sie gehen aus von der Voraussetzung, dass die Heilige Schrift das kristallin gewordene Christusbekenntnis der frühen Kirche ist. Diese Prämisse macht die historisch-kritische Suche z. B. nach der Chronologie unterschiedlicher Traditionen nicht überflüssig, bürdet aber der Rückfrage nach dem Entstehen des vorliegenden Textes nicht die Aufgabe auf, unter den vielen Schichten den eigentlichen, den wahren, den authentischen Jesus zu suchen, den historischen. In dieser Hinsicht will sich Joseph Ratzinger alias Benedikt XVI. auch von der »Rekonstruktion« unterscheiden, die er ansonsten für die beste Leistung der Exegese des 20. Jhs. hält, von der nämlich Rudolf Schnackenburgs (Die Person Jesu Christi im Spiegel der vier Evangelien [HThK.S IV], Freiburg 1993). In der Einleitung zu seinem Buch »Jesus von Nazareth« (Freiburg 2007, 12f) bemerkt er: »Schnackenburg zeigt uns das Christusbild der Evangelien, sieht es aber aus vielfältigen Traditionsschichten gebaut, durch die hindurch man nur von Weitem den ›wirklichen‹ Jesus wahrnehmen kann. [...] Das Problematische an Schnackenburgs Verhältnisbestimmung zwischen Traditionen und geschehener Geschichte erscheint für mich sehr deutlich in dem Satz: Die Evangelien ›wollen den geheimnisvollen, auf Erden erschienenen Gottessohn gleichsam mit Fleisch umkleiden ...‹ (S. 354). Ich möchte dazu sagen: Sie brauchten ihn nicht mit Fleisch zu ›umkleiden‹, er hatte wirklich Fleisch angenommen.«

zweiten Jesusbuch-Welle auch eine marxistische[684], feministische[685], jüdische[686] und inkulturationsbedingte[687] Jesus-Literatur gibt[688], tauchen alle Reduktionen der Vergangenheit wieder auf: die existenzialistische[689]; die gesellschaftspolitische[690]; die psychologische[691], die scheinbar längst erledigte Essener-Hypothese[692] und die Betrugshypothese[693].

4.2.3.2 Klaus Bergers Fundamentalkritik

Die zweite Welle der Jesus-Literatur ist zwar unterschiedlich bilanziert worden[694], hat aber ebenso wie die »first quest« einen grundsätzlichen

---

684 Vgl. V. Gardavsky, Gott ist nicht ganz tot. Betrachtungen eines Marxisten über Bibel, Religion und Atheismus. Mit einer Einleitung von Jürgen Moltmann, München 1968; M. Machovec, Jesus für Atheisten. Mit einem Geleitwort von Helmut Gollwitzer, Stuttgart/Berlin ²1973; L. Kolakowski, Geist und Ungeist christlicher Traditionen, Stuttgart 1971.

685 Vgl. M. Daly, Jenseits von Gott Vater, Sohn & Co. Aufbruch zu einer Philosophie der Frauenbewegung, München ⁵1988; D. Sölle, Warum brauchen wir eine feministische Christologie?, in: EvTh 53 (1993) 86–92; J. Hopkins, Feministische Christologie. Wie Frauen heute von Jesus reden können, Mainz 1996; E. Schüssler-Fiorenza, Jesus – Miriams Kind, Sophias Prophet. Kritische Anfragen feministischer Christologie, Gütersloh 1997; D. Sölle/L. Schottroff, Jesus von Nazaret, München 2000.

686 Vgl. D. Flusser, Jesus. In Selbstzeugnissen und Bilddokumenten, Reinbek 1968; Schalom Ben-Chorin, Bruder Jesus. Der Nazarener in jüdischer Sicht, München ³1970; G. Vermes, Jesus the Jew. A Historian's Reading of the Gospels, London 1973; K. Schubert, Jesus im Lichte der Religionsgeschichte des Judentums, Wien/München 1973; P. E. Lapide, Der Rabbi von Nazareth, Trier 1974.

687 Vgl. J.-M. Ela, L'Évangile dans la réalité de vie en Afrique noire, Paris 1985; Wege afrikanischer Christologie. Sammelband (TDW 3), hg. v. Y. Aklé, Freiburg 1989; U. C. Manus, Christ, the African King. New Testament Christology, Frankfurt 1993.

688 Einen Überblick über die »neuen« kontextuellen Ansätze bietet: U. Kühn, Christologie (UTB 2393), Göttingen 2003, 16–94.

689 Vgl. W. Marxsen, Die Auferstehung Jesu als historisches und theologisches Problem, Gütersloh ²1965; H. Braun, Der Mann aus Nazareth, Stuttgart/Berlin 1988.

690 Vgl. J. Carmichael, Leben und Tod des Jesus von Nazareth, München 1965; H.-W. Bartsch, Jesus – Prophet und Messias aus Galiläa, Frankfurt 1970.

691 Vgl. K. Niederwimmer, Jesus, Göttingen 1968.

692 S. G. F. Brandon, Jesus and the Zealots, Manchester 1967; M. Baigent/R. Leigh, Verschlusssache Jesus. Die Qumranrollen und die Wahrheit über das frühe Christentum, München 1991.

693 Vgl. J. Lehmann, Jesus-Report. Protokoll einer Verfälschung, Düsseldorf 1970; A. Holl, Jesus in schlechter Gesellschaft, Stuttgart 1971; R. Augstein, Jesus Menschensohn, Gütersloh 1972.

694 Vgl. umfassend und detailreich: W. G. Kümmel, Vierzig Jahre Jesusforschung: 1950–1990 (BBB 91), Königstein ²1994. – Außerdem: P. Fiedler/L. Oberlinner, Jesus von Nazareth. Ein Literaturbericht, in: BuL 12 (1972) 52–74; H. Schürmann, Zur aktuellen Situation der Leben-Jesu-Forschung, in: GuL 46 (1973) 300–310; J. Roloff, Auf der Suche nach einem neuen Jesusbild, in: ThLZ 98 (1973) 561–572; E. Grässer, Motive und Methoden der neueren Jesus-Literatur. An Beispielen dargestellt, in: VF 18

4. Jesus – bloßer Mittler einer Idee oder eines Glaubens?

Kritiker gefunden. Der Heidelberger Exeget Klaus Berger hält die von der historisch-kritischen Exegese forcierte Trennung des vorösterlichen Jesus vom nachösterlichen Christus für eine Abstraktion[695], die sich als künstlich herausstellt, sobald man nach dem Entstehungsprozess der Kategorien fragt, mit denen Jesus von den Autoren der neutestamentlichen Schriften gedeutet wird. In seinem magistralen Werk »Theologiegeschichte des Urchristentums« erbringt Berger den Beweis, dass ausnahmslos alle Kategorien, die von Harnack und seinen Epigonen als repräsentativ für die griechische Überlagerung des historischen Jesus bezeichnet wurden, mühelos aus der Tradition Israels erklärbar sind. Verbunden mit dieser Erkenntnis ist die Frage, ob nicht das, was von weiten Teilen der historisch-kritischen Exegese als späte Gemeindetheologie erklärt wird, in Wirklichkeit Urgestein der biblischen Christologien ist[696].

Aus Bergers Sicht ist die Unterscheidung zwischen dem Jesus vor Ostern von dem Christus nach Ostern nicht selten von dem Motiv bestimmt, das, was man wünscht, für vorösterlich und also für echt zu halten; und das, was man aus irgendwelchen Gründen nicht wünscht, als Ideologie einer nachösterlichen Gemeinde abzuqualifizieren. Wörtlich bemerkt er:

> »Die Unterscheidung zwischen echtem Jesusgut und Gemeindebildung dient zum Beispiel bei Eugen Drewermann dazu, alle Aussagen über Gericht und Hölle als unechtes Gut auszuscheiden. Dieses Manöver dient dem durchsichtigen Anliegen, den Missbrauch der neutestamentlichen Aussagen im Sinne einer autoritären kirchlichen Angstpredigt zu vermeiden. Denn für Drewermann steht fest: Amt und Angst, Institution und Terror, Recht und Unmenschlichkeit, geprägte Formeln und Höllenangst, Dogma und Zwang stehen auf der einen Seite und der liebreiche, angstfreie und humane Jesus auf der anderen. Und nach altem, bewährtem Schema wird hier dann unterschieden zwischen echtem Jesusgut und der schrecklichen dogmatischen Verfestigung.«[697]

(1973) 3–45; J. Gnilka, Jesus von Nazareth. Botschaft und Geschichte (HThK.S III), Freiburg 1990, 11–34; R. Heiligenthal, Der verfälschte Jesus. Eine Kritik moderner Jesusbilder, Darmstadt 1997; aus systematischer Perspektive: G. Sauter, Fragestellungen der Christologie (I), in: VuF 11 (1966) 37–6; (II), in: VuF 23 (1978) 21–41; ders. Christologie in geschichtlicher Perspektive, in: VuF 21 (1976) 2–31.

695 Vgl. K. Berger, Wer war Jesus wirklich?, Stuttgart 1995, bes. 9–41; ders., Jesus, München 2004, bes. 13–52.

696 Ähnlich: B. Sesboüé, Jésus-Christ l'unique médiateur, vol. II. Les récits du salut, Paris 1991, 43–151.

697 K. Berger, Vom Verkündiger zum Verkündigten – Anfragen an ein Programm, in: Jesus von Nazareth, hg. v. H. Schmidinger, Graz 1995, 185–209; 189.

Wiederholt beweist Berger, dass sich an keiner einzigen Stelle des NT festmachen lässt, was der mainstream aller Exegeten für ausgemacht hält, nämlich dass die Erkenntnis Jesu als des Christus erst nach Ostern erfolgt ist. Durch kein historisch eruierbares Faktum – so Berger weiter – lässt sich die These erhärten, dass der hypothetisch vorausgesetzte älteste Text des Christentums, die so genannte Logienquelle (Q), ohne titulare Christologie ausschließlich den verkündigenden Jesus geschildert hat. Ebenso fraglich ist, ob man aus der Tatsache, dass die Briefe des Neuen Testaments viel über Jesu Tod und Erhöhung und kaum etwas über sein Wirken auf Erden sagen, eine Unabhängigkeit ihrer Christologie von dem historischen Jesus folgern darf. Und was für die angeblich biblischen Anhaltspunkte einer strikten Trennung zwischen verkündigendem und verkündigtem Jesus gilt, das gilt erst recht für die außerbiblischen Argumente, die diesen Dualismus stützen sollen: z. B. für die philosophische Unterscheidung zwischen hypothetischer Geschichtswahrheit (geschichtlicher Jesus) und notwendiger Vernunftwahrheit (bleibende Bedeutung Jesu); für die pietistische Unterscheidung zwischen unmittelbar zugänglicher Wahrheit (Jesus der Erfahrung) und verfälschender Reflexion (Christus der Orthodoxie); und für die biblizistische Unterscheidung zwischen dem mit der Schrift identifizierten Jesus und dem von der Kirche dogmatisierten Christus.

Vor dem Hintergrund des immer wieder gescheiterten Versuchs, den »Jesus an sich« vom »geglaubten Jesus Christus« zu abstrahieren, empfiehlt Klaus Berger aller zukünftigen Exegese die Beachtung der folgenden sechs Punkte:

»1. Die Differenz zwischen vor Ostern und nach Ostern ist nach dem Selbstverständnis der frühchristlichen Schriften nicht so erheblich, wie man das in der Exegese seit der Aufklärung gedacht hat. Die qualitative Neuheit der nachösterlichen Erfahrung wird in der Regel maßlos überschätzt, und Ostern überhaupt als Schwelle anzusehen ist eher Ausdruck philosophischer Prämissen als solider Exegese. [...]
2. Die Echtheit von Jesustaten und Jesusworten ist in der Regel weder positiv noch negativ erweisbar. Die Geschichte der diesbezüglichen Exegese stellt sich vielmehr eher als zirkuläres Verfahren dar, in dem sich vor allem vorgefasste Entwürfe über Jesus oder die Geschichte des Urchristentums widerspiegelten. Das hat auch Folgen für den methodischen Einsatz von Literarkritik und herkömmlicher Formgeschichte. [...]
3. Aufgrund der Eigenart jüdischer Theologie der gesamten Antike ist es extrem unwahrscheinlich, dass Jesus ein kohärentes gedankliches System vertreten hat. Jeder Versuch, sich ein solches zurechtzulegen, scheitert daher schon an der mangelnden Plausibilität der Grundprä-

misse. Das bedeutet zugleich auch: Widerspruchslosigkeit ist kein Kriterium der Zuschreibung oder Nichtzuschreibung zu Jesus. [...]
4. Das religionsgeschichtliche Kriterium zieht überhaupt nicht. Denn weder ist Jesus künstlich aus dem Judentum zu lösen oder ist seine Originalität als auf dessen Kosten gehend subtraktiv zu ermitteln, noch ist paganer Ursprung ein Kriterium von Unechtheit. [...]
5. Weil die Echtheitsfrage nicht entschieden werden kann und darf, müssen wir uns an die Maxime halten, Überlieferungen an dem Ort zu besprechen, an dem sie ihre mutmaßliche größte allgemeine Bedeutung in der Geschichte des Urchristentums hatten, und zwar unabhängig von der Herkunft von Jesus. Daher ist die Geschichte des Urchristentums im ersten Jahrhundert im ganzen [...] der Rahmen, innerhalb dessen wir nach derartigen Augenblicken der je größtmöglichen Wirkung fragen. [...]
6. Die Frage nach dem Selbstbewusstsein Jesu war [...] eindeutig philosophischen Ursprungs und ist zu ersetzen durch die Frage nach den verschiedenen Relationen, in denen sich Jesu Tätigkeit ereignete«[698].

4.2.4 Die dritte Phase der so genannten »Leben-Jesu-Forschung«

Der vierte Leitsatz von Klaus Berger richtet sich diametral gegen die Hermeneutik Ernst Käsemanns, scheint aber inzwischen allgemein akzeptiert zu sein. Anders verhält es sich mit dem fünften Leitsatz. Die Echtheitsfrage scheint vielen Exegeten nicht annähernd so illusorisch wie Klaus Berger. Ja, man kann sogar von einer erneuten Debatte über Kriterien zur Scheidung des authentischen vom dogmatisch übermalten Jesus und also von einer »third quest« der Jesus-Forschung sprechen[699].

---

698 Berger, vom Verkündiger zum Verkündigten, 191f. – Den Versuch einer Bilanzierung der »new quest« versucht Alister E. McGrath: The New Quest of the Historical Jesus: from Käsemann to Wolfhart Pannenberg, in: Ders. (Hg.), The Making of Modern German Christology. From the Enlightenment to Pannenberg, Oxford 1986, 161–185.
699 Den Terminus »third quest« prägten: S. Neill/T. Wright, The Interpretation of the New Testament 1861–1986, Oxford 1988, 379. – Dazu: C. Breytenbach, Jesusforschung 1990–1995. Neuere Gesamtdarstellungen in deutscher Sprache, in: BThZ 12 (1995) 226–249; P. Müller, Neue Trends der Jesusforschung, in: ZNT 1 (1998) 2–16; D. Kosch, Jesusliteratur 1993–1997. Eine Umschau, in: BiKi 53 (1998) 213–219; D. S. du Toit, Erneut auf der Suche nach Jesus. Eine kritische Bestandsaufnahme der Jesusforschung am Anfang des 21. Jahrhunderts, in: U. H. J. Körtner (Hg.), Jesus im 21. Jahrhundert. Bultmanns Jesusbuch und die heutige Jesusforschung, Neukirchen 2002, 91–134; C. Niemand, »Jesus – wie er wirklich war«? Annäherungen an ein historisch verantwortbares und theologisch ergiebiges Jesusbild, in: ThPQ 151 (2003) 253–263; G. Häfner, Das Ende der Kriterien? Jesusforschung angesichts der

4.2.4.1 Die Umkehrung des Differenzkriteriums in sein Gegenteil

Die »dritte Welle« will sich mit dem hypothetischen Charakter allen historischen Wissens versöhnen und verspricht dennoch Fortschritte in der historischen Jesus-Forschung. »In der zunächst im angelsächsischen Sprachraum[700] hervorgetretenen ›third quest‹ tritt an die Stelle des theologischen ein sozialgeschichtliches Interesse, an die Stelle der Abgrenzung Jesu vom Judentum eine Einordnung in das Judentum, an die Stelle der Bevorzugung kanonischer Quellen die Offenheit auch für (z. T. ›häretische‹) nicht-kanonische Quellen.«[701] Man kann sogar von einer Umkehrung des besagten Differenzkriteriums in sein Gegenteil sprechen. Denn während das Differenzkriterium eine Unableitbarkeit von Jesusüberlieferungen aus dem Judentum fordert, verlangen die Vertreter der »historischen Kontextplausibilität«[702] den »Nachweis positiver Zusammenhänge zwischen Jesusüberlieferung und jüdischem Kontext, d. h. zwischen Jesus und dem Land, den Gruppen, den Traditionen und Mentalitäten des damaligen Judentums«[703]. Anders ausgedrückt: »Jesus kann nur das gesagt und getan haben, was ein jüdischer Charismatiker im 1. Jh. hätte sagen und tun können. Selbstverständlich kann er dabei in Widerspruch zu seiner Umwelt geraten. Das Judentum ist voll von Beispielen schroffer Kritik von charismatischen Einzelgestalten und von Polemik zwischen jüdischen Gruppen. Aber diese Kritik muss kontextuell nachvollziehbar sein. Auf dem Hintergrund positiver Einbettung in die Umwelt kann die Individualität Jesu aufgewiesen werden. Individualität bedeutet nicht Unableitbarkeit, sondern Unterscheidbarkeit in einem gemeinsamen Kontext. Jesus wird hier nicht gegen das Judentum, sondern in ihm pro-

---

geschichtstheoretischen Diskussion, in: K. Backhaus/G. Häfner (Hgg.), Historiographie und fiktionales Erzählen. Zur Konstruktivität in Geschichtstheorie und Exegese (BThS 86), Neukirchen-Vluyn 2007, 97–130.

700 Der Orientalist Robert W. Funk und der Exeget John Dominic Crossan haben 1985 in Kalifornien ein Institut gegründet, das sich der Suche nach authentischem Jesus-Material verschrieben hat und sich inzwischen selbst als Vorhut einer »third quest« der Jesus-Forschung versteht.

701 G. Theißen/A. Merz, Der historische Jesus. Ein Lehrbuch, Göttingen 1996, 28.

702 Vgl. L. Schottroff/W. Stegemann, Jesus von Nazareth, Hoffnung der Armen, Stuttgart ²1981; W. Stegemann, Das Evangelium und die Armen. Über den Ursprung der Theologie der Armen im Neuen Testament; E. W. Stegemann/W. Stegemann, Urchristliche Sozialgeschichte. Die Anfänge im Judentum und die Christusgemeinden in der mediterranen Welt, Stuttgart 1995; G. Theißen/A. Merz, Der historische Jesus. Ein Lehrbuch, Göttingen 1996, bes. 21–122; G. Theißen/A. Merz, Die Kriterienfrage in der Jesusforschung. Vom Differenzkriterium zum Plausibilitätskriterium (NTOA 34), Freiburg (Schweiz) 1997, bes. 175–217.

703 Theißen/Merz, Der historische Jesus, 119.

4. Jesus – bloßer Mittler einer Idee oder eines Glaubens?

filiert. Seine Individualität ist nicht kontextunabhängige Unableitbarkeit, sondern kontextgebundene Besonderheit.«[704]

4.2.4.2 Eine kritische Bilanz von David S. du Toit

Gerd Theißen hat gemeinsam mit seiner Schülerin Annette Merz dreizehn Einwänden historischer Skepsis fünfunddreißig Gegenargumente entgegengestellt und dann positiv versucht, Jesus aus seinem zeit- und sozialgeschichtlichen Umfeld heraus zu verstehen: als Charismatiker, Propheten, Heiler, Dichter und Lehrer. Dabei gelangt er zu Ergebnissen, die eine Konvenienz zwischen vorösterlichem Jesus (seinem Verhältnis zu Johannes dem Täufer, seiner Selbstbezeichnung als Menschensohn, seinem Hoheitsanspruch) und nachösterlichem Messiasbekenntnis konstatieren. Andererseits vertritt er Thesen, die an längst erledigt geglaubte Projektionen erinnern. Jesus soll mit der Auswahl der Zwölf nicht nur die Bedeutung seiner Sendung für ganz Israel, sondern auch seinen Anspruch bekundet haben, das bald wiederhergestellte Israel im Sinne einer »repräsentativen Volksherrschaft«[705] regieren zu wollen. Theißen und Merz bezeichnen den Zwölferkreis als »messianisches Kollektiv«[706] und geben zu Protokoll: Jesus »prägte die auf eine Einzelperson gerichtete Messiaserwartung im Sinne eines ›Gruppenmessianismus‹ um. Einfache Menschen aus dem Volk, Fischer und Bauern, sollten als Repräsentanten der zwölf Stämme herrschen«[707]. Theißen und Merz vermuten, dass Jesus bei seinem Abschiedsmahl »den obsolet gewordenen Tempelkult vorübergehend ersetzen« und »den Jüngern einen Ersatz für den offiziellen Kult« bieten wollte, und dass Jesus deshalb mit den Worten »Das ist mein Leib für euch« lediglich gemeint habe: »Dies Brot tritt jetzt für euch an die Stelle der sonst im Tempel verzehrten Opferspeise, an die Stelle des Leibes des geopferten Tieres.«[708]

Derartige Spekulationen erinnern an die eines Hermann Samuel Reimarus. David S. du Toit[709] unterscheidet im Umfeld des erneuten Versuchs (»third quest«), unter den Schichten der Tradition den »Jesus an

---

704 Theißen/Merz, Der historische Jesus, 119.
705 Theißen/Merz, Der historische Jesus, 493.
706 Theißen/Merz, Der historische Jesus, 469.
707 Theißen/Merz, Der historische Jesus, 469.
708 Theißen/Merz, Der historische Jesus, 382.
709 Vgl. D. S. du Toit, Erneut auf der Suche nach Jesus. Eine kritische Bestandsaufnahme der Jesusforschung am Anfang des 21. Jahrhunderts, in: U. H. J. Körtner (Hg.), Jesus im 21. Jahrhundert. Bultmanns Jesusbuch und die heutige Jesusforschung, Neukirchen-Vluyn 2002, 91–134.

sich« zu finden, fünf Jesusbilder, die denen der vorausgegangenen beiden Phasen in ihrer Hypothetizität keineswegs nachstehen:
- *Jesus als Charismatiker* bei Marcus Borg, Conflict, Holiness and Politics in the Teachings of Jesus, New York/Toronto 1983;
- *Jesus als Anstifter einer gesellschaftlichen Revolution* bei: Richard Horsley, Jesus and the Spiral of Violence. Popular Jewish Resistance in Roman Palestine, San Francisco 1987; ders., Sociology and the Jesus Movement, New York 1989;
- *Jesus als jüdisch-kynischer Weisheitslehrer* bei: John Dominic Crossan, The Historical Jesus. The Life of a Mediterranean Peasant, San Francisco 1991;
- *Jesus als Prophet der endzeitlichen Restauration Israels* bei: Ed Parish Sanders., Jesus and Judaism, London/Philadelphia 1985; ders., The Historical Figure of Jesus, London 1993;
- *Jesus als endzeitlicher Prophet und Vermittler der Gegenwart Gottes* bei: Jürgen Becker, Jesus von Nazaret, Berlin 1996.

5. Kapitel oder Zweiter Brennpunkt:

Jesus – wahrer Mensch ohne menschliches Selbstbewusstsein?

Der sechste unter den von Klaus Berger empfohlenen Leitsätzen lautet: »Die Frage nach dem Selbstbewusstsein Jesu war [...] eindeutig philosophischen Ursprungs und ist zu ersetzen durch die Frage nach den verschiedenen Relationen, in denen sich Jesu Tätigkeit ereignete.« – Diese Maxime ist zweifellos berechtigt, wenn sie den Historikern gilt, die in den biblischen Quellen Anhaltspunkte für eine Psychologie Jesu finden wollen[710]. Friedrich Daniel Ernst Schleiermacher (1768–1834) allerdings wird gründlich missverstanden, wenn er als Pionier eines solchen Versuchs bezeichnet wird. Er hat zwar immer wieder Vorlesungen über das Leben Jesu gehalten. Doch sein Versuch, Jesus zu ergründen, hat nichts mit psychologisierender Anempfindung zu tun.

5.1 Friedrich Daniel Ernst Schleiermacher: Jesus Christus als das Ich, das sich ganz entspricht, indem es sich ganz von Gott bestimmen lässt

Schleiermacher geht es nicht um die Beantwortung der Frage, wie Jesus sich de facto verstanden oder nicht verstanden hat. Schleiermacher verwendet den Begriff »Selbstbewusstsein« auf der Suche nach der *ontologischen* Einzigkeit des Erlösers und also nicht im Sinne einer historisierenden Psychologie. Auch wenn Schleiermachers Christologie aus guten Gründen als »Bewusstseinschristologie« bezeichnet wird, sollte man seine Grundintention nicht verkennen. Er will auf dem Boden der zeitgenössischen Philosophie – besonders der Immanuel Kants – die Bedeutung Jesu nicht in den zufälligen Fakten der Geschichte, sondern im Sein des Erlösers verorten. Von daher wird Schleiermacher von vornherein miss-

---

710 Zu diesen Versuchen: H. Riedlinger, Geschichtlichkeit und Vollendung des Wissens Christi (QD 32), Freiburg 1966, bes. 101–154. – Empfehlenswert dazu die Überblicke der christologischen Arbeiten von Imre Koncsik (s. Litverz.).

verstanden, wenn man ihn im Sinne Albert Schweitzers ausschließlich an der Frage misst, was er zur *historischen* Rückfrage nach dem Jesus der Geschichte beigetragen hat.

5.1.1 Kant und Schleiermacher

Um Schleiermacher angemessen zu verstehen, muss man sich auf das seit Ockham zugespitzte und von Kant exemplarisch klar formulierte Grundproblem der Erkenntnistheorie besinnen. Nachdem man auf Grund theologischer Voraussetzungen (absolute Freiheit Gottes) nicht mehr denken konnte, dass die Schöpfung Anrede des Schöpfers an den Menschen ist, und dass Gott selbst sich als ein Mensch ausgesagt bzw. offenbart hat, fielen Sein und Deutung, Faktum und Interpretation, Jesus und Christus auseinander. Der Terminus »Nominalismus« besagt ja, dass der Mensch selbst durch seine »nomina« bzw. Universalien das Sein der Schöpfung und die Fakten der Geschichte ordnen bzw. konstruieren muss. Die Deutung bzw. der Sinn und die Ordnung sind nicht mehr gegeben, sondern aufgegeben. Das, was Jesus an sich – als geschichtliches Faktum – ist, und das, was die Konstruktionen menschlicher Deutung aus ihm machen, fallen auseinander.

Immanuel Kant (1724–1804) wollte den vom Nominalismus eingeläuteten Hiatus zwischen Sein und Erkennen, zwischen Geschichte und Interpretation überwinden. Seine Erkenntnislehre will weder empiristisch voraussetzen, dass die Fakten von Schöpfung und Geschichte sich dem erkennenden Bewusstsein von selbst vermitteln; noch will er rationalistisch voraussetzen, dass das erkennende Bewusstsein a priori so ausgestattet ist, dass es die ihm äußere Wirklichkeit genau als das erkennt, was sie wesentlich (an und für sich) ist. Deshalb – so lehrt er – ist jede Erkenntnis ein synthetisches Urteil; in der Regel eine Synthese des sinnlich Wahrgenommenen mit den a priori jedem Subjekt eingestifteten Anschauungsformen und Kategorien. Dabei kann getrost in Kauf genommen werden, dass man hypothetisch zwischen der »Wirklichkeit an sich« und der vom Menschen erkannten Wirklichkeit unterscheiden muss – jedenfalls so lange, wie man mit Kant voraussetzt, dass jeder Mensch, der die wahrgenommene Wirklichkeit nicht willentlich verzeichnet, genau dasselbe wahrnimmt, was auch alle anderen Subjekte der menschlichen Gattung wahrnehmen.

Zum theologischen Rationalisten wurde Kant, weil aus seiner Sicht die jedem Menschen eingestifteten Anschauungsformen von Raum und Zeit darüber entscheiden, was der Mensch überhaupt erkennen kann und was nicht. Gott kann, da er weder im Raum noch in der Zeit »vorkommt«, überhaupt nicht erkannt, sondern bestenfalls postuliert werden. Und Jesus kann, da er als wahrer Mensch eine zeitlich und räumlich wahrnehmbare Wirklichkeit ist, im ontologischen Sinne unmöglich mit Gott bzw. dem innertrinitarischen

5. Jesus – wahrer Mensch ohne menschliches Selbstbewusstsein?

Sohn identifiziert werden. Also besteht seine Bedeutung in der eines bloßen Mittlers der Idee des vollkommenen Menschen. Jesu Bedeutung liegt nach Kant in der höchstmöglichen Veranschaulichung der »Idee des Sohnes Gottes«. *Dass* die Realisierung der »Idee eines moralisch Gott wohlgefälligen Menschen« die Bestimmung aller Menschen ist, wurde nicht erst von Jesus gesagt. Diese Wahrheit liegt in der Vernunft des Menschen selbst. Denn etwas Endliches und Kontingentes kann wie für Lessing so auch für Kant[711] oder Fichte[712] niemals Prinzip von etwas Notwendigem, Unbedingtem und Allgemeinem werden. Die bestimmte Person »Jesus« kann deshalb keine konstitutive, sondern nur illustrative und stimulierende Bedeutung beanspruchen.

Den »historischen Kirchenglauben«, dass Jesus als Erlöser »an unserer Stelle« gehandelt und gelitten hat, bezeichnet Kant als Beleidigung der Vernunft, ist aber bereit, das bleibend Vernünftige an der an sich verwerflichen Rede von einem stellvertretenden Sühnetod zu benennen[713]. Den Gedanken

---

711 »Das Ideal der Gott wohlgefälligen Menschheit (mithin einer moralischen Vollkommenheit, so wie sie an einem von Bedürfnissen und Neigungen abhängigen Weltwesen möglich ist) können wir uns nun nicht anders denken, als unter der Idee eines Menschen, der nicht allein alle Menschenpflicht selbst auszuüben, zugleich auch durch Lehre und Beispiel das Gute in größtmöglichem Umfange um sich auszubreiten, sondern auch, obgleich durch die größten Anlockungen versucht, dennoch alle Leiden bis zum schmählichsten Tode um des Weltbesten willen, und selbst für seine Feinde, zu übernehmen bereitwillig wäre. – Denn der Mensch kann sich keinen Begriff von dem Grade und der Stärke einer Kraft, dergleichen die einer moralischen Gesinnung ist, machen, als wenn er sie mit Hindernissen ringend, und unter den größtmöglichen Anfechtungen, dennoch überwindend sich vorstellt. Im *praktischen Glauben an diesen Sohn Gottes* (sofern er vorgestellt wird, als habe er die menschliche Natur angenommen) kann nun der Mensch hoffen, Gott wohlgefällig (dadurch auch selig) zu werden; d. i. der, welcher sich einer solchen moralischen Gesinnung bewusst ist, dass er *glauben* und auf sich gegründetes Vertrauen setzen kann, er würde unter ähnlichen Versuchungen und Leiden (so wie sie zum Probierstein jener Idee gemacht werden) dem Urbilde der Menschheit unwandelbar anhängig, und seinem Beispiele in treuer Nachfolge ähnlich bleiben, ein solcher Mensch, aber auch nur der allein, ist befugt, sich für denjenigen zu halten, der ein des göttlichen Wohlgefallens nicht unwürdiger Gegenstand ist« (I. Kant, Die Religion innerhalb der Grenzen der bloßen Vernunft B 75f, in: Werke, Bd. VII, hg. v. W. Weischedel, Darmstadt 1968, 647–879; hier: 714).

712 »Nur das Metaphysische, keineswegs aber das Historische macht selig; das letztere macht nur verständig. Ist nur jemand wirklich mit Gott vereinigt und in ihm eingekehrt, so ist es ganz gleichgültig, auf welchem Wege er dazu gekommen; und es wäre eine sehr unnütze und verkehrte Beschäftigung, anstatt in der Sache zu leben, nur immer das Andenken des Weges zu wiederholen« (J. G. Fichte, Die Anweisung zum seligen Leben oder auch die Religionslehre, in: Werke, Bd. V, hg. v. I. H. Fichte, Berlin 1971, 485).

713 »Das Strafgesetz ist ein kategorischer Imperativ, und, wehe dem! welcher die Schlangenwindungen der Glückseligkeitslehre durchkriecht, um etwas aufzufinden, was durch den Vorteil, den es verspricht, ihn von der Strafe, oder auch nur einem Grade derselben entbinde, nach dem pharisäischen Wahlspruch: ›es ist besser, dass *ein* Mensch sterbe, als dass das ganze Volk verderbe‹; denn wenn die Gerechtigkeit untergeht, so hat es keinen Wert mehr, dass Menschen auf Erden leben« (I. Kant,

einer Übertragbarkeit der Schuld bzw. Strafe von einem sittlichen Subjekt auf ein anderes nennt er nicht nur illusorisch, sondern auch unmoralisch, weil das Wesen der Moral einfach nicht erlaubt, dass jemand das eigene Unrecht auf einen anderen abwälzt und diesen anderen für sich büßen lässt. Das gilt nach Kant auch für den Fall, dass dieser andere freiwillig die besagte Stellvertretung leisten will. Solange die Würde, die Freiheit und Personalität des Schuldigen nicht zerstört, sondern gewahrt werden soll, ist der Gedanke einer stellvertretenden Übernahme von Schuld und Strafe für Kant eine Absurdität. Seine eigene Antwort auf die Frage, wie die Schuld vom Schuldigen selbst gesühnt werden kann, liegt in der Zusammenschau von Besserung und Strafe – nicht so, dass die Strafe die Besserung nach sich zieht, sondern so, dass in der notwendig mit Qualen verbundenen Umkehr (Besserung) eines Übeltäters dessen Strafe gleichzeitig impliziert ist. Kant erkennt in der Umkehr des Sünders als solcher die »Aufopferung und Antretung einer langen Reihe von Übeln des Lebens, die der neue Mensch in der Gesinnung des Sohnes Gottes, nämlich bloß um des Guten willen übernimmt; die aber doch eigentlich einem andern, nämlich dem alten (denn dieser ist moralisch ein anderer), als Strafe gebührten«[714]. Den »neuen Menschen« der sittlichen Umkehr nennt er »Stellvertreter« des alten Menschen der Sünde, wobei beide zwar physisch identisch sind, moralisch betrachtet aber unterschieden werden dürfen[715]. Der neue Mensch nimmt in der Erfüllung des moralischen Gesetzes zugleich die Strafe für die Schuld des alten Menschen auf sich. Auf dieser Verstehenslinie ist Jesus die Veranschaulichung des Prinzips »Versöhnung«. Und das Hintreten des durch Umkehr neuen Menschen an die Stelle des alten sündigen Menschen bedeutet Glückseligkeit. Denn »der neue Mensch« empfindet das, was der alte Mensch als bloße Bestrafung erleiden würde, als »Bewusstsein seines Fortschritts im Guten«[716].

Auf den Schultern Immanuel Kants, aber zugleich in kritischer Absetzung von ihm wollte Schleiermacher eine Christologie entwerfen, die den Jesus der Geschichte nicht als bloßen Vermittler einer Idee oder Moral, sondern im johanneischen Sinn als den Weg, die Wahrheit und das Leben ausweist. Sehr klar erkennt er die Achillesferse der Kantschen Erkenntnislehre. Sie liegt in einer unzureichenden Beschreibung der transzendentalen Vernunft. Denn wenn die Vernunft durch ihre Anschauungsformen und Verstandeskategorien daran gehindert wird, die Wirklichkeit so wahrzunehmen, wie sie an sich ist; wenn die Vernunft die Daten der sinnlichen Wahrnehmung erst zu Erkenntnissen »verarbeitet«, dann ist sie unfähig, die Wirklichkeit selbst zu vernehmen. Schleiermacher erkennt den

---

Metaphysik der Sitten, I. Metaphysische Anfangsgründe der Rechtslehre B 226f, in: Werke, Bd. VII, hg. v. W. Weischedel, Darmstadt 1968, 307–499; hier: 453).
714 Kant, Metaphysik der Sitten B 98 (Weischedel VII, 383).
715 Kant, Metaphysik der Sitten B 99 (Weischedel VII, 384).
716 Kant, Metaphysik der Sitten B 101 (Weischedel VII, 385f).

5. Jesus – wahrer Mensch ohne menschliches Selbstbewusstsein?

Zusammenhang zwischen der Ausklammerung Gottes aus dem Bereich des Erkennbaren und Kants Unterscheidung zwischen der »Wahrheit für uns« und der »Wahrheit an sich«. Deshalb beschreibt er das, was jeden Menschen von jedem Tier unterscheidet, als eine dem Bewusstsein und aller Reflexion vorausliegende Bezogenheit auf einen Grund, von dem alles abhängt. Das von Schleiermacher zum Ausgangspunkt einer ganzen Anthropologie erklärte »Gefühl der schlechthinnigen Abhängigkeit« ist nichts Vages oder Irrationales, sondern im Gegenteil die Beschreibung der Tatsache, dass jeder Mensch – noch bevor er sich zum Objekt seiner Gedanken machen kann oder durch seine Erzieher mit bestimmten Deutungen der Wirklichkeit konfrontiert wird – unreflex und unthematisch darum weiß, dass er nicht der Grund seiner selbst ist.

Weil der Mensch mit der Erlangung des Bewusstseins von sich selbst zugleich seine Verwiesenheit auf das ihm selbst gegenüber ganz Andere erkennt, formuliert Schleiermacher die These: Der Mensch realisiert sich als Subjekt in demselben Maße, in dem er seine Bezogenheit auf das ganz Andere, auf das aller Kontingenz gegenüber Transzendente, auf das Wovonher alles Einzelnen, realisiert. Schleiermacher nennt das gegenüber dem eigenen Selbst ganz Andere das »Wovonher« aller kontingenten Realität, theologisch gesprochen: »Gott«. Also gilt die Maxime: Je mehr ein Mensch seine apriorische Verwiesenheit auf Gott durch die Kräfte seiner theoretischen und praktischen Vernunft reflex einholt, desto mehr ist er das, was er sein soll, nämlich das die Grenzen des eigenen Ich überschreitende Geschöpf. Die erkennende und wollende Selbstüberschreitung aber geschieht dort am intensivsten, wo der Terminus der Selbstüberschreitung kein bloßes Objekt, sondern seinerseits ein Subjekt ist. Selbstüberschreitung ist also inhaltlich identisch mit der Gottes- und mit der Nächstenliebe.

5.1.2 Jesus: Der neue Adam oder das ganz beim Du seiende Ich

Die Bindung des »immer schon« auf das Unbedingte, Unendliche bzw. Transzendente verwiesenen Menschen kann durch Flucht aus der Endlichkeit oder durch Verabsolutierung des Endlichen verleugnet bzw. verdrängt werden. Weil Jesus seine Endlichkeit ganz und gar auf den bezogen hat, von dem alles abhängt, nennt ihn die Tradition wahrhaft endlich *und* unendlich, wahrhaft Mensch *und* Gott. »Wenn alles Endliche« – so Schleiermacher wörtlich – »der Vermittlung eines Höheren bedarf, um sich nicht immer weiter vom Universum zu entfernen [...]: so kann ja das Vermittelnde, das doch selbst nicht wiederum der Vermittlung benötigt sein darf, unmöglich bloß endlich sein; es muss beiden angehören, es muss der göttlichen Natur teilhaftig sein, eben so und in eben dem Sinne, in welchem es der endlichen Natur teilhaftig ist«[717].

Während Schleiermacher in seiner Frühschrift »Über die Religion« (1799/1800) niemals von der Einzigkeit des Mittlers Jesus Christus spricht[718], bezeichnet er in seiner systematischen Darstellung des christlichen Glaubens[719] die Erlösung »als ein allgemein und vollständig durch Jesum von Nazareth vollbrachtes«[720]. Deutlicher als in seinem Frühwerk erkennt Schleiermacher in seiner Glaubenslehre, dass der Erlöser nur dann die Umkehrung der Unheilsgeschichte von Adam her bewirken kann, wenn er sich wesentlich von jedem Menschen (und jedem Religionsgründer) vor ihm und nach ihm unterscheidet. Wörtlich bemerkt er:

»Wollte man [...] der menschlichen Natur vor Christo und ohne ihn das Vermögen einräumen, ein reines und vollkommnes Urbild in sich zu erzeugen: so könnte sie wegen des natürlichen Zusammenhanges zwischen Verstand und Willen nicht in dem Zustand allgemeiner Sündhaftigkeit gewesen sein. Soll daher der Mensch Jesus urbildlich gewesen oder soll das Urbild in ihm geschichtlich und wirklich geworden sein – der eine Ausdruck gilt was der andere – um ein neues Gesamtleben zu stiften innerhalb des alten und aus ihm: so muss

---

717 Vgl. F. D. E. Schleiermacher, Über die Religion. Reden an die Gebildeten unter ihren Verächtern (Kritische Gesamtausgabe I/12), hg. v. G. Meckenstock, Berlin 1995, 291f.

718 Franz Courth fasst die frühe Position Schleiermachers wie folgt zusammen: »Auch Jesu Mittlerfunktion ist keine absolute und unersetzbare. Hat er doch nie behauptet, ›das einzige Objekt der Anwendung seiner Idee, der einzige Mittler zu sein, und nie hat er seine Schule verwechselt mit einer Religion‹. Dies gilt ebenfalls für seine Jünger, die ja auch Schüler des Täufers in ihre Reihen aufnahmen, obgleich diese ein sehr unvollkommenes Christusverständnis hatten. Darum gilt für Schleiermacher: ›Wer dieselbe Anschauung in seiner Religion zum Grunde legt, ist ein Christ ohne Rücksicht auf die Schule, er mag seine Religion historisch aus sich selbst oder von irgendeinem anderen ableiten‹ [Schleiermacher, Reden, 169]. Zu dieser Kennzeichnung fühlt sich Schleiermacher berechtigt durch die Offenheit der Jünger für das vielfältige Wirken des Geistes, dem sie keinerlei Grenzen zogen. Zwar ist die christliche Anschauung des Universums durch Jesus vermittelt; er ist damit aber nicht absolute Norm jeder Christlichkeit. Man kann nach Schleiermacher den Mittler nehmen, der einem zusagt: ›Das Prinzip ist echt christlich, solange es frei ist‹ [ebd. 170]. Von einer strengen Christozentrik wie später in der ›Glaubenslehre‹ wird man in den ›Reden‹ nicht sprechen können« (Das Wesen des Christentums in der Liberalen Theologie, Frankfurt 1977, 74f).

719 Beide von F. D. E. Schleiermacher besorgten Ausgaben von *Der christliche Glaube nach den Grundsätzen der evangelischen Kirche im Zusammenhange dargestellt* liegen in kritischer Bearbeitung vor: Die Ausgabe von 1821/22 in der Bearbeitung von Hermann Peiter (Krit. Gesamtausg. I/7,1–2, Berlin 1980); die zweite Ausgabe von 1830/31 in der Bearbeitung von Rolf Schäfer (Krit. Gesamtausg. I/13,1–2, Berlin 2003).

720 Schleiermacher, Der christliche Glaube (1830/31) I, 97.

er zwar in das Gesamtleben der Sündhaftigkeit hereingetreten sein, aber er darf nicht aus demselben her sein, sondern muss in demselben als eine wunderbare Erscheinung anerkannt werden […]. Sein eigentümlicher geistiger Gehalt nämlich kann nicht aus dem Gehalt des menschlichen Lebenskreises, dem er angehörte, erklärt werden, sondern nur aus der allgemeinen Quelle des geistigen Lebens durch einen schöpferischen göttlichen Akt, in welchem sich als einem absolut größten der Begriff des Menschen als Subjekt des Gottesbewusstseins vollendet.«[721]

Adam ist für Schleiermacher Prototyp des Menschen, der seine Verwiesenheit auf »das Ganze« bzw. auf den Schöpfer verleugnet, statt diese in der Transzendierung des eigenen Ich (auf das Du des Nächsten und auf Gott hin) zu realisieren. Adam ist der Mensch, der aus sich selber leben will, der autark sein will, der seine Mitmenschen als Rivalen, als Gegenüber oder gar als Mittel seiner eigenen Zwecke sieht und behandelt. Jesus hingegen ist »der neue Adam«, das Gegenteil des alten: ganz und gar Liebe. Wenn die von Schleiermacher als Organismus gedachte Menschheit durch die Sünde seit Adam in viele sich in ihr Ich einigelnde Individuen zerfällt, dann bedeutet Erlösung das Überwinden dieser Vereinzelung durch den, der ganz und gar Selbsttranszendenz, Für-Sein, Beim-Du-Sein ist[722]. Jesus ist in Schleiermachers Glaubenslehre der Mensch, der nicht aus sich selbst, nicht aus seiner menschlichen Natur heraus, sondern auf Grund eines ganz und gar singulären Gottesbewusstseins befähigt wird, das Gegenteil der Sünde darzustellen[723]. Als der Sündlose inmitten

---

721 Schleiermacher, Der christliche Glaube (1830/31) II, 46f.
722 Dazu: T. Pröpper, Schleiermachers Bestimmung des Christentums und der Erlösung. Zur Problematik der transzendental-anthropologischen Hermeneutik des Glaubens, in: ThQ 168 (1988) 193–214; M. Junker, Das Urbild des Gottesbewusstseins. Zur Entwicklung der Religionstheorie und Christologie Schleiermachers von der ersten zur zweiten Auflage der Glaubenslehre, Berlin 1990, bes. 39–120.
723 Die Darstellung des Gegenteils der Sünde, nämlich des Gottesbewusstseins, lässt Jesus zum »Urbild« werden. Mit diesem aus der platonischen Philosophie entlehnten Ausdruck will Schleiermacher erklären, dass der Erlöser kein bloßes Beispiel ist, sondern den Gläubigen die Abbildung des Urbildes *ermöglicht*. Wörtlich bemerkt er: »Leben wir nun in der christlichen Gemeinschaft mit der allen Christen gemeinsamen Überzeugung, dass dem menschlichen Geschlecht keine vollkommnere Gestaltung des Gottesbewusstseins bevorsteht, sondern jede neue nur ein Rückschritt wäre; und dass in derselben jedes Wachstum an Wirksamkeit des Gottesbewusstseins nicht aus irgendeiner neu hinzutretenden Kraft hervorgeht, sondern immer nur aus der rege bleibenden Empfänglichkeit für seine Einwirkung: so muss offenbar jeder gegebene Zustand dieses Gesamtlebens nur Annäherung bleiben zu dem, was in dem Erlöser selbst gesetzt ist, und eben dieses verstehen wir unter seiner urbildlichen Würde« (Der christliche Glaube [1830/31] II, 42). – Dazu: G. Bader; Sünde

von Sündern wird er zum Wendepunkt der postadamitischen Unheilsgeschichte bzw. zum Initiator einer Umkehrung des Egozentrismus der vielen Einzelnen in den Altruismus eines Gesamtlebens, das den Namen »Leib Christi« verdient. Wo immer ein Mensch in das Bewusstsein des ganz beim Du seienden Ich eingetreten ist, da – so lehrt Schleiermacher – ist der von Kant philosophisch zementierte Hiatus zwischen dem *Jesus an sich* und dem *Christus für mich* aufgehoben.

Schleiermacher möchte auf der einen Seite dem lutherischen »solus Christus« bzw. dem lutherischen »sola gratia« entsprechen, gleichzeitig aber auch Ernst machen mit dem von Pietismus und Aufklärung auf je unterschiedliche Weise explizierten Grundsatz, dass der einzelne Mensch sich in der Annahme Jesu Christi selbst entsprechen muss. Man könnte auch von seinem Versuch sprechen, eine Position jenseits der Extreme von Supranaturalismus und Rationalismus, von Extrinsezismus und Intrinsezismus, zu präsentieren.

Die Beantwortung der Frage, ob ihm objektiv gelungen ist, was er subjektiv intendiert hat, lässt sich auf zweifache Weise überprüfen: zum einen durch eine metakritische Betrachtung seiner Kritik an »den kirchlichen Formeln«; und zum anderen durch eine kritische Analyse der Alternative, die er der traditionellen Christologie entgegenstellt.

5.1.3 Kritische Betrachtung der traditionellen Zwei-Naturen-Lehre

Schleiermachers Kritik an der so genannten Zwei-Naturen-Lehre richtet sich zunächst gegen alle, die sich die Aneignung der Credoformeln ersparen, indem sie deren Wortlaut (deren »An-sich«) rezitieren, ohne diesen als Ausdruck des für sie selbst Heilsnotwendigen verinnerlicht zu haben. Im Einzelnen kritisiert Schleiermacher:
– dass »der Ausdruck Jesus Christus nicht nur gebraucht wird, um das Subjekt der Vereinigung beider Naturen zu bezeichnen [...], sondern auch die göttliche Natur des Erlösers von Ewigkeit her vor ihrer Vereinigung mit der menschlichen [Natur], so dass diese Vereinigung gar nicht mehr als ein die Person Jesus Christus mitkonstituierendes Moment erscheint, sondern vielmehr schon als eine Handlung dieser Person selbst«[724];
– »dass für das Göttliche und Menschliche gleichmäßig der Ausdruck Natur gebraucht wird. [...] Denn wie kann göttlich und menschlich

---

und Bewusstsein der Sünde. Zu Schleiermachers Lehre von der Sünde, in: ZThK 79 (1982) 60–79.
724 Schleiermacher, Der christliche Glaube (1830/31) II, 62.

unter irgendeinem Begriff so zusammengefasst werden, als könnten beides einander koordinierte nähere Bestimmungen eines und desselben Allgemeinen sein [...] Besonders wenig [...] eignet sich zu einem solchen gemeinschaftlichen Gebrauch das Wort Natur [...] Denn [...] Natur ist uns [...] Inbegriff alles endlichen Seins, oder [...] der Inbegriff aller körperlichen, auf das Elementarische zurückgehenden [...] Erscheinung«[725];
- dass »ganz im Widerspruch mit dem sonstigen Gebrauch, nach welchem dieselbe Natur vielen Einzelwesen oder Personen eignet, [...] hier *eine* Person an zwei ganz verschiedenen Naturen teilhaben«[726] soll;
- dass »undenkbar ist, dass ein göttlicher Verstand, der als Allwissenheit alles miteinander schaut, dasselbe denke wie ein menschlicher, der nur einzeln eines nach dem anderen und aus dem andern weiß, und dass ein menschlicher Wille, der immer nur einzelnes und eines um des andern willen anstrebt, dasselbe wolle wie ein göttlicher, dessen Gegenstand nur die ganze Welt ist in der Gesamtheit ihrer Entwicklung«[727].
- Schließlich: Wenn »gesagt wird, Christus sei nicht erst durch die Vereinigung beider Naturen eine Person geworden, sondern der Sohn Gottes habe nur die menschliche Natur in seine Person aufgenommen – so müssen denn die drei Personen unabhängig für sich bestehen und vorhanden sein, und wenn dabei auch jede Person eine Natur ist, so kommen wir fast unvermeidlich zu drei göttlichen Naturen für die drei göttlichen Personen in dem einen göttlichen Wesen.«[728]

Mit bewundernswerter analytischer Schärfe erkennt Schleiermacher die Inkonsistenzen der von den Vätern der christologischen Konzilien hinterlassenen Terminologie. Ihm entgeht nicht, dass der Naturbegriff, der im geschöpflichen Bereich immer die Idiomata einer bestimmten Gattung bezeichnet, auf Gott übertragen dessen Endlichkeit bedeuten würde. Dabei ist ihm bewusst, dass schon die Väter zwischen einer allgemeinen Natur (οὐσία) und einer individuellen Natur (φύσις) unterscheiden. Wenn aber – so folgert Schleiermacher – unter der Voraussetzung des *einen* göttlichen Wesens (μία οὐσία) der zweiten göttlichen Person auch noch eine individuelle Natur (φύσις) zugeschrieben wird, dann setzt sich der *unendliche* Gott aus drei *endlichen* Naturen (τρεῖς φύσεις) zusammen – ein offensichtlicher Selbstwiderspruch! Wenn umgekehrt Vater, Sohn und Heiliger Geist nicht drei endliche Naturen, sondern drei verschiedene Re-

---
725 Schleiermacher, Der christliche Glaube (1830/31) II, 63.
726 Schleiermacher, Der christliche Glaube (1830/31) II, 64.
727 Schleiermacher, Der christliche Glaube (1830/31) II, 66.
728 Schleiermacher, Der christliche Glaube (1830/31) II, 67.

lationen des einen göttlichen Wesens bezeichnen, kann auch der zweiten göttlichen Person keine eigene φύσις zugesprochen werden. Folglich ist entweder die christologische Rede von der φύσις τοῦ Λόγου falsch; oder die trinitätstheologische Formel von dem einen göttlichen Wesen in drei sich nur relational unterscheidenden Personen (μία οὐσία καὶ τρεῖς ὑποτάσεις) muss ersetzt werden durch die in sich selbstwidersprüchliche Formel μία οὐσία καὶ τρεῖς φύσεις.

Indem Schleiermacher die Aporetik der Zwei-Naturen-Lehre vorführt, möchte er die Vorstellung überwinden, Jesus Christus sei so etwas wie ein »ens compositum« aus einer göttlichen und einer menschlichen Natur. Wer so denkt, muss die Einheit entweder als Aufnahme der einen in die andere Natur oder als nur äußerliche Vereinigung zweier für sich stehender Naturen (= Personen) verstehen. Die erste Variante ist die alexandrinische, die zweite die antiochenische Version der christologischen Häresie. Und wenn man der menschlichen Natur im Sinne des Maximus Confessor einen eigenen Willen zugesteht, zugleich aber behauptet, de facto wolle dieser rein menschliche Wille immer das, was der göttliche Wille des Erlösers wolle, so hat man aus der Sicht Schleiermachers den Abstand zwischen Gott und Mensch verdrängt und durch die Hintertür die Häresie des Apollinarius von Laodicea wieder eingeführt.

Noch entscheidender aber als die Verhältnisbestimmungen der patristischen Termini *Wesen und Natur, Natur und Person, personale Einheit und naturale Dualität* ist für Schleiermacher die Unvereinbarkeit des patristischen mit dem zeitgenössischen Personbegriff. Um die Rezeption des subjektphilosophisch veränderten Personbegriffs durch Schleiermacher zu verstehen, bedarf es einer wenigstens kurzen Skizze seiner Entfaltung[729].

5.1.4 Exkurs zur Geschichte des neuzeitlichen Personbegriffs

Die so genannte Wende zum Subjekt ist philosophiegeschichtlich verbunden mit einer grundlegenden Metamorphose des Personbegriffs der patristischen und scholastischen Tradition. Denn innerhalb dieser Tradition ist die im aristotelischen Sinn als Substanz begriffene Seele Trägerin des Verstandes und des Willens; die Seele ist das Prinzip aller vegetati-

---

729 Die folgenden Ausführungen verweisen auf: M. Fuhrmann/B. T. Kible/H. P. Schütt/W. Schild/M. Scherner, Person, in: HWP VII (1989) 270–338; J. Heinrichs/K. Stock, Person, in: TRE XXVI (Berlin ²2000) 220–231; T. Kobusch, Die Entdeckung der Person. Metaphysik der Freiheit und modernes Menschenbild, Darmstadt 1997; G. Greshake, Der dreieine Gott. Eine trinitarische Theologie, Freiburg 1997, 74–216; Essen, Die Freiheit Jesu, 137–191.

ven, sensitiven und intellektiven Lebensvollzüge des Menschen; sie ist das Prinzip aller Selbstständigkeit, Selbsttätigkeit und Selbstbewegung. Kurzum: Der seit Descartes entwickelte Ich- bzw. Subjektbegriff ist in Antike und Mittelalter ein Implikat der als Substanz aufgefassten Seele. Dies gilt auch für jene Ausführungen bei Plotin und Augustinus[730], bei Meister Eckhart[731] und Teresa von Avila[732], die von einer zunehmenden Einkehr in das eigene Innere handeln; denn dieses Innerste bleibt in ihrem Verständnis stets eine Eigenschaft der Seele.

Erst die erkenntnistheoretische Frage nach dem »fundamentum inconcussum« der Gewissheit führt zur Transformation des Seelen- in den Subjektbegriff. Wo René Descartes (1596–1650) den methodischen Zweifel bis in die hypothetische Annahme eines »genius malignus« treibt, der mir die Existenz dessen, was ich wahrnehme, nur einredet, gelangt er zu der oft zitierten Feststellung, dass dieses Täuschungsmanöver sogar den eigenen Leib in Frage stellt, nicht aber das Ich, das darüber nachsinnt, ob nicht alles, was es für wirklich hält, bloße Täuschung sein könnte. Inmitten des bis zur letzten Konsequenz getriebenen Zweifels bleibt als »fundamentum inconcussum« das zweifelnde Ich, das, solange es sich seiner selbst als eines denkenden bewusst ist, unmöglich nicht existieren kann[733].

Descartes betrachtet die Vollzüge des Denkens nicht mehr als Tätigkeiten der Seele, sondern er identifiziert diese Tätigkeiten mit der Seele. Letztere wird von ihm zwar als »Substanz«, näherhin als »res cogitans«, verstanden, zugleich aber allen dinglichen Substanzen (res extensae) so gegenübergestellt, dass jede objektivierende Vorstellung das von ihm Gemeinte verfälscht.

---

730 Dazu. C. Riedel, Subjekt und Individuum. Zur Geschichte des philosophischen Ich-Begriffes (Grundzüge 75), Darmstadt 1989, 25–38.
731 Vgl. S. Wendel, Affektiv und inkarniert. Ansätze deutscher Mystik als subjekttheoretische Herausforderung (Ratio Fidei 15), Regensburg 2002, bes. 186–190.
732 Vgl. M. Strucken, Ansätze zu einer trinitarischen Ontologie in der Mystik von Ignatius von Loyola, Teresa von Avila und Johannes vom Kreuz, Bonn 1999, bes. 119–122.127–130.
733 »Das Denken ist's, es allein kann von mir nicht getrennt werden. [...] Ich bin also genau nur ein denkendes Wesen, d. h. Geist, Seele, Verstand, Vernunft – lauter Ausdrücke, deren Bedeutung mir früher unbekannt war. Ich bin aber ein wahres und wahrhaft existierendes Ding, doch was für ein Ding? Nun, ich sagte es bereits – ein denkendes« (Descartes, Meditationes de prima philosophia in quibus Dei existentia et animae humanae a corpore distinctio demonstrantur – Meditationen über die Grundlagen der Philosophie, in denen das Dasein Gottes und die Verschiedenheit der menschlichen Seele vom Körper bewiesen werden, in: Ders., Philosophische Schriften in einem Band. Mit einer Einführung von Rainer Specht und »Descartes' Wahrheitsbegriff« von Ernst Cassirer, Hamburg 1996, 47/49).

5.1 Friedrich Daniel Ernst Schleiermacher

In Bezug auf die Entsubstantialisierung des Subjekts einen entscheidenden Schritt über Descartes hinaus gehen die englischen Empiristen John Locke (1632–1704) und David Hume (1711–1776). Locke beantwortet die Frage, was das denn sei, was die Identität des denkenden Ich inmitten der verschiedenen Wahrnehmungen verbürgt, mit dem Hinweis auf ein Bewusstsein, das sich zwar seiner selbst gewiss ist, das aber nicht als ein substanzontologisches Etwas wahrgenommen werden kann. Locke verwirft die von Descartes vertretene Deduktion des Substanzcharakters der Seele aus der Selbstgewissheit des denkenden Ich. Er möchte nur das voraussetzen, was empirisch wahrnehmbar ist. Und wahrnehmbar ist seines Erachtens bei jedem Menschen, dass er bei allem, was er wahrnimmt, solange mit sich identisch ist, als er um dieses sein Ich weiß. Mit anderen Worten: Die personale Identität ist eine Funktion des Bewusstseins[734]. Einerseits bindet Locke das Menschsein an das Personsein; andererseits wird er auf Grund seiner Erklärung des Bewusstseins als der unabdingbaren Voraussetzung von Personalität zum Vater der Maxime: *Jede Person ist zwar ein Mensch; aber nicht jeder Mensch eine Person.*[735]

David Hume geht noch einen Schritt weiter. Wenn Locke von einem sich seiner Identität bewussten Ich ausgeht, setzt er aus der Sicht von Hume mehr voraus als er empirisch wahrnimmt. Deshalb vergleicht er selbst das Ich mit einer leer gefegten Bühne, auf der sich stets neue Szenen abspielen[736]. Ein Bewusstsein besteht also immer nur in Bezug auf die

---

734 »Denn da das Bewusstsein das Denken stets begleitet und jeden zu dem macht, was er sein Selbst nennt und wodurch er sich von allen anderen denkenden Wesen unterscheidet, so besteht hierin allein die Identität der Person, das heißt das Sich-Selbst-Gleich-Bleiben eines vernünftigen Wesens. So weit nun dieses Bewusstsein rückwärts auf vergangene Taten oder Gedanken ausgedehnt werden kann, so weit reicht die Identität dieser Person. Sie ist jetzt dasselbe Selbst wie damals; jene Handlung wurde von demselben Selbst ausgeführt, das jetzt über sie nachdenkt« (J. Locke, Versuch über den menschlichen Verstand I [PhB 75], Hamburg ⁴1981, 420 [= II,27,9]).
735 Zu den ethischen Folgeproblemen dieser Auffassung: L. Siep, Personbegriff und praktische Philosophie bei Locke, Kant und Hegel, in: Ders., Praktische Philosophie im Deutschen Idealismus (stw 1035), Frankfurt 1992, 81–115; 89f.
736 »Und wenn meine Perzeptionen mit dem Tode aufhörten, und ich nach der Auflösung meines Körpers weder denken, noch fühlen, noch sehen, weder lieben noch hassen könnte, so würde ich vollkommen vernichtet sein; ich kann nicht einsehen, was weiter erforderlich sein sollte, um mich zu etwas vollkommen ›Nichtseiendem‹ zu machen. Wenn jemand nach ernstlichem und vorurteilslosem Nachdenken eine andere Vorstellung von *sich selbst* zu haben meint, so bekenne ich, dass ich mit ihm nicht länger zu streiten weiß. Alles, was ich ihm zugestehen kann, ist, dass er vielleicht ebenso recht hat wie ich, d. h. dass wir in dieser Hinsicht wesentlich verschieden sind. Er nimmt vielleicht etwas Einfaches und Dauerndes in sich wahr, was er *sich selbst* nennt; darum bin ich doch gewiss, dass sich in mir kein derartiges Moment findet. Wenn ich aber von einigen Metaphysikern, die sich eines solchen

einzelnen Szenen, nicht aber unabhängig davon. Es gibt keinen unabhängigen Träger oder gar so etwas wie eine »res cogitans«.

Immanuel Kant wiederum wendet sich gleichermaßen gegen Descartes und gegen Hume. Er verwirft nicht nur die Ableitung einer substantiell verstandenen Identität aus der Gewissheit des »Ich denke«, sondern auch die Erklärung der Ich-Identität als einer Bühne, auf der sich die einzelnen Perzeptionen selbst darstellen. Kant postuliert eine aller Wahrnehmung vorausliegende Einheit, die er als das transzendentale im Unterschied zum empirischen Ich beschreibt[737]. Das empirische Ich ist das von einem vorausliegenden Ich objektivierte Ich. Das vorausliegende bzw. transzendentale Ich wird verfehlt, sobald man es objektivieren will. Es muss aber vorausgesetzt werden, um die Einheit der einzelnen Perzeptionen in unserem Bewusstsein – mit einem Wort Kants: »die transzendentale Apperzeption« – erklären zu können. Dieser Terminus meint die durchgängige Identität meiner mit mir selbst als dem Denkenden. Denn die in der Anschauung gegebenen Vorstellungen gehören mir insgesamt zu; ich vereinige sie in einem Selbstbewusstsein.

Das jeder Einzelerkenntnis und Reflexion vorausliegende Ich ist immer schon geistig erhellt bzw. mit sich selbst vertraut. Das heißt, es kann nicht durch Reflexion verifiziert oder falsifiziert werden. Johann Gottlieb Fichte (1762–1814) erklärt diese Präreflexivität des transzendentalen Ich durch einen Vergleich: A = A besagt, dass A mit sich identisch ist, *wenn und insofern es A gibt*. Doch wenn ich sage »Ich = Ich«, dann handelt es sich nicht mehr wie im Falle von »A = A« um einen verkappten »Wenn-dann-Satz«. Denn der Satz »Wenn ich bin, dann bin ich mit mir identisch« hat keinen Sinn, weil das Ich (als einheitliches Bewusstsein) mit jedem Urteil unbedingt vorausgesetzt ist.

Wenn man fragt, wer das Ich als wirklich beurteilt, kann die Antwort offensichtlich nur lauten: »Das Ich«. Dies hat Fichte durch die auf den ersten Blick befremdliche Wendung ausgedrückt: *Das Ich setzt sich selbst.* Dieser Satz kann nicht besagen, dass sich das Ich selbst hervorbringt; denn zu behaupten, etwas sei seine eigene Ursache, ist offensichtlich

---

Ich zu erfreuen meinen, absehe, so kann ich wagen, von allen übrigen Menschen zu behaupten, dass sie nichts sind als ein Bündel oder ein Zusammen verschiedener Perzeptionen, die einander mit unbegreiflicher Schnelligkeit folgen und beständig in Fluss und Bewegung sind« (D. Hume, Ein Traktat über die menschliche Natur, Bd. I. Über den Verstand [PhB 283a], übers. v. T. Lipps, eingel. v. R. Brandt, Hamburg ²1989, 327 [= I,4,6]).

737 Vgl. K. Cramer, Über Kants Satz: »Das ›Ich denke‹ muss alle meine Vorstellungen begleiten können«, in: Ders. (Hg.), Theorie der Subjektivität, Frankfurt 1987, 167–202; S. Schäfer, Gottes Sein zur Welt. Schleiermachers Subjektanalyse in ihrer Prinzipienfunktion für Glaubenslehre und Dialektik (Ratio Fidei 12), Regensburg 2002, 18–101.

unsinnig. Fichte wollte vielmehr zum Ausdruck bringen, dass das transzendentale Ich sich selbst immer schon »voraussetzt«. Dabei darf das »vor« nicht im zeitlichen Sinne missverstanden werden. Es bezeichnet rein transzendentallogisch den Primat der Bedingung vor dem Bedingten, nicht etwas zeitlich Früheres. Zur Identität des Ich gehört eo ipso die Anerkennung des Nicht-Ich. Denn wer »ich« sagt, hat eo ipso alles Seiende außerhalb dieses Ich als »Nicht-Ich« qualifiziert. Dies drückt Fichte aus mit dem zweiten Grundsatz der »Wissenschaftslehre«: *Das Ich setzt sich ein Nicht-Ich entgegen*. Dieser Satz ist nicht so zu verstehen, als würde das Nicht-Ich etwas außerhalb des Bewusstseins sein. Vielmehr gehört es zur Identität des Ich, das Nicht-Ich unbedingt anzuerkennen. Denn das Ich, das dem Nicht-Ich gegenüber das unbedingte Andere (formal unbedingte bzw. selbstursprüngliche Freiheit) ist, *steht immer schon unter einem Sollensanspruch*, weil es nur dann mit sich selbst als Ich übereinstimmt, wenn es dem Nicht-Ich theoretisch (erkennend) und praktisch (anerkennend) entspricht. Da das Nicht-Ich nicht unabhängig vom Ich gedacht werden kann, drückt Fichte in einem dritten Grundsatz seiner »Wissenschaftslehre« die Abhängigkeit des Nicht-Ich vom Ich aus: *Das Ich setzt sich im Ich ein Nicht-Ich entgegen*. Dieser Satz aber wäre gründlich missverstanden, wollte man aus ihm die Depotenzierung des Nicht-Ich zu einer Funktion des Ich herauslesen. Das Gegenteil ist richtig. Denn nur insofern das transzendentale Ich die Unterscheidung zwischen Ich und Nicht-Ich wahrt, entspricht es sich selbst.

Die Identifizierung des so entwickelten Subjektbegriffs mit dem Personbegriff bedeutet innerhalb der Christologie, dass eine anhypostatisch gedachte menschliche Natur ein Selbstwiderspruch ist. Denn zum Menschsein gehört wesentlich das, was Kant und Fichte als transzendentales Ich beschreiben.

5.1.5 Schleiermachers christologische Rezeption des neuzeitlichen Personbegriffs

Wie weit Schleiermacher die erwähnten Positionen rezipiert hat, kann hier nicht entschieden werden. Unbestritten aber ist, dass der für ihn schlechthin zentrale Begriff »Selbstbewusstsein« von der skizzierten Entwicklung bestimmt wird. In dem alle weiteren Ausführungen grundlegenden § 4 der »Christlichen Glaubenslehre«[738] unterscheidet Schleiermacher zwi-

---

738 Vgl. K. Kramer, Die subjektivitätstheoretischen Prämissen von Schleiermachers Bestimmung des religiösen Bewusstseins, in: D. Lange (Hg.), Friedrich Schleiermacher 1768–1834. Theologe – Philosoph – Pädagoge, Göttingen 1985, 129–162.

schen dem Ich, das wir uns gegenständlich vorstellen können, und dem transzendentalen Ich, das er Selbstbewusstsein nennt. Dieses Selbstbewusstsein bedeutet beides zugleich: ein »Sichselbstsetzen und ein Sichselbstnichtsogesetzthaben«, »Selbsttätigkeit und Empfänglichkeit«. Die Empfänglichkeit entspricht dem aller Reflexion vorausliegenden Gefühl der schlechthinnigen Abhängigkeit, die Selbsttätigkeit einem ebenso fundamentalen Freiheitsgefühl. Das Sichselbstsetzen garantiert die Identität des Bewusstseins innerhalb der unterschiedlichen Gehalte; und das Sichselbstnichtsogesetzthaben bedeutet das Bestimmtwerden durch anderes.

Mit Kant und Fichte verankert Schleiermacher alle Selbstständigkeit, Selbsttätigkeit und Selbstbewegung im transzendentalen Ich. Im Unterschied zu Kant und Fichte aber spricht er von einer direkten Proportionalität zwischen Selbsttätigkeit und Bestimmtwerden durch Gott. Er bemerkt, dass »Sich-schlechthin-abhängig-Fühlen und Sich-seiner-selbst-als-in-Beziehung-mit-Gott-bewusst-Sein einerlei ist«[739]; dass also das Gottesbewusstsein so in das Selbstbewusstsein eingeschlossen ist, »dass beides [...] nicht voneinander getrennt werden kann«[740].

Christologisch betrachtet bezeichnet diese Verschränkung von Selbstbewusstsein und Gottesbewusstsein, von Selbstbestimmung (Personalität) und Fremdbestimmung (Bestimmtwerden von Gott) die Alternative, die Schleiermacher der traditionellen Zwei-Naturen-Lehre entgegenstellt. Ein wahres Menschsein ohne transzendentales Ich (Selbstbewusstsein) ist aus seiner Sicht eine selbstwidersprüchliche Annahme. Wenn also Jesus Mensch ist – in allem uns gleich außer der Sünde –, dann ist ihm auch die besagte Verschränkung von Selbstbewusstsein und Gottesbewusstsein zuzusprechen. Er unterscheidet sich also nicht dadurch von allen anderen Menschen, dass seine Personalität die der zweiten göttlichen Person ist, sondern dadurch, dass seine durchaus menschliche Personalität sich ohne jede Einschränkung (ohne Sünde) von Gott bestimmen lässt. Dass ihm solches im Unterschied zu allen anderen Adamiten möglich war, erklärt Schleiermacher pneumatologisch durch ein besonderes Einwirken Gottes auf diesen Einen. Denn nur »von unten« lässt sich seine Ausnahmestellung nicht erklären[741].

---

739 Schleiermacher, Der christliche Glaube (1830/31) I, 40.
740 Schleiermacher, Der christliche Glaube (1830/31) I, 40.
741 »Wollte man aber der menschlichen Natur vor Christo und ohne ihn das Vermögen einräumen, ein reines und vollkommnes Urbild in sich zu erzeugen: so könnte sie wegen des natürlichen Zusammenhanges zwischen Verstand und Willen nicht in dem Zustand allgemeiner Sündhaftigkeit gewesen sein. Soll daher der Mensch Jesus urbildlich gewesen, oder soll das Urbild in ihm geschichtlich und wirklich geworden sein – der eine Ausdruck gilt was der andere – um ein neues Gesamtleben zu stiften innerhalb des alten und aus ihm: so muss er zwar in das Gesamtleben der Sündhaftigkeit hereingetreten sein, aber er darf nicht aus demselben her sein, son-

5.1 Friedrich Daniel Ernst Schleiermacher

Im Unterschied zu John Locke spricht Schleiermacher jedem Menschen die Würde einer Person zu. Denn noch bevor sich der Einzelne erkennend und wollend zu sich selbst und zu Gott verhalten kann, ist er in der Gestalt einer vorreflexen Verwiesenheit auf den, von dem alles abhängt, Subjekt. Von der Würde der Person aber ist die Entfaltung der Personalität wohl zu unterscheiden. Denn diese wird von jedem Einzelnen in dem Maße verwirklicht, in dem er seine apriorische Verwiesenheit auf den, von dem alles abhängt, erkennend und wollend einholt. Jesus war nicht nur auf der unreflexen Ebene des Gefühls, sondern auch auf der reflexen des Erkennens und Wollens »das ganz beim Du des Vaters seiende Ich«. So wurde aus der Person »Jesus« die Persönlichkeit »Christus«[742].

Obwohl Schleiermacher für sich beansprucht, den Sinn der traditionellen christologischen Formeln ohne Reduktionen erklärt zu haben, kann er doch nicht leugnen, dass in seiner Darstellung eine menschliche

---

dern muss in demselben als eine wunderbare Erscheinung anerkannt werden, aber doch nach Anleitung der schon oben geltend gemachten Analogien nur in der hier schon ein für allemal fixierten Bedeutung des Wortes. Sein eigentümlicher geistiger Gehalt nämlich kann nicht aus dem Gehalt des menschlichen Lebenskreises, dem er angehörte, erklärt werden, sondern nur aus der allgemeinen Quelle des geistigen Lebens durch einen schöpferischen göttlichen Akt, in welchem sich als einem absolut größten der Begriff des Menschen als Subjekt des Gottesbewusstseins vollendet« (Schleiermacher, Der christliche Glaube [1830/31] II, 46f).

[742] »Da wir nun aber doch den Anfang des Lebens nie eigentlich begreifen: so geschieht auch der Forderung einer vollkommnen Geschichtlichkeit dieses vollkommen Urbildlichen vollkommenes Genüge, wenn er nur von da ab auf dieselbe Weise wie alle anderen sich entwickelt hat, so dass sich von der Geburt an seine Kräfte im gemeinsamen Leben allmählich entfalteten, und sich vom Nullpunkt der Erscheinung an in der dem menschlichen Geschlecht natürlichen Ordnung zu Fertigkeiten ausbildeten. Dieses gilt nun auch von seinem Gottesbewusstsein, worauf es hier vornehmlich ankommt, welches zwar auch Anderen eben so wenig als ihm etwa erst durch die Erziehung eingeflößt wird, sondern dessen Keim in Allen schon ursprünglich liegt, welches sich aber auch in ihm wie in Allen erst allmählich nach menschlicher Weise zum wirklich erscheinenden Bewusstsein entwickeln musste, und vorher nur als Keim, wenngleich in gewissem Sinne immer als wirksame Kraft, vorhanden war. Daher konnte es auch während dieser Entwicklungszeit, selbst seitdem es Bewusstsein geworden war, sein Ansehen über das sinnliche Selbstbewusstsein nur in dem Maße ausüben, als des letzteren verschiedene Funktionen schon hervorgetreten waren, und erschien also auch von dieser Seite angesehen selbst als ein nur allmählich zu seinem vollen Umfang sich entfaltendes. Glaubt man irrigerweise des Urbildlichen wegen dieses leugnen und etwa annehmen zu müssen, er habe schon von seinem ersten Lebensanfang an das Gottesbewusstsein als solches in sich getragen: so müsste er auch schon ursprünglich sich selbst als Ich gesetzt, ja, wie sehr leicht zu folgern ist, auch die Sprache wenigstens ihrem abstraktern Teile nach ursprünglich und ehe er äußerlich sprach inne gehabt haben, mithin müsste seine ganze erste Kindheit ein Schein gewesen sein, wobei kein wahres menschliches Leben gedacht werden kann, sondern die doketische Abweichung völlig entschieden ist.« (Schleiermacher, Der christliche Glaube [1830/31] II, 47).

350   5. Jesus – wahrer Mensch ohne menschliches Selbstbewusstsein?

Person zum Sohn Gottes »wird« – gewiss nicht durch Erziehung oder durch eigene Anstrengung, sondern durch Einwirkung von oben. Aber eine Person kann nun einmal keine andere Person werden; und eine geschaffene kann schon gar nicht eine ungeschaffene Person werden. Letztlich unterscheidet sich Jesus in der Darstellung Schleiermachers nur im komparativischen Sinne von allen anderen Adamiten: a) durch sein einzigartiges Gottesbewusstsein; b) durch seine faktische Sündlosigkeit; c) durch seine Urbildlichkeit für das »Gesamtleben« aller, die sich im Blick auf ihn zur Abbildung seines Urbildes befähigen lassen[743].

5.2 Karl Rahner: Jesus Christus als der einmalig höchste Wesensvollzug der menschlichen Transzendentalität

Auch wenn die These »Was Schleiermacher für den Protestantismus des 19. Jhs., das ist Karl Rahner (1904–1984) für den Katholizismus des 20. Jhs.« tendenziös erscheint, lohnt sich ein Vergleich der beiden Denker. Denn neben vielen gravierenden Unterschieden sind Gemeinsamkeiten besonders innerhalb der Christologie und Soteriologie nicht zu verkennen[744].

5.2.1 Ein Vergleich Rahners mit Schleiermacher

Diese Gemeinsamkeiten fallen unmittelbar ins Auge, wenn man den § 4 von Schleiermachers Glaubenslehre mit der ursprünglich als Gastvortrag in Trier gehaltenen Abhandlung Karl Rahners »über das Wissen und Selbstbewusstsein Christi« vergleicht.
– Rahner beschreibt (a) eine ähnliche Unterscheidung wie die von Schleiermacher intendierte zwischen einer unthematischen bzw. unreflexen und einer reflexen Ebene des Bewusstseins. Er bemerkt: »Es gibt [...] ein apriorisches ungegenständliches Wissen um sich selbst als eine Grundbefindlichkeit des geistigen Subjektes, in der es bei sich ist und gleichzeitig seiner transzendentalen Verwiesenheit auf das Ganze der möglichen Gegenstände der Erkenntnis und der Freiheit inne ist. [...]

---
743 Vgl. Schleiermacher, Der christliche Glaube [1830/31] II, 48–52.
744 Eine Genese der Christologie Rahners bieten: E. Maurice, La christologie de Karl Rahner (Jésus et Jésus Christ 65), Paris 1995; L. Ibekwe, The Universality of Salvation in Jesus Christ in the Thought of Karl Rahner. A Chronological and Systematic Investigation (BDS 42), Würzburg 2006, 5–222.

Die Reflexion auf diese Grundbefindlichkeit braucht nicht notwendig zu glücken, sie kann vielleicht sogar unmöglich sein, ihre asymptotisch glückende Durchführung kann abhängig sein von den äußeren, in geschichtlicher Kontingenz gegebenen Daten der äußeren Erfahrung, des von anderswoher gebotenen Begriffsmaterials und seiner geschichtlichen Eigenart.«[745]
– Rahner beschreibt (b) ähnlich wie Schleiermacher eine Verschränktheit zwischen Selbsttätigkeit und Empfänglichkeit, zwischen Freiheit und Gehorsam, zwischen Selbstbewusstsein und Gottesbewusstsein. Im Blick auf jeden Menschen formuliert Rahner: »Eine Gottunmittelbarkeit gehört zum Wesen einer geistigen Person: als unthematische Gestimmtheit, als alles andere bestimmender unreflex gegebener Horizont, innerhalb dessen sich das ganze geistige Leben dieses Geistes vollzieht, als reflex gar nicht adäquat einholbarer Grund, der alle anderen geistigen Vollzüge trägt, der, weil Grund, als er selber immer mehr und immer ungegenständlicher als alles andere ›da ist‹, als schweigende Selbstverständlichkeit, die alles ordnet und erklärt und selbst nicht erklärt werden kann, weil der Grund immer das klare Unerklärbare ist.«[746] – Im Blick auf den Spezialfall der hypostatischen Union bemerkt er: »Die *Unio hypostatica* […] ist die denkbar höchste – *ontologisch* höchste – Aktualisation einer geschöpflichen Wirklichkeit, die überhaupt möglich ist. […] Gibt es also in dieser [von der hypostatischen Union bestimmten] menschlichen Wirklichkeit ein Selbstbewusstsein, dann ist diese ontologische Selbstmitteilung Gottes auch, ja erst recht und in erster Linie, ein Moment des Beisichseins der menschlichen Subjektivität Christi.«[747]

Den besagten Kongruenzen zwischen Schleiermacher und Rahner stehen aber ebenso viele Differenzen gegenüber:
– Während Schleiermacher von einem Werden der Persönlichkeit des Erlösers durch ein reflexes Einholen der apriorischen Verwiesenheit Jesu auf seinen Vater spricht, sieht Rahner gerade in der immer schon gegebenen Unmittelbarkeit Jesu zu seinem Abba das Geheimnis seiner Einzigkeit. Denn: »Es gibt […] durchaus ein Nichtwissen, das als Ermöglichung des Freiheitsvollzugs der endlichen Person innerhalb des noch laufenden Dramas ihrer Geschichte das Vollkommenere ist als

---
745 K. Rahner, Dogmatische Erwägungen über das Wissen und Selbstbewusstsein Christi, in: Ders., Sämtliche Werke, Bd. XII. Menschsein und Menschwerdung Gottes. Studien zur Grundlegung der Dogmatik, zur Christologie, Theologischen Anthropologie und Eschatologie, Freiburg 2005, 335–352; 340.
746 Rahner, Dogmatische Erwägungen, 347.
747 Rahner, Dogmatische Erwägungen, 344.

5. Jesus – wahrer Mensch ohne menschliches Selbstbewusstsein?

das Wissen in diesem Vollzug der Freiheit, das diesen aufheben würde. [... So] zeigt sich [...], dass man sehr vorsichtig sein muss, wenn man versucht ist, ein Nichtwissen [auf der reflexen Ebene] als bloße Negativität im Dasein des Menschen zu qualifizieren.«[748]
- Während Schleiermacher einer menschlichen Person die Fähigkeit zuspricht, auf Grund eines besonderen Einwirkens Gottes ein Gottesbewusstsein zu entwickeln, das jeden geistigen und willentlichen Akt bestimmt, spricht Rahner trinitätstheologisch von der zweiten göttlichen Person, die eine menschliche Natur so aktuiert, dass diese in demselben Maße sie selbst wie Darstellung des Wesens der sie aktuierenden göttlichen Person ist. Deshalb verwendet er im Unterschied zu Schleiermacher nicht nur den Terminus *Gottesbewusstsein* Jesu, sondern bevorzugt den Ausdruck *Gottessohnbewusstsein*. Dieses Gottes*sohn*bewusstsein ist aus seiner Sicht kein erworbenes, sondern ein ursprüngliches. Es ist die Innenseite des objektiven bzw. ontischen Tatbestandes der *hypostatischen Union*. Oder anders ausgedrückt: Jesus weiß unreflex und ursprünglich immer schon um seine personale Identität mit dem innertrinitarischen Sohn, weil der Grund seines singulären *Gottessohnbewusstseins* das Ereignis der hypostatischen Union ist. Rahner wörtlich: »Von da aus ergibt sich nämlich, dass diese Gottunmittelbarkeit als eine Grundbefindlichkeit des Geistes Jesu von der substantiellen Geistigkeit her zu denken ist. Denn sie ist ja das einfache, schlichte Beisichsein, das notwendige Zu-sich-selbst-gekommen-sein eben dieser substantiellen Einheit mit der Person des Logos, dies und sonst nichts. Das aber bedeutet, dass diese unmittelbare Gottesschau, die es wirklich gibt, gar nichts anderes ist, als das ursprüngliche, ungegenständliche Gottessohnbewusstsein, das einfach schon damit gegeben ist, dass diese Hypostatische Union *ist,* da dieses Gottessohnbewusstsein nichts ist als die innere ontologische Gelichtetheit dieser Sohnschaft, ihre mit dem objektiven Tatbestand als sein inneres Moment notwendig gegebene Subjektivität dieser objektiven Sohnschaft.«[749]

---

[748] Rahner, Dogmatische Erwägungen, 341. – Zur philosophiegeschichtlichen Einordnung von Rahners Ausführungen über das »unthematische Wissen«: B. Irlenborn, »Veritas semper maior«. Der philosophische Gottesbegriff Richard Schaefflers im Spannungsfeld von Philosophie und Theologie (Ratio Fidei 20), Regensburg 2003, 159–172.

[749] Rahner, Dogmatische Erwägungen, 345f.

5.2.2 Die freie Selbstmitteilung Gottes und die Selbsttranszendenz des Menschen

Karl Rahner gehört zu den Autoren eines zur Fünfzehnhundertjahrfeier des Konzils von Chalcedon edierten Sammelbandes. In seinem Beitrag[750] unterscheidet er zwischen der Intention des Konzils selbst und der einseitig alexandrinischen Auslegung des Konzilstextes. Er spricht von einer »Verkürzung des Mittlers zu einem Mittel von Gott zu den Menschen« und meint damit die Vorstellung, das Erlösungshandeln sei ein Handeln des göttlichen Logos mit Hilfe des Instrumentes der menschlichen Natur Christi. So betrachtet aber sind die dreiunddreißig Lebensjahre Jesu nicht die Offenbarkeit, sondern lediglich die geschöpfliche Verkleidung der zweiten göttlichen Person. Das Geschehen der Erlösung erscheint als ein Handeln des Sohnes am Sünder, ohne dass der sich einbeziehen lassen muss in das Menschsein Jesu[751]. Denn wo eine Christologie das Menschsein des Erlösers zu einem bloßen Medium des göttlichen Handelns degradiert, da bedeutet Erlösung ein Dasein jenseits dieses Mediums, jenseits der konkreten Existenz des einzelnen Menschen. Diese Existenz aber ist eine wesentlich sakramentale. »Das folgt aus dem Wesen der Menschwerdung [...] In der Menschwerdung [nämlich] ist Gott selbst in die Geschichte der Welt eingetreten. Gott kann von uns gar nicht mehr in einem bloßen Überstieg über die Schöpfung, im Verlassen von Raum, Zeit und Geschichte, in der reinen Transzendenz des Geistes auf das Absolute erreicht werden, sondern konkreterweise dort, wo wir selbst sind, in unserem Fleisch und Blut.«[752]

Wiederholt wendet sich Rahner gegen die Vorstellung von einer Verwandlung oder Veränderung Gottes durch die Menschwerdung. Dabei geht es ihm gar nicht um die Wahrung des von der griechischen Philosophie geprägten Lehrsatzes von der Unveränderlichkeit des ewigen und absolut vollkommenen Gottes, sondern um die Intention des Chalcedonense. Denn wenn Gott im Vorgang der Inkarnation nicht bliebe, was er ist, dann wäre die Botschaft von der Menschwerdung mit dem Märchen von dem in einen Frosch verwandelten Prinzen vergleichbar. Nur weil

---

750 K. Rahner, Chalkedon – Ende oder Anfang?, in: Das Konzil von Chalcedon. Geschichte und Gegenwart, hg. v. A. Grillmeier und H. Bacht, Bd. III, Würzburg 1954, 3–49; unter dem Titel *Probleme der Christologie von heute* republiziert in: Schriften zur Theologie, Bd. I, Einsiedeln ⁸1967, 169–222; und in: Sämtliche Werke, Bd. XII, Freiburg 2005, 261–301.
751 Das Konzil von Chalcedon wollte »gerade das eine betonen, dass die Menschheit Christi eine φύσις, d. h. ein αὐτοκίνητον, und somit der eigentlich erlösende Akt ein Akt echt menschlicher Freiheit sei« (Rahner, Probleme, 267⁶).
752 K. Rahner, Meditation zum Buß-Sakrament, in: Sämtliche Werke, Bd. XIII, Freiburg 2006, 89–95; 89.

5. Jesus – wahrer Mensch ohne menschliches Selbstbewusstsein?

der ewige Gott sich nicht in etwas anderes verwandelt, kann er sich – als er selbst! – in einem Anderen aussagen. Der Gott, der im Anderen seiner selbst er selbst bleibt, ist wesentlich Mitteilung, Logos bzw. Wort. Weil der trinitarische Gott kein monolithisches Ich, sondern Beziehung, Mitteilung, Wort ist, kann er sich auch im Anderen seiner selbst aussagen, ohne mit diesem Anderen identisch zu sein. Die dreiunddreißig Jahre des Lebens, Leidens und Sterbens Jesu sind die Selbstaussage Gottes in einem Geschöpf – allerdings mit der Konsequenz, dass dieses Geschöpf, weil *Selbst*aussage Gottes, fortan untrennbar zu ihm gehört.

Wiederholt wendet Rahner sich gegen die von Augustinus stammende These, »es sei selbstverständlich, dass jeder jener unzahlhaften Drei, die wir die Personen der reinen Gottheit nennen, hätte Mensch werden können, gesetzt nur, er wolle es«[753]. Denn unter dieser possibilientheologischen Voraussetzung würde das Ereignis der Inkarnation nicht die Darstellung der innertrinitarischen Selbstaussage des Vaters – d. h. des Logos – in dem Menschsein Jesu bedeuten, sondern lediglich dies: »Einer aus der Dreifaltigkeit ist Mensch geworden.«[754]

Rahner fragt transzendentallogisch nach den Bedingungen der Möglichkeit des Inkarnationsgeschehens (a) auf Seiten Gottes und (b) auf Seiten der Schöpfung. Wenn Gott nicht als er selbst (immanent) so wäre, wie er sich in der biblisch bezeugten Heilsgeschichte offenbart hat, dann wäre diese Geschichte bloß ein interpretationsbedürftiger Zusammenhang von Zeichen und Symbolen. Deshalb betont Rahner die Untrennbarkeit von immanenter und heilsökonomischer Trinität: »Die Aussagen [...]: Der eine und selbe Gott ist für uns als Vater, Sohn-Logos und Heiliger Geist gegeben, bzw.: Der Vater gibt sich uns selbst in absoluter Selbstmitteilung durch den Sohn im Heiligen Geist, sind streng zu hören und zu sagen als Aussagen über Gott so, wie er *an sich selber* ist. Denn sonst wären sie eben im Grunde keine Aussagen über die Selbstmitteilung Gottes.«[755]

---

[753] K. Rahner, Meditation. Die Menschwerdung Gottes, in: Sämtliche Werke, Bd. XIII, 102–116; 103.

[754] Gegen die psychologische Trinitätslehre des hl. Augustinus richtet sich Rahners Verhältnisbestimmung von immanenter und heilsökonomischer Trinität. Wörtlich bemerkt er: »Die psychologische Trinitätslehre überspringt die heilsökonomische Erfahrung der Trinität zugunsten einer fast gnostisch anmutenden Spekulation darüber, wie es im Inneren Gottes zugehe, und vergisst damit eigentlich, dass das Antlitz Gottes, wie es uns in der gemeinten Selbstmitteilung zugewandt ist, in der Dreifaltigkeit dieser Zugewandtheit gerade das *An-sich* Gottes selber ist, wenn anders die göttliche Selbstmitteilung in Gnade und Glorie wirklich die Mitteilung Gottes an sich selbst für uns ist.« (K. Rahner, Grundkurs des Glaubens. Studien zum Begriff des Christentums, in: Sämtliche Werke, Bd. XXVI, Freiburg 1999, 134).

[755] Rahner, Grundkurs, 135.

5.2 Karl Rahner

Und so wie es keine Selbstmitteilung Gottes in der Endlichkeit des Menschen Jesus geben könnte, wenn Gott nicht an und für sich Selbstmitteilung wäre, so kann der innertrinitarische Logos nur deshalb Subjekt eines Geschöpfes sein, wenn es ein Geschöpf gibt, das gerade in dem Maße, in dem es sich ausstreckt nach dem Grund seiner selbst (nach seinem Schöpfer), es selbst ist. Rahner hat seine Christologie eingezeichnet in die evolutive Weltanschauung. Aus seiner Sicht wird die Materie von ihrem Schöpfer befähigt, sich selbst zu überschreiten auf immer höhere Wesensstufen hin, bis sie im Phänomen des menschlichen Geistes gleichsam zu sich selbst kommt[756]. Aber mit der Erreichung dieses Zieles ist die Evolution nicht abgeschlossen. Der eigentliche Skopus ist das Ereignis der Inkarnation und mit der Menschwerdung des Logos die Befähigung des Menschen, sich selbst und alle Geschöpfe einzufalten in die Abbildung des Urbildes der liebenden Selbstmitteilung. Rahner würde allerdings gründlich missverstanden, wollte man seiner transzendentalen Christologie unterstellen, sie degradiere die freie Selbstmitteilung Gottes in Christus zu einer notwendigen Stufe der sich selbst transzendierenden Schöpfung. Umgekehrt wird ein Schuh draus: Im Blick auf das Christusereignis erschließt sich die Schöpfung als das, was Gott wollte, um sich selbst an das Andere seiner selbst mitteilen zu können. Analog verhält es sich mit der Verwirklichung der Christifizierung alles Seienden. Nachdem Gott den Menschen als ein mit wirklicher Freiheit und wirklicher Subjektivität ausgestattetes Geschöpf wollte, kann er nichts gegen diese Freiheit erzwingen. Rahner spricht ausdrücklich von der Hoffnung Gottes, um jede Apokatastasis auszuschließen[757]. Nur unter Beachtung dieser

---

[756] »Wenn so der Mensch die Selbsttranszendenz der lebendigen Materie ist, dann bilden Natur- und Geistesgeschichte eine innere gestufte Einheit, in der die Naturgeschichte sich auf den Menschen hin entwickelt, in ihm als seine Geschichte weitergeht, in ihm bewahrt und überboten ist und darum mit und in der Geistesgeschichte des Menschen zu ihrem eigenen Ziel kommt. Insofern diese Geschichte der Natur im Menschen in Freiheit hinein aufgehoben ist, kommt diese Naturgeschichte in der freien Geistesgeschichte zu ihrem Ziel. Insofern die Geschichte des Menschen immer noch die Naturgeschichte als die der lebendigen Materie in sich einfasst, ist sie immer noch mitten in ihrer Freiheit von den Strukturen und Notwendigkeiten dieser materiellen Welt getragen.« (K. Rahner, Die Christologie innerhalb einer evolutiven Weltanschauung, in: Sämtliche Werke, Bd. XV, Freiburg 2001, 219–247; 228).
[757] In einem erläuternden Aufsatz zu seinem »Grundkurs des Glaubens« bemerkt Rahner: »Das Buch lehrt keine Apokatastasis, unterstreicht aber eine legitime *Hoffnung* auf eine eschatologische Allversöhnung, auch wenn der Mensch in seiner noch offenen Freiheitsgeschichte immer und unüberholbar mit der Möglichkeit eines endgültigen Verlorengehens rechnen muss. Aber es könnte doch sein, dass die Theologie des Bösen in diesem Buch etwas zu blass gezeichnet ist. Immerhin scheint mir der Christ einer demütigen und universalen Hoffnung ohne Grenzen Gottes heilige Güte mehr zu ehren als der, der schon zu genau wissen will, dass das Böse, wenn auch von

Voraussetzungen schreibt Rahner: Die »Selbsttranszendenz des Kosmos […] ist […] nach der Lehre des Christentums erst dann wirklich ganz zu ihrer letzten Erfüllung gelangt, wenn der Kosmos in der geistigen Kreatur, seinem Ziel und seiner Höhe, nicht nur das aus seinem Grund Herausgesetzte, das Geschaffene ist, sondern die unmittelbare Selbstmitteilung seines Grundes selbst empfängt«[758].

5.2.3 Die Einzigkeit Jesu Christi

Durch die Begriffe der göttlichen Selbstmitteilung und der geschöpflichen Selbsttranszendenz gelingt Rahner eine Alternative zu der statischen Sicht einer substanzontologischen Verhältnisbestimmung der göttlichen und der menschlichen Natur Christi[759]. Indem Rahner in allen seinen christologischen Abhandlungen[760] die direkte Proportionalität von Selbstgabe und Selbstsein beschwört, will er jede Asymmetrie zwischen dem wahren Gottsein und dem wahren Menschsein »des absoluten Heilbringers« vermeiden. Es geht nicht um ein Erscheinen Gottes unter der Verkleidung eines Menschen und erst recht nicht um die Verwandlung Gottes bzw. des Logos in einen Menschen, sondern um die Selbstaussage Gottes als Mensch. Der folgende Passus aus Rahners »Grundkurs« wird von vornherein missverstanden, wenn man ihn als Beleg für die These zitiert, hier sei die Rede von einem zum Sohn Gottes aufsteigenden Menschen.

   Gott verdammt, eine Endgültigkeit in der Welt hat.« (Rahner, Aufsatz zu »Grundkurs des Glaubens«, in: Sämtliche Werke, Bd. XXVI, Freiburg 1999, 449–459; 457f).
758 Rahner, Die Christologie innerhalb einer evolutiven Weltanschauung, 231.
759 »Die christologischen ›ist‹-Formeln – ›derselbe‹ ist Gott und Mensch – bleiben als Parallelen zu ›ist‹-Sätzen des sonstigen alltäglichen Sprachgebrauchs *ständig in der Gefahr einer falschen Auslegung,* die von diesen Parallelen herrührt: die darin insinuierte, aber gar nicht gemeinte Identität wird durch die irgendwie *nachträgliche* Erklärung nicht *deutlich* und *ursprünglich* genug ausgeschlossen, davon abgesehen, dass sie als solche wieder rasch vergessen wird. Damit ist nichts gegen die Berechtigung und bleibende Gültigkeit dieser christologischen ›ist‹-Aussagen gesagt. Aber man muss sehen, dass ihnen die Gefahr eines monophysitischen und somit mythologischen Missverständnisses anhaftet. Wenn z. B jemand sagt: ›Ich kann doch nicht glauben, dass ein Mensch Gott ist, dass Gott ein Mensch (geworden) ist‹, dann wäre die erste richtige christliche Reaktion auf eine solche Erklärung nicht die Feststellung, hier werde ein christliches Grunddogma verworfen, sondern die Antwort, dass der abgelehnte Satz und die vermutlich ihm gegebene Auslegung dem wirklich christlichen Sinn dieser Aussage auch nicht entspreche.« (K. Rahner, Jesus Christus, in: Sämtliche Werke, Bd. XVII/2, Freiburg 2002, 1109–1136; 1115).
760 Vgl. Rahner, Probleme, 272–274.281f; Inkarnation, 1103; Jesus Christus, 1117–1130; Grundkurs, 187–195.

»Die Menschwerdung Gottes ist von daher gesehen der einmalig *höchste* Fall des Wesensvollzugs der menschlichen Wirklichkeit, der darin besteht, dass der Mensch ist, indem er sich weggibt in das absolute Geheimnis hinein, das wir Gott nennen. Wer richtig versteht, was potentia oboedientialis für die hypostatische Union bedeutet, was die Annehmbarkeit der menschlichen Natur durch die Person des Wortes Gottes eigentlich meint und worin eine solche Annehmbarkeit besteht, wer versteht, dass eben nur eine geistig-personale Wirklichkeit annehmbar ist von Gott, der weiß, dass diese potentia oboedientialis kein einzelnes Vermögen neben anderen Möglichkeiten im menschlichen Seinsbestand sein kann, sondern sachlich mit dem Wesen des Menschen identisch ist.«[761]

Perry Schmidt Leukel bemerkt zu dieser Stelle: »Der Gedanke eines höchsten Falls menschlichen Wesensvollzugs setzt voraus, dass es in abgestuften Graden andere, weniger hohe, weniger geglückte, aber durchaus ebenfalls echte Fälle eines solchen Wesensvollzugs gibt. Könnte es dann nicht aber prinzipiell auch andere gleichermaßen hohe, gleichermaßen geglückte Fälle dieses Wesensvollzugs geben? Ja, ist, wenn es sich denn wirklich um Fälle eines menschlichen *Wesens*vollzugs handeln soll, nicht geradezu mit dieser Möglichkeit zu rechnen? Wäre es nicht überaus merkwürdig, wenn es unter allen Menschen nur bei einem einzigen von ihnen im vollen Sinn zum Vollzug des menschlichen Wesens gekommen sein sollte? Wäre dies nicht um so merkwürdiger, als dabei vorauszusetzen ist, dass von Gott her den Menschen alles zu einem solchen gelungenen Wesensvollzug drängt, dass also die gnadenhafte Selbstmitteilung Gottes an den Menschen überall und immer schon nach konkreter Gestaltwerdung in der Existenz eines jeden einzelnen Menschen drängt?«[762]

Mit diesem Kommentar wird die Aussageintention Rahners geradezu in ihr Gegenteil verkehrt. Denn wenn Rahner vom »einmalig höchsten Wesensvollzug« spricht, will er einerseits deutlich machen, dass Gott sich nicht in irgendeiner Kreatur, sondern einzig und allein in einem Menschen aussagen kann. Zugleich aber will er jenseits der problematischen Begriffe »Natur« und »Person« ausdrücken, dass die Einzigkeit des ei-

---

[761] Rahner, Grundkurs, 210. – »Wo die Selbstmitteilung Gottes und die Selbsttranszendenz des Menschen kategorial-geschichtlich zu ihrem absoluten und irreversiblen Höhepunkt kommen, das heißt Gott in der Raumzeitlichkeit schlechthin und unwiderruflich ›da ist‹ und so die Selbsttranszendenz des Menschen zu eben solcher völligen Übereignetheit an Gott gelangt, ist das gegeben, was christlich Inkarnation heißt.« (Rahner, Inkarnation, 1107).
[762] P. Schmidt Leukel, Was will die pluralistische Religionstheologie?, in: MThZ 49 (1998) 307–334; 324.

nen Menschen, in dem Gott sich de facto als er selbst aussagt, integraler Bestandteil der Einzigkeit jener Beziehung zum Vater ist, auf Grund derer der Mensch Jesus unter den Bedingungen von Raum und Zeit die Person des ewigen Logos *ist*. Ein Blick in den sechsten Gang von Rahners »Grundkurs« genügt, um die Einseitigkeit der von Schmidt-Leukel gelieferten Interpretation zu entlarven. Rahner argumentiert nämlich aszendenz- und deszendenzchristologisch zugleich. In Bezug auf die Tatsache, dass der Mensch das einzige Geschöpf ist, das auf Grund seiner Geistbegabung sich selbst transzendieren kann, darf man die Inkarnation als höchsten Fall des Wesensvollzugs der menschlichen Wirklichkeit beschreiben. Von Gott her betrachtet aber – also deszendenzchristologisch – heißt Menschwerdung, dass Gott nicht nur einen Menschen benutzt, um durch ihn etwas zu sagen, sondern dass er sich selbst als Mensch aussagt[763]. Ein Mensch aber ist immer ein Unikat. Gott kann, wenn die Individualität eines Menschen zu seiner Selbstaussage gehören soll, nicht von der Einzigkeit des Menschen, in dem er sich mitteilt, getrennt werden. Insofern nennt Rahner das Ereignis der Inkarnation des ewigen Logos in dem einen Menschen Jesus Christus ausdrücklich »einmalig« und »unwiederholbar«[764].

Aus der von Rahner oft wiederholten Beschreibung des Menschen als Wesen der Transzendenz, als Wesen der Annehmbarkeit durch Gott,

---

[763] Solange die »endliche Vermittlung der göttlichen Selbstaussage nicht streng und im eigentlichen Sinne eine Wirklichkeit Gottes selbst darstellt, ist sie immer noch grundsätzlich vorläufig, überholbar, weil sie endlich und in dieser Endlichkeit nicht einfach Gottes Wirklichkeit selber ist und so von Gott selbst durch neue Setzung von Endlichem überholt werden kann. Soll also die Wirklichkeit Jesu, in der als Zusage und Annahme die Selbstmitteilung Gottes absoluter Art an die Gesamtmenschheit für uns ›da ist‹, wirklich die unüberholbare und endgültige Zusage und Annahme sein, dann muss gesagt werden: sie ist nicht nur von Gott gesetzt, sondern ist Gott selbst. Ist diese Zusage aber selbst eine menschliche Wirklichkeit als absolut begnadete und soll diese Zusage wirklich absolut Gottes selbst sein, dann ist sie die absolute Zugehörigkeit einer menschlichen Wirklichkeit zu Gott, also eben das, was wir, richtig verstanden, unio hypostatica nennen.« (Rahner, Grundkurs, 195). Weil die reale Selbstzusage Gottes an uns die menschliche Wirklichkeit bzw. das Faktum Jesus von Nazaret ist, »kann die Einheit zwischen dem Zusagenden und der Zusage nicht nur ›moralisch‹ gedacht werden, wie etwa die zwischen einem menschlichen Wort (bloß Zeichenhaftem) einerseits und Gott anderseits, sondern nur als eine Einheit unwiderruflicher Art zwischen dieser menschlichen Wirklichkeit mit Gott, als eine Einheit, die eine Trennungsmöglichkeit zwischen der Verlautbarung und dem Verlautbarenden aufhebt, also das real menschlich Verlautbarte und die Zusage für uns zu einer Wirklichkeit Gottes selbst macht. Und eben dies sagt die unio hypostatica, dies und eigentlich nichts anderes.« (ebd.).

[764] Michael Schulz (Anfragen an die Pluralistische Religionstheologie: Einer ist Gott, nur Einer auch Mittler, in: MThZ 51 [2000] 125–150) betont, dass Karl Rahner im Unterschied zu Perry Schmidt-Leukel die gesamte Menschheit als Unheilskollektiv auf den einen Mittler bezieht, der die Sünde der ganzen Welt getragen hat (vgl. ebd. 143f).

als Frage nach Gott oder als »potentia oboedientalis« lässt sich in keiner Weise das Ereignis der hypostatischen Union ableiten[765]. In einer grundsätzlichen Verhältnisbestimmung von Theologie und Anthropologie unterstreicht Rahner mit aller wünschenswerten Deutlichkeit, dass zwar »jede dogmatische Thematik auch nach ihrer transzendentalen Seite zu bedenken ist«[766], dass aber die Frage nach den anthropologischen Voraussetzungen einer Glaubensaussage keineswegs gleichbedeutend ist mit deren rationaler Deduktion. »Es ist z. B. für eine wirkliche Christologie nicht nur wichtig, den Menschen zu begreifen als das Wesen, das apriorisch von seinem faktischen […] Wesen aus auf einen ›absoluten Heilsbringer‹ aus ist, sondern ebenso heilswichtig, dass er Jesus von Nazareth als diesem Heilsbringer begegnet, was natürlich nicht ›transzendental deduziert‹ werden kann.«[767]

In keiner Weise denkt Rahner an die Möglichkeit, eine menschliche Person könne von Gott zu einer solchen Selbsttranszendenz befähigt werden, dass am Ende eines Prozesses die hypostatische (personale) Einheit dieses Menschen mit dem innertrinitarischen Sohn stünde. Rahner bettet seine Christologie zwar ein in das allgemeine Schöpfer-Geschöpf-Verhältnis. Aber aus der allgemein gültigen Tatsache, dass ein Geschöpf in demselben Maße Eigensein bzw. Selbstständigkeit zukommt, als es mit seinem Schöpfer in Verbindung steht bzw. geeint ist, lässt sich die Verwirklichung der höchstmöglichen Einung von Schöpfer und Geschöpf, nämlich das Ereignis der Inkarnation, nicht deduzieren.

5.2.4 *Rahners christologische Rezeption des neuzeitlichen Personbegriffs*

Was Rahner mit der besagten Einbettung der Christologie in die Schöpfungslehre erreicht, ist aber ein klares Bekenntnis zu einem eigenen Willen, einem eigenen Bewusstsein, einem eigenen Aktzentrum der menschlichen Natur Christi. Mit Nachdruck wendet er sich gegen jede Gestalt von Monotheletismus oder Quasi-Monotheletismus. Denn:

»Die Tatsache der einen ›bloß‹ göttlichen ›Person‹ hat mit der Irrlehre des Monotheletismus nichts zu tun, der zufolge die menschliche Wirk-

---
765 Dazu: F.-J. Niemann, Jesus als Glaubensgrund in der Fundamentaltheologie der Neuzeit. Zur Genealogie eines Traktats (ITS 12), Innsbruck 1983, 375–387; L. Ibekwe, The Universality of Salvation in Jesus Christ in the Thought of Karl Rahner. A Chronological and Systematic Investigation (BDS 42), Würzburg 2006, 223–258.
766 K. Rahner, Theologie und Anthropologie, in: Schriften zur Theologie, Bd. VIII, Einsiedeln 1967, 43–65; 45.
767 Rahner, Theologie und Anthropologie, 45.

5. Jesus – wahrer Mensch ohne menschliches Selbstbewusstsein?

lichkeit Jesu nur das passiv manipulierbare ›Organ‹ des göttlichen Logos ist. Die ›Anhypostasie‹ der menschlichen ›Natur‹ (bzw. ihrer ›Enhypostasie‹ im göttlichen Logos) darf nicht dahin missverstanden werden, als gehöre zu ihr selbst als solcher und ihr innerlich nicht ein – im modernen Sinn: ›personales‹ – Aktzentrum von endlichem Selbstbewusstsein und geschaffener Freiheit, das Gott ›unvermischt‹ kreatürlich gegenübersteht. Die Übereignung dieses Aktzentrums an den göttlichen Logos hebt seine Eigenart nicht auf, schon weil Nähe zu Gott und aktive Eigenständigkeit der Kreatur im selben, nicht im umgekehrten Maße wachsen.«[768]

Rahner hat die Spannung zwischen der traditionellen Lehre von der Anhypostasie und seiner eigenen Lehre von einer ungeschmälerten Subjektivität der menschlichen Natur Christi sehr wohl gespürt. Deshalb relativiert er den Personbegriff der griechischen Ontologie. Er bemerkt:

Es »ist schon im Allgemeinen nicht so einfach, besonders in der Trinität selbst, die Hypostase als ›Trägerin‹ einer Natur zu denken. [...] In Jesus Christus aber wird die ›getragene‹ Wirklichkeit (menschliche Natur) dann nur zu leicht monotheletisch als sachhafte und passiv manipulierte Wirklichkeit ausgelegt. Die hypostatische Funktion des Logos gegenüber der menschlichen Wirklichkeit Jesu Christi braucht aber gar nicht zwingend gerade als formal identisch gedacht zu werden mit dem, was Hypostase innertrinitarisch meint. [...] Sachlich bedeutet der Satz von der Einzigkeit einer göttlichen Person in Jesus Christus mit Sicherheit nur, dass die – im modernen Sinne personale – menschliche Wirklichkeit Jesu eine solche (und zwar einmalige) Einheit von Gott her und mit ihm eingegangen ist, dass sie zu Gottes wirklicher Selbstaussage und zur radikalen Zusage Gottes an uns wurde, also gerade nicht nur nachträglich psychologisch zu einer Einheit hergestellt ist.«[769]

Hier spricht Rahner ausdrücklich von einer eigenen Personalität der menschlichen Natur, weil der moderne Personbegriff mit dem der christologischen Konzilien nicht identisch ist. Er will also das Dogma von der Anhypostasie der menschlichen Natur Christi wahren, ohne ihr deshalb das abzusprechen, was in der Philosophie seit Kant und Fichte als »Ich« oder »Subjekt« bezeichnet wird. Damit aber provoziert er die Frage, ob

---

768 Rahner, Jesus Christus, 1130.
769 Rahner, Jesus Christus, 1130f.

5.2 Karl Rahner

zu dieser Subjekthaftigkeit nicht die Fähigkeit gehört, sich zu sich selbst und zu jedem Nicht-Ich so oder auch anders verhalten zu können. Weil Rahner die menschliche Natur Christi stets im Verhältnis zur göttlichen Natur des Logos betrachtet, kann er diese Frage nur negativ beantworten. Er betont, dass die Selbstmitteilung Gottes (Inkarnation) »den Akt ihrer Annahme [durch die menschliche Natur] selber setzt und ihn so sich schlechthin zu eigen«[770] macht. Durch diese und ähnliche Formulierungen sieht er die Gefahr des Nestorianismus gebannt. Doch bei Licht besehen schüttet er das Kind mit dem Bade aus. Denn, wenn Gott die Annahme seiner selbst selber setzt, entsteht der umgekehrte Verdacht einer tendenziell alexandrinischen Christologie. Oder wie soll man die Eigenständigkeit einer Annahme der Selbstmitteilung Gottes von Seiten der menschlichen Natur denken, wenn diese Annahme vom göttlichen Logos selbst »gesetzt« (!) wird?

Georg Essen kommt zu dem Ergebnis[771], dass Rahner trotz seiner hellsichtigen Analyse des Neuchalcedonismus, die eigene Christologie nicht vor dem beklagten Phänomen der Logos-Hegemonie bewahrt. Dies wird besonders deutlich, wenn man seine Christologie im Lichte seiner Gnadenlehre interpretiert. Denn diese wird durchgängig bestimmt von der Bezeichnung der Hinordnung des Menschen auf Gott als »übernatürliches Existential«. Mit diesem Terminus will Rahner ausdrücken, dass der einzelne Mensch nur *in* der Gemeinschaft mit Gott (*in* der Annahme der Gnade) er selbst ist. Er kann die Bedingung der Möglichkeit seines Selbstseins zwar verneinen. Aber außerhalb der Gemeinschaft mit dem Grund seiner Freiheit – außerhalb der Gnade – ist er unfrei. Denn – so betont Rahner mehrfach – »unsere geistige Transzendenz [ist] nie und nirgends als bloß natürliche gegeben […], sondern immer und überall umfasst und getragen […] durch eine gnadenhafte Dynamik unseres geistigen Seins auf die absolute Nähe Gottes hin«[772].

---

770 Rahner, Inkarnation, 1097.
771 »Das Verhältnis der menschlichen Freiheit zu Gott ist Rahner zufolge eine Unterschiedenheit, die von Gott selbst gesetzt ist; sie ist nicht das Kommerzium zwischen der freilassenden Freiheit Gottes und der freigelassenen Freiheit des Menschen. Weil Rahner das ursprüngliche Sichverhalten menschlicher Freiheit nicht in ihrer formalen Unbedingtheit entspringen lässt, sondern metaphysisch in Gott selbst fundiert, übergeht er die ursprüngliche Fähigkeit der Freiheit, sich zu allem, zum eigenen Dasein, der eigenen Bestimmung und zu Gott verhalten zu können« (G. Essen, Die Freiheit Jesu. Der neuchalkedonische Enhypostasiebegriff im Horizont neuzeitlicher Subjekt- und Personphilosophie [Ratio Fidei 5], Regensburg 2001, 85).
772 K. Rahner, Theologie der Freiheit, in: Schriften zur Theologie, Bd. VI, Einsiedeln ²1968, 215–237; 220. – Dazu: G. Essen, »Und diese Zeit ist unsere Zeit, immer noch«. Neuzeit als Thema katholischer Fundamentaltheologie, in: K. Müller (Hg.), Fundamentaltheologie. Fluchtlinien und gegenwärtige Herausforderungen, Regensburg 1998, 23–44.

5. Jesus – wahrer Mensch ohne menschliches Selbstbewusstsein?

5.3 Wolfhart Pannenberg: Die Identität der Selbstunterscheidung Jesu vom Vater mit der Selbstunterscheidung des ewigen Sohnes vom Vater

Wie in der Christologie Schleiermachers und Rahners, so spielen die Analyse des menschlichen Selbstbewusstseins und die Bestimmung des Personbegriffs auch in der Theologie Wolfhart Pannenbergs eine zentrale Rolle. In dem christologischen Entwurf, den er 1964 zur Diskussion gestellt hat, geht Pannenberg von der Prämisse aus, die vom Dogma der hypostatischen Union behauptete Personeinheit Jesu mit Gott müsse sich im Selbstbewusstsein des vorösterlichen Jesus spiegeln. Diese Prämisse teilt er mit jenen katholischen Theologen, die den vom dritten Konzil von Konstantinopel 681 dogmatisierten Dyotheletismus bis zu der Annahme eines menschlichen neben dem göttlichen Ich in Jesus Christus treiben[773]. Aber im Unterschied zu ihnen sieht er in der Heiligen Schrift hinreichend bezeugt, dass Jesu Selbstbewusstsein nicht mit einem göttlichen Selbstbewusstsein konkurriert; dass Jesus sich also nicht in irgendeinem Verhältnis zur zweiten Person der Trinität weiß, sondern einzig und allein in einem staunenswert unmittelbaren Verhältnis zu dem Vater, den er »Abba« nennt. Von daher lautet Pannenbergs Ausgangsthese: »In seinem Selbstbewusstsein zeigte sich Jesus auf Gott bezogen, allerdings nicht unmittelbar auf ›den Logos‹ als zweite trinitarische Person, sondern auf den himmlischen Vater.«[774]

5.3.1 Kritische Betrachtung der Zwei-Naturen-Lehre

So gesehen ist jede Christologie zum Scheitern verurteilt[775], die das Verhältnis der beiden Naturen Christi unter der doppelten Vorausset-

---

773 W. Pannenberg (Grundzüge der Christologie, Gütersloh 1964, 340ff) bezieht sich auf jene Franziskaner (Déodat de Basly, L. Seiller, P. Galtier), die mit Berufung auf Johannes Duns Scotus eine tendenziell nestorianische Verhältnisbestimmung der personal verstandenen Naturen in Christus lehren; aber auch auf die von Felix Malmberg (Über den Gottmenschen [QD 9], Freiburg 1960, 27–70) und Karl Rahner (Gnade, in: Sämtliche Werke, Bd. XVII/1, Freiburg 2002, 247–262) rezipierte »Aktuationstheorie« von Maurice de La Taille.
774 Pannenberg, Grundzüge, 345.
775 W. Pannenberg (Grundzüge, 360–362) sieht in der Enhypostasie-Lehre des Maximus Confessor eine wichtige Intention gewahrt, obwohl auch seine Antwort in der Verhältnisbestimmung zweier Naturen gefangen bleibt. – Zur Frage der Eliminierbarkeit bzw. Unentbehrlichkeit der Zwei-Naturen-Lehre vgl. die Kontroverse: C. v. Schönborn, »Aporie der Zweinaturenlehre«. Überlegungen zur Christologie von Wolfhart

zung bestimmt, dass Jesus wahrer Mensch (neuzeitlich gesprochen: ein menschliches Ich) und wahrer Gott (neuzeitlich betrachtet: ein göttliches Ich), zugleich aber nur eine Person, nämlich die des göttlichen Logos, ist. Pannenberg selbst will die Frage nach der Einheit des Menschen Jesus mit dem ewigen Sohn Gottes nicht im Blick auf die beiden verschiedenen Naturen, sondern im Blick auf das Selbstbewusstsein des biblisch bezeugten Jesus beantworten. Wörtlich bemerkt er: »Die Einheit des Menschen Jesus mit dem ewigen Sohne Gottes ergibt sich erst auf einem *Umweg*. [...] Es ist der Umweg über das Verhältnis Jesu zum ›Vater‹, d. h. zu dem Gott Israels, den er Vater genannt hat. Erst die Persongemeinschaft Jesu mit dem Vater erweist ihn selbst als identisch mit dem Sohn des Vaters.«[776]

Mit der letztgenannten Bemerkung setzt Pannenberg dem von Lessing, Kant und Fichte beschriebenen Graben zwischen dem Jesus der Geschichte und dem Christus des Glaubens die Antithese entgegen: *Es ist möglich, aus dem geschichtlich gelebten und bezeugten Verhältnis Jesu zu seinem Abba die Identität des Menschensohnes mit dem innertrinitarischen Sohn abzuleiten.* Diese Ableitung erfolgt nicht in Gestalt eines Syllogismus, sondern durch eine Synopse der biblisch bezeugten Abba-Beziehung Jesu und der Bestätigung Jesu als des Sohnes durch den ihn auferweckenden Vater.

Mit ausdrücklicher Berufung auf Hegel[777] bestimmt Pannenberg das Wesen der Person als Exzentrizität[778], als ein ursprüngliches Sein beim Anderen seiner selbst. Das Selbstbewusstsein ist der Ort, an dem der Mensch weiß, dass seine Exzentrizität in Spannung steht zu einer Egozentralität, dass er also nur durch das bewusste und willentliche Sichausstrecken auf den Anderen hin seine Personalität realisiert[779]. Im Vollzug der Hingabe an den Vater ist Jesus der Sohn: Und er ist dies nicht jenseits seiner Menschlichkeit, sondern in dieser. Weil »der Mensch in seiner Existenz die Frage nach Gott als nach dem tragenden und versöhnenden Ursprung alles Wirklichen [ist], kann die Einheit mit Gott, die die christliche Gemeinde von Jesus bekennt, nichts dem Menschen als solchem Widernatürliches sein. Gerade in seiner personalen Einheit mit Gott ist Jesus

---

Pannenberg, in: FZPhTh 24 (1977) 428–445; W. Pannenberg, Zur »Aporie der Zweinaturenlehre«. Brief an Christoph von Schönborn, in: FZPhTh 25 (1978) 100–102.
776 Pannenberg, Grundzüge, 346.
777 Vgl. Pannenberg, Grundzüge, 347.
778 Vgl. W. Pannenberg, Anthropologie in theologischer Perspektive, Göttingen 1983, 173–178.
779 Dazu: E. Dieckmann, Personalität Gottes – Personalität des Menschen. Ihre Deutung im theologischen Denken Wolfhart Pannenbergs, Altenberge 1995, bes. 37–123; M. Schulz, Sein und Trinität. Systematische Erörterungen zur Religionsphilosophie G. W. F. Hegels im ontologiegeschichtlichen Rückblick auf J. Duns Scotus und I. Kant und die Hegel-Rezeption in der Seinsauslegung und Trinitätstheologie bei W. Pannenberg, E. Jüngel, K. Rahner und H. U. v. Balthasar (MThS.S 53), St. Ottilien 1997, 487–502.

dann vielmehr die Erfüllung der menschlichen Bestimmung, der wahre Mensch.«[780] Pannenberg sieht mit dieser Einzeichnung des besonderen Vater-Verhältnisses Jesu in das allgemeine Verhältnis des Menschen zu Gott jede Art von Neuchalcedonismus überwunden[781]. Denn Jesus unterscheidet sich ja nicht dadurch von allen anderen Menschen, dass er seine Personalität von Gott her und auf Gott hin realisiert, »sondern seine Besonderheit als Mensch besteht darin, dass er in seinem Leben und Sterben die Beziehung des innertrinitarischen Sohnes zum Vater offenbart bzw. darstellt. Denn das »Versenktsein in das Du [des Vaters] bedeutet [...] zugleich auch Teilnahme an dessen Wesen. So ist die Gottheit Jesu als Sohn vermittelt, begründet durch die Hingabe an den Vater. Im Vollzug dieser Hingabe ist Jesus der Sohn.«[782]

Man würde Pannenberg missverstehen, wollte man ihm eine Verwechslung der noetischen mit der ontologischen Ebene unterstellen. Denn er folgert nicht aus einem Begriff einen bestimmten Sachverhalt, sondern er fragt nach dem Daseinsgrund eines sündlosen Menschen, der bis zur Konsequenz der Selbsthingabe am Kreuz ganz von Gott her und auf Gott hin lebt[783]. Dieser Daseinsgrund liegt in der Identität seiner Beziehung vom Vater her und auf den Vater hin mit der Beziehung des innertrinitarischen Sohnes vom Vater her und auf den Vater hin.

5.3.2 Die Auferweckung Jesu als Bestätigung seiner personalen Identität mit dem ewigen Sohn

Ohne die von Pannenberg als innergeschichtliches Ereignis[784] betrachtete Auferweckung des Sohnes, der ganz vom Vater her und auf den Vater hin lebte und starb, wäre die behauptete Identität Jesu mit der Person

---

780 Pannenberg, Grundzüge, 357.
781 Wenn »Jesu Personidentität mit dem Sohne Gottes der menschlichen ›Natur‹ als solcher völlig fremd wäre, dann blieben die Vorwürfe, die im 19. Jahrhundert gegen die Lehre von der Enhypostasie Jesu im Logos erhoben worden sind, berechtigt: Dann läge hier wirklich eine im Ansatz monophysitische Beschränkung der wirklichen Menschheit Jesu vor. Nur weil die Einheit mit Gott, die ›Sohnschaft‹, die ewige Bestimmung des Menschen ist [...], nur darum ist Jesus gerade als der ›Gottmensch‹ der wahre und wirkliche Mensch« (Pannenberg, Grundzüge, 358).
782 Pannenberg, Grundzüge, 347.
783 Jesus »lebte nicht vom Sohne her – diese nahe liegende Auffassung der Enhypostasie Jesu im Logos wird dem historischen Daseinsvollzuge Jesu nicht gerecht. Er lebte vielmehr vom Vater her – aber eben darin hat er sich als eins mit dem Sohne erwiesen« (Pannenberg, Grundzüge, 351).
784 Zur Einordnung der Position Wolfhart Pannenbergs vgl. die Analyse von Adolphe Gesché: Die Auferstehung Jesu in der dogmatischen Theologie, in: ThBer 2 (1973) 275–324; bes. 288–301.

5.3 Wolfhart Pannenberg

des ewigen Sohnes unausgewiesen. Deshalb steht und fällt der christliche Glaube mit dem Osterereignis.

»Jesus ist von seiner Auferweckung her als der Sohn Gottes so offenbar, dass nicht nur sein Verhalten als das der dem Vatersein Gottes entsprechenden Sohnschaft erwiesen ist, sondern so, dass er selbst als der Sohn Gottes in Person erwiesen ist. Das hängt zusammen mit der eschatologischen Botschaft Jesu, die einen Anspruch für seine Person implizierte, der ihn ans Kreuz brachte und auf den seine Auferweckung bestätigend zurückweist. […] Dass er im Ganzen seines menschlichen Lebensvollzuges im Lichte seiner Auferweckung der Sohn Gottes ist, […ist] unwiederholbar und einmalig. Keiner der ihm durch den Glauben verbundenen Menschen ist wie er identisch mit der Person des Sohnes Gottes. Nur Jesus ist als einzelner Mensch der Sohn Gottes; nur in ihm ist der Sohn Gottes ein einzelner Mensch geworden. Die Christen werden Söhne Gottes nur, sofern sie an der Sohnschaft Jesu teilhaben. Und sie erlangen Anteil an der Sohnschaft Jesu nur im Maße ihrer Verbundenheit mit diesem einen Menschen, der als Mensch der Sohn Gottes ist.«[785]

Um beides zugleich, die radikale Geschichtsimmanenz Jesu Christi und die Einmaligkeit bzw. Unwiederholbarkeit der Inkarnation, festhalten zu können, unterzieht Pannenberg die relativistische Geschichtsbetrachtung des Historismus einer grundsätzlichen Kritik. Aus seiner Sicht hebt die Beschreibung der Geschichte als Korrelationszusammenhang die Einmaligkeit des Einzelereignisses nicht auf. Von daher kann er affirmieren, was Troeltsch über den Korrelationscharakter geschichtlicher Fakten schreibt; nicht aber, was er unter »Analogie« versteht: nämlich eine »prinzipielle Gleichartigkeit alles historischen Geschehens […], die freilich keine Gleichheit ist, sondern den Unterschieden allen möglichen Raum lässt, im übrigen aber jedes Mal einen Kern gemeinsamer Gleichartigkeit voraussetzt, von dem aus die Unterschiede begriffen und nachgefühlt werden können«[786]. Pannenberg, der seine Habilitationsschrift dem Analogiebegriff gewidmet hat, bemerkt zu der von Troeltsch vorgelegten Definition:

Wenn diese »nicht mehr besagte als die Erwartung, dass zwischen Begebenheiten in dieser Welt bei aller Ungleichheit doch immer auch

---

785 Pannenberg, Grundzüge, 360.
786 E. Troeltsch, Über historische und dogmatische Methode in der Theologie, in: Ders., Gesammelte Werke, Bd. II. Zur religiösen Lage, Religionsphilosophie und Ethik, Neudr. der zweiten Aufl. Tübingen 1922, Aalen 1962, 729–753; 732.

5. Jesus – wahrer Mensch ohne menschliches Selbstbewusstsein?

diese oder jene Ähnlichkeit sich finden wird, wäre nichts dagegen einzuwenden. Doch die Meinung geht wohl dahin, dass alle Unterschiede von einer alles einheitlich durchdringenden Gleichartigkeit umgriffen sein sollen. In dieser Form führt das Postulat der Gleichartigkeit alles Geschehens zu einer Verengung des historischen Fragens selbst. Die Erkenntniskraft der Analogie beruht nämlich gerade darauf, dass sie das Gleichartige im Ungleichartigen sehen lehrt. Mit dem Ungleichartigen, in keiner Analogie restlos Aufgehenden hat es der Historiker zu tun, wenn er das unverwechselbar Individuelle und die Kontingenz einer Begebenheit ins Auge fasst. Wenn anders die Geschichtswissenschaft sich vor allem mit dem Besonderen, Individuellen der Phänomene beschäftigt, muss ihr Interesse also viel mehr am je Eigentümlichen, Ungleichartigen hängen als an den gleichartigen Zügen, die sich bei Analogien zunächst aufdrängen.«[787]

Vor diesem Hintergrund leuchtet ein, warum Pannenberg den Gedanken der prinzipiellen Unüberholbarkeit Jesu Christi im Unterschied zu Troeltsch für durchaus vereinbar hält mit der Betonung seiner unbedingten Geschichtsimmanenz. Allerdings unterscheidet er zwischen dem, was Jesus Christus an sich *ist*, und der *Erkennbarkeit* dieses »An-sich«. Immer wieder wendet er sich in seinen Aufsätzen zur theologischen Hermeneutik gegen die Illusion, das Erkennen des Menschen könne sich seiner Gebundenheit an Raum und Zeit irgendwie entledigen. Dabei denkt er auf protestantischer Seite an den altprotestantischen Biblizismus mit seiner Lehre von dem sich selbst auslegenden Wort der Heiligen Schrift und auf katholischer Seite an ein unfehlbar definierendes Lehramt der Kirche. Er denkt auf protestantischer Seite an die innere Gewissheit des Pietismus oder an den Sprung des Glaubens, von dem Kierkegaard und Karl Barth sprechen; und auf katholischer Seite an Rahners Lehre von einer Transzendentalität des Menschen, die unthematisch bzw. implizit immer schon um Jesus Christus weiß. Für Pannenberg handelt es sich bei all diesen Ansätzen um Phänomene der Geschichtsvergessenheit. Wenn Gott sich selbst in Jesus Christus mitgeteilt hat, dann – so betont Pannenberg – in der wirklichen (und nicht nur scheinbaren) Bindung seiner selbst an die Geschichte. Das heißt konkret: Die Auferweckung Jesu ist antizipativ die Offenbarkeit des Sinns von Welt und Geschichte. Antizipativ bedeutet: als Vorwegnahme des Zukünftigen unter Wahrung der Zukünftigkeit des Vorweggenommenen. Wenn sich in Jesu Auferweckung Gott als Zukunft jedes einzelnen Punktes in Raum und Zeit erwiesen hat, dann – so Pan-

---

[787] W. Pannenberg, Heilsgeschehen und Geschichte, in: Ders., Grundfragen systematischer Theologie. Gesammelte Aufsätze, Göttingen 1967, 22–78; 51.

nenberg – wird sich im Laufe der Geschichte von immer mehr Menschen immer klarer erkennen lassen, dass Jesus der Christus, d. h. der Weg, die Wahrheit und das Leben für alle Menschen aller Zeiten, ist; dann wird sich im Laufe der Geschichte zunehmend deutlicher zeigen, dass das Christentum die Religionsgeschichte integrierend vollendet, statt selbst nur Episode einer über es hinaus schreitenden Entwicklung zu sein[788].

5.3.3 Die Ergänzung der aszendenz- durch die deszendenzchristologische Perspektive

Mit Nachdruck hat Georg Essen in seiner Studie zur Interpretationsgeschichte der Enhypostasielehre zwei Verdienste der von Pannenberg entwickelten Christologie herausgestellt:
– zum einen, »dass Pannenberg [...] den neuzeitlichen Einwand ausräumen kann, aufgrund der Personeinheit Jesu mit dem Sohn Gottes entbehre Jesus einer echt menschlichen Personalität«[789];
– zum anderen, »dass Pannenberg die Gleichsinnigkeit des Personbegriffs in Christologie und Trinitätstheologie behauptet«[790]. Denn in seiner Christologie hat der Personbegriff nicht trinitätstheologisch eine diakritische und christologisch eine henotische Funktion. Vielmehr bezeichnet er im Blick auf Jesus Christus dieselbe Relation, die zum Wesen des trinitarischen Gottes gehört.

Dennoch ist unübersehbar, dass die *Identität* des Verhältnisses Jesu zum Vater mit dem Verhältnis des innertrinitarischen Sohnes zum Vater zwar behauptet, aber nicht erwiesen wird. Pannenberg selbst hat selbstkritisch den Unterschied zwischen *Identität* und bloßer *Entsprechung* bezeichnet. Er spricht von einer notwendigen Ergänzung der aszendenzchristologischen durch die deszendenzchristologische Perspektive[791].

Im zweiten Band seiner »Systematischen Theologie« entwickelt er eine trinitätstheologisch fundierte Inkarnationslehre, die durchgehend bestimmt wird von dem schlechthin zentralen Begriff der Selbstunterscheidung[792]. Er gelangt zu der These, dass die innertrinitarische Selbst-

---

788 Vgl. W. Pannenberg, Erwägungen zu einer Theologie der Religionsgeschichte, in: Ders., Grundfragen systematischer Theologie. Gesammelte Aufsätze, Göttingen 1967, 252–295.
789 Essen, Die Freiheit Jesu, 212.
790 Essen, Die Freiheit Jesu, 213.
791 Zu diesem Übergang vgl. die Studie von Benedict Hung-bin Kwok: Von der historisch zur trinitätstheologisch begründeten Christologie Wolfhart Pannenbergs, Ammersbek 1997, bes. 47–64.
792 Zum Vergleich von Pannenbergs Trinitätslehre und Christologie mit der vielfach ähnlichen von Eberhard Jüngel: M. Stickelbroeck, Christologie im Horizont der

unterscheidung des Sohnes vom Vater zunächst einmal die Bedingung der Möglichkeit jedweden Andersseins gegenüber Gott – also Bedingung und Grund der Schöpfung insgesamt und jedes einzelnen Geschöpfes – ist. Er gelangt des weiteren zu der Feststellung, dass der Mensch das einzige Geschöpf ist, das die Unterscheidung von Gott, die es immer schon darstellt, in Freiheit bejahen bzw. realisieren *oder* aber negieren kann. Aus diesen beiden Beobachtungen folgert Pannenberg in einem dritten Schritt: Der Jude Jesus ist der wahre Mensch schlechthin, weil er als der einzig Sündlose die Selbstunterscheidung von Gott so unbedingt realisiert hat, dass er ganz und gar transparent wurde für den Gott, den er seinen Vater nannte. Oder anders ausgedrückt: Jesu geschichtlich gelebte Selbstunterscheidung vom Vater wurde zur *Selbst*offenbarung der innertrinitarischen Selbstunterscheidung des ewigen Sohnes vom Vater[793]. Dabei darf dieses Geschehen »nicht als ein dem ewigen Wort äußerliches, akzidentelles Ereignis vorgestellt werden. Vielmehr liegt die Menschwerdung des Sohnes in der Konsequenz seiner trinitarischen Selbstunterscheidung vom Vater. [...] Wie die freie Selbstunterscheidung des Sohnes vom Vater den Möglichkeitsgrund aller von Gott unterschiedenen geschöpflichen Wirklichkeit bildet, so ist sie auch Ursprung seiner Menschwerdung in Jesus von Nazareth. [...] In diesem Sinne lässt sich die mit der Menschwerdung verbundene Entäußerung und Erniedrigung des ewigen Sohnes als ein Moment am freien Selbstvollzug seines ewigen Seins in der Selbstunterscheidung vom Vater verstehen.«[794] Pannenberg nennt das Ereignis der Inkarnation die »Vollzugsform«[795] des ewigen Sohnseins. Und er bezeichnet die geschichtlich gelebte Selbstunterscheidung Jesu von seinem Abba mehrfach als »Ausdruck«[796] der innertrinitarischen Selbstunterscheidung des Sohnes vom Vater.

Seinsfrage. Über die epistemologischen und metaphysischen Voraussetzungen des Bekenntnisses zur universalen Heilsmittlerschaft Jesu Christi (MThS.S 59), St. Ottilien 2002, 302–362.

793 »Wenn die menschliche Geschichte Jesu die Offenbarung seiner ewigen Sohnschaft ist, dann muss die letztere in seiner menschlichen Lebenswirklichkeit wahrnehmbar sein. Seine Gottheit ist dann nicht etwas Zusätzliches zu dieser menschlichen Lebenswirklichkeit, sondern der Reflex, der von der menschlichen Beziehung Jesu zu Gott dem Vater auf sein eigenes Dasein fällt, wie allerdings auch auf das ewige Sein Gottes. Umgekehrt ist die Annahme menschlichen Daseins durch den ewigen Sohn nicht als Hinzunahme einer seiner Gottheit wesensfremden Natur vorzustellen, sondern als das von ihm selber geschaffene Medium seiner äußersten Selbstrealisierung in Konsequenz seiner freien Selbstunterscheidung vom Vater, also als Vollzugsform seines ewigen Sohnseins« (W. Pannenberg, Systematische Theologie, Bd. II, Göttingen 1991, 365).

794 Pannenberg, Systematische Theologie II, 360f.
795 Pannenberg, Systematische Theologie II, 365.
796 Pannenberg, Systematische Theologie II, 361.420.

5.3 Wolfhart Pannenberg

Wie Schleiermacher sieht er in der Sündlosigkeit Jesu den Ausweis einer Einzigkeit, die angesichts der Sündhaftigkeit aller übrigen Menschen nicht von unten im Sinne einer komparativen Verwirklichung der allen Menschen möglichen Selbsttranszendenz, sondern nur von oben erklärt werden kann: als geschichtliche Darstellung der innertrinitarischen Selbstunterscheidung des Sohnes vom Vater. So wird Pannenberg deszendenzchristologisch zum Verteidiger einer strikten Identität der Personalität Jesu von Nazaret mit der Personalität des ewigen Sohnes. »Der Mensch Jesus hat keine andere Identität als diese, obwohl sie ihm nicht von Anfang an als solche bewusst gewesen sein muss. Es genügt, dass sein menschliches Leben ganz auf Gott als seinen himmlischen Vater hin und von ihm her gelebt wurde. Jesu Geschichte hat ihn immer tiefer in diese Identität seiner Person als Sohn des Vaters hineingeführt. So hatte sein menschliches Dasein seine personale Identität nie in ihm selber, sondern immer nur in der Relation zum Vater und also darin, der Sohn dieses Vaters zu sein.«[797]

Pannenberg scheut sich nicht, den von Hegel stammenden Begriff der »Selbstverwirklichung Gottes«[798] zu verwenden, wenn es um die Untrennbarkeit der geschichtlich gelebten Selbstunterscheidung Jesu von der ewigen Selbstunterscheidung des innertrinitarischen Sohnes geht. Allerdings bedeutet der Terminus der göttlichen »Selbstverwirklichung« bei ihm nicht, dass Gott notwendig in der Zeit erscheint und dass er solange in der Zeit erscheint, bis er »reiner Begriff« geworden ist. Im Gegenteil: Gott macht sich *in Freiheit* von der Vollendung der Sohnschaft des Sohnes durch die Integration aller Menschen in diese Sohnschaft (vollendete Königsherrschaft Gottes) abhängig[799].

---

[797] Pannenberg, Systematische Theologie II, 433.
[798] Vgl. W. Pannenberg, Christologie und Theologie, in: Ders., Grundfragen systematischer Theologie, Bd. II, Göttingen 1980, 129–145; 142–145. – Dazu umfassend: F.-J. Overbeck, Der gottbezogene Mensch. Eine systematische Untersuchung zur Bestimmung des Menschen und zur ›Selbstverwirklichung‹ Gottes in der Anthropologie und Trinitätslehre Wolfhart Pannenbergs (MBTh 59), Münster 2000, bes. 258–309.
[799] »Die Menschwerdung des Sohnes ist für die Gottheit des trinitarischen Gottes nicht belanglos. Der Welt ist er dadurch offenbar geworden. Aber auch für die ewige Gemeinschaft des Vaters mit dem Sohne durch den Heiligen Geist ist die Menschwerdung des Sohnes bedeutsam. Sie bezieht die Schöpfung ein in die trinitarische Gemeinschaft. Zwar beruht die Schöpfung der Welt nicht auf einer inneren Notwendigkeit des göttlichen Wesens, die Gott zur Hervorbringung seiner Schöpfung nötigte. Die Schöpfung ist ein freier Akt Gottes, von der Seite des Vaters her ebenso wie von der des Sohnes. Aber die Schöpfung der Welt zieht die Menschwerdung des Sohnes nach sich. Denn sie ist das Mittel, um die Königsherrschaft des Vaters in der Welt zu realisieren. Ohne Herrschaft über seine Schöpfung wäre Gott nicht Gott. Der Akt der Schöpfung geht zwar aus der Freiheit Gottes hervor. Doch nachdem die Welt der Schöpfung nun einmal ins Dasein getreten ist, ist die Herrschaft

5. Jesus – wahrer Mensch ohne menschliches Selbstbewusstsein?

5.3.4 Die Pannenberg-Kritik von Georg Essen

Obwohl Pannenberg die unbedingte Wahrung des ungeschmälerten Menschseins Christi intendiert, geben einige seiner Formulierungen Anlass zu Bedenken. Zum Beispiel diese:

> »Selbstverwirklichung des Menschen ist nicht denkbar als Wirkung des diesem Geschehen vorausgehenden handelnden Ich des Menschen [...] Dieses Geschehen muss als Selbstverwirklichung Gottes bezeichnet werden [...] Das ist nicht nur durch den Begriff Gottes gefordert, weil Gott als die alles bestimmende Wirklichkeit nur durch sich selbst und von sich her ist; es ist auch denkmöglich, weil Gott als wirkendes ›Subjekt‹ nicht an eine von seinen Wirkungen verschiedene Zeitstelle gebunden zu denken ist, wenn anders der Gedanke der Ewigkeit Gottes irgendeinen haltbaren Sinn besitzt, und weil ferner Gottes Unendlichkeit – im Unterschied von menschlichen Subjekten, die voneinander getrennt bleiben –, über die endlichen Subjekte und ihr Handeln übergreift, so dass *Gott* sehr wohl als durch das Handeln der Menschen, durch ihr Suchen und Finden der wahren Natur des Göttlichen in der Geschichte der Religionen *sich selbst verwirklichend* gedacht werden kann.«[800]

Georg Essen spricht im Blick auf diese und andere Passagen, in denen Pannenberg das Menschsein Jesu als »Vollzugsform« oder »Medium« des innertrinitarischen Sohnes bezeichnet, von einer »anthropologischen Unterbestimmung der Christologie Pannenbergs«[801]. Den Grund für diese Schieflage erkennt er – unter Voraussetzung der entsprechenden Analysen von Thomas Pröpper[802] und Klaus Müller[803] – in einer theonomen Konstitution der menschlichen Person. Pannenberg wendet sich gegen die Vorstellung von einem transzendentalen Ich[804], das sich zu sich selbst

---

Gottes über sie Bedingung und Erweis seiner Gottheit« (Pannenberg, Systematische Theologie II, 433f).
800 Pannenberg, Christologie und Theologie, 142f.
801 Essen, Die Freiheit Jesu, 227.
802 Vgl. T. Pröpper, Das Faktum der Sünde und die Konstitution menschlicher Identität. Ein Beitrag zur kritischen Aneignung der Anthropologie Wolfhart Pannenbergs, in: ThQ 170 (1990) 267–289.
803 Vgl. K. Müller, Wenn ich »ich« sage. Studien zur fundamentaltheologischen Relevanz selbstbewusster Subjektivität (RSTh 46), Frankfurt 1994, 83–119.
804 Vgl. W. Pannenberg, Anthropologie in theologischer Perspektive, Göttingen 1983, 194–197; ders., Bewusstsein und Subjektivität, in: Ders., Metaphysik und Gottesgedanke, Göttingen 1988, 34–51; 34f; ders., Theologie und Philosophie. Ihr Verhältnis im Lichte ihrer gemeinsamen Geschichte, Göttingen 1996, 217–221.

5.3 Wolfhart Pannenberg

entschließt (sich selbst setzt), also »selbstursprünglich« ist. Er kehrt die transzendentalphilosophische Verhältnisbestimmung von Ich und Selbst geradezu um, indem er betont, dass »die Einheit beider im Selbstbewusstsein gerade nicht auf den transzendentalen Aktus einer ursprünglich aktualisierten Selbsteinheit des Ich«[805], sondern auf einen theonom bestimmten Prozess zurückzuführen ist. Erinnert sei an die Bestimmung der Person als Exzentrizität, als ursprüngliches Sein-beim-Anderen. Aus dieser Definition folgert Pannenberg, dass der Mensch »das, was seinem Leben Einheit und Identität geben soll, außer sich suchen muss und nur empfangen kann«[806], dass also das Ich erst zu sich selbst finden muss. Ähnlich wie Schleiermacher setzt Pannenberg ein nicht reflex aufgehelltes Gefühl, ein ursprüngliches Vertrautsein des Ich mit sich selbst voraus[807] und bestimmt dann die Geschichte als den Prozess, in dem das Ich seine Identität findet:

»Damit kehrt sich das geläufige Verhältnis von Ich und Selbst, wie es der frühe Fichte formuliert hat und wie es noch wie selbstverständlich in der Ichpsychologie Hartmanns und Eriksons vorausgesetzt ist, um: Nicht begründet das Ich durch seine Tathandlung sich selbst, indem dieses Ich sich selbst ›setzt‹. Das Ich ist nicht das kontinuierlich bestehende und allem Wechsel des Bewusstseins immer schon identisch zugrunde liegende Subjekt meiner individuellen Entwicklung, das sich im Prozess seiner Identitätsbildungen immer neue Definitionen seines Selbst gibt, aber andererseits dadurch nicht verändert würde. Das Ich ist vielmehr primär augenblicksgebunden und empfängt Kontinuität und Identität erst im Spiegel des sich entwickelnden Bewusstseins des Individuums von seinem Selbst als der Totalität seiner ›Zustände, Qualitäten und Handlungen‹.«[808]

Die christologischen Konsequenzen dieser Verhältnisbestimmung von Ich und Selbst liegen auf der Hand. Jesus hat »seine ›Selbständigkeit‹

---

805 Essen, Die Freiheit Jesu, 228.
806 Essen, Die Freiheit Jesu, 229.
807 »Die Möglichkeit eines ›ichlosen Bewusstseins‹ wird durch die Tatsache des Traumbewusstseins nahegelegt, wie übrigens auch durch das frühkindliche Bewusstsein mit seiner noch unthematischen Egozentrik. Dass es auf dieser Basis zu explizitem Selbstbewusstsein kommen kann, setzt allerdings eine ursprüngliche, wenn auch unthematische Vertrautheit des Bewusstseins mit sich voraus, die durch das explizite Selbstbewusstsein differenziert und artikuliert wird« (Pannenberg, Anthropologie, 213).
808 Pannenberg, Anthropologie, 214.

oder ›das Einheit und Sinn seines Daseins konstituierende Zentrum‹ nie in sich selbst gehabt, sondern allein in der Relation zum Vater«[809].

5.3.5 Die freiheitsanalytisch ansetzende Alternative von Georg Essen

In Absetzung von diesem Konzept[810] entwickelt Georg Essen eine freiheitsanalytisch ansetzende Alternative. Gestützt auf die transzendentallogische Freiheitsanalyse von Hermann Krings und Dieter Henrich[811], will er die Selbstständigkeit des Menschen als eine Freiheit begreifen, die nicht nur *in* der Selbsttranszendenz auf ihren Ursprung, den Schöpfer, hin, sondern auch *gegenüber* sich selbst und dem Schöpfer und allem Seienden *sie selbst* ist. Das Verhältnis des Schöpfers zu seiner Schöpfung wird von Essen als nicht nur scheinbare, sondern reale Freilassung beschrieben. Der Schöpfer bestimmt sich dazu, sich von der durch ihn selbst geschaffenen Freiheit real bestimmen zu lassen. Und deshalb – so folgert Essen – kann man unmöglich wiederholen, was Pannenberg mit seinen Ausführungen über die Selbstverwirklichung des Menschen *als* Selbstverwirklichung Gottes intendiert. Wörtlich bemerkt er:

»Ein Verständnis von geschöpflicher Selbstständigkeit, dass Gott den Menschen so auf seine Gemeinschaft mit sich hingeordnet hat, dass er ihn in seine Autonomie hinein freilässt, käme Pannenberg zufolge be-

---

809 Essen, Die Freiheit Jesu, 233.
810 Georg Essen spricht von dem persontheologischen Konzept Pannenbergs, »das wesentlich aufruht auf Luthers Sentenz ›fides facit personam‹« (Die Freiheit Jesu, 234[74]) und das weiter entfaltet wird von: E. Jüngel, Der menschliche Mensch. Die Bedeutung der reformatorischen Unterscheidung der Person von ihren Werken für das Selbstverständnis des neuzeitlichen Menschen, in: Ders., Wertlose Wahrheit. Zur Identität und Relevanz des christlichen Glaubens, in: Ders., Theologische Erörterungen, Bd. III (BevTh 107), München 1990, 194–213; I. U. Dalferth, Der auferweckte Gekreuzigte. Zur Grammatik der Christologie, Tübingen 1994, bes. 153–157.
811 Vgl. H. Krings, Transzendentale Logik, München 1964; ders., System und Freiheit. Gesammelte Aufsätze, Freiburg 1980; D. Henrich, Selbstverhältnisse. Gedanken und Auslegungen zu den Grundlagen der klassischen deutschen Philosophie, Stuttgart 1982, 56–130; ders., Selbsterhaltung und Geschichtlichkeit, in: G. Ebeling (Hg.), Subjektivität und Selbsterhaltung. Beiträge zur Diagnose der Moderne (stw 1211), Frankfurt 1996, 303–313. – Weil Henrich im Unterschied zu Krings aus der Tatsache, dass endliche Freiheit ohne Bezug auf vollkommene (absolute) Freiheit nicht vollständig als möglich gedacht werden kann, deren Abhängigkeit von einem unbedingten Grund (Gott) folgert, stellt Georg Essen an ihn dieselbe Frage wie an Schleiermacher: »Kann die von Schleiermacher behauptete Gleichsetzung von Kontingenz- und Gottesbewusstsein in philosophischer Instanz noch verbürgt werden?« (Die Freiheit Jesu, 256). Mehr als ein Postulat Gottes wollen Krings und Essen nicht aus dem Kontingenzbewusstsein endlicher Freiheit ableiten.

reits dem Versuch einer Selbstbegründung und Selbstbehauptung des Subjekts gleich, mit dem zugleich der Schritt getan sein soll von der gottgewollten Selbstständigkeit zur sündhaften Verselbständigung. Diese Zuspitzung geht darauf zurück, dass in dieser Gegenüberstellung von Selbstständigkeit und Verselbständigung ersterer ›keinerlei aktives Moment mehr zugeschrieben werden kann‹. Dies ist [...] darauf zurückzuführen, dass Pannenberg für die Antwortfähigkeit des Menschen seinem Schöpfer gegenüber gerade das Moment der unableitbar und selbstursprünglich freien Einstimmung in das von Gott her eröffnete Bundesgeschehen unterläuft.«[812]

Es geht Essen um die Einlösung des von Pannenberg formulierten Anspruchs, eine dem Dogma treue Christologie müsse eine nicht nur scheinbare, sondern im strengen Sinn ontologisch verstandene Identität zwischen der Person des innertrinitarischen Sohnes und der Person Jesu ausweisen, ohne dem Menschsein Jesu das zu nehmen, was die Neuzeit ein eigenes Aktzentrum bzw. Subjektivität nennt. Dieser Anspruch wird aber unterlaufen, wenn die Freiheit Jesu keine autonome Instanz, sondern nur in der Beziehung zu Gott dem Vater sie selbst ist. Wenn also das Menschsein Jesu nicht bloßes Moment des göttlichen Handelns – z. B. dessen Organon oder Instrument, Medium oder Sprachrohr –, sondern die *Selbst*offenbarung Gottes sein soll, dann muss die Freiheit Jesu identisch sein mit der Freiheit des innertrinitarischen Sohnes.

Freiheit ist die Fähigkeit eines Subjektes, sich als Ich zu jedem nur denkbaren Nicht-Ich verhalten zu können. Aber damit ist zugleich gesagt, dass ein Ich sich selbst verfehlt bzw. widerspricht, wenn es die ihm wesentliche Unterscheidung zwischen sich selbst als Ich und dem Nicht-Ich auflöst, manipuliert oder verdrängt. Ein Ich entspricht nur dann sich selbst, wenn es dem Nicht-Ich denkend und handelnd gerecht wird. Die Anerkennung des Nicht-Ich ist die Realisierung der Freiheit des Ich. Deshalb ist die Selbstunterscheidung des innertrinitarischen Sohnes vom Vater absolute Anerkennung. Oder anders formuliert: Die Freiheit bzw. Selbstunterscheidung des innertrinitarischen Sohnes vom Vater ist identisch mit unbedingter Liebe. Daraus folgert Georg Essen: Jesus ist nur dann im streng ontologischen Sinne identisch mit der zweiten göttlichen Person, wenn er als wahrer Mensch – als geschaffene Freiheit – den Vater mit derselben bedingungslosen Liebe anerkennt. Anders gewendet: »Der *innere Grund* für die Gottessohnschaft des Menschen Jesus ist [...] darin zu sehen, dass der göttliche Sohn die menschliche Freiheit und die Freiheit des Gottessohnes eine menschliche ist. [...] Wenn die Freiheit Jesu

---
812 Essen, Die Freiheit Jesu, 241.

5. Jesus – wahrer Mensch ohne menschliches Selbstbewusstsein?

als eine echt menschliche das Medium der Selbstoffenbarung Gottes und deshalb der Ort der Selbstgegenwart Gottes in seiner Liebe zu denken ist, dann kann zwischen der Freiheit Jesu und der Freiheit des göttlichen Sohnes kein Unterschied bestehen, wenn anders es wirklich der Sohn ist, der den Menschen in der Geschichte Jesu als er selbst begegnet.«[813]

Das transzendentale Ich Jesu (bzw. die formal unbedingte Instanz seiner Freiheit) ist identisch mit dem des innertrinitarischen Sohnes, was nicht ausschließt, dass der an Raum und Zeit gebundene Erlöser seine formal unbedingte Liebe nur symbolisch (material bedingt) ausdrücken kann[814]. Deshalb stellt Essen die selbstkritische Frage: »Wie [...] lässt sich nun [...] daran festhalten, dass die Freiheit des Gottessohnes *als* eine menschliche gleichwohl göttlich bleibt im geschichtlichen Prozess ihrer Menschwerdung?« Er antwortet mit einem Rekurs auf die Christologie Hans Urs von Balthasars. Näherhin bezeichnet er die geschichtliche Kenosis Jesu als Darstellung der innertrinitarischen Kenosis des Sohnes[815]. Mit der innertrinitarischen »Urkenosis« bezeichnet von Balthasar ein Geschehen in Gott:

»Indem der Vater sich ohne Vorbehalt ausspricht und hingibt, verliert er sich nicht, geht nicht unter in der Gabe, sowenig er anderseits etwas von sich und für sich zurückbehält, denn er *ist* das ganze Wesen Gottes in dieser Selbsthingabe, sodass darin die ganze unendliche Mächtigkeit und zugleich die Unmächtigkeit Gottes sich anzeigt, der nicht anders Gott sein kann als in dieser innergöttlichen ›Kenose‹. (Aber welche Allmacht ist es, einen gleichwesentlichen, also ungeschaffenen Gott hervorzubringen, selbst wenn dieser Akt eine Hingabe seiner selbst bis zur äußersten Selbstlosigkeit verlangt!) Deshalb kann auch der Sohn die Absolutheit der Gottheit nicht anders sein und besitzen als im Modus des Empfangs dieser Einheit von Allmacht und Unmacht vom Vater her.«[816]

---

813 Essen, Die Freiheit Jesu, 295.
814 Mit Pröpper versteht Essen »unter Symbol die Wirklichkeit [...], in der und durch die eine Freiheit sich anderer Freiheit selbst mitteilt oder verweigert. Eine Wirklichkeit näherhin, in der die formal unbedingte Freiheit mit ihrer Erscheinung ›zusammenfällt‹, ohne sich doch in ihr zu erschöpfen oder differenzlos mit ihr in eins gesetzt werden zu können. Eine Wirklichkeit endlich, ohne die die Entschiedenheit einer Freiheit, sei es die Gottes oder eines Menschen, für den Menschen in seiner symbolischen (sinnlich-geistigen) Verfassung nicht ›wirklich‹ und insofern auch nicht offenbar, nicht ›wahr‹ werden könnte« (T. Pröpper, Erlösungsglaube und Freiheitsgeschichte. Eine Skizze zur Soteriologie, München 31991, 246).
815 Zur Verhältnisbestimmung von Logos-Christologie und Kenosis-Christologie: W. Kasper, Der Gott Jesu Christi, Mainz 21983, 230–245.
816 H. U. v. Balthasar, Theodramatik, Bd. III. Die Handlung, Einsiedeln 1980, 303.

5.3 Wolfhart Pannenberg

Was Balthasar den Empfang der Einheit von Allmacht und Unmacht bzw. die Kenosis des ewigen Sohnes nennt, äußert sich »nach außen« so, »dass sich die göttliche Freiheit des Sohnes in einem Akt schöpferischer Selbstbeschränkung selbst dazu bestimmt, […] sich geschichtlich zu realisieren, wie es dem Wesensgesetz der endlichen Freiheit entspricht. Das Eingehen der Freiheit des ewigen Sohnes in die Lebensform eines vergänglichen Menschen besagt mithin, dass sie als göttliche Freiheit geschichtlich existieren will in der unabschließbaren Differenz von formaler Unbedingtheit und materialer Bedingtheit«[817]. Georg Essen bezeichnet die Lebensgeschichte Jesu als »Fortbestimmung seines göttlichen Personseins«[818] z. B. in der Gestalt des konkret gelebten Gehorsams gegenüber dem Willen des Vaters, in Gestalt des restlosen Vertrauens in seine Liebe auch in der Dunkelheit der Ölbergnacht und der Verlassenheit am Kreuz.

---

817 Essen, die Freiheit Jesu, 310f. – Dazu: Schulz, Sein und Trinität, 763–783.
818 Essen, Die Freiheit Jesu, 312.

6. Kapitel oder Dritter Brennpunkt:

Jesus Christus – der Weg, die Wahrheit und das Leben für alle Menschen aller Zeiten?

Mit der christologischen Zentralfrage nach der Vereinbarkeit des wahren Menschseins mit dem wahren Gottsein Christi ist eine zweite Frage untrennbar verbunden: die nämlich nach der universalen Bedeutung des Christusereignisses. Darin geht es um die soteriologische Dimension des Christusereignisses.

Typisierungen sind immer auch Schematisierungen. Sie übergehen die Differenzen und lenken stattdessen den Blick auf das, was das Gemeinsame einer ganzen Epoche, Denkrichtung oder Position ausmacht. In diesem Sinne kennt die Theologiegeschichte mehrere Versuche einer Typisierung der christlichen Erlösungslehren. Der skandinavische Theologe Gustaf Aulén unterscheidet zwischen einer Soteriologie des »Christus victor«, einer Soteriologie des »Christus victima« und einer Soteriologie des »Christus exemplar«[819]. Albrecht Ritschl bevorzugt eine Einteilung der Erlösungslehren in mystische, juridische und moralische[820]. Gisbert Greshake spricht von einem Typus der alten Kirche (Erlösung als Paideia durch Christus im Kontext der griechischen Philosophie), einem Typus des Mittelalters (Erlösung als innere Begnadung des Einzelnen im Kontext eines alles umgreifenden Ordo) und einem Typus der neuzeitlichen Wende zum Subjekt (Erlösung als inneres Moment der Geschichte der neuzeitlichen Subjektivität)[821]. Und Wolfhart Pannenberg entscheidet sich für ein an der Intention des Erlösers orientiertes Schema: 1. Vergottung durch Inkarnation; 2. Vergottung durch Angleichung an Gott; 3. Stellvertretende Satisfaktion; 4. Alleinwirksamkeit Gottes; 5. Angleichung des Abbildes an das Urbild; 6. Moralische Vervollkommnung des Menschen; 7. Personalisierung des Menschen[822].

---

[819] Vgl. G. Aulén, Die drei Haupttypen des christlichen Versöhnungsgedankens, in: ZSTh 8 (1931) 501–538.
[820] Vgl. A. Ritschl, Die christliche Lehre von der Rechtfertigung und Versöhnung, Bd. III. Die positive Entwicklung der Lehre, Bonn ²1883.
[821] Vgl. G. Greshake, Der Wandel der Erlösungsvorstellungen in der Theologiegeschichte, in: Ders., Gottes Heil – Glück des Menschen. Theologische Perspektiven, Freiburg 1983, 50–79.
[822] Vgl. W. Pannenberg, Grundzüge der Christologie, Gütersloh 1964, 33–41.

Im Folgenden wird ebenfalls typisiert. Doch das Blickfeld ist bescheidener. Hier geht es lediglich um die Soteriologie des 20. Jahrhunderts. Natürlich kann man auch bezogen auf diesen relativ begrenzten Zeitraum mehr oder weniger differenzieren. Es genügt jedoch eine Zweiteilung in christozentrische und anthropozentrische Modelle. Die ersteren lassen sich als Variationen des Themas »Stellvertretung«[823], die letzteren als Variationen des Themas »Freiheit« verstehen. Für die erstgenannte Kategorie stehen vor allem Karl Barth und Hans Urs von Balthasar; für die zweite Kategorie Johann Baptist Metz und zahlreiche Befreiungstheologen; aber in Gestalt einer kritischen Reflexion auf die Bedingungen der Möglichkeit geschöpflicher Freiheit auch die transzendentallogisch argumentierende Erlösungslehre von Thomas Pröpper.

6.1 Stellvertretung oder: Das christozentrische Modell der Soteriologie

Soteriologisch betrachtet beginnt das 20. Jahrhundert mit dem großen »Nein!«, das Karl Barth jener Theologie entgegenschleudert, die die letzten Jahrzehnte des 19. und die ersten Jahrzehnte des 20. Jhs. beherrscht hatte. Die Liberale Theologie von Schleiermacher bis zu Troeltsch suchte im Menschen nach einem Anknüpfungspunkt für Gott und entdeckte diesen Anknüpfungspunkt in seinem Innersten. Karl Barth verkehrt die Perspektive der Liberalen Theologie in deren Gegenteil[824]. Wer erfassen will, was Erlösung ist, darf aus seiner Sicht nicht beim Menschen ansetzen, sondern er muss die Frage beantworten: Warum ist Jesus Christus unendlich viel mehr als ein Beispiel, ein Initiator oder Katalysator meiner Eigentlichkeit? Was hat er vor zweitausend Jahren für mich und für alle Menschen aller Zeiten getan?

---

823 Karl Lehmann bezeichnet die Kategorie »Stellvertretung« ebenso wie Eberhard Jüngel als die umfassendste soteriologische Kategorie. Vgl. K. Lehmann, »Er wurde für uns gekreuzigt«. Eine Skizze zur Neubesinnung in der Soteriologie, in: ThQ 162 (1982) 298–317; 307; E. Jüngel, Das Geheimnis der Stellvertretung. Ein dogmatisches Gespräch mit Heinrich Vogel, in: BThZ 1 (1984) 65–80; 68f.
824 Im Folgenden steht das Kürzel KD für Karl Barths »Kirchliche Dogmatik«. – Zur theologiegeschichtlichen Einordnung der Versöhnungslehre Barths: G. Wenz, Geschichte der Versöhnungslehre in der evangelischen Theologie der Neuzeit, Bd. II, München 1986, 193–278.

6.1.1 Karl Barth: Christologie der exklusiven Stellvertretung

Barths Theologie ist radikal christozentrisch. Nur von Jesus Christus kann man sagen, dass er nicht nur ein Mittel oder Werkzeug, ein Prophet oder Gottesgelehrter, sondern die Offenbarkeit Gottes selbst ist. Nur im Blick auf Jesus Christus entgehen wir der Versuchung, Gott den eigenen Kategorien, Erwartungen, Bedürfnissen oder Sehnsüchten anzupassen. Nur im Blick auf Jesus Christus kann man die Schöpfung insgesamt und die Geschichte Israels und die Schriften des AT richtig verstehen. Das alles fundierende Dogma heißt für Barth: Der Mensch Jesus ist nicht die Hülle oder Maske, sondern die Offenbarkeit Gottes in Raum und Zeit, in Welt und Geschichte. Nur in diesem einen Punkt mit dem Namen Jesus berührt Gott wie eine Tangente den Kreis, den wir unsere Welt nennen. Und deshalb kann man in der Theologie nicht zuerst über die Schöpfung und den Menschen, über dessen Sünde und Geschichte sprechen. Nein, die Theologie muss mit Jesus Christus beginnen. Erst von ihm her erschließt sich uns, was die Schöpfung und was der Mensch, was die Sünde und deren Überwindung ist.

Weil Jesus Christus der Grund der Schöpfung ist, deshalb lässt sich nur an ihm ablesen, was Wesen, Sinn und Ziel der Schöpfung ist. Jesus Christus – so formuliert Barth – realisiert als wahrer Mensch – d. h. in Raum und Zeit – dieselbe Beziehung zum Vater, die der innertrinitarische Sohn von Ewigkeit her ist[825]. Er ist beides zugleich: ganz und gar Relation zum Vater und ganz und gar Relation zu den Mitmenschen. Und weil er nicht nur im ethischen oder psychologischen, sondern auch im ontologischen Sinn ganz und gar die Beziehung des Schöpfers zu den Menschen und die Beziehung der Menschen zum Schöpfer realisiert, nennt ihn Barth »die ontologische Bestimmung« *aller Menschen* und – insofern alle Geschöpfe auf den Menschen hin geschaffen sind – auch die ontologische Bestimmung *jeder Kreatur*[826]. Anders ausgedrückt: Jesus Christus ist das »Zusammensein« Gottes mit der Schöpfung und das »Zusammensein« der Schöpfung mit Gott[827]. Der Grad der Christusförmigkeit entscheidet über den Rang eines Geschöpfes. Ein Mensch ist in dem Maße Mensch, als er in Christus und Christus in ihm ist. Und ein nichtmenschliches Geschöpf ist in dem Maße »wirklich«, als es Medium der christusförmigen Beziehung eines Menschen zu seinem Schöpfer wird.

---

825 Vgl. KD III/1, 54.107.
826 Vgl. KD III/2, 64–82.158–264.
827 Vgl. KD III/2, 167.

6.1 Stellvertretung – das christozentrische Modell der Soteriologie

Weil Jesus Christus der ontologische Grund aller Geschöpfe ist, nennt ihn Barth *den alleinigen Stellvertreter*[828]. Stellvertreter ist Christus nicht erst auf Grund seines stellvertretenden Leidens und Sterbens, sondern weil er von Anfang an die Stelle ist, an der die Schöpfung das Zusammensein mit dem Schöpfer ist. Der Mensch allerdings ist das Geschöpf, das sein Sohnsein im Sohn bzw. sein Zusammensein mit dem Vater annehmen oder ablehnen und darüber hinaus andere Geschöpfe zum Medium seiner Bejahung oder Ablehnung machen kann. Barth spricht von der Annahme bzw. Ablehnung der durch Christus ermöglichten »Stelle im Sein«. Ein Mensch, der Christi Stellvertretung annimmt, entspricht seiner doppelten Bezogenheit (ganz auf den Vater und zugleich ganz auf den Nächsten hin). Und ein Mensch, der Christi Stellvertretung ablehnt, unternimmt den absurden Versuch, die eigene Identität (Stelle im Sein) selbst leisten statt empfangen zu wollen.

Barth legt Wert auf die Feststellung, dass der Mensch sich durch sein »Nicht-Entsprechen« keineswegs selbst annihilieren (aus dem Sein herauskatapultieren) kann. Er bleibt Geschöpf, auch wenn er das Sohnsein im Sohn ablehnt. Er kann der Stellvertretung Christi nichts nehmen oder hinzufügen, sondern ihr nur entsprechen oder widersprechen. Der Mensch ist, ob er will oder nicht, geschaffen, um dem in Christus offenbaren trinitarischen Gott – dem Gott, der in sich selbst Gemeinschaft, Beziehung, Für-Sein ist – zu entsprechen. Er ist auch, ob er will oder nicht, ein auf das Du des Mitmenschen verwiesenes und angewiesenes Geschöpf. Deshalb gilt: Nur wer im Für-Sein für den Anderen christusförmig wird, wird wirklich Mensch. »Wirklich« wird der Mensch, insoweit er der Stellvertretung Jesu Christi entspricht, das heißt: niemals in sich selbst oder aus sich selbst, sondern nur als Entsprechung, als Beziehung, als Für-Sein[829].

Vor diesem Hintergrund wird verständlich, was Barth mit der vordergründig befremdenden These meint, dass der »wirkliche« Mensch nicht sündigen kann, dass die Sünde für den »wirklichen« Menschen eine »unmögliche Möglichkeit«[830], eine »ontologische Unmöglichkeit«[831], eine »Absurdität«[832] ist. Wäre die Sünde eine vom Schöpfer dem Geschöpf gegebene Möglichkeit, dann wäre das Zusammensein mit Gott vereinbar mit der Sünde. Barth will sagen: Insoweit das Geschöpf wirklich Geschöpf ist, d. h. in Gemeinschaft mit Gott steht, kann es nicht sündigen. Daraus folgt: Die Freiheit des Menschen besteht nicht in der Möglichkeit,

---

828 Vgl. KD III/2, 57.410.527.
829 Vgl. KD III/2, 61f.266–270.385f.391–524.
830 KD IV/3, 203
831 KD III/2, 162; KD IV/3, 204.
832 KD III/3, 405.408; KD IV/1, 454.544.560; KD IV/2, 449.

sich für oder gegen Gott zu entscheiden. Vielmehr ist die Freiheit die dem Menschen gegebene Möglichkeit, selbst sein zu wollen, was er als Geschöpf immer schon ist, nämlich Zusammensein mit Gott.

Für Barth verbietet sich jede Unterscheidung zwischen dem Sünder und seiner Sünde. Denn jede Unterscheidung zwischen dem Sünder als Subjekt und der Sünde als bloßem Prädikat des Subjekts unterstellt Gott die Schöpfung eines Menschen, zu dessen Ausstattung auch die Möglichkeit zum Sündigen gehört. Die Sünde ist der Einbruch des von Gott nicht Gewollten, des »Nichtigen«, dessen, was Gott nicht will, in die Schöpfung.

Barth ist sich bewusst: Seine These, von Gott werde nicht nur die Sünde, sondern mit der Sünde auch der Sünder verneint, impliziert die logische Konsequenz der Aufhebung bzw. Annihilierung des Sünders. Deshalb spricht er von dem Paradox, dass ich mich als Sünder »durchaus *nicht* los bin, dass ich selbst noch *dabei* sein, mich selbst in dieser Situation *haben* muss und nicht los werden kann«[833]. Dieses Paradox, dass ich als Sünder Geschöpf bleibe, obwohl ich nichts mehr bin, was Gott bejahen kann, erschließt sich als das Geheimnis der göttlichen Liebe, sobald sich der Sünder unter das Kreuz Jesu Christi stellt. Denn das Geschehen von Kreuz und Auferweckung bedeutet, dass der eine Mensch, der dieselbe Beziehung zum Vater lebt, die der innertrinitarische Sohn ist, an die Stelle derer getreten ist, die als Sünder von Gott Verneinte sind. Sie wären auf Grund dieser Verneinung Genichtete (Annihilierte), wenn nicht der sündelose Sohn an ihre Stelle träte und das den Sünder nichtende Nein Gottes auf sich nähme. Unabhängig von diesem Stellvertreter wäre der Sünder buchstäblich nichts mehr. Nur in dem für ihn Gekreuzigten kann er sich als das erkennen, was er als Sünder ist: nämlich Sohn Adams statt Sohn im Sohn Gottes[834]. Nur weil es diesen einen Menschen gibt, der an unserer (von Gott verneinten) »Stelle« zugleich von Gott verneint (Kreuzigung) *und* bejaht (Auferweckung) wurde, ist der sündige Mensch nicht nichts,

---

833 KD IV/2, 550f.
834 Barth erklärt die von Paulus in Röm 5 beschriebene Parallele zwischen Christus und Adam nicht mit Hilfe des Stellvertretungsbegriffs. Denn daraus, dass Christus »der stellvertretende Gerechte« ist, darf man nicht folgern, dass Adam »der stellvertretende Sünder« ist. Der Name Adams bezeichnet nach Barth den Anfang aller »adamitischen Versuche« des Menschen, sich selbst an die Stelle Gottes zu setzen (vgl. KD IV/1, 566–573; ders., Christus und Adam nach Röm 5 [ThSt[B] 35], Zollikon/Zürich 1952, 11f.15.49f).»Die Andern, nach Adam Lebenden sind [...] die schon in seiner Person und Tat *Repräsentierten*; sie sind die, deren Wille schon in *seinem* Willen im voraus richtig als verkehrter Wille interpretiert und zum Ausdruck gebracht worden ist. [...] Adam ist nicht das von Gott über uns verhängte Schicksal. Adam ist aber die von Gott erkannte und uns gesagte *Wahrheit* über uns selbst« (KD IV/1, 569).

6.1 Stellvertretung – das christozentrische Modell der Soteriologie 381

sondern – Paradox der Liebe! – *als* ein von Gott Verneinter (Nichtiger) *zugleich* ein von Gott Bejahter. Weil Gott die Sünde und mit ihr auch den Sünder nicht bejahen kann, sondern verwerfen muss, nimmt seine Liebe da, wo Jesus Christus nicht nur im Sinne einer ethischen Haltung (Solidarität), sondern im real-ontologischen Sinn als Grund aller Schöpfung an die Stelle der durch die Sünde verneinten (genichteten) Schöpfung tritt, die Gestalt des kreuzigenden (richtenden) Nein an[835]. Aber indem der Stellvertreter dieses kreuzigende Nein auf sich nimmt, ist er als der Gekreuzigte (Verneinte) schon der Auferweckte (Bejahte) und seitdem für alle von ihm vertretenen Sünder (von Gott Verneinten) die einzige Hoffnung, durch die eigene Sünde (durch das Nichtige) doch nicht von Gott getrennt zu werden.

Barths so genannte »Ontologie des Nichtigen« ist Teil seiner Vorsehungslehre und diese wiederum ein Kapitel der Erwählungslehre. Das Nichtige – so formuliert Barth – ist »das Andere, von dem sich Gott trennt, demgegenüber er sich selbst behauptet und seinen positiven Willen durchsetzt«[836]. Es handelt sich nicht um etwas Vorgegebenes; Gott setzt sich nicht – dualistisch – gegen einen Konkurrenten durch, sondern »weil und indem […] das Werk seiner Erwählung und Gnade geschieht, geschieht, nur als dessen Kehrseite […] auch sein *opus alienum*, wird jenes mächtige Nein gesprochen, durch das dem Nichtigen seine eigentümliche Gestalt und Existenz verliehen wird«[837]. Weil Gott etwas *nicht will*, darum ist das Nichtige nicht einfach nicht vorhanden, aber auch kein Geschöpf.

---

835 Jesus Christus »hat eben damit, dass er – der an unsere, der Sünder Stelle trat – in den Tod gegangen ist, mit uns als Sündern und damit mit der Sünde selbst in seiner Person Schluss gemacht. Er hat in seiner Person uns als Sünder und damit die Sünde der Vernichtung überliefert, aufgehoben, negiert, durchgestrichen: uns selbst, die Sünde, und damit die uns treffende Anklage, Verurteilung, Verdammnis. Das ist es, dessen wir nicht fähig, zu dem wir nicht einmal willig sein können. Wie sollten wir dessen fähig und dazu willig sein, uns selbst als Täter der Sünde und damit die Sünde selbst aufzuheben? Das ist es, was er in seinem Recht, in seiner Autorität, in seiner Macht als Sohn Gottes, indem er als Mensch an unsere Stelle trat, an unserer Stelle tun konnte, wollte und tatsächlich getan hat. Der Mensch der Sünde, der erste Adam, der Mensch mit Gott im Streit liegende Kosmos, dieser ganze ›gegenwärtige böse Äon‹ (Gal 1,4) ist in und mit Ihm ans Kreuz geschlagen, getötet und begraben worden. Damit hat er einerseits in der Geschichte des Bundes zwischen Gott und Mensch ein neues Blatt aufgeschlagen, die Versöhnung, den Frieden des Menschen mit Gott hergestellt, den versperrten Zugang des Menschen zu Gott wieder aufgetan. Dieser Zugang war ja von innen, vom Menschen her, verriegelt und musste von innen, vom Menschen her, wieder aufgetan werden. Eben das ist es, was geschehen ist, indem Jesus Christus die Sünde, zu deren Träger und Vertreter er sich selbst machen wollte, in seiner eigenen Person (als der des einen großen Sünders!) ans Kreuz schlagen und töten ließ« (KD IV/1, 279).
836 KD III/3, 405.
837 KD III/3, 409.

Weil es »keine Erwählung gibt, wo es nicht auch Nicht-Erwählung, Übergehung, Verwerfung gibt«[838], spricht Barth von einer »doppelten Prädestination«. Er nennt das Nichtige wiederholt »unvermeidlich« und »notwendig«[839]. Aber er charakterisiert diese Notwendigkeit auch als »relative«, »untergeordnete« und »vorübergehende«[840]. Denn nur *weil* Gott dem Nichtigen in Jesus Christus gegenübergetreten ist – nur in dieser *Relation* –, ist das Nichtige real. »*Es ist nicht an sich*, es ist nur in dieser Gegensätzlichkeit.«[841] Und deshalb ist es aus Barths Perspektive kein Widerspruch, wenn behauptet wird, dass Gott im Geschehen von Kreuz und Auferweckung des Stellvertreters den Sünder zugleich verneint und bejaht. Indem Jesus Christus an die Stelle des Sünders tritt, wird dessen Nichtung genichtet, ist das Nichtige der durch Gottes Zorn »wie entstandene, so schon verjagte Schatten seines Werkes«[842].

Weil es in Gottes Zeit (in der Ewigkeit) kein »vor Christus« und kein »nach Christus« gibt, weil das Geschehen der Stellvertretung von Gott her ewig ist, ist auch die Verneinung der Verneinung bzw. die Nichtung des Nichtigen von Gott her gesehen ein ewiges »Jetzt«. Andernfalls wäre der Schöpfer innnerhalb der geschilderten Logik Karl Barths zumindest vorübergehend der Erhalter des Nichtigen. Aber aus der Perspektive der Ewigkeit ist der zur Menschwerdung erwählte Sohn immer schon der Schöpfer und der Gekreuzigte und Auferweckte, also immer schon der Nichter des Nichtigen. Und deshalb ist für Barth die entscheidende Frage des Theologen nicht die nach der Vereinbarkeit des Nichtigen mit der Güte Gottes. Denn das Nichtige ist ja in Jesus Christus schon »erledigt«. Nein, die eigentlich spannende Frage der gesamten Erlösungslehre ist die, warum das Nichtige angesichts von Kreuz und Auferweckung Jesu überhaupt noch eine Bedeutung hat[843]. Barths Antwort liegt in der Un-

---

838 K. Barth, Gottes Gnadenwahl (TEH 47), München 1936, 18. – *Indem* Gott erwählt, »verwirft er auch, was er nicht erwählt« (KD III/3, 405). Das auf Erwählung beruhende Handeln Gottes impliziert das Nichtige »als die Klasse oder Stufe des von Gott verneinten, verworfenen, ausgeschlossenen Seins« (KD IV/3, 204).
839 Vgl. KD II/2, 176f; KD III/3, 405.417.
840 Vgl. KD III/1, 440; KD III/3, 380f.417.
841 KD III/3, 381. – Zum Vergleich: Hegel bemerkt über das Böse und dessen Relativität zum Guten: Mit »*der Notwendigkeit des Bösen* ist [...] absolut vereinigt, dass dies Böse bestimmt ist als das, was notwendig *nicht seyn soll*, – d. i. dass es aufgehoben werden soll, nicht dass jener erste Standpunkt der Entzweiung überhaupt nicht hervortreten solle [...], sondern dass nicht auf ihm stehen geblieben, und die Besonderheit nicht zum Wesentlichen gegen das Allgemeine festgehalten, dass er als nichtig überwunden werde« (Grundlinien der Philosophie des Rechts oder Naturrecht und Staatswissenschaft im Grundrisse [Glockner-Ausg. Bd. VII], Stuttgart/Bad Cannstatt 1964, § 139, S. 201).
842 KD III/3, 87f. – Vgl. auch KD III/1, 440.
843 Vgl. KD III/3, 419f.

6.1 Stellvertretung – das christozentrische Modell der Soteriologie 383

terscheidung der Zeit Gottes von der des Menschen. Was von Gott her gesehen ewiges »Jetzt« ist, das ist vom Menschen her betrachtet Vergangenheit und Zukunft. Deshalb kann er sich dem, was »an sich« erledigt ist, weiterhin verschreiben: Er kann der in Jesus Christus erledigten Vergangenheit verfallen, indem er sich der in Jesus Christus eröffneten Zukunft verschließt. So wird die Bedeutung der Stellvertretung des Erlösers für alle Menschen aller Zeiten deutlich. Sie ist das Geschenk der Zukunft. Wer dieses Geschenk annimmt, ist bereits real verbunden mit dem, der die Zugänglichkeit zum Vater und damit die Zukunft in die von Gott verneinte Stelle der Zeit-, weil Ausweglosigkeit (Hölle) getragen hat. Und umgekehrt: Wer das Geschenk verweigert, bringt in sich zur Geltung, was an sich nur noch »Nicht-Wirklichkeit« bzw. »Scheingeltung« hat.

Barth handelt sich mit seiner Rede vom *Zugleich* der nichtenden Verneinung und aufrichtenden Bejahung Gottes gegenüber dem Sünder das Problem der Identität eben dieses Sünders vor und nach dem Geschehen der Rechtfertigung ein[844]. Und man muss aus seiner strikten Gegenüberstellung von »Zeit Gottes« (Ewigkeit) und »Zeit der Schöpfung« folgern, dass die Geschichte nur noch die zeitlich gedehnte Veranschaulichung der von Christus schon erledigten Sünde aller Menschen aller Zeiten ist. Mit guten Argumenten sehen die meisten Barth-Interpreten in der besagten Verhältnisbestimmung von Ewigkeit und Zeit eine eklatante Apokatastasis-Lehre[845].

---

844 Barth gibt der Anselm-Kritik all derer Recht, die unter »Genugtuung« nicht die Verrechnung der Sünde seit Adam mit einem stellvertretend erbrachten Verdienst Christi verstehen, sondern die »Satisfaktion« als Eigenschaft einer Liebe beschreiben, »die sich selbst nur eben in der völligen Auswirkung ihres Zornes gegen den Menschen der Sünde, nur eben in seiner *Tötung*, Auslöschung und Beseitigung ›genug tun‹ konnte« (KD IV/1, 280). Die »Genug-tuung« der Liebe Gottes gegenüber dem Sünder trägt das Antlitz des Kreuzes (vgl. KD IV/1, 326), weil sich für Barth jede Unterscheidung zwischen dem Sünder und seiner Sünde verbietet und also Vergebung keine bloße Veränderung *am* Sünder, sondern dessen Ersetzung durch Nichtung und Neuschaffung bedeutet. Barth scheut das Bild nicht, hier werde weder durch Darreichung einer Medizin, noch durch eine Operation, »sondern durch Tötung des Patienten« (KD IV/1, 326) geholfen.
845 Die in der jüngeren Theologie von Protestanten ebenso wie von Katholiken zunehmend deutlich beschriebene Alternative zu der von Barth repräsentierten Verhältnisbestimmung zwischen Ewigkeit und Zeit fasst Magnus Striet in die Schlussfolgerung: »Wenn die Weltwirklichkeit am Ende nicht doch wieder notwendig sein soll, dann muss sie das Resultat einer Überführung von Möglichkeit in Wirklichkeit sein, was aber Zeitverhältnisse impliziert. [...] Gottes Zeitverhältnis wäre so zu fassen, dass er als der zeitlich von Ewigkeit her Existierende zugleich der ewige Ursprung und die Quelle der Zeit ist [...] Gottes ewiges Dasein darf selbstverständlich nicht als einfaches ewiges Fortschreiten Gottes in der Zeit gedacht werden [...]. Statt dessen geht es darum, Gott aus seiner eigenen Zukunft heraus so als die ewige Quelle der Zeit verstehen zu lernen, dass er als diese ewige Quelle einer als radikal kontin-

Natürlich wäre Barth nicht der scharfsinnige Denker, als den ihn seine Hörer beschreiben, wenn er sich nicht selbst die Frage vorgelegt hätte: Sind wir durch Christi Stellvertretung »zu bloßen Objekten gemacht, in eine Zuschauerstellung gedrängt?«[846] Wie soll Christi Für-uns-Sein »ein ›Wir mit Gott‹ in sich schließen? Und wenn es ein solches nicht in sich schließt, wie soll es uns dann auch als ›Gott mit uns‹ wirklich verständlich sein?«[847] Die Antwort Barths beschreibt das Erlösungsgeschehen in strenger Parallele zum Vorgang der Schöpfung. Wie das Geschöpf nur durch, mit und in Christus *wirklich* es selbst ist, so ist der Sünder nur durch, mit und im Gekreuzigten *wirklich* Sohn. Die Stellvertretung des Erlösers ist für Barth kein Dialog zwischen der Person des Stellvertreters und der Person des von ihm vertretenen Sünders, sondern das Geschehen einer Neuschöpfung, in welcher der Schöpfer Christus so an die Stelle des Sünders tritt, dass dieser in keiner Weise in sich selbst, sondern nur im Glauben – und das heißt: außerhalb von sich selbst, nämlich durch, mit und in Christus – seinerseits Person zu sein vermag. Nur wenn der Mensch ständig und immer wieder das eigene Ich entmachten, gleichsam von Christus absorbieren lässt, darf er sich Christ nennen. Barth plädiert für eine wörtliche Interpretation des lutherischen Axioms »simul (totus) iustus, simul (totus) peccator«[848]. Denn für ihn gibt es keine ontische Brücke zwischen dem alten Menschen der Sünde und dem neuen Menschen, der zumindest glaubend schon in Christus ist. Das Geschehen der Stellvertretung ist nicht die Befähigung des Vertretenen, selbst Subjekt der Gerechtigkeit zu werden. Barth unterscheidet zwar zwischen Rechtfertigung und Heiligung[849], versteht aber die Heiligung nicht als Teilnahme an Christi Stellvertretung, sondern ausschließlich als Bezeugung des Sieges Christi. Statt des Begriffes »Mitwirkung« schlägt Barth den Begriff »Dienst« vor, um den Part des Menschen im Stellvertretungsgeschehen als Bezeugung eines Anderen zu charakterisieren. Die Bezeugung der

---

gent zu begreifenden Weltwirklichkeit Raum und damit dem Menschen Daseinszeit gewährt« (Offenbares Geheimnis. Zur Kritik der negativen Theologie [Ratio Fidei 14], Regensburg 2003, 250–252). – Dazu auch: A. Kreiner, Das wahre Antlitz Gottes oder was wir meinen, wenn wir Gott sagen, Freiburg 2006, 307–431.

846 KD IV/1, 13.
847 KD IV/1, 14.
848 Die wörtliche Auslegung des lutherischen Axioms wird von Barth mit der Lehre von der zeitlichen Einholung des von Gott her schon erledigten Sieges verbunden: »Was der Mensch jetzt *noch* ganz *ist* [sc. simul totus peccator], das kann er nicht *bleiben*, das wird er angesichts dessen, was er jetzt *schon* ganz *ist* [sc. simul totus iustus], gar nicht mehr sein können, zu sein aufhören müssen. Und was er jetzt *schon ganz* ist, das wird er nicht in der Weise werden und sein dürfen, dass er ganz allein (unter Ausschluss dessen, was er jetzt noch ganz ist) *nur* noch eben das sein wird« (KD IV/2, 648).
849 Vgl. KD IV/2, 565.

6.1 Stellvertretung – das christozentrische Modell der Soteriologie   385

Stellvertretung Christi hat zwar eine soziale Dimension[850]; aber daraus darf man nach Barth nicht schließen, dass die Rechtfertigung durch Christus *und* die Gemeinde erfolgt. Im Gegenteil: Die Gemeinde ist ebenso Bezeugung der allein und ausschließlich durch den Erlöser geschehenen Rechtfertigung, wie dies der einzelne Christ durch seinen je eigenen Glauben ist.

Barths ungeheuer optimistische Erlösungslehre kennt den Einwand, die Verantwortung des Einzelnen werde durch den Glauben an das von Gott her längst vorentschiedene Ende der Geschichte zu einer Scheinverantwortung. Er antwortet auf diesen Einwand mit dem Hinweis darauf, dass die Perspektive der Ewigkeit die Perspektive der Zeitlichkeit nicht entwertet. Aus der Perspektive der Zeitlichkeit hängt das Einholen dessen, was aus der Perspektive der Ewigkeit sicher ist, vom Zeugnis jedes Einzelnen, von seinem Glauben, Hoffen und Lieben, und also auch von dem gegenseitigen Für-Sein ab[851]. Das Wissen um den Sieg Christi entbindet keinen Gläubigen von dem oft langen und mühsamen Prozess des ihm zukommenden Anteils an der zeitlichen Realisierung des Ankommens Christi in allem und in allen.

6.1.2 *Hans Urs von Balthasar: Christologie der inklusiven Stellvertretung*

Auf den Schultern von Karl Barth entsteht auf katholischer Seite die Erlösungslehre Hans Urs von Balthasars[852]. Er stand nicht nur in engem Kontakt mit Karl Barth, sondern hat auch die eigene Denkform in Auseinandersetzung mit ihm entwickelt. Mit diesem Begriff bezeichnet er das Grundanliegen oder Grundinteresse, den Frage- oder Denkstil bzw.

---

850 Vgl. KD IV/2, 695–824; IV/3, 780–1034.
851 Vgl. KD IV/3, 321f.1053f.1071f.
852 Im Folgenden werden für die drei Hauptteile von Balthasars Trilogie folgende Kürzel verwandt: H = Herrlichkeit. Eine theologische Ästhetik: Bd. I. Schau der Gestalt, Trier ³1988; Bd. II/1. Fächer der Stile, Klerikale Stile, Einsiedeln ³1984; Bd. II/2. Fächer der Stile. Laikale Stile, Einsiedeln ³1984; Bd. III/1/A. Im Raum der Metaphysik. Teil I. Altertum, Einsiedeln ²1975; Bd. III/1/B. Im Raum der Metaphysik. Teil II. Neuzeit, Einsiedeln ²1975; Bd. III/2/B. Theologie. Neuer Bund, Trier ²1988; TD = Theodramatik: Bd. I. Prolegomena, Einsiedeln 1973; Bd. II/1. Die Personen des Spiels. Der Mensch in Gott, Einsiedeln 1976; Bd. II/2. Die Personen des Spiels. Die Personen in Christus, Einsiedeln 1978; Bd. III. Die Handlung, Einsieden 1980; Bd. IV. Das Endspiel, Einsiedeln 1983; TL = Theologik: Bd. I. Wahrheit der Welt, Einsiedeln ²1985; Bd. II. Wahrheit Gottes, Einsiedeln 1985; Bd. III. Der Geist der Wahrheit, Einsieden 1987. – Eine Gesamtdarstellung von Balthasars Soteriologie bieten: J. Naduvilekut, Christus als Heilsweg. Soteria als Theodrama im Werk Hans Urs von Balthasars, St. Ottilien 1987; T. R. Krenski, Passio Caritatis. Trinitarische Passiologie im Werk Hans Urs von Balthasars, Freiburg 1990.

die Denkvollzugsform eines Autors. »Nichts«, so bemerkt er in seiner Barth-Monographie, »ist im interkonfessionellen Gespräch wichtiger als die Klärung der Denkform«[853]. Hinter der protestantischen Ablehnung eines in ontologischen Kategorien denkenden Katholizismus entdeckt er das berechtigte Anliegen, der Priorität des souveränen Gottes rückhaltlose Anerkennung zu verschaffen. Doch wenn Barth der »analogia entis« die Unterwerfung Gottes unter das Dach eines von Menschen gebildeten Begriffs vorwirft[854], spricht Balthasar von einem imaginären »Schreckgespenst«[855]. Denn auch aus seiner Sicht ruht die Beziehung vom Geschöpf zu Gott »ganz und gar in einer (Schöpfungs-)Beziehung des Schöpfers zum Geschöpf. Noetisch: das Cogito des Geschöpfs ruht ganz und gar in einem Cogitor des Geschöpfs durch Gott. Alles Vergleichen und Sich-Beziehen des Geschöpfs hat also sein Maß in einem umgekehrten Sich-Beziehen Gottes zum Geschöpf.«[856]

Wie Barth geht auch Balthasar vom Offenbarungsfaktum »Jesus Christus« aus. Aber im Unterschied zu Barth bezeichnet er mit dem Terminus »Stellvertretung« nicht nur die in Christus realisierte Beziehung Gottes zum Menschen, sondern auch die Inklusion des Sünders in den Sohn.

---

853 H. U. v. Balthasar, Karl Barth. Darstellung und Deutung seiner Theologie, Einsiedeln [4]1976, 201.

854 »Ich halte die *analogia entis* für die Erfindung des Antichrist und denke, dass man ihretwegen nicht katholisch werden kann. Wobei ich mir zugleich erlaube, alle anderen Gründe, die man haben kann, nicht katholisch zu werden, für kurzsichtig und unernsthaft zu halten« (KD I/1, VIIIf). – »Wir verstehen [...] Analogie [...] nicht als *analogia entis,* d. h. nicht als eine überschaubare und durchschaubare, vom Standpunkt eines Schauenden aus in einer Synthese als Analogie *zu verstehende* Analogie. Nicht ein *Sein,* das das Geschöpf mit dem Schöpfer bei aller Unähnlichkeit gemeinsam haben soll, sondern das keiner bloßen Theorie zugängliche *Tun,* die menschliche Entscheidung ist im Glauben in aller Unähnlichkeit ähnlich der Entscheidung der Gnade Gottes« (KD I/1, 252). – »Hat man das Urbild des Zusammenseins von Gott und Mensch: das Zusammensein des heiligen Gottes und des sündigen Menschen im Gnadenbund vor Augen, denkt man an den Gegensatz, der in Jesus Christus zur Gegensatzeinheit geworden ist, dann lässt man eben die Finger von allen andersartigen Zusammenstellungen und Vergleichungen; das böse Gelüste nach einem Oberbegriff, einem Generalnenner, einem Genus, einer Synthese, in der man Gott und sein Geschöpf vereinigen könnte, das Vergnügen an Analogien zwischen diesen zwei Subjekten kann dann überhaupt nicht aufkommen. Dass diese zwei Subjekte zusammen sind und sogar zusammenwirken, das kann dann nur als das Gnadengeheimnis einer *Begegnung* verstanden werden, in der das Unbegreifliche, das Unerwartete und Unverdiente Ereignis wird« (KD III/3, 120). – Zur theologiegeschichtlichen Einordnung dieser Zitate: K.-H. Menke, Analogia fidei, in: LThK[3] I (Freiburg 1993) 574–577; G. L. Müller, Analogie. II. Theologisch, in: LThK[3] I (Freiburg 1993) 579–582.

855 Balthasar, Karl Barth, 269.

856 H. U. v. Balthasar, Analogie und Dialektik. Zur Klärung der theologischen Prinzipienlehre Karl Barths, in: DT(P) 22 (1944) 171–216; 176.

6.1 Stellvertretung – das christozentrische Modell der Soteriologie 387

Dieser Unterschied fällt unmittelbar ins Auge, wenn man weiß, dass Karl Barth das Wort »Sühne« mit Bedacht vermeidet, wohingegen Balthasar gerade diesen Begriff in die Mitte seiner so genannten »Theodramatik« rückt. Denn das Geschehen der Sühne steht für die biblisch bezeugte Tatsache, dass Gott nie am Menschen ohne den Menschen handelt – auch dann nicht, wenn dieser zum Sünder geworden ist. Mit Barth betrachtet Balthasar den Bund Gottes mit dem Menschen als den Grund der Schöpfung. Aber im Unterschied zu ihm folgert er daraus, dass sich Gott so an den Menschen bindet, dass sein Adressat auch durch die Sünde nicht »genichtet« wird. Der Sünder hört mit der Sünde nicht auf, geliebtes Geschöpf Gottes zu sein. Deshalb ist das Geschehen der Erlösung keine Neuschöpfung, sondern ein Bundesgeschehen. Der Sünder wird als Empfänger der Versöhnung aktiv einbezogen in die Stellvertretung Christi. Denn Sühne ist das dem Sünder vom Erlöser ermöglichte »Umleiden der eigenen Sünde in Sohnschaft«[857].

6.1.2.1 Ein »universale concretum«, wie es allgemeiner und konkreter nicht gedacht werden kann

In der Entdeckung der Differenz zwischen dem einen Sein und den vielen Seienden sieht Balthasar eine der entscheidenden Voraussetzungen der Geistesgeschichte für das Verstehen der Selbstoffenbarung Gottes in Jesus Christus[858]. Allerdings bezeichnet er mit dem Terminus »Sein« nicht dasselbe wie die griechischen Philosophen Parmenides, Platon oder Aristoteles. Denn sie können der Vielheit nicht dieselbe ontologische Dignität wie der Einheit alles Seienden zusprechen. Für Platon, Aristoteles oder Plotin ist die als Weltseele, Energie oder Form beschriebene Einheit das ewig Bleibende im Unterschied zu der Vergänglichkeit der vielen existierenden Dinge oder Lebewesen. Diese erscheinen als vorübergehende Exemplare einer Idee, als mehr oder weniger komplexe Abbildungen des schlechthin Einen oder als die vergänglichen Glieder einer ewig fort-

---
857 Dazu: N. Hoffmann, Sühne. Zur Theologie der Stellvertretung, Einsiedeln 1981; ders., Kreuz und Trinität. Theologie der Sühne, Einsiedeln 1982.
858 »Man braucht eine letzte Folgerung nicht zu scheuen, da sie längst von den Kirchenvätern gezogen wurde: Die neue Bewusstseinsstufe der westlichen Menschheit, die Entdeckung des Seins [...] durch die Griechen, scheint eine der letzten ›Voraussetzungen‹ vom Menschen her für die Menschwerdung Gottes zu sein. Ohne diese Voraussetzung wäre die Basis für eine allgemeingültige Verkündigung des Evangeliums nicht, wenigstens nicht in einer uns begreiflichen, angepassten Weise vorhanden gewesen. Es hätten nicht nur die entsprechenden Ausdrucksmittel gefehlt, sondern auch bestimmte menschliche Erfahrungen und Denkstrukturen, um den Sinn und die Tragweite des Universale Christi zu fassen« (H. U. v. Balthasar, Verbum Caro. Skizzen zur Theologie I, Einsiedeln 1960, 95f).

schreitenden Kausalkette. Balthasar betont, dass die griechische Philosophie die Frage nach der Verhältnisbestimmung von Einheit und Vielheit, von Ursache und Wirkung, von Ewigkeit und Zeit nach allen Seiten hin auslotet, ohne die vom jüdisch-christlichen Schöpfungsdogma vorausgesetzte Unterscheidung zwischen dem subsistenten Sein des Schöpfers und dem nicht subsistenten Sein der Schöpfung einzubeziehen.

Was aber ist das nicht subsistente Sein der Schöpfung? Balthasar antwortet im Sinne der thomanischen Tradition: *das, was macht, dass die Dinge sind*. Das Sein ist identisch mit dem von Thomas beschriebenen *actus essendi*. Und also ist zu unterscheiden zwischen dem Wesen und der Realität eines Seienden. Diese von Balthasar immer wieder erwähnte *Realdistinktion* unterstreicht, dass der Akt, der macht, dass das einzelne Seiende existiert, weder identisch ist mit der Summe alles Seienden, noch selbst ein Seiendes ist. Indem der Schöpfer das Sein in die von ihm gewollten Dinge gleichsam einströmen lässt, schafft er die Bedingung der Möglichkeit für das Ereignis seiner Selbstoffenbarung in dem Geschöpf Jesus. Wörtlich bemerkt Balthasar: »Die Nichtsubsistenz des Seinsaktes ist das für Gott adäquate Schöpfungsmedium, um sein kenotisches Wort von Kreuz und Herrlichkeit hineinzusprechen und es als seinen Sohn zu Tod und Auferstehung hineinzusenden.«[859]

Das Sein darf nicht wie ein Objekt statisch, sondern es muss im Gegenteil wie eine Bewegung verstanden werden, die im einzelnen Seienden anwest, *indem* sie zugleich jedes Endliche unendlich transzendiert. Weil und insofern der *actus essendi* das einzelne Seiende auf den unendlichen Horizont des Ganzen der Wirklichkeit hin öffnet, begründet er zugleich die unersetzliche Einmaligkeit des einzelnen Seienden. Balthasar spricht von den Gestalten der Wirklichkeit als der gelichteten Schönheit des Seins. Denn als Gestalt bezeichnet er »eine als solche erfasste, in sich stehende begrenzte Ganzheit von Teilen und Elementen, die doch zu ihrem Bestand nicht nur einer ›Um-welt‹, sondern schließlich des Seins im Ganzen bedarf und in diesem Bedürfen eine (wie Cusanus sagt) ›kontrakte‹ Darstellung des ›Absoluten‹ ist, sofern auch sie auf ihrem beschränkten Feld seine Teile als Glieder übersteigt und beherrscht«[860].

Allerdings schließt die einzigartige Schönheit jeder einzelnen Gestalt der Schöpfung nicht aus, dass es eine Hierarchie der Gestalten gibt. Denn das, was Thomas von Aquin im Unterschied zum *actus essendi* (das Sein) die *essentia* (das Wesen) nennt, entscheidet über den Grad der Teilhabe eines Seienden am Sein. Je mehr ein Seiendes sich auf sich selbst und damit

---

859 H III/1/B, 961.
860 H III/1/A, 30. – Dazu: J. Wolter, Apparitio Dei. Der theophanische Charakter der Schöpfung nach Nikolaus von Kues (BGPhMA NF 67), Münster 2004, 29f.132–157.

6.1 Stellvertretung – das christozentrische Modell der Soteriologie

auch auf Anderes beziehen (transzendieren) kann, desto mehr »Selbst« oder »Innerlichkeit« ist ihm zuzusprechen, und desto höher steht es in der Hierarchie der Gestalten[861]. Weil eine Pflanze über einen höheren Grad von Innerlichkeit und Selbsttranszendenz als ein Stein verfügt, und weil ein Tier in entsprechender Weise über jeder Pflanze steht, ergibt sich wie von selbst eine Hierarchie der Gestalten. Erst der Mensch kann sich bewusst und also willentlich bzw. frei auf sich selbst (*reditio ad seipsum*), auf das Sein im Ganzen und damit auch auf den Grund des Seins, auf den Schöpfer, beziehen[862]. Balthasar folgert: »Sofern dies ein innerweltlich qualitativ nicht überschreitbarer Höhepunkt ist, lässt sich sagen, dass der Stufenbau der Welt (ontisch und gleichzeitig evolutiv betrachtet) sich wesenhaft auf den Menschen zu bewegt.«[863]

Die auf der Realdistinktion zwischen Sein und Wesen gründende Hierarchie der Gestalten ist in der Analyse Balthasars die unabdingbare Voraussetzung für die Selbstoffenbarung des Absoluten im Endlichen. Denn: »Mit der Immanenz steigt die Transzendenz. Ästhetisch gesprochen: je

---

[861] »Für-sich-sein erscheint nicht mehr als eine Eigenschaft unter anderen, die unzähligen Wesen gemeinsam ist, sondern als dieses Unbeschreibliche, das den einzelnen Geist von allen Anderen absondert, ihn zu einer unvergleichlichen, durch nichts anderes aufzuwiegenden und zu ersetzenden Kostbarkeit macht. Das Seiende erhält einen Innenraum, der als solcher unendlichen Wert hat, dessen Haupteigenschaft es ist, unvergleichbar, unverwechselbar zu sein, jeder Einreihung in das Allgemeine, jeder Unterordnung unter eine Kategorie zu widerstehen. Als Individuen mögen die Einzelwesen wie ›Fälle‹ einer Art oder Gattung erscheinen; als Personen, als für-sich-seiende geistige Räume haben sie jeweils die Einheit des Seins in sich selbst und können nicht mehr als Vielheit unter eine andere Einheit subsumiert werden. Der Kern des Seins selbst wird hier subjektiv, und damit auch die Wahrheit. Es ist in diesem Aspekt nicht mehr möglich, eine den Personen übergeordnete Sphäre allgemeiner, unpersönlicher ›Geltungen‹ anzusetzen, eine Art von Ideenwelt, die die von den Personen erfasste Wahrheit in sich fassen würde« (TL I, 212).
[862] Michael Schulz betont in seinen Balthasar-Analysen die Nähe und zugleich den gravierenden Unterschied der Balthasarschen Verhältnisbestimmung von Denken und Sein im Vergleich zu der in Hegels »Phänomenologie des Geistes«: »Wenn Balthasar den Kern des Seins als Subjektivität verstehen kann, so hat er sich faktisch ganz in die Nähe des Idealismus begeben […] Für Hegel […] ist Gott absolute Subjektivität und alles Sein abbildlich im Kern subjektiv. Balthasar seinerseits nennt Gott ›das unendliche Subjekt‹ und ›absolute Person‹ (TL I, 260.273). […] Doch während der Idealismus Wahrheit im Verhältnis zwischen Subjekt und Objekt ansetzt, denkt Balthasar Wahrheit als Verhältnisgeschehen von Subjekt und Subjekt. Wenngleich man daher nach Balthasar in philosophischer Perspektive Gott als ›unendliches Subjekt‹ und ›absolute Person‹ erkennen kann, die für sich selbst Subjekt und Objekt ist, so zielt sein Verständnis der Wahrheit als intersubjektives Geschehen zwischen Personen doch auf ein trinitarisches Verständnis der Wahrheit. […] Hegel hat demgegenüber die Trinität als eine absolute Subjektivität konzipiert, die sich nur in drei *Phasen (Momenten)* vollzieht, deren religiöse Veranschaulichungen er Vater, Sohn und Geist nennt« (Hans Urs von Balthasar begegnen, Augsburg 2002, 101f).
[863] H. U. v. Balthasar, Epilog, Einsiedeln / Trier 1987, 39.

6. Jesus Christus – der Weg, die Wahrheit und das Leben?

höher und reiner eine Gestalt, desto mehr bricht das Licht aus ihrer Tiefe hervor und desto mehr verweist sie auf das Lichtgeheimnis des Seins im Ganzen. Religiös gesprochen: je geistiger und selbständiger ein Wesen ist, umso mehr weiß es in sich um Gott und umso klarer verweist es auf Gott. Es ist unmöglich, dass die biblische Offenbarung sich solchem Grundgesetz der Metaphysik entzieht, denn Gott handelt in menschlicher Geschichte, nimmt Menschengestalt an und gliedert sich durch seine Menschengestalt in der Kirche die Menschheit an. Somit bedient sich das absolute Sein, um sich in seiner unergründlichen personalen Tiefe kundzutun, der Weltgestalt in ihrer Doppelsprache: unaufhebbarer Endlichkeit der Einzelgestalt *und* unbedingtem, transzendierendem Verweis dieser Einzelgestalt auf das Sein im Ganzen.«[864]

Aus der Sicht Balthasars lautet die von der griechischen Philosophie evozierte Kernfrage der patristischen Theologie: Wie kann das Absolute im Endlichen bzw. das Endliche im Absoluten so sein, dass das Endliche nicht nur nicht aufgehoben oder absorbiert, sondern umgekehrt in demselben Maße *es selbst* wird, in dem es mit dem Absoluten verbunden ist? Balthasar zeigt, wie Irenaeus, Origenes, Gregor von Nyssa und Maximus Confessor durch ihre Meditation der Einheit von göttlicher und menschlicher Natur in Jesus Christus das *Zugleich* von »Kata-logie« (Abstieg Gottes zum Menschen) und »Ana-logie« (Aufstieg des Menschen zu Gott), von Identität und Differenz, von Unendlichkeit und Endlichkeit, von Vollkommenheit und Kontingenz, kurz: das »universale concretum«[865], entdecken und deshalb der Tendenz des griechischen Denkens widerstehen, das Viele in das Eine, das Endliche (Konkrete) in das Unendliche (Universale) aufzuheben.

Mit dem Ausdruck »universale concretum« drückt Balthasar aus, dass Jesus im Unterschied zu allen anderen Gestalten der Schöpfung nicht nur auf einmalige Weise »das Ganze im Fragment«, sondern die Selbstoffen-

---

864 H III/1/A, 32.
865 Vgl. W. Löser, Das Sein – ausgelegt als Liebe. Überlegungen zur Theologie Hans Urs von Balthasars, in: IKaZ 4 (1975) 410–424; ders., Im Geiste des Origenes. Hans Urs von Balthasar als Interpret der Theologie der Kirchenväter, Frankfurt 1976, 67–75.97f.100–118.181–212; ders., »Universale Concretum« als Grundgesetz der Oeconomia Revelationis, in: Handbuch der Fundamentaltheologie, Bd. II. Traktat Offenbarung, hg. v. W. Kern u.a., Freiburg 1985, 108–121. – Außerdem: G. Marchesi, La Cristologia di Hans Urs von Balthasar. La figura di Gesù Cristo espressione visibile di Dio, Roma 1977, 33–55; P. Escobar, Das Universale Concretum Jesu Christi und die »eschatologische Reduktion« bei Hans Urs von Balthasar, in: ZKTh 100 (1978) 560–595; E.-M. Faber, Universale concretum bei Hans Urs von Balthasar, in: IKaZ 29 (2000) 258–273; P. Blättler, Pneumatologia Crucis. Das Kreuz in der Logik von Wahrheit und Freiheit. Ein phänomenologischer Zugang zur Theologik Hans Urs von Balthasars (BTS 38), Würzburg 2004, 256–322.

barung Gottes »in persona« ist. Erklärlich ist diese Behauptung im Blick auf die Innerlichkeit Jesu, die sich von der aller anderen Menschen nicht nur graduell, sondern auch wesentlich unterscheidet. Gemeint mit dieser exklusiv-singulären Innerlichkeit ist die Abba-Beziehung Jesu. Balthasar weiß sich einig mit der großen Mehrzahl der historisch-kritisch argumentierenden Exegeten[866], wenn er die personale Einheit des Menschen Jesus mit dem innertrinitarischen Logos (hypostatische Union) biblisch in der einzigartigen Verbindung des Erlösers zu seinem »Abba« verankert. Jesus weiß sich nicht wie irgendein alttestamentlicher Prophet von Gott beauftragt, sondern er wird sich der Identität seiner Person mit dem Wort des Vaters bewusst[867].

Jesus Christus wird von Balthasar als »die Herrlichkeitsgestalt« bezeichnet, weil an ihm, einer einzelnen, an Zeit und Raum gebundenen Person, der Sinn alles Seienden und besonders der Sinn jedes Menschenlebens abzulesen ist. »In Jesus Christus ist der Logos nicht mehr das die Geschichte regierende und ihren Sinn stiftende Reich der Ideen, Geltungen und Gesetze, er ist selber Geschichte. Im Leben Christi fällt das Faktische mit dem Normativen nicht nur ›faktisch‹, sondern ›notwendig‹ zusammen, weil das Faktum zugleich Auslegung Gottes und gottmenschliches Urbild alles echten Menschentums vor Gott ist.«[868]

6.1.2.2 Die Inklusion des Sünders in den Sohn

Balthasar, der sich auch nach seinem Austritt aus dem Jesuitenorden als Jünger des Ignatius von Loyola betrachtet hat[869], beschreibt das »concre-

---

866 Vgl. TD II/2, 136–210.
867 »Sein Gehorsam ergeht nicht an Mose und die Propheten, sondern einzig an seine Sendung, womit nun allerdings das grundlegende Paradox seines Selbst- und Sendungsbewusstseins an den Tag tritt. Es liegt darin, dass die Sendung seinem Ich nicht wie etwas Äußerliches, wie ein ›Gesetz‹ auferlegt ist: sein Ich ist ja mit ihr identisch. Damit unterscheidet es sich grundsätzlich von allem Altbundlichen« (TD II/2, 153).
868 H. U. v. Balthasar, Theologie der Geschichte. Ein Grundriss, Einsiedeln ⁶1979, 20f.
– Wenn Balthasar betont, dass Gottes Wort und Jesu geschichtliche Existenz nicht voneinander zu trennen sind, dann in bewusster Anspielung auf die von Rudolf Bultmann theologisch rezipierte Existenzphilosophie. Er anerkennt das Anliegen des Marburger Exegeten, das Ereignis des verkündigenden Jesus freizulegen und das Verstehen seiner Verkündigung in die Existenz des Hörers zu verlegen. Aber er kritisiert zugleich die entmythologisierende Reduktion des geschichtlichen Jesus auf das »Dass« seiner »reinen Existenz«, so als sei der verkündigende Jesus nur so etwas wie der Katalysator einer Eigentlichkeit, die in der Existenz des einzelnen Hörers lediglich geweckt oder entzündet werden müsste.
869 Dazu: W. Löser, Die Ignatianischen Exerzitien im Werk Hans Urs von Balthasars, in: K. Lehmann / W. Kasper (Hgg.), Hans Urs von Balthasar. Gestalt und Werk, Köln

tum« der faktischen Geschichte des Lebens, Sterbens und Auferstehens Jesu als die Norm, die gerade deshalb, weil sie kein Begriff, keine Idee, kein Prinzip, sondern ein unwiederholbar einmaliges Geschehen ist, von jedem Menschen je einmalig befolgt werden kann und soll[870]. Unter Anleitung der Ignatianischen Exerzitien gelangt der Einzelne durch eine auf Selbstbeteiligung und Mitvollzug zielende Betrachtung jeder einzelnen Szene des Lebens, Sterbens und Auferstehens Jesu zu seiner Eigentlichkeit. Nicht in der Anpassung der Jesus-Geschichte an die eigene Existenz, sondern umgekehrt in der Anpassung der eigenen Existenz an die Jesus-Geschichte liegt der Schlüssel zur Entdeckung der je eigenen Sendung. Balthasar unterscheidet sehr genau zwischen der moralischen oder intellektuellen Wirkungsgeschichte einer geschichtlichen Gestalt einerseits und der Einzigkeit Jesu Christi andererseits. Wäre der Erlöser nur ein geistiges, geistliches oder sittliches Vorbild, dann wäre seine Geschichte (sein »concretum«) nur ein Beispiel, nicht aber die Bedingung der Möglichkeit bzw. die Norm (das »universale«) jedes Christen.

Was Ignatius von Loyola »die heilige Indifferenz« des Exerzitanden gegenüber der für ihn von Christus vorgesehenen Sendung nennt, ist nicht identisch mit der von Karl Rahner beschriebenen Transzendentalität[871].

1989, 152–174; F. Genn, Eine Theologie aus dem Geist der Exerzitien, in: IKaZ 34 (2005) 186–201.

870 »Eine Situation im Leben Jesu ist nicht als eine endliche, abgeschlossene Größe aufzufassen, die sich wie eine natürliche weltgeschichtliche Situation gegen andere, gleichzeitige, frühere oder nachfolgende abgrenzen würde. Die Dimension dieser Situation bleibt, da sie ja Darstellung des göttlichen, ewigen Lebens in die Welt hinein ist, nach oben offen. Ihr Sinngehalt, ihre Beziehungsfülle ist schon in ihrer eigenen Geschichtlichkeit eine unendliche, noch ganz abgesehen von den […] Formen ihrer Universalisierung im Hinblick auf die Kirche und den Einzelnen« (Balthasar, Theologie der Geschichte, 55).

871 Im Blick auf Karl Rahners These: »Ignatius ist der Mann der transzendentalen Frömmigkeit, nicht so sehr der kategorialen« (Sendung und Gnade, Freiburg 1959, 533) erhebt Hans Urs von Balthasar (Cordula oder der Ernstfall, Trier ⁴1987, 92) den Vorwurf einer Trennung des »universale« (= Norm wahrer Liebe) vom »concretum« (= gekreuzigte Liebe Jesu Christi). Er sieht in Rudolf Bultmanns Rezeption der Existenzphilosophie und in Karl Rahners Rezeption der Transzendentalphilosophie eine doppelte Gefahr: zum einen die Gefahr einer anthropologischen Reduktion der Christologie; und zum anderen die Gefahr einer mehr oder weniger ausgeprägten Selbsterlösungslehre. Wenn die Existenz oder die Transzendentalität des Menschen als der apriorische Horizont beschrieben wird, in den sich das Christusereignis einzeichnet, dann ist aus der Sicht Balthasars die »Ana-logie« (das Reden des Menschen über Gott) der »Kata-logie« (dem Wort Gottes) vorgeordnet worden. Christus ist – das betont Balthasar durchgehend – nicht der Katalysator, nicht die Konkretisierung oder Fortbestimmung dessen, was wir immer schon sind, sondern er durchkreuzt unser Apriori und stiftet uns – wenn wir ihm gehorchen – ein in seine eigene, von der gekreuzigten Liebe bestimmte Sendung. Eine »Ana-logie«, ein Reden des Menschen über Gott, gibt es also nur unter der Voraussetzung, dass sich der in Christus

6.1 Stellvertretung – das christozentrische Modell der Soteriologie 393

Denn diese ist aus Balthasars Sicht immer in der Gefahr, das »concretum« auf die eigenen Erwartungen und Voraussetzungen zu reduzieren. Nein, der von Ignatius beschriebene Zustand der heiligen Indifferenz wird gerade da erreicht, wo ein Mensch sich ganz der Führung des Heiligen Geistes überlässt. Und der Heilige Geist ist keine zweite Selbstoffenbarung Gottes neben der im Leben, Sterben und Auferstehen Jesu Christi, sondern die Bezeugung und geschichtliche Ausfaltung der besagten Identität von »concretum« und »universale«. Denn erst durch die Einfaltung jeder einzelnen Sendung in das Christusereignis bewahrheitet sich die These, die Geschichte Jesu (dieses »concretum«) sei identisch mit dem Sinn alles Seienden (dem »universale« schlechthin)[872]. Christ – so betont Balthasar – wird man durch die je einmalige Eingestaltung in Christus. Christ wird man nicht durch ein unsichtbares unmittelbares Wirken Gottes im eigenen Inneren, sondern durch die vom Heiligen Geist bewirkte Eingestaltung der eigenen Existenz in die des Erlösers[873].

Balthasar beschreibt den Übergang vom ersten (Theo-Ästhetik) zum zweiten Teil (Theo-Dramatik) seines Hauptwerkes als Transformierung

---

angesprochene Mensch inkludieren lässt in die »Ana-logie« des herabgestiegenen (»kata-logen«) Sohnes zum Vater. Balthasar setzt sich in seiner »Theo-Logik« (TL I–III) ab gegen zwei Extreme: einerseits gegen eine »Ana-Logie«, die das geschichtliche Offenbarungsgeschehen auf die apriorische Kategorien der eigenen Existenz bzw. Transzendentalität reduziert; und andererseits gegen eine »Kata-Logie«, die im Sinne Karl Barths jeden Anknüpfungspunkt des Offenbarungsgeschehens im Menschen leugnet. Er gibt Barth insoweit Recht, als er den Anknüpfungspunkt ganz und gar bestimmt sieht von der »Schau der Offenbarungsgestalt«. Aber – so betont er in seiner monumentalen Barth-Monographie – wer die Herrlichkeitsgestalt betrachtet, entdeckt auch »die in Christus ein für allemal erwiesene Vereinbarkeit göttlicher und geschöpflicher Natur, das Nichterdrücktwerden der menschlichen durch die göttliche, das Dienenkönnen der menschlichen gegenüber der göttlichen« (Balthasar, Karl Barth, 394).

872 »Jesus Christus, die Knechtsgestalt Gottes auf Erden, war ein kurzer, in der Weltgeschichte kaum merklicher Augenblick. Ein paar Worte, ein paar Taten, und schon ist alles vorbei. Und ›es ist gut für euch, dass ich gehe […]. Wenn aber jener, der Geist der Wahrheit, kommt, wird er euch in alle Wahrheit einführen‹ (Joh 16,7.13). Die schmale Wort- und Tat-Offenbarung öffnet sich in Dimensionen, die dem Geist Gottes allein vertraut sind« (Balthasar, Cordula, 99).

873 Klar wendet sich Balthasar gegen die augustinistische Vorstellung von einer inneren Gnade, die vom geschichtlichen Jesus nur bezeichnet, aber nicht vermittelt wird. Denn: »Zum Wesen der christlichen Gnade gehört es, dass sie den Einzelnen in bestimmte christologische Situationen stellt. Gnade ist kein undefinierbares ontisches Etwas, das erst dadurch Qualität bekommt, dass es einen konkreten Menschen in seiner Geschichtlichkeit trifft. Nicht der Mensch ist es, der die indefinite Gnade definiert, sondern die vom Vater durch den menschgewordenen Sohn im Geist bestimmte Gnade soll den an sich indefiniten, indifferent sein sollenden Menschen dazu definieren, was er jetzt und hier in Kirche und Welt vor Gott sein soll.« (Balthasar, Theologie der Geschichte, 56).

6. Jesus Christus – der Weg, die Wahrheit und das Leben?

eines zweidimensionalen in ein dreidimensionales Bild. Indem er aus der Welt des Theaters Analogien für die Schilderung des einzigartigen Dramas zwischen Gott und Mensch erhebt, bezeichnet er die Schöpfung als Bühne für das Drama zwischen Gott und Mensch. Wenn Balthasar von der Stellvertretung Jesu Christi spricht, meint er nicht zuerst das Kreuzesgeschehen, sondern die von Ignatius in den Exerzitien beschriebene Eingestaltung jeder »Stelle« des Dramas zwischen Gott und Mensch in Jesus Christus. Christus eröffnet den Spielraum für mitspielende Personen, und zwar so, dass diese in dem Maße mit sich selbst identisch sind, in dem sie die Rolle spielen, die ihnen zugedacht ist[874]. Also liegt die Freiheit[875] des einzelnen Menschen nicht in der Möglichkeit, selbst den Inhalt der eigenen Berufung zu bestimmen, sondern in der Möglichkeit, die durch Christus vorgegebene Sendung (Rolle) anzunehmen oder abzulehnen.

Balthasar beschreibt das Bild einer doppelten Heilslinie nach dem Prinzip der Stellvertretung: zunächst im Sinne einer progressiven Reduzierung der vielen Stellvertreter auf Wenige und schließlich einen Einzigen; und dann im Sinne einer progressiven Inklusion der Vielen in den Einen[876]. Die mit der Erwählung Israels verbundene Hoffnung, jedes

---

[874] »Besagt nun aber nicht das endgültige Sich-Konkretisieren des unendlichen göttlichen Willens in der einmaligen menschlichen Gestalt Jesu Christi eine für die Menschheit unerträgliche Festlegung auf diese Gestalt als die absolute Norm und damit als etwas die Unendlichkeit Gottes Kompromittierendes und die menschliche Freiheit Verdemütigendes, ja sie geradezu Negierendes? Legt sich Gott selbst von vornherein (sofern Christus Alpha der Schöpfung ist), auf eine einzelne normative Gestalt fest, so wie er auch die Menschen an diese bindet und das Handeln ihrer Freiheit nach ihrem (bewussten oder unbewussten) Verhältnis zu ihr richtet, was jede Freizügigkeit für ein dramatisches Geschehen von vornherein zu verunmöglichen scheint. Und nicht nur dies; indem Gott sich in solcher Weise unauflöslich an sein Gegenüber, den Menschen bindet, dass eine größere Einheit nicht gedacht werden kann, scheint er formal den Spielraum zwischen den beiden Freiheiten aufzuheben und material die Gestalt hinzustellen, auf die sich notgedrungen das ganze Spiel hinbewegen muss, um so notwendiger, als wir theologisch alle endlichen Spielfiguren je schon in Christus gründen lassen. Lohnt es sich, angesichts dieses nach oben geschlossenen Horizonts überhaupt noch ein Spiel anzufangen, oder muss der Mensch nicht, um freie Luft zu bekommen, diesen über ihm lastenden Deckel erst einmal wegheben?« (TD II/2, 16f). – Dazu: M. Neri, La testimonianza in H. U. von Balthasar. Evento originario di Dio e mediazione storica della fede, Bologna 2001, 163–324.
[875] »Person im theologischen Sinn wird das menschliche Geistsubjekt durch die Einmaligkeit seines In-Anspruch- und In-Dienst-Genommenseins durch Gott, was immer im christologischen Rahmen geschieht. Deshalb ist die Kirche die wahre interpersonale Gemeinschaft, durch die im Zusammenwirken der je-einmaligen Dienste› der ganze Leib zusammengefügt und zusammengehalten wird« (TD II/2, 393).
[876] Balthasars Verhältnisbestimmung (vgl. TD II/2, 331–410) von Judentum und Christentum, von Israel und Kirche unterscheidet sich vom mainstream der gegenwärtigen Theologie durch die Feststellung: Das Ärgernis Israels »liegt darin, dass Jesus,

6.1 Stellvertretung – das christozentrische Modell der Soteriologie

Mitglied des auserwählten Volkes werde die Tora mit dem eigenen Leben auf je einmalige Weise darstellen, weicht im Buche Deuteronomium der Erkenntnis, dass »die wahre Bundesgeschichte [...] die Geschichte von Einzelnen, Stellvertretenden«[877] ist. Balthasar nennt neben Abraham, Mose und Josua einzelne Könige und Propheten[878]. Er sieht die Propheten stellvertretend leiden an der Sünde der Mitglieder des auserwählten Volkes, die ihre je einmalige Sendung verraten haben. Denn jeder Prophet setzt sich stellvertretend der Stelle aus, wo die Sünde seines Volkes (die Untreue, der Ungehorsam) ist und wo Gottes liebende Treue deshalb »nur feindlich, nur als Feuer, Gericht und Vernichtung in den Bereich des Widergöttlichen eindringen kann«[879]. In seinen Propheten ist Gott »schon unterwegs zur Inkarnation«[880]. Das gilt in besonderer Weise von Moses[881], aber auch von vielen anderen großen Gestalten der Heilsgeschichte Israels. Balthasar sieht diese Geschichte einmünden in die Gestalt des Gottesknechtes (Jes 52,13 – 53,12), dessen Leiden er als prophetischen Spiegel der Stellvertretung Jesu Christi beschreibt[882]. Die Knechtsgestalt ist das Kriterium des Stellvertreters nach dem Sündenfall. Deshalb – so betont

---

der Juden und Heiden in eins versammelt (Joh 11,52), wieder ein bestimmter Einzelner ist, und dass die aus ihm hervorgehende Kirche es trotz ihrer Universalität ebenfalls sein muss: sowohl als Elongatur (›Leib‹) wie als die Antwort auf ihn (als seine ›Braut‹)« (TD II/2, 390). – Vgl. auch: H. U. v. Balthasar, Das Ganze im Fragment. Aspekte der Geschichtstheologie, Freiburg ²1990, 173–178.193–200.

877 H III/2/A, 146.
878 Vgl. H III/2/A, 209–275.
879 H III/2/A, 217.
880 H III/2/A, 218.
881 »Indem Israel sich (schon Ex 20,19f) der Unmittelbarkeit des Gotthörens entzog und Moses vorsandte, hat es, ohne es recht zu wissen, sowohl das Amt der prophetischen Vermittlung stiften helfen (Dtn 5,27;18,6) wie auch seine Schuld dem Mittler aufgeladen: es tötet die Propheten, deren Amt es gestiftet hat (Mt 23,34ff). Diese Struktur des Bundesereignisses ist im Deuteronomium klar gesehen. Ohne die Vermittlung Moses‹ (5,5) wäre die Unmittelbarkeit des Volkes zur Herrlichkeit von Feuer und Wort nicht erfolgt (5,24), in dieser Vermittlung ist von Gott her die Distanzierung des Volkes je schon mitberechnet und überwunden: so, dass der Mittler, der die Sünde des Volkes trägt, an dessen Stelle sterben muss« (H III/2/A, 177f).
882 »Der Gottesknecht sagt Ja zum stellvertretenden Tragen der Vergehen seiner menschlichen Brüder. Der unterdrückte wehrlose Arme trägt die Sünde seiner Unterdrücker. Das Geheimnis der Solidarität in der Schuld bindet und überwindet die zweiseitige Gerechtigkeit Gottes: der erschlagene Erstgeborene der Ägypter wird identisch mit dem stellvertretend für die hebräische Erstgeburt erschlagenen Paschalamm – falls es einem Menschen gelänge, so sehr bis ans Ende (Joh 13) Ja zu sagen, dass er selber in keiner Weise Unterdrücker wäre, um in jeder Weise der Arme und Unterdrückte zu sein. Das ist das Mysterium Israels, auf das hin seine großen Gestalten – Moses, Samuel, David, Jeremias – wie auf einen Grenzbegriff hin ausgelegt werden; aber weil sie alle auch Schuldige, Unterdrückende sind, hat keiner von ihnen die Grenze erreicht. Sie transzendiert in den Neuen Bund« (H III/2/A, 368).

396 6. Jesus Christus – der Weg, die Wahrheit und das Leben

Balthasar – sind nicht die oft selbstherrlichen »Ausgriffe« nach der Zukunft (Messianismus), »in den oberen Himmel« (Apokalyptik) oder in »den uns umgebenden Kosmos« (Weisheitstheologie)[883], wohl aber die Sühneriten des nachexilischen Tempelkultes Vorläufer der »Herrlichkeitsgestalt« des vollkommenen Stellvertreters[884].

Nicht in der quantitativen Überbietung der stellvertretenden Akte des Gottesknechtes, sondern im Verhältnis Jesu zu seinem »Abba« liegt der Grund für die unableitbare Einzigartigkeit der Stellvertretung des Erlösers[885]. Weil die ältesten Teile des NT nur von der Preisgabe des Sohnes durch den Vater und erst die späteren Teile auch von dessen Selbsthingabe (Gal 2,20; Eph 5,2.25) sprechen, sieht Balthasar die Einzigkeit (Exklusivität) der Stellvertretung Jesu im Erfahren der Preisgabe durch den Vater[886]. Jesus erleidet den Tod, wie ihn die klassische alttestamentliche Theologie kennzeichnet, nämlich »als Verlust der lebendigen Beziehung zu Gott«[887]. Indem er in die Hölle des Sünders hinabsteigt[888], ereignet sich im »Aufprall«[889] der Sünde auf seinen aushaltenden Gehorsam der für alle Menschen aller Orte und Zeiten stellvertretende Sieg der gekreu-

---

883 Vgl. H III/2/A, 337.
884 Balthasar rezipiert die Ergebnisse der neueren exegetischen Forschung zum Thema »Sühne«. Er sieht in den Sühneriten des nachexilischen Tempelkultes das jedem Sünder von JHWH gewährte Mittel, sich selbst umzukehren von einem Verletzer in einen Stellvertreter des Bundes. Indem der opfernde Sünder innerlich mitvollzieht, was die Hingabe des Blutes des Opfertieres (Zeichen für das Leben) äußerlich darstellt, kehrt er in seine je einmalige »Stelle« bzw. »Sendung« zurück. Aber jeder sühnt nur für seine eigenen Sünden. Der Gedanke der stellvertretenden Sühne ist dem AT – abgesehen von den Gottesknechtliedern – bis in die hellenistische Zeit (vgl. TD I, 366–374) fremd. Balthasar sieht zwar einen gewissen Zusammenhang zwischen den Sühneriten des Jerusalemer Tempels und dem Gottesknecht, bezeichnet diesen aber auf Grund seiner stellvertretenden Sühne als singuläre Vorschattung der Herrlichkeitsgestalt Jesu Christi (vgl. H III/2/B, 30f).
885 Vgl. TD II/2, 112; TD IV, 296.
886 Vgl. H III/2/B, 208.
887 H III/2/B, 212.
888 Nach Balthasar bedeuten biblische Aussagen wie die über die Entwaffnung der Gewalten und Mächte (Kol 2,14f), über die Verohnmächtigung der Höllenpforten (Mt 16,18) und die »Schlüssel des Todes und der Unterwelt« (Apk 1,18), dass nur der menschgewordene Sohn Gottes auf Grund seiner einzigartigen Verbundenheit mit dem Vater das Verlassensein von Gott (identisch mit dem, was das AT »Tod« nennt) so tief durchleiden konnte, dass jede Tiefe des Ungehorsams (der Sünde) durch seinen Gehorsam (vgl. Phil 2,7f; Joh 10,17f;13,1) »untergriffen« wird. Vgl. H III/2/B, 213f; ders., Pneuma und Institution. Skizzen zur Theologie IV, Einsiedeln 1974, 394–397.
889 »Hier liegt das ›unauslotbare‹ (Eph 3,8) Mysterium des Kreuzes: in der Wucht des Aufpralls der Gesamtlast der Sünde auf die totale Ohnmacht der kenotischen Existenz« (H III/2/B, 193).

6.1 Stellvertretung – das christozentrische Modell der Soteriologie

zigten Liebe über den kreuzigenden Hass der Sünde[890]. Was der vierte Evangelist »die Stunde« nennt (Joh 12,27f) und im Bild des »geöffneten Herzens« (Joh 19,34) ausdrückt, ist nach Balthasar das Ereignis der unvergleichlichen (exklusiven) Stellvertretung dessen, der auch den äußersten Abgrund der Sünde »unterfasst«[891].

Weil Jesus Christus auch da, wo er zum Stellvertreter des Sünders wird, »der Sohn« bleibt, erfährt er die Finsternis (die Sinnlosigkeit) nicht nur von außen im Sinne eines psychologischen Sich-in-die-Lage-des-Sünders-Versetzens, sondern ungleich tiefer als die Sünder selbst[892]. Im Schlussteil seiner mehrbändigen »Theodramatik« kennzeichnet Balthasar »die Gottverlassenheit« des Stellvertreters als »Modus seiner Verbundenheit mit dem Vater im Heiligen Geist«[893]. Aber der Akzent liegt – wie er in einer Karfreitagspredigt erläutert – auf der Verlassenheit, nicht auf der Verbundenheit: »Der Rufende weiß nur, dass er verlassen ist, warum, kann er in diesem Dunkel nicht mehr wissen. Er darf es gar nicht wissen, weil der Gedanke, es könnte ein stellvertretendes Tragen der Finsternis anderer sein, schon eine Erleichterung, ein Lichtblick wäre.«[894] Aus der

---

890 Gegen den Versuch des Kultursoziologen René Girard, die Einzigkeit der Stellvertretung Christi phämomenologisch auszuweisen, richtet Balthasar die Frage, wie es dem Menschen möglich sein solle, seine Sünde auf den »Sündenbock« Christus zu werfen bzw. zu übertragen (vgl. TD III,276–288; ders., Crucifixus etiam pro nobis, in: IKaZ 9 [1980] 26–35; ders., Die neue Theorie von Jesus dem »Sündenbock«, in: IKaZ 9 [1980] 184f). Was im Bild des archaischen Sündenbock-Ritus geschieht, ist – so betont er – nur dann keine illusionäre Gestalt der immer wieder unternommenen Selbsterlösungsversuche des Menschen, wenn Christus dem Sünder die Möglichkeit schenkt, auf den Versuch der Abwälzung seiner Sünde auf einen Anderen zu verzichten. Es geht – so betont Balthasar – im Geschehen der Erlösung nicht um eine irgendwie geartete Trennung der Sünde vom Sünder, sondern um die Befähigung des Sünders, sich von einem Sünder in einen Sohn umzukehren. In Bezug auf die Girard-Rezeption von Raymund Schwager anerkennt Balthasar einige Korrekturen, hält aber den Kern seiner Girard-Kritik auch ihm gegenüber aufrecht (vgl. TD III,311; R. Schwager, Replik zu »Schuldübertragung oder Schuldübernahme«, in: ZKTh 104 [1982] 423–326)
891 H III/2/B, 233.
892 »Nur der Sohn weiß erschöpfend, was es heißt, vom Vater verlassen zu sein, weil er allein weiß, wer der Vater und was die Nähe und Liebe des Vaters ist« (H. U. v. Balthasar, Der Christ und die Angst, Trier ⁶1989, 38). – Vgl. ders., Mysterium Paschale, in: Mysterium Salutis, Bd. III/2. Das Christusereignis, hg. v. J. Feiner u. M. Löhrer, Einsiedeln 1969, 161.171–175; ders., Pneuma und Institution , 394f.– Dazu: B. Claret, Hoffnung in einer zerbrochenen Welt. Ein Antwortversuch auf die Sinnfrage, Mainz ³2002, 57–74.
893 TD IV, 232.
894 H. U. v. Balthasar, Du krönst das Jahr mit Deiner Huld. Radiopredigten, Einsiedeln 1982, 75. – Gestützt auf Adrienne von Speyr, spricht Balthasar von dem »Plus« des Karsamstags gegenüber dem Karfreitag. Am Kreuz konnte Jesus »Gott (auch wenn er ihn nicht mehr sah) noch seinen Vater nennen […] Denn am Kreuz besaß er sich selber noch als Sohn […] Und wenn das Kreuz auch reine Überforderung war, so

6. Jesus Christus – der Weg, die Wahrheit und das Leben?

Sicht Balthasars ist Jesu Verlassenheitsruf am Kreuz Ausdruck der subjektiven Gewissheit, »an der Stelle« zu sein, die das Gegenteil der »Stelle« von Beziehung, Communio und Liebe (das Gegenteil der «Stelle« des trinitarischen Gottes) ist (vgl. 2 Kor 5,21). Er, von dem Balthasar in seiner Geschichtstheologie schreibt, dass er als »Erschlossenheit Gottes« unsere »Zugänglichkeit zu Gott« und deshalb »in persona« das Geschenk der Zeit ist, gelangt an den Punkt, wo der Tod im Sinne der alttestamentlichen Scheol vor allem die Aufhebung aller Zeit ist. Indem dieser Einzige, der »in persona« die Zugänglichkeit zum Vater ist, an die Stelle »zeit-loser« Verschlossenheit gelangt, verwandelt er alle Tode in »Mit-Tode«[895], weil er ihnen die Verzweiflung der Zukunftslosigkeit nimmt. Balthasar vergleicht die Unterfassung aller Tode durch den Tod Jesu mit einem »Lichtschimmer von Glaube, Liebe, Hoffnung«[896], der den Abgrund unseres Sterbens »immer schon« erhellt[897]. So ist der Tod Jesu »inklusiv«, weil er zunächst »exklusiv«, d. h. »in seiner stellvertretenden Kraft einmalig«[898] ist.

Der wie gegen Barth, so auch gegen Balthasar erhobene Vorwurf einer unbedingten Einholung aller Gottferne (Apokatastasislehre) erklärt sich nicht zuletzt durch Metaphern wie die der Unterfassung[899] oder die einer in dem »unendlichen Freiheitsraum« der innertrinitarischen Liebe zwi-

---

hatte er doch das Bewusstsein, sich selber hinverströmt zu haben für die Sünde der Welt. Man konnte dem Sohn immer noch etwas nehmen, also hatte er immer noch etwas zu geben« (A. v. Speyr, Jungfräuliche Fruchtbarkeit der Kirche [Nachlassband XII], zit. nach: B. Albrecht, Eine Theologie des Katholischen. Einführung in das Werk Adrienne von Speyrs, Bd. I. Durchblick in Texten, Einsiedeln 1972, 116). Am Karsamstag gibt es für Jesus kein »Aktiv« mehr, sondern nur noch das »Passiv« seines Bei-den-Toten-Seins. »Man vergesse nicht«, mahnt Balthasar, »unter den Toten gibt es keine lebendige Kommunikation [Aktion]. Solidarität heißt hier: Mit-Einsam-sein [Passion]« (Balthasar, Mysterium Paschale, 241).

895 Vgl. H. U. v. Balthasar, Leben aus dem Tod, Einsiedeln ³1997, bes. 47–88.
896 Balthasar, Mysterium Paschale, 243.
897 Balthasar beruft sich u. a. auf Gregor von Nyssa, der »das Licht Christi vom äußersten Ende der Finsternis her aufleuchten lässt« (Mysterium Paschale, 242). In seiner Bernanos-Monographie bemerkt er: »Nicht der figurierte Satan ist die je tiefere Realität, woran der Traum der Sünde zerschellt, sondern das in den Abgrund gezimmerte Kreuz« (Gelebte Kirche: Bernanos, Trier ³1988, 136f).
898 »Jesu Sterben war für alle stellvertretend [...], und von hier aus wird endlich das ganze Gewicht des Anspruchs Jesu deutbar, der in seiner personalen Ausschließlichkeit weit über den eines Sokrates oder Buddha hinausgeht« (Balthasar, Pneuma und Institution, 50).
899 Der von Balthasar in verschiedenen Variationen (untergreifen, umgreifen, unterfassen, umfassen, umfangen, unterwandern, miteinbeschließen, überholen) immer wieder bemühte Begriff der »Unterfassung« kann missverstanden werden, wenn man ihn isoliert betrachtet. Balthasar betont aber stets hinreichend deutlich, dass der Erlöser auch da, wo er an die Stelle des Sünders tritt, diesen nicht ersetzt, sondern im Gegenteil dazu befähigt, selbst die Sünde in Sohnschaft umzuleiden.

6.1 Stellvertretung – das christozentrische Modell der Soteriologie

schen Vater und Sohn situierten »endlichen Freiheit«. Es trifft sicherlich zu, dass Balthasar die von ihm bewusst als »innertrinitarische Kenosis« bezeichnete Liebe des Vaters zum Sohn nicht nur als *Voraussetzung*, sondern auch als *Stelle* aller heilsgeschichtlichen Kenosen beschreibt: nämlich (a) der den Geschöpfen geschenkten Freiheit; (b) des mit Israel geschlossenen Bundes; (c) der Menschwerdung des Sohnes, seiner Kreuzigung und Auferstehung; und (d) seiner »eucharistischen Verströmung«[900]. Doch wenngleich die innertrinitarische Selbst-Hingabe bzw. Kenosis alles »unterwandert«, »unterfasst« und »umgreift«, lässt sie doch »Raum« für eine reale Verneinung ihrer selbst. »Dass Gott (als Vater) seine Gottheit so weggeben kann, dass Gott (als Sohn) sie nicht bloß geliehen erhält, sondern ›gleich-wesentlich‹ besitzt«, und dass der Geist die Liebe zwischen Vater und Sohn, die er ist, als solche »ent-äußern« kann, bedeutet »eine so unfassbare und unüberbietbare ›Trennung‹ Gottes von sich selbst, dass jede (durch sie!) ermöglichte Trennung [Schöpfung, endliche Freiheit, Sünde], und wäre sie die dunkelste, nur *innerhalb* ihrer sich ereignen kann«[901]. Ausdrücklich unterstreicht Balthasar, dass das, was wir mit dem Begriff »Hölle« andeuten, »nur umfangen von der absoluten und wirklichen Trennung von Vater und Sohn möglich«[902] ist. Der Missbrauch der Freiheit – von Balthasar als »das Nein der Kreatur« bezeichnet – »ertönt an der ›Stelle‹ der innergöttlichen Differenz«[903]. Und dennoch ist der »unendliche Raum«, den Balthasar als den innertrinitarischen beschreibt, keine Eingrenzung der geschöpflichen Freiheit. Denn im Heiligen Geist ist die Differenz zwischen Vater und Sohn als überbrückte in gleichem Maße eine »offengehaltene«[904]. Das zeitliche bzw. endliche Drama der

---

900 An der Darstellung des Christusereignisses als Kenosis bei Hilarius und viel später bei den vielen deutschen, englischen und russischen »Kenotikern« des 19. Jhs. kritisiert Balthasar immer wieder das Fehlen der trinitarischen Dimension (vgl. Mysterium Paschale, 143–154; TD III, 291f; TD IV, 201f). Die Mehrzahl von ihnen übersehe, dass Gott »nicht primär ›absolute Macht‹, sondern absolute ›Liebe‹ ist, dessen Souveränität nicht im Festhalten des Eigenen, sondern in seiner Preisgabe sich kundtut« (Mysterium Paschale, 147).
901 TD III, 302.
902 TD III, 302f.
903 TD III, 310.
904 »Es ist sinnlos, dieses jeder Zeit überlegene [innertrinitarische] Ur-Drama ›statisch‹, ›abstrakt‹, ›in sich geschlossen‹ zu nennen, in der Meinung, es erhalte erst im Durchgang durch eine geschaffene zeitliche Welt seine Bewegtheit und Farbigkeit, durch Sünde, Kreuz und Hölle seinen Ernst und seine Tiefe; darin liegt eine hybride Selbstüberschätzung der geschöpflichen Freiheit, die trügerische Meinung, die Fähigkeit, Nein zu Gott zu sagen, begrenze die göttliche Allmacht derartig, dass erst sie damit Gott in ein ernsthaftes Drama einbeziehe, zu einer Überlegung veranlasse, wie er sich aus der von ihm selbst sich gestellten Falle wieder befreien könne. Vielmehr ist zu sagen, dass mit der ›Entleerung‹ des väterlichen Herzens beim Hervorbringen des Sohnes jedes mögliche Drama zwischen Gott und einer Welt immer schon mit-

6. Jesus Christus – der Weg, die Wahrheit und das Leben?

Schöpfungs- und Heilsgeschichte befindet sich in dem ewigen Drama der Trinität nicht wie in einem es umschließenden Behälter. Denn dann wäre die Welt gar kein wirkliches, sondern nur ein fiktives Drama; dann wäre die definitive Heimholung alles Verlorenen (Apokatastasis) vorprogrammiert. Nein, was Balthasar mit dem an sich missverständlichen Bild der Unterfassung sagen will, ist dies: dass der trinitarische, in Christus als Stellvertreter offenbare Gott niemals aufhört, dem durch seine Sünde pervertierten Geschöpf die Möglichkeit offen zu halten, an die von ihm – und *nur* von ihm – besetzbare »Stelle« oder »Rolle« zurückzukehren.

Weil Jesus »an der Stelle« der Beziehungslosigkeit in Beziehung bleibt; weil Jesus aus der Hölle des Sünders zum Vater ruft, trägt er den Zugang zum Vater bis in die Scheol. Nichts anderes ist mit dem missverständlichen Bild der Unterfassung oder Unterwanderung der Hölle gemeint. Seit Gott in Jesus an die Stelle der äußersten Gottferne der Weltgeschichte getreten ist, hat die Hölle einen Ausweg für jeden Sünder, der sich von Christi Stellvertretung ergreifen lässt. Das gilt für die Verstorbenen ebenso wie für die Lebenden. Wer immer sich von der Stellvertretung Christi ergreifen lässt, ist nicht nur persönlich auf dem Weg zum Vater, sondern auch seinerseits zum Stellvertreter geworden. Die exklusive Stellvertretung Jesu bedingt die inklusive Stellvertretung der von ihm Erlösten. Denn am Kreuz entspringt die Kirche[905]. Vordergründig ein Paradoxon – tiefer gesehen aber Gottes Heil und Gottes Weisheit: »dass in der demütigen Abstiegsbewegung Gottes die sehnsüchtige Aufstiegsbewegung der Kreatur selbst vollendet wird, und zwar in dem Maße, als sie die erstere annimmt.«[906]

Im AT bindet JHWH sein Heil an die Wahrung wechselseitigen Für-Seins der Israeliten füreinander; und im NT bedeutet der Empfang der Erlösung erst dann Gemeinschaft mit Christus (Heil), wenn der Empfänger das empfangene Geschenk fruchtbar macht für andere. Im Blick auf das NT kann man nicht nur von einer Ermöglichung zwischenmenschlicher Stellvertretung durch Christi Stellvertretung, sondern auch umgekehrt von einer Untrennbarkeit der christologischen von der ekklesiologischen Stellvertretung sprechen[907]. Indem der Heilige Geist allen Menschen, die

---

einbeschlossen und überholt ist, da jede Welt nur innerhalb der vom Heiligen Geist sowohl offengehaltenen wie überbrückten Differenz von Vater und Sohn ihren Ort haben kann« (TD III, 303f).

905 »Die Kirche entspringt am Kreuz; die Todesangst angesichts der Weltsünde und des entschwundenen Vaters reißt den Raum auf, in dem sie sich ansiedeln kann« (Balthasar, Cordula, 29). – Vgl. ders., Katholisch. Aspekte des Mysteriums, Einsiedeln 1975, 17–29.

906 H. U. v. Balthasar, Eros und Caritas, in: Seele 21 (1939) 154–157; 157.

907 Balthasar spricht von einer »direkten Einbettung des christlichen Füreinanderkönnens in das Für-uns Christi« (TD III, 393). – Christus und die Gläubigen »sind

6.1 Stellvertretung – das christozentrische Modell der Soteriologie 401

Christi Stellvertretung annehmen, eine Stelle »zwischen der Liebe des preisgebenden Vaters [...] und der Liebe des über sich verfügenlassenden Sohnes«[908] ermöglicht, entfaltet er die Herrlichkeitsgestalt der exklusiven Stellvertretung Jesu Christi zur Herrlichkeitsgestalt der inklusiven Stellvertretung der Kirche. Am klarsten sieht Balthasar das Verhältnis von exklusiver Stellvertretung Christi und inklusiver Stellvertretung der Christen von den johanneischen und paulinischen »Mit- und In-Christus-Formeln« beschrieben[909].

Die inklusive Stellvertretung der Christen ist zwar durch die exklusive Stellvertretung Christi bedingt, kann sich aber ebenso wie diese quantitativ und qualitativ auf alles erstrecken, was Folge der Sünde ist: auf die sichtbare Dimension der Gewalt- und Unrechtsstrukturen ebenso wie auf die unsichtbare Dimension der Einsamkeit und Angst, des Nichtmehr-beten-Könnens, der Hoffnungslosigkeit, der Verzweiflung und des Sterbens[910].

Weil Kirche inklusive Stellvertretung ist, kann Balthasar kurz und bündig formulieren: »Es gibt keine Ekklesiologie, die im Kern nicht Christologie wäre.«[911] Wie der einzelne Christ sein soll, was er in Taufe, Firmung und Eucharistie empfängt, so ist die Kirche insgesamt Sakrament, d. h.

---

seinsmäßig mit- und untereinander verbunden durch den ›Geist Christi‹, der die historische Selbsthingabe Christi mit der Hingabe des Leibes Christi, der Kirche, zu einer realen, ontologischen und im Sinne der Kirchenväter physischen Einheit zusammenschließt« (ders., Spiritus Creator. Skizzen zur Theologie III, Einsiedeln 1967, 171).

908 H III/2/B, 208.

909 Vgl. H III/2/B, 273.369–371.380f.429–440; TD II/2, 211–229, bes. 225–229.

910 Balthasars Monografien über Therese von Lisieux und Elisabeth von Dijon, auch seine Arbeiten über Reinhold Schneider und Georges Bernanos, über die klerikalen und die laikalen Vertreter einer Schau und Reflexion der Herrlichkeitsgestalt des Erlösers, und nicht zuletzt seine große Arbeit über Gemeinsamkeit und Eigenart von Laien-, Räte- und Priesterstand sind Darstellungen inklusiver Stellvertretung. Diese Stellvertretung ist keine vom Alltag abgehobene Wirklichkeit, sondern das an Herkunft, Begabung, Erziehung, Ausbildung, Berufs- und Standeswahl gebundene Für-Sein des einzelnen Menschen. Die Einmaligkeit (Identität) des Einzelnen besteht in einem je einzigartigen Empfangen und ebenso einzigartigen Geben von Stellvertretung. Was nur wenige Menschen wie z. B. die kleine Therese schriftlich ausgedrückt und festgehalten haben, betrifft dennoch alle, weil grundsätzlich jeder Mensch sein Leben und Sterben überall und zu jedem Zeitpunkt zum Inhalt stellvertretenden Für-Seins machen kann. Balthasar erkennt in den autobiografischen Zeugnissen vieler Heiliger die stets neu geäußerte Überzeugung, dass die zerstörerische Destruktion des Leidens durch Stellvertretung in ihr Gegenteil verwandelt wird und dass die Kräfte des »Füreinanderkönnens bis in die innersten Regionen fremder Freiheit einzuwirken vermögen« (TD III, 385).

911 H. U. v. Balthasar, Sponsa Verbi. Skizzen zur Theologie II, Einsiedeln ²1972, 22. – Vgl. TD II/2, 388–394.

6. Jesus Christus – der Weg, die Wahrheit und das Leben?

von Christus untrennbares Mittel und Werkzeug zur Inklusion möglichst aller Menschen in den Sohn[912].

Balthasar unterscheidet zwar zwischen der zentripetalen Mission Israels und der zentrifugalen Mission der Kirche[913], bestreitet damit aber nicht, dass eine Kirche, deren Missionsauftrag »bedingungslos universal«[914] ist, zunächst »*in sich* die Qualität des Sauerteigs besitzen und ausbilden«[915] muss. »Es geht hier um eine klare Aufeinanderfolge von Phasen: wenn nicht ›zuerst‹ für die innere Qualität der kirchlichen Substanz gesorgt wird, kann diese nicht ›nachher‹ ins Außen wirken. Der intensive Apostolat eines Ordensmannes beginnt mit dem vorbereitenden Noviziat, der des Priesters im Seminar, wie die ungeheure Ausstrahlung Pauli mit Arabia begonnen hat, wie alle großen Gründer in der Kirche aus der Einsamkeit kamen.«[916] Am Anfang steht immer die Eingestaltung der eigenen Sendung in Christus hinein. Dann folgt die Realisierung der Sendung. Und deren Ziel ist die Heimholung aller Menschen, vor allem der scheinbar Verlorenen[917].

Weil es der Kirche nie um sich selbst, sondern um »die Anderen« gehen soll, plädiert Balthasar für eine Gestalt der real existierenden Kirche, die ihr Eigensein, gerade auch ihre Institutionen und ordinierten Repräsentanten relativiert und stattdessen die Sendungen stärkt, die an die Ränder und über die Ränder hinaus gehen. Von daher erklärt sich seine Gründung einer Gemeinschaft von Christen, die nicht in einem Orden, sondern mitten in der Welt und besonders jenseits der Ränder der Kirche

---

912 »Die Einheit von unten ist für den Erlöser als Einheit der erbsündigen massa damnata gekennzeichnet, und die erlösende Einheit von oben – Gott in Christus und in der Kirche – meint als letztes Subjekt der Zuwendung nicht Vereinzelte, die aus der massa damnata herausgehoben, der Erlösung gewürdigt werden, sie meint nichts Geringeres als die Menschheit. Für sie hat Christus am Kreuz genuggetan, etwas anderes zu sagen wäre Jansenismus« (Balthasar, Sponsa Verbi, 191). – »Am meisten versteht man von diesem Zusammenhang, wenn man Kirche als den Leib Christi sieht, den er sich zugesellt, um sein Erlösungswerk an Welt und Menschheit durchzuführen, wenn die – auf ihrer Stufe und an ihrem Platz – ›miterlösende‹ Funktion der Kirche und damit ihre Vermittlerrolle zur Welt hin bedacht wird« (ebd. 192).
913 Vgl. TD II/2, 400.
914 TD II/2, 403.
915 TD II/2, 400.
916 TD II/2, 401.
917 »Hier ist auch die untrennbare Einheit zwischen dem Werk Balthasars und dem Werk Adrienne von Speyrs begründet, die Balthasar immer wieder hervorhebt. Das Buch über ihre Zusammenarbeit ist bezeichnenderweise ›Unser Auftrag‹ betitelt. Es ist *ein* gemeinsamer Auftrag zur Gründung der Johannesgemeinschaft« (P. Henrici, Der Weltauftrag des Christen, in: Vermittlung als Auftrag. Symposion zum 90. Geburtstag von Hans Urs von Balthasar, hg. von der Hans Urs von Balthasar-Stiftung, Einsiedeln/Freiburg 1995, 125–148; hier: 127).

6.1 Stellvertretung – das christozentrische Modell der Soteriologie 403

die evangelischen Räte so leben, dass sie von »den Anderen« nach dem Grund ihrer Hoffnung gefragt werden[918].

Balthasar bezeichnet die institutionell vorgegebenen Mittel und Werkzeuge der sichtbaren Kirche als *vorläufig* notwendige, aber vor Missbrauch und Missverständnissen leider nicht gefeite Instrumente[919]. Das Zerbrechen der sichtbaren Einheit ist aus seiner Sicht immer Folge einer mangelnden Rückbindung dieser institutionell vorgegebenen Mittel und Werkzeuge an den Ursprung der Kirche, an Jesus Christus. Wo zum Beispiel die Vollmacht der Apostelnachfolger nur noch den Eindruck der Macht über andere und nicht wenigstens auch das eigene Leiden an der Unausweichlichkeit der eigenen Machtausübung vermittelt, da mag die

---

918 »Wie die ›theologia negativa‹ durchaus nach Wegen zu Gott sucht, von Gott redet und seine Eigenschaften benennt, doch dann im gleichen Atemzug auch die Unangemessenheit all dieser Namen aussagt: so verleugnet auch die ›ecclesiologa negativa‹ die sichtbaren Strukturen der Kirche nicht – Amt und Sakramente, Ordensgemeinschaften, Theologische Lehranstalten, ja selbst das Kardinalat –, aber sie stellt ihre Uneigentlichkeit ins Licht gegenüber dem Eigentlichen, der Teilnahme an der Weltsendung Christi. Und weil Balthasar offenbar gerade diese Botschaft zu verkünden hatte, musste er auch in seinem Leben, bei aller Zugehörigkeit zum kirchlichen Amt, zum Ordensstand und zur Zunft der Theologen, in Abstand zu den entsprechenden Institutionen und Strukturen leben.« (P. Henrici, Die allgegenwärtige Kirche, in: »Wer ist die Kirche?«. Die Referate am Symposion zum 10. Todesjahr von Hans Urs von Balthasar, hg. von der Hans Urs von Balthasar-Stiftung, Einsiedeln/Freiburg 1999, 137–150; hier: 149).

919 Nur »für die Zeit der irdischen *oikonomia* objektiviert sich der Heilige Geist auch in der Form der kirchlichen Institution, um auf diesem Umweg den subjektiven Geist der Gläubigen in die Nachfolge Christi einzuüben und ihnen dessen unmittelbare Gegenwart zu sichern. Am Ende der Welt schwindet die unpersönliche Institution, um nur das lebendige Sakrament: den fleischgewordenen Sohn Gottes und die durch ihn und mit ihm leibhaft Auferstandenen übrigzulassen. [...] Die Vorläufigkeit der institutionellen Kirche hängt schließlich damit zusammen, dass sie ein ›Netz‹ sein muss, das gute und schlechte Fische enthält, die erst am Weltende auseinandergelesen werden (Mt 13,47–49): ein objektives Netz also, das für das subjektiv Disparateste – von fleckenlos Heiligen bis zum Todsünder – Raum bieten muss. Das Netz kann als objektive Institution eine substantielle, von der Gründung her verbürgte Solidität und Inerranz verbürgen, hat aber dort, wo das Institutionelle zu einem Mittel von Macht oder Magie missbraucht wird, keine missionarische Überzeugungskraft, im Gegenteil, es wirkt entfremdend und abschreckend. Was immanent, innerkirchlich, heilsvermittelnd ist, wirkt transzendent einheitzerstörend. Noch schärfer: was immanent auch bei sündigem Missbrauch der Verheißung bei sich hat, die Kirche vor Scheitern in Irrtum oder substantieller Fehldeutung des Glaubens zu bewahren, das kann – nicht nur durch falschen Gebrauch der hierarchischen Vollmacht, sondern oft genug durch Blindheit und Fehldeutung des Kirchenvolks – zum qualifizierten Ärgernis für die gesamte Umwelt werden. Hier zeigt sich – viel mehr als in ihrer eschatologischen Vorläufigkeit – die Prekarität der Kirche als einer institutionell organisierten Gemeinschaft« (TD II/2, 405). – Vgl. auch Balthasars Vergleich der institutionellen Kirche mit einem dem lebendigen Organismus dienenden »Knochengerüst« in: Sponsa Verbi, 36.

6. Jesus Christus – der Weg, die Wahrheit und das Leben?

ausgeübte Macht nach innen disziplinieren; nach außen aber wirkt sie spaltend[920]. Spaltung aber ist Sünde. Denn sie ist das Gegenteil von dem, was Christus will. Aus der Sicht Balthasars ist die Kirche nur in dem Maße ihrem Ursprung treu, als sie sich als Versichtbarung Christi in die Welt hinein versteht. Deshalb gilt für die Kirche insgesamt und für jeden Einzelnen: Wer Christus sichtbar machen soll durch seine Sendung, der darf nicht spalten. In diesem Zusammenhang erteilt Balthasar jeder Ökumene eine Absage[921], welche die Spaltungen der Christenheit im Nachhinein schönredet oder gar als theologisch notwendig bezeichnet und die Rückkehr zur Einheit nicht mit einer Beseitigung der institutionellen Trennung verbindet. Denn »theologisch kann es auf keinen Fall mehrere Kirchen Christi geben«[922]. Mit Karl Barth wendet sich Balthasar gegen jede rechtfertigende Erklärung der Spaltungen: »›Man soll die Vielheit der Kirchen […] nicht erklären wollen als eine von Gott gewollte und also normale Entfaltung des Reichtums der in Jesus Christus der Menschheit geschenkten Gnade‹, auch nicht ›als ein notwendiges Merkmal der sichtbaren, empirischen Kirche im Gegensatz zu der unsichtbaren, idealen, wesentlichen Kirche. Man soll das darum nicht tun, weil diese ganze Unterscheidung dem Neuen Testament fremd, weil die Kirche Jesu Christi auch in dieser Hinsicht nur eine ist: unsichtbar nach der Gnade des Wortes Gottes und des Heiligen Geistes, […] aber zeichenhaft sichtbar in der Menge der sich zu ihr Bekennenden, sichtbar als Gemeinde und gemeindliches Amt, sichtbar als Dienst am Wort und Sakrament […] Es gibt keine Flucht von der sichtbaren zur unsichtbaren Kirche‹. Versucht man eine solche Ökumene, dann ›treibt man, wie schön sich die Sache immer anhören mag, Geschichts- und Gesellschaftsphilosophie und keine Theologie, d. h. man produziert, um die Frage nach der Einheit der Kirche loszuwerden, seine eigenen Ideen, statt der von Christus gestellten Frage standzuhalten‹.«[923]

Die Heilsnotwendigkeit der Kirche liegt darin, dass Christus sie als *notwendiges* Mittel und Werkzeug (Sakrament) zur Heimholung aller Menschen wollte. Aber deswegen, weil Christus und die Kirche heilsnotwendig sind, müssen nicht alle Menschen der Kirche angehören, um

---

[920] Vgl. Balthasar, Sponsa Verbi, 335–337; ders., Der antirömische Affekt. Wie lässt sich das Papsttum in der Gesamtkirche integrieren?, Freiburg 1974, 188–234.
[921] Vgl. Balthasar, Der antirömische Affekt, 103–107. – Dazu: C. v. Schönborn, Hans Urs von Balthasars Beitrag zur Ökumene, in: Hans Urs von Balthasar – Gestalt und Werk, hg. v. K. Lehmann u. W. Kasper, Köln 1989, 334–348.
[922] TD II/2, 407.
[923] TD II/2, 407f. – Balthasar zitiert hier: K. Barth, Die Kirche und die Kirchen (TEH 27), München 1935, 9f.

6.1 Stellvertretung – das christozentrische Modell der Soteriologie   405

selbst zum Heil zu gelangen. Wenn jemand der Kirche angehört, dann nicht nur – nicht einmal primär – für das eigene Heil, sondern um auf je einmalige Weise Mittel und Werkzeug für »die Anderen« sein zu können. Es gehört zum Wesen der Kirche, dass sie – inkludiert in die Stellvertretung »des Einen« – die Schar der relativ Wenigen darstellt, durch die Gott die Vielen retten will; dass – anders gesagt – ihr Dienst zwar nicht *von* allen, wohl aber *für* alle getan wird.»Was im Leib die Seele ist, das sind in der Welt die Christen.«[924] Die Sakramentalität der Kirche bedeutet immer beides: dass sich die Kirche von der Nichtkirche unterscheiden muss (denn sonst können die Gläubigen für die Nichtgläubigen nichts sein, was diese nicht selbst schon wären); dass sie aber zugleich ihr In-Sein in Christus fruchtbar machen soll für die anderen Brüder und Schwestern.

6.1.3 Gisbert Greshake: Communio als Kriterium und Ziel aller Stellvertretung

Gisbert Greshake bestätigt in seinem soteriologischen Entwurf[925], dass da, wo einer dem Anderen eine Stelle im Sein oder da, wo einer dem Anderen die Rückkehr in seine Eigentlichkeit ermöglicht, Erlösung verwirklicht wird. Aber er betont zugleich, dass die Ermöglichung von Erlösung noch nicht die Erlösung selber ist. Diese bezeichnet er deshalb nicht mit den Begriffen »Stellvertretung« oder »Sühne«, sondern mit dem Begriff »Communio«.

Dabei ist strikt zu beachten, dass die Communio, die der trinitarische Gott selbst ist, kein Prius der Einheit vor der Vielheit, kein ontologisches Plus der Einheit vor der Relationalität kennt. Das heißt: *Indem* die drei Personen Vater, Sohn und Heiliger Geist zueinander in Beziehung stehen, sind sie der eine wahre Gott. Wo diese Communio sich ein Gegenüber erschafft, entsteht ein Geschöpf, das in demselben Maße es selbst ist, als es auf seinen Schöpfer und auf seine Mitgeschöpfe bezogen ist.

Was aber ist Erlösung, wenn sie das Geschenk solcher Communio ist? Greshake antwortet: Erlösung ist die Erfahrung, bedingungslos gewollt, anerkannt und bejaht zu sein. Jeder Mensch »sehnt sich und strebt nach einer Liebe, die ein unbedingtes und unerschütterliches Ja zu ihm sagt und diese Bejahung unter allen Bedingungen verbürgen kann. Dazu gehört, dass diese Liebe auch Grund, Sinn und Vollendung des Daseins umgreifen und garantieren kann; dazu gehört, dass sie selbst angesichts

---
924 F. Wetter, Verantwortung vor Gott, Augsburg 2002, 152.
925 Vgl. M. Bollig, Einheit in der Vielfalt. Communio als Schlüsselbegriff des christlichen Glaubens im Werk von Gisbert Greshake (BDS 37), 185–248.

6. Jesus Christus – der Weg, die Wahrheit und das Leben?

von schwerer Schuld und drohendem Tod ihr Ja nicht zurückzieht, sondern einzulösen vermag. ›Jemanden lieben, heißt, ihm sagen: Du wirst nicht sterben!‹, bemerkt Gabriel Marcel.«[926] Und Greshake fragt: »Welcher Mensch aber oder welche Communio von Menschen kann das verbürgen?«[927]

Weil eine rein zwischenmenschliche Communio dem Einzelnen nicht geben kann, wonach er sich immer schon sehnt und ausstreckt, können wir in der Geschichte der Menschheit immer wieder das Phänomen beobachten, dass eine Gemeinschaft von Menschen, die Erlösung machen oder selbst herstellen will, den Einzelnen nicht personalisiert oder zu sich selbst befreit, sondern knechtet. Die Geschichte des real existierenden Kommunismus ist eine Geschichte des Terrors und der Menschenverachtung und also das Gegenteil von Erlösung. Deshalb stellt Greshake die Regel auf: In dem Maße, in dem eine Communio den Einzelnen personalisiert und zu sich selbst befreit, ist sie das Geschenk der Erlösung. Was in der Communio des trinitarischen Gottes vorgebildet ist, muss sich abbilden in der Communio derer, die das in Christus gesprochene Ja-Wort annehmen und verleiblichen[928].

Vor dem Hintergrund dieser Ausführungen wird deutlich, warum Greshake der Bewegung der »Integrierten Gemeinde« kritisch gegenübersteht[929]. Aus seiner Sicht ist das Ziel dieser Gemeinden nicht zuerst die Personalisierung der Einzelnen, sondern die größtmögliche Einigkeit

---

926 G. Greshake, Erlöst in einer unerlösten Welt?, Mainz 1987, 49.
927 Greshake, Erlöst, 49.
928 Vgl. Greshake, Erlöst, 46f.
929 Es handelt sich bei der ›Integrierten Gemeinde‹ um eine mittlerweile in drei Kontinenten verbreitete Gemeinschaft von Laien und Priestern. Die Anfänge reichen in das Jahr 1945 zurück und standen ganz unter dem Eindruck, dass inmitten eines christlich geprägten Landes der Holocaust möglich war. Die Initiatoren waren Traudl und Herbert Wallbrecher. 1978 wurde die Bewegung kirchlich approbiert und 1985 gemäß c. 301 CIC als »öffentlicher Verein« errichtet. Rudolf Pesch, der mit Ludwig Weimer, Gerhard Lohfink und Norbert Lohfink zu den prominentesten Theologen der »Integrierten Gemeinde« gehört, nennt als Zielsetzungen: »Theologie des Volkes Gottes; Zusammenführung von apostolischem Leben und apostolischem Amt; vita communis von Familien und Ledigen; Bemühungen um ›Glaube und Form‹ (in Medizin, Erziehung, Gestaltung, Wirtschaft) sowie um Überwindung der Spaltungen seit dem ›Urschisma‹ zwischen Israel und Kirche« (R. Pesch, Integrierte Gemeinde, in: LThK³ V [1996] 550). – Ludwig Weimer (Die Lust an Gott und seiner Sache oder Lassen sich Gnade und Freiheit, Glaube und Vernunft, Erlösung und Befreiung vereinbaren?, Freiburg 1981) betont, dass es einen Ort gibt, »der noch und schon beides ist, Erde und Himmel, ohne gettohaft aus dem universalen Weltzusammenhang herauszufallen« (279). Gemeint ist mit diesem Ort die Gemeinde, die aus Weimers Sicht in Analogie zum auserwählten Volk anfanghaft schon hier und jetzt darstellt, was gelebte Communio mit Gott in der Communio mit den Brüdern und Schwestern ist.

6.1 Stellvertretung – das christozentrische Modell der Soteriologie

der Vielen. Von daher häufen sich – so meint er – die Fälle von Mitgliedern, die sich im wahrsten Sinne dieses Wortes »nicht mehr frei« fühlen.

Einig ist Greshake mit dem Konzept der »Integrierten Gemeinde« in der Bezeichnung der Communio als des Inbegriffs der Erlösung. Aber welche Communio ist gemeint? Greshake versucht in seiner Antwort auf diese Frage eine Profilierung erlösten Daseins (Communio) vor dem Hintergrund des Gegenteils, nämlich der Sünde. Diese ist im Ansatz immer der aus der Angst geborene Versuch, das Absolute, auf das hin jeder Mensch sich immer schon ausstreckt, selbst zu leisten: z. B. durch die Verabsolutierung von »Genuss, Sex, Geld, Prestige, Erfolg, Macht, Anerkannt- und Geliebtwerden«[930]. Und die Verabsolutierung von irgendetwas Endlichem richtet sich nicht nur gegen die Communio mit dem Einen, der allein »der Absolute« ist, sondern auch gegen die Communio mit den Mitmenschen. Denn »jede Sünde, mag sie auch noch so verborgen und ›tief-innerlich‹ sein«, verleiblicht sich »im persönlichen sozialen Verhalten, in Rede und Handlungsweise, in destruktiver Praxis gegen Institutionen, Ordnungen, Werte […]. Das Zusammenleben der Menschen wird von ihr mitbetroffen. Man braucht nur an so augenfällige Phänomene wie Verleumdung, Verrat und Untreue, Intrigen, Ausbeutung, Macht- und Konkurrenzkämpfe, Sich-selbst-Durchboxen auf Kosten anderer u. dgl. zu denken. Durch Häufung oder Zuspitzung solcher negativer Verhaltensweisen entstehen ungerechte, den Frieden unmöglich machende Strukturen, Verhältnisse und Institutionen, in denen das Zusammenleben vergiftet, ja tödlich verwundet wird.«[931]

Detailliert zeigt Greshake[932], dass das Hintreten Christi an die »Stelle der Sünde« (2 Kor 5,21) kein Handeln des trinitarischen Gottes am Sünder ohne den Sünder, sondern stets ein Handeln Gottes mit dem Sünder ist. Weil Gott Communio ist, kann er sich nur in Gestalt der Communio mit dem Menschen, dem er Vergebung schenkt, versöhnen. Die Annahme der göttlichen Communio von Seiten des Sünders ist deshalb kein privatistisches Empfangen, sondern das »Ausbrennen« bzw. »Purgieren« dessen, was die Sünde durch die Verkrümmung des Sünders in das eigene Ich und durch die Zerstörung der Communio mit dem Nächsten angerichtet hat. Obwohl der Begriff Sühne immer noch die Assoziation erweckt, es gehe um das Gnädigstimmen des von der Sünde erzürnten Vaters durch ein der Sünde äquivalentes Opfer, plädiert Greshake für die Beibehaltung dieses Begriffs – allerdings mit umgekehrtem Vorzeichen. Es geht in der Sühne um die Umkehrung des Sünders selbst von einem ichbezogenen in

---

930 Greshake, Erlöst, 62.
931 Greshake, Erlöst, 67.
932 Vgl. Greshake, Erlöst, 90–108.

6. Jesus Christus – der Weg, die Wahrheit und das Leben?

einen kommunialen Menschen und also nicht um eine Besänftigung des strafenden Richtergottes.

Nur wenn sichergestellt ist, dass die Communio, die uns Gott in Christus schenkt, den Einzelnen zu seiner Eigentlichkeit befreit, darf man die Kirche bzw. die Gemeinde als Verleiblichung der erlösenden Gnade bezeichnen. Man kann »Erlösung nicht ohne Kirche ›haben‹«[933]. Aber – so betont Greshake – allzu oft »war das, was Kirche eigentlich ist und sein soll, bis zur Unkenntlichkeit vermischt mit dem Gegenteil: Statt Communio darzustellen und zu verwirklichen, waren und sind Christen Urheber von Streit und Zwietracht. Sie kündigen Gemeinschaft, Einheit und Solidarität auf, statt sie zu realisieren; sie schaffen untereinander Spaltungen und infizieren damit ihre Umwelt, statt umgekehrt der zerspaltenen Welt Heilung und Versöhnung zu bringen.«[934] Es gibt zwar eine »felix culpa«, d. h. die Umwandlung von Schuld in ein Werkzeug der Gnade. Aber die Kirche insgesamt und jeder Einzelne in ihr ist immer beides zugleich: Hindernis und Werkzeug der Gnade. Von daher kann und darf es keine Identifikation der Kirche mit der Gnade geben. Vielmehr muss stets deutlich sein, dass es zwar ein Kriterium[935] der Treue der Kirche gegenüber Christus gibt – das ist der Grad der erreichten Kommunialität des Einzelnen und der Kirche insgesamt –; dass es aber deshalb nirgendwo, auch nicht in einer »Integrierten Gemeinde«, den Zustand der Deckungsgleichheit von Kirche und Gnade gibt.

---

933 Greshake, Erlöst, 137. – »Weil Erlösung dazu befähigt und drängt, sich in ›darstellender Praxis‹ zu verleiblichen und zu verwirklichen, ist ihre erste ›Frucht‹ die Kirche. In ihr und durch sie soll die Uridee Gottes mit seiner Schöpfung: Communio und die durch Christus endgültig gestiftete Gemeinschaft dargestellt und in einem Prozess fortschreitender Integration und ›Unifikation‹ (P. Teilhard de Chardin) verwirklicht werden. Genau dies hob das II. Vatikanische Konzil hervor, als es die Kirche definierte als ›Sakrament‹, d. h. als ›Zeichen und Werkzeug für die innigste Vereinigung mit Gott wie für die Einheit der ganzen Menschheit‹ (LG 1)« (ebd. 133).

934 Greshake, Erlöst, 135f.

935 Nur im Sinne einer Kriteriologie will Greshake die von Gerhard Lohfink zu Bedingungen erklärten Hinweise des NT verstehen: »mit Ehrerbietung einander zuvorkommen (Röm 12,10); Einmütigkeit untereinander suchen (Röm 12,16); einander annehmen (Röm 15,7); einander zurechtweisen (Röm 15,14); einander mit heiligem Kuss grüßen (Röm 16,16); aufeinander warten (1 Kor 11,33); einträchtig füreinander sorgen (1 Kor 12,25); einander in Liebe Sklavendienste leisten (Gal 5,13); einander die Lasten tragen (Gal 6,2); einander trösten (1 Thess 5,11); einander erbauen (1 Thess 5,11); in Frieden miteinander leben (2 Thess 5,13); einander Gutes tun (1 Thess 5,15); einander in Liebe ertragen (Eph 4,2); gütig und barmherzig zueinander sein (Eph 4,32); sich einander unterordnen (Eph 5,21); einander verzeihen (Kol 3,13); einander die Sünden bekennen (Jak 5,16); füreinander beten (Jak 5,16); einander von Herzen lieben (1 Petr 1,22); gastfreundlich zueinander sein (1 Petr 4,9); einander in Demut begegnen (1 Petr 5,5); miteinander Gemeinschaft haben (1 Joh 1,7)« (G. Lohfink, Wie hat Jesus Gemeinde gewollt?, Freiburg 1982, 116f.)

6.2 Befreiung oder: Das anthropozentrische Modell der Soteriologie

Der Soteriologie von Barth und Balthasar ist immer wieder vorgeworfen worden, das Erlösungsgeschehen im Wesentlichen auf einer geschichtsjenseitigen Ebene des eigentlich immer schon errungenen Sieges und der eigentlich immer schon erfolgten Unterfassung aller Höllen anzusiedeln. Zwar sei bei Balthasar die Rede von einem Drama. Aber – so meinen viele seiner Kritiker – letztlich handele es sich doch um ein unsichtbares Drama zwischen Christus und dem einzelnen Sünder. Letztlich gehe es immer nur um die Versöhnung des Einzelnen mit Gott und eigentlich nicht um die Versöhnung der Menschen untereinander, um eine gerechte Gesellschaft, um eine Befreiung der Unterdrückten oder um die Dramen der hier und jetzt erlebten Leidensgeschichten.

Im Rahmen des jüdisch-christlichen Dialogs erkennen Christen mit zunehmender Deutlichkeit, in welchem Ausmaß sie über Jahrhunderte ein weitgehend weltflüchtiges und heilsindividualistisches Erlösungsverständnis gelehrt und gelebt haben. Das Wort »Befreiung« bedeutet im Kontext der augustinischen Gnadenlehre Befreiung von der Sünde, nicht aber Befreiung z. B. von politischer Unterdrückung. Im Unterschied dazu hat das Judentum die erhoffte Erlösung durch den Messias stets als ein Welt und Geschichte integrierendes Geschehen erhofft.

6.2.1 Johann Baptist Metz: Erlösung als Christopraxis

Im Anschluss an diese jüdische Hoffnung bezeichnet Johann Baptist Metz den unerlösten Menschen nicht einfach als Sünder, sondern – umfassender – als mit sich selbst nicht identischen, d. h. leidenden Menschen. Wer von Erlösung spricht, kann sich nicht mit der Versöhnung der Einzelseele begnügen, sondern muss auch Auskunft geben über die Vereinbarkeit des Christusereignisses mit dem Fortschreiben von Unrecht und Ausbeutung.

Wer einem leidenden Menschen mit der theologischen Aussage begegnet, in Jesus Christus habe Gott ihn eigentlich schon erlöst, ist aus der Sicht von Johann Baptist Metz ein Gnostiker. Denn alle Gnostizismen der Geschichte haben zumindest dieses gemeinsam, dass sie das Heil nicht in der Geschichte, sondern jenseits davon suchen. Der Leib ist in allen Spielarten der Gnosis das Gefängnis des eigentlichen Menschen, und Welt und Geschichte sind in allen Gnostizismen das eigentlich gar nicht Wirkliche oder jedenfalls etwas, das man verlassen muss, um das Heil zu erlangen –

410   6. Jesus Christus – der Weg, die Wahrheit und das Leben?

sofern physisch nicht möglich, dann wenigstens mental z. B. in Gestalt esoterischer Praktiken.

Mit Nachdruck wendet sich Metz nicht nur gegen die in Balthasars »Theodramatik« artikulierte »Unterfassung« aller endlichen Leidensgeschichten durch die »innertrinitarische Kenosis«, sondern auch gegen die Unterscheidung seines Lehrers Karl Rahner zwischen dem *Schon* der durch Christus erwirkten Erlösung und dem *Noch nicht* der geschichtlichen Annahme dieses Geschenkes von Seiten des einzelnen Menschen. Wenn Christus uns »immer schon« unsichtbar und innerlich erlöst hätte, dann – so folgert er – wäre der wahre Christ so etwas Ähnliches wie der trickreiche Igel in der berühmten Parabel vom Wettlauf mit dem Hasen. Er ist ebenso wie sein Doppelgänger *immer schon* am Ziel, während sich der Hase bis zum Umfallen abstrampelt. Metz ergreift Partei für den Hasen und erklärt dessen Existenzweise zum Kriterium des wahren Christseins. Denn – so seine Begründung – die Annahme der Gnade erfolgt im Modus des Mitvollzugs der Inkarnation und Passion Jesu Christi, sozusagen in der Weise des sich für den Nächsten verausgabenden Hasen[936].

---

[936] »Um diese kritische Intention zu verdeutlichen, möchte ich an ein Märchen erinnern, das hierzulande zu den bekanntesten und beliebtesten zählt: das Märchen vom Hasen und vom Igel, näherhin die Geschichte von jenem krummbeinigen, aber pfiffigen ›Swinegel‹, der am Sonntagmorgen auf dem Felde spazieren geht und dem Hasen, der ihn wieder einmal wegen seiner ›schiefen Beine‹ gefoppt hatte, kurzerhand einen Wettlauf in den Ackerfurchen vorschlägt, und der dann vor dem Lauf erst noch einmal nach Hause geht (zum Frühstücken, wie er sagt, da es sich auf nüchternen Magen nicht gut laufe ...), um seine Igelfrau zu holen – ›die bekanntlich genauso aussieht wie ihr Mann‹ – und sie am oberen, entfernteren Ende der Ackerfurche zu postieren, während er selbst sich am unteren Ende neben dem Hasen zum Lauf aufstellt. Wie man weiß, fällt der Hase auf diesen Igeltrick herein: er läuft und läuft in seiner Furche, der Igel ist, hier und dort, ›immer schon da‹, und schließlich rennt und stürzt sich der Hase auf dem Ackerfeld zu Tode. Die ›Kleinen‹, Zukurzgekommenen und ›Langsamen‹ im Leben, zu deren Ermutigung das Märchen geschrieben ist, mögen mir gestatten, diese schöne Geschichte gegen ihre eigene, nur allzu berechtigte Intention zu lesen und einen Augenblick lang – für den Hasen Partei zu ergreifen, der läuft und läuft und sich schließlich im Wettlauf zu Tode stürzt, während der Igel durch einen Trick siegt, der ihm das Laufen überhaupt erspart. Die Option für den Hasen, das wäre hier die Option für das Eintreten in das Feld der Geschichte, das man nur im Lauf, im Wettstreit, im Flug (und wie immer die Bilder gerade der paulinischen Traditionen für das geschichtlich-eschatologische Leben der Christen lauten) durchmessen kann. Und diese Option für den Hasen bedeutet gleichzeitig den Versuch, die idealistische Sicherung gefährdeter Identität des Christentums, die absieht von der identitätsrettenden Kraft der Praxis (des Laufens), kritisch zu entlarven – sozusagen als theologischen Igel-Trick, der Identität und Sieg ohne die Erfahrung des Laufens (d. h. auch ohne die Erfahrung der Bedrohung und des möglichen Untergangs) verbürgt« (J. B. Metz, Glaube in Geschichte und Gesellschaft. Studien zu einer praktischen Fundamentaltheologie, Mainz ⁵1992, 158f).

6.2 Befreiung – das anthropozentrische Modell der Soteriologie

Metz konzipiert eine »Soteriologie der Befreiung«, die von vornherein darauf verzichtet, das Erlösungshandeln Christi von dem Erlösungshandeln der von ihm Erlösten zu unterscheiden. Nur wo hier und jetzt, in Welt und Geschichte, Menschen zu Subjekten der Befreiung werden, darf aus seiner Sicht von Erlösung gesprochen werden. Das Grundproblem der christlichen Soteriologie ist demnach nicht das der Verhältnisbestimmung von göttlichem und menschlichem Handeln, sondern das der Verhältnisbestimmung von Theorie und Praxis.

Um sich von den Gestalten einer »politischen Theologie« abzusetzen, die ein bestimmtes Interesse oder eine bestimmte Politik theologisch rechtfertigen, nennt Metz die eigene Soteriologie eine »neue politische Theologie«. Diese artikuliert sich – in Absetzung von jeder Theologisierung oder Klerikalisierung von Politik – in Gestalt einer Kritik, die sich an der Erfahrung bedrohter Humanität entzündet (vgl. Adornos »Negative Dialektik«). Metz distanziert sich von der marxistischen Geschichtsauffassung, indem er immer wieder betont, dass die schöpferisch-kritische Hoffnung der Christen nicht einfach mit einem »militanten Optimismus« zu identifizieren sei. Als theologisches Instrument der Ideologiekritik wird der *eschatologische Vorbehalt* eingeführt; er dient dazu, aus der Perspektive des Glaubens die Zukunft als Ankunft des größeren Geheimnisses Gottes zur Geltung zu bringen. Dieses Wissen um die größere Zukunft Gottes schützt vor überzogenen Erwartungen an die Möglichkeiten des Menschen, aufgrund wissenschaftlicher Fortschritte und technologischer Planung das vollkommene Heil selbst verwirklichen zu können.

In dem umfangreichen Werk von Johann Baptist Metz[937] lassen sich drei Phasen seiner so genannten »neuen politischen Theologie« unterscheiden:
- Die *erste* Phase ist gekennzeichnet durch die Stichworte Zukunftsprimat, Praxisprimat und eschatologischer Vorbehalt.
- Die *zweite* Phase beginnt mit einer *Kritik an jeder futurischen Engführung* des Befreiungshandelns. Denn Zukunft als Gegenstand christlicher Hoffnung kann gepaart sein mit dem Vergessen der Vergangenheit. Für Metz wird die Erinnerung an die Leidensgeschichte der Welt (*memoria passionis*) ebenso wichtig wie die eschatologische Praxis zur Herbeiführung einer besseren Zukunft. Die Überwindung der einseiti-

---
937 Vgl. G. Neuhaus, Transzendentale Erfahrung? Der Vorwurf der Subjektlosigkeit an Rahners Begriff geschichtlicher Existenz und eine weiterführende Perspektive transzendentaler Theologie, Düsseldorf 1982; J.-H. Tück, Christologie und Theodizee bei Johann Baptist Metz. Ambivalenz der Neuzeit im Licht der Gottesfrage, Paderborn 1999, 85–220; P. B. Kleden, Christologie in Fragmenten. Die Rede von Jesus Christus im Spannungsfeld von Hoffnungs- und Leidensgeschichte bei Johann Baptist Metz, Münster 2000, 35–60.152–395.

gen Zukunftsbetonung durch Einbeziehung der Erinnerungsthematik ist vor allem auf den Einfluss der geschichtsphilosophischen Arbeiten Walter Benjamins zurückzuführen. Metz betont, dass die Solidarität nach rückwärts mit den Geschlagenen der Geschichte von selbst die Frage aufwirft, ob die Toten definitiv tot sind und ihr Schicksal endgültig besiegelt ist oder ob doch Hoffnung auf Rettung der Verlorenen besteht. Das Anliegen, eine erlösungsbedürftige Vergangenheit zu retten, erfordert theologische Kategorien. In seinen *Thesen zur Apokalyptik* verankert Metz die von Benjamin beschworene Hoffnung auf die Rettung der Toten und Geschlagenen in der *memoria passionis, mortis et resurrectionis Christi*. Damit bringt er nicht nur das Unabgegoltene in die Gegenwart ein, um diese zu verändern, sondern behauptet auch die Rettung der Toten mit Verweis auf die Auferweckung Jesu. Dezidiert richtet sich Metz gegen alle zeitgenössischen Theologien, die sich vom Erinnern der Opfer mit dem Verweis auf den Kompensationshimmel dispensieren. Stattdessen postuliert er eine narrativ-memorative Soteriologie, die das christliche Erlösungsgedächtnis als gefährlich-befreiendes Gedächtnis erzählend tradiert. Erzählung und Erinnerung werden zu leitenden Kategorien der zweiten Phase der »neuen politischen Theologie«.

- Die *dritte* und letzte Phase der »neuen politischen Theologie« besteht in nichts anderem als einer Applikation der geschilderten Postulate auf eine jüdisch perspektivierte Soteriologie. Metz unterscheidet drei zentrale Dimensionen einer solchen Erlösungslehre: a) die Idee der befristeten Zeit, wie sie exemplarisch in der jüdischen Apokalyptik und Messiaserwartung aufscheint; b) die Ableitung des Dogmas aus der Praxis, wie sie in der jüdischen Betonung des Tora-Gehorsams vor aller theoretischen Beschreibung des Verhältnisses zwischen JHWH und Israel zum Ausdruck kommt; c) die Aufnahme des erzählenden Gedenkens in die auf die Zukunft gerichtete Hoffnung der Praxis.

Die »neue politische Theologie« von Johann Baptist Metz und die von ihm inspirierten Befreiungstheologien[938] haben ein neues Modell der Soterio-

---

938 Vgl. die Darstellung u. a. von Leonardo Boff, Gustavo Gutierrez, Juan Carlos Scannone und Jon Sobrino bei: H. Kessler, Reduzierte Erlösung? Zum Erlösungsverständnis der Befreiungstheologie, Freiburg 1987; außerdem die grundsätzlichen Reflexionen von Karl Lehmann, Olegario Gonzalez de Cardedal und Hans Urs von Balthasar zu den hermeneutischen Problemen der Verhältnisbestimmung von christlichem Glauben und befreiender bzw. politischer Praxis in: K. Lehmann (Hg.), Theologie der Befreiung (SlgHor NF 10), Einsiedeln 1977, 9–44.79–171. – Die in einer Notifikation der römischen Glaubenskongregation vom 14.3.2007 kritisierte Christologie Jon Sobrinos richtet sich in § 2 gegen die These: »Die lateinamerikanische Christologie hat ihren Ort in einer gelebten Realität, nämlich in den Armen dieser

6.2 Befreiung – das anthropozentrische Modell der Soteriologie

logie des 20. Jhs. evoziert, das jede Gestalt einer heilsindividualistischen und geschichts- bzw. weltflüchtigen Erlösungslehre überwinden, aber auch das gegenteilige Extrem einer Identifizierung des göttlichen mit dem menschlichen bzw. politischen Befreiungshandeln vermeiden will. Metz geht es schon in seinen frühen Beiträgen[939] über den Zusammenhang des christlichen Inkarnationsglaubens mit der neuzeitlichen Emanzipation des Subjekts und mit der Säkularisierung von Staat und Gesellschaft um ein Christentum, das die Befähigung zur Selbstverantwortung als den eigentlichen Inhalt des erlösten Daseins versteht[940]. Allerdings soll diese so genannte Säkularisierungsthese nicht im Sinne einer Selbsterlösungslehre missverstanden werden. Deshalb spricht Metz in den drei genannten Stadien seiner »neuen politischen Theologie« vom eschatologischen

---

Welt.« bzw. »Die Kirche der Armen ist der Ort der Christologie«. Wie Karl Lehmann in dem bezeichneten Beitrag unter der Überschrift »Die ›Befreiungspraxis‹ als ›locus theologicus‹« ausführt (18–21), muss man aus diesen und ähnlichen Sätzen nicht zwangsläufig ableiten, dass die Armen statt der Apostelnachfolger zu bevollmächtigten Repräsentanten der Gesamtkirche erklärt werden. Sobrino beispielsweise beschränkt sich auf den Hinweis, dass die Armen der »Ort« in der Kirche sind, an dem der historische Jesus auch heute noch als Ereignis erfahrbar wird. Er will sagen, dass der Glaube der Kirche nur dann eine authentische Christologie ermöglicht, wenn er praktisch verortet ist in der vorrangigen Option für die Armen, mit denen sich Christus in Mt 25 identifiziert hat. (Dazu: G. v. Lengerke, Die Begegnung mit Christus im Armen [StSSTh 43], Würzburg 2007, 59–88). In der Christopraxis, näherhin in der fußwaschenden Begegnung mit den Armen, erkennt er den »Ort«, an dem Jesus als der Christus offenbar ist. Wörtlich bemerkt er: »Wenn jemand die Praxis und die Geschichtlichkeit Jesu in letzter Konsequenz nachvollzieht, dann akzeptiert er damit Jesus als die letzte Norm. Er bezeugt Jesus als die letzte Wirklichkeit. Letztlich bezeugt er ihn als den Christus, auch wenn er es zunächst nur implizit tut und erst später – vielleicht – als Bekenntnis formuliert« (Christologie der Befreiung, aus dem Spanischen ins Deutsche übers. v. L. Weckel, Mainz 1998, 85). In Anlehnung an Pannenberg erklärt Sobrino die Selbstunterscheidung Jesu von seinem Abba als das Grundcharakteristikum des historischen Jesus. Jesus offenbart seine personale Identität mit dem göttlichen Sohn also gerade darin, dass er nicht seinen Willen, sondern den Willen des Vaters sucht. So ist er ganz der Loslassende, der Arme schlechthin. Daraus aber – so zeigt detailliert die Dissertation von Nancy Elizabeth Bedford (Jesus Christus und das gekreuzigte Volk: Christologie der Nachfolge und des Martyriums bei Jon Sobrino [Concordia 15], Aachen 1995, 181–213) – lässt sich nicht ableiten, Jesus Christus sei nur Vorbild und nicht auch sühnender Stellvertreter.

939 Vgl. Kleden, Christologie in Fragmenten, 21–35.
940 Es geht Metz um eine positive Rezeption der neuzeitlichen Freiheitsgeschichte durch die christliche Erlösungslehre. Die Begriffe »Autonomie« und »Emanzipation« sollen nicht länger als Begriffe eines sich autark gebärdenden Menschen denunziert, sondern im Gegenteil als Ausweise recht verstandener Erlösung entdeckt werden. Dazu: H. Kessler, Erlösung als Befreiung, Düsseldorf 1972, 109; H. Peukert, Kommunikatives Handeln, Systeme der Machtsteigerung und die unvollendeten Projekte Aufklärung und Theologie, in: E. Arens (Hg.), Habermas und die Theologie, Düsseldorf 1989, 39–64; E. Arens, Christopraxis. Grundzüge theologischer Handlungstheorie, Freiburg 1992, bes. 110–174.

Vorbehalt, von dem Unterbrechen des menschlichen Fortschrittsdenkens und von der Erinnerung an die Opfer der Geschichte.

6.2.2 Thomas Pröpper: Erlösung als Befreiung zur Freiheit

Der Münsteraner Dogmatiker Thomas Pröpper[941] will das oft beschworene *Zugleich* von »ganz Gott« und »ganz Mensch« nicht nur behaupten. Man sollte, so schreibt er, dagegen protestieren, dass dort von einem »Geheimnis« gesprochen wird, wo es sich um ein bloßes Rätsel als Folge unzureichender Denkmittel handelt. Was der Löwener Dogmenhistoriker Piet Fransen als Erfahrung der großen Mystiker beschreibt[942], nämlich die Erfahrung der Nähe Gottes *als* Befreiung zur eigenen Freiheit, wird von Pröpper transzendentallogisch analysiert. Dabei stützt er sich auf die Vorarbeiten von Johannes Heinrichs[943] und auf die philosophische Freiheitsanalyse von Hermann Krings[944].

Pröpper geht von der Beobachtung aus, dass das Ich des einzelnen Menschen befähigt ist, sich zu allem und jedem Anderen – zu jedwedem Nicht-Ich – so oder auch anders zu verhalten. Das *konkrete* Verhalten zu diesem oder jenem Nicht-Ich ist von vielen Faktoren mitbedingt. Aber an und für sich (formal gesehen) ist das Ich, insofern man es als das gegenüber jedem Nicht-Ich unbedingt Andere betrachtet, *unbedingt* frei. Zwar wird ein Mensch nicht erst dadurch ein Ich, dass er als Ich (als ein gegenüber jedem Nicht-Ich unbedingt Anderer) von einem Nicht-Ich anerkannt wird. Aber jeder Psychologe und jeder Soziologe wird bestätigen,

---

941 T. Pröpper, Erlösungsglaube und Freiheitsgeschichte. Eine Skizze zur Soteriologie, München ³1991; ders., Evangelium und freie Vernunft. Konturen einer theologischen Hermeneutik, Freiburg 2001.

942 »Gott vereinigt sich mit unserm innersten Wesen. Er ist uns mehr präsent, als wir uns selbst präsent sind. Er umgreift und durchdringt uns mit seiner radikalen Immanenz, die uns an der Stelle erfasst, wo unser Dasein aus seinen schöpferischen und heilschaffenden Händen hervorgeht. Gerade weil Gott so radikal transzendent ist, vermag er uns so radikal immanent zu sein. Göttliches und menschliches Tun addieren sich nicht, sondern durchdringen sich so, dass das Alles Gottes zum Alles des Menschen wird« (P. Fransen, Das neue Sein des Menschen in Christus, in: Mysterium Salutis, Bd. IV/2. Das Heilsgeschehen in der Gemeinde, hg. v. J. Feiner u. M. Löhrer, Einsiedeln 1973, 921–982; 934).

943 Vgl. J. Heinrichs, Sinn und Intersubjektivität. Zur Vermittlung von transzendentalphilosophischem und dialogischem Denken in einer »transzendentalen Dialogik«, in: ThPh 45 (1970) 161–191; ders., Fichte, Hegel und der Dialog. Ein Bericht in systematischer Absicht, in: ThPh 47 (1972) 90–131; ders., Ideologie oder Freiheitslehre? Zur Rezipierbarkeit der thomanischen Gnadenlehre von einem transzendentaldialogischen Standpunkt, in: ThPh 49 (1974) 395–436.

944 Vgl. H. Krings, Transzendentale Logik, München 1964; ders., System und Freiheit. Gesammelte Aufsätze, Freiburg/München 1980.

6.2 Befreiung – das anthropozentrische Modell der Soteriologie

dass ein Mensch zur *Realisierung* seiner an sich (formal) immer schon gegebenen Freiheit in eben dem Maße befähigt wird, in dem er anerkannt bzw. geliebt wird. Und ebenso wird die Mehrzahl aller Phänomenologen bestätigen, dass ein Mensch in eben dem Maße frei ist, in dem er als Ich dem Nicht-Ich gerecht wird. Denn weil das Ich als Ich sich von jedwedem Nicht-Ich unterscheidet, entspricht es *sich selbst* nur in dem Maße, in dem es den Anderen anerkennt. Anders gesagt: Freiheit gibt sich nur durch Liebe den ihr entsprechenden Inhalt. Konkret realisierte Freiheit ist immer Anerkennung des Anderen bzw. Liebe – was nicht gleichbedeutend ist mit der Anerkennung jeder Andersheit (z. B. der Sünde) des Anderen.

Weil jeder Mensch sich nach der Anerkennung sehnt, die unbedingt – im wahrsten Sinne dieses Wortes: »von nichts bedingt« – ist, weiß er immer schon, dass die Anerkennung der eigenen Mutter, des eigenen Vaters, des Ehepartners oder Freundes nicht halten kann, was sie verspricht. Kein Mensch kann den von Gabriel Marcel zum Ausdruck unbedingter Anerkennung erklärten Satz »Du darfst nicht sterben«[945] durch seine Liebe einlösen. Oder abstrakter formuliert. Die Antinomie zwischen formaler Unbedingtheit und materialer Bedingtheit lässt sich von keinem Menschen überbrücken.

Pröpper erklärt in seiner Erlösungslehre, dass die Christuserfahrung z. B. des Zöllners Zachäus, der Ehebrecherin, des Petrus oder des Schächers am Kreuz die Erfahrung einer Anerkennung ist, die – wenngleich durch das Menschsein Jesu symbolisch vermittelt – stärker ist als die eigene Sünde, stärker auch als das Urteil der Endlichkeit (des Todes). Wer diese Anerkennung glaubt, der – so bezeugen die Schriften des NT immer wieder – ist erlöst[946]. Denn er weiß sich so unbedingt anerkannt, dass er auf

---

945 G. Marcel, Geheimnis des Seins, aus dem Frz. übers. v. H. von Winter, Wien 1952, 472. – Zur Einordnung und Exegese dieser oft zitierten Sentenz von Marcel: B. Claret, Hoffnung in einer »zerbrochenen Welt«. Ein Antwortversuch auf die Sinnfrage, Mainz ³2002, bes. 12–22.

946 »Denn es leuchtet ja ein, dass Gottes entschiedene Liebe, um Wahrheit für die Menschen zu werden, der Freiheit eines Menschen bedurfte, die sich ursprünglich von ihr bestimmen ließ und diese Bestimmung in der Gestalt eines Lebens darstellte; ebenso musste er sich freilich als Mensch von Gott unterscheiden, wenn anders es Gottes Liebe sein sollte, die in ihm erschien. Das Leben Jesu drückt beide Bestimmungen aus: In der Freiheit der Vollmacht, mit der er sich den Menschen zuwandte, einer Freiheit jedoch, die sich selbst aus der Zuwendung Gottes verstand und die eigene Rechtfertigung ihm überließ, ist er, da sich Gott zu ihm bekannte, Gottes freie Selbstoffenbarung als Liebe. Wie aber ein Mensch dieser Liebe unmittelbar so gewiss sein konnte, dass sein Leben Gottes Wirklichkeit für uns wurde, ist das eigentliche Geheimnis der Person Jesu Christi. Ihm sucht die Christologie zu entsprechen, indem sie Jesu wesentliche Einheit mit Gott bekennt und sein bestimmtes Menschsein als das geschichtliche Dasein des ewigen Sohnes begreift. Was also die Christologie

6. Jesus Christus – der Weg, die Wahrheit und das Leben?

alle Strategien der Selbstsicherung und Selbstbehauptung, des Selbstbetruges und der Verabsolutierung des Endlichen verzichten kann. Wer die ihm in Jesus Christus zugesagte Anerkennung glauben kann, ist befähigt, seine Sünde umzukehren in Sohnschaft; ist befähigt, seinerseits zu lieben, den Nächsten anzuerkennen und also seine formal unbedingte Freiheit in die kleine Münze der konkreten Freiheit (Liebe) zu übersetzen.

In Pröppers Soteriologie ist das Verhältnis von erlösender Gnade und menschlicher Freiheit kein *Grund-Folge-Verhältnis*, sondern ein *Bestimmungsverhältnis*. Die Gnade ist nicht der *Grund*, deren *Folge* die geschöpfliche Freiheit ist, sondern die erlösende Gnade ist die Liebe, die den Sünder zur Freiheit bestimmt, und zwar so, dass sie sich ihrerseits von der durch sie selbst ermöglichten Freiheit ihres Adressaten bestimmen lässt.

Der Gott, der sich von der geschöpflichen Freiheit eines ihm wirklich und nicht nur scheinbar gegenüberstehenden Menschen bestimmen lässt, verzichtet aus Liebe auf das vorauswissende Vorherbestimmen der Geschichte des einzelnen Sünders und der Menschheit insgesamt. Pröpper ist sich mit Balthasar einig in seiner Kritik an allen Prädestinationslehren einschließlich der von Barth vertretenen Unterscheidung zwischen einem aus der Ewigkeitsperspektive Gottes schon errungenen und aus der zeitgebundenen Perspektive des Menschen noch einzuholenden Sieges der Erlösungsgnade. Pröpper geht aber noch einen Schritt über Balthasar hinaus, weil er dessen dramatisches Erlösungsverständnis noch zu sehr von der augustinischen Prämisse bestimmt sieht, dass der Schöpfer der geschöpflichen Freiheit innerlicher ist als diese sich selbst innerlich ist[947]. Pröpper erklärt das Absolute als die Wirklichkeit, die keinen Grund außerhalb ihrer selbst hat, sondern in sich selbst formal und material unbedingte Freiheit ist. Diese These lässt sich trinitätstheologisch so fassen, dass Gott formal und material unbedingte Anerkennung zwischen Vater und Sohn im Heiligen Geist ist. Wird Gott aber als absolute Freiheit ver-

---

im Blick auf Sein und Person Jesu Christi bedenkt und in ihm begründet, entfaltet die Soteriologie in seiner Bedeutung für uns: dass durch ihn Gottes verwirklichtes Ja (2 Kor 1,19), die Freiheit jedes Menschen von Gott selbst unbedingt anerkannt und in die Wahrheit gebracht worden ist, für die sie bestimmt war und die ihr doch nur geschenkt werden konnte. Das selbstauferlegte Gesetz der Freiheit, ihr Dasein selbst leisten und rechtfertigen zu müssen, wurde durch Gottes Zuvorkommenheit überwunden, ihr unbedingtes Seinsollen, wie die Liebe es intendiert, durch ihn selbst unwiderruflich begründet und die unverfügbare Voraussetzung, auf die gelingendes Menschsein sich angewiesen erfährt, als ausdrücklicher Grund und realer geschichtlicher Anfang gesetzt.« (Pröpper, Erlösungsglaube und Freiheitsgeschichte, 195f).
947 Dazu: K.-H. Menke, Sünde und Gnade: dem Menschen innerlicher als dieser sich selbst?, in: Freiheit Gottes und der Menschen (FS Thomas Pröpper), hg. u. a. v. M. Böhnke, Regensburg 2006, 21–40.

6.2 Befreiung – das anthropozentrische Modell der Soteriologie 417

standen, dann ist er dies auch für den Fall, dass er Wirklichkeit außerhalb seiner selbst will. Es hängt also allein von ihm ab, ob er zum Schöpfer wird. Und es hängt allein von ihm ab, wie er einer möglichen Schöpfung als »der Absolute« gegenübertreten will: ob im neuplatonischen oder hegelianischen Sinn eines alles umgreifenden Monismus; oder im augustinischen oder barthianischen Sinn einer die geschöpfliche Eigenständigkeit unterfassenden Prädestination; oder aber im Sinne einer radikal zu Ende gedachten Dramatik zwischen Gott und dem mit wirklicher (selbstursprünglicher) Freiheit begabten Menschen. In dem letzteren Fall ist die Geschichte nicht nur aus der Perspektive des Menschen, sondern auch aus der Perspektive Gottes wirklich offen. Der Allmächtige bestimmt sich dazu, sich von der durch ihn selbst geschenkten Freiheit des Menschen nicht nur scheinbar, sondern mit allen Konsequenzen bestimmen zu lassen; d. h. Gott verpflichtet sich in souveräner Freiheit dazu, sich mit keinen anderen Mitteln gegen den einzelnen Menschen oder die Geschichte insgesamt durchzusetzen als mit denen der unbedingten Anerkennung der einmal geschenkten Autonomie geschöpflicher Freiheit. Deshalb ist das Kreuz Jesu Christi die Konsequenz einer Bejahung der wirklichen Freiheit auch des Sünders. Der Erlöser will Mit-Liebende; und deshalb muss er die Voraussetzung der von ihm ersehnten Liebe seiner Geschöpfe wahren, nämlich die ihnen geschenkte Freiheit. Und dies so unbedingt, dass er sich lieber von den Sündern kreuzigen lässt als die ihnen geschenkte Freiheit zu widerrufen. Der Inhalt des erlösten Menschseins, nämlich die Liebe, lässt sich nicht erzwingen, auch von Gott nicht. Denn Liebe ist der Inhalt selbstursprünglicher Freiheit, oder sie ist gar keine Liebe.

Vor diesem Hintergrund entpuppt sich die in der Geschichte der Soteriologie immer wieder neu traktierte Frage nach der Verhältnisbestimmung von göttlichem und menschlichem Handeln als Scheinproblem. Denn die formal und material unbedingte Liebe *ist* das Geschenk selbstursprünglicher Freiheit. Ihr Handeln ist nicht etwas *außerhalb* oder *vor* dem Handeln der von ihr anerkannten Andersheit des Anderen, sondern die bis zur Konsequenz des Gekreuzigtwerdens durchgehaltene Konstituierung der Andersheit auch des Menschen, der die Bedingung der Möglichkeit seiner eigenen Freiheit in der Sünde verneint. So wird dem berechtigten Anliegen des soteriologischen Modells »Stellvertretung« Rechnung getragen: dass die menschliche Freiheit sich ganz und gar – von Anfang an und fortwährend – der erlösenden Gnade verdankt. Zugleich aber wird deutlich, dass es zum Wesen dieser Gnade gehört, nicht nur die unbedingte Anerkennung der Andersheit des Anderen zu sein, sondern sich auch selbst von der geschenkten Andersheit des Anderen bestimmen zu lassen – falls nötig bis zur Konsequenz eines Geschichtsverlaufes, der die Hoffnung Gottes, nämlich die Heimholung aller Menschen, nicht erfüllt[948]. Der Adressat der Gnade ist ja aus Pröppers Sicht nicht nur *in* der Bejahung Gottes bzw. *in der* Annahme der Gnade frei, sondern auch *gegenüber* der Gnade. In dieser Feststellung liegt eine deutliche Kritik an jedweder Gnadenlehre, die im Gefolge Augustins oder Luthers die Freiheit des Menschen mit der Existenz von Gott her und auf Gott hin *identifiziert*. Allerdings betont Pröpper gegenüber jedem möglichen Missverständnis der von ihm apostrophierten Autonomie (der formalen Unbedingtheit bzw. Selbstursprünglichkeit) der geschöpflichen Freiheit: Das *Gegenüber*-der-Gnade-frei-Sein des Menschen bedeutet nicht: *Unabhängig*-von-Gott-frei-sein, sondern ist im Gegenteil Darstellung der biblisch bezeugten Tatsache, dass Gottes Allmacht sich in der Heilsgeschichte selbst dazu bestimmt, sich von wirklicher (selbstursprünglicher und in diesem Sinne »autonomer«) geschöpflicher Freiheit real bestimmen zu lassen.

Jeder Sünder, der die ihm in Christus geschenkte Anerkennung glaubt, lässt eo ipso ab von allen bisherigen Versuchen, die eigene Identität selbst begründen zu wollen. Und nicht nur das. Indem er Liebe (unbedingte Anerkennung der Andersheit des Anderen) als Bedingung der eigenen Identität glaubt, erkennt er eo ipso die Liebe (die unbedingte Anerkennung des Anderen) als Sinn seiner eigenen Existenz. Diese Liebe ist das, was Metz und seine Schüler als befreiendes Handeln *zugleich* des Erlösers *und* der Erlösten beschreiben. Im Horizont der von Pröpper skizzierten Verhältnisbestimmung von göttlichem und menschlichem Erlösungshandeln ist die Befreiung des einzelnen Sünders zur Liebe nicht etwas Erstes vor dem Zweiten einer dann folgenden politischen Befreiung von den Strukturen des Unrechts und der Unterdrückung. Vielmehr ist Erlösung nur dann Annahme der durch Christus geschenkten Anerkennung, wenn der Modus der Annahme die fortwährende und konsequente Anerkennung des jeweils Nächsten ist.

---

948 Dazu: M. Striet, Offenbares Geheimnis. Zur Kritik der negativen Theologie (Ratio Fidei 14), Regensburg 2003, 213–264; A. Kreiner, Das wahre Antlitz Gottes oder was wir meinen, wenn wir Gott sagen, Freiburg 2006, 307–431.

7. Kapitel oder Vierter Brennpunkt:

Jesus Christus – die religionsgeschichtlich einzige Selbstoffenbarung Gottes?

Der erst im Nachtragsband des Lexikons für Theologie und Kirche erschienene Artikel zum Stichwort »Geist-Christologie« unterscheidet zwei Hauptströmungen: »a) ›relativierende‹ Modelle, die das trinitarische Gottesverständnis ablehnen und Jesus als eine ›Geist-Person‹ oder ›geisterfüllte Person‹ auffassen [...]; b) ›integrale‹ Modelle, die die Fülle des Mysteriums Christi durch eine dezidiert pneumatologische Orientierung interpretieren«[949]. Neben John Hick oder Perry Schmidt-Leukel ein eklatantes Beispiel für die erste Kategorie ist der niederländische Theologe Piet Schoonenberg: Zumindest in seinen jüngsten Veröffentlichungen zum Thema[950] spricht er nur noch dem Vater Personsein im strengen Sinne zu und bezeichnet Logos und Pneuma als »energetische Ausströmungen«. Im Vergleich dazu repräsentiert die »Geistchristologie« Walter Kaspers eine geradezu gegenteilige Position, weil sie die Einzigkeit der Sohnschaft bzw. den Universalanspruch Jesu Christi durch die Rede vom Geist nicht relativiert, sondern erklärt[951].

---

949 M. Doss, Geist-Christologie, in: LThK³ XI (Freiburg 2001), 87.
950 Vgl. bes. P. Schoonenberg, Der Geist, das Wort und der Sohn. Eine Geist-Christologie, ins Deutsche übers. v. W. Immler, Regensburg 1992. – Dazu: K. Reinhardt, Die menschliche Tranzendenz Jesu Christi. Zu Schoonenbergs Versuch einer nicht-chalkedonischen Christologie, in: TThZ 80 (1971) 273–289; B. Blankenberg, Gottes Geist in der Theologie Piet Schoonenbergs, Mainz 2000, 266–332; G. Essen, Die Freiheit Jesu. Der neuchalkedonische Enhypostasiebegriff im Horizont neuzeitlicher Subjekt- und Personphilosophie (Ratio Fidei 5), Regensburg 2001, 85–95.
951 In Kaspers christologischem Handbuch (Jesus der Christus, Mainz ⁹1984) ist der Heilige Geist keine zweite Selbstoffenbarung Gottes neben der im Logos und erst recht keine zweite Bezeichnung für die »Beziehung Gottes nach außen«. Dass Gott Geist ist, bedeutet aus der Sicht Walter Kaspers: Gott ist als Vater ganz im Sohn, und Gott ist als Sohn ganz im Vater, ohne dass der Vater den Sohn in sein Vatersein und ohne dass der Sohn den Vater in sein Sohnsein aufhebt. Die Frage, woher wir das wissen, lässt sich kurz und prägnant beantworten: »Durch Jesus Christus.« Er war der Mensch, der ganz im Anderen seiner selbst sein konnte – Geheimnis des Heiligen Geistes! Er war so sehr in seinem Vater, dass er von sich sagen durfte: »Wer mich sieht, sieht den Vater« (Joh 10,30; 16,15). Und er war so sehr in den Menschen, denen er begegnete, dass er sagen durfte: »Wer in mir bleibt und in wem ich bleibe, der hat das Leben, das nicht sterben kann« (Joh 6,56). Vgl. W. Kasper, Gottes Gegen-

Um jedes Missverständnis auszuschließen, sollte man zwischen der trinitätsvergessenen »Inspirationschristologie« und der trinitätsbewussten »Geistchristologie« schon terminologisch unterscheiden.

7.1 Von der anglikanischen Inspirationschristologie zur Pluralistischen Religionstheologie (PRT)

Die Oxforder Inkarnationschristologie des 19. Jhs. ist gekennzeichnet durch eine radikale »Unio-Theologie«, näherhin durch die strikte Identifikation des historischen Jesus mit Gott. Man darf geradezu behaupten: Wenn die Oxforder Tradition von Gott spricht, spricht sie von Jesus, und wenn sie von Jesus spricht, spricht sie von Gott. Wohlgemerkt: Sie spricht von Gott, nicht vom Logos. Die scheinbar hyperorthodoxe Inkarnationschristologie der hochkirchlichen Oxfordbewegung vertritt eine trinitätsvergessene Christologie, die zwischen den Personen des einen Gottes nicht unterscheidet, sondern im Blick auf Christus von einer vollkommenen »Unio« zwischen Gott und Mensch spricht.

Obwohl England mit John Locke, Herbert von Cherbury und John Toland der historischen Bibelkritik den Weg geebnet hat, blieb die in Oxford zentrierte Universitätstheologie der anglikanischen Hochkirche davon erstaunlich unberührt. Im 19. Jh. aber war eine Abschottung der Oxforder Christologie gegen die historisch-kritische Methode und das Evolutionsdenken unmöglich geworden. Die Köpfe der angikanischen Orthodoxie mussten reagieren. Und sie taten dies in einer Art konzertierter Aktion in Gestalt von Aufsatzsammlungen[952]. Innerhalb dieser Essays lassen sich drei Weisen der Reaktion unterscheiden:
– Da gibt es zunächst die »Kenotiker«, die vor dem Horizont der exegetischen Unterscheidung zwischen dem Jesus der Geschichte und dem Christus des Glaubens die reale Repräsentation Gottes durch Jesus

---

wart in Jesus Christus, in: Weisheit Gottes – Weisheit der Welt (FS Joseph Kardinal Ratzinger), St. Ottilien 1987, 311–341.
952 Der Sammelband »Lux Mundi« (1889) ist der wichtigste in einer ganzen Reihe von Bänden: z. B. Essays and Reviews (1860); Foundations (1912); Essays Catholic and Critical (1926); Soundings (1962). Die elf Autoren des Sammelbandes »Lux Mundi« – u. a. Charles Gore und John R. Illingworth – waren ausnahmslos mit der Universität Oxford verbunden. Vor dem Hintergrund der griechischen Patristik und der idealistischen Philosophie von Thomas Hill Green (1836–1882) ging es ihnen vor allem um die Versöhnung der Inkarnationschristologie mit der historisch-kritischen Exegese und der Evolutionstheorie.

7.1 Von der anglikanischen Inspirationschristologie zur PRT

dadurch retten wollen, dass sie von einer Entäußerung der göttlichen Eigenschaften des Logos im Geschehen der Inkarnation sprechen[953].
– Eine zweite Spielart der revidierten Oxforder Christologie stellt die Lehre von der wechselseitigen Enhypostasie des göttlichen und des menschlichen Bewusstseins in Christus dar[954].
– Eine dritte und letztlich dominierende Spielart der veränderten Oxforder Christologie ist die »gradualistische Christologie«, die nicht mehr von einer einmaligen Selbstmitteilung Gottes in Jesus Christus, sondern von einer fortschreitenden Selbstmitteilung des mit dem Hl. Geist identifizierten Gottes der jüdisch-christlichen Tradition spricht. Mit anderen Worten: Vater, Sohn und Geist werden nicht unterschieden, sondern der als Geist aufgefasste Gott teilt sich in der gesamten Schöpfung und Geschichte mit, in Jesus Christus aber – graduell gesehen – auf einzigartige Weise[955].

Das so genannte Gründungsdokument der Pluralistischen Religionstheologie, ein 1977 unter dem Titel »The Myth of God Incarnate« von John Hick edierter Sammelband[956], greift die Inspirationschristologie auf, die in England längst an die Stelle der extremen Oxforder Inkarnationschristologie getreten war. Neu war also nicht die Inspirationschristologie

---

953 Im Kern beruht die kenotische Christologie auf der Annahme, dass der präexistente Sohn gemäß Phil 2,6ff alle göttlichen Eigenschaften so weit abgelegt hat, dass er im Ereignis der Inkarnation nur in Bezug auf seine Personalität (Beziehung zum Vater) ein und derselbe blieb. Vgl. dazu: M. Breidert, Die kenotische Christologie des 19. Jahrhunderts, Gütersloh 1977.
954 Von Frank Weston (The One Christ. An Enquiry into the Manner of the Incarnation, London 1907) bis zu Thomas V. Morris (The Logic of God Incarnate, Ithaca/London 1986) lässt sich die These verfolgen, das göttliche Bewusstsein Jesu habe jederzeit vollen Zugang zu seinem menschlichen Bewusstsein gehabt, umgekehrt jedoch das menschliche nur einen sehr eingeschränkten Zugang zum göttlichen Bewusstsein.
955 Vgl. dazu die Analyse von Ulrike Link-Wieczorek: Inkarnation oder Inspiration? Christologische Grundfragen in der Diskussion mit britischer anglikanischer Theologie (FSÖTh 84), Göttingen 1998, bes. 236–297.
956 Wenige Wochen nach Erscheinen dieses Sammelbandes erschien eine von Michael Green edierte Gegenschrift: The Truth of God Incarnate, London 1977. Wichtige Beiträge zur Debatte lieferten: N. Anderson, The Mystery of the Incarnation, London 1978; D. Cupitt, The Debate about Christ, London 1979; M. Goulder (Hg.), Incarnation and Myth. The Debate Continued, London 1979; C. E. Gunton, Yesterday and Today. A Study of Continuities in Christology, London 1983; A. E. Harvey (Hg.), God Incarnate. Story and Belief, London 1981; R. T. Herbert, Paradox and Identity in Theology, Ithaca 1979; J. Hick, God has many Names, London 1980; J. P. Mackey, Jesus the Man and the Myth. A Contemporary Christology, London 1982; T. F. Torrance (Hg.), The Incarnation. Ecumenical Studies in the Nicene-Constantinopolitan Creed A. D. 381, Edinburgh 1981; K. Ward, Holding fast to God. A Reply to Don Cupitt, London 1983; M. Wiles, Faith and the Mystery of God, London 1982; J. Hick, The Metaphor of God Incarnate, Westminster 1994.

7. Jesus Christus – einzige Selbstoffenbarung Gottes?

dieser viel diskutierten[957] Publikation, sondern deren Einbringung in den interreligiösen Dialog.

Schon John R. Illingworth (1848–1915) ist mit seiner besonders ausgeprägten Rezeption des Evolutionsparadigmas ein Vertreter der Identifikation von Logos und Pneuma[958]. Die gesamte Schöpfung – so lehrt er – gipfelt in der Entstehung des menschlichen Geistes und erreicht einen weiteren Höhepunkt in der Bildung der Persönlichkeit Jesu Christi, weil dieser eine qualitativ neue Stufe der Einheit von Gott und Mensch erreicht. Diese besondere Einheit ist ebenso wie alle Vorstufen nur dadurch erklärlich, dass Gott – verstanden als Geist – mehr oder weniger im Anderen seiner selbst »wohnen« kann. Entsprechend erklärt auch Charles Raven (1885–1964) – unmittelbarer Vorgänger von Geoffrey Lampe in Cambridge – die Einheit von Gott und Welt zum universalen »Zweck« (purpose) des als Pneuma beschriebenen Schöpfers. In Christus ist dieser Zweck antizipativ auf besondere Weise sichtbar geworden. Aber Christus ist nicht das einzige, sondern nur ein wirkungsgeschichtlich herausragendes Sakrament der pneumatologisch erklärten Immanenz Gottes in Welt und Geschichte[959]. John Caird (1820–1898), der ältere Bruder des englischen Hegelianers Edward Caird, hört auf, zwischen Gott als Vater, Gott als Logos und Gott als Geist zu unterscheiden. Er beschreibt Gott im Rückgriff auf Hegels religionsphilosophische Vorlesungen als das Zusich-selbst-Kommen des absoluten Geistes. Jesus ist so gesehen die Veranschaulichung des göttlichen Wesens. Sein Bewusstsein ist ein besonderes, weil er sich eins weiß mit dem absoluten Geist[960]. Mit Hinweis auf die Erfahrungen der großen Mystiker erklärt William R. Inge (1913–1973) die Singularität Jesu als besonders intensiv erlebte Einheit mit Gott[961].

Vor diesem Hintergrund wundert es nicht, dass in demselben Jahr, in dem John Hick den Sammelband »The Myth of God Incarnate« publiziert,

---

957 »Das Buch löste einen Schock aus. Schon am Erscheinungstag war die erste Auflage vergriffen. Innerhalb der ersten acht Monate wurden über 30000 Exemplare verkauft. Die Diskussion in der kirchlichen und theologischen Öffentlichkeit schlug so hohe Wellen, wie es seit J. A. T. Robinsons Buch ›Honest to God‹ fünfzehn Jahre zuvor nicht mehr der Fall gewesen war« (I. U. Dalferth, Der auferweckte Gekreuzigte. Zur Grammatik der Christologie, Tübingen 1994, 1).
958 Vgl. J. R. Illingworth, The Incarnation in Relation to Development, in: C. Gore (Hg.), Lux Mundi, London 1889, 132–157; ders., Divine Immanence. An Essay on the Spiritual Significance of Matter, London 1898, bes. 23–81.151–165.
959 Vgl. C. Raven, The Creator Spirit, London 1928.
960 Vgl. J. Caird, Introduction to the Philosophy of Religion, Edinburgh 1880, bes. 16–38; ders., The Fundamental Ideas of Christianity. Being the Gifford Lectures on Natural Theology 1892–93 and 1895–96, 2 Bde., Glasgow 1899, bes. Bd. I, 140–165; Bd. II, 100–146.
961 Vgl. W. R. Inge, The Platonic Tradition in English Religious Thought (The Hulsean Lectures at Cambridge 1925–26), London 1926, bes. 27–76.

auch so etwas wie die Summe der anglikanischen Inspirationschristologie erscheint, nämlich das Hauptwerk des in Cambridge lehrenden Professors für Neues Testament und Patristik, Geoffrey Lampe, unter dem bezeichnenden Titel: »God as Spirit«. In diesem Werk finden sich fast alle Argumente der Pluralistischen Religionstheologie gegen die Lehre von dem einen Gott in drei Hypostasen und von der hypostatischen Union des Menschen Jesus mit dem innertrinitarischen Logos[962]. Im hebräischen Denken, so meint Lampe, sind Wort und Geist austauschbare Bezeichnungen für die Beziehung Gottes zu Welt und Geschichte. Lampes Inspirationschristologie erklärt Jesus als einen Menschen, in dem Gott so anwesend war, dass er zwar Sohn Gottes, aber nicht »Gott der Sohn« genannt werden darf. Jesus Christus ist also ein religionsgeschichtlich besonders bemerkenswertes Beispiel der allgemeinen Schöpfer-Geschöpf-Einheit.

7.2 Die PRT als Religionsphilosophie

Mit den genannten Entwürfen einer Inspirationschristologie verbanden sich sehr bald Konzepte des interreligiösen Dialogs. Auf diese Weise wurden viele religionswissenschaftlich und religionsphilosophisch ansetzende Autoren aufmerksam auf die von England ausgehende Deabsolutierung der klassischen Christologie. Besonders zu nennen ist in diesem Zusammenhang der 1916 in Toronto geborene Kanadier Wilfred Cantwell Smith.

7.2.1 Wilfred Cantwell Smith: Die Vision einer »Welttheologie«

Wilfred Cantwell Smith will alle Grenzziehungen zwischen Religionswissenschaft und Theologie überwinden. Mit der Vision einer »Welttheologie« beruft er sich auf die Erfahrung der Mystiker[963], die – so meint er – jene Einheit längst erlebt haben, welche Gegenstand einer weltumspan-

---

[962] Auf das Wesentliche konzentrierte Analysen bieten: Link-Wieczorek, Inkarnation oder Inspiration?, 248–265; M. Preß, Jesus und der Geist. Grundlagen einer Geist-Christologie, Neukirchen-Vluyn 2001, 5–13.
[963] Vgl. W. C. Smith, Towards a World Theology. Faith and the Comparative History of Religion, London 1981, bes. 107–129. – Ein vollständiges Publikationsverzeichnis und einen Überblick über die Genese des Denkens von Smith bietet Andreas Grünschloß: Religionswissenschaft als Welt-Theologie. Wilfred Cantwell Smiths interreligiöse Hermeneutik (FSÖTh 71), Göttingen 1994, 321–341.

424 7. Jesus Christus – einzige Selbstoffenbarung Gottes?

nenden Theologie werden müsse. Der erste Schritt zu deren Realisierung sei die Hermeneutik einer nicht mehr distanzierend vergleichenden, sondern imaginativ erlebenden Religionswissenschaft. Denn wo die Perspektive des Anderen erlebt werde, sei deren Fremdheit bereits überwunden und eine zugrundeliegende Gemeinsamkeit entdeckt worden[964].

Weil Smith eine auf diese Weise gründlich veränderte Religionswissenschaft für durchaus machbar hält, wagt er die Prognose, dass die institutionelle Trennung zwischen Theologie und Religionswissenschaft langsam, aber stetig überwunden werde. Wenn zum Beispiel der Begriff »Offenbarung« nicht durch die jüdische, christliche oder muslimische Tradition, sondern durch die besagte Religionswissenschaft bestimmt werde, könne er theologisch nicht mehr auf ein bestimmtes Symbol (auf Jesus oder den Koran) eingeengt werden, sondern müsse sich auf eine von allen Traditionen erlebte Realität beziehen lassen oder aber eliminiert werden. Mit anderen Worten: Die Religionswissenschaft – verstanden als intrareligiöses Verstehen – entscheidet, was in Zukunft Theologie, näherhin Welttheologie, ist und was nicht. Oder besser noch formuliert: Die Theologien der einzelnen Religionsgemeinschaften sind eine einzige Welttheologie geworden, wenn sie sich nicht mehr von der Religionswissenschaft unterscheiden, die Wilfred Cantwell Smith als alle regionalen Theologien integrierende »Welttheologie« empfiehlt.

---

964 In seinem wohl bekanntesten Werk »The Meaning and End of Religion« (1963) plädiert Smith für eine Reduktion aller Objektivationen (Religionen) auf die zugrundeliegende Erfahrung. So kommt er zu der These, der Begriff Religion »sei irreführend und unnötig, da die ursprüngliche Lebendigkeit persönlichen Glaubens, sowie ein angemessenes Verstehen dieses religiösen Erlebens, durch seine reifizierenden, abstrahierenden und entpersonalisierenden Konnotationen ernsthaft verhindert wird. Dies zeige sich auch in dem massiven Protest religiöser Menschen in West und Ost gegen den Gebrauch des Begriffs. Es sei daher geradezu die ›Aufgabe moderner religiöser Reformer, den Menschen zu helfen, dass ihre Religion nicht zwischen sie und Gott tritt‹. Die akademische Religionswissenschaft müsse die ›Religiosität‹ (religiousness) der Menschen zu verstehen suchen, d. h. die jeweilige Art und Weise, ›sich im Universum zuhause zu fühlen‹. [...] Smith schlägt anstelle des Religionsbegriffs sein bipolares Konzept von personal faith und cumulative tradition vor und verbindet damit einen hohen Anspruch: Mit diesem polaren Instrumentarium soll es möglich sein, alles zu beschreiben, was jemals in der religiösen Menschheitsgeschichte geschehen ist – sei es innerhalb oder außerhalb der eigenen Religionsgemeinschaft, sei es aus der Sicht von Skeptikern oder aus der Sicht von Glaubenden« (Grünschloß, Religionswisschenschaft als Welt-Theologie, 161f).

7.2.2 John Hick: Der überall erfahrbare Gott und seine vielen Interpretationen

Was im Werk von Smith die Welttheologie, ist im Werk von John Hick[965] die Religionsphilosophie. Auch wenn man in der Biografie von Hick stets berücksichtigen muss, dass er christologisch ansetzt, geht es auch ihm zuerst und vor allem um die Entfaltung einer allgemeinen Religionsphilosophie. Letztlich wird seine Christologie zum Anwendungsfall seiner Religionsphilosophie, als deren Summe das 1989 erschienene Werk mit dem Titel *An Interpretation of Religion* gilt[966].

Hinter Hicks ständig wiederholter Forderung nach einer konsequenten Ablösung der Christozentrik durch eine Theozentrik verbirgt sich nicht nur eine Revolutionierung des christlichen Selbstverständnisses, sondern ganz generell die These, alle Religionen seien geschichtlich bedingte Antworten (*responses*) auf ebenfalls geschichtlich bedingte Erfahrungen (*experiences*) ein und derselben transzendenten Wirklichkeit (*transcendent reality*). Hick hält es für erwiesen, dass in sämtlichen Religionen von Weltgeltung eine tranzendente Wirklichkeit vorausgesetzt wird, die zumindest grundsätzlich von jedem Menschen erfahren werden kann. Dabei ist anzumerken, dass er mit dem Terminus »Erfahrung« einen Zugang zur Wirklichkeit beschreibt, der nicht nur jeder reflexen und be-

---

[965] Eine vollständige Auflistung der Werke von John Hick findet sich bei Gavin D'Costa (John Hicks Theology of Religions. A Critical Evaluation, London 1987, 215–231) und bei Joseph Thanavelil Kurian (Language, Faith and Meaning. A Critical Study of John Hick's Philosophy of Religion. Towards a Metaphilosophical Approach to Philosophical Theology [Diss. Pontificia Univ. Gregoriana], Rom 1990, 105–135. Eine umfassende Bibliographie zum Werk von John Hick für den Zeitraum von 1952 bis 1991 bietet: Arvind Sharma (Hg.), God, Truth and Reality. Essays in Honour of John Hick, London 1993, 247–265. Über 1991 hinaus beachtenswert: K. Joswowitz-Schwellenbach, Zwischen Chalkedon und Birmingham. Zur Christologie John Hicks (Beiträge zur Fundamentaltheologie und Religionsphilosophie 5), Martinsried 2000, VI–XXII; B. E. Koziel, Kritische Rekonstruktion der Pluralistischen Religionstheologie John Hicks vor dem Hintergrund seines Gesamtwerks (Bamberger Theologische Studien 17), Frankfurt 2001, 872–891; C. Heller, John Hicks Projekt einer religiösen Interpretation der Religionen. Darstellung und Analyse – Diskussion – Rezeption (Religion – Geschichte – Gesellschaft. Fundamentaltheologische Studien 28), Münster 2001, 485–503; M. Stickelbroeck, Christologie im Horizont der Seinsfrage. Über die epistemologischen und metaphysischen Voraussetzungen des Bekenntnisses zur universalen Heilsmittlerschaft Jesu Christi (MThS.S 59), St. Ottilien 2002, 362–434; H. Sonnemans, Dialog der Religionen. Wege und Ziele – Differenz und Einheit (Begegnung 14), Bonn 2005, 30–76.

[966] Eine erste Gestalt findet Hicks Religionsphilosophie in dem kleinen Bändchen: Philosophy of Religion, Englewood Cliffs 1963, ⁴1990. Darauf baut jenes Werk auf, das man als Summe von Hicks Denkweg bezeichnen darf: An Interpretation of Religion. Human Responses to the Transcendent, New Haven 1989, ²1992.

grifflichen Erkenntnis vorausliegt, sondern auch deren nie einholbarer Maßstab ist. Da jede Erfahrung die Erfahrung eines Subjekts ist, gibt es, wie Hick erklärt, keine Erfahrung der Wirklichkeit an sich. Es gibt keine ungedeuteten Fakten, sondern alles Wirkliche wird immer schon »als etwas« erfahren. Allerdings gibt es unterschiedlich große Spielräume der Deutung, je nachdem die Wirklichkeit in ihrer physikalischen, ethischen oder religiösen Dimension betrachtet wird. Je größer der Spielraum der Deutungsmöglichkeiten ist, desto weniger darf eine Deutung Exklusivität beanspruchen. Und weil die religiöse Dimension der Wirklichkeit dem wahrnehmenden Subjekt ein Höchstmaß an kognitiver Freiheit ermöglicht, wird sie überall dort missdeutet, wo eine Interpretation die einzig zutreffende (Exklusivismus) oder die zumindest überlegene (Inklusivismus) zu sein beansprucht.

In eklektischer Weise komponiert Hick seine Religionsphilosophie aus unterschiedlichen Einzelteilen[967]. Was Wittgenstein an jener berühmten Skizze erklärt, die einige als Hasen, andere als Ente wahrnehmen, beschreibt Hick als Kontextgebundenheit allen Erfahrens und Wahrnehmens. Clemens Sedmak unterscheidet im einzelnen folgende Elemente der Wittgenstein-Rezeption von John Hick: »der Ausgangspunkt beim menschlichen Handeln (der religiösen Erfahrung), die Einbettung von religiösem Handeln in eine Lebensform und die Verankerung von religiösen Wahrheitsansprüchen in der Handlungspraxis, das Konzept der Familienähnlichkeit für die Religionen, die Pluralität abgegrenzter Sprach-/Handlungskontexte, die kontextuelle Abhängigkeit von Interpretationen und Wahrnehmungen«[968]. Hick folgt Wittgenstein nicht bis in die These des Ausschlusses jeder Metaperspektive bzw. jedes Metasprachspiels. Vielmehr postuliert er mit Kant jenseits der Sprachspiele, innerhalb derer die Wirklichkeit »als dieses« oder »als jenes« interpretiert wird *(Real as humanly experienced)*, die Sphäre des an und für sich Wirklichen *(Real in itself)*. Hick begründet seine Kombination der Wittgensteinschen Sprachspieltheorie mit dem Kantschen Postulat eines »Dings an sich« rein pragmatisch. Er hält eine Religion, die nicht wahr ist, für Betrug; und er hält die Gleichsetzung einer einzigen Religion mit der Wahrheit für vermessen. Deshalb, so argumentiert er, muss die Wahrheit auf einer transzendenten Ebene angesiedelt werden – allerdings so, dass die verschiedenen

---

[967] Dazu: K. v. Stosch, Glaubensverantwortung in doppelter Kontingenz. Untersuchungen zur Verortung fundamentaler Theologie nach Wittgenstein (Ratio Fidei 7), Regensburg 2001, bes. 334–345; Stickelbroeck, Christologie im Horizont der Seinsfrage, 374–400.

[968] C. Sedmak, Wittgensteins Sprachspielmodell und die Pluralistische Religionstheologie, in: ZKTh 117 (1995) 393–415; hier: 399.

Interpretationen dieser einen Wahrheit miteinander in Konkurrenz treten können.

Hick verwendet die philosophischen Entwürfe der Transzendental- und Sprachphilosophien wie Versatzstücke[969]. In keinem Buch oder Artikel erwähnt er die Gründe, die Kant dazu führen, Gott von den »Gegenständen« zu unterscheiden, die empirisch erfahrbar sind. Er betont zwar durchgehend, dass »the Real« bzw. Gott an sich erkenntnistranszendent ist, unterscheidet aber in keiner Weise zwischen der Erkenntnistranszendenz Gottes und der jedes anderen »Gegenstandes«. »An sich« ist Gott genauso erfahrbar wie jeder andere »Gegenstand«; nur weil der Mensch immer schon die Anschauungsformen und Kategorien seiner wahrnehmenden Vernunft an die empirisch vermittelten Gegenstände heranträgt, bleibt ihm das »An sich« nicht nur Gottes, sondern jedes Gegenstandes verborgen. Einmal abgesehen von der Ausblendung des von Fichte und Hegel reflektierten Problems, was denn das vom Menschen gedachte »An sich« eines Gegenstandes außerhalb des Denkens – also unabhängig von seinem Gedachtsein durch den Menschen – ist, subsumiert Hick »the Real an sich« bzw. Gott unter die empirisch wahrnehmbaren Gegenstände. Die Unerkennbarkeit Gottes liegt für Hick auf derselben Ebene wie die Unerkennbarkeit jedes anderen Gegenstandes. Er ist deshalb nur scheinbar ein Anwalt der negativen Theologie. Denn aus seiner Sicht gehört es zu dem »Gegenstand«, den er Gott nennt, ebenso wie zu jedem anderen Gegenstand, dem Menschen zu erscheinen. »Trivial ausgedrückt: Gott kann gar nicht anders als dem Menschen zu erscheinen, ihm erfahrbar zu sein, weil er für die Erfahrung einfach vorkommt.«[970] Wo Hick die Relativität unseres Gott*erkennens* und die Relativität unserer theologischen *Begriffe* beschwört, depotenziert er Gott selbst zu einem ständig und überall erscheinenden Wesen, dem es nie gelingt, sich seinen Adressaten eindeutig mitzuteilen. Obwohl Hick verbal zwischen »the Real an sich« (*Nooumenon*) und den Erscheinungen (*Phainomena*) des Transzendenten unterscheidet, ist Gott ontologisch von seinen Erscheinungen in Schöpfung und Geschichte untrennbar. Alles Seiende ist aus seiner Sicht Erscheinung des Transzendenten. Deshalb spricht Gerd Gäde in seiner Hick-Analyse mit Recht von einem Rückfall in mythisches Denken[971]. In der Welt des Mythos ist bekanntlich jedwede Kausalität göttliche Wirksamkeit, gleichgültig, ob sie eine Ortsbestimmung betrifft oder eine

---

[969] Vgl. G. L. Müller, Erkenntnistheoretische Grundprobleme einer Theologie der Religionen, in: Ders./M. Serretti (Hgg.), Einzigkeit und Universalität Jesu Christi im Dialog mit den Religionen (SlgHor NF 35), Einsiedeln/Freiburg 2001, 17–48.
[970] G. Gäde, Viele Religionen – ein Wort Gottes. Einspruch gegen John Hicks pluralistische Religionstheologie, Gütersloh 1998, 107.
[971] Vgl. Gäde, Viele Religionen – ein Wort Gottes, 129f.

qualitative Umwandlung (Metamorphose). Der Wurf einer Lanze, das Aufkommen von Sturm und Wind, die Bewegung der Wolken, der Sterne, des Meeres – in all dem äußern sich die Kräfte der Götter. Diese sind aber auch im Wandel der Jahreszeiten tätig, in dem Ausbrechen einer Krankheit, in der Erleuchtung; oder wenn jemand einen Einfall (eine geniale Idee) hat; wenn jemand weise spricht; wenn jemand selbstbeherrscht, krank oder schwach ist[972]. Hick entgeht der Widerspruch zwischen seinem verbalen Bekenntnis zur Transzendenz des Göttlichen und seiner gleichzeitigen Behauptung, es gehöre zum Wesen des Göttlichen, in jedwedem Seienden zu erscheinen. Was er »Gotteserfahrung« nennt, ist nichts anderes als die Erfahrung eines innerweltlichen Phänomens, insofern dieses Gott zur Erscheinung bringt. Wenn aber der erscheinende Gott von dem Medium seiner Erscheinung gar nicht unterschieden werden kann, wird nicht Gott selbst, sondern nur ein zum Gottessymbol deklariertes Geschöpf »erfahren«.

Das Kriterium, das John Hick formuliert, um so etwas wie eine Hierarchie der Religionen zu begründen, entspringt der Perspektive des westlichen Anthropozentrismus. Was die Religionen über Gott und das Verhältnis von Gott und Mensch sagen, soll nützlich sein für die zunehmende Vermenschlichung des Menschen. Unter zunehmender Vermenschlichung versteht er die Überwindung des Egozentralismus zugunsten eines mit der biblisch bezeugten Nächstenliebe identischen Altruismus[973]. Ohne diese Auffassung phänomenologisch zu begründen, sieht Hick alle Weltreligionen auf dem Weg zu einer fortschreitenden Transformation in Richtung auf die besagte Vermenschlichung des Menschen[974]. Nachdem

---

972 Vgl. K. Hübner, Mythos I. Philosophisch, in: TRE XXIII (Berlin ²2000) 597–608.
973 »But Jesus teaching was not simply a vivid picturing of the ›amazing grace‹ and re-creating love of God. It was at the same time a profoundly challenging call to a radical change (metanoia), breaking out of our ordinary self-enclosed existence to become part of God's present and future kingdom. The summons was away from a life centred in the self and its desire for possessions, wealth, status and power to a new life centred in God and lived out as an agent of the divine love. Such a challenge cut through the normal web of self-concern, requiring a choice between the true quality and style of life, found in a free and perhaps costly response to God, and spiritual death within a stifling shell of selfconcern. ›For whoever would save his life will lose it; and whoever loses his life for my sake and the gospel's will save it‹ (Mk 8,35). With the progressive deification of Jesus within the developing faith of the church the earthly lord became exalted into the heavenly Christ, virtually occupying the place of God, so that St. Paul, expressing his own form of God-centredness, could say ›It is not I who live, but Christ who lives in me‹ (Gal 2,20)« (J. Hick, An Interpretation of Religion. Human Responses to the Transcendent, New Haven 1989, 45).
974 »And on the hypothesis that the major world religions constitute varying human responses to the transcendent Reality, and are thus at least to some extent in alignment with that Reality, the available criteria will be those that have developed within them. Some of these are tradition-specific – for example, believing the distinctive doctrines of a particular movement – and cannot provide the general criterion which

7.2 Die PRT als Religionsphilosophie

er Gott unter die »Gegenstände« der menschlichen Wahrnehmung eingereiht und die Vieldeutigkeit Gottes mit dem Kantschen Graben zwischen dem »Ding an sich« (Nooumenon) und dem »Ding für uns« (Phainomenon) begründet hat, schließt er von dem je effektiveren Beitrag einer religiösen Tradition zur Vermenschlichung des Menschen auf deren je größere oder geringere Wahrheit[975]. Dass Jesus Christus auch dann der Weg, die Wahrheit und das Leben für alle Menschen aller Zeiten sein könnte, wenn nur wenige Menschen an ihn glauben, hält Hick für einfachhin ausgeschlossen.

Auf der einen Seite betont er die Transzendenz des Unbedingten so sehr, dass selbst die auf »the Real« angewandte Kategorie des Personalen aus seiner Sicht nicht mehr aussagt als die Vorstellung eines impersonalen Absoluten. Auf der anderen Seite aber soll die apriorische, vorreflexe, unthematische Bezogenheit aller Menschen auf diese transzendente Wirklichkeit nicht völlig inhaltslos sein. Im Gegenteil: Es ist ja ein und dieselbe transzendente Wirklichkeit, die sich aus Hicks Sicht in allen großen Traditionen der Menschheit offenbart bzw. manifestiert. Das berühmt gewordene Gleichnis von dem einen Elefanten[976], der von mehreren Menschen mit verbundenen Augen an verschiedenen Stellen betastet und immer zutreffend, wenn auch nur partiell beschrieben wird, soll erklären, warum das Ergebnis der Offenbarung jeweils mehr Rätsel aufgibt als entschlüsselt. Einmal abgesehen von der Fragwürdigkeit eines göttlichen Offenbarers, dem es nicht gelingt, sich eindeutig verständlich

---

our hypothesis requires. But in addition to such confessional tests tradition also operates with the idea of the spiritual and moral fruits of true as distinguished from merely conventional religion. This is more promising in as much as the ›fruits of the spirit‹ are universally recognised and respected whereas the value of credal and communal loyalty presupposes the accident of birth at some one particular time and place« (Hick, An Interpretation of Religion, 300f).

975 »There are accordingly Buddhist saints, Muslim saints, Christian saints and so on, rather than simply saints. However there is an all-important common feature which we can both observe today and find reflected in the records of the past. This is a transcendence of the ego point of view and ist replacement by devotion to or centred concentration upon some manifestation of the Real, response to which produces compassion/love towards other human beings or towards all life« (Hick, An Interpretation of Religion, 301).

976 »An elephant was brought to a group of blind men who had never encountered such an animal before. One felt a leg and reported that an elephant is a great living pillar. Another felt the trunk and reported that an elephant is a great snake. Another felt a tusk and reported that an elephant is like a sharp ploughshare. And so on. And then they all quarrelled together, each claiming that his own account was the truth and therefore all the others false. In fact of course they were all true, but each referring only to one aspect of the total reality and all expressed in very imperfect analogies« (J. Hick, God and the Universe of Faiths. Essays in the Philosophy of Religion, London 1973, 96).

7. Jesus Christus – einzige Selbstoffenbarung Gottes?

zu machen[977], bleibt Hick bei der Gleichwertigkeit aller theologischen Interpretationen. Die dennoch aufrecht erhaltene Behauptung, alle religiösen Traditionen seien Trägerinnen einer korrespondenztheoretisch verstandenen Wahrheit, nährt er mit der Fiktion einer Lichtung der transzendenten Wirklichkeit nach dem Grad der je effektiveren Soteriopraxis. Doch der logische Zusammenhang zwischen »the Real an sich« und dem besagten Wahrheitskriterium wird nur vorausgesetzt und in keiner Weise begründet.

7.3 Die Einzeichnung der Christologie in die PRT

Die PRT entsteht mit der teils historisch-kritischen, teils philosophisch bestimmten Kritik an jener trinitätsvergessenen Identifikation Jesu mit Gott, die als radikale Unio-Theologie der Oxforder Tradition[978] in die Theologiegeschichte eingegangen ist. Aber die PRT will mehr sein als eine deabsolutierte Christologie. Sie versteht sich als Theorie aller Religionen und entwickelt deshalb eine universale Religionsphilosophie bzw. »Welttheologie«. Erst nachdem dieser Schritt getan ist, kann die Christologie so konzipiert werden, dass sie nicht nur dem biblischen Zeugnis, sondern auch den Geltungsansprüchen der anderen Religionen gerecht wird. Hick verkörpert geradezu exemplarisch den Dreischritt von der Christologie zur PRT und zurück zur Christologie. Aber nicht nur er, sondern auch Leonard Swidler, Paul F. Knitter oder Raimundo Panikkar stehen für den Versuch einer Einzeichnung der Christologie in die Religionsphilosophie der PRT.

---

977 »We cannot say that it is personal or impersonal, one or many, active or passive, substance or process, good or evil, just or unjust, purposive or purposeless. No such categories can be applied, either positively or negatively, to the noumenal. Thus, whilst it is not correct to say, for example, that the Real is personal, it is also not correct to say that it is impersonal – nor that it is both personal and impersonal. All that one can say is that these concepts, which have their use in relation to human experience, do not apply, even analogically, to the Real an sich« (J. Hick, Disputed Questions in Theology and the Philosophy of Religion, London 1993, 177).

978 Man kann vier Perioden der Oxforder Tradition unterscheiden: a) die Periode der Traktate (1833–1841), während der die führenden Köpfe ihre Vorstellungen in volkstümlichen Abhandlungen (tractarians, tractarianism) darstellten; b) die Periode des Ritualismus, die bis 1870 anhält und während der viele katholische Riten in der Kirche von England wieder eingeführt wurden; c) die Periode von 1870–1960, während der der Anglo-Katholizismus zunehmend zur dominierenden Kraft in der Kirche von England wurde; d) die Zeit nach 1960, in der es zur fast unüberwindbaren Kluft zwischen den konservativen Anglikanern der Oxforder Tradition und den liberalen Anglikanern um den Bischof John A. T. Robinson kommt.

7.3.1 John Hick: Plädoyer für eine metaphorische statt metaphysische Identifikation Jesu mit dem göttlichen Sohn

Wie beschrieben, bezeichnet Hick »the Real *an sich*« als bewusstseinsunabhängige Realität, die nur im Glauben (*faith*) erfahren, und von den vielen begrifflichen und metaphorischen Veranschaulichungen (*beliefs*) lediglich bezeichnet, nicht aber erkannt werden kann[979]. Im Einzelnen unterscheidet er drei Weisen der Gottesrede, die wörtliche, die analoge und die mythische[980]. Hicks Paradebeispiel für das mythische Sprechen über »the Real« ist die christliche Inkarnationschristologie[981]. Weil er den trinitätstheologischen Hintergrund einer wörtlich verstandenen Selbstoffenbarung Gottes in Jesus Christus von vornherein ausklammert, besteht aus seiner Sicht die Bezeichnung des Menschen Jesus als Gott in einer Verwechslung der mythischen mit der wörtlichen Redeweise. Im Rahmen der mythischen Denkform kann man, so betont er, durchaus von einem Geschöpf behaupten, es sei wahrer Gott und wahrer Mensch. Falsch werde diese Aussage aber, wenn man sie wörtlich nehme und mit dem Wörtlichnehmen auch noch den Anspruch von universal bedeutsamer Einzigkeit beanspruche[982].

---

979 »Such beliefs concerning matters of trans-historical fact vary in importance within the belief-system to which they belong; and at the top end of the scale they may be indispensable to a given doctrinal structure. It does not however follow that that structure is itself indispensable for salvation/liberation. On the contrary, it suggests otherwise: for it seems implausible that our final destiny should depend upon our professing beliefs about matters of transhistorical fact concerning which we have no definitive information« (Hick, An Interpretation of Religion, 369f).
980 Vgl. Hick, An Interpretation of Religion, 350f.
981 Vgl. J. Hick, Christ and Incarnation, in: Ders., God and the Universe of Faiths. Essays in the Philosophy of Religion, London 1973, 148–164; ders., Jesus and the World Religions, in: Ders. (Hg.) The Myth of God Incarnate, Philadelphia 1977, 167–185 (deutsch: Jesus und die Weltreligionen, in: Ders., (Hg.), Wurde Gott Mensch? Der Mythos vom fleischgewordenen Gott, Gütersloh 1979, 175–194); ders., An Inspiration Christology for a Religiously Plural World, in: S. Davis (Hg.), Encountering Jesus, Atlanta 1988, 5–22.
982 »Thus the dogma of the deity of Christ – in conjunction with the aggressive and predatory aspect of human nature – has contributed historically to the evils of colonialism, the destruction of indigenous civilisations, anti-Semitism, destructive wars of religion and the burnings of heretics and witches. But on the other hand it is also possible to understand the idea of divine incarnation in the life of Jesus Christ mythologically, as indicating an extraordinary openness to the divine presence in virtue of which Jesus‹ life and teachings have mediated the reality and love of God to millions of people in successive centuries. Thus, whereas understood literally the doctrine of a unique divine incarnation in Christ has divided humanity and has shrunk the image of God to that of the tribal deity of the West, understood mythologically it can continue to draw people to God through Christ without thereby sundering them from the rest of the human family« (Hick, An Interpretation of Religion, 372).

Um das Ziel einer deabsolutierten Christologie argumentativ abzustützen, sammelt Hick alle Argumente der jüngeren Theologiegeschichte, die den historischen Jesus von dem Christus der griechischen Metaphysik trennen, die Verknüpfung des Inkarnations- mit dem Präexistenzgedanken als relativ späte Überhöhungsstrategie ausweisen und Jesu Erlöserfunktion von der Zwei-Naturen-Lehre abkoppeln. In einem frühen Aufsatz des Jahres 1966 hat Hick vorgeschlagen, den nicaenischen Begriff der Homoousie durch den Begriff der Homoagape zu ersetzen[983]. Obwohl Jesus ganz und gar nur Mensch gewesen sei, dürfe das Phänomen seiner Agape als Ereignis der noumenalen göttlichen Liebe bezeichnet werden. Gottes Liebe und Jesu Liebe würden somit eine kausale Ereigniskontinuität bilden (»continuity-of-agapéing«[984]) und also die Bezeichnung des Handelns Jesu als nicht nur qualitativ, sondern auch numerisch identisch mit dem Handeln Gottes erlauben. Hick hat wohl selbst gespürt, dass er mit der bloßen Behauptung, die Liebe des Menschen Jesus sei identisch mit der Liebe Gottes, die Frage nach den Voraussetzungen einer solchen Identität nicht geklärt hat. Deshalb wendet er sich in einer späteren Phase seiner Christologie der logischen Analyse des Bekenntnisses »Jesus ist der Sohn Gottes« zu. Er spricht von einem Wechsel der Blickrichtung: weg von dem biblisch bezeugten Jesus der Geschichte hin zu dem präexistenten bzw. innertrinitarischen Sohn. Aus seiner Sicht ist der Satz »Jesus ist Gottes Sohn« eine metaphorische, der Satz aber »Jesus ist Gott der Sohn« eine metaphysische Aussage. Der Übergang von der metaphorischen zur metaphysischen Identifikation Jesu mit dem innertrinitarischen Sohn ist aus seiner Sicht der sich schon im vierten Evangelium ankündigende und von den christologischen Konzilien zur Norm erhobene Sündenfall der christlichen Theologiegeschichte mit ihren Tendenzen zur Verabsolutierung eines sich imperialistisch gebärdenden Christentums[985]. Hick trifft sich mit Swidler[986] nicht nur auf dem Felde der historischen Kritik,

---

983 Vgl. J. Hick, Christ and Incarnation, in: Ders., God and the Universe of Faiths. Essays in the Philosophy of Religion, London 1973, 148–164. – Dazu: I. U. Dalferth, Der auferweckte Gekreuzigte. Zur Grammatik der Christologie, Tübingen 1994, 7–22.
984 Hick, Christ and Incarnation, 164.
985 »And as Christian theology grew through the centuries it made the very significant transition from ›Son of God‹ to ›God the Son‹, the Second Person of the Trinity. The transposition of the poetic image, son of God, into the trinitarian concept, God the Son, is already present in the Fourth Gospel [...]« (Hick, Jesus and the World Religions, 175).
986 Dazu: L. Swidler, After the Absolute. The Dialogical Future of Religious Reflection, Minneapolis 1990; ders., Eine Christologie für unsere kritisch-denkende, pluralistische Zeit, in: Horizontüberschreitung. Die Pluralistische Theologie der Religionen, hg. v. R. Bernhardt, Gütersloh 1991, 104–119; ders., Der umstrittene Jesus, Stuttgart 1993; ders., Heutige Implikationen des jüdisch-christlichen Dialogs über Jesus Christus, in: ZRGG 46 (1994) 333–351.

7.3 Die Einzeichnung der Christologie in die PRT

sondern auch in der Sprachanalyse der christologischen Lehraussagen. Doch während er die metaphysischen Termini von Nicaea und Chalkedon eliminiert, will Swidler auf dem Boden der alten Bekenntnisformeln bleiben und diese selbst deabsolutieren. Dies soll u. a. durch eine attributive Reformulierung der dogmatischen Definitionen geschehen, z. B. durch die Ersetzung der Seinsaussagen »wahrer Gott und wahrer Mensch« durch die Eigenschaftsaussagen »wahrhaft göttlich und wahrhaft menschlich«[987].

Der schmale Sammelband, mit dem John Hick im Verbund mit weiteren sechs Theologen 1977 zum Gründer der PRT wurde, geht aus von der Grundthese, dass das in allen Weltreligionen beschriebene Inkarnationsgeschehen von der christlichen Inkarnationschristologie mythologisch dargestellt wird. Inkarnation ist aus dieser Sicht ein anderer Ausdruck für Offenbarung. Und Offenbarung ist, wie beschrieben, ein Wesenszug Gottes bzw. des Göttlichen. Dieser Wesenszug kann durchaus anders als in den Metaphern der christlichen Inkarnationschristologie beschrieben werden. Wenn er aber inkarnationschristologisch dargestellt wird, dann ist – so betonen die Autoren der Magna Charta der PRT unisono – zu beachten, dass alle Rede von der Menschwerdung eines Gottes mythologische und also nicht deskriptive Rede ist. Mythologische Rede aber wolle nicht das »An sich« einer Wirklichkeit, sondern dessen Bedeutung »für uns« freilegen. Jesu Bedeutung liege folglich nicht in einer ontologischen Qualität, sondern in seiner erlösenden bzw. befreienden Wirkung auf seine Gläubigen[988].

---

987 Vgl. Swidler, Eine Christologie, 110. – Dazu ausführlich: R. Bernhardt, Deabsolutierung der Christologie?, in: M. v. Brück/J. Werbick (Hgg.), Der einzige Weg zum Heil? (QD 43), Freiburg 1993, 144–200; bes. 156–165.

988 »It therefore seems reasonable to conclude that the real point and value of the incarnational doctrine is not indicative but expressive, not tu assert a metaphysical fact but to express a valuation and evoke an attitude. The doctrine of the incarnation is not a theory which ought to be able to be spelled out but – in a term widely used throughout Christian history – a mystery. I suggest that its character is best expressed by saying that the idea of divine incarnation is a mythological idea. And I am using the term ›myth‹ in the following sense: a myth is a story which is told but which is not literally true, or an idea or image which is applied to someone or something but which does not literally apply, but which invites a particular attitude in its hearers. Thus the truth of a myth is a kind of practical truth consisting in the appropriateness of the attitude to its object. That Jesus was God the Son incarnate is not literally true, since it has no literal meaning, but it is an application to Jesus of a mythical concept whose function is analogous to that of the notion of divine sonship ascribed in the ancient world to a king. In the case of Jesus it gives definitive expression to his efficacy as saviour from sin and ignorance and as giver of new life; it offers a way of declaring his significance to the world; and it expresses a disciple's commitment to Jesus as his personal Lord« (J. Hick, Jesus and the World Religions, 178).

Hick versteht die traditionelle Rede von zwei ungetrennten und unvermischten Naturen einer einzigen Person als Verletzung des logischen Grundsatzes vom auszuschließenden Widerspruch. Er vergleicht die zentrale Aussage des Konzils von Chalkedon mit der Behauptung, ein Kreis sei zugleich ein Quadrat. Aber die beiden Attribute »unvermischt« und »ungetrennt« widersprechen sich nur unter der falschen Voraussetzung, dass die personale Einheit zweier verschiedener Wesenheiten ohne Aufhebung einer der beiden Naturen Jesu Christi in die jeweils andere undenkbar ist.

Entscheidend für Hicks Chalcedon-Interpretation[989] ist die Ausblendung des denknotwendigen Zusammenhangs zwischen dem Dogma von der hypostatischen Union zweier unvermischter und ungetrennter Naturen mit dem Trinitätsdogma. Denn das Trinitätsdogma versteht Gott nicht als monolithische, sondern als relationale Einheit. Was Gott in dem Leben, Sterben und Auferstehen Jesu mitteilt, ist die Beziehung, die er selber ist als Vater zum Sohn und als Sohn zum Vater. Mit anderen Worten: Jesu Menschheit ist nicht identisch mit Gott. Das wäre allerdings eine absurde Behauptung. Jesu menschliche Natur ist auch nicht teilweise identisch mit der göttlichen Natur. Diese Meinung ist als Apollinarismus ausdrücklich verurteilt worden. Jesus lebt als wahrer Mensch – in allem uns gleich außer der Sünde – in Raum und Zeit dieselbe Beziehung zum Vater, die Inbegriff der Personalität des innertrinitarischen Sohnes ist. Oder kürzer und prägnanter formuliert: Jesu Personalität ist die des ewigen Logos. Und weil keine Person eine andere Person werden kann, bezeichnet das Konzil von Ephesus den Menschen, den Maria nach der Empfängnis unter ihrem Herzen trägt, als göttliche Person von Anfang an.

7.3.2 Paul F. Knitter: Reduktion der Einzigkeit an sich auf die Einzigartigkeit für mich

Paul F. Knitter[990] – neben John Hick der im deutschen Sprachraum wohl bekannteste Repräsentant der PRT – affirmiert die meisten der von Hick vorgetragenen Positionen, bezweifelt aber, dass es so etwas wie eine al-

---

989 Dazu umfassend: G. H. Carruthers, The Uniqueness of Jesus Christ in the Christian Theology of World Religions. An Elaboration and Evaluation of the Position of John Hick, Lanham 1990, bes. 263–309; Joswowitz-Schwellenbach, Zwischen Chalkedon und Birmingham, 149–200.
990 Als Summe von P. F. Knitters PRT gelten die folgenden beiden Bände: No Other Name? A Critical Survey of Christian Attitudes Toward the World Religions, New York 1985 (ins Deutsche übers. v. J. Wimmer: Ein Gott – viele Religionen. Gegen

7.3 Die Einzeichnung der Christologie in die PRT

len Interpretationen der Religionsgeschichte vorgelagerte Erfahrung des »Real an sich« bzw. des transzendenten Absoluten gibt. Das Absolute, so betont er, wird nicht vom Menschen ergriffen, sondern umgekehrt: Das Absolute ergreift den einzelnen Menschen im Medium unterschiedlicher Traditionen, Riten und Erfahrungen[991]. Knitter sieht in allen Religionen Kommunikationsgemeinschaften, die den einzelnen Gläubigen in Gestalt bestimmter Deutungssysteme zu einem Leben befähigen, das in unzähligen kategorialen Entscheidungen den geglaubten Sinn »tut«. Dogmen, Riten und Institutionen sind also kristallin gewordene Praxis und nur dann vor der Gefahr des Autoritarismus, des Fundamentalismus und des Traditionalismus gefeit, wenn sie gleichsam erneut verflüssigt werden in die befreiende Praxis erlösten und erlösenden Handelns. Wer sich im Medium einer soteriozentrischen Praxis unbedingt beanspruchen lässt, erfährt »das Göttliche«, ja mehr noch, wird selbst zur Inkarnation des Absoluten in Welt und Geschichte.

Jesus Christus ist für Knitter nicht die einzige Inkarnation des unbedingten Sinns, wohl aber einzigartig. Jesus ist der eschatologische Prophet, der Gottes Gegenwart in diese Welt trägt, indem er Menschen bewegt, die Umkehr des Herzens zu wagen und so die Inkarnation des Göttlichen (das Ankommen der Gottesherrschaft) selbst zu vollziehen. Wenn die Mitglieder der von Jesus initiierten Kommunikationsgemeinschaft ihren Gründer als »den Einen«, als »den Sohn Gottes«, als »den Christus« bekennen, dann in einer Sprache, die Liebende sprechen, wenn sie einander beteuern »Du bist mein ein und alles; Du bist der einzige Mann bzw. die einzige Frau für mich!« Knitter unterscheidet zwischen der »Einzigkeit an sich« und der »Einzigartigkeit für mich«; einzig »an sich« ist nur das Absolute; und das Absolute ist transzendent[992]. Wer Je-

---

den Absolutheitsanspruch des Christentums, München 1988); Jesus and the Other Names, Christian Mission and Global Responsibility, Maryknoll/New York 1996.

991 Mit Berufung auf die sprachphilosophischen Reflexionen von George Lindbeck wendet sich Knitter gegen Hicks These, die vielen Religionen seien unterschiedliche Interpretationen einer einzigen Wirklichkeit, auf die alle Menschen in Gestalt einer vorreflexiven Erfahrung verwiesen sind. Lindbeck wörtlich: Es kann »keine innere Erfahrung von Gott geben, die allen Menschen und allen Religionen gemeinsam ist. Es kann keine Erfahrungsmitte geben, weil [...] die Erfahrungen, die Religionen hervorrufen und formen, so verschieden sind wie die Interpretationsmuster, die sie umfassen. Anhänger verschiedener Religionen thematisieren die gleiche Erfahrung nicht auf unterschiedliche Art und Weise, sie machen vielmehr unterschiedliche Erfahrungen« (G. Lindbeck, The Nature of Doctrine. Religion and Theology in a Postliberal Age, Philadelphia 1984, 40 [hier zit. nach: P. F. Knitter, Religion und Befreiung. Soteriozentrismus als Antwort an die Kritiker, in: Horizontüberschreitung. Die Pluralistische Theologie der Religionen, hg. v. R. Bernhardt, Gütersloh 1991, 203–219; 207]).
992 Vgl. Knitter, Ein Gott , 119.

436   7. Jesus Christus – einzige Selbstoffenbarung Gottes?

sus aus Nazaret mit dem Absoluten im ontologischen Sinne identifiziert, »neigt nicht nur dazu, Jesus zu entmenschlichen, sondern auch Gott so zu vermenschlichen, dass sich das Gottsein auf Jesus beschränkt«[993].
Für praktizierende Christen ist Jesus Christus das Medium, durch welches sie das Absolute ergreift[994]. Wer nach dem Beispiel des Apostels Paulus Christus »anzieht« bzw. den kenotischen Altruismus des Nazareners mitvollzieht, erfährt – in der geschichtlich bzw. kategorial gelebten Orthopraxie – und keinesfalls in einer geschichtsunabhängigen Orthodoxie – den unbedingten Sinn, der alles Bedingte »einholt«. Knitter wendet sich gegen das Identitätsdenken der Philosophie des Deutschen Idealismus und damit gegen das angeborene Streben des erkennenden Subjekts, alles begreifend »bewältigen« zu wollen. Mit den Vertretern der Frankfurter Schule kritisiert er die Begriffe des transzendentalen Subjekts als Verabsolutierungen der eigenen Projektionen und Zwecke. Er plädiert stattdessen für die Entdeckung des Absoluten im ganz Anderen. Der Andere kann nicht begriffen, wohl aber anerkannt werden. Oder anders gesagt: Das Absolute ist niemals Objekt eines Subjekts, sondern die stete Verneinung aller Objektivationen des Subjekts. Das Absolute ist aber auch nicht das dem Subjekt schlechthin Entzogene; denn es begegnet dem Einzelnen im Anruf des Anderen durchaus innerweltlich und geschichtsimmanent[995].

Paul F. Knitter bezeichnet Jesus nicht deshalb als den Christus, weil dieser eine Mensch mit dem Absoluten identisch ist, sondern weil er jeden, der sich von ihm ergreifen lässt (den Christen), unbedingten Sinn erfahren lässt. Also liegt der Absolutheitsanspruch Christi oder des Christentums nicht in der hypostatischen Union Jesu mit dem innertrinitarischen Logos, sondern ganz im Gegenteil in der von Jesus selbst bezeugten Differenz zwischen ihm, der sich vom Absoluten ergreifen lässt, und dem Absoluten, das ihn ergreift. Jesus ist für Knitter gerade deshalb der Christus, weil das Absolute in ihm nicht als raumzeitlich fixierbares Objekt, sondern als Sinn begegnet. Anders gesagt: Wer Jesus als den Christus glaubt, kann das Absolute nicht objektivierend begreifen oder »haben«, wohl aber tun. Knitter sieht den eigentlichen Grund für die langen Perioden eines weltflüchtigen Heilsindividualismus in einer Christologie, die den Erlöser in Begriffe fasst, statt ihn in das eigene Leben zu übersetzen,

---
993 Knitter, Ein Gott, 132.
994 Vgl. P. F. Knitter, Ist das Christentum eine echte und die absolute Religion?, in: Conc(D) 16 (1980) 397–405; hier: 398f; ders., Nochmals die Absolutheitsfrage. Gründe für eine pluralistische Theologie der Religionen, in: EvTh 49 (1989) 505–516; hier: 509f; ders., Katholische Religionstheologie am Scheideweg, in: Conc(D) 22 (1986) 63–69.
995 Vgl. Knitter, Ist das Christentum eine echte und die absolute Religion?, 399f.

7.3 Die Einzeichnung der Christologie in die PRT

die also den Primat der Orthopraxie vor der Orthodoxie in sein Gegenteil verkehrt[996].

Und was für das Christentum gilt, gilt entsprechend auch für alle anderen Religionen[997]: Wenn sie ihren Absolutheitsanspruch nicht mehr als Besitz absoluter Wahrheit, sondern als Anspruch des Absoluten an die eigene Wahrhaftigkeit verstehen, ihre Dogmen, Normen und Riten als Wege befreiender Praxis interpretieren, sind sie gerade in der Treue zur eigenen Tradition zunehmend authentische Offenbarungen des Absoluten.

Obwohl Knitter immer wieder unterstreicht, dass das Absolute den einzelnen Gläubigen stets konkret bzw. geschichtlich – d. h. mittels der kognitiven Gehalte einer bestimmten Konfession – beansprucht, sagen doch diese kognitiven Gehalte über das Absolute nichts aus; sie sind das bloße Medium des Absoluten. So gesehen kann auch eine Psychotherapie oder der Marxismus das Medium sein, durch welches ich mich unbedingt beanspruchen lasse. Die Frage, warum ich mich überhaupt von etwas Bedingtem – z. B. von einem Ereignis, einer Tradition oder dem Menschen Jesus – zu unbedingtem Engagement verpflichten lassen darf und soll, wird von Knitter nicht einmal gestellt, geschweige denn beantwortet. Knitter begnügt sich mit der Behauptung, dass jeder Gläubige, der die Traditionen seiner Religion nicht nur bekennt, sondern auch in das eigene Tun übersetzt, unbedingten Sinn erfährt.

7.3.3 Raimundo Panikkar: Jesus Christus als ein Name des kosmotheandrischen Prinzips

Raimundo Panikkar, 1918 als Sohn einer spanischen Katholikin und eines indischen Hindu geboren, beschreibt die Wirklichkeit, die Hick »the Real an sich« und die Knitter »das Absolute« nennt, als »das Mysterium«, das allem Seienden zugleich immanent und transzendent ist. Mit Hick spricht Panikkar von einer vorreflexen Erlebnisebene reiner Erfahrung. Aber im Unterschied zu Hick bezeichnet er dieses reine Erfahren oder Erleben nicht als kognitiv blind. Denn wo immer ein Hindu, ein Mos-

---
996 »Wir können in der Tat nur dann erfahren, was unsere christologischen Bekenntnisse und Titel wirklich bedeuten, wenn wir Jesus folgen und für Gerechtigkeit und Liebe arbeiten. Wie die Befreiungstheologen uns sagen, kommt Orthopraxie (d. h. für das Reich Gottes zu arbeiten) vor Orthodoxie (d. h. bekennende oder theologische Feststellungen über die Natur Jesu zu treffen) – obwohl die beiden Aspekte religiösen Lebens nicht voneinander getrennt werden können« (Knitter, Religion und Befreiung, 218).
997 Vgl. P. F. Knitter, Suche nach Einheit in Unterschiedenheit. Jüngste Ansichten zum Religiösen Pluralismus, in: Dialog der Religionen 1 (1991) 230–237.

lem oder ein Christ seinen Weg konsequent geht[998], erschließt sich ihm dieselbe »kosmotheandrische Einheit der Wirklichkeit«. Unter Anwendung der Terminologie des Konzils von Chalcedon spricht Panikkar von einer untrennbaren und zugleich unvermischten Einheit zwischen Gott und Mensch und Kosmos. Die direkte Proportionalität der Einheit und Unterschiedenheit alles Seienden wird dem Christen durch den trinitarisch verstandenen Christus erschlossen. Denn die Trinitätslehre erklärt, wie Gott und Mensch und Kosmos trotz unbedingter Verschiedenheit untrennbar sind[999]. In der sich nicht vermischenden Durchdringung von Kosmos, Mensch und Gott sieht Panikkar »das Mysterium«, das in jeder echten religiösen Erfahrung berührt wird. »Wahr« – so betont er – ist eine religiöse Erfahrung dann zu nennen, wenn sie den »kosmotheandrischen« Einheits- und Konstruktionspunkt der Wirklichkeit berührt.

Vor dem Hintergrund seiner Begegnung mit den asiatischen Religionen will Panikkar nicht entscheiden, ob das »kosmotheandrische Prinzip« personal oder impersonal zu verstehen ist. Offenbarung geschieht überall, wo sich einem einzelnen Gläubigen oder einer Glaubensgemeinschaft das Besagte nicht nur kognitiv, sondern häufiger noch intuitiv und existenziell erschließt. Von der christlichen Tradition herkommend, gibt Panikkar dem kosmotheandrischen Prinzip den Namen »Jesus Christus«, den er aber ebenso wenig wie Hick und Knitter mit dem historischen Jesus identifiziert. Vielmehr ist dieser Name »ein lebendiges Symbol für

---

[998] Wie Knitter reduziert Panikkar den Anspruch jeder »Einzigkeit an sich« auf die relative »Einzigkeit für mich«. Da, wo der einzelne Gläubige sich auf einen bestimmten religiösen Weg, eine bestimmte religiöse Erfahrung ganz einlässt, gibt es für ihn nur diesen einen Heilsweg, der nicht relativierbar oder überbietbar ist. Sobald man aber darüber mit anderen sprechen will oder sie von ihrer ebenso einmaligen, einzigartigen und unüberbietbaren religiösen Erfahrung berichten, also auf der objektivierenden und reflektierenden Ebene, sieht man, dass es offensichtlich mehrere solcher unüberbietbaren und unrelativierbaren Heilserfahrungen gibt. Wörtlich bemerkt Panikkar: »Obgleich Christus in dem Sinne das Mysterium ist, als die Christuserfahrung das Erreichen des Mysteriums bedeutet, ist das Mysterium doch nicht vollkommen mit Christus identisch. Christus ist nur ein Aspekt des ganzen Mysteriums, obgleich er der Weg ist, wenn wir auf diesem Weg sind. Nur wenn wir nicht auf diesen Wegen wandeln, d. h., wenn wir nur Linien auf der Landkarte sind, gibt es auch ›viele‹ Wege. Für den eigentlichen Wanderer gibt es nur einen Weg« (R. Panikkar, Der unbekannte Christus im Hinduismus, Mainz 1986, 32f).
[999] »Der Name Christi wird weder dem Gedanken an eine unpersönliche, undifferenzierte (letzten Endes inhumane) Einheit zulassen noch eine letzte Dualität [...]. Innerhalb der christlichen Tradition ist Christus ohne die Trinität nicht denkbar. [...] Ich gebe die christliche Tradition nur dann wieder, wenn ich berücksichtige, dass das Christus-Symbol das Symbol ist, das die Wirklichkeit in ihrer Totalität – geschaffen oder ungeschaffen – zusammenfasst« (Panikkar, Der unbekannte Christus, 35f).

7.3 Die Einzeichnung der Christologie in die PRT

die Totalität der Wirklichkeit: menschlich, göttlich und kosmisch«[1000]. Jeder Name kann ein neues »Realsymbol« des trinitarischen bzw. kosmotheandrischen Prinzips werden. Dabei ist zu beachten: Das Mysterium hat nicht viele Namen, als ob es auch außerhalb seiner Namen existierte. »Diese Wirklichkeit ist viele Namen, und jeder Name ist ein neuer Aspekt, eine neue Manifestation und Offenbarung der Realität.«[1001] Panikkar betont: »Nur für den Christen ist ›das Mysterium‹ untrennbar mit Christus verbunden; nur für den Vishnu-Gläubigen ist das Mysterium ohne Zweifel mit Vishnu verbunden, oder mit der Form des Göttlichen, die ihn zur Befreiung, moksa, geführt hat.«[1002] Außerhalb des je konkreten Glaubensvollzugs ist »das Mysterium« durchaus trennbar von seinen vielen Namen. Aber da, wo der Einzelne oder die konkrete Glaubensgemeinschaft glaubt, ist das Mysterium untrennbar von jeweils einem seiner bestimmten Namen.

Wie Hick wirft auch Panikkar den christologischen Konzilien der alten Kirche eine Vergöttlichung des Endlichen, eine Verabsolutierung des geschichtlichen Jesus und – damit verbunden – eine imperialistische Universalisierung der eigenen Deutungsmuster und Traditionen vor. Und wie Swidler versucht auch Panikkar, die vertrauten Termini der christlichen Tradition durch Neuinterpretation zu retten. Dabei entgeht ihm die eigentliche Sinnspitze des Horos von Chalcedon, der ja gerade nicht behauptet, dass Jesu Menschsein identisch sei mit dem Gottsein des innertrinitarischen Sohnes, sondern im Gegenteil das unverkürzte Menschsein des Erlösers als Ort der realen Offenbarkeit Gottes (näherhin der Beziehung des Sohnes zum Vater) bezeichnet.

7.3.4 Perry Schmidt-Leukel: Jesus Christus als eine unter anderen Vermittlungen von Erlösung

Perry Schmidt-Leukel – im deutschen Sprachraum der wohl entschiedenste Verfechter der PRT – hat sich Hicks Thesen fast durchgehend zueigen macht. Ja, er empfiehlt[1003] mit den Geist-Christologien u. a. v.

1000 Panikkar, Der unbekannte Christus, 35.
1001 Panikkar, Der unbekannte Christus, 37.
1002 Panikkar, Der unbekannte Christus, 33.
1003 Vgl. P. Schmidt-Leukel, Theologie der Religionen. Probleme, Optionen, Argumente (Beiträge zur Fundamentaltheologie und Religionsphilosophie 1), Neuried 1997, 513–576.

440   7. *Jesus Christus – einzige Selbstoffenbarung Gottes?*

Geoffrey Lampe, Paul W. Newmans[1004] und Roger Haight[1005] eine noch konsequentere Abkehr von der traditionellen Zwei-Naturen-Christologie als sein Lehrmeister[1006]. Wörtlich bemerkt er:

Jesus »ist wahrer Gott, weil und insofern es wirklich Gott ist, der in ihm und durch ihn wirkt, und er ist wahrer Mensch, weil es ein echter und wirklicher Mensch ist, in dem und durch den Gott handelt. Doch ist dieses paradoxe Verhältnis von Gottheit und Menschheit nicht exklusiv dem Menschen Jesus zueigen, sondern eine unausweichliche Bestimmung jeglicher Form von göttlicher Immanenz. Ihre Besonder-

---

[1004] Deutlich von Lampe beeinflusst, stellt der kanadische Protestant Paul W. Newmans (A Spirit Christology. Recovering the Biblical Paradigm of Christian Faith, Atlanta 1987) die Inspirationschristologie unter den hohen Anspruch eines Paradigmenwechsels. Damit meint er die konsequente Abkehr von allen Theologumena, die in Jesus mehr sehen als den Ort einer außerordentlichen Erfahrung der Einheit mit Gott. Das Reich Gottes ist für Newmans mit der Gegenwart Gottes als Geist identisch, während es bei Lampe erst als Ziel des Geistwirkens angestrebt wird. Damit will Newmans die Exklusivität eines christologischen Heilsweges und auch den von Lampe festgehaltenen Jesuzentrismus hinter sich lassen. Vgl. dazu die entlarvende Analyse von Preß, Jesus und der Geist, 13–18.
[1005] Eine knappe Zusammenfassung der Inspirationschristologie des amerikanischen Jesuiten Roger Haight (Jesus, Symbol of God, Maryknoll/New York 1999; ders., The Case for Spirit Christology, in: Theological Studies 53 [1992] 257–287), bietet: H. Wagner, Dogmatik, Stuttgart 2003, 210–218. Er bemerkt: »Jesus Christus wird darin zum geschichtlich einzigartigen (für Haight aber keineswegs einzigen!) Vermittlungs- und Offenbarungssymbol einer ins Licht des menschlichen Bewusstseins gehobenen allgemein wirkenden Gottesgegenwart in Mensch und Welt« (215).
[1006] Wo Hick die Simultaneität des göttlichen und des menschlichen Handelns als erfahrbares Faktum, das Paradox der Gott-Mensch-Einheit Jesu aber als nichtintelligibles Theorem bezeichnet, spricht Schmidt-Leukel (Theologie der Religionen, 517f) von einer nicht befriedigenden Erklärung. Doch in der Sache verteidigt er seinen Lehrer auch da, wo dieser verbal über die Stränge schlägt. So bemerkt er im Rahmen seiner jüngst erschienenen Systematisierung der zuvor veröffentlichten Einzelanalysen:»Mit der Deutung der Inkarnationsaussage als einer Metapher ist nach Hick die Formel von Chalkedon im Grunde überflüssig und nicht mehr relevant. Chalkedon will ja etwas dazu sagen, wie das Verhältnis von göttlicher und menschlicher Natur in Jesus konzipiert werden muss, wenn man die Inkarnationsaussage als wörtliche Tatsachenbehauptung versteht. Interpretiere man die Inkarnationsaussage jedoch lediglich als Metapher, dann entfalle mit dieser Voraussetzung die Basis für die paradoxen Bestimmungen von Chalkedon. Aber ist dem wirklich so? Meines Erachtens geht Hicks Kritik in diesem Punkt zu weit. Denn mit dem, was Hick selbst als den wörtlichen Sinn hinter der Metapher der Inkarnation versteht, hält er an zwei fundamentalen Behauptungen fest: Zum einen an der Behauptung, dass es wirklich Gott war, den Jesus erfuhr, für den Jesus offen war und dem er in seinem Leben entsprach. Und zum anderen daran, dass Gott gerade dadurch tatsächlich durch Jesus wirken konnte« (P. Schmidt-Leukel, Gott ohne Grenzen. Eine christliche und pluralistische Theologie der Religionen, Gütersloh 2005, 287).

7.3 Die Einzeichnung der Christologie in die PRT

heit hinsichtlich des Menschen Jesus erhält sie zum einen dadurch, dass hier göttliche Immanenz näherhin als soteriologische und revelatorische Wirksamkeit bestimmt ist, und zum anderen durch die weiteren spezifischen Züge, die die Offenbarung und das Heilswirken Gottes durch Jesus in der christlichen Tradition hervorgerufen haben. In diesen spezifischen Zügen ist Jesus zweifellos einzigartig. Aber er ist nicht einzig in dem Sinne, dass Gott nur hier der endlichen Wirklichkeit immanent wäre.«[1007]

In Anlehnung an John Hick verweist Perry Schmidt-Leukel auf die Tatsache, dass die große Mehrheit der Exegeten den Terminus »Auferstehung« zugunsten der als ursprünglicher geltenden Bezeichnung »Auferweckung« eliminiert und das Osterereignis als ausschließliches Handeln Gottes an dem toten Jesus darstellt. Kommentierend bemerkt er: »Jesus erhebt sich nicht etwa aus eigener – göttlicher – Wesenskraft aus dem Tod, vielmehr wird er von Gott aus dem Tod erweckt. Genau in diesem rettenden Handeln, durch das Gott seinen Knecht nicht im Tod belässt, bekennt sich Gott zu Jesus. Gott hat sich nicht von Jesus abgewendet. Jesus ist kein von Gott Verfluchter. Im Gegensatz zu der Verwerfung durch die politischen und vermutlich auch religiösen Autoritäten bestätigt Gott Person und Verkündigung Jesu.«[1008]

Schmidt-Leukel kennt die fast fünfzehn Jahrhunderte lang unangefochtene Gegenthese, dass die hypostatische Union des ewigen Logos mit dem Geschöpf Jesus auch durch dessen physischen Tod nicht beendet wird. Und er weiß auch, dass die meisten Exegeten zwischen dem Sach- und dem Erkenntnisgrund des Jesus als des Christus unterscheiden. Sie verlegen zwar den entscheidenden Offenbarungsakt in ein transgeschichtliches Handeln des Vaters an dem toten Sohn, leugnen aber im Unterschied zu den genannten Vertretern der PRT nicht, dass Jesus dem ewigen Logos von Anfang an hypostatisch geeint war.

Schmidt-Leukel beruft sich für seine Position auf viele prominente Theologen. Sogar Thomas von Aquin wird als Kronzeuge vorgeführt[1009]. Doch diese Instrumentalisierung theologischer Autoritäten ist nur möglich, weil er jeweils einen Aspekt der genannten Autoren herausgreift und mit völlig verändertem Vorzeichen in sein System der PRT einbaut.

1007 Schmidt-Leukel, Theologie der Religionen, 521.
1008 Schmidt-Leukel, Theologie der Religionen, 553.
1009 Wie einseitig bzw. falsch Thomas durch Schmidt-Leukel interpretiert wird, zeigen: Gäde, Viele Religionen – ein Wort Gottes, 253–257; M. Schulz, Anfragen an die Pluralistische Religionstheologie: Einer ist Gott, nur Einer auch Mittler, in: MThZ 51 (2000) 125–150; Koziel, Kritische Rekonstruktion der PRT, 819–825.

7. Jesus Christus – einzige Selbstoffenbarung Gottes?

Im Kontext seiner Ausführungen über das Ostergeschehen beruft er sich auf die These von Hansjürgen Verweyen, dass Jesus nicht erst durch die Auferweckung zum Offenbarer Gottes werde[1010]. Doch er verschweigt, dass gerade Verweyen an der Einzigkeit der Selbstoffenbarung Gottes in Jesus Christus (an der Einzigkeit der hypostatischen Union) festhält und mit dem Begriff Offenbarung nicht eine graduell zu bestimmende Immanenz des göttlichen im menschlichen Handeln, sondern die strikt singuläre und daher unüberbietbare Selbstoffenbarung Gottes in den dreiunddreißig Jahren des Lebens, Sterbens und Auferstehens Jesu bezeichnet[1011]. Unerwähnt bleibt ferner, dass Verweyen Ostern als historisches Ereignis versteht, weil dieses Geschehen aus seiner Sicht kein einseitig transgeschichtliches Handeln des Vaters an dem toten Jesus, sondern zumindest auch ein Handeln Jesu selbst auf Grund seiner völlig singulären Beziehung (hypostatische Union) zum Vater ist. In Verweyens Darstellung ist das Ostergeschehen keine bloße Bestätigung des Menschen Jesus durch seinen göttlichen Vater, sondern Konsequenz seiner ontologisch zu bestimmenden Einzigkeit[1012].

Schmidt-Leukel stellt das Thema »Offenbarung« in den Mittelpunkt seiner 2005 veröffentlichten »Summa«, ohne deshalb eine systematisch argumentierende Auseinandersetzung mit seinen Kritikern zu bieten. Statt einer gründlichen Diskussion der Gegenposition von Thomas Pröpper, bietet er auf zwei Seiten eine völlige Verzeichnung dessen, was der Münsteraner Theologe trinitätstheologisch und freiheitsanalytisch als hypostatische Union erklärt. Weil er im Unterschied zu Pröpper auf die Beantwortung der Frage verzichtet, was Jesus Christus für alle Menschen aller Zeiten als Erlöser getan hat, kann er nicht verstehen, warum der Münsteraner Theologe von einer Untrennbarkeit der Liebe Gottes von dem Erlösungswerk Jesu Christi spricht. Er schreibt:

1010 Vgl. Schmidt-Leukel, Theologie der Religionen, 546–562.
1011 »Gegenüber der gnostischen Vorstellung von einem Scheinleib Jesu, den das Gottwesen gleichsam als Maskerade angenommen habe, hat die frühe Kirche zäh am Grunddogma der Inkarnation festgehalten: Gott hat es vermocht, sein ganzes Wesen ›im Fleische‹ zu offenbaren, d. h. in jener ohnmächtigen Spanne menschlichen Lebens zwischen Empfängnis und Tod, die der Christus mit uns allen gemeinsam hat. Wäre das ›Ein-für-allemal‹ Jesu erst in Ereignissen *nach* dem Tode Jesu begründet, dann wäre der entscheidende Offenbarungsakt doch wieder von der *Inkarnation* in Richtung *Inspiration* verschoben« (H. Verweyen, Gottes letztes Wort. Grundriß der Fundamentaltheologie, Regensburg ³2000, 344).
1012 Dazu: P. Platzbecker, Radikale Autonomie vor Gott denken. Transzendentalphilosophische Glaubensverantwortung in der Auseinandersetzung zwischen Hansjürgen Verweyen und Thomas Pröpper (Ratio Fidei 19), Regensburg 2003, 266–372.

7.3 Die Einzeichnung der Christologie in die PRT

»Natürlich ist Pröpper in dem Grundgedanken zuzustimmen, dass Gottes Liebe sich *für uns* erst voll als solche mitteilt, wenn sie uns ›offenbar‹ wird. […] Aber daraus folgt eben nicht, wie Pröpper offensichtlich unterstellt, dass sich die Liebe Gottes – zumindest für uns – erst durch ihre Offenbarung in Jesus realisiert oder konstituiert. […] Wenn Gottes Liebe die eigentliche Triebfeder ihrer sich selbst mitteilenden Offenbarung ist und wenn sie wirklich bedingungslos alle Menschen umfasst, dann ist davon auszugehen, dass sie nicht erst bei Jesus, sondern im Leben eines jeden Menschen nach Aufnahme und Verwirklichung drängt. Dann aber ist auch anzunehmen, dass sich hiervon bereits vor und unabhängig von Jesus zahlreiche Zeichen finden, die es nur zu erkennen und zu lesen gilt: Zeichen, die in anderen kulturellen und kontextuellen Zusammenhängen diese heilsstiftende Liebe Gottes repräsentieren und dadurch – wie bei Jesus – mitkonstitutiv werden für das Heil jener, die diese Zeichen vernehmen. Mit Roger Haight[1013] gesprochen heißt dies: ›Wenn Gott das ist, als was Jesus ihn offenbart, nämlich universaler Erlöser, dann ist in der Tat zu erwarten, dass es noch andere historische Vermittlungen dieser Erlösung gibt.‹«[1014]

Die Vereinbarkeit der beiden Pole »bleibende Transzendenz« und »reale Selbstoffenbarung Gottes in der Geschichte« wird von Perry Schmidt-Leukel mit eben den Kategorien erklärt, die sich wie rote Fäden durch die Inspirationschristologien der eingangs genannten Autoren ziehen. Zwischen Logos und Pneuma wird nicht unterschieden. Denn die gesamte Schöpfung und Geschichte ist für Schmidt-Leukel ebenso wie für Geoffrey Lampe oder Piet Schoonenberg ein kontinuierlicher Prozess der Selbsterschließung Gottes durch dessen energetische Außenwirkungen »Logos« und »Pneuma«[1015].

1013 R. Haight, The Case for Spirit Christology, in: TS 53 (1992) 257–287; 281.
1014 Schmidt-Leukel, Gott ohne Grenzen, 282f.
1015 Die Frage, ob unter dieser Voraussetzung der Schöpfungsbegriff der jüdisch-christlichen Tradition und also der radikale Hiatus zwischen Schöpfer und Geschöpf sowie christologisch die Unvermischtheit des wahren Menschseins mit dem wahren Gottsein gewahrt bleibt, wird von Schmidt-Leukel nur indirekt mit einer Fußnote zur Habilitationsschrift von Magnus Striet beantwortet. Schmidt-Leukel erspart sich eine Auseinandersetzung mit Striets Thesen über die Unvereinbarkeit jedes Partizipationsdenkens mit dem christlichen Schöpfungsbegriff (vgl. M. Striet, Offenbares Geheimnis. Zur Kritik der negativen Theologie [Ratio Fidei 14], Regensburg 2003, bes. 47–74.213–264) und weicht auch jeder Diskussion mit der Arbeit von Georg Essen über eine freiheitsanalytische Reformulierung der Enhypostasielehre aus. Seine Fußnote zu Striet erschöpft sich in einem Hinweis auf die tiefe Verankerung des neuplatonischen Partizipationsdenkens in der christlichen Tradition (vgl. Schmidt-Leukel, Gott ohne Grenzen, 208[33]). Denn ihn interessiert nicht die

7.4 Unvereinbar: Das christliche Credo und die Grundpositionen der PRT

Dreh- und Angelpunkt aller Spielarten der PRT ist die Bestimmung des Begriffs der Selbstoffenbarung des Absoluten, der transzendenten Wirklichkeit bzw. »des Mysteriums«. Hick und Schmidt–Leukel sprechen von dem Gott, der als Geistwesen allem Seienden immanent sein kann. Knitter beschwört die Erfahrung dessen, was mich unbedingt angeht. Und Panikkar bezeichnet die direkte Proportionalität von Transzendenz und Immanenz als Eigenschaft eines sich überall offenbarenden und gleichzeitig entziehenden Mysteriums. Von einer Trinitätslehre kann bei keinem dieser Autoren die Rede sein. Deshalb kann auch keiner von ihnen verstehen, dass ein Mensch, dessen Personalität (Einzigkeit) die des innertrinitarischen Sohnes ist, als wahrer Mensch die Offenbarkeit des einzigen Sohnes beim Vater und also – bezogen auf die gesamte Menschheitsgeschichte – ein streng singuläres Ereignis ist.

Das Herz des Christentums aber liegt in dem Anspruch Jesu, als wahrer Mensch in Raum und Zeit dieselbe Beziehung zu dem als »Vater« bezeichneten Gott zu leben, die der innertrinitarische Sohn von Ewigkeit her ist. Jesu Beziehung zu Gott ist wesentlich verschieden von jedem in geschöpfliche Worte oder Zeichen gekleideten Versuch, den Unaussprechlichen auszusprechen. Weil Jesu Beziehung zum Vater nicht die Beziehung eines von Josef gezeugten und von Maria geborenen Menschen zu Gott, sondern von Anfang an Konstitutivum seiner Personalität ist, darf Jesus als einziger Mensch der Welt- und Religionsgeschichte von sich sagen: »Wer mich sieht, sieht den Vater« (Joh 12,45). Der Kern und die Mitte des christlichen Glaubens liegt in der hypostatischen (personalen) Union des Menschen Jesus mit dem innertrinitarischen Logos[1016]. Wenn diese Mitte aufgegeben wird, ist das Grunddogma der PRT, dass alle mit dem Wort »Offenbarung« versehenen Geltungsansprüche gleich gültig[1017] sind, die logische Konsequenz. Dann nützt es auch nichts, wenn christliche Theologen Kriterien benennen, an denen gemessen die Offenbarungsreligion Christentum den Offenbarungsreligionen z. B. des Islam oder des Buddhismus überlegen erscheint. Denn solche Kriterien entspringen stets der

---

Gegenposition, sondern nur das, was seine eigene These stützt, Jesu Einzigartigkeit sei zu beschränken auf eine graduell besonders ausgeprägte Partizipation an den energetischen Ausströmungen des schlechthin Transzendenten.
1016 Dazu: W. Kasper, Einzigkeit und Universalität Jesu Christi, in: G. J. Müller/M. Serretti (Hgg.), Einzigkeit und Universalität Jesu Christi. Im Dialog mit den Religionen (SlgHor NF 35), Einsiedeln/Freiburg 2001, 155–172.
1017 Hick, God and the Universe of Faiths, 120ff.

7.4 Unvereinbar: christliches Credo und Grundpositionen der PRT

eigenen Perspektive und können von jeder Weltreligion in Bezug auf konkurrierende Religionssysteme formuliert werden[1018]. Es geht vielmehr um die Entscheidung der grundsätzlichen Frage, ob die Selbstoffenbarung Gottes in Raum und Zeit sachlich etwas ganz anderes ist als das, was die genannten Vertreter der PRT das graduell mehr oder weniger intensive Erscheinen der transzendenten Wirklichkeit nennen.

[1018] Dazu: K. v. Stosch, Komparative Theologie – ein Ausweg aus dem Grunddilemma jeder Theologie der Religionen?, in: ZKTh 124 (2002) 294–311; G. Gäde, Christus in den Religionen. Der christliche Glaube und die Wahrheit der Religionen, Paderborn 2003, bes. 39–82.131–190.

8. Kapitel oder Fünfter Brennpunkt:

Jesus Christus – »Wiederholung« oder »Bestimmung« der Heilsgeschichte Israels?

Wie ein roter Faden zieht sich durch die deutschsprachige Theologie der vergangenen zwanzig Jahre das Bemühen, alle christologisch motivierten Antijudaismen zu eliminieren. So sind auf katholischer wie protestantischer Seite Christologien entstanden, die das Bekenntnis zur Einzigkeit Jesu Christi als »Wiederholung« oder als »Bestimmung« der Einzigkeit Israels verstehen. Da bereits mehrere Dissertationen und Sammelbände so etwas wie eine Bilanz dieser Bemühungen gezogen haben[1019], konzentrieren sich die folgenden Ausführungen auf einen Vergleich von lediglich zwei repräsentativen Entwürfen.

[1019] Vgl. B. Klappert/H. Starck (Hgg.), Umkehr und Erneuerung. Erläuterung zum Synodalbeschluß der Rheinischen Landessynode 1980 »Zur Erneuerung des Verhältnisses von Christen und Juden«, Neukirchen 1980; G. Niekamp, Christologie nach Auschwitz. Kritische Bilanz für die Religionsdidaktik aus dem christlich-jüdischen Dialog, Freiburg 1994; G. Grunden, Fremde Freiheit. Jüdische Stimmen als Herausforderung an den Logos christlicher Theologie (Religion – Geschichte – Gesellschaft. Fundamental-theologische Studien 5), Münster 1994; B. Petersen, Theologie nach Auschwitz? Jüdische und christliche Versuche einer Antwort (VIKJ 24), eingel. v. O. H. Pesch, Berlin ²1998; M. Bock, Ihr aber, wer sagt ihr, daß ich sei (Mk 8,29). Christologische Fragestellungen im christlich-jüdischen Gespräch nach 1945 (Beiträge zur theologischen Urteilsbildung 4), Frankfurt 1998; S. Vasel, Philosophisch verantwortete Christologie und christlich-jüdischer Dialog. Schritte zu einer doppelt apologetischen Christologie in Auseinandersetzung mit den Entwürfen von H.-J. Kraus, F.-W. Marquardt, P. M. van Buren, P. Tillich, W. Pannenberg und W. Härle, Gütersloh 2001; B. Meyer, Christologie im Schatten der Shoah – im Lichte Israels. Der amerikanische und der deutsche Diskurs am Beispiel von Paul van Buren und Friedrich-Wilhelm Marquardt, Heidelberg 2002; P. Hünermann/T. Söding (Hgg.), Methodische Erneuerung der Theologie. Konsequenzen der wiederentdeckten jüdisch-christlichen Gemeinsamkeiten (QD 200), Freiburg 2003; H. Hoping, Hermeneutik der Christologie und Israel-Theologie, in: Ders., Einführung in die Christologie, Darmstadt 2004, 147–162; E. Schönemann, Bund und Tora. Kategorien einer im christlich-jüdischen Dialog verantworteten Christologie, Göttingen 2006.

8.1 Friedrich-Wilhelm Marquardt: Christologie als Lehre von der Gemeinschaft Gottes mit der um Israel versammelten Menschheit

Der protestantische Systematiker Friedrich-Wilhelm Marquardt hat die Prämissen seiner Christologie in den *Prolegomena* zu seiner siebenbändigen Dogmatik[1020] unter dem bezeichnenden Titel »Von Elend und Heimsuchung der Theologie« reflektiert. Er versteht sich als Schüler Karl Barths[1021]. Theologie muss auch aus seiner Sicht Antwort an Gott statt Rede über Gott sein. Sie ist jedenfalls nicht davor gefeit, über Gott verfügen zu wollen. Marquardt fordert deshalb den generellen Verzicht auf philosophisch-metaphysische Denkformen. Eine der Bibel verpflichtete Theologie kann – so meint er – »überhaupt keine anderen Sätze als nur *Verheißungssätze* bilden«[1022]. Er stellt der griechischen Ontologie die biblische Doxologie gegenüber, plädiert für die Vorordnung der Ethik vor die Dogmatik und spricht mit Berufung auf Apk 22,20 von einer Verifikation christologischer Aussagen durch deren Bewährung in der Zukunft. Immer wieder erklärt Marquardt die Anerkennung der Erwählung Israels zum *alleinigen* Kriterium der Unterscheidung zwischen Glaube und Unglaube – z. B. mit folgenden Sätzen aus dem dritten Band seiner Eschatologie:

»Biblische Lehre unterweist uns, *a.* von nichtjüdischen Völkern nur in der Mehrzahl zu sprechen und *b.* von ihnen nur unter dem Gesichtspunkt einer Konstitution, die in ihrer Verbindlichkeit *nicht* Gott entspricht, theologisch also dubios erscheint. [...] Ihre wesentliche Bestimmung bekommen Völker nur aus ihrer Beziehung zu dem eigentlichen und einen Volk – dem Volk *Gottes* – heraus.«[1023]

1020 Folgende Bände aus Marquardts großer Synthese werden unter den in eckigen Klammern angeführten Kürzeln im Folgenden verwandt bzw. zitiert: Von Elend und Heimsuchung der Theologie. Prolegomena zur Dogmatik, München 1988 [Prolegomena]; Das christliche Bekenntnis zu Jesus, dem Juden. Eine Christologie, Bd. I, München 1990 [Christologie I]; Bd. II, München 1991 [Christologie II]; Was dürfen wir hoffen, wenn wir hoffen dürfen? Eine Eschatologie, Bd. I, Gütersloh 1993 [Eschatologie I]; Bd. II, Gütersloh 1994 [Eschatologie II]; Bd. III, Gütersloh 1996 [Eschatologie III].
1021 Marquardts 1967 in München publizierte Promotionsschrift trägt den Titel: Die Entdeckung des Judentums für die christliche Theologie. Israel im Denken Karl Barths.
1022 Eschatologie III, 56.
1023 Eschatologie III, 292.

448   8. *Jesus Christus – »Wiederholung« oder »Bestimmung« Israels?*

So gesehen ist das Christentum in dem Maße Abwendung vom Heidentum, als es die vielen Völker (hebr. *goyim*) »mit ›dem‹ Volk, dem jüdischen, dem ersten und bleibenden ›Licht der Völker‹«[1024], verbindet. Und umgekehrt: »Überall da, wo Christianisierung nicht Hinführung eines Volkes zum Zion, d. h. zur Tora, [...] war, macht sich die Kirche zum Anwalt des Heidentums«[1025].

Marquardt beruft sich auf Balthasars Maxime: »Israel ist seinem Wesen nach formale Christologie.«[1026] Aber er distanziert sich zugleich von dem katholischen Theologen, wenn dieser die Bezeichnung der Geschichte Israels als *Form* mit anderen *Denkformen* – z. B. der aristotelischen oder platonischen – vergleicht. Denn die philosophischen Denkformen der Christologie sind aus seiner Sicht der letztlich heidnische Versuch, Jesus mit Hilfe eigener Kategorien statt im Blick auf die Geschichte Israels zu verstehen. Wenn Marquardt das besagte Balthasar-Zitat verwendet, kehrt er dessen Aussageintention geradezu um: Wo Balthasar die Geschichte Israels als *forma* und das Christusereignis als »inhaltliche Bestimmung« (*materia*) bezeichnet, tendiert Marquardt umgekehrt zur inhaltlichen Bestimmung der Christologie durch die Geschichte Israels. Wo Balthasar in dem Schema von Verheißung und Erfüllung denkt, spricht Marquardt von der Grundfigur der *Wiederholung* und *Wiederkehr* der Geschichte Israels in der Geschichte des Juden Jesus[1027]. Was er damit genauerhin meint, soll im Folgenden exemplarisch verdeutlicht werden.

8.1.1 *Jesus Christus als Wiederholung der Stellvertretung Israels*

Ein erstes Beispiel für die *Wiederholung* der Geschichte Israels in der Geschichte des Juden Jesus von Nazaret ist dessen Bezeichnung als univer-

---

1024 Eschatologie II, 159.
1025 Eschatologie II, 158.
1026 Christologie II, 56. – Vgl. H. U. v. Balthasar, Einsame Zwiesprache. Martin Buber und das Christentum, Köln/Olten 1958, 83. – Dazu: H. H. Henrix, »Israel ist seinem Wesen nach formale Christologie«. Die Bedeutung H. U. von Balthasars für F.-W. Marquardts Christologie, in: BThZ 10 (1993) 135–153.
1027 Ohne sich ausdrücklich auf Bultmann zu berufen, unterscheidet Marquardt zwischen Historie und Geschichte. Die historisch-kritische Exegese – so betont er – macht aus Jesus ein Objekt der Vergangenheit bzw. ein Konstrukt ihrer erkenntnisleitenden Interessen. Für die Evangelisten hingegen ist Jesus kein Objekt der Vergangenheit, sondern im Gegenteil die Zukunft ihrer Gegenwart. Wörtlich bemerkt er: »Zwar haben die Kirchen gründlich und systematisch das vollendete Werk Jesu verkündigt (Joh 17,4), formelhaft sich an das *eph hapax* des Hebräerbriefs (9,26–28), damit an die Unüberholbarkeit Jesu, gehalten. Doch nicht ebenso an die *erchomena*, das Zukünftige, auf das der gehende Jesus ausdrücklich hingewiesen hat (Joh 16,13)« (Christologie II, 409).

saler Stellvertreter. Marquardt will zeigen: »Der Stellvertretungsgedanke in Anwendung auf Jesus hat seine Voraussetzung in der Stellvertretung, die Israel als Knecht Gottes unter den Völkern wahrnimmt.«[1028] Er reserviert den Begriff *Volk Gottes* für Israel. Denn das Volk Israel ist als einziges unter allen Völkern erwählt, den Willen Gottes (die Tora) so darzustellen, dass alle anderen Völker »zum Zion pilgern«, d. h. sich dem gelebten Gehorsam Israels anschließen. Wenn Marquardt einen Abschnitt seiner Christologie mit dem Titel »Der ›wahre Mensch‹ ist wahrer Jude« überschreibt[1029], dann deshalb, weil jeder Mensch letztlich nur durch seine Treue zur Tora (zum Willen des von Israel als einzig bezeugten Gottes) »richtig Mensch« wird. Wiederholt unterstreicht er, dass das Judentum immer von der Universalität der Tora überzeugt war.

»Das Judentum hat in Übereinstimmung mit der Bibel beider Testamente die Tora immer für eine Weisung an die gesamte Menschheit gehalten, nicht nur an Juden. Dass die nichtjüdischen Völker sich der Tora verschließen, gilt gerade nur als ein De-facto-Zustand. Angeboten war nach jüdischer Haggada die Tora allen Nationen. […] Dies Angebot an alle entspricht in der Struktur dem biblischen Duktus, in dem die allgemein-menschliche ›Urgeschichte‹ der Geschichte von der besonderen Erwählung Israels bleibend vorangeht […] Durch die so genannten noachidischen Gebote wurde eine Kurzform der Tora entwickelt, der alle Menschen aller Völker sich unterwerfen können. […] Aber diese Minimal-Tora ist doch nur eine offene Tür, die den Völkern Zugang zur ganzen Tora schaffen soll; grundsätzlich steht sie jedem offen.«[1030]

Von daher sieht Marquardt in der Heilsuniversalität Jesu Christi nichts anderes als eine Explikation der Heilsuniversalität Israels. »Das Judentum« – so bemerkt er – »sieht die Tora, wie das Christentum Jesus von Nazareth gesehen hat: vor aller Zeit und Geschichte, nämlich vor Erschaffung der Welt – mit dem Theologenbegriff ausgedrückt: *präexistent*; der christologische Lehrsatz von einer Präexistenz Jesu von Nazareth ist im jüdischen Lehrsatz von der Präexistenz der Tora vorausgebildet, dort hat er seine Herkunft und Analogie; und in Bezug auf die präexistente Tora hat der präexistent gesehene Jesus von Nazareth auch seine definierte Bedeutung: den Christen ist Jesus, was den Juden die Tora ist. Wie Christen

---

1028 Christologie I, 237.
1029 Christologie I, 138.
1030 Prolegomena, 208.

8.1.2 Die Heilsfunktion des Christusereignisses als Freilegung der Heilsfunktion der Tora

Vehement wendet sich der Protestant Marquardt gegen das reformatorische Missverständnis, der Begriff des Gesetzes bezeichne das Gegenteil von Freiheit, Befreiung und Erlösung[1032]. Wenn Paulus vom Gesetz des Todes spricht, meint er gerade nicht die Tora, die auch nach seinem Damaskuserlebnis das Gesetz des Lebens bleibt. Ausdrücklich hält er fest an dem Urteil der Hebräischen Bibel: »Verflucht ist jeder, der nicht verharrt bei allem, was geschrieben steht im Buch des Gesetzes, um es zu tun« (Gal 3,10b = Dtn 27,26); an der Verheißung: »Wer die im Buch des Gesetzes geschriebenen Gebote tut, wird durch sie leben« (Gal 3,12b = Lev 18,5). Nach Paulus ist nicht das Tun der Tora, sondern die Übertretung der Tora Sünde (vgl. Röm 10,5). Die Tora erweist sich jedem, der sie erfüllt, als Befreiung durch die Gnade Gottes. Wo sich jemand durch die Erfüllung der Tora über andere erheben oder mit der Tora den eigenen Stolz schmücken will, wird die Gabe Gottes in ein Mittel der Selbstrechtfertigung pervertiert. Insofern – aber auch *nur* insofern! – kann das Gesetz einen Menschen als Sünder ausweisen bzw. ihm zum Fluch werden. Die paulinische Redewendung »nicht gerecht aus Werken des Gesetzes« richtet sich also nicht gegen die Heilsvermittlung der Tora, sondern gegen die Menschen, die die Tora zu einem Mittel der Selbstrechtfertigung pervertieren[1033].

Marquardt unterscheidet zwischen der Freiheit, insofern diese eine formale Ausstattung des Menschen ist, und der inhaltlichen Freiheit, die in der Annahme der Tora wirklich wird. Wer Knecht Gottes geworden ist, wer sein Leben von der Tora bestimmen lässt, der ist nicht nur formal

---

1031 Christologie I, 243.
1032 »Nichts ist am Protestantismus so unglaubwürdig, wie dass unter der Parole ›Frei vom Gesetz‹, unter der Juden und Katholiken, ›Schwärmer‹ und ›natürliche‹ Menschen leidenschaftlich angegriffen und abgelehnt werden, der reine ›Glaube‹ zum einklagbaren Gesetz pervertiert worden und die Floskel, dass ›die Juden den Herrn Jesus nicht erkannt haben‹, zum Vorwurf gemacht worden ist. Keine perfidere Gesetzlichkeit als diese!« (Christologie I, 260).
1033 »Aber es wird Zeit, dass wir begreifen: Juden verstehen das Gesetz Gottes als den Weg des Lebens selbst; sie tun die Werke des Gesetzes nicht, um zu leben, sondern sie leben, indem sie sie tun. Das Gottesleben ist diesem Tun inne, und die Tora ist das Geschenk des Lebens selbst« (Christologie I, 269).

(potentialiter), sondern auch inhaltlich (actualiter) frei[1034]. »Jedenfalls« – so Marquardt – »macht der Geist die Christen nach der Meinung des Paulus zu nichts Freierem, als es die Juden im Bunde mit Gott und in der Zuversicht des ungekündigten Bundes immer waren und sind.«[1035] Wenn die vom Geist des auferstandenen Jesus aus ihrer Sünden-Entfremdung Befreiten von Paulus als »Söhne Gottes« (Röm 8,14) bezeichnet werden, dann ist daran zu erinnern, dass die Hebräische Bibel zuvor das Volk Israel als »Sohn Gottes« bezeichnet (Jes 43,6; 49,22; 60,4; Jer 31,9). Und wenn man die Gottessohnschaft der Christen mit der Gottessohnschaft der Israeliten vergleicht, dann muss man mit Paulus (vgl. Röm 8,17) festhalten: Obwohl die Christen durch den Geist, den der Auferweckte sendet, zu Erben des Gottes Abrahams, Isaaks und Jakobs werden, sind »sie es doch niemals in Gottunmittelbarkeit, wie dies für Israel gilt. [...] Söhne dieses Gottes werden und bleiben sie nur in ewiger Vermittlung durch den jüdischen Gottessohn Jesus.«[1036]

Befreiung und Gebot gehören für die Christen ebenso zusammen wie für die Juden. In der Interpretation von Marquardt zieht Paulus in Röm 8 eine bis ins Detail gehende Parallele zwischen dem Zusammenhang von Exodusgeschehen und Tora einerseits und Christusgeschehen und Mitvollzug seines Sterbens andererseits. Marquardt geht bis zu der Formulierung: »Der vom Tode erweckte Jesus von Nazareth erkämpft der ›Tora Gottes‹ (Röm 8,7) ihre ureigene Kraft zurück. Damit ordnet Paulus das Befreiungswerk Christi dem Dienst der Tora zu. Er legt es als das Exodusgeschehen aus, das aufs Sinaigeschehen hinzielt. Unsere von Christi Geist ermöglichte Teilnahme an Tod und Auferstehung Christi ist die Wiederholung des ›Jochs des Himmelreichs‹, das uns befreit zur Tora, zur Übernahme des ›Jochs der Gebote‹. Und beide – Befreiung und Verpflichtung – sind das eine Ganze des Bundes.«[1037]

Die Heilsfunktion des Christusgeschehens liegt so gesehen in der Bestätigung, in der Bejahung und in der Freilegung der Heilsfunktion der Tora. Über den Verfasser des Römerbriefes sagt Marquardt: »Die Grenzüberschreitung des Paulus über das zu seiner Zeit jüdisch-Denkbare hinaus ist aus einer einzigen Position bestimmt: vom positiven Eindruck des Gekreuzigten auf ihn; ihr geht keine Negation des Judentums voran«[1038]. Also gilt ganz allgemein: »Wer aus Jesu Geschichte nicht leben kann, weil sie sich ihm nicht erschlossen hat, der muss, aber kann auch durch das Tor der Umkehr hin zur Tora sich flüchten. Das Sterbenmüssen vor Gott

---
1034 Vgl. Christologie I, 242.
1035 Christologie I, 266.
1036 Christologie I, 268.
1037 Christologie I, 276.
1038 Christologie I, 257f.

holt anders ihn ein.«[1039] Denn was Christen als ihr Mitsterben mit Jesus beschreiben, können Juden im Blick auf ihre eigene Geschichte erfahren. Im Blick auf Auschwitz fragt Marquardt: »Wie sollte der eine Tod des Einen zu ihnen sprechen können angesichts von ihrer aller Todesbedrohtheit, wie das Martyrium Jesu schwerer wiegen als die Martyrien des ganzen Volkes?«[1040] An Marquardts Verhältnisbestimmung der Heilsbedeutung der Tora und des Christusereignisses wird endgültig offensichtlich, dass in seiner siebenbändigen Dogmatik die Geschichte Israels nicht die Fragen bereitstellt, die durch die Christologie beantwortet werden, sondern umgekehrt: Die Jesus-Geschichten bieten dem Berliner Systematiker die heuristischen Begriffe, deren Inhalt durch die Geschichte Israels bestimmt wird. Marquardt selbst stellt sich die Frage: »Ist Christus nur Weichensteller für die Anbahnung eines guten Verhältnisses zur Tora?« Und er gibt sich die Antwort, dass die von ihm geschaffene Formel: ›Israels Verhältnis zur Tora ist formale Christologie‹ einer Präzisierung bedürfe. Er bezeichnet Christus als Explikation, als Darstellung der befreienden Wirkkraft der Tora. Er spricht von der Tora und von Jesus Christus als dem »*einen* geeinten Subjekt der Befreiung«[1041]. Im Unterschied zu den entsprechenden Ausführungen des Neutestamentlers William David Davies[1042] bezeichnet er Christus nicht als »neuen Gesetzgeber«, sondern als das Erscheinen der einen, ewigen, präexistenten und schließlich Fleisch gewordenen Tora. Wörtlich bemerkt er:

»Im Leben und Wirken Jesu Christi wird die Tora mit ihrer lebenspendenden Kraft lebendig: inmitten der Heiden. Eben dies ›erfüllt‹ den Sinn, den die Tora schon immer hatte. Denn so sehr sie als Tora des Mose Israel gegeben war, so diente sie doch nur zur Verpflichtung Israels für ein Zeugnis unter allen Völkern. In diesem Sinne gehört ja die Tora – von der jüdisch Präexistenz und lebenspendende Schöpfungsmittlertätigkeit ausgesagt werden kann (mit gleichen Worten wie im Kolosserbrief von Jesus Christus: 1,15) – der Menschheit insgesamt.«[1043]

1039 Christologie I, 261.
1040 Christologie I, 263.
1041 Christologie I, 278. – Dazu: G. Dautzenberg, Jesus und die Tora, in. E. Zenger (Hg.), Die Tora als Kanon für Juden und Christen, Freiburg 1996, 345–378; J. Schoneveld, Die Thora in Person. Eine Lektüre des Prologs des Johannesevangeliums als Beitrag zu einer Christologie ohne Antisemitismus, in: KuI 6 (1991) 40–53.
1042 Marquardt bezieht sich auf das siebte Kapitel (*The Old and the New Torah: Christ the Wisdom of God*) der viel zitierten Untersuchung: W. D. Davies, Paul and Rabbinic Judaism. Some Rabbinic Elements in Pauline Theology, London ³1979, 147–176.
1043 Christologie I, 278.

Weil Jesus Christus die befreiende Heilsbedeutung der Tora nicht ersetzt, sondern im Gegenteil bestätigt und inmitten der Heiden zur Geltung bringt, steht aus Marquardts Sicht als trennendes Hindernis zwischen Juden und Christen nicht Jesus Christus, sondern erst ein Christentum, das sich von der Synagoge getrennt hat und seine Mission als Ersetzung der jüdischen Mission versteht. Die paränetische Spitze von Röm 9 – 11 sieht Marquardt im Tadel derer, die sich als ehemalige Heiden ihres Christseins gegenüber den Israeliten rühmen. Denn von einem jüdischen Ungehorsam (Röm 11,30–32) spricht Paulus »nur in einem Atemzug mit einem christlichen Hochmut gegen Israel (Röm 11,20)«[1044]. Der Apostel sieht, wie Marquardt betont, die Gefahr der Abkoppelung des Christentums von Israel; aber offensichtlich gehört dieser aus der Rückschau unheilvolle Prozess aus der Sicht des Paulus zu den »unausdenkbaren Wegen Gottes« (Röm 11,33).

8.1.3 Die Einheit von Gott und Mensch in Christus als Wiederholung der Einheit zwischen JHWH und Israel

Ausführlich wendet Marquardt sich gegen die traditionelle christliche Dogmatik, weil diese »das ›Wort Gottes‹ als ein Wesen des In-Seins in Gott«[1045] beschreibt. Er plädiert für eine Rückkehr der metaphysischen in die biblische Denkform. Denn – so betont er – in der Sache will das Dogma von der in Christus erfolgten *Einheit* zwischen Gott und Mensch nicht nur Ähnliches, sondern *dasselbe* sagen, was die Hebräische Bibel in Beziehungsbegriffen von der immer wieder erfolgten *Einung* zwischen JHWH und Israel sagt. Um diese These zu untermauern, verweist er nicht nur auf die Gottesknechtlieder in Jes 52f, sondern auch auf den inkarnatorischen Charakter der Beziehung Gottes zu seinem Volk Israel. Damit meint er nicht nur, »dass Gott sich Israels Stiftshütte als Wohnung erwählt hat und ebenso den Jerusalemer Tempel«[1046]; auch nicht nur, »dass Gott in die Welt des Menschen eintritt, dass er an bestimmten Orten erscheint und dort wohnt«[1047], sondern auch die »Fleisch-Werdung Gottes« in der Geschichte Israels. Inkarnation, das bedeutet aus seiner Sicht vor allem dies: dass Gott dahin geht, wo die gottfeindlichen Strukturen und Gewalten ihre Logik des Todes entfalten. Aus seiner Sicht will Johannes im Prolog seines Evangeliums ausdrücken: Jesus trägt das Wort Gottes

---

1044 Christologie I, 295.
1045 Christologie II, 130.
1046 M. Wyschogrod, Inkarnation aus jüdischer Sicht, in: EvTh 55 (1995) 13–28; 22.
1047 Wyschogrod, Inkarnation, 22.

(die Tora) dahin, wo das Fleisch (die sich autark gebärdende, selbstherrliche, widergöttliche Welt) herrscht; durch dieses Hintreten an die Stelle des Fleisches entsteht eine neue Situation:

>»A priori jede Realität – z. B. die politische, naturwissenschaftlich-gesetzliche, einzelseelische, triebhafte – ist jetzt nur noch unter dem Gesichtspunkt ihrer Einung mit Gott zu betrachten. Unmöglich ist damit z. B. eine wissenschaftliche Weltbetrachtung oder menschliche Daseinsanalyse geworden, wenn sie ohne ihre theologische Perspektive behandelt wird. Jeder wissenschaftlichen Objektbetrachtung und jedem praktischen Objektverhältnis fehlt ein Element an Realität, wenn das Objekt nicht unter dem Blickpunkt gesehen wird, dass es aufgenommen worden ist in die Einheit mit dem Worte Gottes. Im Wort Gottes haben z. B. Atomphysik, Genbiologie und -technik, Strahlenphysik, haben Tiefenpsychologie und Sozialpsychologie, juristische Normen und politische Wertsetzungen, habe ich-selbst (liebend, mich und andere quälend, scheiternd und optimistisch neu anfangend) einen ersten und letzten Realitätsbezug.«[1048]

Mit dieser predigenden Passage unterstreicht Marquardt, dass nicht erst im Blick auf Jesus Christus, sondern schon im Blick auf Israel schlechthin alles in ein neues Licht tritt. Auch Israel als der Gottesknecht »steht fürs Universale, ist ja zum Licht der Völker, zum Bundesmittler für sie erwählt, wird ›viele Völker in Erstaunen setzen‹ […], denn er trug ja die Sünden der Vielen, d. h. aller (Jes 53,12)«[1049]. Jesus stellt die Geschichte Israels – das heißt: das inkarnatorische Hintreten Gottes an die Stelle des Risses zwischen Leben und Tod – exemplarisch dar. Seine Einzigkeit wurzelt in der Einzigkeit Israels. Seine Einzigkeit ist eine Darstellung der Einzigkeit Israels. Wörtlich bemerkt Marquardt:

>»Gott ist in ihm gegenwärtig, wie er je zu zelten verheißen hat unter Israel […] Gott leidet in ihm, wie er in jedem Leiden Israels sonst leidet: wesensbetroffen. Nur dass Leiden in Israel, je tiefer es erlitten wird, um so unsäglicher wird, um so anonymer – Jesu von Nazareth Leben, Leiden und Wirken aber einen Namen bekommen hat, der über alle Namen ist […]. Das ist Jesus für Israel: Er dient Israel darin, dass Gott durch ihn Antwort der Völker auf das Leiden des Volkes der Gottesknechte bewirkt.«[1050]

1048 Christologie II, 128.
1049 Christologie II, 128f.
1050 Christologie II, 134f.

8.1 Friedrich-Wilhelm Marquardt

Marquardts »Christologie im Angesicht der Shoah« gewinnt ihre Sinnspitze in der Bestreitung jeder ontologischen Exklusivität. Wie denn – so fragt er – lässt sich eine solche Exklusivität rechtfertigen – »angesichts so vieler jüdischer Märtyrer, die auch bis zum letzten Atemzug Gott treu und seinem Gesetz in Ganzheit hingegeben lebten und starben, – angesichts auch des durch und durch jüdischen Sinns der Halacha, die Jesus mit seinem Leben und Sterben gab und die keinen Fingerbreit abwich von den Überzeugungen aller Juden: Ist dieses Nur-er nicht lediglich Ausdruck eines christlichen Vorurteils, das auf Biegen und Brechen eine Unvergleichlichkeit Jesu behaupten muss?«[1051]

Wo die traditionelle christliche Dogmatik im Blick auf Jesus Christus statt von einer erhofften Einung von einer unüberholbaren Einheit, nämlich von einer hypostatischen bzw. personalen Einheit des Juden Jesus mit dem ewigen Logos, spricht; und wo die traditionelle Dogmatik das Ereignis von Kreuz und Auferstehung als ein Ereignis beschreibt, in dem die Sünde aller Menschen aller Zeiten ihrer eigentlichen Macht – nämlich der Trennung des Menschen von Gott – beraubt wurde, da erhebt Marquardt den Vorwurf einer Aufhebung der realen Geschichte in das »Immer-schon« der längst erfolgten Erlösung. Er kann nicht leugnen, dass Paulus bekennt, Gott könne uns nicht mehr sagen als uns in dem Gekreuzigten gesagt ist (1 Kor 1,24). Er kann nicht leugnen, dass Paulus das, was »den Juden ein Ärgernis und den Heiden eine Torheit« (1 Kor 1,18) ist, als »Gottes Kraft und Gottes Weisheit« bezeichnet. Er bestreitet auch nicht, dass Paulus von Unüberbietbarkeit spricht und also in Jesu Sterben und Auferstehen ein Urteil über den Sinn aller Zeit und Geschichte erkennt. Aber Marquardt will aus diesen paulinischen Bekenntnissen nicht folgern, was die traditionelle christliche – vor allem die reformatorische Theologie[1052] – daraus gefolgert hat: nämlich das Ende der Heilsbedeutung des jüdischen Volkes und der Tora. Bestimmt von dem erkenntnisleitenden Interesse einer jüdisch perspektivierten Christologie

---

1051 Christologie II, 193.
1052 Marquardt sieht in der Verdrängung der realen Welt und ihrer Geschichte den Grundfehler eines Protestantismus, der den Glauben als individuelles, zeitenthobenes, unsichtbares »Immer-schon-bei-Gott-Sein« des einzelnen Christen charakterisiert. Bultmann ist aus seiner Sicht ein Meister der Verdrängung all dessen, was uns von außen – von außerhalb unserer eigenen Existentialien – gesagt wird. Wörtlich bemerkt er: »Man kann fragen, ob im Zeitverständnis Bultmanns und seiner Freunde nicht zuviel *Überdruss* an der Zeit wirksam ist, ob da nicht z. B. zuviel Nietzsche und in dessen Sinn nihilistische Stimmung die Gedanken beeinflusst – und zugleich ein Quentchen zu viel Wissenschaftler-Abstraktion, sofern Wissenschaftler immer daran interessiert sind, der Zeit ihr Zufälliges zu nehmen (das sie biblisch gerade auszeichnet), um ihres reinen Wesens als Zeitlichkeit inne zu werden« (Christologie II, 259).

8. Jesus Christus – »Wiederholung« oder »Bestimmung« Israels?

erweist er sich als Meister der Interpretation. Wenn Paulus Christus als Ende der Tora bezeichnet (Röm 10,4), dann bedeutet das – so Marquardt – »eigentlich nicht: Das Gesetz ist am Ende, sondern der mit dem Gesetz Schindluder treibende Mensch ist am Ende. Indem in Christus ein wahrer Mensch das Gesetz erfüllt, ist es jetzt aus den Händen von Sündern in die Hände dessen gekommen, der von keiner Sünde wusste (2 Kor 5,21); und so kommt es [das Gesetz] zu seiner Gotteskraft zurück«[1053].

Marquardt sieht in Jesus *einen* – keineswegs den *einzigen* – Israeliten, der ganz und gar darauf verzichtet hat, die Tora im Sinne von »Selbstrechtfertigung« zu missbrauchen; *einen* – keineswegs den *einzigen* – Israeliten, in dem die Tora ihre Kraft zur Einung des Menschen mit Gott erwiesen hat; *einen* – keineswegs den *einzigen* – Israeliten, an dem die den Tod (die Trennung von Gott) brechende Macht der Tora sichtbar geworden ist[1054]; und *einen* – nicht ein für allemal den *einzigen* – Israeliten, in dem andere Völker (*goyim*) die den Tod (die Trennung von Gott) überwindende Macht der Tora erkannt haben. Die paulinische Auferstehungsbotschaft wird von Marquardt als »Aufrichten der Tora«[1055] inmitten der Völker

---

1053 Christologie II, 263. – Die reformatorische Gegenüberstellung von Gesetz und Evangelium wird von Marquardt als fundamentaler Irrtum verworfen: »Leider können Luther und die Bultmann-Freunde sich mit der Dialektik des verschiedenen *Verhältnisses* zum Gesetz – hier des Sünders, dort des befreiten Menschen – nicht begnügen: obgleich das doch die ganze Substanz der paulinischen und evangelischen Rechtfertigungsbotschaft ausmacht. Dass das Gesetz, getan von Befreiten und freien Menschen, seine alte Gotteskraft bewahrt, das genügt den Theologen vielfach nicht. Sie lehren, dass das Gesetz überhaupt mit Christus jeden göttlichen Sinn und Anspruch verloren habe« (ebd.).
1054 Im Zuge des Nachdenkens über die unbestreitbare Tatsache, dass der Tora besonders treue Israeliten unschuldig und vorzeitig sterben mussten, gelangt Israel zu dem Glauben, JHWH werde diesen Gerechten seine Gemeinschaft jenseits der Todesgrenze nicht entziehen. Bei den Totenerweckungen durch Elischa (2 Kön 4,31–37; 13,21) oder Elija (1 Kön 17,17–24) allerdings handelt es sich um die Rückführung in das Leben *diesseits* des Todes. Und die Entrückung des Elija (2 Kön 2,11) und des Henoch (Gen 5,24) geschieht *vor* dem Tod. Und auch die in Jes 26,19 schon angedeutete und in Dan 12,1–4 förmlich ausgesprochene Glaubensvorstellung von einer Auferstehung der physisch Toten meint ein dem diesseitigen Leben vergleichbares neues Leben derjenigen, die auch in der Drangsal bzw. im Martyrium der Tora treu geblieben sind. Doch die apokalyptische Eschatologie zwischen dem ersten Jahrhundert vor und zweiten Jahrhundert nach Christus entwickelt eine Auferweckungshoffnung für die der Tora treuen Israeliten, die Marquardts These stützen, der Auferstehungsglaube sei Bestandteil einer genuin jüdischen Eschatologie. Dazu Näheres bei: Vasel, Philosophisch verantwortete Christologie, 144–152.
1055 Eschatologie I, 246.

bezeichnet und »Jesu Auferstehungsleben« als »Wiederholung des Gotteslebens, das Israel führt: inmitten der Völker«[1056].

Jesus hat universale Bedeutung, weil er de facto zur Verheißung der Gemeinschaft mit dem Gott des Lebens an alle Völker wurde; nicht aber deshalb, weil er vor zweitausend Jahren für alle Menschen aller Zeiten vor ihm und nach ihm etwas vollbracht hat, was diese selbst nicht vollbringen können. Würde man die von Paulus unbestritten beschriebene Unüberbietbarkeit des Christusereignisses im Sinne einer exklusiven Stellvertretung deuten, dann wäre – so betont Marquardt immer wieder – die Zeit nach Christus »kein Hoffnungs- und Sinnträger mehr [...], weil für das Heil der Welt nach Jesu Tod und Auferweckung nichts mehr zu erwarten ist«[1057]. Marquardt geht zwar bis zu der Formulierung, dass das Ereignis von Ostern »der Zeit etwas angetan«[1058] habe. Doch seine Erklärung dieses änigmatischen Bekenntnisses geht nicht über das oben Gesagte hinaus. Weil Jesus in Raum und Zeit die den Tod (die Trennung von Gott) überwindende Macht der Tora offenbart, darf jeder Mensch im Blick auf ihn glauben, dass es auch für ihn »kein zwangsläufig-ewiges Verfallen an den Tod mehr gibt«[1059]; dass es auch für ihn »keine zwangsläufig-ewige Übermacht der Vergangenheit mehr über Gegenwart und Zukunft«[1060] gibt.

Marquardts gesamte Eschatologie basiert auf dem Gedanken, dass Gott sich durch die Erwählung Israels, durch die Tora und in Gestalt einer konzentrierten »Wiederholung« in dem Juden Jesus als das Leben erweist, welches die sinnzerstörenden Mächte der heidnischen Verweige-

---

1056 Christologie II, 294. – »Wer Gottes Wege mit Israel kennt, braucht sich doch von Ostern nicht verwirren zu lassen, sowohl am Karfreitag wie an Ostern wiederholte sich in Jesus von Nazareth nur das innere Gesetz der Geschichte Israels, will sagen: Gottes Wirksamkeit in ihr.« (Christologie II, 291). – Die »Konzentration in *einem* Sterben und Leben bedeutet nicht etwa eine Entlassung Israels aus dieser Ordnung, sondern die Zu-Ordnung Jesu zur gleichen Zeugnis-Realität, die die Schrift als die Israels aussagt« (Christologie II, 295).
1057 Christologie II, 254. – »Wird Jesus als ›eschatologisches Ereignis‹ im Sinne des ›Endes‹, also der Verwerfung von Zeit und Geschichte, Gesetz und Israel gedeutet, dann ist dies im Kern ein Großangriff auf die biblische *Erwählungs*botschaft, und so ist das auch gemeint. ›Ende‹ Israels heißt für den Bultmannianer G. Klein: seine ›Paganisierung‹, d. h. Israels Entlassung aus seinem Gottesdienst und seine Zurückstellung in Reih und Glied eines allgemeinen Menschseins, in dem es von Gott keine *charismata* der Erwählung und Berufung mehr gibt, keine verschiedenen Dienstqualitäten; genauso hat der Lutheraner P. Althaus das gelehrt. Und für R. Bultmann ist der Gedanke eines erwählten empirischen Volkes überhaupt ein undenkbarer Widersinn in sich, sodass, wenn Christus Ende Israels ist, das auch Schluss macht mit einer logischen Absurdität« (Christologie II, 274).
1058 Christologie II, 285.
1059 Christologie II, 285.
1060 Christologie II, 285.

rung besiegen kann. Aber er lehnt das christliche Reden von einer endgültigen Entmachtung des Todes ab. Die geschichtliche Vermittlung von Gott und Tod ist aus Marquardts Sicht nicht nur die Quintessenz der Hegelschen Vorlesungen zur Religionsphilosophie mit ihren Ausführungen über einen »spekulativen Karfreitag«, sondern die Eintragung des Widergöttlichen (Heidnischen) in den Willen Gottes. Marquardt lehnt jede Theologie ab[1061], die unter dem Etikett »Sühne« oder dem Etikett »Opfer« eine Theorie für die Vereinbarkeit Gottes mit dem Elend der Geschichte einschließlich der Schrecken von Auschwitz bietet. Angesichts der Shoah bleibt uns nur der Schrei nach Sinn ohne die Gewissheit einer erklärenden Versöhnung Gottes mit dem Elend[1062].

8.2 Jean-Marie Lustiger: Christologie als Lehre von der Bestimmung des Verhältnisses zwischen JHWH und Israel durch Jesus Christus

Jean-Marie Lustiger – 1926 unter dem Namen Aaron als Sohn polnischstämmiger jüdischer Einwanderer in Paris geboren, trotz der Deportation seiner Mutter und fast aller Verwandten bewusst und gegen den heftigen Widerstand seines Vaters zum Katholizismus konvertiert, später Priester, Bischof, Erzbischof und Kardinal – ist im Unterschied zu Marquardt kein Christ, der sich nach der Shoah auf die jüdischen Wurzeln seines Christentums besinnt, sondern umgekehrt ein Jude, der ausgerechnet in der Zeit der furchtbarsten Verfolgung des Judentums Christ wird, ohne deshalb sein Jude-Sein auch nur im geringsten aufgeben zu wollen. Lustiger

---

1061 »Und wie oft waren nicht auch wirklich die abendländischen Kirchen eher Sachwalter des Todes als des lebendigen Gottes, wenn sie […] das Kreuz über Soldaten, die ins Feld zogen, schlugen, – und jede Opferforderung legitimierten, als wäre Gott, der dem gekreuzigten und gestorbenen Jesus nahe ist, eigentlich doch Moloch, ein Opfergieriger und Menschenfresser; mit theologia crucis im Rücken haben wir Protestanten fast jede sittliche, aber auch unsittliche Opferforderung – wessen auch immer – legitimiert. Und wir boten dem Tod nie richtig Widerstand, weil wir ihn eben in Jesu Tod so nahe mit Gott verbunden sahen« (Eschatologie II, 115f).
1062 Wenn Marquardt das Christusereignis als ein eschatologisches qualifiziert, will er nicht dessen universalgeschichtliche Bedeutung, sondern dessen »Vor-läufigkeit« und vor allem den auch nach Ostern weitergehenden Kampf Gottes mit dem Tod betonen. Marquardts Verhältnisbestimmung von Christologie und Eschatologie ist der auf katholischer Seite von Johann Baptist Metz vertretenen sehr ähnlich. Vgl. dazu die ausgezeichnete Analyse von: J.-H. Tück, Christologie und Theodizee bei Johann Baptist Metz. Ambivalenz der Neuzeit im Licht der Gottesfrage, Paderborn 1999, bes. 49–74.155–220.

8.2 Jean-Marie Lustiger

ist kein Fachtheologe wie Marquardt, zählt aber seit Jahrzehnten zu den einflussreichsten Intellektuellen Frankreichs.

Die Lebenserinnerungen, die der Erzbischof von Paris in einem umfassenden Dialog mit zwei Vertretern des atheistischen französischen Rationalismus – mit dem französischen Politikwissenschaftler Jean-Louis Missika und dem Direktor des französischen Forschungszentrums C.N.R.S. Dominique Wolton – publiziert hat, sind ein Zeitdokument, das konkrete Erfahrungen in einen die gesamte Geschichte des Judentums und des Christentums umfassenden Horizont stellt. Das 1992 von Thorsten Schmidt aus dem Französischen ins Deutsche übersetzte Buch trägt den Titel: »Gotteswahl«. Es wird ergänzt durch einen Sammelband mit verschiedenen Beiträgen zur Verhältnisbestimmung von Judentum und Christentum und durch die Veröffentlichung von Exerzitienvorträgen zu dem Thema »Das Geheimnis Israels«[1063].

Im Rückblick auf seine Kindheit bekennt Lustiger: »Ich erinnere mich noch gut an bestimmte Grundwerte, die mich tief geprägt haben: eine sehr große Achtung vor dem Wissen und eine große Liebe zur Weisheit. Ihnen verdanken wir auch unseren Respekt vor der Wissenschaft, nicht im positivistischen Sinne des Wortes, sondern im Sinne von Erkenntnis, Studium. Das war in den Augen meiner Eltern ein hoher Wert, der in der jüdischen Tradition verankert war. Ebenso die Wertschätzung von Büchern. Und auch die Verpflichtung zu einer sehr strengen moralischen Lebensführung, in der Gut und Böse als unzweifelhafte Maßstäbe galten. Dazu ein fast stolz zu nennendes jüdisches Selbstbewusstsein. Wir sollten, anders als die *Goyim*, die Nicht-Juden, gut handeln, weil Gott uns mit der Verwirklichung der Gerechtigkeit beauftragt hat.«[1064] Und weiter: »In Bezug auf meine Kameraden und Freunde erinnere ich mich dunkel daran, ein starkes Gefühl des Andersseins empfunden zu haben, das zugleich von Unter- und Überlegenheit geprägt war. Mein Unterlegenheitsgefühl rührte daher, dass ich als jüdisches Kind, als Sohn jüdischer Einwanderer, ständig von Verfolgungen bedroht war. Mein Überlegenheitsgefühl andererseits fußte auf dem Bewusstsein eines großen Erbes, einer bedeutenden Geschichte und einer großen Verantwortung: Erinne-

---

1063 Die drei Publikationen, auf die sich die folgenden Ausführungen beziehen, sind: J.-M. Lustiger, Gotteswahl. Gespräche mit Jean-Louis Missika und Dominique Wolton, aus dem Frz. übers. v. Thorsten Schmidt, München 1992 [zit. unter dem Kurztitel: *Gotteswahl*]; ders., Wagt den Glauben. Artikel, Vorträge, Predigten, Interviews 1981–1984 (Theologia Romanica 14), aus dem Frz. übers. v. H. U. v. Balthasar, Einsiedeln 1986 [zit. unter dem Kurztitel: *Glauben*]; ders., Die Verheißung vom Alten zum Neuen Bund, aus dem Frz. übers. v. Dominic Schubert, Augsburg 2003 [zit. unter dem Kurztitel: *Verheißung*].
1064 Gotteswahl, 22f.

re dich daran, dass du Jude bist. Ich wusste, was das Zeichen des Bundes, die Beschneidung, bedeutete: Du sollst nicht lügen, du sollst nicht falsch handeln, du sollst Gutes tun; sei nicht so wie die ›Heiden‹. Das Anderssein wurde zu einer Forderung, ja durch die innere Mahnung zu einer Pflicht. Schon als Kind, das nicht so war ›wie die anderen‹, wusste ich, dass die Meinung ›der anderen‹ nicht genügt, um das Gute zu definieren und mein Verhalten zu legitimieren. Ich habe erfahren, was es heißt, seinen Überzeugungen treu zu sein – sei es auch um den bitteren Preis der Einsamkeit oder der Ausgrenzung.«[1065]

An dem Bekenntnis zur Erwählung Israels entscheidet sich schon für den zehnjährigen Aaron [nach der Taufe: Aaron Jean-Marie Lustiger] die Treue gegenüber Gottes Willen. Das Heidnische der Heiden ist die Ablehnung der Erwählung Israels. Diese Erwählung bedeutet ja: Es gibt nur einen Herrn der Welt und ihrer Geschichte. Israel ist das Volk, das diese Wahrheit bezeugt; das Volk,»das vollständig abhängt von Gott und von ihm sein Auskommen im Gehorsam ihm gegenüber erhält«[1066]. Heutzutage – so bemerkt Lustiger – bezeichnet der Begriff »Volk« oft etwas ganz anderes als innerhalb der Bibel. Da ist z. B. die Rede davon, dass ein souveränes Volk aus eigenem Willen handelt. In der Bibel wird diese Tendenz, aus dem eigenen Willen denken, planen und handeln zu wollen, als heidnisch bezeichnet. Auch Israel ist in seiner Geschichte immer wieder versucht, ein Volk in diesem Sinne – wie die anderen auch! – sein zu wollen. Und doch besteht sein Glaube an Gott exakt darin,»sich genau dessen zu enteignen«[1067]. Gott allein bestimmt die Kriterien des wahren Volk- und des wahren Mensch-Seins; und Israel ist erwählt, diese Kriterien sichtbar zu machen, sie zu bezeugen. Lustiger anerkennt, dass die Präambeln der Verfassungen westlicher Demokratien von der unantastbaren Würde jedes Menschen sprechen. Aber er fügt hinzu:»Man hat in dieser Hinsicht solange nichts Entscheidendes gesagt, als man verschweigt, dass die Menschen den Quell ihrer wahren Würde nicht in sich selbst zu finden vermögen. Sie sind nach Gottes Bild geschaffen. Nur auf diesem Felsgrund kann Menschenwürde erbaut werden. Denn es gibt keine Grenzen, die der Mensch selber zu ziehen vermöchte, indem er seine Rechte bestimmt, das Unterhalb und Oberhalb der Ehrfurcht vor dem Menschen festlegt, als stünde es in des Menschen Macht, die Grenzen von Gut und Böse zu bestimmen.«[1068]

1065 Gotteswahl, 29.
1066 Verheißung, 110.
1067 Verheißung, 111.
1068 Glauben, 78.

8.2 Jean-Marie Lustiger

Lustiger ist überzeugt, dass die Judenpogrome zwar von unterschiedlichen Anlässen ausgelöst wurden, aber letztlich immer motiviert waren von dem, was in der Bibel mit *Heidentum* gemeint ist: von der Ablehnung der Herrschaft Gottes bzw. von dem Wahn, selbst Herr sein zu wollen. Der Judenhass ist letztlich ein Hass auf den Gott der Gebote und Verbote. Das gilt für den Pharao, der jede männliche Neugeburt in Israel umbringen will. Das gilt für Herodes. Das gilt aber auch für den abgründigen Judenhass eines Voltaire und eines Diderot, die ihre eigene Vernunft vergötzen. Lustiger sagt seinen auf die französische Aufklärung schwörenden Interviewpartnern ins Gesicht: »Ich glaube, dass der Antisemitismus Hitlers aus dem Antisemitismus der Aufklärung, und nicht aus einem christlichen Antisemitismus hervorgegangen ist.«[1069] Über seinen vom Vater nie akzeptierten Schritt ins Christentum bemerkt Lustiger: »Ich hat-

---

[1069] Gotteswahl, 86. – Lustiger unterscheidet stets sehr genau zwischen Antijudaismus und Antisemitismus. Das Christentum des Mittelalters, so schreibt er, war weithin antijudaistisch, aber kaum antisemitisch. Das Christentum, welches das Erbe des Judentums im Sinne einer Ersetzung des neuen durch den alten Bund ausschließlich für sich beansprucht hat, war durchaus geprägt von einer Hochschätzung des Erbes Israels. Wie, so fragt Lustiger, kann jemand etwas verachten, was er unbedingt haben oder sein will? Solange Christen mit theologischen Gründen Israel sein Erbe streitig machen, ist ihre Theologie zwar antijudaistisch, aber keineswegs antisemitisch. Erst wenn die Juden als Juden verächtlich gemacht und ausgegrenzt oder gar verfolgt werden, spricht Lustiger von Antisemitismus. Und der – so wird er nicht müde zu erklären – ist von Seiten der Christen ein Selbstwiderspruch. Auf die Frage, ob es denn nicht auch christlichen Antisemitismus gegeben habe, antwortet der Kardinal, dass ein Christ automatisch aufhöre Christ zu sein, sobald sich auch nur Ansätze von Antisemitismus in sein Denken und Handeln einschleichen. Ein Christ, der nicht mehr weiß, dass sein Christentum an der Erwählung Israels partizipiert, lebt nicht mehr aus den Direktiven des erwählenden Gottes, sondern beginnt, im Sinne einer selbstverschlossenen Autarkie selbst zu bestimmen, was wahr und falsch, was gut und böse ist. Solches Heidentum wird aus der Sicht von Lustiger geradezu exemplarisch repräsentiert von dem Rationalismus eines Voltaire oder Diderot. »Ich wehre mich«, so Lustiger, »gegen eine völlig undifferenzierte Betrachtungsweise der Geschichte, die 2000 Jahre christlichen Antijudaismus und atheistischen Antisemitismus in einen Topf wirft« (Gotteswahl, 91). Lustiger grenzt den Zeitraum vom 18. bis zum 20. Jahrhundert als den eines ideologischen Antisemitismus von der gesamten Geschichte bis dahin ab und schreibt: »Ich behaupte nicht, dass es vorher keine antisemitischen Tendenzen gab, angefangen von den Beschuldigungen des Ritualmords und der Hostienschändung über die Ausgrenzungen, die ständigen Verbote und die Vertreibungen, bis hin zur Rückeroberung Spaniens, zu den Zwangstaufen und zu den Marranen. Aber im 1. Jahrtausend hat das gesamte christliche Europa das Erbe Israels für sich in Anspruch genommen; ja, es wachte mit neiderfülltem Stolz darüber; die christlichen Generationen haben den Juden vorgeworfen, ihre Väter und Propheten verraten zu haben, aber sie haben nie die Biblische Geschichte von Gottes Bund mit Israel in Zweifel gezogen. Man verfälscht die abendländische Geschichte, wenn man die moderne ideologische Radikalisierung eines atheistischen und politischen Antisemitismus auf eine religiöse Vergangenheit projiziert, in der

te keineswegs das Gefühl, etwas zu verraten, mich zu verstecken oder irgendetwas aufzugeben, sondern vielmehr das Gefühl, erst jetzt die Tragweite und Bedeutung dessen, was ich von klein auf empfangen hatte, zu verstehen.«[1070] Im Rückblick bekennt er: »Ich habe an meiner Eigenschaft als Jude festgehalten [...] Natürlich bin ich kein ›religiöser Jude‹ in dem Sinne, wie jene ihn verstehen, welche die jüdische Orthodoxie definieren. Aber sagen kann ich, dass ich, indem ich Christ wurde, nicht aufhören wollte, der Jude zu sein, der ich damals war.«[1071] Was Marquardt die Wiederholung der Geschichte Israels in der Geschichte Jesu Christi nennt, erschließt sich schon dem vierzehnjährigen Aaron Lustiger, als er – eher zufällig – an eine Bibel gerät, die nicht nur das AT, sondern auch das NT enthielt: »Von diesem Augenblick an«, so erzählt er, »hatte sich das Neue Testament tief in mein jüdisches Bewusstsein eingeprägt. [...] Ich bin überzeugt davon, dass ich unmittelbar und intuitiv in dem leidenden Messias das Schicksal des verfolgten jüdischen Volkes erkannte. Andererseits wusste ich aus Erzählungen meiner Eltern von den Verfolgungen seitens der Christen; aber diese Erzählungen bezogen sich auf die Antisemiten und nicht auf die Personen, von denen das Neue Testament berichtet: Jesus und seine Jünger.«[1072]

Im Unterschied zu Marquardt erkennt Lustiger in Jesus Christus nicht nur die *Wiederholung* der Geschichte Israels, sondern auch deren *Bestimmung*. Der Begriff *Bestimmung* drückt besser – weil weniger missverständlich! – als beispielsweise der Begriff *Erfüllung* aus, dass etwas durch etwas näher bestimmt, aber deshalb nicht aufgehoben oder ersetzt wird. In der stets umsichtig differenzierenden Theologie des Münsteraner Systematikers Thomas Pröpper gewinnt der Begriff *Bestimmung* so etwas wie eine Schlüsselfunktion. In einem Kommentar zu den von Tiemo Rainer Peters formulierten »Thesen zu einer Christologie nach Auschwitz« bemerkt Pröpper: »So gewiss Israels Glaube durch das Christusgeschehen näher bestimmt wird, so wesentlich wird er dabei vorausgesetzt und bekräftigt, sodass nun auch der Glaube der Christen von dieser Wurzel sich nährt.«[1073]

Christen und Juden dasselbe Erbe verehrten. Mit dem Antijudaismus allein lassen sich die Konzentrationslager nicht erklären« (Gotteswahl, 92).
1070 Gotteswahl, 50.
1071 Glauben, 46.
1072 Gotteswahl, 33.
1073 T. Pröpper, Wegmarken einer Christologie nach Auschwitz, in: J. Manemann/J. B. Metz (Hgg.). Christologie nach Auschwitz. Stellungnahmen im Anschluß an Thesen von Tiemo Rainer Peters (Religion – Geschichte – Gesellschaft. Fundamentaltheologische Studien 12), Münster 1998, 135–146; hier: 139.

In exakt demselben Sinn bezeichnet Lustiger zwei Ebenen des christologischen Verstehens, von denen die zweite die erste näher *bestimmt*. So lesen wir in seinem Kommentar zu der Taufszene Jesu im Jordan:

> Die »Offenbarung Jesu als Sohn, der die Fülle des Geistes Gottes empfängt und von Gott als der wahre Sohn bezeichnet wird, an dem er sein Wohlgefallen hat, können wir auf zwei verschiedenen Ebenen verstehen, die einander nicht ausschließen, sondern ganz im Gegenteil bedingen, denn die eine verwirklicht sich nur in der anderen. Der erste, offensichtliche Sinn, die erste Ebene ist, dass Jesus als der Sohn schlechthin bezeichnet wird. Er wird nicht als ein Ersatz für Israel bezeichnet, sondern als die Verwirklichung der Berufung Israels. […] Das heißt, dass in ihm alle Verheißungen Gottes verwirklicht wurden, bis einschließlich der Verheißung vom besiegten Tod. Denn auch das gehört zur Hoffnung Israels: die Heiligkeit, die Gottesschau von Angesicht zu Angesicht, die Auferstehung der Toten, die Versammlung des Volkes in seinem Land und alle eschatologischen Güter. […] Die zweite Ebene ist die, in der uns dieser geliebte Sohn, der Grund der himmlischen Liebe des Vaters, als das Wort selbst offenbart wird, als der ewige Sohn, der Fleisch annimmt. Er ist Sohn in einem unvorstellbaren Sinn. In ihm ist Israel nicht nur das Gegenüber Gottes, sondern der, dem die Herrlichkeit Gottes innewohnt. Er ist der, in dem sich die Herrlichkeit nicht nur ausspricht und vernehmbares Wort wird, sondern in dem sie zum fleischlichen Wort wird. Gott selbst gibt sich im Sohn preis.«[1074]

8.2.1 Jesus Christus als Bestimmung der Sohnschaft des auserwählten Volkes

Lustiger ist zutiefst überzeugt, dass Jesus Christus es ist, durch den die Sohnschaft des heiligen Volkes *bestimmt* wird. »Jesus«, so erkennt er, »hat die Gebote, die Mose von Gott für sein Volk Israel erhalten hatte, befolgt und erfüllt. Ohne je schwach zu werden, hat er erfüllt, was dem jüdischen Volk aufgetragen war: zu leben in Heiligkeit, für das Heil aller Völker, für die Erlösung der Kinder Adams«[1075]. Jesus Christus ist die *Bestimmung* – nicht die Ersetzung! – der Erwählung Israels. Lustiger spricht in diesem Zusammenhang von der »Kontingenz des Absoluten« als der »Grund-

---

1074 Verheißung, 78f.
1075 Gotteswahl, 79.

figur der Offenbarung«[1076]. Er will damit sagen: Gottes Wille ist in Jesus Christus so konkret, dass man ihn nicht mehr mit den eigenen Ideen bzw. Projektionen verwechseln kann[1077]. Das aber heißt für jeden Juden, der in Jesus nicht den erhofften Messias erkennt: In dem Maße, in dem er die eigene Erwählung durch die Befolgung der Tora konkretisiert, ist er unterwegs zu Christus – auch dann, wenn er dies auf der reflexen Ebene ausdrücklich leugnet. Denn Jesus Christus ist der Jude, der nichts anderes sein wollte als der ganz und gar vom Willen Gottes Bestimmte.

Viele Aussagen von Lustiger treffen sich mit denen, die Emmanuel Levinas in seinem Aufsatz »Ein Gott-Mensch?« entwickelt[1078]. Levinas spricht im Blick auf Jesus von dem *Ich*, das sich nicht erst dazu entscheidet, sich von der Andersheit des ganz Anderen bestimmen zu lassen; Levinas beschreibt das *Ich*, das auf Grund einer Passivität »diesseits von Sein und Bewusstsein« bzw. »diesseits der Identität« gleichsam zur »Geisel für den Anderen« wird[1079]. Aber dieses als »messianisch« bezeichnete *Ich* kann und sollte, wie Levinas betont, *jeder* Mensch sein bzw. werden. Deshalb wendet sich der jüdische Philosoph ausdrücklich gegen die Aushöhlung der Einzigkeit *jedes* Menschen durch die Lehre von der Exklusivität des *einen und einzigen* »Gott-Menschen« Jesus von Nazaret. Was diesen Punkt betrifft, ist Lustiger diametral anderer Ansicht. In »diesem Einen«, so betont er, offenbart sich nicht nur der Wille Gottes, sondern das, was Gott selbst ist, nämlich die Beziehung des Vaters zum Sohn und des Sohnes zum Vater. Weil Jesus ganz vom Vater her und auf den Vater hin lebt,

---

1076 Gotteswahl, 78.
1077 »Die Heiden – selbst wenn sie Christen geworden sind – sind ständig versucht, die Sonderheit der Heilsgeschichte und der Auserwählung zu leugnen. Sie neigen dazu, Jesus zur bloßen Projektion des idealen Menschen zu machen, den jede Kultur und jede Zivilisation trägt. Das ist die unverblümte Methode, Gott auf die Gestalt des Menschen zu reduzieren, anders gesagt, sich selbst anzubeten und einem Götzendienst zu huldigen. Jede christlich gewordene heidnische Kultur läuft womöglich Gefahr, aus Jesus ihren Apollo zu machen und ihr eigenes Menschenbild auf ihn zu projizieren, um sich darin selbst zu gefallen. Christus selbst, die Gestalt Christi in ihrer Wirklichkeit, kann jedes Gesicht der Menschheit annehmen, aber er kann dies nur, weil er vor allem anderen der in Bethlehem in Judäa Geborene ist. Ein Satz aus dem Matthäusevangelium verschafft uns Klarheit: Die Sterndeuter, selbst Heiden, kommen und fragen: ›Wo ist der König der Juden?‹ Sie suchen und sie finden die Antwort in der Schrift der Juden: ›In Bethlehem in Judäa.‹ Nirgendwo sonst. Er ist es, nicht ›ein‹ Kind, sondern ›dieses‹ Kind. Somit ist die Kontingenz des Absoluten die Grundfigur der Offenbarung« (Gotteswahl, 77f).
1078 Vgl. E. Levinas, Menschwerdung Gottes?, in: Ders., Zwischen uns, München 1995, 73–82 (frz. Fassung: Un Dieu Homme?, in: Ders., Entre nous, Paris 1991, 69–76).
– Dazu: D. Hattrup, Emmanuel Levinas und die Christologie, in: ThGl 88 (1998) 324–341; T. Freyer, Emmanuel Levinas' Vorstellung vom Gott-Menschen – eine Herausforderung für die Christologie?, in: ThQ 179 (1999) 52–72.
1079 Levinas, Menschwerdung Gottes?, 81f.

darf er als einziger Jude von sich sagen: »Wer mich sieht, sieht den Vater.« (Joh 12,45). Und weil er allein dies sagen darf, ist auch einsichtig, warum erst im Blick auf ihn der Abstand *jedes* anderen Menschen von ihm – das heißt: die Universalität der Sünde – offenbar wird.

Während Marquardt die Frage unbeantwortet lässt, was Jesus Christus vor zweitausend Jahren für alle Menschen aller Zeiten bewirkt hat, geht es Lustiger vorrangig um eine klare Antwort auf eben diese Frage. Dennoch ist sein Bekenntnis zu der in Jesus Christus schon geschehenen Erlösung nicht zu verwechseln mit den Theorien, die alles – auch Auschwitz – in einen alles umgreifenden Zusammenhang einordnen. Die Sünde und die aus ihr stammenden Ungeheuerlichkeiten sind niemals sinnvoll! Es geht nicht darum, die Verbrechen von Auschwitz im Nachhinein mit Gott (dem Garanten des Sinns von Schöpfung und Geschichte) zu versöhnen. Entsprechende Versuche haben sich auch da, wo sie von Juden unternommen wurden, als aporetisch oder absurd erwiesen[1080]. Lustiger konzentriert seine Ausführungen in der These: *Es lässt sich über Gott nichts anderes sagen als über Jesus Christus. Wer Jesus als den Christus glaubt, kann von der Macht Gottes nicht anders reden als von der Macht des gekreuzigten und auferstandenen Christus.*

Hätte Gott, wenn er denn gewollt hätte, Auschwitz verhindern können, dann müssten wir erklären, warum er dieses Verbrechen nicht verhindert hat. Nur wenn die Allmacht Gottes nicht etwas anderes ist als die unbedingte Liebe dessen, der von den Sündern gekreuzigt wurde, entgehen wir der Konsequenz eines Atheismus um des Menschen willen. In Lustigers Exerzitienvorträgen über das Geheimnis Israels finden wir die Feststellung: »Sollte eine christliche Theologie in ihre Sicht der Erlösung […] nicht einschreiben können, dass auch Auschwitz Teil des Leidens Christi ist, so befänden wir uns in völliger Absurdität.«[1081]

Kreuz und Auferstehung sind in der Christologie von Aaron Jean-Marie Lustiger nicht zwei verschiedene Ereignisse. Gott ist nicht einmal – am Karfreitag – der unter dem Gegenteil seiner selbst (Ohnmacht des gekreuzigten Jesus) Verborgene, um zwei Tage später – Ostern – zu zeigen, wer er eigentlich ist (nämlich der »All-mächtige«). Nein, wer er eigentlich ist, zeigt er an dem Kreuz von Golgota, das ebenso wie Auschwitz das von ihm absolut nicht Gewollte ist. Indem er den kreuzigenden Hass der Sünde mit dem exakten Gegenteil, mit der Liebe beantwortet, die nichts und niemanden – auch die Henker nicht – ausschließt, entmachtet er – ein

---

1080 Dazu: K.-H. Menke, Die Vermittlung des Glaubens an Gott mit der Geschichte der Shoah, in: Wege der Theologie: an der Schwelle zum dritten Jahrtausend (FS Hans Waldenfels), Paderborn 1996, 219–243.
1081 Verheißung, 64.

466   8. Jesus Christus – »Wiederholung« oder »Bestimmung« Israels?

für allemal – kraft der ihm vom Vater geschenkten Beziehung den Tod, der mit der Hölle (Beziehungslosigkeit) identisch ist und der in der Heiligen Schrift als Sold der Sünde bezeichnet wird. Lustiger bekennt im Rückblick auf seine eigenen Erfahrungen: »Geistlich und theologisch gesehen konnte ich erst wieder lachen, als ich begriff, dass diese Vernichtung [Auschwitz] nicht den Endsieg des Bösen über den Menschen bedeutete. Nein, Gott hat gesiegt in der Auferstehung, die dem Messias geschenkt wurde. Zu glauben, dass der leidende Christus der Messias ist, heißt nicht nur glauben, dass das Opfer der Erlöser ist, sondern auch, dass das Opfer letztlich über seinen Henker triumphiert.«[1082]

Ein Triumph allerdings, in dem das Opfer der Erlöser ist, hat nichts gemein mit dem Osterbild des Colmarer Altars. Der gekreuzigte Messias nimmt den »mordenden Willen des Menschen auf sich, indem er ihn erleidet und in Vergebung verwandelt, statt ihn zum Tod zu wenden«[1083]. Es ist »Jesu Gehorsam, der die Auferstehung hervorruft, denn da er bis in den Tod hinein auf den Vater vertraut, eröffnet ihm sein Gehorsam den Weg des Lebens, der stärker ist als der Tod«[1084]. Lustiger sieht zwischen der Tora und Jesus Christus eine denkbar enge Parallele. Jesus Christus ist ja der, der das Gesetz so erfüllt, dass er sich mit der Tora identifizieren darf. Deshalb erfährt er am eigenen Leib, was offenbar wird, wenn das Gesetz die Sünde demaskiert: nämlich der kreuzigende Hass der demaskierten Sünder. Entscheidend aber ist, dass es nicht beim Demaskieren bleibt. In Jesus Christus nämlich »befreit uns Gott von der Verurteilung, die wir über uns selbst ausgesprochen hätten, wenn wir in unserer Unfähigkeit zum Gehorsam eingeschlossen geblieben wären und lediglich unsere Flucht, unsere Verweigerung ermessen hätten.«[1085]

8.2.2   Jesus Christus als Grund der eschatologisch erhofften Einheit des einen Gottesvolkes

Das Wort *Erfüllung* bedeutet in der Interpretation Lustigers niemals die *Ersetzung* der von Israel bezeugten Verheißungen durch Jesus Christus. Im Gegenteil: Durch Jesus Christus wird die Erfüllung dieser Verheißungen jedem Juden und jedem Heiden ermöglicht. »Daraus geht hervor, dass das Alte Testament nicht durch Christus ›überholt‹ ist, wie man oft

---
1082 Gotteswahl, 117.
1083 Verheißung, 53.
1084 Verheißung, 62.
1085 Verheißung, 103.

sagen hört. Ganz im Gegenteil ist es durch das Kommen des Messias den Heiden eröffnet und zugänglich gemacht«[1086]. Lustiger spricht im Blick auf zweitausend Jahre christlicher Geschichte von dem »brutalen Paradox«, das darin besteht, »dass die Völker des Abendlands versucht haben, diese Hoffnung und diese Verheißungen an sich zu reißen und sie aus sich heraus und für sich selbst [statt im steten Blick auf die Geschichte Israels] zu verwirklichen.«[1087]

Man kann Jesus als den Christus nicht verstehen, wenn man in ihm nicht auch den Gott Israels erkennt. Das aber – so betont Lustiger – ist nur möglich, wenn man die Bezeugung des Christusereignisses an die Hebräische Bibel bindet. Mit Erschrecken bemerkt der Erzbischof von Paris: »Großen heidnischen Zivilisationen wie Indien bleibt noch heute das jüdisch-christliche Abendland fremd. Eine theologische Strömung behauptet dort zur Zeit: ›Das Alte Testament, das sind für uns die Schriften Indiens.‹ Das läuft auf die Aussage hinaus, dass das Alte Testament keine andere Rolle spielt, als kulturelles Substrat in Bezug auf das Neue zu sein. Müsste man dann sagen, dass die archaische und naturalistische afrikanische Kultur das Alte Testament Afrikas sei?« Die Gefahr, die Lustiger mit dieser Frage andeutet, ist die nie überwundene Versuchung nicht nur einzelner Ideologen, sondern ganzer Völker, Kulturen und Epochen, Christologie als Ideologie, als Überhöhung bzw. Personifizierung der eigenen Perspektiven und Interessen, zu betreiben. Wie Israel der eigenen Erwählung in dem Maße treu ist, in dem es sich von Gottes Willen bestimmen lässt, so wird jede Christologie in dem Maße zur Explikation der Selbstoffenbarung Gottes, in dem sie in Christus den Gott Israels erkennt[1088]. Die Anerkennung der immer wieder als Privileg missverstandenen Erwählung Israels ist »der absolute Test«[1089], durch den sich erweisen lässt, ob die anderen Völker und Kulturen (*goyim*) in Christus sich selbst oder aber die Selbstoffenbarung des Gottes Israels erkennen.

Die Erwählung Israels ist identisch mit dem Willen des einen und einzigen Gottes. Und dieser Gott ist Mensch geworden in Jesus Christus. Seitdem ist Christus die Bestimmung jedes einzelnen Menschen. Von daher bemerkt Lustiger: Die Erwählung Israels »nicht anzuerkennen, das heißt

---

1086 Verheißung, 86
1087 Verheißung, 143.
1088 In diesem Zusammenhang bemerkt Lustiger: »Eines der Dramen der christlichen Zivilisation ist, dass sie zu einer atheistischen Zivilisation wird und gleichzeitig beansprucht, christlich zu bleiben. So macht sie aus Christus ein Götzenbild [...] Somit wird die Gestalt Christi zu einem kulturellen Absolutum, in dem ein pervertierter und gotteslästerlicher Messianismus Platz findet. Freuen wir uns nicht über die Jesus-Mode, denn es gibt keinen schlimmeren Götzen als den, der den wahren Gott nachäfft« (Verheißung, 113).
1089 Verheißung, 129.

468   8. Jesus Christus –»Wiederholung« oder »Bestimmung« Israels?

die Erwählung Christi nicht anzuerkennen. Und das heißt unfähig zu sein, die eigene Erwählung anzuerkennen. Die Logik ist zwingend.«[1090] Lustiger ist sich bewusst, dass die Bibel von verschiedenen Bundesgaben spricht. Ihm geht es aber nicht um eine differenzierende Betrachtung der einzelnen Bünde, sondern zum einen um die Abweisung einer substitutiven Verhältnisbestimmung zwischen AT und NT, und zum anderen um die Unterscheidung einer Antithetik der Diskontinuität von einer Antithetik der Überbietung. Erst nachdem Christus die von der Sünde bezeichnete Trennung der Sünder von Gott für alle Menschen aller Zeiten aufgehoben hat, ist die Tora Sakrament dessen, der den Weg zum Vater nicht nur bezeichnet, sondern *ist*. Vor Christus ist die Tora der Inhalt eines zerbrechlichen Bundes; nach Christus ist sie Sakrament eines unzerbrechlichen Bundes. Vor Christus ist die Tora realsymbolische Antizipation der *Selbst*mitteilung des ewigen Logos; nach Christus ist sie ein Weg zur Annahme und Weitergabe des Fleisch gewordenen Logos.

Die einzige Mission, die Lustiger von Seiten der Christen gegenüber den *Juden* für legitim hält, ist die von Paulus in Röm 11,11 angedeutete: nämlich dass die Christen Jesus Christus so in das eigene Denken und Handeln inkarnieren, dass die jüdischen Brüder und Schwestern »eifersüchtig werden« bzw. an den Christen abzulesen beginnen, dass der erhoffte Messias identisch ist mit Jesus aus Nazaret.

8.2.3 Jesus Christus als Bestimmung der Stellvertretung Israels

Wenn wir, wie Lustiger immer wieder unterstreicht, über Gott nichts anderes sagen dürfen als über Christus, dann ist die Allmacht, die wir in unseren Glaubensbekenntnissen als wahr bekennen, identisch mit der Macht des Gekreuzigten, die sich mit keinen anderen Mitteln als denen der wehrlosen Liebe durchsetzt. Wer diese Liebe annimmt, den kann nichts mehr von Gott trennen. Insofern hat die Hölle seit Ostern – ein für allemal – einen Ausgang. Aber weil Christus sich mit keinen anderen Mitteln als denen der wehrlosen, wartenden, nichts erzwingenden Liebe durchsetzt, ist die Heilsgeschichte noch nicht vollendet[1091]. Nicht nur die Juden, die Jesus nicht als Messias bekennen, warten weiterhin auf

---

1090 Verheißung, 129.
1091 »Wenn jemand einwendet: ›Aber die Zeit ist noch nicht erfüllt. Denn noch immer müssen die Menschen sterben, noch immer herrscht keine Gerechtigkeit auf der Welt. Die Menschen sind Sünder, die Menschheit ist noch immer sich selbst überlassen, ihren Irrtümern und ihrem Götzendienst ausgeliefert. Denn Israel wird verfolgt, Israel ist nicht heilig und seine verstreuten Kinder haben sich noch nicht vereinigt‹, dann versuchen wir nicht, die Stärke des Einwands zu leugnen, sondern

sein Kommen. Nein, auch die Christen warten; sie warten auf die Wiederkunft Christi, auf den Tag, an dem Er »alles in allem und in allen« sein wird. Dieses Warten ist kein Wissen, sondern ein Hoffen. Die Kirche hofft zwar, dass die Hölle leer geliebt wird von Christus und der Gemeinschaft seiner Heiligen; aber sie hält daran fest, dass die Verwirklichung dieser Hoffnung abhängt von der *freien* (nicht erzwungenen) Annahme des Jesus als des Christus durch jeden einzelnen Menschen. Sollte Christus je alles in allem und in allen sein, dann haben die Opfer von Auschwitz *freiwillig* den Tätern die Hand gereicht und die Täter von Auschwitz Christi Liebe nicht nur passiv angenommen, sondern auch aktiv in die unendlich langen Wege der Umkehrung ihrer Sünde in Sohnschaft inkarniert[1092].

Wie ein roter Faden zieht sich durch alle Ausführungen Lustigers der Gedanke, dass Israel immer schon teilnimmt an der Passion Christi, und dass jeder aus den *goyim*, der sich zu Christus bekennt bzw. ihm durch die Taufe eingegliedert wird, berufen ist, die empfangene Gabe seinerseits zu geben. Die Perikope von dem Thomas (Joh 20,24–29), der vom Auferstandenen aufgefordert wird, die Wunden Christi zu berühren, kommentiert Lustiger mit den Worten: Thomas wird eingeladen, »in das Leiden Christi einzugehen, um teilzuhaben am Leiden Israels […] Es geht nicht darum, an die Stelle der Opfer zu treten, sondern darum, Teil Christi zu werden. Es geht nicht darum, die Kinder Bethlehems zu bemitleiden – das wäre eine rein sentimentale Übertragung, um sich von einer Schuld zu entlasten –, sondern darum, in das Leiden Christi einzutreten, sofern man dazu berufen ist. Und jeder Getaufte ist nach seinem Maß der Gnade dazu berufen. Mitleiden heißt nicht Mitleid oder Bemitleiden, sondern bezeichnet die Gnade Gottes, teilzuhaben am Leiden seines Sohnes. Mitleiden ist das Einverständnis im Glauben, dass Gott, nach seinem Willen, unserem Leben die Form der Passion verleiht, selbst wenn sie im Rahmen eines ruhigen Lebens verläuft. Die christliche Berufung, im tiefsten und strengsten Sinne des Wortes verstanden, findet hier eine Bedeutung von äußerster Kraft: Teilnahme am Leiden Christi, der das Leid seines Volkes trägt und die Erlösung der Welt wirkt.«[1093]

Lustiger drückt hier seine Überzeugung aus, dass Juden und Christen gleichermaßen berufen sind, sich nicht nur von der gekreuzigten Liebe beschenken zu lassen, sondern diese auch zu schenken. Deshalb pervertiert die Kirche ihr eigenes Wesen, wenn sie auf die Strategien der Macht

---

den darin liegenden Schrei zu vernehmen, und wir erkennen, dass dieser Einwand in der Passion Christi, des Messias, aufgehoben ist« (Gotteswahl, 355f).
1092 Dazu: J.-H. Tück, Inkarnierte Feindesliebe. Der Messias Israels und die Hoffnung auf Versöhnung, in: H. Hoping/J.-H. Tück (Hgg.), Streitfall Christologie. Vergewisserungen nach der Shoah (QD 214), Freiburg 2005, 216–258; bes. 220–224.
1093 Verheißung, 69.

470   8. Jesus Christus – »Wiederholung« oder »Bestimmung« Israels?

setzt statt auf die Wehrlosigkeit des Kreuzes. Lustiger wörtlich: »Die Ausbreitung des Christentums ist [...] nicht mit der französischen Flagge zu vergleichen, die in der Sahara aufgepflanzt wird. Das Kreuz wird nicht in einem Gebiet aufgepflanzt – es wird in die zerknirschten Herzen eingeschrieben. Es setzt eine Bekehrung voraus, und Bekehrung ist nie etwas bereits Erlangtes, Vollendetes, im Gegensatz zu dem, was sich die Reiche dieser Welt vorstellen.«[1094] Die christlichen Kirchen sind im Unterschied zu Israel immer wieder versucht, das erhoffte Reich Gottes (Christus in allem und in allen) mit der eigenen Wirklichkeit zu identifizieren. Dann aber – so Lustiger – »geben sie von sich selbst nur noch das Bild einer menschlichen Gesellschaft, die aus Gott ein Werkzeug zu ihren Diensten macht«[1095].

8.3   Ein abschließender Vergleich zwischen zwei Grundgestalten jüdisch perspektivierter Christologie

Wie im zweiten Kapitel dieses Buches bereits erwähnt, gehört Friedrich-Wilhelm Marquardt zu den Interpreten der Bundes-Kategorie, die von einer Aufnahme der Völker bzw. der Kirche in den Bund mit Israel (Mose-Bund) sprechen. Folglich wird der in Röm 11 geschilderte Ölbaum mit Israel identifiziert statt mit der aus Juden- und Heidenchristen gebildeten Christusgemeinschaft. Die Zweige, die aus dem Ölbaum herausgebrochen und möglicherweise später wieder eingesetzt werden, versinnbildlichen nicht die Juden, die Jesus nicht als den Christus anerkennen, sondern die Juden, die die Tora verneinen. Aber eine solche Interpretation ist nur möglich, wenn man den Hebräerbrief geflissentlich ausklammert. Denn dort steht unmissverständlich, dass der Mose-Bund veraltet und überholt ist (Hebr 8,7f.13); dass auch der nachexilische Tempelkult – insbesondere der von JHWH gestiftete Versöhnungstag – nicht erreicht hat, was er erreichen sollte; und dass es deshalb des Christusereignisses bedurfte, durch das die von der Sünde bewirkte Trennung von Gott (der eigentliche Tod) für Juden wie Nichtjuden endgültig beseitigt wurde (Hebr 9,9–12.15; 10,9b–18).

Marquardt hält seine Interpretation für die einzige, die eine Verhältnisbestimmung von Judentum und Christentum im Sinne des Substitutionsmodells verhindern kann. Doch die Alternative »Entweder ist das

---
1094 Verheißung, 137.
1095 Verheißung, 142.

8.3 Ein abschließender Vergleich

Christentum eine ›Wiederholung‹ Israels; oder es wird zur Ersetzung der Heilsbedeutung Israels« ist falsch. Die Tora wird durch Christus ja nicht abgeschafft oder ihrer Heilsbedeutung beraubt. Im Gegenteil, sie erhält durch das Christusereignis den Charakter eines Sakramentes. Wer die Tora erfüllt, ist – bewusst oder unbewusst – in Gemeinschaft mit Christus. Die Christus-Gemeinschaft (Kirche) ersetzt nicht das durch die Tora konstituierte Volk der Erwählung. Im Gegenteil, Israel bleibt »*das* Volk Gottes« – weshalb man dem Vorschlag Erich Zengers[1096] folgen sollte, die Kirche weder »Volk Gottes« noch »das neue Volk Gottes«, sondern den »Leib Christi« zu nennen.

Diesem Vorschlag können sich Marquardt und Lustiger ohne Differenzen anschließen. Sie unterscheiden sich aber in der Verhältnisbestimmung des auserwählten Volkes zum Leib Christi. Während Marquardt von einer Teilnahme der Christen am Bund Gottes mit Israel spricht, sieht Lustiger im Christusereignis den Anfang eines Prozesses, in dem der von der jüdischen Prophetie verheißene Neue Bund realisiert wird. Das heißt: Erst im Blick auf die eschatologisch erhoffte Zukunft (vgl. Röm 11,23f) kann man von dem einen Gottesvolk sprechen. Denn diese Einheit kommt nicht dadurch zustande, dass die Christen dem auserwählten Volk integriert werden. Vielmehr gelangen auch die Israeliten, die Jesus nicht als den Christus bekennen, durch die Befolgung der Tora zur Gemeinschaft mit Christus, der – wie Paulus hofft – am Ende alles in allem und in allen sein wird (Eph 1,3–14; Kol 1,15–20).

Während Marquardt in seinen »Prolegomena« die Verantwortung der eigenen Dogmatik vor dem Forum philosophischer Kritik nicht nur für überflüssig, sondern mit ähnlichen Argumenten, wie sie seinerzeit von Karl Barth vorgetragen wurden, auch für falsch erklärt, hält umgekehrt Lustiger jede Theologie, die sich der philosophischen Kritik nicht stellt, für unbiblisch. Juden wie Christen verraten aus der Sicht Lustigers eine Grundforderung ihres Glaubens, wenn sie nicht bereit sind, den Inhalt des eigenen Glaubens gegen jede Kritik von außen argumentativ zu verteidigen.

Eine von Gott ergangene Erwählung kann man nicht hinterfragen oder vor der Vernunft als notwendig ausweisen. Deshalb lebt Israel anders als alle anderen Völker aus einer Gewissheit, die sich nicht begründen, sondern nur beantworten lässt. Das wird schon darin deutlich, dass ein Jude immer Jude bleibt – auch dann, wenn er seinen Glauben nicht mehr praktiziert oder gar als Irrtum ausgibt. Jüdische Theologie ist vor diesem Hintergrund vornehmlich Doxologie, erzählende, erinnernde, be-

---

1096 Vgl. E. Zenger, Israel und Kirche im einen Gottesbund? Auf der Suche nach einer für beide akzeptablen Verhältnisbestimmung, in: KuI 6 (1991) 99–114; 107.

tende, dankende und klagende Reflexion der eigenen Erwählung. Kaum jemand hat das so eindrücklich erfahren und beschrieben wie Jean-Marie Lustiger. Aber gerade er will aus dem doxologischen Charakter jüdischer Theologie nicht das ableiten, was man den Generalangriff der postmodernen (weithin von Juden repräsentierten) Philosophie auf die abendländische Metaphysik nennen könnte. Lustiger erinnert in diesem Zusammenhang an den Juden Spinoza, auf den Hegel – das postmoderne Feindbild schlechthin! – sich mehr als auf jeden anderen Vordenker stützt[1097]. Nicht die metaphysische Versuchung, die Wirklichkeit bzw. die Andersheit des jeweils Anderen den eigenen Begriffen, Theorien und Systemen zu unterwerfen, ist in der Analyse von Lustiger Ursache der Shoah, sondern der Atheismus, der als Bedingung seiner selbst den Monotheismus der jüdisch-christlichen Tradition voraussetzt[1098] und mit innerer Konsequenz in den von Nietzsche formulierten Nihilismus mündet. Dieser Atheismus denunziert die im Denken des Menschen vollzogene Unterscheidung des Ich von jedem Nicht-Ich als Fiktion; er verdächtigt die Selbstunterscheidung des Menschen vom Tier als listige Strategie der mit dem Willen zur Macht identifizierten Natur; und er demaskiert den Gottesgedanken als den Schwächeanfall eines Ich, das sich selbst nicht zutraut, Gott (Herrscher über jedes Nicht-Ich) zu sein[1099]. Angesichts dieses nihilistischen Atheismus und seiner erlebten Konsequenzen sind der Erwählungsglaube Israels und der christliche Glaube an die vom Christusereignis verbürgte Unbedingtheit der Würde jedes einzelnen Menschen nur durch eine Praxis zu verteidigen, die auch jeder theoretischen Bestreitung von außen gewachsen ist. Deshalb plädiert[1100] der Judenchrist Lustiger für

---

[1097] »Wo liegen die Wurzeln eines Hegel? Wo die des häufig rationalistischen, gelegentlich auch gnostischen, und damit antijüdischen Denkens, wenn nicht in den Versuchungen des Abendlandes? Diese Versuchungen aber gibt es ebenso gut bei den Juden wie bei den Christen. Spinoza ist ein recht bekannter Jude und Marx ein berühmter Hegelianer« (Gotteswahl, 84).

[1098] »Das atheistische Denken ist eine aus dem christlichen Denken erwachsene Versuchung. Atheist kann nur der sein, der mit der Frage nach Gott konfrontiert wurde – also nur ein Jude oder ein Christ. Ein Buddhist kann nicht in gleicher Weise wie wir Atheist sein« (Gotteswahl, 93). – »Der moderne Antisemitismus ist deshalb so radikal, weil er ein Antitheismus ist. […] Für den Atheismus ist die Vorstellung einer partikularen Gegenwärtigkeit des Absoluten in der Geschichte unerträglich. Ein nicht von Menschenhand geschaffenes Absolutum ist für ihn schlicht ein Unding. Und ein Jude ist in den Augen eines Atheisten nur dann vertrauenswürdig, wenn er sich seinerseits als Atheist bekennt. Andernfalls ist er ein potentieller Verräter« (ebd. 88f).

[1099] »Weil der Nationalsozialismus nicht Gott, sondern dem Übermenschen huldigt und folglich alle Menschen vernichten will, die diesem Ideal nicht entsprechen, setzt er Auserwähltheit mit Beherrschung und einem verabscheuungswürdigen Vorrecht gleich« (Gotteswahl, 96).

[1100] Besonders lesenswert in diesem Zusammenhang ist das mit dem Titel »Glaube und Wissen« versehene Kapitel in Lustigers Lebenserinnerungen (Gotteswahl, 129–221).

8.3 Ein abschließender Vergleich

eine an die Praxis des gelebten Glaubens gebundene und zugleich jedem theoretischen Einwand antwortende Theologie.

Weil die Grundgestalt jüdisch perspektivierter Christologie, die Lustiger vorgestellt hat, sich im Unterschied zu der von Marquardt vertretenen ausdrücklich an zwei Kriterien messen lässt – nämlich an ihrer Treue gegenüber dem christologischen Dogma *und* an der Vereinbarkeit der von ihr behaupteten Wahrheit mit den Argumenten der philosophischen Kritik, ergeben sich auffällige Gemeinsamkeiten mit der Gestalt protestantischer Christologie, die Marquardt ausdrücklich ablehnt[1101].

Wolfhart Pannenbergs Christologie basiert auf ähnlich konsequente Weise wie die Lustigers auf dem Grundsatz, dass die Geschichte des Juden Jesus im strengen Sinne dieses Wortes die *Selbst*offenbarung Gottes *ist*. Und wenn Lustiger den Messias zunächst »von unten« in seiner Beziehung zu dem Abba oder Vater genannten Gott Abrahams, Isaaks und Jakobs schildert, seine Sündlosigkeit und bedingungslose Passivität dem Anspruch Gottes (der Tora) gegenüber betont, zugleich aber jede Rede von den beiden Naturen (der menschlichen und der göttlichen) Christi vermeidet, erhebt er – darin Pannenberg ähnlich – die Einzigkeit Christi aus dessen geschichtlich realisiertem Verhältnis zu seinem Abba.

Mit dem Begriff »Selbstunterscheidung« drückt Pannenberg aus, was Marquardt und Lustiger zu der These veranlasst hat, das wahre Jude-Sein bzw. – in Abhängigkeit davon – das wahre Christ-Sein sei identisch mit dem wahren Mensch-Sein. Denn die biblische Gegenüberstellung von Judentum und Heidentum bedeutet ja, dass der Jude, wenn er denn seiner Erwählung entspricht, nicht aus dem eigenen Willen, sondern aus dem Willen Gottes – und also aus der »Selbstunterscheidung« von Gott – lebt; und dass der Heide umgekehrt selbst Herr der Schöpfung und Geschichte, selbst Gesetzgeber und Bestimmung von Gut und Böse sein will. Weil der Mensch das einzige Geschöpf ist, das sich zu seiner Geschöpflichkeit (zu seiner Unterschiedenheit von Gott) frei verhalten kann, ist er in eine Selbstständigkeit entlassen, wie sie radikaler nicht gedacht werden kann. Wo diese Selbstständigkeit zur Verselbstständigung gegenüber Gott wird, da erweist sich die Sünde als kreuzigender Hass. So gesehen sind die Leidensgeschichte Israels und die Passion Jesu Ausdruck ein und desselben Phänomens: nämlich der Verweigerung der Selbstunterscheidung von Gott (der Sünde).

In Lustigers Christologie ist die Innenseite des Osterereignisses die im physischen Sterben durchgehaltene Beziehung des Gekreuzigten zu seinem Vater; die Außenseite das leere Grab und die Selbstbekundungen des Auferstandenen. Seit Ostern ist der physische Tod nicht mehr Real-

---
1101 Dazu: Vasel, Philosophisch verantwortete Christologie, 121–258.487–595.

symbol der Trennung von Gott, sondern für alle, die sich glaubend, hoffend und liebend an Christus festhalten, Brücke zum Vater. So beantwortet Lustiger im Unterschied zu Marquardt die soteriologische Grundfrage nach dem, was der Erlöser vor zweitausend Jahren für alle Menschen aller Zeiten getan hat. Der am Kreuz scheinbar vom kreuzigenden Hass der Sünde Besiegte war stärker als alles von Gott Trennende – nicht im Modus einer triumphierenden Beseitigung der Sünder, sondern im Modus einer die eigenen Henker nicht ausschließenden Liebe. Als Lustiger die Mitte des Christusereignisses erkannt hatte, wusste er: In Jesus Christus hat der Gott Israels sich als der offenbart, der stärker ist als das Dunkel von Auschwitz – allerdings nicht im Modus der Vernichtung der Henker, sondern als die Liebe, die sich mit keinen anderen Mitteln durchsetzt als mit denen des Gekreuzigten.

9. Kapitel oder Sechster Brennpunkt:

Jedes Ereignis des Lebens Jesu ein Ereignis der Selbstoffenbarung Gottes?

Wie im dritten Kapitel dieses Buches dargestellt, bezeichnet man mit dem Begriff »Neuchalcedonismus« die Lehre, dass der göttliche Logos als das Subjekt aller Erfahrungen und Handlungen Jesu Christi dessen Menschsein wie ein bloßes Medium oder Werkzeug erscheinen lässt. Hier liegt einer der Gründe für die Abstraktheit und Blässe vieler Christologien. Die biblisch bezeugten Szenen des Lebens Jesu werden nicht selten wie zufällige Einkleidungen des göttlichen Handelns vernachlässigt statt als Offenbarungen des »universale« im »concretum« verstanden. Diese im Ansatz doketische bzw. gnostisierende Tendenz betrachtet das Menschsein Jesu wie ein zufälliges Kleid des göttlichen Sohnes.

Der von den drei Kappadokiern Basilius von Caesarea, Gregor von Nazianz und Gregor von Nyssa innerhalb der Trinitätslehre diakritisch angewandte Terminus ὑπόστασις bezeichnet im Unterschied zum Terminus οὐσία das Besondere gegenüber dem Allgemeinen. An und für sich gibt es das Wesen Gottes nicht. Das Wesen Gottes existiert nur in Gestalt dreier Hypostasen bzw. Subsistenzen. Also ist die ὑπόστασις innerhalb der Trinitätstheologie das Individuationsprinzip der göttlichen Wesenheit (οὐσία). Wenn aber derselbe Terminus ὑπόστασις, der innerhalb der Trinitätslehre in keiner Weise das Wesen Gottes, sondern ausschließlich das Unterscheidende dreier gleichwesentlicher Personen ausdrückt, in der Christologie die personale Identität des Menschen Jesus mit der zweiten trinitarischen Person bezeichnet, dann muss man folgern: Das Besondere, die Einzigkeit, kurz: die Personalität Jesu Christi ist die des innertrinitarischen Sohnes; und sein Menschsein trägt zu dessen Besonderheit, Einzigkeit, kurz: Personalität, nichts bei. Diese Folgerung erinnert fatal an die Christologie des Apollinarius von Laodicea, der Jesus Christus einen menschlichen Leib, nicht aber eine menschliche Seele, einen menschlichen Geist und Willen zuschreibt. Natürlich wollte das Konzil von Chalcedon besonders diese Spielart des Monophysitismus verwerfen. Aber der Versuch, mit ein und demselben Begriff trinitätstheologisch das Unterscheidende der drei Personen des einen göttlichen Wesens und christologisch das Verbindende zweier grundverschiedener Wesenheiten zu bezeichnen, führte mit innerer Folgerichtigkeit zur Aus-

476   9. Ereignisse des Lebens Jesu und Selbstoffenbarung Gottes

bildung neuchalcedonischer, d. h. die wahre Menschheit des Erlösers relativierender Christologien.

Aber auch nach der Aufklärung, als man sich historisch-kritisch um eine Rückgewinnung des historischen Jesus bemühte, gelang bestenfalls die Vertauschung des einen Extrems durch das gegenteilige. Denn eine bis heute nachwirkende Prämisse der so genannten »liberalen Theologie« geht a priori davon aus, dass Jesus vor Ostern nicht als die Selbstoffenbarung Gottes bzw. als der Sohn Gottes erkennbar war. Der von der Exegese zunehmend vertiefte Graben zwischen dem Jesus der Geschichte und dem Christus des Osterglaubens verlegt den entscheidenden Offenbarungsakt in ein Handeln an Jesus ohne Jesus. So gesehen aber ist der Gekreuzigte nicht die Offenbarkeit des innersten Wesens Gottes, sondern die Verbergung seiner Allmacht unter deren Gegenteil. Also ist der entscheidende Offenbarungsakt nicht das Leben und Sterben Jesu, sondern die Inspiration des Heiligen Geistes.

9.1 Unterschiedliche Entwicklung in Ost und West

Vordergründig betrachtet mag überraschen, dass der Neuchalcedonismus im Westen stärker ausgebildet wurde als in der vom griechischen Denken bestimmten Osthälfte des römischen Reiches. Doch dieser Befund ist rasch erklärt, wenn man bedenkt, dass der primäre Ort der Theologie des Ostens in der praktizierten Kommunikation mit Christus, näherhin in der Liturgie, liegt.

9.1.1 Die Christus-Ikonen und der alexandrinisch argumentierende Ikonoklasmus der Ostkirche

Die Christus-Ikonen der Ostkirche sind so etwas wie kristallin gewordene Christusbegegnung. In ihnen begegnet der Gläubige nicht der subjektiven Interpretation eines Malers oder Theologen, sondern den Szenen des Lebens Jesu, in denen sich das erlösende Handeln Gottes offenbart. Die Christus-Ikonen der Ostkirchen setzen voraus, dass sich die Einzigkeit der Person des Erlösers nicht unter dem Mantel der menschlichen Natur oder der Alltäglichkeit der menschlichen Existenz *verbirgt*, sondern im Gegenteil durch das wahre Menschsein Jesu *offenbar* wird[1102].

1102 Dazu: C. v. Schönborn, Die Christus-Ikone. Eine theologische Hinführung, Schaffhausen 1984, bes. 139–229.

9.1 Unterschiedliche Entwicklung in Ost und West

Im Osten entstand nach dem Konzil von Chalcedon eine eigenartige Spannung zwischen Theorie und Praxis, zwischen einer tendenziell alexandrinisch argumentierenden Christologie und einer durchaus chalcedonischen Christopraxis bzw. Liturgie. Der daraus resultierende Konflikt ist – wie im dritten Kapitel dieses Buches geschildert – als Bilderstreit in die Kirchen- und Theologiegeschichte eingegangen. In ihm gewannen die Bilderstürmer zunächst die Oberhand, weil sie Kaiser Konstantin V. († 775) auf ihrer Seite wussten. Die Ikonoklasten meinten, aus der hypostatischen Union folgern zu müssen, dass die »umschreibbare« und also abbildbare menschliche Natur auf Grund ihrer untrennbaren Vereinigung mit der »unumschreibbaren« göttlichen Natur ihrerseits »unumschreibbar« bzw. undarstellbar geworden ist. Doch die Annahme der menschlichen Natur durch die Person des ewigen Logos bedeutet weder irgendeine Dominanz der Eigenschaften der göttlichen Natur des Erlösers über die Eigenschaften seiner menschlichen Natur, noch die Verhüllung des göttlichen Sohnes durch das Äußere eines Menschen. Vielmehr *ist* Jesus Christus *als* wahrer Mensch die Offenbarung der innertrinitarischen Beziehung des Sohnes zum Vater. Theodor von Studion, der wie kein zweiter Theologe den Neuchalcedonismus bzw. Alexandrinismus der Ikonoklasten widerlegt hat, kleidet seine Christologie in das Motto: »Der Unumschreibbare wird umschreibbar.«[1103] Das heißt: »Die Person des ewigen Wortes wird, indem sie Fleisch annimmt, selber Träger und Quelle einer menschlichen Existenz, in ihrer unverwechselbaren Individualität. [...] Gerade in den Jesus als diesen bestimmten Menschen kennzeichnenden Zügen wird seine göttliche Person sichtbar. Das Paradox der Menschwerdung ist es, dass die göttliche Person des ewigen Wortes in den individuellen, persönlichen Gesichtszügen Jesu ›umschreibbar‹ geworden ist.«[1104]

9.1.2 Die neuchalcedonische Satisfaktions-Christologie von Augustinus bis Thomas

Die westliche Theologie vor Augustinus kennt Beispiele einer Christusfrömmigkeit, die durchgängig von dem Gedanken der Verähnlichung des Christen mit dem biblisch bezeugten Menschsein Christi bestimmt sind[1105]. Aber insgesamt dominiert die von Augustinus exemplarisch re-

---

[1103] Theodor von Studion, Antirrheticus adversus Iconomachos I,2 (PG 99, 331 A).
[1104] C. v. Schönborn, Gott sandte seinen Sohn. Christologie (AMATECA VII), Paderborn 2002, 194.
[1105] Dazu: E. Dassmann, Die Christusfrömmigkeit des Bischofs Ambrosius von Mailand, in: M. Maritano (Hg.), Historiam perscrutari. Miscellanea di studi offerti al

478   9. Ereignisse des Lebens Jesu und Selbstoffenbarung Gottes

flektierte Frage, wie das durch die Sünde Adams und aller Adamiten zerstörte Verhältnis zu Gott wiederhergestellt werden könne[1106]. Der Römer denkt vor allem in Rechtskategorien und überträgt diese auch auf das Verhältnis des Sünders zu Gott. Die römische Formel »aut satisfactio aut poena« ist Ausdruck einer Gerechtigkeit, die Schuld und Sühne wie objektiv messbare Größen versteht. Da der Mensch alles, was er ist und hat, seinem Schöpfer schuldet, kann er – so folgt die theologische Anwendung des römischen (und verstärkt auch germanischen) Äquivalenzdenkens – Gott zum Ausgleich für seine Sünde nichts anbieten, was er ihm auf Grund seiner Geschöpflichkeit nicht ohnehin schuldet. Deshalb beantwortet Anselm von Canterbury (1033–1109) die Frage nach dem Warum der Menschwerdung des ewigen Logos mit der These, nur ein von jeder Sünde freier Mensch könne durch sein freiwilliges (nicht notwendiges) Sterben die Schuld der Adamsmenschheit durch ein äquivalentes Verdienst sühnen. Damit ist die Menschwerdung der zweiten trinitarischen Person aus seiner Sicht als notwendig begründet, zugleich aber das konkrete Menschsein Christi als relativ gleichgültig ausgewiesen. Denn für Anselm ist nicht wichtig, welche Worte und Taten uns erlösen oder welcher konkrete Mensch der »neue Adam« ist. Entscheidend ist lediglich, dass der Logos tatsächlich auf die Seite der Adamsmenschheit tritt. Obwohl die neuere Forschung zu Recht herausstellt[1107], dass Anselm

---

Prof. Ottorino Pasquato (BSRel 180), Roma 2002, 653–672; ders., Ambrosius von Mailand. Leben und Werk, Stuttgart 2004, 209–223.
1106 Obwohl in 2 Kor 5,19 die Versöhnung als ein Geschehen von Gott her auf den Sünder hin bezeichnet wird, kommt es schon in der so genannten Rekapitulationstheorie des Irenaeus von Lyon zu einer Umkehrung der paulinischen Perspektive. Was der erste Adam durch seinen Ungehorsam zerstört hat, nämlich die Gemeinschaft des Menschen mit Gott, das hat der zweite Adam durch seinen Gehorsam »repariert« (Adversus haereses V,14,1–3; 16,3; 17,1: Brox V,115–121.136f.138–141). Weil Christus wahrer Mensch (neuer Adam) ist, kann er so auf die Seite der Adamsmenschheit treten, dass er deren Brücke zum Vater wird. Die schon bei Irenaeus umgekehrte Perspektive des Versöhnungsvorgangs, dass nicht der Mensch von Gott, sondern Gott vom Menschen versöhnt wird, erhält ihre klassische Gestalt durch Cyprian und besonders durch Augustinus, der die von der Erbsünde bestimmte Menschheit unter dem Zorn Gottes wähnt und deshalb viel von der Notwendigkeit eines Mittlers und Versöhners spricht, der durch die Darbringung eines einzigartigen Opfers den Zorn Gottes besänftigt hat (Enchiridion X,33: Scheel 23: »In hac ira cum essent homines per originale peccatum, […] necessarius erat mediator, hoc est reconciliator, qui hanc iram sacrificii singularis […] oblatione placaret.). Wiederholt reflektiert Augustinus darüber, dass Christus nicht insofern er dem Vater gleich ist, also nicht seiner Gottheit, sondern nur insofern er den Menschen gleich ist, also auf Grund seiner wahren Menschheit, der Mittler sein könne (De civitate Dei IX,15,2: CSEL XL/1,430). Mit dieser Position hat Augustinus die lateinische Scholastik nachhaltig beeinflusst.
1107 Vgl. die entsprechenden Ausführungen des zweiten Kapitels.

das Sühneopfer des Kreuzes nicht deshalb für notwendig hält, weil die Gerechtigkeit Gottes ein Äquivalent für die ihm zugefügte Beleidigung fordert, sondern weil die Würde des Sünders wiederhergestellt werden muss, geht es doch auch so gesehen um die Äquivalenz von Schuld und Sühne und nicht um die Offenbarung unseres Weges, unserer Wahrheit und unseres Lebens in den dreiunddreißig Lebensjahren Jesu Christi.

Es ist kein Zufall, dass Anselm und seine zahlreichen direkten und indirekten Schüler ihre Christologien im Kern auf Explikationen der Satisfaktionstheorie reduzieren[1108] und z. B. das Thema Auferstehung gar nicht eigens thematisieren. Aber auch die Scholastiker, die dem Thema der Auferstehung und Erhöhung des Erlösers mehr Aufmerksamkeit schenken, sind nicht an der Selbstoffenbarung Gottes in dem Menschsein Christi interessiert; sie fragen nach dem Verhältnis der beiden Naturen im Geschehen von Tod und Auferstehung und/oder nach dem Verdienstcharakter der Auferstehung über den Sühnetod am Kreuz hinaus[1109]. Vor diesem Hintergrund erscheint der dritte Teil der *Summa theologiae* des Thomas von Aquin – bezogen auf die gesamte Christologie des Mittelalters – wie ein Solitär[1110]. Thomas verbindet nämlich die seit Anselm vorgegebene Frage nach dem Mittel der Wiederherstellung des durch die Sünde zerstörten Verhältnisses der Menschheit zu Gott mit dem Gedanken, dass alles, was der Mittler in den dreiunddreißig Jahren von seiner Empfängnis unter dem Herzen Mariens bis hin zu seiner Erhöhung zur Rechten des Vaters gesagt, getan und erlitten hat, Werk der Erlösung ist. Dabei geht es Thomas bei aller Schriftnähe nicht um so etwas wie die historisch-kritische Rekonstruktion des Lebens Jesu. Die insgesamt 59 Quästionen umfassende Christologie der *Summa* behandelt zur Hälfte – in den ersten 26 Quästionen – das Verhältnis der beiden Naturen in der einen Person des Erlösers, um erst auf dieser Grundlage den Verdienstcharakter all dessen zu explizieren, »was der fleischgewordene Sohn Gottes in der mit ihm vereinigten menschlichen Natur wirkte und litt«[1111]. Dabei ist zu beachten, dass die Verdienste, die Christus als wahrer Mensch erwirbt,

---

1108 Vgl. K.-H. Menke, Stellvertretung. Schlüsselbegriff christlichen Lebens und theologische Grundkategorie (SlgHor NF 29), Einsiedeln/Freiburg ²1997, 68–94.
1109 Dazu: T. Marschler, Auferstehung und Himmelfahrt Christi in der scholastischen Theologie bis zu Thomas von Aquin (BGPhMA NF 64/I), Münster 2003, bes. 60–78.
1110 Vgl. J.-P. Torrell, Le Christ en ses mystères. La vie et l'œuvre de Jésus selon saint Thomas d'Aquin (CJJC 78/79), Paris 1999, bes. 709–717; ders., Magister Thomas. Leben und Werk des Thomas von Aquin, aus dem Frz. übers. v. Katharina Weibel, Freiburg 1995, bes. 273–279; Marschler, Auferstehung und Himmelfahrt, 73.86.
1111 »Post praedicta, in quibus de unione Dei et hominis et de his quae unioni sequuntur, tractatum est, restat considerandum de his quae Filius Dei incarnatus in natura humana sibi fecit vel passus est« (STh III,27,prol.).

nicht der Bezahlung unserer Schuld bei dem als Gläubiger vorgestellten Vater dienen. Denn Thomas betont ausdrücklich: »Um das Menschengeschlecht ausreichend (*secundum sufficientiam*) von allen Sünden zu erlösen, reichte tatsächlich ein einziges ganz geringes Leiden Christi hin. Um es aber nach Gebühr (*secundum convenientiam*) zu erlösen, war nur hinreichend, wenn er alle Leidensarten erduldete.«[1112] Der Aquinate geht ganz offensichtlich davon aus, dass die Erlösung auch anders als durch den biblisch bezeugten Weg Christi hätte realisiert werden können. Jedenfalls sagt er an keiner Stelle, dass dieser Weg notwendig war. Wohl bemüht er sich um das Aufzählen von Konvenienzgründen, die es uns erlauben, die Fakten der Heilsgeschichte immer tiefer zu verstehen.

Weil Thomas im Unterschied zu allen anderen Scholastikern jedes Detail des Lebens und des Leidens, des Sterbens, der Auferstehung und der Erhöhung Christi als heilsbedeutsam erklärt, gilt er in jüngeren Arbeiten zu Recht als Vater einer heilsgeschichtlich konzipierten Christologie bzw. als Autor einer »Mysterientheologie«.

9.2 Die Geschichte der so genannten »Mysterientheologie«

Der Terminus »Mysterientheologie« bedarf wegen seiner Vieldeutigkeit einiger Anmerkungen. Im NT wird das griechische Wort »μυστήριον« niemals auf alle Taten und Leiden Jesu, sondern – wenn überhaupt – auf bestimmte Ereignisse wie das Kreuzesgeschehen (1 Kor 2,1.7) oder die Teilhabe der Heiden an den Verheißungen Christi (Eph 3,6) bezogen. Die frühe Patristik weiß um die heidnischen Mysterienkulte und hat deshalb die Rezeption dieses religionsgeschichtlich vorgeprägten Begriffs weitgehend vermieden. Die lateinische Übersetzung *sacramentum* greift zwar bestimmte Grundelemente des griechischen Begriffs auf, wird aber im Mittelalter zu einem terminus technicus der Lehre über die sieben zentralen »Gnadenmittel«. Auch bei Thomas wird diese Engführung des Begriffs »sacramentum« nicht überwunden. Natürlich kann man retrospektiv seine Theologie des Lebens Jesu (STh III,27–59) als Mysterientheologie oder

---

1112 „Ad tertium dicendum quod, secundum sufficientiam, una minima passio Christi suffecit ad redimendum genus humanum ab omnibus peccatis. Sed secundum convenientiam, sufficiens fuit quod pateretur omnia genera passionum, sicut iam dictum est« (STh III,46,5 ad 3).

9.2 Die Geschichte der so genannten »Mysterientheologie«

als Sakramententheologie bezeichnen[1113]. Doch die folgenden Ausführungen sollen zeigen, wie problematisch die Anwendung dieser Terminologie bis heute ist.

9.2.1 Der von Odo Casel geprägte Begriff »Mysterientheologie« und dessen christologische Problematik

Der große Postulator einer Umkehr der scholastischen in eine biblisch und patristisch fundierte Mysterientheologie heißt Odo Casel (1886–1948). Die zum Teil heftige Ablehnung seines Konzeptes von Seiten einer ganzen Reihe von Jesuiten[1114] beruhte keineswegs nur auf dem Gegensatz zweier grundverschiedener Auffassungen von Theologie[1115]. Denn wo die Kriti-

---

1113 Vgl. J. Ratzinger, Die sakramentale Begründung christlicher Existenz, Meitingen 1966; ders., Zum Begriff des Sakramentes, München 1979; L. Scheffczyk, Die Bedeutung der Mysterien des Lebens Jesu für Glauben und Leben des Christen, in: Ders. (Hg.), Die Mysterien des Lebens Jesu und die christliche Existenz, Aschaffenburg 1984, 17–34; ders., Die Stellung des Thomas von Aquin in der Entwicklung der Lehre von den Mysteria Vitae Christi, in: M. Gerwing/G. Ruppert (Hgg.), Renovatio et Reformatio. Wider das Bild vom finsteren Mittelalter (FS L. Hödl), Münster 1985, 44–70.

1114 Vgl. E. Przywara, Ringen der Gegenwart. Gesammelte Aufsätze 1922–1927, Augsburg 1929; ders., Theozentrische und anthropozentrische Frömmigkeit, in: Ders., Religionsphilosophische Schriften (Schriften 2), Einsiedeln 1962, 46–65; J. B. Umberg, Mysterien-Frömmigkeit?, in: ZAM 1 (1925/26) 351–366; ders., Die These von der Mysteriengegenwart, in: ZKTh 52 (1928) 357–400; J.-M. Hanssens, Estne liturgia cultus mysticus?, in: PRMCL 23 (1934) 112–132.137–160; J. Bütler, Die Mysterienthese der Laacher Schule im Zusammenhang scholastischer Theologie, in: ZKTh 59 (1935) 546–571: K. Prümm, Religionsgeschichte und altkirchlicher Glaube. Eine Auseinandersetzung mit Odo Casel, in: ZKTh 62 (1938) 545–568. – Zur Kritik der genannten Jesuiten gesellt sich die gewichtige von Gottlieb Söhngen: Symbol und Wirklichkeit im Kultmysterium, Bonn ²1940; ders., Der Wesensaufbau des Mysteriums, Bonn 1938; ders., Die Kontroverse über die kultische Gegenwart des Christusmysteriums, in: Cath(M) 7 (1938) 114–149.

1115 »Spätestens seit dem 12. Jahrhundert ist nicht nur ein zunehmendes Auseinanderwachsen der Kloster- und Domschulen in organisatorischer und gesellschaftlicher Hinsicht zu beobachten, sondern vor allem auch eine rasch einsetzende Differenzierung zwischen Mönchs- und Schul*theologie* feststellbar. Ausschlaggebend dafür war die unterschiedliche Bewertung der ›Dialektik‹ innerhalb der ›artes liberales‹ und gegenüber der Heiligen Schrift. Während man sie an den Klosterschulen der reinen ›lectio‹ der ›sacra pagina‹ (›libri divini‹) oder anderer autoritativer Texte (›auctoritates‹) mit dem Ziel der ›meditatio‹, ›oratio‹ oder ›contemplatio‹ (›theoria‹) unterordnete, stellte man sie an den Dom- und Stadtschulen, später an den Universitäten in Gestalt der ›quaestio‹ oder der ›disputatio‹, d. h. als vernünftig kritisches Denken, das auf Verstehen und Beurteilen ausgerichtet ist, an die Spitze des methodischen Vorgehens. Neben die Autorität der Bibel und der heidnisch/christlichen Klassiker, die besonders unter den Mönchen, den ›claustrales‹, fast ausschließlich anerkannt wurde, trat dadurch eine neue Autorität: die Autorität der

ker Casels auf die Unvergleichlichkeit der heidnischen Mysterienkulte mit dem christlichen Kultmysterium verweisen, da tun sie dies aus gutem Grund. Die Liturgie – so betonen sie – wird gründlich missverstanden, wo sie zur Epiphanie einer an sich ewig gleich bleibenden unsichtbaren Wirklichkeit stilisiert wird. Erich Przywara wirft den Laacher Benediktinern eine geschichtsvergessene »Verklärungstheologie« vor; und dies nicht, um eine scholastische Gegenposition zu verteidigen. Im Blick auf die Jesus-Betrachtungen der Ignatianischen Exerzitien betont Przywara die von Chalcedon intendierte Eigenständigkeit des Menschseins Jesu, die geschichtliche Kontingenz seiner Worte und Taten, die nicht einfach Erscheinung eines von Ewigkeit her bestehenden göttlichen Planes sind. Auch in den sieben Sakramenten geht es aus seiner Sicht nicht um das Ergriffenwerden durch Gott, um die Verklärung des Gläubigen, sondern um das Drama seiner keineswegs auf nur eine Möglichkeit festgelegten Antwort an das Fleisch gewordene Wort. Przywara unterscheidet durchaus zwischen den berechtigten Intentionen Casels und den aus seiner Sicht bedenklichen Einseitigkeiten seiner Mysterientheologie. Mit dem Benediktiner wendet er sich gegen eine moralisierende Jesulogie, die den Imperativ vor den Indikativ stellt. Aber dieser Indikativ darf nicht als überwältigendes, ergreifendes, vereinigendes Ereignis der Epiphanie Christi missverstanden werden. Damit würde man dem wahren Menschsein, der Geschichtlichkeit (Kontingenz) seiner Worte und Taten und ebenso der geschichtlich situierten Freiheit der Gläubigen nicht gerecht.

Hugo Rahner, der mit seinem patristisch motivierten Programm einer »Verkündigungstheologie« die berechtigten Anliegen der Laacher Benediktiner aufgreift, unterstreicht zugleich, dass es niemals um die Alternative Mysterium *oder* Leben Jesu gehen könne[1116]. Diese Alternative lässt

---

Theologen und Philosophen, die sich auf die Einsichten ihrer eigenen Vernunft beriefen, d. h. die ›auctoritates magistrorum‹. Diese Entwicklung wiederum führte zu jenen heftigen Kontroversen, die in der Philosophie- und Theologiegeschichte in der Regel als Kämpfe zwischen ›Dialektikern‹ und ›Antidialektikern‹ Eingang finden« (H. M. Schmidinger, »Scholastik« und »Neuscholastik« – Geschichte zweier Begriffe, in: E. Coreth u. a. [Hgg.], Christliche Philosophie im katholischen Denken des 19. und 20. Jahrhunderts, Bd. II. Rückgriff auf scholastisches Erbe, Graz 1988, 23–35; hier: 35). – Vor diesem Hintergrund spricht Odo Casel von der Notwendigkeit einer Alternative zum Rationalismus der Scholastik. »*Pneumatische Theologie* im Sinne Casels und seiner Interpretation der Vätertheologie versteht sich also zunächst als solche weniger vom Inhalt als *vom Prozess* her, d. h. Gottes Geist, sein Pneuma, ist nicht Gegenstand der Reflexion, sondern die Kraft, das ›Erkenntnismittel und -vermögen‹, durch die sich diese Reflexion vollzieht« (M. J. Krahe, Der Herr ist der Geist. Studien zur Theologie Odo Casels, Bd. 1. Das Mysterium Christi [PiLi 2], St. Ottilien 1986, 71).
1116 »Ignatius lässt nicht umsonst ausdrücklich die ›Mysterien‹ des Lebens Jesu betrachten. Seine Exerzitien sind keineswegs nur eine liebenswürdige, fast spieleri-

Casel aber erkennen, wenn er z. B. hinter der von den Jesuiten besonders geförderten Herz-Jesu-Frömmigkeit oder dem Betrachten aller Einzelheiten des Lebens Jesu, in den von den Jesuiten empfohlenen Exerzitien-Betrachtungen und erst recht in den auf die Nachahmung Jesu zielenden Praktiken der Volksfrömmigkeit das Gegenteil von dem erkennt, was er selbst als Epiphanie des Pascha-Mysteriums in der Liturgie beschreibt. Arno Schilson kommt zu dem Ergebnis, dass aus Casels Sicht alle Worte und Taten des geschichtlichen Jesus zu einer einzigen Tat verschmelzen, die in der Eucharistie epiphan wird. Wörtlich bemerkt er:

> Selbst der Christushymnus von Phil 2,5–11 wird von Casel »in Richtung einer ›Verklärungstheologie‹ ausgelegt. Dasselbe geschieht mit den ursprünglich ebenso geschichtlich gemeinten Aussagen des Paulus, der Kyrios sei nun ›Pneuma‹ geworden (2 Kor 3,17) und er kenne ihn nicht mehr ›dem Fleische nach‹ (2 Kor 5,16)[1117]. Casels ›Verklärungstheologie‹ [...] blendet nicht nur die konkrete ›Geschichtlichkeit‹ des Lebens Jesu aus zugunsten seiner *Heils*bedeutung; sie entpuppt sich bei genauerer Betrachtung sogar als implizite Leugnung der Bedeutsamkeit kontingent-geschichtlicher Ereignisse überhaupt und lässt sich daher nur schwer vereinbaren mit dem biblischen Begriff wahrer Heilsgeschichte, die ein echtes dialogisches Zusammenwirken von Gott und Mensch meint. Für eine solch positive Würdigung geschichtlich-kontingenter Ereignisse fehlt bei Casel [...] nicht nur jeder Hinweis – im Gegenteil: Geschichte wird bei ihm zu einem bloßen Aufscheinen göttlicher Gedanken, gleichsam zum Abbild eines

---

sche, jedenfalls rein geschichtliche Beschäftigung mit dem Leben Jesu in Palästina [...], sondern sie halten für einen Augenblick jene wundervoll ausgeglichene Mitte zwischen Pneuma und Fleisch fest, die dann nur noch von den besten seiner Söhne und Geisteserben gewahrt wurde, während viele, die sich auf ihn beriefen, allzu sehr ins Irdische der bloßen Erbaulichkeit absanken, und andere, die sich gegen ihn erhoben um einer überspitzten Geistigkeit willen, um des ›reinen Gebetes‹ willen, in eine zutiefst noch ödere Pneumatomanie verfielen« (H. Rahner, Theologie der Verkündigung, Freiburg ²1939, 94).

1117 Bezeichnend ist, dass Maria Judith Krahe ihre »Studien zur Theologie Odo Casels« mit dem Titel »Der Herr ist Geist« versehen hat: Bd. I. Das Mysterium Christi (PiLi 2); Bd. II. Das Mysterium vom Pneuma Christi (PiLi 3), St. Ottilien 1986. So bringt die Autorin zum Ausdruck, dass Casel im steten Rekurs auf 2 Kor 3,17 vor allem an einer Ent-Grenzung, Ent-Zeitlichung und All-Gegenwart des Erlösers gelegen ist. Diese Tendenz geht bis zu einer weitgehenden »Auswechselbarkeit von Kyrios, Logos und Pneuma« (A. Schilson, Theologie als Sakramententheologie. Die Mysterientheologie Odo Casels [TTS 18], Mainz 1982, 209). Obwohl dies gewiss nicht Casels Intention entspricht, wird er faktisch zu einem deutschen Vorläufer jener angelsächsischen »Geistchristologie«, die auf Grund ihrer mangelnden Unterscheidung zwischen Inkarnation und Geistsendung die Wurzel aller christologischen Relativierungen von Seiten der Pluralistischen Religionstheologie bildet.

ewigen Urbildes[1118]. [...] Die anfänglich so positiv erscheinende Perspektive einer heilsgeschichtlichen Christologie verkehrt sich also bei genauerer Betrachtung in ihr Gegenteil: Nicht von der Geschichte her und damit in geschichtlichen Kategorien wird hier gedacht, sondern von der Ewigkeit Gottes her, die Geschichte nur als Verwirklichungsraum ewig-gültiger ›Ideen‹ betrachtet, deren ›Erscheinen‹ in der Welt *an sich* ohne tiefere Bedeutung bleibt – es sei denn, sie würden wiederum hineingeboren in Gottes ewiges Leben.«[1119]

9.2.2 Die thomanische Darstellung der »mysteria in carne Christi perpetrata«[1120]

Der von Odo Casel geprägte Begriff »Mysterientheologie« sollte nicht auf die *tertia pars* der *Summa theologica* des Aquinaten angewandt werden. Denn Thomas sieht in der Geschichte des *ingressus* (STh III,27–39), des *progressus* (STh III,40–45), des *exitus* (STh III,46–52) und der *exaltatio* (STh III,53–59) Jesu nicht die Epiphanie ewiger Ideen oder göttlicher Ratschlüsse, sondern die Worte und Taten eines mit eigener Vernunft und eigenem Willen begabten Menschen. Diese Worte und Taten sind für die Adressaten des Erlösers in jedem Detail heilsbedeutsam, aber deshalb nicht heilsnotwendig. Um wenigstens ein Beispiel zu nennen, sei hier die Frage des Artikels 7 der 35. Quästion genannt: »Musste Christus in Betlehem geboren werden?« Thomas antwortet mit zwei Konvenienzgründen. Der erste liegt darin, dass er dem Fleische nach aus dem Geschlechte Davids stammt und also wie David in Betlehem geboren wurde. Und der zweite Konvenienzgrund liegt darin, dass das Wort Betlehem übersetzt »Haus des Brotes« bedeutet und also diese Stadt der rechte Geburtsort war für den, der von sich gesagt hat: »Ich bin das lebendige Brot, der ich vom Himmel herabgestiegen bin.« Diesen Konvenienzgründen fügt Thomas Anmerkungen bei, die andeuten, aber nicht vorschreiben, wie der das Leben Jesu betrachtende Christ die in den geschichtlichen Fakten gegebene

---

1118 Arno Schilson verweist u. a. auf Casels These, »die Hauptphasen des Erlösungswerkes [... seien] mehr Ideen, die zur Geschichte geworden sind, als historische Ereignisse, oder klarer: geschichtliche Verwirklichungen göttlicher Gedanken« (O. Casel, Das Mysteriengedächtnis der Messliturgie im Licht der Tradition, in: JLW 6 [1926] 113–204; 130).
1119 Schilson, Theologie als Sakramententheologie, 207f.
1120 »Ad primum ergo dicendum quod ›Verbum prout erat in principio apud Deum, vivificat animas‹. Sicut agens principale; caro tamen eius, et mysteria in ea perpetrata operantur instrumentaliter ad animae vitam; ad vitam autem corporis non solum instrumentaliter, sed etiam per quamdam exemplaritatem, ut supra dictum est« (STh III,62,5 ad 1).

9.2 Die Geschichte der so genannten »Mysterientheologie«

Gnade annehmen bzw. in sein je eigenes Leben einfließen lassen kann. Zu den beiden in STh III,35,7 explizierten Gründen bemerkt er:

»David war in Betlehem geboren worden (1 Sam 17,12), erwählte aber Jerusalem, um dort seinen Königsthron zu errichten und den Tempel Gottes zu erbauen (2 Sam 5,5). So wurde Jerusalem Königs- und Priesterstadt zugleich. Das Priestertum Christi aber, ebenso wie Seine Königsherrschaft, hat sich vor allem in Seinem Leiden vollendet. Daher war es angemessen, dass er Betlehem zu Seiner Geburtstadt, Jerusalem dagegen zur Stätte Seines Leidens erwählte. Gleichzeitig wollte er dadurch die Ehrsucht jener Menschen beschämen, die sich wegen ihrer Herkunft aus einer vornehmen Stadt brüsten und deswegen besonders geehrt zu werden wünschen. Christus wollte dagegen in einer geringen Stadt geboren werden und in einer vornehmen Schmach erdulden. ›Blühen‹ wollte Christus durch Seinen tugendhaften Wandel, nicht durch den Geburtsort. Deshalb wollte er in der Stadt Nazaret erzogen und ernährt, in Betlehem aber gleichsam wie in der Fremde geboren werden. Denn wie der hl. Gregor sagt, ›wurde er seiner angenommenen Menschheit nach – nicht auf Grund seiner Macht, sondern auf Grund seiner Natur – gleichsam in der Fremde geboren‹. Und ›gerade dadurch, dass er in der Herberge keinen Platz fand, bereitete er uns viele Wohnungen im Hause Seines Vaters‹ (Beda). ›Hätte er das große Rom zu seiner Stadt erkoren‹, heißt es in einer Rede beim Konzil von Ephesus, ›so hätte man die Umwandlung des Erdkreises der Macht seiner Bürger zugeschrieben. Wäre er Sohn des Kaisers gewesen, so hätte man in seiner eigenen Macht den Grund Seines Erfolges gesucht. Damit man aber erkennt, dass die Gottheit den Erdkreis umgewandelt hat, erwählte er sich ein armes Mädchen zur Mutter und ein noch ärmeres Land zur Heimat.‹«

Es zeichnet die *Summa theologica* des Thomas von Aquin vor allen anderen Beiträgen der Scholastik aus, dass sie das Menschsein des Erlösers nicht nur als Ausdruck, Symbol, Exempel oder Anlass des göttlichen Erlösungshandelns, sondern als jenes Geschehen in Raum und Zeit ausweist, das identisch ist mit der rechtfertigenden Gnade. Dies gelingt einerseits durch eine konsequente Abweisung des Monotheletismus[1121] und andererseits durch die ebenso klare Bestimmung wie Ausfaltung des Begriffs der Instrumentalkausalität. Im Unterschied zu den meisten Autoren, aus denen er selbst schöpfte, kannte Thomas den Horos des dritten Konzils

---
1121 Dazu: J.-P. Torrell, La causalité salvifique de la résurrection du Christ selon saint Thomas, in: Ders., Recherches thomasiennes, Paris 2000, 214–241.

9. Ereignisse des Lebens Jesu und Selbstoffenbarung Gottes

von Konstantinopel (DH 550–559), der dem Menschsein Christi nicht nur eine eigene Vernunft, eine eigene Seele und einen eigenen Leib, sondern auch einen eigenen Willen zuspricht. Deshalb betont er im Rahmen seiner Erörterungen des Phänomens der Instrumentalkausalität[1122], dass die Eigenständigkeit der *causa instrumentalis* in eben dem Maße wächst, in dem ihr Innerlichkeit bzw. Seinsmächtigkeit zukommt, dass aber diese je größere Eigenständigkeit keineswegs identisch ist mit wachsender Unabhängigkeit von der Prinzipalursache. Denn ein mechanisches Werkzeug – z. B. ein Hammer – ist als solcher relativ unabhängig von dem Handwerker, der ihn als Werkzeug benutzt, in seiner Eigenwirkung als Instrumentalursache jedoch relativ unselbständig. Im Vergleich dazu ist ein vom Heiligen Geist inspirierter Prophet als Instrumentalursache relativ eigenwirksam, obwohl er unabhängig von der ihn inspirierenden Prinzipalursache gar kein Prophet wäre. Übertragen auf die Person Jesu Christi bedeuten diese grundsätzlichen Überlegungen[1123], dass der Wille Gottes sich als Prinzipalursache so gegenüber dem Willen eines Menschen als Instrumentalursache verhalten kann, dass letzterer in demselben Maße eigenwirksam ist, in dem er sich dem ersteren übereignet. »Weil [...] Jesu menschliches Wollen ein- für allemal und ganz in den göttlichen Willen übereignet ist (Thomas spricht [in STh III,18,1,4] von einem ›modus determinatus‹ des menschlichen Willens in der hypostatischen Union), können alle Handlungen, die vom Herrn leiblich-konkret vollzogen werden, an derjenigen heilbringenden Kraft teilhaben, deren Ursprung Christus seiner Gottheit nach ist.«[1124]

Die Abweisung aller monotheletischen Tendenzen in STh III,18 wird ergänzt durch die Abweisung des Monergetismus in STh III,19. Ausdrücklich wendet Thomas sich gegen die These, in Jesus Christus gebe es nur eine Handlung der Person und nicht der Natur. Denn auch wenn die menschliche Natur in Christus von der göttlichen Natur des Logos bewegt und geleitet wird, bleibt deren Handlung im Sinne der oben explizierten Verhältnisbestimmung von Prinzipal- und Instrumentalursache eine

---

1122 Vgl. STh III,18. – Einen ausgezeichneten Kommentar bietet Adolf Hoffmann in: DThA 26: Des Menschensohnes Sein, Mittleramt und Mutter (STh III,16–34), Heidelberg 1927, 460–473. – Dazu auch: T. Tschipke, Die Menschheit Christi als Heilsorgan der Gottheit unter besonderer Berücksichtigung der Lehre des hl. Thomas von Aquin, Freiburg 1940, bes. 146–191; Marschler, Auferstehung und Himmelfahrt Christi, 168–210.
1123 Die Reflexionen über das Verhältnis von Prinzipal- und Instrumentalursache gehören in den größeren Rahmen der Analogia-entis-Lehre, aber auch der Gnaden- bzw. Tugendlehre. Vgl. die zusammenfassenden Analysen bei: B. Weissmahr, Ontologie (Grundkurs Philosophie 3), Stuttgart 1985, bes. 96–101; O. H. Pesch, Thomas von Aquin. Grenze und Größe mittelalterlicher Theologie, Mainz 1988, bes. 231–253.
1124 Marschler, Auferstehung und Himmelfahrt Christi, 177.

eigenständige Tätigkeit. Natürlich gewinnt das Wirken der menschlichen Natur Christi erst auf Grund der hypostatischen (personalen) Geeintheit mit der göttlichen Natur des Logos jenen unendlichen Wert, von dem schon Anselm in seiner Satisfaktionstheorie spricht. Aber im Unterschied zu Anselm geht es Thomas nicht um die Äquivalenz zwischen der unendlichen Schuld Adams und dem unendlichem Verdienst des mit dem Logos hypostatisch geeinten neuen Adam. Er beantwortet die Frage nach dem Warum der Menschwerdung Gottes mit dem patristischen Gedanken der Teilnahme des Menschen an dem Geeintsein Jesu mit Gott[1125].

Jede Einzelheit im Leben Jesu ist nicht nur Beispiel oder Hinweis, sondern Gnade, weil die oben bezeichnete Instrumentalursache nicht Mittel, sondern Mittler ist[1126]. Das gilt sogar da noch, wo die menschliche Natur Jesu den Tod erleidet. Denn der Tod bedeutet zwar die Trennung der menschlichen Seele vom menschlichen Leib Christi, nicht aber die Aufhebung der hypostatischen Union des ewigen Logos mit dem Menschen Jesus[1127]. »Darum bleibt der Leib des Herrn auch im Tode Werkzeug der

---

1125 Im Unterschied zu der umfassenden Analyse von Thomas Marschler (Auferstehung und Himmelfahrt Christi, bes. 128–311) spricht noch Leo Scheffczyk von einer Neigung des Aquinaten »zur nicht-heilsgeschichtlichen Dimension der Soteriologie« (Die Stellung des Thomas von Aquin in der Entwicklung der Lehre von den Mysteria Vitae Christi, in: M. Gerwing/G. Ruppert [Hgg.], Renovatio et Reformatio. Wider das Bild vom finsteren Mittelalter [FS L. Hödl], Münster 1985, 68). Aus seiner Sicht kann es nicht überraschen, wenn sich Thomisten und Skotisten gleichermaßen auf Thomas berufen. Scheffczyk verweist u. a. auf: L. Bogliolo, Mediazione dell'uomo e Mediazione del Cristo, in: Div 18 (1974) 88–105; M. Corbin, La parole devenue chair. Lecture de la première question de la Tertia Pars de la Somme Théologique, in: RSPhTh 62 (1978) 5–40; J. Moiser, Why did the Son of God become Man?, in: Thom 37 (1973) 288–305; D. Bertetto, San Tommaso e la questione circa il fine prossimo primario dell'Incarnazione, in: A. Piolanti (Hg.), Studi Tomistici Bd. II, Rom 1974, 70–81.
1126 »Indem der Aquinate die Heilsbedeutung des menschlichen Tuns Christi in der Verbindung der Naturen, wie sie durch die Inkarnation konstituiert wird, fundiert hat, ist es ihm gelungen, die Forderung, dass alles im Christusereignis für uns heilsam war, vollständig in seine Theologie zu integrieren. Durch seine (aus der Personeinheit mit dem göttlichen Wort) ›geheiligte‹ und zugleich (als nicht bloß moralisch, sondern instrumentalursächlich die Gnade vermittelnd) selbst ›heiligende‹ Menschheit ist Christus wirklich der ›Emmanuel‹: ›Gott, der mit uns ist‹, weil er uns durch unsere eigene menschliche Natur berührt und erlöst, wenn sich menschliches und göttliches Tun in der Relation von ›causa principalis‹ und ›causa instrumentalis‹ verbinden. […] die angenommene Menschheit Christi wird […] für die Erwählten zum eigentlichen ›Ursakrament‹ Gottes, zum vornehmlichen Ort der Gnade in der Welt« (Marschler, Auferstehung und Himmelfahrt Christi, 181f).
1127 Ausdrücklich betont Thomas z. B. im Kontext der Schilderung des Höllenabstiegs, dass die Trennung der menschlichen Seele Christi von seinem menschlichen Leib nicht gleichzeitig die Trennung der Person des Logos von der menschlichen Seele und dem menschlichen Leib des Erlösers bedeutet. Wörtlich bemerkt er: „In morte autem Christi, licet anima fuerit separata a corpore, neutrum tamen fuit separa-

ihm geeinten Gottheit und kann uns so in deren Kraft Gnade erwirken, sogar noch in seinem Begräbnis.«[1128]

Es gibt zwar zusammenfassende Darstellungen all der Fragen und Antworten, all der Konvenienzgründe und Kommentare, die Thomas mit dem Leben Jesu verbindet; nicht aber den Versuch, die Aussagen zusammenzutragen, mit denen Thomas die sich für jeden Gläubigen individuell gestaltende Integration in das Erlösungswerk Christi beschreibt oder zumindest andeutet. Was Karl Rahner in seinem berühmt gewordenen Aufsatz über den »einen Mittler und die Vielfalt der Vermittlungen« geschrieben hat, wird in der Sache schon von Thomas vertreten[1129]. Der einzelne Christ kann sich einbeziehen lassen in die Instrumentalität der Menschheit Jesu, und zwar in jeden Aspekt und jede Szene seines Lebens. Mit einer bloß moralisierenden Jesulogie hat eine solche Christologie nichts gemein. Denn wer in der einzelnen Tat oder dem einzelnen Wort Jesu ein Geschenk erkennt, das er nicht nur empfangen, sondern auf je eigene Weise auch geben kann, nimmt teil an der Sakramentalität der menschlichen Natur des Erlösers. Wenn man beachtet, dass die von Paulus als Leib beschriebene Kirche dem Logos nicht hypostatisch geeint ist, darf man sie aus der Sicht des Aquinaten als das Ereignis unserer Teilnahme am Inkarnationsgeschehen beschreiben[1130].

Ob Thomas in seinem systematischen Spätwerk einen eigenen Traktat über die »Acta et Passa Christi« anregen wollte, kann man bestenfalls vermuten. Leo Scheffczyk verweist auf die eindeutige Zweiteilung der Christologie in einen Traktat über das Geheimnis der hypostatischen Union zweier vollständiger Naturen und einen Traktat über das Leben Jesu. Zweifelsohne hat Thomas das Einteilungsschema der Vorlagen gesprengt, aus denen er ansonsten schöpft (z. B. Petrus Lombardus, Alexander von Hales, Wilhelm von Auxerre, Albertus Magnus). Vor ihm wird

tum a persona Filii Dei, ut supra dictum est. Et ideo, in illo triduo mortis Christi, dicendum, est quod totus Christus fuit in sepulcro, quia tota persona fuit ibi per corpus sibi unicum; et similiter totus fuit in inferno, quia tota persona Christi fuit ibi ratione animae sibi unitae; totus etiam Christus tunc erat ubique, ratione divinae naturae« (STh III,52,3).
1128 Marschler, Auferstehung und Himmelfahrt Christi, 181.
1129 Vgl. K. Rahner, Der eine Mittler und die Vielfalt der Vermittlungen, in: Schriften VIII (Einsiedeln 1967) 218–235; G. L. Müller, Gemeinschaft und Verehrung der Heiligen. Geschichtlichsystematische Grundlegung der Hagiologie, Freiburg 1986, bes. 210–343; M. Scheuer, Weiter-Gabe. Heilsvermittlung durch Gnadengaben in den Schriftkommentaren des Thomas von Aquin (StSSTh 32), Würzburg 2001, bes. 111–158.
1130 „In saying all this, we are merely pointing to the fact that Thomas' ecclesiology is to a very large extent simply a moment of his Christology« (G. Sabra, Thomas Aquinas' Vision of the Church. Fundamentals of an Ecumenical Ecclesiology [TTS 27], Mainz 1987, 84).

9.2 Die Geschichte der so genannten »Mysterientheologie«

die Christologie entweder nach den Glaubensartikeln des Credo oder nach dem Muster der Fragen des Petrus Lombardus gestaltet. In beiden Fällen spielt das Leben Jesu – abgesehen von Geburt und Tod – eine untergeordnete Rolle. Insofern stellen die Quästionen STh III,27–59 etwas Neues dar, werfen aber zugleich die Frage nach der Absicht des Autors auf. Inos Biffi vermutet, dass die Intention des Aquinaten nicht gegen die Einteilungsschemata der Tradition gerichtet war und schon gar nichts Programmatisches an sich hatte, sondern ganz einfach die eigenen Bibelkommentare in die systematische Christologie integrieren wollte[1131].

9.2.3 Der Thomas-Kommentar des Francisco Suárez: Trennung zwischen notwendiger Wahrheit und illustrierendem Faktum

Nicht selten findet man in der entsprechenden Literatur den Hinweis, nach Thomas habe nur der Barockscholastiker Francisco Suárez (1548–1617) die Vorgabe des Aquinaten aufgegriffen und so etwas wie einen eigenen Traktat zu den »Acta et Passa Christi« geboten. Richtig ist, dass Suárez seine Christologie als Kommentar zum dritten Teil der *Summa Theologica* entfaltet. Er zitiert den von Thomas gebotenen Text und kommentiert jeweils die Abschnitte, die Thomas vorgibt. Wenn man einmal von den *disputationes* absieht[1132], die er seinem Thomas-Kommentar einfügt, ist seine Christologie ebenso strukturiert wie das kommentierte Vorbild. Dennoch liegt bei Suárez das ganze Gewicht seiner theologischen Bemühungen auf der Kommentierung der Quästionen des hl. Thomas, in denen es um das Warum der Inkarnation, um die beiden Naturen und die hypostatische Union geht[1133]. Die Kommentierung von STh III,27–59 nimmt sich im Vergleich zur Kommentierung von STh III,1–26 wie ein Anhang zur

---

1131 Vgl. I. Biffi, I misteri della vita di Cristo nei commentari biblici di San Tommaso d'Aquino, in: DT(P) 79 (1976) 217–254.
1132 Die *disputationes* werden im Index der Werke des Suárez gesondert aufgeführt. Sie befassen sich in der Regel mit Positionen, die den christlichen Glauben an das Schon-Gekommensein des Messias, an die Möglichkeit einer realen Inkarnation etc. bestreiten.
1133 Vgl. P. Kaiser, Die gott-menschliche Einigung in Christus als Problem der spekulativen Theologie seit der Scholastik (MThS.S 36), München 1968, 94–156. – In seiner luziden Analyse zeigt Kaiser, dass für Suárez die Realdistinktion des hl. Thomas zwischen existentia und essentia inakzeptabel ist. Aus seiner Perspektive ist eine menschliche Natur ohne eigenen Existenzakt undenkbar. Die Folge ist eine in der Tendenz nestorianisierende Christologie. Denn die hypostatische Union der an sich selbständigen beiden Naturen in Christus ist so abstrakt und formal gedacht wie ein *punctum mathematicum*.

490   9. Ereignisse des Lebens Jesu und Selbstoffenbarung Gottes

Erörterung von Einzelfragen aus, in denen es nicht um das Eruieren von Gründen, sondern nur um das Ob und Wie von Fakten geht[1134].

Hinter der Beobachtung, dass es Suárez im zweiten Teil seines christologischen Thomas-Kommentars nicht um den Gnadencharakter der einzelnen Szenen des Lebens Jesu für die Gläubigen, sondern um die Klärung exegetischer Detailprobleme geht, verbirgt sich eine Denkweise, die wie der Nominalismus Denken und Sein, Begriff und Wirklichkeit weitgehend trennt. Während das hochmittelalterliche Denken sich den Begriff von etwas stets durch die Wirklichkeit vermitteln lässt, ist für den Nominalisten der Begriff immer nur das als möglich Gedachte im Unterschied zum faktisch Wirklichen. Auf Seiten Gottes entspricht der Trennung von Denken und Sein die Unterscheidung zwischen dem, was der Allmächtige an und für sich tun könnte (*potentia Dei absoluta*), und dem, was er tatsächlich tut (*potentia Dei ordinata*). Suárez macht sich die klare Unterscheidung zwischen Denken und Sein zueigen, zeigt aber im Unterschied zu den Nominalisten, dass das Denken des Menschen gerade da, wo es viele Möglichkeiten durchspielen kann, die angemessenere oder bessere von der weniger guten oder weniger angemessenen *possibilitas* unterscheiden kann. So erweist er die Inkarnation als die relativ beste Möglichkeit[1135] der Erlösung unter der Voraussetzung, dass Gott das Erlösungswerk im Sinne der Anselmschen Satisfaktionstheorie in Gestalt einer Gerechtigkeit vollbringen wollte, wie sie größer nicht gedacht werden kann. Während Thomas von Aquin aus der faktischen Selbstverschenkung des Gekreuzigten den Begriff einer Güte entwickelt, die sich selbst verströmt, entwickelt Suárez zunächst die verschiedenen Begriffe von Güte, bevor er zu dem Ergebnis kommt, dass die höchstdenkbare Gestalt von Güte die der innertrinitarischen Relationen und die der Selbstverschenkung des trinitarischen Gottes in Jesus Christus ist[1136].

1134 Als Ausnahmen kann man die Passagen bezeichnen, die nochmals auf Fragen des ersten Teils Bezug nehmen – z. B. auf das Fortbestehen der hypostatischen Union nach der im Tod erlittenen Trennung der Seele der menschlichen Natur Christi von deren Leib.

1135 Dass Suárez die Erlösung selbst nicht für notwendig, sondern nur als eine Möglichkeit des Sichverhaltens des allmächtigen Gottes zum Sünder betrachtet, drückt er u. a. wie folgt aus:»Dico primo, redemptionem lapsi hominis non esse opus ex necessitate a Deo factum, sed omnino libere; itaque potuit sine ulla imperfectione aut indecentia lapsum hominem sine remedio delinquere« (F. Suárez, Commentaria ac disputationes in tertiam partem D. Thomae, scilicet, opus de incarnatione, in: Ders., Opera Omnia, Bd. XVII, hg. v. C. Berton, Paris 1866, 49).

1136 „Quia hoc inter omnia opera divinae omnipotentiae videtur maximum, in quo nempe cuncta naturae gratiaeque opera super omnem naturae ordinem mirabili modo coniunguntur» (Suárez, Commentaria, 35).

9.2 Die Geschichte der so genannten »Mysterientheologie« 491

Neben den Aspekten des Inkarnationsereignisses, die als die Realisierung der jeweils besten Möglichkeit erwiesen werden können, gibt es auch viele Einzelheiten, deren Umstände man zwar kritisch und kontrovers erörtern, aber nicht eigentlich wissenschaftlich reflektieren kann. Wissenschaftlich ist für Suárez ebenso wie für René Descartes nur das, was unabhängig von seiner Faktizität als möglich eingesehen werden kann[1137]. Dies gilt aus seiner Sicht aber nicht für Fakten, wie er sie in seinem Kommentar zu STh III,27–59 erörtert – z. B. für die Frage, was Judas für seinen Verrat für einen Preis erzielt hat, ob der Schweiß, den Jesus am Ölberg vergossen hat, echt war; ob die, die Jesus nach dem Leben trachteten, ihn gekannt haben; ob Christus das Abendmahl tatsächlich genau zu der vom Gesetz des Mose vorgeschriebenen Zeit abgehalten hat, usw. Diese im Band XIX der *Opera Omnia* des Francisco Suárez behandelten Fragen werden mit Hinweisen aus der Schrift oder den Vätern beantwortet, nicht aber durch die methodisch autonom argumentierende Vernunft.

In der Christologie des Francisco Suárez erscheint die konkrete Geschichte Jesu nicht als die Gnade, durch die jeder einzelne Mensch beschenkt und gesandt werden kann. Suárez reduziert die eigentliche Christologie auf einen Traktat der Metaphysik. Daher erscheinen die kontingenten Begebenheiten des Lebens Jesu als nützliche, aber eigentlich entbehrliche »facta et dicta probantia« für die »in der eigentlichen (metaphysischen) Christologie« entwickelten Thesen.

Hätte Suárez im Exerzitienbüchlein seines Ordensvaters Ignatius von Loyola bereits das christologische Potential erkannt, das viel später – letztlich erst von Erich Przywara und den Brüdern Hugo und Karl Rahner – entdeckt wurde, dann wäre sein Kommentar zur *tertia pars* der *Summa Theologica* des Thomas von Aquin anders ausgefallen. Denn Ignatius sieht in jeder Einzelheit des Lebens Jesu ein Mittel und Werkzeug

---

1137 Peter Hünermann (Jesus Christus. Gottes Wort in der Zeit. Eine systematische Christologie, Münster 1994) bezeichnet die transzendentale Metaphysik des Francisco Suárez als »Zwischenposition« auf dem Weg der Geistesgeschichte hin zu Descartes: »Für Suárez sind die einzelnen notwendigen Wahrheiten, die der Mensch als Vernunftwesen erkennt, zugleich der Inhalt des Denkens Gottes […]. Gott ist dem Denken erschlossen und in seinem Licht offenbar, sodass die Vernunft als das Letzt-Kriterium aller Wahrheiten auftritt. […] Gott ist nicht jenseits der menschlichen Vernunft, sondern ihr so innerlich, dass er das Höchste, Verständlichste und damit zugleich das Selbstverständlichste der Vernunft wird. […Und] Descartes wird missverstanden und gegen seine eigene Intention interpretiert, wenn man ihn einfach als den Philosophen des selbstbewussten Ich deutet. Zwar liegt das Schwergewicht seiner philosophischen Erörterungen auf dem Ich als *res cogitans*. […ohne] Aber] den Weg zur absolut gewissen Erkenntnis, zur Sicherheit des Wissens von allem […] bahnt die Idee Gottes« (268–270).

9. Ereignisse des Lebens Jesu und Selbstoffenbarung Gottes des Vaters zur je anderen, weil je einmaligen Einbeziehung des einzelnen Exerzitanden in das Erlösungswerk des Sohnes.

9.2.4 Die Leben-Jesu-Betrachtungen des Ignatius von Loyola

Der als Ritter und Soldat vor Pamplona verwundete Ignatius wird nicht von der Frage eines Augustinus oder eines Martin Luther nach der Vereinbarkeit der eigenen Existenz mit der Gerechtigkeit Gottes gequält. An das Krankenlager gefesselt, liest er – zunächst eher aus Langweile denn aus Interesse – die Betrachtungen des Kartäusers Ludolf von Sachsen über das Leben Jesu[1138]. Der eidetisch begabte Ignatius lässt sich ergreifen und im wahrsten Sinne dieses Wortes hineinversetzen in die einzelnen Szenen des Lebens Jesu. Aber er betrachtet Jesus wie einen Lehnsherrn, dessen Achtung und Anerkennung verdient werden will. Also beschließt er nach seiner Genesung, in Zukunft nicht mehr im Dienste eines Kriegsherrn, sondern im Dienste Jesu Verdienste zu erwerben. Seine Vorstellung von wahrem Christentum sind an der Passion Jesu und an den Beispielen von Heiligen ausgerichtet, die in der »Legenda Aurea« des Jakobus de Voragine als besonders radikale Asketen geschildert werden. Ignatius geht nach Manresa, um dort sein neues Rittertum einzuüben. Er lebt als verwahrloster und verspotteter Bettler ein Bußleben härtester Art – begleitet von Anfällen tiefster Niedergeschlagenheit, von innerer Verzweiflung, von Skrupulosität, angsterfülltem Beichten, Lebensüberdruss und Selbstmordgedanken. Die große Wende erfolgt in einer »umwerfenden Erfahrung« in einer Höhle am Fluss Cardoner, der ganz in der Nähe von Manresa fließt. Noch als Sechzigjähriger bekennt er, dass die Summe aller Einsichten und Erkenntnisse seines Lebens nichts sei im Vergleich zu dem, was er dort erfahren durfte. Diese Erfahrung, so sagt er ausdrücklich, war eine Begegnung mit dem biblisch bezeugten trinitarischen Gott, aber keine Erscheinung im eigentlichen Sinn. Ignatius erfährt am Cardoner eine ungeheure Befreiung, weil er sich, vom Vater Jesu Christi angesprochen, unbedingt (ohne Bedingung oder Voraussetzung) geliebt weiß; er erfährt die Befreiung eines Menschen, der seine eigene Identität (den Sinn seines Lebens) leisten, machen, verdienen wollte, aber dann die im wahrsten Sinne des Wortes umwerfende Erfahrung macht, dass er nur eines muss: sich von dem Gott, der als der trinitarische unbedingte Liebe ist, ergreifen lassen.

Vergleicht man Luther und Ignatius, dann fällt vor allem auf, dass Luther seine Befreiung von der skrupulösen Angst der Werkgerechtigkeit als

---

1138 Dazu: A. Falkner, Was las Iñigo de Loyola auf seinem Krankenlager? Zum Prooemium der »Vita Iesu Christi«, in: GuL 61 (1988) 259–264.

9.2 Die Geschichte der so genannten »Mysterientheologie« 493

ausschließliches Geschenk Gottes erfährt – in diesem Sinne: Meine Erlösung verdanke ich nur Ihm; mein Glaube an seine in Christus geoffenbarte Liebe ist reines Empfangen; im Gebet ausgedrückt: »Du, Herr, bist alles; ich selbst bin nichts«. Ignatius erfährt sein Cardoner-Erlebnis ebenfalls als Befreiung. Auch er vollzieht eine radikale Umkehr der Perspektive. *Aber* er erfährt das Geschenk der Rechtfertigung (die Erfahrung, unbedingt geliebt zu sein) als »Zugesellung« (von daher der Name seines Ordens, der »Gesellschaft Jesu«), als Sendung und Auftrag. Die Annahme der Rechtfertigung ist für ihn nicht *zuerst* ein bloßes Empfangen, das *dann* ein Geben zur Konsequenz hat. Die Liebe des trinitarischen Gottes – so bezeugt Ignatius in seinem Geistlichen Tagebuch ebenso wie in seiner Exerzitienanleitung – gipfelt gerade darin, dass er den Sünder nicht zum bloßen Empfänger eines einseitigen Geschenkes bestimmt, sondern zum Geber dessen beruft, was er ihm schenkt. Gott wirft seine Gaben nicht einfach hin, sondern will sie in die offene Hand legen, die im Sich-Auftun das göttliche Geben mitermöglicht.

Das Exerzitienbüchlein (EB) des Ignatius[1139] geht von ganz ähnlichen Voraussetzungen wie Thomas von Aquin mit dem Konzept seiner *Summa theologica* aus. Denn was der Gründer des Jesuitenordens als *Fundament*[1140] des Exerzitienweges beschreibt, ist der Hinweis auf die Hinordnung der gesamten Schöpfung und insbesondere des Menschen auf die Gemeinschaft mit Gott. Das heißt: Der Mensch, der dem Willen Gottes folgt, realisiert in Freiheit das, was er im Sinne eines ihm eingeschriebenen Sollens immer schon ist. Ignatius geht von der Überzeugung aus, dass Gott jeden Menschen ganz persönlich ruft; dass keiner nur ein Fall von Menschsein, sondern im Gegenteil ganz und gar einmalig ist. Dieser mit dem Willen Gottes identischen Einmaligkeit des je eigenen Weges auf die Spur zu kommen, ist Sinn der vierwöchigen Exerzitien.

Die *erste Exerzitienwoche* – verbunden mit einer das Leben umgreifenden Beichte – intendiert die Umkehr der Perspektive: Sich nicht mehr vom eigenen Ich her, sondern mit den Augen Jesu Christi betrachten. Erich Przywara spricht in seiner Interpretation der Ignatianischen Exerzitien von der notwendigen »Nyktothetik«[1141]. Wörtlich übersetzt bedeutet dieser Begriff so viel wie »das Setzen der Nacht«. Gemeint ist die »Nacht

---

1139 Im Folgenden wird die von Hans Urs von Balthasar vorgelegte Übersetzung (Ignatius von Loyola, Die Exerzitien, Einsiedeln ⁹1986) mit dem Kürzel *EB* zitiert.
1140 »Der Mensch ist geschaffen dazu hin, Gott unseren Herrn zu loben, Ihm zu verehren und Ihm zu dienen, und so seine Seele zu retten. Die anderen Dinge auf Erden sind zum Menschen hin geschaffen, und um ihm bei der Verfolgung seines Zieles zu helfen, zu dem hin er geschaffen ist« (EB 23).
1141 Dazu: M. Schneider, »Unterscheidung der Geister«. Die ignatianischen Exerzitien in der Deutung von Erich Przywara, Karl Rahner und Gaston Fessard (ITS 11), Innsbruck ²1987, bes. 33–35.

des Sehens mit den Augen des Ich«. Die zweite Exerzitienwoche führt dem Exerzitanden vor Augen, wer der trinitarische, in Jesus Christus Mensch gewordene Gott ist. Das wurde uns – davon ist Ignatius überzeugt – in jeder Szene des Lebens Jesu gesagt. Allerdings interessiert ihn überhaupt nicht, ob es Unterschiede in der Darstellung der vier Evangelisten gibt, warum Markus andere Akzente als Lukas setzt, warum bestimmte Erzählungen der Synoptiker von Johannes gar nicht geschildert werden usw. Ihm geht es einzig und allein um die von ihm selbst erfahrene Tatsache, dass Jesus Christus jeden Menschen, der sich von seinem biblisch bezeugten Leben und Sterben ergreifen lässt, dem eigenen Erlösungswerk auf je einmalige Weise »zugesellt«. In der für die eigene Lebensentscheidung (Wahl) zentralen zweiten Exerzitienwoche beschränkt er sich auf die Nennung der einzelnen Szenen des Lebens Jesu, die er auch »Erwählungen« (EB 164) nennt: »Betrachtung, wie Christus unser Herr vom Jordan in die Wüste ging, einschließlich der Versuchung [...] Wie Sankt Andreas und andere Christus unserem Herrn nachfolgten [...] Von der Bergpredigt, die über die acht Seligkeiten handelt [...] Wie Christus unser Herr seinen Jüngern auf den Wogen des Meeres erschien [...] Wie der Herr im Tempel lehrte [...] Von der Auferweckung des Lazarus [...] Von dem Palmtag« (EB 161). Viel wichtiger als einzelne Inhalte sind Ignatius Anweisungen, die verhindern sollen, dass der Exerzitand beim objektiven Betrachten, beim rationalen Analysieren oder bei einer moralisierenden Reduktion Jesu auf ein bloßes Beispiel stehen bleibt. Deshalb spricht er viel ausführlicher von den Bedingungen, unter denen es gelingen kann, das Leben Jesu als Anrede des Herrn selbst, als die je eigene Erwählung zu erfahren. Da sind vor allem die drei Weisen der Demut zu nennen (EB 165–167). Gemeint ist die Bereitschaft, Christus mehr zu gehorchen als jeder Versuchung; es wirklich Christus zu überlassen, was gut für das eigene Leben ist. Und gemeint ist vor allem der feste Glaube daran, dass Gott mich in jeder Szene des Lebens Jesu ansprechen und so in meine einmalige Beteiligung an dessen Sendung einweisen will. Ich soll »erwägen, wie Gott sich anstrengt und müht um meinetwillen in allen geschaffenen Dingen auf der Welt« (EB 236), und natürlich erst recht in jeder Szene des Lebens Jesu. Am Ende der zweiten Exerzitienwoche steht die »Wahl« der dem Exerzitanden von Christus zugedachten Sendung. Es geht um die Übereinstimmung der eigenen Lebensentscheidung mit dem Willen des Herrn. Wo diese Übereinstimmung da ist, stellt sich, so weiß Ignatius aus eigener Überzeugung, eine Freude ein, die nicht durch irgendein äußeres Motiv verursacht ist (*consolación sin causa*), sondern die Gabe des Trösters ist, den die Tradition den Heiligen Geist nennt.

Die der Passion und Auferstehung Christi gewidmeten Betrachtungen der *dritten Exerzitienwoche* führen jeden Exerzitanden, der seine Wahl

9.2 Die Geschichte der so genannten »Mysterientheologie«

getroffen hat, in das Feuer der Bewährung. Und wieder geht es den Anleitungen des Exerzitienbuches mehr um die Anwendung aller Sinne als um die Inhalte der Betrachtungen. Denn Ignatius weiß um die Gefahr des ästhestisierenden oder moralisierenden Außen-vor-Bleibens. Letztlich geht es um die Übersteigung des Glaubens und des Hoffens hinein in jene Verähnlichung des Christen mit Christus, die Paulus in 1 Kor 13 als die alles übersteigende Liebe beschreibt. Entsprechend haben nicht wenige Interpreten der Ignatianischen Exerzitien die in EB 230–237 ausgebreitete Betrachtung zur Erlangung der Liebe und die in EB 238–260 gebotenen Anweisungen zu einem Beten, das die bleibende Verbindung mit Christus garantiert, als Wegzehrung des Exerzitanden für den Alltag beschrieben.

Nach den Anweisungen für die Betrachtungen während der genannten vier Wochen bietet Ignatius eine chronologische Aufzählung der »Geheimnisse des Lebens unseres Herrn«, die zwar über eine bloße Bezeichnung der Einzelszenen hinausgeht, sich aber dennoch auf die Skizzierung bestimmter Grundelemente beschränkt. Im einzelnen unterscheidet Ignatius 50 »Geheimnisse«[1142].

In der Regel nennt er für jedes »Geheimnis des Lebens Jesu«, das er zur Betrachtung empfiehlt, drei Punkte. Diese Punkte sollen jeden einzelnen

---

1142 EB 262–312: »die Verkündigung unseres Herrn«; »die Heimsuchung unseres Herrn bei Elisabeth«; »die Geburt Christi unseres Herrn«; »die Hirten«; »die Beschneidung«; die drei Magier-Könige; »die Reinigung unserer Herrin und die Darstellung des Knaben Jesus«; »die Flucht nach Ägypten«; »die Rückkehr Christi unseres Herrn nach Ägypten«; »das Leben Christi unseres Herrn vom zwölften bis zum dreißigsten Lebensjahr«; »das Auftreten des zwölfjährigen Jesus im Tempel«; »die Taufe Christi«; »die Versuchung Christi«; »die Berufung der Apostel«; »das erste Wunder bei der Hochzeit zu Kana in Galiläa«; »Christus treibt die Händler aus dem Tempel«; »die Bergpredigt Christi«; »Christus unser Herr stillt den Sturm auf dem Meer; »Christus wandelt auf dem Meer«; »die Aussendung der Apostel zur Predigt«; »die Bekehrung der Magdalena«; »Christus unser Herr gibt fünftausend Menschen zu essen«; »die Verklärung Christi«; »die Auferstehung des Lazarus«; »das Mahl von Bethanien«; »Palmsonntag«; »die Predigt im Tempel«; »das Abendmahl«; »die Geheimnisse vom Abendmahl bis zum Garten einschließlich«; »die Geheimnisse vom Garten bis zum Hause des Annas einschließlich«; »die Geheimnisse vom Hause des Annas bis zum Hause des Kaiphas einschließlich«; »die Geheimnisse vom Haus des Kaiphas bis zu dem des Pilatus einschließlich«; »die Geheimnisse vom Haus des Pilatus bis zu dem des Herodes«; »die Geheimnisse vom Hause des Herodes bis zu dem des Pilatus«; »die Geheimnisse vom Hause des Pilatus bis zum Kreuze einschließlich«; »die Geheimnisse am Kreuz«; »die Geheimnisse vom Kreuz bis zum Grab einschließlich«; »die zweite Erscheinung«; »die dritte Erscheinung«; »die vierte Erscheinung«; »die fünfte Erscheinung«; »die sechste Erscheinung«; »die siebte Erscheinung«; »die achte Erscheinung«; die neunte Erscheinung«; »die zehnte Erscheinung«; die elfte Erscheinung«; »die zwölfte Erscheinung«; »die dreizehnte Erscheinung«; »von der Himmelfahrt Christi unseres Herrn«.

9. Ereignisse des Lebens Jesu und Selbstoffenbarung Gottes

Exerzitanden auf je eigene Weise mit dem lebendigen Erlöser konfrontieren. Das heißt: Es geht ihm weder um einen exegetischen Kommentar, noch um ein vollständiges Erfassen der biblischen Zeugnisse, sondern einzig und allein um die Sakramentalität des Lebens Jesu. Der Exerzitand soll das Leben Jesu als die Art und Weise erfahren, in der Gott selbst ihn beschenken, senden, in die eigene Identität einweisen will und kann. Um zwei Beispiele (EB 271f) zu nennen: Die drei Punkte, die Ignatius zur Betrachtung des Lebens Jesu vom 12. bis zum 30. Lebensjahr vorlegt, lauten: »Erstens: Er war gehorsam seinen Eltern. – Zweitens: ›Er nahm zu an Weisheit, Alter und Gnade.‹ – Drittens: Er scheint das Zimmermannshandwerk ausgeübt zu haben, wie Sankt Markus im sechsten Kapitel anzudeuten scheint: ›Ist Dieser nicht der Zimmermann?‹« Und die drei Punkte, die Ignatius zur Betrachtung des Auftretens des zwölfjährigen Jesus im Tempel vorlegt, lauten: »Erstens: Christus, unser Herr, zwölf Jahre alt, ging von Nazaret nach Jerusalem hinauf. – Zweitens: Christus, unser Herr, blieb in Jerusalem und seine Eltern wussten es nicht. – Drittens: Nach Verlauf der drei Tage fanden sie Ihn disputierend im Tempel, mitten unter den Lehrern sitzend, und als seine Eltern ihn fragten, wo er gewesen sei, antwortete er: ›Wisst ihr nicht, dass es mir geziemt, in dem zu sein, was meines Vaters ist?‹«

Vergleicht man die Jesusfrömmigkeit des Ignatius von Loyola mit jener der so genannten *Devotio moderna* (vgl. 4. Kap.!), dann wird deutlich, wie sehr sich diese beiden Gestalten der Mystik voneinander unterscheiden. Was die Vertreter der *Devotio moderna* von Jesus Christus sagen, basiert stets auf dem nominalistischen Grundsatz, dass Gottes Freiheit als Ungebundenheit zu denken ist, dass er sich auch nicht an seine Schöpfung gebunden hat, dass deshalb so etwas wie natürliche Theologie unmöglich ist, und dass folglich das Einzige, was wir von Gott wissen können, dasjenige ist, was er uns positiv durch Jesus gesagt hat. Das instruktionstheoretische Offenbarungsmodell der *Devotio moderna* ist positivistisch, weil nur wichtig ist, was gesagt wurde, nicht aber, dass die Adressaten auch verstehen und einsehen. Also basiert die Frömmigkeit des ausgehenden Mittelalters bzw. der beginnenden Neuzeit zunächst einmal auf einem Gehorsam, der nicht fragt und begründet, sondern befolgt. Die *Devotio moderna* ist in ihren Grundzügen antiintellektualistisch und theologiefeindlich, weil sie in den Bemühungen der Schultheologie (Scholastik) den a priori zum Scheitern verurteilten Versuch sieht, den ganz anderen Gott unter die eigenen Vorstellungen, Kategorien und Spekulationen zu zwingen.

In demselben Maße, in dem der Nominalismus von der Unmöglichkeit spricht, durch das Denken die Wirklichkeit zu erfassen; und in demselben Maße, in dem die Transzendenz Gottes gegenüber der Schöpfung gelehrt wird, wächst das Bedürfnis nach einer Brücke über den so aufge-

9.2 Die Geschichte der so genannten »Mysterientheologie«

rissenen Abstand. Einen solchen Brückenschlag versucht die Mystik des ausgehenden Mittelalters bzw. der beginnenden Neuzeit. Zunächst ist jede Gestalt von christlicher Mystik der Versuch, durch Reinigung und Erleuchtung zur Erfahrung des ganz Anderen zu gelangen. Die Mystik der *Devotio moderna* aber hat bei diesem Versuch vergessen, dass Gott sich in dem Menschsein Jesu als er selbst ausgesagt hat. Sie sucht in Jesus nicht die Selbstoffenbarung Gottes, sondern eine Anweisung für einen Weg aus allem Innerweltlichen heraus in die Erfahrung des ganz Anderen hinein.

Erst vor diesem Hintergrund kann deutlich werden, wie tiefgreifend sich die Mystik des Ignatius von jener der *Devotio moderna* abhebt[1143]. Auch Ignatius geht es um ein Erfahren, um ein Sehen, Fühlen, Riechen und Schmecken der Wirklichkeit Gottes. Aber er sucht diese Wirklichkeit nirgendwo anders als im wahren Menschsein Jesu und in der Eingestaltung des eigenen Lebens in die inkarnatorische Bewegung des trinitarischen Gottes von oben nach unten[1144]. Gottes- und Nächstenliebe, Nähe zu Gott und Nähe zur Welt sind für ihn keine Gegensätze, sondern bedingen einander. Und was ein Vergleich der Mystik des Ignatius mit jener der *Devotio moderna* erkennen lässt, gilt mutatis mutandis auch für die anderen Repräsentanten der Spanischen Mystik, für Teresa von Avila und Johannes vom Kreuz. Teresa entwickelt eine am Leben Jesu orientierte Spiritualität. Obwohl sie von ihrem Beichtvater ermahnt wird, sich vom Sichtbaren immer mehr abzuwenden, um sich in der »eigentlichen Sphäre« des unsichtbaren Gottes zu verankern, weiß sie sich in ihrem Gebetsleben nur da wirklich erreicht von Gott, wo sie ihm in dem Menschen Jesus begegnet[1145]. Und Johannes vom Kreuz sieht den Mystiker erst da am Ziel seiner Suche, wo er die Bewegung des Inkarnierten von oben nach unten, wo er die gekreuzigte Liebe des herabsteigenden Erlösers mitvollzieht[1146].

1143 Dazu: W. Löser, Mystik des Konkreten. Die Anwendung der Sinne in den Exerzitien des heiligen Ignatius, in: GuL 63 (1990) 367–372.
1144 Zur Christologie des hl. Ignatius und speziell zu seinen Anregungen für eine Christologie der Mysterien des Lebens Jesu: H. Rahner, Die Christologie der Exerzitien, in: Ders., Ignatius von Loyola als Mensch und Theologe, Freiburg 1964, 251–311; H. J. Sieben, Mystères de la vie du Christ. I. Études historiques, in: DSp 10 (1980) 1874–1880; W. Löser, Mystères de la vie du Christ. II. Réflexions théologiques, in: DSp 10 (1980) 1880–1886; S. Arzubialde, Los misterios de la vida de Cristo nuestro Señor, in: Manresa 64 (1992) 5–14.
1145 Vgl. U. Dobhan, Teresas Weg zu Christus, in: J. Kotschner (Hg.), Der Weg zum Quell. Teresa von Avila 1582–1982, Düsseldorf 1982, 129–156; ders., Zur Christusmystik Teresas von Avila, in: Praesentia Christi (FS Johannes Betz), hg. v. L. Lies, Düsseldorf 1984, 456–466; U. M. Schiffers, Weisheit des Gehorsams bei Teresa von Avila, in: Weisheit Gottes – Weisheit der Welt (FS Joseph Kardinal Ratzinger), hg. v. W. Baier u. a., Bd. II, St. Ottilien 1987, 835–862.
1146 Vgl. H. U. v. Balthasar, Herrlichkeit. Eine theologische Ästhetik, Bd. II/2. Fächer

9.2.5 Der moderne Hiatus zwischen dem Jesus der Geschichte und dem Christus der Dogmatik

Obwohl Ignatius alle Voraussetzungen für die Entstehung eines christologischen Traktates von den Mysterien Christi bietet, kommt es in der Folgezeit zu einer Neuauflage jener Spaltung zwischen erbaulicher Jesulogie und spitzfindiger Scholastik, die auch die Zeit vor der Glaubensspaltung charakterisiert hat. Gerade die Jünger des Ignatius stehen für eine Scholastik, die sich mit ihren Begriffen und immer ausgefeilteren Distinktionen von der frommen Literatur entfernt. Suárezianismus und Neuthomismus bedeuten eine zunehmende Metaphysizierung der biblisch bezeugten Heilsgeschichte. Dieser vor allem von den Jesuiten und Dominikanern betriebenen Barockscholastik steht – besonders in Frankreich – eine an der Satisfaktionstheorie orientierte Opfer- und Sühnefrömmigkeit gegenüber, die zwar Ernst macht mit dem wahren Menschsein Jesu, dessen Leben aber auf das Leiden und Sterben reduziert und dabei oft mehr das Beispiel Jesu als den Gnadencharakter seiner Passion im Blick hat[1147]. Zu erwähnen sind in diesem Zusammenhang Pierre de Bérulle (1575–1629), der 1601 mit ausdrücklichen Verweisen auf die Ignatianischen Exerzitien einen »Discours de l'état et de grandeur de Jésus« veröffentlicht hat, und Charles de Condren (1588–1641), der mit seinen »Considérations sur les mystères de Jésus Christ« jene »mystique de l'anéantissement« begründet, die für mehrere Jahrhunderte vor allem die Opferfrömmigkeit der von den Sulpizianern getragenen Priesterausbildung beherrscht.

Die Aufklärung führt zwar zu einer radikalen Abrechnung mit der Scholastik und mit der Metaphysik überhaupt. Aber der von Lessing und Kant aufgerissene Graben zwischen dem Jesus der Geschichte und dem Christus des Glaubens ist ja – bei Licht betrachtet – das exakte Gegenteil dessen, was Thomas und Ignatius intendiert haben. Sie wollten das wahre Menschsein Jesu als die Zeit und den Raum ausweisen, in dem Gott selber spricht und handelt. Die Jesus-Buch-Literatur des 19. Jahrhunderts hingegen bietet nichts anderes als Variationen des immer wieder neu unternommenen Versuchs, den Jesus der Geschichte vom Christus des Glaubens zu trennen. Inzwischen sollte Konsens sein, dass die Evangelien Glaubenszeugnisse sind, die nur deshalb als authentisch gelten, weil die Kirche sie als inspirierten Ausdruck ihres Glaubens rezipiert hat. Im Rückblick erscheint die von der Aufklärung und ihren Folgeerscheinun-

---

der Stile. Laikale Stile, Einsiedeln ³1984, 465–531; P. Varga, Schöpfung in Christus nach Johannes vom Kreuz (WBTh 21), Wien 1968, bes. 144–160.
1147 Dazu: J. Galy, Le sacrifice dans l'école française de spiritualité, Paris 1951, 84–104; L. Cognet, Das kirchliche Leben in Frankreich, in : H. Jedin (Hg.), Die Kirche im Zeitalter des Absolutismus und der Aufklärung (HKG V), Freiburg ²1985, 84–104.

gen vertiefte Trennung des Menschen Jesus von dem durch die Kirche verkündigten Christus als das entscheidende Hindernis auf dem Weg zu einer Christologie, die Gottes Wahrheit gerade in der Endlichkeit des Menschen Jesus und nicht jenseits von dieser sucht.

9.3 Hoffnungsvolle Ansätze zu einer genuin chalcedonischen »Christologie der Mysterien Jesu«

Erst Hans Urs von Balthasar und Karl Rahner greifen mit dem Programm einer am Leben Jesu orientierten Christologie bewusst zurück auf die von Thomas und Ignatius gegebenen Impulse. Diese sollte das Herzstück einer 1939 vom Verlag Herder der Federführung Balthasars und Rahners anvertrauten Dogmatik werden. Äußere Umstände wie die Schließung der Innsbrucker theologischen Fakultät durch die Nationalsozialisten haben verhindert, was sich heute noch als vielversprechendes Projekt ausnimmt. Aus Rahners Feder ist uns ein Aufriss der gemeinsamen Pläne erhalten[1148], in dem wir der interessanten Frage begegnen: »Wo gibt es *theologische* Arbeiten über die Mysterien des Lebens Christi? Ein dickes Buch z. B. über die Himmelfahrt des Herrn auf Französisch und Spanisch ist völlig blind für solche Fragen, die über Textkritik und die historische Apologetik dieses Geschehens hinausgehen. Das *Dictionnaire de théologie catholique* hat trotz seiner enormen Größe einen Artikel darüber vergessen. Noch mehr fehlt eine grundsätzliche Besinnung über Sein und Bedeutung der Mysterien des Lebens Christi im allgemeinen in der heutigen Theologie. Im Leben Jesu ist für die heutige dogmatische Theologie nur noch interessant die Inkarnation selbst, die Gründung der Kirche, seine Lehre, das Abendmahl und der Tod. In der Apologetik wird noch die Auferstehung unter fundamental-theologischen Gesichtspunkten betrachtet. Alles andere von den Mysterien des Lebens Christi existiert nicht mehr in der

---

[1148] Über Rahners Pläne und Beiträge zu einer heilsgeschichtlich strukturierten Christologie: F.-J. Niemann, Jesus als Glaubensgrund in der Fundamentaltheologie der Neuzeit. Zur Genealogie eines Traktats (ITS 12), Innsbruck 1983, 375–421; E. Guggenberger, Karl Rahners Christologie und heutige Fundamentalmoral (ITS 28), Innsbruck 1990, 102–120; G. Lohaus, Die Lebensereignisse Jesu in der Christologie Karl Rahners, in: ThPh 65 (1990) 349–386; A. Zahlauer, Karl Rahner und sein »produktives Vorbild« Ignatius von Loyola (ITS 47), Innsbruck 1996, 294–300; A. R. Batlogg, Die Mysterien des Lebens Jesu bei Karl Rahner. Zugang zum Christusglauben (ITS 58), Innsbruck ²2003.

Dogmatik, sondern nur noch in der Erbauungsliteratur.«[1149] Mit beispielhafter Klarheit erkennt Rahner die Einseitigkeit einer Christologie, die sich nur für das »formale Verständnis der Einheit Christi als geeinter«[1150] und für den meritorischen Wert des Lebens und Sterbens Jesu, nicht aber für die Erfahrbarkeit des Erlösers in den Szenen seines Menschseins interessiert. Bei seinem Ordensvater Ignatius erkennt Rahner jene Logik der existentiellen Erkenntnis, die Grundvoraussetzung für eine Theologie ist, die auf erfahrener Wirklichkeit aufruht[1151]. In dem berühmt gewordenen Aufsatz, den er 1954 in einer Festschrift zum Jubiläum des Konzils von Chalcedon publiziert hat, bemerkt er: »Für eine wahre Theologie des menschlichen Lebens Jesu (nicht bloß: eine Theologie des Außergewöhnlichen des Lebens Jesu) muss der rechte Blick erst wieder geübt werden, damit er nicht (›abstrahierend‹) gerade das übersieht, was man real nicht vom Menschlichen Jesu scheiden kann: dass nämlich dieses Menschliche nicht menschlich ist (und als solches weltlich uninteressant) ›und dazu‹ noch Gottes ist (und in dieser Hinsicht allein wichtig ist, welche Eigentümlichkeit aber immer nur das Menschliche überschwebt und von außen einfasst), sondern dass das gewöhnliche Menschliche dieses Lebens die Ek-sistenz Gottes [...] ist und umgekehrt.«[1152]

9.3.1 Karl Rahner: Drei Komponenten einer zukünftigen »Mysterien-Christologie«

Karl Rahner ist zwar selbst nie dazu gekommen, das wiederholt[1153] formulierte Postulat einer so genannten Mysterien-Christologie zu realisieren. Dennoch lassen sich aus seinen meistens situativ entstandenen Aufsätzen und Vorträgen die Koordinaten einer heilsgeschichtlich strukturierten Christologie entnehmen.

1149 Vgl. K. Rahner, Über den Versuch eines Aufrisses einer Dogmatik, in: Sämtliche Werke, Bd. IV, Freiburg 1997, 404–448; hier: 412.
1150 K. Rahner, Probleme der Christologie von heute, in: Sämtliche Werke, Bd. XII, Freiburg 2005, 261–308; hier: 293.
1151 Dazu: K. Rahner, Betrachtungen zum ignatianischen Exerzitienbuch, in: Sämtliche Werke, Bd. XIII, Freiburg 2006, 27–265; ders., Die Logik der existentiellen Erkenntnis bei Ignatius von Loyola, in: Sämtliche Werke, Bd. X, Freiburg 2003, 368–420.
– Dazu: J. C. Scannone, Die Logik des Existentiellen und Geschichtlichen nach Karl Rahner, in: H. Vorgrimler (Hg.), Wagnis Theologie. Erfahrungen mit der Theologie Karl Rahners, Freiburg 1979, 82–98; H. D. Egan, »Der Fromme von morgen wird ein ›Mystiker‹ sein«. Mystik und die Theologie Karl Rahners, in: Vorgrimler (Hg.), Wagnis Theologie, 99–112.
1152 Rahner, Probleme der Christologie, 294.
1153 Vgl. K. Rahner, Mysterien des Lebens Jesu, in: Sämtliche Werke, Bd. XVII/1, Freiburg 2002, 349f.717f

9.3 Ansätze einer chalcedonischen »Christologie der Mysterien Jesu«

Eine erste Komponente liegt in seiner Antwort auf die Verhältnisbestimmung von Faktum und Bedeutung Jesu Christi. Die Geschichte Jesu – so betont er – ist keine bloße Veranschaulichung einer Idee oder – im Sinne Rudolf Bultmanns – bloßer Aufhänger eines Existentials, sondern der Sinn (der Logos) selbst. Rahner wörtlich: »Es kann kein neues Wort Gottes in diese Geschichte der Menschheit ergehen, das sein bisheriges überböte und zu einem nur vorläufigen machte. Gott hat sein letztes Heilswort, das innerhalb dieser menschlichen Geschichte, innerhalb dieses Äons zu den Elementen dieser Geschichte gehört, schon gesagt an einem ganz bestimmten raum-zeitlichen Punkt dieser Geschichte: in Jesus, da und nur da, und da allein als endgültig letztes.«[1154] Deshalb kann jedes Detail dieses biblisch bezeugten Lebens den Logos von Schöpfung und Geschichte berührbar machen[1155]. Deshalb ist diese Geschichte insgesamt und im Detail Gnade. Denn Gnade ist aus Rahners Sicht »nur dann christlich begriffen, wenn sie nicht nur eine möglichst metaphysisch verstandene Vergöttlichung, sondern die Angleichung an Christus ist, die sich existentiell umsetzt in die Nachfolge Christi, von der die Moral mehr reden sollte, auch wenn das ein kasuistisch weniger leicht handbares Schema bietet als die Zehn Gebote oder sonstige Schemata eines natürlichen Sittengesetzes.«[1156] Nicht durch Prinzipien, sondern durch die Faktizität seines konkreten Menschseins empfängt der Christ die Normen seines Verhaltens. Das bedeutet, dass kein Mensch, der Christ sein will, sich vom Leben Jesu in der Meinung lösen kann, »er habe bereits seinen Geist und könne nun unabhängig von seinem Leben den Weg der Nachfolge finden«[1157]. Denn »Jesus der Mensch *war* nicht nur einmal von entscheidender Bedeutung für unser Heil, d. h. für das wirkliche Finden des absoluten Gottes, durch seine historischen und jetzt vergangenen Taten des Kreuzes usw., sondern er *ist* jetzt und in Ewigkeit als der Menschgewordene und Geschöpfgebliebene die *dauernde Offenheit* unserer Endlichkeit auf den lebendigen Gott unendlichen ewigen Lebens, und er ist deshalb auch in seiner Menschheit die geschaffene, im Akt unserer Religion stehende Wirklichkeit für uns, derart, dass ohne diesen Akt auf seine Menschheit hin und durch sie hindurch (implizit oder explizit) der religi-

---

1154 K. Rahner, Priesterliche Existenz, in: Schriften zur Theologie, Bd. III, Einsiedeln 1956, 285–312; hier: 294.
1155 Vgl. K. Rahner, Über die Erfahrung der Gnade, in: Schriften zur Theologie, Bd. III, Einsiedeln 1956, 105–126.
1156 Rahner, Probleme der Christologie, 300.
1157 N. Schwerdtfeger, Gnade und Welt. Zum Grundgefüge von Karl Rahners Theorie der ›anonymen Christen‹ (FrThSt 123), Freiburg 1982, 332.

öse Grundakt auf Gott gar nicht sein Ziel erreicht. Man sieht in Ewigkeit den Vater nur durch ihn hindurch.«[1158] Eine zweite Komponente der von Rahner postulierten »Leben-Jesu-Christologie« liegt in seiner These, dass jede Szene des Lebens Jesu soteriologische Bedeutung für jeden einzelnen Menschen hat: Erlösung – so betont er – ist nicht einfach die Bezahlung einer Schuld beim Vater (Satisfaktionstheorie) oder einfach die Zuwendung der durch den Stellvertreter Jesus verdienten Versöhnung an jeden Gläubigen. Rahner will nicht bestreiten, dass Gott die Welt auch anders als durch die Inkarnation des Sohnes hätte erlösen können. Aber von solcher Possibilientheologie hält er nichts. Denn sie abstrahiert von der faktischen Heilsgeschichte, statt deren Sinn zu ergründen. Rahner wörtlich: »Er hätte es auch anders tun können? Er hätte die Welt auch ohne dies retten und in seine Freiheit und Unendlichkeit hineinerlösen können? Gewiss. Aber er hat es so getan, dass er das Erlösungsbedürftige selber wurde, und darin und eben *dadurch*, dahindurch muss *die* Erlösung geschehen sein, die es wirklich gibt und die wir allein kennen.«[1159] Rahner sieht den einzelnen Christen nicht nur als Empfänger, sondern auch als Geber dessen, was er durch Christus empfängt. Deshalb ist jeder Christ eine je einmalige Gestalt der Vermittlung des durch den einen Mittler geschichtlich offenbaren Heils[1160]. Oder anders gesagt: Jeder Mensch kann die mit dem Leben und Sterben Jesu identische Gnade auf je einmalige Weise verleiblichen. Jeder Christ kann und soll auf je einmalige Weise ein Sakrament des Ursakramentes Jesus sein[1161]. Hier wird die ignatianische Spiritualität Rahners unmittelbar greifbar. Auch aus seiner Sicht ist jeder Christ eine Sendung, die teilnimmt an der Sendung des einen Mittlers. Auch aus seiner Sicht sind alle Christen Christus »zugesellt«.

Eine dritte Komponente der noch zu erstellenden »Christologie der Mysterien Jesu« müsste aus Rahners Sicht die Ausrichtung des Lebens

---

1158 K. Rahner, Die ewige Bedeutung der Menschheit Jesu für unser Gottesverhältnis, in: Sämtliche Werke, Bd. XII, Freiburg 2005, 251–260; hier: 258.
1159 Rahner, Probleme der Christologie, 284.
1160 Dazu: K. Rahner, Der eine Mittler und die Vielfalt der Vermittlungen, in: Schriften zur Theologie, Bd. VIII, Einsiedeln 1967, 218–235; ders., Über die heilsgeschichtliche Bedeutung des einzelnen in der Kirche, in: Ders., Sendung und Gnade, Innsbruck ⁵1988, 88–126.
1161 »Die echte Nachfolge Christi im Mit-Leben mit ihm besteht also darin, die innere Gesetzlichkeit seines Lebens in je neuer und persönlich anderer Situation sich auswirken zu lassen. Nur wenn wir sein Leben so wirklich fortführen und nicht bloß zu multiplizieren versuchen, wobei wir doch nur verwässerte Abzüge zustande brächten, ist Nachfolge Jesu wert gelebt zu werden, interessiert sie auch Gott selbst und hat die Gewichtigkeit, *mit* dem zur Rechten Gottes erhobenen Menschensohn Ewigkeit zu gewinnen« (K. Rahner, Betrachtungen zum ignatianischen Exerzitienbuch, in: Sämtliche Werke, Bd. XIII, Freiburg 2006, 120).

9.3 Ansätze einer chalcedonischen »Christologie der Mysterien Jesu« 503

Jesu – sein Herabsteigen in die Welt bis zur Konsequenz des Kreuzes, das »Je mehr« seiner Demut (vgl. EB 165–168) – so explizieren, dass die je einmalige Inklusion jedes einzelnen Christen in das Erlösungswerk Christi dieselbe Ausrichtung aufweist. Es geht, wie Rahner wiederholt betont, nicht um eine Reduktion auf das Pascha-Mysterium, sondern um die Ausrichtung jeder Szene des Lebens Jesu und des eigenen Lebens auf das Pascha-Mysterium. Rahner wörtlich:

»Nicht nur Inkarnation, Kreuz und Auferstehung sind Ereignisse, die universale Bedeutung in und trotz ihrer historischen Einmaligkeit und Kontingenz für das Heil aller haben [...], sondern dasselbe gilt grundsätzlich von allen Ereignissen im Leben Jesu. Durch diese Betrachtung als Mysterien werden diese Ereignisse nicht falsch sublimiert oder mythologisiert, sondern es wird bekannt, dass das eine ganze Leben Jesu mit all seinen Inhalten (jeder nach seiner Weise u. an seinem Platz) sinnhaft ausgerichtet und geeint im Tod und der Auferstehung das eine Ereignis ist, um dessentwillen Gott uns gnädig ist. Darin ist gerade eingeschlossen und muss bei der Meditation dieser Mysterien bedacht werden, dass wir gerade dadurch erlöst sind, dass das Wort des Vaters die Niedrigkeit, Profanität u. Todgeweihtheit unseres Lebens annahm und eben darin die Gestalt der Gewöhnlichkeit unseres eigenen Lebens zum Ereignis der Gnade, die Gott letztlich selbst ist, machte. Der Mysteriencharakter der Einzelgeschehnisse im Leben Jesu ist also gerade immer ein und derselbe, der in seinem Tod und seiner Auferstehung zur deutlichsten Erscheinung kommt: indem das Endliche zu seiner bittersten Endlichkeit kommt, geschieht in ihm (nicht durch diese Selbstentlarvung als solche) die Ankunft der verklärenden Gottheit. Dafür ist (von der Auferstehung her) das ganze Leben Jesu Vorbild und endgültiges Unterpfand.«[1162]

9.3.2 Hans Urs von Balthasar: Das »universale« als »concretum«

Wenn man nach Ansätzen zur Realisierung des von Karl Rahner so eindringlich formulierten Postulates fragt, ist vor der Christologie des spanischen Theologen Olegario González de Cardedal[1163] und dem Jesus-Buch des Papstes[1164] das heilsgeschichtlich konzipierte Gemeinschaftswerk mit

---
1162 Rahner, Mysterien des Lebens Jesu, 717f.
1163 Vgl. O. González de Cardedal, Cristologia, aus dem Spanischen ins Italienische übers. v. A. Manna u. D. Cascasi, Milano 2004, 51–183.
1164 J. Ratzinger/Benedikt XVI., Jesus von Nazareth. Erster Teil. Von der Taufe im Jordan bis zur Verklärung, Freiburg 2007. – Vgl. die entsprechenden »Vorarbeiten«: J.

dem bezeichnenden Titel »Mysterium Salutis« zu nennen. Der zweite Halbband des dritten Teiles beginnt mit dem Abdruck eines schon zuvor publizierten Überblicks von Alois Grillmeier über das Verständnis der so genannten Mysterien Jesu von der Väterzeit bis in die Gegenwart[1165]. Erst nach dieser theologiegeschichtlichen Einordnung beginnt das eigentliche Unternehmen. Raphael Schulte behandelt die »Mysterien der ›Vorgeschichte‹« (Empfängnis und Geburt Jesu Christi; Beschneidung, Darstellung, Tempelszene). Christian Schütz übernimmt die »Mysterien des öffentlichen Lebens und Wirkens Jesu« (Taufe Jesu, Versuchung Jesu, Verklärung Jesu, Wunder Jesu) und Hans Urs von Balthasar das »Mysterium Paschale« (Passion; Gang zum Kreuz, Ölberg, Preisgabe, Prozess, Verurteilung, Kreuzigung, Karsamstag, Ostern). Das Ergebnis ist sehr unterschiedlich ausgefallen. Während die Beiträge von Schulte und Schütz weitgehend eine Zusammenfassung dessen bieten, was die Exegese zu den betreffenden biblischen Topoi zu sagen hat, bietet Hans Urs von Balthasar eine »Theologie der drei Tage«, die nicht nur am Schriftzeugnis, sondern auch an dem Grundsatz orientiert ist, dass jedes Detail (*concretum*) des biblisch bezeugten Leidens und Sterbens auf jeweils konkrete Weise das Ganze (*universale*) der Selbstoffenbarung Gottes enthält. Auch wenn der Text stellenweise durch Exkurse (über den Zusammenhang des nachexilischen Tempelkultes mit dem Sühnopfer Christi, zum Verhältnis von Kreuz und Philosophie, von Kreuz und Trinität, zur Theologiegechichte der Descensus-Interpretation, zur exegetischen Diskussion über die so genannten Erscheinungsberichte) überfrachtet erscheint, könnte eine zukünftige »Christologie der Mysterien des Lebens Jesu« an Balthasars Beitrag Maß nehmen. Denn ihm gelingt es beispielgebend, das biblisch bezeugte Detail als Ort der Begnadung der Adressaten Jesu zu erklären. Im Rahmen dieses kurzen Beitrags müssen drei Beispiele genügen:

Ratzinger, Jesus Christus, in: Ders., Einführung in das Christentum. Vorlesungen über das Apostolische Glaubensbekenntnis. Mit einem neuen einleitenden Essay, München 2000 [Erstaufl.1968], 181–312; ders., Thesen zur Christologie, in: Ders., Dogma und Verkündigung, München 1973, 133–136; ders., Zum Begriff des Sakramentes, München 1979; ders., Schauen auf den Durchbohrten. Versuche einer spirituellen Christologie, Einsiedeln 1984; ders., Auf Christus schauen. Einübung in Glaube, Hoffnung, Liebe, Freiburg 1989; ders., Jesus Christus heute, in: IKaZ 19 (1990) 56–70; ders., Ein neues Lied für den Herrn. Christusglaube und Liturgie in der Gegenwart, Freiburg 1995; ders., Unterwegs zu Jesus Christus, Augsburg 2003.

[1165] A. Grillmeier, Geschichtlicher Überblick über die Mysterien Jesu im allgemeinen, in: MySal III/2 (Einsiedeln 1969) 3–22 (ursprünglich [1968] publiziert unter dem Titel »Das Mysterium und die Mysterien Christi« in der u. a. von Otto Semmelroth herausgegebenen Festschrift für Hermann Kardinal Volk).

9.3 Ansätze einer chalcedonischen »Christologie der Mysterien Jesu«

- Unter dem Stichwort »Kreuzesereignisse« lesen wir: Der erhöhte Durchbohrte ist »die endgültige von Johannes selbst gesehene und feierlich vorgestellte (19,35) Meditationsikone, das ›Ecce Deus‹, die letzte Darstellung und Auslegung des Gottes, den nie jemand sah (1,18). [...] Es ist das gleiche Bild, die Ikone des Vaters, verklärt und verwundet zugleich, die Thomas mit Händen betasten soll (20,26ff), obschon er am gläubigen Blick (Schauen, Erkennen, Glauben gehen für Johannes ineinander über) genug haben müsste.«[1166]
- Unter der Überschrift »Mitgekreuzigt« betont Balthasar, »dass der Sünder *als Sünder* am Kreuz Christi hängt, real und nicht nur in einer vagen Repräsentation«; und »dass ›nicht ich leide, sondern Christus in mir leidet‹, der sich aus mir ein Organ für *seine* Erlösung geschaffen hat, dass wir also nicht *unser* Leiden, sondern ›Christi Todesleiden an unserem Leibe tragen‹, damit auch nicht unser Leben, sondern ›*Jesu* Leben an unserem sterblichen Fleische offenbar werde‹ (2 Kor 4,10f). [...] Dass für ihn ein objektiver Raum am Kreuz ausgespart und freigegeben ist, sagt Paulus mit der paradoxen Wendung: ›Ich erstatte ergänzend [...] für den Leib Christi, die Kirche, an meinem Fleische, was von den Bedrängnissen Christi noch aussteht‹ (Kol 1,24).«[1167]
- Unter dem Titel »Die Lösung der Bande« heißt es: Die Kirche wird am Karsamstag »in eine Begleitung aus der Ferne verwiesen: Gregor von Nazianz ermahnt uns, am Abstieg des Herrn im Geist teilzunehmen [...] Thomas von Aquin wiederholt die Mahnung [...] Die Frage bleibt, wie solche Begleitung theologisch möglich sei – da der Erlöser stellvertretend in letzte Einsamkeit sich begibt – und ob sie anders als Begleitung gekennzeichnet werden kann als durch irgendwelche echte, das heißt christlich auferlegte Teilnahme an solcher Einsamkeit: mit dem toten Gott tot zu sein.«[1168]

1166 H. U. v. Balthasar, Mysterium Paschale, in: MySal III/2 (Einsiedeln 1969) 133–326; hier: 216.
1167 Balthasar, Mysterium Paschale, 221.
1168 Balthasar, Mysterium Paschale, 255.

10. Kapitel oder Schlusswort:

Jesus Christus als Alpha und Omega

In allen genannten Problemfeldern der jüngeren Christologie geht es um die Einzigkeit Jesu Christi. Denn sie wird in Frage gestellt,
- wo der Erlöser als bloßer Vermittler eines Glaubens oder einer Idee erscheint;
- wo Jesus zwar bewusstseinsmäßig, nicht aber hypostatisch mit dem innertrinitarischen Sohn identifiziert wird;
- wo er im Kontext des interreligiösen Dialogs als einer unter anderen Inkarnationen des Heiligen Geistes,
- im Kontext der Verhältnisbestimmung des Christentums zum Judentum als Personifikation der Verheißungen Israels,
- oder im Zuge des Neuchalcedonismus als bloßes Medium einer göttlichen Instruktion erscheint.

Obwohl das Ereignis der Inkarnation ein aus Schöpfung und Geschichte unableitbares Ereignis ist, erweist es sich im Blick auf die biblisch bezeugte Schöpfungs- und Heilsgeschichte als Schlüssel zum Verstehen des Ganzen.

10.1 Wenn der in Christus offenbare Gott der Schöpfer ist

Wenn Gott so ist, wie er sich in Jesus Christus geoffenbart hat, dann gehört die Beziehung zwischen Sohn und Vater zur Identität Gottes selbst; dann ist Gott Beziehung. Eine vollkommene Beziehung zwischen zwei Personen setzt wechselseitig eine Anerkennung voraus, die nicht nur der Intention nach (formaliter), sondern auch inhaltlich (materialiter) vollkommen ist; und in der die Verschiedenheit der Relate kein defizienter Modus der Einheit und die Einheit keine Aufhebung der Verschiedenheit ist. Eben eine solche Beziehung meint die Bezeichnung Gottes als Liebe (1 Joh 4,6) bzw.»Trinität«.

Vollkommene Liebe verhält sich zu nichts und zu niemandem im Modus der Allgemeinheit. Auch nicht gegenüber der eigenen Schöpfung. Ein Schöpfer, der im Sinne der christlichen Trinitätslehre unbedingte Liebe ist, kann sich nicht zunächst einmal auf eine allgemeine Weise zur Ge-

10.1 Wenn der in Jesus offenbare Gott der Schöpfer ist

samtschöpfung verhalten, um dann eine besondere Beziehung zu einzelnen Geschöpfen aufzunehmen. Schon zwischenmenschliche Liebe widerspricht sich selbst, wenn sie nicht den Einzelnen als Einzelnen in der Ausschließlichkeit seiner Singularität meint. Es gehört zur Phänomenologie der Liebe, sich stets singulär auf Singuläres zu beziehen.

Der biblisch bezeugte Schöpfer ist der trinitarische Gott. Das heißt: Es gehört zu seiner Vollkommenheit, sich – im übertragenen Sinne formuliert – als ein »Ich« auf ein »Du« zu beziehen. Deshalb ist er auch nach außen – im Verhältnis zu seiner Schöpfung – ein kommunizierender Schöpfer. Und Kommunikation, die identisch ist mit vollkommener Liebe, will auch im Detail keine Schöpfung, die bloßes Objekt ist. Wenn man einem Atom oder Molekül, einem Grashalm oder einer Galaxie im übertragenen Sinne eine gewisse Selbstständigkeit zuspricht, ist natürlich keine transzendental aufgehellte Subjektivität gemeint, sondern nur die Vermutung, dass kein vom anderen unterscheidbares Geschöpf mit irgendeinem anderen identisch ist und also eine gewisse Singularität und mit dieser auch eine rudimentäre Innerlichkeit aufweist. Was mit dieser mehr oder weniger ausgeprägten Innerlichkeit gemeint ist, lässt sich am besten im Rückgriff auf die Analogia-entis-Lehre der thomanischen Ontologie erklären. Thomas von Aquin selbst unterscheidet zwar zwischen einem allgemeinen Verhältnis Gottes zu seiner Schöpfung und seiner besonderen Beziehung zu einzelnen Geschöpfen. Aber die auf der thomanischen Metaphysik fußende Analogia-entis-Lehre setzt diese Unterscheidung nicht voraus. Sie beinhaltet im Kern die Lehre, dass jedes einzelne Geschöpf in dem Maße Anteil am Sein (an dem durch den Schöpfungsakt ermöglichten Wirklichsein) hat, in dem es sich auf sich selbst und auf Anderes beziehen kann. Was Thomas von Aquin im Unterschied zum *actus essendi* die *essentia* nennt, entscheidet über den Grad der Teilhabe eines Seienden am Sein. Dem Grad der Selbsttranszendenz eines Seienden entspricht der Grad seiner Innerlichkeit. Weil jede Pflanze über einen höheren Grad an Innerlichkeit als jeder Stein verfügt, und weil jedes Tier in entsprechender Weise über jeder Pflanze steht, ergibt sich eine Hierarchie der Gattungen des Seienden. Entscheidend aber ist nicht die Gattung, sondern das einzelne Seiende als Einzelnes. Auf Grund seiner stets unbedingt singulären Innerlichkeit steht kein Geschöpf zum Schöpfer in exakt derselben Beziehung wie andere Exemplare derselben Gattung. Was also von jedem transzendental aufgehellten Geschöpf (von jedem Menschen) gilt, gilt mutatis mutandis auch von jedem Geschöpf unterhalb der Noosphäre. Es steht zu dem Gott, der als der trinitarische absolute Liebe ist, in einer unbedingt singulären Beziehung. Je höher der Grad seiner Selbsttranszendenz bzw. Innerlichkeit ist, desto mehr kann der Schöpfer unmittelbar mit ihm kommunizieren. Innerlichkeit bedeutet – wenn auch unterhalb der Noosphäre sehr anfanghaft und analog – Selbstsein bzw. Freiheit. Weil Gott Liebe ist, ist keines seiner Geschöpfe *nur* Objekt. Jedes Geschöpf besitzt ein *gewisses* Selbstsein. Folglich ist die transzendentale Freiheit des Menschen nicht etwas der übrigen Schöpfung gegenüber vollkommen Neues, sondern die Einfaltung einer viele Milliarden Jahre währenden Entwicklung geschöpflicher Freiheit (Innerlichkeit).

Weil Liebe den Anderen nicht als Objekt, sondern als Subjekt will; weil »Liebe Mit-Liebende will« (Johannes Duns Scotus), deshalb ist das Sinnziel der ganzen Schöpfung die Liebe als der Inhalt aller transzendentalen Freiheit. Gott bestimmt sich als Schöpfer selbst dazu, sich von wirklicher – nicht nur scheinbarer – geschöpflicher Freiheit bestimmen zu lassen. Oder anders ausgedrückt: Weil die Beziehung des Schöpfers zu jedem Geschöpf das Geschenk eines zumindest rudimentären Selbstseins impliziert, kann Gott nur *mit* seinen Geschöpfen, nicht *gegen* sie oder *ohne* sie handeln. Damit ist nicht gesagt, Gott hätte nicht auch anders handeln können; sondern nur, dass er innerhalb der Schöpfung, die er so und nicht anders gewollt hat, nicht anders handeln kann. Positiv formuliert: Das Verhältnis des biblisch bezeugten Schöpfers ist zu jedem seiner Geschöpfe ein interkommunikatives bzw. dramatisches.

Bei diesen und ähnlichen Formulierungen ist der analoge Charakter der Prädikate zu beachten. Da die Innerlichkeit eines Atoms um ganze Potenzen geringer ist als die eines bestimmten Menschen, kann nur von einer *grundsätzlichen* Gemeinsamkeit die Rede sein. Dennoch: Gott handelt in Kommunikation mit seinen Geschöpfen – auch mit solchen, die am Anfang der Evolutionskette stehen und als einzelne nur einen denkbar geringen Grad an Innerlichkeit aufweisen. Weil alle Geschöpfe auch aufeinander einwirken, kann man von einer doppelten Art und Weise des Handelns Gottes in der Welt sprechen: direkt bzw. unmittelbar durch Kommunikation mit der Innerlichkeit des je singulären Geschöpfs; und indirekt bzw. mittelbar über die Wirkung der Geschöpfe aufeinander.

Aus der Wechselwirkung der Geschöpfe aufeinander lässt sich wohl die Entstehung neuer Gattungen und Arten mit je größerer Innerlichkeit, nicht aber die Innerlichkeit auch nur eines einzelnen Bausteins der Evolution und erst recht nicht die Innerlichkeit eines mit transzendentaler Freiheit begabten Menschen ableiten. Ohne die je singuläre (unmittelbare) Beziehung des Schöpfers zu jedem einzelnen Geschöpf ist die Schöpfung ein Uhrwerk, das einmal zusammengebaut fortan unabhängig von seinem Konstrukteur funktioniert. Der Skopus des biblischen Schöpfungsgedankens liegt genau umgekehrt in der Interkommunikation des Schöpfers mit jedem einzelnen Geschöpf.

Von daher hat Karl Barth zu Recht den biblisch bezeugten Bund als den Grund der Schöpfung und die Schöpfung als Bühne des Bundes bezeichnet. Das Bild einer Bühne allerdings sollte nicht zu dem Fehlschluss verleiten, Gott stehe erst zu den Adressaten des Abraham- Noah- oder Mose-Bundes in einem interkommunikativen Verhältnis, so dass die vorbewusste Schöpfung lediglich ein Rahmen ohne jedwede »Selbst-Ständigkeit« bzw. Innerlichkeit wäre. Aus biblischer Perspektive darf man vermuten, dass die Schöpfung im Menschen kulminiert und durch die Kommunikation des Schöpfers mit jedem einzelnen Menschen zu ihrem von ihm intendierten Ziel geführt werden soll.

Eine besondere Rolle in dieser »Heilsgeschichte« spielt allerdings der Bund JHWHs mit dem aus allen Völkern und für alle Völker erwählten »Gottesvolk Israel«. An diesem Verhältnis lässt sich ablesen, was die nichts erzwingende, aber Großes erhoffende, stets dramatische Kommunikation des Schöpfers mit seiner Schöpfung insgesamt intendiert.

Schon im ersten Buch der Bibel – im Buch *Genesis* – und erst recht im letzten Buch der Bibel – in der *Geheimen Offenbarung* – ist eines ganz klar: Der von Israel mit dem Tetragramm JHWH bezeichnete Gott will in jedem Menschen und über die Menschheit in allen Geschöpfen zur Darstellung kommen – nicht mit Zwang, sondern in Gestalt eines Bundes, in dem jeder auf singuläre Weise die Liebe darstellt, die Gottes Wesen ist. Aber wie bewerkstelligt der Schöpfer dieses Ziel?

– Eine erste Antwort liegt in dem, was der Bund zum Inhalt hat: in der Tora, d. h. in dem der Schöpfung insgesamt eingeschriebenen und durch Israel stellvertretend dargestellten Willen Gottes.
– Eine zweite Antwort liegt in der Beobachtung, dass das Phänomen des Bundes mit dem Phänomen der Erwählung verknüpft ist. Anders gesagt: Der biblisch bezeugte Gott beginnt mit der Veränderung der Welt immer konkret. Er beginnt mit einem Einzelnen bzw. an einer bestimmten, raumzeitlich definierbaren Stelle.

10.2 Die Inkarnierung der Tora oder Gott auf dem Weg zur Inkarnation

Was die erste Antwort betrifft, genügt eine kurze Erinnerung an unsere Ausführungen über die alttestamentlichen Zwillingskategorien »Bund« und »Tora«. Die Tora als die Gesamtheit der geschichtlich erfolgten Willensoffenbarung Gottes ist keine Lehre über Gott, sondern das Medium, durch das Gott sich als Zukunft in die Zeit jedes Menschen hinein vermittelt. Oder anders ausgedrückt: Wenn der Mensch jeden Zeitpunkt seines Lebens, jede Situation, jedes Glück und Leid von Gott her und auf Gott hin betrachtet, dann übersetzt er die Tora in jeden Augenblick seines Lebens. Die Tora ist zugleich *Gabe* Gottes und *Aufgabe* ihres Adressaten, des Menschen. Sie ist Inbegriff des Bundes.

Wenn man beobachtet, dass die Juden die Tora-Rollen auf ähnliche Weise als Ausdruck der realen Anwesenheit Gottes betrachten wie die Christen das Sakrament der Eucharistie, dann verbietet sich die Degradierung der Tora zu einem bloßen Imperativ von selbst. Die Tora ist viel mehr als eine Sammlung von Geboten und Verboten. Sie ist das Geschenk der Anwesenheit Gottes. Sie ist Gnade.

10.2.1 Die bis in die Hölle getragene Tora

Um zu konkretisieren, was die »Inkarnierung« der Tora (der Anwesenheit JHWHs) in jeden »Ort« von Zeit und Raum bedeutet, empfiehlt sich ein Ausflug in die so genannte Responsenliteratur des Judentums. Unter Responsen versteht man Rechtsgutachten, Antworten auf Anfragen, wie man sich in konkreten Fällen verhalten solle. Nahezu alle Bereiche des jüdischen Lebens sind in ihnen reflektiert: von der Organisation und Struktur der Gemeinden, über Speisegewohnheiten und Kleidervorschriften, bis hin zu prekären moralisch-ethischen Fragen.

Solche Responsensammlungen gibt es auch aus der Zeit der Shoah – z. B. aus dem Ghetto von Warschau und dem Ghetto von Kovno. Berühmt geworden sind die 1946 bei Aufräumarbeiten in Warschau gefundenen Aufzeichnungen des Rabbi Shimon Huberband. Hier ein Beispiel aus dem Ghetto von Kovno. Da heißt es in einer Anfrage: »Wir Juden des Ghettos von Kovno [...] wurden versklavt durch die Deutschen; müssen schuften den ganzen Tag und die ganze Nacht ohne Pause; müssen verhungern und erhalten keinen Lohn. Der deutsche Feind hat unsere totale Vernichtung beschlossen. Wir sind vollständig entbehrlich. Die meisten werden sterben [...]. Ist es da noch angemessen und möglich, das Morgengebet zu sprechen, in dem es heißt, man danke Gott, ›der mich nicht zum Sklaven machte‹?« Die Antwort des Rabbi Oshry lautet: »Einer der frühesten Kommentatoren der Gebete bemerkt, dass dieser Segen nicht gesprochen wird, um Gott zu loben für unsere physische Freiheit, sondern eher für unsere spirituelle Freiheit. Ich entscheide daher, dass wir dieses Gebet unter keinen Umständen unterlassen oder verändern sollten. Im Gegenteil, ungeachtet unserer physischen Gefangenschaft sind wir mehr verpflichtet denn je, dieses Gebet zu sprechen, um unseren Feinden zu zeigen, dass wir als Volk spirituell frei sind.«

Ein anderes Beispiel aus Auschwitz: Am Vorabend des jüdischen Neujahrsfestes 1944 entschied der Kommandant, 1600 Jungen im Alter zwi-

10.2 Die Inkarnierung der Tora

schen 14 und 18 Jahren einer Selektion zu unterziehen. Sie sollten unter einer in einer bestimmten Höhe angebrachten Latte hindurchgehen. Wer mit dem Kopf an diese Latte reichte oder gar den Kopf einziehen musste, sollte am Leben bleiben. Alle anderen Jungen sollten am folgenden Tag vergast werden. Die Zahl der zum Tode Bestimmten wurde genau gezählt, und jüdische Kapos mussten, falls bei der Exekutierung jemand fehlte, Ersatz herbeischaffen. Angesichts dieser Situation ging ein Vater, dessen einziger Sohn bei den zum Tode bestimmten Jungen war, zu Rabbi Meisels und fragte ihn, ob er einen der jüdischen Kapos mit dem Ziel bestechen dürfe, seinen Sohn auszulösen, auch wenn die Gefahr bestehe, dass dann ein anderer jüdischer Junge statt seines Sohnes sterben müsse. Nachdem Rabbi Meisels keine klare Antwort geben konnte oder wollte, sagte dieser Vater: »Rabbi, ich habe getan, wozu die Tora mich verpflichtet. Ich habe halachische Unterweisung durch einen Rabbi gesucht; und einen anderen Rabbi gibt es hier nicht. Wenn du mir nicht sagen kannst, dass ich meinen Sohn auslösen darf, dann ist es offensichtlich, dass du dir selber nicht sicher bist, ob das Gesetz es erlaubt. Denn wenn du sicher wärst, dass es erlaubt ist, du hättest es mir fraglos mitgeteilt. So sind für mich deine Ausflüchte gleichbedeutend mit der klaren Entscheidung, dass es mir verboten ist, so zu handeln. Mein einziger Sohn wird sein Leben verlieren in Übereinstimmung mit der Tora und der Halacha. Ich akzeptiere das Gebot des Allmächtigen in Liebe und mit Freude. Ich werde nichts tun, um ihn auszulösen um den Preis eines anderen unschuldigen Lebens, denn so lautet das Gebot der Tora.« Durch Rabbi Meisels wissen wir, dass dieser Vater den ganzen Tag von *Rosch HaSchanah* umherlief, »still und voller Freude vor sich hinmurmelnd, er habe seinen einzigen Sohn zur Verherrlichung des Namens Gottes (*Kiddush haSchem*) geopfert, in Übereinstimmung mit dem Willen des Allmächtigen und Seiner Tora« – betend, »Gott möge seine Entscheidung und sein Tun ebenso annehmen wie die Bindung Isaaks durch Abraham, einem zentralen Motiv in der Liturgie von *Rosch HaSchanah*«[1169].

Hier wird nicht darüber nachgedacht, wie Gott die Situation von Auschwitz zulassen kann; nicht einmal darüber, ob die bis zu dem Wort »Freude« gehende Sinnerfahrung des der Tora treuen Vaters nicht in krassem Gegensatz zur Situation des zur Exekution bestimmten Sohnes steht. Es handelt sich hier um die Inkarnation der mit JHWHs Gegenwart identischen Tora in die eigene Situation. Hier trägt ein Jude seine Gemeinschaft mit Gott, die Tora, in die Hölle – in der festen Überzeugung,

---

[1169] Zit. nach: C. Münz, Der Welt ein Gedächtnis geben. Geschichtstheologisches Denken im Judentum nach Auschwitz, Freiburg 1998, 223–227.

10. Jesus Christus als Alpha und Omega

dass die Befolgung der Tora allem gegenteiligen Anschein zum Trotz stärker ist als die Hölle.

Friedrich Nietzsche hat das, was hier als innerster Kern des jüdischen Glaubens erscheint, ebenso gründlich missverstanden wie die von Christus gelebte und gepredigte Feindesliebe[1170]. Aus seiner Sicht haben Juden und Christen alles, was natürlich ist, vergiftet. Ein gesunder und vitaler Mensch ist, so schreibt er, das Gegenteil eines Juden oder Christen. Selbstentfaltung, gar Selbstverwirklichung – um Gottes willen: Juden und Christen predigen Demut – eine Tugend, die aus Nietzsches Sicht in der außerjüdischen und außerchristlichen Antike unbekannt ist: die Tugend des Wurms, der – indem er sich kringelt – die Wahrscheinlichkeit verringert, getreten zu werden. Rebellion, Anderssein, Kritik an den herrschenden Autoritäten oder die Aufklärungsmaxime »Vertrete nichts, wovon Du Dich nicht selbst überzeugt hast!« – um Gottes willen: Juden und Christen predigen Gehorsam – eine Tugend, die aus Nietzsches Sicht die der Schafe und Untermenschen – nämlich der Sklaven – ist. Leistung, Karriere, Erfolg, der natürliche Wunsch, physisch, psychisch und intellektuell stärker sein zu wollen als der Andere – um Gottes willen: Juden und Christen predigen Verzicht: Armut statt Besitz, Karriere nach unten statt nach oben; und wenn dir einer auf die eine Wange schlägt, das Hinhalten auch der anderen. Juden und Christen mit ihrer Pervertierung aller gesunden Triebe: Das Schwache nennen sie stark, und das Starke schwach. Kurzum: Alles, woran und worüber sich natürliche Menschen natürlicherweise freuen, vergiften sie mit dem Einreden der Sünde und des schlechten Gewissens.

Und doch – so Nietzsche weiter – lässt sich die Natur auch von Juden und Christen nicht überlisten. Denn die Natur ist Wille zur Macht – auch in denen, die das Gegenteil von Macht – nämlich Demut, Gehorsam und Verzicht – auf ihre Fahnen schreiben. Hier liegt aus der Sicht des Christenverächters das Verlogene am Judentum und am Christentum. Es sind – so schreibt er – die Schwachen, die von ihrer Veranlagung und Begabung her Unterlegenen, die Mickrigen, Verhuschten, Gehemmten und Verschüchterten, die schon in ihrer Jugend Gekränkten, die Gemiedenen der Spielplätze, die Mauerblümchen der Klassenfeten, – es sind die Außenseiter, die sich in die Frömmigkeit flüchten. Denn dort winkt ihnen eine ungeahnte Möglichkeit, doch noch Macht über andere zu gewinnen. Denn indem sie allem, was sie selbst nicht haben und was sie selbst nicht können, ein schlechtes Gewissen einreden, funktionieren sie

---

1170 Dazu ausführlich mit zahlreichen Belegstellen: U. Willers, Friedrich Nietzsches antichristliche Christologie. Eine theologische Rekonstruktion (ITS 23), Innsbruck 1988, bes. 242–277.

10.2 Die Inkarnierung der Tora

die eigene Schwäche um in ein Instrument der Macht. Sie drehen alles um: Ihre Unterlegenheit deklarieren sie als Tugend der Demut, ihre Entscheidungsschwäche als Tugend des Gehorsams und ihre Unfähigkeit als Verzicht. Gleichzeitig reden sie den anderen, den Überlegenen, Begabten, Leistungsstarken und Erfolgreichen, ein, sie würden das Uneigentliche mit dem Eigentlichen verwechseln, sich selbst statt Gottes Willen verwirklichen und also den Sinn ihres Lebens verfehlen.

Ohne bestreiten zu wollen, dass es innerhalb der Geschichte des Judentums und des Christentums die beschriebene Umwertung aller Werte, Weltflucht und sogar Weltverachtung gegeben hat, lässt sich die Gegenthese gut begründen, dass keine der großen Religionen die Welt, das Diesseits, den Leib, die endliche Zeitspanne des irdischen Lebens und damit auch das, was Menschen in der ihnen zugemessenen Zeitspanne leisten, so hoch bewertet wie die jüdisch-christliche Tradition. Im Horizont des biblischen Schöpfungsgedankens ist das Einzelne, das Konkrete, nicht – wie in der griechischen Philosophie – das Uneigentliche. Im Horizont der jüdisch-christlichen Tradition ist der einzelne Mensch nicht bloßes Exemplar einer Idee oder Gattung, sondern in seiner Endlichkeit und Leiblichkeit etwas ganz und gar Einmaliges. Im Horizont der jüdisch-christlichen Tradition ist der Wille Gottes – das, was der Jude »die Tora« nennt – nicht eine Idee oder eine Weltanschauung, sondern die Übersetzung – die Inkarnation! – des Abstrakten ins Konkrete: in das konkrete Einmaleins meines alltäglichen Lebens.

Hegel hat – wie schon vor ihm Voltaire – die Nase darüber gerümpft, dass sich die Tora (Dtn 23,13f) sogar mit der Beseitigung der Notdurft am Rande des Heerlagers beschäftigt. »Es wäre besser gewesen«, meinte Hegel, »wenn Gott den Juden Belehrung über die Unsterblichkeit der Seele gegeben hätte, als dass er sie lehrte, auf den Abtritt zu gehen«[1171]. Aber die Tora ist penetrant diesseitig. Nichts soll ausgenommen sein. Die gesamte Welt des Menschen soll der Herrschaft Gottes unterstellt werden, damit alles seine Würde und Identität bekommt – im genannten Falle auch ganz schlicht: damit die Hygiene gewahrt wird und die Menschen gesund bleiben.

Für einen Juden ist es ganz und gar unmöglich zu sagen, das Reich Gottes oder die erhoffte Erlösung sei etwas rein Jenseitiges. Für einen Juden ist eines ganz klar: Die Gemeinschaft mit Gott gibt es nicht jenseits der Tora. Und die Tora ist die Übersetzung des Willens Gottes in diese Welt hinein, nicht aus ihr heraus. Für einen Juden ist ganz klar: Liebe zu Gott *ist* Liebe zum Nächsten. Und wenn Jesus Christus sagt: »Wer mich

---

[1171] G. W. F. Hegel, Vorlesungen über die Philosophie der Religion, Bd. I (Suhrkamp-Tb. 16), Frankfurt 1986, 211.

sieht, sieht den Vater«, dann tritt er nicht in Konkurrenz zur Tora, sondern er erhebt den Anspruch, die Tora – den Willen des Vaters – in der Konkretheit seiner dreiunddreißig Lebensjahre zu sein. Was nicht Fleisch wird, was nicht verleiblicht wird, bleibt bloßer Gedanke, abstrakter Begriff oder bloßes Ideal. Das *Denken* der Wahrheit kann sich mit Begriffen und Theorien begnügen. Aber das *Tun* der Wahrheit ist Liebe. Und die ist immer konkret. Von einer der größten Mystikerinnen, von der aus dem Judentum stammenden Teresa von Avila, stammt das Wort: »Wenn dich das Gebet zu Gott emporgerissen hat und dich dann irgendwer um ein Glas Wasser bittet, dann lass um Gottes willen deine Verzückung und renn gefälligst zum Brunnen!«

Man kann gelassen zugeben, dass Nietzsche bestimmte Formen von religiös verbrämter Verlogenheit scharfsinnig demaskiert hat. Aber in seiner Einseitigkeit übersieht er das Entscheidende: Die Toratreue des Juden, der auch im Konzentrationslager nichts tun will, was dem Willen Gottes widerspricht, ist alles andere als Schwäche. Und die Liebe des Gekreuzigten, der für seine Henker betet, ist alles andere als die Tugend verlogener Ohnmacht.

10.2.2 Ein Gott, der sich bindet

Am Anfang der Gotteserfahrung Israels steht der Glaube an den Weg-Gott, an den begleitenden Gott, an den Bundes-Gott. Verdichtet hat sich diese Erfahrung in dem Bild von der Wolke am Sinai und über dem Bundeszelt in der Wüste. Das hebräische Bild der *shekinah* bedeutet: dass JHWH der »Ich-bin-da« ist – im Sinne der ermöglichenden Begleitung und also niemals im Sinne eines Handelns *an* Israel *ohne* Israel, sondern nur *mit* Israel. Vor mehr als viertausend Jahren entkam ein von anderen Völkern unterdrückter Stamm aus seinem versklavten Dasein durch Flucht in die Wüste. Die Bibel verrät uns, warum der Zufluchtsort des befreiten Israel ausgerechnet eine Wüste war. In der Rückschau der Propheten findet sich die Erklärung, dass JHWH dort, wo nichts von ihm ablenkt, gehört werden konnte; dass er dort, wo nichts Lautes ist, das Herz seines Volkes gewinnen konnte. Hosea erinnert an die Jugendtreue Israels, an die Zeit des Anfangs, als es JHWH gelang, seine Braut in die Wüste zu locken, um endlich ihr Herz zu gewinnen (Hos 2,2f).

Aus der Sicht der griechischen Philosophie ist es undenkbar, dass Gott etwas nicht kann, aber will; dass Gott sich nach etwas sehnt, ohne es erreichen zu können; dass Gott sich abhängig macht von der Freiheit seiner eigenen Geschöpfe; dass Gott unter der Perversion der seinen Geschöpfen ein für allemal geschenkten Freiheit leidet. Gott bzw. »das Göttliche«

10.2 Die Inkarnierung der Tora

ist in der Philosophie von Sokrates bis Plotin vollkommene Beziehungs- und Bedürfnislosigkeit und also das Gegenteil dessen, was Israel von seinem Gott sagt und was das Christentum mit dem Dogma von der Trinität ausdrückt.

Viele Kirchenväter sind mehr der griechischen Philosophie als der hebräischen Bibel gefolgt – nicht nur im Griechisch sprechenden Osten, sondern auch im Lateinisch sprechenden Westen. Augustinus z. B. bleibt der neuplatonischen Verhältnisbestimmung von Ewigkeit und Zeit verhaftet. Im elften Buch seiner berühmt gewordenen »Bekenntnisse« beschreibt er die Ewigkeit als ständige Gegenwart, weil in philosophischer Analyse nur das »wirklich« ist, was nicht schon vergangen oder noch zukünftig ist. So gesehen ist die Zeit das Gegenteil der Ewigkeit, nämlich Nicht-mehr-Sein (Vergangenheit) oder Noch-nicht-Sein (Zukunft). Der Mensch kann zwar bewusstseinsmäßig die Vergangenheit und die Zukunft in die eigene Gegenwart holen (durch Erinnerung und Antizipation); aber damit werden Vergangenheit und Zukunft auf die Fassungskraft des einzelnen Subjekts, auf dessen Situation und möglicherweise auch auf dessen Zwecke reduziert. Ähnliches lässt sich von Kants Darstellung der Zeit als Anschauungsform des transzendentalen Bewusstseins sagen: Zeit und Raum sind in seiner Erkenntnislehre Mittel des erkennenden Subjekts, alles mit allem in Beziehung, in Analogie, in Korrelation zu setzen, alles mit allem zu vergleichen. Ganz anders das jüdische Denken: Für Israel ist die Zeit weder eine Anschauungsform des transzendentalen Bewusstseins, noch das Kontinuum, in dem etwas Bestimmtes geschieht, sondern Zeit ist das, was der Schöpfer seiner Schöpfung schenkt, indem er deren Zukunft wird. Prägnant formuliert Franz Rosenzweig: »Nicht in der Zeit geschieht, was geschieht, sondern sie selber geschieht.«[1172] Die Zukunft ist allem Vergangenen und Gegenwärtigen zugleich immanent und transzendent. JHWH ist der »Ich-bin-da« – dies nicht im Modus einer Allgegenwart, sondern im Bild der *shekinah* als die Zukunft, die jeden Punkt von Zeit und Raum bestimmt, ohne ihn zu vereinnahmen. Wenn Juden sich an ihren großen Festtagen an die Ereignisse ihrer Geschichte erinnern – z. B. an das Heilsgeschehen des Exodus oder auch an das Unheilsgeschehen des babylonischen Exils –, dann schauen sie nicht zurück, sondern ehren den Gott, der allem Geschehen, auch den scheinbar ausweglosen Situationen des Unheils, Zukunft schenken kann, wenn möglichst viele von denen, mit denen er kommunizieren will, ihn möglichst vollkommen »hineinlassen« in ihre Gegenwart. Und dieses »Hineinlassen« – das bezeugen alle Propheten Israels – ist irgendwie immer das Befolgen der Tora.

[1172] F. Rosenzweig, Der Mensch und sein Werk, in: Gesammelte Schriften, Bd. III, Den Haag-Dordrecht 1982, 148.

10.3 Die Strategie der Erwählung oder Gott auf dem Weg zur Inkarnation

Wir haben gesagt: Der Schöpfer, den Israel mit dem Tetragramm JHWH bezeichnet, wartet von Seiten jedes Menschen auf eine Beantwortung seiner Liebe. Diese Antwort besteht stets in einer unwiederholbar einmaligen Inkarnierung der Tora in das Da- und Sosein der je singulären Existenz des Einzelnen. Und damit untrennbar verbunden ist ein Zweites: Das Ja-Wort zu JHWHs Erwählung.

JHWH geht es um das Ganze von Schöpfung und Geschichte. Aber er fängt immer an beim Einzelnen. Das bekannteste Beispiel ist Abraham. Da heißt es in Gen 12,1–3: »Der Herr sprach zu Abram: ›Zieh weg aus deinem Land, aus deiner Verwandtschaft und aus deinem Vaterhaus – hinein in das Land, das ich dir zeigen werde. Ich will dich, Abram, zu einem großen Volk machen, ich will dich segnen und deinen Namen groß machen. In dir sollen sich Segen zusprechen alle Geschlechter der Erde‹.« – Aus dem Aufbruch eines einzelnen Menschen soll eine Veränderung von universalem Ausmaß erwachsen. Gott zwingt Abraham nicht, sondern er wirbt um seine Zustimmung. Gott handelt nicht an Abraham ohne Abraham, sondern ganz ausdrücklich mit ihm. Und wie gesagt, Gott fängt ganz klein an. Er setzt keine Massen in Bewegung; er hat für die Veränderung der ganzen Welt niemanden außer diesem Abraham. Gott überfordert Abraham nicht. Er fordert nichts Unmögliches. Äußerlich betrachtet zieht dieser Aramäer von Zeltplatz zu Zeltplatz, plagt sich mit den Problemen, mit denen alle Nomaden zu kämpfen haben. Und doch verbirgt sich hinter der Fassade des Gewöhnlichen etwas ganz Außergewöhnliches. Denn hier beginnt ein Mensch, sein ganzes Leben mit all seinen kleinen Sorgen und Nöten aus dem Hören auf Gott zu gestalten. Etwas abstrakter ausgedrückt: Die Geschichte Abrahams bedeutet, dass an einer Stelle der Welt der Glaube an den biblisch bezeugten Gott die Welt konkret verändert. Und wenn es in Gen 12,1–3 heißt, Abraham werde ein Segen sein, dann heißt das: Abraham und das Neue, das Gott mit ihm in der Welt beginnen lässt, wird denen, die mit Abraham in Berührung kommen, zum Heil gereichen. Auf diese Weise wird Abraham zum Stammvater des Volkes, das Gott erwählt hat – nicht um es abzugrenzen gegen die anderen Völker, sondern damit die anderen in diesem einen Volk erkennen, was eine aus dem Willen Gottes (Tora) lebende Gemeinschaft ist.

Es geht um das Ganze. Aber damit das Ganze erreicht wird, beginnt Gott bei einem einzelnen Menschen an einem bestimmten Ort, bei dem Menschen Abraham, der zum Stammvater des auserwählten Volkes Israel wird. So wird der Text Gen 18,17–19 verständlich. Da sagt Gott: »Ab-

10.3 Die Strategie der Erwählung

raham soll zu einem großen und mächtigen Volk werden; in ihm sollen sich Segen zusprechen alle Völker der Erde. Ich habe ihn nämlich dazu erwählt, dass er seinen Söhnen und seinem Haus, das nach ihm kommt, aufträgt, den Weg des Herrn einzuhalten und Gerechtigkeit und Recht zu üben«.

Von seiner Bedeutung her mit Abraham vergleichbar ist Mose. Auch er ist ein Einzelner, der nicht um seiner selbst willen erwählt wird, sondern für die Anderen. Beim Exodus aus der Sklaverei Ägyptens geht es nicht um die Befreiung des Einzelnen. Vielmehr wird Mose erwählt, damit ein Volk – und mag es in den Augen der Mächtigen noch so gering und klein erscheinen – zu einem Ort der konkreten Darstellung des Willens Gottes (Tora) wird, nicht um seiner selbst willen, sondern für die anderen Völker. Der Exeget Gerhard Lohfink spricht von der Gründung einer »Alternativgesellschaft«. In gewisser Weise – so schreibt er[1173] – darf man sagen, dass diese Alternativgesellschaft am Gottesberg Sinai mit der Übergabe der Tora in Gestalt der beiden steinernen Tafeln mit den zehn Geboten konstituiert wird. Israel wurde aus der Sklaverei befreit, um die von JHWH in Gestalt der Tora geschenkte Freiheit für alle Völker sichtbar – gleichsam als Licht der Welt und als Salz der Erde – darstellen zu können.

Erinnerung ist in Israel viel mehr als das Aufblättern eines Geschichtsbuches oder die Beschwörung der eigenen Identität. Erinnerung ist in Israel – und dann auch innerhalb des Christentums – die je einmalige Übersetzung der Heilsgeschichte in das eigene Handeln, Planen, Denken und Leiden. Die alten Ägypter zum Beispiel erzählten sich zwar ebenso wie Israel Geschichten über den eigenen Ursprung. Aber sie taten dies nicht, um sich von dem einstigen Geschehen kritisch befragen und zu entsprechendem Handeln bewegen zu lassen, sondern um sich in einer Art Vergegenwärtigung ihrer Mythen der eigenen Identität zu versichern.

Der ganze Unterschied zwischen der Erinnerung, die der Selbstvergewisserung dient, und der Erinnerung, die sich von der Geschichte beanspruchen lässt, wird offensichtlich, wenn wir auf eine dritte Person der Geschichte Israels blicken, die von Gott in noch ausgezeichneterer Weise erwählt wurde als Abraham und Mose. Denn sie ist nach biblischem Zeugnis jene bestimmte Stelle in Zeit und Raum, in die Gott selbst sich inkarniert hat: Maria, deren Ja-Wort identisch ist mit der bedingungslosen Befolgung der Tora (des Willens Gottes).

In Maria nimmt die Geschichte Israels noch einmal eine so von niemandem erwartete, alles umstürzende Wendung. Das Umstürzende be-

---

1173 Vgl. G. Lohfink, Braucht Gott die Kirche? Zur Theologie des Volkes Gottes, Freiburg ³1998, 96.

steht allerdings nicht darin, dass die Jüdin Maria sich von der Geschichte Israels distanziert, sondern umgekehrt darin, dass sie die Geschichte Israels so in ihr Leben, Leiden, Denken und Sterben übersetzt, dass sie zum Urbild Israels, zur vollkommenen Antwort an das Wort, ja zu dem Ort wird, in dem Gott selbst – im buchstäblichen Sinn dieses Wortes – »ankommt«.

10.4 Jesus Christus: Der unableitbare Grund und das unableitbare Ziel der Heilsgeschichte

Während die Tora den ewigen Logos nur vermittelt, ist das wahre Menschsein Jesu nicht nur ein Mittel, durch das der Vater seinen Logos in jeden Punkt von Zeit und Raum vermitteln will, sondern der Logos selbst. Das wahre Menschsein Jesu ist nicht die Verkleidung oder Verbergung des Logos, sondern dessen Offenbarung, und zwar so unbedingt, dass man über Gott nichts anderes sagen kann und sagen darf als über das Menschsein Jesu. Eben diesen Sachverhalt drückt der von der griechischen Philosophie geprägte Begriff der hypostatischen Union aus. Die Person, die innertrinitarisch die Selbstaussage des Vaters ist, ist keine andere als die, die Jesus meint, wenn er »Ich« sagt.

10.4.1 Die unableitbare Einzigkeit Jesu Christi

Jedes Geschöpf – auch das kleinste, auch das am Anfang der Evolutionskette stehende – ist vom Schöpfer aus betrachtet nicht nur Objekt, sondern auch – wenngleich im übertragenen Sinn, anfanghaft und rudimentär – ansprechbar, weil es eine gewisse Unableitbarkeit, eine gewisse Singularität und Innerlichkeit aufweist. In jedem Menschen ist diese Innerlichkeit so ausgeprägt, dass der Schöpfer ihn unmittelbar ansprechen kann – natürlich nur insoweit und insofern der Angesprochene dies zulässt. In Maria steht die Frau vor uns, die von Gott gefragt wurde, ob sie es zulassen wolle, dass er selbst in ihr Mensch werde. Und die Bibel bezeugt, dass wenigstens ein Glied des Volkes Israels vollkommen (ohne Beeinträchtigung durch die Sünde) »Ja« gesagt hat zum Willen JHWHs (zur Tora). Marias immakulates Ja-Wort ist die vollkommenste Antwort, die der Schöpfer seit Adam von einem Geschöpf erhalten hat. Gott handelt auch im Falle Marias nicht an seinem Geschöpf ohne oder gegen dieses, sondern mit ihm. Er begnügt sich mit keinem anderen Ja-Wort als einem

10.4 Jesus Christus: Grund und Ziel der Heilsgeschichte

gänzlich freien. Denn »ohne Beeinträchtigung durch die Sünde« bedeutet ja positiv gewendet: »aus reiner Freiheit«.

Vergleicht man allerdings die Innerlichkeit, die Freiheit, das Personsein Marias mit der Innerlichkeit, dem Freisein und dem Personsein des von ihr geborenen Sohnes, dann wird deutlich, warum »dieser Eine« nicht im Sinne eines komparativen Plus aus der Heilsgeschichte abgeleitet werden kann. Denn kein Mensch kann durch die Beantwortung der ihn ansprechenden Liebe seines Schöpfers identisch werden mit dem ewigen Sohn, den wir im christlichen Credo als dem Vater gleichwesentlich bekennen. Eben dies aber ist ja die in unseren Ausführungen immer wieder profilierte Einzigkeit Jesu, dass seine Innerlichkeit, seine Freiheit, seine Personalität im ontischen Sinne identisch ist mit der Innerlichkeit, mit der Freiheit, mit der Personalität des ewigen Sohnes beim Vater.

Jesus ist wahrer Mensch, weil er wahres Geschöpf in dieser Welt (aus Maria) ist. Doch das »Wodurch« seines Geschöpfseins ist nicht identisch mit dem »Wodurch« aller anderen Menschen. Denn der Schöpfungsakt der Inkarnation schenkt dem Geschöpf Jesus *denselben* »Selbststand« (dasselbe Personsein) wie dem innertrinitarischen bzw. präexistenten Sohn. Die damit bezeichnete Einheit eines Geschöpfes mit Gott ist aus den Potentialitäten eines von der Schöpfung selbst hervorgebrachten (von Joseph gezeugten und von Maria geborenen Menschen) nicht erklärlich. Soll die personale Einheit Jesu mit dem präexistenten Sohn nicht als Einheit zwischen zwei differenten Personen missverstanden werden, dann muss die Beziehung, die der Sohn zum Vater im Heiligen Geist ist, – unter den Bedingungen von Raum und Zeit – identisch sein mit der Personalität des Erlösers. Die Inspirationschristologien, welche die Einheit zwischen Jesus Christus und seinem Vater als vom Geist bewirkte Einheit differenter Personen begreifen, bezeichnen die jungfräuliche Empfängnis nicht als Ausweis der Identität des präexistenten Sohnes mit dem historischen Jesus, sondern durchgängig als metaphorischen Ausdruck für den abrahamitischen Glauben einer großen Jüdin. Schon die ältesten Credo-Formeln aber bezeugen ganz eindeutig den wörtlichen Sinn des Dogmas von der jungfräulichen Empfängnis. Denn dieses geschichtliche Faktum bedeutet die Unfähigkeit der Schöpfung (genauerhin eines von Joseph gezeugten und von Maria geborenen Sohnes), so mit Gott-Vater in Beziehung zu treten, dass man im Ergebnis von einer hypostatischen Union zwischen dem innertrinitarischen Sohn und dem Geschöpf Jesus sprechen könnte. Denn keine Person kann eine andere Person werden. Und völlig ausgeschlossen erscheint, dass eine geschaffene Person eine ungeschaffene Person »wird«.

10.4.2 Was Jesus Christus für alle Menschen aller Zeiten getan hat

Allerdings erfasst man die Einzigkeit Jesu Christi nicht schon dadurch, dass man sie ontologisch als aus der Schöpfung und deren Evolution unableitbar ausweist. Denn das Ereignis der Inkarnation erfolgt ja nicht außerhalb von Schöpfung und Heilsgeschichte, sondern ist im Gegenteil der Schlüssel zum Verstehen des Ganzen. Während die Tora ein von JHWH trennbares Mittel ist, ist der Mensch Jesus der von Gott dem Vater auch durch den Tod nicht trennbare Mittler. Und während die Tora für die immer und überall gültige Regel steht, dass JHWH sich als Schöpfer ein für alle Mal dazu bestimmt hat, sich von dem Verhalten der geschöpflichen Freiheit bestimmen zu lassen, wird in Jesus Christus außerdem sichtbar, warum Gott trotzdem – oder besser gesagt: gerade so – der Allmächtige ist.

Wer den Jesus vor Ostern als Anwesenheit Gottes unter dem Mantel seines Gegenteils und Ostern als transgeschichtlichen Selbsterweis des Allmächtigen versteht, hat sich nicht einfach für die Ersetzung der traditionell dominierenden Inkarnationschristologie (Weihnachtschristologie) durch eine Auferweckungschristologie (Osterchristologie) entschieden, sondern – was viel schwerer wiegt – den entscheidenden Akt der Selbstoffenbarung Gottes aus der Geschichte heraus in eine transgeschichtliche Ebene verlagert.

Eine solche Zwei-Stockwerke-Christologie bedeutet zweierlei Theologie: In den dreiunddreißig Jahren des Lebens und Sterbens Jesu verbirgt Gott sich bis hin zur Darstellung seines eigentlichen Wesens (absoluter Allmacht) unter dessen Gegenteil (der gekreuzigten Ohnmacht). Und danach zeigt er dann, wer er eigentlich ist, im Geschehen nämlich der Auferweckung des toten Jesus. Eine solche Zwei-Stockwerke-Christologie verrät den innersten Kern des Christentums. Denn dieser liegt im Geheimnis der hypostatischen Union, in dem Bekenntnis zur personalen Identität des Menschen Jesus mit dem innertrinitarischen Logos von der Stunde der Empfängnis durch Maria an. Alles im Christentum hängt davon ab, dass Gott sich selbst in den dreiunddreißig Lebensjahren eines einzelnen Menschen so ausgesagt hat, dass man nichts über Gott sagen kann, was man nicht auch über Jesus von Nazaret sagen kann. Und daraus folgt: Man kann auch über die Allmacht des Vaters im Himmel nicht anders reden als über die Allmacht Jesu Christi. Gott der Vater ist nicht anders allmächtig als der Gekreuzigte, dem die Schriftgelehrten zurufen: »Steig doch herab, wenn du der Messias bist. Steig doch herab, wenn du bist, was du sein willst!« (Mk 15,31fparr). Nein, er *kann* nicht herabsteigen; und zwar deshalb nicht, weil der trinitarische Gott sich mit keinen anderen Mitteln als denen der wehrlosen Liebe durchsetzt. Der trinitarische

10.4 Jesus Christus: Grund und Ziel der Heilsgeschichte

Gott[1174] ist unbedingte Liebe. Der trinitarische Gott wollte eine Schöpfung, die wirklich – und nicht nur scheinbar – zur Freiheit bestimmt ist. Und deshalb *kann* der Jesus, der diesen trinitarischen Gott personal offenbart, die Freiheit derer, die ihn foltern und töten, nicht aufheben[1175]. Wäre das Ostergeschehen – vor diesem Hintergrund – ein einseitiges Handeln des Vaters an dem toten Jesus – *an* ihm *ohne* ihn statt *mit* ihm – dann wäre gerade das Kreuzesgeschehen nicht Offenbarung, sondern Verbergung Gottes. Doch der heidnische Hauptmann, dem der Evangelist Markus unter dem Kreuz die Worte in den Mund legt: »Wahrhaftig, dieser Mensch war Gottes Sohn« (Mk 15,39), versteht, wie untrennbar das Handeln Gottes von dem Handeln Jesu ist. An seinen Worten und Taten war der Wille Gottes (die Tora) so unbedingt ablesbar, dass er von sich sagen durfte: »Wer mich sieht, sieht den Vater!« Deshalb bleibt er auch in der Stunde, in der er – als wahrer Mensch – den physischen Tod, das Realsymbol der Trennung von jedwedem Sinn, von jedweder Hoffnung, kurz: von Gott – erleidet, in der klagenden, anklagenden, aber betenden Beziehung zum Vater. Deshalb ist sein physischer Tod, wie die Osterpräfation formuliert, der Sieg über den von der Sünde erwirkten eigentlichen Tod der Trennung von Gott. Oder anders formuliert: Jesus hat in seinem Sterben den von der Sünde bewirkten Nexus zwischen physischem Tod und eigentlichem Tod (Trennung von Gott) zerrissen. Seitdem ist er der Weg zum Vater für jeden, der ihn ähnlich konkret wie der Jude die Tora »hineinlässt« in sein Leben und Sterben. Und auch die Tora ist seit Ostern mehr als vor Ostern. Sie ist ähnlich wie die sieben Sakramente der Christenheit ein von Christus untrennbares Realsymbol der Gemeinschaft mit Gott. Denn wer sie nicht nur äußerlich befolgt oder zum Mittel seiner Selbstrechtfertigung degradiert; wer sie wie Jesus als Gnade des Vaters versteht, der wird durch ihre Inkarnation in das eigene Leben christusförmig – auch dann, wenn er Jesus nicht als den Christus bekennt. Denn Christus hat die Tora nicht aufgehoben, sondern durch sein Leben und Sterben fortbestimmt zu einem Sakrament der Gemeinschaft mit dem Vater.

1174 »Gott so als sich entäußernde vollkommene Freiheit denken, die allmächtig bleibt, weil sie nur so das Reich der Freiheit voll verwirklichen kann, aber auch in ihrer Entäußerung die Ohnmacht der Liebe, der absoluten Anerkennung anderer Freiheit lebt, die ewig und geschichtlich, unendlich und endlich ist, heißt Gott christlich, d. h. trinitarisch denken« (L. Oeing-Hanhoff, Das Reich der Freiheit als absoluter Endzweck der Welt. Tübinger und weitere Perspektiven, in: J. Simon [Hg.], Freiheit. Theoretische und praktische Aspekte des Problems, Freiburg/München 1977, 55–83; 78).

1175 Sören Kierkegaard zieht aus dieser Feststellung den Schluss: »Wohl wahr, das Christentum will keinem aufgezwungen werden. Nein, aber das Christentum will, dass seine Anhänger die Welt durch Leiden zwingen sollen, Christen zu werden« (S. Kierkegaard, Die Tagebücher, Bd. II. 1849–1855, hg. v. T. Haecker, Innsbruck 1923, 229).

10. Jesus Christus als Alpha und Omega

Was sich auch durch das Christusereignis in keiner Weise geändert hat, das ist die von den gläubigen Juden bis in die Konzentrationslager der Nazis bezeugte Art und Weise des Handelns Gottes in der Welt. Auch Jesus Christus setzt das Grundgesetz des Schöpfers nicht außer Kraft. Im Gegenteil, er bezeugt den Schöpfer als die Liebe, die wirkliche Freiheit ermöglicht und niemals widerruft. Er bezeugt den Vater als den, der nicht anders mächtig ist als in Gestalt der Liebe, die mit ihrem Verzicht auf jeden Zwang, auf jede Gewalt, bis zur Konsequenz des Kreuzes geht. Ostern glauben heißt glauben, dass die gekreuzigte Liebe identisch ist mit der im Credo bekannten Allmacht Gottes. Ostern glauben heißt glauben, dass die am Karfreitag scheinbar erledigte Liebe Jesu stärker ist als alle zerstörerischen Mächte einschließlich der des Todes.

Der jüdisch-christliche Dialog der vergangenen Jahrzehnte hat immer wieder erkennen lassen, dass genuin jüdisches Denken die erlösende und befreiende Gemeinschaft mit Gott nicht einfach »von oben« erwartet, sondern an die Erfüllung der Tora bindet. Vor diesem Hintergrund ist das Beten – insbesondere das Bitten – nicht das Hoffen auf ein einseitiges Handeln Gottes am Menschen, sondern Ausdruck des Bundesgedankens, Ausdruck einer »Kooperation« zwischen Gott und Mensch.

Der Jude Jesus hat Angst, so sehr Angst, dass er in der Ölbergnacht Blut schwitzt; er ringt mit seinem Gott; er schreit nach ihm; dennoch erwartet er von dem Gott, den er seinen Vater nennt, nicht die Außerkraftsetzung der Naturgesetze, eine wundersame Errettung oder eine plötzliche Intervention. Am Ende seines Betens steht ein gänzliches Sich-dem-Vater-Überlassen – gekleidet in die Worte: »Deine Tora (Dein Wille) geschehe!«

Nicht selten hat man aus diesem Wort Jesu »Vater, Dein Wille geschehe!« gefolgert, dass der Vater den Tod seines Sohnes wollte. Doch das glatte Gegenteil ist richtig. Der Gott, der unbedingte Liebe ist, will den Kreuzweg seines Sohnes nicht – ganz und gar nicht! Die Wahrheit ist eine andere: Er *kann* diesen Kreuzweg nicht verhindern.

Ein Gott, der nichts kann; der sich annageln lässt? Ein ohnmächtiger Gott? Ist das nicht das Ende jedes sinnvollen Glaubens und Hoffens, jedes sinnvollen Betens und Bittens?

Ja gewiss! Allerdings nur unter der Voraussetzung, dass der kreuzigende Hass stärker war als die wehrlose Liebe des Gekreuzigten. Nur unter der Voraussetzung, dass die angenagelte Liebe Jesu am Kreuz erledigt wurde[1176].

1176 Ohne den Glauben an die Identität der gekreuzigten Liebe mit der im Credo affirmierten Allmacht Gottes wird die gekreuzigte Liebe zur ohnmächtigen Liebe. Simone Weil – als geborene Jüdin »ein Leben lang auf dem Weg zu Christus« (S. Goerlich,

10.4 Jesus Christus: Grund und Ziel der Heilsgeschichte

Wenn die Christenheit in der Todesstunde Jesu am Karfreitag aufgefordert wird, ein Kreuz zu küssen, dann nicht irgendein Kreuz; das wäre pervers; nein, das Kreuz Jesu, dessen Liebe das Kreuz nicht verhindert und doch besiegt hat. Christen bekennen mit der Kreuzverehrung etwas Ungeheuerliches. Denn sie bekennen sich zu einem Gott, der sich in Jesus Christus als er selbst offenbart hat. Und das heißt doch: Sie bekennen sich zu einem Gott, der sich lieber kreuzigen lässt als irgendetwas mit Gewalt zu erzwingen; der aber gerade so – im Modus wehrloser Liebe – auch *mein* Kreuz verklären, verwandeln und also besiegen kann.

Nicht zufällig ist das Kreuzzeichen die Darstellung Christi schlechthin und das Erkennungszeichen der Christen überhaupt geworden. Keineswegs zufällig stellen Christen das Kreuz nicht nur in ihre Kirchen, sondern auch auf Dächer, Türme und Gipfel. Wäre der Karfreitag die Verborgenheit Gottes unter seinem Gegenteil, dann wäre wohl statt des Kreuzzeichens das V-Zeichen für »Victory« das angemessene Logo der Christenheit. Der Sieg der gekreuzigten Liebe ist *sichtbar* geworden in der leibhaftigen Auferstehung des Gekreuzigten und in den Selbstbekundungen des Auferstandenen. Aber der eigentliche Kern des Christusereignisses ist die Innenseite von Ostern, nämlich dies, dass Jesus als wahrer Mensch – in allem uns gleich außer der Sünde – auf Grund seiner Beziehung zum Vater für alle Menschen aller Zeiten den Nexus zwischen dem physischen Tod und dem eigentlichen Tod der Trennung von Gott zerrissen hat. Wer sich mit dem Kreuzzeichen segnen lässt bzw. selbst bekreuzigt, schreibt über das eigene Leben den festen Glauben daran, dass die gekreuzigte Liebe stärker ist als alle anderen Mächte. Wer sich mit dem Kreuzzeichen zu Jesus Christus bekennt, erinnert sich nicht nur an Christus, sondern lässt sich im Heiligen Geist einbeziehen in seine gekreuzigte Liebe.

Sehnsucht nach der Wahrheit. Ein Versuch, Simone Weil zu verstehen (BDS 41), hg. v. K.-H. Menke, Würzburg 2006, 173) – glaubt an »die Macht der wehrlosen Liebe«; deshalb bekennt sie: »Die Zeit ist das Warten Gottes, der um unsere Liebe bettelt.« Emanuel Levinas setzt dagegen: »Die Zeit ist das Warten Gottes, der unsere Liebe befiehlt.« Statt Werbung Gottes also sein Befehl, statt ästhetischer Lockung eine ethische Vorladung vor das Tribunal unendlicher Verantwortung. Dem verstorbenen Aachener Bischof Klaus Hemmerle hat Emanuel Levinas geantwortet: »Die Wehrlosigkeit hier kostet sehr viele leidende Menschen. Darf man das so sagen? Wissen Sie, wir sind hier nicht in einer Disputatio über das Mitleiden Gottes. Wissen Sie, ich verstehe diese Wehrlosigkeit nicht, heute nach Auschwitz. Manchmal scheint mir das, was in Auschwitz dort passiert ist, einen Sinn zu haben, als ob der liebe Gott eine Liebe verlangt, die ganz ohne Versprechen ist. Das denke ich mir so: Der Sinn von Auschwitz ist ein Leiden, ein Glauben ganz ohne Versprechen. [...] Und dann sage ich mir: aber das kostet zu viel – nicht den lieben Gott, sondern die Menschheit« (E. Levinas, Judentum und Christentum nach Rosenzweig. Ein Gespräch, in: K. Hemmerle, Ausgewählte Schriften, Bd. V. Gemeinschaft als Bild Gottes [Beiträge zur Ekklesiologie], hg. v. R. Feiter, Freiburg 1996, 326–340; 331).

10.5 Die Hoffnung auf das In-Sein Jesu Christi in allen und in allem

Genau genommen ist das so genannte Fest des Heiligen Geistes gar kein eigenes Fest neben dem Christus-Fest. Denn die Kirche feiert fünfzig Tage das Christus-Fest; und der fünfzigste Tag des Christus-Festes ist Pfingsten. Der Heilige Geist ist ja keine zweite Selbstoffenbarung Gottes neben der in Jesus Christus, sondern auf doppelte Weise deren Ermöglichung. Dass der Vater ganz im Sohn und der Sohn ganz im Vater ist, ohne dass die eine Person die Differenz der anderen Person aufhebt; und dass Gott als Sohn so in dem Menschen Jesus sein kann, dass dieser als wahrer Mensch die Beziehung des ewigen Sohnes zum Vater lebt, das ist das Phänomen des Heiligen Geistes. Aber nicht nur dies, sondern auch das entsprechende »In-Sein« (das entsprechende »Einwohnen«) des gekreuzigten und auferstandenen Jesus Christus in jedem einzelnen Gläubigen[1177].

Die Geistsendung ist nicht etwas neben dem Ereignis der Inkarnation, sondern geradezu dessen Potenzierung (1 Kor 15,44f; 2 Kor 3,17f). Denn darin erst gipfelt die Bewegung des trinitarischen Gottes von oben nach unten, dass Christus sich nicht ohne das Geben derer verschenkt, die ihn empfangen. Durch die Geistsendung werden die Sünder zu Söhnen, werden die Empfänger zu Akteuren Jesu Christi. Wer sich von Christus im Heiligen Geist ergreifen lässt, verändert die Welt durch dieselbe Proexistenz (Phil 2,3–5; Röm 15,1–3), die sich gerade deshalb als mächtig erwiesen hat, weil sie in den Augen der Welt ohn-mächtig war. Auferstehung, Erhöhung und Geistsendung des gekreuzigten Erlösers sind keine machtvollen Triumphe, sondern das Gegenteil: die bleibende Präsenz jener durchbohrten Liebe, die nichts erzwingt und gerade so stärker ist als der Tod.

Immer wieder hat es im Laufe der Kirchengeschichte Versuche gegeben, den Heiligen Geist gleichsam als Bewegung von unten nach oben neben den Sohn als die inkarnatorische Bewegung von oben nach unten zu stellen. Joachim von Fiore zum Beispiel erträumte nach einem Zeitalter des Vaters und des Sohnes das des Heiligen Geistes. Und er verstand darunter ein von der Last des Institutionellen und Rechtlichen gereinigtes Christentum der geistgewirkten Unmittelbarkeit zu Gott. Die Heilige

---

1177 »Heiligung ist als gott-menschliches Tun zu verstehen, weil es keine autonome Ethik des christlichen Tuns geben kann, die lediglich im positiven Gebot ein höheres, aber heteronomes Motiv und in der Gnade nur einen zusätzlichen, aber nicht notwendigen Impuls fände« (G. L. Müller, Gemeinschaft und Verehrung der Heiligen. Geschichtlich-systematische Grundlegung der Hagiologie, Freiburg 1986, 140).

10.5 Das In-sein Jesu Christi in allen und in allem

Schrift aber lässt nicht den geringsten Zweifel daran, dass der Heilige Geist nur da ist, wo Menschen mit ihrem Glauben ins Fleisch gehen statt aus der Welt zu fliehen. Von daher ist Jesus in der Erfüllung der Tora, in der Solidarität mit dem Nächsten, in der unbedingten Anerkennung *des* Anderen – und *nur* so! – der vom Geist gesalbte Sohn Gottes.

Weil Jesus inkarnatorische Selbsthingabe *ist*, kann Paulus sagen, dass er das lebendigmachende »pneuma« *ist* (2 Kor 3,17; 1 Kor 15,45; Röm 8,9–11). Er ist nicht nur die Offenbarkeit des Willens des Vaters (Tora), sondern auch die Offenbarkeit des Einseins mit dem Willen des Vaters und also des Geistes, von dem die Pfingstlieder sagen, er heile, was verwundet ist, er tränke, was verdorrt ist, und beuge, was verhärtet ist. Der Heilige Geist ist die Ausweitung der inkarnatorischen Bewegung des Sohnes auf alle, die sich von ihm ergreifen lassen. In ihnen nimmt Christus durch den Geist Gestalt an (Gal 4,19; Röm 8,29), indem er sie befähigt, nicht nur Empfänger, sondern auch Täter seiner herabsteigenden Liebe zu werden.

Da Christi Selbsthingabe erst im mitvollziehenden Für-Sein der von ihm durch den Geist ergriffenen Sünder zum Ziel kommt, ist Gnade bzw. Erlösung immer schon Gnade Jesu Christi *und* seines Leibes, der Kirche. Der auferstandene und erhöhte Erlöser schafft sich durch den Heiligen Geist einen irdischen Leib (1 Kor 12,14–26; Kol 1,18.24; 3,15; Eph 1,22f; 4,12–16), durch dessen Glieder er überall und immer die »Herrlichkeitsgestalt« (Hans Urs von Balthasar) sein kann, die alle Abgründe der Sinnlosigkeit unterfassen und verwandeln will. So gesehen ist die Gemeinschaft derer, die im Zeichen der Taufe Glieder des inkarnierten Erlösers geworden sind, »Sakrament« bzw. »Zeichen und Werkzeug für die innigste Vereinigung mit Gott wie für die Einheit der ganzen Menschheit« (LG 1).

Vieles spricht dafür, dass die Kirche im Verlaufe des ersten Jahrtausends jene sieben Zeichen als »Sakramente« definiert hat, in deren Vollzug sie sich selbst erneuert, um zu werden, was sie sein soll: die umkehrende, zu den anderen Brüdern und Schwestern »herabsteigende« und den Sieg des Gekreuzigten (die Auferstehung) im Tun bezeugende Gemeinde. Die Taufe wird ja nicht deshalb gespendet, weil es außerhalb dieses Zeichens keine Gemeinschaft mit Gott und also kein Heil gäbe; sondern wer die Taufe empfängt, wird berufen, auf je einmalige Weise die inkarnatorische Bewegung des Sohnes im Heiligen Geist mitzuvollziehen. Dasselbe gilt in noch deutlicherer Weise von der Firmung, der Priesterweihe und dem Ehesakrament. Diese Sakramente empfängt niemand nur für sich selbst, nicht einmal primär für sich selbst, sondern um für »die anderen« auf bestimmte Weise wirksames Zeichen (Sakrament) Jesu Christi sein zu können. Auch das Bußsakrament darf nicht heilsindividualistisch missverstanden werden. Vergebung empfangen kann man auch auf nichtsakramentale Weise; wer aber das Sakrament der Versöhnung empfängt, ist bereit, handelnd zu bezeugen, was er selbst empfangen hat. Ähnliches gilt für die Krankensalbung, die wohl am gründlichsten privatisiert und somit ihres sakramentalen Charakters beraubt wurde. Natürlich wird der Gott, der die Liebe ist, sich dem Gebet eines Kranken um Heilung nicht verschließen; und natürlich kann Gott auch auf nichtsakramentale Weise dem Kranken seine Nähe schenken. Wer das Sakrament der Krankensalbung empfängt, will durch und mit Christus die ihn zerstörende Krankheit so annehmen, dass ihre Sinnlosigkeit unterfasst und also zu einem Zeichen (Sakrament) der Hoffnung für alle wird, die keine Hoffnung haben. Wir empfangen die Sakramente primär, um das Sakrament »Kirche« *sein* zu können. Und wir empfangen besonders häufig die Eucharistie, weil sie das Sakrament der inkarnatorischen Selbsthingabe des Erlösers und also die Quelle unserer eigenen Sendung ist. Wenigstens einmal im Jahr, am Gründonnerstag, erinnert die Kirche in aller Ausdrücklichkeit an die Untrennbarkeit der eucharistischen Communio von der fußwaschenden Liebe zum Nächsten. So wird deutlich, dass niemand den Auferstandenen »für sich haben« kann, ohne seine alles unterfassende Inkarnation mitzuvollziehen. Vor diesem Mitvollzug steht das Empfangen. Aber wer in Taufe, Firmung und Eucharistie dem bis ans Kreuz herabgestiegenen Sohn »zugesellt« (Ignatius von Loyola) wird, pervertiert die ihm geschenkte *communio*, wenn er sie nicht als *missio* und *diaconia* lebt.

Man bekommt die Einzigkeit Jesu Christi nicht in den Blick, solange man seine Beziehung zum Vater nur als Bewegung von unten nach oben und nicht auch als inkarnatorische Bewegung von oben nach unten versteht. Jesus ist nicht schon deshalb der Weg, die Wahrheit und das Leben für alle Menschen aller Zeiten, weil er im Vertrauen auf seinen Abba alle persönliche Angst überwindet oder sich selbst und alles Endliche auf den Vater bezieht. Dann wäre er zwar ein Beispiel gelungenen Menschseins, aber nicht der Christus für alle Menschen aller Zeiten. Nein, Jesu Einzigkeit liegt darin, dass er seine den Tod besiegende Beziehung zum Vater bis in den kreuzigenden Hass verweigerter Beziehung (in die Hölle) trägt und den Sündern die Umkehrung ihrer Sünde in Sohnschaft ermöglicht – nicht in der Gewissheit, wohl aber in der unbedingten Hoffnung, einmal »alles in allen und in allem« (Eph 1,3–14; Kol 1,15–20) zu sein.

Abkürzungsverzeichnis

Alle Abkürzungen – außer den hier genannten – folgen dem *Internationalen Abkürzungsverzeichnis für Theologie und Grenzgebiete* von Siegfried M. Schwertner (IATG[2]).
Wenn Werke antiker oder mittelalterlicher Autoren nicht ausgeschrieben sind, werden die im Lexikon für Theologie und Kirche (Nachtragsband XI, Freiburg 2001, 735–742) vorgeschlagenen Abkürzungen verwandt.

Bardy = G. Bardy, Recherches sur Lucien D'Antioche et son école, Paris 1936.
Brox I-V = Irenäus von Lyon. Adversus haereses. Griechisch.Lateinisch. Deutsch, 5 Bde. (FC 8/1–6), eingel., übers. u. hg. v. N. Brox, Freiburg 1993/ 95/ 97/2001.
Bruns I-II = Theodor von Mopsuestia, Katechetische Homilien. Deutsch, 2 Bde. (FC 17/1-2, eingel., übers. aus dem Griech. u. hg. v. P. Bruns, Freiburg 1994/95.
Fischer = Die Apostolischen Väter. Griechisch und Deutsch, eingel., übers. u. hg. v. J. A. Fischer, Darmstadt 1986).
Görgemanns/Karpp = Origenes, Vier Bücher von den Prinzipien. Lateinisch und Deutsch, eingel., übers. u. hg. v. H. Görgemanns u. H. Karpp, Darmstadt 1985.
Goodspeed = Edgar J. Goodspeed, Die ältesten Apologeten, Göttingen [3]1984 (Justin, Apologia I SS. 26–77; Apologia II SS. 78–89; Dialogus cum Tryphone SS. 90–265).
Grillmeier I, II/1, II/2 = A. Grillmeier, Jesus der Christus im Glauben der Kirche, Bd. I. Von der apostolischen Zeit bis zum Konzil von Chalcedon (451), Freiburg [3]1990; Bd. II/1. Das Konzil von Chalcedon (451). Rezeption und Widerspruch (451–518), Freiburg [2]1991; II/2. Die Kirche von Konstantinopel im 6. Jahrhundert, Freiburg 1989.
Lietzmann = H. Lietzmann, Apollinaris von Laodicea und seine Schule. Texte und Untersuchungen, Hildesheim 1970.
Opitz = H.-G. Opitz, Urkunden zur Geschichte des arianischen Streites (318-328). Athanasius' Werke III/1, Lfg. 1 u. 2, Berlin/Leipzig 1934/35.
Scheel = Augustins Enchiridion (SQS II/4), textkritisch ediert v. O. Scheel, Tübingen [3]1937.
Sieben[1] = Basilius von Cäsarea, De Spiritu Sancto. Griechisch und Deutsch (FC 12), eingel., übers. u. hg. v. H. J. Sieben, Freiburg 1993.
Sieben[2] = Gregor von Nazianz, Orationes theologicae. Griechisch und Deutsch (FC 22), eingel., übers. u. hg. v. H. J. Sieben, Freiburg 1996.
Sieben[3] = Tertullian, Adversus Praxean. Lateinisch und Deutsch (FC 34), eingel., übers. u. hg. v. H. J. Sieben, Freiburg 2001.

Literatur

Die Väterschriften und ihre Ausgaben sind bibliographisch nicht erfasst, können aber über das Namensregister rasch erschlossen werden. Benutzt wird jeweils die neueste textkritische Ausgabe (CCL; CSEL; GCS), sonst PG/PL. Fragmentesammlungen und Übersetzungen sind im Abkürzungsverzeichnis erfasst.

Abramowski, L., Der Streit um Diodor und Theodor zwischen den beiden ephesinischen Konzilien, in: ZKG 67 (1955/56) 252–287.
Abramowski, L., Ein unbekanntes Zitat aus Contra Eunomium des Theodor von Mopsuestia, in: Mus 71 (1958) 97–104.
Abramowski, L., Eunomios, in: RAC 6 (1966) 936–947.
Abramowski, R., Der theologische Nachlass des Diodor von Tarsus, in: ZNW 42 (1949) 19–69.
Ackermann, S., Kirche als Person. Zur ekklesiologischen Relevanz des personal-symbolischen Verständnisses der Kirche (StSSTh 31), Würzburg 2001.
Ahlers, R., Der »Bund Gottes« mit den Menschen. Zum Verhältnis von Christen und Juden (Theologische Texte und Studien 11), Hildesheim 2004.
Aklé, Y. (Hg.), Wege afrikanischer Christologie (TDW 3), Freiburg 1989.
Albrecht, B., Eine Theologie des Katholischen. Einführung in das Werk Adrienne von Speyrs, Bd. I. Durchblick in Texten, Einsiedeln 1972.
Amir, Y., Jeremias Wort vom neuen Bund. Eine jüdische Auslegung, in: E. Brocke/H.-J. Barkenings (Hgg.), »Wer Tora vermehrt, mehrt Leben« (FS Heinz Kremers), Neukirchen 1986, 158–171.
Anderson, N., The Mystery of the Incarnation, London 1978.
Andresen, C., Justin und der mittlere Platonismus, in: ZNW 44 (1952/53) 157–195.
Anselm von Canterbury, Cur Deus homo. Warum Gott Mensch geworden ist. lat.-deutsch, hg. v. F. S. Schmitt, Darmstadt ³1973.
Arens, E., Christopraxis. Grundzüge theologischer Handlungstheorie, Freiburg 1992.
Arens, H., Die christologische Sprache Leos des Großen. Analyse des Tomus an den Patriarchen Flavian (FThSt 122), Freiburg 1982.
Arnold, G., Die erste Liebe der Gemeinen Jesu Christi – das ist Wahre Abbildung der ersten Christen nach ihrem lebendigen Glauben und Leben, Frankfurt ²1700.
Arzubialde, S., Los misterios de la vida de Cristo nuestro Señor, in: Manresa 64 (1992) 5–14.
Augstein, R., Jesus Menschensohn, Gütersloh 1972.
Aulén, G., Die drei Haupttypen des christlichen Versöhnungsgedankens, in: ZSTh 8 (1931) 501–538.
Avemarie, F., Tora und Leben. Untersuchungen zur Heilsbedeutung der Tora in der frühen rabbinischen Literatur (TSAJ 55), Tübingen 1996.
Backes, I., Die Christologie des hl. Thomas von Aquin und die griechischen Kirchenväter, Paderborn 1931.

Backes, I., Die christologische Problematik der Hochscholastik und ihre Beziehung zu Chalcedon, in: A. Grillmeier/H. Bachl (Hgg.), Das Konzil von Chalcedon. Geschichte und Gegenwart, Würzburg 1953, 923–939.
Backhaus, K., Der Neue Bund und das Werden der Kirche. Die Diatheke – Deutung des Hebräerbriefs im Rahmen der frühchristlichen Theologiegeschichte (NTA NF 29), Münster 1996.
Backhaus, K., Gottes nicht bereuter Bund. Alter und neuer Bund in der Sicht des Frühchristentums, in: Ekklesiologie des Neuen Testaments (FS Karl Kertelge), hg. v. R. Kampling u. T. Söding, Freiburg 1996, 33–55.
Bader G., Sünde und Bewusstsein der Sünde. Zu Schleiermachers Lehre von der Sünde, in: ZThK 79 (1982) 60–79.
Bahrdt, K. F., Ausführung des Plans und Zwecks Jesu. In Briefen an Wahrheit suchende Leser, 11 Bde., Berlin 1784–92.
Baigent M./Leigh, R., Verschlusssache Jesus. Die Qumranrollen und die Wahrheit über das frühe Christentum, München 1991.
Balthasar, H. U. v., Herrlichkeit. Eine theologische Ästhetik: Bd. I. Schau der Gestalt, Trier ³1988; Bd. II/1. Fächer der Stile, Klerikale Stile, Einsiedeln ³1984; Bd. II/2. Fächer der Stile. Laikale Stile, Einsiedeln ³1984; Bd. III/1/A. Im Raum der Metaphysik. Teil I. Altertum, Einsiedeln ²1975; Bd. III/1/B. Im Raum der Metaphysik. Teil II. Neuzeit, Einsiedeln ²1975; Bd. III/2/B. Theologie. Neuer Bund, Trier ²1988.
Balthasar, H. U. v., Theodramatik: Bd. I. Prolegomena, Einsiedeln 1973; Bd. II/1. Die Personen des Spiels. Der Mensch in Gott, Einsiedeln 1976; Bd. II/2. Die Personen des Spiels. Die Personen in Christus, Einsiedeln 1978; Bd. III. Die Handlung, Einsieden 1980; Bd. IV. Das Endspiel, Einsiedeln 1983.
Balthasar, H. U. v., Theologik: Bd. I. Wahrheit der Welt, Einsiedeln ²1985; Bd. II. Wahrheit Gottes, Einsiedeln 1985; Bd. III. Der Geist der Wahrheit, Einsieden 1987.
Balthasar, H. U. v., Epilog, Einsiedeln/Trier 1987.
Balthasar, H. U. v., Analogie und Dialektik. Zur Klärung der theologischen Prinzipienlehre Karl Barths, in: DT(P) 22 (1944) 171–216.
Balthasar, H. U. v., Cordula oder der Ernstfall, Einsiedeln ⁴1987.
Balthasar, H. U. v., Crucifixus etiam pro nobis, in: IKaZ 9 [1980] 26–35.
Balthasar, H. U. v., Das Ganze im Fragment. Aspekte der Geschichtstheologie, Freiburg ²1990.
Balthasar, H. U. v., Der antirömische Affekt. Wie lässt sich das Papsttum in der Gesamtkirche integrieren?, Freiburg 1974.
Balthasar, H. U. v., Der Christ und die Angst, Trier ⁶1989.
Balthasar, H. U. v., Die neue Theorie von Jesus dem »Sündenbock«, in: IKaZ 9 [1980] 184f.
Balthasar, H. U. v., Du krönst das Jahr mit Deiner Huld. Radiopredigten, Einsiedeln 1982.
Balthasar, H. U. v., Einsame Zwiesprache. Martin Buber und das Christentum, Köln/Olten 1958.
Balthasar, H. U. v., Eros und Caritas, in: Seele 21 (1939) 154–157.
Balthasar, H. U. v., Gelebte Kirche: Bernanos, Trier ³1988.
Balthasar, H. U. v., Heilsgeschichtliche Überlegungen zur Befreiungstheologie, in: K. Lehmann (Hg.), Theologie der Befreiung (SlgHor NF 10), Einsiedeln 1977, 155–171.

Balthasar, H. U. v., Juan de la Cruz, in: Ders., Herrlichkeit. Eine theologische Ästhetik, Bd. II/2. Fächer der Stile. Laikale Stile, Einsiedeln 1962, 465–531.
Balthasar, H. U. v., Karl Barth. Darstellung und Deutung seiner Theologie, Köln 1951, Einsiedeln ⁴1976.
Balthasar, H. U. v., Katholisch. Aspekte des Mysteriums, Einsiedeln 1975, 17–29.
Balthasar, H. U. v., Kosmische Liturgie. Das Weltbild Maximus' des Bekenners, Einsiedeln ³1988.
Balthasar, H. U. v., Leben aus dem Tod, Einsiedeln ³1997.
Balthasar, H. U. v., Mysterium Paschale, in: Mysterium Salutis, Bd. III/2. Das Christusereignis, hg. v. J. Feiner u. M. Löhrer, Einsiedeln 1969, 133–326.
Balthasar, H. U. v., Parole et Mystère chez Origène, Paris 1957.
Balthasar, H. U. v., Pneuma und Institution. Skizzen zur Theologie IV, Einsiedeln 1974.
Balthasar, H. U. v., Spiritus Creator. Skizzen zur Theologie III, Einsiedeln 1967.
Balthasar, H. U. v., Sponsa Verbi. Skizzen zur Teologie II, Einsiedeln ²1972.
Balthasar, H. U. v., Theologie der Geschichte. Ein Grundriss, Einsiedeln ⁶1979.
Balthasar, H. U. v., Verbum Caro. Skizzen zur Theologie I, Einsiedeln 1960.
Bannach, K., Die Lehre von der doppelten Macht Gottes bei Wilhelm von Ockham. Problemgeschichtliche Voraussetzungen und Bedeutung, Wiesbaden 1975.
Bantle, F. X., Unfehlbarkeit der Kirche in Aufklärung und Romantik. Eine dogmengeschichtliche Untersuchung für die Wende vom 18. zum 19. Jahrhundert (FThSt 103), Freiburg 1976.
Bardy, G., Recherches sur S. Lucien d'Antioche et son école, Paris 1936, 252–274.
Barth, K., Christus und Adam nach Röm 5 (ThSt[B] 35), Zollikon/Zürich 1952.
Barth, K., Die Kirche und die Kirchen (TEH 27), München 1935.
Barth, K., Die Kirchliche Dogmatik [KD] Bde. I/1–2. Die Lehre vom Wort Gottes. Prolegomena zur Kirchlichen Dogmatik, München 1935 bzw. Zollikon/Zürich 1948; Bde. II/1–2. Die Lehre von Gott, Zollikon/Zürich 1940/42; Bde. III/1–4. Die Lehre von der Schöpfung, Zollikon/Zürich 1948/48/50/57; Bde. IV/1–3. Die Lehre von der Versöhnung, Zollikon/Zürich 1953/55/59.
Barth, K., Die Lehre von den Sakramenten, in: Zwischen den Zeiten 7 (1929) 426–460.
Barth, K., Gottes Gnadenwahl (TEH 47), München 1936.
Barth, K., Rudolf Bultmann. Ein Versuch, ihn zu verstehen, Zollikon/Zürich 1952.
Bartsch, H., Jesus – Prophet und Messias aus Galiläa, Frankfurt 1970.
Basdekis, A., Die Christologie des Leontius von Jerusalem. Seine Logoslehre (Diss. masch.), Münster 1973.
Bataille, G., Der Begriff der Verausgabung, in: Ders., Die Aufhebung der Ökonomie, München 1975, 7–31.
Batlogg, A. R., Die Mysterien des Lebens Jesu bei Karl Rahner. Zugang zum Christusglauben (ITS 58), Innsbruck ²2003.

Baudler, G., Töten oder Lieben. Gewalt und Gewaltlosigkeit in Religion und Christentum, München 1994.
Baumgart, P., Zinzendorf als Wegbereiter historischen Denkens, Lübeck 1960.
Baur, F. C., Die christliche Gnosis oder die christliche Religionsphilosophie in ihrer geschichtlichen Entwicklung, Tübingen 1835.
Baur, F. C., Die christliche Lehre von der Dreieinigkeit und Menschwerdung Gottes in der geschichtlichen Entwicklung, 3 Bde., Tübingen 1841–43.
Bausenhart, G., »In allem uns gleich außer der Sünde«. Studien zum Beitrag Maximos' des Bekenners zur altkirchlichen Christologie (TSTP 5), Mainz 1992.
Bayer, O. / Gleede, J. (Hgg.), Creator est Creatura. Luthers Christologie als Lehre von der Idiomenkommunikation, Berlin 2007.
Becker, J., Jesus von Nazaret, Berlin 1996.
Bedford, N. E., Jesus Christus und das gekreuzigte Volk: Christologie der Nachfolge und des Martyriums bei Jon Sobrino (Concordia 15), Aachen 1995.
Beer, G., Einleitung und Kommentar zum Buch Henoch, in: Die Apokryphen und Pseudepigraphen des Alten Testaments, übers. u. hg. v. E. Kautzsch, Bd. II. Die Pseudepigraphen des Alten Testaments, Darmstadt [4]1975, 217–310.
Beierwaltes, W., Platonismus im Christentum (PhA 73), Frankfurt 1998.
Beierwaltes, W., Plotins Metaphysik des Lichtes, in: C. Zintzen (Hg.), Die Philosophie des Neuplatonismus (WdF 186), Darmstadt 1977, 75–117.
Ben-Chorin, S., Bruder Jesus. Der Nazarener in jüdischer Sicht, München [3]1970.
Bengsch, A., Heilsgeschichte und Heilswissen. Eine Untersuchung zur Struktur und Entfaltung des theologischen Denkens im Werk »Adversus haereses« des hl. Irenaeus von Lyon (EThSt 3), Leipzig 1957.
Benker, G., Loslassen können – die Liebe finden. Die Mystik des Johannes vom Kreuz, Mainz 1991.
Berger, K., Die Auferstehung des Propheten und die Erhöhung des Menschensohnes. Traditionsgeschichtliche Untersuchungen zur Deutung des Geschickes Jesu in frühchristlichen Texten, Göttingen 1976.
Berger, K., Die Gesetzesauslegung Jesu, Teil I, Neukirchen 1972.
Berger, K., Im Anfang war Johannes. Datierung und Theologie des vierten Evangeliums, Stuttgart 1997.
Berger, K., Jesus, München 2004.
Berger, K., Theologiegeschichte des Urchristentums. Theologie des Neuen Testaments, Tübingen 1994.
Berger, K., Vom Verkündiger zum Verkündigten – Anfragen an ein Programm, in: Jesus von Nazareth, hg. v. H. Schmidinger, Graz 1995, 185–209.
Berger, K., Wer war Jesus wirklich?, Stuttgart 1995.
Berger, K., Wozu ist Jesus am Kreuz gestorben?, Stuttgart 1998.
Berkhof, H., Die Theologie des Eusebius von Caesarea, Amsterdam 1939.
Bernhardt, R., Deabsolutierung der Christologie?, in: M. v. Brück/J. Werbick (Hgg.), Der einzige Weg zum Heil? (QD 43), Freiburg 1993, 144–200.
Bertetto, D., San Tommaso e la questione circa il fine prossimo primario dell'Incarnazione, in: A. Piolanti (Hg.), Studi Tomistici Bd. II, Rom 1974, 70–81.
Bieler, L., ΘΕΙΟΣ ANHP. Das Bild vom »göttlichen Menschen« in Spätantike und Frühchristentum (Nachdr. der Aufl. von 1935), Darmstadt 1976.

Bieler, M., Befreiung der Freiheit. Zur Theologie der stellvertretenden Sühne, Freiburg 1996.
Biffi, I., I misteri della vita di Cristo nei commentari biblici di San Tommaso d'Aquino, in: DT(P) 79 (1976) 217–254.
Blank, J., Weißt du, was Versöhnung heißt? Der Kreuztod Jesu als Sühne und Versöhnung, in: J. Blank/J. Werbick (Hgg.), Sühne und Versöhnung (ThzZ 1), Düsseldorf 1986, 21–91.
Blankenberg, B., Gottes Geist in der Theologie Piet Schoonenbergs, Mainz 2000.
Blättler, P., Pneumatologia Crucis. Das Kreuz in der Logik von Wahrheit und Freiheit. Ein phänomenologischer Zugang zur Theologik Hans Urs von Balthasars (BTS 38), Würzburg 2004.
Bock, M., Ihr aber, wer sagt ihr, daß ich sei (Mk 8,29). Christologische Fragestellungen im christlich-jüdischen Gespräch nach 1945 (Beiträge zur theologischen Urteilsbildung 4), Frankfurt 1998.
Boff, L., Die Kirche als Sakrament im Horizont der Welterfahrung. Versuch einer struktur-funktionalistischen Grundlegung der Kirche im Anschluss an das Zweite Vatikanische Konzil, Paderborn 1972.
Boff, L., Jesus Christus, der Befreier, übers. aus dem Portugiesischen v. H. Goldstein u. K. Hermans, Freiburg 1986.
Boff, L., Kirche: Charisma und Macht. Studien zu einer streitbaren Ekklesiologie, übers. aus dem Portugiesischen v. H. Goldstein u. K. Hermans, Düsseldorf 1985.
Bogliolo, L., Mediazione dell'uomo e Mediazione del Cristo, in: Div 18 (1974) 88–105.
Böhm, T., Die Christologie des Arius. Dogmengeschichtliche Überlegungen unter besonderer Brücksichtigung der Hellenisierungsfrage (STG 7), St. Ottilien 1991.
Boismard, R., Le Prologue de saint Jean, Paris 1953.
Bollig, M., Einheit in der Vielfalt. Communio als Schlüsselbegriff des christlichen Glaubens im Werk von Gisbert Greshake (BDS 37), Würzburg 2004.
Bordoni, M., Jesus Christus – Die Wahrheit in Person, in: G. L. Müller/M. Serretti (Hgg.), Einzigkeit und Universalität Jesu Christi im Dialog mit den Religionen (SlgHor NF 35), Einsiedeln/Freiburg 2001, 173–227.
Borg, M., Conflict, Holiness and Politics in the Teachings of Jesus, New York / Toronto 1983.
Bouillard, H., Blondel und das Christentum, Mainz 1963.
Bouman, J., Gott und Mensch im Koran, Darmstadt ²1989.
Bours, J., Nehmt Gottes Melodie in euch auf. Worte für das tägliche Leben, Freiburg ⁶1992.
Bousset, W., Kyrios Christos. Geschichte des Christusglaubens von den Anfängen des Christentums bis Irenaeus, Göttingen ³1926.
Brandon, S. G. F., Jesus and the Zealots, Manchester 1967.
Brandt, S., Opfer als Gedächtnis. Auf dem Weg zu einer befreienden theologischen Rede von Opfer (ATM 2), Münster 2001.
Braulik, G., Das Buch Deuteronomium, in: E. Zenger (Hg.), Einleitung in das Alte Testament, Stuttgart ⁵2004, 76–88.
Braun, H., An die Hebräer (HNT 14), Tübingen 1984.
Braun, H., Der Mann aus Nazareth, Stuttgart/Berlin 1988.
Breidert, M., Die kenotische Christologie des 19. Jahrhunderts, Gütersloh 1977.

Brennecke ,H. C., Zum Prozess gegen Paul von Samosata, in: ZNW 75 (1984) 270–290.
Breuning, W., Die Hypostatische Union in der Theologie Wilhelms von Auxerre, Hugos von St. Cher und Rolands von Cremona (TThSt 2), Trier 1962.
Breytenbach, C., Jesusforschung 1990–1995. Neuere Gesamtdarstellungen in deutscher Sprache, in: BThZ 12 (1995) 226–249.
Breytenbach, C., Versöhnung, Stellvertretung und Sühne. Semantische und traditionsgeschichtliche Bemerkungen am Beispiel der Paulinischen Briefe, in: NTS 39 (1993) 59–79.
Breytenbach, C., Versöhnung. Eine Studie zur paulinischen Soteriologie (WMANT 60), Neukirchen 1989.
Brinkschmidt, E., Sören Kierkegaard und Karl Barth, Neukirchen-Vluyn 1971.
Brox, N., Der erste Petrusbrief (EKK 21), Zürich 1979.
Bruckmann, F., Henosis kath' hypostasin. Die ersten zehn Anathematismen des fünften ökumenischen Konzils (Konstantinopel 553) als Dokument neuchalkedonischer Christologie, in: AHC 36 (2004) 1–166.259–388.
Brunner, E., Das Missverständnis der Kirche, Stuttgart 1951.
Bütler, J., Die Mysterienthese der Laacher Schule im Zusammenhang scholastischer Theologie, in: ZKTh 59 (1935) 546–571.
Bultmann R., Das Befremdliche des christlichen Glaubens, in: Ders., Glauben und Verstehen. Gesammelte Aufsätze, Bd. III, Tübingen ⁴1993, 197–212.
Bultmann, R., Das christologische Bekenntnis des Ökumenischen Rates, in: Ders., Glauben und Verstehen. Gesammelte Aufsätze, Bd. II, Tübingen ⁶1993, 246–261.
Bultmann, R., Das Verhältnis der urchristlichen Christusbotschaft zum historischen Jesus, in: Exegetica, hg. v. E. Dinkler, Tübingen 1967, 445–469.
Bultmann, R., Der Begriff der Offenbarung im Neuen Testament, in: Ders., Glauben und Verstehen. Gesammelte Aufsätze, Bd. III, Tübingen ⁴1993, 1–34.
Bultmann, R., Der religionsgeschichtliche Hintergrund des Prologs zum Johannes-Evangelium, in: Exegetica, hg. v. E. Dinkler, Tübingen 1967, 10–35.
Bultmann, R., Die Bedeutung des geschichtlichen Jesus für die Theologie des Paulus, in: Ders., Glauben und Verstehen. Gesammelte Aufsätze, Bd. I, Tübingen ⁹1993, 188–213.
Bultmann, R., Gnade und Freiheit, in: Ders., Glauben und Verstehen. Gesammelte Aufsätze, Bd. II, Tübingen ⁶1993, 149–161.
Bultmann, R., Jesus Christus und die Mythologie, Hamburg 1966.
Bultmann, R., Neues Testament und Mythologie. Das Problem der Entmythologisierung der neutestamentlichen Verkündigung, in: Ders., Kerygma und Mythos, Bd. I, hg. v. H.-W. Bartsch, Hamburg ⁴1960, 15–48.
Bultmann, R., Theologie des Neuen Testaments, Tübingen ⁸1980.
Bultmann, R., Zum Problem der Entmythologisierung, in: Kerygma und Mythos, Bd. II, hg. v. H.-W. Bartsch, Hamburg 1952, 179–208.
Bultmann, R., Zur Frage der Christologie, in: Ders., Glauben und Verstehen. Gesammelte Aufsätze, Bd. I, Tübingen ⁹1993, 85–113.
Buren, P. M. van, A Theology of the Jewish-Christian Reality, 3 Bde., New York 1981–88.
Burger, M., Personalität im Horizont absoluter Prädestination. Untersuchungen zur Christologie des Johannes Duns Scotus und ihrer Rezeption in modernen theologischen Ansätzen (BGPhMA NF 40), Münster 1994.

Buri, F., Albert Schweitzers Theologie in seinen Predigten, in: ThPr 10 (1975) 224–236.
Burkert, W., Homo necans. Interpretationen altgriechischer Opferriten und Mythen [RGVV 32], Berlin ²1997.
Busse, U., Nachfolge auf dem Weg Jesu. Ursprung und Verhältnis von Nachfolge und Berufung im Neuen Testament, in: Vom Urchristentum zu Jesus (FS Joachim Gnilka), hg. v. H. Frankemölle u. K. Kertelge Freiburg 1989, 68–81.
Cahill, P. J., Hermeneutical Implications of Typology, in: CBQ 44 (1982) 266–281.
Caillois, R., Der Mensch und das Heilige. Durch drei Anhänge über den Sexus, das Spiel und den Krieg in ihren Beziehungen zum Heiligen erweiterte Ausgabe, München 1988.
Caird, J., Introduction to the Philosophy of Religion, Edinburgh 1880.
Caird, J., The Fundamental Ideas of Christianity. Being the Gifford Lectures on Natural Theology 1892–93 and 1895–96, 2 Bde., Glasgow 1899.
Carcione, F., Enérgheia, Thélema e Theokínetos nella lettera di Sergio, patriarca di Constantinopoli, a Papa Onorio Primo, in: OrChrP 51 (1985) 263–276.
Carmichael, J., Leben und Tod des Jesus von Nazareth, München 1965.
Carruthers, G. H., The Uniqueness of Jesus Christ in the Christian Theology of World Religions. An Elaboration and Evaluation of the Position of John Hick, Lanham 1990.
Casel, O., Das christliche Kultmysterium, Regensburg 1948.
Casel, O., Das Mysteriengedächtnis der Messliturgie im Licht der Tradition, in: JLW 6 (1926) 113–204.
Cassirer, E., Die Philosophie der Aufklärung, Tübingen 1932.
Cazelles, H., Alttestamentliche Christologie. Zur Geschichte der Messiasidee, Einsiedeln 1983.
Christ, F., Jesus Sophia. Die Sophia-Christologie bei den Synoptikern (AThANT 57), Zürich 1970.
Claret, B. J., Geheimnis des Bösen. Zur Diskussion um den Teufel (ITS 49), Innsbruck ²2000.
Claret, B. J., Hoffnung in einer »zerbrochenen Welt«. Ein Antwortversuch auf die Sinnfrage, Mainz ³2002.
Cognet, L., Das kirchliche Leben in Frankreich, in : H. Jedin (Hg.), Die Kirche im Zeitalter des Absolutismus und der Aufklärung (HKG V), Freiburg ²1985, 84–104.
Colish, M. L., Peter Lombard (Brill's Studies in Intellectual History 41), Leiden 1994.
Colpe, C., Die religionsgeschichtliche Schule. Darstellung und Kritik ihres Bildes vom gnostischen Erlösermythos, Göttingen 1961.
Colpe, C., ὁ υἱὸς τοῦ ἀνθρώπου, in: ThWNT VIII (Stuttgart ²1990) 403–481.
Conzelmann, H., Der erste Brief an die Korinther (KEK V), Göttingen 1969.
Conzelmann, H., Grundriss der Theologie des Neuen Testaments. 4. Aufl. bearb. von A. Lindemann, Tübingen 1987.
Corbin, M., La parole devenue chair. Lecture de la première question de la Tertia Pars de la Somme Théologique, in: RSPhTh 62 (1978) 5–40.
Courth, F., Das Wesen des Christentums in der Liberalen Theologie, Frankfurt 1977.

Cramer, K., Über Kants Satz: »Das ›Ich denke‹ muss alle meine Vorstellungen begleiten können«, in: Ders. (Hg.), Theorie der Subjektivität, Frankfurt 1987.

Cremer, H., Der germanische Satisfaktionsbegriff in der Versöhnungslehre, in: ThStKr 66 (1893) 316–345.

Cremer, H., Die Wurzeln des Anselm'schen Satisfaktionsbegriffes, in: ThStKr 53 (1880) 7–24.

Crossan, J. D., The Historical Jesus. The Life of a Mediterranean Peasant, San Francisco 1991.

Crowley, P. G., Instrumentum Divinitatis in Thomas Aquinas. Recovering the Divinity of Christ, in: TS 52 (1991) 451–475.

Crüsemann, F., Die Tora. Theologie und Sozialgeschichte des alttestamentlichen Gesetzes, München 1992.

Crüsemann, F., Widerstand gegen das Königtum (WMANT 49), Neukirchen 1978.

Cupitt, D., The Debate about Christ, London 1979.

D'Costa, G., John Hicks Theology of Religions. A Critical Evaluation, London 1987.

Dalferth, I. U., Christ died for us. Reflections on the Sacrificial Language of Salvation, in: S. W. Sykes (Hg.), Sacrifice and Redemption, Cambridge 1991, 299–325.

Dalferth, I. U., Der auferweckte Gekreuzigte. Zur Grammatik der Christologie, Tübingen 1994.

Dalferth, I. U., Die soteriologische Relevanz der Kategorie des Opfers. Dogmatische Erwägungen im Anschluß an die gegenwärtige exegetische Diskussion, in: JBTh 6 (1991) 173–194.

Dalferth, I. U., Volles Grab, leeres Grab? Zum Streit um die Auferweckung des Gekreuzigten, in: ZThK 95 (1998) 379–410.

Daly, M., Jenseits von Gott Vater, Sohn & Co. Aufbruch zu einer Philosophie der Frauenbewegung, München ⁵1988.

Daniélou, J., Vom Geheimnis der Geschichte, Stuttgart 1955.

Dassmann, E., Ambrosius von Mailand. Leben und Werk, Stuttgart 2004.

Dassmann, E., Die Christusfrömmigkeit des Bischofs Ambrosius von Mailand, in: M. Maritano (Hg.), Historiam perscrutari. Miscellanea di studi offerti al Prof. Ottorino Pasquato (BSRel 180), Roma 2002, 653–672.

Dautzenberg, G., Christusdogma ohne Basis?, Essen 1971.

Dautzenberg, G., Jesus und die Tora, in: E. Zenger (Hg.), Die Tora als Kanon für Juden und Christen (Herders Biblische Studien 10), Freiburg 1996, 345–378.

Dautzenberg, G., Jesus und die Tora, in: Orien. 55 (1991) 229–232.

Davies, W. D., Paul and Rabbinic Judaism. Some Rabbinic Elements in Pauline Theology, London ³1979.

Derrida, J., Den Tod geben, übers. v. H.-D. Gondek, in: A. Haverkamp (Hg.), Gewalt und Gerechtigkeit. Derrida – Benjamin, Frankfurt 1994.

Descartes, R., Meditationes de prima philosophia in quibus Dei existentia et animae humanae a corpore distinctio demonstrantur – Meditationen über die Grundlagen der Philosophie, in denen das Dasein Gottes und die Verschiedenheit der menschlichen Seele vom Körper bewiesen werden, in: Ders., Philosophische Schriften in einem Band. Mit einer Einführung von Rainer Specht und »Descartes' Wahrheitsbegriff« von Ernst Cassirer, Hamburg 1996.

Literatur 537

Detienne M./Vernant, J.-P., La cuisine du sacrifice en pays grec, Paris 1979.
Dieckmann, B., Das Kreuz als Grund des Osterglaubens? Anfragen zur Kreuzestheologie Hansjürgen Verweyens (Fuldaer Hochschulschriften 33), Frankfurt 1999.
Dieckmann, E., Personalität Gottes – Personalität des Menschen. Ihre Deutung im theologischen Denken Wolfhart Pannenbergs, Altenberge 1995.
Diez, K., »Ecclesia – non est civitas platonica«. Antworten katholischer Kontroverstheologen des 16. Jhs. auf Martin Luthers Anfrage an die »Sichtbarkeit« der Kirche, Frankfurt 1997.
Dinsen, F., Homoousios. Die Geschichte des Begriffs bis zum Konzil von Konstantinopel, Kiel 1976.
Dobhan, U., Teresas Weg zu Christus, in: J. Kotschner (Hg.), Der Weg zur Quelle. Teresa von Avila 1582–1982, Düsseldorf 1982, 129–156.
Dobhan, U., Zur Christusmystik Teresas von Avila, in: Praesentia Christi (FS Johannes Betz), hg. v. L. Lies, Düsseldorf 1984, 456–466.
Dombois, H., Juristische Bemerkungen zur Satisfaktionslehre des Anselm von Canterbury, in: NZSTh 9 (1967) 339–355.
Dörries, H., De Spiritu Sancto. Der Beitrag des Basilius zum Abschluss des trinitarischen Dogmas, Göttingen 1956.
Doss, M., Geist-Christologie, in: LThK^3 XI (Freiburg 2001), 87–88.
Drecoll, V. H., Die Entwicklung der Trinitätslehre des Basilius von Cäsarea. Sein Weg vom Homöusianer zum Neonizäner (FKDG 66), Göttingen 1966.
Drehsen, V., Neuprotestantismus, in: TRE XXIV (Berlin ^{2}2000) 366–383.
Drexler, J., Die Illusion des Opfers. Ein wissenschaftlicher Überblick über die wichtigsten Opfertheorien, ausgehend vom deleuzianischen Polyperspektivismusmodell (Münchener Ethnologische Abhandlungen 12), München 1993.
Drumm, J., Dogmenentwicklung, in: LThK^3 III (Freiburg 1995) 295–298.
Düring, I., Aristoteles. Darstellung und Interpretation seines Denkens, Heidelberg 1966, 346–399.
Dussaud, R., Les origines cananéennes du sacrifice israélitique, Paris 1941.
Ebeling, G., Das Wesen des christlichen Glaubens, Tübingen 1959.
Egan, H. D., »Der Fromme von morgen wird ein ›Mystiker‹ sein«. Mystik und die Theologie Karl Rahners, in: H. Vorgrimler (Hg.), Wagnis Theologie. Erfahrungen mit der Theologie Karl Rahners, Freiburg 1979, 99–112.
Eichrodt, W., Theologie des Alten Testaments, Bd. I. Gott und das Volk, Stuttgart ^{8}1968.
Ela, J.-M., L'Évangile dans la réalité de vie en Afrique noire, Paris 1985.
Ervens, T., Keine Theologie ohne Kirche. Eine kritische Auseinandersetzung mit Erik Peterson und Heinrich Schlier (ITS 62), Innsbruck 2002.
Escobar, P., Das Universale Concretum Jesu Christi und die »eschatologische Reduktion« bei Hans Urs von Balthasar, in: ZKTh 100 (1978) 560–595.
Essen, G., Die Freiheit Jesu. Der neuchalkedonische Enhypostasiebegriff im Horizont neuzeitlicher Subjekt- und Personphilosophie (Ratio Fidei 5), Regensburg 2001.
Essen, G., Historische Vernunft und Auferweckung Jesu. Theologie und Historik im Streit um den Begriff geschichtlicher Wirklichkeit (TTS 9), Mainz 1995.
Essen, G., »Und diese Zeit ist unsere Zeit, immer noch«. Neuzeit als Thema katholischer Fundamentaltheologie, in: K. Müller (Hg.), Fundamentaltheologie. Fluchtlinien und gegenwärtige Herausforderungen, Regensburg 1998, 23–44.

Essen G./Pröpper, T., Aneignungsprobleme der christologischen Überlieferung. Hermeneutische Vorüberlegungen, in: Gottes ewiger Sohn. Die Präexistenz Christi, hg. v. R. Laufen, Paderborn 1997, 163–178.
Evans, D. B., Leontius of Byzantinum. An Origenist Christology, Washington 1970.
Faber, E.-M., Universale concretum bei Hans Urs von Balthasar, in: IKaZ 29 (2000) 258–273.
Fahlgren, K. H., Die Gegensätze von *sedakah* im Alten Testament, in: Um das Prinzip der Vergeltung in Religion und Recht des Alten Testaments (WdF 125), hg. v. K. Koch, Darmstadt 1972, 87–129.
Falkner, A. Was las Iñigo de Loyola auf seinem Krankenlager? Zum Prooemium der »Vita Iesu Christi«, in: GuL 61 (1988) 259–264.
Farina, R., L'impero e l'imperatore cristiano in Eusebio di Cesarea. La prima teologia politica del cristianesimo, Zürich 1966.
Feige, G., Die Lehre Markells von Ankyra in der Darstellung seiner Gegner (EThSt 58), Leipzig 1991.
Feld, H., Der Hebräerbrief (EdF), Darmstadt 1985.
Feld, H., Der Hebräerbrief. Literarische Form, religionsgeschichtlicher Hintergrund, theologische Fragen, in: ANRW XXV/4, hg. v. W. Haase, Berlin 1987, 3522–3601.
Feldmeier, R., Der Gekreuzigte im »Gnadenstuhl«. Exegetische Überlegungen zu Mk 15,37–39 und deren Bedeutung für die Vorstellung der göttlichen Gegenwart und Herrschaft, in: M. Philonenko (Hg.), Le Trône de Dieu [WUNT 69], Tübingen 1993, 213–232.
Fichte, J. G., Die Anweisung zum seligen Leben oder auch die Religionslehre, in: Werke, Bd. V, hg. v. I. H. Fichte, Berlin 1971, 397–580.
Fiedler, P./Oberlinner, L., Jesus von Nazareth. Ein Literaturbericht, in: BuL 12 (1972) 52–74.
Fischer, H., Die Christologie des Paradoxes. Zur Herkunft und Bedeutung des Christusverständnisses Sören Kierkegaards, Göttingen 1970.
Fischer, I., Die Bedeutung der Tora Israels für die Völker nach dem Jesajabuch, in: E. Zenger (Hg.), Die Tora als Kanon für Juden und Christen (Herders Biblische Studien 10), Freiburg 1996, 139–167.
Fischer, I., Tora für Israel – Tora für die Völker. Das Konzept des Jesajabuches, Stuttgart 1995.
Fitzmyer, J. A., Der semitische Hintergrund des neutestamentlichen Kyriostitels, in: Jesus Christus in Historie und Theologie (FS Hans Conzelmann), hg. v. G. Strecker, Tübingen 1975, 267–298.
Flusser, D., Jesus. In Selbstzeugnissen und Bilddokumenten, Reinbek 1968.
Fößel, T., Gott – Begriff und Geheimnis. Hansjürgen Verweyens Fundamentaltheologie und die ihr inhärente Kritik an der Philosophie Karl Rahners (ITS 211), Innsbruck 2004.
Frankemölle, H., »Bund/Bünde« im Römerbrief. Traditionsgeschichtlich begründete Erwägungen zur Logik von Röm 9–11, in: C. Dohmen/C. Frevel (Hgg.), Für immer verbündet. Studien zur Bundestheologie der Bibel (SBS 211), Stuttgart 2007, 69–84.
Fransen, P., Das neue Sein des Menschen in Christus, in: Mysterium Salutis, Bd. IV/2. Das Heilsgeschehen in der Gemeinde, hg. v. J. Feiner u. M. Löhrer, Einsiedeln 1973, 921–982.
Freund, G., Theologie im Widerspruch. Die Lessing-Goeze-Kontroverse, Stuttgart 1989.

Freyer, T., Emmanuel Levinas' Vorstellung vom Gott-Menschen – eine Herausforderung für die Christologie?, in: ThQ 179 (1999) 52–72.
Fuhrmann, M./Kible, B. T./Schütt, H. P./Schild, W./Scherner, M., Person, in: HWP VII (1989) 270–338.
Gabathuler, H. J., Jesus Christus – Haupt der Kirche – Haupt der Welt. Der Christushymnus Kol 1,15–20 in der theologischen Forschung der letzten 130 Jahre (AThANT 45), Zürich 1965.
Gäde, G., Christus in den Religionen. Der christliche Glaube und die Wahrheit der Religionen, Paderborn 2003.
Gäde, G., Eine andere Barmherzigkeit. Zum Verständnis der Erlösungslehre Anselms von Canterbury (BDS 3), Würzburg 1989.
Gäde, G., Viele Religionen – ein Wort Gottes. Einspruch gegen John Hicks pluralistische Religionstheologie, Gütersloh 1998.
Galtier, P., Théodore de Mopsueste. Sa vraie pensée sur l'Incarnation, in: RSR 45 (1957) 161–186.
Galy, J., Le sacrifice dans l'école française de spiritualité, Paris 1951.
Ganoczy, A., Einführung in die katholische Sakramentenlehre, Darmstadt 1979.
García Martínez, F., Messianische Erwartungen in den Qumranschriften, in: JbTh 8 (1993) 171–208.
Gardavsky, V., Gott ist nicht ganz tot. Betrachtungen eines Marxisten über Bibel, Religion und Atheismus. Mit einer Einleitung von Jürgen Moltmann, München 1968.
Geiselmann, J. R., Die Heilige Schrift und die Tradition. Zu den neueren Kontroversen über das Verhältnis der Heiligen Schrift zu den nichtgeschriebenen Traditionen, Freiburg 1962.
Genn, F., Eine Theologie aus dem Geist der Exerzitien, in: IKaZ 34 (2005) 186–201.
Georgi, D., Leben-Jesu-Theologie/Leben-Jesu-Forschung, in: TRE XX (Berlin ²2000) 566–575.
Gerdes, H., Das Christusverständnis Sören Kierkegaards. Drei Arbeiten zu Kierkegaards Christologie 1960–1982, neu hg. v. H. M. Müller, Göttingen 2002.
Gesché, A. Die Auferstehung Jesu in der dogmatischen Theologie, in: ThBer 2 (1973) 275–324.
Gese, H., Die Sühne, in: Ders., Zur biblischen Theologie. Alttestamentliche Vorträge (BEvTh 78), München 1977, 85–106.
Gese, H., Die Weisheit, der Menschensohn und die Ursprünge der Christologie als konsequente Entfaltung der biblischen Theologie, in: Ders., Alttestamentliche Studien, Tübingen 1991, 218–248.
Gese, H., Lehre und Wirklichkeit der alten Weisheit. Studien zu den Sprüchen Salomos und zu dem Buche Ijob, Tübingen 1958.
Gestrich, C., Christentum und Stellvertretung. Religionsphilosophische Untersuchungen zum Heilsverständnis und zur Grundlegung der Theologie, Tübingen 2001.
Gestrich, C., Die Wiederkehr des Glanzes in der Welt. Die christliche Lehre von der Sünde und ihrer Vergebung in gegenwärtiger Verantwortung, Tübingen 1989.
Gilbert von Poitiers (Porreta), Commentarium in librum Boethii de duabus naturis et una persona Christi: PL 64, 1353–1412.
Girard, R., Das Ende der Gewalt. Analyse des Menschheitsverhängnisses, übers. v. A. Berz, Freiburg 1983.

Girard, R., Das Heilige und die Gewalt, übers. v. E. Mainberger-Ruh, Zürich 1987.

Girard, R., Der Sündenbock, übers. v. E. Mainberger-Ruh, Zürich 1988.

Girard, R., La violence et le sacré, Paris 1972.

Gnilka, J., Exkurs »Die Jungfrauengeburt Jesu«, in: Das Matthäusevangelium, Bd. I (HThK I/1), Freiburg 1986, 22–33.

Gnilka, J., Jesus von Nazareth. Botschaft und Geschichte (HThK.S III), Freiburg 1990.

Goebel, B., Rectitudo. Wahrheit und Freiheit bei Anselm von Canterbury. Eine philosophische Untersuchung seines Denkansatzes (BGPhMA NF 56), Münster 2001.

Goerlich, S., Sehnsucht nach der Wahrheit. Ein Versuch, Simone Weil zu verstehen (BDS 41), hg. v. K.-H. Menke, Würzburg 2006.

González de Cardedal, O., Befreiungstheologie in einer Zeit kirchlichen Umbruchs, in: K. Lehmann (Hg.), Theologie der Befreiung (SlgHor NF 10), Einsiedeln 1977, 79–153.

González de Cardedal, O., Cristologia, aus dem Spanischen ins Italienische übers. v. A. Manna u. D. Cascasi, Milano 2004.

Gore C. (Hg.), Lux Mundi, London 1889.

Görres, A., Kennt die Religion den Menschen?, München ³1986.

Gössmann, E., Der Christologietraktat in der Summa Halensis, bei Bonaventura und Thomas von Aquin, in: MThZ 12 (1961) 175–191.

Goulder, M. (Hg.), Incarnation and Myth. The Debate Continued, London 1979.

Grane, L., Contra Gabrielem. Luthers Auseinandersetzung mit Gabriel Biel in der Disputatio contra scholasticam theologiam von 1517, Gyldendal 1962.

Grässer, E., Albert Schweitzer als Theologe (BHTh 60), Tübingen 1979.

Grässer, E., An die Hebräer. Hebr 1–6 (EKK XVII/1), Einsiedeln/Neukirchen 1990.

Grässer, E., An die Hebräer. Hebr 7,1–10,18 (EKK XVII/2), Zürich 1993.

Grässer, E., Das Problem der Parusieverzögerung in den synoptischen Evangelien und in der Apostelgeschichte (BZNW 22). Zweite berichtigte und erweiterte Auflage, Berlin 1960.

Grässer, E., Der Alte Bund im Neuen. Exegetische Studien zur Israelfrage im Neuen Testament (WUNT 35), Tübingen 1985.

Grässer, E., Der ruhmlose Abraham (Röm 4,2). Nachdenkliches zu Gesetz und Sünde bei Paulus, in: M. Trowitzsch (Hg.), Paulus, Apostel Jesu Christi (FS Günter Klein), Tübingen 1998.

Grässer, E., Die Naherwartung Jesu (SBS 61), Stuttgart 1973.

Grässer, E., Motive und Methoden der neueren Jesus-Literatur. An Beispielen dargestellt, in: VF 18 (1973) 3–45.

Grässer, E., Zum Verständnis der Gottesherrschaft, in: ZNW 65 (1974) 3–26.

Gray, P. T. R., Neo–Chalcedonism and the Tradition from Patristic to Byzantine Theology, in: ByF 8 (1982) 61–70.

Green, M. (Hg.), The Truth of God Incarnate, London 1977.

Grelot, P., Deux notes critiques sur Philippiens 2,6–11, in: Bib. 54 (1973) 169–186.

Greshake, G., Auferstehung der Toten. Ein Beitrag zur gegenwärtigen theologischen Diskussion über die Zukunft der Geschichte, Essen 1969.

Greshake, G., Der dreieine Gott. Eine trinitarische Theologie, Freiburg 1997.

Greshake, G., Der Wandel der Erlösungsvorstellungen in der Theologiegeschichte, in: Ders., Gottes Heil – Glück des Menschen. Theologische Perspektiven, Freiburg 1983, 50–79.
Greshake, G., Erlöst in einer unerlösten Welt?, Mainz 1987.
Greshake, G., Erlösung und Freiheit. Zur Neuinterpretation der Erlösungslehre Anselms von Canterbury, in: ThQ 153 (1973) 323–345.
Greshake, G., Gnade als konkrete Freiheit. Eine Untersuchung zur Gnadenlehre des Pelagius, Mainz 1972.
Greshake, G., Menschsein als Berufung zur Gemeinschaft mit Gott, in: A. Bsteh (Hg.), Der Gott des Christentums und des Islams (Beiträge zur Religionstheologie 2), Mödling 1978, 166–187.
Gribomont, J., La catéchèse de Sévère d'Antioche et le Credo, in: ParOr 6/7 (1975/76) 125–158.
Grillmeier, A., Bekenntnisse der Alten Kirche – Das Nicaeno-Constantinopolitanum, in: Ders., Fragmente zur Christologie. Studien zum altkirchlichen Christusbild, hg. v. T. Hainthaler, Freiburg 1997, 112–133.
Grillmeier, A., Das östliche und westliche Christusbild. Zu einer Studie über den Neuchalcedonismus, in: ThPh 59 (1984) 84–96.
Grillmeier, A., Der Neu-Chalkedonismus. Um die Berechtigung eines neuen Kapitels der Dogmengeschichte, in: Ders., Mit ihm und in ihm. Christologische Forschungen und Perspektiven, Freiburg ²1978, 371–385.
Grillmeier, A., Die Einzigartigkeit Jesu Christi und unser Christsein. Zu Hans Küng, Christ sein, in: Ders., Fragmente zur Christologie. Studien zum altkirchlichen Christusbild, hg. v. T. Hainthaler, Freiburg 1997, 33–80.
Grillmeier, A., Geschichtlicher Überblick über die Mysterien Jesu im allgemeinen, in: MySal III/2 (Einsiedeln 1969) 3–22.
Grillmeier, A., Gottmensch. Sprachfeld und theologiegeschichtliche Problementfaltung, in: Ders., Fragmente zur Christologie. Studien zum altkirchlichen Christusbild, hg. v. T. Hainthaler, Freiburg 1997, 215–263.
Grillmeier, A., Hellenisierung – Judaisierung des Christentums als Deuteprinzipien der Geschichte des kirchlichen Dogmas, in: Ders., Mit ihm und in ihm, Freiburg ²1978, 423–488.
Grillmeier, A., Jesus, der Christus im Glauben der Kirche, Bd. I. Von der apostolischen Zeit bis zum Konzil von Chalcedon (451), Freiburg ³1990; Bd. II/1. Das Konzil von Chalcedon (451). Rezeption und Widerspruch (451–518), Freiburg ²1991; II/2. Die Kirche von Konstantinopel im 6. Jahrhundert, Freiburg 1989.
Grillmeier, A., Mit ihm und in ihm. Christologische Forschungen und Perspektiven, Freiburg ²1975.
Grillmeier, A., Neue Fragmente zu Paul von Samosata?, in: ThPh 65 (1990) 392–394.
Grillmeier, A., ὁ κυριακὸς ἄνθρωπος Eine Studie zu einer christologischen Bezeichnung der Väterzeit, in: Ders., Fragmente zur Christologie. Studien zum altkirchlichen Christusbild, hg. v. T. Hainthaler, Freiburg 1997, 152–214.
Groß, W., Neuer Bund oder Erneuerter Bund. Jer 31,31–34 in der jüngsten Diskussion, in: B. J. Hilberath/D. Sattler (Hgg.), Vorgeschmack (FS Theodor Schneider), Mainz 1995, 89–114.
Groß, W., »Rezeption« in Ex 31,12–17 und Lev 26,39–45. Sprachliche Form und theologisch-konzeptionelle Leistung, in: H. Frankemölle (Hg.), der

ungekündigte Bund? Antworten des Neuen Testamentes (QD 172), Freiburg 1998, 44–63.
Grünschloß, A., Religionswissenschaft als Welt-Theologie. Wilfred Cantwell Smiths interreligiöse Hermeneutik (FSÖTh 71), Göttingen 1994.
Grunden, G., Fremde Freiheit. Jüdische Stimmen als Herausforderung an den Logos christlicher Theologie (Religion – Geschichte – Gesellschaft. Fundamentaltheologische Studien 5), Münster 1994.
Guggenberger, E., Karl Rahners Christologie und heutige Fundamentalmoral (ITS 28), Innsbruck 1990.
Gunkel, H., Einleitung und Kommentar zum vierten Buch Esra, in: Die Apokryphen und Pseudepigraphen des Alten Testaments, übers. u. hg. v. E. Kautzsch, Bd. II. Die Pseudepigraphen des Alten Testaments, Darmstadt ^{4}1975, 331–401.
Gunton, C. E., Yesterday and Today. A Study of Continuities in Christology, London 1983.
Haag, H., Der Gottesknecht bei Deuterojesaja (EdF 233), Darmstadt 1985.
Haardt, R., Bemerkungen zu den Methoden der Ursprungsbestimmung von Gnosis, in: K. Rudolph (Hg.), Gnosis und Gnostizismus (WdF 262), Darmstadt 1975, 654–667.
Häfner, G., Das Ende der Kriterien? Jesusforschung angesichts der geschichtstheoretischen Diskussion, in: K. Backhaus/G. Häfner (Hgg.), Historiographie und fiktionales Erzählen. Zur Konstruktivität in Geschichtstheorie und Exegese (BThS 86), Neukirchen-Vluyn 2007, 97–130.
Hahn, F., Christologische Hoheitstitel. Ihre Geschichte im frühen Christentum, Göttingen ^{5}1995.
Haight, R., Jesus, Symbol of God, Maryknoll/New York 1999.
Haight, R., The Case for Spirit Christology, in: TS 53 (1992) 257–287.
Hamerton-Kelly, R. G., Pre-existence, Wisdom, and the Son of Man. A Study of the Idea of Pre-exience in the New Testament (MSSNTS 21), Cambridge 1973.
Hampel, V., Menschensohn und historischer Jesus. Ein Rätselwort als Schlüssel zum messianischen Selbstverständnis Jesu, Neukirchen 1990.
Hanson, R. P. C., The Search for the Christian Doctrine of God, Edinburgh 1988.
Hanssens, J.-M., Estne liturgia cultus mysticus?, in: PRMCL 23 (1934) 112–132.137–160.
Harnack, A. v., Antwort auf die Streitschrift D. Cremers: Zum Kampf um das Apostolicum (Leipzig 1892), in: Ders., Reden und Aufsätze, Bd. I, Gießen ^{2}1906, 265–311.
Harnack, A. v., Das Alte Testament in den Paulinischen Briefen und in den Paulinischen Gemeinden, Berlin 1928.
Harnack, A. v., Das Apostolische Glaubensbekenntnis. Ein geschichtlicher Bericht nebst einer Einleitung und einem Nachwort (1892), in: Ders., Reden und Aufsätze, Bd. I, Gießen ^{2}1906, 219–264.
Harnack, A. v., Das Wesen des Christentums. Mit einem 1950 verfassten Geleitwort von Rudolf Bultmann, München/Hamburg 1964.
Harnack, A. v., Lehrbuch der Dogmengeschichte, 3 Bde., Reprogr. Nachdr. der vierten Aufl. von 1909, Darmstadt 1990.
Harnack, A. v., Marcion. Das Evangelium vom fremden Gott. Eine Monographie zur Geschichte der Grundlegung der katholischen Kirche, Reprogr. Nachdruck der zweiten Aufl. von 1924, Darmstadt 1996.

Harnisch, W., Die Gleichniserzählungen Jesu. Eine hermeneutische Einführung, Göttingen ⁴2001.
Harvey A. E. (Hg.), God Incarnate. Story and Belief, London 1981.
Hattrup, D., Emmanuel Levinas und die Christologie, in: ThGl 88 (1998) 324–341.
Hattrup, D., Neues von der Jungfrauengeburt, in: ThGl 82 (1992) 249–255.
Haubst, R., Die Christologie des Nikolaus von Kues, Freiburg 1956.
Hauschild, W.-D., Dogmengeschichtsschreibung, in: TRE IX (Berlin ²1993) 116–125.
Hay, C., St. John Chrysostom and the Integrity of the Human Nature of Christ, in: FrS 19 (1959) 290–317.
Hayward, R., Appendix: The Aqedah, in: M. F. Bourdillon (Hg.), Sacrifice, London/New York 1980, 84–87.
Hegel, G. W. F., Grundlinien der Philosophie des Rechts oder Naturrecht und Staatswissenschaft im Grundrisse (Glockner-Ausg. Bd. VII), Stuttgart/Bad Cannstatt 1964.
Hegel, G. W. F., Vorlesungen über die Philosophie der Religion, Bd. I (Suhrkamp-Tb. 16), Frankfurt 1986.
Hegel, G. W. F., Wissenschaft der Logik, Bd. II. Die subjektive Logik (Krit. Ausg. Bd. 12, hg. v. F. Hogemann u. W. Jaeschke), Hamburg 1981.
Heid, S., Frühjüdische Messianologie in Justins »Dialog«, in: JBTh 8 (1993) 219–238.
Heidegger, M., Sein und Zeit, Tübingen ¹¹1967.
Heiligenthal, R., Der verfälschte Jesus. Eine Kritik moderner Jesusbilder, Darmstadt 1997.
Heinrichs, J., Fichte, Hegel und der Dialog. Ein Bericht in systematischer Absicht, in: ThPh 47 (1972) 90–131.
Heinrichs, J., Ideologie oder Freiheitslehre? Zur Rezipierbarkeit der thomanischen Gnadenlehre von einem transzendentaldialogischen Standpunkt, in: ThPh 49 (1974) 395–436.
Heinrichs, J., Sinn und Intersubjektivität. Zur Vermittlung von transzendentalphilosophischem und dialogischem Denken in einer »transzendentalen Dialogik«, in: ThPh 45 (1970) 161–191.
Heinrichs J./Stock, K., Person, in: TRE XXVI (Berlin ²2000) 220–231.
Heinzer, F., Anmerkungen zum Willensbegriff Maximus' Confessors, in: FZPhTh 28 (1981) 372–392.
Heinzer, F., Gottes Sohn als Mensch. Die Struktur des Menschseins Christi bei Maximus Confessor (Par. 26), Fribourg 1980.
Heller, C., John Hicks Projekt einer religiösen Interpretation der Religionen. Darstellung und Analyse – Diskussion – Rezeption (Religion – Geschichte – Gesellschaft. Fundamentaltheologische Studien 28), Münster 2001.
Helmer, S., Der Neuchalkedonismus. Geschichte, Berechtigung und Bedeutung eines dogmengeschichtlichen Begriffes, Bonn 1962.
Hemmerle, K., Ausgewählte Schriften, Bd. I. Auf den göttlichen Gott zudenken (Schriften zur Religionsphilosophie und Fundamentaltheologie 1), hg. v. R. Feiter, Freiburg 1996.
Hengel, M., Der Sohn Gottes, Tübingen 1975.
Hengel, M., Jesus der Messias Israels, in: M. Hengel/A. M. Schwemer, Der messianische Anspruch Jesu und die Anfänge der Christologie. Vier Studien (WUNT 138), Tübingen 2001, 1–80.

Hengel, M., Judentum und Hellenismus, Studien zu ihrer Begegnung unter besonderer Berücksichtigung Palästinas bis zur Mitte des 2. Jh.v.Chr. (WUNT 10), Tübingen 1969.

Hengel, M.,»Setze dich mir zur Rechten!« Die Inthronisation Christi zur Rechten Gottes und Psalm 110,1, in: M. Philonenko (Hg.), Le Trône de Dieu (WUNT 69), Tübingen 1993, 108–194.

Hengel, M., Studien zur Christologie. Kleine Schriften IV (WUNT 201), hg. v. C.-J. Thornton, Tübingen 2006.

Hengel, M., Zur christlichen Geschichtsschreibung, Stuttgart 1979.

Henrich, D., Selbsterhaltung und Geschichtlichkeit, in: G. Ebeling (Hg.), Subjektivität und Selbsterhaltung. Beiträge zur Diagnose der Moderne (stw 1211), Frankfurt 1996, 303–313.

Henrich, D., Selbstverhältnisse. Gedanken und Auslegungen zu den Grundlagen der klassischen deutschen Philosophie, Stuttgart 1982.

Henrici, P., Aufbrüche christlichen Denkens [Kriterien 48], Einsiedeln 1978.

Henrici, P., Blondel und Loisy in der modernistischen Krise, in: IKaZ 16 (1987) 513–530.

Henrici, P., Der Weltauftrag des Christen, in: Vermittlung als Auftrag. Symposion zum 90. Geburtstag von Hans Urs von Balthasar, hg. von der Hans Urs von Balthasar-Stiftung, Einsiedeln/Freiburg 1995, 125–148.

Henrici, P., Die allgegenwärtige Kirche, in:»Wer ist die Kirche?«. Die Referate am Symposion zum 10. Todesjahr von Hans Urs von Balthasar, hg. von der Hans Urs von Balthasar-Stiftung, Einsiedeln/Freiburg 1999, 137–150.

Henrix, H. H.,»Israel ist seinem Wesen nach formale Christologie«. Die Bedeutung H. U. von Balthasars für F.-W. Marquardts Christologie, in: BThZ 10 (1993) 135–153.

Herbert, R. T., Paradox and Identity in Theology, Ithaca 1979.

Hermisson, H.-J., Jesus Christus als externe Mitte des Alten Testaments. Ein unzeitgemäßes Votum zur Theologie des Alten Testaments, in: Jesus Christus als die Mitte der Schrift. Studien zur Hermeneutik des Evangeliums (BZNW 86), hg. u. a. v. C. Landmesser, Berlin 1997, 199–233.

Herrmann, J., Sühne und Sühneformen im AT, in: ThWNT III (Stuttgart 1938) 302–311

Herrmann, J., ἱλαστήριον, in: ThWNT III (Stuttgart 1938) 319–320.

Hick, J., An Inspiration Christology for a Religiously Plural World, in: S. Davis (Hg.), Encountering Jesus, Atlanta 1988, 5–22.

Hick, J., An Interpretation of Religion. Human Responses to the Transcendent, New Haven 1989, ²1992.

Hick, J., Christ and Incarnation, in: Ders., God and the Universe of Faiths. Essays in the Philosophy of Religion, London 1973, 148–164.

Hick, J., Disputed Questions in Theology and the Philosophy of Religion, London 1993.

Hick, J., God and the Universe of Faiths. Essays in the Philosophy of Religion, London 1973.

Hick, J., God has many Names, London 1980.

Hick, J., Jesus and the World Religions, in: Ders. (Hg.) The Myth of God Incarnate, Philadelphia 1977, 167–185 (deutsch: Jesus und die Weltreligionen, in: Ders., (Hg.), Wurde Gott Mensch? Der Mythos vom fleischgewordenen Gott, Gütersloh 1979, 175–194).

Hick, J., Philosophy of Religion, Englewood Cliffs 1963, ⁴1990.
Hick, J., The Metaphor of God Incarnate, Westminster 1994.
Hirsch, E., Geschichte der neuern evangelischen Theologie im Zusammenhang mit den allgemeinen Bewegungen des europäischen Denkens, Bd. I, Darmstadt ²1960; Bd. IV, Gütersloh ³1964.
Hoenderdaal, G. J., Arminius, Jacobus/Arminianismus, in: TRE I (Berlin ²1993) 63–69.
Hoffmann, H., Die Frage nach dem Wesen des Christentums in der Aufklärungstheologie, in: Harnack-Ehrung, Leipzig 1921, 353–365.
Hoffmann, H., Zum Aufkommen des Begriffs ›Wesen des Christentums‹, in: ZKG 45 (1926) 452–459.
Hoffmann, N., Sühne. Zur Theologie der Stellvertretung, Einsiedeln 1981.
Hoffmann, N., Kreuz und Trinität. Theologie der Sühne, Einsiedeln 1982.
Hoffmann, P., Auferstehung Jesu Christi. II/1. Neues Testament, in: TRE IV (Berlin ²1993) 478–513.
Hofius, O., Der Christushymnus Philipper 2,6–11. Untersuchungen zu Gestalt und Aussage eines urchristlichen Psalms [WUNT 17], Tübingen ²1991.
Hofius, O., Der Vorhang vor dem Thron Gottes. Eine exegetisch-religionsgeschichtliche Untersuchung zu Hebr 6,19f und Hebr 10,19f (WUNT 14), Tübingen 1972.
Hofius, O., Ist Jesus der Messias?, in: JBTh 8 (1993) 103–129.
Hofmann, P., Die Bibel ist die Erste Theologie. Ein fundamentaltheologischer Ansatz, Paderborn 2006.
Hofrichter, P., Nicht aus Blut, sondern monogen aus Gott geboren. Textkritische, dogmengeschichtliche und exegetische Untersuchung zu Joh 1,13–14 (FzB 31), Würzburg 1978.
Holl, A., Jesus in schlechter Gesellschaft, Stuttgart 1971.
Holte, R., Logos Spermatikos. Christianity and Ancient Philosophy according to St. Justin's Apologies, in: StTh 12 (1958) 109–168.
Hönig, E., Die Eucharistie als Opfer nach den neueren ökumenischen Erklärungen (KKTS 54), Paderborn 1989.
Honnefelder, L., Die Kritik des Johannes Duns Scotus am kosmologischen Nezessitarismus der Araber: Ansätze zu einem neuen Freiheitsbegriff, in: J. Fried (Hg.), Die abendländische Freiheit vom 10. zum 14. Jahrhundert, Sigmaringen 1991, 249–264.
Hoping, H., Einführung in die Christologie, Darmstadt 2004.
Hopkins, J., Feministische Christologie. Wie Frauen heute von Jesus reden können, Mainz 1996.
Hooff, A. E. van, Die Vollendung des Menschen. Die Idee des Glaubensaktes und ihre philosophische Begründung im Frühwerk Maurice Blondels (FThSt 124), Freiburg 1983.
Horsley R., Jesus and the Spiral of Violence. Popular Jewish Resistance in Roman Palestine, San Francisco 1987.
Horsley, R., Sociology and the Jesus Movement, New York 1989.
Horst, F., Recht und Religion im Bereich des Alten Testaments, in: Um das Prinzip der Vergeltung in Religion und Recht des Alten Testaments (WdF 125), hg. v. K. Koch, Darmstadt 1972, 186–188,
Hossfeld, F.-L., Versöhnung und Sühne. Neuere Anstöße zur Wiederaufnahme eines biblischen Themas, in: BiKi 41 (1986) 54–59.

Hübner, K., Die Wahrheit des Mythos, München 1985.
Hübner, K., Mythos I. Philosophisch, in: TRE XXIII (Berlin ²2000) 597–608.
Hünermann, P., Jesus Christus. Gottes Wort in der Zeit. Eine systematische Christologie, Münster 1994.
Hünermann P./Söding T. (Hgg.), Methodische Erneuerung der Theologie. Konsequenzen der wiederentdeckten jüdisch-christlichen Gemeinsamkeiten (QD 200), Freiburg 2003.
Hugo von St. Viktor, De sacramentis christianae fidei: PL 176, 173–618.
Hume, D., Ein Traktat über die menschliche Natur, Bd. I. Über den Verstand (PhB 283a), übers. v. T. Lipps, eingel. v. R. Brandt, Hamburg ²1989.
Hung-bin Kwok, B., Von der historisch zur trinitätstheologisch begründeten Christologie Wolfhart Pannenbergs, Ammersbek 1997.
Huovinen, E., Idea Christi. Die idealistische Denkform und Christologie in der Theologie Hans Küngs (AGTL 6), Hannover 1985.
Ibekwe, L., The Universality of Salvation in Jesus Christ in the Thought of Karl Rahner. A Chronological and Systematic Investigation (BDS 42), Würzburg 2006.
Ignatius von Loyola, Die Exerzitien, übers. u. hg. v. H. U. v. Balthasar, Einsiedeln ⁹1986.
Illingworth, J. R., Divine Immanence. An Essay on the Spiritual Significance of Matter, London 1898.
Illingworth, J. R., The Incarnation in Relation to Development, in: C. Gore (Hg.), Lux Mundi, London 1889, 132–157;
Inge, W. R., The Platonic Tradition in English Religious Thought (The Hulsean Lectures at Cambridge 1925–26), London 1926.
Irlenborn, B., »Veritas semper maior«. Der philosophische Gottesbegriff Richard Schaefflers im Spannungsfeld von Philosophie und Theologie (Ratio Fidei 20), Regensburg 2003.
Iserloh, E., Die Kirchenfrömmigkeit in der Imitatio Christi, in: Kirche – Ereignis und Institution. Aufsätze und Vorträge, Bd. I, Münster 1985, 151–167.
Iserloh, E., Luther und die Mystik, in: Ders., Kirche – Ereignis und Institution. Aufsätze und Vorträge, Bd. II. Geschichte und Theologie der Reformation, Münster 1985, 88–106.
Iserloh, E., Luthers Stellung in der theologischen Tradition, in: Ders., Kirche – Ereignis und Institution, Bd. II. Geschichte und Theologie der Reformation, Münster 1985, 14–36.
Ivánka, E. v., Plato Christianus. Umgestaltung und Übernahme des Platonismus durch die Väter, Einsiedeln ²1990.
Janowski, B., Azazel und Sündenbock. Zur Religionsgeschichte von Lev 16,10.21f, in: Ders., Gottes Gegenwart in Israel. Beiträge zur Theologie des Alten Testaments, Neukirchen 1993, 285–302.
Janowski, B., Er trug unsere Sünden. Jesaja 53 und die Dramatik der Stellvertretung, in: Ders. (Hg.), Gottes Gegenwart in Israel. Beiträge zur Theologie des Alten Testaments, Neukirchen 1993, 303–326.
Janowski, B., Sühne als Heilsgeschehen. Studien zur Sühnetheologie der Priesterschrift und zur Wurzel KPR im Alten Orient und im Alten Testament (WMANT 55), Neukirchen 1982.
Jaspert B. (Hg.), Karl Barth – Rudolf Bultmann. Briefwechsel 1922–1966 (Barth-Gesamtausgabe V/1), Zürich 1971.

Jonas, H., Gnosis und spätantiker Geist: Bd. I. Die mythologische Gnosis (FRLANT 51), Göttingen ⁴1988; Bd. II. Von der Mythologie zur mystischen Philosophie (FRLANT 159), hg. v. K. Rudolph, Göttingen 1993.
Jossua, J.-P., Le salut, Incarnation ou mystère pascal, Paris 1968.
Joswowitz-Schwellenbach, K., Zwischen Chalkedon und Birmingham. Zur Christologie John Hicks (Beiträge zur Fundamentaltheologie und Religionsphilosophie 5), Martinsried 2000.
Jüngel, E., Credere in ecclesiam – Eine ökumenische Besinnung, in: Kirche in ökumenischer Perspektive (FS Walter Kasper), hg. v. P. Walter, K. Krämer u. G. Augustin, Freiburg 2003, 15–32.
Jüngel, E., Das Geheimnis der Stellvertretung. Ein dogmatisches Gespräch mit Heinrich Vogel, in: BThZ 1 (1984) 65–80.
Jüngel, E., Der menschliche Mensch. Die Bedeutung der reformatorischen Unterscheidung der Person von ihren Werken für das Selbstverständnis des neuzeitlichen Menschen, in: Ders., Theologische Erörterungen, Bd. III (BevTh 107), München 1990, 194–213.
Jüngel, E., Die Kirche als Sakrament?, in: ZThK 80 (1983) 432–457.
Jüngel, E./Rahner, K., Was ist ein Sakrament? Vorstöße zur Verständigung, Freiburg 1971.
Junker, M., Das Urbild des Gottesbewusstseins. Zur Entwicklung der Religionstheorie und Christologie Schleiermachers von der ersten zur zweiten Auflage der Glaubenslehre, Berlin 1990.
Kaiser, O., Das Buch des Propheten Jesaja: Kap. 1–12 (ATD 17), Göttingen ⁵1981.
Kaiser, P., Das Wissen Jesu Christi in der lateinischen (westlichen) Theologie (ESt NF 14), Regensburg 1981.
Kaiser, P., Die Gott-menschliche Einigung in Christus als Problem der spekulativen Theologie seit der Scholastik (MThS.S 36), München 1968.
Kansai, K., Die Bedeutung des Christentums in der heutigen Welt bei Albert Schweitzer und Paul Tillich, Bern/Stuttgart 1980.
Kant, I., Die Religion innerhalb der Grenzen der bloßen Vernunft, in: Werke, Bd. VII, hg. v. W. Weischedel, Darmstadt 1968, 647–879.
Kant, I., Metaphysik der Sitten, I. Metaphysische Anfangsgründe der Rechtslehre, in: Werke, Bd. VII, hg. v. W. Weischedel, Darmstadt 1968, 307–499.
Karrer, M., Der Gesalbte. Die Grundlagen des Christustitels (FRLANT 151), Göttingen 1991.
Käsemann, E., Das Problem des historischen Jesus, in: Ders., Exegetische Versuche und Besinnungen, Bd. I, Göttingen ³1970, 187–214.
Käsemann, E., Zum Verständnis von Röm 3,24–26, in: Ders., Exegetische Versuche und Besinnungen, Bd. I, Göttingen ⁶1970, 96–100.
Kasper, W., Der Gott Jesu Christi, Mainz ²1983.
Kasper, W., Einzigkeit und Universalität Jesu Christi, in: G. J. Müller/M. Serretti (Hgg.), Einzigkeit und Universalität Jesu Christi. Im Dialog mit den Religionen (SlgHor NF 35), Einsiedeln/Freiburg 2001, 155–172.
Kasper, W., Gottes Gegenwart in Jesus Christus, in: Weisheit Gottes – Weisheit der Welt (FS Joseph Kardinal Ratzinger), St. Ottilien 1987, 311–341.
Kasper, W., Jesus der Christus, Mainz 1974 (10. Aufl. 2007).
Keel, O., Die Weisheit spielt vor Gott. Ein ikonographischer Beitrag zur Deutung des *mesahäquät* in Spr 8,30f, Freiburg (Schweiz) 1974.
Kehl, M., Eschatologie, Würzburg 1986.

Kellermann, U., Auferstanden in den Himmel. 2 Makk 7 und die Auferstehung der Märtyrer, Stuttgart 1979.
Kelly, J. N. D., Altchristliche Glaubensbekenntnisse, Göttingen 1972.
Kessler, H., Erlösung als Befreiung, Düsseldorf 1972.
Kessler, H., Sucht den Lebenden nicht bei den Toten. Die Auferstehung Jesu Christi in biblischer, fundamentaltheologicher und systematischer Absicht. Neuausgabe mit ausführlicher Erörterung der aktuellen Fragen. Neuausgabe mit ausführlicher Erörterung der aktuellen Fragen, Würzburg 1995.
Kessler, H., Gott und das Leid seiner Schöpfung. Nachdenkliches zur Theodizeefrage, Würzburg 2000.
Kessler, H., Irdischer Jesus, Kreuzestod und Osterglaube. Zu Rezensionen von A. Schmied und H. Verweyen, in: ThG 32 (1989) 219–229.
Kessler, H., Reduzierte Erlösung? Zum Erlösungsverständnis der Befreiungstheologie, Freiburg 1987.
Kierkegaard, S., Die Tagebücher, Bd. II. 1849–1855, hg. v. T. Haecker, Innsbruck 1923.
Kierkegaard, S., Furcht und Zittern, übers. v. E. Hirsch, Köln ²1986.
Kinzig, W., Harnack, Marcion und das Judentum. Nebst einer kommentierten Edition des Briefwechsels Adolf von Harnacks mit Houston Stewart Chamberlain (Arbeiten zur Kirchen- und Theologiegeschichte 13), Leipzig 2004.
Klappert, B., Israel und die Kirche in einem Gottesbund. Umstrittenes im jüdisch-christlichen Verhältnis, in: Ders., Miterben der Verheißung. Beiträge zum jüdisch-christlichen Dialog, Neukirchen 2000.
Klappert B./Starck, H. (Hgg.), Umkehr und Erneuerung. Erläuterung zum Synodalbeschluß der Rheinischen Landessynode 1980 »Zur Erneuerung des Verhältnisses von Christen und Juden«, Neukirchen 1980.
Kleden, P. B., Christologie in Fragmenten. Die Rede von Jesus Christus im Spannungsfeld von Hoffnungs- und Leidensgeschichte bei Johann Baptist Metz, Münster 2000.
Kluxen, W., Über Metaphysik und Freiheitsverständnis des Johannes Duns Scotus, in: PhJ 105 (1998) 100–109.
Knierim, R., Die Hauptbegriffe der Sünde im Alten Testament, Gütersloh 1965.
Knitter, P. F., Ist das Christentum eine echte und die absolute Religion?, in: Conc(D) 16 (1980) 397–405.
Knitter, P. F., Jesus and the Other Names, Christian Mission and Global Responsibility, Maryknoll/New York 1996.
Knitter, P. F., Katholische Religionstheologie am Scheideweg, in: Conc(D) 22 (1986) 63–69.
Knitter, P. F., No Other Name? A Critical Survey of Christian Attitudes Toward the World Religions, New York 1985 (ins Deutsche übers. v. J. Wimmer: Ein Gott – viele Religionen. Gegen den Absolutheitsanspruch des Christentums, München 1988).
Knitter, P. F., Nochmals die Absolutheitsfrage. Gründe für eine pluralistische Theologie der Religionen, in: EvTh 49 (1989) 505–516.
Knitter, P. F., Religion und Befreiung. Soteriozentrismus als Antwort an die Kritiker, in: Horizontüberschreitung. Die Pluralistische Theologie der Religionen, hg. v. R. Bernhardt, Gütersloh 1991, 203–219.
Knitter, P. F., Suche nach Einheit in Unterschiedenheit. Jüngste Ansichten zum Religiösen Pluralismus, in: Dialog der Religionen 1 (1991) 230–237.

Knop, J., Sünde, Freiheit, Endlichkeit. Christliche Sündentheologie im theologischen Diskurs der Gegenwart (Ratio Fidei 31), Regensburg 2007.
Kobusch, T., Die Entdeckung der Person. Metaphysik der Freiheit und modernes Menschenbild, Darmstadt 1997.
Koch, G., Die Heilsverwirklichung bei Theodor von Mopsuestia (MThS.S 31), München 1965.
Koch, K., Die Reiche der Welt und der kommende Menschensohn. Studien zum Danielbuch (= Gesammelte Aufsätze, Bd. II), hg. v. M. Rösel, Neukirchen 1995.
Koch, K., Gibt es ein Vergeltungsdogma im Alten Testament?, in: Um das Prinzip der Vergeltung in Religion und Recht des Alten Testaments (WdF 125), hg. v. K. Koch, Darmstadt 1972, 130–180.
Koch, K., Messias und Menschensohn. Die zweistufige Messianologie der jüngeren Apokalyptik, in: JbTh 8 (1993) 73–102.
Koch, K., Spätisraelitisches Geschichtsdenken am Beispiel des Buches Daniel, in: Apokalyptik (WdF 365), hg. v. K. Koch u. J. M. Schmidt, Darmstadt 1982, 276–310.
Köhler, L., Theologie des Alten Testaments, Tübingen ⁴1965.
Kolakowski, L., Geist und Ungeist christlicher Traditionen, Stuttgart 1971.
Koncsik, I., Jesus Christus – Mittler des Glaubens an den dreieinigen Gott. Eine ontologische Deutung in Auseinandersetzung mit aktuellen theologischen Positionen, 2 Bde., Hamburg 2001.
Koncsik, I., Christologie im 19. und 20. Jh. (HDThG III/1c), Freiburg 2005.
Koncsik, I., Jesus Christus – gestern, heute und morgen. Eine systematische Darstellung der Christologie des 19. und 20. Jhs., Neuried 2005.
Kosch, D., Jesusliteratur 1993–1997. Eine Umschau, in: BiKi 53 (1998) 213–219.
Koziel, B. E., Kritische Rekonstruktion der Pluralistischen Religionstheologie John Hicks vor dem Hintergrund seines Gesamtwerks (Bamberger Theologische Studien 17), Frankfurt 2001.
Krahe, M. J., Der Herr ist der Geist. Studien zur Theologie Odo Casels, Bd. 1. Das Mysterium Christi (PiLi 2), St. Ottilien 1986.
Kramer, K., Die subjektivitätstheoretischen Prämissen von Schleiermachers Bestimmung des religiösen Bewusstseins, in: D. Lange (Hg.), Friedrich Schleiermacher 1768–1834. Theologe – Philosoph – Pädagoge, Göttingen 1985, 129–162.
Kramer, W., Christos, Kyrios, Gottessohn. Untersuchungen zu Gebrauch und Bedeutung der christologischen Bezeichnungen bei Paulus und den vorpaulinischen Gemeinden (AThANT 44), Zürich/Stuttgart 1963.
Kraus, G., Jesus Christus – Der Heilsmittler. Lehrbuch der Christologie (Grundriss der Dogmatik 3), Frankfurt/Freiburg 2005.
Kreiner, A., Das wahre Antlitz Gottes oder was wir meinen, wenn wir Gott sagen, Freiburg 2006.
Kremer, J., Zur Diskussion um das »leere Grab«, in: E. Dhanis (Hg.), Resurrexit. Actes du Symposion International sur la Résurrection de Jésus, Rom 1974.
Krenski, T. R., Passio Caritatis. Trinitarische Passiologie im Werk Hans Urs von Balthasars (SlgHor 28), Einsiedeln 1990.
Kreuzer, G., Die Honorius-Frage im Mittelalter und in der Neuzeit, Stuttgart 1975.
Krings, H., Ordo. Philosophisch-historische Grundlegung einer abendländischen Idee, Hamburg ²1982.

Krings, H., System und Freiheit. Gesammelte Aufsätze, Freiburg 1980.
Krings, H., Transzendentale Logik, München 1964.
Krupp, M., Den Sohn opfern? Die Isaak-Überlieferung bei Juden, Christen und Muslimen, Gütersloh 1995.
Kügler, J., Pharao und Christus? Religionsgeschichtliche Untersuchung zur Frage einer Verbindung zwischen altägyptischer Königstheologie und neutestamentlicher Christologie im Lukasevangelium (BBB 113), Bodenheim 1997.
Kühn, U., Christologie (UTB 2393), Göttingen 2003.
Kümmel, W. G., Vierzig Jahre Jesusforschung: 1950–1990 (BBB 91), Königstein ²1994.
Küng, H., Menschwerdung Gottes. Eine Einführung in Hegels theologisches Denken als Prolegomena zu einer künftigen Christologie, München ²1989.
Kuhn, H.-W., Das Liebesgebot Jesu als Tora und als Evangelium. Zur Feindesliebe und zur christlichen und jüdischen Auslegung der Bergpredigt, in: Vom Urchristentum zu Jesus (FS Joachim Gnilka), hg. v. H. Frankemölle u. K. Kertelge, Freiburg 1989, 194–230.
Kuhn, P., Gottes Selbsterniedrigung in der Theologie der Rabbinen (StANT 17), München 1968.
Kundert, L., Die Opferung/Bindung Isaaks, Bd. 1: Gen 22,1–19 im Alten Testament, im Frühjudentum und im Neuen Testament (WMANT 78), Neukirchen 1998, Bd. 2: Gen 22,1–19 in frühen rabbinischen Texten (WMANT 79), Neukirchen 1998.
Kurian, J. T., Language, Faith and Meaning. A Critical Study of John Hick's Philosophy of Religion. Towards a Metaphilosophical Approach to Philosophical Theology (Diss. Pontificia Univ. Gregoriana), Rom 1990.
Kuschel, K.-J., Geboren vor aller Zeit? Der Streit um Christi Ursprung, München 1990.
Kutsch, E., Verheißung und Gesetz. Untersuchungen zum so genannten »Bund« im Alten Testament, Berlin 1973.
Landgraf, A. M., Dogmengeschichte der Frühscholastik II: Die Lehre über Christus. Bd. 1, Regensburg 1953.
Lang, B., Frau Weisheit. Deutung einer biblischen Gestalt, Düsseldorf 1975.
Lapide, P. E., Der Rabbi von Nazareth, Trier 1974.
Larcher, G. L., Modernismus als theologischer Historismus. Ansätze zu seiner Überwindung im Frühwerk Maurice Blondels (EHS.T 231), Frankfurt 1985.
Laub, F., »Ein für allemal hineingegangen in das Allerheiligste« (Hebr 9,12) – Zum Verständnis des Kreuzestodes im Hebräerbrief, in: BZ 35 (1991) 65–85.
Lebon, J., Le monophysisme sévérien. Étude historique, littéraire et théologique sur la résistance monophysite au concile de Chalcédonie jusqu'à la constitution de l'église jacobite, Louvain 1909.
Leeuw, G. van der, Die Do-ut-des-Formel in der Opfertheorie, in: ARW 20 (1920/21) 241–253.
Leeuw, G. van der, Phänomenologie der Religion, Tübingen 1933.
Lehmann, J., Jesus-Report. Protokoll einer Verfälschung, Düsseldorf 1970.
Lehmann, K., Auferweckt am dritten Tag nach der Schrift (QD 38), Freiburg 1968.
Lehmann, K., Die dogmatische Denkform als hermeneutisches Problem. Prolegomena zu einer Kritik der dogmatischen Vernunft, in: Ders., Gegenwart des Glaubens, Mainz 1974, 35–53.

Lehmann, K., Dogmenhermeneutik am Beispiel der klassischen Christologie, in: Jesus. Ort der Erfahung Gottes, hg. v. B. Casper, Freiburg 1976, 190–209.
Lehmann, K., »Er wurde für uns gekreuzigt«. Eine Skizze zur Neubesinnung in der Soteriologie, in: ThQ 162 (1982) 298–317.
Lehmann K., Methodologisch-hermeneutische Probleme der »Theologie der Befreiung«, in: Ders. (Hg.), Theologie der Befreiung (SlgHor NF 10), Einsiedeln 1977, 9–44.
Leibniz, G. W., Philosophische Werke, hg. v. A. Buchenau u. E. Cassirer, Bd. II, Leipzig ²1924.
Lengerke, G. v., Die Begegnung mit Christus im Armen (StSSTh 43), Würzburg 2007.
Leppin, V., Geglaubte Wahrheit. Das Theologieverständnis Wilhelms von Ockham (FKDG 63), Göttingen 1995.
Lessing, G. E., Anti-Goeze, in: Ders., Gesammelte Werke, hg. v. P. Rilla, Bd. VIII. Philosophische und theologische Schriften II, Berlin 1956, 202–253.377–406.417–474.
Lessing, G. E., Die Erziehung des Menschengeschlechts, in: Ders., Gesammelte Werke, hg. v. P. Rilla, Bd. VIII. Philosophische und theologische Werke II, Berlin 1956, 590–615.
Lessing, G. E., Nathan der Weise, in: Ders., Gesammelte Werke, hg. v. P. Rilla, Bd. II. Dramen, Dramenfragmente, Berlin ²1968, 319–481.
Lessing, G. E., Über den Beweis des Geistes und der Kraft, in: Ders., Gesammelte Werke, hg. v. P. Rilla, Bd. VIII. Philosophische und theologische Schriften II, Berlin 1956, 9–16.
Levenson, J. D., The Death and Resurrection of the Beloved Son. The Transformation of Child Sacrifice in Judaism and Christianity, New Haven/London 1993.
Levin, C., Die Verheißung des neuen Bundes in ihrem theologiegeschichtlichen Zusammenhang ausgelegt (FRLANT 137), Göttingen 1985.
Levinas, E., Judentum und Christentum nach Rosenzweig. Ein Gespräch, in: K. Hemmerle, Ausgewählte Schriften, Bd. V. Gemeinschaft als Bild Gottes (Beiträge zur Ekklesiologie), hg. v. R. Feiter, Freiburg 1996, 326–340.
Levinas, E., Menschwerdung Gottes?, in: Ders., Zwischen uns, München 1995, 73–82 (frz. Fassung: Un Dieu Homme?, in: Ders., Entre nous, Paris 1991, 69–76).
Lichtenberger, H., Messianische Erwartungen und messianische Gestalten in der Zeit des zweiten Tempels, in: E. Stegemann (Hg.), Messias-Vorstellungen für Juden und Christen, Stuttgart 1993, 9–21.
Liébaert, J., La doctrine christologique de Saint Cyrill d'Alexandrie avant la querelle nestorienne, Lille 1951.
Lienhard, M., Martin Luthers christologisches Zeugnis. Entwicklung und Grundzüge seiner Christologie, Göttingen 1980.
Lietzmann, H., Apollinarius von Laodicea und seine Schule, Tübingen 1904.
Lindbeck, G., The Nature of Doctrine. Religion and Theology in a Postliberal Age, Philadelphia 1984.
Lindblom, J., Gesichte und Offenbarungen. Vorstellungen von göttlichen Weisungen und übernatürlichen Erscheinungen im ältesten Christentum (Acta Reg. Societatis Humaniorum Litterarum Lundensis LXV), Lund 1968.

Link, H.-G., Geschichte Jesu und Bild Christi. Die Entwicklung der Christologie Martin Kählers in Auseinandersetzung mit der Leben-Jesu-Theologie und der Ritschl-Schule, Neukirchen-Vluyn 1975.
Link-Wieczorek, U., Inkarnation oder Inspiration? Christologische Grundfragen in der Diskussion mit britischer anglikanischer Theologie (FSÖTh 84), Göttingen 1998.
Locke, J., Versuch über den menschlichen Verstand I (PhB 75), Hamburg ⁴1981.
Lockmann, U., Dialog zweier Freiheiten. Studien zur Verhältnisbestimmung von göttlichem Handeln und menschlichem Gebet (ITS 66), Innsbruck 2004.
Loewenich, W. v., Christi Stellvertretung. Eine theologische Meditation zu Luthers Auslegung von Gal 3,13, in: Ders., Von Augustin zu Luther. Beiträge zur Kirchengeschichte, Witten 1959, 150–160.
Loewenich, W. v., Luther und der Neuprotestantismus, Witten 1963.
Loewenich, W. v., Luther und Lessing (SGV 232), Tübingen 1960.
Lohaus, G., Die Lebensereignisse Jesu in der Christologie Karl Rahners, in: ThPh 65 (1990) 349–386.
Lohfink, G., Braucht Gott die Kirche? Zur Theologie des Volkes Gottes, Freiburg 1998.
Lohfink, G., Wie hat Jesus Gemeinde gewollt?, Freiburg 1982.
Lohfink, N., Bund und Tora bei der Völkerwallfahrt (Jesajabuch und Psalm 25), in: N. Lohfink/E. Zenger, Der Gott Israels und die Völker. Untersuchungen zum Jesajabuch und zu den Psalmen (SBS 154), Stuttgart 1994, 37–83.
Lohfink, N., Der Begriff »Bund« in der biblischen Theologie, in: Der Gott Israels und die Völker. Untersuchungen zum Jesajabuch und zu den Psalmen (SBS 154), Stuttgart 1994.
Lohfink, N., Der niemals gekündigte Bund. Exegetische Gedanken zum christlich-jüdischen Dialog, Freiburg 1989.
Lohfink, N., Kinder Abrahams aus Steinen. Wird nach dem Alten Testament Israel einst der »Bund« genommen werden?, in: H. Frankemölle (Hg.), Der ungekündigte Bund? Antworten des Neuen Testamentes (QD 172), Freiburg 1998, 17–43.
Lohse, E., Märtyrer und Gottesknecht. Untersuchungen zur urchristlichen Verkündigung vom Sühntod Jesu Christi (FRLANT 64) Göttingen ²1963.
Loofs, F., Leitfaden zum Studium der Dogmengeschichte, Halle ²1890.
Loofs, F., Leontius von Byzanz und die gleichnamigen Schriftsteller der griechischen Kirche, Bd. I. Das Leben und die polemischen Werke des Leontius von Byzanz, Leipzig 1887.
Löser, W., »Universale Concretum« als Grundgesetz der Oeconomia Revelationis, in: Handbuch der Fundamentaltheologie, Bd. II. Traktat Offenbarung, hg. v. W. Kern u.a., Freiburg 1985, 108–121.
Löser, W., Das Sein – ausgelegt als Liebe. Überlegungen zur Theologie Hans Urs von Balthasars, in: IKaZ 4 (1975) 410–424.
Löser, W., Die Ignatianischen Exerzitien im Werk Hans Urs von Balthasars, in: K. Lehmann/W. Kasper (Hgg.), Hans Urs von Balthasar. Gestalt und Werk, Köln 1989, 152–174.
Löser, W., Im Geiste des Origenes. Hans Urs von Balthasar als Interpret der Theologie der Kirchenväter, Frankfurt 1976.
Löser, W., Mystères de la vie du Christ. II. Réflexions théologiques, in: DSp 10 (1980) 1880–1886.

Löser, W., Mystik des Konkreten. Die Anwendung der Sinne in den Exerzitien des heiligen Ignatius, in: GuL 63 (1990) 367–372.

Löser W./Lehmann K./Lutz-Bachmann M. (Hgg.), Dogmengeschichte und katholische Theologie, Würzburg 1985.

Lubac, H. de, Corpus Mysticum. Eucharistie und Kirche im Mittelalter. Eine historische Studie, aus dem Frz. ins Deutsche übers. v. H. U. v. Balthasar, Einsiedeln 1969.

Lubac, H. de, Die Kirche, nach der Originalausg. v. 1954 übers. u. eingel. v. H. U. v. Balthasar, Einsiedeln 1968.

Lubac, H. de, Geist aus der Geschichte, nach der Originalausg. v. 1950 übers. u. eingel. v. H. U. v. Balthasar, Einsiedeln 1968.

Luck, U., Himmlisches und irdisches Geschehen im Hebräerbrief. Ein Beitrag zum »historischen Jesus« im Urchristentum, in: NT 6 (1963) 192–215.

Lüdemann, G., Die Auferstehung Jesu. Historie – Erfahrung – Theologie, Göttingen 1994

Lüdemann, G., Jungfrauengeburt? Die wirkliche Geschichte von Maria und ihrem Sohn Jesus, Stuttgart 1997.

Luscombe, D. E., The School of Peter Abaelard. The Influence of Abaelard's Thought in the Early Scholastic Period, Cambridge 1969.

Lustiger, J.-M., Die Verheißung vom Alten zum Neuen Bund, aus dem Frz. übers. v. Dominic Schubert, Augsburg 2003.

Lustiger, J.-M., Gotteswahl. Gespräche mit Jean-Louis Missika und Dominique Wolton, aus dem Frz. übers. v. Thorsten Schmidt, München 1992.

Lustiger, J.-M., Wagt den Glauben. Artikel, Vorträge, Predigten, Interviews 1981–1984 (Theologia Romanica 14), aus dem Frz. übers. v. H. U. v. Balthasar, Einsiedeln 1986.

Machovec, M., Jesus für Atheisten. Mit einem Geleitwort von Helmut Gollwitzer, Stuttgart/Berlin ²1973.

Mackey, J. P., Jesus the Man and the Myth. A Contemporary Christology, London 1982.

Maier, J., Torah und Pentateuch. Gesetz und Moral. Beobachtungen zum jüdischen und christlich-theologischen Befund, in: A. Vivian (Hg.), Biblische und judaistische Studien, Frankfurt 1990.

Malmberg, F., Über den Gottmenschen (QD 9), Freiburg 1960.

Manus, U. C., Christ, the African King. New Testament Christology, Frankfurt 1993.

Marböck, J., Die »Geschichte Israels« als »Bundesgeschichte« nach dem Sirachbuch, in: E. Zenger (Hg.), Der Neue Bund im Alten. Zur Bundestheologie der beiden Testamente (QD 146), Freiburg 1993, 177–197.

Marcel, G., Geheimnis des Seins, aus dem Frz. übers. v. H. von Winter, Wien 1952.

Marchesi, G., La Cristologia di Hans Urs von Balthasar. La figura di Gesù Cristo espressione visibile di Dio, Roma 1977.

Markschies, C., Was ist lateinischer »Neunizänismus«? Ein Vorschlag für eine Antwort, in: ZAC 1 (1997) 73–95.

Maron, G., Kirche und Rechtfertigung. Eine kontrovers-theologische Untersuchung ausgehend von den Texten des Zweiten Vatikanischen Konzils, Göttingen 1969.

Marquardt, F.-W., Das christliche Bekenntnis zu Jesus, dem Juden. Eine Christologie, Bd. I, München 1990, Bd. II, München 1991.

Marquardt, F.-W., Die Entdeckung des Judentums für die christliche Theologie. Israel im Denken Karl Barths, München 1967.
Marquardt, F.-W., Von Elend und Heimsuchung der Theologie. Prolegomena zur Dogmatik, München 1988.
Marquardt, F.-W., Was dürfen wir hoffen, wenn wir hoffen dürfen? Eine Eschatologie, Bd. I, Gütersloh 1993, Bd. II, Gütersloh 1994, Bd. III, Gütersloh 1996.
Marschler, T., Auferstehung und Himmelfahrt Christi in der scholastischen Theologie bis zu Thomas von Aquin, 2 Bde. (BGPhMA 64/I–II), Münster 2003.
Marshall, I. H., Palestinian and Hellenistic Christianity. Some Critical Comments, in: NTS 19 (1972/73) 271–287.
Marxer, F., Die inneren geistlichen Sinne. Ein Beitrag zur Deutung ignatianischer Mystik, Freiburg1963.
Marxsen, W., Die Auferstehung Jesu als historisches und theologisches Problem, Gütersloh ²1965.
Maurice, E., La christologie de Karl Rahner (Jésus et Jésus Christ 65), Paris 1995.
Mauss, M., Die Gabe. Form und Funktion des Austauschs in archaischen Gesellschaften, übers. v. E. Moldenhauer, in: Ders., Soziologie und Anthropologie, Bd. II, Frankfurt 1889, 9–144.
McGrath, A. E., The New Quest of the Historical Jesus: from Käsemann to Wolfhart Pannenberg, in: Ders. (Hg.), The Making of Modern German Christology. From the Enlightenment to Pannenberg, Oxford 1986.
Medebielle, A., L'expiation dans l'Ancien Testament, Rome 1924.
Menke, K.-H., Analogia fidei, in: LThK³ I (Freiburg 1993) 574–577.
Menke, K.-H., Das Kriterium des Christseins. Grundriss der Gnadenlehre, Regensburg 2003.
Menke, K.-H., Das systematisch-theologische Verständnis der Auferstehung Jesu. Bemerkungen zu der von Gerd Lüdemann ausgelösten Diskussion, in: ThGl 85 (1995) 458–484.
Menke, K.-H., Das Unfehlbarkeitsverständnis der »gegenreformatorischen Konzilstraktate«, in: Cath(M) 45 (1991) 102–118.
Menke, K.-H., Der Gott, der jetzt schon Zukunft schenkt. Plädoyer für eine christologische Theodizee, in: H. Wagner (Hg.), Mit Gott streiten. Neue Zugänge zum Theodizee-Problem, Freiburg 1998, 90–130.
Menke, K.-H., Die Diagnose und Bekämpfung des Bösen. Epiphänomen der Natur oder Ausweis formal unbedingter Autonomie?, in: B. Claret (Hg.), Theodizee. Das Böse in der Welt, Darmstadt 2007, 37–66.
Menke, K.-H., Die Frage nach dem Wesen des Christentums. Eine theologiegeschichtliche Analyse (Veröffentlichungen der Nordrhein-Westfälischen Akademie der Wissenschaften G 395), Paderborn 2005.
Menke, K.-H., Die Vermittlung des Glaubens an Gott mit der Geschichte der Shoah, in: Wege der Theologie: an der Schwelle zum dritten Jahrtausend (FS Hans Waldenfels), Paderborn 1996, 219–243.
Menke, K.-H., Fleisch geworden aus Maria. Die Geschichte Israels und der Marienglaube der Kirche, Regensburg 1999.
Menke, K.-H., Kann ein Mensch *erkennbares* Medium der göttlichen *Selbst*offenbarung sein? Anmerkungen zur Verhältnisbestimmung von »Realsymbol« und »Inkarnation«, in: J. Valentin/S. Wendel (Hgg.), Unbedingtes Verstehen?! Fundamentaltheologie zwischen Erstphilosophie und Hermeneutik, Regensburg 2001, 42–58.

Menke, K.-H., Stellvertretung. Schlüsselbegriff christlichen Lebens und theologische Grundkategorie (SlgHor NF 29), Einsiedeln/Freiburg ²1997.

Menke, K.-H., Sünde und Gnade: dem Menschen innerlicher als dieser sich selbst?, in: Freiheit Gottes und der Menschen (FS Thomas Pröpper), hg. u. a. v. M. Böhnke, Regensburg 2006, 21–40.

Merklein, H., Ägyptische Einflüsse auf die messianische Sohn-Gottes-Aussage des Neuen Testaments, in: Ders., Studien zu Jesus und Paulus, Bd. II (WUNT 105), Tübingen 1998, 3–30.

Merklein, H., Christus und die Kirche. Die theologische Grundstruktur des Epheserbriefes, Stuttgart 1973

Merklein, H., Der (neue) Bund als Thema der paulinischen Theologie, in: ThQ 176 (1996) 290–308.

Merklein, H., Die Bedeutung des Kreuzestodes Christi für die paulinische Gerechtigkeits- und Gesetzesthematik, in: Ders., Studien zu Jesus und Paulus (WUNT 43), Tübingen 1987, 1–106.

Merklein, H., Jesu Botschaft von der Gottesherrschaft. Eine Skizze (SBS 111), Stuttgart ³1989.

Merklein, H., »Nicht aus Werken des Gesetzes ...«. Eine Auslegung von Gal 2,15–21, in: Ders., Studien zu Jesus und Paulus, Bd. II (WUNT 105), Tübingen 1998, 303–315.

Merklein, H., Zur Entstehung der urchristlichen Aussage vom präexistenten Sohn Gottes, in: Ders., Studien zu Jesus und Paulus, Bd. I (WUNT 43), Tübingen 1987, 247–276.

Metz, J. B., Glaube in Geschichte und Gesellschaft. Studien zu einer praktischen Fundamentaltheologie, Mainz ⁵1992.

Metzinger, A., Die Substitutionstheorie und das alttestamentliche Opfer mit besonderer Berücksichtigung von Lev 17,11, in: Biblica 21 (1940) 159–187.

Meuffels, H. O., Kommunikative Sakramententheologie, Freiburg 1995.

Meyer zu Schlochtern, J., Sakrament Kirche. Wirken Gottes im Handeln des Menschen, Freiburg 1992.

Meyer, B., Christologie im Schatten der Shoah – im Lichte Israels. Der amerikanische und der deutsche Diskurs am Beispiel von Paul van Buren und Friedrich-Wilhelm Marquardt, Heidelberg 2002.

Moeller, C., Un représentant de la christologie néochalcédonienne au début du sixième siècle en orient: Nephalius d'Alexandrie, in: RHE 40 (1944/45) 73–140.

Moiser, J., Why did the Son of God become Man?, in: Thom 37 (1973) 288–305.

Moraldi, L., Espiazione sacrificale e riti espiatori nell'ambiente biblico e nell'Antico Testamento (AnBib 5), Rom 1956.

Morris, T. V., The Logic of God Incarnate, Ithaca/London 1986.

Mühl, M., Der λόγος ἐνδιάθετος und προφορικός von der älteren Stoa bis zur Synode von Sirmium 351, in: ABG 7 (1972) 7–56.

Mühlen, K.-H. zur, Reformatorische Vernunftkritik und neuzeitliches Denken. Dargestellt am Werk Martin Luthers und Friedrich Gogartens, Tübingen 1980.

Mühlenberg, E., Apollinaris von Laodicea (FKDG 23), Göttingen 1969.

Müller, G. L., »Christus allein alles«. Zur Christologie Martin Luthers, in: LKW 48 (2001) 51–70.

Müller, G. L., Analogie. II. Theologisch, in: LThK³ I (Freiburg 1993) 579–582.

Müller, G. L., Christologie – Die Lehre von Jesus dem Christus, in: Glaubenszugänge. Lehrbuch der Katholischen Dogmatik, B. II, hg. v. W. Beinert, Paderborn 1995, 1–297.
Müller, G. L., Erkenntnistheoretische Grundprobleme einer Theologie der Religionen, in: Ders./M. Serretti (Hgg.), Einzigkeit und Universalität Jesu Christi im Dialog mit den Religionen (SlgHor NF 35), Einsiedeln/Freiburg 2001, 17–48.
Müller, G. L., Gemeinschaft und Verehrung der Heiligen. Geschichtlich-systematische Grundlegung der Hagiologie, Freiburg 1986.
Müller, G. L., In quibus et ex quibus – Zum Verhältnis von Ortskirche und Universalkirche, in: Essener Gespräche zum Thema Staat und Kirche Nr. 37, Münster 2003, 59–70.
Müller, G. L., Vom Vater gesandt. Impulse einer inkarnatorischen Christologie für Gottesfrage und Menschenbild, Regensburg 2005.
Müller, G. L., Was heißt: Geboren von der Jungfrau Maria? Eine theologische Deutung (QD 199), Freiburg ²1991.
Müller, Klaus (Heidelberg), Tora für die Völker. Die noachidischen Gebote und Ansätze zu ihrer Rezeption im Christentum (SKI 15), Berlin 1994.
Müller, Klaus (Münster) Hg., Fundamentaltheologie. Fluchtlinien und gegenwärtige Herausforderungen, Regensburg 1998.
Müller, Klaus (Münster), Wenn ich »ich« sage. Studien zur fundamentaltheologischen Relevanz selbstbewusster Subjektivität (RSTh 46), Frankfurt 1994.
Müller, P., Neue Trends der Jesusforschung, in: ZNT 1 (1998) 2–16.
Müller, S., Kritik und Theologie. Christliche Glaubens- und Schrifthermeneutik nach Richard Simon (1638–1712), in: MThZ 56 (2005) 212–224.
Müller, S., Richard Simon (1638–1712). Exeget, Theologe, Philosoph und Historiker. Eine Biographie, Würzburg 2005.
Münz, C., Der Welt ein Gedächtnis geben. Geschichtstheologisches Denken im Judentum nach Auschwitz, Freiburg 1998.
Muñoz Palacios, R., La mediación del Logos preexistente e la encarnación en Eusebio de Caesaréa, in: EE 43 (1968) 381–414.
Mussner, F., Ursprünge und Entfaltung der neutestamentlichen Sohneschristologie. Versuch einer Rekonstruktion, in: L. Scheffczyk (Hg.), Grundfragen der Christologie heute (QD 72), Freiburg 1975, 77–113.
Nachtwei, G., Dialogische Unsterblichkeit. Eine Untersuchung zu Joseph Ratzingers Eschatologie und Theologie, Leipzig 1986.
Naduvilekut, J., Christus als Heilsweg. Soteria als Theodrama im Werk Hans Urs von Balthasars, St. Ottilien 1987.
Nagel, T., Der Koran, München ³1998.
Negel, J., Ambivalentes Opfer. Studien zur Symbolik, Dialektik und Aporetik eines theologischen Fundamentalbegriffs, Paderborn 2005.
Negel, J., Nur als Gabe spricht das Ding. Zur theologischen Valenz der Opfertheorie von Gerardus van der Leeuw, in: ThGl 86 (1996) 458–487.
Neill S./Wright, T., The Interpretation of the New Testament 1861–1986, Oxford 1988.
Neri, M., La testimonianza in H. U. von Balthasar. Evento originario di Dio e mediazione storica della fede, Bologna 2001.
Neufeld, K. H., Adolf Harnacks Konflikt mit der Kirche. Weg-Stationen zum »Wesen des Christentums«, Innsbruck 1979.
Neuhaus, G., Frömmigkeit der Theologie. Zur Logik der offenen Theodizeefrage (QD 202), Freiburg 2003.

Neuhaus, G., Transzendentale Erfahrung? Der Vorwurf der Subjektlosigkeit an Rahners Begriff geschichtlicher Existenz und eine weiterführende Perspektive transzendentaler Theologie, Düsseldorf 1982.
Newmans, P. W., A Spirit Christology. Recovering the Biblical Paradigm of Christian Faith, Atlanta 1987.
Niebuhr, K.-W., Jesus Christus und die vielfältigen messianischen Erwartungen Israels. Ein Forschungsbericht, in: JBTh 8 (1993) 337–345.
Niederwimmer, K., Jesus, Göttingen 1968.
Niekamp, G., Christologie nach Auschwitz. Kritische Bilanz für die Religionsdidaktik aus dem christlich-jüdischen Dialog, Freiburg 1994.
Niemand, C., »Jesus – wie er wirklich war«? Annäherungen an ein historisch verantwortbares und theologisch ergiebiges Jesusbild, in: ThPQ 151 (2003) 253–263.
Niemann, F.-J., Jesus als Glaubensgrund in der Fundamentaltheologie der Neuzeit. Zur Genealogie eines Traktats (ITS 12), Innsbruck 1983.
Norris, R. A., Manhood and Christ. A Study in the Christology of Theodore of Mopsuestia, Oxford 1963.
Novak, K., Symbolisierung des Unendlichen. Ernest Renan und sein Verhältnis zum Protestantismus, in: ZKG 109 (1998) 24–65.
Nützel, J., Zum Schicksal der eschatologischen Propheten, in: BZ 20 (1976) 59–64.
Obenauer, K., Summa Actualitas. Zum Verhältnis von Einheit und Verschiedenheit in der Dreieinigkeitslehre des hl. Bonaventura (E.H.S. XXIII/559): Frankfurt 1996.
Oberdorfer, B., Filioque. Geschichte und Theologie eines ökumenischen Problems (FSÖTh 96), Göttingen 2001.
Oeing-Hanhoff, L., Das Reich der Freiheit als absoluter Endzweck der Welt. Tübinger und weitere Perspektiven, in: J. Simon (Hg.), Freiheit. Theoretische und praktische Aspekte des Problems, Freiburg/München 1977, 55–83.
Olewiński, D. J. Um die Ehre des Bildes. Theologische Motive der Bilderverteidigung bei Johannes von Damaskus (MThS.S 67), St. Ottilien 2004.
Opitz, H.-G., Einige Aspekte zur jüngeren Arius-Forschung, in: MThZ 44 (1993) 109–117.
Osten-Sacken, P. v. der, Rückzug ins Wesen und aus der Geschichte. Antijudaismus bei Adolf von Harnack und Rudolf Bultmann, in: WPKG 67 (1998) 106–122.
Osumi, Y., Die Kompositionsgeschichte des Bundesbuches Ex 20,22–23,33 (OBO 105), Freiburg (Schweiz) 1991.
Ott, L., Das Konzil von Chalcedon in der Frühscholastik, in: A. Grillmeier/H. Bachl (Hgg.), Das Konzil von Chalcedon. Geschichte und Gegenwart, Würzburg 1953, 873–922.
Otto, E., Wandel der Rechtsbegründungen in der Gesellschaftsgeschichte des antiken Israel. Eine Rechtsgeschichte des ›Bundesbuches‹ Ex 20,22–23,33, Leiden 1988.
Otto, S., Person und Subsistenz. Die philosophische Anthropologie des Leontius von Byzanz. Ein Beitrag zur spätantiken Geistesgeschichte, München 1968.
Overbeck, F.-J., Der gottbezogene Mensch. Eine systematische Untersuchung zur Bestimmung des Menschen und zur ›Selbstverwirklichung‹ Gottes in der Anthropologie und Trinitätslehre Wolfhart Pannenbergs (MBTh 59), Münster 2000.

Panikkar, R., Der unbekannte Christus im Hinduismus, Mainz 1986.
Pannenberg, W., Anthropologie in theologischer Perspektive, Göttingen 1983.
Pannenberg, W., Bewusstsein und Subjektivität, in: Ders., Metaphysik und Gottesgedanke, Göttingen 1988, 34–51.
Pannenberg, W., Christologie und Theologie, in: Ders., Grundfragen systematischer Theologie, Bd. II, Göttingen 1980, 129–145.
Pannenberg, W., Erwägungen zu einer Theologie der Religionsgeschichte, in: Ders., Grundfragen systematischer Theologie. Gesammelte Aufsätze, Göttingen 1967, 252–295.
Pannenberg, W., Grundzüge der Christologie, Gütersloh 1964.
Pannenberg, W., Heilsgeschehen und Geschichte, in: Ders., Grundfragen systematischer Theologie. Gesammelte Aufsätze, Göttingen 1967, 22–78.
Pannenberg, W., Systematische Theologie, 3 Bde., Göttingen 1988/91/93.
Pannenberg, W., Theologie und Philosophie. Ihr Verhältnis im Lichte ihrer gemeinsamen Geschichte, Göttingen 1996.
Pannenberg, W., Zur »Aporie der Zweinaturenlehre«. Brief an Christoph von Schönborn, in: FZPhTh 25 (1978) 100–102.
Patfoort, A., L'unité d'être dans le Christ d'après Saint Thomas, Paris 1964.
Pawlikowski, J. T., Ein oder zwei Bünde? Zeitgenössische Perspektiven, in: ThQ 176 (1996) 325–340.
Pawlikowski, J. T., Judentum und Christentum, in: TRE 17 (Berlin ²1993) 386–403.
Pedersen, J., Israel, its Life and Culture, Bde. I–II, London 1926.
Pedersen, J., Seelenleben und Gemeinschaftsleben, aus dem Dänischen übers. v. V. Hand, in: Um das Prinzip der Vergeltung in Religion und Recht des Alten Testaments (WdF 125), hg. v. K. Koch, Darmstadt 1972.
Pemsel-Maier, S., Rechtfertigung durch Kirche? Das Verhältnis von Kirche und Rechtfertigung in den Entwürfen der neueren katholischen und evangelischen Theologie, Würzburg 1991.
Perlitt, L., Bundestheologie im Alten Testament (WMANT 36), Neukirchen 1969.
Perrone, L., L'enigma di Paolo di Samosata, in: CrSt 13 (1992) 253–327.
Pesch, O. H., Thomas von Aquin. Grenze und Größe mittelalterlicher Theologie, Mainz 1988.
Pesch, R., Integrierte Gemeinde, in: LThK³ V (1996) 550.
Pesch, R., Materialien und Bemerkungen zu Entstehung und Sinn des Osterglaubens, in: Wie kam es zum Osterglauben?, hg. v. A. Vögtle u. R. Pesch, Düsseldorf 1975, 136–184.
Pesch, R., Zur Entstehung des Glaubens an die Auferstehung Jesu. Ein Vorschlag zur Diskussion, in: ThQ 153 (1973) 201–228.
Pesch, R., Zur Entstehung des Glaubens an die Auferstehung Jesu. Ein neuer Versuch, in: FZPhTh 30 (1983) 73–98.
Pesch, R., Zwischen Karfreitag und Ostern. Die Umkehr der Jünger Jesu, Einsiedeln 1983.
Petersen, B., Theologie nach Auschwitz? Jüdische und christliche Versuche einer Antwort (VIKJ 24), eingel. v. O. H. Pesch, Berlin ²1998.
Peterson, E., Theologische Traktate, München 1951.
Petrus Abaelardus, Introductio ad theologiam in libros tres divisa: PL 178, 979–1114.

Petrus Lombardus, Sententiae in IV libris distinctae (SpicBon 415), Grottaferrata 1971/81.

Peukert, H., Kommunikatives Handeln, Systeme der Machtsteigerung und die unvollendeten Projekte Aufklärung und Theologie, in: E. Arens (Hg.), Habermas und die Theologie, Düsseldorf 1989, 39–64.

Pfeifer, G., Ursprung und Wesen der Hypostasenvorstellungen im Judentum, 1967.

Pfister, O., Die Entwicklung des Apostels Paulus, in: Imago 6 (1920) 243–290.

Philipp, F.-H., Zinzendorf und die Christusmystik des frühen 18. Jahrhunderts, in: Glaube – Geist – Geschichte (FS Ernst Benz), hg. v. G. Müller u. W. Zeller, Leiden 1967, 339–342.

Plasger, G., Die Not-Wendigkeit der Gerechtigkeit. Eine Interpretation zu »Cur Deus homo« von Anselm von Canterbury (BGPhMA NF 38), Münster 1993.

Platzbecker, P., Radikale Autonomie vor Gott denken. Transzendentalphilosophische Glaubensverantwortung in der Auseinandersetzung zwischen Hansjürgen Verweyen und Thomas Pröpper (Ratio Fidei 19), Regensburg 2003.

Poppenberg, E., Die Christologie des Hugo von St. Viktor, Hiltrup 1937.

Preß, M., Jesus und der Geist. Grundlagen einer Geist-Christologie, Neukirchen-Vluyn 2001.

Preuß, H. D., Einführung in die alttestamentliche Weisheitsliteratur, Stuttgart 1987.

Prigent, P., Justin et l'Ancien Testament. L'argumentation scripturaire du traité de Justin contre toutes les hérésies comme source principale du Dialogue avec Tryphon et de la Première Apologie, Paris 1964.

Prigogine I./Stengers, I., Dialog mit der Natur. Neue Wege naturwissenschaftlichen Denkens, aus dem Engl. u. dem Frz. übers. v. F. Griese, München ⁶1990.

Principe, W. H., Alexander von Hales' Theology of the Hypostatic Union (STPIMS 12), Toronto 1967.

Principe, W. H., Hugh of Saint-Cher's Theology of the Hypostatic Union (STPIMS 19), Toronto 1970.

Principe, W. H., Philipp the Chancellor's Theology of the Hypostatic Union (STPIMS 32), Toronto 1975.

Principe, W. H., William of Auxerre's Theology of the Hypostatic Union (STPIMS 7), Toronto 1963.

Pröpper, T., Das Faktum der Sünde und die Konstitution menschlicher Identität. Ein Beitrag zur kritischen Aneignung der Anthropologie Wolfhart Pannenbergs, in: ThQ 170 (1990) 267–289.

Pröpper, T., Erlösungsglaube und Freiheitsgeschichte. Eine Skizze zur Soteriologie, München ³1991.

Pröpper, T., Evangelium und freie Vernunft. Konturen einer theologischen Hermeneutik, Freiburg 2001.

Pröpper, T., Schleiermachers Bestimmung des Christentums und der Erlösung. Zur Problematik der transzendental-anthropologischen Hermeneutik des Glaubens, in: ThQ 168 (1988) 193–214.

Pröpper, T., Wegmarken einer Christologie nach Auschwitz, in: J. Manemann/J. B. Metz (Hgg.). Christologie nach Auschwitz. Stellungnahmen im

Anschluß an Thesen von Tiemo Rainer Peters (Religion – Geschichte – Gesellschaft. Fundamentaltheologische Studien 12), Münster 1998, 135–146.
Prümm, K., Religionsgeschichte und altkirchlicher Glaube. Eine Auseinandersetzung mit Odo Casel, in: ZKTh 62 (1938) 545–568.
Przywara, E., Ringen der Gegenwart. Gesammelte Aufsätze 1922–1927, Augsburg 1929.
Przywara, E., Theozentrische und anthropozentrische Frömmigkeit, in: Ders., Religionsphilosophische Schriften (Schriften 2), Einsiedeln 1962, 46–65.
Rad, G. v., Theologie des Alten Testaments, Bd. I. Theologie der geschichtlichen Überlieferungen, München 1969.
Rad, G. v., Weisheit in Israel, Neukirchen 1970.
Rahner, H., Die Christologie der Exerzitien, in: Ders., Ignatius von Loyola als Mensch und Theologe, Freiburg 1964, 251–311.
Rahner, H., Theologie der Verkündigung, Freiburg ²1939.
Rahner, J., Creatura Evangelii. Zum Verhältnis von Rechtfertigung und Kirche, Freiburg 2005.
Rahner, K., Aufsatz zu »Grundkurs des Glaubens«, in: Sämtliche Werke, Bd. XXVI, Freiburg 1999, 449–459.
Rahner, K., Betrachtungen zum ignatianischen Exerzitienbuch, in: Sämtliche Werke, Bd. XIII, Freiburg 2006, 27–265.
Rahner, K., Chalkedon – Ende oder Anfang?, in: A. Grillmeier/H. Bacht (Hgg.), Das Konzil von Chalkedon. Geschichte und Gegenwart, Bd. III, Würzburg 1954, 3–49.
Rahner, K., Der eine Mittler und die Vielfalt der Vermittlungen, in: Schriften zur Theologie, Bd. VIII, Einsiedeln 1967, 218–235.
Rahner, K., Die Christologie innerhalb einer evolutiven Weltanschauung, in: Sämtliche Werke, Bd. XV, Freiburg 2001, 219–247.
Rahner, K., Die ewige Bedeutung der Menschheit Jesu für unser Gottesverhältnis, in: Sämtliche Werke, Bd. XII, Freiburg 2005, 251–260.
Rahner, K., Die Hominisation als theologische Frage, in: P. Overhage/K. Rahner, Das Problem der Hominisation, Freiburg 1961, 13–90.
Rahner, K., Die Logik der existentiellen Erkenntnis bei Ignatius von Loyola, in: Sämtliche Werke, Bd. X, Freiburg 2003, 368–420
Rahner, K., Die Sakramente als Grundfunktionen der Kirche, in: HPTh I (Freiburg ²1970), 356–366.
Rahner, K., Dogmatische Bemerkungen zur Jungfrauengeburt, in: K. S. Frank (Hg.), Zum Thema Jungfrauengeburt, Stuttgart 1970, 122–158.
Rahner, K., Dogmatische Erwägungen über das Wissen und Selbstbewusstsein Christi, in: Ders., Sämtliche Werke, Bd. XII, Freiburg 2005, 335–352.
Rahner, K., Gnade, in: Sämtliche Werke, Bd. XVII/1, Freiburg 2002, 247–262.
Rahner, K., Grundkurs des Glaubens. Studien zum Begriff des Christentums, in: Sämtliche Werke, Bd. XXVI, Freiburg 1999.
Rahner, K., Jesus Christus, in: Sämtliche Werke, Bd. XVII/2, Freiburg 2002, 1109–1136.
Rahner, K., Kirche und Sakramente, Freiburg 1960.
Rahner, K., Kirche und Sakramente. Zur theologischen Grundlegung einer Kirchen- und Sakramentenfrömmigkeit, in: GuL 28 (1955) 434–453.
Rahner, K., Meditation zum Buß-Sakrament, in: Sämtliche Werke, Bd. XIII, Freiburg 2006, 89–95.

Rahner, K., Meditation. Die Menschwerdung Gottes, in: Sämtliche Werke, Bd. XIII, 102–116.
Rahner, K., Mysterien des Lebens Jesu, in: Sämtliche Werke, Bd. XVII/1, Freiburg 2002.
Rahner, K., Priesterliche Existenz, in: Schriften zur Theologie, Bd. III, Einsiedeln 1956, 285–312.
Rahner, K., Probleme der Christologie von heute, in: Sämtliche Werke, Bd. XII, Freiburg 2005, 261–308.
Rahner, K., Theologie der Freiheit, in: Schriften zur Theologie, Bd. VI, Einsiedeln ²1968, 215–237.
Rahner, K., Theologie und Anthropologie, in: Schriften zur Theologie, Bd. VIII, Einsiedeln 1967, 43–65.
Rahner, K., Über den Versuch eines Aufrisses einer Dogmatik, in: Sämtliche Werke, Bd. IV, Freiburg 1997, 404–448.
Rahner, K., Über die Erfahrung der Gnade, in: Schriften zur Theologie, Bd. III, Einsiedeln 1956, 105–126.
Rahner, K., Über die heilsgeschichtliche Bedeutung des einzelnen in der Kirche, in: Ders., Sendung und Gnade, Innsbruck ⁵1988, 88–126.
Rahner K./Lehmann, K., Geschichtlichkeit der Vermittlung, in: MySal I (Einsiedeln 1965) 727–787.
Raitt J. (Hg.), Geschichte der christlichen Spiritualität, Bd. II. Hochmittelalter und Reformation, Würzburg 1995.
Ratzinger, J./Benedikt XVI., Jesus von Nazareth, Bd. I. Von der Taufe im Jordan bis zur Verklärung, Freiburg 2007.
Ratzinger, J., Auf Christus schauen. Einübung in Glaube, Hoffnung, Liebe, Freiburg 1989.
Ratzinger, J., Das neue Volk Gottes. Entwürfe zur Ekklesiologie, Düsseldorf 1969.
Ratzinger, J., Das Problem der Dogmengeschichte in der Sicht der katholischen Theologie (Nordrhein-Westfälische Akademie der Wissenschaften. Vorträge G 139), Köln/Opladen 1965.
Ratzinger, J., Die sakramentale Begründung christlicher Existenz, Meitingen 1973.
Ratzinger, J., Die Vielfalt der Religionen und der Eine Bund, Bad Tölz 1998.
Ratzinger, J., Ein neues Lied für den Herrn. Christusglaube und Liturgie in der Gegenwart, Freiburg 1995.
Ratzinger, J., Ein Versuch zur Frage des Traditionsbegriffs, in: K. Rahner/J. Ratzinger (Hgg.), Offenbarung und Überlieferung, Freiburg 1965, 25–69.
Ratzinger, J., Eschatologie – Tod und ewiges Leben, Regensburg 1977; Neuausgabe Regensburg 2007.
Ratzinger, J., Glaube, Geschichte und Philosophie. Zum Echo auf »Einführung in das Christentum«, in: Hochl. 61 (1969) 540f.
Ratzinger, J., Jesus Christus heute, in: IKaZ 19 (1990) 56–70.
Ratzinger, J., Jesus Christus, in: Ders., Einführung in das Christentum. Vorlesungen über das Apostolische Glaubensbekenntnis. Mit einem neuen einleitenden Essay, München 2000 [Erstaufl.1968], 181–312.
Ratzinger, J., Primat, Episkopat und successio apostolica, in: K. Rahner/J. Ratzinger, Episkopat und Primat (QD 11), Freiburg 1961, 37–59.
Ratzinger, J., Schauen auf den Durchbohrten. Versuche einer spirituellen Christologie, Einsiedeln 1984.

Ratzinger, J., Thesen zur Christologie, in: Ders., Dogma und Verkündigung, München 1973, 133–136.
Ratzinger, J., Unterwegs zu Jesus Christus, Augsburg 2003.
Ratzinger, J., Zum Begriff des Sakramentes, München 1979.
Raven, C., The Creator Spirit, London 1928.
Reimarus, H. S., Von dem Zwecke Jesu und seiner Jünger, in: G. E. Lessing, Gesammelte Werke, hg. v. P. Rilla, Bd. VIII. Philosophische und theologische Schriften II, Berlin 1956, 254–376.
Reindl, H., Der Aristotelismus bei Leontius von Byzanz (Diss. masch.), München 1953.
Reinhardt, K., Die menschliche Tranzendenz Jesu Christi. Zu Schoonenbergs Versuch einer nicht-chalkedonischen Christologie, in: TThZ 80 (1971) 273–289.
Rendtorff, R., Die »Bundesformel«. Eine exegetisch-theologische Untersuchung (SBS 160), Stuttgart 1995.
Rendtorff, R./Henrix, H. H. (Hgg.), Die Kirchen und das Judentum. Dokumente von 1945–1985, Paderborn/München [2]1989.
Reventlow, H. Graf, Sein Blut komme über sein Haupt, in: Um das Prinzip der Vergeltung in Religion und Recht des Alten Testaments (WdF 125), hg. v. K. Koch, Darmstadt 1972, 412–431.
Reventlow, H. Graf, Zwischen Bundestheologie und Christologie. Überlegungen eines christlichen Alttestamentlers zur Biblischen Theologie, in: C. Dohmen u. T. Söding (Hgg.), Eine Bibel – zwei Testamente, Paderborn 1995, 115–130.
Richard, M., Léonce de Jérusalem et Léonce de Byzance, in: MSR 1 (1944) 35–88.
Ricken, F., Das Homoousios von Nikaia als Krisis des altchristlichen Platonismus, in: H. Schlier (Hg.), Zur Frühgeschichte der Christologie (QD 51), Freiburg 1970, 74–99.
Ricken, F., Die Logoslehre des Eusebios von Caesarea und der Mittelplatonismus, in: ThPh 42 (1967) 341–358.
Ricken, F., Origenes, in: L. Honnefelder/W. Schüßler (Hgg.), Transzendenz. Zu einem Grundwort der klassischen Metaphysik, Paderborn 1992, 75–92.
Riedel, C., Subjekt und Individuum. Zur Geschichte des philosophischen Ich-Begriffes (Grundzüge 75), Darmstadt 1989.
Riedinger, R., Aus den Akten der Lateransynode von 649, in: ByZ 69 (1976) 17–38.
Riedinger, R., Die Lateransynode von 649 und Maximos der Bekenner, in: F. Heinzer/C. v. Schönborn (Hgg.), Maximus Confessor. Actes du Symposium sur Maxime le Confesseur. Fribourg 2.–5. septembre 1980 (Par. 27), Fribourg 1982, 111–121.
Riedlinger, H., Geschichtlichkeit und Vollendung des Wissens Christi (QD 32), Freiburg 1966.
Riedmatten, H. de, La christologie d'Apollinaire de Laodicée, in: StPatr II (TU 64), Berlin 1957, 444–478.
Riedmatten, H. de, Les actes du procès de Paul de Samosate (Par. 6), Fribourg 1952.
Ritschl, A., Die christliche Lehre von der Rechtfertigung und Versöhnung, Bd. III. Die positive Entwicklung der Lehre, Bonn [3]1888.

Ritschl, A., Die Entstehung der altkatholischen Kirche. Eine kirchen- und dogmengeschichtliche Monographie, Bonn ²1857.
Ritter, A. M., Die Trinitätstheologie der drei großen Kappadokier, in: HDThG I (Göttingen 1980) 198–206.
Ritter, A. M., Arianismus, in: TRE III (Berlin ²1993), 692–719.
Ritter, A. M., Zum Homousios von Nizäa und Konstantinopel, in: Kerygma und Dogma (FS Carl Andresen), Göttingen 1979, 404–423.
Röd, W., Der Weg der Philosophie, Bd. I. Altertum, Mittelalter, Renaissance, München 1994.
Roloff, J., Auf der Suche nach einem neuen Jesusbild, in: ThLZ 98 (1973) 561–572.
Rosenau, H., Die Erzählung von Abrahams Opfer (Gen 22) und ihre Deutung bei Kant, Kierkegaard und Schelling, in: NZSTh 27 (1985) 251–261.
Rosenzweig, F., Der Mensch und sein Werk, in: Gesammelte Schriften, Bd. III, Den Haag-Dordrecht 1982.
Rowe, J. N., Origen's Doctrine of Subordination. A Study in Origen's Christology, Bern 1987.
Ruckstuhl, E., Abba, Vater! Überlegungen zum Stand der Frage, in: FZPhTh 41 (1994) 515–531.
Ruello, F., La christologie de Thomas d'Aquin (ThH 76), Paris 1987.
Ryssel, V., Einleitung und Kommentar zur syrischen Baruchapokalypse, in: Die Apokryphen und Pseudepigraphen des Alten Testaments, übers. u. hg. v. E. Kautzsch, Bd. II. Die Pseudepigraphen des Alten Testaments, Darmstadt ⁴1975, 404–446.
Sabra, G., Thomas Aquinas' Vision of the Church. Fundamentals of an Ecumenical Ecclesiology [TTS 27], Mainz 1987.
Sample, R. L., The Christology of the Council of Antioch Reconsidered, in: ChH 48 (1979) 18–26.
Sanders, E. P., Jesus and Judaism, London / Philadelphia 1985.
Sanders, E. P., The Historical Figure of Jesus, London 1993.
Sansterre, J.-M., Eusèbe des Césarée et la naissance de la théorie ›Césaropapiste‹, in: Byz. 42 (1972) 131–195.532–594.
Sauter, G., Christologie in geschichtlicher Perspektive, in: VuF 21 (1976) 2–31.
Sauter, G., Fragestellungen der Christologie (I), in: VuF 11 (1966) 37–6; (II), in: VuF 23 (1978) 21–41.
Scannone, J. C., Die Logik des Existentiellen und Geschichtlichen nach Karl Rahner, in: H. Vorgrimler (Hg.), Wagnis Theologie. Erfahrungen mit der Theologie Karl Rahners, Freiburg 1979, 82–98.
Schaede, S., Stellvertretung (BHTh 126), Tübingen 2004.
Schaeffler, R./Hünermann, P., Ankunft Gottes und Handeln des Menschen (QD 77), Freiburg 1977.
Schäfer, S., Gottes Sein zur Welt. Schleiermachers Subjektanalyse in ihrer Prinzipienfunktion für Glaubenslehre und Dialektik (Ratio Fidei 12), Regensburg 2002.
Scharbert, J., Das Verbum »SLM«, in: Um das Prinzip der Vergeltung in Religion und Recht des Alten Testaments (WdF 125), hg. v. K. Koch, Darmstadt 1972, 300–324.
Schäublin, C., Untersuchungen zu Methode und Herkunft der antiochenischen Exegese (Theoph. 23), Köln/Bonn 1974.
Scheffczyk, L., Die Bedeutung der Mysterien des Lebens Jesu für Glauben

und Leben des Christen, in: Ders. (Hg.), Die Mysterien des Lebens Jesu und die christliche Existenz, Aschaffenburg 1984, 17–34.

Scheffczyk, L., Die Stellung des Thomas von Aquin in der Entwicklung der Lehre von den Mysteria Vitae Christi, in: M. Gerwing/G. Ruppert (Hgg.), Renovatio et Reformatio. Wider das Bild vom finsteren Mittelalter (FS Ludwig Hödl), Münster 1985, 44–70.

Scheffczyk, L., »Satisfactio non efficax nisi ex caritate«. Zur Frage nach dem Grund der Erlösung in Tod und Auferstehung Christi, in: Annales theologici 1 (1987) 73–94.

Schelbert, G., Abba, Vater! Stand der Frage, in: FZPhTh 40 (1993) 259–281.

Schenk, W., Der Kolosserbrief in der neueren Forschung, in: ANRW XXV/4, hg. v. W. Haase, Berlin 1987, 3327–3364.

Schenk, W., Der Philipperbrief in der neueren Forschung (1945–1985), in: ANRW XXV/4, hg. v. W. Haase, Berlin 1987, 3280–3313.

Schenker, A., Das Zeichen des Blutes und die Gewissheit der Vergebung im AT. Die sühnende Funktion des Blutes auf dem Altar nach Lev 17,10–12, in: MThZ 34 (1983) 195–213.

Schenker, A., Sühne statt Strafe und Strafe statt Sühne! Zum biblischen Sühnebegriff, in: J. Blank/J. Werbick (Hgg.), Sühne und Versöhnung (ThzZ 1), Düsseldorf 1986, 10–20.

Schenker, A., Versöhnung und Sühne. Wege gewaltfreier Konfliktlösung im Alten Testament. Mit einem Ausblick auf das Neue Testament (BiBe 15), Freiburg/Schweiz 1981.

Scheuer, M., Weiter-Gabe. Heilsvermittlung durch Gnadengaben in den Schriftkommentaren des Thomas von Aquin (StSSTh 32), Würzburg 2001.

Schiffers, U. M., Weisheit des Gehorsams bei Teresa von Avila, in: Weisheit Gottes – Weisheit der Welt (FS Joseph Kardinal Ratzinger), hg. v. W. Baier u. a., Bd. II., St. Ottilien 1987, 835–862.

Schillebeeckx, E., Jesus. Die Geschichte von einem Lebenden, aus dem Niederländischen übers. v. H. Zulauf, Freiburg ²1992.

Schilson, A., Geschichte im Horizont der Vorsehung. G. E. Lessings Beitrag zu einer Theologie der Geschichte (TTS 3), Mainz 1974.

Schilson, A., Theologie als Sakramententheologie. Die Mysterientheologie Odo Casels (TTS 18), Mainz 1982.

Schleiermacher, F. D. E. (Hg.) Der christliche Glaube nach den Grundsätzen der evangelischen Kirche im Zusammenhange dargestellt, erste Ausgabe 1821/22, bearb. von H. Peiter (Krit. Gesamtausg. I/7,1–2), Berlin 1980; zweite Ausgabe 1830/31, bearb. von R. Schäfer (Krit. Gesamtausg. I/13,1–2), Berlin 2003.

Schleiermacher, F. D. E., Über die Religion. Reden an die Gebildeten unter ihren Verächtern (Krit. Gesamtausgabe I/12), hg. v. G. Meckenstock, Berlin 1995.

Schlette, H. R., Kommunikation und Sakrament (QD 8), Freiburg 1959.

Schlette, H. R., Weltseele. Geschichte und Hermeneutik, Frankfurt 1993.

Schlier, H., Der Brief an die Epheser. Ein Kommentar, Düsseldorf 1957.

Schlosser, J., Le dieu de Jésus, Paris 1987.

Schmidinger, H. M., »Scholastik« und »Neuscholastik« – Geschichte zweier Begriffe, in: E. Coreth u. a. (Hgg.), Christliche Philosophie im katholischen Denken des 19. und 20. Jahrhunderts, Bd. II. Rückgriff auf scholastisches Erbe, Graz 1988, 23–53.

Schmidt, W. H., Kritik am Königtum, in: Probleme biblischer Theologie (FS Gerhard v. Rad), München 1971, 440–461.
Schmidt-Leukel, P., Gott ohne Grenzen. Eine christliche und pluralistische Theologie der Religionen, Gütersloh 2005.
Schmidt-Leukel, P., Theologie der Religionen. Probleme, Optionen, Argumente (Beiträge zur Fundamentaltheologie und Religionsphilosophie 1), Neuried 1997.
Schmidt-Leukel, P., Was will die pluralistische Religionstheologie?, in: MThZ 49 (1998) 307–334.
Schmitz, H.-J., Frühkatholizismus bei Adolf von Harnack, Rudolf Sohm und Ernst Käsemann, Düsseldorf 1977.
Schnackenburg, R., Christologie des Neuen Testaments, in: MySal III/1 (1970) 309–322.
Schnackenburg, R., Das Johannesevangelium. Erster Teil. Einleitung und Kommentar zu Kapitel 1–4 (HThK IV/1), Freiburg 1979.
Schnackenburg, R., Logos-Hymnus und johanneischer Prolog, in: BZ NF 1 (1957) 69–109.
Schnackenburg, R., Die Person Jesu Christi im Spiegel der vier Evangelien (HThK.S IV), Freiburg 1993.
Schneider, G., Jesus-Überlieferung und Christologie, Leiden 1992.
Schneider, M., »Unterscheidung der Geister«. Die ignatianischen Exerzitien in der Deutung von Erich Przywara, Karl Rahner und Gaston Fessard (ITS 11), Innsbruck ²1987.
Scholten, C., Probleme der Gnosisforschung: alte Fragen – neue Zugänge, in: IKaZ 26 (1997) 481–501.
Schönborn, C. v., »Aporie der Zweinaturenlehre«. Überlegungen zur Christologie von Wolfhart Pannenberg, in: FZPhTh 24 (1977) 428–445.
Schönborn, C. v., »Auferstehung des Fleisches« im Glauben der Kirche, in: IKaZ 19 (1990) 13–29.
Schönborn, C. v., Die Christus-Ikone. Eine theologische Hinführung, Schaffhausen 1984.
Schönborn, C. v., Gott sandte seinen Sohn. Christologie (AMATECA VII), Paderborn 2002.
Schönborn, C. v., Hans Urs von Balthasars Beitrag zur Ökumene, in: Hans Urs von Balthasar – Gestalt und Werk, hg. v. K. Lehmann u. W. Kasper, Köln 1989, 334–348.
Schönemann, E., Bund und Tora. Kategorien einer im christlich-jüdischen Dialog verantworteten Christologie, Göttingen 2006.
Schoneveld, J., Die Thora in Person. Eine Lektüre des Prologs des Johannesevangeliums als Beitrag zu einer Christologie ohne Antisemitismus, in: KuI 6 (1991) 40–53.
Schoonenberg, P., Der Geist, das Wort und der Sohn. Eine Geist-Christologie, ins Deutsche übers. v. W. Immler, Regensburg 1992.
Schottroff, L./Stegemann, W., Jesus von Nazareth, Hoffnung der Armen, Stuttgart ²1981.
Schötz, D., Schuld- und Sündopfer im Alten Testament, Breslau 1930.
Schubert, K., Die Jungfrauengeburt im Lichte frühjüdischer Quellen, in: ThG(B) 16 (1973) 193–199.
Schubert, K., Jesus im Lichte der Religionsgeschichte des Judentums, Wien/München 1973.

Schürmann, H., Das Lukasevangelium I (HThK III/1), Freiburg 1969.
Schürmann, H., Jesus – Gestalt und Geheimnis, hg. v. K. Scholtissek, Paderbom 1994.
Schürmann, H., Zur aktuellen Situation der Leben-Jesu-Forschung, in: GuL 46 (1973) 300–310.
Schüssler, H., Georg Calixt. Theologie und Kirchenpolitik. Eine Studie zur Ökumenizität des Luthertums, Wiesbaden 1961.
Schüssler-Fiorenza, E., Jesus – Miriams Kind, Sophias Prophet. Kritische Anfragen feministischer Christologie, Gütersloh 1997.
Schulz, H. H. R., Johann Salomo Semlers Wesensbestimmung des Christentums, Würzburg 1988.
Schulz, M., Anfragen an die Pluralistische Religionstheologie: Einer ist Gott, nur Einer auch Mittler, in: MThZ 51 (2000) 125–150.
Schulz, M., Hans Urs von Balthasar begegnen, Augsburg 2002.
Schulz, M., Sein und Trinität. Systematische Erörterungen zur Religionsphilosophie G. W. F. Hegels im ontologiegeschichtlichen Rückblick auf J. Duns Scotus und I. Kant und die Hegel-Rezeption in der Seinsauslegung und Trinitätstheologie bei W. Pannenberg, E. Jüngel, K. Rahner und H. U. v. Balthasar (MThS 53), St. Ottilien 1997.
Schulz, S., Die Mitte der Schrift. Der Frühkatholizismus im Neuen Testament als Herausforderung an den Protestantismus, Stuttgart/Berlin 1976.
Schulz, S., Komposition und Herkunft der Johanneischen Reden (BWANT 81), Stuttgart 1960.
Schulz, S., Maranatha und Kyrios Jesus, in: ZNW 53 (1962) 125–144.
Schwager, R., Die heutige Theologie und das leere Grab, in: ZKTh 115 (1993) 435–450.
Schwager, R., Replik zu »Schuldübertragung oder Schuldübernahme«, in: ZKTh 104 (1982) 423–326.
Schwager, R., Versöhnung und Sühne. Zur gleichnamigen Studie von Adrian Schenker, in: ThPh 58 (1983) 217–225.
Schwanz, P., Imago Dei, Göttingen 1979.
Schweitzer, A., Das Abendmahl im Zusammenhang mit dem Leben Jesu und der Geschichte des Urchristentums. Erstes Heft. Das Abendmahlsproblem auf Grund der wissenschaftlichen Forschung des 19. Jahrhunderts und der historischen Berichte, Tübingen/Leipzig 1901.
Schweitzer, A., Das Abendmahl im Zusammenhang mit dem Leben Jesu und der Geschichte des Urchristentums. Zweites Heft. Das Messianitäts- und Leidensgeheimnis. Eine Skizze des Lebens Jesu, Tübingen/Leipzig 1901 (= Gesammelte Werke in fünf Bänden, hg. v. R. Grabs, Bd. V, o. J., 195–340).
Schweitzer, A., Geschichte der Leben-Jesu-Forschung, Gütersloh ³1977.
Schweitzer, A., Straßburger Predigten, hg. v. U. Neuenschwander, München 1966.
Schweizer, E., Der Brief an die Kolosser (EKK XII), Einsiedeln/Neukirchen 1989.
Schweizer, E., Diodor von Tarsus als Exeget, in: ZNW 40 (1941/42) 33–75.
Schweizer, W., Der Jude Jesus und die Völker der Welt. Ein Gespräch mit Paul M. van Buren. Mit Beiträgen von P. M. van Buren, B. Klappert und M. Wyschogrod, Berlin 1993.
Schwerdtfeger, N., Gnade und Welt. Zum Grundgefüge von Karl Rahners Theorie der ›anonymen Christen‹ (FrThSt 123), Freiburg 1982.

Schwienhorst-Schönberger, L., Das Bundesbuch (Ex 20,22–23,33). Studien zu seiner Entstehung und Theologie (BZAW 188), Berlin 1988.
Scipioni, L. I., Nestorio e il concilio di Efeso. Storia – dogma – critica (SPMed 1), Milano 1974.
Sedmak, C., Wittgensteins Sprachspielmodell und die Pluralistische Religionstheologie, in: ZKTh 117 (1995) 393–415.
Seebass, H., Der Gott der ganzen Bibel. Biblische Theolgie zur Orientierung im Glauben, Freiburg 1982
Seibt, K., Die Theologie des Markell von Ankyra (AKG 59), Berlin 1994.
Semler, J. S., Ueber historische, gesellschaftliche und moralische Religion der Christen, Leipzig 1786.
Semmelroth, O., Die Kirche als Ursakrament, Frankfurt 1953.
Sesboüé, B., Jésus-Christ dans la tradition de l'église, Paris 1982.
Sesboüé, B., Jésus-Christ l'unique médiateur, vol. II. Les récits du salut, Paris 1991.
Seung-Wook Kim, M., Auf der Suche nach dem Unbedingten, das mich ›ich‹ sein lässt. Zur Entwicklung des erstphilosophischen Denkens bei Hansjürgen Verweyen (Ratio Fidei 24), Regensburg 2004.
Sharma A. (Hg.), God, Truth and Reality. Essays in Honour of John Hick, London 1993.
Sieben, H. J., Mystères de la vie du Christ. I. Études historiques, in: DSp 10 (1980) 1874–1880.
Siep, L., Personbegriff und praktische Philosophie bei Locke, Kant und Hegel, in: Ders., Praktische Philosophie im Deutschen Idealismus (stw 1035), Frankfurt 1992, 81–115.
Skowronek, A., Sakrament in der evangelischen Theologie der Gegenwart. Haupttypen der Sakramentsauffassungen in der zeitgenössischen, vorwiegend deutschen evangelischen Theologie, Paderborn 1971.
Smith, W. C., The Meaning and End of Religion, London 1963.
Smith, W. C., Towards a World Theology. Faith and the Comparative History of Religion, London 1981.
Sobrino, J., Christologie der Befreiung, aus dem Spanischen ins Deutsche übers. v. L. Weckel, Mainz 1998.
Söding, T., Der Gottessohn aus Nazareth. Das Menschsein Jesu im Neuen Testament, Freiburg 2006.
Söding, T., Einheit der Heiligen Schrift? Zur Theologie des biblischen Kanons (QD 211), Freiburg 2005.
Söding, T., Gottes Sohn von Anfang an. Präexistenzchristologie bei Paulus und den Deuteropaulinen, in: R. Laufen (Hg.) Gottes ewiger Sohn. Die Präexistenz Christi, Münster 1997, 57–93.
Söding, T., Sühne durch Stellvertretung. Zur zentralen Deutung des Todes Jesu im Römerbrief, in: Deutungen des Todes Jesu im Neuen Testament (WUNT 181), hg. v. J. Frey u. J. Schröter, Tübingen 2005, 375–411.
Söhngen, G., Der Wesensaufbau des Mysteriums, Bonn 1938.
Söhngen, G., Die Kontroverse über die kultische Gegenwart des Christusmysteriums, in: Cath(M) 7 (1938) 114–149.
Söhngen, G., Symbol und Wirklichkeit im Kultmysterium, Bonn ²1940.
Sölle, D., Warum brauchen wir eine feministische Christologie?, in: EvTh 53 (1993) 86–92.
Sölle, D./Schottroff, L., Jesus von Nazaret, München 2000.

Solowjew, W., Russland und die universale Kirche, in: Werke, Bd. III, hg. v. W. Szylkarski, Freiburg 1954, 145–419.
Sonnemans, H., Dialog der Religionen. Wege und Ziele – Differenz und Einheit (Begegnung 14), Bonn 2005.
Spaemann, R., Einleitende Bemerkungen zum Opferbegriff, in: R. Schenk (Hg.), Zur Theorie des Opfers. Ein interdisziplinäres Gespräch, Stuttgart/Bad Cannstatt 1995, 11–24.
Speyr, A. v., Jungfräuliche Fruchtbarkeit der Kirche, in: Dies., Theologie der Geschlechter (Nachlasswerke Bd. XII), Einsiedeln 1969.
Staats, R., Das Glaubensbekenntnis von Nizäa-Konnstantinopel. Historische und theologische Grundlagen, Darmstadt 1996.
Staats, R., Die basilianische Verherrlichung des Heiligen Geistes auf dem Konzil von Konstantinopel 381, in: KuD 25 (1979) 232–253.
Stead, G. C., ›Eusebius‹ and the Council of Nicaea, in: JThS 24 (1973) 85–100.
Stead, G., The Scriptures and the Soul of Christ in Athansasius, in: VigChr 36 (1982) 233–250.
Steck, O. H., Ist Gott grausam? Über Isaaks Opferung aus der Sicht des Alten Testaments, in: W. Böhme (Hg.), Ist Gott grausam? Eine Stellungnahme zu Tilmann Mosers »Gottesvergiftung«, Stuttgart 1977, 75–95.
Stegemann, E., Welchen Sinn hat es, von Jesus als Messias zu reden?, in: Ders. (Hg.), Messias-Vorstellungen für Juden und Christen, Stuttgart 1993, 81–102.
Stegemann, W., Das Evangelium und die Armen. Über den Ursprung der Theologie der Armen im Neuen Testament. Über den Ursprung der Theologie der Armen im Neuen Testament, München 1981.
Stegemann, E. W./Stegemann, W., Urchristliche Sozialgeschichte. Die Anfänge im Judentum und die Christusgemeinden in der mediterranen Welt, Stuttgart 1995.
Steindl, H., Genugtuung. Biblisches Versöhnungsdenken – eine Quelle für Anselms Satisfaktionstheorie? (SF 71), Freiburg/Schweiz 1989.
Steins, G., Abrahams Opfer. Exegetische Annäherungen an einen abgründigen Text, in: ZKTh 121 (1999) 311–324.
Steins, G., Die »Bindung Isaaks« im Kanon (Gen 22). Grundlagen und Programm einer kanonisch-intertextuellen Lektüre (HBS 19), Freiburg 1999.
Stemberger, G., Auferstehung. I/2. Judentum, in: TRE IV (Berlin ²1993) 443–450.
Stemberger, G., Der Leib der Auferstehung. Studien zur Anthropologie und Eschatologie des palästinischen Judentums im neutestamentlichen Zeitalter, Rom 1972.
Stemberger, G., Pharisäer, Sadduzäer, Essener, Stuttgart 1990.
Stickelbroeck, M., Christologie im Horizont der Seinsfrage. Über die epistemologischen und metaphysischen Voraussetzungen des Bekenntnisses zur universalen Heilsmittlerschaft Jesu Christi (MThS.S 59), St. Ottilien 2002.
Stosch, K. v., Glaubensverantwortung in doppelter Kontingenz. Untersuchungen zur Verortung fundamentaler Theologie nach Wittgenstein (Ratio Fidei 7), Regensburg 2001.
Stosch, K. v., Komparative Theologie – ein Ausweg aus dem Grunddilemma jeder Theologie der Religionen?, in: ZKTh 124 (2002) 294–311.
Strauß, D. F., Das Leben Jesu kritisch bearbeitet, 2 Bde., Tübingen 1835–36 (3. veränderte Aufl. Tübingen 1838–39; 4. mit der ersten wieder zusammenstimmende Aufl. 1840; hier benutzte Aufl. Leipzig 1864).

Strauß, D. F., Der Christus des Glaubens und der Jesus der Geschichte. Eine Kritik des Schleiermacherschen Lebens Jesu, Berlin 1865.

Striet, M., Offenbares Geheimnis. Zur Kritik der negativen Theologie (Ratio Fidei 14), Regensburg 2003.

Strucken, M., Ansätze zu einer trinitarischen Ontologie in der Mystik von Ignatius von Loyola, Teresa von Avila und Johannes vom Kreuz, Bonn 1999.

Strutwolf, H., Die Trinitätstheologie und Christologie des Euseb von Caesarea. Eine dogmengeschichtliche Untersuchung seiner Platonismusrezeption und Wirkungsgeschichte (FKDG 72), Göttingen 1999.

Studer, B., Das Christusdogma der Alten Kirche und das neutestamentliche Christusbild, in: MThZ 44 (1993) 13–22.

Studer, B., Der apologetische Ansatz zur Logos-Christologie Justins des Märtyrers, in: Kerygma und Logos (FS Carl Andresen), Göttingen/Zürich 1979, 435–448.

Stuhlmacher, P., Biblische Theologie des Neuen Testaments, Bd. I. Grundlegung von Jesus zu Paulus, Göttingen ³2005.

Stuhlmacher, P., Das Evangelium von der Versöhnung in Christus. Grundlinien und Grundprobleme einer biblischen Theologie des Neuen Testaments, in: P. Stuhlmacher/H. Class (Hgg.), Das Evangelium von der Versöhnung in Christus, Stuttgart 1979, 13–54.

Stuhlmacher, P., Der messianische Gottesknecht, in: JBTh 8 (1993) 131–154.

Suárez, F., Commentaria ac disputationes in tertiam partem D. Thomae, scilicet, opus de incarnatione, in: Ders., Opera Omnia, Bd. XVII, hg. v. C. Berton, Paris 1866.

Sullivan, F. A., The Christology of Theodore of Mopsuestia (AnGr 82), Rom 1956.

Swetnam SJ, J., Jesus and Isaak. A Study of the Epistle to the Hebrews in the Light of the Aqedah (AnBib 94), Rom 1981.

Swidler, L., After the Absolute. The Dialogical Future of Religious Reflection, Minneapolis 1990.

Swidler, L., Der umstrittene Jesus, Stuttgart 1993.

Swidler, L., Heutige Implikationen des jüdisch-christlichen Dialogs über Jesus Christus, in: ZRGG 46 (1994) 333–351.

Swidler, L., Eine Christologie für unsere kritisch-denkende, pluralistische Zeit, in: Horizontüberschreitung. Die Pluralistische Theologie der Religionen, hg. v. R. Bernhardt, Gütersloh 1991, 104–119.

Teilhard de Chardin, P., Der göttliche Bereich. Ein Entwurf des inneren Lebens (Werke IV) Olten/Freiburg 1962.

Teilhard de Chardin, P., Auswahl aus dem Werk. Mit einem Nachwort von Karl Schmitz-Moormann, Olten/Freiburg 1964.

Teilhard de Chardin, P., Mein Glaube (Werke X), Olten 1972.

Teilhard de Chardin, P., Wissenschaft und Christus (Werke IX), Olten 1970.

Tetz, M., Markellianer und Athanasios von Alexandrien, in: ZNW 64 (1973) 75–121.

Tetz, M., Zur Theologie des Markell von Ankyra I–III, in: ZKG 75 (1964) 217–270; 79 (1968) 3–42; 83 (1972) 145–194.

Teuffenbach, A. v., Die Bedeutung des *subsistit in* (LG 8). Zum Selbstverständnis der katholischen Kirche, Rom 2002.

Theiler, W., Philo von Alexandria und der hellenisierte Timaeus, in: C. Zintzen (Hg.), Der Mittelplatonismus (WdF 70), Darmstadt 1981, 52–63.

Theißen, G./Merz, A., Der historische Jesus. Ein Lehrbuch, Göttingen 1996.
Theißen, G./Merz, A., Die Kriterienfrage in der Jesusforschung. Vom Differenzkriterium zum Plausibilitätskriterium (NTOA 34), Freiburg (Schweiz) 1997.
Thomas von Aquin, Summa Theologica, deutsch-lateinische Ausgabe, übers. von Dominikanern und Benediktinern Deutschlands und Österreichs = Die deutsche Thomas-Ausgabe, Salzburg/Graz/Wien/Köln 1933ff.
Thomas von Kempen, Die Nachfolge Christi. Zweisprachige Ausgabe hg. v. P. Mons, Regensburg 1959.
Thomas, N. W., Art. »sacrifice«, in: EncBrit XXIII ([11]1911) 980–986.
Thomas R. (Hg.), Petrus Abaelardus. Person, Werk und Wirkung (TThS 38), Trier 1980.
Thüsing, W., Die neutestamentlichen Theologien und Jesus Christus. Grundlegung einer Theologie des Neuen Testaments, Bd. III. Einzigkeit Gottes und Jesus-Christus-Ereignis, hg. v. T. Söding, Münster 1999.
Tiililä, O., Das Strafleiden Christi. Beitrag zur Diskussion über die Typeneinteilung der Versöhnungsmotive, Helsinki 1941.
Toit, D. S. du, Erneut auf der Suche nach Jesus. Eine kritische Bestandsaufnahme der Jesusforschung am Anfang des 21. Jahrhunderts, in: U. H. J. Körtner (Hg.), Jesus im 21. Jahrhundert. Bultmanns Jesusbuch und die heutige Jesusforschung, Neukirchen-Vluyn 2002, 191–234.
Toit, D. S. du, Theios anthropos. Zur Verwendung von θεῖος ἄνθρωπος und sinnverwandten Ausdrücken in der Literatur der Kaiserzeit (WUNT 91), Tübingen 1997.
Torrance T. F. (Hg.), The Incarnation. Ecumenical Studies in the Nicene-Constantinopolitan Creed A. D. 381, Edinburgh 1981.
Torrance, T. F., The hermeneutics of St. Athanasius, in: EkklPh 52/1 (1970) 446–468; 52/2–3 (1970) 89–106; 52/4 (1970) 237–249.
Torrell, J.-P., La causalité salvifique de la résurrection du Christ selon saint Thomas, in: Ders., Recherches thomasiennes, Paris 2000.
Torrell, J.-P., Le Christ en ses mystères. La vie et l'œuvre de Jésus selon saint Thomas d'Aquin (CJJC 78/79), Paris 1999.
Torrell, J.-P., Magister Thomas. Leben und Werk des Thomas von Aquin, aus dem Frz. übers. v. Katharina Weibel, Freiburg 1995.
Trisoglio, F., Gregorio Nazianzo. La Passione di Cristo (CTePa 16), Roma 1979.
Trisoglio, F., Il Christus Patiens. Rassegna delle attribuzioni, in: RSC 22 (1974) 351–423.
Troeltsch, E., Die Soziallehren der christlichen Kirchen und Gruppen (Ges. Schriften 1), Tübingen 1912.
Troeltsch, E., Luther, der Protestantismus und die moderne Welt, in: Ders., Gesammelte Schriften, Bd. IV. Aufsätze zur Geistesgeschichte und Religionssoziologie, Tübingen 1925, 202–254.
Troeltsch, E., Über historische und dogmatische Methode in der Theologie, in: Ders., Gesammelte Werke, Bd. II. Zur religiösen Lage, Religionsphilosophie und Ethik, Neudr. der zweiten Aufl. Tübingen 1922, Aalen 1962, 729–753.
Tschipke, T., Die Menschheit Christi als Heilsorgan der Gottheit unter besonderer Berücksichtigung der Lehre des hl. Thomas von Aquin, Freiburg 1940.
Tück, J.-H., Christologie und Theodizee bei Johann Baptist Metz. Ambivalenz der Neuzeit im Licht der Gottesfrage, Paderborn 1999.

Tück, J.-H., Inkarnierte Feindesliebe. Der Messias Israels und die Hoffnung auf Versöhnung, in: H. Hoping/J.-H. Tück (Hgg.), Streitfall Christologie. Vergewisserungen nach der Shoah (QD 214), Freiburg 2005, 216–258.
Turner, H. E. W., Nestorius reconsidered, in: StPatr 13 (1975) 306–321.
Umberg, J. B., Die These von der Mysteriengegenwart, in: ZKTh 52 (1928) 357–400.
Umberg, J. B., Mysterien-Frömmigkeit?, in: ZAM 1 (1925/26) 351–366.
Uphus, J. B., Der Horos des Zweiten Konzils von Nizäa 787. Interpretation und Kommentar auf der Grundlage der Konzilsakten mit besonderer Berücksichtigung der Bilderfrage, Berlin 2005.
Uthemann, K.-H., Das anthropologische Modell der hypostatischen Union bei Maximus Confessor. Zur innerchalkedonischen Transformation eines Paradigmas, in: F. Heinzer/C. v. Schönborn (Hgg.), Maximus Confessor. Actes du Symposium sur Maxime le Confesseur. Fribourg 2.–5. septembre 1980 (Par. 27), Fribourg 1982, 223–233.
Uthemann, K.-H., Definitionen und Paradigmen in der Rezeption des Dogmas von Chalkedon bis in die Zeit Kaiser Justinians, in: J. v. Oort/J. Roldanus (Hgg.), Chalkedon: Geschichte und Aktualität. Studien zur Rezeption der christologischen Formel von Chalkedon, Leuven 1998, 54–122.
Uthemann, K.-H., Der Neuchalkedonismus als Vorbereitung des Monotheletismus. Ein Beitrag zum eigentlichen Anliegen des Neuchalkedonismus, in: StPatr 29 (1997) 373–413.
Varga, P., Schöpfung in Christus nach Johannes vom Kreuz (WBTh 21), Wien 1968.
Vasel, S., Philosophisch verantwortete Christologie und christlich-jüdischer Dialog. Schritte zu einer doppelt apologetischen Christologie in Auseinandersetzung mit den Entwürfen von H.-J. Kraus, F.-W. Marquardt, P. M. van Buren, P. Tillich, W. Pannenberg und W. Härle, Gütersloh 2001.
Venturini, K. H., Natürliche Geschichte des großen Propheten von Nazareth, 4 Bde., Kopenhagen ²1806.
Vermes, G., Jesus the Jew. A Historian's Reading of the Gospels, London 1973.
Verweyen, H.,»Auferstehung«: ein Wort verstellt die Sache, in: Ders. (Hg.), Osterglaube ohne Auferstehung? Diskussion mit Gerd Lüdemann (QD 155), Freiburg 1995, 105–144.
Verweyen, H., Botschaft eines Toten? Den Glauben rational verantworten, Regensburg 1997.
Verweyen, H., Die Einheit von Gerechtigkeit und Barmherzigkeit bei Anselm von Canterbury, in: IKaZ 14 (1985) 52–55.
Verweyen, H., Gottes letztes Wort. Grundriss der Fundamentaltheologie, Düsseldorf 1991, Regensburg ³2000.
Verweyen, H., Rezension zu H. Kessler (Sucht den Lebenden nicht bei den Toten), in: ZKTh 108 (1986) 71–74
Verweyen, H., Weltweisheit und Gottesweisheit bei Justin dem Märtyrer, in: Weisheit Gottes – Weisheit des Menschen (FS Joseph Kardinal Ratzinger), St. Ottilien 1987, 603–613.
Vielhauer, P., Ein Weg zur neutestamentlichen Christologie? Prüfung der Thesen *Ferdinand Hahns*. Aufsätze zum Neuen Testament (TB 31), München 1965.

Vogt, H.-J., Bemerkungen zur Exegese und Christologie des Theodor von Mopsuestia, in: Synodus (FS Walter Brandmüller), Paderborn 1997, 5–27.

Vogt, H.-J., Die Geltung des AT bei Irenaeus von Lyon, in: ThQ 60 (1980) 17–28.

Vogt, H. J., Ein-Geist-Sein (1 Kor 6,17b) in der Christologie des Origenes, in: TThZ 93 (1984) 251–265.

Vogt, H.-J., Unterschiedliche Exegese der Alexandriner und der Antiochener, in: Stimuli (FS Ernst Dassmann), Münster 1996, 357–369.

Vögtle, A., Die »Gretchenfrage« des Menschensohnproblems. Bilanz und Perspektive (QD 152), Freiburg 1994.

Vögtle, A./Pesch, R. (Hgg.), Wie kam es zum Osterglauben?, Düsseldorf 1975.

Vries, W. de, Der »Nestorianismus« des Theodor von Mopsuestia, in: OCP 7 (1941) 91–148.

Wagenhammer, H., Das Wesen des Christentums. Eine begriffsgeschichtliche Untersuchung (TTS 2), Mainz 1973.

Wagner, F., Die christliche Revolutionierung des Gottesgedankens als Ende und Aufhebung menschlicher Opfer, in: R. Schenk (Hg.), Zur Theorie des Opfers. Ein interdisziplinäres Gespräch (Collegium Philosophicum 1), Stuttgart/Bad Cannstatt 1995, 251–278.

Wagner, H., An den Ursprüngen des frühkatholischen Problems. Die Ortsbestimmung des Katholizismus im älteren Luthertum (FTS 14), Frankfurt 1973.

Wagner, H., Dogmatik, Stuttgart 2003.

Wagner, H., Für ein »inwendiges Reich Gottes«. Die Theologie des Pietisten Gottfried Arnold, in: Una Sancta 26 (1971) 339–346.

Wahl, O., Die Bücher Samuel und Könige, in: E. Sitarz (Hg.), Höre, Israel! JHWH ist einzig. Bausteine für eine Theologie des Alten Testaments (BBB 5), Stuttgart 1987, 89–119.

Waldenfels, H., Auf den Spuren von Gottes Wort. Theologische Versuche III (Begegnung 13), Bonn 2004.

Waldenfels, H., Begegnung der Religionen (Begegnung 1), Bonn 1990, 320–335.

Waldenfels, H., Kontextuelle Fundamentaltheologie, Paderborn ²1988.

Wallmann, J., Johann Arndt und die protestantische Frömmigkeit, in: Chloe 2 (1984) 50–74.

Ward, K., Holding fast to God. A Reply to Don Cupitt, London 1983.

Waszink, J. H., Bemerkungen zu Justins Lehre vom Logos spermatikos, in: Mullus (FS Theodor Klauser), Münster 1964, 380–390.

Weihs, A., Die Deutung des Todes Jesu im Markusevangelium. Eine exegetische Studie zu den Leidens- und Auferstehungsansagen, Würzburg 2003.

Weimer, L., Die Lust an Gott und seiner Sache oder Lassen sich Gnade und Freiheit, Glaube und Vernunft, Erlösung und Befreiung vereinbaren?, Freiburg 1981.

Weissmahr, B., Bemerkungen zur Frage der Möglichkeit eines nicht durch Geschöpfe vermittelten göttlichen Wirkens in der Welt, in: ZKTh 96 (1974) 426–430.

Weissmahr, B., Gibt es von Gott gewirkte Wunder? Grundsätzliche Überlegungen zu einer verdrängten Problematik. In: StZ 191 (1973) 47–61

Weissmahr, B., Gottes Wirken in der Welt – Das Verhältnis von göttlicher und innerweltlicher Ursache, in: R. Isak (Hg.), Glaube im Kontext naturwissenschaftlicher Vernunft, Freiburg 1997, 23–42.

Weissmahr, B., Gottes Wirken in der Welt. Ein Diskussionsbeitrag zur Frage der Evolution und des Wunders (FTS 15), Frankfurt 1973.
Weissmahr, B., Kann Geist aus Materie entstehen?, in: ZKTh 121 (1999) 1–24.
Weissmahr, B., Kann Gott die Auferstehung Jesu durch innerweltliche Kräfte bewirkt haben?, in: ZKTh 100 [1978] 441–469.
Weissmahr, B., Menschliche Geistigkeit und Evolution, in: G. Pöltner/H. Vetter (Hgg.), Leben zur Gänze. Das Leib-Seele-Problem, Wien 1986, 68–81.
Weissmahr, B., Ontologie (Grundkurs Philosophie 3), Stuttgart 1985.
Weissmahr, B., Philosophische Gotteslehre (Grundkurs Philosophie 5), Stuttgart 1983.
Welte, B., »Homoousios hemin«. Gedanken zum Verständnis und zur theologischen Problematik der Kategorien von Chalkedon, in: A. Grillmeier/H. Bacht (Hgg.), Das Konzil von Chalkedon. Geschichte und Gegenwart, Bd. III, Würzburg 1954, 51–80 (neu aufgelegt in: Ders., Auf der Spur des Ewigen. Philosophische Abhandlungen über verschiedene Gegenstände der Religion und Theologie, Freiburg 1965, 429–458).
Wendel, S., Affektiv und inkarniert. Ansätze deutscher Mystik als subjekttheoretische Herausforderung (Ratio Fidei 15), Regensburg 2002.
Wengst, K., Christologische Formeln und Lieder des Urchristentums (StNT 7), Gütersloh 1972.
Wengst, K., Der erste, zweite und dritte Brief des Johannes (ÖTBK 16), Würzburg 1978.
Wenz, G., Die Lehre vom Opfer Christi im Herrenmahl als Problem ökumenischer Theologie, in: KuD 28 (1982) 7–41
Wenz, G., Einführung in die evangelische Sakramentenlehre, Darmstadt 1988.
Wenz, G., Geschichte der Versöhnungslehre in der evangelischen Theologie der Neuzeit, Bd. II, München 1986.
Wenzel, K., Sakramentales Selbst. Der Mensch als Zeichen des Heils, Freiburg 2003.
Wesche, K. P., The Christology of Leontius of Jerusalem. Monophysitism or Chalcedonian?, in: STVLSQ 31 (1987) 65–95.
Weston, F., The One Christ. An Enquiry into the Manner of the Incarnation, London 1907.
Wetter, F., Die Trinitätslehre des Johannes Duns Scotus (BGPhMA 41), Münster 1967.
Wetter, F., Verantwortung vor Gott, Augsburg 2002.
Wiederkehr, D., Spannungen in der Christologie des Thomas von Aquin, in: FZPhTh 21 (1974) 392–419.
Wiles, M., Faith and the Mystery of God, London 1982.
Willers, U., Friedrich Nietzsches antichristliche Christologie. Eine theologische Rekonstruktion (ITS 23), Innsbruck 1988.
Willi, T., Juda – Jehud – Israel. Studien zum Selbstverständnis des Judentums in persischer Zeit, Tübingen 1995.
Winter, U., Frau und Göttin. Exegetische und ikonographische Studien zum weiblichen Gottesbild im Alten Israel und in dessen Umwelt, Freiburg (Schweiz) 1983.
Wolter, J., Apparitio Dei. Der theophanische Charakter der Schöpfung nach Nikolaus von Kues (BGPhMA NF 67), Münster 2004.
Wolter, M., Der Heilstod Jesu als theologisches Argument, in: Deutungen des

Todes Jesu im Neuen Testament (WUNT 181), hg. v. J. Frey u. J. Schröter, Tübingen 2005, 297–313.

Wrede, W., Das Messiasgeheimnis in den Evangelien. Zugleich ein Beitrag zum Verständnis des Markusevangeliums, Göttingen 1901.

Wyschogrod, M., Inkarnation aus jüdischer Sicht, in: EvTh 55 (1995) 13–28.

Zabolotsky, N. A., The Christology of Severus of Antioch, in: EkklPh 58 (1976) 357–386.

Zahlauer, A., Karl Rahner und sein »produktives Vorbild« Ignatius von Loyola (ITS 47), Innsbruck 1996.

Zahn-Harnack, A. v., Adolf von Harnack, Berlin ²1951.

Zenger, E., Das erste Testament, Düsseldorf 1999.

Zenger, E., Die Bundestheologie – ein derzeit vernachlässigtes Thema der Bibelwissenschaft und ein wichtiges Thema für das Verhältnis Israel – Kirche, in: Ders. (Hg.), Der Neue Bund im Alten. Zur Bundestheologie der beiden Testamente (QD 146), Freiburg 1993, 13–49.

Zenger, E., Israel und die Kirche im gemeinsamen Gottesbund. Beobachtungen zum theologischen Programm des 4. Psalmenbuches, in: Israel und die Kirche heute (FS Ernst Ludwig Ehrlich), hg. u. a. v. E. Zenger, Freiburg 1991, 236–254.

Zenger, E., Israel und Kirche im einen Gottesbund? Auf der Suche nach einer für beide akzeptablen Verhältnisbestimmung, in: KuI 6 (1991) 99–114.

Zenger, E., Juden und Christen doch nicht im gemeinsamen Gottesbund? Eine Antwort auf F. Crüsemann, in: KuI 9 (1994) 39–52.

Zenger, E., Zion als Mutter der Völker in Psalm 87, in: N. Lohfink/E. Zenger, Der Gott Israels und die Völker. Untersuchungen zum Jesajabuch und zu den Psalmen (SBS 154), Stuttgart 1994, 117–150.

Zinzendorf, N. L. v., Der Teutsche Socrates, Leipzig 1732.

Zocca, E., Onorio I e la tradizione occidentale, in: Aug. 27 (1987) 571–615.

Zocca, E., Una possibile derivazione Gregoriana per il »monotelismo« di Onorio I, in: Aug. 33 (1993) 519–575.

Personenregister

Abramowski, Luise 242, 246, 250
Abramowski, Rudolf 242
Acacius von Konstantinopel 263
Ackermann, Stephan 67
Ahlers, Rudolf 101, 102
Aklé, Yvette 327
Albertus Magnus 488
Albrecht, Barbara 398
Alexander III. 281
Alexander von Alexandrien 227, 247, 248
Alexander von Hales 278, 280, 488
Althaus, Paul 457
Ambrosius 250, 477, 478
Amir, Yehoshua 100
Anastasius I. 263
Anaxagoras 213
Anderson, James N. D. 421
Andresen, Carl 235, 249
Anselm von Canterbury 126–129, 383, 478, 479, 487
Antiochus IV. Epiphanes 150, 157, 158, 184
Apollinarius von Laodicea 226, 230–232, 254, 343, 475
Arens, Edmund 413
Arens, Herbert 258
Aristoteles 208, 213, 214, 218, 285, 288, 304, 387
Arius 224, 226–228, 248, 249
Arminius, Jakob 296
Arndt, Johann 296, 297
Arnold, Gottfried 296, 297
Arnoldi, Bartholomäus 288
Arzubialde, Santiago 197
Athanasius von Alexandrien 226–230, 240, 272
Aubineau, Michel 264
Augstein, Rudolf 327
Augustin, George 82
Augustinus 7, 127, 354, 409, 477, 478, 492, 512
Aulén, Gustaf 376
Avemarie, Friedrich 96
Bacht, Heinrich 261, 353

Backes, Ignaz 278
Backhaus, Knut 105, 331
Bader, Günter 340
Bahrdt, Karl Friedrich 306, 307
Baier, Walter 497
Baigent, Michael 327
Balthasar, Hans Urs von 68, 80, 84, 87, 147, 270, 293, 363, 374, 375, 377, 385–404, 409, 412, 416, 448, 459, 493, 497, 499, 503–505, 525
Bannach, Klaus 288
Bantle, Franz Xaver 298
Bardy, Gustave 227, 228
Barkenings, Hans-Joachim 100
Barth, Karl 68, 80, 84, 317, 319, 323, 324, 366, 377–387, 393, 398, 404, 409, 416, 471, 508
Bartsch, Hans-Werner 172, 323, 327
Basdekis, Athanasios 266
Basilides 219
Basilius von Cäsarea 232, 233, 249, 250–253, 475
Basly, Déodat-Marie de 362
Bataille, Georges 145
Batlogg, Andreas R. 499
Baudler, Georg 135, 145
Baumgart, Peter 297
Baur, Ferdinand Christian 36, 309, 310, 314
Bausenhart, Guido 270, 271
Bayer, Oswald 289
Becker, Jürgen 333
Bedford, Nancy Elisabeth 413
Beer, Georg 157
Beinert, Wolfgang 260, 279
Bellarmin, Robert 72
Ben-Chorin, Schalom 327
Bengsch, Alfred 238
Benjamin, Walter 125, 412
Benker, Günter 293
Benz, Ernst 297
Berenbrinker, Roland 9
Berger, Klaus 43, 44, 60, 97, 130–133, 141–143, 173–177, 188, 197, 199, 202, 203, 328–330, 334

Personenregister

Berkeley, George 298
Berkhof, Henrik 226
Bernanos, Georges 398, 401
Bernhardt, Reinhold 432, 433, 435
Bertetto, Domenico 487
Bérulle, Pierre de 498
Berz, August 134
Betz, Johannes 293, 497
Biel, Gabriel 288, 289, 295
Bieler, Ludwig 169
Bieler, Martin 133
Biffi, Inos 489
Blank, Josef 118, 119, 121, 130, 134, 143, 326
Blankenberg, Birgit 241, 420
Blättler, Peter 390
Blondel, Maurice 73–75
Bock, Martin 446
Boethius 280
Boff, Leonardo 81, 88, 173, 412
Bogliolo, Luigi 487
Böhm, Thomas 226, 227
Böhme, Wolfgang 122
Böhnke, Michael 416
Boismard, Marie-Émile 198, 199
Bollig, Michael 64, 405
Bonald, Louis-Gabriel-Ambroise de 72
Bonaventura 278, 280
Bordoni, Marcello 33
Borg, Marcus 333
Bornkamm, Günter 326
Bouillard, Henri 73
Bouman, Johann 34
Bourdillon, Micheal F. 123
Bours, Johannes 23, 24
Bousset, Wilhelm 168, 171, 172
Bouwsma, William J. 292
Brandmüller, Walter 244
Brandon, Samuel G. 327
Brandt, Reinhard 346
Brandt, Sigrid 125
Braulik, Georg 95, 96
Braun, Herbert 194, 195
Breidert, Martin 289, 421
Brennecke, Hanns Christof 240
Breuning, Wilhelm 278, 279
Breytenbach, Cilliers 130–132, 330
Brichto, Hermann Chanan 119
Brinkschmidt, Egon 319

Brocke, Edna 100
Brox, Norbert 132, 237, 478
Bruckmann, Florian 265
Brück, Michael von 433
Brunner, Emil 89
Bruns, Peter 245
Bsteh, Andreas 34
Buber, Martin 318, 488
Buchenau, Arthur 304
Bultmann, Rudolf 47, 48, 80, 131, 168, 171, 172, 188–190, 194, 197, 207, 210, 211, 313, 320–325, 330, 332, 391, 392, 448, 455–457, 501
Buren, Paul M. van 102, 103, 105, 112, 446
Burger, Maria 288
Buri, Fritz 317
Burkert, Walter 135, 140, 145
Busse, Ulrich 164
Bütler, Josef 481
Cahill, P. Joseph 121
Caillois, Roger 145
Caird, Edward 422
Caird, John 422
Calixt, Georg 296
Calvin, Johannes 296
Campenhausen, Hans von 82
Carcione, Filippo 269
Carmichael, Joel 327
Carruthers, Gregory H. 434
Cascasi, Domenico 278, 503
Casel, Odo 80, 481–484
Casper, Bernhard 212
Cassirer, Ernst 299, 304, 344
Cazelles, Henri 155
Celsus 221, 222
Chamberlain, Houston Stewart 207
Cherbury, Edward Herbert of 299
Childs, Brevard S. 95
Cholewinski, Alfred 119
Christ, Felix 177
Claret, Bernd J. 139, 147, 397, 415
Class, Helmut 131
Coelestin I. 256
Cognet, Louis 498
Colish, Marcia L. 281
Colpe, Carsten 157, 161, 172
Condren, Charles de 198
Constantius II. 249
Conzelmann, Hans 162, 171, 172, 326

Personenregister

Corbin, Michel 487
Coreth, Emerich 482
Courtenay, William J. 292
Courth, Franz 312, 339
Cramer, Konrad 346
Cremer, Hermann 126, 209, 210
Cross, Frank Moore 98
Crossan, John Dominic 331, 333
Crowley, Paul G. 278
Crüsemann, Frank 95, 96, 98, 105, 154
Cupitt, Don 421
Cyprian von Karthago 126, 478
Cyrill von Alexandrien 254–256, 258, 263, 265
Cyrill von Jerusalem 250, 257
D'Costa, Gavin 425
Dalferth, Ingolf U. 40, 140–143, 372, 422, 432
Daly, Mary 327
Damasus I. 247, 250, 253
Daniélou, Jean 80
Dassmann, Ernst 234, 477
Dautzenberg, Gerhard 97, 177, 452
Davies, William David 452
Davis, Stephen T. 431
Delling, Gerhard 326
Derrida, Jacques 125
Descartes, René 298, 299, 344–346, 491
Detienne, Marcel 145
Dhanis, Edouard 39
Dibelius, Martin 314
Diderot, Denis 461
Dieckmann, Bernhard 50
Dieckmann, Elisabeth 363
Diez, Karlheinz 81
Dinsen, Frauke 249
Diodor von Tarsus 242, 243
Dioskur von Alexandrien 258, 259
Dobhan, Ulrich 293, 497
Dobschütz, Ernst von 36
Dohmen, Christoph 94, 95, 98
Dombois, Hans 126
Dörries, Hermann 252
Doss, Mohan 420
Doucet, Marcel 270
Drecoll, Volker Henning 252
Drehsen, Volker 69
Drewermann, Eugen 328

Drexler, Josef 145
Drumm, Joachim 91
Duns Scotus, Johannes 278, 280, 286–288, 362, 363, 508
Düring, Ingmar 214
Dussaud, René 119
Ebeling, Gerhard 80, 372
Egan, Harvey D. 500
Ehrlich, Ernst Ludwig 105
Eichrodt, Walther 117
Ela, Jean-Marc 327
Elisabeth von Dijon 401
Elliger, Karl 119
Engelhardt, Moritz von 204, 205
Epiphanius von Salamis 251, 253
Erikson, Eric Homburger 371
Ernesti, Johann August 300
Ervens, Thomas 71, 320
Escobar, Pedro 390
Essen, Georg 40, 90–92, 271, 273, 343, 361, 367, 370–375, 419, 443
Eunomius 250
Eusebius von Cäserea 169, 224–226, 239, 240, 247–249
Eusebius von Nikomedien 227, 249
Eusthatius von Antiochien 247
Eutyches 257, 258
Evans, David Beecher 266
Faber, Eva-Maria 390
Fahlgren, Kark Hjalmar 117
Falkner, Andreas 492
Farina, Raffaele 247
Feige, Gerhard 240
Feiner, Johannes 397, 414
Feiter, Reinhard 73, 523
Feld, Helmut 194
Feldmeier, Reinhard 59
Fessard, Gaston 493
Fichte, Johann Gottlieb 336, 346–348, 360, 363, 371, 414, 427
Fiedler, Peter 327
Fischer, Hermann 318
Fischer, Irmtraud 97
Fischer, Joseph A. 234
Fitzmyer, Joseph A. 172
Flavian von Konstantinopel 258, 259
Flusser, David 327
Fößel, Thomas 50
Francke, August Hermann 296,
Frank, Karl Suso 68

Frankemölle, Hubert 94, 99, 100, 105, 164
Fransen, Piet 414
Freud, Sigmund 135, 140, 145
Freund, Gerhard 302
Frevel, Christian 94
Frey, Jörg 117, 131
Freyer, Thomas 464
Fried, Johannes 286
Fuchs, Ernst 326
Füglister, Norbert 119
Fuhrmann, Manfred 343
Funk, Robert W. 331
Gabathuler, Hans Jakob 191
Gäde, Gerd 127, 427, 441, 445
Galtier, Paul 246, 362
Galy, Jean 498
Ganoczy, Alexander 79
García Martínez, F. 153
Gardavsky, Vitezslav 327
Geiselmann, Joseph Rupert 76
Genn, Felix 392
Georgi, Dieter 325
Gerdes, Hayo 318
Gerwing, Manfred 481, 487
Gesché, Adolphe 37, 364
Gese, Hartmut 118, 119, 129, 130, 143, 146, 179
Gestrich, Christof 133, 290
Gilbert von Poitiers 278, 280
Girard, René 134–140, 145, 397
Gleede, Joachim 289
Gnilka, Joachim 105, 164, 168, 326, 328
Goebel, Bernd 127, 128
Goerlich, Stephan 522
Goeze, Johann Melchior 302–304, 306
Gogarten, Friedrich 295
Goldstein, Horst 88, 173
Gollwitzer, Helmut 327
Gondek, Hans-Dieter 125
González de Cardedal, Olegario 278, 412, 503
Goodspeed, Edgar Johnson 154, 236
Gore, Charles 420, 422
Görgemanns, Herwig 222–224
Görres, Albert 28
Gössmann, Elisabeth 278
Goulder, Michael D. 421
Grabs, Rudolf 314

Grane, Leif 289
Grässer, Erich 105–109, 111, 113, 143, 195, 308, 314, 315, 317, 318, 327
Gray, Patrick T. R. 263
Green, Michael 421
Green, Thomas Hill 420
Gregor von Nazianz 232, 233, 249–251, 253, 254, 275, 505
Gregor von Nyssa 232, 233, 249, 250, 252, 390, 398, 475
Grelot, Pierre 171
Greshake, Gisbert 34, 63, 64, 66, 127, 238, 343, 376, 405–408
Gribomont, Jean 264
Griese, Friedrich 67
Grillmeier, Alois 169, 210–212, 221, 224, 225, 228, 229, 231, 233, 234, 239, 240, 242, 244, 245, 247, 251, 254, 258, 261, 263–268, 278, 353, 504
Grimm, Jacob 116
Grimm, Wilhelm 116
Groß, Walter 99–101
Grunden, Gabriele 446
Gründler, Otto 292
Grünschloß, Andreas 423, 424
Guggenberger, Engelbert 499
Gunkel, Hermann 157
Gunton, Colin E. 421
Gutierrez, Gustavo 412
Haag, Herbert 152
Haardt, Robert 217
Haas, Alois M. 292
Haase, Wolfgang 190, 191, 194
Haecker, Theodor 521
Häfner, Gerd 330, 331
Hahn, Ferdinand 160–163, 165, 171, 326
Haight, Roger 440, 443
Hainthaler, Theresia 169, 210, 242, 251
Hamerton-Kelly, Robert G. 177
Hampel, Volker 163
Hand, Volkmar 117
Hanson, Richard Patrick Crosland 226
Hanssens, Jean-Michel 481
Härle, Wilfried 446
Harnack, Adolf von 36, 71, 89, 172, 204–211, 269, 311–313, 328

Personenregister

Harnack, Theodosius von 204
Harnisch, Wolfgang 163
Hartmann, Nicolai 371
Harvey, Anthony E. 421
Hase, Karl August von 69
Hattrup, Dieter 67, 464
Haubst, Rudolf 278
Hauschild, Wolf-Dieter 91
Haverkamp, Alfred 125
Hay, Camillus 243
Hayward, Robert 123
Hegel, Georg Wilhelm Friedrich 309–312, 318, 319, 345, 363, 369, 382, 389, 414, 422, 458, 472, 513
Heid, Stefan 154
Heidegger, Martin 218, 321–323
Heiligenthal, Roman 328
Heinrichs, Johannes 343, 414
Heinzer, Felix 270
Heisenberg, Werner 66
Heitmüller, Wilhelm 168, 172
Heller, Christian 425
Helmer, Siegfried 263
Hemmerle, Klaus 73, 523
Hengel, Martin 129, 147, 158, 160, 165, 167–172, 179, 180, 183, 185, 191
Henrich, Dieter 372
Henrici, Peter 74, 319, 402, 403
Henrix, Hans Hermann 115, 448
Heraclius 268
Heraklit 236
Herbert, Robert T. 421
Hermans, Karel 88, 173
Hermisson, Hans-Jürgen 82
Hick, John 419, 421, 422, 425–435, 437–441, 444
Hilarius von Poitiers 399
Hilberath, Bernd Jochen 100
Hippolyt von Rom 114
Hirsch, Emanuel 125, 298–301
Hödl, Ludwig 481, 487
Hoenderdaal, Gerrit Jan 296
Hoffmann, Adolf 486
Hoffmann, Heinrich 297
Hoffmann, Norbert 387
Hoffmann, Paul 38, 43
Hofius, Otfried 129, 144, 148–150, 153, 160, 163, 167, 191, 195, 196
Hofmann, Peter 79
Hofrichter, Peter 200
Hogemann, Friedrich 309
Holl, Adolf 327
Holte, Ragnar 235
Holtzmann, Heinrich Julius 36, 314
Homer 212, 244
Hönig, Elisabeth 145, 175
Honnefelder, Ludger 220, 286
Honorius, Papst 296, 271
Hooff, Anton E. van 73
Hoping, Helmut 311, 446, 469
Hopkins, Julie 327
Horsley, Richard 333
Horst, Friedrich 118
Hoschek, Christof 9
Hossfeld, Frank-Lothar 119
Huberband, Shimon 510
Hübner, Kurt 213, 428
Hugo von St. Cher 279
Hugo von St. Viktor 278, 279
Hume, David 298, 345, 346
Hünermann, Peter 81, 268, 290, 446, 491
Hung-bin Kwok, Benedict 367
Huovinen, Eero 309
Ibas von Edessa 244, 265
Ibekwe, Linus 350, 359
Ignatius von Antiochien 234
Ignatius von Loyola 293–295, 344, 391–394, 482, 491–500, 526
Illingworth, John R. 420, 422
Immler, Wilma 241, 419
Inge, William Ralph 422
Irenaeus von Lyon 195, 234, 235, 237–239, 264, 390, 478
Irlenborn, Bernd 352
Isak, Rainer 56
Iserloh, Erwin 288, 292, 293, 295
Ivánka, Endre von 217
Jaeschke, Walter 309
Jakobus de Voragine 492
Janowski, Bernd 117–120, 129, 130, 132, 134, 143, 146
Jaspert, Bernd 324
Jedin, Hubert 498
Jeremias, Joachim 326
Johannes Chrysostomus 242–244
Johannes Grammaticus 264, 265, 268
Johannes Paul II. 115
Johannes vom Kreuz 293, 344, 497, 498

Johannes von Antiochien 256, 257
Johannes von Damaskus 274, 275
Jonas, Hans 218
Jossua, Jean-Pierre 36
Joswowitz-Schwellenbach, Kirsten 425, 434
Julian von Halikarnassos 264, 266, 267
Julian von Kos 258
Jülicher, Adolf 36
Jüngel, Eberhard 80–83, 85, 363, 367, 372, 377
Junker, Maureen 340
Justin der Märtyrer 153, 154, 234–236, 239, 248
Justinian 242, 265, 266
Justinus I. 265
Kähler, Martin 311–313, 323
Kaiser, Otto 150
Kaiser, Philipp 280, 287–289
Kampling, Rainer 105
Kansai, Keiji 315
Kant, Immanuel 35, 55, 117, 125, 309, 334–338, 341, 345–348, 360, 363, 426, 427, 429
Karpokrates 219
Karpp, Heinrich 222–224
Karrer, Martin 155
Käsemann, Ernst 130, 131, 206, 325, 326, 330
Kasper, Walter 82, 326, 374, 391, 404, 419, 444
Kautzsch, Emil 157
Keel, Othmar 183
Kehl, Medard 62, 64
Kellermann, Ulrich 43
Kelly, John Norman Davidson 247
Kern, Walter 390
Kertelge, Karl 105, 164, 326
Kessler, Hans 39, 50–57, 412, 413
Kible, Brigitte 343
Kieckhefer, Richard 292
Kierkegaard, Sören 125, 317–320, 366, 521
Kinzig, Wolfram 207
Klappert, Berthold 102, 103, 446
Klauser, Theodor 235
Kleden, Paulus Budi 411, 413
Klein, Günter 109, 457
Klemens von Alexandrien 219, 234

Kluxen, Wolfgang 286
Knierim, Rolf 118
Knitter, Paul F. 430, 434–438, 444
Knop, Julia 290
Knopf, Rudolf 36
Kobusch, Theo 343
Koch, Günter 245
Koch, Klaus 117, 118, 157–159
Köhler, Ludwig 118
Kolakowski, Leszek 327
Koncsik, Imre 334
Konstantin I. der Große 226, 247, 249
Konstantin III. 271
Konstantin V. Kopronymus 274, 275, 477
Körtner, Ulrich H. J. 330, 332
Kosch, Daniel 330
Kotschner, Joseph 293, 497
Koziel, Bernd Elmar 425, 441
Krahe, Maria Judith 482, 483
Krämer, Klaus 82, 347
Kramer, Werner 170
Kraus, Georg 279, 290
Kraus, Hans-Joachim 446
Kreiner, Armin 384, 418
Kremer, Jacob 39
Kremers, Heinz 100
Krenski, Thomas Rudolf 146, 385
Kreuzer, Georg 269
Krings, Hermann 286, 372, 414
Krupp, Michael 123
Kuenen, Abraham 98
Kügler, Joachim 169
Kuhn, Heinz-Wolfgang 105
Kuhn, Peter 176
Kühn, Ulrich 327
Kümmel, Werner Georg 327
Kundert, Lukas 123
Küng, Hans 210, 211, 309
Kurian, Joseph Thanavelil 425
Kuschel, Karl-Josef 90, 172, 183, 187–191, 196, 197
Kutsch, Ernst 95
La Taille, Maurice de 362
Lampe, Geoffrey 422, 423, 440, 443
Landgraf, Artur Michael 280
Landmesser, Christof 82
Lang, Bernhard 183
Lange, Dietz 347

Personenregister

Lapide, Pinchas 327
Larcher, Gerhard 73
Laufen, Rudolf 91, 178
Lebon, Joseph 263
Leeuw, Gerardus van der 145, 146
Lehmann, Johannes 327
Lehmann, Karl 51, 91, 212, 326, 377, 391, 404, 412, 413
Leibniz, Gottfried Wilhelm 298, 304
Leigh, Richard 327
Lengerke, Georg von 413
Leo der Große 258
Leontius von Byzanz 266–268
Leontius von Jerusalem 266–268
Leppin, Volker 286
Lessing, Gotthold Ephraim 35, 55, 236, 298–300, 302–306, 311, 313, 319, 323, 324, 336, 363, 498
Levenson, Jon-Douglas 123, 124
Levin, Christoph 94
Levinas, Emmanuel 464, 523
Levine, B. A. 119
Lichtenberger, Hermann 163
Liébaert, Jacques 254
Lienhard, Marc 289
Lies, Lothar 293, 497
Lietzmann, Hans 230, 231
Lindbeck, George 435
Lindblom, Johannes 49
Link, Hans-Georg 313
Link-Wieczorek, Ulrike 241, 421, 423
Lipps, Theodor 346
Locke, John 298, 345, 349, 420
Lockmann, Ute 85
Loewenich, Walter von 290, 291, 299
Lohaus, Gerd 499
Lohfink, Gerhard 81, 406, 408, 517
Lohfink, Norbert 97–99, 102–105, 107, 112, 406
Löhrer, Magnus 397, 414
Lohse, Eduard 119, 131
Loisy, Alfred 74
Loofs, Friedrich 126, 250, 266
Löser, Werner 91, 390, 391, 497
Lubac, Henri de 80, 87
Luck, Ulrich 144
Lüdemann, Gerd 37, 38, 47–50, 65
Ludolf von Sachsen 492
Luscombe, David E. 280
Lustiger, Jean-Marie (Aaron) 458–474

Luther, Martin 69, 70, 81, 207, 287–290, 293–295, 299, 312, 456, 492
Lutz-Bachmann, Matthias 91
Lyonnet, Stanislas 119
McCarthy, Dennis J. 119
Macedonius 250
McGinn, Bernard 292
Machovec, Milan 327
Mackey, James P. 421
Maier, Johann 97
Mainberger-Ruh, Elisabeth 134
Maistre, Joseph de 72
Malmberg, Felix 362
Manna, Antonio 278, 503
Manus, Ukachukwu Chris 327
Marböck, Johannes 102
Marcel, Gabriel 406, 415
Marcellus von Ancyra 225, 239–241, 247, 248
Marchesi, Giovanni 390
Marcion 36, 206, 207, 211
Marcuse, Ludwig 320
Maritano, Mario 477
Markschies, Christoph 250
Maron, Gottfried 80
Marquardt, Friedrich-Wilhelm 102, 105, 106, 112, 446–459, 462, 465, 470, 473, 474
Marschler, Thomas 278, 280, 479, 486–488
Marshall, Ian Howard 171
Martinez, Florentino Garcia 153
Marx, Karl 472
Marxer, Fridolin 295
Marxsen, Willi 327
Maurice, Evelyne 350
Mauss, Marcel 145, 146
Maximus Confessor 270–272, 343, 362, 390
Meckenstock, Günter 339
Medebielle, Alexis 119
Meletius von Antiochien 250
Melito von Sardes 114
Menke, Karl-Heinz 50, 52, 67, 68, 70, 72, 127, 133, 139, 147, 200, 386, 416, 465, 479, 523
Merklein, Helmut 97, 108–111, 113, 130, 163, 169, 172, 173, 177, 178, 192
Merz, Annette 331, 332

Metz, Johann Baptist 377, 409–413, 418, 458, 462
Metzinger, Adalbert 119
Meuffels, Hans Otmar 81
Meyer zu Schlochtern, Joseph 81, 85
Meyer, Barbara U. 446
Meyer, Erich 36
Michaelis, Johann David 300
Missika, Jean-Louis 459
Moeller, Charles 264
Möhler, Johann Adam 87
Moiser, Jeremy 487
Moldenhauer, Eva 145
Moltmann, Jürgen 327
Mons, Paul 291
Moraldi, Luigi 119
Morris, Thomas V. 421
Mowinckel, Sigmund 181
Mühl, Max 236
Mühlen, Karl-Heinz zur 295
Mühlenberg, Ekkehard 232
Müller, Gerhard 297
Müller, Gerhard Ludwig 33, 66, 84, 165, 260, 279, 290, 386, 427, 444, 488, 524
Müller, Klaus (Exeget) 96
Müller, Klaus (Philosoph) 361, 370
Müller, Peter 330
Müller, Sascha 299
Muñoz Palacios, Raphaele 224
Münz, Christoph 511
Mussner, Franz 177
Nachtwei, Gerhard 64
Naduvilekut, James 385
Nagel, Tilman 34
Negel, Joachim 135, 145, 146
Neill, Stephan 330
Nephalius von Alexandrien 264
Neri, Marcello 394
Nestorius 226, 242, 254–256
Neuenschwander, Ulrich 316
Neufeld, Karl Heinz 209, 312
Neuhaus, Gerd 139, 411
Newmans, Paul W. 440
Niebuhr, Karl-Wilhelm 155
Niederwimmer, Kurt 327
Niekamp, Gabriele 446
Niemand, Christoph 330
Niemann, Franz-Josef 173, 359, 499
Nietzsche, Friedrich 455, 472, 512, 514
Nikolaus von Kues 278, 388
Norris, Robert Allen 230, 246
Noth, Martin 98
Novak, Kurt 307
Nützel, Johannes M. 43
Obenauer, Klaus 278
Oberdorfer, Bernd 251
Oberlinner, Lorenz 327
Ockham, Wilhelm von 286–289, 295, 335
Oeing-Hanhoff, Ludger 521
Olewiński, Dariusz Józef 274
Oort, Johannes van 266
Opitz, Hans-Georg 226–228
Origenes 219–227, 232, 234, 236, 239, 240, 247, 248, 258, 390
Osten-Sacken, Peter von der 207
Osumi, Yuichi 98
Ott, Ludwig 278
Otto, Eckart 98
Otto, Stephan 266
Overbeck, Franz-Josef 369
Overhage, Paul 61
Panikkar, Raimundo 430, 437–439, 444
Pannenberg, Wolfhart 71, 103, 114, 288, 330, 362–373, 375, 376, 413, 446, 473
Parmenides 387
Pasquato, Ottorino 478
Patfoort, Albert 278
Paulinus von Antiochien 250
Paulus von Samosata 239, 240, 247, 248
Pawlikowski, John T. 101
Pedersen, Johannes 117
Peiter, Hermann 339
Pelagius 127
Pemsel-Maier, Sabine 81
Perlitt, Lothar 93, 106
Perrone, Lorenzo 240
Pesch, Otto Hermann 446, 486
Pesch, Rudolf 43–45, 47, 326, 406
Peters, Tiemo Rainer 78, 462
Petersen, Birte 446
Peterson, Erik 71, 319, 320
Petrus Abaelardus 280, 281
Petrus Lombardus 278, 281, 488, 489
Peukert, Helmut 413
Pfeifer, Gerhard 181

Personenregister

Pfister, Oskar 49
Philipp der Kanzler 278
Philipp, Franz-Heinrich 297
Philo von Alexandrien 176, 215
Philonenko, Marc 59, 167
Piolanti, Antonio 487
Pius XII. 87
Plasger, Georg 127, 128
Platon 213, 214, 216, 387
Platzbecker, Paul 50, 442
Plotin 214–217, 293, 344, 387, 515
Pöltner, Günter 56
Poppenberg, Eberhard 278
Preß, Michael 241, 423, 440
Preuß, Horst Dieter 180, 182, 184
Prigent, Pierre 235
Prigogine, Ilya 67
Principe, Walter H. 278, 280
Proklus 217
Pröpper, Thomas 50, 78, 90–92, 340, 370, 374, 377, 414–416, 418, 442, 443, 462
Prümm, Karl 481
Przywara, Erich 481, 482, 491, 493
Pseudo-Dionysius Areopagita 293
Pyrrhus I. 270
Rad, Gerhard von 118, 154, 179–182, 188
Rahner, Hugo 482, 483, 497
Rahner, Johanna 81
Rahner, Karl 50, 61, 68, 76, 80–82, 85, 91, 236, 261, 350–363, 366, 392, 410, 411, 488, 491, 493, 499–503
Raitt, Jill 293
Ratzinger, Joseph (Benedikt XVI.) 26, 32, 60, 63, 64, 76, 80–84, 91, 115, 161, 162, 189, 201, 237, 269, 326, 420, 481, 497, 503, 504
Raven, Charles Earle 422
Reimarus, Hermann Samuel 300–302, 306, 332
Reindl, Herbert 266
Reinhardt, Klaus 419
Renan, Ernest 307
Rendtorff, Rolf 102, 115
Reventlow, Henning Graf von 95, 98, 118
Richard, Marcel 264, 266
Ricken, Friedo 220, 224, 227

Riedel, Christoph 344
Riedinger, Rudolf 270
Riedlinger, Helmut 334
Riedmatten, Henri de 230, 239
Rilla, Paul 302–305
Ritschl, Albrecht 36, 204, 311–314, 376
Ritter, Adolf Martin 227, 232, 249
Robinson, John A. T. 422, 430
Röd, Wolfgang 215, 217
Roland von Cremona 278, 279
Roldanus, Johannes 266
Roloff, Jürgen 327
Rösel, Martin 159
Rosenau, Hartmut 125
Rosenzweig, Franz 515, 523
Rowe, John N. 221
Ruckstuhl, Eugen 164
Rudolph, Kurt 217, 218
Ruello, Francis 278
Ruppel-Kusch, Raphael 9
Ruppert, Godehard 481, 487
Ryssel, Victor 157
Sabellius 240
Sabourin, Leopold 119
Sabra, George 488
Sample, Robert L. 240
Sanders, Ed Parish 333
Sansterre, Jean-Marie 247
Sattler, Dorothea 100
Sauter, Gerhard 328
Scannone, Juan Carlos 412, 500
Schaede, Stephan 117
Schaeffler, Richard 81, 352
Schäfer, Rolf 339
Schäfer, Susanne 346
Sharma, Arvind 425
Schäublin, Christoph 234, 244
Scheeben, Matthias Joseph 87
Scheel, Otto 478
Scheffczyk, Leo 41, 177, 481, 487, 488
Schelbert, Georg 164
Schelling, Friedrich Wilhelm Joseph 125
Schenk, Richard 140, 141
Schenk, Wolfgang 190, 191
Schenker, Adrian 118, 119, 134, 143, 146
Scherner, Maximilian 343
Scheuer, Manfred 488

Schiffers, Udo Maria 497
Schild, Wolfgang 343
Schillebeeckx, Edward 173
Schilson, Arno 236, 298, 305, 483, 484
Schleiermacher, Friedrich Daniel Ernst 307, 309, 318, 319, 334, 335, 337–343, 345–352, 362, 369, 371, 372, 377
Schlette, Heinz Robert 79, 219
Schlier, Heinrich 71, 192, 227, 320
Schlosser, Jacques 164
Schmidinger, Heinrich M. 328, 482
Schmidt, Johann Michael 158
Schmidt, Karl Ludwig 314
Schmidt, Thorsten 459
Schmidt, Werner H. 154
Schmidt-Leukel, Perry 357, 358, 419, 439–444
Schmied, August 50
Schmitt, Franz Seraph 128
Schmitz, Hermann-Josef 206
Schmitz-Moormann, Karl 62
Schnackenburg, Rudolf 191, 197–199, 326
Schneider, Gerhard 164
Schneider, Michael 493
Schneider, Reinhold 401
Schneider, Theodor 100
Scholten, Clemens 217
Scholtissek, Klaus 163
Schönborn, Christoph von 39, 261, 270, 273, 276, 362, 363, 404, 476, 477
Schönemann, Eva 101, 446
Schoneveld, Jacobus 452
Schoonenberg, Piet 241, 419, 443
Schottroff, Luise 327, 331
Schötz, Dionys 119
Schröter, Jens 117, 131
Schubert, Dominic 459
Schubert, Kurt 168, 327
Schulte, Raphael 504
Schulz, Hartmut H. R. 298
Schulz, Michael 358, 363, 375, 389, 441
Schulz, Siegfried 36, 172, 197
Schürmann, Heinz 163, 164, 326, 327
Schüssler, Hermann 296
Schüßler, Werner 220

Schüssler-Fiorenza, Elisabeth 327
Schütt, Hans-Peter 343
Schütz, Christian 504
Schwager, Raymund 40, 134, 397
Schwanz, Peter 238
Schweitzer, Albert 27, 188, 301, 306–308, 312–318, 323–325, 334
Schweizer, Eduard 193, 242, 326
Schweizer, Wolfgang 103
Schwemer, Anna Maria 160
Schwerdtfeger, Nikolaus 501
Schwienhorst-Schönberger, Ludger 98
Scipioni, Luigi I. 255
Sedmak, Clemens 426
Seebass, Horst 118, 119
Seibt, Klaus 240
Seiller, Léon 362
Semler, Johann Salomo 297, 298, 300
Semmelroth, Otto 80, 504
Serretti, Massimo 33, 427, 444
Sesboüé, Bernard 261, 328
Seung-Wook Kim, Michael 54
Severus von Antiochien 263–267
Sieben, Hermann-Josef 252–254, 497
Siep, Ludwig 345
Simon, Josef 521
Simon, Richard 299
Sitarz, Eugen 154
Sixtus III. 256
Skowronek, Alfons 79
Smend, Rudolf 98
Smith, Wilfred Cantwell 423–425
Sobrino, Jon 412, 413
Soden, Hans Freiherr von 36
Söding, Thomas 75, 95, 98, 105, 131, 163, 178, 326, 446
Sohm, Rudolf 206
Söhngen, Gottlieb 481
Sokrates 180, 213, 214, 236, 318, 398, 515
Sölle, Dorothee 327
Solowjew, Wladimir 262
Sonnemans, Heino 425
Sozzini, Fausto 69, 296
Spaemann, Robert 139
Spalding, Johann Joachim 297
Specht, Rainer 344
Spener, Philipp Jakob 296
Speyr, Adrienne von 397, 398, 402

Personenregister

Spinoza, Baruch de 299, 472
Staats, Reinhart 247, 250–252, 261
Starck, Helmut 446
Stead, George C. 224, 228
Steck, Odil Hannes 122
Stegemann, Ekkehard W. 163
Stegemann, Wolfgang 331
Steindl, Helmut 129
Steins, Georg 123
Stemberger, Günter 60, 156
Stengers, Isabelle 67
Stickelbroeck, Michael 173, 278, 367, 425, 426
Stock, Konrad 343
Stosch, Klaus von 426, 445
Strauß, David Friedrich 49, 69, 205, 307–309, 311, 313, 314
Striet, Magnus 293, 383, 418, 443
Strucken, Michael 293, 344
Strutwolf, Holger 224
Studer, Basil 203, 235
Stuhlmacher, Peter 129, 131, 148, 155, 160
Suárez, Francisco 489–491, 498
Sullivan, Francis A. 246
Swetnam, James 123
Swidler, Leonard 430, 432, 433, 439
Sykes, Stephen W. 140
Szylkarski, Wladimir 262
Teilhard de Chardin, Pierre 61, 62, 236, 408
Teresa von Avila 293, 344, 497, 514
Tertullian 126, 255
Tetz, Martin 240
Teuffenbach, Alexandra von 87
Thales von Milet 213
Theiler, Willy 215
Theißen, Gerd, 331, 332
Theodor von Mopsuestia 230, 242, 244–246, 254, 265, 266
Theodor von Studion 274–276, 477
Theodora 265
Theodoret von Kyros 244, 265
Theodosius I. 250
Theodosius II. 254, 256, 259
Therese von Lisieux 401
Thomas von Aquin 53, 57, 63, 278, 280, 285, 288, 388, 441, 479, 441, 479–481, 484–491, 493, 505, 507
Thomas von Kempen 291

Thomas, Northcote Whitridge 145
Thomas, Rudolf 278
Thomassin d'Eynac, Louis de 72
Thüsing, Wilhelm 105, 163, 326
Tiililä, Osmo 290
Tillich, Paul 315, 446
Tippkötter, Henning 9
Toit, David S. du 169, 330, 332
Toland, John 299, 420
Töllner, Johann Gottlieb 297
Torrance, Thomas Forsyth 229, 421
Torrell, Jean-Pierre 479, 485
Trisoglio, Francesco 233
Troeltsch, Ernst 69, 70, 129, 314, 365, 366, 377
Tromp, Sebastian 87
Trowitzsch, Michael 109
Trutfetter, Jodokus 288
Tryphon 153, 154, 235
Tschipke, Theophil 486
Tück, Jan-Heiner 411, 458, 469
Turner, H. E. W. 255
Umberg, Johann Baptist 481
Uphus, Johannes Bernhard 277
Uthemann, Karl-Heinz 264, 266, 270
Valens (Flavius Valens) 249
Valentin, Joachim 52
Valentinian II. 256
Valentinus 219
Varga, Paul 293, 498
Vasel, Stephan 446, 456, 473
Venturini, Karl Heinrich 306, 307
Vermes, Geza 327
Vernant, Jean-Pierre 145
Verweyen, Hansjürgen 44–48, 50–54, 56, 59, 60, 127, 237, 442
Vetter, Helmuth 56
Vielhauer, Philipp 171
Vigilius 251, 265
Vivian, Angelo 97
Vogel, Heinrich 377
Vogt, Hermann Josef 222–235, 244
Vögtle, Anton 43, 44, 160
Volk, Hermann 222, 234, 235, 244
Voltaire (Arouet, François-Marie) 461, 513
Vorgrimler, Herbert 500
Vries, Wilhelm de 246
Wagenhammer, Hans 68, 296
Wagner, Falk 141, 143

Wagner, Harald 52, 297, 312, 440
Wahl, Otto 154
Waldenfels, Hans 28, 38, 305, 465
Wallbrecher, Herbert 406
Wallbrecher, Traudl 406
Wallmann, Johannes 297
Walter, Peter 82
Ward, Keith 421
Waszink, Jan Hendrik 235
Weckel, Ludger 413
Weibel, Katharina 479
Weihs, Alexander 59
Weil, Simone 522, 523
Weimer, Ludwig 406
Weischedel, Wilhelm 336, 337
Weiß, Johannes 312–314
Weissmahr, Béla 55–59, 61–63, 66, 486
Welte, Bernhard 261
Wendel, Saskia 52, 344
Wengst, Klaus 130, 132
Wenz, Gunter 79, 145, 377
Wenzel, Knut 81
Werbick, Jürgen 118, 119, 134, 433
Wernle, Paul 36
Wesche, Kenneth Paul 266
Weston, Frank 421
Wette, Wilhelm Martin Leberecht de 69
Wetter, Friedrich 9, 278, 288, 405

Wiederkehr, Dietrich 278
Wilckens, Ulrich 71, 129, 130
Wiles, Maurice 421
Wilhelm von Auxerre 278–280, 488
Wilhelm von Sens 281
Willers, Ulrich 512
Willi, Thomas 95
Wimmer, Josef 434
Winter, Hanns von 415
Winter, Urs 183
Wirth, Mathias 9
Wittgenstein, Ludwig 426
Wolff, Christian Freiherr von 298
Wolter, Johannes 388
Wolter, Michael 117
Wolton, Dominique 459
Wrede, William 173, 300, 313–315
Wright, Tom 330
Wyschogrod, Michael 103, 453
Zabolotsky, Nikolaj A. 263
Zahlauer, Arno 499
Zahn-Harnack, Agnes von 204, 205
Zeller, Winfried 297
Zenger, Erich 96, 97, 102–105, 107, 112, 452, 471
Zintzen, Clemens 215, 216
Zinzendorf, Nikolaus Ludwig Graf von 296, 297
Zocca, Elena 269
Zulauf, Hugo 173

Karl-Heinz Menke: Sakramentalität

Karl-Heinz Menke
Sakramentalität
Wesen und Wunde
des Katholizismus

360 Seiten • Geb. mit Schutzumschlag

ISBN 978-3-7917-2425-6

Die Kernthese des Buches lautet: Katholizismus ist keine bestimmte Glaubenslehre oder Organisation, sondern die sakramentale Lebens- und Denkform des Christentums. Der Autor vermutet, die innere Mitte des Katholizismus sei in den vergangenen Jahrzehnten tiefer verwundet worden als in den Zeiten der Reformation und der europäischen Aufklärung – vor allem durch die sogenannte Postmoderne, aber auch durch eine Konsensökumene, die ihre Augen vor der Grunddifferenz zwischen katholischem und protestantischem Christentum verschließt.

Wenn die Sakramentalität das Wesen des Katholizismus ist, dann sind Forderungen wie die nach dem Priestertum der Frau, nach eucharistischer Gastfreundschaft oder einer Umgestaltung der „Kirche von oben" in eine „Kirche von unten" keine wünschenswerten Zugeständnisse, sondern stellen die eigene Identität in Frage.

Verlag Friedrich Pustet www.verlag-pustet.de

Karl-Heinz Menke: Gnadenlehre

Karl-Heinz Menke
**Das Kriterium
des Christseins**
Grundriss der Gnadenlehre

240 Seiten • Hardcover
ISBN 978-3-7917-1729-6

Das Kriterium des Christseins liegt in der Verhältnisbestimmung des Handelns Gottes zum Handeln des Menschen. Von diesem Ausgangspunkt aus erklärt Menke die Begriffe Gnade und Erlösung vor dem Hintergrund der innerchristlichen Auseinandersetzungen um die Verhältnisbestimmung von Gott und Mensch, wie vor dem Hintergrund des christlich-jüdischen Dialogs. Es geht dabei letztlich um die Frage, was Christsein ist und ausmacht. Das Buch bietet auf neuestem Forschungsstand eine verständliche, rational verantwortete und in religionspädagogisch bewährten Bildern und Beispielen erschlossene Erklärung von Gnade und Erlösung.

„Ein konzeptionell innovativer sowie fachlich, sprachlich und didaktisch in jeder Hinsicht gelungener Grundriss."
(Theologische Literaturzeitung)

Verlag Friedrich Pustet www.verlag-pustet.de

Karl-Heinz Menke: Beten

Karl-Heinz Menke
**Handelt Gott,
wenn ich ihn bitte?**

Topos Taschenbuch
3., überarbeitete Auflage
200 Seiten • kartoniert
ISBN 978-3-8367-0331-4

Kann unser Beten Gott zu etwas bewegen? Will Gott von uns auf Knien gebetet werden? Handelt Gott eigentlich, wenn wir ihn um etwas bitten? Oder ist er nicht ohnmächtig angesichts des Leids der Welt? Solche Fragen betreffen den christlichen Glauben bis ins Innerste. Der Autor sucht nach glaubwürdigen Antworten und entfaltet dabei – illustriert an zahlreichen persönlichen Erfahrungen und Begegnungen – eine Lehre vom Beten als der Verähnlichung des Gläubigen mit Jesus Christus.

„Das Buch von Menke fasziniert wegen der Radikalität, mit der er auf der einen Seite am Gebet, an spiritueller Tiefenbohrung, am Empfangen ansetzt, mit der er aber auf der anderen Seite ebenso nachdrücklich und *sehr konkret und lebensnah christliches Engagement beschreibt.*" (Theologie und Seelsorge)

Verlag Friedrich Pustet www.verlag-pustet.de

Karl-Heinz Menke: Mariologie

Karl-Heinz Menke
**Fleisch geworden
aus Maria**
Die Geschichte Israels und der
Marienglaube der Kirche

190 Seiten • kartoniert
ISBN 978-3-7917-1665-7

Die Mariendogmen sind selbst für viele Christen die am wenigsten plausiblen Aussagen des Glaubens. Zentrum dieses Unverständnisses ist dabei die jungfräuliche Empfängnis. Dem setzt der Dogmatiker Menke eine provozierende These entgegen: Die mariologischen Dogmen sind nicht durch außerchristliche bzw. außerjüdische Einflüsse zu relativieren, sondern ausschließlich im Licht der hebräischen Bibel zu verstehen und zu interpretieren; sie sind allesamt heilsgeschichtlich begründet. Mariologie und die Mariendogmen erscheinen hier als eine unaufgebbare theologische Konsequenz der wörtlich (nicht metaphorisch) verstandenen Fleischwerdung Gottes.

Verlag Friedrich Pustet www.verlag-pustet.de